Schulfarm Insel Scharfenberg
Teil 2

STUDIEN ZUR BILDUNGSREFORM
Herausgegeben von Wolfgang Keim
Universität – Gesamthochschule – Paderborn

BAND 40

PETER LANG
Frankfurt am Main · Berlin · Bern · Bruxelles · New York · Oxford · Wien

Dietmar Haubfleisch

Schulfarm Insel Scharfenberg

Mikroanalyse der reformpädagogischen
Unterrichts- und Erziehungsrealität
einer demokratischen Versuchsschule
im Berlin der Weimarer Republik

Teil 2

PETER LANG
Europäischer Verlag der Wissenschaften

Die Deutsche Bibliothek - CIP-Einheitsaufnahme

Haubfleisch, Dietmar:

Schulfarm Insel Scharfenberg : Mikroanalyse der reformpädagogischen Unterrichts- und Erziehungsrealität einer demokratischen Versuchsschule im Berlin der Weimarer Republik / Dietmar Haubfleisch. - Frankfurt am Main ; Berlin ; Bern ; Bruxelles ; New York ; Oxford ; Wien : Lang, 2001
  (Studien zur Bildungsreform ; Bd. 40)
  Zugl.: Marburg, Univ., Diss., 1998
  ISBN 3-631-34724-3

Teil 2. - 2001

Gedruckt auf alterungsbeständigem,
säurefreiem Papier.

D 4
ISSN 0721-4154
ISBN 3-631-34724-3
© Peter Lang GmbH
Europäischer Verlag der Wissenschaften
Frankfurt am Main 2001
Alle Rechte vorbehalten.

Das Werk einschließlich aller seiner Teile ist urheberrechtlich geschützt. Jede Verwertung außerhalb der engen Grenzen des Urheberrechtsgesetzes ist ohne Zustimmung des Verlages unzulässig und strafbar. Das gilt insbesondere für Vervielfältigungen, Übersetzungen, Mikroverfilmungen und die Einspeicherung und Verarbeitung in elektronischen Systemen.

Printed in Germany 1 2 3 4 6 7

INHALTSVERZEICHNIS VON TEIL I

Vorwort des Herausgebers XIII
Vorwort des Autors XX

EINLEITUNG 1

I.	DER 'MIKROKOSMOS' SCHULFARM INSEL SCHARFENBERG ALS UNTERSUCHUNGSGEGENSTAND	10
II.	QUELLENLAGE UND FORSCHUNGSSTAND ZUR GESCHICHTE DER SCHULFARM INSEL SCHARFENBERG UND ZUR BIOGRAPHIE WILHELM BLUMES	17
III.	SCHLUßBEMERKUNGEN	30

TEIL 1:
ENTWICKLUNGSBEDINGUNGEN DER SCHULFARM INSEL SCHARFENBERG BIS ZU IHRER KONSOLIDIERUNG 1922/23 33

I.	DIE VORGESCHICHTE BIS 1920	33
I.1.	BIOGRAPHISCHE ERFAHRUNGEN DES SCHULGRÜNDERS WILHELM BLUME BIS 1918	33
I.1.a.	Elternhaus, Kindheit und Schulzeit in Wolfenbüttel 1884-1902	33
I.1.b.	Studienzeit in Heidelberg und Berlin 1902-1910/11	39
I.1.c.	Lehrerausbildung und erste Lehrertätigkeit in Berlin 1911-1918	47
I.1.d.	Wilhelm Blumes späte Berührung mit der Jugendbewegung	55
I.2.	REFORMANSÄTZE AM BERLINER HUMBOLDT-GYMNASIUM 1918 BIS 1920	77
I.2.a.	Die Umsetzung der Novembererlasse 1918 am Humboldt-Gymnasium	77
I.2.b.	Das Schulgemeindeheim des Humboldt-Gymnasiums im Stolper Forst 1919-1920	103
II.	DER 'SOMMERSCHULVERSUCH' DES HUMBOLDT-GYMNASIUMS AUF DER INSEL SCHARFENBERG 1921 UND DIE VORBEREITUNGEN ZUR EINRICHTUNG EINER STÄDTISCHEN VERSUCHSSCHULE 1921/22	114
II.1.	DIE INSEL SCHARFENBERG	114
II.2.	VORBEREITUNG UND DURCHFÜHRUNG DES 'SOMMERSCHULVERSUCHS'	122
II.3.	DER VERSUCHSSCHULGEDANKE IN DEN JAHREN 1919-1924	135

II.3.a.	Die Idee der Einrichtung einer Dauerversuchsschule auf der Insel Scharfenberg im Herbst und Winter 1921	135
II.3.b.	Die Versuchsschulvorstellungen des Bundes Entschiedener Schulreformer	141
II.3.c.	Die Reformtätigkeit des Berliner Oberstadtschulrats Wilhelm Paulsen 1921-1924	150
II.4.	**DIE VORBEREITUNGEN ZUR EINRICHTUNG EINER STÄDTISCHEN VERSUCHSSCHULE AUF DER INSEL SCHARFENBERG AB DEZEMBER 1921**	182
II.4.a.	Die Planungen bis zur Genehmigung des Versuchs im April 1922	182
II.4.b.	Die ersten Schüler und Lehrer	209
III.	**DER BEGINN DES SCHULVERSUCHS AUF DER INSEL SCHARFENBERG UND DIE KONSOLIDIERUNGSPHASE 1922/23**	235
III.1.	**DER BEGINN IM MAI 1922 UND DIE ÜBERWINDUNG DER EXISTENZSORGEN IM INFLATIONSWINTER 1922/23**	235
III.2.	**DER AUSBAU DER VERSUCHSSCHULE ZUR 'SCHULFARM' 1922/23**	240
III.2.a.	Der Erwerb der ganzen Insel	240
III.2.b.	Der Industrielle Ernst von Borsig als Sponsor für die Landwirtschaft	247
III.2.c.	Der Landwirt Paul Glasenapp	252
III.2.d.	Zur Geschichte des Begriffs und der Idee der 'Schulfarm'	257
III.3.	**DIE EINRICHTUNG DER ERSTEN 'AUFBAUER'-ABTEILUNG ZU OSTERN 1923**	269
III.4.	**DIE ABITURIUMSBERECHTIGUNG IM HERBST 1923**	273
IV.	**SCHLUßBEMERKUNGEN**	297

TEIL 2:
DIE ENTFALTUNG DER SCHULFARM INSEL SCHARFENBERG IN DEN JAHREN 1923 BIS 1933/34 ... 301

I.	**DIE AUSBAUPHASE VON 1923/24 BIS ANFANG DER 30ER JAHRE - DIE 'GOLDENEN ZWANZIGER'**	301
I.1.	**VOM SCHULABENTEUER ZUR EIGENSTÄNDIGEN INSTITUTION**	301
I.2.	**DIE SCHÜLER- UND DIE ELTERNSCHAFT**	309
I.2.a.	Die (zahlenmäßige) Entwicklung der Schülerschaft	309
I.2.b.	Wie man Schüler der Schulfarm wurde	316
I.2.c.	Die schulische und soziale Herkunft der Schüler	328
I.3.	**DIE LEHRKRÄFTE**	357

I.3.a.	Die Lehrenden bis zu Beginn der 30er Jahre	358
I.3.b.	Die Berufung der Lehrkräfte durch Wilhelm Blume	386
I.3.c.	Die pädagogische Herkunft einiger Lehrer	389
I.3.d.	Zum Problem der Be- und Überlastung der Lehrer	408
I.3.e.	Über das Wirken der Lehrer auf Scharfenberg	420
I.3.f.	Zusammenfassende Schlußthesen zur Scharfenberger Lehrerschaft	433
I.4.	DAS PERSONAL UND DIE LANDWIRTSCHAFT	437
I.4.a.	Die Entwicklung des Küchenpersonals	437
I.4.b.	Der Ausbau der Landwirtschaft	439
I.5.	DIE ARCHITEKTONISCHE GESTALTUNG DER SCHULFARM	445
I.6.	DIE SCHULFARM UND DIE ÖFFENTLICHKEIT	460
I.6.a.	Die Beschäftigung der Schulfarm mit anderen Reformversuchen	460
I.6.b.	Die Schulfarm als Ziel pädagogischer Reisender	484
I.6.c.	Selbstdarstellungen der Schulfarm	510
II.	STRUKTURELEMENTE DES ZUSAMMENLEBENS AUF DER SCHULFARM INSEL SCHARFENBERG: GEMEINSCHAFTSARBEIT, SELBSTVERWALTUNG UND UNTERRICHT - UND IHRE REALISIERUNG	523
II.1.	DIE GEMEINSCHAFTSARBEIT	529
II.1.a.	Die Ausgestaltung der Gemeinschaftsarbeit	529
II.1.b.	Über die Funktionen der Gemeinschaftsarbeit	546
II.2.	DIE SELBSTVERWALTUNG	553
II.2.a.	Die Abendaussprache	553
II.2.b.	Die Schulgemeinde	578
II.2.c.	'Grenzen' der Selbstverwaltung?	583
II.3.	DER UNTERRICHT	590
II.3.a.	Die Struktur: Der Mittel- und Oberstufenaufbau	592
II.3.b.	Der Mittelstufenunterricht	601
II.3.b.α.	Der Gesamtunterricht	606
II.3.b.ß.	Zur Funktion des Mittelstufenunterrichts	623
II.3.c.	Der Oberstufenunterricht - Das Kern-Kurs-System	624
II.3.c.α.	Der Kursunterricht	625
II.3.c.ß.	Der Kernunterricht	635
II.3.c.τ.	Zusammenfassende Thesen zur Funktion des Kern-Kurs-Systems	652
II.3.d.	'Lebensbezug' - Der Übergang vom Unterricht zum reichhaltigen außerunterrichtlichen 'Schulleben'	654
II.3.d.α.	Der fakultative Unterricht	655

II.3.d.ß.	Das außerunterrichtliche 'Schulleben' im Dienste des Unterrichts	667
II.3.e.	Das Abitur	697
II.4.	DAS PÄDAGOGISCHE KONZEPT DER SCHULFARM INSEL SCHARFENBERG (SCHLUßTHESEN)	709
III.	'AUSWIRKUNGEN' UND EINFLUßNAHMEN DER SCHULFARM INSEL SCHARFENBERG AUF DAS ÖFFENTLICHE SCHULWESEN IN DEN JAHREN 1928-1934	713
III.1.	ERSTE ANSÄTZE VOR 1928	713
III.2.	DIE EINFLUßNAHME DER SCHULFARM INSEL SCHARFENBERG AUF DIE BERLINER LEHRERAUS- UND FORTBILDUNG	720
III.3.	DIE 'PERSONALUNION' ZWISCHEN DER SCHULFARM INSEL SCHARFENBERG UND DER TEGELER HUMBOLDTSCHULE 1932-1934	730
III.4.	ÜBER DIE WIRKSAMKEIT REFORMPÄDAGOGISCHER VERSUCHSSCHULEN IM ALLGEMEINEN UND DER SCHULFARM IM BESONDEREN IN DAS 'NORMALSCHULWESEN' HINEIN	744
IV.	DAS ENDE DES SCHULVERSUCHS AUF DER INSEL SCHARFENBERG 1932 BIS 1934	751
IV.1.	POLITISCHE RADIKALISIERUNG - DER ABBAU DER SCHÜLERSELBSTVERWALTUNG 1932	751
IV.2.	DAS (VERZÖGERTE) ENDE DES 'RADIKALDEMOKRATISCHEN' SCHULVERSUCHS DER WEIMARER REPUBLIK - JANUAR 1933 BIS FRÜHJAHR 1934	768
IV.2.a.	Die behutsame Behandlung der Schulfarm durch die Nationalsozialisten bis Herbst 1933	772
IV.2.b.	Wilhelm Blumes 'Anpassungsversuche' im Frühjahr und Sommer 1933	778
IV.2.c.	Die Einsetzung des Heimleiters Dr. Felix Scholz im Herbst 1933	784
IV.2.d	Wilhelm Blumes Rückzug von der Insel	802

INHALTSVERZEICHNIS VON TEIL II

TEIL 3:
'AUSBLICK': AUF DER SUCHE NACH DER 'WIRKSAMKEIT' DER ERZIEHUNGS- UND BILDUNGSREALITÄT DER SCHULFARM INSEL SCHARFENBERG DER WEIMARER REPUBLIK 811

I.	**INSTITUTIONELLE UND BIOGRAPHISCHE ENTWICKLUNGEN IN DER NS-ZEIT**	812
I.1.	DIE ENTWICKLUNG DER SCHULFARM IN DER NS-ZEIT (AB FRÜHJAHR 1934)	812
I.2.	DAS WIRKEN UND VERHALTEN WILHELM BLUMES UND ANDERER LEHRER IN DER NS-ZEIT	829
I.2.a.	Scharfenberger Lehrkräfte der Weimarer Republik in der NS-Zeit	829
I.2.b.	Wilhelm Blume als Leiter der Humboldtschule in der NS-Zeit	848
I.3.	SCHLUßBEMERKUNGEN	869
II.	**INSTITUTIONELLE UND BIOGRAPHISCHE ENTWICKLUNGEN NACH 1945**	874
II.1.	DIE ENTWICKLUNG DER SCHULFARM	874
II.1.a.	Die Wiedererrichtung der Schulfarm 1945/46 durch Wilhelm Blume	874
II.1.b.	Die Schulfarm von 1946 bis 1948/49	884
II.1.c.	Das 'Ost-Scharfenberg' in der Schorfheide und in Himmelpfort 1949-1952	893
II.1.d.	Die Schulfarm unter der Leitung Wolfgang Pewesins 1949-1969	900
II.1.e.	Die Schulfarm nach der 'Ära Pewesin'	918
II.1.f.	Schlußbemerkungen	923
II.2.	WILHELM BLUME ALS GRÜNDUNGSDIREKTOR DER PÄDAGOGISCHEN HOCHSCHULE BERLIN 1946-1948	924
II.3.	WILHELM BLUME VON 1948/49 BIS 1970	954
II.4.	ZUR BIOGRAPHIE EINIGER SCHARFENBERGER LEHRKRÄFTE DER JAHRE 1922 BIS 1933/34 NACH 1945	972
III.	**ZUR FRAGE NACH DEM LEBENSLAUF DER SCHÜLER DER SCHULFARM DER WEIMARER REPUBLIK NACH 1934 ('LANGZEITWIRKUNGEN')**	987
III.1.	ÜBER DIE VIELFALT DER SCHARFENBERGER EINFLÜSSE	988
III.2.	DER BERUFLICHE WERDEGANG	997

III.3.	DAS WIRKEN UND VERHALTEN IN DER NS-ZEIT	1004
III.3.a.	Der Scheibner Kreis	1011
III.3.b.	Widerstandstätigkeit	1014
III.3.c.	Schlußbemerkungen	1033

ABBILDUNGEN 1039

QUELLEN- UND LITERATURVERZEICHNIS 1091

I.	UNGEDRUCKTE QUELLEN	1091
I.1.	ARCHIVALIEN	1091
I.2.	PRIVATE SAMMLUNGEN	1099
I.3.	BRIEFLICHE UND MÜNDLICHE AUSKÜNFTE	1100
II.	GEDRUCKTE QUELLEN UND LITERATUR	1106
II.1.	GEDRUCKTE QUELLEN UND LITERATUR ÜBER DIE SCHULFARM INSEL SCHARFENBERG UND WILHELM BLUME	1106
II.1.a.	Gedruckte Quellen und Literatur (ohne Zeitungsartikel)	1106
II.1.b.	Zeitungsartikel (in chronologischer Reihenfolge)	1164
II.1.c.	Zulassungs- und Examensarbeiten, unveröffentlichte Redemanuskripte u.ä.	1190
II.2.	ALLGEMEINE LITERATUR	1193
III.	FILME ÜBER DIE SCHULFARM INSEL SCHARFENBERG	1336

ABKÜRZUNGSVERZEICHNIS 1339

PERSONENREGISTER UND VERZEICHNIS DER SCHÜLER 1922-1933 1342

TEIL 3: 'AUSBLICK': AUF DER SUCHE NACH DER 'WIRKSAMKEIT' DER ERZIEHUNGS- UND BILDUNGSREALITÄT DER SCHULFARM INSEL SCHARFENBERG DER WEIMARER REPUBLIK

Mit Blumes Abgang von der Insel, mit dem Assessor Dr. Felix Scholz die kommissarische Leitung der Schulfarm übertragen wurde, war eine komplizierte, 1932 begonnene Übergangsphase abgeschlossen und der reformpädagogische Schulversuch der Weimarer Republik im Frühjahr 1934 endgültig beendet worden.

Stellt man jedoch die ebenso schwierige wie interessante Frage nach der 'Wirksamkeit' der Erziehungs- und Bildungsrealität der Schulfarm der Weimarer Republik, so ist ein ausführlicherer Blick über den Zeitraum 1933/34 hinaus erforderlich und sind Antworten auf folgende Fragestellungen zu geben:

- Wie verliefen die institutionelle Entwicklung der Schulfarm und die biographischen Entwicklungen der Lehrkräfte der Schulfarm der Weimarer Republik in der NS-Zeit?

- Wie verliefen die institutionelle Entwicklung der Schulfarm und die biographischen Entwicklungen der Lehrkräfte der Schulfarm der Weimarer Republik nach Beendigung des 2. Weltkrieges?

- Wie verliefen die Lebensläufe der Schüler der Schulfarm der Weimarer Republik nach 1933/34, wie verlief ihr beruflicher Werdegang und - vor allem - wie sahen ihre Verhaltensweisen in der NS-Zeit aus?

I. INSTITUTIONELLE UND BIOGRAPHISCHE ENTWICKLUNGEN IN DER NS-ZEIT

I.1. DIE ENTWICKLUNG DER SCHULFARM IN DER NS-ZEIT (AB FRÜHJAHR 1934)[1]

"Mit dem Sommerhalbjahr 1934", so konnte Scholz zurecht im Jahresbericht der Schulfarm für das Schuljahr 1933/34 berichten, "begann ein neuer Abschnitt in der Entwicklung der Schulfarm Insel Scharfenberg."[2] Nach der Auffassung von Scholz sollte Scharfenberg nun "ein Bollwerk und Vorposten der neuen Erziehung im Deutschland Adolf Hitlers"[3] werden.

"Die erste Bedingung" zur Realisierung dieses Zieles, so Scholz, sei die richtige "Auswahl der Menschen"[4]: Entsprechend würde nun das Lehrerkollegium "aus Mitgliedern der nationalpolitischen Bewegung zusammengesetzt"[5] und die Schüler nach 'rassischen, geistigen und körperlichen Gesichtspunkten' ausgelesen; konsequent ge-

---

[1] Vgl. dazu: HAUBFLEISCH, Dietmar, Die Schulfarm Insel Scharfenberg in der NS-Zeit, in: Weimarer Versuchs- und Reformschulen am Übergang zur NS-Zeit. Beiträge zur schulgeschichtlichen Tagung vom 16.-17. November 1993 im Hamburger Schulmuseum, hrsg. von Reiner LEHBERGER (=Hamburger Schriftenreihe zur Schul- und Unterrichtsgeschichte, 6), Hamburg 1994, S. 84-96; im Anmerkungsteil leicht verändert wieder: Marburg 1997: http://archiv.ub.uni-marburg.de/sonst/1997/0007.html - Neben den in den nachfolgenden Fußnoten zu Einzelaspekten aufgeführten Quellen zum Thema sei hier insbesondere hingewiesen auf die ungedr. 'Jahresberichte der Schulfarm Insel Scharfenberg' (Berlin, BBF: SLG-GS) für die Jahre 1932/33 und 1934/35 bis 1939/40. - Außerdem: Der Fährkahn. Blatt für die Scharfenberger, Berlin, 1. Folge: September 1935 bis 11. Folge: Mai 1941. - Einige relevante Quellen sind publiziert in: GUTSCHALK, Rolf, Scharfenberg während der NS-Zeit. Einige Dokumente, in: 60 Jahre Schulfarm Insel Scharfenberg 1922-1982. Jubiläums-Festschrift anläßlich des 60-jährigen Bestehens der Schulfarm Insel Scharfenberg (=Sonderheft der Fähre), Berlin 1982, S. 33-47. -
Vom 04.05. bis zum 25.06.1993 wurde im Schulmuseum Berlin eine - leider nicht dokumentierte -, von der Klasse 10 der Schulfarm erstellte Ausstellung 'Ein Blick ins Schularchiv - Die Schulfarm Scharfenberg in der NS-Zeit' gezeigt. Inhaltliche Unzulänglichkeiten dieser Ausstellung waren für den heute in den USA lebenden ehemaligen Scharfenberg-Schüler (1938-43) Heinz K. Jahnke Anlaß, seine eigenen Schülererinnerungen schriftlich festzuhalten. Jahnke erstellte verschiedene Arbeitsfassungen seiner Erinnerungen, die er zunächst mit Erinnerungen ehemaliger Mitschüler, dann auch mit Informationen aus ihm zugänglichen schriftlichen Quellen anreicherte. Schließlich versuchte Jahnke unter Hinzunahme von vereinzelter Sekundärliteratur zum einen eine historische Einordnung der Schulfarm in der NS-Zeit und zum anderen auch einen bewerteten Überblick über die Geschichte der Schulfarm der Weimarer Republik zu geben und publizierte sein Werk u.d.T.: JAHNKE, Heinz K., Scharfenberg unter dem Hakenkreuz. Die Geschichte der Schulfarm Scharfenberg zwischen 1933 und 1945, Berlin 1997. - Da Jahnke in seiner Publikation Aussagen mit originärem Quellencharakter und Sekundärinformationen in problematischer Weise miteinander vermischt, ist seine Arbeitsfassung des Jahres 1995 der Publikation vorzuziehen: PS Jahnke: JAHNKE, Heinz K., Schulfarm Insel Scharfenberg 1933-1945. Versuch einer sachlichen Darstellung, Kalamazoo, MI USA, Arbeitsfassung 1995.

[2] Berlin, BBF: SLG-GS, Jahresberichte 1934/35, Bd. 301c, Nr. 83: Berlin, SIS, S. 37.
[3] Zum Geleit, in: Der Fährkahn. Blatt der Scharfenberger, 4. Folge: September 1935, S. 4.
[4] Berlin, BBF: SLG-GS, Jahresberichte 1934/35, Bd. 301c, Nr. 83: Berlin, SIS, S. 37.
[5] Berlin, BBF: SLG-GS, Jahresberichte 1934/35, Bd. 301c, Nr. 83: Berlin, SIS, S. 37.

hörte es fortan zu den zentralen Aufnahmebedingungen für die Jungen, daß sie Mitglied in der Hitlerjugend bzw. im Jungvolk zu sein hatten[6].

In einer Biographie des Berliner Stadtschulrats Meinshausen aus dem Jahre 1934 heißt es, nach dessen Willen solle aus der Schulfarm als einem seiner "Steckenpferde" "eine Musterschule nach Art der nationalpolitischen [!] Bildungsanstalten werden"[7]. Erstmals behördlich formuliert taucht dieser offensichtlich von Meinshausen und Scholz gemeinsam forcierte 'ehrgeizige' Gedanke im Haushaltsplan für die Schulfarm für das Jahr 1935 auf: hier erscheint der Plan, aus der Schulfarm eine 'Musteranstalt' zu machen - und zwar als eine 'nationalsozialistische [sic!] Erziehungsanstalt der Stadt Berlin', die eine 'Mixtur' aus einem Landerziehungsheim

---

[6] Berlin, BBF: SLG-GS, Jahresberichte 1934/35, Bd. 301c, Nr. 83: Berlin, SIS, S. 37f. - Vgl. dazu etwa auch: Berlin, LA, SIS: SCHOLZ, Felix, Scharfenberg. Die höhere Landerziehungsschule der Stadt Berlin (1936), masch.; abgedr. in: Nationalsozialistische Erziehung. Kampf- und Mitteilungsblatt des Nationalsozialistischen Lehrerbundes für den Gau Groß-Berlin, Berlin, Jg. 5 (1936), S. 353f.; wieder in: GUTSCHALK, Rolf, Scharfenberg während der NS-Zeit. Einige Dokumente, in: 60 Jahre Schulfarm Insel Scharfenberg 1922-1982. Jubiläums-Festschrift anläßlich des 60-jährigen Bestehens der Schulfarm Insel Scharfenberg (=Sonderheft der Fähre), Berlin 1982, S. 33-47, hier S. 41-44 [als Dok. Nr. 7]; hier (1936), S. 353: "Die Zöglinge, deren rassische, körperliche und geistige Auslese insbesondere aus der Berliner Volksschuljugend angestrebt wird, sollen mit Hilfe der strengen Forderungen einer Werksgemeinschaft, in deren Mittelpunkt die Landwirtschaft steht, und in täglicher Übung des zu leistenden Ordnungsdienstes vor allem auch charakterlich auf die künftigen Aufgaben in der Volksgemeinschaft umfassend und unmittelbar vorbereitet werden. Daß sie alle der Hitlerjugend angehören, ist in diesem Rahmen ebenso selbstverständlich wie daß ihre jungen, sorgfältig ausgewählten Erzieher aus der Bewegung und dem Dienst in ihren Gliederungen herkommen." - Weiter z.B.: Die Schulfarm Insel Scharfenberg. Neue Erziehungswege am Berliner Stadtrand, in: Deutsche Allgemeine Zeitung. Ausg. Groß-Berlin vom 17.02.1937 (Morgenausg., Beiblatt). - Schulfarm Scharfenberg, in: Nationalsozialistische Erziehung. Wochenschrift des Nationalsozialistischen Lehrerbundes, Gau Berlin, Berlin, Jg. 7 (1938), S. 85.

[7] FECHNER, Dr. Meinshausen, S. 61.

in Lietzschem Sinne und einer Nationalpolitischen Erziehungsanstalt (NAPOLA)[8] darstellen sollte[9].

Um den dazu gewünschten unmittelbareren Kontakt zwischen der Schulfarm und der zentralen Schulverwaltung der Stadt zu erreichen, wurde die Schulfarm - nachdem sie zunächst dem Magistrat der Stadt Berlin untergestellt gewesen und erst im Rahmen des 'Doppelschulversuchs' 1932 dem Bezirk Reinickendorf unterstellt worden war[10] - zu Beginn des Jahres 1935 der Verwaltung des Bezirks Reinickendorf entzogen und direkt der Hauptverwaltung der Stadt Berlin unterstellt.

Im Frühjahr 1935 wurde ein Plan zur Umgestaltung der Schulfarm von der Stadt Berlin an den Oberpräsidenten der Provinz Brandenburg, Abt. für höheres Schulwesen, gesandt. Dieser leitete denselben im Mai 1935 an den Reichs- und Preußischen Minister für Wissenschaft, Erziehung und Volksbildung weiter - und zwar in Begleitung des skeptischen Kommentars, man möge zunächst die Stabilisierung der Schulfarm im nationalsozialistischen Sinne abwarten, bis man sich hier weiter vorwage. Vermutlich nicht zuletzt aufgrund dieser skeptischen Bemerkungen lehnte das Ministerium den Scharfenberg-Plan ab und untersagte entsprechend auch den Gebrauch der Bezeichnung 'Nationalsozialistische Erziehungsanstalt' für die Schulfarm.

---

[8] Zur Geschichte der Nationalpolitischen Erziehungsanstalten s. vor allem: SCHOLTZ, Nationalsozialistische Ausleseschulen. - Auch: Elite für die Diktatur. Die Nationalpolitischen Erziehungsanstalten 1933-1945. Ein Dokumentarbericht, hrsg. von Horst UEBERHORST, Düsseldorf 1969. - Und: SCHNEIDER, Christian / STILLKE, Cordelia / LEINEWEBER, Bernd, Das Erbe der Napola. Versuch einer Generationsgeschichte des Nationalsozialismus, Hamburg 1996.

[9] Quellen über diesen - in dieser Arbeit nicht detailliert darzustellenden - Vorgang finden sich in: Berlin, Landesarchiv. Außenstelle Breite Straße (vormals: Stadtarchiv Berlin): Rep. 20-01, Nr. 763: Aufstellung und Bearbeitung des Haushalts Kap. XV-5 für die Erziehungsanstalt Scharfenberg 1935/36. - Vgl. zum Verständnis auch: SCHOLZ, Felix, Scharfenberg. Die höhere Landerziehungsschule der Stadt Berlin, in: Nationalsozialistische Erziehung. Kampf- und Mitteilungsblatt des Nationalsozialistischen Lehrerbundes für den Gau Groß-Berlin, Berlin, Jg. 5 (1936), S. 353f.; wieder in: GUTSCHALK, Scharfenberg während der NS-Zeit, S. 41-44 [Dok. Nr. 7]. - In der Literatur ist des öfteren fälschlicherweise die Rede von der Schulfarm als 'nationalpolitische Erziehungs- bzw. Bildungsanstalt'; vgl. z.B.: Verwaltungsbericht der Bezirksverwaltung Reinickendorf für die Zeit vom 1. April 1932 bis 31. März 1936, hrsg. vom Bezirksbürgermeister des Verwaltungsbezirks Reinickendorf der Reichshauptstadt Berlin, Berlin 1936, S. 34. - RICHTER, Schulfarm Insel Scharfenberg, S. 140. - REIBE, Reinickendorf, S. 84. - MAST, Peter, [Rezension von:] Geschichte der Berliner Verwaltungsbezirke, hrsg. von Wolfgang RIBBE, Bd. 1-5, 11 und 12, Berlin 1988, in: Zeitschrift für internationale erziehungs- und gesellschaftliche Forschung, Jg. 6 (1989), S. 426-429, hier S. 427. - KEIM, Wolfgang, Erziehung unter der Nazi-Diktatur, Bd. 1: Antidemokratische Potentiale, Machtantritt und Machtdurchsetzung, Darmstadt 1995, S. 93; 'Gruppe Ulbricht' in Berlin April bis Juni 1945. Von den Vorbereitungen im Sommer 1944 bis zur Wiedergründung der KPD im Juni 1945. Eine Dokumentation. Mit einem Geleitwort von Wolfgang LEONHARD, hrsg. und eingel. von Gerhard KEIDERLING, Berlin 1993, S. 415, Anm. 7.

[10] S. 737f.

'Immerhin' erbrachten die 'Musterschul'-Pläne der Schulfarm bauliche Erweiterungen[11]: Als erstes wurden im Frühjahr 1935 drei Holzbaracken als Wohn- und Schlafbaracken für Schüler errichtet. Genau ein Jahr später, im Frühjahr 1936, wurden drei Lehrerhäuser fertiggestellt, und in den Jahren 1936/37 wurden ein neues Schulhaus und eine Turnhalle errichtet. Alle Bauten wurden - wie die Neubauten der Jahre 1927/28 - von dem Architekten Richard Ermisch entworfen[12].

Es scheint, als ob das Jahr 1936 mit dem Scheitern der 'Musterschul'-Pläne einen tieferen Einschnitt in der nationalsozialistischen Geschichte der Schulfarm bedeutete, doch machen die schriftlichen Quellen zur Entwicklung in den nachfolgenden Jahren leider recht wenig Aussagen. So ist z.B. auch der genauere Kontext einer Anfang 1938 erfolgten Namensänderung der Schulfarm so gut wie nicht rekonstruierbar: Wohl aufgrund einer neuen Antragsstellung nahm die Schulfarm auf Genehmigung des Reichs- und Preußischen Ministers für Wissenschaft, Erziehung und Volksbildung an den Stadtpräsidenten von Berlin. Abteilung für höheres Schulwesen vom 28.04.1938 den Namen von 'Hitlers Stellvertreter' Rudolf Heß (1894-1987) an und nannte sich 'Rudolf-Heß-Schulfarm'[13]. Im Jahresbericht der Schulfarm für das Schuljahr 1938/39 berichtete Scholz dazu:

"Am 15. Nov. 1938 besuchten der Herr Bürgermeister der Reichshauptstadt Berlin, [Ludwig] Steeg [(1894-19..)], der Herr Stadtkämmerer, Prof. Hettlage, Herr Mag.-Oberschulrat Bohm und Herren verschiedener städtischer Verwaltungszweige die Schulfarm, um sich über deren zukünftige Gestaltung schlüssig zu werden. Im Verfolg dieses Besuches wurde der weitere großzügige Ausbau der Städtischen Schulfarm zu einer Musterschule beschlossen. Richtlinien für die Neugestaltung des inneren und äußeren Betriebes, die u.a. durch Ermäßigung der Zahl der Unterrichtsstunden einen verstärkten Einsatz der Erzieher im Internatsdienst ermöglichen sollen, wurden ausgearbeitet und genehmigt."[14]

Von weiteren Veränderungen der Schulfarm hin zu einer mit der Namensänderung angestrebten Entwicklung zu einer 'Musterschule' ist jedoch nichts bekannt - im Gegenteil: Der neue Name 'Rudolf-Heß-Schulfarm' existierte lediglich für die Schul-

---

[11] S. hierzu bes.: Neubauten auf der Insel Scharfenberg, in: Völkischer Beobachter vom 21.11.1936. - Auch: Entwicklung der äußeren Gestalt Scharfenbergs, in: Der Fährkahn. Blatt der Scharfenberger, 7. Folge: Mai 1937, S. 6-9. - Verwaltungsbericht der Hauptschulverwaltung der Stadt Berlin und der Allgemeinen Hauptverwaltung Kunst- und Bildungswesen für die Zeit vom 1. April 1932 bis 31. März 1936 mit einem kurzen Rückblick seit 1928, Heft 5: Schul-, Kunst- und Bildungswesen, Berlin 1937, S. 15. - Berlin, BBF: SLG-GS, Jahresberichte 1934/35, Bd. 301c, Nr. 83: Berlin, SIS, S. 30. - Berlin, BBF: SLG-GS, Jahresberichte 1935/36, Bd. 327c, Nr. 78: Berlin, SIS, S. 26. - Berlin, BBF: SLG-GS, Jahresberichte 1936/37, Bd. 353c, Nr. 79: Berlin, SIS, S. 25f.
[12] S. bes.: ERMISCH / WEBER, Richard Ermisch, S. 31. - Vgl. bes. S. 451.
[13] Berlin, BA: Reichsministerium für Wissenschaft, Erziehung und Volksbildung, Nr. 4702, Bl. 93: "Zu den Berichten vom 14. Januar und 3. März d. Js. - III Gen. 1938/37 und III Gen. 317/38 - wegen der Bezeichnung von städtischen höheren Schulen der Reichshauptstadt. Wenn auch die gegebenen Anregungen durchaus zu würdigen sind, so habe ich mich doch nach nochmaliger Prüfung nicht entschließen können, die durch Erlaß vom 4. August 1937 - E III 1779 II, E III a, Z II a - festgesetzten allgemeinen Bezeichnungen der Schulen zu ändern. Infolgedessen ist nichts dagegen einzuwenden, daß anstelle der bisherigen Bezeichnungen die folgenden Bezeichnungen treten:
Bisher: [...] Schulfarm Insel Scharfenberg
Künftig: Rudolf-Heß-Schulfarm, Oberschule für Jungen."
[14] Berlin, BBF: SLG-GS, Jahresberichte 1938/39, Bd. 404c, Nr. 77: Berlin, SIS, S. 21.

jahre 1938/39 und 1939/40; anschließend erscheint die Schulfarm wieder mit ihrer alten Bezeichnung als 'Schulfarm Insel Scharfenberg'[15]. Es scheint, als ob sich die Bezeichnung 'Rudolf-Heß-Schulfarm' auf der Insel selbst zu keinem Zeitpunkt so recht durchgesetzt hatte[16]. Allerspätestens aber, als Heß - nachdem er am 10.05.1941 nach Englang geflogen war um mit London vor dem deutschen Rußlandfeldzug eine Übereinkunft zu erzielen - von Hitler als geisteskrank bezeichnet wurde, war die neue Namensbezeichnung endgültig obsolet.

Eine neue Phase der Entwicklung ergab sich für die Schulfarm mit dem Beginn des 2. Weltkrieges: Viele der Schüler meldeten sich freiwillig zur Front. Der Unterricht auf der Insel konnte nur mühsam aufrecht erhalten werden[17].

Bereits vor dem 2. Weltkrieg wurden im Rahmen der 'Kinderlandverschickung' (KLV), die der Nationalsozialistischen Volkswohlfahrt (NSV) oblag, gesundheitsgefährdete Stadtkinder zur Erholung in ländliche Gebiete verschickt. Nach Beginn des 2. Weltkrieges wurden die Verschickungen als 'Erweiterte Kinderlandverschickung'

---

[15] S. so in: Wegweiser durch das höhere Schulwesen des Deutschen Reiches. Im Auftrage des Reichsministeriums für Wissenschaft, Erziehung und Volksbildung bearb. von der Reichsstelle für Schulwesen Berlin, Berlin, Jg. 1: Schuljahr 1935, Berlin 1936, S. 12*f. und S. 12f., ebenso in: Ebd., Jg. 2: Schuljahr 1936, Berlin 1937, S. 9* und S. 12f., ebenso in: Ebd., Jg. 3: Schuljahr 1937, Berlin 1938, S. 10* und S. 12f., ebenso wieder in: Ebd., Jg. 6: Schuljahr 1940, Berlin 1942, S. 12f., wieder in: Ebd., Jg. 7: Schuljahr 1941, Berlin 1943, S. 12f., sowie in: Ebd., Jg. 8: Schuljahr 1942, Berlin 1944, S. 12f. wird als Bezeichnung 'Schulfarm Insel Scharfenberg' verwendet. - Lediglich in: Ebd., Jg. 4: Schuljahr 1938, Berlin 1939, S. 9* und S. 12f., und: Ebd., Jg. 5: Schuljahr 1939, Berlin 1940, S. 11* und S. 16f. wird die 'Schulfarm' als 'Rudolf-Heß-Schulfarm' bezeichnet. -
In 'Kunzes Kalender' erscheint der Name 'Rudolf-Heß-Schulfarm' lediglich für das Schuljahr 1938/39, s.: Jahrbuch (Kunzes Kalender), Jg. 45: Schuljahr 1938/39, 2. Teil, Breslau 1938. -
Die Bezeichnung 'Schulfarm Insel Scharfenberg' wurde durchgehend verwendet in: Statistisches Jahrbuch der Stadt Berlin, hrsg. im Auftrage des Magistrats vom Statistischen Amt der Stadt Berlin, [N.F.] Jg. 10 (1934), Berlin 1934, S. 174; [N.F.] Jg. 11 (1935), Berlin 1936, S. 169; [N.F.] Jg. 12 (1936), Berlin 1937, S. 128; [N.F.] Jg. 13 (1937), Berlin 1938, S. 131; [N.F.] Jg. 14 (1938), Berlin 1939, S. 146; [N.F.] Jg. 15 (1939), Berlin 1943, S. 153.

[16] Es ist geradezu bemerkenswert, wie vehement einige ehemalige Schüler der Schulfarm der NS-Zeit bestreiten, die Schulfarm habe jemals 'Rudolf-Heß-Schulfarm' geheißen. So z.B.: Schmitz an D.H. br. vom 16.01.1995: "Mehrfach angekündigt, - vermutlich ein Wunschtraum des Schulleiters [...]." - Jan J. Mennerich an D.H. br. vom 10.01.1995: "Entgegen Ihrer Feststellung hat Scharfenberg niemals 'Rudolf-Heß-Schulfarm' geheißen, auch nicht, wie von Ihnen angegeben, in den Jahren 1938-1940. Wohl gab es derartige Bestrebungen, die aber niemals realisiert wurden."

[17] S. hierzu die existierenden 'Jahresberichte' der Schulfarm. - Vgl. auch: MENNERICH, Jan J., Schulfarm Insel Scharfenberg in den Jahren 1936-1940. Eine Retrospektive [Oktober 1987], in: Festschrift zum 75-jährigen Bestehen der Schulfarm Scharfenberg 1997, [hrsg. von der Schulleitung der Schulfarm Insel Scharfenberg], Berlin 1997, S. 12-19; um den Schlußteil gekürzt zuvor in: Die Schulfarm auf der Insel Scharfenberg. Beiträge zu ihrer Geschichte anläßlich der 125-Jahr-Feier des Ortsteils Konradshöhe (=Neue Scharfenberg-Hefte, 14), Berlin 1990, S. 46-53.

auf Kinder in unmittelbar kriegsgefährdeten Gebieten ausgedehnt[18]: Ende August 1940 erfolgte der erste Bombenangriff auf Berlin[19]. Am 27. September 1940 wurde die Aktion der 'Erweiterten Kinderlandverschickung' eingeleitet durch ein streng vertrauliches Rundschreiben des 'Reichsleiters' Martin Bormann (1900-1945) über die 'Landverschickung der Jugend luftgefährdeter Gebiete', das praktisch Gesetz war:

> "Der Führer hat angeordnet, daß die Jugend aus Gebieten, die immer wieder nächtliche Luftalarme haben, auf der Grundlage der Freiwilligkeit in die übrigen Gebiete des Reiches geschickt wird. Hierbei sollen vor allen Dingen die Kinder aus Laubenkolonien und solchen Stadtteilen, die keine ausreichenden Luftschutzkeller besitzen, berücksichtigt werden. Die Unterbringung erfolgt, soweit wie möglich, schul- bzw. klassenweise. Die Lehrkräfte der Heimschulen werden zu einem erheblichen Teil bei der Unterbringungsaktion mit eingesetzt und sorgen für eine Aufnahme des Schulunterrichts in ausreichendem Maße in dem Unterbringungsort.
> Die Unterbringung erfolgt in Jugendherbergen, Gaststätten und anderen geeigneten Räumen [...].
> Mit der Durchführung dieser Maßnahme hat der Führer Reichsleiter Baldur von Schirach [(1907-1974)] beauftragt, zu dessen Unterstützung insbesondere die NSV, die Hitler-Jugend und der NS-Lehrerbund tätig sein werden [...]."[20]

1942, als die Kriegsgegner des Deutschen Reiches ihre Luftangriffe auf deutsche Städte verstärkten, wurde die KLV schließlich eine großangelegte Maßnahme für Schüler in besonders luftkriegsgefährdeten Gebieten. Schullandheime, Klöster, Ju-

---

[18] Als wichtige Quelle s.: WALLRABENSTEIN, Heinrich, Die Erweiterte Kinderlandverschickung, in: Deutsche Schulerziehung. Jahrbuch des Deutschen Zentralinstituts für Erziehung und Unterricht 1941/42 [mit Tätigkeitsbericht für 1939/40], hrsg. von Richard BENZE, Berlin 1943, S. 93-98. - Materialreich: Von der Nordseeküste in die Kinderlandverschickung 1940-1945. Zeitgeschichtliche Dokumentation, zusammengestellt und bearbeitet von Martha SCHLEGEL, Oldenburg 1996. - Vieles von der wenigen Literatur, die zum Thema existiert, ist durch ziemlich eindeutige nationalsozialistische Verherrlichungstendenzen gekennzeichnet; dazu gehört auch die (mit problematischen Interpretationen versehene) Quellensammlung: KLV. Die erweiterte Kinder-Land-Verschickung. KLV-Lager 1940-1945, hrsg. von Gerhard DABEL, Freiburg 1981. - Vgl. dagegen (mit radikaler Kritik an Werken wie dem oben genannten): HERMAND, Jost, Als Pimpf in Polen. Erweiterte Kinderlandverschickung 1940-1945, Frankfurt 1993, bes. S. 9-28. - S. auch: Kinderlandverschickung 1940-1945. "Wen der Führer verschickt, den bringt er auch wieder gut zurück". Eine Ausstellung des Kunstamtes Steglitz in Zusammenarbeit mit dem Arbeitskreis 'Nationalsozialismus in Steglitz'. Begleitbroschüre zur Ausstellung 6. Dezember 1995 bis 26. Januar 1996 [in der Ingeborg-Drewitz-Bibliothek, Berlin-Steglitz], Berlin 1996. - KRESSEL, Carsten, Evakuierungen und Erweiterte Kinderlandverschickung im Vergleich (=Europäische Hochschulschriften, Reihe 3: Geschichte und ihre Hilfswissenschaften, 715), Frankfurt [u.a.] 1996. - KOCK, Gerhard, "Der Führer sorgt für unsere Kinder ..." Die Kinderlandverschickung im Zweiten Weltkrieg, Paderborn [u.a.] 1997. - KEIM, Wolfgang, Erziehung unter der Nazi-Diktatur, Bd. 2: Kriegsvorbereitung, Krieg und Holocaust, Darmstadt 1997, S. 153-160.

[19] S. z.B.: ENGELI / RIBBE, Berlin in der NS-Zeit, S. 1009f.

[20] Rundschreiben des Reichsleiters Martin Bormann vom 27.09.1940, abgedr. u.a. in: KLV. Die erweiterte Kinder-Land-Verschickung. KLV-Lager 1940-1945, hrsg. von Gerhard DABEL, Freiburg 1981, S. 7. - Vgl. dazu: WALLRABENSTEIN, Erweiterte Kinderlandverschickung, S. 93: "Am 28. September 1940 hat der Führer für die Jugend in den luftgefährdeten Gebieten eine großzügige freiwillige Landverschickung angeordnet. Der von ihm zum verantwortlichen Leiter der gesamten Aktion bestimmte Reichsleiter für die Jugenderziehung in der NSDAP, Baldur von Schirach, erließ am 2. Oktober eine Durchführungsanweisung für die KLV, die Anordnungen des Reichserziehungsministers, des Reichsernährungsministers, des Reichsgesundheitsführers, des Reichswalters des NS-Lehrerbundes und des Reichsschatzmeisters der NSDAP zur Folge hatte."

gendherbergen, Schlösser, Ferienpensionen und Hotels in Ost- und Süddeutschland, auch im 'Protektorat Böhmen und Mähren', in der Slowakei und in Ungarn, wurden in großer Zahl zu KLV-Lagern hergerichtet. Von 1940 bis 1944/45 wurden insgesamt etwa 800.000 Jungen und Mädchen verschickt.

Bereits am 07.10.1940 verhandelte die Schulfarm mit der Hitlerjugend (HJ) und der Nationalsozialistischen Volkswohlfahrt (NSV) über eine Verlegung der Schulfarm[21]. Im Gefolge dieser frühen Verhandlungen, die wohl durch einen oder mehrere frühe Bombenabwürfe auf die Insel veranlaßt worden sein dürften[22], siedelte die Schulfarm - laut Blume als erste Berliner Schule[23] - geschlossen in ein KLV-Lager um.

Am 15.11.1940 zog die Scharfenberger Gemeinschaft in das 'Berghotel Thiele' und in die dem Berghotel benachbarte 'Pension Mandel' in Brückenberg im Rie-

---

[21] Über die Zeit von Oktober 1940 bis Mai 1941 gibt die 11. und zugleich letzte Nummer des Scharfenberger 'Fährkahns' partiell Auskunft über die KLV-Vorbereitungen und -Durchführung der Scharfenberger. Für die nachfolgende Zeit aber liegen kaum Archivalien vor. - Die folgende knappe Übersicht basiert daher primär auf Erinnerungen und vereinzelten privaten Unterlagen ehemaliger beteiligter Schüler, vor allem: Hans-Georg Heun (SIS Februar 1941 - Oktober 1943); Heun besitzt für die Zeit vom 01.01.1943 bis 31.12.1943 und vom 08.08.1943 bis 22.10.1943 ein persönliches Tagebuch! - Heinz K. Jahnke (SIS 1938-1943); insbes.: PS Jahnke: JAHNKE, Heinz K., Schulfarm Insel Scharfenberg 1933-1945. Versuch einer sachlichen Darstellung, Kalamazoo, MI USA, Arbeitsfassung 1995. - Ergänzt werden die Inf. von Heun und Jahnke durch die folgender ehemaliger Scharfenberg-Schüler: Rolf Schmitz (SIS März 1939 - Juli 1942), Wolfgang Voges (SIS Ostern 1939 - Mai 1943), Peter Wilsdorf (SIS 1940-1945), Gerhard Schumpe (SIS September/Oktober 1941-1945), Rüdiger Möller (SIS 1942-1944), Hans J. Uetze (SIS August 1943 - Sommer 1944).

[22] Voges an D.H. br. vom 25.03.1991, berichtet, den Anstoß für diese frühen Bemühungen habe "nach unserer Kenntnis eine britische Bombe [gegeben], die auf unseren Sportplatz fiel und keinen größeren Schaden anrichtete." - Und: PS Jahnke: JAHNKE, Heinz K., Schulfarm Insel Scharfenberg 1933-1945. Versuch einer sachlichen Darstellung, Kalamazoo, MI USA, Arbeitsfassung 1995, S. 101, erinnert sich daran, daß während der Herbstferien 1940 vier Bomben auf die Insel gefallen seien, was der Anlaß für eine frühe Verlegung gewesen sei (die Insel als gefährdetes Gebiet).

[23] BLUME, Wilhelm, Bezirksantrag 1945 zur Wiedereröffnung Scharfenbergs [vermutlich Juli 1945; vollständiges masch. Orginal in: Berlin, LA, SIS]; Teile veröff. in: Wilhelm Blume zum 100. Geburtstag (=Neue Scharfenberg-Hefte, 6), Berlin 1984, S. 29-35, hier S. 30, Hinweis, die Schulfarm habe "sich 'als erste Berliner Schule' 'geschlossen in ein KLV-Lager verschieben [lassen]". - BLUME, Denkschrift, S. 10, bemerkt, die Schulfarm habe sich "als erste Berliner Oberschule [!] 'geschlossen' nach dem sicheren Südosten verfrachten [...] lassen".

sengebirge ein[24]. Der Aufenthalt der Scharfenberger hier dauerte bis Mitte März 1942[25]. Nach ein paar Tagen Ferien, die die Schüler zuhause verbrachten[26], wurde am 24.04.1942 das 'Hotel Otava' in Schüttenhofen (=Susice) bei Klattau (=Klatovy) im Protektorat Böhmen und Mähren die zweite KLV-Station der Schulfarm[27]. Dieser Aufenthalt endete am 09.08.1942[28]. Von Schüttenhofen kehrte man nach kurzer Ferienzeit - laut Hans-Georg Heun ab dem 1. September 1942 - auf die Insel Scharfenberg zurück[29]. In den nachfolgenden Monaten wurde zumindest eine Klasse als Flakhelfer eingesetzt. Die Inselgemeinschaft war dauernden Fliegeralarmen und -angriffen ausgesetzt; dies war der Grund, weshalb man sich, (wohl) im

[24] Über die Vorbereitungen, die Umsiedlung und die ersten Monate in Brückenberg informieren einige Artikel in der 11. Folge des Scharfenberger 'Fährkahns' vom Mai 1941, insbes.: MÜNZEL, Karl, Aus dem Anstaltsleben 1940/41 [April 1940-März 1941], in: Der Fährkahn. Blatt der Scharfenberger, 11. Folge: Mai 1941, S. 5-10. - Und: KINZE, Helmut, Brückenberg. K.L.V., in: Der Fährkahn. Blatt der Scharfenberger, 11. Folge: Mai 1941, S. 18-21. - MÜNZEL, Aus dem Anstaltsleben 1940/41, S. 7, zum 14.11.1940: "Der Heimleiter [Kinze gemeint!] trifft in Brückenberg und Hirschberg die letzten Vorbereitungen [für die Aufnahme der Scharfenberger]." - Ebd., zum 15.11.1940: "4.30 Uhr. Angezogen, die Koffer fertig gepackt. 5.00 Uhr alles an der Fähre, Übersetzen [...]. 5.45 Uhr: Die Sonderwagen der Straßenbahn treffen verspätet ein. 7.25 Uhr Görlitzer Bahnhof. Zug ist abgefahren [...]. Schuljugendleiter Zelger setzt durch, daß wir 8.15 Uhr mit Eilzug weiterfahren können [...]. 13.00 Uhr Hirschberg, Stadtbesichtigung. 17.15 Uhr Ankunft in Krummhübel. Marsch nach Brückenberg-Wang (865m). 55 Schüler werden im Berghotel Thiele untergebracht, 28 vorläufig und nur zum Schlafen im Haus Mandel. Das 'Lager Scharfenberg' im Berghotel Thiele steht." - Zum 14.01.1941 vermerkt: MÜNZEL, Aus dem Anstaltsleben 1940/41, S. 9: "Allgemeiner Umzug. Die Buden für die Jungen aus dem Mandelhaus, das nun mit anderen Kindern belegt werden soll, werden freigemacht." - Dazu kommentiert und ergänzt: Jahnke an D.H. br. vom 10.02.1995: "Das 'Mandelhaus' mußte von uns geräumt werden, weil ein Mädchenlager dort einzog. Die Mädchen kamen aus der Gegend von Aaachen (Stolberg, Alsdorf). Dadurch wurde es im Thielehaus eng (zweistöckige Betten mußten aufgestellt werden). Die Mädchen blieben bis zum Herbst 1941 dort. Danach zog eine Gruppe unserer Schüler und zwei Lehrer [...] wieder ins 'Mandelhaus'. Wir belegten nur den oberen Flur des Gebäudes, im Erdgeschoß wurden Kurgäste untergebracht."

[25] Heun an D.H. br. vom 20.02.1995. - Vgl.: Schmitz an D.H. br. vom 16.02.1995, berichtet, er besäße ein auf den 15.03.1942 datiertes Zeugnis aus Brückenberg, das den Hinweis enthielte: "Das Zeugnis ist beim Wiederbeginn des Unterrichts am 15.4.42 [!] von dem Erziehungsberechtigten unterschrieben dem Klassenleiter vorzulegen." Der Unterrichtsbeginn sei, so Schmitz, in Schüttenhofen erfolgt.

[26] Schmitz an D.H. br. vom 16.01.1995. - Ebenso: Jahnke an D.H. br. vom 17.01.1995.

[27] Heun an D.H. br. vom 20.02.1995, gibt den Hinweis, die Anreise sei vom 22. bis zum 24.04.1942 mit Personenzügen von Berlin über Plauen und Pilsen mit je einer Übernachtung in Plauen und Pilsen erfolgt. - Schumpe an D.H. br. vom 20.01.1995, benennt nur vage das Frühjahr 1942 als Zeitpunkt der Ankunft in Schüttenhofen. - Schmitz an D.H. br. vom 16.01.1995, nennt ebenfalls den April 1942 als Beginn des Aufenthaltes in Schüttenhofen.

[28] Heun an D.H. br. vom 20.02.1995 schreibt, man sei von 09. auf den 10.08.1942 über Prag (Übernachtung in Jugendherberge) nach Berlin abgereist. - Die Schulfarm Scharfenberg. Eine chronologische Übersicht, in: 60 Jahre Schulfarm Insel Scharfenberg 1922-1982. Jubiläums-Festschrift anläßlich des 60-jährigen Bestehens der Schulfarm Insel Scharfenberg (=Sonderheft der Fähre), Berlin 1982, S. 105-110, hier S. 107, nennt fälschlicherweise die Jahre 1942/43 als Zeitraum, in dem sich die Scharfenberger im Protektorat Böhmen und Mähren aufhielten.

[29] Berlin, LA, SIS: Heun an die Schulfarm Insel Scharfenberg br. vom 15.11.1993.

Oktober 1943 in ein KLV-Lager nach Wieck auf Rügen begab[30]. Von hier aus wurden einzelne Schulklassen zu den Luftwaffenhelfern 'abkommandiert' - und stießen, auch wenn sie ihre Luftwaffenhelferzeit überlebten, (in der Regel) nicht mehr zu ihrer Schulgemeinschaft zurück[31].

Wie lange die (nicht abkommandierten) Scharfenberger in Wieck auf Rügen blieben, ist bislang nicht ganz geklärt; doch kann als sicher gelten, daß man - entgegen anderer Aussagen - hier nicht bis zum Kriegsende, sondern - sicher bis Sommer 1944[32] - bis längstens März 1945 blieb: Der einstige Scharfenbergschüler Peter Wilsdorf berichtet, er habe zu den Schülern gehört, die im Dezember 1943 oder Januar 1944 aus Wieck zu den Luftwaffenhelfern (Flak) abberufen worden seien; im Anschluß an seinen Luftwaffenhelfereinsatz (Flak) habe er Anschluß an seine Schule zu gewinnen versucht und dabei die Nachricht erhalten, sie sei im März und April 1945 nach Wichmannsdorf, nördlich von Kröpelin in Mecklenburg verschickt worden; als Zeitraum für diesen KLV-Aufenthalt gibt Wilsdorf die Zeit vom 15.03.1945 bis 30.04.1945 an[33].

---

[30] Uetze an D.H. br. vom 31.01.1995: "Ich war nur [ein] 3/4 Jahr in Scharfenberg, August 43 eingeschult, im Oktober 43 [!] Verlegung nach Wieck auf Rügen. Sommer 44 schied ich aus, und kam in die 'Lehrwerkstatt des Nachrichtenzeugamtes der Wehrmacht'/Berlin." - Heun an D.H. br. vom 20.02.1995, schreibt, die Scharfenberger Gemeinschaft sei, nachdem er selbst im Oktober 1943 die Schulfarm verlassen habe, mindestens bis November 1943 auf der Insel geblieben. - In: Berlin, LA, SIS befindet sich Zeugnis mit dem Kopf 'Schulfarm Insel Scharfenberg - Oberschule für Jungen in Aufbauform - Insel Scharfenberg im Tegeler See im Lager Wieck/Rügen', datiert vom 06.04.1944; zu diesem Zeitpunkt also muß sich die Schulfarm allerspätestens auf Rügen befunden haben! - Das ehemalige KLV-Lager, bestehend aus festen Bauten mit einst rot gestrichener Holzverkleidung, an der Hauptstraße von Wieck gelegen, existiert, hell gestrichen, noch heute; in DDR-Zeiten fungierte es als Kindererholungsheim.

[31] Schumpe an D.H. br. vom 20.01.1995: "Doch dann wurde es in Berlin wieder 'zu heiß' und die Schule wanderte wieder aus, nach Wieck auf Rügen. [...]. Doch dann brauchte unser ehemaliger Führer wieder neue Soldaten und wir wurden zu den Luftwaffenhelfern abkommaniert [...]. Doch auch die Zeit der Flak ging zu Ende. Anfang 1945 wurden wir als Luftwaffen-Helfer entlassen mit der Auflage, uns sofort in Berlin beim Arbeitsdienst zu melden. Mir legte man das besonders ans Herz, da ich ja einen weiten Heimweg hatte. Doch zu dieser Zeit brauchte die Post von Berlin nach Köln ca. 6 Wochen und so habe ich mir das zu Nutze gemacht. Ohne Halt bin ich von Germsdorf nach Köln bzw. Siegburg gefahren, wo ich zu der Zeit wohnte [...]. Ich habe von Berlin [während des Krieges] nie mehr etwas gehört und habe somit glücklicher Weise das Ende des Krieges zu Hause erleben dürfen." - Wilsdorf an D.H. br. vom 26.12.1994. - Ebd.: "Von Wieck aus erfolgte die Einberufung des Jahrganges 1928 [...] geschlossen zur Flak [...] als Luftwaffenhelfer nach Berlin. Der Einsatz dauerte bis zum 31.01.1945 [...]. Während der ganzen Zeit als LH gehörte ich weiterhin zur Schule Scharfenberg, wurde aber unterrichtsmäßig von der Rheingau-Schule [...] Berlin betreut. - Möller an D.H. tel. vom 19.02.1995 ergänzt, die Lehrer der Rheingau-Schule seien zum Unterricht in das Lager gekommen. Die Scharfenberger seien während ihres Luftwaffenhelfereinsatzes wie eine 'verschworene Gemeinschaft' aufgetreten.

[32] Jahnke an D.H. br. vom 10.02.1995.

[33] Wilsdorf an D.H. br. vom 26.12.1994 und vom 30.03.1995. - In Berlin, LA, SIS, befindet sich eine Kopie eines Abgangszeugnisses des Schülers Klaus Barow aus der Klasse 5, ausgestellt am 27.04.1945 im "KLV-Lager Gutshaus Wichmannsdorf bei Kröpelin (Me 93), Krs. Rostock-Land".

1. Die Entwicklung der Schulfarm in der NS-Zeit (ab Frühjahr 1934)

Völlig unklar ist bislang, was aus der Scharfenberger Gemeinschaft - die mit Sicherheit nicht mehr auf die Insel Scharfenberg zurückkehrte - nach Kriegsende geworden ist[34].

Die Insel Scharfenberg - die zum 1. April 1941 wieder der Verwaltung des Bezirks Reinickendorf unterstellt worden war[35] - war übrigens inzwischen auf verschiedene Weise genutzt worden.

Nicht ohne Zynismus berichtete Blume nach dem 2. Weltkrieg, die Nationalsozialisten hätten "die ihnen in den Schoß gefallene Erbschaft nicht etwa zu einem Schulzentrum der Marine-HJ um[zugestalten verstanden], wozu die lokalen Verhältnisse nicht passender hätten sein können"[36]; vielmehr hätten sie sie "mehr und

---

[34] Jahnke an D.H. br. vom 17.01.1995 dazu: "Was aus der Schule nach dem Ende des Krieges geworden ist, weiß ich nicht. [...] es muß ein wohl einmaliger Fall gewesen sein, daß eine Schule einfach 'vom Erdboden verschwindet'. Es müssen zwischen 50 und 100 Schüler mit den entsprechenden Lehrkräften gewesen sein." - Jahnkes Einschätzung der 'Einmaligkeit' dieses Vorganges ist nicht richtig; es gibt mehrere Belege, dafür, daß sich Lehrer am Ende des Krieges von den Lagern 'absetzten' und ihre Schüler ihrem Schicksal überließen; s. dazu z.B.: FÜRSTENBERG, Doris, ... Sicher wieder nach Hause? Das Ende der Kinderlandverschickung, in: Kinderlandverschickung 1940-1945. "Wen der Führer verschickt, den bringt er auch wieder gut zurück". Eine Ausstellung des Kunstamtes Steglitz in Zusammenarbeit mit dem Arbeitskreis 'Nationalsozialismus in Steglitz'. Begleitbroschüre zur Ausstellung 6. Dezember 1995 bis 26. Januar 1996 [in der Ingeborg-Drewitz-Bibliothek, Berlin-Steglitz], Berlin 1996, S. 48-56.

[35] Zu dieser Umorganisation s.: Berlin, StadtA: Rep. 20-01, Nr. 762: Abgabe der Schulfarm Scharfenberg an Reinickendorf 1941, Bl. [o.Nr.]: Schreiben des Bezirksbürgermeisters Reinickendorf an den Oberbürgermeister vom 22.02.1941 [bezugnehmend einem Schreiben vom 11.02.1941]. - Berlin, StadtA: Rep. 20-01, Nr. 762: Abgabe der Schulfarm Scharfenberg an Reinickendorf 1941, Bl. [o.Nr.]: Schreiben des Oberbürgermeisters an den Bezirksbürgermeister vom Reinickendorf vom 18.03.1941. - Dem Schreiben ist zu entnehmen, daß zu den Akten, die an Reinickendorf abgegeben wurden, u.a. (!) gehörten: 2 Bde. Dokumente und Zeichnungen, 3 Bde. Verwaltung durch Wasserwerke, 12 Bde. Bewirtschaftung 1926-1936, 2 Bde. Fährbetrieb, 13 Hefte Personenakten. - S. so auch: Berlin, StadtA: Rep. 20-01, Nr. 762: Abgabe der Schulfarm Scharfenberg an Reinickendorf 1941, Bl. 20-22: Oberbürgermeister an den Bezirksbürgermeister des Verwaltungsbezirks Reinickendorf/Schulverwaltung vom 24.03.1941: Das Schreiben enthält eine Auflistung der Akten, die der Oberbürgermeister am gleichen Tag an den Bezirk schickte. U.a.: [1.] Verpachtung Scharfenbergs, [4.] Anpflanzungen und Baumbestand (2 Bde.), [5.] Bewirtschaftung 1926-36 (12 Bde.), [9.] Fährbetrieb (2 Bde.), [18.] Verschiedenes bis 1940 (3 Bde.), [23.] Schülerangelegenheiten, [25.] Jahresberichte, [32.] Schulberichte, [43.] Neugestaltung Scharfenbergs. - Diese Unterlagen befinden sich nicht in Berlin, StadtA und auch nicht in Berlin, LA; vgl. zu letzterem: Landesarchiv Berlin an D.H. br. vom 02.05.1996: "Zu dem Hinweis auf Abgabe von Akten durch den Magistrat an das BA Reinickendorf kommen nur der von Ihnen bereits benutzte Bestand STA [=StadtA] Rep. 20-01 sowie der im Landesarchiv gebildete Teilbestand Reinickendorf Rep. 220 in Betracht. Letzteren habe ich durchgesehen und keinen Hinweis auf derartige Akten gefunden. Es ist aber auch nicht auszuschließen, daß die Akten vielleicht zum Teil noch im BA Reinickendorf existieren bzw. bereits in früheren Jahren dort vernichtet worden sind." - Bezirksamt Reinickendorf von Berlin. Abt. Jugend und Schule - Schulamt - an D.H. br. vom 12.03.1997 und tel. vom 14.03.1997: Die Akten finden sich auch nicht im Bezirksamt Reinickendorf. - Berlin, StadtA: Rep. 20-01, Nr. 762: Abgabe der Schulfarm Scharfenberg an Reinickendorf 1941, Bl. [o.Nr.]: Schreiben des Hauptschulamtes an den Oberbürgermeister vom 01.04.1941. - Berlin, StadtA: Rep. 20-01, Nr. 762: Abgabe der Schulfarm Scharfenberg an Reinickendorf 1941, Bl. [o.Nr.]: Schreiben des Hauptschulamtes an das Hauptpersonalamt vom 02.04.1941. - Vgl. auch: MÜNZEL, Aus dem Anstaltsleben 1940/41, S. 6. - Und: SCHOLZ, Felix, Zum Geleit, in: Der Fährkahn. Blatt der Scharfenberger, 11. Folge: Mai 1941, S. 3-5, hier S. 3.

[36] BLUME, Bezirksantrag, S. 30.

mehr zu einer Oberschule [veräußerlicht], die sich in nichts als ihrer einzigartigen Lage von den üblichen Stadtpennen unterschied"[37]. Durch die KLV-Verschickung habe man "die Insel mit ihrem bombensicheren Bergkeller schulfremden Zwecken preis[gegeben][38]:

> Zunächst seien "jugendliche Borsigarbeiter ein[gezogen]"[39]. Diesen sei "eine Gruppe volksdeutscher Lehrer aus der Ukraine, die an Berliner Schulen lernen sollten"[40], gefolgt. Eine im Bundesarchiv in Potsdam lagernde Quelle spricht von einem geplanten "Schulungslager volksdeutscher Lehrer aus der Ukraine vom 1. Juni bis 31. Juli 1942 in Scharfenberg/Tegel"[41]. Und eine Quelle im Bundesarchiv in Koblenz gibt einen Hinweis auf ein "Lager volksdeutscher Lehrer", "das vom 25. Mai bis 1. September 1942 im Reich auf der Insel Scharfenberg durchgeführt wurde". Die 'volksdeutschen Lehrer' sollten durch Lager wie diesem, "in Ergänzung zu den Lagern, die im Laufe des Jahres 1942 in der Ukraine stattgefunden haben, befähigt werden, ihren künftigen Unterricht nach den Lehrplänen des Reiches im Sinne des nationalsozialistischen Erziehungswillens zu erteilen. Sie soll[t]en aus eigener Anschauung Deutschland kennen lernen, um nach ihrer Rückkehr die geistige Verbindung mit dem Reich festigen und damit die allgemeine Aufbauarbeit fördern zu helfen."[42] Zum weiteren Schicksal der Insel berichtete Blume:

"[...] eine Musikschule der HJ nistete sich ein und hinterließ nicht weniger als 3 Flügel und 16 Klaviere; zum Schluß mußte die Insel in unschönen Baracken 300 Hitlerjungen beherbergen; dieses 'Wehrertüchtigungslager' war der Tiefpunkt in der Geschichte der Humboldtinsel; sein grotesker Plan, sie gegen die Russen zu verteidigen, endete in fluchtartigem Aufbruch, wobei unersetzliche Werte an lebendem und totem Inventar planlos verloren ging. Diese Verluste und das Revancheunternehmen der Russen, hier zwei Monate hindurch eine Flottenstation für ihren

---

37 BLUME, Bezirksantrag, S. 30.
38 BLUME, Denkschrift, S. 10.
39 BLUME, Denkschrift, S. 10.
40 BLUME, Denkschrift, S. 10.
41 Berlin, BA: Bestand Reichsministerium für Wissenschaft, Erziehung und Volksbildung, [Akte] Nr. 3257: Fortbildung der Lehrer in den Grenzgebieten 1933-1944, Bl. 314: Schreiben des Reichsministeriums für die besetzten Ostgebiete an das Reichsministerium für Wissenschaft, Erziehung und Volksbildung vom 28.05.1942: "Betr.: Schulungslager volksdeutscher Lehrer aus der Ukraine vom 1. Juni bis 31. Juli 1942 in Scharfenberg/Tegel. Da es augenblicklich nicht möglich ist, reichsdeutsche Lehrkräfte zur Beaufsichtigung 250.000 bereits in Dienst stehenden ukrainischen Lehrer[n] zu stellen, habe ich meine Zustimmung dazu gegeben, daß hierfür die tüchtigsten und zuverlässigsten in der Ukraine noch ansässigen volksdeutschen Lehrer bei den Gebietskommissaren vorläufig eingesetzt werden. Ich habe darum durch den von Ihnen für Schulungsaufgaben in den besetzten Ostgebieten beurlaubten Schulungsstab 50 der besten volksdeutschen Lehrer in den laufenden Lagern aussuchen lassen. Diese sollen nun in einem dreimonatlichen Lehrgang in Deutschland für ihre Aufgaben ausgerichtet werden. Zu diesem Zweck wurden Teile der z. Zt. nicht besetzten Schulfarm Scharfenberg im Tegeler See von der Hauptschulverwaltung Berlin zur Verfügung gestellt [...]." - Für den freundlichen Hinweis auf die Existenz dieser Quellen danke ich Andreas Kraas.
42 Koblenz, Bundesarchiv: Bestand NS 12: Hauptamt für Erzieher/Reichsverwaltung des Nationalsozialistischen Lehrerbundes, Nr. 1477: Abschlußbericht über das I. Lager volksdeutscher Lehrerinnen im Reich in der Zeit vom 30. September bis 17. Dezember 1942 (Sachbearbeiter: Siegmann) vom 05.01.1943. - Einen Hinweis auf diese Quelle gab bereits: FEITEN, Willi, Der Nationalsozialistische Lehrerbund. Entwicklung und Organisation. Ein Beitrag zum Aufbau und zur Organisationsstruktur des nationalsozialistischen Herrschaftssystems (=Studien und Dokumentationen zur deutschen Bildungsgeschichte, 19), Weinheim [u.a.] 1981, S. 185 und S. 315.

Marinenachwuchs zu unterhalten, haben den Neuaufbau der Schulfarm erschwert und verzögert."[43]

Nahezu alle der in diesem kurzen Durchgang durch die Geschichte der Schulfarm Insel Scharfenberg in der NS-Zeit angesprochenen Aspekte bedürfen noch weiterer Nachforschungen.

Von besonderem Interesse erscheint hierbei die - unter Einbeziehung der 'Jahresberichte' der Schulfarm, der Scharfenberger Zeitschrift 'Der Fährkahn' sowie nicht zuletzt der Erinnerungen ehemaliger Schüler zu klärende - Frage, nach dem Verhältnis von Erziehungsprogrammatik und -realität, d.h. die Frage, inwieweit die nationalsozialistische 'Gleichschaltung' der Schulfarm nach 1934 wirklich durchgängig und durchgreifend erfolgt ist. Neben der Vielzahl der Belege für eine solche 'Gleichschaltung'[44] existieren eine Fülle von Hinweisen darauf, daß eine solche ('Gleichschaltung') - wie auch an anderen Schulen - (entgegen dem Eindruck, den

---

[43] BLUME, Denkschrift, S. 10. - So auch: BLUME, Bezirksantrag, S. 30f.: Die Insel sei "zu einem pompös ausgestatteten Kursus für einen HJ-Musikzug und danach sogar zu einem Wehrertüchtigungslager mißbraucht worden, das sich in der Absicht gefiel, den Seebereich gegen die Russen zu verteidigen, und in der letzten Aprilwoche mit Mann und Roß und Wagen (ganz buchstäblich zu nehmen!) im Berliner Norden zersprengt ist."

[44] Vgl. hier als ein nahezu beliebiges Beispiel aus den 'Jahresberichten' zum Thema 'Geländesport': Berlin, BBF: SLG-GS, Jahresbericht 1936/37, Bd. 353c, Nr. 79: Berlin, SIS, S. 18f.: " Die [geländesportliche] Ausbildung hatte das Ziel, die Jungen zu einer straffen inneren und äußeren Haltung und zu einem gewandten Verhalten im Gelände zu erziehen. Der Dienst fand an 2 Wochentagen mit je 1 1/2 bis 2 Stunden statt. er begann mit Unterweisungen über pflegliche Behandlung und Sauberhalten von Uniform- und Ausrüstungsgegenständen. Ganz besonderer Wert wurde auf die Pflege des Lederzeuges gelegt. Von Zeit zu Zeit fanden Putzwettbewerbe statt, um den Ehrgeiz der Jungen wachzuhalten. Ordnungsübungen füllten in der ersten Zeit den Dienst fast ganz aus. Äußere Haltung des einzelnen, das Antreten in allen Formationen, Wendungen, Marschieren und Marschgesang wurden eingehend geübt. Dann traten diese Art von Übungen mehr und mehr zurück und wurden durch die Ausbildung nach den Grundsätzen der Geländesportschulen ersetzt. Geländeausnützung und Geländebeschreibung wurden im Tegeler Wald geübt. Mit dem Kartenlesen und Meldewesen wurden die Jungen eingehend vertraut gemacht. Um den Kampfgeist zu wecken und das Gelernte praktisch zu verwerten, wurden gegen Schluß der Ausbildung Geländeübungen zweier Abteilungen gegeneinander und Meldestaffeln veranstaltet. Neben diesen Übungen wurden von Zeit zu Zeit Geländeläufe vorgenommen, die einmal Abwechslung in den Dienstbetrieb [!] bringen und zum anderen die Jungen gewandt und sicher im Überwinden von Hindernissen machen sollten. Es wurde ganz besonderen Wert darauf gelegt , daß die Abteilungen geschlossen eine 3 m hohe Mauer oder eine Hinderniswand nehmen. Sehr beliebt war bei den Jungen der Wettkampf [...]. Durch diese wechselseitigen Übungen wurden Gewandtheit, Ausdauer, Härte und Kameradschaft in den einzelnen Gruppen erzielt und dem Dienstbetrieb [!] jede Eintönigkeit genommen. [...]. Die [...] Klassen bewiesen Straffheit im Dienst auf der Insel und in der Öffentlichkeit."

die schriftlichen Quellen aus der NS-Zeit, aber auch die Hinweise Blumes u.a. erwecken) nicht 'völlig' realisiert worden war[45].

---

[45] SCHOLTZ, Erziehung und Unterricht unterm Hakenkreuz, Göttingen 1985, S. 23, bemerkte, daß Archivarbeiten (Hinweis auf: KATER, Michael H., Die deutsche Elternschaft im nationalsozialistischen Erziehungssystem. Ein Beitrag zur Sozialgeschichte der Familie, in: Vierteljahrschrift für Sozial- und Wirtschaftsgeschichte, Jg. 67 (1980), S. 484-512, hier S. 508) wie auch die Erinnerungen prominenter Zeitzeugen (Hinweis u.a. auf: Meine Schulzeit im Dritten Reich. Erinnerungen deutscher Schriftsteller, hrsg. von Marcel REICH-RANICKI, erw. Neuausg., Köln 1988) den Eindruck bestätigen, "daß die totalitäre Bewegung innerhalb der Institution Schule nicht so vorangekommen ist, wie es viele pädagogisch-didaktische Arbeiten [Hinweis u.a. auf: FLESSAU, Kurt-Ingo, Schule der Diktatur. Lehrpläne und Schulbücher des Nationalsozialismus. Mit einem Vorwort von Hans-Jochen GAMM, München 1977] glauben machen." - Als eine 'Fallstudie' s. z.B.: NIXDORF, Bärbel, Politisierte Schule? Zusammenfassung einiger Ergebnisse einer Fallstudie zum Lehrerverhalten in der NS-Zeit, in: Informationen zur Erziehungs- und Bildungshistorischen Forschung [=IZEBF], Nr. 14 (1980), S. 63-71: Nixdorf versucht sich durch Untersuchung zweier Schulen im Raum Düsseldorf der Schulwirklichkeit der NS-Zeit zu nähern; sie findet dabei ihre These bestätigt, "daß die Darstellung der Bildungseinrichtungen als 'Schule(n) der Diktatur' (Flessau) zu einseitig ist, daß sie die Pläne der Machthaber vielleicht rekonstruiert, jedoch nicht die Realität widerspiegelt." (S. 64f.) - Vgl. auch: BREYVOGEL, Wilfried / LOHMANN, Thomas, Schulalltag im Nationalsozialismus, in: Die Reihen fast geschlossen. Beiträge zur Geschichte des Alltags unterm Nationalsozialismus, hrsg. von Detlev PEUKERT und Jürgen REULECKE, Wuppertal 1981, S. 199-221; wieder in: 'Die Formung des Volksgenossen'. Der 'Erziehungsstaat' des Dritten Reiches, hrsg. von Ulrich HERRMANN (=Geschichte des Erziehungs- und Bildungswesens in Deutschland, 6), Weinheim [u.a.] 1985, S. 253-268. - Vgl. auch: KEIM, Wolfgang, Das nationalsozialistische Erziehungswesen im Spiegel neuerer Untersuchungen. Ein Literaturbericht, in: Zeitschrift für Pädagogik, Jg. 34 (1988), S. 109-130, hier S. 125f.: "Forschungsgeschichtlich war die [...] Hinwendung zu regionalen und thematisch begrenzten Untersuchungen eine ganz wesentliche Voraussetzung für eine differenziertere Wahrnehmung des Erziehungswesens im Nationalsozialismus. Erst auf dieser Basis lassen sich zukünftig verallgemeinerbare Aussagen beispielsweise über [...] unterschiedliche Formen und Motive von Anpassungen, Nicht-Anpassung und Widerstand bei Lehrern und Schülern systematisch gegeneinander abgrenzen. Damit ist zugleich auch ein möglicher Schwerpunkt für zukünftige Forschungen benannt [...]. Offene Fragen zum Thema gibt es in großer Zahl wie etwa die nach Kontinuität und Diskontinuität in unterschiedlichen Sektoren des deutschen Erziehungswesens, nach den Funktionen von Erziehung im Nationalsozialismus wie auch nach dem Verhältnis von Anpassung und Widerstand und ihren jeweiligen Motiven [...]." -
Für Berlin vgl.: WIPPERMANN, Wolfgang, Das Berliner Schulwesen in der NS-Zeit. Fragen, Thesen und methodische Bemerkungen, in: Schule in Berlin. Gestern und Heute (=Wissenschaft und Stadt, 9), Berlin 1989, S. 57-73, hier S. 70: "Kurz - die Geschichte des Schulwesens in der nationalsozialistischen Zeit im allgemeinen, in Berlin im besonderen, das nach der Auflösung der 'Lebensgemeinschafts-' und 'Sammelschulen' wenig Berlin-spezifische Züge aufwies, muß zunächst als Geschichte einzelner Schulen begriffen und durchgeführt werden. Andernfalls schreibt bzw. reproduziert man die Geschichte der Zeit, Prinzipien und allgemeinen Charakterzüge der nationalsozialistischen Schulpolitik. Erst nach der Vorlage von möglichst vielen vergleichend orientierten Fallanalysen wird man in der Lage sein, konkrete und zugleich verallgemeinerbare Aussagen über das Schulwesen in der NS-Zeit zu machen." -
S. zur Notwendigkeit der differenzierten Betrachtung der Geschichte der Reform- und Versuchsschulen der Weimarer Republik in der NS-Zeit, sofern sie nicht aufgelöst wurden, den Sammelband: Weimarer Versuchs- und Reformschulen am Übergang zur NS-Zeit. Beiträge zur schulgeschichtlichen Tagung vom 16.-17. November 1993 im Hamburger Schulmuseum, hrsg. von Reiner LEHBERGER (=Hamburger Schriftenreihe zur Schul- und Unterrichtsgeschichte, 6), Hamburg 1994, hier vor allem (S. 8-19) den Beitrag: LEHBERGER, Reiner, Weimarer Reformschulen im Nationalsozialismus.

Kurt Goritzki (geb. 1907)⁴⁶, jugendbewegter Lehrer, der die Schulfarm zu Beginn der 30er Jahre durch seinen Freund Kurt Fangk, 1929 bis 1931 Referendar auf Scharfenberg⁴⁷, kennengelernt hatte, hier Lehrer unter Blume werden wollte⁴⁸ und dann - nach Blumes Abgang von der Insel - seit Juli 1934 (abgesehen von seiner Soldatenzeit von September 1939 bis Herbst 1941 und dann noch einmal im Sommer 1944) die NS-Zeit als Lehrer auf der Insel erlebte, verneint die These, daß Scharfenberg durch und durch nationalsozialistisch geprägt gewesen sei⁴⁹.

Ehemalige Schüler, wie z.B. Peter Rathjens (geb. 1918), auf Scharfenberg von 1932 bis 1936, unterstützen diese Aussagen: So berichtet P. Rathjens, es habe auch in der Scharfenberger Lehrerschaft zwischen 1934 und 1945 "nur äußerlich angepaßte Lehrer und nur einen allseits unbeliebten fanatischen Nazi, Dr. Scholz", gegeben⁵⁰. Auch Voges ist der Meinung, daß es sich bei der Schulfarm um "keine besonders NS-geprägte Schule"⁵¹ gehandelt habe. Und Jan J. Mennerich, Scharfenbergschüler von 1936 bis 1940, erinnert sich an Scholz als einen nationalsozialistischen Leiter, den manche Schüler nur bedingt ernst genommen hätten: So sei jeden Morgen der "unvermeidliche 'Flaggenappell' [erfolgt], den der Direktor Scholz mit markigen Worten untermalte, was bei vielen Schülern ein verstohlenes Lächeln hervor[gerufen habe]"⁵². Doch sei Scholz nicht typisch für die Scharfenberger Lehrerschaft gewesen:

> "Außer dem 'deutschen' Gruß, den wir den eintretenden Lehrern entbieten mußten, wobei mancher Magister sicherlich gern darauf verzichtet hätte, entfiel jegliche braune Indoktrination während des Unterrichtes, und wir genossen all die Jahre eine wirklich gute und gründliche schulische Ausbildung.
> Wir hatten schnell heraus, welche Lehrer der damaligen Ideologie abhold waren und welche nicht. Rückblickend muß in aller Fairness gesagt werden, daß die Lehrerschaft ehrlich bemüht war, uns in erster Linie Wissen für unseren Lebensweg zu vermitteln und das, wie ich meine, mit großem Erfolg.
> Ich kann mich nicht erinnern, daß ein einziger unserer Lehrer jemals das Parteiabzeichen am Revers trug. Eine Ausnahme machte nur der Direktor, und den nahmen wir nicht sehr ernst, denn seine zur Schau gestellte uns abstoßende Liebe zum damaligen Regime wirkte aufgesetzt und nicht echt, eher opportunistisch.

---

46 Berlin, LA, SIS: Goritzki an Gutschalk br. vom 26.02.1982. - Berlin, LA, SIS: Notizen Gutschalks zu Besuch bei Kurt Goritzki vom 19.03.1983.
47 S. zu K. Fangk S. 724.
48 Berlin, LA, SIS: Goritzki an Gutschalk br. vom 26.02.1982: "Ich hatte wohl gerade die Erste Staatsprüfung hinter mich gebracht, da landete ich an und betrat zum ersten Mal Scharfenberger Boden. Ich nahm am Deutschunterricht teil, den der Leiter der Schulfarm Wilhelm Blume gab und habe bis heute noch eine ganz dichte Erinnerung an des Thema der Deutschstunde, wo es um Oswald von Wolkenstein ging, den spätmittelalterlichen Lyriker, der wohl äußerst selten in einem deutschen Gymnasium behandelt wurde. Dem hinreichend Kundigen war die Genialität des Unterrichtenden sogleich bewußt. Ich konnte bei weiteren Besuchen das natürliche ungezwungene Verhältnis von Lehrern und Schülern beobachten, dazu alles, was das Eigenartige und Einzigartige von Scharfenberg ausmachte. Hier wollte ich hingehören, sobald ich die Ausbildung zum Assessor beendet hätte."
49 Berlin, LA, SIS: Goritzki an Gutschalk br. vom 26.02.1982. - Und: Berlin, LA, SIS: Notizen Gutschalks betr. einem Besuch bei Goritzki vom 19.03.1983.
50 P. Rathjens an D.H. br. vom 02.09.1985.
51 Voges an D.H. br. vom 25.03.1991.
52 MENNERICH, Schulfarm, S. 13. - So auch: Voges an D.H. br. vom 25.03.1991: "Scholz erfüllte sicher sein NS-Pensum an aufrüttelnden Ansprachen, die wir langweilig und sprachlich meistens sehr protzig fanden."

Alles in allem standen wir Schüler nur in sehr begrenztem Maße dem Einfluß der damaligen Ideologie gegenüber, zumindest seitens der Schule. Der Einfluß kam mehr von draußen durch die HJ, deren Mitglieder wir sein mußten, mit ihren obligaten 'Kameradschaftsabenden' und 'Geländespielen'."[53]

Über den "wohl beliebtesten Lehrer"[54], Hans Appel [(1910-19..)], schrieb Mennerich:

"Ein Buch, das im Deutschunterricht [...] laut Kultusminister wohl oder übel durchgearbeitet werden mußte, war von Hans Grimm mit dem Titel 'Volk ohne Raum'[55]. Hans Appell verstand es blendend, uns den tendentiösen Inhalt ersichtlich zu machen und uns in seiner feinen und ruhigen Art verstehen zu geben, daß er mit dem Buch nicht einverstanden sei, auch wenn es zur Mußlektüre des damaligen Regimes gehörte. Appell war einer der Lehrer, die viel zu gebildet waren, um mit den Braunen zu sympathisieren. Wir verdanken ihm viel und haben viel von ihm gelernt. Leider fiel dieser gütige Mensch im Rußlandfeldzug."[56]

Was die Schülerschaft anbelangt, so schreibt Peter Rathjens, es habe während seiner Scharfenberger Zeit auch nach Blumes Abgang von der Insel "weiterhin kritische Mitschüler"[57] gegeben, die sich - um ihr Abitur machen zu können, nur scheinbar 'anpaßten' - und die ein gewisses 'oppositionelles Milieu' bewirkten. Er habe im Winter 1933/34 mit seinen Mitschülern Heinrich Scheel, Helmut Woldt, Hermann Riepe und Wolfgang Weber auf einer Stube gelebt; seit dieser Zeit sei er "nie mehr nazistischen oder nationalistischen Gedankengängen erlegen"[58]. Nachdem einige seiner Mitschüler im Frühjahr 1934 die Insel verlassen hätten, sei der Kontakt zu ihnen nicht abgerissen[59]. Er selbst sei in die HJ eingetreten, um hier das Abitur ablegen zu können. Im Frühjahr 1936 sei ihm jedoch das Verlassen der Insel 'nahegelegt' worden: er verließ die Schulfarm und wechselte an die Höhere Waldschule Charlottenburg, wo ihm Direktor Wilhelm Krause und sein ehemaliger Scharfenberger Lehrer Brenning (1932/33) 'Unterschlupf' gewährten und ihm 1937 das Abitur ermöglichten[60].

In zutreffender Weise sei ihm und seinem Freund Wolfgang Weber von der Scharfenberger Schulleitung die Autorenschaft von Spottgedichten unterstellt worden[61]. Von Wolfgang Weber stammte auch das oben schon erwähnte 'Kranich'-Gedicht[62].

---

53 MENNERICH, Schulfarm, S. 14.
54 MENNERICH, Schulfarm, S. 17.
55 GRIMM, Hans, Volk ohne Raum, München 1926.
56 MENNERICH, Schulfarm, S. 17.
57 P. Rathjens an D.H. br. vom 02.09.1985.
58 P. Rathjens an D.H. br. vom 02.09.1985.
59 Vgl. dazu S. 988ff.
60 P. Rathjens an D.H. br. vom 02.09.1985. - RATHJENS, Carl, Wege eines Geographen. Aus dem Nachlaß hrsg. von Wolfgang MÜLLER. Mit einem Nachwort von Dietrich FLIEDNER (=Annales Universitatis Saraviensis, 10), St. Ingbert 1997, S. 40: "Mein Bruder [Peter] mußte die Schule [=die Schulfarm] verlassen und legte sein Abitur in der Waldschule in Charlottenburg ab. Dort arbeitete auch meine Mutter [Ursula Rathjens (1885-1969)] als Aushilfslehrerin und die Schule konnte noch lange einen relativ liberalen Status aufrechterhalten."
61 P. Rathjens an D.H. br. vom 02.09.1985.
62 Vgl. S. 792.

Ende 1934 fand Blume ein Foto von Dr. Felix Scholz im Briefkasten seiner Tegeler Wohnung vor. Auf der Rückseite desselben brachte Blume den Hinweis an[63]:

> "Das Photo fand ich Ende 1934 in meinem Tegeler Briefkasten. Der Schüler, der es gebracht hatte [Wolfgang Weber], [...] befand sich in einer schwierigen Lage, da er als Waise keine andere Bleibe als die Insel hatte. Er hat offenbar unter dem Wechsel sehr gelitten."[64]

Auf der Rückseite des Photos befinden sich außerdem noch einige Zeilen von Wolfgang Weber:

> "In zehn Jahren
> aufgebaut -
> und in einem einzigen
> von einem einzigen
> wieder zerstört!"[65]

Von zumindest einem Schüler ist bekannt, daß er zu Beginn des Schuljahres 1934 nach Scharfenberg gekommen war in der (trügerischen) Annahme, hier ein 'Refugium' gefunden zu haben: Hanno Günther (1921-1942) war Schüler der Rütli-Schule gewesen, hatte zu Ostern 1934 die 7. Klasse abgeschlossen und sollte zu diesem Zeitpunkt eigentlich in die Aufbauschule an der Karl-Marx-Schule übergehen, um dort sein Abitur machen zu können. Doch die Karl-Marx-Schule war zum betreffenden Zeitpunkt schon liquidiert.

> "In dieser Situation schien der Mutter [=Maria Günther (1890-1951)] die Schulfarm Scharfenberg im Tegeler See ein Ausweg zu sein. Denn dort existierte [noch] eine Aufbauschule mit dem Schulziel Abitur in veränderter Form weiter; und außerdem konnte sie [...] hoffen, daß sich in der ländlichen Abgeschiedenheit und Exklusivität der Insel der liberale Geist der 20er Jahre länger als im politisch exponierten Neukölln halten würde, wo die Nazis ganz besonders 'aufräumten'."[66]

Der Versuch ging nicht gut: 1936 folgte die Mutter dem dringenden 'Rat' der Schulleitung, ihren Sohn von der Schule zu nehmen, da er sich mehrfach ganz und gar unnazistisch geäußert und verhalten habe - dies bedeutete das Ende der Schulzeit Hanno Günthers[67].

Daß es sich bei den genannten 'Konflikten' zwischen Schülern und Schulleitung nicht um Einzelfälle handelte, zeigen die Jahresberichte der Schulfarm in denen (zumindest bis 1936) deutlich zum Ausdruck kommt, daß es auf der Insel - trotz der Bedingung, der Mitgliedschaft in der HJ bzw. im Jungvolk - immer wieder zu Kon-

---

[63] Die Begebenheit erzählt auch: RADDE, Gerd, Zur Auflösung der Berliner Reformschulen durch das NS-Regime 1933, Berlin 1983 [unveröff.], S. 16 und S. 25, Anm. 58.
[64] Das Foto befindet sich heute in: Berlin, LA, SIS.
[65] Das Foto befindet sich heute in: Berlin, LA, SIS.
[66] HOFFMANN, Volker, Hanno Günther, ein Hitler-Gegner. 1921-1942. Geschichte eines unvollendeten Kampfes (=Stätten der Geschichte Berlins, 80), Berlin 1992, S. 33.
[67] HOFFMANN, Hanno Günther, S. 39. - Zur weiteren Biogr. Günthers s. S. 1026-1031.

flikten mit Schülern gekommen ist, sodaß alle Jahre wieder immer wieder eine Anzahl von Schülern die Insel verlassen mußte[68].

Die Frage nach dem Verhältnis von Erziehungsprogrammatik und -realität stellt sich nicht zuletzt auch für die KLV-Phase der Schulfarm - gilt doch (auch) die KLV-Aktion nach wie vor zu den weitgehend unerforschten Bereichen des NS-Erziehungswesens, insbesondere auch in Hinblick auf die Verifizierung der immer wieder vorgebrachten These, daß gerade in den KLV-Lagern die Realisierung reformpädagogischer Elemente gelungen sei[69].

---

[68] S. z.B.: Berlin, BBF: SLG-GS, Jahresberichte 1934/35, Bd. 301c, Nr. 83: Berlin, SIS, S. 37f.: "Im Laufe des Schuljahres [1934/35] mußten eine Reihe von Schülern (25), die sich aus irgendeinem Grunde nicht einfügen konnten, die Schule wieder verlassen [...]."

[69] Außergewöhnlich positiv wertet der jugendbewegte Pädagoge Alfred Ehrentreich die KLV-Aktion, an der er als Lehrer freiwillig teilgenommen hatte: Nach wie vor wertet er die KLV-Aktion als positive Folgeerscheinung der Jugendbewegung mit Freiräumen zu reformpädagogischem Handeln. S.: EHRENTREICH, Alfred, Erfahrungen aus der Kinderlandverschickung, in: Informationen zur Erziehungs- und Bildungshistorischen Forschung [=IZEBF], Nr. 14 (1980), S. 109-122. - Das hier Dargestellte findet sich weitgehend wieder in: EHRENTREICH, Alfred, Pädagogische Odysee. Im Wandel der Erziehungsformen, Weinheim [u.a.] 1967, S. 207-329: Kap. 'Das Abenteuer der KLV' (nach Tagebuchaufzeichnungen), und: EHRENTREICH, Alfred, 50 Jahre erlebte Schulreform - Erfahrungen eines Berliner Pädagogen, hrsg. und mit einer Einleitung von Wolfgang KEIM (=Studien zur Bildungsreform, 11), Frankfurt [u.a.] 1985, S. 148-180: 'Das Abenteuer der KLV' (nach Tagebuchaufzeichnungen). - EHRENTREICH, Alfred, Dresdner Elegie. Schule im Krieg: Die Kinderlandverschickung im 3. Reich, Brackwede bei Bielefeld 1985. - Vgl. auch: EHRENTREICH, Alfred, Experiment Kinderlandverschickung. [Rezension zu: KLV. Die erweiterte Kinder-Land-Verschickung. KLV-Lager 1940-1945, hrsg. von Gerhard DABEL, Freiburg 1981], in: Jahrbuch der deutschen Jugendbewegung, Bd. 14 (1982-83), S. 387-391. - So stutzig Ehrentreichs unkritische Position macht, so sehr können seine Darlegungen und Interpretationen doch dazu anregen, anhand der vorhandenen Quellen, insbesondere auch unter Nutzung der autobiogr. Erfahrungen der ehemaligen an der KLV-Aktion teilnehmenden Schüler und Schülerinnen, zu möglichst differenzierten neuen Untersuchungsergebnissen zu kommen. - Vgl. zum Thema, entschieden kritischer als Ehrentreich, zwei Arbeiten ehemaliger, an der KLV-Aktion teilnehmender Schüler: VATHKE, Werner, Den Bomben entkommen, der 'Obhut' entronnen - Meine Kinderlandverschickung 1943-1945, in: Schulreform - Kontinuitäten und Brüche. Das Versuchsfeld Berlin-Neukölln, hrsg. von Gerd RADDE, Werner KORTHAASE, Rudolf ROGLER und Udo GÖßWALD im Auftrag des Bezirksamts Neukölln, Abt. Volksbildung, Kunstamt, Bd. I: 1912 bis 1945, Opladen 1993, S. 400-413. - Und: HERMAND, Als Pimpf in Polen.

I.2. DAS WIRKEN UND VERHALTEN WILHELM BLUMES UND ANDERER SCHARFENBERGER LEHRER IN DER NS-ZEIT

I.2.A. SCHARFENBERGER LEHRKRÄFTE DER WEIMARER REPUBLIK IN DER NS-ZEIT

Carl Cohn schrieb am 10.07.1932 aus Hannoversch-Münden an Blume :

> "Meiner Frau und mir geht es weiter ausgezeichnet; wir würden uns hier ohne Einschränkung wohl fühlen, wenn nicht auch hier die Politik sich sehr stark bemerkbar machte. Es ist natürlich gerade für uns außerordentlich unerfreulich, seit einigen Wochen fast täglich auf die braunen Uniformen zu stoßen; in unserem eigenen Hause wohnen drei Studierende der hiesigen Forstakademie, die alle zu jenen Kreisen gehören, für die wir Parias sind. Das ist in diesen aufregenden Wochen der Wahlvorbereitung sehr unangenehm; ich hoffe, daß wir persönlich ohne Anfechtung darüber hinwegkommen werden. Sonst sieht die Welt hier so schön aus, in den Wäldern ist es so ruhig und still, daß wir immer neuen Genuß daran finden [...]."[1]

Später, nach Berlin zurückgekehrt, soll Cohn laut Auskunft ehemaliger Scharfenberger Schüler "unter der Naziherrschaft unsäglich gelitten [haben]"[2]. Erwin Witt berichtet, daß er Cohn 1938 besucht und ihm dieser damals erzählt habe, "daß er selbst nicht mehr aus dem Hause gehe, denn (wörtlich) 'ich kann es nicht ertragen, von der deutschen Jugend, der ich meine Lebensarbeit gewidmet habe, öffentlich verspottet zu werden.'"[3] Anfang der 40er Jahre habe er - so Heinrich Scheel - "nur noch das Glück gehabt [...] zu sterben", während seine Frau "ein Opfer der 'Endlösung'" wurde[4].

Cohns 'Glück' hatte ein anderer jüdischer Lehrer der Schulfarm nicht: Erich Bandmann war nach seinen Scharfenberger Jahren an diversen Berliner Schulen tätig gewesen, seit 1931/32 als Studienrat am Luther-Lyzeum[5]. Als solchen führte ihn noch das 1933 erschienene 'Philologen-Jahrbuch' auf, jedoch (bereits) mit dem Zu-

---

[1] Berlin, LA, SIS: Cohn an Blume br. vom 10.07.1932 (aus Hannoversch-Münden) (s. S. 767).
[2] SCHEEL, Schulfarm (1990), S. 23. - Ebenso: Witt an D.H. br. vom 01.11.1987.
[3] Witt an D.H. br. vom 01.11.1987.
[4] SCHEEL, Schulfarm (1990), S. 23. - So auch: PEWESIN, Rede, S. 10. - Und: Witt an D.H. br. vom 01.11.1987: "Gegen Ende der 50er Jahre schrieb mir Herr Blume, daß man nach dem Tode von Prof. Cohn dessen Frau nach dem Osten verbracht hätte. Er war (korresp.?) Mitglied der ital. Akademie gewesen, und das hatte ihm und seiner Gattin Schutz verliehen. Einmal dieses Schutzes beraubt, war die Greisin vogelfrei geworden." - Berlin, LA, SIS: Blume an Pfeiffer br. vom 11.06.1968: "Der ergreifendste Besuch in diesen Tagen war der des Sohnes von unserem alten Prof. Cohn aus New York [...]. Ich zeigte ihm ein Andenken, das seine Mutter 2 Tage vor ihrer Abholung zur Vergasung uns gebracht hatte, eine Marsyasstatuette in Bronze; er erkannte sie sofort, 'das einzige Stück, das aus meinem Elternheim sich für mich erhalten hat'; er wollte es photographieren; ich packte es ihm ein ... Er konnte kaum noch sprechen und weinte und fragte immer wieder: Wozu? Wozu das alles? Ich konnte ihm keine Antwort geben. Das Furchtbare jener Zeit ist mir nie so erregend wieder erstanden wie an diesem Nachmittag [...]."
[5] Philologen-Jahrbuch (Kunzes Kalender), Jg. 38: Schuljahr 1931/32, 2. Teil, Breslau 1931.

satz 'beurlaubt'[6]. In den folgenden Jahren ist Bandmann im 'Philologen-Jahrbuch' nicht mehr nachgewiesen. Jörg H. Fehrs weist in seiner 1993 erschienenen Arbeit zur Geschichte der jüdischen Schulen in Berlin darauf hin, daß Bandmann zu den Lehrern gehörte, die 1935 an der 'Jüdischen Privatschule' von Dr. Leonore Goldschmidt (1897-1983) tätig wurden und daß Bandmann in einer im Bundesarchiv lagernden Quelle vom 15.06.1942 als in Berlin tätiger jüdischer Lehrer genannt wird[7]. Im 'Gedenkbuch' der 'Opfer der Verfolgung der Juden unter der nationalsozialistischen Gewaltherrschaft in Deutschland' findet sich der kurze, aber eindeutige Hinweis, Bandmann sei "im Osten verschollen"[8].

An gleicher Stelle findet sich der Hinweis, daß der jüdische Lehrer Walter Hirsch, der im Schuljahr 1932/33 auf der Insel Scharfenberg ein Referendarsjahr absolviert hatte, "verschollen" und vermutlich in Auschwitz ermordet worden sei[9].

Der vierte Jude, der an der Schulfarm der Weimarer Republik unterrichtet hatte, war - neben Cohn, Bandmann und Hirsch - Hans Gärtner[10]. Gärtner, der von Hamburg an die Schulfarm gekommen und von dort zunächst wieder nach Hamburg zu-

---

[6] Philologen-Jahrbuch (Kunzes Kalender), Jg. 40: Schuljahr 1933/34, 2. Teil, Breslau 1933: Studienrat an der städtischen Luther-Schule Berlin; davon (bereits 1933/34) Zusatz: 'beurlaubt'; in den folgenden Jahrgängen ist Bandmann nicht mehr nachgewiesen!

[7] FEHRS, Von der Heidereutergasse, S. 196 (Hinweis auf eine Liste jüdischer Lehrer in Berlin mit Stand vom 15.06.1942: Berlin, Bundesarchiv: Rep. 75 C Re 1 Nr. 7, fol. 131-133), S. 315 (Foto von Bandmann) und S. 316.

[8] Gedenkbuch. Opfer der Verfolgung der Juden unter der nationalsozialistischen Gewaltherrschaft in Deutschland 1933-1945. Bearb. vom Bundesarchiv, Koblenz, und vom Internationalen Suchdienst, Arolsen, 2 Bde., Koblenz 1986, hier Bd. 1, S. 65. - Vgl.: Berlin, LA, SIS: BLUME, Wilhelm, Liste Scharfenberger Lehrer und Schüler, o.D. [nach 1951], zum Schicksal Bandmanns: "als Jude verschollen". - Faas an D.H. mündl. vom 24.05.1990 berichtet, Bandmann sei in Theresienstadt umgekommen.

[9] Gedenkbuch, Bd. 1, S. 590.

[10] Die folgenden biogr. Inf. entstammen, soweit nicht anders vermerkt: FRIEDLÄNDER, Fritz, Trials and Tribulations of Jewish Education in Nazi Germany [mehrfach auf Hans Gärtner eingehend], in: Yearbook of the Leo Baeck Institute, London, Jg. 3 (1958), S. 187-201. - SHA'ARI, David, In Memoriam Yohanan Ginat (Gaertner), in: Bulletin. Youth Aliyah. Jewish Agency for Israel/Children and Youth Aliyah Deportmet, Jerusalem, Mai 1979, S. 72-74. - In Memoriam. Yochanan Ginat, in: AHR Information issud by the Association of Jewish refugees in Great Britain, London, Vol. 34, No. 6: June 1979, page 10. - Yochanan Ginat. 1908-1979, in: Leo Baeck News. Published by Leo Baeck Institute New York, Vol. 20/No. 38: Summer 1979, page 11. - RINOT, Hanoch, Scepticism in the Educational Dialogue of Yohanan Ginat, in: Bulletin. Youth Aliyah. Jewish Agency for Israel/Children and Youth Aliyah Deportmet, Jerusalem, Dezember 1979, S. 53-56. - SCHACHNE, Lucie, Erziehung zum geistigen Widerstand. Das jüdische Landschulheim Herrlingen. 1933-1939 (=Pädagogische Beispiele, Institutionengeschichte in Einzeldarstellungen, 3), Frankfurt 1986. - Auf Gärtner geht auch ein (S. 341f., S. 352 und S. 361f.): VOLLNHALS, Clemens, Jüdische Selbsthilfe bis 1938, in: Die Juden in Deutschland. 1933-1945. Leben unter nationalsozialistischer Herrschaft, hrsg. von Wolfgang BENZ, München 1988, S. 314-411.

rückgekehrt war[11], ging zum Schuljahr 1933/34 an die jüdische Theodor-Herzl-Schule in Berlin[12]. Diese Schule hatte für die Nazis eine Alibifunktion:

> "[...] man konnte sie ausländischen Journalisten zeigen, um die angeblichen Märchen über antisemitische Exzesse in Deutschland Lügen zu strafen. Für die jüdischen Kinder waren sie eine Bildungs- und Durchgangsstätte, die auf die unausweichliche Emigration vorbereitete. Die Lehrer machten gute Mine zum bösen Spiel und vermieden alles, was die Existenz dieser Schule hätte gefährden können."[13]

1938 erschien in Berlin eine 'Didaktik der jüdischen Schule'[14]. Gärtner erarbeitete für diesen Band einen Beitrag zum Thema 'Palästinakunde'[15]. Diese behandelte er - unter Einbringung seiner an der Lichtwarkschule und an der Schulfarm gemachten Erfahrungen - einmal als 'spezielle Palästinakunde', die er bezeichnenderweise als 'Kombinationsfach' in Verbindung mit den übrigen Unterrichtsgebieten' (Geschichte, Heimatkunde [!], Erdkunde, Deutschunterricht) sehen wollte, zum anderen wollte er die 'Palästinakunde' gleich der 'Gegenwartskunde' zum Unterrichtsprinzip erhoben sehen.

1938 wanderte Gärtner nach Palästina aus, wo er eine einflußreiche Rolle in der zionistischen Jugendbewegung spielte und führender Mitarbeiter in der Jugendalijah

---

[11] Vgl. dazu S. 381f.
[12] S. dazu vor allem: GÄRTNER, Hans, Problems of Jewish schools in Germany during the Hitler regime (with special reference to the Theodor Herzl Schule in Berlin), in: Year Book of the Leo Baeck Institute, Jg. 1 (1956), S. 123-141; (in hebräisch) wieder in: Yalkut Moreshet, Vol. 29, Tel-Aviv, 1980, S. 81-98; in deutsch: GÄRTNER, Hans, Probleme der Jüdischen Schule während der Hitlerjahre - unter besonderer Berücksichtigung der Theodor-Herzl-Schule in Berlin, in: Deutsches Judentum. Aufstieg und Krise. Gestalten, Ideen, Werke. Vierzehn Monographien, hrsg. von Robert WELTSCH, Stuttgart 1963, S. 326-352 [Das Mitarbeiterverzeichnis des Sammelbandes nennt Gärtner S. 417: "HANS GÄRTNER, geb. 1908 in Berlin. Bis 1939 Lehrer und Mitdirektor der Theodor-Herzl-Schule in Berlin. Lebt in Jerusalem. Direktor des Erziehungswerkes der Jugend-Alijah"]; Auszüge finden sich, in anderer Übers. wieder in: Lehrer und Schule unterm Hakenkreuz. Dokumente des Widerstands von 1930 bis 1945, hrsg. von Hermann SCHNORBACH, Frankfurt 1983, S. 147-156. - GÄRTNER, Hans, Bildungsprobleme der Jüdischen Schule während der Nazizeit [unter besonderer Berücksichtigung der Erfahrungen des Autors an der Theodor Herzl Schule in Berlin], in: Bulletin für die Mitglieder der Gesellschaft der Freunde des Leo-Baeck-Institute, Tel-Aviv, Jg. 1 (1957/58), Heft 2/3 [1958], S. 83-86. - SACHS, Shimon, Erinnerungen eines jüdischen Schülers an der Berliner Theodor-Herzl-Schule, in: Schule in Berlin - gestern und heute, hrsg. von Benno SCHMOLDT (=Wissenschaft und Stadt, 9), Berlin 1989, S. 163-177. - WEISS, Yfaat, Schicksalsgemeinschaft im Wandel. Jüdische Erziehung im nationalsozialistischen Deutschland 1933-1938 (=Hamburger Beiträge für Sozial- und Zeitgeschichte, 25), Hamburg 1991 (S. 10, S. 88, S. 96, S. 101f. und S. 205 kurz zu Gärtner). - S. (ohne Nennung H. Gärtners) auch: WALK, Joseph, Jüdische Schule und Erziehung im Dritten Reich, Frankfurt 1991. - Sowie: SACHS, Shimon, Erinnerungen an Berlin und an jüdische Heilpädagogik, in: Verloren und Un-Vergessen. Jüdische Heilpädagogik in Deutschland, hrsg. von Sieglind ELLGER-RÜTTGARDT, Weinheim 1996, S. 31-44, hier S. 35f.
[13] SCHEEL, Meine Begegnung, S. 12. - So auch: SCHEEL, Ein jüdischer Lehrer, S. 19.
[14] Didaktik der jüdischen Schule. In Gemeinschaft mit Fachlehrern bearb. von Heinemann STERN, Berlin 1938.
[15] GÄRTNER, Hans, Palästinakunde, in: Didaktik der jüdischen Schule. In Gemeinschaft mit Fachlehrern bearb. von Heinemann STERN, Berlin 1938, S. 195-210.

wurde[16]. Bis 1949 war er Leiter der Handwerkerschule 'Ludwig-Tietz-Werkstätten' in Jaguar, später Leiter des Lehrerbildungsseminars in Jerusalem. 1979 verstarb Hans Gärtner[17]. Seine Biographie ist ein Beispiel für den Zusammenhang zwischen

---

[16] LIEGLE, Ludwig, Tagträume, Wirklichkeit und Erinnerungsspuren einer neuen Erziehung im jüdischen Gemeinwesen Palästinas (1918-1948), in: Neue Sammlung, Jg. 25 (1985), S. 60-77, hier S. 74: "[Anfang der 30er Jahre] stand [...] die Rettung vor der drohenden Vernichtung des Judentums im Vordergrund. Noch vor Hitlers Machtergreifung wurde 1932 in Berlin die 'Jugendalijah' als 'Hilfskomitee für jüdische Jugend' ins Leben gerufen; Tausende von Jugendlichen konnten, zum Teil auf abenteuerlichen Wegen, von Deutschland (uns später von Österreich) nach Palästina gebracht werden; die Jugendgruppen, begleitet von Erziehern, wurden in den bereits vorhandenen [...] und neu gegründeten Heimen [...], insbesondere aber in den (alten und neuen) Kibbutzim aufgenommen; zwei Jahre intensiven Arbeitens, Lernens und Lebens mit engagierten Erziehern und Lehrern sollten den Jugendlichen helfen, ihre Entwurzelung zu überwinden und sich auf ein Leben als Arbeiter vorzubereiten [...]." - Zur Jugendalijah auch: Die jüdische Emigration aus Deutschland 1933-1941. Die Geschichte einer Austreibung. Eine Ausstellung der Deutschen Bibliothek, Frankfurt a.M., unter Mitwirkung des Leo Baeck Instituts, New York, Frankfurt 1985 (S. 155-173 Kap. 'Die Jugend-Alijah'); und: WETZEL, Juliane, Auswanderung in Deutschland, in: Die Juden in Deutschland 1933-1945. Leben unter nationalsozialistischer Herrschaft, hrsg. von Wolfgang BENZ, München 1988, S. 413-498 (S. 468-472 Teilkap. 'Die Jugend-Alijah').

[17] Der Kontakt zwischen Hans Gärtner und seinem ehemaligen Scharfenberg-Schüler Heinrich Scheel riß während der Zeit des Nationalsozialismus ab, nicht zuletzt, aus Vorsicht vor den Gefahren, die ein Kontakt für beide - der eine Lehrer an der Theodor-Herzl-Schule, der andere im illegalen Widerstand tätig - gehabt hätte. Im Herbst 1946 kam er auf Initiative Hans Gärtners wieder in Gang. Es entstand ein Briefwechsel, und im März 1973 besuchte Gärtner Scheel in Berlin (DDR). - S. zu diesem Kontakt: SCHEEL, Meine Begegnung, S. 14f. - Und: SCHEEL, Ein jüdischer Lehrer. - Sowie: SCHEEL, Heinrich, Vom Leiter der Berliner Schulfarm Scharfenberg zum Historiker des deutschen Jakobinismus (1946-1956). Autobiographische Aufzeichnungen (=Sitzungsberichte der Leibniz-Sozietät, Bd. 14 = Jg. 1996, Heft 6), Berlin 1997, S. 52-56 und S. 60f. -
Im zweiten Brief an Scheel vom 13.10.1946 heißt es: "Gestern kam Dein Brief. Ich habe mich lange nicht mehr so über etwas gefreut, denn ich hatte kaum zu hoffen gewagt, Dich am Leben zu finden. Es ist in den vergangenen Jahren nicht leicht gewesen, an Deutschland und alte Freunde zu denken. Was geschehen ist, ist zu grausam und unmenschlich gewesen, als daß man es je vergessen und überwinden könnte. Es gibt keinen Juden in Palästina, der nicht Familie und Freunde unter den Millionen von Opfern hat, und für viele ist Deutschland ein Begriff geworden, an den man nur noch mit Erbitterung und Haß denken kann [...]. Wenn ich trotz allem nie dieser Stimmung verfallen bin, habe ich das in erster Linie Dir zu danken. Die Erinnerung an Dich, Deine Eltern, manche Deiner Freunde sind mir immer zu bewußt geblieben, um zu vergessen, daß es noch etwas anderes gibt als ein gehaßtes und verfluchtes Hitler-Deutschland. So habe ich Dir in all den Jahren ein unverändertes Gefühl der Freundschaft bewahrt, das alle Geschehnisse nicht einen Augenblick getrübt haben." (Zit. nach: SCHEEL, Meine Begegnung, S. 14; ebenso in: SCHEEL, Ein jüdischer Lehrer, S. 20f.) -
Im März 1973 besuchte Gärtner Scheel in Berlin (DDR). In einem Brief von Hans Gärtner aus Frankfurt vom 23.03.1973 heißt es: "Ich schreibe Dir diese Zeilen, bevor ich morgen nach New York fliege. Der Tag bei Dir war für mich einer der schönsten Tage der letzten Jahre. Wenn man nach 35 Jahren so schnell und so spontan wieder den Kontakt findet, kann das ja wohl nur darauf zurückzuführen sein, daß die Freundschaft in den Jugendjahren echte und tiefe Wurzeln hatte. Dir und Edith sehr viel Dank für Eure Gastfreundschaft, für die 'Führung' durch Berlin, dessen Entwicklung ich mit Staunen und Bewunderung gesehen habe. Eure neue Stadt, in der aber doch das alte Berlin nicht verschwunden ist." (zit. nach: SCHEEL, Meine Begegnung, S. 15. - Die zentralen Teile dieses Zitats auch in: SCHEEL, Ein jüdischer Lehrer, S. 20).

deutscher und jüdischer Jugend- und Reformschulbewegung[18]. Der spezielle Vergleich zwischen der Schulfarm und der (frühen) Kibbuz-Erziehung liegt auf der Hand und ist ein spannendes Forschungsdesiderat[19].

---

[18] Vgl. zu diesem Thema: RINOTT, Chanoch, Jüdische Jugendbewegung in Deutschland. Entstehung, Entwicklung und Ende (1912-1942), in: Neue Sammlung, Jg. 17 (1977), S. 75-94. - S. dazu vor allem auch div. Arbeiten von Liegle, z.B.: LIEGLE, Ludwig, Tagträume, Wirklichkeit und Erinnerungsspuren einer neuen Erziehung im jüdischen Gemeinwesen Palästinas (1918-1948), in: Neue Sammlung, Jg. 25 (1985), S. 60-77. - LIEGLE, Ludwig, Welten der Kindheit und Familie. Beiträge zu einer pädagogischen und kulturvergleichenden Sozialisationsforschung, Weinheim [u.a.] 1987, bes. S. 104-129 (Kap. 'Tagträume, Wirklichkeit und Erinnerungsspuren einer neuen Erziehung im jüdischen Gemeinwesen Palästinas (1918-1948)'). - Der Kibbutz als Utopie. Mit einem Nachwort von Ludwig LIEGLE, hrsg. von Wolfgang MELZER und Georg NEUBAUER, Weinheim [u.a.] 1988. - KONRAD, Franz Michael / LIEGLE, Ludwig, Reformpädagogik in Palästina. Neuere israelische Forschungsbeiträge zur Bildungsgeschichte der vorstaatlichen Periode [Literaturübersicht], in: Neue Sammlung, Jg. 28 (1988), S. 231-249. - LIEGLE, Ludwig, Der Kibbutz als Sozialisationsumwelt. Anfänge der Kibbutz-Erziehung und der Kibbutz-Pädagogik, in: Apropos Lernen. Alternative Entwürfe und Perspektiven zur Staatsschulpädagogik, hrsg. von Ulrich KLEMM und Alfred K. TREML (=Materialien der AG SPAK, M 92), München 1989, S. 121-134. - Reformpädagogik in Palästina. Dokumente und Deutungen zu den Versuchen einer 'neuen' Erziehung im jüdischen Gemeinwesen Palästinas (1918-1948), hrsg. von Ludwig LIEGLE und Franz-Michael KONRAD (=Sozialhistorische Untersuchungen zur Reformpädagogik und Erwachsenenbildung, 9), Frankfurt 1989. - Vgl. außerdem: ZILBERSHEID, Uri, Die Spannung zwischen utopischen und realistischen Elementen in der Kibbuz-Erziehung, in: Zeitschrift für erziehungs- und sozialwissenschaftliche Forschung, Jg. 6 (1989), S. 53-69. - BETTELHEIM, Bruno, Die Kinder der Zukunft. Gemeinschaftserziehung als Weg einer neuen Pädagogik, 8. neuausgestattete Aufl. Heidelberg 1990, S. 30f. - PORAT, Reuven, Die Geschichte der Kibbutzschule. Konzeptionen der 'Neuen Erziehung' im Kibbutz. Bearb. von Maria FÖLLING-ALBERS (=Studien und Dokumentationen zur vergleichenden Bildungsforschung, 47), Köln [u.a.] 1991. - WOLZOGEN, Wolf von, "... Dieser Geist von Ben Shemen hat mich sehr der jüdischen Kultur nahegebracht." Das Kinder- und Jugenddorf Ben Shemen zwischen Berlin und Lod. Eine Skizze, in: Aufklärung als Lernprozeß. Festschrift für Hildegard Feidel-Mertz, hrsg. von Monika LEHMANN und Hermann SCHNORBACH, Frankfurt 1992, S. 256-274. - HETKAMP, Jutta, Ausgewählte Interviews von Ehemaligen der Jüdischen Jugendbewegung in Deutschland von 1913-1933 (=Anpassung - Selbstbehauptung - Widerstand, 5), Münster [u.a.] 1994. - HETKAMP, Jutta, Die Jüdische Jugendbewegung in Deutschland von 1913-1933 (=Anpassung - Selbstbehauptung - Widerstand, 4), Münster [u.a.] 1994. - Vgl. auch S. 233f.

[19] Vgl.: Chaim Seeligmann an D.H. br. vom 01.10.1991: "Die 'Schulfarm' erinnert mich mehr als alles an die Schule im Kibbuz. 'Schule und Leben sind eine Einheit, die aus dem gesellschaftlichen Auftrag der Erzieher entsteht.'" - PS Jahnke: JAHNKE, Heinz K., Schulfarm Insel Scharfenberg 1933-1945. Versuch einer sachlichen Darstellung, Kalamazoo, MI USA, Arbeitsfassung 1995, S. 4: "Die Organisation Scharfenbergs in diesen Jahren [1922-1933/34] erinnert mich sehr an die 'Kommunen' späterer Jahre oder an die Kibbutzim in Israel." - Vgl. auch den mit dem Begriff 'Schulfarm' arbeitenden Aufsatz: NEUBAUER, Georg / WASK, Wolfgang, Die Erziehung zur Arbeit: Ein konstitutives Element des Kibbutz, in: Der Kibbutz als Utopie. Mit einem Nachwort von Ludwig LIEGLE, hrsg. von Wolfgang MELZER und Georg NEUBAUER, Weinheim [u.a.] 1988, S. 121-132.

Elisabeth Rotten emigrierte 1934 in ihr Heimatland, die Schweiz[20], und ließ sich in Saanen im Berner Oberland nieder[21]. Hier setzte sich sich gemeinsam mit anderen Schweizer Pädagogen, z.b. mit Fritz Wartenweiler (1889-1985)[22], engagiert für die Aufnahme von Emigranten ein[23] und versuchte, ihre internationalen Kontakte, soweit wie möglich - übrigens auch zu Wilhelm Blume[24] - aufrecht zu erhalten[25]. Vor Ort knüpfte sie neue persönliche Verbindungen[26], hielt vor den Bewohnern von Sannen

---

[20] SCHOMBURG, Elisabeth Rotten, S. 92. - NOEL-BAKER, Philip, Eine edle Frau und treue Freundin der 'Neuen Wege', in: Neue Wege, Jg. 58 (1964), S. 134f., hier S. 134. - Martin Buber. Briefwechsel aus sieben Jahrzehnten, hrsg. und eingel. von Grete SCHAEDER, 3 Bde., Heidelberg 1972-1975, hier Bd. 2, Heidelberg 1973, S. 686. - Die Angabe, E. Rotten sei bereits 1933 emigriert, dürfte falsch sein: Elisabeth Rotten, in: Munzinger-Archiv/Internationales Biographisches Archiv, 6/85 004633-3/106 Ro-WE. - Auch: HILKER, Zum 75. Geburtstag von Dr. Elisabeth Rotten, S. 173.

[21] LAUTERBURG, Maria, Zur Erinnerung an Elisabeth Rotten, in: Anzeiger von Saanen vom 12.02.1965: "Wie kam es nur, daß sie sich so abseits von diesem weiten Wirkungskreis [in Saanen] niederließ? Es kam so: 1926 fand in Oberammergau in Bayern eine Konferenz des Internationalen Versöhnungsbundes statt, unter der Leitung von Prof. Dr. Friedrich Siegmund-Schultze [...], der vielen von uns von Ansprachen in der Kirche bei [sic!] Anlaß der Studienwochen des Versöhnungsbundes in den Jahren 1943 und 1945 in Saanen oder zum Ferienaufenthalt [...] her bekannt und unvergessen ist. Fräulein Dr. Rotten gehörte zu den Mitarbeitenden und leitete die Studiengruppe für Erziehungsfragen in bezug auf den Frieden [...]." - LAUTERBURG, Zur Erinnerung, bringt den Hinweis, E. Rotten habe bei ihrer Emigration eine umfangreiche Bibliothek, u.a. mit ca. 300 Goethebänden, besessen. - Ebd.: "Nun, sie kam [...], von Dr. Karl Wilker und dessen Kindern Eva und Wilfried begleitet, und hielt in der ihr schon vertrauten Saanengemeinde Ausschau [nach einer Wohnung]. Glücklicherweise fand sie auf der Pfyffenegg ob dem Saanendorf bei Gemeindeschreiber Emil Haldi eine Wohnung, die ihr zusagte, und im Oktober 1934 rückte sie an mit dem Pflegekind Eva, dem Kätzchen Minkli, mit viel Hausrat und sehr vielen Büchern und Planzen und baute als ein anspruchsloser Flüchtling ihr neues Leben auf dem Fleckchen Erde auf, von dem sie einen herrlichen Überblick über das weite Tal hatte. Zu ihrem Haus führten zwar steile Wege und zu ihrer Wohnung hinauf eine steile Treppe. Aber wie sollte so etwas [...] sie abschrecken? Ihr gemäß wäre ein beschauliches Gelehrtenleben gewesen, wie sie einmal schrieb; sie hätte aber auch gern den Tag für die Beziehung zu den Menschen gebraucht und die Nacht für die Arbeit, wenn die Kraft dazu gereicht hätte. Die Menschen kamen nun von allen Himmelsgegenden, und die Post brachte Briefe in Menge mit allen möglichen Anliegen. An Beziehungen und Arbeit fehlte es wahrhaftig nicht." - S. auch: SCHMIDLIN, Walter Robert Corti, S. 212: "Von 1934 bis zu ihrem Tod 1964 bewohnte sie nun das Haus 'Pfyffenegg' in Saanen im Berner Oberland. Freundschaftliche Beziehungen zum dortigen Pfarrer waren für diese Wahl der Anlaß gewesen.

[22] GRAAB, Franz Josef, Fritz Wartenweiler und die Erwachsenenbildung in der Schweiz, Zürich [u.a.] 1975, S. 231: "Elisabeth Rotten und Fritz Wartenweiler kennen sich aus der Zeit nach dem 1. Weltkrieg. Außer ihren Friedensbemühungen ist den beiden die Liebe zum Turbachtal gemeinsam, in dessen Nähe, nach Saanen, sich Elisabeth Rotten in ihrem Alter zurückgezogen hat." - Biogr. Inf. zu Wartenweiler in: Schweizer Lexikon in 6 Bdn., Bd. 6: Soz-Z, Luzern 1993, S. 585.

[23] GRAAB, Fritz Wartenweiler, S. 52-54. - Vgl. zur allgemeinen Problematik des Schweizer Exils: Über die Grenzen. Alltag und Widerstand im Schweizer Exil. Eine Ausstellung der 'Studienbibliothek zur Geschichte der Arbeiterbewegung' Zürich [10.06. - 03.07.1988], Zürich 1988.

[24] Zum Kontakt zwischen Blume und E. Rotten in der NS-Zeit vgl.: Berlin, LA: Rep. 200, Acc. 3184, Nr. 31, Bl. 2: ROTTEN, Elisabeth, Die 'Partei des Kindes', in: Schweizer Lehrerinnenzeitung, Septemberheft 1937, S. 1-6; auf der letzten Seite: Rotten an Blume br. vom 30.12.1937.

[25] LAUTERBURG, Zur Erinnerung.

[26] LAUTERBURG, Zur Erinnerung.

zahlreiche politisch-pädagogische Vorträge[27] und bot zudem Gemeindemitgliedern Englischkurse und Kurse in deutscher Literatur an[28].

---

[27] LAUTERBURG, Zur Erinnerung: "Wir Saaner hatten den großen Vorzug, diese so bedeutende Persönlichkeit in der Nähe zu haben. Viel Gutes durften wir von ihrem reichen Geist in uns aufnehmen. Zu einer Zeit, da viele noch kein Urteil über das Zeitgeschehen hatten, über den Nationalsozialismus, über seine Gefahr auch für uns, und da es da und dort noch zu hören war, daß ein bißchen Hitler auch uns Schweizern gut tun würde, unterwies sie uns über diese unheilvolle Geschichtsperiode Deutschlands." - Ebd., nennt Lauterburg als Beispiele von Vorträgen, die E. Rotten in Saanen gehalten hatte u.a.: [1.] Was für eine Wirkung hat der Nationalsozialismus auf die Erziehung der Jugend? (Schulhaus Grund 1934); [2.] Erziehung und Stellung der Frau im nationalsozialistischen Deutschland (Hauptversammlung des Gemeinnützigen Frauenvereins); [3.] Die geistigen Auswirkungen des deutschen Nationalsozialismus (im 'Erziehungskurs' 1934/35); [4.] Die Friedensarbeit der Quäker (im 'Erziehungskurs' 1934/35); [5.] Die Schweiz unter anderen Völkern (Hauptversammlung des Frauenvereins 1935); [6.] Ist der nächste Krieg unvermeidbar? (im 'Erziehungskurs' 1936/37); [7.] Wie wurde der Nationalsozialismus möglich? (im 'Erziehungskurs' 1937/38); [8.] Die Friedenskräfte der Demokratien (in der 'Heimatwoche' im Turbachtal 1939).

[28] LAUTERBURG, Zur Erinnerung: "Aber wovon leben? Nun, es gab Gemeindemitglieder, die Englischstunden von ihr wünschten. Sie gab einen Kurs in dieser Sprache, auch für deutsche Literatur usw."

Sie publizierte weiter eigene Arbeiten[29] und betätigte sich, nicht zuletzt, um sich

---

[29] So: ROTTEN, Elisabeth, Jane Addams. 1860-1935, Saanen (Verlag das Werdende Zeitalter) 1936; auch: Zürich (hrsg. von der Internationalen Frauenliga für Frieden und Freiheit. Zu beziehen von der Pazifistischen Bücherstube Zürich) 1936. - ROTTEN, Elisabeth, Die 'Partei des Kindes', in: Schweizer Lehrerinnenzeitung, Septemberheft, 1937, S. 1-6. - ROTTEN, Elisabeth, 'Ein tröstend Lied, dem Dürstenden zur Friedensspeise ...', in: Schweizerische Lehrerinnen-Zeitung, Jg. 42 (1937), S. 91-93. - ROTTEN, Elisabeth, Stufen der Friedensarbeit, in: Berner Schulblatt. Korrespondenzblatt des Bernischen Lehrervereins, Jg. 70 (1937), S. 347-350 und 359-362. - ROTTEN, Elisabeth, Kleine Schar, in: Der Neue Bund, Jg. 5 (1939), S. 248. - ROTTEN, Elisabeth, Warum eine 'Friedens-Akademie'?, in: Der Neue Bund, Jg. 5 (1939), S. 127-129. - ROTTEN, Elisabeth, Der 'Internationale Versöhnungsbund', in: Der Neue Bund, Jg. 6 (1940), S. 48. - ROTTEN, Elisabeth, Wege und Ziele der Friedensarbeit, in: Die Friedens-Warte. Blätter für internationale Verständigung und zwischenstaatliche Organisation, Jg. 40 (1940), S. 219-230. - ROTTEN, Elisabeth, Die Kraft des gewaltlosen Widerstandes im Lichte der Vergangenheit, Gegenwart und Zukunft, in: Der neue Bund, Jg. 6 (1940), S. 110-139; wieder als Monographie u.d.T.: Siege ohne Waffen. Die Kraft des gewaltlosen Widerstandes im Lichte der Vergangenheit, Gegenwart und Zukunft, Göttingen 1959. - ROTTEN, Elisabeth, Nationale und übernationale Erziehung, in: Schweizerischer Frauenkalender, Jg. 31 (1941), S. 43-49. - ROTTEN, Elisabeth, Freiheit und Gehorsam, in: Der Neue Bund, Jg. 7 (1941), S. 175-178. - ROTTEN, Elisabeth, 'Lienhard und Gertrud'. Vorbemerkung zu einer gemeinsamen Lektüre, in: Der Neue Bund, Jg. 7 (1941), S. 195-197. - ROTTEN, Elisabeth, Die alten Eidgenossen, in: Die Friedens-Warte. Blätter für internationale Verständigung und zwischenstaatliche Organisation, Jg. 41 (1941), S. 245-256. - ROTTEN, Elisabeth, Die Geburt der Eidgenossenschaft aus der geistigen Urschweiz, in: Die Friedens-Warte. Blätter für internationale Verständigung und zwischenstaatliche Organisation, Jg. 41 (1941), S. 29-35. - WEHBERG, Hans / ROTTEN, Elisabeth, Aus der Zeit des amerikanischen Unabhängigkeitskrieges, in: Die Friedens-Warte. Blätter für internationale Verständigung und zwischenstaatliche Organisation, Jg. 42 (1942), S. 21-26. - ROTTEN, Elisabeth, Gewalt und Gewaltlosigkeit, in: Der Neue Bund, Jg. 9 (1943), S. 12. - ROTTEN, Elisabeth, Eine Kämpferin für den Weltfrieden [=Lida Gustava Heymann], in: Die Friedens-Warte. Blätter für internationale Verständigung und zwischenstaatliche Organisation, Jg. 43 (1943), S. 328-330. - ROTTEN, Elisabeth, Bertha von Sutterns Randglossen zur Zeitgeschichte, in: Die Friedens-Warte. Blätter für internationale Verständigung und zwischenstaatliche Organisation, Jg. 43 (1943), S. 141-146. - ROTTEN, Elisabeth, 'Der Weg ins Freie', in: Der Neue Bund, Jg. 10 (1944), S. 153f. - ROTTEN, Elisabeth, Zeitgemäße Betrachtungen zu William James' 'Das moralische Aequivalent des Krieges', in: Die Friedens-Warte. Blätter für internationale Verständigung und zwischenstaatliche Organisation, Jg. 44 (1944), S. 183-191. - ROTTEN, Elisabeth, Probleme Europas, in: Die Friedens-Warte. Blätter für internationale Verständigung und zwischenstaatliche Organisation, Jg. 44 (1944), S. 234-238.

finanziell über Wasser zu halten, als Herausgeberin und als Übersetzerin englischer und amerikanischer Werke[30].

Die Spur der ehemaligen Scharfenberg-Lehrer nachzuzeichnen, die in Deutschland weiter im Berufsleben verblieben, ist aufgrund der schwierigen Quellenlage (zur Zeit) nur in Einzelfällen möglich:

Ernst Sorge unterrichtete während der NS-Zeit teilweise weiter, wertete daneben die wissenschaftlichen Ergebnisse der Alfred Wegener-Expeditionen aus, nahm erneut an Nordexpeditionen teil, hielt nebenbei zahllose Lichtbildervorträge - und stellte sich dabei auch in den Dienst des NSLB und später als Soldat auch in den Dienst der Reichswehr; 1946 verstarb er[31].

Wilhelm Moslé, nach seinem Ausscheiden von der Schulfarm an einer Charlottenburger Schule tätig, wurde 1935 "nach seiner Ehefrau Käte Moslé gefragt, und da

---

[30] LAUTERBURG, Zur Erinnerung: "Aber wovon leben? [...] sie übersetzte ungezählte umfangreiche Bücher, viele, die sie innerlich nicht berührten, viele, die ihr wichtig waren [...]." - S. z.B.: PENN, William, Entwurf zum gegenwärtigen und künftigen Frieden Europas durch Schaffung eines europäischen Parlaments, Reichstags oder Staatenbundes. In gekürzter deutscher Übertragung hrsg. von Elisabeth ROTTEN, Bern 1936; in neuer, verbesserter Übers. von Elisabeth ROTTEN wieder in: Die Friedens-Warte. Blätter für internationale Verständigung und zwischenstaatliche Organisation, Jg. 41 (1941), S. 263-270. - Tages-Brevier für Denkende Menschen. Zusammengestellt von Elisabeth ROTTEN, hrsg. vom Escherbund, Zürich 1939; 4. umgearb. Aufl. Zürich 1945. - Die Einigung Europas. Sammlung von Aussprüchen und Dokumenten zur Versöhnung und Organisation Europas aus eineinhalb Jahrhunderten. Ausgew. und eingel. von Elisabeth ROTTEN, Basel 1942. - Vom Völkerfrieden und dem Menschheit letztem Glück. Sammlung von Aussprüchen bedeutender Menschen aller Zeiten, hrsg. von Elisabeth ROTTEN. Mit einem Geleitwort von H. NABHOLZ, Basel 1942. - WOODSMALL, Ruth Frances, Der Aufstieg der mohammedanischen Frau. Aus dem Engl. übers. von Elisabeth ROTTEN, Zürich [u.a.] 1938. - STEINBECK, John, Von Mäusen und Menschen. Roman. Aus dem Engl. übers. von Elisabeth ROTTEN, Zürich 1940. - BROMFIELD, Louis, Bitterer Lotos. Roman. Aus dem Engl. übers. von Elisabeth ROTTEN, Zürich 1941. - ROBERTS, Kenneth, Oliver Wiswell. Aus dem Engl. übers. von Elisabeth ROTTEN, Zürich 1941; wieder: Zürich 1953. - SINCLAIR, Upton, Welt-Ende. Roman. Aus dem Engl. übers. von Elisabeth ROTTEN, 2. Aufl. Bern 1943. - STEINBECK, John, Die wunderlichen Schelme von Tortilla Flat. Roman. Aus dem Engl. übers. von Elisabeth ROTTEN, Zürich 1943; 5., ungekürzte Aufl. München 1992. - DAVIES, Joseph Edward, Als US-Botschafter in Moskau. Authentische und vertrauliche Berichte über die Sowjet-Union bis Oktober 1941. Aus dem Engl. übers. von Elisabeth ROTTEN, 4. Aufl. Zürich 1943. - CARR, Edward Hallett, Grundlagen eines dauerhaften Friedens. Aus dem Engl. übers. von Elisabeth ROTTEN, Zürich 1943. - KNIGHT, Eric, Dir selbst treu. Roman. Aus dem Engl. übers. von Elisabeth ROTTEN, 6. Aufl, Zürich 1943. - WILLIAMS, Ben Ames, Und das nannten sie Frieden ... Roman. Aus dem Engl. übers. von Elisabeth ROTTEN, Zürich 1944. - BUCK, Pearl Sydensticker, Was mir Amerika bedeutet. Aus dem Engl. übers. von Elisabeth ROTTEN, Zürich 1945. - DOUGLAS, Lloyd C., Das Gewand des Erlösers. Aus dem Engl. übers. von Elisabeth ROTTEN, 5. Aufl. Zürich 1948. - Zu E. Rottens weiterer Biogr. s. S. 974-986.

[31] S. zu alledem S. 418f.

sie nach den damaligen Gesetzen Jüdin war, wurde er von den Ehrenämtern entbunden und 'strafversetzt' an eine Schule [...] im Osten Berlins."[32]

Walter Ackermann ging laut eigener Aussage "Ostern 1934 an eine höhere Knabenanstalt in Charlottenburg und wurde innerhalb der Stadt mehrere Male versetzt zur Strafe, weil meine Frau halbarisch sei"[33], und - wie sich seine Tochter erinnert -, "weil er 'wehrzersetzend' auf die Schüler einwirk[t]e"[34]; Ende 1943, mit Wirkung zum 01.01.1944, ließ sich Ackermann pensionieren[35]:

> "Hinter dem damaligen Motiv, aus gesundheitlichen Gründen den Schuldienst zu liquidieren, stand für ihn bei seiner feindlichen Einstellung dem Nationalsozialismus gegenüber in Wirklichkeit das Bestreben, aus den sich in jener Zeit für jeden in Opposition Stehenden notwendig ergebenden inneren Konflikten herauszukommen."[36]

Ende 1943 übersiedelte Ackermann von Berlin nach Freiburg im Breisgau, was für ihn (auch) einen Rückzug in einen 'ruhigeren' geographischen Ort bedeutete[37].

Wilhelm Ziegelmayer, so berichtet seine Witwe, sei 1933 eine geplante Habilitation unmöglich gemacht worden ("weil mein Mann den Nationalsozialisten nicht angenehm war - was auf Gegenseitigkeiten beruhte"). Auch die ersten Jahre der NS-Zeit seien für Ziegelmayer beruflich sehr schwer gewesen. Eine Veränderung sei erst eingetreten, als ihm im Zuge der Kriegsvorbereitungen das Kriegsministerium angeboten habe, "die Wehrmachtsverpflegung auf [eine] neue ernährungswissenschaftliche Basis [zu] bringen". Ziegelmayer habe diese "sehr interessante Aufgabe", die für ihn auch "ein großes Glück [bedeutete], weil die Wehrmacht eine eigene Justiz hatte", angenommen. Als 1942 in Frankfurt/Main ein Institut für Ernährung-Kochwissenschaft gegründet wurde, wurde Ziegelmayer zum Privatdozenten und

---

[32] H.-G. Moslé an D.H. br. vom 10.01.1992. - Ebd. heißt es zu Moslés weiterer Biogr.: "Er war recht glücklich an dieser Schule [im Osten Berlins], vor allem aus pädagogischen Gründen. 1944 wurde er im Rahmen der Kinderlandverschickung nach Pösneck/Thüringen geschickt. April/Mai 1945 wurde Pösneck von US Streitkräften besetzt und mein Vater Dolmetscher bei der Militärregierung. Als im Sommer Thüringen den Russen übergeben wurde, wurde mein Vater verhaftet [...] und kam [...] in russische Kriegsgefangenschaft [...]. Im Sommer 1947 wurde er entlassen und kam nach Berlin zurück. Nach kurzer Zeit bei der amerikanischen Erziehungsbehörde wurde er Studienrat am Französischen Gymnasium in Tegel. Ca. 1957 ließ er sich vorzeitig pensionieren und zog mit seiner Frau nach Mallorca, wo er [...] bis zu seinem Tode lebte." - Ebd.: "Nebenberuflich betätigte er sich durch Schreiben von Hörfolgen für Rundfunk, gab für Langenscheid den deutsch-französischen Teil des Taschenlexikons heraus [Langenscheids Taschenwörterbuch der englischen und deutschen Sprache, Bd. 2: Deutsch-Englisch, Neubearb. von Wilhelm MOSLÉ, 4. Aufl. Berlin 1951], war Vorsitzender der deutsch-spanischen Gesellschaft in Mallorca." - Vgl. zu den schulischen Stationen Moslés ab 1932 auch: Berlin, BBF: SLG-GS, Personalblatt Wilhelm Moslé.
[33] Göttingen, AdPH: Personalakte Ackermann, Lebenslauf [nach 01.11.1945]. - Vgl.: Philologen-Jahrbuch (Kunzes Kalender), Jg 41: Schuljahr 1934/35, 2. Teil, Breslau 1934. [ff.].
[34] I. Ackermann an D.H. br. vom 10.02.1990.
[35] Göttingen, AdPH: Personalakte Ackermann, Antrag betr. Ackermanns Übernahme als Beamter auf Lebenszeit an den Niedersächsischen Kultusminister vom 11.07.1949.
[36] Göttingen, AdPH: Personalakte Ackermann, Antrag betr. Ackermanns Übernahme als Beamter auf Lebenszeit an den Niedersächsischen Kultusminister vom 11.07.1949.
[37] Göttingen, AdPH: Personalakte Ackermann, Lebenslauf [nach 01.11.1945]: "[Ende 1943] übersiedelte [ich] nach Freiburg i.Br. in der Hoffnung, nach dem Kriege am Neuaufbau eines menschenwürdigen Deutschlands mitarbeiten zu können. Seit 1.11.1945 bin ich in die neugegründete pädagogische Hochschule Göttingen übernommen."

zum Direktor des Instituts berufen; gleichwohl sei ihm 1943 ein neuer Prozeß gemacht worden ("sehr bösartig von den Nationalsozialisten vorbereitet - vor dem Militärgericht ausgetragen"). Nach dem 2. Weltkrieg wurde Ziegelmayer Vizepräsident der Deutschen Zentralverwaltung für Handel und Versorgung in der sowjetischen Besatzungszone, dann Professor an der Berliner Humboldt-Universität, später Honorarprofessor an der Technischen Hochschule in West-Berlin, zudem Direktor des Instituts für Ernährung und Verpflegungswissenschaft in Berlin-Dahlem und Potsdam-Rehbrücke. Er starb am 04.01.1951[38].

Über den Kunstlehrer Erich Scheibner wird noch an anderer Stelle eingehender die Rede sein[39]; über seinen Freund und Kollegen Georg Netzband soll im folgenden ausführlicher berichtet werden:

Wie Netzband selbst schrieb, begann für ihn, der in diesem Jahr zunächst neben seiner Lehrertätigkeit Leiter eines Fachseminars für Bildende Kunst (Ausbildung von Studienreferendaren für das künstlerische Lehramt in pädagogischer Hinsicht) geworden war[40], 1933 (s)eine "sabotierende Gegnerschaft gegen das nationalsozialistische Regime [...]."[41]

Seit den 20er Jahren hatte Netzband Prüfungen für Filmvorführungen gemacht und 1931 das professionelle Filmen erlernt[42]. Am 22.09.1932 fand in der Aula der Rheingauschule die Uraufführung des Films 'Winnetou und Kaspar. Arbeit im Gewande der Freude' statt; es handelte sich um einen Protestfilm gegen den Abbau der Unterrichtsstunden für Kunst und Werken[43], den Netzband mit Schülern der

---

[38] Alle biogr. Inf. über Ziegelmayer: A. Ziegelmayer an D.H. br. vom 22.11.1988. - Zur Ergänzung: SCHMITZ-HÜBSCH, Der Mittelschullehrer, S. 48. - Und: RÖGER, Cecilienschule, S. 108.
[39] S. 1011ff.
[40] PS Netzband: NETZBAND, Georg, Lebenslauf des Studienrates Georg Netzband [zwischen 1953-1958].
[41] Berlin, BBF: Reichwein-Archiv, Korrespondenzen: Netzband an R. Reichwein br. vom 02.09.1981.
[42] PS Netzband: NETZBAND, Georg, Lebensdaten Georg Netzband, 1980.
[43] PS Netzband: NETZBAND, Georg, Lebensdaten Georg Netzband, 1980.

Rheingauschule auf der Schulfarm Scharfenberg gedreht hatte[44] und der in den folgenden Jahren gemeinsam mit dem Film 'Eintagskünstler' (1933), den Netzband mit Rheingauschülern in Tangermünde gedreht hatte, von den Nazis verboten wurde[45].

Netzbands Filmarbeit führte dazu, daß er neben seiner Unterrichtstätigkeit an der Rheingau-Schule freier Mitarbeiter der 1934 durch das Reichserziehungsministerium gegründeten 'Reichsstelle für den Unterrichtsfilm' (später: Reichsanstalt für Film und Bild in Wissenschaft und Unterricht)[46] wurde, wo er "Filmauswahl, Filmbearbeitungen, Anfertigungen von Beiheften, Filmberatungen [...] übernahm, soweit es sich um unpolitische Filme für den Kunst- und Werkunterricht handelte."[47] Unter seiner Mitarbeit entstanden ca. 40 Unterrichtsfilme - darunter als von Netzband selbständig (vom Manuskript bis zur Fertigstellung) erstellte Filme 'Wir basteln einen Bauernhof' (1935), 'Das Landkartenhochbild' (1935), 'Faltarbeiten aus Papier I und II' (1936), 'Herstellung einer Kasperlepuppe' (1936) und 'Perspektivisches Sehen'

---

44 Edgar Dollezal (geb. 1921, 1931-1939 (Abitur) Schüler der Rheingauschule, Dipl.Ing.) an D.H. br. vom 18.04.1988; ebd. auch folgender Hinweis: "Georg Netzband, Kunstlehrer an der Rheingauschule in Berlin-Friedenau [...] hat mit uns Schülern, zehn an der Zahl - 11 bis 12 Jahre alt - 1930 in den großen Ferien 14 Tage auf Scharfenberg zugebracht. Er wollte mit völlig unvorbereiteten, allerdings besonders kreativen Kindern einen Film von ihrer Fantasie und Erfindungsfreudigkeit herstellen [...]. Es wurden vom Wetter begünstigt unbeschreibliche bis jetzt nachwirkende Ferientage, an denen wir nicht nur werken und basteln durften, sondern dazu auch noch animiert wurden." - Blume hatte Cohn in einem Brief von diesem Film geschrieben; Cohn antwortete ihm in einem Brief vom 10.07.1932 dazu: "Was Sie mir von seiner [=Netzbands] Unternehmung geschrieben haben, hat mich begeistert. Da sieht man, daß jemand ein genialer Mensch, ein schaffender, künstlerisch ganz hochstehender Mann sein kann und es doch nicht für unter seiner Würde zu halten braucht, sich der Jugend, ihren Bestrebungen und ihren Spielen zu widmen. Ich bewundere, daß Netzband auch in dieser ganz anderen Richtung, im Wort und in dramatischer Gestaltung, produktiv zu sein vermag. Es wird für Scharfenberg eine Lust sein, die munteren Quartaner sich tummeln zu sehen, und Ihnen wird es gewiß eine Freude und ein Vergnügen sein, Ihren einstigen Schüler bei so schöner Arbeit zuzusehen und ihm mit Rat und Tat zu helfen, wie nur Sie es können." (Berlin, LA, SIS: Cohn an Blume (aus Hannoversch-Münden) br. vom 10.07.1932).
45 PS Netzband: NETZBAND, Georg, Lebensdaten Georg Netzband, 1980.
46 Zur 'Reichsstelle': Reichsanstalt für Film und Bild in Wissenschaft und Unterricht. Gemeinnützige GmbH. Nach dem verfügbaren Schrifttum und erhalten gebliebenen Akten der RWU zusammengestellt von Wolfgang TOLLE. Mit einer Einführung von Christian CASELMANN, Berlin 1961, hier bes. S. 1-24: CASELMANN, Christian, Geschichte und Probleme von Film, Bild und Ton im Unterricht. - GRUNSKY-PEPER, Konrad, Deutsche Volkskunde im Film. Gesellschaftliche Leitbilder im Unterrichtsfilm des Dritten Reiches, München 1978. - KÜHN, Michael, Unterrichtsfilm im Nationalsozialismus. Die Arbeit der Reichsstelle für den Unterrichtsfilm / Reichsanstalt für Film und Bild in Wissenschaft und Unterricht, Mammendorf 1998 (hier zu Netzband: S. 205f.). - EWERT, Malte, Die Reichsanstalt für Film und Bild in Wissenschaft und Unterricht (1934-1945) (=Schriften zur Kulturwissenschaft, 15), Hamburg 1998.
47 Berlin, BBF: Reichwein-Archiv, Korrespondenzen: Netzband an R. Reichwein br. vom 02.09.1981.

(1938)⁴⁸ - (zumindest teilweise) von Netzband mit seinen Schülern an der Rheingauschule gedreht⁴⁹.

Netzband schrieb zu diesen Filmen Artikel in Fachzeitschriften⁵⁰ und stellte zu ihnen Fotoreportagen für Zeitungen vieler europäischer Länder her⁵¹.

---

[48] Vgl. z.B.: PS Netzband: Bescheinigung der Reichsstelle für den Unterrichtsfilm im Bereich des Reichs- und Preußischen Ministeriums für Wissenschaft, Erziehung und Volksbildung, Dr. Dr. Gauger [Leiter] über die Mitarbeit Georg Netzbands vom 23.09.1936. - 'Verzeichnis der Unterrichtsfilme für Allgemeinbildende Schulen [Loseblattsammlung, Grundwerk] (=Schriftenreihe der Reichsstelle für den Unterrichtsfilm, 4), Stuttgart [u.a.] 1937' [das Grundverzeichnis dieser Loseblattsammlung stammt aus dem Jahr 1937 und beinhaltet die ersten 100 für Allgemeinbildende Schulen bestimmten Filme der Reichsstelle bis 1936: F 1/1934 bis F 140/1936; weitere Ergänzungen wurden in der Zeitschrift 'Film und Bild in Erziehung und Wissenschaft, Erziehung und Volksbildung' beigelegt]: F 6/1935 Das Glasmosaik; Bearbeitung und Beiheft: Georg Netzband. - F 9/1935 Wir basteln einen Bauernhof; Bearbeitung und Beiheft: Georg Netzband. - F 12/1935 Das Landkartenhochbild; Bearbeitung und Beiheft: Georg Netzband. - F 57/1936 Faltarbeiten aus Papier I; Bearbeitung und Beiheft: Georg Netzband. - F 58/1936 Faltarbeiten aus Papier II; Bearbeitung und Beiheft: Georg Netzband. - F 60/1936 Herstellung einer Kasperle-Puppe; Bearbeitung und Beiheft: Georg Netzband. - F 84/1936 Negerkinder; Bearbeitung: Georg Netzband [Beiheft: nicht existent]. - F 85/1936 Kinder aus Lappland; Bearbeitung und Beiheft: Georg Netzband. - F 94/1936 Das Einbinden eines Buches; Bearbeitung und Beiheft: Georg Netzband, Zeichenlehrer, Berlin. - F 164/1938 Perspektivisches Sehen; Bearbeitung und Beiheft: Georg Netzband. - F 185/1938 Kinder sparen; Bearbeitung und Beiheft: Georg Netzband.

[49] S.: Berlin, BBF: Reichwein-Archiv, Korrespondenzen: Netzband an R. Reichwein br. vom 02.09.1981. - Und: Berlin, BBF: Reichwein-Archiv, Korrespondenzen: Netzband an W. Huber br. vom 05.08.1982 [Durchschrift s.: PS Netzband].

[50] In der Zeitschrift der Reichsstelle 'Film und Bild in Wissenschaft, Erziehung und Volksbildung. Zeitschrift der Reichsstelle für den Unterrichtsfilm, Jg. 1 (1935) - Jg. 4 (1938), dann: 'Film und Bild. Zeitschrift der Reichsanstalt für Film und Bild in Wissenschaft und Unterricht, Jg. 5 (1939) - Jg. 9 (1943)' veröffentlichte Netzband: NETZBAND, Georg, Das Filmen - ein Erziehungsmittel, in: Film und Bild in Wissenschaft, Erziehung und Volksbildung. Zeitschrift der Reichsstelle für den Unterrichtsfilm, Jg. 1 (1935), S. 3-5. - NETZBAND, Georg, Über den erzieherischen Wert der Faltarbeit, in: Film und Bild in Wissenschaft, Erziehung und Volksbildung. Zeitschrift der Reichsstelle für den Unterrichtsfilm, Jg. 2 (1936), S. 259-261. - NETZBAND, Georg, Ein Versuch mit den Unterrichtsfilmen 'Faltarbeiten aus Papier I und II' (F 57 und F 58) in der Sexta, in: Film und Bild in Wissenschaft, Erziehung und Volksbildung. Zeitschrift der Reichsstelle für den Unterrichtsfilm, Jg. 4 (1938), S. 69-72. - NETZBAND, Georg, Wir bauen Marionettenpuppen, in: Film und Bild in Wissenschaft, Erziehung und Volksbildung. Zeitschrift der Reichsstelle für den Unterrichtsfilm, Jg. 4 (1938), S. 210-214. - NETZBAND, Georg, Mosaikarbeit in der Schule. Angeregt durch den Film F 6 'Das Glasmosaik', in: Film und Bild. Zeitschrift der Reichsanstalt für Film und Bild in Wissenschaft und Unterricht, Jg. 6 (1940), S. 107-110. - Weitere Aufsätze: NETZBAND, Georg, Einsatz des Unterrichtsfilmes 'Perspektivisches Sehen' (F 164/1937) im 5. und 6. Schuljahr, in: RfdU-Filme im Unterricht. Beispiele aus der Praxis. Gesammelt und hrsg. von Wilhelm HELMBRECHT (=Schriftenreihe der Reichsstelle für den Unterrichtsfilm, 14), Stuttgart [u.a.] 1938, S. 205-213. - NETZBAND, Georg, Ein Versuch mit den Unterrichtsfilmen 'Faltarbeiten aus Papier I und II (F 57 und F 58) im 5. Schuljahr, in: RfdU-Filme im Unterricht. Beispiele aus der Praxis. Gesammelt und hrsg. von Wilhelm HELMBRECHT (=Schriftenreihe der Reichsstelle für den Unterrichtsfilm, 14), Stuttgart [u.a.] 1938, S. 214-220.

[51] So: PS Netzband: NETZBAND, Georg, Lebensdaten Georg Netzband, 1980.

In einer von dem Geschäftsführer (seit 1943: Präsident) der Reichsstelle für den Unterrichtsfilm, Dr. Dr. Kurt Gauger (1899-1957)[52], ausgestellten Bescheinigung über die Mitarbeit Georg Netzbands heißt es u.a.:

> "Diese Mitarbeit [...] nahm Herrn Netzband stark in Anspruch. Er war in manchen Zeiten fast jeden Nachmittag in der Reichsstelle für den Unterrichtsfilm tätig und stellte den größten Teil seiner freien Zeit der Reichsstelle für den Unterrichtsfilm für die pädagogische Beratung zur Verfügung. Die Reichsstelle für den Unterrichtsfilm sieht in Herrn Netzband einen ihrer rührigsten und tüchtigsten Mitarbeiter aus den Kreisen der Lehrerschaft."[53]

Neben Netzband waren zwei weitere, ehemals auf Scharfenberg tätige Lehrer, Ernst Sorge[54] und Walter Lehmann[55] sowie zwei ehemalige Scharfenberg-Schüler, Hans-Alfred Kraemer[56] und Herbert Reschke[57], als Mitarbeiter an der 'Reichsstelle' zu finden.

---

[52] Biogr. Inf. zu Gauger: KÜHN, Unterrichtsfilm, S. 261f. - EWERT, Reichsanstalt, S. 143-150 (hier das von KÜHN, Unterrichtsfilm, genannte Todesjahr (1959) korrigierend).

[53] PS Netzband: Bescheinigung der Reichsstelle für den Unterrichtsfilm im Bereich des Reichs- und Preußischen Ministeriums für Wissenschaft, Erziehung und Volksbildung, Dr. Dr. Gauger [Leiter] über die Mitarbeit Georg Netzbands vom 23.09.1936.

[54] S. bes. S. 416-419.

[55] Vgl. zu Lehmann bes. S. 366 und S. 369. - Das 'Verzeichnis der Unterrichtsfilme für Allgemeinbildende Schulen [Loseblattsammlung, Grundwerk] (=Schriftenreihe der Reichsstelle für den Unterrichtsfilm, 4), Stuttgart [u.a.] 1937' nennt: F 135/1936 Die Feldgrille. Bearbeitung und Beiheft: Walter Lehmann.

[56] Das 'Verzeichnis der Unterrichtsfilme für Allgemeinbildende Schulen [Loseblattsammlung, Grundwerk] (=Schriftenreihe der Reichsstelle für den Unterrichtsfilm, 4), Stuttgart [u.a.] 1937' nennt: F 41/1935 Herstellung von Wachskerzen. Beiheft: Hans-Alfred Kraemer, Studienassessor, Berlin. - F 52/1935 Herstellung eines Porzellantellers. Beiheft: Hans-Alfred Kraemer, Studienassessor, Berlin.

[57] Das 'Verzeichnis der Unterrichtsfilme für Allgemeinbildende Schulen [Loseblattsammlung, Grundwerk] (=Schriftenreihe der Reichsstelle für den Unterrichtsfilm, 4), Stuttgart [u.a.] 1937' nennt: F 3/1934 Der Stichling und seine Brutpflage. Bearbeitung und Beiheft: Herbert Reschke, Studienassessor, Berlin. - F 5/1935 Das Bläßhuhn. Bearbeitung und Beiheft: Herbert Reschke, Studienassessor, Berlin. - F 17/1935 Der Fischadler. Bearbeitung und Beiheft: Herbert Reschke, Studienassessor, Berlin. - F 18/1935 Bilder aus der Vogelwelt II: Bewohner von Schilf und Sumpf. Bearbeitung und Beiheft: Herbert Reschke, Studienassessor, Berlin. - F 27/1935 Die Verwandlung der Libelle. Bearbeitung und Beiheft: Herbert Reschke, Studienassessor, Berlin. - F 30/1935 Von Wildschweinen und Elchen. Bearbeitung und Beiheft: Herbert Reschke, Studienassessor, Berlin. - F 35/1935 Tierpflege im Zoologischen Garten. Beiheft: Herbert Reschke, Studienassessor, Berlin. - F 36/1935 Der Maikäfer. Beiheft: Herbert Reschke, Studienassessor, Berlin. - F 37/1935 Damwild und Rotwild. Bearbeitung und Beiheft: Herbert Reschke, Studienassessor, Berlin. - F 38/1935 Schutzform und Schutzfarbe im Tierreich. Beiheft: Herbert Reschke, Studienassessor, Berlin. - F 42/1935 Der Halsbandregenpfeifer. Bearbeitung und Beiheft: Herbert Reschke, Studienassessor, Berlin. - F 45/1935 Forellenzucht. Bearbeitung und Beiheft: Herbert Reschke, Studienassessor, Berlin. - F 49/1935 Mikrofauna des Süßwassers. Bearbeitung: Herbert Reschke, Studienassessor, Berlin. - F 50/1935 Der Kohlweißling. Beiheft: Herbert Reschke, Studienassessor, Berlin. - F 55/1936 Die Ringelnatter. Beiheft: Herbert Reschke, Studienassessor, Berlin.

Ein weiterer freier Mitarbeiter der 'Reichsstelle' war Adolf Reichwein (1898-1944)[58]. Dessen Verbindung zur Reichsstelle dürfte durch den für die Reichsanstalt im Reichserziehungsministerium zuständigen Referenten, Ministerialrat Kurt Zierold (1899-1989)[59], der wie Reichwein bis 1930 ein enger Mitarbeiter des preußischen Kultusministers C.H. Becker gewesen war, zustande gekommen sein[60]. Reichwein arbeitete an der 'Reichsstelle' "an der Gesamtkonzeption und an der Herstellung von Unterrichtsfilmen"[61] mit. Sein Tiefenseer Schulversuch wurde aufgrund dieser Zusammenarbeit quasi zu einer "filmischen Versuchsschule" gemacht und mit "Filmgerät und Filmen" ausgestattet[62].

Es sieht ganz danach aus, als hätten es die führenden Personen der 'Reichsstelle' verstanden, "den bald nach der NS-Machtergreifung erhobenen Anspruch des neuen 'Ministers für Volksaufklärung und Propaganda' [Joseph] Goebbels [(1897-1945)] auf den Schulfilm dadurch zu parieren, daß 'staatspolitische Filme' dem Goebbels-Ministerium überlassen [blieben] [...] und man sich in der RfdU gerne auf Unterrichtsfilme 'beschränkte', die im Kompetenzbereich des Reichserzie-

---

[58] S. zur Biogr. Reichweins vor allem die zahlreichen Arbeiten Ullrich Amlungs, insbes.: AMLUNG, Ullrich, Adolf Reichwein 1898-1944. Ein Lebensbild des politischen Pädagogen, Volkskundlers und Widerstandskämpfers, 2 Bde. (=Sozialhistorische Untersuchungen zur Reformpädagogik und Erwachsenenbildung, 12 und 13), Frankfurt 1991; 2. vollst. überarb. und akt. Aufl. in 1 Bd., Frankfurt 1999.

[59] Biogr. Inf. zu Zierold: Adolf Reichwein. Ein Lebensbild aus Briefen und Dokumenten. Ausgew. von Rosemarie REICHWEIN unter Mitwirkung von Hans BOHNENKAMP, hrsg. und komm. von Ursula SCHULZ, Bd. 1, München 1974, S. 84. - Kurt Zierold (1899-1989), in: Munzinger-Archiv/Internationales Biographisches Archiv, Nr. 31/89 K 008766-3 Z-ME 1, 1989. - KÜHN, Unterrichtsfilm, S. 265. - EWERT, Reichsanstalt, S. 139-142. - Dr. Kurt Zierold; ab 1925 im Ministerium für Wissenschaft, Kunst und Volksbildung tätig; ab 1934 Vorsitzender der Reichsstelle für Film und Bild im Kultusministerium; nach Kriegsende Abteilungsleiter im Niedersächsischen Kultusministerium in Hannover; maßgeblich an den Vorbereitungen zur Wiederbegründung der Notgemeinschaft der deutschen Wissenschaft beteiligt, deren geschäftsführender Vizepräsident er 1949 wurde; von 1951, nach der Fussion der Notgemeinschaft mit dem Deutschen Forschungsrat, aus dem dann die Deutsche Forschungsgemeinschaft hervorging, amtierte er bis 1964 als ihr Generalsekretär. - Zu Zierold als im Reichsministerium für die 'Reichsstelle' zuständiger Referent, s. u.a. (zugleich die Struktur der 'Reichsstelle' verdeutlicht): Reichsanstalt für Film und Bild in Wissenschaft und Unterricht. Gemeinnützige GmbH. Nach dem verfügbaren Schrifttum und erhalten gebliebenen Akten der RWU zusammengestellt von Wolfgang TOLLE. Mit einer Einführung von Christian CASELMANN, Berlin 1961, S. 25, S. 27 und S. 32. - Zierold wird in der Literatur irrtümlich oft als 'Leiter' der 'Reichsstelle' bezeichnet; so z.B.: MEYER, Peter, Zur Medienpädagogik Adolf Reichweins, in: Adolf Reichwein. 1898-1944. Erinnerungen, Forschungen, Impulse, hrsg. von Wilfried Huber und Albert KREBS, Paderborn [u.a.] 1981, S. 191-200, hier S. 192.

[60] MEYER, Zur Medienpädagogik, S. 192. - AMLUNG, Adolf Reichwein (1991), bes. S. 318 und S. 361.

[61] LENZEN, Heinrich, Grundlagen für eine Medienpädagogik bei Adolf Reichwein, in: Adolf Reichwein. 1898-1944. Erinnerungen, Forschungen, Impulse, hrsg. von Wilfried Huber und Albert KREBS, Paderborn [u.a.] 1981, S. 177-190, hier S. 181. - S. auch: AMLUNG, Adolf Reichwein (1991), bes. S. 361f.

[62] Berlin, BBF: Reichwein-Archiv, Korrespondenzen: ZIEROLD, Kurt, Erinnerungen an Adolf Reichwein; Auszug abgedr. in: Adolf Reichwein. Ein Lebensbild aus Briefen und Dokumenten. Ausgew. von Rosemarie REICHWEIN, unter Mitwirkung von Hans BOHNENKAMP, hrsg. und komm. von Ursula SCHULZ, Bd. 2, München 1974, S. 93.

hungsministeriums verblieben."[63] Viele Referenten und pädagogische Mitarbeiter jedenfalls begriffen "die Reichsanstalt als einen letzten Freiraum [...], den der NS-Staat und die parteiliche Gliederung des NS-Lehrerbundes im Bereich der Schulpädagogik sozusagen übersehen hatten"[64]. So versichert z.B. Christian Caselmann (1889-1979)[65], die 'Reichsstelle' sei, "solange sie bestand, [...] ein Zufluchtsort für Personen, die dem nationalsozialistischen System gar nicht genehm waren"[66], gewesen, und der Geschäftsführer (seit 1943: Präsident) der Reichsanstalt, Gauger, habe seine Parteistellung dazu benutzt, "die sachliche Arbeit seiner Mitarbeiter zu decken und zu fördern."[67] Auch Netzband schrieb, daß er von "SS-Sturmbannführer Dr. Gauger [...] einen 'Persilschein' erhielt und so gegen die Übergriffe der NSDAP und ihrer Gliederungen als Nichtparteimitglied [relativ!] geschützt war."[68]

Zum Verhältnis zu Reichwein[69] bemerkte Netzband in einem Brief aus dem Jahr 1981, dieser habe bereits in den ersten Jahren des Scharfenberger Schulversuches mit Minister Becker oder Ministerialrat Metzner Scharfenberg besucht und - so seine (vage) Vermutung - "hier einige Anregungen [erhalten], die ihm für sein Experiment Tiefensee sicher von Nutzen waren"; er selbst habe Reichwein bei diesen Besuchen "vorübergehend kennen gelernt", da Reichwein jedoch "dann diverse Auslandsreisen unternahm, [sei] [...] es zu keinen [weiteren] Kontakten [gekommen] [...]."[70] Er sei dann mit Reichwein erst nach 1933 wieder zusammengetroffen[71]:

Es sei insbesondere der Film 'Wir basteln einen Bauernhof' - ein Film, der ganz unmittelbar an den Scharfenberger 'Gesamtunterricht' (und seine Themen) erinnert - gewesen, der ihn und Reichwein näher zueinander gebracht hätte[72]. Diesen und an-

---

63 MEYER, Zur Medienpädagogik, S. 192. - Zum Verhältnis von Institut und NSDAP s.: GRUNSKY-PEPER, Deutsche Volkskunde im Film. - Auch: KÜHN, Unterrichtsfilm, S. 54-56. - Und: EWERT, Reichsanstalt, S. 161-178.
64 GRUNSKY-PEPER, Deutsche Volkskunde im Film, S. 178.
65 Lebensdaten: Ruprecht-Karls-Universität Heidelberg. Universitätsarchiv an D.H. br. vom 13.08.1999 (nach: Personalakte Caselmann (Sign.: PA 3466)).
66 CASELMANN, Geschichte, S. 17f.
67 CASELMANN, Geschichte, S. 18.
68 Berlin, BBF: Reichwein-Archiv, Korrespondenzen: Netzband an R. Reichwein br. vom 02.09.1981.
69 Leider sind in Berlin, BBF: Reichwein-Archiv bzw. in Privatbesitz nur wenige Briefe erhalten, die das Verhältnis zwischen Reichwein und Netzband bzw. der Schulfarm andeuten: Berlin, BBF: Reichwein-Archiv, Korrespondenzen: Netzband an Roland Reichwein br. vom 02.09.1981. - Berlin, BBF: Reichwein-Archiv, Korrespondenzen: W. Huber an Netzband br. vom 07.07.1982 (Durchschrift) [Original s.: PS Karl-Bernhard Netzband]. - Berlin, BBF: Reichwein-Archiv, Korrespondenzen: Netzband an W. Huber br. vom 05.08.1982 (Orginal) [Durchschrift s.: PS Netzband].
70 Berlin, BBF: Reichwein-Archiv, Korrespondenzen: Netzband an R. Reichwein br. vom 02.09.1981. - Vgl. auch: Berlin, BBF: Reichwein-Archiv, Korrespondenzen: Netzband an W. Huber br. vom 05.08.1982 [Durchschrift s.: PS Netzband]: "1923: Anerkennung durch Kultusminister Prof. Dr. Becker nach mehreren Besichtigungen und Unterrichtshospitationen. Hier kann Adolf Reichwein bereits Informationen erhalten haben. Ich glaube aber, es ging über Bekanntwerden nicht hinaus. Einfluß auf Scharfenberg hatte Reichwein nicht. Vielleicht war er später ein Lernender in bezug auf Tiefensee."
71 Berlin, BBF: Reichwein-Archiv, Korrespondenzen: Netzband an R. Reichwein br. vom 02.09.1981.
72 Berlin, BBF: Reichwein-Archiv, Korrespondenzen: Netzband an R. Reichwein br. vom 02.09.1981.

dere Filme setzte Reichwein (dann) in seinem Unterricht in Tiefensee ein - u.a. zeigte er diese auch auf einer Vortragsreise in Südwestengland im Jahr 1938[73] - und widmete ihnen eigene Teilkapitel in seinem Werk 'Film in der Landschule'[74].

Im Rahmen seiner Tätigkeit am 'Staatlichen Museum für Deutsche Volkskunde' in Berlin habe Reichwein für seine Museumsausstellungen - die Netzband mit seinen Schülern besuchte[75] - Schülerarbeiten benötigt, die er von Netzband "in reichem Maße"[76] erhalten habe; auch habe Netzband - der sich damals "mit der Volkskunde im Kunst- und Werkunterricht beschäftigte, um Themen zu haben, die mich den politischen enthoben"[77] - für Reichwein "sogar eine ganze Reihe von Arbeiten im Werkunterricht herstellen [lassen], die eine praktische Betrachtung der Volkskunst als Volkskunde beinhaltete."[78]

---

[73] HENDERSON, James L., Adolf Reichwein. Eine politisch-pädagogische Biographie, hrsg. von Helmut LINDEMANN, Stuttgart 1958, S. 136-138, zit. eine Quelle von Reichweins englischem Freund Rolf Gardiner (1902-1971), betr. eine Vortragsreise Reichweins nach Südwestengland im Jahr 1938: "Zuerst zeigte Reichwein einen Film, welcher Volksschüler von acht bis zehn Jahren bei der Arbeit am Modell eines Bauernhofes zeigte [...]. Er schilderte das [Naturerleben seiner Schüler in Tiefensee] sehr anschaulich durch einen Film über den Lebenslauf der Sägefliege, deren Raupe sich von Kiefernnadeln ernährt, bis die Fliege schließlich ganze Wälder vernichtet; die Wälder in der Umgebung der Schule Tiefensee bestanden hauptsächlich aus Kiefern. Ein weiterer Film zeigt die Herstellung von Kasperlepuppen durch die Kinder." - Berlin, BBF: Reichwein-Archiv, Korrespondenzen: Netzband an R. Reichwein br. vom 02.09.1981 gibt einen Hinweis auf die Henderson-Arbeit: "In der 'Reichwein-Biografie' von Henderson (Deutsche Verlagsanstalt Stuttgart 1958) finden Sie von S. 136-138 meine Spuren, wenn auch mein Name nicht erwähnt wurde, ferner auf S. 145/46."

[74] REICHWEIN, Adolf, Film in der Landschule. Vom Schauen zum Gestalten (=Schriftenreihe der Reichsstelle für den Unterrichtsfilm, 10), Stuttgart [u.a.] 1938; Neuausg.: Film in der Schule. Vom Schauen zum Gestalten. Neu hrsg. [und] mit einem Anhang über neue Filme und anderen Unterrichtshilfen von Heinrich LENZEN, Braunschweig 1967; ein Wiederabdr. der 2. Aufl. - incl. des (leicht gekürzten) Geleitwortes von Lenzen, aber um dessen Anhang gekürzt, dafür um eine 'Dokumentation der Textänderungen' und einen 'Hinweis auf Medienkataloge' erweitert - findet sich in: REICHWEIN, Adolf, Schaffendes Schulvolk - Film in der Schule. Die Tiefenseer Schulschriften - Komm. Neuausg., hrsg. von Wolfgang KLAFKI, Ullrich AMLUNG, Hans Christoph BERG, Heinrich LENZEN, Peter MEYER und Wilhelm WITTENBRUCH, Weinheim [u.a.] 1993, S. 189-318; s. hier (1993) bes. S. 237-249: 'Wir basteln einen Bauernhof', S. 294-300: 'Landkartenhochbild' und 'Herstellung einer Kasperlepuppe' und S. 301-307: 'Faltarbeiten aus Papier [I und II]'. - Reichwein erwähnt hier, auch einige Filme, die unter Mitarbeit von ehemaligen Scharfenbergern entstanden waren: 'Bläshuhn', 'Bilder aus der Vogelwelt' und 'Von Wildschweinen und Elchen' (1981, S. 263) sowie 'Der Fischadler' (1981, S. 267). - BODAG, Joachim, Zur Aktualität der filmpädagogischen Auffassungen Adolf Reichweins, in: Pädagogik und Schulalltag, Jg. 51 (1996), S. 481-491, hier S. 486 zu 'Wir basteln einen Bauernhof', mit Betonung darauf, daß das "Basteln eines Bauernhofes [...] in einen kulturgeschichtlichen Zusammenhang eingeordnet" wird.

[75] Berlin, BBF: Reichwein-Archiv, Korrespondenzen: Netzband an W. Huber br. vom 05.08.1982 [Durchschrift s.: PS Netzband]: "Selbstverständlich habe ich die Ausstellungen Reichweins mit meinen Schülern besucht."

[76] Berlin, BBF: Reichwein-Archiv, Korrespondenzen: Netzband an W. Huber br. vom 05.08.1982 [Durchschrift s.: PS Netzband].

[77] Berlin, BBF: Reichwein-Archiv, Korrespondenzen: Netzband an R. Reichwein br. vom 02.09.1981.

[78] Berlin, BBF: Reichwein-Archiv, Korrespondenzen: Netzband an W. Huber br. vom 05.08.1982 [Durchschrift s.: PS Netzband].

Netzband berichtet, Reichwein und er hätten im Laufe ihrer bis 1940 andauernden Zusammenarbeit ihre "gemeinsame Gegnerschaft zum Regime fest[gestellt]"[79], doch habe diese nicht zu gemeinsamer intensiverer politischer Arbeit geführt[80].

Trotz des relativen Schutzes, den die 'Reichsstelle' bot, wurde Netzband 1936, nach mehreren Verhören seit dem Jahr 1933 im Politischen Amt Linkstr. 9, für politisch unzuverlässig erklärt und erhielt als Künstler Ausstellungsverbot[81]. Von 1937 bis 1942 war Netzband freier Mitarbeiter der Deutschen Allgemeinen Zeitung (DAZ) für Kunstfragen[82], gleichzeitig Gebrauchsgrafiker und Illustrator beim West-Ost-Verlag sowie Herausgeber eigener Bücher mit Zeichnungen, Kinderbücher und Bastelbücher[83]. Sein im West-Ost-Verlag erschienenes illustriertes Buch 'Knarre und Maid - Rekrutenzeit'[84] wurde 1938 wegen Wehrkraftzersetzung verboten[85].

Ohne Mitglied der NSDAP zu sein, trat Netzband im gleichen Jahr, 1938, - wie er schreibt - aufgrund massiven Drucks 'zwangsweise' der NSV und dem NSLB bei[86]. Im Januar 1940 wurde er zum Wehrdienst einberufen, 1944 an der Ostfront eingesetzt, wo er im April 1945 in russische Gefangenschaft geriet, aus der er dann im August 1947 nach Lindenberg im Allgäu zu seiner Familie (die hier seit ihrer Evakuierung aus Berlin 1943 ansässig war) zurückkehrte[87].

Trotz Ausstellungsverbots unterließ es Netzband nicht, sich künstlerisch zu betätigen. Insbesondere während seiner Militärzeit entstanden eine Reihe von eindrucks-

---

[79] Berlin, BBF: Reichwein-Archiv, Korrespondenzen: Netzband an R. Reichwein br. vom 02.09.1981.
[80] Berlin, BBF: Reichwein-Archiv, Korrespondenzen: Netzband an R. Reichwein br. vom 02.09.1981: " [...]. In den Jahren bis 1940 hatte ich nähere Kontakte zu Ihrem Vater. Er und Ihre Mutter [...] waren öfters bei uns - meiner Frau und mir - zu Besuch. Da ich mich auf keinen Fall politisch betätigen wollte, haben wir Ihre Eltern nicht besucht, denn Ihr Vater war der Ansicht, daß er beschattet wurde [...]." - Ebd.: "Ich habe noch eine Karte von ihm darüber, als ich bereits seit dem 10.1.1940 eingezogen war [...]." - Ebd.: "Meine Kontakte zu Ihrem Vater hörten so leider auf oder besser, sie wurden unterbrochen." - Berlin, BBF: Reichwein-Archiv, Korrespondenzen: Netzband an W. Huber br. vom 05.08.1982 [Durchschrift s.: PS Netzband]: "Wir gehörten nicht der Partei und ihren Gliederungen an. Wir sabotierten, wo wir konnten. Allerdings habe ich nichts von seiner Zugehörigkeit zum Kreisauer-Kreis gewußt [...]." - Ebd.: "Ad. R. hat bestimmt die Scharfenberger Unterrichtsarbeit in sein Tiefensee-Projekt eingearbeitet, auch unsere Anregungen inbezug auf Kunstpädagogik und Werken aufgenommen [...]." - ARLAND, Georg Netzband, S. 4: "Was in den dreißiger Jahren dann blieb, war die isolierte Weiterarbeit für andere Zeiten und der vorsichtig geübte Kontakt mit Gleichgesinnten wie dem Freund aus den zwanziger [sic!] Jahren, Adolf Reichwein."
[81] PS Netzband: NETZBAND, Georg, Lebensdaten Georg Netzband, 1980.
[82] PS Netzband: NETZBAND, Georg, Lebenslauf des Studienrates Georg Netzband [zwischen 1953-1958].
[83] S. z.B.: NETZBAND, Georg, Ein lustiges Zoo-Buch in Versen, Berlin 1939. - NETZBAND, Georg, Zu Zweien. Bildbericht einer jungen Ehe, Berlin 1939. - NETZBAND, Georg, Peterchen im Walde. Ein buntes Bilderbuch, Berlin 1942. - NETZBAND, Georg, Kastanienmännchens Wanderung, Berlin 1948. - NETZBAND, Georg, Das kleine Wunder, Berlin 1948.
[84] NETZBAND, Georg, Knarre und Maid - Rekrutenzeit. Zeichnungen und Erlebnisse. In Verse gesetzt von Jochen PAESEL, Berlin 1938.
[85] PS Netzband: NETZBAND, Georg, Lebenslauf des Studienrates Georg Netzband [zwischen 1953-1958].
[86] PS Netzband: NETZBAND, Georg, Lebenslauf des Studienrates Georg Netzband [zwischen 1953-1958].
[87] PS Netzband: NETZBAND, Georg, Lebensdaten Georg Netzband, 1980.

vollen Malereien und Kreidezeichnungen gegen das Hitlerregime[88]. Richard Hiepe schreibt in einer der wenigen Veröffentlichungen über Netzbands künstlerisches Werk dazu:

> "Seit dem Ende der dreißiger Jahre brachte er [Netzband] die Schande des Dritten Reiches zeichnerisch zu Papier. Goebbels über den zertretenen Musen, der Genickschuß im Kerker, Heydrichs Mordjustiz in Prag. Manches nähert sich der Karikatur wie Hitler nach dem Fall von Stalingrad, anderes gehört in die Kunstgeschichte des Widerstandes wie das monumentale Blatt mit den hochgestapelten Särgen vor der Kulisse des zerstörten Berlin. Und gegen Ende des zweiten Weltkrieges malte sich Netzband in einigen großen Bildern das volle Entsetzen des Krieges von der Seele. Das sind Bilder, die in die Schulbücher gehören, wie sie ganz vorne stehen in der vergessenen Kunstgeschichte dieser Jahre. 'Der Ritterkreuzträger' (1944) als blutiger Menschenbrei zwischen zwei Panzerwagen und 'Der Sieger' [(Mai 1939)] [...], der Tod im Waffenrock des Generalfeldmarschalls vor einer ins Bläuliche vereisten Landschaft mit dem geknickten Funkturm. Hier ahnt man schon den Weg von dem koloristisch motivierten Frühwerk zu der eruptiven Spontaneität der späten Bilder. Es war der Weg, den nach 1945 viele für ihre Zeugenschaft in der Kunst suchten, der aber unter den Bedingungen der Kunst in der BRD schnell verschüttet wurde."[89]

Bis auf wenige Ausnahmen fielen die Bilder und Studien Netzbands den Zerstörungen im letzten Kriegsjahr in Berlin zum Opfer.

> "Nur wenige der Bilder und Studien aus dieser Zeit [vor dem zweiten Weltkrieg] haben die 'Schlacht um Berlin' überstanden. Von den grafischen Arbeiten sind nur einige Unikate erhalten. Alle Platten und Druckstöcke wurden zerstört. Die Arbeit der ersten 25 Jahre Arbeit ging in Flammen auf."[90]

---

[88] S. bes.: Georg Netzband. Eine Werkauswahl. 1980, hrsg. von Isabel NETZBAND, Wiesbaden 1980, bes. Nr. 42-67. - Auch: HIEPE, Richard, Aufbruch nach einem Lebenswerk. Der Maler Georg Netzband, in: Tendenzen. Zeitschrift für engagierte Kunst, Nr. 147: Juli-September 1984, S. 45-49. - Vgl. dazu: Abb. 97 und Abb. 98.
[89] HIEPE, Aufbruch, S. 48.
[90] NETZBAND, Einiges von mir über mich, S. 10.

I.2.B. WILHELM BLUME ALS LEITER DER HUMBOLDTSCHULE IN DER NS-ZEIT

Wilhelm Blume blieb während der gesamten NS-Zeit Leiter der Humboldtschule[91].

---

[91] Zur Humboldtschule in der NS-Zeit s. neben den in den nachfolgenden Fußnoten zu Einzelaspekten aufgeführten Quellen und Literatur zum Thema insbes.: [1.] Ungedr. Quellen: Jahresberichte der Humboldtschule (s.: Berlin, BBF: SLG-GS, Jahresberichte). - [2.] Gedr. Quellen: Humboldt-Gedenk-Blatt, hrsg. zum 8. April 1935 von der Deutschkundlichen Arbeitsgemeinschaft an der Humboldtschule in Tegel, Berlin 1935. - Und: Humboldt-Schulgemeindeblätter. In Zusammenarbeit mit den übrigen Jugendwaltern der Humboldtschule hrsg. vom Schulleiter [= Wilhelm Blume], Berlin-Tegel, Heft 1: Nov. - Dez. 1935; Heft 2: Ostern 1936; Heft 3: August 1936 (=Olympiaausg.). - [3.] Erinnerungen und Darstellungen in den Festschriften der Humboldtschule; insbes: KAHL, Aus den Annalen. - HEMPEL / LÜHMANN, Aus den Annalen. - FRÜHBRODT, Gerhard, Einiges aus der Blume-Zeit der Humboldtschule, in: 80 Jahre Humboldtschule Tegel. 1903-1983 (=Humboldtheft, 6), Berlin 1983, S. 83-89. - HARTKOPF, Humboldtschule unter Wilhelm Blume. - RIEß, Erinnerungen. - DALLMANN, Gerhard, Schulreform in Berlin - früher und heute. Einige persönliche Bemerkungen, in: Mut zur Reformpädagogik, hrsg. von Klaus MEIßNER (=Edition Diesterweg Hochschule, 6), Berlin 1996, S. 89-98 [Dallmann berichtet u.a. von seiner Schulzeit an der Humboldtschule unter Blume (seit 1941), und seine Zeit als Student an der Pädagogischen Hochschule (seit 1950) und seine Zeit als Assistent an der Pädagogischen Hochschule (1964-1966) und seine anschließende Tätigkeit am Pädagogischen Zentrum Berlin]. -
Falsch ist die folgende Aussage: REIBE, Reinickendorf, S. 84: "Die Schulfarm Scharfenberg, jahrelang Objekt nationalsozialistischer 'Hetze', wurde in eine nationalpolitische [!] Erziehungsanstalt umgewandelt und ihr ehemaliger Leiter Wilhelm Blume aus dem Schuldienst entfernt [!]." - Es verwundert, aufgrund solcher Fehlinformationen in einer Rezension Folgendes zu lesen: MAST, Peter, [Rezension von:] Geschichte der Berliner Verwaltungsbezirke, hrsg. von Wolfgang RIBBE, Bd. 1-5, 11 und 12, Berlin 1988, in: Zeitschrift für internationale erziehungs- und sozialwissenschaftliche Forschung, Jg. 6 (1989), S. 426-429, hier S. 427: "Der Wert der vorliegenden Einzeldarstellungen der Geschichte und Vorgeschichte Berliner Verwaltungsbezirke [...] besteht für den bildungsgeschichtlich interessierten Leser nicht in erster Linie in der Darbietung von wertvollen Fakten und Zahlenangaben (die er sich anderenorts vollständiger, wenn auch mühsamer beschaffen könnte), sondern in der Tatsache, daß Daten zur Schul- und Bildungsgeschichte im Zusammenhang mit einer Darstellung der allgemeinen Entwicklung der Stadt erscheinen und damit erst historisch aussagekräftig werden. Das gilt um so mehr, als sämtliche Bände auf einer gründlichen Durcharbeitung der Literatur und des gedruckten Quellenmaterials sowie auf archivalischen Studien beruhen [...]. Erwähnt wird auch die von Wilhelm Blume 1921 [sic!] auf der Insel Scharfenberg im Tegeler See begründete 'Schulfarm' [...]. Nachdem sie in der nationalsozialistischen Zeit in eine Nationalpolitische [sic!] Erziehungsanstalt umgewandelt worden war, besteht sie bis heute fort."

Laut den existierenden Quellen gelang ihm dies, ohne je Mitglied der NSDAP oder des NSLB geworden zu sein[92].

Günther Rieß, der Ostern 1932 als Sextaner an die Humboldtschule gekommen war, schreibt in seinen Erinnerungen an seine Schulzeit an der Humboldtschule, er "möchte den Eindruck vermeiden, die Humboldtschule unter Wilhelm Blume in einem falschen, nachträglich glorifiziertem Licht erscheinen zu lassen"[93]:

> "Die Schule - Lehrer, Schüler und Eltern - stand keinesfalls außerhalb oder sogar in Gegensatz zur geschichtlichen Entwicklung in Deutschland."[94]

Gleichzeitig aber zeigt Rieß[95] ebenso wie auch andere ehemalige Schüler und Lehrer der Humboldtschule in der NS-Zeit - z.B. Hartkopf -, "daß bei aller Einbettung in den NS-Staat und aller Gebundenheit an die von der Schulbehörde erlassenen Verordnungen und Richtlinien an der Humboldtschule nicht die angestrebte totale Gleichschaltung erreicht wurde, sondern [daß] während der gesamten Zeit ein gewisser Freiraum liberaler, humanistischer Gesinnung klassisch deutscher Geisteshaltung bewahrt bleiben konnte, daß die Schule neben Zeittypischem auch einen besonderen, eigenen Stil aufwies"[96]. Es sei ihr "unbeschadet aller Gleichschaltungstendenzen durch den übermächtigen Staatsapparat [...] gelungen [...], einen besonderen Erziehungsstil zu pflegen und ein eigenes, charakteristisches Gesicht zu zeigen."[97]

---

[92] In 'Die Erzieher Groß-Berlins 1935. Verzeichnis der Lehrkräfte, Lehranstalten, Schulbehörden und Parteidienststellen, 1. Aufl. Berlin 1935' wird Blume unter der Rubrik 'Schulverwaltungen und Schulen Groß-Berlins' (S. 431), nicht aber unter der Rubrik 'Namen-Verzeichnis der Erzieher und Erzieherinnen Groß-Berlins' aufgeführt. In der Ausg. 'Die Erzieher Berlins 1938. Verzeichnis der Lehrkräfte, Lehranstalten, Schulbehörden und NSLB-Dienststellen, 2. Aufl. Berlin 1938' erscheint Blume unter der Rubrik 'Namen-Verzeichnis der Erzieher und Erzieherinnen Berlins' (S. 41) wie auch unter der Rubrik 'Schulverwaltungen und Schulen Groß-Berlins' (S. 350); weder 1935 noch 1938 wird er, der Leiter der Humboldtschule, als Mitglied der NSDAP bzw. des NSLB aufgeführt! - Im Berlin, Bundesarchiv: Bestand des ehemaligen Berlin Document Center befinden sich keine Quellen über Wilhelm Blume (Berlin Document Center an D.H. br. vom 24.06.1991). - Selbst wenn die vom NSLB veröffentlichten Mitgliederstatistiken, nach der schon bald nach der 'Machtergreifung' annähernd 95% aller Lehrerinnen und Lehrer dem NSLB angehörten, anders als bisher geschehen (vgl. z.B.: EILERS, Rolf, Die nationalsozialistische Schulpolitik. Eine Studie zur Funktion der Erziehung im totalitären Staat (=Staat und Politik, 4), Köln [u.a.] 1963, S. 128), kritisch auf ihren Propagandaaspekt hin zu überprüfen sind, so dürfte es doch als eher ungewöhnlich angesehen werden, daß Blume als exponierter Schulreformer der Weimarer Republik ohne Mitgliedschaft im NSLB und/oder in der NSDAP die ganze NS-Zeit hindurch unbehelligt Leiter der Humboldtschule sein konnte.
[93] Rieß, zit. nach: HEMPEL, Harry, Vergangenheitsbewältigung, in: 80 Jahre Humboldtschule Tegel. 1903-1983 (=Humboldtheft, 6), Berlin 1983, S. 70-73, hier S. 72.
[94] Rieß, zit. nach: HEMPEL, Vergangenheitsbewältigung, S. 72.
[95] Rieß, zit. nach: HEMPEL, Vergangenheitsbewältigung, S. 72: "Aber dennoch: wenn ich mich an die Schulfeiern einer anderen Tegeler Oberschule erinnere oder von ehemaligen Schülern anderer Schulen ihre Themen zu Aufsätzen oder zum Abitur erfahre, so muß ich doch feststellen, daß in der Humboldtschule ein freierer, humanistischer Geist herrschte, gewissermaßen der Geist ihrer Namenspatrone". - FRÜHBRODT, Einiges aus der Blume-Zeit, S. 85: "Die Humboldtschule war so etwas wie eine liberale Insel im Meer des Nationalsozialismus."
[96] HARTKOPF, Humboldtschule unter Wilhelm Blume, S. 90.
[97] HARTKOPF, Humboldtschule unter Wilhelm Blume, S. 100.

Die Frage, "wie [...] es möglich [sein konnte], an der Humboldtschule einen dem Zeitgeist gegenüber so andersartigen Geist zu erhalten und darüber hinaus den Gesamtorganismus der Schule, Kollegium, Schüler und Elternschaft, zu einer Gemeinschaft, zu einer Einheitlichkeit der Erziehungs- und Bildungsauffassung und -arbeit zu integrieren", wird von Hartkopf - wie von anderen ehemaligen Lehrern und Schülern - vor allem mit dem Hinweis auf die "überragende Persönlichkeit" Blumes beantwortet[98].

Frühbrodt schreibt, es habe im Kollegium der Humboldtschule eine "relativ große pädagogische Gedanken- und Vollzugsfreiheit"[99] gegeben und man habe es sich als Lehrer leisten können, "wie selbstverständlich 'wider den (pädagogischen) Stachel zu löcken'"[100]. Ja, Blume scheint gar zur Nutzung (pädagogischer) Freiheiten 'angespornt' zu haben und in dabei entstehenden Konfliktfällen seine Kollegen wie auch Schüler beschützt und beschirmt zu haben[101].

Joachim Stein (geb. 1923), in der NS-Zeit Schüler der Humboldtschule[102], berichtet davon, daß "Blume's diplomatisch-vermittelnde Art" 'vieles bewirkt' habe, und Lehrer 'Konzessionen' machten, z.B. beim verordneten Morgengruß 'Heil Hitler': "Der eine mit Augen zum Himmel erhoben, der andere in einer Unisono-Bewegung: 'Heil Hitler, wir wollen beten (!)'."[103]

Scheel erinnert sich, "Herr [Erich] Wölkerling [(1889-19..)[104]], dessen sozialdemokratische Vergangenheit den Schülern durchaus bekannt [gewesen] war, [habe] sich in seinem Unterricht an die amtlicherseits für das Fach Biologie herausgegebenen Richtlinien gehalten, doch merklich ohne Begeisterung."[105] Im Französischunterricht, "in dem er viel gelernt habe, sei zwar ein gewisser nationalistischer, aber keineswegs rassischer Unterton spürbar gewesen, die Betonung des Gegensatzes zwischen romanischer, französischer und der deutschen, germanischen Geisteshaltung".[106] Rieß ergänzt:

"Der Vertretungslehrer [für Musik], der uns normalerweise Englisch gab, hätte natürlich auch sein Fachgebiet weiter unterrichten können. Er ging mit uns jedoch in den Musiksaal, setzte sich an den Flügel und spielte einige Volkslieder. Man sprach über Volkslied und Kunstlied. Er intonierte eine bekannte Melodie. Frage: 'Volkslied oder Kunstlied?' Wir sollten im Liederbuch nachsehen. Klarer Fall! - Volksweise stand da. Nun aber ließ der Lehrer die Katze aus dem Sack: Das Frühlingslied 'Leise zieht durch mein Gemüt' dichtete Heinrich Heine und komponierte Felix Mendelsohn-Bartholdy. Wir konnten die Angaben in einem älteren Liederbuch (von

---

[98] HARTKOPF, Humboldtschule unter Wilhelm Blume, S. 101. - Ähnlich: Ebd., S. 90.
[99] FRÜHBRODT, Einiges aus der Blume-Zeit, S. 88.
[100] FRÜHBRODT, Einiges aus der Blume-Zeit, S. 86.
[101] Vgl. z.B.: RIEß, Erinnerungen, S. 77. - HARTKOPF, Humboldtschule unter Wilhelm Blume, S. 97. - FRÜHBRODT, Einiges aus der Blume-Zeit, S. 85f.
[102] Biogr. Inf. zu Stein: BRINKSCHULTE, Eva / MEYER, Ulrich / SANDER, Andreas, Immer in Reih und Glied? Leben in HJ und BDM. Joachim Stein. Jugend im Dritten Reich. Bericht eines ehemaligen Hitlerjungen, in: Vom Lagerfeuer zur Musikbox. Jugendkulturen 1900-1960, hrsg. von der Berliner Geschichtswerkstatt e.V., Berlin 1985, S. 79-104, hier bes. S. 83.
[103] Stein an D.H. br. vom 26.02.1988.
[104] Biogr. Inf. zu Wölkerling u.a.: Philologen-Jahrbuch (Kunzes Kalender), Jg 41: Schuljahr 1934/35, 2. Teil, Breslau 1934.
[105] Scheel, zit. nach: HARTKOPF, Humboldtschule unter Wilhelm Blume, S. 95.
[106] Scheel, zit. nach: HARTKOPF, Humboldtschule unter Wilhelm Blume, S. 95f.

vor 1933) kontrollieren. Dieser Lehrer rezitierte auch in einer Vetretungsstunde 'Belsazar' von Heinrich Heine (und das im Sommer 1939!)."[107]

Und Frühbrodt schreibt, es sei einem ehemaligen Sozialdemokraten möglich gewesen, "sich unter Kollegen von einer Regierungsmaßnahme recht deutlich zu distanzieren", und ein Religionslehrer habe nicht gezögert, "sich kritisch über das Verbot zu äußern, das Alte Testament und damit auch die 'hohe Poesie der Psalmen' im Unterricht zu behandeln"[108]:

"Das alles blieb ohne Turbulenz und ohne üble Folgen. Politische Gegensätze fanden im Lehrerzimmer keinen Raum. So etwas war damals nichts Geringes. Eigene Beobachtungen an einer anderen Schule belegen das."[109]

Wie schon an früherer Stelle angesprochen, war das Kollegium der Humboldtschule in weiten Teilen konservativ und deutsch-national eingestellt und Blume zu Beginn seines Direktorats zunächst alles andere als wohl gesonnen; doch hatte sich dieser im Laufe der Zeit 'durchzusetzen' verstanden[110]. Möglicherweise, so könnte gar vermutet werden, könnte gerade eine an höheren Schulen im Deutschland der NS-Zeit häufiger anzutreffende Distanz konservativer, deutschnationaler Kräfte gegenüber dem Nationalsozialismus Blume und liberalere Lehrer auf der einen und deutschnationale Lehrer auf der anderen Seite näher zueinander geführt haben.

---

[107] RIEß, Erinnerungen, S. 77.
[108] FRÜHBRODT, Einiges aus der Blume-Zeit, S. 84.
[109] FRÜHBRODT, Einiges aus der Blume-Zeit, S. 84.
[110] So z.B.: RIEß, Erinnerungen, S. 76. - HARTKOPF, Humboldtschule unter Wilhelm Blume, S. 101 und vor allem S. 91: "[...] auch als Neuling spürte man [1932] die [...] Reserve, mit der das alte Kollegium dem neuen Schulleiter begegnete, die aber 38, als ich wieder an die Humboldtschule zurückkam, völlig verschwunden war. Blume hatte sich in der Zwischenzeit als der überlegene Kopf und der überragende Pädagoge voll durchgesetzt, war unangefochten Autorität an der Schule, war wieder, wie einst in Scharfenberg, 'der Chef'. Das war nicht zuletzt der Art seiner Schulführung zu danken, an der das alte, im wesentlichen konservativ, bürgerlich national eingestellte Humboldtkollegium erkennen konnte, daß Blume weder, wie anfangs befürchtet, ein linker Eiferer, noch daß er gewillt war, sich nach 33 der neuen Heilslehre zu verschreiben, sondern daß er sich bemühte, im Sinne des einen Namenspatrons der Schule, Wilhelm von Humboldts, das neuhumanistische Bildungsideal zu verwirklichen." (S. 91). - Frühbrodt an D.H. br. vom 23.09.1989: "'Es gilt, von der Insel aus das Festland zu erobern', sagte Blume, als er 1932 auch das Direktorat der Humboldtschule übernahm. An einer Übertragung des gesamten Scharfenberger Systems (überfachlicher Unterricht, Kurse) wird er dabei nicht gedacht haben. Im Spätsommer 1932 - ich war nach meinem Assessorenexamen von Blume wieder nach Scharfenberg geholt worden - nahm ich auf seinen ausdrücklichen Wunsch zusammen mit einigen Lehrern der Inselschule an einer Konferenz in der Tegeler Schule teil. Blume charakterisierte das Scharfenberger Unterrichtssystem und ich ergänzte seine Ausführungen. Was wir darlegten, wurde nicht unfreundlich aufgenommen, natürlich mit dem Hinweis, die Übertragung des Gesamtunterrichts auf die Stadtschule sei durch die geltenden Bestimmungen ausdrücklich verboten. Und doch kam es zu einem langsamen Eindringen Scharfenberger Gedankengutes in die Festlandsschule. Von Blume und mir wurden bis 1943 Themen behandelt, die Deutsch und Geschichte kombinierten, darüberhinaus aber auch andere Fächer einbeziehen oder wenigstens tangieren konnten. 1934 ging es mir und einer 9. Klasse um 'Marschierende Preußen'. Ich berichtete dem Kollegium über das, was dabei getan worden war und noch zu tun sei. Der Beifall (Händeklatschen) war ungewöhnlich. Ein Zeichen dafür, daß Blume im Begriff war, die Festlandsschule gänzlich zu 'erobern'. Er hatte bereits gewonnen: zunächst die Schüler, damit die Eltern und schließlich auch das anfänglich sehr reservierte Kollegium [...]."

Zudem versuchte Blume, das Kollegium mit von ihm "einmal ausgebildeten und von ihm an die Schule geholten, z. Tl. von der Schulbehörde zugewiesenen, aber von Blume nachhaltig geformten jungen Kollegen"[111] zu erneuern. So waren zwischen 1932 und 1945 (zeitweise) mehrere ehemalige 'Scharfenberger' an der Humboldtschule tätig:

Einer von ihnen war Werner Hartkopf, der im Schuljahr 1932/33 sein erstes Referendariatsjahr auf Scharfenberg verbracht hatte[112] und aufgrund entsprechender Einflußnahme Blumes ab Ostern 1938 - nachdem er nach dem Referendariat ab Ostern 1934 mehrere Jahre lang als Assessor an verschiedenen Schulen in der Provinz Brandenburg tätig gewesen war - zunächst als Assessor, ab Ende 1940 als Studienrat an der Humboldtschule in Berlin-Tegel wirkte[113].

Der zweite ehemalige Scharfenberger Referendar, der in der NS-Zeit an der Humboldtschule tätig war, war Gerhard Frühbrodt (geb. 1904). Dieser hatte im Schuljahr 1930/31 sein erstes Referendarsjahr auf Scharfenberg verbracht[114] und war nach Abschluß seines Referendariats zum Schuljahr 1932/33, nun als Assessor, erneut auf die Insel gekommen[115]. Im Frühjahr 1933 mußte er - nach eigenen Aussagen aus "pekuniären Gründen" - an eine Heeresfachschule wechseln[116]. Doch schon 1934 wurde er - laut eigener Aussage auf Initiative Blumes - Lehrer an der Humboldtschule[117]. 1935 sei es ihm und Blume nicht gelungen, eine Versetzung an die Hindenburgschule in Wilmersdorf zu verhindern[118], 1939 aber konnte er erneut an die Humboldtschule zurückkehren und zum Studienrat ernannt werden[119]. 1940 wurde er zur Wehrmacht eingezogen[120], bis es ein Jahr später Blume gelungen sei, ihn aus "Nordnorwegen freizubekommen und an seine Schule zurückzuholen."[121]

Der dritte ehemalige Scharfenberger an der Humboldtschule war Wilhelm Richter, der an der gesamten Entwicklung der Schulfarm von ihren allerersten Anfängen beteiligt gewesen war - zunächst als Schüler Blumes am Humboldt-Gymnasium,

---

111 HARTKOPF, Humboldtschule unter Wilhelm Blume, S. 101.
112 S. 725.
113 Berlin, BBF: SLG-GS, Jahresberichte 1938/39, Bd. 404c, Nr. 76: Berlin, Humboldtschule Tegel (Blume), S. 31. - Berlin, BBF: SLG-GS, Jahresberichte 1939/40, Bd. 429c, Nr. 77: Berlin, Humboldtschule Tegel (Blume), S. 17. - HARTKOPF, Strukturformen, S. 359. - HARTKOPF, Beitrag, S. 30. - Zur Biogr. Hartkopfs nach 1945 s. bes. S. 885f.
114 S. 724.
115 S. 376.
116 Frühbrodt an D.H. br. vom 23.09.1989. - Vgl. S. 773.
117 Frühbrodt an D.H. br. vom 23.09.1989. - Berlin, BBF: SLG-GS, Jahresberichte 1934/35, Bd. 301c, Nr. 82: Humboldtschule Tegel (Blume), S. 21f.: "Mit Beginn des Berichtsjahres] verließ uns der von Scharfenberg mit herübergekommene Studienassessor Dr. Richter [...]; sein Nachfolger [...] wurde schon nach einigen Tagen durch den Herrn Assessor Dr. Frühbrodt und [einen weiteren Assessor] [...] ersetzt; von Oktober ab übertrug man Dr. Frühbrodt die ganze Stelle."
118 Frühbrodt an D.H. br. vom 23.09.1989. - Berlin, BBF: SLG-GS, Jahresberichte 1935/36, Bd. 327c, Nr. 77: Humboldtschule, S. 38-40: Abgang von Assessor Dr. Frühbrodt.
119 Frühbrodt an D.H. br. vom 23.09.1989. - Berlin, BBF: SLG-GS, Jahresberichte 1939/40, Bd. 429c, Nr. 77: Humboldtschule, S. 1: "Als Assessoren kamen Ostern 1939 nur [...] Ass. Dr. Frühbrodt, [u.a.] [...]." - Ebd.: Frühbrodt wurde am 1. Oktober 1939 zum Studienrat ernannt.
120 Frühbrodt an D.H. br. vom 23.09.1989.
121 Frühbrodt an D.H. br. vom 23.09.1989.

dann als Student und Doktorand und in den Schuljahren 1928/29 und 1929/30 als Referendar auf Scharfenberg. In den Schuljahren 1930/31 bis 1932/33 hatte Richter als Assessor auf Scharfenberg gearbeitet, das letzte dieser Jahre im Rahmen des 'Doppelschulversuches' teilweise auch an der Humboldtschule[122]. Zum Schuljahr 1933/34 wechselte Richter ganz an die Humboldtschule[123], verließ sie zu Beginn des Schuljahres 1934/35, "um zwei Jahre in Kiel am Lexikon für Altertumskunde mitzuarbeiten"[124] und zum Schuljahr 1936/37 an die Humboldtschule zurück zu kehren[125], wo er in der zweiten Hälfte des Jahres 1938 zum Studienrat ernannt wurde[126].

Der vierte ehemalige Scharfenberger, der von Blume an die Humboldtschule geholt worden war, war Fritz Blümel[127]. 1924 als gelernter Drucker als Schüler an die Schulfarm gekommen, wollte er nach seinem Abitur 1926 Lehrer werden. Die Entscheidung dazu war während des 'Sunderhof-Unternehmens', an dem er als helfender Student teilgenommen hatte, gefallen[128]; zum Jahreswechsel 1940/41 schrieb er in einer Art 'Rechenschaftsbericht' an Blume zur Entstehung seines Berufswunsches:

"Ich denke immer wieder an einen der ersten Abende im Lichtwarkhäuschen zurück, an dem über den Sinn jener Exkursion zum Sunderhof gesprochen wurde. 'Hier und an ein paar andern Stellen in Deutschland', so sagten Sie, 'müßten kleine Schülergemeinschaften möglich sein; mit einem Lehrer nur, der Ziel und Zweck Scharfenbergs in sich erlebt hat und fähig wäre, den ge-

---

[122] Philologen-Jahrbuch (Kunzes Kalender), Jg. 37: Schuljahr 1930/31, 2. Teil, Breslau 1930. - Philologen-Jahrbuch (Kunzes Kalender), Jg. 38: Schuljahr 1931/32, 2. Teil, Breslau 1931. - Philologen-Jahrbuch (Kunzes Kalender), Jg. 39: Schuljahr 1932/33, 2. Teil, Breslau 1932. - Das Schuljahr 1932/33 verbrachte Richter partiell an der Tegeler Humboldtschule; s. dazu: Berlin, BBF: SLG-GS, Jahresberichte 1932/33, Bd. 248d, Nr. 87: Humboldtschule, o.S.: "In der Eröffnungsfeier am 7. April wurden außerdem der Schulgemeinde vorgestellt: die Studienräte E. Zornemann und Dr. Joh. Beinhoff, die vom Reinickendorfer Realgymnasium an die Humboldtschule übergingen, und die Studienassessoren Dr. Eberl und Dr. Wilhelm Richter."

[123] Berlin, BBF: SLG-GS, Jahresberichte 1933/34, Bd. 275c, Nr. 87: Berlin, Humboldtschule Tegel, S. 21. - Einen autobiogr. Überblick über seine Tätigkeit an der Humboldtschule in der NS-Zeit bietet: RICHTER, Wilhelm, Tegel I und II. 1932-1934 und 1936-1943, in: Ders., Schulerinnerungen, Berlin 1976, S. 20-27; u.d.T. 'Schulerinnerungen. Tegel 1932-1934 und 1936-1943' wieder in: Humboldtschule Tegel. 1903-1978, hrsg. von der Humboldt-Oberschule Tegel, Berlin 1978, S. 47-51, bes. (1976), S. 20-29.

[124] Berlin, BBF: SLG-GS, Jahresberichte 1934/35, Bd. 301c, Nr. 82: Berlin, Humboldtschule Tegel (Blume), S. 21. - Hier machte Blume eine falsche Aussage; Richter arbeitete an folgendem Werk mit: Handwörterbuch des Grenz- und Auslandsdeutschtums, hrsg. von Carl PETERSEN [u.a.], Breslau, Bd. 1: 1933 [-1935], Bd. 2: 1936 [-1940], Bd. 3: 1938 [-1940]. - Vgl. dazu: Richter, Schulerinnerungen, S. 7 und S. 19. -
In Kiel lernte Richter seine Lebensgefährtin, die Studentin der Kunstgeschichte Maina Hildebrandt kennen, der er beinahe schon in Tegel als Abiturientin der Humboldt-Schule begegnet wäre; sie heirateten 1937 in Kiel; s. dazu: RICHTER, Wilhelm, Schulerinnerungen, Berlin 1976, S. 19: "Sodann aber lernte ich in Kiel meine künftige Frau Maina Hildebrandt kennen, der ich beinahe schon als Abiturientin an der Humboldtschule begegnet wäre; und ich weiß nicht, ob ich mich in eine Schülerin zu verlieben gewagt hätte."

[125] Berlin, BBF: SLG-GS, Jahresberichte 1936/37, Bd. 353c, Nr. 78: Berlin, Humboldtschule Tegel (Blume), S. 29.

[126] Berlin, BBF: SLG-GS, Jahresberichte 1938/39, Bd. 404c, Nr. 76: Berlin, Humboldtschule Tegel (Blume), S. 31. - Berlin, LA: Rep. 200, Acc. 2822: Nachlaß Wilhelm Richter, Nr. 12, Bl. 2: Ehrenurkunde zur Übernahme des Studienassessors Richter zum Studienrat an einer höheren Lehranstalt der Reichshauptstadt vom 26.10.1938 [unterzeichnet im Namen des Oberbürgermeisters von Bezirksbürgermeister des Verwaltungsbezirks Reinickendorf Dr. Pauls].

[127] S.: PS Radde, Nachlaß Fritz Blümel (1899-1989), Korrespondenz. - Und: Blümel an D.H. br. vom 28.09.1985.

samten Unterricht für eine kleine Schar allein zu tragen und sie geistig und charakterlich für eine spätere Aufnahme in Scharfenberg vorzubereiten.' 'Der Mann könntest Du sein', habe ich mit jedem Nagel in das neue Holzhaus auf dem Sunderhof gedroschen [...]. Der Wunsch jedenfalls, ein Lehrer zu werden - ihnen gleich - ist mir geblieben [...]."[129]

Von 1926 bis 1933 studierte Blümel in Berlin und Göttingen Mathematik, Physik und Philosophie; anschließend arbeitete er von 1933 bis 1939 "wieder [als] Buchdrucker, da nicht bereit, den Beamteneid auf Hitler zu schwören"[130]. Der Gedanke aber, Lehrer zu werden, ging ihm nie aus dem Kopf. So führte er in dieser Frage offenbar eine Diskussion mit Blume, der in einem aufschlußreichen Brief vom 05.01.1937 an ihn schrieb:

"[Es ist] in der Tat besser [...], einen neutraleren Beruf zu haben, bei dem das Innerliche außer Spiel bleibt; man fühlt sich sicher dabei unabhängiger; von diesem Gesichtspunkt aus habe ich einigen Abiturienten auch mehr zum Industriekaufmann (etwa bei Siemens) geraten als zum Lehrerberuf. Sollte sich in Ihrem Falle nun doch nicht noch einmal der Übertritt ins Arbeitsamt erwägen lassen? Mehr der Position wegen als der inneren Befriedigung halber!"[131]

Erst mit Kriegsbeginn 1939 änderte Blümel seine Haltung und begann - den Preis zahlend, NSDAP-Mitglied zu werden - ein Referendariat, das er an Berliner Schulen absolvierte. Nach Beendigung der Ausbildungszeit holte ihn Blume im Mai 1940 als Assessor an die Humboldtschule. Dort wurde er Anfang der 40er Jahre zum Studienrat ernannt, ging 1942/43 mit einer Gruppe von Humboldtschülern im Rahmen der KLV-Aktionen nach Binz auf Rügen, wurde 1944 zum Wehrdienst eingezogen und geriet 1945 zunächst in amerikanische, dann in englische Gefangenschaft[132].

Der fünfte ehemalige Scharfenberger schließlich, der in der NS-Zeit an der Humboldtschule tätig wurde, war Walter Schramm, Scharfenbergschüler von 1922

---

[128] Vgl. dazu S. 714-718.
[129] PS Radde, Nachlaß Fritz Blümel (1899-1989), Korrespondenz: Blümel an Blume br. vom 31.12.1940/23.01.1941.
[130] Blümel an D.H. br. vom 28.09.1985.
[131] PS Radde, Nachlaß Fritz Blümel (1899-1989), Korrespondenz: Blume an Blümel br. vom 05.01.1937.
[132] Diese Inf.: Blümel an D.H. br. vom 28.09.1985. - Außerdem: PS Radde, Nachlaß Fritz Blümel (1899-1989), Korrespondenz: Blümel an Blume br. vom 31.12.1940/23.01.1941: Dieser Brief stellt lt. Blümel eine Art 'Rechenschaftsbericht' seines ersten halben Jahres an der Humboldtschule dar; der Brief enthält hdschr. Zusatzbemerkungen von Blume. Blümel zeigt u.a. Unterschiede zwischen der Arbeit an der Humboldtschule und der früheren Scharfenberg-Arbeit auf und macht Verbesserungsvorschläge. U.a. läßt der Brief auch erkennen, daß reformpädagogische Elemente an der Humboldtschule der NS-Zeit realisiert wurden. - Zur KLV-Zeit vgl.: PS Radde, Nachlaß Fritz Blümel (1899-1989), Korrespondenz: Blume an Blümel br. vom 25.07.1942. - Zu Blümels Biogr. nach 1945 s. S. 958f. und S. 966f.

2. Das Wirken und Verhalten Wilhelm Blumes und anderer Scharfenberger Lehrer in der NS-Zeit

bis 1926[133]. Im Schuljahr 1933/34 war er als Referendar der Schulfarm zugewiesen, jedoch zugleich "auch an der Humboldtschule betreut" worden[134]; im nachfolgenden Schuljahr 1934/35 war er als Referendar ganz an der Humboldtschule eingesetzt[135]. Im Schuljahr 1935/36 machte Schramm an der Humboldtschule seine Assessorenprüfung[136] und trat, "nachdem er hiesige Schulerfahrungen im Reichsschulgemeindeblatt und in der Reichselternwarte in Anregungen zu den Themen Olympia in der Schule und Flugphysik in Obertertia ausgewertet hatte[137], als Meteorologe in die Dienste des Luftfahrtministeriums"[138]. Ab August 1945 war Schramm als Meteorologe im Wetterdienst der US-Zone in Bad Kissingen und im Zentralamt des Deutschen Wetterdienstes in Offenbach (Abt. Synoptischer Wetterdienst) tätig; vom 15.12.1971 bis zur Pensionierung mit Ablauf des 30.06.1973 Leiter der Wetterdienstschule in Neustadt an der Weinstraße, zuletzt Dienstgrad als leitender Regierungsdirektor; am 25.07.1978 verstarb er[139]. Scheel nennt als Begründung dafür, daß Schramm den Lehrerberuf seit Mitte der 30er Jahre nicht mehr ausübte, daß ihm

---

[133] Berlin, LA, SIS: Prüfungsunterlagen, Mappe 3: Reifeprüfungen 1925-1935, Charakteristik von Blume: "Schramm [...] ist eine stark urwüchsige Natur, aufsteigend aus kleinbürgerlich-gesunden Wurzeln; seit Kinderzeiten in allen Schulfächern gut, von überdurchschnittlicher, nicht einseitig ausgesprochener Begabung, ausgerüstet vor allem mit der Fähigkeit, sich durch Einarbeiten jedes Gebiets einzuverleiben, vor Oberflächlichkeit dadurch bewahrt, daß er nicht eher ruht, als er sich über alle Fragen und Probleme eine ihm befriedigende Klarheit verschafft hat. Nach ruckartiger Überwindung einer anfangs robust wirkenden, rauhen unbeholfenen Jagdhundmäßigkeit in den letzten Jahren die Säule im Kultur- und Mathematikunterricht, der leitende Vorarbeiter in der Tischlergruppe und Buchbinderei, der gewählte politische Berichterstatter bei jedem Abendtisch, der Träger des Reformations-Denkmünze 1925, der Führer im Schülerausschuß, wozu auch die ihn stets wieder wählten, denen seine konsequente Energie unbequem ist, eine Stellung, die bei seinem Alter von erst 17 Jahren etwas Unnatürliches haben könnte, wenn er sich nicht trotzdem seine Jungenhaftigkeit und eine oft kindliche Naivität bewahrt hätte."
[134] Berlin, BBF: SLG-GS, Jahresberichte 1933/34, Bd. 275c, Nr. 87: Humboldtschule, S. 21.
[135] Berlin, BBF: SLG-GS, Jahresberichte 1934/35, Bd. 301c, Nr. 82: Humboldtschule Tegel (Blume), S. 19f. und S. 22. - Vgl. auch: Scheel an D.H. br. vom 23.01.1990: "Walter Schramm war Lehrer an der Humboldt-Schule, als ich Abiturium machte; Helmut Woldt und ich gehörten zu der von ihm geleiteten Arbeitsgemeinschaft 'Astronomie'."
[136] Berlin, BBF: SLG-GS, Jahresberichte 1935/36, Bd. 327c, Nr. 77: Humboldtschule, S. 39.
[137] SCHRAMM, Walter, Eine Stunde Flugphysik [in der Humboldt-Schule Berlin-Tegel]. Mit 5 Aufnahmen für die 'Reichs-Elternwarte' von Curt ULLMANN, in: Die Reichs-Elternwarte. Das Organ der Schulgemeinden, Jg. 2 (1936), S. 162-164.
[138] Berlin, BBF: SLG-GS, Jahresberichte 1935/36, Bd. 327c, Nr. 77: Humboldtschule, S. 39.
[139] Deutsches Wetteramt an D.H. br. vom 02.11.1987: Bis 08.05.1945 Meterologe im Reichwetterdienst; seit 01.08.1945 Meterologe im Wetterdienst der US-Zone in Bad Kissingen und im Zentralamt des Deutschen Wetterdienstes in Offenbach, Abt. Synoptischer Wetterdienst; vom 15.12.1971 bis zur Pensionierung mit Ablauf des 30.06.1973 Leiter der Wetterdienstschule in Neustadt (Weinstraße); letzter Dienstgrad: Leitender Regierungsdirektor. Gestorben am 25.07.1978.

"der Wetterdienst bessere berufliche Perspektiven" geboten habe[140]. Offen bleibt, ob diese 'bessere Perspektive' auch politisch motiviert war, ob sich Schramm beispielsweise erhoffte, als Meteorologe weniger denn als Lehrer politischem Druck ausgesetzt zu sein.

Zu den NSDAP-Mitgliedern im Kollegium der Humboldtschule gehörten - was nicht unwesentlich sein dürfte - u.a. auch "die beiden Oberstudienräte, die der Schule nacheinander zugeteilt wurden"[141] und als Vertreter Blumes fungierten. Für beide dürfte gelten, was die Lehrerin Gertrud Stankiewicz über einen von ihnen schrieb: daß er "ein hoher NS-Angehöriger" gewesen sei, der Blume half, "die Schule abzuschirmen gegen alle NS-Belästigungen"[142].

Der erste der beiden Stellvertreter war Oberstudienrat Dr. Otto Gall (1890-1943)[143], der - wie schon oben gezeigt - zum Schuljahr 1932/33 zusammen mit Blume an die Humboldtschule gekommen war[144].

Gall war am 1. Mai 1933 dem NSLB (Mitglieds-Nr. 48552) und am 1. April 1934 der NS-Volkswohlfahrt beigetreten; darüber hinaus gehörte er dem Reichsluftschutzbund an. Mitglied der NSDAP wurde er erst am 1. Mai 1937 (Mitglieds-Nr. 5850021)[145]. An der Humboldtschule betätigte er sich u.a. - wie Blume im Jahresbe-

---

[140] Scheel an D.H. br. vom 23.01.1990: "Walter Schramm war Lehrer an der Humboldt-Schule, als ich Abiturium machte; Helmut Woldt und ich gehörten zu der von ihm geleiteten Arbeitsgemeinschaft 'Astronomie'. Natürlich war Schramm Alt-Scharfenberger und uns als solcher bekannt. Irgendwann in der 2. Hälfte der 30er Jahre hängte er den Assessor an den Nagel, weil der Wetterdienst bessere berufliche Perspektiven bot. Bernd Goepel, der mit uns 1934 von Scharfenberg abging, ging nach Beendigung seiner Schulzeit ebenfalls zum Wetterdienst und wurde als Wetterdienstassistent bei der Luftwaffe eingesetzt. Ich selbst - dem die Einziehung zu einem Infantrieregiment in Potsdam Ende 39 drohte - fragte bei Bernd Goepel an, wie man beim Wetterdienst landen könnte. Antwort: Bewerbung beim Luftgau III in Berlin, zuständiger Regierungsrat (Majorrang) Schramm.
Schramm und ich traten uns gegenüber, und beide schauten wie zwei Autos: 'Was machst bzw. willst Du denn hier?' Das Ergebnis war meine Einberufung zur Wetterwarte nach Märkisch-Friedland in Hinterpommern, wo Bernd Goepel tätig war. Da ich ein abgeschlossenes Hochschulstudium hinter mir hatte, überrundete ich den wirklichen Wetterdienstexperten Goepel innerhalb von 4 Wochen und wurde Wetterdienstinspektor (Oberleutnantsrang).
Hans Lautenschläger ist nie durch Schramm vermittelt worden, denn er war schon beim Heer und landete auf Grund seiner Meldung beim Heereswetteramt, bei einem Wetterpeilzug für den Einsatz schwerer Artillerie."
[141] FRÜHBRODT, Einiges aus der Blume-Zeit, S. 84.
[142] Zit. nach: HARTKOPF, Humboldtschule unter Wilhelm Blume, S. 97.
[143] Philologen-Jahrbuch (Kunzes Kalender), Jg. 38: Schuljahr 1931/32, 2. Teil, Breslau 1931, hier u.a. Hinweis auf Geburtsdatum (03.07.1890) und Lehrbefugnis (für Mathematik, Physik und Chemie). - Diss.: GALL, Otto, Über Interferenzerscheinungen an übereinanderliegenden aktiven Kristallplatten im polarisierten Licht, Berlin, Univ., Diss., 1914. - Vgl. von Galls Publikationen: GALL, Otto, Staatsbürgerkunde durch Chemie, in: Staatsbürgerkunde im mathematisch-naturwissenschaftlichen Unterricht mit Einschluß der Erdkunde, hrsg. von Karl METZNER, Leipzig 1931, S. 137-170. - Wichtige biogr. Inf. in: GOLDBERG, Bettina, Schulgeschichte als Gesellschaftsgeschichte. Die höheren Schulen im Berliner Vorort Hermsdorf (1893-1945) (=Stätten der Geschichte Berlins, 99), Berlin 1994, S. 363 (Kurzbiogr.) und S. 199-201 (zu Gall als Leiter des Hermsdorfer Realgymnasiums).
[144] Berlin, BBF: SLG-GS, Jahresberichte 1932/33, Bd. 248d, Nr. 87: Berlin, Humboldtschule Tegel (Blume), o.S.
[145] GOLDBERG, Schulgeschichte, S. 199-201, S. 328f. und S. 363.

2. Das Wirken und Verhalten Wilhelm Blumes und anderer Scharfenberger Lehrer in der NS-Zeit

richt für das Schuljahr 1933/34 schrieb - nicht zuletzt auch als "Verbindungsmann der Schule zur NS-Volksgemeinschaft" und als "Schulwohlfahrtswalter beim N.S. Lehrerbund"[146]. Zum Schuljahr 1934/35 wechselte Gall an das Hermsdorfer Realgymnasium, dessen Leitung er, zunächst kommissarisch, ab März 1935 als Oberstudiendirektor, übernahm[147]. Anläßlich Galls Wechsel von der Humboldtschule nach Hermsdorf hob Blume "in dem ihm bei der Flaggenparade nach den großen Ferien gewidmeten Abschiedswort [...] vor allem den Verlust hervor, den die Schule im naturwissenschaftlichen Bereich erleidet, und rühmte das Zusammenleben mit ihm, das keiner Trübung fähig gewesen ist, auch nicht in den Jahren, in denen der Direktor mehrere Wochentage außerhalb der Schule in der Schulfarm Insel Scharfenberg war."[148]

Nachdem die Stelle des Stellvertreters während der Schuljahre 1935/36 und 1936/37 unbesetzt geblieben war[149], wurde sie in den nachfolgenden Jahren mit Dr. Fritz Hübner (1889-19..) - 1937/38 zunächst als kommissarischer Oberstudienrat, ab 1938/39 als Oberstudienrat - besetzt[150]. Im Jahresbericht 1938/39 bemerkte Blume zu Hübners Arbeit:

"Der NSLB, der wiederholt seine Versammlungen in unserer Aula abhielt, stand auch innerlich durch die Person unseres O.-Studienrats Dr. Hübner in enger Verbindung mit der Schule [...]."[151]

Laut Richter waren, außer Gall und Hübner, "nur ganz wenige Kollegen [...] Parteigenossen"[152]. Und diese - so erinnern sich ehemalige Schüler der Humboldtschule - hätten zumeist "diese Mitgliedschaft so wenig gezeigt, daß wir ehemaligen Schüler erst nach dem Krieg durch ihre Nicht-Wiedereinstellung davon erfuhren."[153]

Bei einigen Lehrern, bei denen eine deutliche NS-Gesinnung im Schulleben und im Unterricht zum Tragen kam, scheint Blume dafür gesorgt zu haben, daß sie an eine andere Schule versetzt wurden. So spricht Gertrud Stankiewicz davon, daß Blume solche Kollegen regelrecht 'weggelobt' habe[154]. Diethelm Imm, Humboldtschüler seit 1938 und nach dem 2. Weltkrieg Lehrer auf Scharfenberg, berichtet, "daß er sich nur an einen jungen Lehrer entsinne, der eine eindeutige NS-Propa-

---

[146] Berlin, BBF: SLG-GS, Jahresberichte 1933/34, Bd. 275c, Nr. 87: Berlin, Humboldtschule Tegel (Blume), S. 25f.
[147] Vgl.: GOLDBERG, Schulgeschichte, S. 199-201, S. 328f. und S. 363.
[148] Berlin, BBF: SLG-GS, Jahresberichte 1934/35, Bd. 301c, Nr. 82: Berlin, Humboldtschule Tegel (Blume), S. 21
[149] S.: Jahrbuch (Kunzes Kalender), Jg. 42: Schuljahr 1935/36, 2. Teil, Breslau 1935, und: Jg. 43: Schuljahr 1936/37, 2. Teil, Breslau 1936.
[150] Jahrbuch (Kunzes Kalender), Jg. 44: Schuljahr 1937/38, 2. Teil, Breslau 1937; Jg. 45: Schuljahr 1938/39, 2. Teil, Breslau 1938; Jg. 46: Schuljahr 1939/40, 2. Teil, Breslau 1939; Jg. 47: Schuljahr 1940/41, 2. Teil, Breslau 1940; Jg. 48: Schuljahr 1941/42, 2. Teil, Breslau 1941; Jg. 49: Schuljahr 1942/43, 2. Teil, Breslau 1942.
[151] Berlin, BBF: SLG-GS, Jahresberichte 1938/39, Bd. 404c, Nr. 76: Berlin, Humboldtschule Tegel (Blume), S. 34.
[152] RICHTER, Tegel I und II, S. 25.
[153] RIEß, Erinnerungen, S. 76f. - Ähnlich z.B.: FRÜHBRODT, Einiges aus der Blume-Zeit, S. 84. - HARTKOPF, Humboldtschule unter Wilhelm Blume, S. 97. - Stein an D.H. br. vom 26.02.1988.
[154] Zit. nach: HARTKOPF, Humboldtschule unter Wilhelm Blume, S. 97.

ganda im Unterricht betrieben habe", und daß dieser "nach nicht allzu langer Zeit wieder versetzt worden sei."[155] Und Harry Hempel, seit 1940 Schüler an der Humboldtschule, schreibt:

> "Als ich [als Quintaner im Winter 1941/42] von einem neuen Sportlehrer geohrfeigt wurde, der uns Schüler im Vollzug des Hitlerschen Erziehungsprinzips - 'Meine Pädagogik ist hart. Das Schwache muß weggehämmert werden' - zu sportlichen Leistungen an der Kletterstange mit einem Rohrstock zu prügeln pflegte, schlug ich zurück. Dieser unerhörte Vorgang blieb erstaunlicherweise ohne Folgen, wenn man davon absah, daß der neue Sportlehrer bald von der Schule verschwand."[156]

Nach dem Ende des 'Dritten Reiches' gab Blume "keine 'Persil-Scheine' an Lehrer, die zwar keine Parteimitglieder gewesen waren, sich aber sehr für Wehrertüchtigung und nationalsozialistisches Gedankengut eingesetzt hatten."[157] Dagegen setzte er sich massiv - wenn auch jahrelang vergeblich - dafür ein, daß Kollegen, die zwar Parteimitglied geworden waren, aber eine andere 'innere Haltung' besessen hatten, wieder in den Schuldienst übernommen werden konnten[158].

Laut Hartkopf zeigte Blumes "umfassende und subtile Bildung, die der der anderen meist weit überlegen war", seine "ganz klare, überzeugende, ideologiefreie, politikneutrale allgemeine Erziehungs- und Bildungskonzeption, die auf Scharfenberg mit Erfolg erprobt worden war und der die meisten anderen, soweit sie nicht durch seine Schule gegangen waren, nichts annähernd Durchdachtes entgegenzusetzen hatten"[159], auch auf die nationalsozialistischen Eltern der Humboldtschule und zuständige Schulpolitiker ihre Wirkung[160]. Gleiches habe auch "das Niveau seiner Abiturientenprüfungen" bewirkt, das - wie zuvor auf Scharfenberg - "höher war als an anderen Schulen"[161].

Ein wesentliches Moment dürfte schließlich auch gewesen sein, Blumes "Vermögen, andere zu überzeugen und mitreißen zu können", und sein "außerordentlich taktisches Geschick, das er sich in den schweren Anfangsjahren der Schulfarm erworben hatte, als er um das nackte Überleben dieser seiner Gründung kämpfen und die verschiedenen amtlichen Stellen für seine Ideen gewinnen mußte"[162].

---

[155] Zit. nach: HARTKOPF, Humboldtschule unter Wilhelm Blume, S. 97.
[156] HEMPEL, Vergangenheitsbewältigung, S. 71.
[157] RIEß, Erinnerungen, S. 77.
[158] S. so zu Fritz Blümel und zu Gerhard Frühbrodt.
[159] HARTKOPF, Humboldtschule unter Wilhelm Blume, S. 101.
[160] FRÜHBRODT, Einiges aus der Blume-Zeit, S. 84, berichtet davon, daß Blume im Frühjahr 1941 über einen Schülervater, der ein "einflußreicher Nationalsozialist" gewesen sei, "das nach militärischen Anordnungen eigentlich Unmögliche" erreicht habe: "die Rückberufung eines Studienrates vom Nordkap in den Zivildienst."
[161] FRÜHBRODT, Einiges aus der Blume-Zeit, S. 84.
[162] HARTKOPF, Humboldtschule unter Wilhelm Blume, S. 101.

Gute Verbindungen hatte Blume z.B. zu Bürgermeister Walter Pauls, dem er "imponierte", und den er "für sich und seine Schule" [gewinnen konnte]"[163]. Aber auch zu anderen "örtlichen Parteigrößen" war es schließlich "zu Kontakten über das rein Dienstliche hinaus und zu einer dem Wohle der Schule dienenden gedeihlichen Zusammenarbeit"[164] gekommen, so z.b. mit einem nationalsozialistischen Bezirksschulrat[165] - es handelt sich um den Stadtrat Karl Scheller (1899-1946)[166] - "Bezirksstadtrat für das Schulwesen, der das goldene Parteiabzeichen trug, aber ein großzügiger Vorgesetzter war, der uns manchen Konflikt ersparte"[167].

1932 hatte Blume die Schulleiterwohnung der Humboldtschule bezogen. 1937 zog er zusammen mit seiner Mutter[168] nach Frohnau, und der oben genannte Bezirksschulrat zog in die leergewordene Dienstwohung der Humboldtschule ein[169]:

> "Dadurch entstand von da ab ein persönlicher Dauerkontakt zwischen diesem und Blume, durch den die Schule gegen sonstige Eingriffe von Parteiseite weitgehend abgeschirmt werden konnte, zumal jener Stadtrat, selbst dem deutschen Bildungsbürgertum zuzurechnen, die Blumesche Bildungskonzeption insgesamt akzeptierte. Dieses Zusammentreffen hat zweifellos entscheidend dazu beigetragen, daß Blume in so weitem Maße freie Hand für die Realisierung seiner Bildungsvorstellungen im 'Dritten Reiche' hatte [...]."[170]

Es kann also Schuppan zugestimmt werden, wenn er aufgrund solcher Fakten folgert, daß für die NS-Zeit "aufgrund vieler Indizien angenommen werden [kann], daß Blume unter den schützenden Händen maßgeblicher, lokaler Parteimitglieder, seines

---

[163] FRÜHBRODT, Einiges aus der Blume-Zeit, S. 84. - Vgl. so z.B.: PS Scheel: Alphons Thiele an Scheel br. vom 25.04.1935: "In der vorigen Woche war ich beim Chef [Blume]. Er erzählte [...], wie er mit Pauls über die Vorbereitung zur amtlichen Humboldtfeier verhandelt habe, und bedauerte, daß dieser Kontakt nicht schon vor einem Jahr bestanden hat (!) - 'Es wäre doch so manches nicht nötig gewesen.' [...]."

[164] HARTKOPF, Humboldtschule unter Wilhelm Blume, S. 102.

[165] HARTKOPF, Humboldtschule unter Wilhelm Blume, S. 102.

[166] Biogr. Inf. zu Scheller: ENGELI, Die nationalsozialistischen Kommunalpolitiker, S. 137. - Und: Berlin, LA: Rep. 4: Senatsverwaltung für Inneres, Spruchkammer S II, Nr. 1582: Entnazifizierungsakte zu Karl Scheller. - Demnach wurde Karl Scheller am 25.07.1899 in Königsberg geboren, wurde Diplom-Kaufmann, trat am 01.01.1929 in die NSDAP und im April 1931 in die SA ein. 1933 war er Bezirksverordneter, seit Oktober 1935 unbesoldeter Stadtrat. Lt. Schreiben der Ehefrau Ilse Scheller verstarb Karl Scheller im Februar 1946 im Internierungslager Hohenschönhausen; lt. schriftlicher Zeugenaussagen war Scheller überzeugter Nationalsozialist, bescheinigten ihm aber keine aktiven oder aggressiven politischen Handlungen gegen andere; eine Zeugenaussage von Blume ist hier nicht enthalten. - Stein an D.H. br. vom 26.02.1988: "Blume's geschickte Diplomatie bewirkte vieles. Wie es dazu kam, weiß ich nicht: ein gewisser Volksbildungsrat namens Scheller hatte die Direktorenwohnung der Schule bezogen. Das gab 'Rückendeckung'. Ich erinnere mich einer Blume-Ansprache, in der es hieß: 'Auch wenn Herr Scheller hier zuhören sollte, so sage ich frei und frank ...'."

[167] RICHTER, Tegel I und II, S. 27; wieder zit. in: HARTKOPF, Humboldtschule unter Wilhelm Blume, S. 100.

[168] Nachdem Blumes Vater am 29.10.1930 verstorben war, zog seine Mutter zunächst nach Tegelort, dann - bis zum Umzug in den 'Fasanenhof' - mit ihrem Sohn gemeinsam in die Direktorenwohnung der Humboldtschule. - Vgl. dazu S. 36.

[169] So: HARTKOPF, Humboldtschule unter Wilhelm Blume, S. 102. - Und: Stein an D.H. br. vom 26.02.1988.

[170] HARTKOPF, Humboldtschule unter Wilhelm Blume, S. 102.

Stellvertreters im Amt des Direktors, des Bezirksstadtrates für Schulwesen und des Bürgermeisters gestanden hat."[171]

Was Blumes neues Domizil in Frohnau betrifft, so handelte es sich um ein von dem Architekten Fritz August Breuhaus de Groot (1883-1960)[172] in Blumes Auftrag 1937 errichtetes Haus mit einem großen Anwesen, in dem Blume u.a. Vogelzucht betrieb, weshalb es bald den Namen 'Fasanenhof' erhielt[173]. Blume lebte hier mit seiner Mutter, bis diese am 17.10.1963 im 98. Lebensjahr starb[174], dann alleine bis zu seinem Lebensende im Jahre 1970[175].

---

[171] SCHUPPAN, Wilhelm Blume, S. 307.

[172] Fritz August Breuhaus de Groot baute Wohnsiedlungen, Industriebauten, Schlösser und Landhäuser; sein besonderes Interesse galt der Innenarchitektur, er stattete auch Überseedampfer aus. - Zu seinem Wirken s. u.a.: BREUHAUS, August, Landhäuser und Innenräume, Düsseldorf 1911. - BREUHAUS DE GROOT, Fritz August, Das Haus in der Landschaft. Ein Landsitz unserer Zeit, Stuttgart 1926. - Fritz August Breuhaus de Groot. Herbert EULENBURG: Menschliches. Max OSBORN: Kritik des Werkes, Berlin [u.a.] 1929; wieder als: Fritz August Breuhaus de Groot. Mit Texten (deutsch/engl.) von Herbert EULENBURG und Max OSBORN und einem Nachwort zur Neuausg. von Catharina BERENTS, Berlin 1999. - BREUHAUS DE GROOT, Fritz August, Neue Bauten und Räume, Berlin-Charlottenburg 1941. - BREUHAUS DE GROOT, Fritz August, Bauten und Räume, Tübingen 1953. - BREUHAUS DE GROOT, Fritz August, Landhäuser. Bauten und Räume, Tübingen 1957.

[173] BREUHAUS DE GROOT, Neue Bauten und Räume, S. 1-5 über "Blumeshof" in Frohnau (mit 7 Fotografien von Haus und Grundstück sowie einer Grundrißzeichnung); S. 1f. heißt es: "Der Traum eines Schulmeisters - der Bauherr selbst nannte das Programm seines Hauses so - flatterte mit freundlichen, von menschlicher Wärme erfüllten Zeilen auf meinen Schreibtisch. Es war eine Freude, diesen Brief zu lesen, in dem aus tiefstem Herzen ein lang gehegter Wunsch seine Erfüllung forderte. Das kleine, mühsam ersparte Kapital sollte für die vielen Wünsche ausreichen, und es sollte auch noch die Möglichkeit bestehen, eine kleine Fasanerie, die Liebhaberei eines großen Tierfreundes, zu errichten. Es war nicht leicht, Wünsche und das zur Verfügung stehende Baugeld in Einklang zu bringen, aber wem hätte es keine Freude gemacht, eine solche Aufgabe für einen vertrauenden Menschen auszudenken und zu planen? Ein Mensch will einen lang gehegten Traum erfüllt wissen, er vertraut einem Architekten und schenkt ihm sein Vertrauen, über sein Kapital zu verfügen. Viel, sehr viel Vertrauen müssen Bauherren ihrem Architekten schenken. Man plante mit sehr viel Freude die Räume für den Junggesellen und seine Mutter, seine Fasanen und seine Schafe. Das Baugelände liegt am Rande von Frohnau, der Wald geht in breite Äcker über, und man sieht weit über das Land. Ein Turm durfte nicht fehlen, ein runder Turm, und oben in diesem Turm sollte das Studierzimmer sein, ein Raum, von dem aus man noch über die hinter den Feldern liegenden Waldungen schauen konnte, wenn die Gedanken ruhen wollten. Die Bauten bilden einen Winkel und drehen sich um den Turm. Im Winkel liegt der Hof, und im Hof steht die Fasanerie. Alles ist schlicht, gekalkter Putz, Fensterläden, braunrotes Dach und dunkel gebeiztes Holz." -
S. außerdem: Berlin und seine Bauten, hrsg. vom Architekten- und Ingenieur-Verein zu Berlin, Teil IV, Bd. C: Die Wohngebäude - Einfamilienhäuser - Individuell geplante Einfamilienhäuser - Die Hausgärten, Berlin [u.a.] 1975, S. 260: "Frohnau, Am Priesterberg 14, 16 Ecke Speerweg. Bauherr: Wilhelm Blume. Architekt: Fritz August Breuhaus. Bauzeit: 1937." - Hinweis auch bei: MECHOW, Max, Frohnau. Die Berliner Gartenstadt (=Berliner Kaleidoskop, 24), Berlin 1977; zu Blume und dem Fasanenhof: S. 36 und S. 74, Foto des Fasanenhofs (Zustand 1937): S. 55; 2. Aufl. Berlin 1985: zu Blume und dem Fasanenhof: S. 41 und S. 103; Fotos des Fasanenhofs: Titelseite und S. 51. - Zur Entwicklung des 'Fasanenhofes' nach Blumes Tod s.: Frohnauer 'Fasanenhof' ersteht neu, in: Der Nord-Berliner. Amtliches Organ des Bezirksamtes Reinickendorf vom 15.08.1971.

[174] S. zum Tod von Blumes Mutter S. 36.

[175] S. dazu S. 971.

Die Wahl des Wohnortes und die Gestalt(ung) des neuen Wohnhauses sind u.a. insofern von Interesse, als sie im Norden Berlins in der sog. 'Gartenstadt' Frohnau lagen[176] und gewissermaßen als konsequente 'Fortsetzung' des elterlichen Wolfenbütteler Anwesens und der Lebensumstände auf der Insel Scharfenberg - einer spezifischen Mischung aus ländlicher und städtischer Wohn- und Lebenssituation, am Rande städtischen Lebensraumes - darstellten.

Eine umfassende Darstellung der Geschichte der Humboldtschule in der NS-Zeit und damit auch eine Grundlage für eine genauere Interpretation der Biographie Wilhelm Blumes in der NS-Zeit ist bislang leider ein Desiderat[177]. Hier seien in Auswahl lediglich einige wenige Hinweise gegeben bzw. Fragen aufgeworfen, die künftig zu behandeln wären:

(1) Lassen sich zwischen den Jahresberichten der Humboldtschule der NS-Zeit und den entsprechenden Jahresberichten anderer (Berliner) höherer Schulen, z.B. der Schulfarm, aussagekräftige Unterschiede in Inhalt und Stil finden[178]?

(2) Was bedeutet es z.B., daß an der Humboldtschule während der gesamten NS-Zeit der von Blume auf Scharfenberg entwickelte 'Gesamtunterricht' betrieben wurde[179] und Blume seiner Freude Ausdruck verleihen konnte, daß seine "Gesamtunterrichtsexperiment[e]" ihm auch insofern "große Freude" machten, als sie "unwiderleglich" bewiesen, "daß die Gesamtunterrichtsmethode nicht nur im kleinen Kreis und in geschlossenem Internatsleben, sondern auch in einer großen

---

[176] Frohnau wurde von Beginn an als reines Wohngebiet gegründet (lediglich in der Nähe der Bahn waren Gewerbegebiete erlaubt), damit ist der Name 'Gartenstadt' (s. dazu S: 361f.) im eigentlichen, ursprünglichen Sinne hier also unzutreffend. - Zu Frohnau u.a.: MECHOW, Frohnau. - Und: MÜLLER, Konrad Jörg, Zersiedlung und Ortsbildveränderung in der 'Gartenstadt' Berlin-Frohnau, in: Berlin. Beiträge zur Geographie eines Großstadtraumes. Festschrift zum 45. Deutschen Geographentag in Berlin, hrsg. von Burkhard HOFMEISTER [u.a.], Berlin 1985, S. 543-571.

[177] Ähnliche Probleme wie bei der Beurteilung Blumes in der NS-Zeit (und nach 1945) ergeben sich auch für andere Reformpädagogen der 20er und frühen 30er Jahre; vgl. dazu z.B. die Biogr. bzw. das Wirken und Verhalten Fritz Köhnes in der NS-Zeit und nach 1945, vor allem in: FIEGE, Hartwig, Fritz Köhne. Ein großer Hamburger Schulmann. 1879-1956 (=Beiträge zur Geschichte Hamburgs, 28), Hamburg 1986. - HAGENER, Caesar, Fritz Köhne: Mythos und Wirklichkeit, in: Hamburg: Schule unterm Hakenkreuz, hrsg. von Ursel HOCHMUTH und Hans-Peter de LORENT, 2. Aufl. Hamburg 1986, S. 244-249. - LORENT, Hans-Peter de, Rädchen im Getriebe. Über die Schwierigkeiten der Hamburger Lehrerschaft, die Geschichte der Schule unterm Hakenkreuz aufzuarbeiten, in: 'Die Fahne hoch'. Schulpolitik und Schulalltag in Hamburg unterm Hakenkreuz, hrsg. von Reiner LEHBERGER und Hans-Peter de LORENT, Hamburg 1986, S. 187-202, hier S. 191-194: 'Das Beispiel Fritz Köhne'.

[178] Vgl. als Kontrast zu den von Blume geschriebenen Jahresberichten z.B. die abgedr. Quelle: DE LORENT, Hans-Peter, Schulalltag unterm Hakenkreuz. Aus Konferenzprotokollen, Festschriften und Chroniken Hamburger Schulen von 1933-1939, in: 'Die Fahne hoch'. Schulpolitik und Schulalltag in Hamburg unterm Hakenkreuz, hrsg. von Reiner LEHBERGER und Hans-Peter DE LORENT, Hamburg 1986, S. 91-117, hier S. 112f.: 22.12.34. Referat von Schulleiter Matthies über 'Rasse und Schule' von Dr. Benze.

[179] Beispiele: Berlin, BBF: SLG-GS, Jahresberichte 1934/35, Bd. 301c, Nr. 82: Berlin, Humboldtschule Tegel (Blume), S. 15-19. - Berlin, BBF: SLG-GS, Jahresberichte 1935/36, Bd. 327c, Nr. 77: Berlin, Humboldtschule Tegel (Blume), S. 29-38, davon S. 31-38: Gesamtunterricht zum Jahresthema 'Die Straße und das rollende Rad'. - Berlin, BBF: SLG-GS, Jahresberichte 1936/37, Bd. 353c, Nr. 78: Berlin, Humboldtschule Tegel (Blume), S. 15-28.

Durchschnittsklasse von 36 Schülern in der Stadtschule möglich und erfolgreich ist [...]"[180]?

(3) Was bedeutet es, wenn an der Humboldtschule im Schuljahr 1932/33 Aufsatzthemen wie die folgenden vergeben wurden: 'Jugend und Alter/Autorität/Ziele der Jugend', 'Der Pakt zwischen Gott und Mephisto', 'Wie sollen die Abgeordneten abstimmen? Als Beauftragte der Wähler, als Mitglieder einer Partei oder vollständig frei?', 'Soll das Heer, soll die Beamtenschaft wählen?', 'Deutscher, werde Deutsch! Eine Mahnung und Hoffnung zugleich', 'Größe und Grenzen Prinz Hamlets als eines Menschentyps', 'Weshalb beschäftigen wir uns mit Geschichte?', 'Diktatur oder Demokratie?', 'Caesar und Mussolini', 'Tell - ist Tell ein Meuchelmörder?', 'Goethe - Warum liebe ich meine Heimat?', 'Schiller - Erziehung auf der Militärakademie', 'Schiller - Warum streben soviele Menschen der Großstadt nach einer eigenen Scholle?'[181]?

(4) Was bedeutet es, wenn im Schuljahr 1934/35 in der Humboldtschule Schillers 'Kabale und Liebe'[182] incl. der Szene zwischen dem Präsidenten und dem Maior von Walther sowie Schillers 'Tell'[183] incl. der 'Rütliszene' gespielt wurden[184]?

(5) Wie sind Bemerkungen Blumes zu Jahresarbeiten wie die folgenden zu bewerten:

"Jahresarbeiten waren nur zwei eingereicht worden. Die eine behandelte Böcklin, Feuerbach und Marx als unzeitgemäße Erscheinungen, die andere beschäftigte sich in ähnlicher Sprache [!] mit der Irischen Bewegung [...]."[185]

(6) Wie sind folgende Formulierungen Blumes zu interpretieren:

"In den Konferenzen wurden folgende wichtigere Themen behandelt: Im Anschluß an die Durchsicht sämtlicher Deutschhefte bespricht der Direktor die Art der Kritik und der Verbesserungen; in einer anderen wurde ein Referat über Kriecks nationalpolitische Erziehung gehalten[186], nachdem das Buch in zwei Exemplaren vorher im Kollegium kursiert hatte; in einer dritten wurde die angeordnete Berücksichtigung des VDA-Stoffes im Unterricht vorbereitet, der Direktor empfiehlt neuere und neuste Literatur für die einzelnen Klassenstufen und Fächer und legt die einschlägigen Bücher und Quellenhefte aus. Er empfiehlt dringend, den Stoff mit dem

---

180 Berlin, BBF: SLG-GS, Jahresberichte 1935/36, Bd. 327c, Nr. 77: Humboldtschule, S. 38.
181 Berlin, BBF: SLG-GS, Jahresberichte 1932/33, Bd. 248d, Nr. 87: Berlin, Humboldtschule Tegel (Blume), o.S. - Eine offene Frage ist, ob noch einige dieser Arbeiten existieren, sodaß sich Aussagen über ihre Inhalte machen lassen.
182 SCHILLER, Friedrich, Kabale und Liebe, in: Schillers Werke. Nationalausgabe, Bd. 5: Kabale und Liebe - Kleinere Dramen, Weimar 1957, S. 1-107.
183 SCHILLER, Friedrich, Wilhelm Tell, in: Schillers Werke. Nationalausgabe, Bd. 10: Die Braut von Messina - Wilhelm Tell - Die Huldigung der Künste, Weimar 1980, S. 127-276.
184 Berlin, BBF: SLG-GS, Jahresberichte 1934/35, Bd. 301c, Nr. 82: Berlin, Humboldtschule Tegel (Blume), Anhang 4: Die Schillerfeier der Humboldtschule zu Tegel im November 1934 (Einseitig bedrucktes Programmblatt): Enthält u.a. als Pkt. 2: Szene zwischen dem Präsidenten und dem Maior von Walther in Schillers Kabale und Liebe, sowie als Pkt. 3: Rütliszene aus Tell. - S. dazu: FRÜHBRODT, Einiges aus der Blume-Zeit, S. 85-89, im Kontext der Beschreibung von Blumes faktisch als Gesamtunterricht gegebenen Deutsch- und Geschichtsunterrichts.
185 Berlin, BBF: SLG-GS, Jahresberichte 1933/34, Bd. 275c, Nr. 87: Berlin, Humboldtschule Tegel, S. 26.
186 KRIECK, Ernst, Nationalpolitische Erziehung, Leipzig 1932 [5. u. 6. Aufl. Leipzig 1933]. - Zu Krieck (1882-1946) s. u.a.: THOMALE, Eckhard, Bibliographie Ernst Krieck. Schriften - Sekundärliteratur - Kurzbiographie, Weinheim [u.a.] 1970.

bisherigen Unterricht zu verbinden [!] und auch weiterhin ihn bei passender Gelegenheit zu berücksichtigen [!]."[187]

(7) In welche Richtung(en) läßt sich eine Aussage wie die folgende interpretieren:
"Zu Hitlers Geburtstag [am 20.04.] sprach der Direktor in der Aula über Hitlers Jugend, seine Schüler- und Lernzeit und seine Stellung zu pädagogischen Fragen, wozu 'Mein Kampf'[188] eine wichtige Fundgrube ist."[189]

(8) Kann es bereits als ein Zeichen nichtangepaßten Verhaltens gewertet werden, wenn Blume einen Brief an seinen Kollegen Thiele anläßlich dessen bevorstehender Hochzeit endet mit dem Satz: "Beiden Teilen Heil! Ihr Blume"[190]?

(9) Kann es als ein ebensolches Zeichen gewertet werden, wenn sich in der Humboldtschule, wie wohl in allen Schulen der Zeit, auch in der Aula der Humboldtschule ein Hitlerbild befand - doch nur in einem recht unscheinbaren Holzrelief und vor allem "nicht in der Mitte der Bühne, wie eigentlich üblich, sondern an der Seitenwand neben dem Eingang"[191]?

(10) Wie 'hoch' ist die Tatsache einzuschätzen, daß trotz der Rassegesetzgebung noch im Schuljahr 1942/43 der 'Halbjude' Stefan Schottländer (1928-1991)[192] - später Professor für Mathematik u.a. an der Bergakademie in Clausthal-Zellerfeld, Sohn des Berliner Altphilologen und Philosophen Felix Schottländer (1892-1958) - an der Humboldtschule Schüler sein konnte?[193]

Über allen Fragen zur Geschichte der Humboldtschule und der Biographie Blumes in der NS-Zeit schwebt die Frage, ob "sich Blume damals [hat] korrumpieren lassen", ob "er seinen Mantel nach dem Winde gehängt [hat]"[194].

---

[187] Berlin, BBF: SLG-GS, Jahresberichte 1933/34, Bd. 275c, Nr. 87: Berlin, Humboldtschule Tegel, S. 26.
[188] HITLER, Adolf, Mein Kampf, 2 Bde. in 1 Bd., 5. Aufl. München 1930.
[189] Berlin, BBF: SLG-GS, Jahresberichte 1936/37, Bd. 353c, Nr. 78: Berlin, Humboldtschule Tegel (Blume), S. 35.
[190] Berlin, LA, SIS: THIELE, Georg, Der Schulfarm Scharfenberg zum 50jährigen Bestehen [Erinnerungen], hdschr., o. J. [1972], Auszug aus: Blume an G. Thiele br. vom 08.02.1937. - Vgl.: GAMM, Hans-Jochen, Der Flüsterwitz im Dritten Reich. Mündliche Dokumente zur Lage der Deutschen während des Nationalsozialismus (=Serie Piper, 1417), [Lizenzausg. der überarb. und erw. Ausg. München 1990], München 1993.
[191] RIEß, Erinnerungen, S. 76.
[192] Biogr. Inf. (incl. Lebensdaten) zu S. Schottländer: Klotz an D.H. br. vom 17.06.1999.
[193] S. dazu: HARTKOPF, Humboldtschule unter Wilhelm Blume, S. 90 und S. 93-95. - Auch: SCHOTTLÄNDER, Stefan, Aus dem Fragment einer Autobiographie, in: Humboldtschule Tegel. 1903-1978, hrsg. von der Humboldt-Oberschule Tegel, Berlin 1978, S. 51-54; in Teilen u.d.T. "Erinnerungen eines Schülers aus dem Jahre 1943 an Wilhelm Richter" wieder in: Wilhelm Richter - 15. Dezember - 23. Juli 1978, Berlin 1978, S. 13-15. - Dazu: HARTKOPF, Humboldtschule unter Wilhelm Blume, S. 95: "Das Fragment von Stefan Schottländer ist deshalb so aussagekräftig für die Situation an der Humboldtschule in der Zeit des 'Dritten Reichs', weil es einmal von einem gegen seinen Willen in eine Außenseiterstellung in der Gesellschaft gedrängten und deshalb für die Atmosphäre in seiner Umwelt besonders sensibilisierten Zeitzeugen stand und weil es andererseits, so kurz nach jenen Jahren geschrieben, das Positive an den Erinnerungen stärker herausstellt als das Bedrückende und Negative."
[194] HARTKOPF, Humboldtschule unter Wilhelm Blume, S. 102.

Sicher ist, daß Blume "auch gewisse Zugeständnisse an den Zeitgeist machen mußte."[195] Als ein Beispiel dafür wird in der Literatur mehrfach angeführt, daß Blume für den 1937 erschienenen Band 'Der Marsch in die Heimat. Ein Heimatbuch des Bezirks Berlin-Reinickendorf'[196] auf Wunsch der Herausgeber - des Reinickendorfer Bezirksbürgermeister Walter Pauls und des Schulrats Wilhelm Tessendorf (1881-1960)[197] - einen umfangreichen geschichtlichen Beitrag 'Um Humboldtschloß und Borsigwerke. Eine Tegeler Geschichte und Landschaftskunde' beisteuerte[198]. Hartkopf schreibt dazu allerdings in differenzierter Weise:

> "Gewiß finden sich darin einige wenige, letztlich belanglose Bezugnahmen auf die nationalsozialistische Gegenwart, aber insgesamt ist dieser über 60 Seiten lange Aufsatz auch heute noch äußerst interessant, wenn man über jene Stellen hinwegliest. Er ist ein echter 'Blume' und läßt die Lebendigkeit und Farbigkeit seines Deutsch- und Geschichtsunterrichts ahnen, mit dem er die Schüler zu allen Zeiten begeistert hat, wird doch die Geschichte Tegels mit ihrem gesamten kulturellen und soziologischen Umfeld bis in die Gegenwart plastisch und eindringlich vor Augen geführt. Demgegenüber sind die Hinweise auf die Zeitumstände völlig unwesentliches Beiwerk. Dieser Beitrag kann insofern sogar dazu dienen, die Gewichtszuteilung, die Blume der braunen Gegenwart zumaß, deutlich zu machen."[199]

Eindeutiger als im Falle des Buchbeitrages wird die Bereitschaft Blumes zu 'Kompromissen', aber auch seine 'eigene Linie', bei der Betrachtung einer Reihe von Schulfesten und -feiern, die Blume - wie schon zuvor auf Scharfenberg - zum

---

[195] HARTKOPF, Humboldtschule unter Wilhelm Blume, S. 102.
[196] Der Marsch in die Heimat. Ein Heimatbuch des Bezirks Berlin-Reinickendorf, hrsg. von Walter PAULS und Wilhelm TESSENDORFF, Frankfurt 1937. - In dem Band befindet sich S. 33-103 der Aufsatz: BAHNS, Fritz / BOUVIER, Kunibert / ROTHE, Hanns / [u.a.], Aus dem Naturleben unserer Heimat, der vor allem auf S. 41-49 und S. 88f. über die Insel Scharfenberg handelt. - Vgl. zu dem Band die Rezension: STACHOWITZ, Werner, Der 'Marsch in die Heimat'. Der Natur- und Heimatschutzgedanke als Mittel der Erziehung, in: Nationalsozialistische Erziehung. Kampf- und Mitteilungsblatt des Nationalsozialistischen Lehrerbundes für den Gau Groß-Berlin, Jg. 5 (1936), S. 633f.
[197] Biogr. Inf. zu Tessendorf: Berlin, BBF: Sammlungen der ehem. Gutachterstelle: Kartei Reg.-Schulräte.
[198] BLUME, Wilhelm, Um Humboldtschloß und Borsigwerke. Eine Tegeler Geschichte und Landschaftskunde, in: Der Marsch in die Heimat. Ein Heimatbuch des Bezirks Berlin-Reinickendorf, hrsg. von Walter PAULS und Wilhelm TESSENDORFF, Frankfurt 1937, S. 403-467. - Berlin, BBF: SLG-GS, Jahresberichte 1937/38, Bd. 379c, Nr. 76: Berlin, Humboldtschule Tegel (Blume), S. 38f.: "Auf Wunsch des Bezirksoberbürgermeisters Dr. Pauls und seines Mitherausgebers Schulrat Tessendorf hat der Direktor der Humboldtschule zu dem Heimatbuch des 20. Bezirks, das zur 700 Jahrfeier der Stadt Berlin unter dem Schemm-Titel Marsch in die Heimat bei Diesterweg erschienen ist, die Geschichte Tegels beigesteuert; er hat darin auch der Humboldtschule an bedeutungsvollen Stellen Erwähnung getan; so ist bei Schilderung der Quitzowzeit ein Geländespiel der Schule aus dem Jahre 1934 eingeflochten worden, das unter dem Schlachtruf: 'Der Quitz ist da, der Quitz!' unsere Jungen in Wallung versetzt hatte; ferner konnte als zweites pädagogisches Zwischenspiel bei Erwähnung der alten Poststraße der schöne Aufsatz eines unserer Pimpfenführer abgedruckt werden; und drittens ist die Fahnenweihe der Humboldtschule am 100. Todestag Wilhelm von Humboldts mit vielen Einzelheiten in der 'Geschichte Tegels' festgehalten worden. Im 2. Teil dieser Arbeit, der eine Landschaftskunde Tegels versucht hat, prangt das Gebäude unserer Schule als äußerer und geistiger Mittelpunkt des Neutegler-Siedlungsraums." - Zu dem von Blume verwendeten Begriff 'Schemm-Titel' s.: PAULS, Walter, Vorwort, in: Der Marsch in die Heimat. Ein Heimatbuch des Bezirks Berlin-Reinickendorf, hrsg. von Walter PAULS und Wilhelm TESSENDORFF, Frankfurt 1937, S. VII-IX, hier S. VII.
[199] HARTKOPF, Humboldtschule unter Wilhelm Blume, S. 104f.

Teil in Verbindung mit dem Unterricht stehend, zu 'inszenieren' verstand und mit denen er zumindest in einigen Fällen auch erhebliche 'Außenwirkungen' erzielte: so z.b. mit einem Fest aus Anlaß der Olympiade 1936 und mit einem Fest im Rahmen des sog. 'Großdeutschen Tages' (anläßlich des sog. 'Anschlusses Österreichs') am 03.09.1938, das er als 'Großdeutsches Sommerfest'[200] gestaltete - einer 'Riesenschau', von der Frühbrodt berichtet, der 'Völkische Beobachter' habe in seiner Berliner Ausgabe geschrieben, dies sei kein bloßes schulisches Ereignis, sondern "ein wirkliches Volksfest" gewesen[201].

Die für die Humboldtschule der NS-Zeit bedeutendste und imposanteste Feierlichkeit fand anläßlich des 100. Todestages Wilhelm von Humboldts am 04.04.1935 statt. Im Jahresbericht der Humboldtschule für das Schuljahr 1934/35 schrieb Blume von dem "vielfach empfundenen Mangel einer Schulfahne", dem anläßlich der Humboldtfeierlichkeiten zum Abschluß des Schuljahres abgeholfen worden sei, wodurch sich das innerlich "erstarkte Gemeinschaftsgefühl" der Humboldtschule "auch die äußeren Symbole" geschaffen habe[202]:

> "Lehrer und Schüler, von früheren Mitarbeitern und Eltern geleitet, zogen am 4. April morgens in geschlossenem Zuge zum Grabe des Paten der Schule im stillen Tegeler Schloßpark. Dort sang der Chor Integer vitae, 6 Schüler wanden Sonette, sie am Grabe sprechend, zu einem Kranze, der Direktor übergab der Schülerschaft in Gegenwart des Erben des Gefeierten ein in Seide gesticktes Humboldtbanner und deutete ihr den vom Humboldt-Urenkel Herrn [Reinhold]

---

[200] RICHTER, Tegel I und II, S. 25.
[201] Zit. nach: FRÜHBRODT, Einiges aus der Blume-Zeit, S. 84. - S. dazu vor allem: Berlin, BBF: SLG-GS, Jahresberichte 1938/39, Bd. 404c, Nr. 76: Berlin, Humboldtschule Tegel (Blume), S. 32-39. - Vgl. auch: RICHTER, Tegel I und II, S. 25: "Die daran Mittätigen, neben den Schülern nur ein Teil des Kollegiums, hatten schon an den Vorbereitungen ihren Spaß. Ich selbst habe in der Woche davor nur eine Unterrichtsstunde gegeben, sonst alle Zeit mit Proben verbracht. Blume war der Hauptinitiator. Für den Tag des Festes war der Schulhof von den verschiedenen Klassen in eine Art Prater umgewandelt, auf dem Sportplatz gab es neben Sportveranstaltungen allerlei selbstgebastelte Theaterspiele. Ich unterrichtete damals in zwei Parallelklassen [...] Deutsch und Geschichte, und wir hatten als Thema gewählt: 'Die Entstehung deutscher Nationallieder' und 'Der Ursprung der Wiener Caféhauskultur aus der Türkenbefreiung von 1683'. So wurde auch der Bäckerjunge als Erfinder von Hörnchen-Halbmonden und Napfkuchen-Turbanen am Schluß des einen Bildes auf den Schultern herumgetragen, die Entstehung des Prinz-Eugen-Liedes frei nach der Löwe-Ballade von einer Schülergruppe am Lagerfeuer und die Entstehung des Kaiserliedes von [Joseph] Haydn aus einem burgenländischen Volkslied [...] mit [...] Geige dargestellt." - HARTKOPF, Humboldtschule unter Wilhelm Blume, S. 97f., hier S. 98: "Die von mir betreuten Klassen hatten eine Würfelbude aufgebaut, bei der zu den verschiedenen Würfelspielen, für die es natürlich Gewinne gab, die dafür geltenden Wahrscheinlichkeitsgesetze erläutert wurden, und im Schulkeller eine Zaubervorstellung mit verblüffenden und spektakulären physikalischen und chemischen Experimenten, echt marktschreierisch auf dem Schulhof angepriesen, arrangiert - gewiß alles ohne den geringsten Bezug zum NS-Staat. Von dem Aufstieg zum 'Großglockner' in der Treppe zum Turm, wo oben eine kleine Blechschelle hing, war meine Mutter, die auf der von einer Oberstufenklasse alpin drapierten Treppe angeseilt nach oben geleitet worden war, ganz begeistert. Von einer Verherrlichung des NS-Regimes, als die das Fest [...] von manchen mißverstanden worden ist, kann nach meiner Erinnerung keine Rede sein. Nur beim Festzug, der, soweit ich mich entsinne, von einem Trommler- und Pfeiferzug der HJ angeführt, von der Schule zum Sportplatz in der Hatzfeldallee ging, war ein rein äußerlicher Hinweis auf die nationalsozialistische Gegenwart erkennbar. Neben der Hakenkreuzfahne wurde aber auch das Humboldtbanner, das Symbol der Besonderheit der Humboldtschule, dem Zug vorangetragen."
[202] Berlin, BBF: SLG-GS, Jahresberichte 1934/35, Bd. 301c, Nr. 82: Berlin, Humboldtschule Tegel (Blume), S. 29.

von Heinz [(1861-1939)][203] selbst ausgesuchten Bannerspruch: 'Bilde dich selbst, und dann wirke auf andere durch das, was du bist.'[204] Sodann würdigte Herr Bezirksbürgermeister Dr. Pauls Humboldt neben [Gerhard von] Scharnhorst [(1755-1813)], den Erzieher zur Wehrhaftigkeit, als Schöpfer einer neuen nationalen Kultur und weihte die Hakenkreuzschulfahne mit dem Gebet Hitlers vor seiner ersten Schlacht: 'Gib Herr, daß wir nie feige sind!' Alle 500 Schüler [...] sprachen gemeinsam (eine Frucht der Messinachorübung) den Fahnenschwur in der Fassung von E.[rnst] Leibl."[205]

Am 08.04.1935 beging der Bezirk Reinickendorf unter maßgeblicher Beteiligung der Humboldtschule den Todestag mit einer offiziellen Feier im großen Stil[206]: Die ganze Schule zog am 08.04. durch die Straßen Tegels durch die Lindenallee hin zu den Grabstätten der Familie von Humboldt. Dort veranschaulichte Blume den Schülern und politischen Vertretern des Bezirks Reinickendorf, ihnen voran Bürgermeister Pauls, das Werden und Wirken des Toten. Anschließend hielt er einen [weiteren] Festvortrag in der Schulaula der Humboldtschule[207]; im Anschluß an diesen Vortrag

---

[203] Namen und Lebensdaten von Reinhold von Heinz, dem Urenkel Wilhelm von Humboldts: Ulrich von Heinz an D.H. br. vom 19.06.1999.

[204] Vgl. Walter Solmitz als ehemaliger Schüler der Odenwaldschule zu deren 20jährigem Jubiläum und zu Geheebs 60. Geburtstag in: Der Neue Waldkauz, Jg. 1930, Nr. 37, S. 116f. zit. nach: SCHÄFER, Paul Geheeb, S. 7: "Üblicherweise sieht man Bildung und Erziehung ja als mittelbare Vorbereitung auf das spätere Leben an; aber umgekehrt ist Erziehung und Bildung Dir Erfüllung und Wesen des Lebens selbst ... Darum galt nun Dein ganzer Eifer der Bildung Deiner selbst. Darum folgtest Du Wilhelm von Humboldt. Darum wurde Deiner Moral erstes Gesetz: bilde Dich selbst und ihr zweites: wirke auf andere durch das, was Du bist. Unser Glück aber wollte, daß zur Bildung Deiner selbst Du nicht allein der einsiedlerischen Einsamkeit, sondern des intensiven Umgangs mit Menschen bedurftest - mit Menschen, denen wie Dir vor allem an der Bildung ihrer selbst gelegen sein mußte, d.h. also mit jungen Menschen." - S. Abb. 100.

[205] Berlin, BBF: SLG-GS, Jahresberichte 1934/35, Bd. 301c, Nr. 82: Berlin, Humboldtschule Tegel (Blume), S. 29. - Am Ende des Jahresberichtes findet sich im Anhang u.a.: Humboldt-Gedenk-Blatt, hrsg. zum 8. April 1935 von der Deutschkundlichen Arbeitsgemeinschaft an der Humboldtschule in Tegel (8 S. u. Programmblatt) [Enthält u.a. auf S. 2: " Zur Geschichte der Humboldtausgabe. Bemerkungen von unserem Dr. W. Richter, dem Hg. ihrer selbst beiden Bände."]; und der Text des Fahnenschwurs von E. Leibl. - Eine gedr. Einladung vom Volksbildungsamt des 20. Bezirks [Reinickendorf] zur 'Fahnenweihe' am 04.04.1935 und zur Gedenk-Veranstaltung am 08.04. findet sich in: Berlin, BBF: SLG-GS, Jahresberichte 1934/35, Bd. 301c, Nr. 82: Humboldtschule Tegel (Blume), Anhang; sowie in: Berlin, LA: Rep. 200, Acc. 2822: Nachlaß Wilhelm Richter, Nr. 72, Bl. 2.

[206] Vgl. hierzu: Berlin, BBF: SLG-GS, Jahresberichte 1934/35, Bd. 301c, Nr. 82: Humboldtschule Tegel (Blume). - Und: Humboldt-Gedenk-Blatt, hrsg. zum 8. April 1935 von der Deutschkundlichen Arbeitsgemeinschaft an der Humboldtschule in Tegel, Berlin 1935 [das Blatt findet sich u.a. in: Berlin, BBF: SLG-GS, Jahresberichte 1934/35, Bd. 301c, Nr. 82: Humboldtschule Tegel (Blume), Anhang, und in: Berlin, LA: Rep. 200, Acc. 2822: Nachlaß Wilhelm Richter, Nr. 72, Bl. 1. - Eine gedr. Einladung vom Volksbildungsamt des 20. Bezirks [Reinickendorf] zur 'Fahnenweihe' am 04.04.1935 und zur Gedenk-Veranstaltung am 08.04. findet sich in: Berlin, BBF: SLG-GS, Jahresberichte 1934/35, Bd. 301c, Nr. 82: Humboldtschule Tegel (Blume), Anhang; sowie in: Berlin, LA: Rep. 200, Acc. 2822: Nachlaß Wilhelm Richter, Nr. 72, Bl. 2. - Eine masch. Einladung von Bezirksbürgermeister Pauls zur Veranstaltung am 08.04.1935 findet sich in: Berlin, LA: Rep. 200, Acc. 2822: Nachlaß Wilhelm Richter, Nr. 72, Bl. 3.

[207] BLUME, Wilhelm, Bilde dich selbst und wirke auf Andere [aus einer Rede Blumes, gehalten am 8. April 1935 in der Aula der Humboldtschule bei einer vom 20. Berliner Bezirk veranstalteten Gedächtnisfeier], in: Festschrift zur Fünfzigjahrfeier der Humboldtschule in Berlin-Tegel, hrsg. vom Lehrerkollegium der Humboldtschule und der 'Vereinigung ehemaliger Humboldtschüler' zu Berlin-Tegel e.V., Berlin 1953, S. 13-15.

widmeten die "Erben [Humboldts] [...] ihm und der Schule die Akademieausgabe des Werkes 'Über die Verschiedenheit des menschlichen Sprachbaus'[208] in Dankbarkeit"[209].

Das Humboldtbanner, das auch diese Veranstaltung - wie fortan alle Feste und Feiern der Humboldtschule - begleitete, zog "die Aufmerksamkeit weit mehr an als die obligatorische Hakenkreuzfahne, [alleine schon] weil es so ganz anders aussah als das überall verwendete rote Tuch"[210] - mit dem auf blauem Grund geschriebenen Humboldtspruch prägte es sich allen sich an die damalige Zeit Erinnerenden ein[211]. Hartkopf erläutert seine Funktion und Wirkung wie folgt:

"Das Humboldtbanner weckt eine weitere Erinnerung an jene Zeit. Von vielen, auch von den Schülern, bespöttelt und belächelt, hatte es einen Sinn, der nicht offen zutage liegt, der sich aber aus einigen Andeutungen Blumes mir gegenüber rekonstruieren und verständlich machen läßt. Wir Älteren kennen noch die Fahnen- und Symbolphantasmagorie nach 1933 [...] und wir wissen auch, wie diese befehlsgemäß auch in die Schulen hineingetragen und eine wöchentliche Flaggenparade angeordnet war. Bedenkt man weiter, daß die Brüder von Humboldt den braunen Machthabern als Judenfreunde und Liberale äußerst suspekt waren und man es nicht gerne sah, wenn ihre Namen in der Öffentlichkeit genannt oder gar herausgestellt wurden, wird der Sinn des Humboldtbanners ganz klar. Es sollte ein sichtbares Zeichen des Protestes, der Distanzierung von dem offiziell vertretenen Geschichtsmythos sein, und die echte, unverfälschte Tradition der deutschen Geistesgeschichte, in der auch die Brüder von Humboldt ihren Platz haben, symbolisieren. Schon der Bannerspruch, das bekannte Wort Wilhelm von Humboldts: 'Bilde dich selbst, und dann wirke auf andere durch das, was du bist!', den der damalige Schloßherr von Tegel, Freiherr [Ulrich] von Heinz, für dieses Banner ausgewählt hatte, widersprach mit seinem Appell an die Einzelpersönlichkeit der damaligen amtlichen Erziehungsauffassung. Mit diesem Banner hatte also Blume nun in der Symbolsprache jener Zeit artikuliertes Zeichen den offiziellen Emblemen und Flaggen entgegenzustellen versucht. Das wird ganz augenfällig, wenn man hört, daß bei den wöchentlichen Flaggenparaden in der Humboldtschule neben der Hakenkreuzfahne auch das Humboldtbanner seinen Platz hatte und damit auch das andere, das verfemte Deutschland dabei präsent war. Das ging eine ganze Zeitlang gut, bis ein Parteifunktionär daran Anstoß nahm und die Teilnahme des Humboldtbanners an den Flaggenparaden amtlicherseits untersagt wurde. Bei den Feiern in der Aula aber war damals, wie mir ein Schüler aus jener Zeit erzählte, das Humboldtbanner immer anwesend und sogar an hervorragender Stelle, so daß es besonders in der Erinnerung haften geblieben ist.
Der vielen verborgengebliebene Sinn Hintersinn des Humboldtbanners wird aber noch durch eine weitere, lange unbekannt gebliebene Nuance aus seiner Geschichte offenbar. Im Schularchiv hat man eine alte Photographie von der Bannerweihe an den Humboldtgräbern entdeckt. Blume hatte dort das Banner durch eine Berührung mit der sogenannten 'Blutfahne', der Fahne eines Weddinger SA-Sturms 'weihen' lassen, eine geradezu groteske Absegnung des Gegensymbols und eine Ad-absurdum-Führung der amtlichen Fahnen- und Symbolmystik, wie sie dem braven Schwejk durchaus Ehre gemacht hätte."[212]

---

[208] HUMBOLDT, Wilhelm von, Über die Verschiedenheit des menschlichen Sprachbaues und den Einfluß auf die geistige Entwicklung des Menschengeschlechts, [gedr. in der Druckerei der Königlichen Akademie der Wissenschaften], Berlin 1836; Faksimiledr. mit Nachwort von Ewald WASMUTH, Berlin 1935.
[209] Berlin, BBF: SLG-GS, Jahresberichte 1934/35, Bd. 301c, Nr. 82: Berlin, Humboldtschule Tegel (Blume), S. 28.
[210] HEMPEL, Vergangenheitsbewältigung, S. 70.
[211] So: RIEß, Erinnerungen, S. 75f. - HEMPEL, Vergangenheitsbewältigung, S. 70. - HARTKOPF, Humboldtschule unter Wilhelm Blume, S. 98f. - FRÜHBRODT, Einiges aus der Blume-Zeit, S. 84. - Stein an D.H. br. vom 26.02.1988.
[212] HARTKOPF, Humboldtschule unter Wilhelm Blume, S. 98f. - S. auch: HARTKOPF, Werner, Das Humboldtbanner, in: Humboldtschule Tegel. 1903-1978, hrsg. von der Humboldt-Oberschule Tegel, Berlin 1978, S. 47.

Diese hier skizzierten Aspekte zur Geschichte der Humboldtschule in der NS-Zeit deuten an, daß sich die Humboldtschule, ihr voran Blume, auf einem Grad irgendwo zwischen Anpassung und nonkonformistischem Verhalten bewegte. Was die Einschätzung von Blumes Verhalten anbelangt, so kommt, wie Hartkopf richtig zusammenfaßt, "in so gut wie allen Berichten [...] die Bewunderung und Verehrung wie der Dank zum Ausdruck, unter ihm [Blume] damals an der Humboldtschule gewesen zu sein, unter seiner Leitung gewirkt oder seine entscheidenden Bildungserlebnisse erfahren zu haben."[213] Weiter schrieb er:

> "So machte er weiter; auch wenn er gewisse Zugeständnisse an den Zeitgeist machen mußte, versuchte er insgesamt doch, seine Erziehungs- und Bildungsidee weiter zu realisieren. So mußte er in gewisser Hinsicht 'mit den Wölfen mitheulen', aber - und das ist das Entscheidende dabei - er heulte nach seiner ureigenen Melodie, was jedoch von den 'unmusikalischen Wölfen' nicht erkannt worden ist, und er hat die 'Wölfe an seiner Schule' dazu gebracht, nach seiner, nicht nach der offiziellen Melodie 'mitzuheulen'. So ist auch seine, oberflächlich gesehen, ambivalente Haltung zum Naziregime und zu dessen Vertretern ein gewagtes Spiel, eine risikoreiche Gratwanderung gewesen, der aber ein Erfolg nicht ganz versagt geblieben ist, auch wenn man dagegen heute manche Einwände erheben kann.
> Sein Verhalten in jener Zeit fügt sich nicht dem Schema der verschiedenen typischen Verhaltensweisen in einem autoritären System ein; er stand weder im Widerstand noch war er aktiver Anhänger oder Mitläufer, er leistete auch keine passive Resistenz, noch zog er sich resignierend in eine 'innere Emigration', in eine Verweigerungshaltung zurück. Seinem Temperament gemäß blieb er weiter aktiv, jedoch ließ er sich nicht zu einem politischen Systems mißbrauchen, sondern versuchte umgekehrt, das System als Mittel seinen Zwecken dienstbar zu machen. Das Erstaunliche dabei ist, daß ihm dies sogar zu einem beträchtlichen Teil gelingen konnte. Gewiß kam ihm dabei zugute, daß sein Wirkungsfeld ein verhältnismäßig beschränktes war und daß er es nur mit untergeordneten Parteiorganen zu tun hatte, die nicht in der Lage waren, die Hintergründe seines Wirkens zu durchschauen. Die Invariante seines Denkens und Handelns war seine Erziehungs- und Bildungsidee, das andere, die Zugeständnisse an den Zeitgeist, waren ihm belangloses Beiwerk, von ihm selbst nicht ernst genommen, wenn auch von seiner eigenen Umgebung nicht immer richtig verstanden."[214]

"Unbeschadet davon, wie man Blumes Wirken und Verhalten während des Nazi-Regimes heute beurteilen mag" - so Hartkopf weiter - "an der einfachen Feststellung kommt man nicht vorbei, daß er ein genialer, von seiner pädagogischen Konzeption erfüllter Pädagoge von weitreichendem bildungspolitischen Einfluß gewesen ist und dadurch der Humboldtschule einen eigenen Stil und vor allem der Jugend in ihr eine Erziehung und Bildung hat vermitteln können, in der der klassischen deutschen und darüber hinaus der europäischen Geistestradition der beherrschende Stellenwert gegenüber dem staatlich verfügten NS-Geist zukam."[215] Hempel, Hartkopfs Position beipflichtend, schreibt:

> "Über Wilhelm Blumes Verhalten zur Zeit der Diktatur Hitlers mag durchaus kontrovers geurteilt werden. Seinen möglichen heutigen Kritikern wird er immer eine Erfahrung und eine Leistung voraushaben: an verantwortlicher Stelle in innerer Verpflichtung auf den eigenen geistigen Standort bester europäischer Bildungstradition sich dem real regierenden Faschismus gestellt, der Inhumanität seine humanistischen Erziehungsziele entgegengesetzt, bewahrt und [schließlich 1945ff.] in den antifaschistisch-demokratischen Neubeginn Berlins eingebracht hat."[216]

---

[213] HARTKOPF, Humboldtschule unter Wilhelm Blume, S. 101.
[214] HARTKOPF, Humboldtschule unter Wilhelm Blume, S. 104.
[215] HARTKOPF, Humboldtschule unter Wilhelm Blume, S. 105f.
[216] HEMPEL, Vergangenheitsbewältigung, S. 72f.

I.3. SCHLUßBEMERKUNGEN

Um ein umfassenderes und gesicherteres Bild über die institutionelle Entwicklung der Schulfarm (und auch der Humboldtschule) sowie über das Verhalten bzw. die Biographie der Scharfenberger Lehrkräfte der Weimarer Republik in der NS-Zeit gewinnen zu können, sind noch zahlreiche Quellenrecherchen erforderlich. Doch scheint sich aufgrund des in den vorhergehenden Teilkapiteln Aufgezeigten abzuzeichnen, daß sich institutionelle wie biographische Entwicklungen in das Bild einfügen, das eine Reihe neuerer Detailstudien zum Schulwesen der NS-Zeit im Allgemeinen und zum Schicksal der Reformschulen der Weimarer Republik im Besonderen sowie zur Biographie von Reformpädagogen in der NS-Zeit vermitteln[1].

(1) Für die organisatorische Entwicklung an den Reformschulen legte Reiner Lehberger 1993 ein erstes Übersichtsschema vor, das die Entwicklung der Reformschulen der Weimarer Republik in der NS-Zeit mit den Merkmalen "Auflösung, Exils, schrittweise 'Austrockung' und Gleichschaltung" zu beschreiben versucht[2]. Das Schema ist hilfreich, doch mahnt Bruno Schonig - wie auch das oben zur Geschichte der Schulfarm (und der Humboldtschule) zeigt: zurecht -, daß bei der Anwendung der Modelle die ihnen implizite "Gefahr der Vereinfachung von ambivalenten und komplexen Verhältnissen" nicht übersehen werden bzw. außer acht gelassen werden darf[3]:

> "Denn die Beiträge über die Prozesse der Umstrukturierung, Auflösung und auch Neuentwicklung an einzelnen Schulen zeigen ein vielschichtiges, oft widersprüchliches und angesichts der Forschungslage auch noch nicht abgeschlossenes Bild."[4]

(2) Was 'das' Verhalten bzw. 'die' Biographie 'der' Reformpädagogen anbelangt, so fügte sich ein Teil von ihnen voll in das NS-System ein, ein anderer Teil wurde aufgrund seiner klaren antifaschistischen Positionen entlassen. Zwischen diesen relativ klaren Pro- und Kontra-Haltungen dem Nationalsozialismus gegenüber - "die unserem bisher üblichen Wahrnehmungsmuster entsprechen und auch die pädagogische Geschichtsschreibung der Reformpädagogik bestimmen"[5] - gab es eine Fülle sehr un-

---

[1] S. bes.: Weimarer Versuchs- und Reformschulen am Übergang zur NS-Zeit. Beiträge zur schulgeschichtlichen Tagung vom 16.-17. November 1993 im Hamburger Schulmuseum, hrsg. von Reiner LEHBERGER (=Hamburger Schriftenreihe zur Schul- und Unterrichtsgeschichte, 6), Hamburg 1994. - S. zu diesem Band: SCHONIG, Bruno, Die Ambivalenz der Reformpädagogik ist die Ambivalenz der Reformpädagogen. Anmerkungen zu einigen Untersuchungen über das Verhältnis von Reformpädagogik und Nationalsozialismus [Rezension des Bandes 'Weimarer Versuchs- und Reformschulen am Übergang zur NS-Zeit. Beiträge zur schulgeschichtlichen Tagung vom 16.-17. November 1993 im Hamburger Schulmuseum, hrsg. von Reiner LEHBERGER (=Hamburger Schriftenreihe zur Schul- und Unterrichtsgeschichte, 6), Hamburg 1994'], in: Mitteilungen & Materialien. Arbeitsgruppe Pädagogisches Museum e.V., Berlin, Heft Nr. 44/1995, S. 112-118.
[2] LEHBERGER, Weimarer Reformschulen im Nationalsozialismus, S. 9.
[3] SCHONIG, Ambivalenz, S. 115.
[4] SCHONIG, Ambivalenz, S. 115.
[5] SCHONIG, Ambivalenz, S. 113.

terschiedlicher persönlicher, politischer und pädagogischer Interessen und Praktiken. Wilfried Breyvogel bringt die Konsequenzen, die sich aus der Untersuchung dieser 'Gemengelage' für eine Bestimmung und Bewertung des Verhältnisses von Reformpädagogik und Nationalsozialismus ergeben, auf den Punkt:

> "Weder die verbreitete Vorstellung, es handele sich zwischen Nationalsozialismus und Reformpädagogik um Antipoden, noch die Vorstellung, eines sei mit dem anderen identisch, vorbereitend oder Teil davon, läßt sich halten. Es ist komplizierter: Der Nationalsozialismus ist eine facettenreiche Nischengesellschaft zwischen totalitärem Anspruch und faktischer Polykratie."[6]

Schonig interpretiert, daß die Ergebnisse neuerer Einzeluntersuchungen zur Entwicklung von Reform- und Versuchsschulen und der Biographie einzelner Reformpädagogen "weniger für eine 'Anfälligkeit' des reformpädagogischen Konzepts [sprechen], sondern für die Feststellung einer bunten Vieldeutigkeit in der Interpretation, Weiterentwicklung, Reduktion und praktischen Umsetzung reformpädagogischer Konzeptionen"[7]: Schon in der Weimarer Republik hatte es "kein geschlossenes reformpädagogisches Konzept, sondern eine Vielzahl persönlicher, von einzelnen Lehrerinnen und Lehrern in der pädagogischen Praxis entwickelter - und nur zum geringeren Teil reflektierter und niedergeschriebener - Praxisansätze" gegeben[8]; diese waren "nicht im schulpädagogischen Raum, in der 'Schulstube' allein, sondern im gesellschafts- und bildungspolitischen Kontext der Weimarer Republik in verschiedenen Städten und Dörfern entwickelt worden" und gerieten "nun, durch den autoritären Definitionsanspruch der Nationalsozialisten, in eine besondere Art von Krise"[9]:

> "Was kann an persönlichen reformpädagogischen Werthaltungen und schulpädagogischen Praxisstrategien, auch an reformpädagogisch-strukturellen Organisationsformen, wie sie sich in den Versuchsschulen entwickelt hatten, unter den ideologischen und schulpolitischen Vorstellungen, Zielsetzungen und Maßnahmen der Nationalsozialisten (die ja bis 1936 als 'Parteikonzept' der NSDAP nicht vorlagen, sich in den Jahren 1937-1940 in ein konkurrierendes 'erziehungspolitisches Kräftefeld' differenzierten, um ab 1940 als 'Voraussetzung für eine 'totale' Kriegsführung' zentralisiert zu werden, wie Harald Scholz [...] feststellt[10]) beibehalten, was muß verändert, aufgegeben oder was kann sogar weiterentwickelt werden?"[11]

Die Antworten fielen für die verschiedenen reformpädagogisch arbeitenden Lehrerinnen und Lehrer unterschiedlich aus.

---

6   BREYVOGEL, Wilfried, Eine Paradoxie: Reformpädagogik im Nationalsozialismus. Schulversuche in Kiel (nach Johannes Wittmann) und in Minden (nach Peter Petersen), nebst einem Blick auf die Jena-Plan-Schule im Jahre 1935, in: Weimarer Versuchs- und Reformschulen am Übergang zur NS-Zeit. Beiträge zur schulgeschichtlichen Tagung vom 16.-17. November 1993 im Hamburger Schulmuseum, hrsg. von Reiner LEHBERGER (=Hamburger Schriftenreihe zur Schul- und Unterrichtsgeschichte, 6), Hamburg 1994, S. 20-34, hier S. 30.
7   SCHONIG, Ambivalenz, S. 114.
8   SCHONIG, Ambivalenz, S. 114.
9   SCHONIG, Ambivalenz, S. 114.
10 SCHOLTZ, Harald, Thesen zur Untersuchung des Verhältnisses zwischen Nationalsozialismus und bürgerlicher Reformpädagogik, in: Weimarer Versuchs- und Reformschulen am Übergang zur NS-Zeit. Beiträge zur schulgeschichtlichen Tagung vom 16.-17. November 1993 im Hamburger Schulmuseum, hrsg. von Reiner LEHBERGER (=Hamburger Schriftenreihe zur Schul- und Unterrichtsgeschichte, 6), Hamburg 1994, S. 156-159, hier S. 158.
11 SCHONIG, Ambivalenz, S. 114.

3. Schlußbemerkungen

Das für eine differenzierte Beschreibung dieses vielfältigen Verhaltensmusters der Reformpädagogen im Allgemeinen und der Lehrkräfte der Schulfarm der Weimarer Republik im Besonderen läßt sich am besten mit dem von Detlef Peukert vorgestellten Modell darstellen, welches die ganze Palette 'nichtangepassten Verhaltens' - von Nonkonformität, über Verweigerung und Protest, bis hin zu aktivem Widerstand - umfaßt[12].

Nahezu deckungsgleich erscheinen die bisher gemachten 'Scharfenberger' Beobachtungen mit den Beobachtungen Bruno Schonigs zu sein, die dieser als Ergebnis langjähriger Untersuchungen (Gespräche) mit alten Berliner Lehrerinnen und Lehrern im Nationalsozialismus gewonnen hat[13]: Schonig kann als Ergebnis seiner langjähriger Untersuchungen von Berliner Lehrerinnen und Lehrern aus ihren Erinnerungen an die Zeit der nationalsozialistischen Herrschaft zeigen,

---

[12] PEUKERT, Detlev, Alltag unterm Nationalsozialismus (=Beiträge zum Thema Widerstand, 17), Berlin 1981; wieder in: 'Die Formung des Volksgenossen'. Der 'Erziehungsstaat' des Dritten Reiches, hrsg. von Ulrich Herrmann (=Geschichte des Erziehungs- und Bildungswesens in Deutschland, 6), Weinheim [u.a.] 1985, S. 40-64; hier (1981), S. 25: "Kein System kann alle Normenverletzungen ahnden, jeder derartige Versuch würde das System selbst blockieren. Es gibt also in jedem, auch dem nationalsozialistischen System, ganze Bereiche, die gewöhnlich unterhalb der polizeilichen Eingreifschwelle liegen. In diesen Bereichen - also in gewöhnlich sehr privaten Räumen - waren die meisten Akte von Nonkonformität gegenüber dem NS-Regime angesiedelt. In der Regel handelte es sich um einzelne Normenverletzungen, die nicht das Ganze in Frage stellten. Akte bloßer Nonkonfirmität wurden dann um einen Grad genereller und damit politisch gegen das Regime gerichtet, wenn sie nicht nur gegen irgendwelche Normen des Systems verstießen, sondern sich den Anordnungen etwa von Behörden bewußt widersetzten. Solche Verweigerung konnte etwa darin bestehen, daß man seinen Sohn oder seine Tochter trotz mehrmaliger offizieller Intervention nicht zur Hitlerjugend oder zum BDM [Bund Deutscher Mädel] schickte. Oder darin, daß man trotz mehrmaliger Aufforderung durch die Werksleitung die eigene Produktionsleistung nicht erhöhte. Noch weitgehend, weil in der Tendenz noch mehr auf die generelle Ablehnung des Regimes ausgerichtet, ist der Protest. Er konnte sich immer noch auf eine Einzelmaßnahme beziehen, wie etwa in der Kampagne der Kirchen gegen die Euthanasie. Als Widerstand würden wir in dieser langen Skala abweichenden Verhaltens dann jene Verhaltensformen bezeichnen, in denen das NS-Regime als Ganzes abgelehnt wurde und Maßnahmen zur Vorbereitung des Sturzes des NS-Regimes im Rahmen der Handlungsmöglichkeiten des jeweiligen Subjektes getroffen wurden." -
Zum Widerstandsbegriff s. u.a. auch: HÜTTENBERGER, Peter, Vorüberlegungen zum 'Widerstandsbegriff', in: Theorien in der Praxis des Historikers (=Geschichte und Gesellschaft, Sonderheft 3), Göttingen 1977, S. 117-134. - Und: HÜTTENBERGER, Peter, Probleme des Widerstandsbegriffes, in: Bericht über die 32. Versammlung deutscher Historiker in Hamburg. 4.-8. Oktober 1978, Stuttgart 1979, S. 98f. - Es sei zudem hingewiesen auf: KNEBEL, Hajo, Pädagogischer Widerstand 1933-1945, in: Allgemeine Deutsche Lehrerzeitung, Jg. 14 (1962), S. 370-372. - Knebel schreibt hier (lange vor Peukert), daß 'pädagogischer Widerstand', "begründet im menschlichen Gewissen, in der pädagogischen Freiheit und der Verantwortung gegenüber dem Ganzen wie gegenüber dem anvertrauten Einzelnen, dem Kinde und der Jugend" und "verankert in der erzieherischen Verpflichtung gegenüber dem Recht, dem Geist, der Liebe" (S. 370), differenziert wahrzunehmen sei: "vielfältigen Formen von passiver Mitläuferschaft über stillen und lauten Protest, von schweigender Obstruktion über die Hilfe für die verfolgten bis zu den Leiden in den Gefängnissen, Zuchthäusern, Strafbataillonen und Konzentrationslagern und schließlich auch bis hin zur aktiven Opposition".

[13] S. bes.: SCHONIG, Bruno, Krisenerfahrung und pädagogisches Engagement. Lebens- und berufsgeschichtliche Erfahrungen Berliner Lehrerinnen und Lehrer 1941-1961 (=Studien zur Bildungsreform, 19), Frankfurt [u.a.] 1994.

- daß die "Ansichten und Verhaltensweisen, die die alten Lehrerinnen und Lehrer aus ihren Erinnerungen an die Zeit der faschistischen Herrschaft in Deutschland berichten, [...] nicht gradlinig als Ausdruck einer Parteinahme für oder gegen den Nationalsozialismus verstanden werden [können]"[14],

- daß "auf dem Hintergrund der gesellschaftlichen Krisensituation und der Krisenerfahrungen am Ende der Weimarer Republik [...] auch unsere Erzählerinnen und Erzähler auf die gesellschaftspolitischen Lösungen, wie sie die NSDAP propagiert und mit Terror gegen Andersdenkende praktiziert, unentschieden [reagieren]"[15],

- daß 'politische Unentschiedenheit' und die 'Pädagogisierung politischer Probleme' "spezifische Haltungen am Beginn der Zeit nationalsozialistischer Herrschaft"[16] gewesen sind,

- daß es neben allen konformistischen Haltungen und Handlungen auch Nonkonformistisches gegeben hat[17], zum Teil oft nur "'Kleinigkeiten, Zwischenfälle und Nebensächlichkeiten' (Breyvogel/Lohmann [...])[18], die als Ausdruck der Nichtübereinstimmung mit der geforderten Denk- und Handlungsweise, als Formen des 'kleinen Widerstands', verstanden werden können"[19], die "mit der großen Kategorie 'Anpassung oder Widerstand' sind die verschiedenen, als oppositionell zu wertenden Reaktionsweisen [...] nicht zu erfassen [sind]"[20],

- daß eine häufig festzustellende "Konzentration der pädagogischen Arbeit auf die Bedürfnisse der Kinder und damit auf reformpädagogische Schulpädagogik [...] nicht nur als ein unpolitischer Rückzug oder gar als Anpassungsleistung verstanden zu werden [braucht]; [sondern] [...] auch als eine Form von pädagogischer Opposition gegen den zunehmenden 'totalen Verfügungsanspruch' (Scholtz [...])[21] der nationalsozialistischen Schulpolitik und damit als pädagogisches 'Widerhandeln' (van Dick)[22] interpretiert werden [kann]"[23],

---

[14] SCHONIG, Krisenerfahrung, S. 111.
[15] SCHONIG, Krisenerfahrung, S. 111.
[16] SCHONIG, Krisenerfahrung, S. 111. - S. zu diesem Aspekt bes.: Ebd., S. 111ff.
[17] SCHONIG, Krisenerfahrung, S. 113f.: "Die Reaktionsweisen, von denen die alten Lehrerinnen und Lehrer berichten, sind - trotz des Anpassungsdrucks, der Autoritätsabhängigkeit und der primär pädagogischen Problemsicht - dennoch nicht in jedem Fall als konformistisch zu bezeichnen; neben Anpassungshandlungen, die auch im Nachhinein nicht kritisch reflektiert werden, lassen sich eine Reihe von Gesten, Sichtweisen und Handlungen feststellen, mit denen die Erzählerinnen und Erzähler ihre kritische Distanz und auch aktive Distanzierung von einzelnen Maßnahmen, ideologischen Prostulaten oder auch vom NS-System überhaupt zum Ausdruck bringen wollen."
[18] BREYVOGEL / LOHMANN, Schulalltag im Nationalsozialismus, S. 201.
[19] SCHONIG, Krisenerfahrung, S. 114.
[20] SCHONIG, Krisenerfahrung, S. 114. - Ausführungen und Beispiele dazu s.: Ebd., S. 114-128.
[21] SCHOLTZ, Erziehung und Unterricht, S. 100.
[22] DICK, Lutz van, Oppositionelles Lehrerverhalten 1933-1945. Biographische Berichte über den aufrechten Gang von Lehrerinnen und Lehrern (=Veröffentlichungen der Max-Traeger-Stiftung, 6), Weinheim [u.a.] 1988, S. 35.

3. Schlußbemerkungen

- daß die Existenz "von nichtkonformer politischer Meinungsäußerung und politischem Protest"[24] zeigt, daß "die Annahme einer widerspruchslos funktionierenden nationalsozialistischen Schul- und Erziehungswirklichkeit korrigiert werden [muß]"[25].

---

[23] SCHONIG, Krisenerfahrung, S. 128. - Vgl. zum Thema: 'homo politicus' und pädagogisch Handelndem im pädagogischen Alltag: KLEWITZ, Marion, Berufsbiographien von Lehrerinnen und Lehrern während der NS-Zeit, in: 'Du bist nichts, Dein Volk ist alles'. Forschungen zum Verhältnis von Pädagogik und Nationalsozialismus, hrsg. von Christa BERG und Sieglind ELLGER-RÜTTGARDT, Weinheim 1991, S. 173-188, bes. S. 173.
[24] SCHONIG, Krisenerfahrung, S. 121.
[25] SCHONIG, Krisenerfahrung, S. 121. - Vgl.: TENORTH, Heinz-Elmar, Pädagogisches Denken, in: Handbuch der deutschen Bildungsgeschichte, Bd. V: 1918-1945: Die Weimarer Republik und die nationalsozialistische Diktatur, hrsg. von Dieter LANGEWIESCHE und Heinz-Elmar TENORTH, München 1989, S. 111-154, hier, S. 139.

II. INSTITUTIONELLE UND BIOGRAPHISCHE ENTWICKLUNGEN NACH 1945

II.1. DIE ENTWICKLUNG DER SCHULFARM[1]

II.1.A. DIE WIEDERERRICHTUNG DER SCHULFARM 1945/46 DURCH WILHELM BLUME

Am 25.04.1945 trafen amerikanische und sowjetische Truppen bei Torgau an der Elbe zusammen. Am 02.05. kapitulierte Berlin; damit ging die gesamte Verantwortung für Berlin an die Sowjetunion über. Am 07.05. wurde die 'bedingungslose Kapitulation' der deutschen Wehrmacht in Eisenhowers Hauptquartier unterzeichnet; diese Unterzeichnung wurde am 08.05. im sowjetischen Hauptquartier wiederholt. Am 17.05. nahm der erste vom sowjetischen Stadtkommandanten eingesetzte Magistrat Berlins seine Arbeit auf[2].

---

[1] Vgl. zum Folgenden: HAUBFLEISCH, Dietmar, Die Schulfarm Insel Scharfenberg (Berlin) nach 1945, in: Schulen der Reformpädagogik nach 1945. Beiträge zur dritten schulgeschichtlichen Tagung vom 15. bis 16. November 1994 im Hamburger Schulmuseum, hrsg. von Reiner LEHBERGER (=Hamburger Schriftenreihe zur Schul- und Unterrichtsgeschichte, 7), Hamburg 1995, S. 57-93; im Anmerkungsteil leicht verändert wieder: Marburg 1997: http://archiv.ub.uni-marburg.de/sonst/1997/0008.html

[2] Einen guten Überblick über die Berliner Situation bietet bes.: RIBBE, Wolfgang, Berlin zwischen Ost und West (1945 bis zur Gegenwart), in: Geschichte Berlins. Von der Frühgeschichte bis zur Gegenwart, hrsg. von Wolfgang RIBBE, Bd. 2, München 1987, S. 1025-1124. - Über die Arbeit des Berliner Magistrats in den Jahren 1945/46 informiert gründlich die komm. Quellenedition: Die Sitzungsprotokolle des Magistrats der Stadt Berlin 1945/46, bearb. und eingel. von Dieter HANAUSKE, Teil I: 1945 (=Schriftenreihe des Landesarchivs Berlin, 2, Teil 1), Berlin 1995; Teil II: 1946 (=Schriftenreihe des Landesarchivs Berlin, 2, Teil II), Berlin 1999. - Zur Zusammensetzung des ersten Magistrats vgl. auch: RADDE, Gerd, Lehrerbildung an der Pädagogischen Hochschule Berlin 1946-1949, in: Neue Unterichtspraxis, Jg. 13 (1980), S. 77-81, hier S. 77: "Dem neugebildeten Magistrat gehörten der Oberbürgermeister Dr. [Arthur] Werner [(1877-1967)] und 13 Stadträte an, darunter Otto Winzer [(1902-1975)] aus der sogenannten Gruppe Ulbricht als Stadtrat der Abteilung Volksbildung. Schulpolitische Zentrale der Abt. Volksbildung war das Hauptschulamt. Es wurde vom Oktober 1945 bis November 1948 von Ernst Wildangel geleitet, einem KP-Mann, der bis 1933 an der Schule Fritz Karsens in Berlin-Neukölln als Studienassessor gearbeitet hatte und nach Hitlers Machtübernahme nach Frankreich emigriert war." - Winzer (KPD) blieb bis Dezember 1946 im Amt; seine Nachfolger waren die Sozialdemokraten Siegfried Nestriepke (1885-1963) und (ab Juli 1947) Walter May. - S. zum Themenbereich auch: GEIßLER, Gert, Schulämter und Schulreformer in Berlin nach Kriegsende 1945, in: Reformpädagogik in Berlin - Tradition und Wiederentdeckung. Für Gerd Radde, hrsg. von Wolfgang KEIM und Norbert H. WEBER (=Studien zur Bildungsreform, 30), Frankfurt [u.a.] 1998, S. 137-168. - GEIßLER, Gert, Exil und Schulreform. Zur Geschichte der Schulreformpläne der KPD Herbst 1944 bis Januar 1946, in: Zwischen Restauration und Innovation. Bildungsreformen in Ost und West nach 1945, hrsg. von Manfred HEINEMANN (=Bildung und Erziehung. Beiheft 9), Köln [u.a.] 1999, S. 89-124.

1. Die Entwicklung der Schulfarm

Am selben Tag, also bereits am 17. Mai 1945, wurde Blume vom Bezirksbürgermeister des Verwaltungsbezirks Reinickendorf beauftragt, die "kom.[missarische] Leitung [der] Humboldt-Schule" zu übernehmen und "auch die Schulfarm Scharfenberg wieder instand zu setzen."[3] Briefe zwischen Blume und dem für Scharfenberg zuständigen Bürgermeister von Tegel und dem Bezirksbürgermeister von Reinickendorf Erich Böhm (1902-1987)[4] sowie amtliche Bescheinigungen der sowjetischen Besatzungsmacht zeigen, wie energisch und resolut Blume die Wiedereröffnung Scharfenbergs von Beginn an vorantrieb (Schreiben vom 24.05.1945[5], vom 28.05.1945[6] sowie vom 02. Juni 1945[7] und vom 5. Juni 1945[8]).

---

[3] PS Scheel: Auftrag des Bezirksbürgermeisters des Verwaltungsbezirks Reinickendorf an Blume vom 17.05.1945. - S. so auch: HARTKOPF, Humboldtschule unter Wilhelm Blume, S. 105: "Durch das Durchhalten auf seinem Posten [sic!] als Leiter der Humboldtschule stand Blume sofort nach dem Zusammenbruch für den Neubeginn als der einzige Gymnasialdirektor im Berliner Norden, der ununterbrochen von der Weimarer Zeit an ein Gymnasium geführt hatte, zur Verfügung, so daß er schon am 17. Mai 1945 [sic!] von dem neu eingesetzten Bezirksbürgermeister aufgefordert wurde, die Wiedereröffnung der Schule in die Wege zu leiten." - Vgl. dazu: SCHUPPAN, Berliner Lehrerbildung, S. 97, Anm. 226, bemerkt dazu: "Dieser frühe Zeitpunkt ist zumindest ungewöhnlich. Er konnte in einem Briefwechsel weder durch Scheel noch durch Pewesin erklärt werden." -
Das an einer Stelle von Blume selbst genannte und von anderen Autoren übernommene Datum '15.05.1945' ist falsch; s. so: BLUME, Denkschrift, S. 11: "Es wird der Reinickendorfer Bezirksverwaltung unter ihren allem Kulturellen zugewandten Bürgermeistern [Erich] Böhm und später [Hans R.] Schneider unvergessen bleiben, daß sie sich sofort nach dem Zusammenbruch des Hitlerregimes auf die freiheitliche Schultradition der Insel besann und am 15. Mai [sic!] den Begründer derselben mit der Wiedereinrichtung der Schulfarm betraute." - Ebenso, dieser Quellenangabe folgend: Die Schulfarm Scharfenberg. Eine chronologische Übersicht, in: 60 Jahre Schulfarm Insel Scharfenberg 1922-1982. Jubiläums-Festschrift anläßlich des 60-jährigen Bestehens der Schulfarm Insel Scharfenberg (=Sonderheft der Fähre), Berlin 1982, S. 105-110, hier S. 107. - Ebenso, diesen Fehler wiederholend: SCHUPPAN, Wilhelm Blume, S. 309.

[4] Biogr. Inf. zu Erich Böhm: SANDVOß, Hans-Reiner, Widerstand in Pankow und Reinickendorf (=Schriftenreihe über den Widerstand in Berlin von 1933 bis 1945, 6), Berlin 1992, S. 130f.

[5] PS Scheel: Bescheinigung des stellvertretenden Bezirksbürgermeisters des Verwaltungsbezirks Reinickendorf an Blume vom 24.05.1945: "Herr Oberstudiendirektor Wilhelm Blume ist von mir mit der Leitung der Schulfarm Scharfenberg beauftragt. Herr Blume hat Vollmacht, alles Inventar, das der Schulfarm gehörte, sicherzustellen und alle Vorarbeiten zur Wiedereröffnung der Schulfarm durchzuführen. Die Ortsbürgermeister in Tegel und Tegelort und die entsprechenden Russischen Dienststellen werden gebeten, Herrn Dr. Blume in seiner Arbeit zu unterstützen."

[6] Schreiben des Bezirksbürgermeisters des Verwaltungsbezirks Reinickendorf an den Ortsbürgermeister von Tegel vom 28.05.1945, faks. abgedr. in: Wilhelm Blume zum 100. Geburtstag (=Neue Scharfenberg-Hefte, 1), Berlin 1984, S. 35: Anlaß und Grund für dieses Schreiben war, daß Blume für den Zweck der "Wiederherstellung der Scharfenberg-Schule" ein Pferdefuhrwerk benötigte; der Bezirksbürgermeister von Reinickendorf bat den Ortsbürgermeister von Tegel um Unterstützung "bei der Beschaffung des Fuhrwerkes".

[7] PS Scheel: Bevollmächtigung der sowjetischen Besatzungsmacht für Blume vom 02.06.1945: Blume erhält die Erlaubnis, den ganzen schulischen Besitz und alle Geräte von der Insel Scharfenberg zu entfernen. - Ebd. entsprechende, undatierte Vollmacht der Sowjets für Blume. - Vgl. dazu: SCHEEL, Vom Leiter der Berliner Schulfarm Scharfenberg, S. 10.

[8] Berlin, LA: Rep. 220: Bezirksamt Reinickendorf, Acc. 915: Personalangelegenheiten; kulturelle Aktivitäten; Schulamt; Rundschreiben, Lfd. Nr. 189: Allgemeiner Schriftwechsel in Personalangelegenheiten 1945-1946: Blume an Bürgermeister Böhm, Reinickendorf, br. vom 05.06.1945.

Am 8. Juni gab der sowjetische Kulturoffizier Oberstleutnant A. Sudakow schul- und gesellschaftspolitische Direktiven für die Aufnahme der schulpolitische Arbeit[9]. In einer Ansprache vor leitenden Schulleuten des Magistrats und der Berliner Bezirke forderte er die konsequente "Demokratisierung des Schulwesens"[10]. Drei Tage später, am 11. Juni erließ das Schulamt 'Vorläufige Richtlinien des Magistrats über die Wiedereröffnung des Schulwesens'[11], der konkrete Maßnahmen der Schulbehörde folgten, wie z.B. die Entlassung bzw. Nicht-Wiedereinstellung derjenigen Lehrer, die als Mitglieder der NSDAP zählten, die Beschlagnahmung bzw. das Verbot aller Lehrmaterialien und Lehrinhalte der NS-Zeit u.v.a.m.[12] Am 04.07. besetzten die amerikanischen und britischen Truppen ihre Sektoren (die Franzosen rückten schließlich erst Mitte August 1945 in die Stadt ein), und am 11. Juli 1945 übernahm als oberste Befehls- und Kontrollbehörde mit gleichberechtigten Stadtkommandanten die Alliierte Kommandantur die Kontrolle über Berlin[13].

Vermutlich im gleichen Monat stellte Blume einen 'Bezirksantrag 1945 zur Wiedereröffnung Scharfenbergs'[14]. In diesem Antrag, sowie erneut in einem Schreiben vom Dezember 1945, wies Blume darauf hin, daß auf Scharfenberg der Zustand der Gebäude wesentlich besser sei als der der meisten Berliner Schulen[15]. Dieser Hinweis erfolgte auf dem Hintergrund der massiven Kriegsschäden in Berlin, insbeson-

---

[9] Zur Arbeit der Sowjetischen Militäradministration s.: FOITZIK, Jan, Sowjetische Militäradministration in Deutschland (SMAD) 1945-1949. Struktur und Funktion (=Quellen und Darstellungen zur Zeitgeschichte, 44), Berlin 1999. Ebd., S. 479 und S. 451 finden sich einige knappe biogr. Inf. zu A. Sudakow.

[10] Von der 'Ansprache des Herrn Oberstleutnant Sudakow bei der Schulsitzung am 8.6.1945' existiert im Landesarchiv Berlin, Außenstelle Breite Straße, eine Nachschrift des Leiters der Abteilung für Volksbildung, Otto Winzer, die sich abgedr. findet u.a. in: KLEWITZ, Marion, Berliner Einheitsschule 1945-1951. Entstehung, Durchführung und Revision des Reformgesetzes von 1947/48 (=Historische und Pädagogische Studien, 1), Berlin 1971, S. 266-269, hier S. 267. - Vgl. hierzu: Sitzungsprotokolle des Magistrats der Stadt Berlin 1945/46, Teil I, S. 123, Anm. 12.

[11] Ein Auszug des entsprechenden, im Landesarchiv Berlin. Außenstelle Breite Straße lagernden Magistratsprotokolls vom 11.06.1945 ist u.a. abgedr. in: KLEWITZ, Berliner Einheitsschule, S. 269-271. - Vgl. hierzu: Sitzungsprotokolle des Magistrats der Stadt Berlin 1945/46, Teil I, S. 119-133, bes. S. 128.

[12] Eine wichtige Quelle hierzu ist: WINZER, Otto / WILDANGEL, Ernst, Ein Jahr Neuaufbau des Berliner Schulwesens. Bericht von der Konferenz der Lehrer an den öffentlichen Schulen der Stadt Berlin. 2. September 1946, Berlin 1946, darin insbes. S. 5-28: WINZER, Otto, Das Schuljahr 1945/46. Bericht des Leiters der Abteilung für Volksbildung des Magistrats der Stadt Berlin. - S. auch: OESTREICH, Paul, Schulleben Berlins nach dem Zusammenbruch, in: Schola. Monatsschrift für Erziehung und Bildung, Jg. 2 (1947), S. 194-201. - Vgl. zudem: KLEWITZ, Berliner Einheitsschule, S. 45-48 und S. 61. - Und: GEIßLER, Schulämter.

[13] RIBBE, Berlin zwischen Ost und West, S. 1035-1039. - Wichtige Quellenhinweise zu den Neuanfängen des Berliner Schulwesens nach 1945 finden sich in: KLEWITZ, Marion, Berliner Schule unter Viermächtekontrolle, in: Zeitschrift für Pädagogik, Jg. 23 (1977), S. 563-579. - Sowie in: SCHLEGELMILCH, Arthur, Hauptstadt im Zonendeutschland. Die Entstehung der Berliner Nachkriegsdemokratie 1945-1949. Mit einem Geleitwort von Otto BÜSCH (=Schriften der Historischen Kommission zu Berlin, 4), Berlin 1993, S. 470-490: Abschnitt 'Die Berliner Schulreform von 1947/48'.

[14] BLUME, Wilhelm, Bezirksantrag 1945 zur Wiedereröffnung Scharfenbergs [vermutlich Juli 1945]; das in Berlin, LA, SIS erhaltene masch. Fragment des Antrages veröff. in: Wilhelm Blume zum 100. Geburtstag (=Neue Scharfenberg-Hefte, 6), Berlin 1984, S. 29-35.

[15] BLUME, Bezirksantrag, S. 31-33. - BLUME, Denkschrift, S. 11.

1. Die Entwicklung der Schulfarm

dere auch an Berliner Schulgebäuden[16] - und beleuchtet einen der Beweggründe, die Blume zur Eile trieben: die Tatsache, daß die Insel, insbesondere auch die intakt gebliebenen Gebäude "die verschiedensten Interessenten"[17] anlockten:

> "Nach Lage der Dinge durfte man nach diesen mannigfachen Prätentionen nicht bis zum Frühjahr warten, was sonst das Richtige gewesen wäre, sondern mußte schnell zupacken und noch im Herbst, nachdem die Insel von allen ungebetenen Gästen frei war, die Schule beginnen und damit alle Debatten mit so und so viel inselbeflissenen Instanzen abschneiden."[18]

Blume machte früh deutlich, mit welchem Lehrertyp er zusammenzuarbeiten gedachte - und daß in seinen Personalüberlegungen ihm von früher bekannte bzw. vertraute Personen eine wichtige Rolle spielten. So schrieb er z.B. in einem Brief an einen Beamten der neuen Berliner Schulverwaltung vom 04.08.1945:

> "Sehr geehrter Herr Schmidt!
> In Anknüpfung an unsere neuliche Begegnung in Ihrem Amtszimmer [...] möchte ich meine Bitte, nach einem Volks- oder Mittelschullehrer zu fahnden, der für das erneuerte Scharfenberg paßt, hiermit offizieller wiederholen.
> Er muß lieber jung als alt, frisch sein und für 'Gesamtunterricht' eingenommen, ein Mann, der in seinem Beruf aufgeht; mit einer Aufbauklasse zusammenzuleben, muß ihm Lust und nicht Last sein; er soll mit Familie, wenn er solche hat, auf der Insel leben, eine schöne Wohnung ist vorhanden. Solche Naturen sind nicht dicht gesät; aber Hinweise auf solche wäre ich dankbar; aber es muß bald, recht bald sein: wir wollen in diesem Monat noch anfangen. Ich nehme auch 2, wenn wir sie finden [...], [...] die ausgesprochenen pädagogischen Kräfte fehlen, da meine Leute [sic!] noch nicht heimgekehrt oder gefallen sind. [...]."[19]

---

[16] Über Umfang und Art der katastrophalen Situation des zerstörten Berliner Schulwesens 1945/46 informiert: WINZER, Das Schuljahr 1945/46, bes. S. 13-18: Kap. 'Zerstörung und Wiederaufbau des Berliner Schulwesens'. - S. auch: RADDE, Lehrerbildung, S. 77f. - Vgl., die Situation in Neukölln beschreibend, auch: SCHILLER, Dietmar, Schulalltag in der Nachkriegszeit, in: Schulreform - Kontinuitäten und Brüche. Das Versuchsfeld Berlin-Neukölln, hrsg. von Gerd RADDE, Werner KORTHAASE, Rudolf ROGLER und Udo GÖßWALD im Auftrag des Bezirksamts Neukölln, Abt. Volksbildung, Kunstamt, Bd. II: 1945 bis 1972, Opladen 1993, S. 29-40.
[17] BLUME, Denkschrift, S. 11.
[18] BLUME, Denkschrift, S. 12. - Ebd., S. 11: "[...] kann es wundernehmen, daß [nach der Kapitulation] ärztliche Kommissionen sich einstellten, den Plan eines Sanatoriums zu ventilieren? Lag es nicht nahe, daß nach Abfahrt der russischen Flottille die in Spandau stationierten englischen Offiziere daran gingen, die Häuser zum Sitz eines Segelklubs einzurichten? Und als diese von ihrem verständnisvoll der Schule entgegenkommenden Oberkommando abgewinkt waren, machte die Direktion der städtischen Wasserwerke, die 1922 das Schulexperiment mit süßsaurer Miene hatten dulden müssen, ihre alten Ansprüche geltend. Eine nicht ganz ungefährliche Konkurrenz, da die Insel einst für Wasserwerkszwecke angekauft worden ist. Die seit Jahrzehnten geplanten Brunnen sollen jetzt in absehbarer Zeit nach Aussage der Direktion gebohrt werden."
[19] Blume an Schmidt (Beamter der neuen Zentralstelle für das Berliner Schulwesen) br. vom 04.08.1945; zit. nach: Wilhelm Blume zum 100. Geburtstag (=Neue Scharfenberg-Hefte, 6), Berlin 1984, S. 36.

Während die Humboldtschule bereits am 1. Juni 1945 wiedereröffnet werden konnte[20], zogen sich trotz allen Engagements Blumes - zu denen neben vielen ande-

---

[20] BLUME, Wilhelm, Ansprache an die Eltern der Humboldtschule, September 1945 [a] und Beiträge aus der Unterrichtspraxis der Tegeler Humboldtschule zu dem Thema: Wie bringt man Wesen und Gesinnung der Demokratie ohne Definitionen und Abstraktionen bei sich bietender Gelegenheit an die Schüler heran? [b]; Teil [a] abgedr. in: Wilhelm Blume zum 100. Geburtstag (=Neue Scharfenberg-Hefte, 6), Berlin 1984, S. 26-28. - Die beiden masch. Teile befinden sich vollständig in: Berlin, LA, SIS. - Erinnerungen an die Humboldtschule in den ersten Monate nach dem 2. Weltkrieg: RIEß, Erinnerungen, S. 79-82. -
Während des Krieges war ein großer Teil des Kollegiums und der Schülerschaft der Humboldtschule zum Kriegsdienst eingezogen worden, viele von ihnen waren umgekommen; s. dazu: Berlin, LA, SIS: THIELE, Georg, Der Schulfarm Scharfenberg zum 50jährigen Bestehen [Erinnerungen], hdschr., o. J. [1972], Auszug aus: Blume an G. Thiele br. vom 04.02.1944: "[...]. Scharfenberg und Tegel zusammen genommen ergeben eine leider schon sehr lange Trauerliste, die Zahl 100 ist bereits überschritten. Diese Lehrererfahrungen, [nach dem 1. Weltkrieg] zum 2. Mal durchkostet, gehen an die Nieren, ... [sic!]." - Für die anderen hatte der Unterricht unter immer größeren Schwierigkeiten und mit immer mehr Unterbrechungen stattgefunden. Schließlich wurde eine größere Anzahl von Lehrern und Schülern in ein KLV-Lager nach Binz auf Rügen evakuiert, ein anderer bei der Flak in Oranienburg eingesetzt wurde. Nachdem im November 1943 große Teile der Schule durch eine Luftmine zerstört worden waren, wurden die verbliebenen Humboldtschulklassen zunächst in der Tegeler Hans-Thoma-Schule und schließlich in einer Baracke in Hermsdorf unterrichtet, bis am 20.04.1945 der Unterricht ganz eingestellt wurde. Die nach Binz evakuierten Humboldtschüler wurden um dieselbe Zeit von Studienrat Hans Sauerland (1890-19..) nach Oxböl in Dänemark überführt, wo sie 2 Jahre lang interniert blieben und erst im April 1947 nach Tegel zurückkehrten. S. dazu: Sechzig Jahre Humboldtschule Tegel, S. 2f. - Und: KAHL, Aus den Annalen, S. 20f. - Auszüge aus dem 600seitigen Tagebuch Hempels - damals Schüler, später Lehrer an der Humboldtschule - über die Oxboeler Zeit: HEMPEL, Harry, Oxboeler Tagebuch, in: Humboldtschule Tegel. 1903-1978, hrsg. von der Humboldt-Oberschule Tegel, Berlin 1978, S. 57-60; wieder in: Harry Hempel zum Abschied (=Humboldtheft, 10), Berlin 1988, S. 31-34. - PS Radde, Nachlaß Fritz Blümel (1899-1989), Korrespondenz; hier findet sich in dem Teilbestand 'Oksböl bei Esbjerg, Dänemark: Lager der Humboldtschule, Berlin' u.a. auch ein 'Verzeichnis der Lehrer und Schüler der Humboldtschule, die am 2.2.1946 in dem auch von der Rheingauschule Berlin genutzten Lager lebten'.

1. Die Entwicklung der Schulfarm

ren Aktivitäten auch das Lancieren von Presseberichten gehörte[21] - die Vorbereitungen zur Wiedereröffnung der Schulfarm bis zum Herbst 1945 hin. Dann aber, am 15.09.1945, konnten 70 Jungen (2/3 aus den 6. und 7. Klassen der Volksschule, 1/3 aus der Klasse 3 höherer Schulen) - erst ab Ostern 1946 wurde auf Scharfenberg die Koedukation eingeführt[22] - und drei Lehrkräfte ihren Einzug auf der Insel feiern[23].

Unter den Lehrkräften befand sich als die zunächst "einzige ganz auf [die] [...] Insel gehörige Lehrkraft [...], stellvertretende Leiterin und Inselmutter in einer Per-

---

[21] Berlin, LA, SIS: Natterodt an D.H. br. vom 27.12.1989: "Blume hat [...] im August [1945] einen längeren Brief an meinen Vater geschrieben, in dem er bat, einen Artikel in die Presse zu lancieren, mit der Forderung einer Wiedereröffnung der Schulfarm Scharfenberg. Diesen handgeschriebenen Brief habe ich vor einigen Jahren aus dem Nachlaß meines Vaters mit den anderen hinten von Ihnen angegebenen Presseveröffentlichungen meines Vaters an den Lehrer Rolf Gutschalk, Insel Scharfenberg, [...] geschickt und zur Verfügung gestellt." - Es handelt sich wohl um: Schulfarm Scharfenberg. Freiheitlich-demokratische Schule statt Drillanstalt, in: Volk. Tageszeitung der SPD, Berlin vom 24.08.1945 [vgl. aber auch: Wieder Schulfarm Scharfenberg, in: Neue Zeit. Zentralorgan der Christlich-Demokratischen Union Deustchlands vom 21.08.1945]. - S. dazu: Berlin, LA, SIS: Blume an Friedrich Natteroth br. vom 21.08.1945:
"Sehr geehrter Herr Natterodt!
Mit Freude habe ich durch einen Brief des vergeblich auf mich wartenden filius vor einiger Zeit erfahren, daß Ihre Familie lebt und sogar noch das alte Interesse an der Reformpädagogik hat. Trotzdem wir alle älter geworden, eigentlich schon zu alt sind, müssen wir in die Bresche springen. So hat man mich wieder auf unsere Insel gerufen; trotz harrender Hindernisse denke ich in Übereinstimmung mit Bezirksverwaltung und Magistrat an die baldigste Wiedereröffnung. Falls Sie umgehend den beiliegenden Aufsatz in das 'Volk' oder eine andere Zeitung lancieren könnten, würden Sie der Sache dienen; falls die Zeitungen nicht so viel Platz bewilligen wollen, liegt eine kürzer gestaltete Notiz bei. Unser Reinickendorfer Presseamt hat ziemlich schwerfällig gearbeitet; ich bediene mich daher gern der Möglichkeit privaten Anstoßes bei der oder den Redaktionen; die kommt man in der Regel schneller zum Ziel!
Eile tut Not!
Mit den besten Wünschen für Sie und auch den junior
Ihr
alter Blume."

[22] Die Schulfarm Scharfenberg. Eine chronologische Übersicht, in: 60 Jahre Schulfarm Insel Scharfenberg 1922-1982. Jubiläums-Festschrift anläßlich des 60-jährigen Bestehens der Schulfarm Insel Scharfenberg (=Sonderheft der Fähre), Berlin 1982, S. 105-110, hier S. 107f.: Ostern 1946, zu Schuljahrsbeginn 1946/47, wurden erstmals Mädchen auf Scharfenberg aufgenommen, und zwar 25 an der Zahl; im Folgenden Jahr 1947 erhöhte sich die Zahl der Mädchen auf 31; in den 60er Jahren blieb das Verhältnis von Jungen und Mädchen auf Scharfenberg durchgehend etwa 2:1.

[23] BLUME, Denkschrift, S. 12: "So hielten am 15. September 70 Jungen und 3 Lehrkräfte ihren Einzug. Zweidrittel kamen aus den 6. und 7. Klassen Berliner Volksschulen, ein Drittel aus der Klasse 3 höherer Schulen. Bei der Auswahl war das Urteil der bisherigen Lehrer und unser persönlicher Eindruck in längeren Kolloquien entscheidend gewesen; bei der Ungleichmäßigkeit der Vorbildung ließen wir sie nicht durch eine besondere Wissensprüfung gehen. Da der Schulfarmleiter auch gleichzeitig Direktor der Humboldtoberschule im nahen Tegel ist, schickt er für Englisch und Mathematik seine bewährtesten Kräfte tageweise herüber. Die ständig auf der Insel wohnenden Lehrkräfte sind der Biologe und Geograph Dr. von Poser [...], ein weitgereister Mann, länger im Naturschutz tätig gewesen; Herr Heinz Hanisch, von der Sprachtechnik, [von] der Gymnastik, vom Laienspiel, vom Jugendchor [...] her kommend und Frau Dr. [Hilde] Arnold, geprüfte Studienrätin für Deutsch, Geschichte, Volkskunde. Da den ersten beiden längere pädagogische Erfahrung noch fehlt, unterrichten sie auf ihren Wunsch auch einige Stunden in der Tegeler Normalschule."

son"[24], Frau Dr. Hilde Arnold (1914-1966), die Germanistik, Geschichte und Volkskunde studiert und 1938 in Königsberg promoviert hatte und zwischen 1939 und 1945 in Danzig, Königsberg, Warschau und Berlin im Schuldienst tätig gewesen war[25].

In dem 'Bezirksantrag' vom Sommer 1945 hatte Blume zum Ausdruck gebracht, er wolle sich aktiv an einer "etwaigen zukünftigen Großberliner Schulreform"[26] beteiligen. Da jedoch zum augenblicklichen Zeitpunkt "die wirtschaftlichen Voraussetzungen, die verfassungsrechtlichen und ressortpolitischen Zustände [...], die Undurchsichtigkeit der Zukunft das Entwerfen eines Gesamtplanes verfrüht, wenn nicht utopisch erscheinen"[27] ließen, wolle er sich (zunächst) auf die Wiedererrichtung der Schulfarm konzentrieren - in der Hoffnung, diese könne "als Ansatzpunkt einer zukünftigen Berliner Schulreform"[28] fungieren.

Im Dezember 1945 verfaßte Blume eine 'Denkschrift über die Schulfarm Insel Scharfenberg - was sie war, wie sie augenblicklich ist, und was sie werden soll'[29]. Diese verschickte er an alle wichtigen Personen der damaligen Berliner Schulpolitik und Instanzen (u.a. Hauptschulamt als schulpolitischer Zentrale des Abt. Volksbildung, Magistrat, Wasserwerksdirektion, Ernährungsamt, Zentralverwaltung in der Wilhelmstr.) - zusammen mit einem Begleitschreiben, in dem er deutliche Position für eine grundlegende Schulreform bezog:

> "Da so wenig auf dem Gebiet der Schulreform geschieht, trete ich jetzt bewußt aus der Reserve heraus und bin gespannt, wie das praktische Echo ausfallen wird. Entweder - oder heißt es jetzt."[30]

In der Denkschrift gab Blume zunächst einen historischen Abriß über die Geschichte der Schulfarm. Dem folgte ein hochinteressanter Bericht der stellvertretenden Leite-

---

24 BLUME, Denkschrift, S. 12.
25 Zur Biogr. von Hilde Arnold (geb. Kretschmann) s.: SCHOELKOPF, Brigitte, Hilde Arnold. 1914-1966, in: Beiträge zur Geschichte der Pädagogischen Hochschule Berlin, hrsg. von Gerd HEINRICH (=Abhandlungen aus der Pädagogischen Hochschule Berlin, 6), Berlin 1980, S. 65f. - Dr. Hilde Arnold, in: Beiträge zur Geschichte der Pädagogischen Hochschule Berlin, hrsg. von Gerd HEINRICH (=Abhandlungen aus der Pädagogischen Hochschule Berlin, 6), Berlin 1980, S. 165f. - Zur Ergänzung: Berlin, LA: Rep. 200, Acc. 2822, Nr. 12: Bildungsgänge von Hochschullehrern der Pädagogischen Hochschule. - KRETSCHMANN, Hilde, Die stammesmäßige Zusammensetzung der deutschen Streitkräfte in den Kämpfen mit den östlichen Nachbarn unter den Karolingern, Ottonen und Saliern, Königsberg, Univ., Diss. 1940; gedr. Berlin 1940.
26 BLUME, Bezirksantrag, S. 31.
27 BLUME, Bezirksantrag, S. 31.
28 BLUME, Bezirksantrag, S. 31.
29 BLUME, Wilhelm, Denkschrift über die Schulfarm Insel Scharfenberg - was sie war, wie sie augenblicklich ist, und was sie werden soll [Dezember 1945] [Berlin, LA, SIS], hrsg. von Dietmar HAUBFLEISCH, Marburg 1999: http://archiv.ub.uni-marburg.de/sonst/1999/0001/q61.html - Kap. 'Die 12jährige Zwischenherrschaft' zuvor bereits veröff. in: GUTSCHALK, Rolf, Scharfenberg während der NS-Zeit. Einige Dokumente, in: 60 Jahre Schulfarm Insel Scharfenberg 1922-1982. Jubiläums-Festschrift anläßlich des 60-jährigen Bestehens der Schulfarm Insel Scharfenberg (=Sonderheft der Fähre), Berlin 1982, S. 33-47, hier S. 46f. [als Dok. Nr. 10].
30 Berlin, LA, SIS: Begleitschreiben Blumes vom 21.12.1945 zur von ihm verschickten 'Denkschrift'.

rin Hilde Arnold über die Schulfarm 'wie sie augenblicklich ist'[31]. In einem dritten Teil schließlich formulierte Blume - die nach wie vor vorhandene 'pädagogische Idealsituation' Scharfenbergs hervorhebend[32] - einige Zukunftsperspektiven. Mit letzterem knüpfte er weitgehend an die Erfahrungen und Erfolge seiner Reformarbeit vor 1933/34 an: So sollte die Schulfarm erneut eine 'Pionierschule' werden[33], die wie vor 1933/34 "zugleich als einzigartige Ausbildungsstätte für seine Junglehrer für die Allgemeinheit fruchtbar werden soll[e]"[34]. Tatsächlich, so konnte Blume in seiner 'Denkschrift' festhalten, hatte die Schulverwaltung "schon jetzt nach 3 Monaten in der Schulverwaltung beschlossen [...], das Studienseminar 'Nord' mit ihr enger zu verbinden"[35]:

> "Damit wird dieses vor den anderen Berliner Himmelsrichtungen sicherlich etwas voraushaben, denn es gibt keine bessere Vorbereitung für den neuen Lehrer, als eine Weile lehrend und lernend (nicht etwa nur tageweise hospitierend) sich einer Schulgemeinschaft eingeordnet zu haben, die zugleich Lebensgemeinschaft ist [...]."[36]

Auch unterrichteten - wie vor 1933/34 - gleich nach der Wiedereröffnung der Schulfarm die auf Scharfenberg tätigen Lehrer teilweise auch an der Humboldtschule[37] - und es kann wohl zurecht vermutet werden, daß Blume auch beabsichtigte, die Referendare an beiden Schulen auszubilden.

In Äußerungen, die Blume in einem Brief vom 29.10.1945 an Paul Wandel (geb. 1905), den Direktor des Amtes für Volksbildung in der sowjetischen Besatzungszone (Berlin)[38], machte[39] und die er in der 'Denkschrift' wiederholte, zog er eine direkte Verbindungslinie zwischen frühen Aktivitäten und Überlegungen im Jahre 1919 und der Schulfarm-Situation im Jahre 1945; vor allem artikulierte er hier erneut die "kühne Vision"[40], die "Schulfarm zu einer Schulform zu machen"[41]:

> "Der Direktor für Volksbildung in der Zentralverwaltung für die russischen Zonen in Deutschland - P.[aul] Wandel - hat neulich in einem Vortrag eine Parallele zwischen Boden- und Schul-

---

[31] BLUME, Denkschrift, S. 12-17: Der Bericht von Hilde Arnold enthält auch Aussagen zu ihrer Motivation auf Scharfenberg tätig zu sein, zur Herkunft, zum Schicksal und zur Psychologie der ersten Scharfenberger Nachkriegsschüler u.v.a.m.
[32] BLUME, Denkschrift, S. 11.
[33] BLUME, Denkschrift, S. 12.
[34] BLUME, Denkschrift, S. 12.
[35] BLUME, Denkschrift, S. 19.
[36] BLUME, Denkschrift, S. 19f.
[37] BLUME, Denkschrift, S. 12.
[38] Biogr. Inf. zu Paul Wandel: HERING, Sabine / LÜTZENKIRCHEN, Hans-Georg, Das Gespräch mit Paul Wandel, in: HERING, Sabine / LÜTZENKIRCHEN, Hans-Georg, Anders werden. Die Anfänge der politischen Erwachsenenbildung in der DDR. Gespräche mit Hans Mahle, Paul Wandel, Kurt Hager, Alice Zadek, Wolfgang Harich, Heinrich Scheel, Helmut Bock, Erwin Hinz, Rosemarie Walther, Werner Hecht, Heinz Fleischer und Norbert Podewin. Mit einem Nachwort von Lutz NIETHAMMER, Berlin 1995, S. 35-44.
[39] BLUME, Wilhelm, Brief an Paul Wandel (Direktor des Amtes für Volksbildung in der sowjetischen Besatzungszone) vom 29.10.1945 [PS Scheel], hrsg. von Dietmar HAUBFLEISCH, Marburg 1999: http://archiv.ub.uni-marburg.de/sonst/1999/0001/q60.html; zuvor abgedr. in: Wilhelm Blume zum 100. Geburtstag (=Neue Scharfenberg-Hefte, 6), Berlin 1984, S. 37-39.
[40] SCHEEL, Vom Leiter der Berliner Schulfarm Scharfenberg, S. 11.
[41] BLUME, Denkschrift, S. 20. - Vgl. so auch: Berlin, LA, SIS: Blume an die Redaktion des Tagesspiegel br. vom 28.09.1946.

reform gezogen, indem er auch dieser die energische Verwirklichung langgehegter und nur sporadisch in Angriff genommener Ideen in die Breite gewünscht hat. Es gibt noch eine engere Verknüpfung der beiden Bestrebungen! Wahrscheinlich stehen Restgüter, bestimmt leergewordene geräumige Gutshäuser inmitten großer Gärten zur Verfügung - die beste und einfachste Möglichkeit, Schulgemeinschaften im Schulfarmsinn dort einzurichten! Oder man denke an die Gebäudekomplexe der sog. Adolf-Hitlerschulen meist auch in ländlicher Umgebung gelegen. Ein innerer Wandel unserer auf falsche Gleise angesetzten Jugend ist in solchen Gemeinschaften bei positiver Arbeit mit Hand und Kopf unter Fernhaltung hin- und herzerrender Milieueinflüsse schneller und nachhaltiger zu erreichen, ohne daß man in eine politische Zwangsschulung mit umgekehrten Vorzeichen zu verfallen brauchte oder verfallen dürfte."[42]

In ähnlicher Weise stellte - ebenfalls die gerade 1946 stark diskutierte Frage nach der 'Bodenreform' und den Zusammenhang von 'Bodenreform' und 'Schulreform' aufgreifend[43] - Friedrich Natteroth die Frage, ob es "nicht die Forderung der Zeit [sei], Scharfenberg zu vervielfältigen, überall dort wo sich Gelegenheit bietet?"[44]:

"Niemals ist die Zeit günstiger für den Aufbau dieser Reformschulen gewesen wie heute, wo man im Hinblick auf die Bodenreform die Gelegenheiten förmlich mit den Händen greifen kann. Überall in den Provinzen ist Junkerland in Bauernland umgewandelt worden [...]. Man liest in den Zeitungen, daß die verbliebenen Restgüter, die Schlösser und Gutshäuser zu Wohlfahrtszwecken, zu Mütter- oder Kinderheimen umgewandelt werden, aber selten liest man, daß hier Schulinternate eingerichtet werden [...]."[45]

Wie vor 1933 so vertrat Blume auch nach dem 2. Weltkrieg die These, daß solche 'Inseln' - gerade nach den Kriegsereignissen - dazu geeignet seien, "wieder ein[en] Lebensstil" zu finden, "nach dem zu leben sich lohnt, und der dann im Laufe der Zeit weitere Kreise für sich gewinnen kann"[46]:

"Der Unterzeichnete leitet außer der Schulfarm Scharfenberg eine große Stadtschule in der Nachbarschaft; er kann es bezeugen, daß die Inselbewohner schon jetzt sich in Gesinnung und Haltung, in Unbefangenheit und Eifer, in äußerer und innerer Gesundung vorteilhaft von den Oberschulklassen unterscheiden; ihre Insassen, von Ruinen umgeben, dem politischen Pessimismus und dem geschäftstüchtigen Egoismus Erwachsener und dem amoralischen Einfluß mancher Jugendlichen ausgesetzt, sind bis jetzt noch wesentlich uneinheitlicher und weniger fähig und gewillt, die Trümmerhaufen aus Geist und Herzen abzutragen [...]. [...] in solchen

---

42   BLUME, Denkschrift, S. 20f. - Zur Idee der Nutzung ungenutzter Schlösser für Schulzwecke vgl. S. 54f. ('Wiesenburger Traum' zu Pfingsten 1918), S. 98f. (Blumes Anfrage an das Kultusministerium vom Frühjahr 1919 betr. Nutzung früherer Schlösser für Versuchsschulen mit Internaten incl. Kontext dieser Anfrage), S. 265 (Idee des Pädagogen Rudolf Kayser auf einer Tagung des Bundes Entschiedener Schulreformer im Frühjahr 1920, unbenutzte Schlösser für Schulversuche zu nutzen).
43   Zwei Beispiele: MENZEL, G., Der Einfluß der Bodenreform auf die ländliche Volksbildung, in: Die neue Schule. Blätter für demokratische Erneuerung in Unterricht und Erziehung, Jg. 1 (1946), S. 211f. - EGEL, Paul, Von der Bodenreform, in: Die neue Schule. Blätter für demokratische Erneuerung in Unterricht und Erziehung, Jg. 1 (1946), S. 216-218.
44   NATTEROTH, Friedrich, Schulfarm Scharfenberg, in: Die neue Schule. Blätter für demokratische Erneuerung in Unterricht und Erziehung, Jg. 1 (1946), S. 30-32, hier S. 32; gekürzt auch in: NATTEROTH, Friedrich, Schulfarm Scharfenberg, in: Der freie Bauer. Das illustrierte Blatt, Jg. 1 (1946), Nr. 36.
45   NATTEROTH, Friedrich, Schulfarm Scharfenberg, in: Die neue Schule. Blätter für demokratische Erneuerung in Unterricht und Erziehung, Jg. 1 (1946), S. 30-32, hier S. 32; gekürzt auch in: NATTEROTH, Friedrich, Schulfarm Scharfenberg, in: Der freie Bauer. Das illustrierte Blatt, Jg. 1 (1946), Nr. 36.
46   BLUME, Denkschrift, S. 21.

'Inseln' muß erst wieder ein Lebenstil gefunden werden, nach dem zu leben sich lohnt, und der dann im Laufe der Zeit weitere Kreise für sich gewinnen kann."[47]

Was bei aller Anlehnung an die Zeit vor 1933/34 in diesen Aussagen mit durchschimmert, formuliert Blume an anderer Stelle noch klarer: Bei aller Bezugnahme sei es doch so, "daß wir heute nicht ohne weiteres an die abgebrochene Linie von 1933 anknüpfen können, daß wir [vielmehr] alles Gute der verflossenen Zeiten benutzend von unseren jetzigen Gegebenheiten Weg und Ziel stecken müssen."[48] Die Schulfarm solle somit also zu einer "dem Zeitgeist von [19]45 angepaßte 'Pionierschule'"[49] werden[50].

So sollte in noch stärkerem Ausmaße als vor 1933/34 das "soziale Moment" der Schulfarm, noch stärker ihr Aufbaucharakter, ihr Charakter als eine Schule für 'alle' betont werden[51]. Blume sprach in diesem Zusammenhang vom "Doppelberuf als Schüler und Lehrling"[52]:

"[Die] Handarbeit, ursprünglich aus den Inselmöglichkeiten und den Verpflegungsnöten der Nachkriegszeit zwangsläufig geboren, soll jetzt in speziellerer Gruppensonderung zu fachmäßigerem Prüfungsabschluß entwickelt werden [...]. Unsere Schüler müssen sich in dem verarmten Deutschland frühzeitig die Unterlagen für ein späteres Werkstudententum verschaffen; ein Prüfungszeugnis muß dabei abfallen, das ihnen auch beim Scheitern der Studienabsichten oder in Perioden der Überfüllung dieser Berufe ihr Auskommen in liebgewordener fachmäßig geschulter Neigungstätigkeit bietet, ohne daß sie dabei dank ihrer wissenschaftlichen Vorbildung jemals in banausenhaftes Handwerkertum versinken könnten [...]."[53]

Vor allem aber betonte Blume - in Anlehnung an einen Artikel im Tagesspiegel vom 30.10.1945[54] -, "daß Scharfenberg keine 'höhere' Schule sein wolle, sondern lediglich geeignete Volksschüler weiter führt, gleichsam eine praktische Vorstufe einer etwa kommenden demokratischen Einheitsschule"[55] - ganz so wie sie im Anschluß an das Potsdamer Abkommen vom 2. August 1945[56] in den Grundsätzen der Direktive 54 des Alliierten Kontrollrats vom 25. Juni 1947 vorgesehen war. Deren zehn Grundsätze enthielten die wesentlichen Aussagen über Ziel und organisatorischen

---

47   BLUME, Denkschrift, S. 21. - Vgl. in diesem Sinne auch: Berlin, LA, SIS: Blume an die Redaktion des Tagesspiegel br. vom 28.09.1946.
48   BLUME, Denkschrift, S. 13.
49   BLUME, Denkschrift, S. 12.
50   S. zu dem 'Erneuerungsgedanken' auch: Berlin, LA, SIS: Blume an die Erziehungskommission der französischen Militärregierung zu Händen von Herrn Hauptmann Krugell br. vom 17.12.1948.
51   BLUME, Denkschrift, S. 18.
52   BLUME, Denkschrift, S. 19.
53   BLUME, Denkschrift, S. 18. - Vgl. in dieser Weise z.B. auch: Ein Schülerparadies im Tegeler See. Die Schulfarm auf der Insel Scharfenberg weist neue Wege, in: Der Kurier vom 20.04.1946.
54   GUY, Schulfarm Scharfenberg, in: Der Tagesspiegel vom 30.10.1945. - Es handelt sich bei GUY um ein Pseudonym für Dr. Gerhard Giefer; s. so: Berlin, LA, SIS: G. Giefer an Blume br. vom 30.10.1945.
55   BLUME, Denkschrift, S. 18.
56   Die hier relevanten Auszüge sind u.a. abgedr. in: Bildungspolitik in Deutschland 1945-1990. Ein historisch-vergleichender Quellenband, hrsg., eingel. und erl. von Oskar ANWEILER, Hans-Jürgen FUCHS, Martina DORNER und Eberhard PETERMANN, Opladen 1992 [auch: Bonn 1992], S. 70.

Aufbau von Bildung und Erziehung in Deutschland, die sich etwa so zusammenfassen lassen: Gleiche Bildungschancen für alle in einer demokratischen Schule mit horizontal gestuftem Aufbau ohne Trennung nach niederen, mittleren und höheren Schulen - die horizontal gestufte, in sich differenzierte Einheitsschule, ganz so wie sie in Berlin von 1948 bis 1951 realisiert werden sollte[57].

II.1.B. DIE SCHULFARM VON 1946 BIS 1948/49

Anfang Oktober 1946 wurde Blume zum Gründungsdirektor der neugegründeten Pädagogischen Hochschule Berlin berufen[58].

Die Leitung der Humboldtschule übernahm an seiner Stelle von 1947 bis 1949 Wilhelm Richter (1901-1978)[59]. Dieser war - wie hier in Erinnerung gebracht werden soll - am Berliner Humboldt-Gymnasium einer der ersten Schüler des jungen Lehrers Blume gewesen, hatte zunächst als Student und dann als Referendar nahezu die ganze Schulfarmentwicklung in der Weimarer Republik miterlebt und -gestaltet, hatte während des 'Doppeldirektorats' Blumes als Leiter der Schulfarm und der Humboldtschule (1932-1934) zeitweise an beiden Schulen gewirkt und war zum Schuljahr 1933/34 ganz an die Humboldtschule gegangen. 1934 bis 1936 hatte er den Schuldienst unterbrochen, um 1936 an die Humboldtschule zurückzukehren und dort 1938 zum Studienrat ernannt zu werden[60]. Im Sommer 1943 war Richter zum Kriegsdienst eingezogen worden[61]. Von Frühjahr bis Sommer 1945 in amerikanische Gefangenschaft geraten, hatte er nach seiner baldigen Freilassung von Herbst 1945 bis Februar 1947 an der Kieler Oberschule am Königsweg, außerdem Deutsch und

---

[57] S. dazu vor allem: KLEWITZ, Berliner Einheitsschule. - Kursunterricht. Begründungen, Modelle, Erfahrungen, hrsg. von Wolfgang KEIM (=Wege der Forschung, 504), Darmstadt 1987, S. 261-326: Abschnitt 'Kursunterricht in der Berliner Einheitsschule nach dem Zweiten Weltkrieg'. - SCHLEGELMILCH, Hauptstadt im Zonendeutschland, S. 470-490: Abschnitt 'Die Berliner Schulreform von 1947/48' (mit wichtigen Quellenhinweisen). - RADDE, Gerd, Kontinuität und Abbruch demokratischer Schulreform. Das Beispiel der Einheitsschule in Groß-Berlin, in: Öffentliche Pädagogik vor der Jahrhundertwende: Herausforderungen, Widersprüche, Perspektiven, hrsg. von Karl-Christoph LINGELBACH und Hasko ZIMMER (=Jahrbuch für Pädagogik, 1993), Frankfurt [u.a.] 1993, S. 29-51. - Ergänzend auch: LEMM, Werner, Materialien zum Kampf um das Berliner Schulgesetz von 1948, in: Jahrbuch für Erziehungs- und Schulgeschichte, Jg. 2 (1962), S. 301-347. - Abdr. der Direktive Nr. 54 des Alliierten Kontrollrats vom 25.06.1947 u.a. in: Bildungspolitik in Deutschland 1945-1990. Ein historisch-vergleichender Quellenband, hrsg., eingel, und erl. von Oskar ANWEILER, Hans-Jürgen FUCHS, Martina DORNER und Eberhard PETERMANN, Opladen 1992 [auch: Bonn 1992], S. 74.
[58] S. dazu S. 924ff.
[59] Über seine Zeit als Leiter der Humboldtschule: RICHTER, Schulerinnerungen, S. 32-38: Kap. 'Tegel III 1947-1949'.
[60] Vgl. dazu S. 852f.
[61] RICHTER, Schulerinnerungen, S. 27.

1. Die Entwicklung der Schulfarm

Geschichte am Vorsemester der Kieler Universität unterrichtet[62]. 1949 verließ Richter (endgültig) die Humboldtschule, um bis 1967 - wieder als Nachfolger Blumes - Leiter der Pädagogischen Hochschule Berlin (-West) zu werden[63].

Nachfolger Richters als Leiter der Humboldtschule wurde - 1949 zunächst kommissarisch - von 1950 bis zu seinem Tod im Jahr 1959 Hellmut Kahl (1907-1959), der in den Schuljahren 1931/32 und 1932/33 sein Referendariat gemacht hatte und nach seinem ersten Assessorenjahr 1933/34 vom Schuljahr 1934/35 bis zum Ende der NS-Zeit auf Scharfenberg - zunächst als Assessor, ab 1940/41 bis 1945 als Studienrat - tätig gewesen war[64].

Als Kahl im Januar 1959 einem Herzinfarkt erlag[65], wurde von 1959 bis 1969 Werner Hartkopf Leiter der Humboldtschule. Dieser hatte im Schuljahr 1932/33 sein erstes Referendariatsjahr auf Scharfenberg verbracht[66]. Nach der Referendarszeit war er ab Ostern 1934 als Studienassessor an verschiedenen Schulen in der Provinz Brandenburg tätig gewesen - aufgrund entsprechender Einflußnahme Blumes ab Ostern 1938 bis zum Eintritt in den Kriegsdienst ab August 1939 an der Humboldtschule in Berlin-Tegel[67]. Seit Juni 1949 (bis 1959) war Hartkopf - worauf noch an späterer Stelle einzugehen sein wird - stellvertretender Leiter der Schulfarm gewesen[68].

---

[62] Richter über seine Zeit in amerikanischer Kriegsgefangenschaft Frühling bis Sommer 1945: RICHTER, Schulerinnerungen, S. 27-29: Kap. 'Kriegsgefangenenlager 1945'; über seine Zeit in Kiel: Ebd., S. 29-32: Kap. 'Kiel 1945-1947'.

[63] Zu Richter als Leiter der Pädagogischen Hochschule: RICHTER, Schulerinnerungen, S. 38-42: Kap. 'Pädagogische Hochschule Berlin-Lankwitz 1949-1967'. - Seine Immatrikulationsrede vom 10.10.1949 ist abgedr.: Ebd., S. 45-53. - Vgl.: GOLDSCHMIDT, Wilhelm Richter, S. 330f.: Als Leiter der Humboldtschule "engagierte er sich durch erste Integrationsversuche mit Klassen je einer benachbarten Real- und Volksschule für die Einheitsschule; er sah in ihr eine pädagogische und soziale Notwendigkeit. Diese Initiative trug unmittelbar dazu bei, daß Stadtrat Walter May ihn als Nachfolger Blumes zum Direktor der [...] Pädagogischen Hochschule berief."

[64] Biogr. Inf. zu Kahl: Philologen-Jahrbuch (Kunzes Kalender), Jg. 38: Schuljahr 1931/32, 2. Teil, Breslau 1931 bis Jg. 40: Schuljahr 1933/34, 2. Teil, Breslau 1933. - Philologen-Jahrbuch (Kunzes Kalender), Jg. 41: Schuljahr 1934/35, 2. Teil, Breslau 1934. - Jahrbuch (Kunzes Kalender), Jg. 42: Schuljahr 1935/36, 2. Teil, Breslau 1935 bis: Jg. 49: Schuljahr 1942/43, 2. Teil, Breslau 1942. - Eine kurze Würdigung Kahls als Leiter der Humboldtschule: FREDRICH, Günter, Hellmut Kahl, in: Humboldtschule Tegel 1903-1978, hrsg. von der Humboldt-Oberschule Tegel, Berlin 1978, S. 42f. - Im gleichen Band findet sich auf S. 30 ein Foto von Kahl.

[65] HARTKOPF, Werner, Der Beitrag der Schulfarm Scharfenberg zur modernen Gymnasialreform, in: Beiträge zur Geschichte der Schulfarm. Werner Hartkopf (1906-1984): Der Beitrag der Schulfarm Scharfenberg zur modernen Gymnasialreform. Heinrich Scheel: Der Wechsel 1949; eine Darstellung als Entgegnung auf Wolfgang Pewesin ([s. Neue Scharfenberg-] Heft[e] Nr. 11), (=Neue Scharfenberg-Hefte, 12), Berlin 1986, S. 1-60, hier S. 57.

[66] S. 725.

[67] S. hierzu S. 852.

[68] HARTKOPF, Strukturformen, S. 359: Lebenslauf: "Seit Juni 1949 wieder im Schuldienst an der Schulfarm Scharfenberg, Oberstudienrat mit Wirkung vom 1. Dezember 1954." - HARTKOPF, Beitrag, S. 26: "[Ich stand] seit 1949 nach der Rückkehr aus russischer Kriegsgefangenschaft und einer Interimsperiode für den Schuldienst wieder zur Verfügung."

Unter Kahl, "der zwar in der Nazizeit an der Schulfarm unterrichtet hatte, aber dem jetzigen Scharfenberg scharf ablehnend gegenüberstand"[69], war eine Zusammenarbeit zwischen der Schulfarm und der Humboldtschule "unmöglich"[70]. Mit seinem Tod änderte sich diese Sachlage:

> "Damit ergab sich die Möglichkeit einer engen Zusammenarbeit für den Fall, daß einer der beiden, [Pewesin oder Hartkopf] [...], das Direktorat der Humboldtschule übernehmen könnte, während der andere die Schulfarm leitete, d.h. wenn eine Verbindung der beiden Schulen wie 1932 zustande käme, zwar nicht in direkter Personalunion, wohl aber in der Form der im letzten Jahrzehnt so bewährten Zusammenarbeit der beiden. Da Pew[esin] auf Scharfenberg bleiben wollte, bewarb sich W[erner] H[artkopf] um die Direktorenstelle der Humboldtschule Tegel. Dafür gab es außer ihm noch einen ernsthaften Bewerber [...]. Den Ausschlag für die Wahl von W[erner] H[artkopf] gab schließlich der Einfluß Blumes, der nachdrücklich auf den pädagogischen Wert der erneuten engen Verbindung von Scharfenberg mit der Humboldtschule hingewiesen hat und der schließlich in dieser Hinsicht in der Folgezeit nicht enttäuscht worden ist."[71]

Hartkopfs Nachfolger als Leiter der Humboldtschule wurde von 1969 bis 1991 Hans-Joachim Starck (geb. 1930), der seit 1960 - zuerst als Referendar, dann als Assessor, Studienrat, Oberstudienrat und schließlich als Oberstudiendirektor - an der Humboldtschule tätig war[72]. Starcks Nachfolger wurde 1991 Dr. Hinrich Lühmann (geb. 1944)[73].

Die Leitungsfunktion auf Scharfenberg übernahm nach Blumes Wechsel an die Pädagogische Hochschule Berlin zunächst seine (bisherige) Vertreterin auf Scharfenberg, Hilde Arnold. Doch mit Gründung der Pädagogischen Hochschule wurde sie auch als Dozentin für das Fach Deutsch an der Pädagogischen Hochschule tätig. Zu

---

[69] HARTKOPF, Beitrag, S. 56.
[70] HARTKOPF, Beitrag, S. 56.
[71] HARTKOPF, Beitrag, S. 57f. - Vgl. dazu auch: HARTKOPF, Humboldtschule unter Wilhelm Blume, S. 91: "Daß ich selbst [...] einmal der Direktor der Humboldtschule gewesen bin, verdanke ich in erster Linie auch Wilhelm Blume, der sich 1959 für meine Wahl intensiv eingesetzt hat."). - Berlin, LA, SIS: Blume an Weiß br. vom 31.08.1959: "Lieber Herr Kollege! Da das Interregnum in der Humboldtschule nach dem großen Ferienschnitt nicht beendet ist, komme ich in meiner Turmeinsamkeit zu der Vermutung, daß sich gegen meine Beurteilung der Lage auf einem Canossagang neue Widerstände eingeschaltet haben könnten. Für einen leisen Wink wäre ich Ihnen verbunden. Denn ich möchte nicht, Gewehr bei Fuß stehend, eine Entscheidung uns überraschen lassen, die bei einseitig rückwärts gewandter, unhumboldisch-humanistischer Leitung den Tegeler Schülerschlag, der nicht bloß unglaublich willig, sondern auch bei richtiger Führung so leistungsfähig erwiesen hat, das nähme, was er braucht. Außerdem sehe ich nicht ein, warum man meinen Lieblingsplan von 32 (nach W. Schreibers Pensionierung) in anderer Form nicht wiederaufnehmen sollte, zumal sich eine Chance dazu so bald nicht wieder bieten würde [...]."
[72] Starck an D.H. br. vom 15.11.1995. - S. auch: HEMPEL / LÜHMANN, Aus den Annalen, S. 34. - Ebd., S. 30 findet sich ein Foto von Starck.
[73] Biogr. Inf. zu Lühmann: Humboldt-Oberschule an D.H. br. vom 05.01.1996.

1. Die Entwicklung der Schulfarm 887

Ostern 1947 (spätestens)⁷⁴ wechselte sie dann ganz an die Pädagogische Hochschule über, wo sie 1953 zur Professorin für Deutsch und Deutsch-Methodik ernannt wurde und bis 1962 wirkte - um anschließend von 1962 bis 1966 als Professorin an der Pädagogischen Hochschule Karlsruhe tätig zu werden⁷⁵.

Die Stelle des Leiters der Schulfarm trat im Mai 1947 Dr. Hans Eberl (1897-1960) an, der 1932/33 unter Blumes Leitung als Assessor an der Humboldtschule tätig gewesen war. Doch Eberl verließ aus gesundheitlichen Gründen bereits im Oktober 1947 die Insel, um nach nach Stabilisierung seines Gesundheitszustandes zunächst an der Gertrud Stauffacher-Schule in Mariendorf, danach an der Luise Henriette-Schule in Tempelhof als Lehrer und Leiter eine Wirkungsstätte zu finden; außerdem war er von 1949 bis 1960 als Lehrbeauftragter für Deutsch und Geschichte an der Pädagogische Hochschule Berlin tätig⁷⁶.

Der ehemalige Scharfenberg-Schüler Heinrich Scheel (1915-1996), der aufgrund seiner Mitarbeit in der Widerstandsorganisation 'Rote Kapelle' zu Gefängnishaft verurteilt und Mitte 1944 aus der Haft heraus auf Fronteinsatz in die Vogesen geschickt worden war, befand sich von 1944 bis August 1946 in Frankreich in ame-

---

74   Zum Zeitpunkt des Wechsels s. u.a.: Rep. 200, Acc. 2822 = Nachlaß Wilhelm Richter, Nr. 12: Bildungsgänge von Hochschullehrern der Pädagogischen Hochschule: Hilde Arnold: "Wiederaufbau der Schulfarm Insel Scharfenberg (stellvertretende Leitung für Herrn Blume) und Leitung des deutschmethodischen Arbeitsbereichs im Bezirksseminar (frühere Referendar-Ausbildung)" von September 1945 bis Oktober 1946. - Berlin, LA, SIS: Blume an Wohnungsamt Reinickendorf br. vom 01.04.1947 [!]: Information, daß Hilde Arnold an die Pädagogische Hochschule versetzt worden sei. - S. so z.B. auch: Berlin, LA, SIS: Mappe "Die schwierigen Verhandlungen um Dr. Eberl, dessen unglückliches Regiment Ostern 47 [!] begann und im Oktober 47 unerfreulich endete. Es begann dann die Aera Scheel, die Februar 49 infolge der unglückseligen Spaltung Dez. 48 beendet wurde. Es folgte Pewesin." [W. Blume] Sept. 1946 bis Jan. 1948.

75   Diese biogr. Inf. zu Arnold: SCHOELKOPF, Hilde Arnold, S. 165f. - Zur Ergänzung: Berlin, LA: Rep. 200, Acc. 2822, Nr. 12: Bildungsgänge von Hochschullehrern der Pädagogischen Hochschule.

76   Eberl hatte 1927 in Kiel promoviert, seine Referendariatszeit u.a. bei Fritz Karsen absolviert und im September 1929 seine Staatsprüfung abgelegt. Nach dem 2. Weltkrieg verschlug es ihn zunächst nach Greiz in Thüringen, von wo aus er in Kontakt mit Blume trat und sich erfolgreich um die Leitung der Schulfarm bewarb. - Biogr. Inf. zu Eberl: RICHTER, Wilhelm, Hans Otto Eberl. 1897-1960, in: Beiträge zur Geschichte der Pädagogischen Hochschule Berlin, hrsg. von Gerd HEINRICH (=Abhandlungen aus der Pädagogischen Hochschule Berlin, 6), Berlin 1980, S. 81-84. - Zur Ergänzung, insbes. zum Scharfenberger Lebensabschnitt: Berlin, LA, SIS: Mappe "Die schwierigen Verhandlungen um Dr. Eberl, dessen unglückliches Regiment Ostern 47 begann und im Oktober 47 unerfreulich endete. Es begann dann die Aera Scheel, die Februar 49 infolge der unglückseligen Spaltung Dez. 48 beendet wurde. Es folgte Pewesin." [W. Blume] Sept. 1946 bis Jan. 1948. - Ein Hinweis auf Eberls Assessorenzeit an der Humboldtschule 1932/33 findet sich in: Berlin, BBF: SLG-GS, Jahresbericht 1932/33, Bd. 248d, Nr. 87: Humboldtschule, o.S. - Scheel an D.H. br. vom 22.12.1994: "Ich stand seit Anfang 47 schon mit beiden Füßen auf Scharfenberg und habe von der Einsetzung des Leiters Eberl im Mai 47 nie etwas gemerkt. Ich bin ihm in der gesamten Scharfenberger Zeit nie begegnet!" - S. auch: SCHEEL, Vom Leiter der Berliner Schulfarm Scharfenberg, S. 13. - PS Scheel: Hauptschulamt an 'die Leitung der Schulfarm Scharfenberg' br. vom 14.08.1947: "Als Vertreter für den erkrankten Leiter wird bis auf weiteres Herr Scheel mit sofortiger Wirkung bestimmt."

rikanischer Gefangenschaft[77]. In sehr lesenswerten, posthum publizierten autobiographischen Aufzeichnungen beschreibt Scheel seinen biographischen Werdegang vom Ende seiner Gefangenschaft bis 1956[78].

Diesem Bericht zufolge hatten sowohl Adolf Grimme, der mit Scheel in der Widerstandorganisation 'Rote Kapelle' zusammengearbeitet hatte, im Niedersächsischen Kultusministerium sowie Scheels ehemaliger Scharfenberger Lehrer Walter Ackermann, nun Hochschullehrer an der neugegründeten Pädagogischen Hochschule Göttingen, Interesse, Scheel zur Mitarbeit in Niedersachsen zu gewinnen, was Scheel jedoch ablehnte, da er in Berlin bleiben wollte[79]. Dort lehnte er ein Angebot Heinrich Deiters ab, in der Berliner Schulverwaltung mitzuarbeiten, denn es "drängte [ihn] mit aller Gewalt zu einer konkreten Lehr[er]tätigkeit"[80].

Um diesem Ziel näher zu kommen, wandte sich Scheel in Berlin an seinen alten Lehrer Blume, der ihn "mit offenen Armen auf[nahm]"[81] und ihm, obwohl er noch kein zweites Staatsexamen besaß, ab dem 24.10.1946 an der Humboldtschule eine Stelle als Hilfslehrer verschaffte[82]; Scheel unterrichtete von Beginn an sowohl an der Humboldtschule als auch auf Scharfenberg, ab Januar 1947 ganz auf Scharfenberg, wohin er im Laufe des Frühjahrs 1947 mit seiner Familie zog (aber zunächst weiter an der Humboldtschule etatisiert blieb) und wo er am 15.10.1947 sein Staatsexamen ablegte[83]. Am 14.08.1947, also noch vor dem Staatsexamen, wurde Scheel - zunächst für den noch bis Herbst 1947 auf Scharfenberg etatisierten, aber erkrankten

---

[77] Biogr. Kurzübersichten zu Scheel s. vor allem: MARKOV, Laudatio. - SCHEEL, Heinrich, Biographie, in: Widerstand gegen den Nationalsozialismus (=Neue Scharfenberg-Hefte, 7), Berlin 1984, S. 28. - HAUN, Horst, Heinrich Scheel [Kurzbiographie], in: Wer war wer - DDR. Ein biographisches Lexikon, hrsg. von Jochen CERNY, 2. durchges. Aufl. Berlin 1992, S. 390. - Zu Scheels Biogr. in der NS-Zeit s. S. 1011ff.

[78] SCHEEL, Vom Leiter der Berliner Schulfarm Scharfenberg. - Darin (S. 94-99) auch: BLEIBER, Helmut, Trauerrede für Heinrich Scheel (11.12.1915-7.1.1996) bei der Urnenbeisetzung am 23.2.1996 in Stolzenhagen. - S. ergänzend dazu: HERING, Sabine / LÜTZENKIRCHEN, Hans-Georg, Das Gespräch mit Heinrich Scheel, in: HERING, Sabine / LÜTZENKIRCHEN, Hans-Georg, Anders werden. Die Anfänge der politischen Erwachsenenbildung in der DDR. Gespräche mit Hans Mahle, Paul Wandel, Kurt Hager, Alice Zadek, Wolfgang Harich, Heinrich Scheel, Helmut Bock, Erwin Hinz, Rosemarie Walther, Werner Hecht, Heinz Fleischer und Norbert Podewin. Mit einem Nachwort von Lutz NIETHAMMER, Berlin 1995, S. 95-109, hier S. 97-102. - SCHEEL, Heinrich, Wilhelm Blumes Schulfarm Insel Scharfenberg in der Nachkriegszeit bis zum Beginn des Kalten Krieges, in: Reformpädagogik in Berlin - Tradition und Wiederentdeckung. Für Gerd Radde, hrsg. von Wolfgang KEIM und Norbert H. WEBER (=Studien zur Bildungsreform, 30), Frankfurt [u.a.] 1998, S. 99-117 [hierbei handelt es sich um die Veröffentlichung des Manuskripts: SCHEEL, Heinrich, Wilhelm Blumes reformpädagogische Ansätze auf Scharfenberg nach dem 2. Weltkrieg", Berlin [1994]].

[79] SCHEEL, Vom Leiter der Berliner Schulfarm Scharfenberg, S. 7-9. - Zur 'Roten Kapelle' s. S. 1016ff. - Zu Walter Ackermann an der Pädagogischen Hochschule Göttingen s. S. 972f.

[80] SCHEEL, Vom Leiter der Schulfarm Insel Scharfenberg, S. 9. - Zur Biogr. von Deiters s. bes. S. 39.

[81] SCHEEL, Vom Leiter der Schulfarm Insel Scharfenberg, S. 12.

[82] PS Scheel: Schreiben (Zuweisung) des Schulamtes des Bezirks Reinickendorf an Scheel br. vom 23.10.1946: belegt, daß Scheel ab dem 24.10.1946 als Hilfslehrer an der Humboldtschule Tegel eingestellt wurde. - Vgl. zu Scheel an der Humboldtschule 1946: PS Scheel: SCHEEL, Heinrich, Betrachtungen aus der Vorbereitungszeit eines Hilfsschullehrers an einer Berliner Oberschule (masch.) [vmtl. 1947].

[83] SCHEEL, Vom Leiter der Schulfarm Insel Scharfenberg, S. 13-17.

1. Die Entwicklung der Schulfarm

Leiter Eberl - vom Hauptschulamt zum kommissarischen Leiter der Schulfarm ernannt[84].

Scheel beschreibt in seinem autobiographischen Aufsatz eindrücklich die harten Lebensbedingungen auf der Insel, den Mangel auf allen Gebieten[85]. Er geht auf einige seiner Schüler ein, so z.B. auf "die kaum zu zügelnde temperamentvolle Ruth Schulz [(geb. 1933)], aus der die ausgewiesene Kunsthistorikerin Ruth Strohschein geworden ist"[86], auf "Jürgen Holtz [(geb. 1932)], der heute zu den besten deutschen Schauspielern gehört"[87], sowie auf "Jutta Ryneck [(geb. 1934)], die später als Jutta Limbach zu einer namhaften Juristin aufstieg"[88].

Was das Lehrerkollegium anbetraf, so erhöhte sich unter Scheel die Zahl der Lehrer, doch konnte von einem kompletten Kollegium laut Scheel "keine Rede sein"[89] - was ein ständiges Improvisieren erforderlich machte. Einige der Lehrerkollegen werden von Scheel im einzelnen genannt, so Dr. Elisabeth Schnack (1893-1984), eine Englisch-, Geschichts- und Erdkundelehrerin, die seit 1919 im Schuldienst stand und die später an die Humboldtschule wechselte[90], sowie "die viel jüngere [...] Gertrud Stankiewicz, die Mathematik und Physik unterrichtete und von Blume außerordentlich geschätzt wurde"[91] und die nach ihrem Wechsel an die Rei-

---

[84] PS Scheel: Hauptschulamt an 'die Leitung der Schulfarm Scharfenberg' br. vom 14.08.1947: "Als Vertreter für den erkrankten Leiter wird bis auf weiteres Herr Scheel mit sofortiger Wirkung bestimmt." - PS Scheel: Hauptschulamt an Scheel br. vom 19.01.1948: "Hiermit wird bescheinigt, daß der Lehrer Heinrich Scheel [...] seit dem 14. August 1947 die Schulfarm Insel Scharfenberg kommissarisch leitet." - PS Scheel: Hauptschulamt (Wildangel) an Scheel br. vom 10.03.1948: "Mit Wirkung vom 1. Januar 1948 wird Ihnen der Differenzbetrag zwischen dem Lehrer- und Schulleitergehalt vorläufig bis zum 31. März 1948 gezahlt." - PS Scheel: Hauptschulamt (Wildangel) an Scheel br. vom 22.03.1948: "Ab 1. April 1948 wird Ihnen das Gehalt eines Schulleiters bis zur endgültigen Klärung in der Frage der Stellenbesetzung weiter gewährt."
[85] SCHEEL, Vom Leiter der Schulfarm Insel Scharfenberg, S. 13-15.
[86] SCHEEL, Vom Leiter der Schulfarm Insel Scharfenberg, S. 22.
[87] SCHEEL, Vom Leiter der Schulfarm Insel Scharfenberg, S. 22, ähnlich S. 32. - Vgl.: JUNGHÄNEL, Frank, 'Reihenweise wurde jeschissen'. Wohnung gemietet: Jürgen Holtz, Schauspieler des Jahres, kommt nach Berlin zurück, in: Berliner Zeitung vom 26.05.1994.
[88] SCHEEL, Vom Leiter der Schulfarm Insel Scharfenberg, S. 18.
[89] SCHEEL, Vom Leiter der Schulfarm Insel Scharfenberg, S. 9.
[90] SCHEEL, Vom Leiter der Schulfarm Insel Scharfenberg, S. 16. - Biogr. Inf. zu E. Schnack: I. Schnack an D.H. br. vom 18.02.1997: Geboren am 14.01.1893, Studium der Fächer Englisch, Geschichte und Erdkunde in Halle und Bonn, Promotion: SCHNACK, Elisabeth, Richard Hooker und seine Stellung in der Entwicklung der englischen Geistesgeschichte im 16. Jahrhundert, Halle, Univ., Diss. (masch.), 1918 [1923] [ohne Lebenslauf!]; Auszug in: Jahrbuch der Phil. Fakultät der Vereinigten Friedrichs-Universität Halle-Wittenberg, 1.=Historisch-philologische Abt., Jg. 1921/22 (1922), S. 20. - Referendariat an der Hildaschule in Koblenz, 1945 zunächst Lehrerin an der Schulfarm Insel Scharfenberg, dann an der Humboldtschule Tegel, zudem Fachleiterin am Studienseminar für Englisch; gestorben am 13.02.1984. - Ergänzende biogr. Inf.: Berlin, LA, SIS: BLUME, Wilhelm, Liste Scharfenberger Lehrer und Schüler, o.D. [nach 1951]: "nach 45 in Scharfenberg, jetzt Humboldtschule-Tegel". - Festschrift zur Fünfzigjahrfeier der Humboldtschule in Berlin-Tegel, hrsg. vom Lehrerkollegium der Humboldtschule und der 'Vereinigung ehemaliger Humboldtschüler' zu Berlin-Tegel e.V., Berlin 1953, S. 23: u.a. mit dem Hinweis, E. Schnack sei seit dem 01.08.1945 an der Humboldtschule tätig gewesen [das in der Festschrift genannte Geburtsdatum Schnacks ist falsch].
[91] SCHEEL, Vom Leiter der Schulfarm Insel Scharfenberg, S. 16.

nickendorfer Hans-Thoma-Schule, deren Leitung sie bis 1962 übernahm[92], von Ernst Pannewitz abgelöst wurde, der bereits im Schuljahr 1930/31 sein erstes Referendarsjahr auf Scharfenberg verbracht hatte[93].

Als seine "wichtigste Erwerbung"[94] bezeichnet Scheel den ehemaligen Scharfenbergschüler Erwin Kroll, der mit seiner Familie auf die Insel zog[95]:

> "Er hatte goldene Hände und einen sicheren Blick, wie und wo zugepackt werden mußte, um Schäden zu beheben oder zu vermeiden, Erbehrtes zu substituieren, Neuerungen zu entwickeln. Obwohl er keinerlei pädagogische Ausbildung hatte, besaß er das Zeug dazu, einen wachsenden Stamm engagierter Helfer unter den Schülern an sich zu ziehen. Alle Schlosser-, Tischler-, Schnitzer- und Drechslerarbeiten entstanden unter seinen Augen; Landwirtschaft und Gärtnerei waren ihm ebensowenig fremd. Im Unterricht machte er sich besonders als Konstruktionszeichner nützlich. Blumes Autorität [...] bewirkte die behördliche Anerkennung Krolls als Werklehrer."[96]

Scheel erwähnt auch, daß - allerdings nur partiell und kurzzeitig - sein alter Kunstlehrer Erich Scheibner wieder auf der Insel tätig wurde:

> "Unser alter und unverwüstlicher Erich Scheibner stand zwar auf dem Sprunge, um mit Sack und Pack auf die Insel überzusiedeln; als Lediger aber stellte er die verständliche Bedingung, dann auch in die Gemeinschaftsverpflegung aufgenommen zu werden. Das setzte jedoch für ihn eine volle Planstelle voraus, über die ich nicht verfügte; ich konnte ihn zu meinem großen Leidwesen nur stundenweise beschäftigen. Für uns waren diese Stunden sehr wertvoll, aber ihm halfen sie in seiner Situation nicht weiter, die er freimütig und exakt auf den Punkt brachte: Entweder volle Anstellung mit Gemeinschaftsverpflegung auf der Insel oder Heirat auf dem Festland. Erich Scheibner heiratete und führte eine glückliche Ehe."[97]

Was den "eigenen Anteil an der Gesamtgestaltung des Unterrichts"[98] anbelangt, so betrachtete ihn Scheel "als meine allerwichtigste Aufgabe"[99]:

> "Mein Vorbild blieb Blume, für den die Unterrichtsverpflichtung des Lehrers unter gar keinen Umständen irgendwelche Abstriche vertrug - auch keine Krankheit und erst recht kein Ruf oder Besuch einer vorgesetzten Behörde. Er folgte seinem pädagogischen Gewissen bedingungslos [...]."[100]

Ausführlich geht Scheel auf den von ihm gegebenen Unterricht ein, "der zwar unter Deutschunterricht lief, aber ein Gesamtunterricht war, der unter sein Dach nicht nur alle kulturkundlichen Fächer, sondern gelegentlich auch einzelne Naturwissenschaf-

---

[92] Berlin, LA, SIS: BLUME, Wilhelm, Liste Scharfenberger Lehrer und Schüler, o.D. [nach 1951]: "Leiterin der Hans-Thomaschule in Hermsdorf (nach 45 [auf Scharfenberg]). - Die Information bei: SCHEEL, Vom Leiter der Schulfarm Insel Scharfenberg, S. 18f., Stankiewicz sei an der Bertha-von-Suttner-Schule tätig gewesen, ist falsch.
[93] S. zu Pannewitz S. 724.
[94] SCHEEL, Vom Leiter der Schulfarm Insel Scharfenberg, S. 17.
[95] SCHEEL, Vom Leiter der Schulfarm Insel Scharfenberg, S. 17.
[96] SCHEEL, Vom Leiter der Schulfarm Insel Scharfenberg, S. 17f.
[97] SCHEEL, Vom Leiter der Schulfarm Insel Scharfenberg, S. 18.
[98] SCHEEL, Vom Leiter der Schulfarm Insel Scharfenberg, S. 19.
[99] SCHEEL, Vom Leiter der Schulfarm Insel Scharfenberg, S. 19.
[100] SCHEEL, Vom Leiter der Schulfarm Insel Scharfenberg, S. 19.

ten versammeln konnte"[101] und der in Verbindung mit dem - wie vor 1933/34 - auf der Insel intensiv gepflegten Theaterspiel stand[102].

Scheel führt in seinem autobiographischen Aufsatz an, er sei am 31.10.1946 Mitglied der SED geworden:

> "Es war dies ein sehr persönlicher Beschluß, den ich für mich faßte, ohne ihn zu plakatieren, aber auch ohne ihn zu verschweigen, wenn es darauf ankam. Mit Blume habe ich darüber nicht gesprochen; er hätte sich bei meiner Vergangenheit höchstens gewundert, wenn ich diesen Weg nicht gegangen wäre."[103]

Insgesamt habe sich seine Mitgliedschaft in der SED auf die Zahlung der Beiträge beschränkt:

> "Zwang oder auch nur sanften Druck, mich durch persönliche Anwesenheit an Parteitreffen zu beteiligen, wurde auf mich nie ausgeübt. Ich hatte auf der Insel alle Hände voll zu tun und konnte mir solche zusätzlichen Verpflichtungen nicht leisten, die meiner Arbeit keinen Gewinn brachten."[104]

Auf Scharfenberg habe es, so Scheel, unter seiner Leitung - wie im 'alten Scharfenberg' - keinerlei parteipolitische Zusammenschlüsse oder andere organisatorischen Zusammenschlüsse gegeben[105].

Als der Ost-West-Gegensatz an Schärfe zunahm, an dem zunächst die gemeinsamen alliierten Organe in Berlin zerbrachen und dann sukzessive auch die beiden Teile der Stadt auseinanderdrifteten, geriet Scheel als Kommunist und SED-Mitglied ins Kreuzfeuer der Kritik: Ansatz- bzw. Ausgangspunkt war zunächst eine persönliche Intrige gegen seine Person, der feindlich gesonnene Aktivitäten der französischen Besatzungsmacht folgten[106]. Diese gipfelten in einer Inselinspektion, bei der im Privatbesitz einer Schülerin ein Geographiebuch aus dem Jahr 1936 gefunden wurde - ein Faktum, für das Scheel als Schulleiter die Verantwortung zu tragen hatte, die ihm eine Freiheitsstrafe hätte einbringen können, wobei Blume dazu bei-

---

[101] SCHEEL, Vom Leiter der Schulfarm Insel Scharfenberg, S. 19. - HERING / LÜTZENKIRCHEN, Das Gespräch mit Heinrich Scheel, S. 99f.: "[...]. Wir haben nicht nach dem idiotischen Grundprinzip anderer Schulen gearbeitet, den Stoff eines Faches möglichst vollständig zu vermitteln. Das Ergebnis dieses Dranges ist Oberflächlichkeit. Im Gesamtunterricht aber kann man sich dem Gegenstand von allen Seiten nähern und vor allem in die Tiefe gehen. Man legt zugleich wichtige Grundlagen politischer Bildung."
[102] S. zum Unterricht und Theaterspiel: SCHEEL, Vom Leiter der Schulfarm Insel Scharfenberg, S. 19-23. - Die Unterrichtsnotizen, die SCHEEL, Vom Leiter der Schulfarm Insel Scharfenberg, S. 19, nennt, befinden sich in seinem Privatbesitz (u.a. neun von Scheel beschriebene Schulhefte und einzelne Blätter mit Texten für Schüleraufführungen). - Auswertungen von Unterrichtserfahrungen s.: SCHEEL, Heinrich, Pädagogisches Leben. Theaterbesuch einer Schulklasse [der Schulfarm Insel Scharfenberg], in: Die Neue Schule, Jg. 3 (1948), S. 351f. - Und: SCHEEL, Heinrich, Schülerprüfung oder Lehrerprüfung, in: Die neue Schule, Jg. 3 (1948), S. 655f. - Vgl. zum ersten der beiden Zeitschriftenartikel: SCHEEL, Vom Leiter der Schulfarm Insel Scharfenberg, S. 22, zum zweiten Zeitschriftenartikel: SCHEEL, Vom Leiter der Schulfarm Insel Scharfenberg, S. 23.
[103] SCHEEL, Vom Leiter der Schulfarm Insel Scharfenberg, S. 12.
[104] SCHEEL, Vom Leiter der Schulfarm Insel Scharfenberg, S. 25.
[105] S. dazu: SCHEEL, Vom Leiter der Schulfarm Insel Scharfenberg, S. 25.
[106] SCHEEL, Vom Leiter der Schulfarm Insel Scharfenberg, S. 24-27. - Auch: HERING / LÜTZENKIRCHEN, Das Gespräch mit Heinrich Scheel, S. 102.

getragen haben dürfte, Scheel "vor dem Ärgsten zu bewahren"[107]. Doch die politisch motivierte Ablösung Scheels als Schulleiter der Schulfarm erschien - wie Scheel in seinen Erinnerungen schreibt - fortan nur noch eine Frage der Zeit[108].

Tatsächlich existiert ein Schreiben Blumes an die Erziehungskommission der französischen Militärregierung vom 17.12.1948, aus dem hervorgeht, daß man an eine Neugestaltung der Schulfarm gehen wollte, bei der man auch an eine Mitwirkung Blumes dachte bzw. bei der Blume versuchte, sich Mitwirkungsmöglichkeiten zu 'sichern'. In dem Schreiben heißt es u.a.:

> "Am 15.XII.[1948] wurde ich von Herrn Schulrat Weiß-Reinickendorf davon verständigt, daß das dortige Schulamt nach einem Hinweis aus der französischen Erziehungskommission bei der notwendigen Neugestaltung der Schulfarm Insel Scharfenberg auf die Mitarbeit ihres einstigen Gründers Wert lege.
> Daraufhin möchte ich Ihnen, sehr geehrte Herren, nicht vorenthalten, daß mir schon vorher derselbe Gedanke gekommen war [...]. Ich hatte Herrn Stadtrat [Walter] May [(1900-1953)[109]] einen kurzen Aufriß eingereicht, in dem Vorschläge gemacht sind, wie die einstige Pädagogische Provinz im Tegeler See [...] jetzt bei diesem erneuten Einschnitt den Anforderungen unserer heutigen Berliner pädagogischen Situation entsprechend umgestaltet werden könnte, um ihrem alten Ruf mutatis mutandis wiederzugewinnen."[110]

1949 wurde die Umgestaltung Realität. Am 14.02.1949 erhielt Scheel ein Schreiben des Berliner Stadtrats Walter May vom 11.02.1949, das ihn von der Scharfenberger Schulleitung entband:

> "Mit dem 1.3.1949 soll die Schulfarm Scharfenberg andersgeartete, zeitgemäßere, pädagogische Aufgaben auf der Grundlage des Berliner Einheitsschulgesetzes übernehmen. Für die Durchführung dieser Aufgaben ist, nach Ihrer Erklärung gegenüber dem Bezirksschulamt Reinickendorf, Ihre Mitarbeit als Schulleiter der Schulfarm Scharfenberg nicht angängig. Wir entbinden Sie also vom 16.2.1949 ab von der Leitung der Schulfarm Scharfenberg und überweisen Sie zur weiteren Dienstleistung in den Ostsektor von Berlin. Die Wahl des Bezirks überlassen wir Ihnen."[111]

Scheel kommentiert diesen glatten, politisch motivierten 'Rausschmiß' wie folgt:

> "Ich war beileibe kein Einzelfall. Der ungleich bedeutendere Paul Oestreich, [Mit-] Begründer des Bundes Entschiedener Schulreformer [...] seit 1945 Hauptschulrat im Westberliner Bezirk Zehlendorf, bekam am 8.1.1949 im Prinzip dieselbe Order von May, der seinen einstigen Mitstreiter dabei jedoch noch 'mit dem Ausdruck aufrichtiger Wertschätzung' bedachte. Dazu langte es bei mir nicht, aber immerhin war Stadtrat Weiß so offen, am Telefon auf meinen

---

[107] SCHEEL, Vom Leiter der Schulfarm Insel Scharfenberg, S. 27f.
[108] SCHEEL, Vom Leiter der Schulfarm Insel Scharfenberg, S. 27-32.
[109] Biogr. Inf. zu May, seit 1947 Stadtrat und Leiter der Abteilung Volksbildung im Magistrat von Groß-Berlin und ab 1951 Hauptschulrat in Berkin-Reichnickendorf: Landesarchiv Berlin an D.H. br. vom 10.06.1999. - Und: REINICKE, Peter, Walter May [1900-1953], in: Who is who der Sozialen Arbeit, hrsg. von Hugo MAIER, Freiburg 1998, S. 384f.
[110] Berlin, LA, SIS: Blume an die Erziehungskommission der französischen Militärregierung zu Händen von Herrn Hauptmann Krugell br. vom 17.12.1948. - Was seine eigene (nicht realisierte) Rolle anbelangt, so schreibt Blume ebd.: "[Es] [...] hat Herr Stadtrat May den Gedanken gehabt, mich als Dozenten in Etat der Hochschule weiterzuführen mit dem Sonderauftrag, die brennenden Fragen der Schulreform voranzutreiben und literarisch zu fixieren, wobei die Schulfarm als pädagogisches Labor zu benutzen sei unter gegenseitiger Anregung der in Betracht kommenden Instanzen und ich später der Betreuer der Studenten, die auf die Insel lernend und helfend kämen, sein würde."
[111] PS Scheel: Schreiben des Hauptschulamtes an Scheel vom 11.02.1949.

förmlichen Protest die Formulierung meiner Versetzung 'Jacke wie Hose' zu nennen: 'Wir brauchen einander nichts vorzumachen - es ist eine politische Entscheidung.' Ich war ein echter Westberliner mit Wohnsitz in Neukölln und Arbeit in Reinickendorf, über den behördlich verfügt wurde, im Ostsektor zu sehen, wo ich bliebe."[112]

Begleitet war das Ganze von heftigen, freilich erfolglosen Protesten von Seiten der Schüler- und Lehrerschaft zugunsten Scheels[113] sowie von entsprechenden Pressekampagnen:

"Natürlich griff auch die Presse den Fall Scharfenberg auf, wobei selbstverständlich die Ostgazetten den Westen und die Westgazetten den Osten attackierten. Was den Wahrheitsgehalt der dabei mitgeteilten Informationen angeht, so stand ihm der 'Tagesspiegel' (Nr. 1027, 5. Jg., 3.3.1949)[114] eindeutig am fernsten. Seine Stories, wonach Scharfenberg 'drei Jahre als kommunistisches Versuchsobjekt gedient' hätte, wo 'Schüler nicht mehr nach Fähigkeiten und Begabung, sondern nach ihrer oder der Eltern politischer Haltung ausgesiebt' worden wären und 'die sowjetdeutsche FDJ [...] eine 'Pioniergruppe' gebildet und 'Schulungsabende' veranstaltet' hätte, stellten die Spitze aller Verleumdungen dar."[115]

II.1.C. DAS 'OST-SCHARFENBERG' IN DER SCHORFHEIDE UND IN HIMMELFPORT 1949-1952

In den Wirren der Ereignisse um die Abberufung Scheels, während denen "die Schulfarm am 19. Februar [1949] schließen mußte", um "mit deutlich verringerter Schülerzahl" am 1. März 1949 neu geöffnet zu werden[116], berief Ernst Wildangel (1891-1951), vor 1933 Studienrat an der von Fritz Karsen geleiteten Karl-Marx-Schule und von September 1945 bis November 1948 Leiter des Berliner Hauptschulamtes, am 26.02. im Hauptschulamt eine Versammlung Scharfenberger Eltern ein, auf der - für ca. 30 Schülerinnen und Schüler, die die Schulfarm im Zuge des

---

[112] SCHEEL, Vom Leiter der Schulfarm Insel Scharfenberg, S. 30. - Zur Amtsversetzung Paul Oestreichs s.: Paul Oestreich amtsentsetzt [sic!], in: Die neue Schule. Blätter für demokratische Erneuerung in Unterricht und Erziehung, Jg. 4 (1949), S. 69, hier heißt es anders als bei Scheel, Oestreich sei bereits am 29.12.1948 fristlos seines Amtes enthoben worden. - Vgl. auch: Protestkundgebung des FDGB zum Fall Oestreich [am 07.01.1949], in: Die neue Schule. Blätter für demokratische Erneuerung in Unterricht und Erziehung, Jg. 4 (1949), S. 132.
[113] SCHEEL, Vom Leiter der Schulfarm Insel Scharfenberg, S. 29f.
[114] Die Schülerrepublik auf der Insel. Schulfarm Scharfenberg unter neuer Leitung, in: Der Tagesspiegel vom 03.03.1949.
[115] SCHEEL, Vom Leiter der Schulfarm Insel Scharfenberg, S. 31.
[116] SCHEEL, Vom Leiter der Schulfarm Insel Scharfenberg, S. 31.

Konfliktes um Scheel verlassen wollten - die Errichtung einer 'neuen Schulfarm' beschlossen wurde[117].

Diese 'neue Schulfarm' fand ihre erste Unterkunft in Döllnkrug bei Groß-Dölln in der Schorfheide in einem Heim der FDJ, einem dreistöckigen Haus, das laut Scheel "der 'Reichsjägermeister' Hermann Göring seinem obersten Forstbeamten samt Gefolge [...] hingesetzt hatte"[118].

Heinrich Scheel war an diesem Unternehmen in Dölln, das am 5. März 1949 mit einer offiziellen Eröffnung gestartet wurde, nach eigener Aussage "vielleicht 14 Tage lang" beteiligt gewesen, aber "dies nur als Leihgabe" - man könnte auch sagen, aus propagandistischen Gründen - da er "bereits anderswo fest eingebunden war"[119]:

> "Um der Kontinuität willen hielten es Eltern und Schulamt für angezeigt, daß ich - obwohl bereits anderweitig gebunden - wenigstens beim Stapellauf des Schiffes dabei sein sollte. Am 5.3.1949 fanden sich alle Interessierten in Groß-Dölln ein. Nach Ernst Wildangel und Paul

---

[117] SCHEEL, Vom Leiter der Schulfarm Insel Scharfenberg, S. 32. - PEWESIN, Wolfgang, Der Beginn der Neuordnung Scharfenbergs 1949. Teil 1: In der Ost-West-Spannung. Die Wirren des Übergangs 1948/49, in: Sonderheft zum 'Tag der Alten' 1985. Aus der Geschichte der Schulfarm. 1. Georg Netzband (gest. 1984) [von Wolfgang PEWESIN] - 2. Der Beginn der Neuordnung Scharfenbergs 1949. Teil 1: In der Ost-West-Spannung. Die Wirren des Übergangs 1948/49 [von Wolfgang PEWESIN] (=Neue Scharfenberg-Hefte, 11), Berlin 1985, S. 6-16, hier S. 14: "Offenbar auf Initiative von Elternausschußmitgliedern und unter tatkräftiger Unterstützung des inzwischen als Leiter des Hauptschulamtes in Ostberlin wirkenden Stadtschulrats Wildangel wurde für Sonnabend, den 26. Februar um 16 Uhr in das Zimmer 206 des Hauptschulamtes am Werderschen Markt eine Versammlung von Scharfenberger Eltern einberufen, auf der die Errichtung einer östlichen 'Schulfarm Scharfenberg' beschlossen wurde."

[118] SCHEEL, Vom Leiter der Schulfarm Insel Scharfenberg, S. 32. - Eine Abbildung des Gebäudes in der Schorfheide findet sich abgedr. bei: BECK, Ilse, Schülerstreik auf Scharfenberg, in: Der Junge Pionier. Organ des Zentralrats der FDJ für die Jungen Pioniere, Berlin (DDR) vom 08.03.1949; wieder abgedr. in: Profil. Zeitschrift für die Schulfarm Insel Scharfenberg, Jg. 2 (1997), Nr. 7: Juni, S. 16.

[119] Scheel an D.H. br. vom 02.11.1994. - Dies gilt es zu benennen, da es in der Literatur z. Tl. fälschlich heißt, Scheel sei aktiv an der Gründung eines 'Gegen-Scharfenberg' beteiligt gewesen; so z.B.: Die Schulfarm Scharfenberg. Eine chronologische Übersicht, in: 60 Jahre Schulfarm Insel Scharfenberg 1922-1982. Jubiläums-Festschrift anläßlich des 60-jährigen Bestehens der Schulfarm Insel Scharfenberg (=Sonderheft der Fähre), Berlin 1982, S. 105-110, hier S. 108: "1949 (Febr.): Scheel verläßt mit einer Gruppe von FDJ-Schülern die Schulfarm und ist in der Schorfheide (DDR) beteiligt an einer Gegengründung, die sich jedoch bald wieder auflöst."

Oestreich nahm ich das Wort, dem Unternehmen allzeit gute Fahrt wünschend. Ich blieb ein, zwei Wochen dort, um bei den notwendigen Vorbereitungen noch mithelfen zu können."[120]

Anschließend fand Scheel von 1949 bis 1950 als deutscher Direktor des 'Hauses der Kinder' im sowjetisch besetzten Sektor Berlins, in Berlin-Lichterfelde, eine neue Wirkungsstätte[121], arbeitete von 1951 bis 1952 als Fachschulrat im Hauptschulamt und war parallel dazu als Dozent an der Pädagogischen Hochschule in Ostberlin tätig[122]. Anfang der 50er Jahre begann Scheel eine wissenschaftliche Karriere, während der er u.a. 1972 zum Vizepräsident der Akademie der Wissenschaften der DDR berufen wurde, und die ihn insbesondere mit intensiven Forschungen und umfangreichen Darstellungen zu den Auswirkungen der bürgerlichen Revolution in Frankreich

---

[120] SCHEEL, Vom Leiter der Schulfarm Insel Scharfenberg, S. 32. - Vgl. zur Eröffnung auch: Neue Schulfarm mit alter Tradition, in: Neues Deutschland vom 07.03.1949: Hier heißt es, der Westmagistrat habe "über 30 Schüler und Schülerinnen sowie einige fortschrittliche Lehrkräfte 'aus politischen Gründen' aus der Schulfarm Insel Scharfenberg in Tegel herausgeworfen"; daraufhin sei in Döllnkrug bei Groß-Dölln in der Schorfheide ein Heim entstanden, das "am Sonntag von Stadtrat Wildangel den Schülern und Lehrkräften feierlich übergeben" worden sei: "Stadtrat Wildangel betonte, daß die neue Schulfarm, die an die besten Traditionen der 20er Jahre anknüpft, die jungen Menschen zu selbständigen, verantwortungsbewußten Menschen heranbilden wolle. Der Dezernent des höheren Schulwesens, Professor Oestreich, richtete herzliche Begrüßungsworte an die Schüler und gab der Hoffnung Ausdruck, daß diese durch strebsame Arbeit in seinem Geist den Dank an die Behörden abtragen, die unter großen Mühen und Schwierigkeiten eine neue bestausgerüstete Schulfarm errichteten und so den sabotierenden Kräften in Westberlin die wirksamste Antwort erteilten. In etwa acht Wochen werden 40 Schüler mit ihren Lehrkräften - drei weitere aus der alten Schulfarm haben sich inzwischen dem neuen Heim zur Verfügung gestellt - in eine Stätte übersiedeln, die ihnen neben dem theoretischen Studium auch die Arbeitsmöglichkeit in der Landwirtschaft und in Lehrwerkstätten gibt." - Vgl. einen zweiten Artikel im Neuen Deutschland: Unterkunft für Scharfenberger Schüler, in: Neues Deutschland vom 08.03.1949: "Der Leiter des Hauptschulamtes, Dr. Wildangel, bestätigte am Sonntag im Rahmen einer kurzen Feierstunde die Schulfarm Scharfenberg in ihrem neuen, provisorischen Sitz in Groß-Böllen [sic!] in der Schorfheide. An der Einweihung des von der FDJ zur Verfügung gestellten Heimes nahmen Professor Oestreich, Schulrat Wagner vom Hauptschulamt und die Elternbeiräte der Schulfarm teil. Die neue Schulfarm konnte infolge des Entgegenkommens der städtischen Behörden und der Unterstützung durch Oberbürgermeister Ebert innerhalb von 10 Tagen komplett eingerichtet werden."

[121] SCHEEL, Vom Leiter der Schulfarm Insel Scharfenberg, S. 35-61: Kap. 'Haus der Kinder'. - Vgl. auch (ohne Nennung Scheels): HARTMANN, Lilli, Das Haus der Kinder, in: Die Neue Schule. Blätter für demokratische Erneuerung in Unterricht und Erziehung, Jg. 3 (1948), S. 351.

[122] SCHEEL, Vom Leiter der Schulfarm Insel Scharfenberg, S. 62-73: Kap. 'Hauptschulamt und Pädagogische Hochschule'.

auf das damalige Deutschland und mit Untersuchungen zum 'antifaschistischen Widerstandskampf' hervortreten ließ[123].

Das Döllner Domizil war nur als eine behelfsmäßige Unterkunft gedacht. Als die FDJ ihr Heim wieder für eigene Zwecke brauchte, wurde das Unternehmen am 1. Sept. 1949 in ein dem Magistrat gehörendes, seit August 1949 leerstehendes und zuvor von Schülern der Aufbauschule Lichtenberg benutztes Gebäude des Landschulheims Himmelpfort im Kreis Templin verlegt - über dessen Nutzung als

---

[123] Zur Biogr. Scheels in der DDR s. bes.: SCHEEL, Vom Leiter der Berliner Schulfarm Scharfenberg. - Und: HERING / LÜTZENKIRCHEN, Das Gespräch mit Heinrich Scheel. - Zur wissenschaftlichen Biogr. Scheels nach 1951/52 s. auch: SCHEEL, Biographie, S. 28. - MARKOW, Laudatio. - HAUN, Heinrich Scheel [Kurzbiographie]. - RAPOPORT, Samuel Mitja, Laudatio auf Heinrich Scheel anläßlich seines 80. Geburtstages [am 11.12.1995], in: Sitzungsberichte der Leibnitz-Sozietät, Bd. 8 (1995), S. 127-129. - SCHEEL, Vom Leiter der Schulfarm Insel Scharfenberg, S. 74-93: Kap. 'An der Universität'. - Zum Verständnis Scheels vgl. schließlich: DIETZE, Walter, Literarische Bemerkungen zu den Schatzgräbereien eines Unbestechlichen, in: Universalhistorische Aspekte und Dimensionen des Jakobinismus. Dem Wirken Heinrich Scheels gewidmet (=Sitzungsberichte der Akademie der Wissenschaften der DDR, Reihe Gesellschaftswissenschaften, Jg. 1976, Nr. 10/G), Berlin (DDR) 1976, S. 10-14. - "Der Wunsch, die unterbrochene Ausbildung fortzusetzen und abzuschließen, führt den Siebenunddreißigjährigen zurück an die Philologische Fakultät der Humboldt-Universität" (MARKOW, Laudatio, S. 7). Hier war Scheel von 1952 bis 1956 zunächst Assistent, dann Oberassistent; 1956 promovierte er: SCHEEL, Heinrich, Die revolutionär-demokratischen Volksbewegungen in Südwestdeutschland von 1795 bis 1801, Berlin, Humboldt-Univ., Diss. (masch.), 1956. - 1956-72 war Scheel Mitarbeiter am Institut für Geschichte der Akademie der Wissenschaften in verschiedenen Funktionen; 1960 erfolgte die Habilitation, 1961 die Berufung zum Professor an der Humboldtuniversität Berlin. 1969 wurde er zum Ordentlichen Mitglied der Akademie der Wissenschaften der DDR gewählt; von 1972 bis 1984 war er Vizepräsident für Plenum und Klassen der Akademie. 1977 wurde er zum Auswärtigen Mitglied der Polnischen Akademie der Wissenschaften gewählt, Von 1982 bis 1990 war er schließlich Präsident der Historikergesellschaft der DDR. -
Eine Übersicht über das wissenschaftliche Werk bietet: Bibliographie Heinrich Scheel, in: Demokratie, Antifaschismus und Sozialismus in der deutschen Geschichte, hrsg. von Helmut BLEIBER und Walter SCHMIDT, Berlin (DDR) 1988, S. 339-362. - Und: SCHEEL, Heinrich, Auswahlbibliographie wissenschaftlicher Veröffentlichungen, in: Universalhistorische Aspekte und Dimensionen des Jakobinismus. Dem Wirken Heinrich Scheels gewidmet (=Sitzungsberichte der Akademie der Wissenschaften der DDR, Reihe Gesellschaftswissenschaften, Jg. 1976, Nr. 10/G), Berlin (DDR) 1976, S. 328-336. - Hier sei aus Scheels Gesamtwerk lediglich hingewiesen auf: Die Mainzer Republik, hrsg., eingel., komm. und bearb. von Heinrich SCHEEL; Bd. I: Protokolle des Jakobinerklubs [738 Seiten], Bd. II: Protokolle des Rheinisch-deutschen Nationalkonvents mit Quellen zu seiner Vorgeschichte [920 Seiten] (=Akademie der Wissenschaften der DDR. Schriften des Zentralinstituts für Geschichte, 42 und 43), Berlin (DDR) 1975/1981. - SCHEEL, Heinrich, Die Mainzer Republik, Bd. III: Die erste bürgerlich-demokratische Republik auf deutschem Boden (=Akademie der Wissenschaften der DDR. Schriften des Zentralinstituts für Geschichte, 44), Berlin (DDR) 1989.

1. Die Entwicklung der Schulfarm

'Gegen-Scharfenberg' eine Akte im Berliner Landesarchiv, Außenstelle Breite Straße, zumindest punktuellen Einblick gibt[124].

Pädagogischer Leiter Himmelpforts wurde Dr. Johannes (Hans) Kuhn (1898-1949), der am 6.9.1949 verstarb[125]. Seine Nachfolgerin wurde - nachdem für "einige Tage" der "Hauptreferent des Hauptschulamtes, Herr Wagner" die Leitung übernommen hatte[126] - Frau Dr. Ruth Lesser[127]. Deren Nachfolger wurde wohl im Februar 1950 - als letzter pädagogischer Leiter Himmelpforts - der Lehrer Roderich Tännigkeit[128].

Von Anfang an war klar, daß auch die Unterkunft in Himmelpfort keine befriedigende Lösung sein konnte. Nicht nur, daß hier - wie zuvor in Dölln - der Charakter der Schul-Farm völlig verloren gegangen war[129]: schon nach wenigen Wochen traten - neben einigen belastenden Unregelmäßigkeiten in der Wirtschafts- und Kassenführung - erhebliche hygienische Probleme auf, die vor allem aus einer deutlichen Überbelegung des auf max. 80 Schülerinnen und Schüler ausgelegten Heimes mit 112 Schülerinnen und Schülern besetzten Heimes resultierten[130].

---

[124] Berlin, LA. Außenstelle Breite Straße (Stadtarchiv), Rep. 120: Volksbildung, Nr. 2487: Schulfarm Insel Scharfenberg in Himmelpfort, Kr. Templin, Okt. 1949 - Aug. 1951 [Akten bis Januar 1952 enthaltend!]. - Zum Zeitpunkt des Nutzungsbeginns Himmelpforts s.: Berlin, LA. Außenstelle Breite Straße: Rep. 120, Nr. 2487, Bl. 88-100 [=Bl. 106-123]: Bericht über die Prüfung der im Landschulheim Himmelpfort untergebrachten 'Schulfarm Scharfenberg' vom 27.10.1949. - S. auch: Berlin, LA. Außenstelle Breite Straße: Rep. 120, Nr. 2487, Bl. 83-85: Schreiben betr. "Internat 'Schulfarm Scharfenberg/Himmelpfort'" vom 31.10.1949. - Einen Hinweis darauf, daß das Gebäude dem Magistrat gehörte, gibt: Berlin, LA. Außenstelle Breite Straße: Rep. 120, Nr. 2487, Bl. 83-85: Schreiben betr. "Internat 'Schulfarm Scharfenberg/Himmelpfort'" vom 31.10.1949. - In der Literatur finden sich nur kurze, wenig ergiebige Hinweise auf das 'Gegen-Scharfenberg'; s. vor allem: Die Schulfarm Scharfenberg. Eine chronologische Übersicht, in: 60 Jahre Schulfarm Insel Scharfenberg 1922-1982. Jubiläums-Festschrift anläßlich des 60-jährigen Bestehens der Schulfarm Insel Scharfenberg (=Sonderheft der Fähre), Berlin 1982, S. 105-110, hier S. 108. - PEWESIN, Erneuerung, S. 48. - PEWESIN, Beginn, S. 14 und S. 16. - KEIM, Kursunterricht, S. 136f.

[125] Zur Leitung Himmelpforts und zum Todesdatum: Berlin, LA. Außenstelle Breite Straße: Rep. 120, Nr. 2487, Bl. 88-100 [=Bl. 106-123]: Bericht über die Prüfung der im Landschulheim Himmelpfort untergebrachten 'Schulfarm Scharfenberg' vom 27.10.1949. - Hinweis auf das Geburtsjahr: Strohschein an D.H. briefl. vom 06.08.1999.

[126] Berlin, LA. Außenstelle Breite Straße: Rep. 120, Nr. 2487, Bl. 83-85: Schreiben betr. "Internat 'Schulfarm Scharfenberg/Himmelpfort'" vom 31.10.1949.

[127] Z.B.: Berlin, LA. Außenstelle Breite Straße: Rep. 120, Nr. 2487, Bl. 88-100 [=Bl. 106-123]: Bericht über die Prüfung der im Landschulheim Himmelpfort untergebrachten 'Schulfarm Scharfenberg' vom 27.10.1949.

[128] Zuerst: Berlin, LA. Außenstelle Breite Straße: Rep. 120, Nr. 2487, Bl. 24: Schreiben von Tännigkeit an das Hauptschulamt vom 18.02.1950.

[129] Berlin, LA. Außenstelle Breite Straße: Rep. 120, Nr. 2487, Bl. 88-100 [=Bl. 106-123]: Bericht über die Prüfung der im Landschulheim Himmelpfort untergebrachten 'Schulfarm Scharfenberg' vom 27.10.1949: "In Groß-Dölln - und später auch in Himmelpfort - hatte die Schulfarm ihren Charakter als Schul'farm' verloren; sie wird jetzt als Internats-Oberschule für Arbeiter- und Bauernkinder geführt."

[130] S. vor allem: Berlin, LA. Außenstelle Breite Straße: Rep. 120, Nr. 2487, Bl. 88-100 [=Bl. 106-123]: Bericht über die Prüfung der im Landschulheim Himmelpfort untergebrachten 'Schulfarm Scharfenberg' vom 27.10.1949. - Und: Berlin, LA. Außenstelle Breite Straße: Rep. 120, Nr. 2487, Bl. 83-85: Schreiben betr. "Internat 'Schulfarm Scharfenberg/Himmelpfort'" vom 31.10.1949.

Um den Schwierigkeiten zu begegnen, wurden die verschiedensten Überlegungen zu einer verbesserten Unterbringung der Himmelpforter Schülerinnen und Schüler angestellt[131] - u.a. wurde am Rande gar der Gedanke einer entsprechenden Nutzung des Berliner Schlosses ausgesprochen[132]. Schließlich wurde am Ende des Jahres 1949 das Heim auf die Klassen 9-12 beschränkt und die Klassen 7 und 8 in das dazu umgenutzte Landschulheim Birkenwerder verlegt[133]. Doch auch nach dieser Umgestaltung wurde weiter überlegt, "ob die Schulfarm Scharfenberg in der bisherigen Form auf die Dauer weitergeführt werden kann und ob und wann eine Verlegung in die nähere Umgebung Berlins oder nach Berlin selbst angebracht und möglich ist."[134]

Bereits ein Artikel im 'Neuen Deutschland' vom 07.03.1949 unterstellte, mit der Abspaltung eines Teils der Scharfenberger Gemeinschaft und ihrer Verlegung in den Osten solle eine "neue Schulfarm" entstehen, die - was ihr in Westberlin verwehrt worden sei - "an die besten Traditionen der 20er Jahre" anknüpfen solle[135]. Auch die im Landesarchiv lagernden Akten enthalten Bezeichnungen für das Himmelpforter Unternehmen, die diese 'Traditionslinie' vom Scharfenberg der Weimarer Republik über das Scharfenberg unter der Leitung Heinrich Scheels hin zu dem 'Ost-Unternehmen' ziehen - etwa durch Bezeichnungen wie z.B. einfach als 'Schulfarm Scharfenberg'[136] oder 'Schulheim Scharfenberg'[137], als 'Scharfenbergschule in Him-

---

[131] S. zur Idee, das Landschulheim (Schloß) Siethen zu nutzen, vor allem: Berlin, LA. Außenstelle Breite Straße: Rep. 120, Nr. 2487, Bl. 62 [=Bl. 63]: Schreiben des Stadtschulrats Wildangel an Oberbürgermeister Ebert vom 28.06.1950: "Die Schulverwaltung hat Schloß Siethen in Aussicht genommen, um dort die Schulfarm Scharfenberg unterzubringen, die sich augenblicklich in Himmelpfort befindet. Schloß Siethen bietet dafür nicht nur die räumlichen Voraussetzungen, sondern es ist auch besonders günstig, da das daneben liegende Stadtgut Gelegenheit zu landwirtschaftlicher Betätigung bietet. [...]. Gleichzeitig wäre ein günstiger Kontakt gegeben, mit den jugendlichen Landarbeitern des Stadtguts. Es bestände auch die Möglichkeit, daß die Lehrer der Scharfenbergschule an dem Aufbau einer Betriebs-Berufsschule auf dem Stadtgut mitwirkten. Es ist aber unzweifelhaft, daß auch die FDJ für die Schulung ihrer Pionierleiter ein Gebäude bekommt. Unser Vorschlag geht dahin: Die Schulfarm Scharfenberg befindet sich zur Zeit in Himmelpfort in einem 4stöckigen Gebäude, das Unterkunft für ca. 100 bis 120 Personen bietet. Für eine Schule im Sinne der Scharfenberger Anstalt ist das Gebäude völlig ungeeignet. Es fehlt auch an stadteigenem Gelände, auf dem die Schüler eingesetzt werden können. Wir bieten der FDJ an, diese Gebäude in Himmelpfort zu übernehmen, da es für 5wöchentliche Ausbildungskurse der Pionier-Leiter durchaus geeignet wäre. [...]."
[132] Berlin, LA. Außenstelle Breite Straße: Rep. 120, Nr. 2487, Bl. 70: Schreiben vom Hauptschulamt an eine Frau Engel vom 12.11.1949: "Für das Interesse, daß Sie der Schaffung eines neuen Heimes für die Schulfarm Scharfenberg entgegenbringen, danken wir Ihnen verbindlichst. Rücksprachen mit allen in Frage kommenden Instanzen, insbesondere mit Herrn Stadtrat [Max] Kreuziger, haben indessen ergeben, daß der von Ihnen gemachte Vorschlag, das Berliner Schloß für diese Zwecke umzugestalten, nicht realisierbar ist."
[133] Hierzu vor allem: Berlin, LA. Außenstelle Breite Straße: Rep. 120, Nr. 2487, Bl. 83-85: Schreiben betr. "Internat 'Schulfarm Scharfenberg/Himmelpfort'" vom 31.10.1949. - Und: Berlin, LA. Außenstelle Breite Straße: Rep. 120, Nr. 2487, Bl. 72-75 [= Bl. 77-79; = Bl. 80-82]: Bericht über die Elternversammlung der Schulfarm Scharfenberg (Himmelpfort) am 31.10.1949 vom 01.11.1949. - Sowie: Berlin, LA. Außenstelle Breite Straße: Rep. 120, Nr. 2487, Bl. 69: Schreiben des Stadtrats Max Kreuziger [an den Bürgermeister Gohr] vom 14.11.1949.
[134] Berlin, LA. Außenstelle Breite Straße: Rep. 120, Nr. 2487, Bl. 69: Schreiben des Stadtrats Max Kreuziger [an den Bürgermeister Gohr] vom 14.11.1949.
[135] Neue Schulfarm mit alter Tradition, in: Neues Deutschland vom 07.03.1949.
[136] Berlin, LA. Außenstelle Breite Straße: Rep. 120, Nr. 2487, Bl. 27: Schreiben vom 22.09.1950.

1. Die Entwicklung der Schulfarm

melpfort'[138], 'Internat 'Schulfarm Scharfenberg/Himmelpfort''[139] sowie als 'Schulfarm Himmelpfort'[140], 'Landschulheim Himmelpfort'[141], 'Internat Himmelpfort'[142] oder als 'Oberschulinternat Himmelpfort'[143].

Auch ein 1994 erstelltes Video mit dem Titel 'Leb' wohl Orplid', in dem ehemalige Schülerinnen und Schüler Himmelpforts - wie z.B. Ulrich Plenzdorf (geb. 1934) - zu Worte kommen, zeichnet eine direkte Linie von der Schulfarm der 20er und frühen 30er Jahre zur Schulfarm unter der Leitung Scheels bis hin zum Himmelpforter Unternehmen und interpretiert die 'Abspaltung' als eine direkte Fortführung des demokratischen Schulversuches der Weimarer Republik[144].

Ehemalige, an dem Himmelpforter Unternehmen beteiligte Schülerinnen und Schüler beschreiben - etwa in jenem Video - Himmelpfort aus der Erinnerung heraus als eine libertäre Erziehungsstätte. Diese habe sich für eine gewisse Zeitspanne Freiräume schaffen, diese gestalten und nutzen können, habe sich jedoch Anfang der 50er Jahre bald zunehmenden 'Repressalien' durch die DDR ausgesetzt gesehen und

---

[137] Berlin, LA. Außenstelle Breite Straße: Rep. 120, Nr. 2487, Bl. 14: Schreiben vom 29.09.1950.
[138] Berlin, LA. Außenstelle Breite Straße: Rep. 120, Nr. 2487, Bl. 11 [=Bl. 15]: Schreiben vom 20.09.1950.
[139] Berlin, LA. Außenstelle Breite Straße: Rep. 120, Nr. 2487, Bl. 83-85: Schreiben betr. "Internat 'Schulfarm Scharfenberg/Himmelpfort'" vom 31.10.1949.
[140] So z.B.: Berlin, LA. Außenstelle Breite Straße: Rep. 120, Nr. 2487, Bl. 50: Schreiben vom 27.07.1950.
[141] Berlin, LA. Außenstelle Breite Straße: Rep. 120, Nr. 2487, Bl. 19: Schreiben vom 25.12.1950.
[142] Berlin, LA. Außenstelle Breite Straße: Rep. 120, Nr. 2487, Bl. 10: Schreiben vom 23.09.1950.
[143] Berlin, LA. Außenstelle Breite Straße: Rep. 120, Nr. 2487, Bl. 1: Schreiben vom 11.01.1952.
[144] KLEIN, Thomas / GÖTZ, Torsten / BERNDT, Peggy, Leb' wohl Orplid [Video (Rohschnittfassung); Kamera: Rainer M. SCHULZ], [Berlin] 1994. - Der Wert dieses Videos scheint mir insbesondere in der Fixierung der Erinnerungen und subjektiven Einschätzungen des Himmelpforter Unternehmens durch die Schülerinnen und Schüler zu liegen. Zu den Problemen gehört neben der problematischen Skizzierung jener 'Traditionslinie' (zu deren Verfestigung auch kürzere Interviewpassagen Heinrich Scheels verwendet werden), daß das Video nahezu keinerlei 'harte Daten' vermittelt.

(daraufhin) schon Anfang 1952[145] als nicht 'systemkonform' ihr rasches Ende finden müssen[146].

II.1.D. DIE SCHULFARM UNTER DER LEITUNG WOLFGANG PEWESINS 1949 - 1969

In Westberlin wurde am 15.02.1949 - u.a. nach "eingehender Planung mit Blume, der Reinickendorfer Verwaltung [...] sowie mit Zustimmung der französischen Militärregierung"[147] - Wolfgang Pewesin neuer Leiter der Schulfarm, die aufgrund (oben bereits angedeuteter) tumultuarischer Ereignisse im Kontext des 'Rausschmisses' Heinrich Scheels kurzzeitig geschlossen und am 01.03. neu eröffnet wurde[148].

---

[145] Die letzte Quelle im Aktenbestand 'Berlin, LA. Außenstelle Breite Straße (Stadtarchiv), Rep. 120: Volksbildung, Nr. 2487: Schulfarm Insel Scharfenberg in Himmelpfort, Kr. Templin, Okt. 1949 - Aug. 1951' enthält (entgegen der Aktenbezeichnung!) Akten bis Januar 1952. - Die Information von: MÜLLER, Rudi, Brief zum 'Sechzigsten', in: 60 Jahre Schulfarm Insel Scharfenberg 1922-1982. Jubiläums-Festschrift anläßlich des 60-jährigen Bestehens der Schulfarm Insel Scharfenberg (=Sonderheft der Fähre), Berlin 1982, S. 83-89, hier S. 83, das unter der Leitung Scheels stehende 'Ost-Scharfenberg' sei 1953 geschlossen worden, ist falsch.

[146] Vgl. dazu: HENNIGER, Bärbel, Insel Scharfenberg. BZA sprach mit einem früheren Schüler, später Insel-Direktor [Heinrich Scheel], in: Berliner Zeitung am Abend, Berlin (DDR), vom 19.07.1990: "[Henniger:] Es gab einen Versuch, die Schulfarm in der Schorfheide neu zu gründen?" [Scheel:] Leider mit sehr geringem Erfolg, weil in den 50er Jahren Internatsschulen [in der DDR] aus unterschiedlichen Gründen abgelehnt wurden. Ich denke, wir orientierten uns zu stark an der sowjetischen Schule. Dabei war sie keineswegs führend in der Welt, aus ganz anderen Verhältnissen geboren. Sie mußte zunächst den Analphabetismus bekämpfen. Daß dazu eine Lernschule nötig war, will ich nicht bestreiten. Aber daß wir sie als die höchste Form der Schule übernahmen, hat die Reformpädagogik getötet. Jetzt fangen wir an, uns darauf zurückzubesinnen." - Die Schülerinnen und Schüler wurden übrigens mit der Auflösung Himmelpforts auf verschiedene Schulen 'verteilt'. -
Vgl. zur Problematik allgemeiner: Bildungspolitik in Deutschland 1945-1990, S. 16-19: 1948/49 Beginn der 'Sowjetisierung' des Bildungswesens der DDR; 1952 endgültige Abkehr von den 'bürgerlich-reaktionären' Traditionen; dahinter steckte der "autoritäre Charakter einer neuen Staatspädagogik, der es auf 'Bewußtseinsformung' nach einheitlichen politischen Zielen ankam, wobei das seit 1952 offiziell verkündete Leitbild einer 'allseitig entwickelten sozialistischen Persönlichkeit' dieses Ziel nur notdürftig verhüllte" (S. 19). - S. zum Thema u.a. auch div. Arbeiten von Gert Geißler: GEIßLER, Gert, Zur Schulreform und zu den Erziehungszielen in der Sowjetischen Besatzungszone 1945-1947, in: Pädagogik und Schulalltag, Jg. 46 (1991), S. 410-422. - GEIßLER, Gert, Zur bildungspolitischen Tendenzwende in der SBZ 1947 bis 1949, in: Pädagogik und Schulalltag, Jg. 46 (1991), S. 529-543. - GEIßLER, Gert, Organisation und Durchsetzungsvermögen der SED im Bildungswesen bis zum Beginn der fünfziger Jahre, in: Pädagogik in der DDR. Eröffnung einer notwendigen Bilanzierung, hrsg. von Ernst CLOER und Rolf WERNSTEDT, Weinheim 1994, S. 330-356. - S. auch die interessante Detailstudie: ARNHARDT, Gerhard, Zur Akzeptanz reformpädagogischen Denkens und Handelns in der SBZ und DDR - interpretiert an Beiträgen aus den Fachzeitschriften 'die neue schule' und 'pädagogik' bis zur Mitte der 50er Jahre, in: Pädagogik und Schulalltag, Jg. 46 (1991), S. 673-679.

[147] PEWESIN, Erneuerung, S. 48. - Vgl. auch: PEWESIN, Beginn, S. 6f.

[148] Über die Schwierigkeiten Pewesins als Nachfolger seines beliebten Vorgängers Scheel auf der Insel Fuß zu fassen s. in Kurzform: HARTKOPF, Beitrag, S. 26. - Vor allem aber auch, ausführlicher zu den Problemen Pewesins und zu dem (fortan) distanzierten Verhältnis zwischen Pewesin und Scheel: SCHEEL, Vom Leiter der Schulfarm Insel Scharfenberg, S. 32-34.

Pewesin war von 1924 bis zu seinem Abitur im Jahre 1927 Scharfenbergschüler gewesen, hatte von 1927 bis 1933 an der Berliner Universität Geschichte, Germanistik, Kunstgeschichte und Philosophie studiert und 1937 an gleicher Stelle promoviert[149]. Bis 1939 hatte er anschließend als Deutschlehrer an der Berlitz-School (Berlin) gearbeitet; 1940 war er zur Wehrmacht eingezogen, 1941 zur Ableistung der Referendarausbildung und für die erste Staatsprüfung für das höhere Lehramt beurlaubt worden; von 1941 bis Ende 1943 hatte er am Rußlandfeldzug teilgenommen und war von 1944 in englische Gefangenschaft geraten. Als Headmaster seines Camps war er - auch als Herausgeber einer Lagerzeitung - mit der geistigen Betreuung des Lagers betraut worden, organisierte und hielt selber historische, literarische und philosophische Vorträge und Kurse ab[150]. 1947 wurde er entlassen und kehrte nach Berlin zurück, wo ihn Blume - der laut eigener Aussage Ende 1946 versucht hatte, "für Scharfenberg [...] Pewesin [...] aus [der Kriegsgefangenschaft in] Sussex [...] loszueisen"[151] - (zunächst) als Dozent an die Pädagogische Hochschule berief[152] und dann mit dazu beitrug, daß Pewesin die Leitung der Schulfarm übertragen bekam[153]. Stellvertreter Pewesins wurde im Juni 1949 (bis 1959) Werner Hartkopf[154].

Während es zwischen Pewesin und Hartkopf zu einer langjährigen gedeihlichen Zusammenarbeit kam, führte die Zusammenarbeit zwischen Pewesin und Frühbrodt, der "1949 [...] auf Blumes Wunsch wieder nach Scharfenberg [gekommen war]"[155],

---

[149] PEWESIN, Wolfgang, Imperium, Ecclesia Universalis, Rom. Der Kampf der afrikanischen Kirche um die Mitte des 6. Jahrhunderts, Berlin, Univ., Diss., 1937; s. hier auch: Lebenslauf.
[150] Vgl.: PEWESIN, Wolfgang, Schulfarm Insel Scharfenberg. Ein Beitrag zur Frage der neuen deutschen Erziehung, in: Die Brücke. Für Verständigung und Frieden. Zeitschrift der Studenten von Wilton Park, Training Centre, 3. Lehrgang, Juni 1946, S. 28-30.
[151] Berlin, LA: Rep. 200, Acc. 3184, Nr. 67: Blume an Richter br. vom 22.11.1946; abgedr. in: HANSEN, Wilhelm Blume, S. 25-27, hier S. 26. - Vgl.: Blume an Pewesin br. von Anfang 1947, zit. nach: PEWESIN, Wilhelm Blume, S. 71: "[Es wäre möglich], Ihnen eine von den städtischen Schulen anzuvertrauen, die zu einer pädagogischen Provinz umgestaltet werden sollen, in jedem der vier Sektoren eine."
[152] Diese biogr. Inf. zu Pewesin: PS Pewesin: Lebenslauf W. Pewesin, masch. 1988. - PEWESIN, Imperium, o.S.: Lebenslauf. - PEWESIN, Etappen, S. 2. - Publikationen W. Pewesin: PS Pewesin: Publikationen von W. Pewesin, masch. 1988.
[153] S. so z.B. Berlin, LA, SIS: Blume an die Erziehungskommission der französischen Militärregierung zu Händen von Herrn Hauptmann Krugell br. vom 17.12.1948.
[154] Vgl. dazu S. 885. - Über die Anfänge der engen Zusammenarbeit zwischen Pewesin und Hartkopf: HARTKOPF, Beitrag, S. 26-32.
[155] Frühbrodt an D.H. br. vom 23.09.1989. - Frühbrodt war nach Ende des 2. Weltkrieges aufgrund seiner Mitgliedschaft in der NSDAP zunächst nicht wieder für den Schuldienst zugelassen worden; vgl. dazu S. 1008-1011.

bald zu immensen Spannungen, die wiederum dazu führten, daß Frühbrodt 1950 die Insel wieder verließ[156].

Blume hatte aufgrund seiner Berufung an die Pädagogische Hochschule kaum wirklich Einfluß auf eine grundlegende Neugestaltung der Schulfarm nehmen können, ebensowenig seine jeweils nur kurzzeitig auf Scharfenberg wirkenden Nachfolger Hilde Arnold, Hans Eberl und Heinrich Scheel. Unter Pewesin, der die Schulfarm von 1949 bis 1969 - also 20 Jahre lang - leiten sollte, und dessen Vertreter (bis 1959) Hartkopf konnte die Inselschule aber wieder ein eigenes pädagogisches Konzept entwickeln.

Dieses wies sehr starke Anknüpfungen an das Scharfenberg der 20er und frühen 30er Jahre auf und brachte - wenn auch nicht im gleichen Maße wie unter Blumes Leitung vor 1933/34 - Impulse hervor, die über den Rahmen der Schulfarm selbst

---

[156] Zu Pewesins Problemen, sich im Schuljahr 1949/50 gegen einige Kollegen durchzusetzen, insbesondere gegen Gerhard Frühbrodt, der 1949 "auf Blumes Wunsch wieder nach Scharfenberg" gekommen war (Frühbrodt an D.H. br. vom 23.09.1989), s.: HARTKOPF, Beitrag, S. 39f.: "Aber ganz reibungslos ging auch dieser Neubeginn [1949/50] nicht vonstatten, wenn auch die plötzlich auftretenden Schwierigkeiten weniger sachlicher oder prinzipieller, sondern vielmehr persönlicher Art und somit wenig erfreulich waren. Zum neuen Schuljahresbeginn [1949] war ein weiterer alter Scharfenberger zum neuen Kollegium hinzugekommen, Dr. F.[rühbrodt], einer der frühesten Referendare Blumes, der an der Humboldtschule in Tegel zu den engsten Mitarbeitern Blumes, insbesondere zu dem Dreigestirn gehörte, das dort für den Deutsch- und Geschichtsunterricht maßgeblich gewesen war, neben Blume und Dr. W. Richter [...]. Als Dr. F. nun nach Scharfenberg kam, sah er den Posten, der ihm nach seiner Auffassung eigentlich zugestanden hätte, von einem anderen besetzt, und stand von vornherein zu allem, was jetzt auf Scharfenberg vor sich ging, nicht nur in kritischer Distanz, sondern sogar in unbewußter Opposition. Ein so hervorragender Deutsch- und Geschichtslehrer er auch war und bei den Schülern außerordentlich gut 'ankam', so wenig war er bereit, in produktiver Mitarbeit auftretende kleine Reibungswiderstände, wie sie bei einem Neubeginn nicht ganz zu vermeiden sind, beseitigen zu helfen, sondern berichtete, zweifellos dabei auch entscheidend übertreibend, alles bei Blume und beeinflußte diesen leider auch zu einer skeptischen Beurteilung der Bemühungen auf Scharfenberg, die gerade jetzt eine Ermutigung benötigt hätten. So gelang es auf Scharfenberg eine Fronde zu etablieren, zu der auch [...] der Leiter der Schlosserinnung, ebenfalls ein ehemaliger Schüler der alten Schulfarm [Kroll], gehörten, mit dem Ziel, Pewesin von der Schulleitung zu verdrängen. Durch eine gewisse Rückendeckung von seiten Blumes sicher gemacht, ging die Fronde zum Angriff über [...]. Es kam zu einer harten Auseinandersetzung [...], die damit endete, daß die Frondeure - mit Ausnahme des Leiters der Schlosserei [Kroll] - [1950] versetzt wurden und von nun an auf Scharfenberg ungestört gearbeitet werden konnte. Als zunächst unbewältigtes Relikt dieses Konflikts blieb jedoch vorerst leider die Entfremdung zwischen Blume und der Schulfarm, die erst im Anschluß an die Diskussion um die Form des neu eingeführten 13. Schuljahres nach 1952 wieder abgebaut werden konnte." - S. kurz auch: PEWESIN, Etappen, S. 9. -
1950 wechselte Frühbrodt von der Schulfarm an die Georg Herweghschule in Berlin-Hermsdorf (Frühbrodt an D.H. br. vom 23.09.1989). 1960 kam er durch Blümel an die Fritz-Karsen-Schule (RADDE, Gerd, Zum Kern- und Kursunterricht auf der differenzierten Mittelstufe an der Fritz-Karsen-Schule in Berlin (West) (1984), in: Kursunterricht - Begründungen, Modelle, Erfahrungen, hrsg. von Wolfgang KEIM (=Wege der Forschung, 504), Darmstadt 1987, S. 290-326, hier S. 318, Anm. 75. - Und: RADDE, Gerd, Die Einheitsschule in Berlin. Ein Gesamtsystem und seine exemplarische Verwirklichung an der Fritz-Karsen-Schule in Berlin-Neukölln, in: Gesamtschul-Informationen, Jg. 20 (1989), Heft 1/2, S. 45-73; wieder in: Das Schulwesen in Berlin seit 1945. Beiträge zur Entwicklung der Berliner Schule, hrsg. von Benno SCHMOLDT (=Materialien und Studien zur Geschichte der Berliner Schule nach 1945, 8), Berlin 1990, S. 127-159, hier S. 145f.); s. zur Fritz-Karsen-Schule S. 966f.

1. Die Entwicklung der Schulfarm

bzw. über Berlin hinaus von der pädagogisch interessierten Welt registriert wurden. Nicht zu Unrecht sprach man in diesen Zusammenhängen in den 50er und 60er Jahren von einer 'Scharfenberger Renaissance'. Im Folgenden seien lediglich einige wenige zentrale Aspekte zu diesem wichtigen Kapitel der Scharfenberger Geschichte skizziert[157].

Die Schulfarm erlebte unter der Leitung Pewesins einen quantitativen Ausbau (Erhöhung der Schüler- und Lehrerzahlen) und Modernisierungsprozeß, der sich u.a. auch architektonisch manifestierte: So wurden z.b. 1956/57 sieben Schülerhäuser errichtet und 1961 das heutige Zentralhaus ('Blumehaus') eingeweiht[158]. 1958 wurde - aus heutiger Sicht nicht mehr nachvollziehbar - das Bollehaus gesprengt[159].

---

[157] Über diese Zeit der 'Scharfenberger Renaissance' existieren - vor allem - im Archiv der Schulfarm eine ganze Reihe wichtiger ungedr. Quellen, die bislang noch der detaillierten Auswertung harren. Als wichtige gedr. Quellen existieren vor allem diverse publizierte Arbeiten von Pewesin und Hartkopf. - Außerdem sei auf die autobiogr. Berichte hingewiesen in: 30 Jahre nach dem Scharfenberger Abitur (=Neue Scharfenberg-Hefte, 8), Berlin 1984. - Sowie: HICKETHIER, Knut, Die Insel. Jugend auf der Schulfarm Insel Scharfenberg 1958-1965. Mit einer schulhistorischen Notiz von Gerd RADDE (=Berliner Schuljahre. Erinnerungen und Berichte, 1), Berlin 1991. -
Als 'Eindrücke' von außen s. etwa: MORÉ, Walter, Schulfarm Insel Scharfenberg, in: Informationen für Kultur, Wirtschaft und Politik, Jg. 12 (1959), Heft 10 (Oktober), S. 27-30. - WEITLING, Eberhard, Die pädagogische Insel, in: Die Berliner Schule, Jg. 6 (1959), Heft 10, S. 4f. - ASBROCK, Marianne, Selbstverantwortung in Freiheit. Auf der Schulfarm Insel Scharfenberg in Westberlin, in: Deutsche Zeitung. Mit Wirtschaftszeitung, Köln, vom 27./28.02.1960. - WEISS, Wilhelm, Berlins Schulfarm Scharfenberg. Ein Landerziehungsheim, in: Berliner Lehrerzeitung, Jg. 18 (1964), S. 307-309.

[158] Die Schulfarm Scharfenberg. Eine chronologische Übersicht, in: 60 Jahre Schulfarm Insel Scharfenberg 1922-1982. Jubiläums-Festschrift anläßlich des 60-jährigen Bestehens der Schulfarm Insel Scharfenberg (=Sonderheft der Fähre), Berlin 1982, S. 105-110, hier S. 109. - S. u.a. auch: ZIMMERMANN, Klaus, An Stelle des Bolleturms, in: Die Fähre. Zeitung der Schulfarm Insel Scharfenberg, Berlin, Ausg. 1960, o.S.

[159] Die Schulfarm Scharfenberg. Eine chronologische Übersicht, in: 60 Jahre Schulfarm Insel Scharfenberg 1922-1982. Jubiläums-Festschrift anläßlich des 60-jährigen Bestehens der Schulfarm Insel Scharfenberg (=Sonderheft der Fähre), Berlin 1982, S. 105-110, hier S. 109. - S. dazu auch: 'Bollehaus' wird abgerissen, in: Telegraf vom 13.12.1956. - Sowie: BLUME, Erinnerungen.

In weitaus stärkerem Maße als vor 1933/34 knüpfte die Schulfarm unter Pewesins Leitung über Berlin hinaus - zum Teil internationale - Kontakte[160].

Wie vor 1933/34 galten als die herausragenden Kennzeichen der Schulfarm: (1.) eine sehr weit ausgebaute Schülerselbstverwaltung, (2.) die bedeutende Rolle der praktischen Arbeit und (3.) Besonderheiten des Unterrichts - hier insbesondere (a) die Gestaltung des 9. Schuljahres des sog. 'Praktischen Zweigs' (sog. 'Berufsfindungsjahr') und (b) die Gestaltung des Oberstufenunterrichts, vor allem die Gestaltung des 13. Schuljahres und das Scharfenberg-spezifische Kern-Kurs-System.

Zur Schülerselbstverwaltung - die laut Hartkopf "wieder wie im alten Scharfenberg die das Inselleben bestimmende und regulierende Instanz" wurde[161] - schrieb Pewesin u.a.:

"Die Institution des 'Erziehers', der neben dem Lehrer stünde, gibt es nicht: Erziehung und Unterricht können nicht voneinander getrennt werden. Und ebensowenig kann ohne selbständige Mitwirkung der Jungen und Mädchen an den Aufgaben des gemeinsamen Lebens eine Erziehung zum verantwortungsbewußten Handeln für das Ganze, wie sie auf Scharfenberg angestrebt wird, erreicht werden. Diese Mitwirkung in einer jugendgemäßen Demokratie mit übersehbaren Aufgaben findet ihren Ausdruck nicht nur in den täglichen Pflichten und kleinen Diensten, die z.B. die Ordnung im Hause und die Hilfe bei den Mahlzeiten betreffen. Sie zeigt sich auch in der Übernahme wichtiger Ämter, wie es die des Chefs der Fährgruppe, des Mahlzeitenchefs, des Verantwortlichen für die gerechte Verteilung der täglich notwendigen Arbeiten oder des Beauftragten für kulturelle Veranstaltungen sind,. und sie findet ihre Krönung in der

---

[160] S. dazu bes.: PEWESIN, Erneuerung, S. 54f. - Vgl. so auch: HARTKOPF, Beitrag, S. 44. - Bes. hingweisen werden soll auf die Verbindung der Schulfarm zum Humboldt-Gymnasium in Düsseldorf; s. dazu u.a.: BROKERHOFF, Karl Heinz, Insel der Sammlung. Eine Anmerkung zum Unterricht im Landheim, in: Die Pempelforte. Zeitschrift des Humboldt-Gymnasiums Düsseldorf und des Vereins ehemaliger Hindenburg-Schüler, Dezember 1958, S. 10f. - BROKERHOFF, Karl Heinz, Cityschule. Gymnasium und technische Welt, Hannover [u.a.] 1964 [S. 51-60 Kap. über Scharfenberg.]. - BROKERHOFF, Karl Heinz, Landheim-Studienwochen: Die Juden und der Staat Israel. Anschauung und Begriff, in: Der Gymnasial-Unterricht. Beiträge zur Gymnasialpädagogik, Reihe IV, Heft 3: Außerunterrichtliche Arbeitsweisen, Stuttgart 1967, S. 66-73 [S. 70f. Hinweis auf die pädagogische Zusammenarbeit der beiden Schulen zum Thema 'Die Juden und der Staat Israel']. - BROKERHOFF, Karl Heinz, Auch Freundschaft braucht einen Ort. Warum Lehrer ein Schullandheim brauchen, in: Haus Pempelfort. Das Experimentierfeld des Humboldt-Gymnasiums Düsseldorf, Düsseldorf 1969, S. 29f. - S. dazu auch: BLUME, Wilhelm, 12 Thesen [zum Thema Schullandheim]. Nebst einem nötigen Vorbericht zur Entschuldigung, in: Pempelforte. Zeitschrift des Humboldt-Gymanasiums Düsseldorf und des Vereins ehemaliger Hindenburg-Schüler, Dezember 1958, S. 3-6. - Ostern 1966 gründete Karl Heinz Brokerhoff (geb. 1922) in Essen das Gymnasium Am Stoppenberg als eine Schule des Bistums Essen, das die erste Tagesheimschule in Nordrhein-Westfalen darstellte. - Vgl. dazu etwa: Gymnasium Am Stoppenberg 1966-1986. Festschrift, hrsg. von der Schulleitung Gymnasium Am Stoppenberg, Essen 1986. - Vgl. dazu u.a. auch: PS Radde, Nachlaß Fritz Blümel (1899-1989), Korrespondenz: Blume an Blümel br. vom 25.08.1966: "Die Anmerkung [...] bezieht sich auf den Düsseldorfer Kollegen Brokerhoff, der in Essen Ostern 66 ein zweites Scharfenberg aufgemacht hat unter dem Protektorat -- des Bischofs! In einem Rundschreiben an seine Schäflein nennt er als Vorbilder die Berliner Schulfarm und das Düsseldorfer Schullandheim im Sauerland [...]." - Und: Berlin, LA, SIS: Blume an Weiß br. vom 09.08.1968: "Ich lege zum Jahresbericht einer bischöflichen Sonderschule in Essen bei, die sich als Tochter der Schulfarm bezeichnet, nicht bloß vom 1. Leiter aus Düsseldorf, Freund eines [einstigen] Scharfenberger Referendars [...], sondern ganz offiziell vom Bischof selbst. Eine merkwürdige Spätgeburt, allerdings auch die einzige. So spielt das Leben ... [sic!]."

[161] HARTKOPF, Beitrag, S. 41.

1. Die Entwicklung der Schulfarm

Insel-'Vollversammlung', die der Schülerausschuß vorbereitet, einberuft und leitet. Hier beraten und entscheiden Lehrer und Schüler gemeinsam bei gleichem Mitsprache- und Stimmrecht über die Verteilung der Ämter und wichtige Fragen des Insellebens bis hin zu der, wer neu in die Gemeinschaft als 'Vollbürger' aufgenommen werden könne und wer sie gegebenenfalls verlassen müsse, weil er sich in ihre Ordnung nicht finden kann. Auch an den Lehrerkonferenzen sind häufig Abgesandte des Schülerausschusses beteiligt."[162]

Über die Rolle der praktischen Arbeit bemerkte Pewesin u.a.:

"Obwohl die Schulfarm ein Gymnasium ist, das zum Abitur führt, wird in ihr ernsthaft 'praktisch' gearbeitet. Jeder unserer Jungen und Mädchen ist verpflichtet, sich - nach freier Wahl - einer unserer derzeitigen acht Arbeitsgruppen (hier 'Innungen' genannt) anzuschließen: der Landwirte, der Gärtner, der Tischler, der Schlosser, der Maler, der Drucker, der Weber oder der Hauswirtschaftler. Alle diese Gruppen leisten nützliche Arbeit für das Ganze; sie sind aus den praktischen Forderungen unseres Lebens entstanden, in den Nöten der Gründungszeit, der Inflation von 1922/23, haben sich in der Notzeit zwischen 1945 und 1949 abermals bewährt und sind heute, so scheint es, wichtiger denn je. Die Tiere (Pferd, Kühe, Schweine, Schafe, Bienen) müssen versorgt, Acker und Garten bestellt, notwendige Reparaturen und neue Ausstattungsstücke für Schule und Haus müssen - soweit unsere Kräfte reichen - von uns selbst hergestellt werden. Die Schulfarm nähert sich damit dem Prinzip der Produktionsschule (freilich in vertretbaren Grenzen) und sieht darin einen großen erzieherischen Wert. Vielfach ergeben sich enge Verbindungen zwischen der wissenschaftlich-künstlerischen und der praktischen Arbeit (Biologie - Gärtnerei, Physik - Schlosserei, Kunst - Weberei usw.), die auch auf dem Reifezeugnis vermerkt wird."[163]

Insgesamt war, wie in der Zeit der Weimarer Republik, eine starke Verbindung von außerunterrichtlichem und unterrichtlichem Leben festzustellen. Insbesondere wurde diese Verbindung im Rahmen der Inselfeste, vor allem dem 'Erntefest' als dem nach wie vor zentralen Inselfest, sichtbar[164].

---

[162] PEWESIN, Wolfgang, Schulfarm Insel Scharfenberg - Berlin. Ein Schulversuch zur Gestaltung der Gymnasial-Oberstufe, in: Der Gymnasial-Unterricht, hrsg. von Robert ULSHÖFER und Hartmut von HENTIG, Reihe IV (1966), Heft 2, S. 26-34, hier S. 26f. - S. zum Thema auch: Die Julipunkte der Schulfarm Insel Scharfenberg, in: Wir machen mit. Aus dem Leben der Schülermitverwaltung, Koblenz, Jg. 2 (1954), Heft 4, S. 3. - Abdr. der 'Julipunkte auch in: CHIOUT, Herbert, Schulversuche in der Bundesrepublik Deutschland. Neue Wege und Inhalte der Volksschule, hrsg. von der Hochschule für internationale Pädagogische Forschung in Frankfurt a.M., Dortmund 1955, S. 200f.

[163] PEWESIN, Schulfarm Insel Scharfenberg - Berlin, S. 27. - S. hierzu auch: PEWESIN, Erneuerung, S. 49f., bes. S. 50: "Daß die pädagogische Öffentlichkeit in Europa den Wert der Verbindung von Kopf und Hand auch für die gymnasialen Ausbildungsstätten erkannte, erwies die Tagung, die der Europarat im Oktober 1962 in Salzburg durchführte unter dem Thema: 'Wissenschaftlicher und handwerklicher Unterricht an höheren Schulen', und zu dem über 30 Deligierte aus 17 europäischen Ländern zusammenkamen. In der Abschlußerklärung, die die Forderung nach dem Einbau der praktischen Arbeit in den gymnasialen Unterricht entschieden vertrat und die Förderung europäischer Musterschulen dafür anregte, wurde Scharfenberg als Beispiel genannt, von dem ich hatte berichten können. Die Arbeit in unseren Werkstätten war alles andere als eine unzeitgemäße Spielerei, die man bei erster Gelegenheit abschaffen könnte." - Abdr. 'Statement des Leiters der Schulfarm Insel Scharfenberg auf dem vom Europarat im Oktober 1962 in Salzburg durchgeführten internationalen 'Seminar' über das Thema: 'Wissenschaftlicher und handwerklicher Unterricht in den Gymnasien'. Das Handwerk auf der Schulfarm Insel Scharfenberg Berlin-Tegel (Schule besonderer pädagogischer Prägung, Gymnasium)' in: 60 Jahre Schulfarm Insel Scharfenberg 1922-1982. Jubiläums-Festschrift anläßlich des 60-jährigen Bestehens der Schulfarm Insel Scharfenberg (=Sonderheft der Fähre), Berlin 1982, S. 65-68.

[164] S. bes.: PEWESIN, Erneuerung, S. 55f.

Wolfgang Pewesin über die Charakteristika der Schulfarm Insel Scharfenberg im Jahre 1954[165]

"Wie schon ihr Name andeutet, ist auf dieser Schule geistig-musische Betätigung auf das engste mit handwerklicher Arbeit verbunden. Jeder Junge und jedes Mädchen, welch künftiges Berufsziel sie auch haben mögen, sind gehalten - nach freier Wahl - in einer der zehn 'Innungen' ernsthaft zu betätigen: als Landwirt oder Gärtner, Tischler oder Schlosser, als Maler, Buchbinder, Drucker (der eigenen Inselzeitung), in der Weberei, der Hauswirtschaft oder der Fotogruppe. Eine solche gründliche Handwerksausbildung vermittelt ideelle Werte dadurch, daß sie den jungen Menschen auch nach dieser Richtung produktiv macht, die Handarbeit achten und das vollendete Werk schätzen lehrt. Abgesehen davon hat diese Arbeit auch einen unmittelbar praktischen Nutzen, indem sie mit dazu beiträgt, die Kosten für die Stadt Berlin und die Eltern zu verringern, so daß für die Aufnahme in Scharfenberg niemals der Geldbeutel des Vaters maßgebend ist.
Das eigentlich Charakteristische dieser 'Schule besonderer pädagogischer Prägung' aber ist es, daß in ihr Schüler, Lehrer und Helfer gemeinsam ein jugendgemäßes Leben aufbauen, zu dem jeder nach besten Kräften seinen Beitrag leistet, indem er ein Amt übernimmt, sein Wort in der 'Vollversammlung' aller Inselbewohner sagt, mit zupackt, wenn es gilt, irgendein Anliegen der Gemeinschaft zu verwirklichen. Die Erweckung des Verantwortungsgefühls dem sozialen Ganzen gegenüber, der Initiative, partnerschaftliches Verhalten zum anderen Menschen, alle diese uns heute so wesentlichen Dinge: hier können sie sich in einem übersehbaren Gemeinwesen, das täglich eine Fülle von Aufgaben und Möglichkeiten der Bewährung bietet, entfalten."

Gemäß dem Berliner Schulgesetz für Groß-Berlin vom 26.06.1948[166] umfaßte die Schulfarm in den nachfolgenden Jahren unter einem Dach die 9. Klassen des sog. Praktischen Zweiges (Berufsfindungsjahr) und die 9.-12. (nach Wiedereinführung des 13. Schuljahres auch die 13.) Klassen des sog. Wissenschaftlichen Zweiges der Einheitsschule. Die 9. Klasse des Praktischen Zweiges (Berufsfindungsjahr) - für die sich Blume während seiner Tätigkeit an der Pädagogischen Hochschule besonders einsetzte[167] -, sollte auf Scharfenberg nicht eine bloße Verlängerung der Hauptschule sein, sondern ein Gebilde eigener Art zwischen Schule und Berufsleben, abschließend und aufschließend zugleich - mit einem Schwerpunkt auf der handwerklich-musischen Erziehung und zugleich so geartet, daß von hier aus auch ein Weg zur Hochschulreife offenblieb[168].

Nach der Revision des Berliner Einheitsschulgesetzes im Jahre 1951 und der damit verbundenen Verkürzung der einheitlichen Grundschule auf die Jahrgangsstufen

---

165 PEWESIN, Wolfgang, Die Schulfarm Scharfenberg, in: Eltern-Blatt, Jg. 4 (1954), Nr. 6 [=Juni-Heft], o.S.
166 Gesetzestext abgedr. u.a. in: Verordnungsblatt für Groß-Berlin, Jg. 4 (1948), Nr. 27, S. 358f.; sowie u.a. u.a. in: Quellen zu den Historischen und Pädagogischen Grundlagen des Einheitsschulgedankens, hrsg. und eingel. von Detlef OPPERMANN (=Sozialhistorische Untersuchungen zur Reformpädagogik und Erwachsenenbildung, 2), Frankfurt 1982, S. 267-270. - Zur Vorgeschichte und Geschichte der Berliner Einheitsschule von 1945 bis 1951 s. vor allem: KLEWITZ, Marion, Berliner Einheitsschule 1945-1951. Entstehung, Durchführung und Revision des Reformgesetzes von 1947/48 (=Historische und Pädagogische Studien, 1), Berlin 1971.
167 PEWESIN, Etappen, S. 5.
168 S. hierzu: PEWESIN, Erneuerung, S. 56f.

1-6, die einer Restauration herkömmlicher Schulklassen ab Klasse 7 gleichkam[169], drohte die Zahl von Schülern, die zum vorzeitigen Abgang von höheren Schulen gezwungen waren, unter den auf Scharfenberg Neuaufgenommenen rapide zu steigen. Deshalb begann man auch auf Scharfenberg den Wissenschaftlichen Zweig der Oberschule - so die neue Berliner Bezeichnung - mit Klasse 7 und verzichtete zugleich aus Kapazitätsgründen auf die 9. Klassen des Praktischen Zweiges, was ein Großteil des Kollegiums und auch Blume selbst zutiefst bedauerten[170]. Hartkopf äußerte dazu u.a.:

> "Damit [mit dem Verzicht auf den 'praktischen Zweig'] ist eine außerordentlich günstige Chance verspielt worden, daß Scharfenberg auch bei der Konzeption für die Gesamtschulen ein wichtiges Wort hätte mitsprechen können, d.h., daß das spätere Scharfenberg-Humboldt-Modell über seine Bedeutung für die Oberstufe der Gymnasien hinaus für das Schulwesen generell hätte von Bedeutung sein können. Aber vielleicht wären damit die Kräfte der Schulfarm überfordert gewesen."[171]

Mit diesem Verzicht auf den praktischen Zweig war die Inselschule zu einer reinen höheren Schule geworden, wenn auch nach wie vor mit besonderer pädagogischer Prägung[172] - mit dem Vorzug für die beteiligten Pädagogen, sich nunmehr auf die Reformarbeit auf dem wissenschaftlichen Zweig konzentrieren zu können[173].

Schon für die Schüler, die 1951 ihr Abitur ablegen wollten, versuchten Pewesin und Hartkopf das Kern-Kurs-System aus der Blume-Zeit zu erneuern - und zwar Pewesin für den Deutsch- und Hartkopf für den mathematisch-naturwissenschaftlichen

---

[169] Vgl. vor allem: KLEWITZ, Berliner Einheitsschule, bes. S. 254-264. - Und: FÜSSL, Karl-Heinz / KUBINA, Christian, Berliner Schule zwischen Restauration und Innovation. Zielkonflikte um das Berliner Schulwesen 1951-1968 (=Studien zur Bildungsreform, 9), Frankfurt [u.a.] 1983. - Außerdem zur Berliner Schulgeschichte (-politik) nach der Revision des Einheitsschulgesetzes: FÜSSL, Karl-Heinz / KUBINA, Christian, Der Erziehungsbeirat beim Senat von Berlin (1953-1968) (=Materialien und Studien zur Geschichte der Berliner Schule nach 1945, 1), Berlin 1979. - FÜSSL, Karl-Heinz / KUBINA, Christian, Zeugen zur Berliner Schulgeschichte (1951-1968) (=Materialien und Studien zur Geschichte der Berliner Schule, 2), Berlin 1981. - FÜSSL, Karl-Heinz / KUBINA, Christian, Dokumente zur Berliner Schulgeschichte (1948-1965) (=Materialien und Studien zur Geschichte der Berliner Schule nach 1945, 3), Berlin 1982. - FÜSSL, Karl-Heinz / KUBINA, Christian, Mitbestimmung und Demokratisierung im Schulwesen. Eine Fallstudie zur Praxis von Bildungsgremien am Beispiel Berlins (=Materialien und Studien zur Geschichte der Berliner Schule nach 1945, 5), Berlin 1984. - FÜSSL, Karl-Heinz / KUBINA, Christian, Probleme der Schulreform nach 1945: Der 'Sonderfall' Berlin, in: Die Deutsche Schule, Jg. 76 (1984), S. 295-309. - Das Schulwesen in Berlin seit 1945. Beiträge zur Entwicklung der Berliner Schule, hrsg. von Benno SCHMOLDT (=Materialien und Studien zur Geschichte der Berliner Schule nach 1945, 8), Berlin 1990.
[170] HARTKOPF, Beitrag, S. 43f. - Vgl. auch: PEWESIN, Erneuerung, S. 58.
[171] HARTKOPF, Beitrag, S. 44.
[172] Die Schulfarm Scharfenberg. Eine chronologische Übersicht, in: 60 Jahre Schulfarm Insel Scharfenberg 1922-1982. Jubiläums-Festschrift anläßlich des 60-jährigen Bestehens der Schulfarm Insel Scharfenberg (=Sonderheft der Fähre), Berlin 1982, S. 105-110, hier S. 109: Erst mit der erneuten Umstellung des Schulbetriebs auf die Jahrgangsstufen 9-13 im Jahre 1970 konnten neben den Normalklassen des Wissenschaftlichen Zweiges wiederum besondere Aufbauklassen eingerichtet werden.
[173] S. hierzu bes.: KEIM, Kursunterricht, S. 135-146: 'Die Wiederaufnahme des Blumeschen Kurskonzepts auf Scharfenberg unter dem Blume-Schüler Wolfgang Pewesin in den 50er und 60er Jahren'.

Bereich[174]. Ein zentrales Problem bei dieser Arbeit bestand darin, daß dies erste Nachkriegsabitur auf Scharfenberg "ohne Sonderregelungen [...] strikt gemäß den allgemeinen Bestimmungen für die Reifeprüfung durchgeführt" werden mußte, damit von seiten der Behörde zunächst "der Leistungsstand der Schulfarm im Vergleich mit anderen Berliner Gymnasien" festgestellt werden konnte[175].

1952 wurde in Berlin das 13. Schuljahr für den wissenschaftlichen Zweig der Oberschule - die alsbald erneut 'Gymnasium' genannt wurde - wieder eingeführt (wodurch sich das zweite Scharfenberger Nachkriegsabitur auf das Jahr 1953 verschob). Im gleichen Jahr forderte die Berliner Schulverwaltung die Schulen auf, Vorschläge zur Gestaltung des 13. Schuljahres zu machen[176].

Am 6. März 1952 legte Pewesin für die Schulfarm einen solchen Vorschlag vor[177]. Darin ging er von der "grundsätzliche[n] Erwägung" aus, "daß es nicht der Sinn des 13. Schuljahres sein kann, es als eine erwünschte Gelegenheit zum Ausfüllen noch bestehender Kenntnislücken in den einzelnen Fächern und zur Ausweitung der Stoffgebiete zu benutzen." Das 13. Schuljahr dürfe "nicht als eine bloße Fortsetzung der Arbeit der vorangegangenen Jahre aufgefaßt werden"; vielmehr müsse seine "besondere Stellung [...] erkannt und anerkannt werden und in der Gestaltung des Lehrplans zur Geltung kommen." Diese besondere Stellung des 13. Schuljahres sah Pewesin darin, "daß das 13. Schuljahr das Jahr des Abschlusses einer langen Schularbeit ist, zugleich aber auch das Jahr, in dem sich der Blick des jungen Menschen entschieden über die Schule hinaus, mit schon klarer erkannten eigenen Zielen ins Leben wendet oder wenden soll." "Sammlung, Besinnung, Vertiefung durch eigene Arbeit, generelle Orientierung", darin sah Pewesin "die zentrale Aufgabe dieses Schuljahres."[178]

Um diese Aufgabe erfüllen zu können, müsse, so Pewesin, genügend Zeit zur Verfügung stehen. Daher forderte er eine "entschiedene Beschränkung der Vielzahl der Unterrichtsfächer und der planmäßigen Unterrichtsstunden"[179] als "die wichtigste Voraussetzung für seine angemessene Gestaltung"[180] und schlug dazu "eine Konzen-

---

174 Sprachkursler spielten auf Scharfenberg wie vor 1933/34 nur eine untergeordnete Rolle.
175 PEWESIN, Etappen, S. 6. - Ebd., stellte Pewesin auch fest, daß das "Ergebnis für die Schulfarm außerordentlich erfreulich [gewesen sei]. Die Leistungen der Schüler konnten [...] mit jedem städtischen Gymnasium mithalten; die Reinickendorfer [Schulräte] meinten sogar, das beste Abitur seit dem Umbruch gesehen zu haben" - eine Voraussetzung für die der Schulfarm in den nachfolgenden Jahren zugebilligten Freiräume.
176 S. u.a.: PEWESIN, Etappen, S. 7. - HARTKOPF, Beitrag, S. 46-50.
177 PEWESIN, Wolfgang, Vorschlag zur Gestaltung des 13. Schuljahres auf der Schulfarm Insel Scharfenberg 1952/53 vom 06.03.1952, in: 60 Jahre Schulfarm Insel Scharfenberg 1922-1982. Jubiläums-Festschrift anläßlich des 60-jährigen Bestehens der Schulfarm Insel Scharfenberg (=Sonderheft der Fähre), Berlin 1982, S. 75f.; wieder in: PEWESIN, Wolfgang, Die Etappen der Scharfenberger Oberstufenreform 1952-1968. Eine Darstellung und Dokumentation (=Neue Scharfenberg-Hefte, 10), Berlin 1985, S. 13-15. - Vgl. zum Scharfenberger Plan und seiner Umsetzung auch: PEWESIN, Etappen, S. 7-29 (mit Dokumenten).
178 PEWESIN, Vorschlag, S. 13.
179 PEWESIN, Vorschlag, S. 13.
180 PEWESIN, Vorschlag, S. 14.

tration des Unterrichts auf vier Kernfächer vor: Deutsch, Englisch, Mathematik und Geschichte"[181] vor:

> "Die drei ersten sind als Hauptfächer von jeher dadurch anerkannt, daß in ihnen die schriftlichen Reifeprüfungsarbeiten geleistet werden müssen. Geschichte (in einem weiteren, die Gemeinschaftskunde einschließenden Sinne) soll hinzutreten, weil sie der Ort ist für die Orientierung in der Gegenwart im Sinne einer bewußten Teilhabe (Partnerschaft) an ihren Fragen und mit der Möglichkeit, den Willen zur Mitgestaltung am sozialen Ganzen zu stärken und fruchtbar zu machen."[182]

Zusätzlich zu dem 'Kernunterricht' sollte das 13. Schuljahr das auf Scharfenberg schon zuvor im 11. und 12. Schuljahr als 'Kurs' betriebene 'Wahlfach' "weiter gründlich betrieben werden"[183]:

> "Es wird in vielen Fällen schon in die Richtung des künftigen Berufes weisen und daher auch als eine gute Vorbereitung auf ein fruchtbares Hochschulstudium gelten können. Wahlfach soll jedes [!] auf Scharfenberg von Grund auf betriebene Fach sein, auch die musischen Fächer und das [...] Handwerk."[184]

Um die Arbeit noch weiter vertiefen zu können und zudem auch eine "Brücke schlagend zu den anderen Geistesgebieten"[185] sollte auch im 13. Schuljahr die zuvor schon im 11. und 12. Schuljahr betriebene philosophische Arbeitsgemeinschaft obligatorisch fortgesetzt werden - als Ort einer zusammenfassenden Integration, seit 1949 von Pewesin als Geistes- und Hartkopf als Naturwissenschaftler gemeinsam geleitet[186].

Als Voraussetzung für die Durchführung dieser Pläne erkannte Pewesin die Notwendigkeit "eine[r] teilweise[n] Änderung der Reifeprüfungspraxis"[187]. Er beantragte daher eine Regelung, nach der "die wegfallenden Fächer nicht geprüft werden und die Zeugnisse vom Schlusse des 12. Schuljahres zugleich für das Reifezeugnis gelten."[188]

> "Prüfungsfächer können nur die im letzten Schuljahr noch betriebenen Fächer sein. Es müßte daher zugestanden werden, daß die wegfallenden Fächer nicht geprüft werden und die Zeugnisse vom Schlusse des 12. Schuljahres zugleich für das Reifezeugnis gelten. Unter den Prüfungsfächern kommt dem Wahlfach zwar eine besondere, aber nicht schlechthin dominierende Stellung zu. Spezialistentum soll nicht herangezüchtet werden. Der Blick des Schülers

---

[181] PEWESIN, Vorschlag, S. 14.
[182] PEWESIN, Vorschlag, S. 14.
[183] PEWESIN, Vorschlag, S. 14.
[184] PEWESIN, Vorschlag, S. 14.
[185] PEWESIN, Vorschlag, S. 14.
[186] S. zur philosophischen Arbeitsgemeinschaft bzw. zum Philosophieunterricht auf Scharfenberg vor allem: HARTKOPF, Werner, Gesamtunterricht im alten Scharfenberg - Philosophie im neuen, in: Wilhelm Blume zum 70. Geburtstag (=Die Fähre. Eine Zeitung der Schulfarm Insel Scharfenberg), Berlin 1954, o.S. - HARTKOPF, Werner / PEWESIN, Wolfgang, Die Philosophie im Oberstufenunterricht auf Scharfenberg (=Vorträge und Aufsätze, 6-7), Berlin 1958; Auszug als 'HARTKOPF, Werner, Über die naturphilosophische Arbeitsgemeinschaft' wieder in: Die Pädagogische Provinz, Jg. 13 (1969), S. 161f. - HARTKOPF, Werner / PEWESIN, Wolfgang, Die Bedeutung der Philosophie im Oberstufenunterricht an den Oberschulen Wissenschaftlichen Zweiges (Gymnasien), in: Berliner Lehrerzeitung, Jg. 15 (1961), S. 392-396 und S. 411-414.
[187] PEWESIN, Vorschlag, S. 15.
[188] PEWESIN, Vorschlag, S. 15.

auf das Ganze muß durch Bewährung in den wesentlichen Kernfächern und - vom Wahlfach aus - auch durch seine philosophische Vertiefung geöffnet bleiben. Für die schriftliche Prüfung ist keine Änderung notwendig, unter der Voraussetzung, daß jedes Fach, nicht nur die wissenschaftlichen, Wahlfach sein kann, für das die vierte Arbeit geschrieben (oder gestaltet) werden wird."[189]

Dem Antrag Pewesins wurde bereits am 22. Juli 1952, ein knappes Jahr vor dem 2. Scharfenberger Nachkriegsabitur, stattgegeben: Der Schulfarm wurde die Reduktion der Unterrichtsfächer zugestanden und insbesondere auch das Wahlfach als 4. schriftliches Prüfungsfach genehmigt. Damit waren die schulrechtlichen Voraussetzungen für eine Renaissance der ehemaligen Scharfenberger Oberstufe geschaffen[190].

Weiterführende Pläne nach 1952, u.a. auch die Vorverlegung einer schriftlichen Arbeit für die Reifeprüfung auf das 12. Schuljahr, wie sie Pewesin im Anschluß an einen Entwurf, den Blume gemeinsam mit Frühbrodt im Jahre 1955 der Schulbehörde vorgelegt hatten[191], waren im Zuge des 'Düsseldorfer Abkommens' vom 17.02.1955[192] (zunächst) nicht mehr realisierbar; im Gegenteil: man mußte auf Scharfenberg froh sein, noch bis zum Abitur von 1958 nach dem beschriebenen Modus verfahren zu können. Für die von der 7. Jahrgangsstufe an geführten Jahrgänge galt dann eine an das 'Düsseldorfer Abkommen' angepaßte Regelung, aufgrund deren die Schüler zwar nach wie vor ihre schriftliche Arbeit auch in einem musischen Fach schreiben konnten, zusätzlich aber noch eine 2. Fremdsprache bis zum Abitur 'durchziehen' mußten[193].

Als die Kultusministerkonferenz am 29.09.1960 in Saarbrücken ihre 'Rahmenvereinbarung zur Ordnung des Unterrichts auf der Oberstufe der Gymnasien' (sog. 'Saarbrücker Rahmenvereinbarung') verabschiedet hatte[194], war selbst diese Regelung gefährdet, insofern die Freiräume für die schriftlichen Abitur-Arbeiten noch stärker eingeengt werden sollten, so daß anders als zuvor Kunst und Musik gar nicht mehr und im Bereich der Naturwissenschaften nur noch Physik dafür in Frage gekommen wäre[195].

Pewesin schaltete sich in die öffentliche Diskussion über die 'Saarbrücker Rahmenvereinbarung' ein. Er versuchte deren positive Ansätze - insbesondere die Einführung eines Wahlpflichtfaches für alle Schüler der 12. und 13. Klasse - aufzunehmen und entwickelte daraus einen alternativen Vorschlag. Dies geschah ge-

---

[189] PEWESIN, Vorschlag, S. 15.
[190] Vgl. hierzu vor allem: PEWESIN, Erneuerung, S. 58f. - Und: PEWESIN, Etappen, S. 7-29 (mit Dokumenten).
[191] Vgl. dazu S. 959ff.
[192] U.a. abgedr. in: Zur Geschichte der höheren Schule, hrsg. von Albert REBLE, Bd. II: 19. und 20. Jahrhundert, Bad Heilbrunn 1975, S. 160-165.
[193] Vgl. zu der Entwicklung Ende der 50er Jahre vor allem: PEWESIN, Etappen, S. 30-45 (mit Dokumenten).
[194] U.a. abgedr. in: Zur Geschichte der höheren Schule, hrsg. von Albert REBLE, Bd. II: 19. und 20. Jahrhundert, Bad Heilbrunn 1975, S. 166-169.
[195] S. dazu vor allem: PEWESIN, Bemerkungen zur Rahmenvereinbarung der Kultusminister über die Ordnung des Unterrichts auf der Oberstufe der Gymnasien' [vom 29.09.1961; hier: 1. Entwurf vom Juli 1961], abgedr. in: PEWESIN, Etappen, S. 51-55. - S. auch: PEWESIN, Wolfgang, Zur Rahmenvereinbarung über die Gestaltung der Gymnasialoberstufe, in: Bildung und Erziehung, Jg. 14 (1961), S. 742-748, bes. S. 745f.

1. Die Entwicklung der Schulfarm

meinsam mit Werner Hartkopf, der 1959 Leiter der Humboldtschule geworden war, wodurch sich eine erneute enge Kooperation zwischen der Schulfarm und der Humboldtschule ergab[196].

Am 07.03.1963 stellten beide Schulleiter einen gemeinsamen 'Antrag auf Genehmigung eines Schulversuchs der Schulfarm Insel Scharfenberg und der Humboldt-Schule, Tegel'[197]. Dieser wurde nach "vielfacher Diskussion [u.a.] an der Freien Universität [Rudolf Lennert (1904-1988)] und vor den zuständigen Gremien der Berliner Schulverwaltung"[198] mit gewissen Einschränkungen am 04.02.1965 von der Kultusministerkonferenz als Schulversuch genehmigt[199].

Als Besonderheiten dieses Schulversuches seien hier zwei Aspekte besonders hervorgehoben: zum ersten wurde er in engster Kooperation zwischen der Schulfarm und der Humboldtschule entwickelt und durchgeführt - wodurch sich ein neuer

---

[196] Zur Übernahme der Leitung der Humboldtschule durch Hartkopf s.: HARTKOPF, Beitrag, S. 56-59. - Auch: HARTKOPF, Werner, Abschied von Orplid?, in: Die Fähre. Zeitung der Schulfarm Insel Scharfenberg, Berlin, Ausg. Weihnachten 1959, o.S.

[197] Abgedr. in: PEWESIN, Etappen, S. 59-64.

[198] PEWESIN, Erneuerung, S. 59.

[199] Literatur zu dem Antrag und dem Schulversuch: HARTKOPF, Werner / PEWESIN, Wolfgang, Die Bedeutung der Philosophie im Oberstufenunterricht an den Oberschulen Wissenschaftlichen Zweiges (Gymnasien), in: Berliner Lehrerzeitung, Jg. 15 (1961), S. 392-396 und S. 411-414. - PEWESIN, Zur Rahmenvereinbarung. - LENNERT, Rudolf, Mögliche Schulreformen, in: Neue Sammlung, Jg. 2 (1962), S. 334-338 (Teil 1) und Jg. 5 (1965), S. 308-313 (Teil 2); wieder in: Das Problem der gymnasialen Oberstufe, hrsg. von Rudolf LENNERT, Bad Heilbrunn 1971, S. 104-114. - HARTKOPF, Werner, Gestaltungsprobleme der Oberstufe. Vortrag vor dem Kollegium des Humboldt-Gymnasiums in Düsseldorf, in: Die Pempelpforte. Zeitschrift des Humboldt-Gymnasiums Düsseldorf und des Vereins ehemaliger Hindenburg-Schüler, 1965, Oktober, S. 14f. - PEWESIN, Schulfarm Insel Scharfenberg - Berlin. - HARTKOPF, Werner / PEWESIN, Wolfgang, Schulfarm Insel Scharfenberg und Humboldt-Schule, Berlin, in: FÜHR, Christoph, Schulversuche 1965/66. Dokumentation aufgrund der bei den Kultusministerien der Länder in der Bundesrepublik Deutschland durchgeführten Erhebung über Schulversuche an öffentlichen Schulen, Teil 2: 50 Strukturberichte (=Dokumentationen zum in- und ausländischen Schulwesen, 7), Weinheim 1967, S. 225-232. - FÜHR, Christoph, Schulversuche in der Bundesrepublik Deutschland, in: Schulversuche in der Bundesrepublik Deutschland und im Ausland (=Studien zum europäischen Schul- und Bildungswesens, 2), Weinheim [u.a.] 1967, S. 36f. und S. 60. - SCHMOLDT, Benno, Versuch zur Neugestaltung der gymnasialen Oberstufe in Berlin-Reinickendorf (=Kommunalpolitische Beiträge, III/16), Berlin 1968. - HARTKOPF, Werner, Die Wahlleistungsfächer. Zur Gestaltung der Oberstufe der Gymnasien, in: Berliner Lehrerzeitung, Jg. 23 (1969), Heft 7, S. 18-23. - HARTKOPF, Werner, Versuchsbericht (September 1970) [über den Oberstufenversuch der Humboldt-Oberschule (in Zusammenarbeit mit der Schulfarm Insel Scharfenberg)], in: Reform der Sekundarstufe II. Teil A: Versuche in der gymnasialen Oberstufe, hrsg. von der Bildungskommission des Deutschen Bildungsrates (=Deutscher Bildungsrat, Materialien zur Bildungsplanung, 1), Braunschweig 1971, S. 46-50. - PEWESIN, Etappen, S. 46-73 (mit Dokumenten). - KEIM, Kursunterricht, S. 142-145. - Zu dem Schulversuch auch: Berlin, LA: Rep. 15: Senator für Schulwesen, Jugend und Sport, Acc. 2551, lfd. Nr. 688: Schulpolitische Vorgänge an einzelnen Gymnasien und Schulen besonderer Prägung (Fritz-Karsen-Schule, Schulfarm Scharfenberg, Deutsch-Amerikanische Gemeinschaftsschule, Französisches Gymnasium, Humboldtschule, Goethe-Gymnasium) 1963-1967.

'Doppelschulversuch' ergab[200]. Zum zweiten wurde er bewußt so angelegt und durchgeführt, daß er sich - anders als die bisherigen Reformvorschläge Pewesins - als Grundlage einer generellen Oberstufenreform, zu einer "Gesamtreform der Oberstufe der Gymnasien der Bundesrepublik und Westberlins"[201] - "weg von der Aufspaltung der Gymnasien in starre Schultypen, hin zum einheitlichen Gymnasium mit variablen Schwerpunkten"[202] - geeignet hätte.

Dabei - und dies sei als weitere 'Besonderheit' hervorgehoben - paßte sich der Versuch geschickt an den Rahmen der Vereinbarung der Kultusministerkonferenz ('Saarbrücker Rahmenvereinbarung') an, stützte sich aber andererseits ganz massiv auf die Scharfenberger Erfahrungen.

Insbesondere übernahm der Versuch die in der 'Saarbrücker Rahmenvereinbarung' vorgesehenen drei Fächer Deutsch, Mathematik und eine Fremdsprache als Kernpflichtfächer, in denen auch schriftliche Reifeprüfungsarbeiten abzuliefern waren. Das vierte Kernfach jedoch wurde abweichend von der 'Saarbrücker Rahmenvereinbarung' aufgegeben und durch ein 'Wahl-Leistungsfach' (Kurs) ersetzt, das der Ort einer eindringenden Spezialisierung sein sollte. Pewesin schrieb hierzu:

> "Unser Entwurf ging von zwei Prinzipien aus. Einmal dem, daß aus der modernen Industriegesellschaft der Gedanke der 'Spezialisierung' nicht mehr wegzudenken ist. Dem sollte die Schule Rechnung tragen, indem sie den Schülern ein Kursfach seiner freien Wahl anbot; die Energien, die aus der Berücksichtigung seiner Natur entbunden werden konnten, sollten zu eigenständigen Leistungen führen. Sich in selbständiger methodischer Arbeit bewähren war das Ziel. Dafür sollte aber nur ein einziges 'Leistungsfach' gewählt werden dürfen, um von vornherein jeder Zersplitterung der Interessen zu begegnen. 'Eines recht wissen und ausüben gibt höhere Bildung als Halbheit im Hundertfältigen'. Dieses 'Wahl-Leistungsfach' wurde mit ganz besonderem Gewicht ausgestattet.
> Aber das war nur die eine Seite der Sache. Unserer Meinung nach hatte die Oberstufe auch die Aufgabe, der Gefahr einer Verengung des Blickfeldes durch allzufrühe totale Spezialisierung zu begegnen. Sie mußte einer doppelten Aufgabe gerechtzu werden suchen, deren antinomischen Charakter fast wie die Quadratur des Kreises erscheinen mochte: nämlich mit der Spezialisierung eine 'generelle Orientierung' zu verbinden. Unseren Schülern sollte der Blick auf wesentliche Seiten unseres soziokulturellen Lebens nicht verstellt werden. Als solche betrachteten wir die Bereiche des Sprachlich-Literarischen, des Naturwissenschaftlich-Technischen, des Sozialkundlich-Historischen sowie die der Künste, alles überbaut von der Philosophie. Während das Wahlleistungsfach in Spezialkursen durchgeführt werden sollte, sollten diese 'Kerngebiete' in der Form paradigmatischer Modelle die Klassen wieder zusammenführen. Auch darin war unser Schulversuch dialektisch angelegt, daß er Differenzierung und Sammlung miteinander verband. Ein Flickenteppich beliebiger Stoffwahl nebst totaler Destabilisierung der Gruppen sollte nicht stattfinden."[203]

---

[200] HARTKOPF / PEWESIN, Schulfarm Insel Scharfenberg und Humboldt-Schule, S. 225: "Die [...] beiden [...] Gymnasien führen den Schulversuch zur Neugestaltung der Oberstufe zwar jeweils selbständig, doch in enger Zusammenarbeit untereinander durch". - Ebd., S. 228f., Hinweise auf die Kooperation beider Schulen in Hinblick auf ein gemeinsames und damit erweitertes Kursangebot beider Schulen.
[201] PEWESIN, Etappen, S. 46.
[202] PEWESIN, Erneuerung, S. 60. - Die 'Schlußbemerkungen' des Scharfenberger Berichts vom 11.05.1968 über den Schulversuch sind abgedr. in: 60 Jahre Schulfarm Insel Scharfenberg 1922-1982. Jubiläums-Festschrift anläßlich des 60-jährigen Bestehens der Schulfarm Insel Scharfenberg (=Sonderheft der Fähre), Berlin 1982, S. 77f.
[203] PEWESIN, Erneuerung, S. 59f. - Und: HARTKOPF / PEWESIN, Schulfarm Insel Scharfenberg und Humboldt-Schule, S. 230-232.

Mit der 1973 erfolgten Einführung eines reinen Kurssystems auf Scharfenberg, wie sie die Kultusminister in ihrer 'Vereinbarung zur Neugestaltung der gymnasialen Oberstufe in der Sekundarstufe II' vom 07.07.1972 in Bonn beschlossen hatten[204], ging sowohl die Kern-Kurs-Struktur als auch die für die Inselschule bis dahin typische Schwerpunktbildung (anfangs eine (!) Fächergruppe und später ein (!) Fach) verloren - mußten doch nun zwei Leistungsfächer aus unterschiedlichen (!) Fächergruppen gewählt werden, während sich der Pflichtbereich aus einer Vielzahl beliebiger und unzusammenhängender Einzelkurse zusammensetzte. Das daraus erwachsende Dilemma, das noch durch die allgemeinen bildungspolitischen Rahmenbedingungen der 70er und 80er Jahre verstärkt worden ist, hat Pewesin 1983 in aller Klarheit wie folgt charakterisiert:

> "[Der] Kardinalfehler des gegenwärtigen Zustands [liegt] darin, daß der Gedanke der Wahlfreiheit derartig auf die Spitze getrieben worden ist, daß es jedem einzelnen Schüler überlassen wird, nicht nur sein Neigungsfach zu wählen, sondern sich - in einem gesetzten Rahmen - ein ganz individuelles Menü zusammenzustellen. Damit geht der Gedanke der Integration völlig verloren; es tritt eine Atomisierung der Oberstufe ein, die keine gemeinsame Arbeit mehr zuläßt. Verschärft wird die Sache noch durch die Einführung des Punkte-Systems, das den Schüler in den letzten beiden Schuljahren einer ständigen Kontrolle mit Blick auf das Abschlußexamen unterwirft und jedes unbefangene, freie Studium fast unmöglich macht, ja, wie eine heute vielfach geübte Kritik feststellt, das schöne Prinzip der freien Fächerwahl geradezu pervertiert. Die Versuchung zumindest ist sehr groß, nicht mehr eine Sache, sondern den Effekt einer Sache in Rücksicht auf das Punktekonto anzustreben. Es ist, als wollte man Menschen heranbilden, die zeit ihres Lebens alle ihre Aktivitäten von ihrem Nutzen für ihr Bankkonto abhängig machen: Beispiele für eine solche Lebenspraxis zum Schaden des Ganzen gibt es heute genug! Der Ruf nach einer Verbesserung der Oberstufenreform scheint mir also heute wohlbegründet zu sein. In diesem Zusammenhang aber halte ich es für sehr bedauerlich, daß es nicht gelungen, ja vielleicht nicht einmal ernsthaft versucht worden ist, das Scharfenberg-Humboldt-Modell weiterhin zuzulassen. Es hätten sich damit Erfahrungen geboten, die für eine Revision des heutigen Zustands hätten fruchtbar gemacht werden können, auch um zu verhindern, daß

---

[204] Abgedr. u.a. in: Zur Geschichte der höheren Schule, hrsg. von Albert REBLE, Bd. II: 19. und 20. Jahrhundert, Bad Heilbrunn 1975, S. 201-210. - Zu 'Auswirkungen' des Scharfenberger Oberstufenversuches auf die Oberstufenreform vgl.: PEWESIN, Etappen, S. 74-79 (Kap. 'Auswirkungen').

die Reform der Reform, wie aus nicht wenigen Vorschlägen deutlich wird, in eine allgemeine Reaktion mündet!"[205]

1982 beschrieb Pewesin, daß es wie in all den Entwicklungsphasen der Schulfarm zuvor, auch unter seiner Leitung "zu den Grundlagen der Pädagogik der Schulfarm [gehört habe], daß der Lehrer nicht bloß für seinen Unterricht einzustehen hatte"[206]:

"Die Trennung der Funktionen des Lehrers und des Erziehers, wie sie an vielen Internaten - mit freilich oft höchst problematischem Ergebnis - üblich war, schloß sich für Scharfenberg aus. Hier sollte der Lehrer in ständigem Kontakt mit seinen Schülern leben; er nahm am Leben der Gemeinschaft teil als 'Kronide', der die Tagesverantwortung trug, als 'Hausvater', als Teilnehmer an den verschiedenen Gremien der Schulfarm und an ihren vielfältigen Unternehmungen, beim Sonntags- und Feriendienst. Dafür gab es nur eine gewisse Stundenermäßigung; für, wie es hieß: 'außerschulische Erziehungsarbeit' wurde der Schulfarm ein Zuschlag von 25% zu den genehmigten Unterrichtsstunden bewilligt, die, je nach der Funktion der einzelnen Lehrer im Rahmen des Ganzen, auf diese verteilt wurden. Das war alles. Die Arbeit mußte ihren Lohn in sich selbst tragen, in der Überzeugung des Lehrers, auf Scharfenberg in höherem Maße sinnvolle pädagogische Arbeit leisten zu können als an einer Vormittagsschule. Und dies setzte die absolute Freiwilligkeit in der Bereitschaft zur Mitarbeit voraus."[207]

Pewesin betont, daß es wie in all den Jahren zuvor, auch in den Jahren seiner Schulleiterzeit, "stets die häufiger wechselnden Lehrer zur Deckung noch fehlenden Unterrichtsbedarfs [gegeben habe], die in Kauf zu nehmen waren", und daß "nur ein Kern des Kollegiums diese Arbeit trug - erstaunlicherweise oft viele Jahre lang."[208]

Zu der Frage, in welchem Rahmen, unter welchen Bedingungen die Scharfenberger Renaissance der 50er und 60er Jahre gelingen konnte, schrieb Pewesin 1982 - an anderer Stelle unterstützt von Hartkopf - ein maßgeblicher Faktor sei gewesen, daß sich zu Beginn der 50er Jahre "eine ganze Gruppe, damals noch unverheirateter

---

[205] PEWESIN, Rede, S. 13; die Passage der Rede ist wieder abgedr. in: PEWESIN, Etappen, S. 77f. - KEIM, Zur Aktualität, S. 312, vergleicht den Scharfenberger Schulversuch mit der von der deutschen Kultusministerkonferenz 1972 verabschiedeten Vereinbarung 'Zur Neugestaltung der gymnasialen Oberstufe': "Demgegenüber ließe sich leicht zeigen, wie die von der deutschen Kultusministerkonferenz 1972 verabschiedete Vereinbarung 'Zur Neugestaltung der gymnasialen Oberstufe' nur unzusammenhängende konzeptionelle Aussagen enthält, die kaum geeignet sind, der einzelnen Schule wie dem einzelnen Lehrer einen übergreifenden Sinnhorizont zu erschließen. Ebenso ist der Primat technizistischer Regelungen beispielsweise in bezug auf Stundenzahlen, Aufgabenfelder, fachspezifische Auflagen und so weiter nicht zu übersehen, während inhaltliche Fragen vollständig ausgeblendet bleiben." - Ebd., S. 312f.: "Nun ist es stets problematisch, das Konzept einer einzelnen Schule mit dem Konzept für eine flächendeckende Reform zu vergleichen. Der Grundtatbestand, um den es hier geht, bleibt davon jedoch unberührt, daß nämlich in einem Fall, in der Schulfarm Insel Scharfenberg, die Kern-Kurs-Struktur als Mittel zur Realisierung spezifischer Erziehungs- und Bildungsziele eingesetzt beziehungsweise auf diese zugeschnitten worden ist, im anderen dagegen als technokratisches Steuerungsinstrument von Schülerlaufbahnen dient. Dies bestätigt die Diskussion der vergangenen zwölf Jahre, bei der es fast ausschließlich um Erleichterungen oder Erschwerungen sowie Modalitäten der Punktebewertung ging, nicht oder kaum dagegen um inhaltliche und pädagogische Fragen. Scharfenberg stellt unter diesem Aspekt ein Gegenbeispiel dar und zeigt, wie eine entsprechende Unterrichtsorganisation auch ganz andere Funktionen wahrnehmen kann, wenn sie auf spezifische Erziehungs- und Bildungsziele bezogen wird."
[206] PEWESIN, Erneuerung, S. 61.
[207] PEWESIN, Erneuerung, S. 61.
[208] PEWESIN, Erneuerung, S. 61.

1. Die Entwicklung der Schulfarm

Lehrer [...] ein[fand], die [für viele Jahre] das Gesicht der Schulfarm entschieden mitbestimmten."[209] Und Hartkopf führt unterstützend dazu aus:

"Von Wichtigkeit war [...] [u.a.] die Vergrößerung des Kollegiums bei dem Anwachsen der Schülerschaft, insbesondere durch das Hinzukommen einer Gruppe gerade mit ihrer pädagogischen Ausbildung fertiggewordener oder noch in Ausbildung befindlicher junger Lehrer wie [Alfred] Behrmann [(geb. 1928)][210], [(Rolf)] Gutschalk [(geb. 1928)], [Otto] Haas [(geb. 1925)], [Siegfried] Kühl [(geb. 1929)][211] und [Wolfgang] Longardt [(geb. 1930)], die sich von Anfang an für die Scharfenberger Erziehungs- und Unterrichtsform begeisterten und mit ihrem jugendlichen Schwung, dem der Scharfenberger pädagogische Stil viel Freiraum zu eigener Gestaltung bot, eine frische Lebendigkeit einbrachten. Vor allem die musikalische Komponente des Scharfenberger Lebens bekam einen außerordentlichen Auftrieb durch den theaterbegeisterten und klassische Lyrik schreibenden Germanisten Alfred Behrmann, heute Professor für Germanistik an der Berliner [Freien] Universität, durch den als Maler und Graphiker über Deutschlands Grenzen hinaus bekannten Siegfried Kühl und durch den schöpferischen jungen Musiker Longardt, deren Zusammenarbeit Schüleraufführungen zu verdanken sind, an deren Konzeption und Gestaltung auch die Schüler entscheidend teilnehmen konnten und die das Normalmaß von Schülerveranstaltungen weit überstiegen[212] [...]."[213]

---

[209] PEWESIN, Erneuerung, S. 60-62, hier S. 61.
[210] Vgl. zu Behrmanns Arbeit auf Scharfenberg u.a. seine Publikationen: BEHRMANN, Alfred, Schüleraufführungen in Scharfenberg 1953-1962, Teil 1: Stücke (=Vorträge und Aufsätze, 9-10), Berlin o.J. [ca. 1962]. - BEHRMANN, Alfred, Aus dem Bilderbogen des Christian Morgenstern, in: Das Spiel in der Schule. Eine Vierteljahresschrift für Mittlere und Höhere Schulen, Jg. 3 (1962), S. 97-101. - BEHRMANN, Alfred, Lust bei 'Scherz, Satire, Ironie und tiefere Bedeutung', in: Das Spiel in der Schule. Eine Vierteljahresschrift für alle Schulgattungen, Jg. 5 (1964), S. 172-176 [mit einem Anhang von Rudi MÜLLER, S. 176f.]. - BEHRMANN, Alfred, Versuch mit Shakespeare, in: Das Spiel in der Schule. Eine Vierteljahresschrift für alle Schulgattungen, Jg. 5 (1964), S. 170-172. - S. auch Behrmanns Scharfenberg-Arbeiten: BEHRMANN, Alfred, Scharfenberg 1921-1928. Eine pädagogische Untersuchung (=Vorträge und Aufsätze, 3-4), Berlin 1957. - Und: BEHRMANN, Alfred, Schulfarm Insel Scharfenberg - Ihr Beitrag zur Erziehung in Bildender Kunst, in: ... und die Kunst ist immer dabei. Schulfarm Insel Scharfenberg - Ein Beitrag zur Bildenden Kunst. Katalog zur Ausstellung 12. Mai - 18. Juni 1989 in der Rathaus-Galerie Reinickendorf, Berlin 1989, o.S. - Biogr. Inf. zu Behrmann u.a. in: Kürschners Deutscher Gelehrten-Kalender 1992. Bio-bibliographisches Verzeichnis deutschsprachiger Wissenschaftler der Gegenwart, 16. Ausg., Bd. A-H, Berlin [u.a.] 1992.
[211] Vgl. u.a.: KÜHL, Siegfried, Das Vorbild Bonzo [Kurzautobiographie], in: ... und die Kunst ist immer dabei. Schulfarm Insel Scharfenberg - Ein Beitrag zur Bildenden Kunst. Katalog zur Ausstellung 12. Mai - 18. Juni 1989 in der Rathaus-Galerie Reinickendorf, Berlin 1989, o.S. - Sowie: Naturformen einmal anders. Siegfried Kühls faszinierende Variationen über Scharfenberg. Zur Ausstellung Siegfried Kühls im 'Haus am Lützowplatz', in: Der Nord-Berliner. Amtliches Organ des Bezirksamtes Reinickendorf vom 29.01.1965. - FRÖHLICH, G., Atelierbesuch bei Siegfried Kühl, in: Reinickendorf aktuell vom 15.06.1984.
[212] Vgl. Longardts Wirken auf Scharfenberger Arbeit: LONGARDT, Wolfgang, Musisches Leben auf der Schulfarm Scharfenberg, in: Theater der Schulen. Bericht von der Arbeit 1954-1955, Berlin o.J. [1955], S. 8f. - LONGARDT, Wolfgang, Scharfenberger 'Uraufführungen', in: Pädagogische Blätter, Berlin, Jg. 7 (1956), S. 26-29. - LONGARDT, Wolfgang, 'Bühnen-Variationen' als pädagogischer Versuch, in: Pädagogische Blätter, Berlin, Jg. 8 (1957), S. 149-152. - LONGART, Wolfgang, Musikalische Bühnenspiele zur 'Bundesschulmusikwoche Berlin' - ein kritischer Rückblick, in: Das Spiel in der Schule. Eine Vierteljahresschrift für Mittlere und Höhere Schulen, Jg. 1 (1960), S. 190-193. - LONGART, Wolfgang, Neue Wege zum musikalischen Bühnenspiel in der Schule, in: Das Spiel in der Schule. Eine Vierteljahresschrift für Mittlere und Höhere Schulen, Jg. 3 (1962), S. 54-56. - LONGARDT, Wolfgang, Ein Bilderbuch als Spielvorlage, in: Das Spiel in der Schule. Eine Vierteljahresschrift für alle Schulgattungen, Jg. 5 (1964), S. 23f.
[213] HARTKOPF, Beitrag, S. 44f.

Als einen zweiten entscheidenden Faktor, der dazu beitrug, daß die 'Scharfenberger Renaissance' der 50er und 60er Jahre gelingen konnte, benannte Pewesin 1982, daß es wohl diverse Versuche der Einflußnahmen von außen, insbesondere von seiten des Bezirks Reinickendorf - dem die Schulfarm im Februar 1949 unterstellt wurde[214] - gegeben habe, daß jedoch der Schulfarm alles in allem der Freiraum gewährt worden sei, den sie für ihre Reformarbeit benötigt habe[215] - insbesondere, was "die pädagogischen Dienststellen beim Senat und im Bezirk"[216] betroffen habe, so seien sie es gewesen, "die uns bis in die 60er Jahre hinein die große Freiheit garantierten, unter denen wir arbeiten konnten"[217]:

> "An der Spitze [der Berliner Schulverwaltung] standen überall Männer und Frauen, die aus der Reformpädagogik der 20er Jahre hervorgegangen waren, die also wußten, was für eine Bewandtnis es mit der Schulfarm hatte. Sie ließen ihr den Freiraum, ohne 'Statut' nach ihren eigenen, großenteils ungeschriebenen Inselgesetzten und -praktiken zu leben. Wir hatten völlige Freiheit bei der Aufnahme und auch beim gelegentlichen Ausschluß von Schülern, und für die pädagogischen Besonderheiten hatten sie offene Ohren; wo es gesetzlicher Regelungen - wie beim Abitur - bedurfte, gaben sie uns die nötige Rückendeckung. Nur bei der jährlichen Planstellen-Festsetzung entstanden immer wieder einmal Schwierigkeiten, denn hier war auch der Finanzsenator mit im Spiele. Alles wurde schulrechtlich abgesichert dadurch, daß man sich als 'Schule besonderer pädagogischer Prägung' anerkannte, jener glücklich geprägten Kennzeichnung für eine Reihe Berliner Schulen, die sie in ihrer charakteristischen Eigenart sicherte.[218]

Ende der 60er Jahre änderten sich diese Rahmenbedingungen für die Schulfarm schlagartig, u.a. mit der Folge, daß Pewesin im Laufe des Jahres 1969 schließlich - völlig resigniert[219] - nach 20 Jahren die Leitung der Schulfarm niederlegte und sich in den - offiziell gesundheitlich bedingten - vorzeitigen Ruhestand nach Wuppertal zurückzog.

Diese neuen Rahmenbedingungen lassen sich folgendermaßen in vier Punkten charakterisieren:

(1) Die Studentenbewegung erreichte auch die Schulfarm und brachte für diese - so Pewesin - "eine doppelte Bedrohung unserer Schulrepublik mit sich"[220]:

---

[214] PEWESIN, Erneuerung, S. 62: "Im Februar [19]49 war Scharfenberg von der Zentralverwaltung beim Senat der Bezirksverwaltung Reinickendorf überstellt worden, allerdings mit einem seiner überbezirklichen Bedeutung entsprechenden eigenen Etat, der die Schulfarm nicht völlig in den Bezirk eingliederte."
[215] S. hierzu: PEWESIN, Erneuerung, S. 62-64.
[216] PEWESIN, Erneuerung, S. 63.
[217] PEWESIN, Erneuerung, S. 63.
[218] PEWESIN, Erneuerung, S. 63f. - Vgl.: PEWESIN, Wolfgang, 50 Jahre Schulfarm Insel Scharfenberg, in: Berliner Lehrerzeitung, Jg. 26 (1972), Heft 9, S. 22: "Die Kehrseite der Staatlichkeit zeigt sich, wenn die Schulbürokratie ein so eigenständiges Gebilde den Normen und Zwängen der öffentlichen Regelschule unterwerfen will. Hier aber kann gesagt werden, daß in den 20er und dann wieder in der 50er und 60er Jahren einsichtige Schul- und Verwaltungsmänner (und Frauen!) der Schulfarm den großen Spielraum ließen, den sie brauchte. So waren es denn auch diese Jahrzehnte, die man [...] als ihre Blütezeiten bezeichnen kann."
[219] Vgl.: PS Pewesin: Korrespondenzen mit Blume; z.B.: Pewesin an Blume br. vom 12.09.1969: "Vielleicht wird einmal ein Historiker der Schulfarm [...] feststellen, daß in den 50er und 60er Jahren doch nicht alles falsch gemacht worden ist. Wer weiß!"
[220] PEWESIN, Erneuerung, S. 52.

1. Die Entwicklung der Schulfarm

"Die eine, gewissermaßen 'von unten' her, durch 'spontane' Aktionen von Schülern, deren Ursprung schwer zu fassen war, mit dem Ziel, unsere Institutionen als wirkungslos zu entlarven und damit infrage zu stellen. Diese Versuche und die Gegenbewegungen, die sie hervorriefen, führten zu so vielfältigen Bemühungen in zahlreichen Abendaussprachen und Diskussionen in kleinen und größeren Kreisen, die Grundlagen unserer Verfassung neu zu durchdenken und Vorschläge ihrer Umgestaltung zu machen, wie es sie selten in Scharfenberg gegeben hat. Die andere Bedrohung war viel gefährlicher - und schließlich erfolgreich. Sie kam 'von oben' und bestand darin, als Gegenmittel gegen die Unruhen auch für Scharfenberg die 'Konferenz' als oberste Instanz für das Inselleben zu fixieren, wie es eine Lehrermehrheit damals durchzusetzen unternahm. Damit war die Axt an die Wurzel der Scharfenberger Schulrepublik gelegt."[221]

(2) Zu dieser Krisensituation sei laut Pewesin hinzu gekommen, daß die Schulfarm (bei steigenden Schülerzahlen) Ende der 60er Jahre verstärkte Schwierigkeiten gehabt habe, geeignete Lehrer zu finden. "Die Möglichkeit der Werbung für Scharfenberg, ohnehin beeinträchtigt durch ein erhöhtes Anspruchsdenken", habe "im Raum Berlin stets ihre Grenzen [gehabt]", sie sei (nun) dadurch noch eingeengt worden, "daß die Senatsverwaltung mit großem Nachdruck den Aufbau der Gesamtschulen betrieb, der große Mittel und sehr viele tüchtige Lehrkräfte band"[222]:

"So sah sich denn der Bezirksschulrat veranlaßt, Berlinbewerbern aus der Bundesrepublik nur unter der Bedingung eine Planstelle zuzugmigen, daß sie in Scharfenberg zu arbeiten bereit waren. Nicht nur die Homogenität des Kollegiums litt dabei Schaden. Wo die prinzipielle Gefahr für unser System lag, kam in der Anfrage an den Schulleiter zum Ausdruck, die ein damals sogar auf der Insel wohnender Kollege, der also zu der pädagogischen Kerntruppe gezählt wurde, stellte: ob es zu den normalen Verpflichtungen eines Scharfenberger Lehrers gehöre, Sonntagsdienst zu tun."[223]

(3) Und schließlich kam es Ende der 60er Jahre - so Pewesin - zu den oben skizzierten entscheidenden Änderungen in der der Schulfarm bislang wohlgesonnenen Schulverwaltung:

"Ein allgemeiner Klimawechsel nach dem Ausscheiden jener Reformpädagogengeneration fand statt. Eine jüngere Generation von pädagogischen Experten gelangte an die Schaltstellen auch der oberen Verwaltung, Männer mit einem umfassenden konstruktiven Planungswillen im Geiste einer neuen Sachlichkeit, in der auch der Lehrerberuf als ein Job wie alle anderen erschien

---

[221] PEWESIN, Erneuerung, S. 52f. - Vgl. auch: Pewesin an das Kollegium der Schulfarm br. vom 18.05.1968, abgedr. in: 60 Jahre Schulfarm Insel Scharfenberg 1922-1982. Jubiläums-Festschrift anläßlich des 60-jährigen Bestehens der Schulfarm Insel Scharfenberg (=Sonderheft der Fähre), Berlin 1982, S. 69-73. - Und: GUTSCHALK, Rolf, Vorbemerkung, in: PEWESIN, Wolfgang, Beiträge zur Geschichte der Schulfarm. Auch ein Jubiläum: Scharfenberg vor 20 Jahren - eine Schülerdemonstration und ihre Folgen. Bericht und Dokumentation (=Neue Scharfenberg-Hefte, 13), Berlin 1987, S. 2; hier heißt es u.a.: "Von Besuchern der Schulfarm, vor allem von jungen Leuten aus der 68er Generation, wurde uns häufig die Frage gestellt, warum es in den Jahren um 1968 der Schulfarm nicht gelungen sei, aus der Dynamik dieser damaligen Bewegung ein Konzept zu entwickeln, das, angelehnt an die ursprünglichen radikaldemokratischen Ansätze Scharfenbergs, nun durch neue Impulse auch neuen gesellschaftlichen Bedürfnissen hätte gerecht werden können. Wenn man davon ausgeht, daß tatsächlich in dieser Zeit die Schulfarm in ihrer Entwicklung einen Bruch erlebte, dessen Auswirkungen bis heute nicht konzeptionell und praktisch aufgearbeitet werden konnten, erscheint es sinnvoll und notwendig, nicht nur die vorliegenden Dokumente zu vervollständigen und zum Studium aufzubereiten, sondern - nun nach zwanzig Jahren - die unmittelbar beteiligten Zeitzeugen rechtzeitig zu befragen."
[222] PEWESIN, Erneuerung, S. 62.
[223] PEWESIN, Erneuerung, S. 62.

und die Schule als Arbeitsstätte mit genau kalkulierbarem Risiko in der Notengebung. Wir mußten es erleben, daß man nachfragte, auf Grund welcher Verfügungen (die es natürlich nicht gab!) wir gewisse Gepflogenheiten bei der Zeugniserteilung praktizierten, oder daß uns plötzlich untersagt wurde, Schüler einer bestimmten Kategorie aufzunehmen. Der Begriff 'Schule besonderer pädagogischer Prägung' im bisherigen Sinne wurde abgeschafft. Wir firmierten nicht mehr als 'Schulfarm Insel Scharfenberg', sondern als Gymnasium XX, 6. Nur unsere guten, engen Beziehungen zum Schulsenator [Carl-Heinz] Evers [(geb. 1922)], der uns oft besuchte und also kannte, konnten zu böse Einschränkungen verhindern.

So war es denn fast von symbolischer Bedeutung für das Ende einer Epoche, daß in den gleichen Tagen, da der Leiter der Schulfarm von seinem Amte zurücktrat, auch die beiden wichtigsten alten Freunde Scharfenbergs, Senator Evers und Bürgermeister Dr. [Heinz] Gutsche [(1915-1973)[224]] aus dem Dienste schieden."[225]

Als 4. - von Pewesin (verständlicherweise) nicht vorgebrachter - Gesichtspunkt kann und muß angeführt werden, daß Pewesin nach 20 Jahren Schulleitertätigkeit sicher nicht mehr flexibel und innovationsbereit genug gewesen war, mit dieser schwierigen Situation angemessen kritisch-konstruktiv umgehen zu können. Blume spielte auf dieses Faktum an, als er einen Brief an Pewesin vom 06.07.1969, eigene Erfahrungen unter Verwendung eines Lietz-Zitats einbringend, mit dem Satz begann:

"20 Jahre sind zu lang; das hat noch niemand geschafft. Lietz hat gesagt: 'Nach 10 Jahren muß man's anstecken'."[226]

II.1.E. DIE SCHULFARM NACH DER 'ÄRA PEWESIN'[227]

Pewesins Nachfolger als Leiter der Schulfarm wurde 1970 der zuvor am Französischen Gymnasium tätige Kunsterzieher und Schultheaterfachmann Rudi Müller (1924-1997), der aus der vielfältigen Theaterarbeit der Schulfarm ein Curriculum für das Fach Darstellendes Spiel in der Gymnasialen Oberstufe entwickelte und einführte und der 1977 die Schulfarm verließ, um neben einer Tätigkeit an der Berliner Engelsschule im Bereich der Ausbildung von Gymnasiallehrern für das Fach Darstellendes Spiel zu wirken[228].

---

[224] Biogr. Inf. zu Gutsche, 1960-1970 Bezirksbürgermeister in Berlin-Reinickendorf: Landesarchiv Berlin an D.H. br. vom 10.06.1999.
[225] PEWESIN, Erneuerung, S. 64.
[226] PS Pewesin: Blume an Pewesin vom 06.07.1969. - Vgl. dazu das Antwortschreiben: PS Pewesin: Pewesin an Blume br. vom 15.07.1969.
[227] Vgl. zu diesem Teilkap.: HAUBFLEISCH, Dietmar, Schulfarm Insel Scharfenberg - oder: Vom Nutzen der Geschichte, in: Zeitschrift für Erlebnispädagogik, Jg. 16 (1996), Heft 2/3: Februar/März, S. 5-19. - Leicht veränd. Neuausg., unter Weglassung der Abbildungen, Marburg 1996:
http://archiv.ub.uni-marburg.de/sonst/1996/0001.html - S. auch: WERNER, Rainer, Schulfarm Insel Scharfenberg (Reinickendorf), in: Berlin, hrsg. von Christian ERNST und Christine LOST (=Schullandschaft Deutschland, 1), Baltmannsweiler 1997, S. 102-112.
[228] Die Schulfarm Scharfenberg. Eine chronologische Übersicht, in: 60 Jahre Schulfarm Insel Scharfenberg 1922-1982. Jubiläums-Festschrift anläßlich des 60-jährigen Bestehens der Schulfarm Insel Scharfenberg (=Sonderheft der Fähre), Berlin 1982, S. 105-110, hier S. 109f.

1. Die Entwicklung der Schulfarm

Die Leitung der Schulfarm übernahm 1977 bis 1992 Helmut Sommer (geb. 1930), der zuvor Berufsschullehrer, Fachleiter für Arbeitslehre und Leiter der Oberstufe der Thomas-Mann-Schule (1. Gesamtschule) gewesen war[229]. Im Oktober 1992 folgte als Leiter der Schulfarm Florian Hildebrand (geb. 1954)[230]; seit dieser die Insel 1998 verließ, wird die Schulfarm kommissarisch von Martin Eckervogt geleitet (Stand: Juni 2000).

Unter den Nachfolgern Pewesins geriet die Schulfarm wiederholt in Krisensituationen, als deren erster Höhepunkt die 1975/76 drohende Schließung der Schulfarm bezeichnet werden muß[231]. Seit Mitte der 90er Jahre steht die Gefahr einer

Schließung der Schulfarm erneut an; ob und wie sie erneut abgewiesen werden kann, ist zur Zeit offen[232].

---

[229] Die Schulfarm Scharfenberg. Eine chronologische Übersicht, in: 60 Jahre Schulfarm Insel Scharfenberg 1922-1982. Jubiläums-Festschrift anläßlich des 60-jährigen Bestehens der Schulfarm Insel Scharfenberg (=Sonderheft der Fähre), Berlin 1982, S. 105-110, hier S. 110. - Die Schulfarm Scharfenberg - eine chronologische Übersicht, in: Festschrift zum 75-jährigen Bestehen der Schulfarm Scharfenberg 1997, [hrsg. von der Schulleitung der Schulfarm Insel Scharfenberg], Berlin 1997, S. 33-37, hier S. 37. - Vor allem: SOMMER, Helmut, Gedanken zum 75. Geburtstag der Schulfarm Insel Scharfenberg unter besonderer Berücksichtigung der Jahre 1977 bis 1992, in: Festschrift zum 75-jährigen Bestehen der Schulfarm Scharfenberg 1997, [hrsg. von der Schulleitung der Schulfarm Insel Scharfenberg], Berlin 1997, S. 7-11.

[230] Die Schulfarm Scharfenberg - eine chronologische Übersicht, in: Festschrift zum 75-jährigen Bestehen der Schulfarm Scharfenberg 1997, [hrsg. von der Schulleitung der Schulfarm Insel Scharfenberg], Berlin 1997, S. 33-37, hier S. 37.

[231] Im Kontext von Sparmaßnahmen des Senats wurde die Frage der Effektivität der Schule diskutiert; doch blieb die Schulfarm nach längerer und unter Beteiligung der interessierten Öffentlichkeit geführten Diskussion - mit der Auflage die Schülerzahl zu erhöhen - erhalten.

[232] S. hierzu vor allem die von dem Scharfenberger Lehrer Rainer Werner herausgegebene Zeitschrift: Profil. Zeitschrift für die Schulfarm Insel Scharfenberg, Jg. 1, Nr. 1: November 1995 - Jg. 3 (1998), Nr. 10: April 1998. - Auch den einige unveröff. und überwiegend bereits (weitgehend in der Zeitschrift 'Profil') veröff. Texte von Rainer Werner beinhaltenden Sammelband: WERNER, Rainer, Schulfarm Insel Scharfenberg 1995 bis 1997. Chronik eines Reformversuchs. Eine Dokumentation, Berlin 1998. - Und: WERNER, Rainer, Schulfarm Insel Scharfenberg (Reinickendorf), in: Berlin, hrsg. von Christian ERNST und Christine LOST (=Schullandschaft Deutschland, 1), Baltmannsweiler 1997, S. 102-112. - Vgl. auch Zeitungsartikel zum Thema, etwa: LEHMANN, Armin, Wenn sich Dichtung und Wahrheit in Schulgeschichten mischen. Die Einrichtung einer externen Klasse führt auf der Insel Scharfenberg zu Debatten. Schüler fühlen sich nicht ernst genommen, in: Der Tagesspiegel vom 31.12.1993. - WEILAND, Severin, Schulinsel kommt ins Schwimmen. Das Internat auf der Insel Scharfenberg steht auf der Streichliste des Finanzsenators. SPD gegen Privatisierung, aber für höhere Mieten von Lehrern, in: taz vom 11.01.1996. - Gürtel enger schnallen - auch im Internat Insel Scharfenberg, in: Berliner Morgenpost vom 11.03.1996. - LOY, Thomas, Die Schulfarm in der Zwickmühle. Das Internatsgymnasium mit angeschlossenem Bauernhof auf der Insel Scharfenberg ist 75 geworden. Die Zukunft der Schulfarm gestaltet sich schwierig. Schüler bleiben aus und damit das Geld. Streit um Privatisierung, in: die taz vom 13.11.1997. - WIEKING, Klaus, Reif für die Insel Scharfenberg. Bullerbü-Idyll und Reformpädagogik sind die Markenzeichen der Internatsschule im Tegeler See, in: Der Tagesspiegel vom 15.11.1998. - Neuer Steit um die Schulfarm Scharfenberg entfacht. CDU löst Debatte in der Reinickendorfer CDU aus, in: Der Tagesspiegel vom 15.01.1999. - Für Fragen nach der Geschichte, aber auch der Gegenwart und Zukunft der Schulfarm bis auf wenige Einzelhinweise erstaunlich wenig hilfreich: Festschrift zum 75-jährigen Bestehen der Schulfarm Scharfenberg 1997, [hrsg. von der Schulleitung der Schulfarm Insel Scharfenberg], Berlin 1997.

Vor allem aber traten nach 1969 massive Veränderungen der Struktur der Schulfarm ein. Als ein deutliches Beispiel sei hier die - wie oben gezeigt - zuvor auf der Insel völlig undenkbare Einstellung von Sozialarbeitern für die Betreuung der Schüler im außerschulischen Bereich angeführt[233]. Von einschneidenden unterrichtsorganisatorischen Änderungen war bereits oben die Rede gewesen; die Abschaffung der für die Schulfarm der 20er und frühen 30er Jahre und der 'Ära Pewesin' typischen 'Jahresarbeiten' im Jahre 1972[234] mag ein weiterer Hinweis sein[235].

Der Gesamtkomplex der Veränderungen kann und muß als so weitreichend bezeichnet werden, daß man das Ende der 'Ära Pewesin' - nach Pewesins Abgang von der Insel verließen 1970 ein Drittel der Schüler und Lehrer die Insel[236] - als einen der deutlichsten Einschnitte in der Geschichte der Schulfarm und als das eigentliche Ende der reformpädagogischen Traditionslinie der alten Schulfarm der Weimarer Republik werten kann und muß[237].

Dieser Bruch und seine Auswirkungen sind - wie Gutschalk 1987 richtig feststellte - auf Scharfenberg "bis heute nicht konzeptionell und praktisch aufgearbeitet"[238] worden. Daß eine solche kritisch-konstruktive Aufarbeitung von seiten der Schulfarm auch künftig nicht zu erwarten ist, dafür spricht (neben einer ganzen Reihe anderer entsprechender Hinweise) die Abgabe des 'Archivs der Schulfarm Insel Scharfenberg' an das Landesarchiv Berlin im Frühjahr 1994, die sich - aus konservatorischen Gründen wie aus Gründen der besseren öffentlichen Zugänglichkeit

---

[233] Die Schulfarm Scharfenberg. Eine chronologische Übersicht, in: 60 Jahre Schulfarm Insel Scharfenberg 1922-1982. Jubiläums-Festschrift anläßlich des 60-jährigen Bestehens der Schulfarm Insel Scharfenberg (=Sonderheft der Fähre), Berlin 1982, S. 105-110, hier S. 110.
[234] Hierauf verweist: STRUCKMANN, Johann Caspar, Die Jahresarbeiten. Ein Stück Schul- und Wissenschaftsgeschichte der Schulfarm Scharfenberg, in: Mitteilungen & Materialien. Arbeitsgruppe Pädagogisches Museum e.V., Berlin, Heft Nr. 42/1994, S. 68-78, hier S. 76.
[235] Ein Beispiel für Pewesins massive Ablehnung der Neukonzeption der Schulfarm unter Rudi Müller ist: PEWESIN, Wolfgang, Wege und Irrwege. Ein Brief an Scharfenberger Abiturienten, in: Berliner Lehrerzeitung, Jg. 24 (1970), Heft 12, S. 16-22.
[236] GUTSCHALK, Vorbemerkung, S. 2.
[237] Als eines der wenigen zentralen Elemente der Schulfarm, die in der Geschichte der Schulfarm durchgehend von Bedeutung waren - und unter Rudi Müller eine eher überlastige Bedeutung erhielt - war bzw. ist die 'musische Komponente' hervorzuheben.
[238] GUTSCHALK, Rolf, Vorbemerkung, in: PEWESIN, Wolfgang, Beiträge zur Geschichte der Schulfarm. Auch ein Jubiläum: Scharfenberg vor 20 Jahren - eine Schülerdemonstration und ihre Folgen. Bericht und Dokumentation (=Neue Scharfenberg-Hefte, 13), Berlin 1987, S. 2.

1. Die Entwicklung der Schulfarm

durchaus begrüßenswert! - (auch) als eine Trennung vom 'Ballast' der eigenen Geschichte interpretieren läßt[239].

Eine historisch-kritische Aufarbeitung der eigenen Geschichte aber böte bzw. bietet die Chance, von dem progressiven Schulversuch der Weimarer Republik mit seiner heute 'utopisch' anmutenden erfolgreich realisierten Reformpraxis - was das Grundkonzept, pädagogische Einzelelemente wie auch die Prozesse, in und unter denen sich der Versuch entwickelte, betrifft - für heutige Schulreformvorhaben wichtige Anstöße und Anregungen zu erhalten.

Was die Schulfarm selbst betrifft, so wurde hier - was ja auch ohne Bezugnahme auf die eigene reformpädagogische Traditionslinie hätte geschehen können - nach der 'Ära Pewesin' kein 'alternatives Schulmodell' mehr erdacht und erprobt, kam nach den 60er Jahren weder in struktureller noch in personeller Hinsicht eine Konstel-

---

[239] S. dazu S. 20. - Den gleichen Eindruck einer 'Geschichtslosigkeit' erweckt die Tatsache, daß die Schulfarm ihr 70jähriges Bestehen im Jahr 1992 sozusagen 'überging' (z.Tl. mit dem Hinweis darauf, daß die Schulverwaltung 70-Jahr-Feiern finanziell nicht unterstütze. Zehn Jahre zuvor hatte man das 60jährige Bestehen gefeiert und auch eine beachtenswerte, die eigene Geschichte und Gegenwart berücksichtigende Eigenpublikation vorgelegt; vgl. dazu bes.: SOMMER, Helmut, Anstatt eines Vorwortes. Begrüßungsansprache des Schulleiters anläßlich der 60-Jahrfeier der Schulfarm Insel Scharfenberg am 22. Mai 1982, in: 60 Jahre Schulfarm Insel Scharfenberg 1922-1982. Jubiläums-Festschrift anläßlich des 60-jährigen Bestehens der Schulfarm Insel Scharfenberg (=Sonderheft der Fähre), Berlin 1982, S. I-V, hier S. If.: "Als wir vor gut einem halben Jahr bei unserer Schulaufsicht nachfragten, ob wir wohl für die Durchführung einer 60-Jahr-Feier mit einer kleinen finanziellen Hilfe rechnen dürften, erhielten wir den schriftlichen Bescheid, daß dies nicht üblich sei - gefeiert wird so etwas zum 25., 50., 75. oder 100. Geburtstag. Nun wußten wir aus unseren Archivunterlagen, daß ein 40jähriges Jubiläum und sogar ein 10jähriges Jubiläum der Neugründung nach dem zweiten Weltkrieg stattgefunden hatte. Wir ließen uns also nicht entmutigen, bekamen dann auch einen Zuschuß. Es ging uns ja auch nicht um eine Feier - es geht uns vielmehr darum, in einer scheinbar geschichtslosen Zeit, in einer Epoche, die Traditionen als Wertmaßstab kaum anerkennt oder vielleicht in der pädagogischen Diskussion gerade wieder neu entdeckt, die Gelegenheit dieses Geburtstages mit Null zu nutzen, um für eine gegenwärtige und zukunftsorientierte Bestandsaufnahme das bisher Geschehene zu reflektieren, um möglicherweise daraus zu lernen. Uns war aufgefallen, daß in den letzten Jahren fünf, sechs oder sieben Studenten aus pädagogischen Institutionen oder ganze Fachseminare an uns herangetreten waren, um über unsere Vergangenheit zu arbeiten. Warum sollten wir dies eigentlich nicht selbst tun? So entstand vor drei Jahren die Idee, bei uns eine Arbeitsgemeinschaft einzurichten, die das vorhandene Material zur Geschichte der Schulfarm sichten und ordnen sollte, weiteres Material beschaffen und vielleicht einer interessierten Öffentlichkeit zugänglich machen sollte. Eine Projektgruppe 'Schulfarm-Archiv' wurde gegründet, ein Kollege [Rolf Gutschalk], der fast die Hälfte der Schulfarm-Geschichte als Lehrer miterlebt hat, übernahm die Leitung der Gruppe. Die ersten Tagebücher Wilhelm Blumes, in steiler Sütterlin-Handschrift geschrieben, wurden von interessierten Schülern 'übersetzt', Kronidenbücher, alte Zeugnisse, Konferenzprotokolle, alte und z.T. historisch überaus wertvolle Briefe [...] alte Schüleraufsätze, Abiturarbeiten und Abiturgutachten, hunderte alter Fotografien und vieles andere mehr wurde gesichtet und auf ihren Wert und Veröffentlichung hin überprüft." - Das 75jährige Bestehen der Schulfarm begann man mit einer Schulfeier am 06.06.1997, auf der einige Reden gehalten wurden, die abgedr. wurden in: Profil. Zeitschrift für die Schulfarm Insel Scharfenberg, Berlin, Jg. 1, Nr. 1: November 1995. - Zudem erschien eine inhaltlich und optisch schlichte, knapp über 100 Seiten umfassende 'Festschrift'. - Festveranstaltung und Festschrift vermitteln den Eindruck ungeliebter Pflichtübungen, hinter denen sich u.a. eine massive Verunsicherung zu verbergen scheint: (nach wie vor) erhebliche Schwierigkeiten mit dem Umgang der eigenen, vielschichtigen Geschichte einerseits und einer völligen Unklarheit bezüglich der weiteren Zukunft andererseits.

lation zustande, nach der von der Schulfarm regional oder gar überregional bedeutsame Impulse ausgegangen wären.

Weder scheint - ungeachtet der hervorragenden pädagogischen Engagements einzelner Lehrer - seit Anfang der 70er Jahre von seiten der Schulfarm, insbes. von seiten der jeweiligen Schulleitung, das pädagogische Engagement eingebracht worden zu sein, das als ein Eckpfeiler für jegliche Schulreform unabdingbar erscheint, noch scheint - als zweiter Eckpfeiler - der Schulfarm von Seiten der zuständigen Schulverwaltung der Freiraum gewährt worden zu sein, den sie - wie unter der Leitung Blumes und der Leitung Pewesins - für die Entfaltung reformerischer Arbeit und den Erhalt ihres "Charakter[s] als höchst eigenständiges Gebilde"[240] benötigt hätte. Pewesins diesbezügliche Bemerkung aus dem Jahre 1982 erscheint nach wie vor aktuell:

> "Heute - so scheint es mir - ist sie den normalen Stadtschulen angeglichen, mit dem einzigen Unterschied, daß ihre Schüler nicht sofort nach dem Unterricht nachhause gehen, sondern erst an den Wochenenden. Von einer 'Schulrepublik' nach eigenen Regeln kann keine Rede mehr sein, zumal heute allenthalben ein anscheinend unwiderstehlicher Hang zur total 'verwalteten' Schule - im Gegensatz zu den Bestrebungen des Senators Evers zu meiner Zeit - zu vielfach grotesker Einschnürung inidivdueller pädagogischer Verantwortung führt [...]. Unter solchen Bedingungen kann ein Gebilde wie die Schulfarm nicht gedeihen. Um ihr aber jenen Spielraum zu verschaffen, den sie etwa auch zur Meisterung der oben skizzierten besonderen Aufgaben benötigt, müßte die Schulverwaltung schon über ihren eigenen Schatten springen und ein 'alternatives Modell' zulassen."[241]

Ebenso aktuell erscheint Pewesins Provokation aus dem Jahre 1972:

> "Die Frage ist bis heute noch nicht entschieden, ob es sich dabei [bei der Krise seit Ende der 60er Jahre] um eine Entwicklungskrise handelt, die zu einer dritten Metamorphose der Schulfarm gemäß den Forderungen der 70er Jahre führt, oder um eine solche, die sie vernichtet. Wie die Dinge liegen, wird das jetzt davon abhängen, ob die Berliner Schulverwaltung, seit Jahren auf die zukunftsweisenden Projekte gigantischer Gesamtschulen konzentriert, sich auch für eine so kleine Pionierschule wirklich einzusetzen bereit ist - auf der Grundlage der pädagogischen Prinzipien, denen sie ihr Profil verdankt. Ob sie durch einen Appell an die junge Lehrergeneration die Lehrer für Scharfenberg gewinnt, die - mit neuen Ideen, aber im Geiste Wilhelm Blumes - nicht an einem bloßen qualifizierten Fachunterricht Genüge finden, sondern entschlossen sind, im engsten täglichen Zusammenleben mit der dessen heute mehr denn je bedürftigen Jugend die Schulrepublik neu aufzubauen und darin auch die Motivationen und Impulse für eine fruchtbare Unterrichtsarbeit zu finden. Sollte dies nicht mehr gewollt werden oder nicht gelingen, so wäre es besser, dieses Kapitel Berliner Schulgeschichte zu schließen."[242]

---

[240] PEWESIN, 50 Jahre Schulfarm, S. 22.
[241] PEWESIN, Rede, S. 15.
[242] PEWESIN, Wolfgang, 50 Jahre Schulfarm, S. 22.

II.1.F. SCHLUßBEMERKUNGEN

Die Schulfarm zählt zu den Versuchs- und Reformschulen der Weimarer Republik, die nach 1945 wiederbelebt wurden. In diese Wiederbelebung wurden bis Ende der 60er Jahre ganz massiv Erfahrungen der 20er und frühen 30er Jahre eingebracht; doch vermochte es die Schulfarm zugleich, der Zeitsituation gemäße Innovationen zu entwickeln. Wenn auch nicht im gleichen Maße wie in der Weimarer Republik, so vermochte doch auch die Schulfarm, insbesondere unter der Leitung Pewesins, dabei gewisse, über den eigenen Schulorganismus hinausreichende "Impulse für das Bildungswesen insgesamt"[243] zu geben.

Bei der Reformarbeit der Schulfarm spielten neben allgemeinen strukturellen Rahmenbedingungen personelle Kontinuitäten eine geradezu zentrale Rolle. Daß die reformpädagogische Traditionslinie der Schulfarm im Vergleich zu anderen Reformschulen der Weimarer Republik, die nach 1945 ihren Schulbetrieb wieder aufnahmen, erst relativ spät, Ende der 60er Jahre abbrach, lag nicht zuletzt auch daran, daß hier der Einfluß, die Wirksamkeit der Reformpädagogen der Weimarer Zeit in maßgeblichem Umfange zunächst erhalten blieb und dann gewissermaßen um eine Generation, durch das Wirken ehemaliger Referendare und Schüler der Schulfarm verlängert wurde.

---

[243] HARTKOPF, Beitrag, S. 2.

II.2. WILHELM BLUME ALS GRÜNDUNGSDIREKTOR DER PÄDAGOGISCHEN HOCHSCHULE BERLIN 1946-1948

In den Monaten nach der Kapitulation existierte in Berlin - neben anderen gravierenden Problemen im Schulwesen, wie z.b. den oben bereits erwähnten Zerstörungen von Schulgebäuden, - u.a. auch ein erheblicher Lehrermangel: Hatte es 1938 in Berlin ca. 13.000 sog. ordentliche Lehrer gegeben, so zählte man in den ersten Monaten nach der Kapitulation, als man den Schulbetrieb wieder in Gang zu bringen suchte, noch 5.100 Lehrer in Berlin, und von diesen mußte man fast die Hälfte wegen ihrer NSDAP-Mitgliedschaft entlassen. So wurden pensionierte Lehrkräfte als Hilfslehrer herangezogen, berufsfremde Menschen als sog. Schulhelfer eingestellt und - ab Januar 1946 - sog. Neulehrer in 8-Monats-Kursen ausgebildet (die nach einer Abschlußprüfung ebenfalls den Status von Schulhelfern hatten und sich wie diese in weiteren Ausbildungskursen auf die erste Lehrerprüfung vorbereiten mußten). Doch sollten diese Regelungen selbstverständlich nur ein Provisorium sein, das ersetzt werden sollte durch eine neue Lehrerbildung - und zwar durch eine gründliche hochschulmäßige Ausbildung. In dieser sollten die neuen Lehrer nicht nur fachlich, dem neuen institutionellen Schulrahmen entsprechend befähigt werden; vielmehr sollte die neue Ausbildung bei den künftigen Erziehern zudem auch die erforderlichen Qualitäten einer humanen, demokratischen Grundhaltung anbahnen helfen[1].

In diesem Sinne beschloß der Berliner Magistrat nach etwa einjähriger Vorarbeit im Laufe des Jahres 1946 die Einrichtung einer Pädagogischen Hochschule. Die vier

---

[1] Vgl. zu diesen Anfängen der Lehrerausbildung in Berlin: WINZER, Otto, Das Schuljahr 1945/46. Bericht des Leiters der Abteilung für Volksbildung des Magistrats der Stadt Berlin, in: WINZER, Otto / WILDANGEL, Ernst, Ein Jahr Neuaufbau des Berliner Schulwesens. Bericht von der Konferenz der Lehrer an den öffentlichen Schulen der Stadt Berlin. 2. September 1946, Berlin 1946, darin insbes. S. 5-28, hier bes. S. 18-23: Kap. 'Probleme unserer Lehrerschaft'. - OESTREICH, Paul, Schulleben Berlins nach dem Zusammenbruch, in: Schola. Monatsschrift für Erziehung und Bildung, Jg. 2 (1947), S. 194-201. - Auch: ALBRECHT, Franz, Über die Anfänge der demokratischen Lehrerbildung in Berlin bis zur Gründung der Pädagogischen Hochschule (1945-48), in: Jahrbuch für Erziehungs- und Schulgeschichte, Jg. 29 (1989), S. 67-84, bes. S. 67f. [mit wichtigen Quellenhinweisen]. - GRAMS, Wolfram, Kontinuität und Diskontinuität der bildungspolitischen und pädagogischen Planungen aus Widerstand und Exil im Bildungswesen der BRD und DDR. Eine vergleichende Studien (=Europäische Hochschulschriften, Reihe 11: Pädagogik, 456), Frankfurt [u.a.] 1990 [u.a. zu Umstrukturierungen in der Lehrerbildung, zu Entlassungen aus dem Schuldienst u.v.a.m.]. - Mit bes. Schwerpunkt auf der Situation in Neukölln: SCHMIDT, Angelika, Lehrer gesucht. Zur Ausbildung der Schulhelfer und Hilfslehrer, in: Schulreform - Kontinuitäten und Brüche. Das Versuchsfeld Berlin-Neukölln, hrsg. von Gerd RADDE, Werner KORTHAASE, Rudolf ROGLER und Udo GÖßWALD im Auftrag des Bezirksamts Neukölln, Abt. Volksbildung, Kunstamt, Bd. II: 1945 bis 1972, Opladen 1993, S. 48-53.

alliierten Mächte stimmten dem zu und beriefen Anfang Oktober 1946 Wilhelm Blume zum Gründungsdirektor[2].

Am 21.11.1946 wurde die Pädagogische Hochschule mit einem feierlichen Akt in den Kammerspielen des Deutschen Theaters in der Schumannstraße, u.a. mit einer Antrittsrede Blumes[3], eröffnet; gleichzeitig begann der Vorlesungs- und Übungsbetrieb.

Die Wahl fiel auf Blume, da er "als Begründer der Schulfarm Insel Scharfenberg zu den exponierten Berliner Schulreformern der Weimarer Zeit [gehörte]" und er - der weder der NSDAP, dem NSLB noch sonst einer anderen nationalsozialistischen

---

[2] S. zur Geschichte der Pädagogischen Hochschule: 30 Jahre Pädagogische Hochschule Berlin. Reden, Aufsätze und bildungspolitische Stellungnahmen ihrer Rektoren seit 1946, Berlin 1978. - Beiträge zur Geschichte der Pädagogischen Hochschule Berlin, hrsg. von Gerd HEINRICH (=Abhandlungen aus der Pädagogischen Hochschule Berlin, 6), Berlin 1980; darin neben Nachrufen und Kurzbiographien von Hochschullehrern der Pädagogischen Hochschule vor allem S. 3-21: RICHTER, Wilhelm, Abriß der Geschichte der Pädagogischen Hochschule Berlin von 1946 bis 1948, und S. 22-37: HANSEN, Reimer, Wilhelm Blume und die Berliner Lehrerausbildung 1946-1949. Eine kleine Dokumentation. - BLUME, Wilhelm, Die augenblickliche Situation der Lehrerausbildung in der pädagogischen Hochschule zu Berlin, in: Schola, Jg. 3 (1948), S. 750-756. - RADDE, Gerd, Lehrerbildung an der Pädagogischen Hochschule Berlin 1946-1949, in: Neue Unterichtspraxis, Jg. 13 (1980), S. 77-81. - ALBRECHT, Franz, Über die Anfänge der demokratischen Lehrerbildung in Berlin bis zur Gründung der Pädagogischen Hochschule (1945-48), in: Jahrbuch für Erziehungs- und Schulgeschichte, Jg. 29 (1989), S. 67-84. - SCHUPPAN, Michael-Sören, Berliner Lehrerbildung nach dem Zweiten Weltkrieg. Die Pädagogische Hochschule im bildungspolitischen Kräftespiel unter den Bedingungen der Vier-Mächte-Stadt (1945-1958) (=Europäische Hochschulschriften, Reihe 11: Pädagogik, 403), Frankfurt [u.a.] 1990. - SCHUPPAN, Michael-Sören, Die Anfänge der ordentlichen Lehrerausbildung in Berlin nach 1945 und die Gründung der Freien Universität, in: Lehrerbildung im vereinten Deutschland. Referate eines Colloquiums zu Fragen der Gestaltung der zukünftigen Lehrerbildung, hrsg. von Peter HÜBNER (=Europäische Hochschulschriften, Reihe 11: Pädagogik, 591), Frankfurt [u.a.] 1994, S. 1-17 [ein Vortragstext ohne jede Quellenangaben und Fußnoten]. - RADDE, Gerd, Antifaschistisch-demokratischer Neuanfang als Aufklärung im pädagogischen Prozeß - der Weg eines ehemaligen Marinesoldaten in die Berliner Lehrerbildung (1946), in: "etwas erzählen". Die lebensgeschichtliche Dimension in der Pädagogik. Bruno Schonig zum 60. Geburtstag, hrsg. von Ingo HANSEN-SCHABERG, Baltmannsweiler 1997, S. 45-55. - Außerdem sei ein kurzer Abriß der Entwicklung der Pädagogischen Hochschule unter der Leitung Richters von 1949 bis 1952 genannt: RICHTER, Wilhelm, Zur Geschichte der Pädagogischen Hochschule, in: Berliner Lehrerzeitung, Jg. 6 (1952), S. 201. -
Archivalien zur Geschichte der Pädagogischen Hochschule finden sich vor allem in: Berlin, LA, Rep. 200, Acc. 2822: Nachlaß Wilhelm Richter, und: Rep. 200, Acc. 3184: Nachlaß Wilhelm Blume. - Und: Berlin, LA, Rep. 7: Senator für Volksbildung, Acc. 2186, lfd. Nr. 31-34: Pädagogische Hochschule (1949-1963). - Außerdem: Berlin, AASGB: Ordner 'Nachlaß Richter' I und II, Ordner 'Blume/Richter' 1 bis 4 und Ordner 'Schulreform. Einheitsschulgesetz 1948'. - Vgl. auch die in: Sitzungsprotokolle des Magistrats der Stadt Berlin 1945/46, Teil 1 und 2, edierten bzw. genannten Quellen.

[3] BLUME, Wilhelm, Antrittsrede zur Eröffnung der Pädagogischen Hochschule Groß-Berlin am 21. November 1946 in den Kammerspielen des Deutschen Theaters, in: 30 Jahre Pädagogische Hochschule Berlin. Reden, Aufsätze und bildungspolitische Stellungnahmen ihrer Rektoren seit 1946, Berlin 1978, S. 9-20.

Vereinigung angehört hatte - "als integre pädagogische Potenz" galt[4]. Zudem mag er nicht nur durch seine frühen Aktivitäten bezüglich der Humboldtschule und vor allem bezüglich der Schulfarm bald 'aufgefallen' sein; vielmehr mußte jedermann sichtbar sein, daß dieses Engagement "nur ein Bruchteil des pädagogischen Elans [war], den er in sich trug und der ihn ganz und gar ausfüllte"[5] - erinnert sei hier an die oben bereits erwähnte Wiederbelebung der in der Anfangsphase der Weimarer Republik entstandenen Idee, 'Schlösser mit Landareal zur Ausbreitung der Schulfarmidee zu beschlagnahmen'[6].

In einem Bericht zur Lage in Reinickendorf vom 01.06.1945 wird Blume als Mitglied einer die Bezirksverwaltung Reinickendorf beratenden Körperschaft genannt[7]. Außerdem war nach einer "Übersicht über den Aufbau des Schulamtes der Stadt Berlin, als Unterabt. der Abt. Volksbildung beim Magistrat der Stadt Berlin (Stand: 14.06.1945)" Blume, der "Schöpfer des ehemaligen Landschulheims Insel Scharfenberg, vorgesehen als unbesoldetes Mitglied des Schulamtes", zuständig für die "Aufsicht über Versuchsschulen"[8] und schon 1945/46 "Referendarseminarleiter von Reinickendorf-Tegel-Pankow und Kommissar für Reifeprüfungen im gleichen Gebiet"[9].

Auch war Blume laut eigenem Bezeugen durch wiederholtes "Hervortreten auf den großen pädagogischen Tagungen"[10] aufgefallen, z.B. auf der maßgeblich von ihm mitgeplanten und vom Hauptschulamt durchgeführten 'Pestalozzi-Woche' anläß-

---

[4] RADDE, Lehrerbildung, S. 78. - Dazu: SCHUPPAN, Berliner Lehrerbildung, S. 97: "Anders als andere mögliche Kandidaten für das Amt des Leiters der Pädagogischen Hochschule wurde Blume offensichtlich nicht vor die Alliierte Erziehungskommission zur politischen Anhörung vorgeladen. Jedenfalls existiert für die in Frage kommende Zeit weder eine Einladung mit Tagesordnung noch ein Protokoll in den OMGBS-Unterlagen, in denen dieser Punkt vermerkt ist. Auch schrieb Blume darüber nichts. Er erwähnte nur ausführliche Unterredungen in der Zentralkommandantur mit Sudakow und den 'Fünfzehn-Fragen-Katalog' der Amerikaner [...]."
- Ebd., S. 98, vermutet sicher nicht zuunrecht, daß der Grund für diese Nichtüberprüfung darin gelegen haben mag, daß Blume durch diverse Aktivitäten schon zuvor bekannt und wohl wohl mehrfach überprüft worden sein mag.

[5] SCHEEL, Mein Leben, S. 3.

[6] S. dazu S. 882.

[7] Berlin, BA: Bestand NY 4098: Nachlaß Josef Hahn, Akte 6, Bl. 13f.; abgedr. in: 'Gruppe Ulbricht' in Berlin April bis Juni 1945. Von den Vorbereitungen im Sommer 1944 bis zur Wiedergründung der KPD im Juni 1945. Eine Dokumentation. Mit einem Geleitwort von Wolfgang LEONHARD, hrsg. und eingel. von Gerhard KEIDERLING, Berlin 1993, S. 462f.

[8] Berlin, LA: Rep. 220: Bezirksamt Reinickendorf, Acc. 915: Personalangelegenheiten; kulturelle Aktivitäten; Schulamt; Rundschreiben, Lfd. Nr. 194: Übersicht über den Aufbau des Schulamtes der Stadt Berlin, als Unterabt. der Abt. Volksbildung beim Magistrat der Stadt Berlin (Stand: 14.06.1945); abgedr. in: SCHUPPAN, Berliner Lehrerbildung, S. 74. - S. so auch: Berlin, LA: Rep. 220: Bezirksamt Reinickendorf, Acc. 915: Personalangelegenheiten; kulturelle Aktivitäten; Schulamt; Rundschreiben. Lfd. Nr. 191: Tätigkeitsberichte des Schulamtes, Aufräumarbeiten in den Schulen, Verleihung von Namen für Schulen. 1945-1948, hier: Übersicht über den bisherigen Aufbau der Abt. für Volksbildung beim Magistrat der Stadt Berlin vom 14.06.1945: Blume "vorgesehen als unbesoldetes Mitglied des Schulamtes" für den Bereich "Versuchsschulen".

[9] SCHUPPAN, Berliner Lehrerbildung, S. 98.

[10] Berlin, AASGB: Ordner Blume/Richter 2 heißt es in einem undatierten Lebenslauf von Blume: "1946 nach wiederholtem Hervortreten auf den großen pädagogischen Tagungen zum Direktor der Pädagogischen Hochschule Groß-Berlin berufen."

lich des 200. Geburtstages von Pestalozzi vom 12.-20.01.1946, auf der er einen Vortrag hielt, sowie durch sein engagiertes Auftreten auf dem ersten Pädagogischen Kongreß (Berlin) vom 15.-17.08.1946 in der Arbeitsgruppe Lehrerausbildung, wo er entschlossen das Konzept des Ein-Fach-Lehrers verteidigte[11]. Zudem war er in eine Kommission der Zentralverwaltung für Volksbildung berufen worden, die ein Pädagogisches Manifest erarbeiten sollte[12].

Höchst interessant erscheint bezüglich der vielfältigen Aktivitäten Blumes nach dem 2. Weltkrieg auch die Tatsache, daß er spätestens seit Ende 1945 / Anfang 1946 wieder Kontakt mit Richard Woldt hatte[13]. Dieser war nach der Wiedereröffnung der Technischen Hochschule Dresden zum Direktor des 1946 an der Pädagogischen Fakultät in der Abteilung für Kulturwissenschaften neugegründeten Instituts für soziale Arbeitswissenschaft berufen worden (Aufgabenstellung: besonders im Rahmen der Berufsschullehrerausbildung die Gebiete der sozialen Arbeitswissenschaft, der Geschichte der Arbeiterbewegung und der Geschichte der Technik zu vertreten) und versuchte gemeinsam mit Werner Straub (1902-1983) (von Oktober 1946 bis Ende 1947 Dekan der Pädagogischen Fakultät der Technischen Universität Dresden)[14], Blume zur Übernahme des Lehrstuhls für praktische Pädagogik (verbunden damit:

---

[11] SCHUPPAN, Die Anfänge, S. 6: Blume hatte auf dem Kongreß als Delegierter der Provinz Brandenburg teilgenommen, da die Quote der Berliner Delegierten ausgeschöpft war. - SOTHMANN, Karl, Erster Pädagogischer Kongreß. Berlin 1946, in: Die neue Schule. Blätter für demokratische Erneuerung in Unterricht und Erziehung, Jg. 1 (1946), S. 207-209. In diesem Bericht wird u.a. betont, daß man die Erneuerung des Schulwesens mit Hilfe älterer Reformpädagogen angehen wollte: "Wo sind alle die Pädagogen, die vor 1933 an Versuchsschulen methodische Erfahrungen sammelten? Sie werden in kritischer Überprüfung dessen, was sie damals erarbeiteten underprobten, wichtige Ergebnisse für das, was heute richtig ist, beitragen müssen." (S. 209). Zumindest erwähnt sei an dieser Stelle eine Passage, die auf einen in Zusammenhang mit dieser Arbeit erwähnenswerten historischen Zufall hinweist, nämlich auf den Hinweis Sothmanns, daß das Schloß Wiesenburg im Hohen Fläming - dessen Park zu Pfingsten 1918 ein Ausgangspunkt für die Geschichte der Schulfarm gewesen war - Sitz eines 'Neulehrerkurses' war und hier ein "'pädagogischer Mittelpunkt' entstehen" sollte: "Hier sollen nicht nur laufend Fortbildungskurse verschiedener Art, besonders auch für zukünftige Fachlehrer stattfinden. Zu der 'pädagogischen Mitte' soll auch eine als ländliche Versuchsschule ausgebildete Zentralschule gehören. Und von dieser Stelle aus werden auch die Arbeitskreise zur Fortbildung der Neulehrer geführt und betreut [...]." (S. 208) - S. zu dem Kongreß auch: Mit der Kamera auf dem Kongreß, in: Die Neue Schule, Jg. 1 (1946), S. 298f., hier S. 299: Foto des am Kongreß teilnehmenden Wilhelm Blume.

[12] SCHUPPAN, Wilhelm Blume, S. 309.

[13] Vgl. zu Woldt bes. S. 338-340. - Zur Terminierung der erneuten Kontakte zwischen Blume und Woldt nach dem 2. Weltkrieg s.: Berlin, AASGB: Ordner Blume/Richter 1: Briefentwurf von Blume an Prof. Richard Woldt [ca. Ende 1945 / Anfang 1946], veröff. als: BLUME, Wilhelm, Entwurf eines Briefes an Prof. Dr. Richard Woldt [ca. Ende 1945 / Anfang 1946] [Berlin, AASGB: Ordner Blume/Richter 1], hrsg. von Dietmar HAUBFLEISCH, Marburg: http://archiv.ub.uni-marburg.de/sonst/1999/0001/q62.html - Technische Universität Dresden. Universitätsarchiv an D.H. br. vom 26.02.1998, teilt mit, daß sich im Universitätsarchiv keine Hinweise auf die Kontakte Blumes zur Technischen Universität Dresden befänden; es existiert hier kein Nachlaß von Richard Woldt; und es finden sich keine Hinweise in der Personalakte Prof. Richard Woldt, in der Professorendokumentation des Universitätsarchivs, im Nachlaß W. Straub sowie in den Unterlagen der Fakultät bzw. des Instituts, an dem Woldt lehrte).

[14] Biogr. Inf. zu Straub: Archiv der Technischen Universität Dresden an D.H. br. vom 22.06.1999. - Und: FRITZLAR, Sigrid, Werner Straub, in: Biographisches Handbuch der SBZ/DDR, hrsg. von Gabriele BAUMGARTNER und Dieter HEBIG, Bd. 2, München 1997, S. 907.

Direktion des Pädagogischen Instituts und damit die Oberleitung der gesamten praktisch-pädagogischen Ausbildung der Grund- und Oberschullehrer) zu gewinnen - ein Vorhaben, für das Blume vor wie auch nach seiner Ernennung zum Direktor der Pädagogischen Hochschule Berlin bis Frühjahr 1947 Interesse signalisierte[15].

---

[15] Berlin, AASGB: Ordner Blume/Richter 2: Woldt an Blume br. vom 05.10.1946. - Berlin, AASGB: Ordner Blume/Richter 2: Straub an Blume br. vom 10.10.1946. - Berlin, AASGB: Ordner Blume/Richter 2: Straub an Blume br. vom 21.11.1946. - Berlin, AASGB: Ordner Blume/Richter 2: Woldt an Blume br. vom 06.12.1946. - Berlin, AASGB: Ordner Blume/Richter 2: Straub an Blume br. vom 06.03.1947: "Mit großer Wahrscheinlichkeit ist damit zu rechnen, daß vom kommenden Wintersemester an die Ausbildung der Grund- und Oberschullehrer in vollem Umfange an unserer Hochschule aufgenommen wird. Damit ist für die Fakultät der Zeitpunkt gekommen, sich ernsthaft mit dere Frage der Besetzung des nun einzurichtenden Ordinariats für praktische Pädagogik zu befassen. Wir, d.h. außer Kollegen Woldt und mir auch Kollege [Karl] Trinks [(1891-1981)] [...] und Kollege [Hugo Fürchtegott] Dähne [(1885-1967)] [...] denken dabei in erster Linie an Sie. Wir würden uns sehr freuen, wenn wir Sie für unsere Hochschule gewinnen könnten. Mit dem Lehrstuhl wäre die Direktion des Pädagogischen Instituts und damit zugleich die Oberleitung der gesamten praktisch-pädagogischen Ausbildung der Grund- und Oberschullehrer verbunden. Eine Institutsschule als besondere Übungsschule ist vorläufig, nicht nur mit Rücksicht auf das Fehlen geeigneter Räumlichkeiten, nicht vorgesehen; für die schulpraktische Ausbildung sollen geeignete Schulen der Stadt herangezogen werden. Die Einrichtung einer Versuchsschule, zu der die Fakultät durchaus positiv steht, würde sich bei den Berufungsverhandlungen angesichts der progressiven Einstellung der Landesregierung wohl unschwer erreichen lassen. Darf ich Sie heute fragen, ob Sie grundsätzlich geneigt sind, Ihre gegenwärtige verantwortungsreiche Tätigkeit mit dem Wirkungskreise an unserer Hochschule zu vertauschen?" -
Berlin, AASGB: Ordner Blume/Richter 2: Woldt an Blume br. vom 18.03.1947: "Kollege Straub hat in der Berufungsangelegenheit bereits dienstlich an Sie geschrieben, ich möchte dem nur hinzufügen, daß wir uns natürlich hier alle freuen würden, wenn wir Sie in nächster Zeit als Kollegen hier begrüßen könnten. Von mir aus möchte ich Ihnen sagen, daß Sie eine schöne Aufgabe hier vorfinden, daß wir uns sehr selbständig und frei hier betätigen können, und daß ich es persönlich als einen Glücksfall empfinde, mit einer so gut eingespielten Mannschaft auf sachlichem Gebiet zusammenarbeiten zu können. Außerdem herrscht hier eine saubere kollegiale Atmosphäre, sodaß wir auch von dem üblichen Professoren-Knatsch verschont bleiben. Sie wissen, lieber Blume, daß ich in diesem Punkt aus meiner 12jährigen Tätigkeit bei Minister Becker ein Fachmann bin und diese Dinge beurteilen kann. Ich habe das Bedürfnis, Ihnen diese positiven Momente noch einmal zusammenfassend zu schildern. Die Entscheidung liegt natürlich bei Ihnen, aber sicher würde in zusagendem Fall die Arbeit hier in Dresden Ihnen Freude machen und Sie würden sich bei uns wohlfühlen. Ihre Kandidatur wurde mit Absicht bisher von der Fakultät nach außen hin nicht erwähnt, da es nicht ausgeschlossen ist, daß bei der Besetzung des Lehrstuhles Tendenzen aus dem Bereiche des Sächsischen Lokalpatriarchimsus in Erscheinung treten. Um solchen Kräften und allenfalls daraus entstehenden Widerständen von vornherein begegnen zu können, erscheint es mir zweckmäßig, sowie auch der Fakultät, daß wir Ihre Kandidatur, sofort wenn der Zeitpunkt gekommen ist, schwer gepanzert vorbringen können. Deshalb möchten wir Sie bitten, uns aus dem Kreise der gegenwärtig prominenten Pädagogen Persönlichkeiten zu nennen, die wir um eine gutachterliche Äußerung über Sie angehen können. Ich brauche Ihnen wohl nicht zu sagen, daß dies unserer Information nicht zu dienen hätte, solche Gutachten hätten lediglich den Sinn, andere maßgebliche Stellen mit der nötigen Überzeugungskraft auf Sie hinweisen zu können." -
Berlin, AASGB: Ordner Blume/Richter 2: Woldt an Blume br. vom 12.04.1947: "Soeben war Prof. Straub bei mir. Im Anschluß an eine Fakultätssitzung führten wir das Gespräch wegen Ihrer Berufung weiter. Weshalb lassen Sie nichts von sich hören? Wie sind Ihre Pläne? Wir möchten Sie gern hier haben und würden Sie auch durchbekommen, da unsere Landesregierung uns in Berufungsfragen völlig freie Hand läßt und die Unabhängigkeit des Lehrkörpers respektiert. Aber die Entscheidung liegt bei Ihnen, ob Sie entschlossen sind, mit Ihrer Mutter überzusiedeln und sich nach hier zu verpflanzen, um Hals über Kopf mit Leidenschaft und Lebensenergie in die gemeinsame, schöne Aufgabe zu stürzen, die hier zu leisten ist."

2. Wilhelm Blume als Gründungsdirektor der Pädagogischen Hochschule Berlin 1946-1948

An der Pädagogischen Hochschule Berlin sollte ein "einheitlicher Lehrerstand" für die Schulen Gesamt-Berlins ausgebildet werden, den man an der zu schaffenden Berliner Einheitsschule einsetzen wollte[16]. Genauer: In einem sechssemestrigen Studium sollten die Lehrer für die Berliner Schulen ausgebildet werden, und zwar in einer 1. Abteilung der Pädagogischen Hochschule für die 1.-9. Klasse der allgemeinbildenden Schulen bzw. der Unter- und Mittelstufe der kommenden Einheitsschule, und einer 2. Abteilung[17] für die Berufsschulen bzw. für den praktischen Zweig der kommenden Einheitsschule[18].

Was den Unterricht der Oberstufe anbelangt, so sollte auch dieser von den an der Pädagogischen Hochschule ausgebildeten Lehrern gegeben werden - aber nicht sofort: Erst nach mindestens einem Jahr praktischer Lehr(er)tätigkeit sollten sie die Möglichkeit erhalten, ein viersemestriges Aufbaustudium anzuschließen - mit zwei wissenschaftlichen Fächern, die dann als Unterrichtsfächer auf der Oberstufe gegeben werden sollten[19]. Für die inhaltliche Ausgestaltung des Studienganges - dessen Konzeption und Probleme Blume nach dreieinhalbmonatiger Tätigkeit im Januar

---

[16] BLUME, Antrittsrede, S. 15. - Ebd.: "Wir lehnen es ab, schon bei Beginn des ersten Semesters die Bewerber selbst wählen zu lassen, ob sie später in der Volksschule oder in der bisher sogenannten höheren Schule unterrichten wollen; das würde ja eine Scheidung der Geister nach eigenem Gutdünken oder Dünkel bedeuten und den einheitlichen Charakter des Lehrerstandes wieder von vornherein durchlöchern." - Vgl., diese Bemerkung kommentierend: BLUME, Die augenblickliche Situation, S. 750.

[17] Ein Novum in der Lehrerausbildung stellte Blumes Konzeption auch insofern dar, als die im praktischen Zweig - besonders an der Berufsschule - tätigen Lehrer in einer eigenen Abt. II derselben Hochschule ausgebildet wurden - d.h., das alte Berufspädagogische Institut war in die Pädagogische Hochschule integriert worden.

[18] Zum Studienaufbau s.: BLUME, Die augenblickliche Situation, S. 752f. - RICHTER, Abriß, S. 11-16. - RADDE, Lehrerbildung, S. 79f. - SCHUPPAN, Berliner Lehrerbildung, bes. S. 203-207.

[19] Eines dieser beiden Fächer sollte das (auszubauende) 'Wahlfach' des Studiums an der Pädagogischen Hochschule sein (vgl. dazu S. 930f.), das zweite wissenschaftliche Fach konnte und mußte ein (völlig) neues sein. - BLUME, Die augenblickliche Situation, S. 752, spricht von "etwa 10 Prozent" der Lehrer, die seiner Meinung nach ein solches Aufbaustudium machen sollten; außerdem deutet er vage an, "daß die Tüchtigsten von den übrigen 90 Prozent, wenn sie mit ihrer Klasse verwachsen und in ihrem Wahlfach, das sie ja mitbringen, weitergearbeitet haben, auch 'Abiturienten' unterrichten 'dürfen'." - Vgl. so auch: BLUME, Wilhelm, Unmaßgebliche Meinungen und Beiträge zum Weitertreiben unserer Berliner Schulreform. Persönliches Schreiben von W. Blume an Stadtrat Walter May [...] [vmtl.: Februar 1949], in: FÜSSL, Karl-Heinz / KUBINA, Christian, Dokumente zur Berliner Schulgeschichte (1948-1965) (=Materialien und Studien zur Geschichte der Berliner Schule nach 1945, 3), Berlin 1982, S. 51-59, hier S. 54. - BLUME, Die augenblickliche Situation, S. 752: "Es muß bei uns die weitverbreitete Meinung absterben, daß die soziale Einschätzung des Lehrers von der Altersstufe abhänge, die er unterrichtet. Es muß meiner Meinung nach also ein notwendiger Schlußstein unserer Schulreform die Festsetzung gleichen Gehalts für alle an der Einheitsschule unterrichtenden Kräfte erfolgen; nur auf diese Weise wird jene falsche Wertung schwinden, und nur auf diesem Wege können für die Oberstufe des theoretischen Zweiges die richtigen Lehrer gefunden werden, die nicht etwa nur aus äußeren sozialen Gründen zu einem Weiterstudium sich drängen, sondern die durch Begabung und Willen dazu getrieben werden." - Vgl. so auch: BLUME, Unmaßgebliche Meinungen, S. 54f.

1947 der Gesamtkonferenz der Pädagogischen Hochschule vorstellte[20] - wurden Wilhelm Blume offensichtlich große Freiheiten gewährt[21].

Im folgenden soll lediglich eine kurze Skizzierung der Gestaltung des Studiums in der 1. Abteilung, d.h. der Ausbildungsabteilung für die Lehrer an den allgemeinbildenden Schulen erfolgen:

Das erste Semester (erstmals: WS 1946/47) diente "der allgemeinen Orientierung, der Ausfüllung von Lücken in vornehmster Form und dem Erwecken ansteckender Lust an wissenschaftlichem Tun"[22]. In diesem Sinne gab es hier nur Lehrveranstaltungen des sog. 'Allgemeinen Studiums' mit pädagogisch-pyschologischer Zentrierung und philosophischer Flankierung (sozusagen ein 'studium generale'). Dieses 'Allgemeine Studium' wurde auch im zweiten und in den nachfolgenden Semestern weiterhin betont und erweitert. Blume kommentierte seinen Sinn wie folgt:

> "Die so Vorbereiteten werden durch die Ausbildung zum Lehrer [...] nicht die bisher vielfach schädigenden Fachscheuklappen tragen, sondern dadurch weltoffen geblieben sein, werden über ihrem Fach das allgemein Menschliche nie aus den Augen verlieren, mehr noch als auf das Fach auf das Kind resp. den jungen Menschen ausgerichtet sein"[23].

Vom zweiten Semester (erstmals: SS 1947) an trat neben das 'Allgemeine Studium' das 'Wahlfachstudium': Es betraf die traditionellen Oberschulfächer, von denen sich jeder Student ein (!) Fach[24] als Wahlfach auszuwählen hatte. Blume formulierte für dieses Wahlfach folgende dreifache Sinn- und Zielgebung[25]: Erstens sollte es als künftiges Unterrichtsfach bedeutsam werden (Grundlage für den Fachunterricht); zweitens sollte es den Charakter eines Begegnungs- und Bildungsfaches für den einzelnen Studenten haben, ihm die Möglichkeit zu vertiefter wissenschaftlicher Arbeit und zur Bereicherung bieten, also der individuellen Bildung der Studenten dienen; und drittens schließlich sollte es die Grundlage für das Aufbaustudium derjenigen schaffen, die sich für die Tätigkeit am wissenschaftlichen Zweig der Einheitsschule

---

[20] ALBRECHT, Über die Anfänge, S. 78.
[21] SCHUPPAN, Berliner Lehrerbildung, S. 203: "Wie Blume berichtete, sei der konzeptionelle Entwurf bis hin zu Teilgebieten von ihm verfaßt."
[22] BLUME, Die augenblickliche Situation, S. 751. - Vgl.: Berlin, AASGB: Ordner Blume/Richter 4: BLUME, Bericht über das erste Semester der Pädagogischen Hochschule Groß-Berlin. Winter 1946/47: "Das erste Semester sollte Interesse der Hörer fesseln; Freude am Dargebotenen wecken; Hunger nach Mehr erregen; nach Herzenslust in die neuen Gebiete einleben." - Ein wenig zur 'Atmosphäre' in diesem Semester: Begegnung eines Studenten der Pädagogischen Hochschule 1945-1948, heute Lehrer auf Scharfenberg, mit Blume, in: Wilhelm Blume zum 70. Geburtstag (=Die Fähre. Eine Zeitung der Schulfarm Insel Scharfenberg, Heft 1/1954), Berlin 1954, o.S. - S. dazu auch: ALBRECHT, Über die Anfänge, S. 82.
[23] BLUME, Die augenblickliche Situation, S. 752.
[24] RADDE, Lehrerbildung, S. 79: "Dieses [Ein-] Wahlfachstudium war nicht unumstritten - unter den Dozenten wie bei uns Studenten, von denen manche nach dem zweiten Wahlfach drängten. Blume hingegen vertrat das Studium in einem Fach leidenschaftlich." - Vgl.: BLUME, Die augenblickliche Situation, S. 752: Zwei Wahlfächer lehnte Blume ab, u.a. damit "die gerade heute sowieso geschwächten Kräfte nicht überspannt werden". - S. auch: RICHTER, Abriß, S. 12f.
[25] S. bes.: BLUME, Die augenblickliche Situation, S. 752. - Und: RADDE, Lehrerbildung, S. 79f.

qualifizieren wollten; es sollte damit gleichsam als 'wissenschaftliches Propädeutikum' dienen[26].

Mit dieser Studiengestaltung entstand als ein zentrales Kennzeichen des Studiums eine "Polarität von Allgemeinem Studium [studium generale] und Wahlfachstudium"[27]; dabei entsprach das Verhältnis von allgemeinem Studium und Wahlfachstudium exakt dem für die Einheitsschule projektierten Kern- und Kursunterricht[28]. Eine zweite, ebenso wichtige 'Grundspannung' ergab sich dadurch, daß zu dem aus 'Allgemeinem Studium' und 'Wahlfachstudium' bestehenden theoretischen Studium als weiterer zentraler Studienbestandteil methodisch-praktische Übungen hinzu kamen[29].

Machten das 'allgemeine Studium' des "im wesentlichen gebundenen Studiengang[es]" ca. 8 Wochenstunden und das Wahlfachstudium ca. 6-8 Wochenstunden aus, so ist der Umfang des schulpraktischen Teils (der sich durch das gesamte Studium hindurch zog) "wochenstundenmäßig nicht ohne weiteres festzulegen" dürfte

---

[26] Dieses Wahlfachstudium hatte - so: BLUME, Die augenblickliche Situation, S. 752 - "in der Hauptsache den Zweck, in der neuen Lehrerausbildung unbedingt jene Halbbildung zu vermeiden, die man früher [...] dem Volksschullehrer vorgeworfen hat; es soll jeder in seinem [einen Wahl-] Fach ganz fest in seinen Stiefeln stehen, soll bei dem Studieren desselben vom Hauch wahrer Wissenschaft berührt worden sein."
[27] RADDE, Lehrerbildung, S. 80.
[28] Vgl.: BLUME, Die augenblickliche Situation, S. 752.
[29] RADDE, Lehrerbildung, S. 80. - S. zu den Praktika: Ebd., und: RICHTER, Abriß, S. 14f.

aber "wohl fast ein Drittel der Studienzeit in Anspruch genommen haben"[30]: Somit ergab sich ziemlich genau eine Drittelung des Studiums in 'Allgemeines Studium', 'Wahlfachstudium' und 'praktische Übungen'; zusätzlich dienten faktultative Veranstaltungen "der Schwerpunktfindung und Ergänzung"[31].

"Mit Ernst und Phantasie" entwickelte Blume aus diesem Rahmenkonzept "ein in sich geschlossenes, aber abwechslungsreich gegliedertes Programm"[32]:

Gleich am Beginn des Studiums stand ein dreiwöchiges allgemeines Schulpraktikum[33]. Dieses Anfangspraktikum, das "gänzlich in Blumes Hand"[34] lag und das von

---

[30] RADDE, Lehrerbildung, S. 80. - Um den Studierenden ausreichende und günstige Praktikumsmöglichkeiten zu bieten, äußerte Blume gegenüber Richter 1946 die Absicht, Scharfenberg 'ganz eng' und die Humboldtschule 'etwas lockerer' mit der Pädagogischen Hochschule zu verbinden; vgl.: Berlin, LA: Rep. 200, Acc. 3184, Nr. 67: Blume an Richter br. vom 22.11.1946; abgedr. in: Beiträge zur Geschichte der Pädagogischen Hochschule Berlin, hrsg. von Gerd HEINRICH (=Abhandlungen aus der Pädagogischen Hochschule Berlin, 6), Berlin 1980, S. 25-27, hier S. 26. - Vgl. dazu auch: HANSEN, Wilhelm Blume, S. 34, Anm. 16: "Die hier [im Brief an Richter vom 22.11.1946] vorgesehene Verbindung mit der Lehrerausbildung an der neugegründeten Pädagogischen Hochschule, vor allem aber die Absicht, Scharfenberg 'ganz eng' und die Humboldtschule 'etwas lockerer' mit der Pädagogischen Hochschule zu verbinden, scheint ein Nachklang des Plans zu sein, den Blume 1932 der Stadtverwaltung unterbreitet und an den er tags zuvor in seiner 'Antrittsvorlesung' erinnert hatte, 'vor den Toren der Stadt um den Tegeler See herum eine pädagogische Provinz zu entwickeln' [...]." -
Weiter bemühte sich Blume um die Errichtung zentraler Übungsschulen in allen vier Sektoren. Zustande kam ab Juni 1947 eine als Freiluftschule angelegte Übungsschule (21. Volksschule, heute Alfred-Brehm-Grundschule) in Tegel-Süd im französischen Sektor; Quellen hierzu: Berlin, AASGB: Ordner Blume/Richter 4: Materialien zur 21. Volksschule = Freiluftschule Tegel-Süd, u.a.: BLUME, Wilhelm, Denkschrift über die Bereitstellung zentraler Übungsschulen für die Pädagogische Hochschule, zunächst einer solchen im französischen Sektor vom 27. Dezember 1946. - Berlin, LA: Rep. 200, Acc. 2184, Nr. 20: Ausbau der Freiluftschule Tegel-Süd (21. Volksschule) zur Übungsschule der Pädagogischen Hochschule (1946-1948). - Vgl.: SCHUPPAN, Berliner Lehrerbildung, bes. S. 118-121: Kap. "Das Bemühen um zentrale Übungsschulen in den Jahren 1946/1947". - Ebd., S. 121: Der Betrieb dieser Übungsschule sollte auch dazu dienen, "die anderen Alliierten von der Richtigkeit dieser Konzeption zu überzeugen." - Vgl. (aber) Blume zum Thema Übungsschule(n): BLUME, Unmaßgebliche Meinungen, S. 55f.: "Ferner ist in letzter Zeit vielfach das Probleme der Übungsschule ventiliert worden [...]. Ich habe Widerstand [dagegen] geleistet. Eine Übungsschule ad hoc entfernt sich mit der Zeit von der Schulwirklichkeit; selbst die Kinder, die von vornherein in eine Übungsschule gehen und in ihr heranwachsen, entwickeln sich anders als im Normalfall. Um allerdings die Eindrücke mehr oder weniger zufälliger Besuche nicht zu widerspruchsvoll werden zu lassen, sollten vom nächsten Semester ab die meisten entwickelten Schul'systeme' oder Schulblocks frequentiert werden [...]."
[31] RADDE, Lehrerbildung, S. 80.
[32] RADDE, Lehrerbildung, S. 80.
[33] SCHUPPAN, Die Anfänge, S. 13: "In einem Schreiben vom 5. November 1946 wies Blume auf die fehlende alliierte Genehmigung hin und beschwor Winzer, der einfach mit der Arbeit beginnen wollte, das Projekt nicht zu gefährden und noch die nächste Sitzung des Alliierten Kommitees abzuwarten. Notfalls wolle er, Blume, das Semester mit einem Praktikum beginnen. So geschah es. Aus der Not wurde ein Modell, das bis weit in die fünfziger Jahre im Studiengang an der Pädagogischen Hochschule Bestand hatte."
[34] RADDE, Lehrerbildung, S. 80.

den Studenten auch "Schwimmpraktikum" genannt wurde[35], "diente als Teil der Aufnahmeprüfung, in der die Studienbewerber zu zeigen hatten, ob sie Kontakt zu Kindern finden könnten und ein gewisses Lehrgeschick besäßen."[36] Die Ergebnisse des dreiwöchigen Anfangspraktikums fanden ihren Niederschlag in einem obligatorischen Bericht über das Rahmenthema 'Beobachtungen und Erfahrungen bei Gelegenheit meines Hospitiums und Praktikums'; auf der Basis dieser vielschichtigen Berichte ließ Blume eine gründliche Nachbereitung und Auswertung des Anfangspraktikums folgen[37]. Im zweiten bis fünften Semester schlossen sich weitere Praktika an.

Im vierten Semester hatte jeder Student u.a. an einer fachwissenschaftlichen Lehrveranstaltung in einem sog. 'Gegenfach' teilzunehmen: Wer z.B. ein geisteswissenschaftlich orientiertes Wahlfach studierte, mußte sich in einem konzentrierten Lehrgang mit den grundlegenden Inhalten des Rechen- und Mathematikunterrichts

---

[35] Schüler und Kollegen erinnern sich. Geschichten um Paul Heimann, in: Die Berliner Didaktik: Paul Heimann, hrsg. von Hansjörg NEUBERT (=Wissenschaft und Stadt, 18), Berlin 1991, S. 285-316, hier S. 294: Gerd Radde zu Blume als Direktor der Pädagogischen Hochschule Berlin und seiner eigenen Ausbildung bei Blume.

[36] RICHTER, Abriß, S. 14. - S. dazu: Berlin, LA: Rep. 200, Acc. 3184, Nr. 5, Blatt 7: Blume an Arthur Liebert (1878-1946) (Dekan der Pädagogischen Fakultät der Humboldt-Universität) br. vom 18.06.1946: "Die Abiturienten, die sich für das pädagogische Studium entschieden haben, müßte man [...] im 1. Semester vor Unter- und Mittelklassen der Einheitsschule stellen. Wer ins Wasser geworfen wird, wird schon schwimmen, und wenn er's nicht tut und vermag, hat er seine Ungeeignetheit zum Lehrerberuf erwiesen und kann nun ohne Zeitverlust umsatteln. In meinem Heimatlande Braunschweig herrschte in den 70er bis 90er Jahren Lehrermangel; da schickte man die 'Seminaristen' in ihrem vorletzten Ausbildungsjahr auf die Dörfer, ein Jahr eine Lehrstelle zu versehen - manche erwiesen sich moralisch nicht taktfest genug, viele versagten unterrichtlich, die Elite besuchte die 1. Seminarklasse und machte ihr 'Tentamen'. Uns Philologiestudenten hat man - außer in Jena ([Wilhelm] Rein, [Peter] Petersen!) - [erst] nach dem Staatsexamen zum ersten Mal unterrichten lassen, und dann war ein Aufgeben des Lehrerberufs nicht mehr möglich; die Tutoren brachten meist die Grausamkeit nicht auf, die Unberufenen abzustoßen und machten sich dadurch schuldig an dem Unglück vieler Schülerjahrgänge. Zunächst muß im Feuer der Praxis die Hauptfrage entschieden werden: Hast Du angeborenes Lehrgeschick und Konnex mit der Kindesseele, dann erst kann das theoretisch vertiefende Studium beginnen; keine noch so interessante Geschichte der Pädagogik, keine Tiefenpsychologie, keine philosophische Schulung kann den Lehrer erzeugen, wenn er es nicht schon vorher latent ist!" - Vgl. zu Blumes Verfahren, angehende Lehrer 'ins kalte Wasser zu werfen' auch S. 727-729.

[37] Schüler und Kollegen erinnern sich. Geschichten um Paul Heimann, in: Die Berliner Didaktik: Paul Heimann, hrsg. von Hansjörg NEUBERT (=Wissenschaft und Stadt, 18), Berlin 1991, S. 285-316, hier S. 294: Gerd Radde zu Blume als Direktor der Pädagogischen Hochschule Berlin und seiner eigenen Ausbildung bei Blume, insbes. zur Aufnahmeprüfung: "[Nach der Aufnahmeprüfung] wurde man zu dem [...] Anfangspraktikum gebeten. [...]. Man wurde, je nach Wohnort oder noch freien Plätzen, an verschiedenen Schulen in Berlin an die 'Unterrichtsfront' geschickt, einem Mentor (der sein Geschäft mitunter auch gerade erst angefangen hatte) an die Hand gegeben, hospitierte und machte hernach zwei Unterrichtsversuche. Einen davon hat der Schulleiter berichtsmäßig fixiert, ungefähr begutachtet und dem Direktor Blume zugeleitet. Der hat dann - wir waren damals im Anfangssemester 223 (118 männlich, 105 weiblich) Studenten - alles aufgearbeitet. Das vorgegebene Rahmenthema eines solchen Berichts hieß: 'Beobachtungen und Erfahrungen bei Gelegenheit meines Hospitiums und Praktikums an der ... [sic!] Schule'. Blume hat hernach in einer Art Plenum die pädagogisch-didaktischen Hauptaspekte erörtert und gravierende Mißverständnisse zurechtgerückt, z.B. einem abgeraten, als Grundlage der Lehrerautorität die berühmte Ohrfeige bei Beginn des Unterrichts zu verabreichen. - Ohne allzu große Schwierigkeiten hat er uns so auf den Weg gebracht."

für das erste bis achte Schuljahr auseinandersetzen, eine entsprechende fachmethodische Übung und - auch hier wieder - ein dazugehöriges Praktikum absolvieren.

In seiner Antrittsrede am 21.11.1946 hatte Blume die Idee geäußert, daß alle Studierenden der Pädagogischen Hochschule, über die Schulpraktika hinaus, den praktischen Gegenpol zur theoretischen Ausbildung noch dadurch erweitern könnten, daß sie "sich eines Handwerks befleißigen"[38], damit die zukünftigen Lehrer endlich mit der Forderung so vieler Reformpädagogen ernst machen könnten, 'Kopf, Herz und Hand' in der Erziehung gleichmäßig zu berücksichtigen' - für Blume "zugleich die beste Schutzwehr gegen Verbalismus und [...] Intellektualismus [...], gegen Phrasentum, das über alles redet, wenn man es auch nur vom Hörensagen kennt, gegen das Maulbrauchen, wie es Pestalozzi genannt hat, dessen Gertrud ja ihre Kinder die Elementarfächer unter Spinnen und Weben zu lehren pflegte"[39]. Doch konnte dieser

---

[38] BLUME, Antrittsrede, S. 16.
[39] BLUME, Antrittsrede, S. 16. - Vgl. so auch: Berlin, LA: Rep. 200, Acc. 3184, Nr. 5, Blatt 7: Blume an Liebert br. vom 18.09.1946: "Niemals und nirgends ist bisher ernst gemacht mit Pestalozzis klassischer Forderung der Gleichberechtigung von Kopf, Herz und Hand. Man hat sich auf Kerschensteiners Spuren letzten Endes begnügt mit mehr oder weniger fakultativem Handfertigkeitsunterricht und der Pflege von Schülerbeeten, nachmittäglichen Spielereien, die sicher nicht von Übel, aber keinesfalls jenes Handgemeinwerden mit den Dingen mit sich bringen, in dem Pestalozzi mit Recht die beste Schutzwehr gegen Vielwisserei und Phrasentum sah; das wirkliche Ausüben eines 'Handwerks' verhindert das 'Maulbrauchertum', das Mitschwatzen über Dinge, auf die man sich im Grunde garnicht versteht, jene Propagandagläubigkeit, der so viele zum Opfer gefallen sind! Wenn im 14./15. Lebensjahr die Differenzierung in der neuen Einheitsschule die Geister trennt, wird wieder die Kluft zwischen Pennälertum und Berufsschüler bestehen bleiben, wenn nicht der geplanten Erweiterung in der Allgemeinbildung in den Berufsschulen eine handwerkliche oder kunsthandwerkliche Ausbildung des Oberschülers entgegenkommt. Wenn wir den Zustrom unverbrauchter Kräfte aus der werktätigen Bevölkerung erhoffen, müssen wir auch dafür sorgen, daß die organische Verbindung zu den väterlichen Berufen nicht ganz abreißt, daß die gerade jetzt wieder grassierende Fremdsprachenanbetung, die in der Praxis der Oberschulen bekanntermaßen zu den am wenigsten befriedigenden Resultaten geführt hat, die Aufstrebenden den elterlichen Blicken in eine allzudünne intellektuelle Luft verschwinden läßt." -
Und ebd. weiter: "Als Gegengewicht gegen den reinen Intellektualismus müßte jeder Lehrerstudent das Gesellenstück in einem 'Gewerke' nach freier Wahl ablegen [...]. Welche Bereicherung des 'Lehrkörpers' durch die dazu ausgewählten 'Meister', welche Sicherung, daß auch später in den Schulen die Hand zu ihrem Rechte kommt und das Unterrichtsprinzip der Selbsttätigkeit, des 'Abschauens' voneinander [...] dadurch in der geistigen Gemeinschaftsarbeit um sich greift! Das würde in viel stärkerem Maße als 'Besichtigungen' oder Parlaments- und Bürgermeisterspielen, wie es uns jetzt aus der amerikanischen Schulpraxis als Köder hingehalten wird, Verbindung mit dem Leben bedeuten und die Schule von jener Vielgeschäftigkeit befreien, die in den letzten Jahrzehnten ihr so vielfach 'die produktive Ruhe' gestört hat."

Gedanke Blumes, den er noch (bis) Anfang 1949 wiederholte[40], nicht realisiert werden[41].

Was die Frage der "Sicherung der Arbeitsergebnisse und Sichtung des Leistungsstandes" der Studenten anbelangt, so "boten neben Referaten und Klausuren auch Semesterabschlußprüfungen oder Ferien-Hausarbeiten hinlänglich Gelegenheit"[42]. Gerd Radde, einer der Studenten Blumes[43], schrieb dazu:

> "Die tragenden Erwägungen wurden in den Arbeitsgruppen oder in Gesprächen zwischen dem Dozenten und dem Studenten transparent gemacht und die Beurteilung dann in einer sogenannten Leistungskartei festgehalten. Den Studenten jederzeit zugänglich, kam sie vor allem bei Stipendienanträgen zum Tragen. Zensuren wurden nicht erteilt; man begnügte sich vielmehr mit drei Grundprädikaten, um Studienleistungen zu unterscheiden: 'Gruppe I' bezeichnete gute und bessere Leistungen, 'Gruppe II' akzeptable und 'Gruppe III' unzulängliche, unter dem Anspruchsniveau liegende Ergebnisse. Zensurengläubigkeit und Zensurenhörigkeit blieben dabei ebenso ausgeschlossen wie irgendeine Disziplinierung durch Zensuren, und mit Dezimalstellen rechnete in diesem Zusammenhang niemand."[44]

Nachdem sich "an die gemeinsame Einführung und Orientierung im ersten Semester in den folgenden [Semestern] die Differenzierung in die Vielfalt der pädagogischen Grundwissenschaften, der Wahlfächer und der Schulpraktika anschloß", bot das sechste und letzte Semester "eine Zusammenfassung unter übergreifenden Aspekten [...], so daß im ganzen mit der starken, fast schulmäßigen Bindung von Studenten

---

[40] BLUME, Unmaßgebliche Meinungen, S. 56.
[41] S. u.a.: RICHTER, Abriß, S. 14. - Vgl. aber zur Berufsschullehrerausbildung an der Pädagogischen Hochschule Berlin: HEINRICH, Adolf, Die Siedlerschulen der Stadt Berlin. Berufsschulen für ungelernte Arbeiter, in: Berufsbildung, Jg. 1 (1947), Heft 4/5: August 1947, S. 35-38, hier S. 38: "Eine Sonderausbildung in der Fachkunde für diese Lehrkräfte ist an der Pädagogischen Hochschule Berlin geschaffen worden. Diese Lehrer müssen die Grundlagen der Ausbildung in Metall-, Holz- und Siedlerschulen beherrschen. Verlangt wird nicht die volle Beherrschung eines Berufes in der Lehrlingsform, aber hinreichende Kenntnis der Grundlagen der drei genannten Berufe. Diese Ausbildung ist nicht vertikal, sondern horizontal gelagert, entspricht aber an Umfang mindestens der vollen Ausbildung in einem Berufe. In bezug auf Wendigkeit, methodisches Geschick und pädagogische Fähigkeiten als Erzieher stellt sie weit höhere Anforderungen."
[42] RADDE, Lehrerbildung, S. 80.
[43] Biogr. Inf. zu Gerd Radde - Student an der Pädagogischen Hochschule Berlin und von 1949 (1953: Zweite Lehrerprüfung) bis 1962 Lehrer an der Fritz-Karsen-Schule; 1962 Wechsel an die West-Berliner Pädagogische Hochschule, wo er Assistent Wilhelm Richters wurde und mit ihm eine Arbeitsgemeinschaft zur Berliner Schulgeschichte gründete, die schwerpunktmäßig Erscheinungen und Gruppen Weimarer Reformpädagogik erforschen sollte - insbes.: KEIM, Wolfgang, Die Wiederentdeckung Fritz Karsens Gerd Radde zum siebzigsten Geburtstag, in: Pädagogik und Schulalltag, Jg. 49 (1994), S. 146-158. - Sowie: WEBER, Norbert H., Laudatio, in: Beiträge anläßlich der Ehrung des Berliner Schulhistorikers Dr. Gerd Radde am 3. Juli 1998, hrsg. vom Fachbereich Erziehungs- und Unterrichtswissenschaften der Technischen Universität Berlin, Berlin 1998, S. 29-36. -
KEIM, Wiederentdeckung, S. 156, stellt zurecht fest: "Für eine entsprechende Gesamtdarstellung [der Berliner Schulgeschichte] wäre niemand so geeignet wie Gerd Radde, der bis zu seinem Ausscheiden aus dieser Schule im Jahre 1962 zu deren tragenden Lehrerpersönlichkeiten gehörte, inzwischen eine große Zahl ehemaliger Kolleg(inn)en wie Schüler(inne)n befragt und Beiträge zu Teilaspekten dieser Schule veröffentlicht hat [...]."
[44] RADDE, Lehrerbildung, S. 80.

und Dozenten Konzentration, Intensität und der sinnvolle Aufbau eines so viel vielfältigen und so kurzen Gesamtstudiums gewonnen waren."⁴⁵

Kann die Ausgestaltung des Studienganges an der Pädagogischen Hochschule in der oben erfolgten Weise klar und deutlich skizziert werden, so muß doch auch erwähnt werden, daß unter Blumes Leitung an der Pädagogischen Hochschule kräftig experimentiert wurde, daß sozusagen alles, oder zumindest doch vieles 'im Flusse' war. So existierte beispielsweise unter Blumes Leitung keine feste Prüfungsordnung: Blume plädierte nachdrücklich dafür, daß solche Dinge wie Studienordnungen und Prüfungsordnungen zunächst einmal praktisch (!) erprobt und erst dann in eine endgültige Fassung gebracht werden sollten; so erklärte er Ende November 1947, "daß eine Prüfungsordnung [...], [bereits] jetzt [...] zu formulieren ein Abschneiden organischer Weiterentwicklung bedeuten würde"⁴⁶.

Die Freiräume, die Blume für die konzeptionelle Ausgestaltung der Pädagogischen Hochschule ganz offensichtlich zugestanden wurden, bezog sich offenbar auch auf die Auswahl der Studenten und der Dozenten. Gerd Radde erinnert sich an die ungewöhnliche Aufnahmeprüfung, die er und seine Kommilitonen machen mußten:

> "Man war mit knapper Not aus dem Kriege [...] nach Hause gekommen, erfuhr von der beabsichtigten Eröffnung einer Pädagogischen Hochschule und meldete sich. Nach einer kurzen Einladung kam man, zunächst einmal versehen mit einem Zweizeiler des Gründungsdirektors Wilhelm Blume [...] zu einem Aufnahmegespräch. Zwei Dozenten des noch ganz jungen Lehrkörpers der Pädagogischen Hochschule fragten beiläufig, was man denn so unter Militarismus verstünde. Oder: ob man nicht eine einzige Situation aus seiner Schulzeit erinnere, die einen wirklich beeindruckt, sozusagen vom Stuhl gerissen habe. Das alles ging plaudernd dahin, derweil machten sich die beiden - in meinem Falle waren es der Geograph Otto Koppelmann und der Sportler Willi Hampke - daran, ein kleines Fazit zu ziehen, und danach wurde man zu dem [...] Anfangspraktikum gebeten."⁴⁷

Seine Dozenten bekam Blume zum Teil aus der Reihe der 'Vorklassenlehrer', die auch in der 'Zentralklasse' tätig gewesen waren, vom Magistrat zugewiesen oder von Bildungspolitikern vermittelt, manche bat er selbst heran. Dabei versuchte er nicht zufällig, reformpädagogisch geprägte, häufig ihm bereits aus früheren Zusammenhängen bekannte Persönlichkeiten auszuwählen.

Von einigen Dozenten bzw. Lehrbeauftragten, die in der Weimarer Republik bzw. nach dem 2. Weltkrieg als Schüler, Referendare oder Lehrkräfte an der Schulfarm (oder an der Humboldtschule) gewesen waren und an der Pädagogischen Hochschule tätig wurden, war bereits oben die Rede: von den PH-Tätigkeiten Hilde Arnolds, Hans Eberls und Wolfgang Pewesins, wie auch von Wilhelm Richter, der Nachfolger Blumes als Leiter der Pädagogischen Hochschule wurde.

Zu ergänzen sind diese Personen durch Erich Zornemann (1891-1976), der von 1932/33 bis 1947 an der von Blume geleiteten Humboldtschule Tegel tätig gewesen

---

[45] RICHTER, Abriß, S. 16.
[46] Berlin, AASGB: Nachlaß Blume/Richter 4: Niederschrift über die Versammlung des 2. und 3. Semesters am 29.11.1947.
[47] Schüler und Kollegen erinnern sich. Geschichten um Paul Heimann, in: Die Berliner Didaktik: Paul Heimann, hrsg. von Hansjörg NEUBERT (=Wissenschaft und Stadt, 18), Berlin 1991, S. 285-316, hier S. 294.

und im Schuljahr 1932/33 stundenweise auch auf Scharfenberg eingesetzt worden war[48] und der von 1947 bis zu seiner Pensionierung 1956 an der Pädagogischen Hochschule Dozent für Deutsch wurde[49]. Weiterhin ist Elisabeth Rotten hervorzuheben, die als Gastdozentin an der Pädagogischen Hochschule tätig wurde[50].

Wie schon Radde gezeigt hat[51], waren der Geograph Otto Koppelmann (1898-19..)[52], der Kunsterzieher Hans Freese (1886-1966)[53], der Chemiker Reinhold Scharf (1899-19..)[54], der Leibeserzieher Willi Hampke (1902-1972)[55], die Erziehungswissenschaftler Heinrich Sesemann (1902-19..)[56] und Robert Alt (1905-1978) - er war 1946 als Dozent für Pädagogik an die Pädagogische Hochschule berufen worden, hatte gleichzeitig einen Lehrauftrag an der Pädagogischen Fakultät der Universität Berlin übernommen und wirkte dort von 1948 bis 1963 als Professor - in der Weimarer Republik an Karsens Neuköllner Schulenkomplex 'Karl-Marx-Schule' tä-

---

[48] Vgl. dazu S. 739.
[49] Biogr. Inf. zu Zornemann: Beiträge zur Geschichte der Pädagogischen Hochschule Berlin, hrsg. von Gerd HEINRICH (=Abhandlungen aus der Pädagogischen Hochschule Berlin, 6), Berlin 1980, S. 237: "[...]. Studium d. Philos., German., Angl., Roman. (Kiel, Bln. 1916-1921), 1. u. 2. Staatsprüf. f.d.A.d. StudR. (Bln. 1921/22), Schuldienst (Berlin 1926-1947), OStR (Bln., Insel Scharfenberg 1926-1933), Humboldt-Schule (Bln.-Tegel 1933-1947), Doz. f. Deutsch (PHB 1947-1953), OStudR. (PHB 1953-1956) [...]." - KÜNNEMANN, Horst, Erich Zornemann. 1891-1976, in: Beiträge zur Geschichte der Pädagogischen Hochschule Berlin, hrsg. von Gerd HEINRICH (=Abhandlungen aus der Pädagogischen Hochschule Berlin, 6), Berlin 1980, S. 161f., hier S. 161: "Auf seiner langjährigen Zugehörigkeit zur Schulfarm Scharfenberg, danach zum Tegeler Humboldt-Gymnasium beruhte seine Verbindung mit Wilhelm Blume, der ihn nach der Gründung der Pädagogischen Hochschule als Dozenten für Deutsch berief, an der er bis zu seiner Pensionierung 1956 tätig war."] - Die Hinweise auf Zornemanns 'langjährige Zugehörigkeit' zur Schulfarm Scharfenberg (1926-1933) sind falsch!
[50] Hinweis darauf u.a. in: BLUME, Wilhelm, In memoriam Max Klesse, in: KLESSE, Max, Vom alten zum neuen Israel. Ein Beitrag zur Genese der Judenfrage und des Antisemitismus, Frankfurt 1965, S. 5f.
[51] RADDE, Fritz Karsen, S. 204. - RADDE, Lehrerbildung, S. 78.
[52] Beiträge zur Geschichte der Pädagogischen Hochschule Berlin, S. 197.
[53] Beiträge zur Geschichte der Pädagogischen Hochschule Berlin, S. 178. - Vgl. S. 318.
[54] Beiträge zur Geschichte der Pädagogischen Hochschule Berlin, S. 220.
[55] Beiträge zur Geschichte der Pädagogischen Hochschule Berlin, S. 184.
[56] Beiträge zur Geschichte der Pädagogischen Hochschule Berlin, S. 225f.

tig gewesen[57]; Paul Heimann (1901-1967)[58] und Hans Opitz (1898-1973)[59] waren Lehrer an Neuköllner Lebensgemeinschaftsschulen gewesen, und auch der für

---

[57] S. u.a.: SCHULZ, Rudi, Robert Alt, in: Pädagogen in Berlin. Auswahl von Biographien zwischen Aufklärung und Gegenwart, hrsg. von Benno SCHMOLDT (=Materialien und Studien zur Geschichte der Berliner Schule, 9), Baltmannsweiler 1991, S. 367-389. - SCHULZ, Rudi, Robert Alt. 1905-1978, in: Schulreform - Kontinuitäten und Brüche. Das Versuchsfeld Berlin-Neukölln, hrsg. von Gerd RADDE, Werner KORTHAASE, Rudolf ROGLER und Udo GÖß-WALD im Auftrag des Bezirksamts Neukölln, Abt. Volksbildung, Kunstamt, Bd. II: 1945 bis 1972, Opladen 1993, S. 179-182. - Und: SCHUPPAN, Michael-Sören, Robert Alt und die Pädagogische Hochschule Groß-Berlin. Eine kleine Dokumentation, in: Pädagogen in Berlin. Auswahl von Biographien zwischen Aufklärung und Gegenwart, hrsg. von Benno SCHMOLDT (=Materialien und Studien zur Geschichte der Berliner Schule, 9), Baltmannsweiler 1991, S. 391-398. -
Interessant ist, wie Blume (wohl auch aus hochschulpolitischen Gründen) massiv, wenngleich vergeblich den von der Pädagogischen Hochschule an die Humboldt-Universität 'abwandernden' Robert Alt zu halten suchte. S. dazu: Berlin, AASGB: Ordner Blume/Richter 2: Robert Alt an Blume br. vom 20.09.1947; abgedr. in: SCHUPPAN, Robert Alt, S. 394f.: "Sehr verehrter Herr Blume, es tut mir leid, Ihnen eine Enttäuschung bereiten zu müssen. Ich muß Ihnen mitteilen, daß ich im kommenden Semester nicht lesen werde. Nachdem ich Monate hindurch versucht habe, trotz meiner Krankheit weiterzuarbeiten, hat sich in den letzten Wochen mein Gesundheitszustand so verschlechtert, daß ich kaum noch arbeitsfähig bin [...]. Darüber hinaus aber bitte ich Sie, mich von meinen Verpflichtungen an der P.H. zu entbinden, wenigstens in der Form, daß Sie künftig nicht mehr mit mir als vollbeschäftigten Dozenten rechnen [...]." - Antwort hierauf: Berlin, AASGB: Ordner Blume/Richter 2: Blume an Alt br. vom 31.12.1947; abgedr. in: SCHUPPAN, Robert Alt, S. 395f.: "[...] darf ich also - wie schon einmal, damals bei der ersten Reaktion auf Ihre 'Kündigung' - fragen, ob sie nicht auf eine Depression infolge der damaligen Krankenhausaussicht zurückzuführen war? [...]; es muß ein Weg gefunden werden, daß Sie uns so oder so verbunden bleiben! [...]. Immer unter der Neujahrsvoraussetzung, daß die Gesundheitskrisis überwunden ist, möchte ich ferner die Frage aufwerfen, ob Sie bereit wären, bei der kommenden Feier im März 1948 uns die Festrede zu halten? Als P.H. müßten wir ja darin das Pädagogische, die Prähistorie jetzt durchzuführender Reformen in den Vordergrund stellen, und dazu wären Sie ... [sic!]. Und davon abgesehen, wäre eine unverkennbare Bestätigung, daß Sie sich wirklich nicht oder nicht ganz von uns trennen wollen. Diese Geste bedeutete für die P.H. viel." - Antwort hierauf: Berlin, AASGB: Ordner Blume/Richter 2: Alt an Blume br. vom 21.01.1948; abgedr. in: SCHUPPAN, Robert Alt, S. 396f.: "Es tut mir leid, wenn ich Ihnen mit meinem nun endgültigen Entschluß eine Enttäuschung bereite. Aber ich möchte auf der von mir vorgeschlagenen Regelung bestehen, d.h.. ich möchte nicht mehr vollbeschäftigter Dozent oder Lehrstuhlinhaber oder wie man es sonst nennen mag an der P.H. sein [...]. Da ich [...] manche andere unabwendbare Verpflichtungen habe und dazu mein Gesundheitszustand nicht der beste ist, halte ich die von mir angeregte Lösung für die einzig richtige, zumal ich nicht will, daß meine wissenschaftliche Arbeit aus Zeitmangel ganz zum Erliegen kommt [...]. Die Festrede kann ich leider nicht übernehmen [...]."

Heimatkunde berufene Dozent Paul Steinert (1880-1971) hatte als Lehrer und Rektor in Neukölln gearbeitet[60].

Der Kunsterzieher Rudolf Ausleger (1897-1974) schließlich war - wie Georg Netzband[61] - in den 20er Jahren Mitglied der 'November-Gruppe' gewesen[62]. Dietrich Erdmann (1917-19..) war von 1945-48 Musiklehrer an der Humboldtschule gewesen, bevor er von 1947-49 als Lehrbeauftragter und 1949 bis 1968, zunächst als Dozent und dann als Professor, an der Pädagogischen Hochschule tätig wurde[63]. Willy Schuster (1904-19..) war von ca. 1949 bis 1952 Lehrer an der Schulfarm[64], bevor er von 1952-68 als Dozent für Musik an der Pädagogischen Hochschule wirkte[65].

Alles in allem verlief die Entwicklung und Ausgestaltung der Pädagogischen Hochschule - nur selten durch Publizität unterbrochen - weitgehend unauffällig, ohne größere 'Öffentlichkeit'[66]. Blume bemerkte im Jahr 1948 dazu:

"Aus wohlerwogenen Gründen hat sich die Pädagogische Hochschule in Berlin bisher in der breiteren Öffentlichkeit zurückgehalten, um erst nach einem gewissen Einschnitt der noch ganz im Fluß befindlichen Arbeit ein Fazit zu ziehen [...]."[67]

---

[58] Biogr. Inf. zu Heimann: Beiträge zur Geschichte der Pädagogischen Hochschule Berlin, S. 186. - Und: OTTO, Gunter / SCHULZ, Wolfgang, Paul Heimann. 1901-1967, in: Beiträge zur Geschichte der Pädagogischen Hochschule Berlin, hrsg. von Gerd HEINRICH (=Abhandlungen aus der Pädagogischen Hochschule Berlin, 6), Berlin 1980, S. 99-103. - S. weiterhin den Sammelband: Die Berliner Didaktik: Paul Heimann, hrsg. von Hansjörg NEUBERT (=Wissenschaft und Stadt, 18), Berlin 1991, im hier interessierenden Zusammenhang bes. den Aufsatz: RADDE, Gerd, Professor Paul Heimann. Portrait eines Pädagogen, in: Brennpunkt Lehrerbildung, hrsg. von der Freien Universität Berlin. Zentralinstitut für Unterrichtswissenschaften und Curriculumsentwicklung, Berlin, Heft 7: Dezember 1987, S. 6-9; leicht überarb. und ohne Abb. wieder in: Die Berliner Didaktik: Paul Heimann, hrsg. von Hansjörg NEUBERT (=Wissenschaft und Stadt, 18), Berlin 1991, S. 35-44. - Zudem: RADDE, Gerd, Paul Heimann. 1901-1967, in: Schulreform - Kontinuitäten und Brüche. Das Versuchsfeld Berlin-Neukölln, hrsg. von Gerd RADDE, Werner KORTHAASE, Rudolf ROGLER und Udo GÖßWALD im Auftrag des Bezirksamts Neukölln, Abt. Volksbildung, Kunstamt, Bd. II: 1945 bis 1972, Opladen 1993, S. 201-203.
[59] Beiträge zur Geschichte der Pädagogischen Hochschule Berlin, S. 211.
[60] Beiträge zur Geschichte der Pädagogischen Hochschule Berlin, S. 228.
[61] S. dazu S. 190.
[62] Beiträge zur Geschichte der Pädagogischen Hochschule Berlin, S. 166. - GRÜTZMACHER, Curt, Rudolf Ausleger. 1897-1974, in: Beiträge zur Geschichte der Pädagogischen Hochschule Berlin, hrsg. von Gerd HEINRICH (=Abhandlungen aus der Pädagogischen Hochschule Berlin, 6), Berlin 1980, S. 67-69.
[63] Beiträge zur Geschichte der Pädagogischen Hochschule Berlin, S. 175f.
[64] HARTKOPF, Beitrag, S. 34.
[65] Beiträge zur Geschichte der Pädagogischen Hochschule Berlin, S. 224f.
[66] RICHTER, Abriß, S. 17: "Die breite Öffentlichkeit nahm von der Neugründung wenig Notiz [...]. So wuchs die Hochschule in einer gewissen insularen Abgeschlossenheit auf". - Einer der frühesten Berichte stammt interessanterweise von Paul Hildebrandt, der in der Weimarer Republik auch einen der ersten Zeitungsartikel über die junge Schulfarm geschrieben hatte: HILDEBRANDT, Paul, Neue pädagogische Hochschule, in: Telegraf vom 30.10.1947 (vgl. dazu: SCHUPPAN, Berliner Lehrerbildung, S. 126f.)
[67] BLUME, Die augenblickliche Situation, S. 750. - RICHTER, Abriß, S. 17, formulierte, es habe zum "Grundsatz" Blumes gehört, (auch) an der Pädagogischen Hochschule "die äußere Geltung durch Vorleistungen zu erringen".

Dieser Zurückhaltung Blumes in Sachen Öffentlichkeitsarbeit entsprach nicht sein Verhalten den Besatzungsmächten gegenüber: Blume war von allen Besatzungsmächten gemeinsam in sein Direktorenamt eingesetzt worden. Es gehört zu den bemerkenswertesten Aspekten seiner Leitungstätigkeit, daß er es verstanden hatte, die Sektorenkommandanten und Kulturoffiziere aller vier Besatzungsmächte (sowie Politiker aller Berliner Parteien) für seine Arbeit zu interessieren und sich deren Unterstützung zu sichern[68]. Anfang 1947 formulierte er nicht ohne berechtigten Stolz in einem Brief an Wolfgang Pewesin:

---

[68] S. z.B.: KLEWITZ, Marion, Berliner Schule unter Viermächtekontrolle, in: Zeitschrift für Pädagogik, Jg. 23 (1977), S. 563-579, hier S. 567: "Den seltenen Fall einer für die deutsche Seite recht günstigen Begrenzung alliierter Kontrollansprüche stellt die bereits für das Wintersemester 1946/47 genehmigte Pädagogische Hochschule dar [...] – ein Vorgang, der sich wohl aus dem gemeinsamen Votum der Alliierten für die Ausbildung aller Lehrer an Hochschulen erklärt sowie aus der Tatsache, daß der hervorragend kompetente Direktor Wilhelm Blume der Zusammenarbeit mit allen vier Besatzungsmächten größte Bedeutung beimaß [...]." – Im Detail lassen sich besondere Sympathien ausmachen zwischen Blume und der sowjetischen Besatzungsmacht, deren Vertreter Blume sehr schätzte. Dazu schrieb Scheel in einem Brief an Schuppan vom 14.07.1982 (zit. nach: SCHUPPAN, Berliner Lehrerbildung, S. 99): "Blume war ein herausragender Pädagoge, und die sowjetischen Offiziere, die auf dieser Strecke tätig waren, hatten dafür ein Gespür, weil sie – so äußerte sich Blume mir gegenüber damals und später – von der Sache wirklich etwas verstanden und ihren alliierten Partnern (einschließlich der Franzosen) haushoch überlegen waren. Er rühmte ihre pädagogische Bildung und staunte über die borniere Unbildung der anderen." – SCHUPPAN, ebd., verweist darauf, daß sich ähnliche Äußerungen über die Sowjets, wenn auch für andere Bereiche, auch an anderen Stellen finden lassen, z.B. bei: FRIEDENSBURG, Ferdinand, Es ging um Deutschlands Einheit. Rückschau eines Berliners auf die Jahre nach 1945, Berlin 1971, S. 145. – S. etwa auch: SCHIVELBUSCH, Wolfgang, Vor dem Vorhang. Das eisige Berlin 1945-1948, München [u.a.] 1995, S. 46-61. – Ein Hinweis auf Blumes Wertschätzung der sowjetischen Offiziere (bes. Oberstleutnant Sudakow) auch bei: ALBRECHT, Über die Anfänge, S. 82. –
Gegenüber diesen Sympathien lassen sich gewisse gegenseitige Vorbehalte zwischen den Amerikanern und Blume auszumachen: SCHUPPAN, Berliner Lehrerbildung, S. 102, stellt fest, daß in der Gründungsphase der Pädagogischen Hochschule "trotz so vieler Gemeinsamkeiten, die im Denken und Handeln festzustellen sind, eine [...] beträchtliche Zurückhaltung aufseiten der verantwortlichen Amerikaner gegenüber Blume bestehen blieb." – Schuppan benennt auch einige mögliche Gründe: [1.] "Die Zurückhaltung der amerikanischen Besatzungsmacht ist nicht zu verstehen, es sei denn, die Vertreter hätten gespürt, daß Blume von den Mitgliedern der drei westlichen Alliierten allgemein enttäuscht war und nicht viel von ihnen hielt." (S. 98f.) – [2.] Die Tatsache, daß Blume von den sowjetischen Behörden als Leiter der Schulfarm 'Insel Scharfenberg', als Leiter der Humboldtschule und als Verantwortlicher in anderen pädagogischen Ämtern eingesetzt und als unbesoldetes Mitglied des Schulamtes, zuständig für Versuchsschulen vorgesehen wurde, mag die Vertreter der amerikanischen Militärregierung bewogen haben, Zurückhaltung gegenüber Blume zu üben." (S. 103). – [3.] Schuppan verweist auf eine Distanz der Amerikaner aufgrund von "persönlichen Schwierigkeiten im Verhältnis Blume - Karsen" (S. 103; vgl. auch S. 81, Anm. 185). – Vgl. dazu: RICHTER, Abriß, S. 6: "[...] der nach USA emigrierte frühere Berliner Schulreformer Fritz Karsen entwickelte den Plan einer Hochschulneugründung, bei der die zahlreichen in Dahlem gelegenen Forschungsinstitute mit einer neuen Pädagogischen Fakultät amerikanischen Stils vereinigt werden sollten."

2. Wilhelm Blume als Gründungsdirektor der Pädagogischen Hochschule Berlin 1946-1948

"Es war ein schönes Stück Arbeit, denn 4 Alliierte und 4 Parteien zu befriedigen, ist ein diplomatisches Kunststück, und einen Lehrkörper in dem geistig ausgelaugten Berlin zusammenzukriegen, gleichermaßen [...]."[69]

Blume hatte sich klar zugunsten einer 'Parallelität in Aufbau von Einheitsschule und Lehrerbildung' nicht nur pädagogisch, sondern auch bildungspolitisch weitgehend festgelegt. Es war jedoch nicht nur eine taktische Maßnahme, wenn er dennoch immer wieder betonte, er verstehe sich als 'überparteilich', und 'nichts als [ein] Schulmann' - und folgerichtig sehe er die Pädagogische Hochschule, die ihre 'innere Freiheit'[70] alleine der gemeinsamen Unterstützung aller Alliierter verdanke, als eine 'neutrale' Stätte der Lehrerausbildung. Auch beschränkte sich diese Haltung nicht auf die Berliner Pädagogische Hochschule im engeren Sinne: Wie Wolfgang Pewesin schreibt, waren die beiden Kernmotive, die Blumes Arbeit bestimmten: (1.) "der Aufbau einer Pädagogischen Hochschule als Mittelpunkt einer umfassenden 'Pädagogischen Provinz'"; "dieser Aufbau, gegründet auf den Konsens der vier Besatzungsmächte", sollte (2.) "als Eckstein einer durchgreifenden Erziehungsreform im, wie wir hofften, neu sich bildenden Deutschland [dienen]."[71]

In seiner Antrittsrede vom 21.11.1946 hatte Blume als Hoffnung ausgesprochen, daß "vielleicht [...] auf dem Boden der Stadt doch kein Kompromiß, sondern eine

---

[69] Blume an Pewesin br. vom Anfang 1947; zit. nach: PEWESIN, Wolfgang, Wilhelm Blume (1884-1970), in: Beiträge zur Geschichte der Pädagogischen Hochschule Berlin, hrsg. von Gerd HEINRICH (=Abhandlungen aus der Pädagogischen Hochschule Berlin, 6), Berlin 1980, S. 71-76, hier S. 71. -
Bemerkungen Blumes, wie die, die Pädagogische Hochschule habe sich seit ihrer Gründung "denn auch [...] von allen Vieren [der Besatzungsmächte] befruchten und helfen lassen" (BLUME, Die augenblickliche Situation, S. 750) waren weitaus mehr als verbale 'Schmeicheleinheiten' den Besatzungsmächten gegenüber. - Als Beispiele für das taktische Geschick mit dem Blume erfolgreich versuchte, die Alliierten für seine Arbeit zu gewinnen, sind hier genannt: [1.] "Das große Anfangspraktikum und weitere Hospitien siedelte er in seinem Heimatbezirk Reinickendorf, also im französischen Sektor an. Die beiden Hauptlehrstätten im alten Marstall und in der ehemaligen Berufsschule für Drogisten in der Schönfließer Straße lagen im sowjetischen Sektor. Die alte naturwissenschaftliche Hauptstelle in der Invalidenstraße [...] lag im britischen Sektor, das heutige PH-Gelände in Lankwitz, das nach der Spaltung zum neuen Domizil ausgestaltet wurde, diente z.T. als Lehrstätte im amerikanischen Sektor." (RADDE, Lehrerbildung, S. 78f.) - [2.] Mit seiner 'Informationspolitik' versicherte sich Blume der alliierten Unterstützung weitaus mehr, als (offiziell) notwendig: Dementsprechend gingen z.B. "alle Studienpläne, Arbeitsberichte und sonstigen Eingaben von Anfang an wohlweislich und nicht nur weisungsgemäß stets an alle vier Besatzungsmächte." (RADDE, Lehrerbildung, S. 79). - Als eine 'Kostprobe' für Blumes diplomatisches Geschick mögen folgende Formulierungen in einem Brief vom 28.09.1946 gelten:
"Dem Landesvorstand Gr. Berlin
danke ich bestens für die liebenswürdige Einladung. Ich konnte ihr gegen meine Absicht nicht folgen, da die pädagogischen Prüfungen am Freitag sich bis in den Abend hinzogen. Ich möchte meine Stellungnahme zum Beratungsgegenstand so präzisieren:
Nicht mit allen Zielen der SED bin ich einverstanden. Aber bei den kommenden Wahlen muß jeder, dem daran liegt, daß die Reaktion nicht wieder den kulturellen und menschlichen Fortschritt hintertreibt, sich für die SED einsetzen; die anderen antifaschistischen Parteien werden ohne weiteres und vielleicht auch gegen ihren Willen von der Reaktion als Vorspann benutzt!"
(PS Scheel: Blume an den Landesvorstand Groß-Berlin der SED br. vom 28.09.1946; zit. auch bei: SCHUPPAN, Berliner Lehrerbildung, S. 99f.)

[70] BLUME, Die augenblickliche Situation, S. 751.
[71] PEWESIN, Wilhelm Blume, S. 71.

Synthese möglich" sei, er jedenfalls wolle sich dieser "neuen schwierigen und doch so verlockenden Aufgabe" stellen[72]. Am Tag darauf (22.11.1946) äußerte er in einem Brief an Wilhelm Richter seine Absicht, den Versuch zu unternehmen, "auf neutralem Boden zwischen Ost und West eine Synthese zu schaffen"; und er meinte, wenn das gelänge, "könnte das sogar ein historisches Unternehmen werden."[73]

Als zum 26.06.1948 der Magistrat das Schulgesetzes für Groß-Berlin verkündete, konnte die Pädagogische Hochschule dies als indirekte Bestätigung und Unterstützung ihrer Arbeit werten.

Doch als im gleichen Jahr die weltpolitischen Ost-West-Spannungen zunahmen, mußten nicht nur alle Hoffnungen auf eine 'Brückenfunktion' Berlins zu Grabe getragen werden; in der zweiten Hälfte des Jahres 1948 ging im Zuge des Ost-West-Konfliktes auch das 'vierfache Protektorat'[74] der Pädagogischen Hochschule zuende:

---

[72] BLUME, Antrittsrede, S. 20.
[73] Berlin, LA: Rep. 200, Acc. 3184, Nr. 67: Blume an Richter br. vom 22.11.1946; abgedr. in: Beiträge zur Geschichte der Pädagogischen Hochschule Berlin, hrsg. von Gerd HEINRICH (=Abhandlungen aus der Pädagogischen Hochschule Berlin, 6), Berlin 1980, S. 25-27, hier S. 25. - Es darf bei der Interpretation dieser Passage nicht ganz außer Acht gelassen werden, an wen und mit welcher Absicht Blume diesen Brief geschrieben hat: Blume beabsichtigte, mit seinem Schreiben den nach Kiel verschlagenen Richter über die Berliner Situation zu informieren und zur möglichst baldigen Rückkehr nach Berlin zu bewegen, um Blume in der Leitung der Humboldtschule Tegel zu entlasten - ein Angebot, dem Richter zunächst sehr zögernd gegenüber stand (vgl.: HANSEN, Wilhelm Blume, S. 23). -
Mit dem Gedanken einer Synthese bzw. dem der 'Brückenfunktion zwischen Ost und West' stand Blume nicht alleine. Vielmehr beherrschte dieser Gedanke auch all jene Politiker, die grundsätzlich an ein Fortdauern und eine Erneuerung der deutschen Position in Mitteleuropa zu glauben vermochten. Als zwei Beispiele seien hier genannt: Kurt Schumacher (1895-1952) und der Vorsitzende des Zentralausschusses der Sowjetischen Besatzungszone und Berlin der CDU, Jakob Kaiser (1888-1961). - Kaiser sagte etwa am 30.01.1946, er sehe "einen tiefen Sinn in der Begegnung der Nationen auf Berliner Boden: Es ist das Ringen um die große europäische Synthese von Ost und West." (KAISER, Jakob, Europa und Deutschland (Rede vom 30.01.1946), in: KAISER, Jakob, Der soziale Staat. Reden und Gedanken (=Wege in die neue Zeit, 2), Berlin 1946, S. 22-24, hier S. 23f.). Und am 13.02.1946 schrieb er: "Mir scheint nach allem für Deutschland die große Aufgabe gegeben, im Ringen der europäischen Nationen die Synthese zwischen östlichen und westlichen Ideen zu finden. Wir haben Brücke zu sein zwischen Ost und West, zugleich aber suchen wir unseren eigenen Weg zu gehen zu neuer sozialer Gestaltung." (KAISER, Jakob, Deutschlands geschichtliche Aufgaben (Rede vom 13.02.1946), in: KAISER, Jakob, Der soziale Staat. Reden und Gedanken (=Wege in die neue Zeit, 2), Berlin 1946, S. 3-21, hier S. 8). - Vgl. auch: Jakob Kaiser, Wir haben Brücke zu sein. Reden, Aufsätze und Äußerungen zur Deutschlandpolitik, hrsg. von Christian HACKE, Köln 1988. - Jakob Kaiser. Gewerkschafter und Patriot. Eine Werkauswahl, hrsg. und eingel. von Tilman MAYER, Köln 1988. - Auch in einem Bericht der amerikanischen Erziehungskommission vom September 1946 wurde der Synthesegedanke formuliert: "So ist Berlin Versuchs- und Prüfungsfeld für einander widersprechende Anschauungen über Regierung und Erziehung geworden." (Erziehung in Deutschland. Bericht und Vorschläge der Amerikanischen Erziehungskommission, hrsg. von 'Die Neue Zeitung', München o.J. [1946], S. 29). - S. zum Thema (in abschätziger Weise) auch: SCHUPPAN, Berliner Lehrerbildung, S. 100f.
[74] BLUME, Die augenblickliche Situation, S. 751.

Es kam zur Spaltung der Gesamt-Berliner Pädagogischen Hochschule in eine Ost- und eine Westberliner Pädagogische Hochschule[75].

Interessanterweise wurde Blume von beiden Seiten gebeten, die Leitung der jeweiligen Pädagogischen Hochschule zu übernehmen - was jener sicher auch als eine Bestätigung seiner Arbeit ansehen konnte. Blume aber sah sich außerstande, als Direktor einer Teil-Hochschule in Berlin-Ost zu fungieren[76]; ebensowenig aber auch mochte er der neuen West-Berliner, sich in Berlin-Lankwitz ansiedelnden[77] Pädagogischen Hochschule als Direktor vorstehen[78]:

Konsequent und in realistischer Einschätzung der Lage wie auch in richtiger politischer 'Vorausschau' der Entwicklungen in Ost und West, trat er in den ersten Dezembertagen 1948 von seinem Amt zurück[79]. Der Rücktritt war von einem Zögern begleitet, das weniger mit einer Unsicherheit Blumes zu tun hatte als mit Sorge um "die laufenden Prüfungen (60 Teilnehmer) und die Vorbereitungen zur Prüfung (77

---

[75] Zu dem offenen Konflikt seit Anfang November 1948 etwa: RICHTER, Abriß, S. 19f. - S. auch: Um Berlins pädagogische Hochschule, in: Die Lehrer-Gewerkschaft. Mitteilungsblatt, hrsg. vom Verband der Lehrer und Erzieher Groß-Berlins, Berlin, Jg. 2 (1948) [Nr. 19 vom 20.12.1948], S. 151f.

[76] ALBRECHT, Über die Anfänge, S. 84, Anm. 60: "1952 erfolgte eine Angleichung des Berliner Volksbildungswesens an die in der gesamten DDR existierenden Strukturen. Die Pädagogische Hochschule wurde aufgelöst, und es wurden das Institut für Berufsschullehrerausbildung [...] und das Institut für Lehrerbildung [...] geschaffen. Die Ausbildung von Fachlehrern für die Klassen 5 bis 12 erfolgte seitdem an der Humboldt-Universität zu Berlin."

[77] Vgl. z.B.: Berlin, AASGB: Ordner Blume/Richter 4: Verfügung von May an Blume adressiert vom 01.12.1948: "Die in Berlin eingetretenen politischen Ereignisse machen eine Verlegung der Pädagogischen Hochschule nach dem Westen Berlins notwendig. Aus diesem Grunde wird die Pädagogische Hochschule in das Gebäude der Lankwitzer Oberschule für Mädchen [...] verlegt."

[78] Die Pädagogische Hochschule Berlin war als Modell einheitlicher, reformpädagogisch orientierter Lehrerausbildung für Gesamt-Berlin konzipiert worden. Nach der endgültigen Teilung der Stadt jedoch wurde sie, unter dem Druck der restaurativen Entwicklung in Westdeutschland, zu einer Einrichtung herkömmlicher Volksschullehrerausbildung: Als es zur Spaltung der Berliner Stadtverwaltung und damit zum Ende der politischen Einheit der Stadt kam, führte dies auch dazu, daß "die Einheitsschule und die so optimistisch begonnene einheitliche Lehrerausbildung [...] sich bald als eine Episode der unmittelbaren Nachkriegszeit erweisen [sollte]" (HANSEN, Wilhelm Blume, S. 24).

[79] Berlin, LA, SIS: THIELE, Georg, Der Schulfarm Scharfenberg zum 50jährigen Bestehen [Erinnerungen], hdschr., o. J. [1972], Auszug aus: Blume an Thiele br. vom 05.02.1949: "Da ich es mit meinem Gewissen nicht vereinbaren konnte, Lehrer entweder für O oder für W auszubilden, habe ich am 5. XII. mein Amt niedergelegt, als die Hochschule sich schied. 2/3 gingen nach dem Westen, 1/3 blieb im Ostsektor." - "Am 1. Dezember [1948] richtete der SED-Parteivorstand an Blume die Bitte, in seinem Amt im Ostsektor zu bleiben. [...]. Die kommunistische Bitte lehnte Blume ab [...]." (RICHTER, Abriß, S. 20) - Ebenfalls noch am 1. Dezember "ersuchte ihn der amerikanische Vertreter in seiner Dienststelle in Anwesenheit von Vertretern des Magistrats um eine Stellungnahme zwischen West und Ost. Die [...] amerikanische Anfrage beantwortete er mit der Erklärung seines Rücktritts [...]." (RICHTER, Abriß, S. 20) - Vgl. u.a.: Berlin, AASGB: Ordner Blume/Richter 4: Aktennotiz vom 01.12.1948, unterzeichnet von Blume und Walter May (SPD): "Die in Berlin eingetretenen politischen Verhältnisse lassen es notwendig erscheinen, die Pädagogische Hochschule nach Lankwitz [...] mit sofortiger Wirkung zu verlegen [...]. Herr Direktor Blume erklärt, daß er unter diesen Umständen von der Leitung der Pädagogischen Hochschule zurücktritt aber als Dozent weiter tätig zu sein bereit ist [...]."

Teilnehmer) in der Abteilung II [...]"⁸⁰ und um noch erfolgreich dafür Sorge tragen zu können, "daß ihm der aus seinem Umkreis stammende und in seinem Sinne arbeitende Pädagoge Wilhelm Richter im Direktorenamt folgte [...]."⁸¹

Was Blume sich auch aufgrund seines Alters leisten konnte, konnten seine jüngeren Kollegen an der Pädagogischen Hochschule nicht: Einige im Berliner Landesarchiv erhalten gebliebene Briefe von Dozenten an Blume zeigen, in welche geradezu dramatischen persönlichen Situationen einige von ihnen aufgrund des Entscheidungszwangs für oder gegen den Westen oder den Osten gerieten⁸². Diese Briefe sowie auch Schreiben aus der Studentenschaft an Blume zeigen aber zugleich auch die persönliche Hochachtung, die sich Blume - im Laufe der Jahre und nicht zuletzt auch

---

[80] SCHUPPAN, Berliner Lehrerbildung, S. 250.
[81] RADDE, Lehrerbildung, S. 81. - Vgl. u.a. auch: SCH., W., Rektoratsübernahme an der Pädagogischen Hochschule, in: Berliner Lehrerzeitung, Jg. 13 (1959), S. 295.
[82] Berlin, LA, SIS: THIELE, Georg, Der Schulfarm Scharfenberg zum 50jährigen Bestehen [Erinnerungen], hdschr., o. J. [1972], Auszug aus: Blume an Thiele br. vom 05.02.1949: 2/3 der Dozenten der Pädagogischen Hochschule gingen nach dem Westen, 1/3 blieb im Ostsektor.

mit seinem Rücktritt - in der Studenten- und Dozentenschaft erworben hatte[83]. Gerd Radde, der - wie schon gezeigt - Student an der Pädagogischen Hochschule unter Blume gewesen war, zieht - in ähnlicher Weise, wie es die oben angesprochenen Briefe zum Ausdruck bringen - das folgende, außerordentlich positive Gesamtresümee:

---

[83] Vgl. z.B.: Berlin, AASGB: Ordner Blume/Richter 4: Studentenrat der Pädagogischen Hochschule, Abt. I, an Blume br. vom 13.12.1948: "Dem Studentenrat der Pädagogischen Hochschule (Abtlg. I) ist es ein aufrichtiges Bedürfnis, Ihnen für die hervorragende fachliche Leitung unserer Hochschule zu danken. Mit besonderer Freude erfüllte uns stets Ihre demokratische und fortschrittliche Haltung, die Anregungen und Wünsche der Studentenschaft zu berücksichtigen, zum Ausdruck kam. Wir bedauern sehr, daß es Ihnen nicht mehr möglich ist, Ihr Wissen und Ihre reichen pädagogischen Erfahrungen dem Lehrernachwuchs an der Pädagogischen Hochschule von Groß-Berlin zugute kommen zu lassen." -
Berlin, AASGB: Ordner Blume/Richter 4: Dr. Wolfgang Hochheimer an Blume br. vom 05.12.1948: "Hiermit möchte ich Ihnen mitteilen, daß ich mich entschlossen habe, der Verlegungsverfügung der Hochschule nach Lankwitz zu folgen [...]. Eine Diskussion meiner Bewegungsgründe bitte ich mir ersparen zu wollen; ich brachte Ihnen bereits zum Ausdruck, daß ich es für sehr unglücklich halte, uns Restdeutsche vor derartige Alternativentscheidungen zu stellen. Und ich betone dabei auch Ihnen gegenüber noch einmal, daß ich es ablehne, mich in eine grundsätzliche Contra-einstellung hineintreiben zu lassen. So werde ich auch an meiner neuen Arbeitsstätte an meiner Verständigungshaltung festhangen. Es bleibt mir noch, Ihnen für Ihre verständnisvolle Leitung - auch meiner Arbeit gegenüber - sehr zu danken. Diese beiden Jahre waren mir sehr wertvoll. Es tut mir direkt weh, daß wir künftig nun nicht mehr zentral zusammenarbeiten sollen. Möge es doch wieder dazu kommen, und mögen wir Gespaltenen einander bis dahin nicht Fremde werden!" -
Berlin, AASGB: Ordner Blume/Richter 4: Dr. Kurt Gehlhoff an Blume br. vom 06.12.1948: "Da Sie [...] die Leitung und Mitarbeit an der Pädagogischen Hochschule überhaupt niedergelegt haben, möchte ich Ihnen doch noch gerne sagen, wie sehr ich diese ganze unglückliche Entwicklung bedauere, und wie sehr ich insbesondere Ihr Schicksal beklage, dem eine bedeutende Aufgabe und eine zukunftsreiche Entwicklung zerschlagen ist. Daß Sie an dieser Aufgabe gescheitert sind, spricht weder gegen die Richtigkeit Ihrer Konzeption noch etwa gar gegen die Reinheit Ihrer Absichten [...]. Ich möchte jedenfalls für das Jahr unserer Zusammenarbeit herzlich danken und Ihnen ausdrücklich versichern, daß ich Ihren Kurs für richtig gehalten und Ihre gesamte Haltung gebilligt habe, und wenn etwas in dem Tumult der letzten Woche überhaupt erfreulich gewesen ist, so war es die Erkenntnis, daß die wertvollsten der jungen Kollegen Ihre Meinung geteilt haben. Dasselbe muß ich auch von den Studenten sagen, und wenn es überhaupt noch einer Bestätigung bedurft hätte, daß die Arbeit an der Pädagogischen Hochschule wertvoll gewesen ist, so ist mir in den Diskussionen der letzten Woche mit unseren Studenten klar erbracht worden; sie sind politisch wach, ohne sich parteimäßig zu binden, sind aktiv, ohne dogmatisch zu sein, und sind deutsch aber nicht nationalistisch [...]. Ich habe mich zusammen mit Hochheimer, Pewesin und einigen anderen entschlossen auf der Westseite mitzuarbeiten [...]. Viel Äußeres spricht dagegen: meine Studenten wohnen und arbeiten mehr im Ost- als in den Westsektoren [...] und vieles mehr. Den Ausschlag für mich gibt die Aussicht auf ein größeres Maß von Freiheit als der Osten grundsätzlich zu gewähren bereit ist. Wie problematisch sie aber auch im Westen ist, weiß ich zur Genüge. Seien Sie versichert, daß ich mich Ihnen in unwandelbarer Gesinnung verbunden fühle."

"Unser Hochschulstudium hat uns frei gemacht; es hat uns zu selbständiger Arbeit befähigt und uns pädagogisch vielfältig angeregt, gerade auch für das schulpädagogische Handeln. Unser Studium hat uns zu aufgeschlossenen Lehrern gemacht, wie sie die Zeit brauchte."[84]

Für Blume aber war die Phase, die er als "die krönende Zusammenfassung der Arbeit seines Lebens [an]sehen [konnte]"[85], nunmehr vorüber.

Vergleicht man die Entwicklung der Schulfarm von 1922-1933 und die der Entwicklung der Pädagogischen Hochschule von 1946-1948, so springen einige auffallende Parallelen recht direkt ins Auge:

(1) Wie gezeigt, wurde die Pädagogische Hochschule von allen vier Alliierten und allen Berliner Parteien unterstützt. Die Schulfarm der Weimarer Republik wurde politisch getragen in erster Linie von sozialistischer Seite, insbesondere durch sozialdemokratische Bildungspolitiker wie z.B. den Berliner Oberstadtschulrat Wilhelm Paulsen. Während aber andere progressive Reformschulen nur solche Unterstützung erfuhren, fand die Gründung der Schulfarm im Frühjahr 1922 - was für diese schulpolitisch hochexplosive Zeit mehr als ungewöhnlich war - die Zustimmung aller im Berliner Magistrat vertretenen Parteien, und sie geriet auch in all den Jahren der Weimarer Republik nur selten in parteipolitisches Kreuzfeuer.

(2) Das Ende der Berliner Pädagogischen Hochschule 1948/49 wurde durch politische Veränderungen in Deutschland bzw. durch weltpolitische Veränderungen erzwungen. Ebenso war in den Jahren 1933-34 das Ende der Schulfarm als von Blume geleiteter exponierter demokratischer Versuchsschule von den politischen Ereignissen im Deutschland der frühen 30er Jahre erzwungen worden.

Können oder müssen diese beiden Parallelen (zumindest teilweise) als 'historischer Zufall' eingeordnet werden, so gilt dies nicht für Aspekte wie die folgenden:

(3) Vor 1933 wie nach 1945 war Blume in der Lage, die für seine Vorhaben vorhandenen 'Nischen' (mit feinem Gespür, taktischem Geschick, Diplomatie u.a.m.) in größt-denkbarem Umfange zu nutzen. Beidesmal (und das gehörte zur pädagogischen Überzeugung Blumes ebenso wie zu seinem taktischen Geschick) vollzog sich die erste Entwicklungsphase der Reformversuche weitgehend abseits der Öffentlichkeit: Beide Male sollte erst auf der Basis reformerischer Erfahrungen ein festes 'Programm' vorgestellt werden. In den 20er wie in der 2. Hälfte der 40er Jahre war Blume so konsequent, sich zu dem Moment, an dem sich zeigte, daß seine Reformarbeit nicht mehr fortzuführen war, zurückzuziehen.

---

[84] RADDE, Lehrerbildung, S. 81. - Vgl. auch, Blumes Arbeit würdigend: Begegnung eines Studenten der Pädagogischen Hochschule 1945-1948, heute Lehrer auf Scharfenberg, mit Blume, in: Wilhelm Blume zum 70. Geburtstag (=Die Fähre. Eine Zeitung der Schulfarm Insel Scharfenberg, Heft 1/1954), Berlin 1954, o.S.: "Wenn auch die meisten von uns Hörern dem Jünglingsalter schon seit mehreren Jahrzehnten entwachsen waren, so war doch unser Lehrer [Blume] der weitaus älteste von uns allen, und doch setzte er uns immer von neuem in Erstaunen durch seine unverwüstliche Energie und die Lebendigkeit [...]." - Ebenso: RADDE, Antifaschistisch-demokratischer Neuanfang, bes. S. 50-54.

[85] PEWESIN, Wilhelm Blume, S. 71.

(4) Blume erkannte nach 1945 klar, daß eine grundlegende Neuerung des Schulwesens nicht ohne eine ebensolche Neuerung der Lehrerbildung - "Alpha und Omega aller Pädagogik"[86] - zu machen sei. Die Lehrerausbildung hatte schon im Laufe der 20er Jahre in zunehmendem Maße Bedeutung für Blume bekommen: Ohne eine grundlegende Veränderung der Lehrerausbildung (im reformpädagogischen Sinne) sei - so Blume schon damals - eine grundlegende Reformierung des Schulwesens nicht zu machen. Seit 1929/30 (mit einige Jahre weiter zurückreichenden Wurzeln) wurde die Schulfarm gar als Ausbildungsstätte für Berliner Referendare anerkannt.

(5) Wie die Pädagogische Hochschule in untrennbarem Kontext der Einheitsschulbewegung stand, so ist auch die Schulfarm bereits eindeutig in einen solchen Kontext einzuordnen: Scharfenberg nahm Schüler von allen der damals existierenden Arten der höheren Schule(n) wie auch Aufbauschüler auf, und es bot ihnen die (freie) Auswahl einer der damals möglichen Reifeprüfungen. Damit tat die Schulfarm - die freilich über keine eigene Unterstufe verfügte - einen deutlichen Schritt hin zur Einheitsschule.

(6) Als eines der strukturellen Merkmale der Pädagogischen Hochschule kann die Polarität von 'Allgemeinem Studium' und 'Wahlfachstudium' hervorgehoben werden. Eines der wesentlichen unterrichtsorganisatorischen Kennzeichen der Oberstufe der Schulfarm war ein eigenständiges (d.h. sich von anderen Modellen unterscheidendes) Kern-Kurs-System, in dem Kern und Kurs nicht nebeneinander standen, sondern ein Zusammenspiel zwischen beiden erreicht wurde, durch das die im Kurs gewonnenen Spezialkenntnisse im Kern in größere (orientierende) Gesamtzusammenhänge eingebunden wurden.

(7) Als ein zweites strukturelles Merkmal der Pädagogischen Hochschule existierte eine Polarität von theoretischer und praktischer Ausbildung. Auch hier läßt sich ein Äquivalent in der Geschichte der Schulfarm finden: neben aller Hochschätzung der theoretischen und intellektuellen Ausbildung kam hier der praktischen Arbeit (z.B. einerseits durch die sog. 'Gemeinschaftsarbeit', der Mithilfe der Schüler an allen im Inselleben anfallenden Arbeiten, andererseits auch in der 'Selbsttätigkeit' der Schüler innerhalb des Unterrichts usw.) eine geradezu zentrale Rolle zu.

(8) Wie Blume für die Pädagogische Hochschule formulierte, sollten hier Studenten zu Lehrern herangebildet werden, die neben ihrer fachlichen Qualifikation auch in ihrer menschlichen Dimension - mit der Zielsetzung eines 'humanen Menschen' - gefördert werden sollten. Zielsetzung der Schulfarm war die Erziehung junger Menschen zu starken Persönlichkeiten mit ausgeprägter Sozialität.

(9) Auch im Kontext solcher Überlegungen wurde versucht, den Stellenwert der 'Notengebung' an der Pädagogischen Hochschule geringzuhalten. An der Schulfarm der Weimarer Republik wurden Noten lediglich für die unverzichtbaren Mittlere Reife-Prüfungen sowie für die Abiturien vergeben.

(10) Blume hatte offenbar nicht nur für die konzeptionelle Gestaltung der Pädagogischen Hochschule wie zuvor auch für die Schulfarm Insel Scharfenberg weitgehende Freiräume, sondern auch für die Auswahl seiner Studenten. Dabei war die Art des

---

[86] BLUME, Die augenblickliche Situation, S. 755.

Auswahlverfahrens mit dem Ziel des Herausfindens der Motivation, des individuellen Charakters der 'Kandidaten' an der Pädagogischen Hochschule nahezu identisch mit den Auswahlverfahren an der Schulfarm der 20er und frühen 30er Jahre.

(11) Auch bei der Auswahl der Kollegen hatte Blume sowohl an der Schulfarm der Weimarer Republik wie auch an der Pädagogischen Hochschule zwischen 1946 und 1948 größere 'Freiheiten', 'Spielräume' zugestanden bekommen. In beiden Fällen versuchte er erfolgreich, reformpädagogisch geprägte, häufig ihm bereits aus früheren Zusammenhängen bekannte Persönlichkeiten auszuwählen.

(12) Alle Anzeichen sprechen dafür, daß es an der Pädagogischen Hochschule eine nicht wenig ausgeprägte studentische Mitbestimmung gab. Die Schulfarm als 'radikale Inselrepublik' - wie Wilhelm Richter den Schulversuch charakterisierte - ermöglichte ihren Schülern eine Selbstverwaltung in einer Dimension, wie sie von keiner anderen öffentlichen (Reform-) Schule der Weimarer Republik bekannt ist.

(13) Die Wertschätzung, die die Pädagogische Hochschule im Rückblick ihrer ehemaligen Studenten erfuhr und erfährt, ist (wenn die bislang ausfindig gemachten Hinweise sich nicht als Einzelfälle erweisen) außerordentlich positiv. Das gleiche Bild ergeben - wie in dieser Arbeit noch zu zeigen sein wird - die Erinnerungen Scharfenberger Schüler, die ihre Scharfenberger Jahre nicht nur als eine Zeit unbeschwerten Daseins beschreiben, sondern auch als eine Zeit mit ausgesprochen positiven und starken Wirkungen auf ihre gesamte weitere Biographie.

Schuppan bezeichnet in seiner Dissertation Blume als einen "positiven Träumer"[87], unterstellt ihm einen "gelegentlichen Mangel an Realitätssinn" und macht ihn zu einer 'tragischen Person'[88], die nach ihrem Traum (wie in einem klassischen Drama) im Zuge der Spaltung der Pädagogischen Hochschule und dem Zusammenbruch ihrer Arbeit in tiefe Depression fallen 'mußte' und selbstmordgefährdet gewesen sei[89]. Obgleich Schuppan Blume gewissermaßen als Träumer 'entschuldigt',

---

[87] SCHUPPAN, Berliner Lehrerbildung, S. 428.
[88] SCHUPPAN, Berliner Lehrerbildung, S. 427f.
[89] Verständlicherweise hatten Blume die Ereignisse, die ihn zum Rücktritt bewogen, aus dem 'Gleichgewicht' gebracht. Vgl: Berlin, LA: Rep. 200, Acc. 3184, Nr. 22, Brief 10: Blume an das Hochschulamt i.d. Abt. Volksbildung br. vom 11.12.1948: "Ich bitte um Dispens davon [=von der geplanten Dozententätigkeit an der Pädagogischen Hochschule Berlin-West] bis nach der Weihnachtspause, da ich nach diesen schmerzvollen und aufregenden Wochen noch einige Tage brauche, das innere Gleichgewicht und die körperliche Contenance wiederzugewinnen, die dazu notwendig ist, wieder in der bisherigen Leistungsfähigkeit vor meine Studenten zu treten [...]." - Berlin, LA: Rep. 200, Acc. 3184, Nr. 22, Brief 11: Blume an Stadtrat [?] br. o.D.: "Ich bitte, mir bis zum 13. d.M. Dispens zu erteilen, da sich eine kurze Pause ohne Aufregung nach 2 urlaubslosen Jahren in meiner körperlichen und seelischen Situation notwendig macht, wenn ich gleichwertige Leistung bieten soll; auch möchte ich Ihnen einen Plan unterbreiten, dessen Überlegung und Formulierung ein paar Tage braucht." - Ähnlich: Ebd., Brief 12: Blume an Stadtrat [?] br. o.D. - SCHUPPAN, Wilhelm Blume, S. 310, schreibt: "Der Lebenswille des Vierundsechzigjährigen war fast gebrochen. Er dachte an Suizid. Die Rücksichtnahme auf die noch immer mit ihm zusammenlebende Mutter hinderte ihn daran." - SCHUPPAN, Berliner Lehrerbildung, S. 245, wiederholt diese Selbstmordthese und gibt seine Quelle dafür, einen einzigen (!) mündlichen Hinweis aus dem Jahr 1983 (!): "[...] gegenüber Frau Bochow hatte Blume geäußert, Siuzid zu begehen. Die Sorge um seine Mutter hielt ihn davor ab (Hinweis aus dem Gespräch mit dem Ehepaar Bochow am 24. August 1983)."

macht er ihm den Vorwurf, anderen, d.h. im Westen den 'Reaktionären', das Feld überlassen zu haben.

Hinter dieser Bewertung verbirgt sich u.a. eine Fehleinschätzung Blumes, die u.a. auf fehlende Quellenkenntnisse bzw. falsche Quelleninterpretationen zurückzuführen ist, wie hier lediglich an einem Beispiel angedeutet werden soll:

"Seltsam, wenn beide den Direktor behalten wollen, kann doch eine Spaltung in der Lehrerbildung nicht dringend sein"[90], schrieb Blume auf entsprechende Angebote in einen Kalender. Wenn Schuppan diese Bemerkung damit kommentiert, daß diese "kleine Meditation zeigt, wie wenig er die politische Gesamtlage im Blick hatte" und dieser "Grad der Einsicht" seine Entscheidung bestimmt habe[91], so hat Schuppan nichts erfaßt von der beißenden Ironie, die Blume zeitlebens zueigen war.

Gravierender aber ist bei Schuppan das Fehlen historischer Bezugnahmen. Zwar weist er in seiner Dissertation auf die Tatsache hin, daß Blume an reformpädagogische Traditionen der Weimarer Republik anknüpfte:

"Blumes Ideen weisen in die Richtung der Ausbildungskonzepte der Länder Sachsen, Thüringen und Braunschweig aus der Zeit vor 1933. Blume versuchte in etwa die Tradition der 'Allround-Volksschullehrer' und die der Fachlehrer zu vereinigen, zumal damals im Hinblick auf den Unterricht in der geplanten Einheitsschule sowohl der Gesamtunterrichtslehrer wie der Fachunterrichtslehrer gebraucht wurden, letzterer insbesondere für den Kursunterricht. Dieses Konzept sah letztlich die Verschmelzung von Studienrat und Volksschullehrer vor und sollte somit ein Schritt auf dem Wege zum einheitlichen Lehrerstand mit 'der Überwindung der unseligen deutschen Bildungsklassengesellschaft' sein. Dieser Lehrerbildungsentwurf ist schließlich an der deutschen Realität gescheitert."[92]

Auch sieht Schuppan richtig, daß es Blumes Mitarbeit in der 'Stundentafelkommission' der Haupt- und Bezirksschulräte zu verdanken gewesen sei, "daß die Verschulung abgewehrt und mehr Freiheit der Wahl dem einzelnen Schüler getreu der Scharfenberg-Idee gegeben wurde. Der Arbeit auf 'Scharfenberg' lag als eine Maxime die Annahme zugrunde, den Schüler zunächst von der erwarteten Tätigkeit so zu überzeugen, daß er sie in freier und selbständiger Entscheidung willig übernahm."[93]

Jedoch stellt Schuppan, abgesehen von punktuellen und auf vereinzelten Details beschränkte Bemerkungen und Andeutungen - offensichtlich aufgrund weitgehender Unkenntnis -, an keiner Stelle einen engeren und detaillierteren Bezug zwischen Blumes Biographie vor und nach 1945, oder den engen Zusammenhang zwischen Blumes Arbeit an der Pädagogischen Hochschule und Prinzipien, die er bereits in

---

[90] Berlin, AASGB: Ordner Blume/Richter 3: BLUME, Wochenkalender 1948 (Abschrift). - Dazu: SCHUPPAN, Berliner Lehrerbildung, S. 238.
[91] SCHUPPAN, Berliner Lehrerbildung, S. 238.
[92] SCHUPPAN, Berliner Lehrerbildung, S. 427f.
[93] SCHUPPAN, Berliner Lehrerbildung, S. 67f. - Ebd., S. 93 dazu weiter: "Eine Idee von Pestalozzi, die Blume schon auf der Schulfarm 'Insel Scharfenberg' zu verwirklichen versuchte, wurde auch den Studenten der neuen Hochschule verordnet: '[...] Kopf und Hand [sollten] endlich und wirklich gleichermaßen geübt werden.' Diese Idee bot nach Blume die beste Schutzwehr in der Lehrerbildung 'gegen Verbalismus und volksfremden Intellektualismus; Lehrer und Schüler [...] in einer selbstausgewählten Tätigkeit immun machen gegen Phrasentum, [...] gegen das Maulbrauchen'."

der 20er und frühen 30er Jahren an der Schulfarm Insel Scharfenberg entwickelt hatte, her[94]. Mit dem Ausblenden (bzw. Nichtberücksichtigen) von Blumes biographischen Erfahrungen vor 1933 aber übersieht Schuppan einen, wenn nicht gar den maßgeblichen 'Schlüssel' zum Verständnis der konzeptionellen und praktischen Arbeit Blumes an der Pädagogischen Hochschule. Im Hinblick auf die Fragestellung nach der unmittelbaren und mittelbaren, mittel- und langfristigen 'Wirkungsgeschichte' der 'Schulfarm' der Weimarer Republik aber bedeuten diese engen 'Verbindungen': Indem Blume bei der Entwicklung und Ausgestaltung der Gesamt-Berliner Pädagogischen Hochschule an seine Scharfenberger Erfahrungen anknüpfte, zeigt sich eindeutig ein Wirkungszusammenhang zwischen seiner erfolgreichen Arbeit auf Scharfenberg und seiner Tätigkeit für eine neue Gesamt-Berliner Lehrerbildung nach dem Zusammenbruch des NS-Regimes.

Wenn Karl Sothmann (1895-19..) 1946 im Zusammenhang mit dem ersten Pädagogischen Kongreß (Berlin) fragte, wo "all die Pädagogen [seien], die vor 1933 an Versuchsschulen methodische Erfahrungen sammelten", und an sie die Forderung stellte, sie sollten "in kritischer Überprüfung dessen, was sie damals erarbeiteten und erprobten, wichtige Ergebnisse für das, was heute richtig ist, beitragen"[95], so ist festzustellen: Blume war einer der Pädagogen, die der Forderung, Erfahrungen, die sie vor 1933 gewonnen hatten, kritisch reflektiert und weiterentwickelt in den Neuaufbau des Bildungswesens in Deutschland - insbes. in Berlin - einzubringen, u.a. auch durch sein Engagement an der Pädagogischen Hochschule entsprochen haben.

---

[94] Anders dagegen (wenn auch nur in aller Kürze): HANSEN, Wilhelm Blume, S. 23: "Die der Einheitsschule korrespondierende prinzipielle Einheitlichkeit und die einzelnen Elemente der berufsbezogenen Ausbildung in beiden Abteilungen der Pädagogischen Hochschule, insbesondere die Einrichtung des Wahlfachstudiums [...] treten klar hervor. Der an der klassischen Humanitätsidee orientierte humanistische Bildungsoptimismus mit seiner nachdrücklichen Betonung der 'menschenformenden Aufgaben', die unter Berufung auf Rousseau und Pestalozzi geforderte Einbeziehung des Manuellen, das so oft und auch hier wieder geltend gemachte 'Handgemeinwerden mit den Dingen' und die komplementäre - Einheits- und Gemeinschaftsbewußtsein stiftende - Gestaltung des geplanten Hochschulvorjahres in beiden Abteilungen der Lehrerausbildung verraten den Scharfenberger Reformer, lassen die Kontinuität seiner pädagogischen Grundüberzeugungen deutlich werden." - Und: ALBRECHT, Über die Anfänge, S. 82: "Spezielle Erfahrungen sammelte er [Blume] in der Schulfarm Scharfenberg bei der Durchführung der Arbeitserziehung; deshalb vertrat er die Auffassung, daß alle Lehrer im Verlauf ihrer Ausbildung ein 'Handwerksjahr' absolvieren sollten."

[95] SOTHMANN, Erster Pädagogischer Kongreß, S. 209.

2. Wilhelm Blume als Gründungsdirektor der Pädagogischen Hochschule Berlin 1946-1948

Als ein weiterer, eindeutiger Beleg hierfür sei abschließend angeführt, daß Blume am Ende seiner - hier schon mehrfach angesprochenen - Antrittsrede 1946[96] seine Zuhörer darauf hinwies, daß die deutsche Pädagogik "nicht ganz so einfach, starr und dilettantisch [sei], wie sie in unseren Notstuben jetzt dem [ausländischen] Besucher erscheinen mag; es lebt unter der Decke, unter der wir 12 Jahre begraben lagen, eine bessere lebendigere Tradition."[97] Er - Blume - wünsche sich, daß "die neuen Lehrergenerationen in ganz Deutschland, darunter auch die heute hier frisch angetretene Schar, von langem Druck befreit, gewillt sein und mit der Zeit fähig werden [mögen], jene bessere Tradition aufzunehmen und vor allem auf eigener Bahn fortzuentwickeln!"[98]

Ich habe zu zeigen versucht, wie Blume selbst diese 'bessere Tradition' reformpädagogischer Erfahrungen der Weimarer Republik für die Berliner Lehrerbildung fruchtbar zu machen suchte. Wenn er aber nicht beim Anknüpfen an die 'Tradition' stehen blieb, sondern dazu aufforderte, man möge diese Tradition 'auf eigenen Bahnen fortzuentwickeln' suchen, dann galt dies insbesondere für die inhaltliche Ausfüllung der 'neuen Pädagogik' - orientiert an den grausamen Erfahrungen

---

[96] BLUME, Antrittsrede. - Vgl. dazu: SCHUPPAN, Berliner Lehrerbildung, S. 91-96. - Interessant ist der von SCHUPPAN, Berliner Lehrerbildung, S. 196f., angestellte Vergleich der Rede Blumes mit Erich Wenigers Eröffnungsrede der Pädagogischen Hochschule Göttingen am 08.02.1946, in dem Schuppan u.a. hervorhebt: "Anders als Blumes Antrittsrede, die sicherlich auch von Ergriffenheit geprägt ist, zeigt Wenigers Rede einen Anflug von Devotion. Dieser Eindruck mag durch den sechsfachen nicht nur rhetorischen Dank zu Beginn der Ausführungen und im weiteren seine Ehrerbietungen vor Nohl, Pallat und Grimme hervorgerufen sein. Doch in beiden Reden, sowohl in Berlin wie in Göttingen, wird als Kern der Hochschulidee, als Gegenstand von Forschung und Lehre, das Menschentum und die menschliche Bildung genannt. In beiden Reden wird Pestalozzi als dem, der Humanitas als elementare Volksbildung verstanden wissen wollte, gedacht. Während Blume aber vom Versagen oder Unvermögen der deutschen Universität offen und im Grunde rücksichtslos sprach und daraus die Berechtigung einer neuen Institution mit anderen Formen für die Lehrerausbildung herleitete, erbat Weniger die Unterstützung der Universität [...]." - WENIGER, Erich, Rede zur Eröffnung der Pädagogischen Hochschule Göttingen (am 8. Februar 1946 in der Aula der Universität), in: Die Sammlung, Jg. 1 (1945/46), S. 670-681; wieder in: WENIGER, Erich, Die Eigenständigkeit der Erziehung in Theorie und Praxis. Probleme der akademischen Lehrerbildung, 3. Aufl. Weinheim 1964, S. 308-322. -
Seine Antrittsrede begriff Blume als 'Antrittsvorlesung'; entsprechend wandte er sich "in erster Linie an meine zukünftigen Hörer und Hörerinnen" und bat die Gäste, "sich sozusagen als 'Ehrenhospitanten' bei dem ersten pädagogischen Kolleg der neugeborenen Hochschule zu betrachten." Sie sollten sich "aus dem, was der Leiter seinen Studenten zu sagen hat und wie er es ihnen sagt, sich ein vorläufiges Bild von der Neugründung [...] machen und die Richtung ab[...]nehmen, welche sie in ihren tastenden Anfangszeiten einschlagen wird, aber auch, welcher Geist sich allmählich in ihr entfalten soll." (BLUME, Antrittsrede, S. 9)
[97] BLUME, Antrittsrede, S. 20.
[98] BLUME, Antrittsrede, S. 20.

des Nationalsozialismus, in klarer und radikaler Erkenntnis des Versagens deutscher Pädagogik[99]:

> Bei Blume klingen bereits Überlegungen an, wie sie heute u.a. Wolfgang Klafki mit seiner Forderung nach der inhaltlichen 'Konzentration auf epochaltypische Schlüsselprobleme' vertritt, wenn der Berliner Schul- und Hochschulreformer - unter Bezugnahme auf pazifistische 'Patrone' - von "unglaublich schwierigen, aber auch lockenden pädagogischen Gegenwarts- und Zukunftsaufgaben" sprach, die es "zu erfüllen" gelte[100]:

>> "Dazu gehört ja vor allem auch eine vom bisherigen Brauch völlig abweichende Stoffauswahl. Man denke nur an die Lesebücher oder an das Fach der Geschichte. Wir müssen darauf aus sein, viel mehr als bisher den zu vermittelnden Wissensstoff aus seiner Isolierung im intellektuellen Schubkastensystem herauszubringen und ihn in Beziehung zu setzen - wie das schon [der norwegische, auch in internationalen Sozialhilfswerken mitarbeitende Polarforscher] Fritjof Nansen [(1861-1930)] nach dem ersten Weltkrieg gefordert hat - zu den sittlichen Lebensgrundlagen. In beiden Abteilungen unserer Hochschule ist auf die Durchsetzung sozialethischer Gesichtspunkte Wert gelegt worden. Wir haben Vorlesungen gehabt über die Entwicklung der Humanitätsidee in der Menschheit, es sind Übungen abgehalten worden über Herder's Humanitätsbriefe[101] oder über Kant's Schrift 'Zum ewigen Frieden'[102]; neuen deutschen Lesestoff zu finden und seine erzieherische Auswertung in die richtigen Bahnen zu versuchen, war der Inhalt einer Arbeitsgemeinschaft. Im nächsten Winter wird Elisabeth Rotten [...] zu uns kommen und über ihr in der Schweiz veröffentlichtes Lesebuch Übungen abhalten [...]. In der Auswahl der Stoffe und der Menschen, die in die jugendlichen Seelen eingesenkt werden dürfen, müssen wir uns noch viel mehr als bisher von der Tradition frei machen und auch globalen Gesichtspunkten zum Durchbruch verhelfen. Ich sah kürzlich eine vor kurzem herausgekommene hessische Fibel mit den idyllischen Bildern von Ludwig Richter. Ludwig Richter in Ehren, aber für heutige Zeiten würden Were[sch]tschagin'sche Bilder[103] passender sein. Menschen wie [...] [den spanischen, für die Idee Europas kämpfenden Philosophen und Schriftsteller] José Ortega y Gasset [(1883-1955)] [...] oder [den Arzt, protestantischen Theologen Musiker und Kulturphilosophen] Albert Schweizer [(1875-1965)] oder die Nobelpreisträgerin und Menschenfreundin Jane Addams, die Verfasserin des Buches über Demokratie

---

[99] BLUME, Die augenblickliche Situation, S. 756, stimmt "der erbarmungslosen Konstatierung eines Karl Jaspers in seiner neulich gehaltenen Goethe-Rede" zu: "'Wir sind in dem Übergang der Geschichte von den europäischen Nationalstaaten auf die Weltmächte als politische Großmacht abgetreten, und zwar endgültig, weil unsere militärische Vernichtung in diesem einmaligen Augenblick geschehen ist.'": "In dieser Erkenntnis und in diesem Anerkenntnis liegt die einzig mögliche Sühne, die aber keinesfalls in Sack und Asche dauernd zu verharren braucht, wenn wir uns fähig erweisen, eine wahrhaft innerliche Revolution unseres seelischen und unseres sozialen Seins zu verwirklichen und selbst unter schweren Daseinsbedingungen dem Geist nie untreu werden. Der Welt zu zeigen, daß wir trotz allem aber bis jetzt immer nur framentarisch angefaßten Riesenaufgabe gewachsen sind, einen neuen ['demokratischen'] Menschen zu erziehen, das hieße von der Schuld der Zeiten nicht nur Sekunden und Minuten abtragen." - Vgl.: BLUME, Antrittsrede, S. 14: "Hier liegt die entscheidende Aufgabe der künftigen Lehrerbildung; ihren Jüngern muß es durch Lehre und Beispiel zur selbstverständlichen Lebensüberzeugung werden, daß das Volk, in der wir leben müssen und unter der Schuld der Zeiten, Minuten, Tage, Jahre abtragend unsere geläuterten Kräfte einmal wieder entfalten dürfen, eine demokratische ist, für uns im Land der europäischen Mitte, eine demokratische mit stärkstem sozialem Einschlag."
[100] BLUME, Die augenblickliche Situation, S. 754.
[101] Vgl.: HERDER, Johann Gottfried, Briefe zur Förderung der Humanität, hrsg. von Walter BEYSLLA (=Stimmen der Menschheit, 1), Augsburg 1946.
[102] Vgl.: KANT, Immanuel, Zum ewigen Frieden. Mit einer Einführung: Zum Problem des historischen Utopismus von Franz STEGMEYER (=Schriften zum Humanismus, 1), Frankfurt 1946.
[103] Wassilij Wereschtschagin (1842-1904), russ. Schlachtenmaler.

und soziale Ethik[104], oder [Fridtjof] Nansen selbst als der große Retter von Millionen elend Gewordener in der Nachkriegszeit, in der lebendigen, echt jugendgemäßen Darstellung von Fritz Wartenweiler[105], und nicht zuletzt die vielen menschlich so erschütternden wie reifen Bekenntnisse der politischen Kämpfer und Märtyrer der eben hinter uns liegenden Zeit, müssen in unsern Schulbüchern fortan zu Worte kommen. [...]."[106]

---

[104] ADDAMS, Jane, Democracy and social ethics, New York 1902.
[105] WARTENWEILER, Fritz, Fridtjof Nansen, Erlenbach-Zürich [u.a.] 1930.
[106] BLUME, Die augenblickliche Situation, S. 754. - Vgl. auch: Berlin, LA: Rep. 200, Acc. 3184, Nr. 5, Blatt 7: Blume an Liebert br. vom 18.09.1946: Die werdenden Lehrer "zu einer fundamental anderen weltweiten Stoffauswahl anzuleiten, sie mit Beispielen aus er Geschichte der Weisheits- und Menschenfreunde bekannt zu machen, die gleichzeitig Denker und unerschrockene Kämpfer waren, sie so damit zu erfüllen und in ihrer Charakterbildung lebendig werden zu lassen, daß sie Gesinnung und Tat auf die ihr später anzuvertrauende Jugend fest absichtslos ausstrahlen, mit ihnen und für sie ein 'Lesebuch zur Förderung der humanen Bildung' (nicht humanistischen!) zu schaffen, wie es schon der Schulrat Adalbert Stifter, der Mann des sanften Gesetzes, für seine Zeit, wenn selbstverständlich auch ohne Widerhall, herausgebracht hat, das und vieles andere wäre der Inhalt eines Lehrauftrages für pädagogische Ethik an den neuen Fakultäten, viel wichtiger noch als der mehr oder weniger handwerksmäßige für Didaktik. Es ist jetzt die Aufgabe, die Erzieher der kommenden Generationen innerlich von Grund aus zu wandeln, ob sie nachher nach Herbart-Ziller oder nach Kerschensteiner ihre Lektion halten, ist von sekundärer Bedeutung. Und dieser innere Wandel will erlebt sein und nicht angelernt."

II.3. WILHELM BLUME VON 1948/49 BIS 1970

Daß die - von Schuppan so sehr betonte - Zeit der 'Depression' für Blume nach seinem Rücktritt von der Leitung der Pädagogischen Hochschule nicht lange angehalten haben kann, zeigen die 'Altersaktivitäten', die er bald (wieder) an den Tag legte.

Im September 1946 hatte Blume in einem Brief geschrieben, er komme "jetzt so allmählich in das 'reifere Alter'", in dem er "allerhand Erfahrungen unter Dach bringen möchte"; so habe er neben allem anderen "überhaupt noch viele andere literarische Pläne", aber "der Trubel der Schulpraxis" verhindere deren Realisierung "wieder und wieder"[1]. Die Pensionierung aber ermöglichte ihm nun, verstärkt publizistisch tätig zu werden und sich auch seiner Leidenschaft, der Literatur, zuzuwenden. Gemeinsam mit seinem Freund und ehemaligen Kollegen Gerhard Frühbrodt wandte sich Blume der Beschäftigung mit Goethe zu, als deren Ertrag 1949 zwei Goethe-Bändchen erschienen[2]. Ende 1949 berichtete Blume Pewesin, er sei u.a. "dabei, Harlans Nürnbergisch Ei, Tolstois Schusterlegende[3], Galsworthy[s] [...] Novelle[4] und de Coster Smetze[5] als Schulausgaben vorzubereiten"[6]; die erste der ge-

---

[1] Berlin, AASGB: Ordner Blume/Richter 2, Blume an Wildangel br. vom 16.09.1946.
[2] BLUME, Wilhelm, Goethe. Lebensbild (=Schwalbenbuch, 20), Berlin [u.a.] 1949. - Goethe-Brevier. Ausgew. von Wilhelm BLUME und Gerhard FRÜHBRODT (=Schwalbenbuch, 19), Berlin [u.a.] 1949. - S. die auf beide Bände eingehende Rezension: DIEKMANN, Friedel, Nachlese zur Goetheliteratur dieses Jahres, in: Westermanns Pädagogische Beiträge. Eine Zeitschrift für die Volksschule, Jg. 1 (1949), S. 559-562, hier S. 559: "Aus der Fülle der Goetheliteratur dieses Jahres soll noch hingewiesen werden auf einige Neuerscheinungen. Da sind zunächst die beiden schlichten, kleinen Bändchen zu nennen, die der Magistrat von Groß-Berlin der Schuljugend zum 200. Geburtstag Goethes überreichen ließ. Wilhelm Blume stellte sowohl das 'Lebensbild Goethes' als auch - in Ergänzung dazu - das 'Goethe-Brevier' zusammen, das letzte in Zusammenarbeit mit Gerhard Frühbrodt." - Hervorgehoben wurde vom Rezensenten, ebd., vor allem das 'Lebensbild': "Dieses 'Lebensbild' Goethes nun ist so gelungen, daß wir es uns weit über das Goethe-Jahr hinaus zu ständiger Arbeit im Deutschunterricht wünschten. Hier wird die Gestalt des großen Dichters und die Welt, in der er lebte, wirklich für die Jugend lebendig, ohne, wie es bei solchen Versuchen leicht geschieht, kindertümlich verzeichnet zu werden. Der Verfasser baut das Lebensbild auf aus dem Grunde umfassender Goetheforschung. Und doch haben wir an keiner Stelle den Eindruck einer trockenen Biographie, bei der Kinder sich langweilen. Hier wird anschaulich erzählt; dazwischen spricht Goethe selbst in geschickt ausgewählten Stellen aus 'Dichtung und Wahrheit', in Gedichten, in Stellen aus dem dramatischen Werk. Die enge Verbindung von Leben und Werk des Dichters wird überall leicht verständlich hervorgehoben. Dabei läßt die Art der Darstellung dem Lehrer Raum zur eigenen Ergänzung. Besonderen Wert erhält das kleine Werk durch das hervorragend ausgewählte reiche Bildmaterial. Wirklich - ein Büchlein, von dem wir wünschten, daß es zum Gebrauch auch in den Schulen der Westzonen eingeführt werden möchte."
[3] TOLSTOI, Leo, Wovon lebt der Mensch?, in: TOLSTOI, Leo, Volkserzählungen, übers. und hrsg. von Guido WALDMANN (=Universal-Bibliothek, 2556), Stuttgart 1995, S. 3-36.
[4] GALSWORTHY, John, Quality. The bright side. Ed. and ann. by Emil STEIGER (=Schöninghs englischer Lesebogen, 119), Paderborn 1956.
[5] DE COSTER, Charles, Smetse, der Schmied. Übers. aus dem Franz. von Alfred ODIN, Leipzig [u.a.] 1922.
[6] PS Pewesin: Blume an Pewesin br. vom 06.11.1949.

nannten Arbeiten wurde 1951 gedruckt[7], die anderen Arbeiten offensichtlich nicht. Auch das "Sammeln von Zeugnissen über Schillers Nachruhm", das Blume und Frühbrodt "bis zu Blumes Tod beschäftigte"[8], blieb ohne publizistisches Ergebnis[9].

Doch diese literarischen bzw. literaturdidaktischen und -historischen Aktivitäten bedeuteten keinesfalls eine Rückzug bzw. eine Abkehr Blumes vom 'bildungspolitischen' Geschehen in Berlin: Schon zu Beginn des Jahres 1949, wohl bereits im Februar, notierte Blume seine - bereits im Dezember 1948 angekündigten[10] - 'Unmaßgebliche[n] Meinungen und Beiträge zum Weitertreiben unserer Berliner Schulreform", in denen er u.a. gegen "die große Gefahr, daß unsere Lehrerbil-

---

[7] HARLAN, Walter, Das Nürnbergisch Ei. Dramatische Dichtung in vier Akten. Als Schullektüre hrsg. von Wilhelm BLUME, Berlin [u.a.] 1951. - Dazu erschien: Beiheft zur Vorbereitung auf die Lektüre von Walter Harlans dramatischer Dichtung 'Das Nürnbergisch Ei'. Mit einem Nachwort und 12 zeitgenössischen Abbildungen sowie einem Stadtplan und zeittabellarischen Übersichten für Lehrer und Schüler geschrieben und zusammengestellt von Wilhelm BLUME, Berlin [u.a.] 1951.

[8] Frühbrodt an D.H. br. vom 23.09.1989.

[9] Berlin, LA, SIS: Blume an Pfeiffer br. vom 28.01.1965: "Meine Schillerstudien [...] sind noch immer der Hauptinhalt meiner Pensionszeit und wachsen sich zu einer 'Wirkungsgeschichte' des Dichters aus." - PS Scheel: Blume an Scheel br. vom 01.04.1968: "Mitarbeiter Frühbrodt ist nun auch pensioniert, und wir schaffen mächtig an unserem hobbythema: Beiträge zur Wirkungsgeschichte Schillers. Ein vor kurzem in Bonn aus Benno von Wieses Schule erschienenes Buch 'Schillers Nachruhm bis zu Goethes Tod', über 500 Seiten stark, hat uns getröstet, so pedantisch und breit es angelegt ist, denn wenn der für 27 Jahre solchen Wälzer braucht, ... [sic!]. Meine Kräfte reichen anscheinend noch eine gewisse Zeit, einen wesentlich längeren Abschnitt jenes Themas zu bearbeiten ... [sic!]". - S. dazu: Frühbrodt an D.H. br. vom 23.09.1989: "Die Vorarbeiten sind im wesentlichen über eine Materialsammlung nicht hinausgekommen. Diese Urteile über Schiller sind in meinem Besitz [...]. Was wir über Schiller gesammelt hatten, nahm ich an mich. Es stellte sich dann heraus, daß wir unser projektiertes Schillerbuch kaum hätten unterbringen können. Uns war entgangen, daß [Norbert] Oellers bereits den 2. Band seiner Arbeit über Schillers Nachleben herausgebracht hatte." - Vgl.: OELLERS, Norbert, Schiller. Geschichte seiner Wirkung bis zu Goethes Tod. 1805-1832 (=Bonner Arbeiten zur deutschen Literatur, 15), Bonn 1967 [Bonn, Univ., Diss, 1965]. - Schiller - Zeitgenosse aller Epochen. Dokumente zur Wirkungsgeschichte Schillers in Deutschland. Eingel. und komm. von Norbert OELLERS (=Wirkung der Literatur, 2.1), Frankfurt 1970. - S. auch: Frühbrodt an D.H. br. vom 09.11.1989: "Schiller hatte es nicht ganz leicht, gegen diese geballte Ladung von pädagogischen Problemen zu bestehen: Daß er es vermochte, darauf deuten einige Ausarbeitungen Blumes über Nietzsches sich wandelndes Schillerbild, das uns bei dem ungeheuren Umfang der Nietzsche-Literatur lange beschäftigte."

[10] S. so: SCHUPPAN, Berliner Lehrerbildung, S. 245.

dung wieder zweigleisig wird", eintrat und die er dem Stadtrat Walter May (SPD) überreichte[11].

Blume war nicht abgeneigt, nach gewisser Zeit der Ruhe und Erholung seine Lehrtätigkeit an der Pädagogischen Hochschule in West-Berlin wieder aufzunehmen, doch kam es dazu nicht[12]. Wohl aber blieben (auch) Dank seiner Einflußnahmen "wesentliche Elemente der neuen Lehrerausbildung in Lankwitz erhalten"[13].

Vor der Spaltung Berlins hatte Blume eine ein Jahr lang bestehende, sich "aus jüngeren Lehrern aller 3 bisherigen Schularten gemischte Arbeitsgemeinschaft für die Gestaltung des 9. Schuljahres" geleitet[14]. Ein praktisches Ergebnis dieser Arbeit ist sein Lesebuch für das 9. Schuljahr, das erstmals 1949 erschien, mehrere Aufla-

---

[11] Berlin, AASGB: Aktenordner Nachlaß Blume/Richter 1: BLUME, Wilhelm, Unmaßgebliche Meinungen und Beiträge zum Weitertreiben unserer Berliner Schulreform. Persönliches Schreiben von W. Blume an Stadtrat Walter May, hdschr., ohne Datum [wahrscheinlich Februar 1949]; die Quelle ist publiziert als: BLUME, Wilhelm, Unmaßgebliche Meinungen und Beiträge zum Weitertreiben unserer Berliner Schulreform. Persönliches Schreiben von W. Blume an Stadtrat Walter May vom Januar 1948 [sic!], in: FÜSSL, Karl-Heinz / KUBINA, Christian, Dokumente zur Berliner Schulgeschichte (1948-1965) (=Materialien und Studien zur Geschichte der Berliner Schule nach 1945, 3), Berlin 1982, S. 51-59. - Der Hinweis in: FÜSSL / KUBINA, Dokumente zur Berliner Schulgeschichte, der Text stamme vom Januar 1948, ist irrig; vgl. den Text selbst (S. 51). - Dazu: SCHUPPAN, Berliner Lehrerbildung, S. 215, Anm. 78: "W. Blume, Unmaßgebliche Meinungen und Beiträge [...]. Ohne Datum: wahrscheinlich Februar 1949. Handschriftliches Original: Berlin, AASGB: Aktenordner: Nachlaß Blume/Richter 1. Maschinenschriftliche Fassung des Teils A: [LA Berlin] Nachlaß Richter. Akte Blume. Der von Füssl / Kubina veranlaßte Druck dieser Quelle ist editorisch so schlecht, daß er als seriöse Quellenwiedergabe nicht in Betracht kommt [...]."
[12] Vgl. dazu S. 943.
[13] HANSEN, Wilhelm Blume, S. 24.
[14] Berlin, AASGB: Ordner "Schulreform. Einheitsschule 1948": Blume an den Leiter des Hauptschulamtes, Oberschulrat Lempfert br. vom 15.08.1949.

gen erlebte und weite Verbreitung fand[15]. Mit diesem Band, in dem Blume geschickt und gewinnbringend u.a. die praktischen Erfahrungen seines früheren Schülers und

---

[15] Der Mensch in der Berufsarbeit. Ein Lesebuch der humanen Bildung für das 9. Schuljahr. Praktischer Zweig. Bearb. von Wilhelm BLUME, 1. Aufl. Berlin [u.a.] 1949; mit kleinen Veränderungen: 2. Aufl. ebd. 1950; 2. Aufl., 41.-50. Tsd. Berlin [u.a.] 1951 mit dem Untertitel: "Ein Lesebuch der humanen Bildung für das Abschlußjahr der Volksschule (9. Schuljahr)"; 3. Aufl. Berlin [u.a.] 1951 mit dem Untertitel: "Ein Lese- und Arbeitsbuch für das Abschlußjahr der Volksschule (9. Schuljahr) zur Förderung der humanen Bildung".] - Der Mensch in der Berufsarbeit. Ein Wegbegleiter in die Welt der Arbeit, in das Kultur- und Gemeinschaftsleben. Zusammengestellt und bearb. von Wilhelm BLUME und Walter SCHEUNEMANN, 4. neugestaltete [!] Aufl. Bad Homburg v.d.H. [u.a.] 1957 [Gegenüber den Aufl. 1-3 völlig neues Konzept und neuer Inhalt]; 5. Aufl. Berlin [u.a.] 1958; 6. Aufl. ebd. 1960; 7. Aufl. ebd. 1961 [jeweils nur minimale Abweichungen von der 4. Aufl.]. -
Rotten schrieb in einem Brief vom 07.01.1953 über dieses "Buch meines Freundes und einstigen 'Chefs' an der Schulfarm Scharfenberg bei Berlin, Wilhelm Blume", es sei in 2. Auflage von der Schulbehörde Hamburg "gratis in 140.000 Exemplaren an Volksschüler des 9. Schuljahrs verteilt" worden (Trogen, Archiv des Kindersdorfs Pestalozzi: Ordner [1:] Elisabeth Rotten, Korrespondenz: Elisabeth Rotten an Arthur Bill br. vom 07.01.1953). -
Zur Entstehungsgeschichte des Bandes s.: Berlin, AASGB: Ordner "Schulreform. Einheitsschule 1948": Blume an den Pädagogischen Verlag Berthold Schulz br. vom 29.01.1949: "Anregungen und vorläufige Vorschläge für die dringlichsten Aufgaben der Berliner Schulreform" (hdschr. 33 S.). Und: Berlin, AASGB: Ordner "Schulreform. Einheitsschule 1948": Blume an den Leiter des Hauptschulamtes, Oberschulrat Lempfert br. vom 15.08.1949. -
Eine Ahnung davon, wie intensiv sich Blume mit der Gestaltung des '9. Schuljahres' beschäftigt hat, geben u.a. auch die folgenden Aufsätze: BLUME, Wilhelm, Berliner Nachmittagspredigt über einen Dichtertext zu Nutz und Frommen des Neunten Schuljahres, in: Westermanns Pädagogische Beiträge, Jg. 3 (1951), S. 49-54. - BLUME, Wilhelm, Zur Einstimmung in das Verständnis des kommenden Berliner Bildungsplans für das sog. 9. Schuljahr, in: Wege zu neuer Erziehung. Veröffentlichungen der Pädagogischen Arbeitsstelle Education Service Center Berlin, Jg. 2 (1951), Heft 1, S. 2-9. - BLUME, Wilhelm, Ein Bericht aus Berlin [zum '9. Schuljahr'], in: Berufspädagogische Zeitschrift, Jg. 1 (1952), S. 102f. - BLUME, Wilhelm, Rektor Walter Scheunemann. Ein Gedenkblatt von Freundeshand, in: Festschrift Ernst Reuter Schule. 1953-1963 (=ERS-Echo. Schülerzeitung der Ernst-Reuter-Schule, Nr. 15), Berlin 1963, S. 12-17.

Kollegen Fritz Blümel als Buchdrucker und Bauarbeiter einzubringen verstand[16] und der im Anhang eine für die damalige Zeit selten anzutreffende 'synchronistische Ta-

---

[16] Blümel war 1924 als gelernter Buchdrucker nach Scharfenberg gekommen, um dort sein Abitur zu machen (s. S. 327). - Nach dem Ende der NS-Zeit arbeitete Blümel zunächst als Bauarbeiter. - In einem Brief an Blume übermittelte Blümel diesem 2seitige Korrekturanmerkungen zum Entwicklungsgang einer Zeitung: PS Radde: Nachlaß Fritz Blümel (1899-1989), Korrespondenz: Blümel an Blume br. vom 15.08.1950. - Außerdem verfaßte er selbst zwei Beiträge: [1:] BLÜMEL, Fritz, Heiteres aus dem Reich der 'Schwarzen Kunst' [Teil 1: Gautschtag; Teil 2: Der Zwiebelfisch], in: Der Mensch in der Berufsarbeit. Ein Lesebuch der humanen Bildung für das Abschlußjahr der Volksschule (9. Schuljahr). Bearb. von Wilhelm BLUME, 2. Aufl. Berlin [u.a.] 1950 und 41.-50. Tsd. Berlin [u.a.] 1951, jeweils S. 158-164; wieder in: Der Mensch in der Berufsarbeit. Ein Lese- und Arbeitsbuch für das Abschlußjahr der Volksschule (9. Schuljahr) zur Förderung der humanen Bildung. Bearb. von Wilhelm BLUME, 3. Aufl. Berlin [u.a.] 1951, S. 175-180; unter demselben Titel, aber um den 2. Teil gekürzt wieder in: Der Mensch in der Berufsarbeit. Ein Wegbegleiter in die Welt der Arbeit, in das Kultur- und Gemeinschaftsleben. Zusammengestellt und bearb. von Wilhelm BLUME und Walter SCHEUNEMANN, 4. neugestaltete Aufl. Bad Homburg v.d.H. [u.a.] 1957; 5. Aufl. Berlin [u.a.] 1958; 6. Aufl. ebd. 1960; 7. Aufl. ebd. 1961, jeweils S. 280-282. - [2:] BLÜMEL, Fritz, Plauderei über den Buchdrucker, in: Der Mensch in der Berufsarbeit. Ein Wegbegleiter in die Welt der Arbeit, in das Kultur- und Gemeinschaftsleben. Zusammengestellt und bearb. von Wilhelm BLUME und Walter SCHEUNEMANN, 4. neugestaltete Aufl. Bad Homburg v.d.H. [u.a.] 1957; 5. Aufl. Berlin [u.a.] 1958; 6. Aufl. ebd. 1960; 7. Aufl. ebd. 1961, jeweils S. 219-223. - Als Blume Blümel einen Entwurf eines für den Band über das 9. Schuljahr gedachten Abschnittes über Bauarbeiter zusandte, stellte Blümel diesen seinen Bauarbeiterkollegen vor und übermittelte Blume das Ergebnis dieses praktischen 'Tests' (PS Radde: Nachlaß Fritz Blümel (1899-1989), Korrespondenz: Blümel an Blume vom [o.D.]): "Die Beiträge von Philipp Faust gefielen anscheinend unseren Stiften, denen ich sie in der Frühstückspause gab. Auch Paule, der Polier, las sie, gab sie mir aber ohne ein Wort zurück. Da mir in dem Schweigen Einwände versteckt schienen, fragte ich geradezu, was er dazu meinte [...]: 'Det is janz jut geschriem. Aba der Mann is keen Berlina.' Ob denn das ein Nachteil wäre? 'Eijentlich nich. Aba ick kann de Sachsn uffn Bau nich riechen.' Woher er so genau wissen wollte, daß Faust, 'der Mann' ein Sachse sei? 'Det is klar. Een Sachse, een Böhme oder ooch 'n Schlesier.' Außerdem habe 'der Mann' 'uff'n Dorf jearbee't, wo de Fuhren keen Jeld kosten und int Büro hata ooch gesessn.' Obwohl ihm meine Neugier sichtlich lästig war, ließ er sich doch zu brockenweisen Erklärungen herbei. Da wäre beispielsweise der Vogel Speis. Die Berliner Tubbe ist unten breit und oben enger. Der Hucker entleert seine Last in senkrechter Haltung durch einen Schlag mit der rechten Hand gegen einen Hebel, der den Boden abklappen läßt wie die Hosenklappe eines Dreikäsehochs. Der Mörtel fällt in den Kasten. Der Vogel Speis dagegen ist oben breit und unten eng und hat keine Klappe. Der Hucker muß den Inhalt in gebeugter Haltung über die Schulter abkippen. 'Det eezig Jute bei die Dinga is, dete beit Loofen die Lasst int Kreuz un nich uffn Arsch hast. Wennda aba auskippen willst, denn musste de Rübe abdrehen, sonst haste mal 'n Ohr jehabt.' Also der Vogel Speis. Und dann der 'Sannemann'. Und das Bürowort Blendziegel. 'Verblender' sagt der Berliner, und Mauerstein statt Ziegel. Aber nicht jeder Mauerstein ist ein Ziegel. Es gibt noch andere, Kalksteine beispielsweise. Die Hucker lassen sie gerne stehen, weil sie zwei Pfund schwerer als die 6pfündigen Lehmbrandziegel sind, und die Putzer lieben sie nicht, weil sie, feucht, schwer abbinden. Der Mörtel haftet nicht, rutscht, und der Putz bekommt Risse. Und was vom Behauen des Bruchsteins gesagt sei, erkenne er als beachtlich an, käme aber in Berlin in hundert Jahren nicht vor. Kein Unternehmer sei verrückt genug, unbehauene Moränensteine nach Berlin bringen und sie erst an Ort und Stelle mauergerecht zuschlagen zu lassen [...]. Da haben Sie die Ansichten von Paule, meinem Polier, einem Maurer wie nur einen in Berlin, der ein Menschenalter lang mit Steinen umgeht und selber wie ein Stein ist."

3. Wilhelm Blume von 1948/49 bis 1970

belle' enthält[17], wollte Blume einen Beitrag dazu leisten, "daß die beiden Hauptaufgaben dieses abschließenden und zugleich überleitenden Schuljahres - Beruffinden-Helfen und abrundendes Ausweiten der allgemeinen Menschenbildung - auf die Dauer nicht zusammenhanglos nebeneinander herlaufen [...], sondern bei allen sich bietenden Gelegenheiten innerlich verknüpft werden"[18].

In der ersten Hälfte der 50er Jahre setzte sich Blume zusammen mit seinem Freund und ehemaligen Kollegen Gerhard Frühbrodt mit der Neugestaltung des 13. Schuljahrs - das während der NS-Zeit im Zuge der Kriegsplanung und -vorbereitung abgeschafft worden war und bis zum Beginn der 50er Jahre nach und nach in allen Bundesländern, einschließlich West-Berlin, wieder eingeführt wurde - auseinander.

Nachdem sie 1953 zunächst einen kurzen Aufsatz zum Thema publiziert hatten[19] - in dem sie sich als "auf dem linken Flügel" stehende Reformer 'outeten' und ihrer

---

[17] BLUME, Wilhelm, Synchronistische Tabelle, in: Der Mensch in der Berufsarbeit. Ein Lesebuch der humanen Bildung für das 9. Schuljahr. Praktischer Zweig. Bearb. von Wilhelm BLUME, 1. Aufl. Berlin [u.a.] 1949, S. 275-297; wieder in: Der Mensch in der Berufsarbeit. Ein Lesebuch der humanen Bildung für das Abschlußjahr der Volksschule (9. Schuljahr). Bearb. von Wilhelm BLUME, 2. Aufl. Berlin [u.a.] 1950 und 41.-50. Tsd. Berlin [u.a.] 1951, jeweils S. 289-313; wieder in: Der Mensch in der Berufsarbeit. Ein Lese- und Arbeitsbuch für das Abschlußjahr der Volksschule (9. Schuljahr) zur Förderung der humanen Bildung. Bearb. von Wilhelm BLUME, 3. Aufl. Berlin [u.a.] 1951, S. 299-323. -
BLUME, Grundsätzliches, S. 6: "Die im Anhang gebotene synchronistische Übersicht, in der die im Lesebuch verstreut enthaltenen Namen, Werke und Ereignisse in 5 Spalten (Politische Ereignisse, soziale Entwicklungen - Wissenschaft, Lebensanschauung und Berufsauffassung - Entdeckungen, Technisches - Bildende Künste - Literatur) nebeneinander geordnet sind, soll den Lehrer auf den Weg zu einem kulturkundlichen Gesamtunterricht [!] bringen und den Schülern die Möglichkeit geben, die Fülle der Erscheinungen in chronologischer Folge zu übersehen und darüber hinaus neu vorkommende Namen und Gegenstände an der richtigen Stelle selbst nachzutragen. Wenn dabei das Kulturelle überwiegt, wird damit ein das ganze Buch durchziehender Grundsatz bekräftigt: daß nach den Erfahrungen, die hinter uns liegen, die Erziehung des werdenden Menschen der Technik in ihm die Fähigkeit entwickelt werden muß, jedes technische Geschehen im Zusammenhang mit dem Ganzen der Kultur zu sehen. Dieses Lesebuch erstrebt eine Bildungsvermittlung, die auch technische Themen erst dann verlebendigt zu haben glaubt, wenn sie dem Schüler den Reichtum ihrer kulturellen, ihrer menschlichen Bezüge spürbar gemacht hat. Der Mensch und eine richtig verstandene, richtig geführte Technik sind nicht Gegensätze, so wenig wie Kopf und Hand. Die körperliche Arbeit, jede handwerkliche Betätigung hat an sich die gleiche Würde wie jede andere." -
BLUME, Synchronistischen Tabelle (1949), S. 275, verweist explizit auf die Verbindung seiner synchronistischen Tabelle zu: Synoptische Tabellen für den geschichtlichen Arbeits-Unterricht vom Ausgang des Mittelalters bis zur Gegenwart, hrsg. von Siegfried KAWERAU unter Mitarbeit von Fritz AUSLÄNDER [u.a.], Leipzig [u.a.] 1921; und: BÜRGEL, Bruno H., Die Fackelträger. Ein der jungen Generation gewidmetes Buch vom Aufstieg und Fortschritt der Menschheit, Berlin 1947.

[18] BLUME, Wilhelm, Grundsätzliches zum vorliegenden Lesebuch, in: Der Mensch in der Berufsarbeit. Ein Lesebuch der humanen Bildung für das 9. Schuljahr. Praktischer Zweig. Bearb. von Wilhelm BLUME, 1. Aufl. Berlin [u.a.] 1949, S. 5f.; mit leichten Änderungen wieder in: Der Mensch in der Berufsarbeit. Ein Lesebuch der humanen Bildung für das Abschlußjahr der Volksschule (9. Schuljahr). Bearb. von Wilhelm BLUME, 2. Aufl. Berlin [u.a.] 1950 und 41.-50. Tsd. Berlin [u.a.] 1951, jeweils S. 6f.; mit leichten Änderungen wieder in: Der Mensch in der Berufsarbeit. Ein Lese- und Arbeitsbuch für das Abschlußjahr der Volksschule (9. Schuljahr) zur Förderung der humanen Bildung. Bearb. von Wilhelm BLUME, 3. Aufl. Berlin [u.a.] 1951, S. 5-7, hier (1949) S. 5.

[19] BLUME, Wilhelm / FRÜHBRODT, Gerhard, Zum hessischen Versuch: Ein Brief aus Berlin, in: Die Pädagogische Provinz. Erziehung und Jugendbildung, Jg. 7 (1953), S. 427-431.

Auffassung Ausdruck verliehen, "daß das wiedereingeführte 13. Schuljahr als 'Abschlußjahr' unter keinen Umständen eine Restauration der alten Oberprima werden [dürfe]"[20] - veröffentlichten sie 1955 eine umfassende Studie zum Thema, die mir im Zusammenhang aktueller, weitgehend ohne pädagogische Argumente geführter schulpolitischer Diskussionen von größter Aktualität zu sein scheint[21]. Übergeordnete Frage des Bandes, den Blume als sein "pädagogisches Testament" bezeichnete[22], war, wie Hilker in seinem Vorwort zu dem Werk formulierte:

"Wie kann die Vielseitigkeit der weiterführenden Bildung zum Abschluß der Schulzeit einmünden in einer Periode der 'Besinnung', die der Vertiefung des erworbenen Wissens dient, das Verbindende und Grundsätzliche in den verschiedenen Wissensgebieten herausfindet und somit überleitet zur selbständigen Arbeit der Hochschule oder des praktischen Lebens?"[23]

Im ersten Teil des Bandes stellten die beiden Autoren das 13. Schuljahr als Abschlußjahr der deutschen höheren Schule "in der Problematik der gegenwärtigen Form und in neuartigen Gestaltungsversuchen dar [...], die seit etwa 30 Jahren an verschiedenen Stellen in Deutschland unternommen worden sind"[24] - u.a. gingen sie, abgestimmt mit Pewesin, auch auf die Oberstufengestaltung der Schulfarm ein[25].

Sie trugen "ein höchst wertvolles Material, das bisher verstreut und kaum zu greifen und zu überprüfen war", zusammen, wogen dann die einzelnen vorgestellten Versuche "kritisch gegeneinander ab"[26]. Und am Ende stand "ein eigener, wohlbegründeter Vorschlag", der mit ausführlichen "guten praktischen Beispielen veranschaulicht" wurde[27].

---

20 BLUME / FRÜHBRODT, Zum hessischen Versuch, S. 427.
21 BLUME, Wilhelm / FRÜHBRODT, Gerhard, Das dreizehnte Schuljahr. 7 Kapitel zu seiner Problematik und praktischen Gestaltung (=Vergleichende Erziehung. Schriftenreihe der Pädagogischen Arbeitsstelle, 4), Wiesbaden 1955. - Zu den Reaktionen auf diesen Band (u.a. im Deutschen Ausschuß für Erziehungs- und Bildungswesen, in der Ständigen Konferenz der Kultusminister und in Universitätskreisen s.: PS Radde: BLUME, Wilhelm / FRÜHBRODT, Gerhard, Denkschrift aus Anlaß des Planes, die Vorschläge zur Neugestaltung des 13. Schuljahrs von W. Blume und G. Frühbrodt (gedr. Wiesbaden 1955) an der Schule besonderer Prägung in Britz probeweise zu verwirklichen. Masch. Berlin, November 1960. - S. auch die Besprechung: KLOTZ, Ernst, Überfachlicher Unterricht? Bemerkungen zu Wilhelm Blumes Buch über das 13. Schuljahr, in: Die Höhere Schule, Jg. 9 (1956), S. 45-48. - S. auch: HARTKOPF, Beitrag, S. 50-52. - Und: KEIM, Kursunterricht, S. 133-135.
22 Berlin, LA, SIS: THIELE, Georg, Der Schulfarm Scharfenberg zum 50jährigen Bestehen [Erinnerungen], hdschr., o. J. [1972], Auszug aus: Blume an Thiele br. von 1955.
23 HILKER, Franz, Vorwort des Herausgebers, in: BLUME, Wilhelm / FRÜHBRODT, Gerhard, Das dreizehnte Schuljahr. 7 Kapitel zu seiner Problematik und praktischen Gestaltung (=Vergleichende Erziehung. Schriftenreihe der Pädagogischen Arbeitsstelle, 4), 1955, S. IIIf., hier S. III. - BLUME / FRÜHBRODT, Das dreizehnte Schuljahr, S. 3: Ziel eines 13. Schuljahrs, dessen Ziel es sei, "nicht bloß zu beenden, sondern auch überzuleiten, mehr als bloß ein weiteres Pensenjahr, nicht additive Kombination, sondern Integration zu sein, d.h. die 'disiecta membra' zu einer fortwirkenden Bildung zusammenwachsen zu lassen".
24 HILKER, Vorwort des Herausgebers, S. III.
25 BLUME / FRÜHBRODT, Das dreizehnte Schuljahr, S. 24-26: Vorstellung der Oberstufe der Schulfarm (die damals einer der vier Berliner 'Schulen besonderer pädagogischer Prägung' war); dabei S. 26, Anm. 81 Hinweis, daß dieser Teil des Bandes mit dem Leiter der Schulfarm, Pewesin, abgestimmt worden sei.
26 HILKER, Vorwort des Herausgebers, S. III.
27 HILKER, Vorwort des Herausgebers, S. IV.

In diesem eigenen Konzept finden sich alle Elemente der Scharfenberger Oberstufe der Weimarer Republik wieder:

Da war zunächst der Kursunterricht - in dem sich die Kurse wiederum auf einen Schwerpunkt konzentrierten; sie umfaßten nicht einzelne Schulfächer, sondern Fächergruppen und hatten einen zeitlichen Umfang von 8 Wochenstunden, für die im Stundenplan ein ganzer Vormittag und an zwei weiteren Tagen jeweils 2 Stunden vorgesehen waren[28].

Und da war außerdem der Kernunterricht, ein überfachlicher Unterricht, in dem "Kultur- und Naturwissenschaften unter 2 Lehrern mit den entsprechenden Fakultäten in übergeordneten Zusammenhängen zu gleichem Rechte kommen"[29].

Wie in der Weimarer Republik sollten Kurs- und Kernunterricht nicht unverbunden nebeneinander bestehen und es sollte u.a. auch innerhalb der Kurse die Gefahr der 'Zusammenhanglosigkeit' gemindert werden: So war in den Kursen beispielsweise die Anfertigung sog. 'Wahlfachberichte' zur Information der anderen Schüler im Abstand von 4-6 Wochen vorgesehen, u.a. um zu verhindern, daß der Dialog zwischen Schülern unterschiedlicher Kurse über ihre jeweiligen Schwerpunkte schon nach kurzer Zeit verlorenging und sie sich darüber nicht mehr verständigen konnten[30]. Ebenso sollten als 'Helfer' "die Wahlfächler im überfachlichen Unterricht an geeigneten Stellen auf Grund ihrer tieferen Spezialkenntnisse den etwa festgefahrenen Wagen wieder in Gang setzen oder Unklarheiten und Irrtümer berichtigen", womit man "in allen das Bewußtsein [stärken wollte], daß es letzten Endes doch noch etwas wie eine universitas litterarum gibt"[31].

Weiter sah der Plan einen Werkunterricht vor[32], außerdem einen wöchentlichen Studientag, "der den Schülern zu selbständigem freigewählten Arbeiten zur Verfügung steht" und die "Einführung eines zweiten unterrichtsfreien Wochentags, der der Pflege gemeinschafts- und berufskundlicher Probleme gewidmet ist" sowie eine "zwei- bis dreiwöchige Studienfahrt"[33]:

"[Die Studienfahrt] bildet den Mittelpunkt des [Abschluß-] Jahres; sie wird in der Regel aus dem überfachlichen Unterricht hervorgehen. Das Ziel muß von den beiden Klassenlehrern in gemeinsamer Beratung mit den Schülern so gewählt werden, daß historisch-künstlerische, geographisch-landschaftliche und wirtschaftlich-soziologische Interessen zur Geltung kommen und doch zu einer Gesamtschau zusammenschießen können."[34]

Blume und Frühbrodt betonten, das 13. Schuljahr müsse "von Pensen-, Zensuren- und Examensdruck freibleiben, damit die jungen Menschen, die [...] an ihm teilhaben dürfen, die Werke gemeinsamer und privater Arbeit ohne behördliche Gängelung nur um der Sache willen als echte Akademosjünger an sich selbst erfahren."[35]

---

[28] BLUME / FRÜHBRODT, Das dreizehnte Schuljahr, S. 57f.
[29] BLUME / FRÜHBRODT, Das dreizehnte Schuljahr, S. 57.
[30] BLUME / FRÜHBRODT, Das dreizehnte Schuljahr, S. 66f.
[31] BLUME / FRÜHBRODT, Das dreizehnte Schuljahr, S. 67.
[32] BLUME / FRÜHBRODT, Das dreizehnte Schuljahr, S. 57f.
[33] BLUME / FRÜHBRODT, Das dreizehnte Schuljahr, S. 58.
[34] BLUME / FRÜHBRODT, Das dreizehnte Schuljahr, S. 58.
[35] BLUME / FRÜHBRODT, Das dreizehnte Schuljahr, S. 59.

Daher sei die fachliche Abschlußprüfung schon am Ende des 12. Schuljahres abzuhalten[36]. Das 13. Schuljahr - an dessen Ende den fachlichen Ergebnissen des Vorjahres eine Gesamtcharakteristik über Maß und Art der menschlichen Reife der Schulabgänger hinzuzufügen sei[37] - solle damit - ähnlich wie die zur gleichen Zeit in einigen Ländern eingeführte 9. Klasse der Volksschule - ein echtes (einen neuen Sinn erhaltendes) Abschlußjahr werden.

Doch - so Keim - der Plan kam "zu spät, als daß er die Reformdiskussion zur Neugestaltung des 13. Schuljahrs noch hätte beeinflussen können, wurde doch in demselben Jahr, in dem Blume und Frühbrodt ihren Plan veröffentlichten, das Düsseldorfer 'Abkommen zwischen den Ländern der Bundesrepublik zur Vereinheitlichung auf dem Gebiet des Schulwesens' verabschiedet (17.2.1955)[38], mit dem die Kultusminister die herkömmlichen Schultypen bis zum 13. Schuljahr - ohne den geringsten Spielraum - festschrieben"[39].

Geographisches Lebenszentrum Blumes, dem das Land Berlin um die Mitte der 50er Jahre den Professorentitel verlieh[40], war nach seiner Pensionierung nahezu ausschließlich sein Frohnauer 'Fasanenhof', wo er mit seiner Mutter bis zu deren Tod im Jahre 1963 lebte. Hier widmete der Vegetarier[41] sich mit Liebe und großem Aufwand seinen vielen Tieren[42]. Und hierher kamen jüngere Pädagogen, Berliner Bildungspolitiker und nicht zuletzt seine ehemaligen Schüler. Regelmäßiger Termin für größere Treffen waren die Geburtstage Blumes[43] - dem freilich Alterssentimentalitäten zuwider waren, wie sehr schön ein in typisch Blume'schem ironisch-witzigen Ton gehaltener Antwortbrief auf den Plan eines Treffens der Ehemaligen im Frühjahr 1953 zum Ausdruck bringt:

---

36 BLUME / FRÜHBRODT, Das dreizehnte Schuljahr, S. 59.
37 BLUME / FRÜHBRODT, Das dreizehnte Schuljahr, S. 59.
38 Abgedr. u.a. in: Zur Geschichte der Höheren Schule, hrsg. von Albert REBLE, Bd. 2: 19. und 20. Jahrhundert, Bad Heilbrunn 1975, S. 160-165, hier S. 164: § 13, Abs. 2: "Werden aus pädagogischen Gründen ausnahmsweise Versuche im Rahmen dieser Schultypen unternommen, so muß die wesentliche Eigenart der Schultypen erhalten bleiben."
39 KEIM, Kursunterricht, S. 135.
40 SCHUPPAN, Wilhelm Blume, S. 311. - Wie Blume wurden auch alle anderen Dozenten der Pädagogischen Hochschule zu Professoren ernannt.
41 Berlin, LA, SIS: Blume an Pfeiffer br. vom 08.11.1966.
42 S. z.B.: Berlin, LA, SIS: Blume an Pfeiffer br. vom 21.11.1962: "Gerade in diesen Wochen gab es auch in meiner Frohnauer Farm en miniature besonders viel zu tun; ich habe nämlich an die 80 Tiere (Schafe, Hunde, Fasane, edle Zwerghuhnrassen, Exoten etc.) auf meinem Waldgrundstück; und das erfordert gerade im November allerhand Arbeit wegen der Umquartierung für den Winter, von der schilfgedeckten Voliére in die Vogelstube oder in Einzelkäfige; Futtervorsorge, Stalltürenverkleidung etc. [...]."
43 S. zu Blumes 70. Geburtstag am 08.02.1954: Wilhelm Blume zum 70. Geburtstag (=Die Fähre. Eine Zeitung der Schulfarm Insel Scharfenberg, Heft 1/1954), Berlin 1954, o.S. [mit Artikeln aus der Chronik der 20er Jahre und Beiträgen 'alter' Scharfenberger, u.a.: Pewesin, Hartkopf, Blümel]. - Vgl. auch: PS Pewesin: Blume an Pewesin br. vom 11.02.[1959]: "Meinen freudigen Dank an alle! Außer diesen Gaben war das Schönste am Geburtstag das Kaffeestündchen mit Netzband, Scheibner, Richter, Jaesrich und Calle Berisch. Schade, daß ich kein Telefon so schnell zur Verfügung hatte, sonst hätte ich Sie und H.[artkopf] und Kr.[oll] noch dazu herangeklingelt."

"Ich verspreche, mich an jenem Apriltag ganz als Jubelgreis zu benehmen und so nett und unironisch wie möglich zu sein [...].
Dixi! Schluß der Debatte.
In Treuen,
der Alte."[44]

---

[44] PS Pewesin: Blume an Pewesin br. vom 03.01.1953.

Der alte Schulreformer, der die schulpolitischen Entwicklungen laufend weiter verfolgte[45], war bis ins hohe Alter hinein als erfahrener Ratgeber wirksam. Er wurde "gerade auch von jüngeren Pädagogen geschätzt und von der Berliner Schulverwal-

---

[45] Vgl. als ein nahezu beliebiges Beispiel dafür Blumes Rezeption der Publikation: BECKER, Hellmut, Die verwaltete Schule. Gefahren und Möglichkeiten, in: Merkur. Deutsche Zeitschrift für europäisches Denken, Jg. 8 (1954), S. 1155-1177; wieder in: BECKER, Hellmut, Kulturpolitik und Schule. Probleme der verwalteten Welt (=Fragen an die Zeit, 2), Stuttgart 1956, S. 33-70; wieder in: BECKER, Hellmut, Quantität und Qualität. Grundfragen der Bildungspolitik, Freiburg 1962, S. 147-174; wieder in: Recht der Jugend und des Bildungswesens. Zeitschrift für Schule, Berufsbildung und Jugenderziehung, Jg. 41 (1993), S. 130-147. -
Blume zit. in einem Brief an Weiß vom 26.09.1960 (nicht wörtlich korrekt!) einige Passagen aus Beckers Schrift, die ihm "zur September-Situation 60 zu passen scheinen": "Die pädagogische Initiative von seiten der Lehrer ist zur Zeit nicht stark; die wenigen, die etwas von dem verwirklichen möchten, was Erziehung eigentlich ist oder sein kann, werden nicht gefördert, sondern gehemmt. In dieser lebensgefährlichen Krise des Lehrerstandes müßte aber die Staatsverwaltung helfen und dem Lehrer den Sinn für Freiheit und Selbstgefühl und Initiative zurückgeben ... Die übergeordnete Behörde muß den Lehrer als einen Menschen respektieren, der in freier Verantwortung tätig ist. Man kann wirklich nicht behaupten, daß die Sprache mancher Schulverwaltungen den Schulen gegenüber etwas von der Vorstellung eines gemeinsamen Dienstes an der Erziehung erkennen läßt ..." (Berlin, LA, SIS: Blume an Weiß br. vom 26.09.1960) -
In einem nachfolgenden Schreiben heißt es (ebensfalls nicht wörtlich korrekt zit.!): "Nicht nur die Lehrer sind nicht mehr so wie in der Weimarer Zeit [...], auch die 'Verwalter der Schule' stehen vielfach menschlich tiefer als damals, haben nicht den nötigen Takt mitgekriegt (nicht bloß Becker und Paulsen hatten ihn, auch Metzner und Hartke, auch Henke als Bezirksschulrat!). Wie schreibt Becker junior: 'Die Schule hat immer wieder Menschen gefunden, die in ihr dennoch etwas von dem verwirklicht haben, was Erziehung sein kann. Aber diese Menschen werden seltener und oft durch die Verwaltung nicht gefördert, sondern behindert.'" (Berlin, LA, SIS: Blume an Weiß br. vom 28.01.1961). -
Vgl. (ähnlich) auch: PS Radde, Nachlaß Fritz Blümel (1899-1989), Korrespondenz: Blümel an Blume br. vom 03.07.1960: "Ich wäre ein schlechter 'alter Scharfenberger', sähe ich nicht, wie sehr die Grundsätze der Erlebnistheraphie Kurt Hahns [(1886-1974)] mit der damaligen Inselpraxis Scharfenbergs zusammengehen. Andererseits klingt mir die skeptische Bemerkung Kurt Löwensteins noch in den Ohren, die er Ihnen gegenüber bei einem Besuch Scharfenbergs machte: 'Sehr schön das alles hier; gehen Sie an eine Stadtschule mit tausend Schülern und wiederholen Sie es dort!' Und eine leicht hingeworfene Erwähnung Sprangers in pädagogischen Seminar: 'Scharfenberg, leider nur eine pädagogische Insel, aber wohl auch nur als Insel möglich.' Die Spannweite zwischen den Forderungen Kurt Hahns und den Möglichkeiten der Stadtschule wird uns zwingen, nicht mehr zu proklamieren, als wir verwirklichen können. Das heißt nicht, daß ich nicht bereit wäre, die Heilmittel, die Kurt Hahn empfiehlt und noch einige andere Heilmittel dazu gegen Muskel-, Willens- und Seelenschwund sinngemäß anzuwenden. Es soll nur sagen, daß wir unserem Johannes nicht mehr aufladen dürfen, als er zu tragen kann. Die Konsequenzen, die sich aus dem Blume-Frühbrodt-Plan für das 13. Schuljahr ergeben, kann er mit [Carl-Heinz] Evers im Rücken akzeptieren und vertreten; dem Wort [Johann Friedrich] Herbarts: 'Jungen müssen gewagt werden, damit sie Männer werden', wird er möglicherweise entgegnen: 'Das hat Herbart gesagt, nicht die Abt. II beim Senator für Volksbildung.' Die Juristen in der Senatsabteilung II haben alle Oberschulräte ängstlich gemacht. Sie wären imstande, einen Plan nur deshalb abzulehnen, weil er in die geltende Verwaltungsgerichtspraxis nicht hineinpaßt. Wenn Lehrer haftpflichtig gemacht werden können, weil sie es unterlassen haben, ein Waldstück daraufhin zu überprüfen, ob herabhängende Zweige das Augenlicht ihrer spielenden Knaben gefährden könnten, dann müssen diese Lehrer sehr mutig sein, ihre Schüler bewußt Gefahren auszusetzen."

tung konsultiert"⁴⁶. Umgekehrt versuchte Blume immer wieder erfolgreich Einfluß auf Personalentscheidungen zu nehmen. Seine Einflußnahmen auf seine Nachfolger als Leiter der Schulfarm, der Humboldtschule und der Pädagogischen Hochschule sind oben aufgezeigt worden; sie beschränkten sich jedoch nicht darauf, sondern bezogen sich (u.a.) auch auf die Besetzung einzelner Lehrerstellen⁴⁷.

---

[46] RADDE, Gerd, Die Auflösung der Berliner Reformschulen durch das NS-Regime 1933. Unveröff. masch. Fassung eines Vortrages vom 08.02.1983, Berlin 1983, S. 16. - S. auch: SCHUPPAN, Wilhelm Blume, S. 311.
[47] Vgl. z.B.: PS Pewesin: Blume an Pewesin br. vom 14.01.1955: "Heute eine unverbindliche Anfrage: Ich hätte eine Kollegin (Ostsektor) in Aussicht: Biologie und Erdkunde, wissenschaftlich über dem Durchschnitt, unterrichtlich ausgezeichnet. 'Entschiedene Schulreformerin', trotzdem [sic!] menschlich Ia; selbst auch praktische Gärtnerin. Schreiben sie mir ganz kurz, ob ich die Sache ernsthaft fördern soll [...]." - PS Pewesin: Pewesin an Blume br. vom 15.01.1955, mit der kurzen Bemerkung "kein Bedarf" abgewiesen!

Die Fritz-Karsen-Schule in Berlin-Britz[48] hatte sich auf dem Hintergrund des von 1948 bis 1951 geltenden Berliner Einheitsschulgesetzes aus der 37./38. Volksschule in Britz im Bezirk Neukölln zu einer 'Einheitsschule' entwickelt, die über die Grenzen Berlins hinaus vor allem dadurch bekannt wurde, daß sie nach der Liquidierung

---

[48] Den Namen des bekannten Berliner Reformpädagogen Fritz Karsen trägt die Schule ab März 1956. - Zur Fritz-Karsen-Schule existieren zahlreiche Archivalien sowie eine Reihe von Abhandlungen. -
Von den Archivalien seien hier genannt: Archivalien im Landesarchiv Berlin; u.a.: Berlin, LA, Rep. 15: Senator für Schulwesen, Jugend und Sport, Acc. 2551, Lfd. Nr. 688: Schulpolitische Vorgänge an einzelnen Gymnasien und Schulen besonderer Prägung (Fritz-Karsen-Schule, Schulfarm Scharfenberg, Deutsch-Amerikanische Gemeinschaftsschule, Französisches Gymnasium, Humboldtschule, Goethe-Gymnasium) 1963-1967. - Archivalien im Archiv der Arbeitsstelle für die Schulgeschichte Berlins nach 1945; vor allem: Berlin, AASB: Ordner 'Fritz-Karsen-Schule. Manuskripte von Fritz Hoffmann 1947-64'. - Archivalien im Privatbesitz Gerd Radde (PS RADDE). -
Von den Publikationen seien in Auswahl genannt: HOFFMANN, Fritz, Die Fritz-Karsen-Schule in Berlin-Neukölln. Bericht über einen Schulversuch, in: Die Deutsche Schule. Zeitschrift für Erziehungswissenschaft und Gestaltung der Schulwirklichkeit, Jg. 52 (1960), S. 151-161. - BLÜMEL, Fritz, Schule besonderer pädagogischer Prägung. Aus der Praxis der Fritz-Karsen-Schule, in: Berliner Stimme, Nr. 12/14 vom 21.03.1964, S. 8f. - Die Geschichte unserer Schule. Ein Stück Schulgeschichte, hrsg. von der Schulleitung der Fritz-Karsen-Schule, Berlin 1985. - MITZKA, Herbert, Der Wissenschaftliche Zweig an der Fritz-Karsen-Schule in Berlin-Neukölln in den Jahren von 1952 bis 1965. Ein Beitrag zur Geschichte der Einheitsschule, 3. Aufl. Einhausen 1987. - Vor allem aber eine Reihe von Arbeiten Gerd Raddes (1949-1962 Lehrer an der Fritz-Karsen-Schule), z.B.: RADDE, Gerd, Die Fritz-Karsen-Schule als Einheitsschule, in: Forschungsprojekt der Stiftung Volkswagenwerk innerhalb des Förderungsschwerpunktes 'Deutschland nach 1945': Zielkonflikte um das Berliner Schulwesen zwischen 1948 und 1962 (Werkstattbericht) [aus der FU Berlin]. Projektgruppe zur Schulgeschichte Berlins. FB Erziehungs- und Unterrichtswissenschaften. Benno SCHMOLDT, Karl-Heinz FÜSSL, Christian KUBINA und Gerd RADDE, Berlin 1983, S. 126-177. - RADDE, Gerd, Zum Kern- und Kursunterricht auf der differenzierten Mittelstufe an der Fritz-Karsen-Schule in Berlin (West) (1984), in: Kursunterricht - Begründungen, Modelle, Erfahrungen, hrsg. von Wolfgang KEIM (=Wege der Forschung, 504), Darmstadt 1987, S. 290-326. - RADDE, Gerd, Die Einheitsschule in Berlin. Ein Gesamtsystem und seine exemplarische Verwirklichung an der Fritz-Karsen-Schule in Berlin-Neukölln, in: Gesamtschul-Informationen, Jg. 20 (1989), Heft 1/2, S. 45-73; wieder in: Das Schulwesen in Berlin seit 1945. Beiträge zur Entwicklung der Berliner Schule, hrsg. von Benno SCHMOLDT (=Materialien und Studien zur Geschichte der Berliner Schule nach 1945, 8), Berlin 1990, S. 127-159. - RADDE, Gerd, Das 'Gesetz für Schulreform' von 1948 und seine Realisierung an der Fritz-Karsen-Schule in Berlin (West), in: Schule in Berlin. Gestern und heute, hrsg. von Benno SCHMOLDT (=Wissenschaft und Stadt, 9), Berlin 1989, S. 87-108. - RADDE, Gerd, Die Fritz-Karsen-Schule als Einheitsschule zwischen Reform und Realität, in: Reform und Realität in der Berliner Schule. Beiträge zu 25 Dienstjahren des Landesschulrats Herbert Bath, hrsg. von Hubertus FEDKE und Gerd RADDE, Braunschweig 1991, S. 93-103. - RADDE, Gerd, Kontinuität und Abbruch demokratischer Schulreform. Das Beispiel der Einheitsschule in Groß-Berlin, in: Öffentliche Pädagogik vor der Jahrhundertwende: Herausforderungen, Widersprüche, Perspektiven, hrsg. von Karl-Christoph LINGELBACH und Hasko ZIMMER (=Jahrbuch für Pädagogik, 1993), Frankfurt [u.a.] 1993, S. 29-51. - RADDE, Gerd, Die Fritz-Karsen-Schule im Spektrum der Berliner Schulreform, in: Schulreform - Kontinuitäten und Brüche. Das Versuchsfeld Berlin-Neukölln, hrsg. von Gerd RADDE, Werner KORTHAASE, Rudolf ROGLER und Udo GÖßWALD im Auftrag des Bezirksamts Neukölln, Abt. Volksbildung, Kunstamt, Bd. II: 1945 bis 1972, Opladen 1993, S. 68-84. - Darüberhinaus Raddes biogr. Aufsatz: RADDE, Gerd, Fritz Hoffmann. 1898-1976, in: Schulreform - Kontinuitäten und Brüche. Das Versuchsfeld Berlin-Neukölln, hrsg. von Gerd RADDE, Werner KORTHAASE, Rudolf ROGLER und Udo GÖßWALD im Auftrag des Bezirksamts Neukölln, Abt. Volksbildung, Kunstamt, Bd. II: 1945 bis 1972, Opladen 1993, S. 204-207.

des Berliner Einheitsschulgesetzes seit 1951 dennoch als 'Schule besonderer pädagogischer Prägung' quasi als Verwirklichung der Einheitsschule "in einem exemplarischen Modell" fortgeführt wurde[49]. Dabei stand die Pädagogik dieser Schule "vor allem in der Tradition der Rütlischule Adolf Jensens, der Aufbau- und Gesamtschule Fritz Karsens und der Schulfarm auf Scharfenberg"[50]; dies hatte seinen Hintergrund nicht zuletzt auch auf der personellen Konstellation der Schule als einer Art 'Sammelbecken' reformpädagogisch geprägter Lehrer[51].

Motor der Reformentwicklung war Fritz Hoffmann (1898-1976), der in den Jahren der Weimarer Republik Lehrer an der Rütli-Schule und von 1929 bis zu seiner Entlassung durch die Nationalsozialisten als Nachfolger Adolf Jensens deren Leiter gewesen war und von 1948 bis 1964 die Britzer Schule leitete.

Blume hielt "bleibende Kontakte"[52] zur Fritz Karsen-Schule. So pflegte Hoffmann mit Blume "einen kontinuierlichen Kontakt, insbesondere in den wichtigen Fragen des Aufbaus und Ausbaus der Einheitsschule"[53]. Eine zweite Kontaktperson war Blumes Kollege und Freund Gerhard Frühbrodt, der 1960 an die Fritz-Karsen-Schule kam[54]. Die wichtigste Verbindung Blumes zur Fritz-Karsen-Schule aber erfolgte über Fritz Blümel.

Fritz Blümel (1899-1989) war 1924 als gelernter Buchdrucker nach Scharfenberg gekommen, um hier 1926 sein Abitur zu machen. Von 1926 bis 1933 hatte er in Berlin und Göttingen Mathematik, Physik und Philosophie studiert; wie auch andere ehemalige Scharfenberg-Schüler hatte auch Blümel als Student auf der Insel in unterrichtlichen und außerunterrichtlichen Dingen 'ausgeholfen'[55]; er war von 1933-1939 wieder als Buchdrucker tätig gewesen, "da nicht bereit, den Beamteneid auf Hitler zu schwören"; mit Kriegsbeginn hatte er sich jedoch zur Assessorenausbildung gemeldet. 1940 war er als Assessor an der von seinem ehemaligen Lehrer Blume geleiteten Humboldt-Schule tätig gewesen, bis er 1944 zum Wehrdienst eingezogen wurde und nach dem Krieg bis 1947 in Gefangenschaft war; von 1952 bis zu seiner Pensionierung 1966 war er maßgeblich am Reformwerk an der Fritz-Karsen-Schule beteiligt gewesen[56]. Dabei ließ seine "Unterrichts- und Erziehungsarbeit [...] so

---

[49] RADDE, Fritz Hoffmann, S. 204. - S. auch: PS Radde: BLUME, Wilhelm / FRÜHBRODT, Gerhard, Denkschrift aus Anlaß des Planes, die Vorschläge zur Neugestaltung des 13. Schuljahrs von W. Blume und G. Frühbrodt (gedr. Wiesbaden 1955) an der Schule besonderer Prägung in Britz probeweise zu verwirklichen. Masch. Berlin, November 1960.
[50] RADDE, Fritz Hoffmann, S. 204.
[51] Z.B.: RADDE, Die Fritz-Karsen-Schule im Spektrum der Berliner Schulreform, S. 75f.
[52] RADDE, Gerd, Zur Auflösung der Berliner Reformschulen durch das NS-Regime 1933. Unveröff. masch. Fassung eines Vortrages vom 08.02.1983, Berlin 1983, S. 16.
[53] RADDE, Fritz Hoffmann, S. 204.
[54] RADDE, Zum Kern- und Kursunterricht an der Fritz-Karsen-Schule, S. 318, Anm. 75. - Und: RADDE, Einheitsschule in Berlin (1990), S. 145f. - Zu Frühbrodts biogr. Stationen vor seiner Zeit an der Fritz-Karsen-Schule s. S. 902.
[55] S. so: Berlin, LA, SIS: CH, V, S. 350f. - Blümel hat jedoch auf Scharfenberg weder als Referendar (wie es bei: RADDE, Die Fritz-Karsen-Schule als Einheitsschule zwischen Reform und Realität, S. 100, und bei: RADDE, Die Fritz-Karsen-Schule im Spektrum der Berliner Schulreform, S. 82, heißt) noch als Studienrat auf Scharfenberg (wie es bei: RADDE, Zum Kern- und Kursunterricht an der Fritz-Karsen-Schule, S. 318, Anm. 75, heißt) gearbeitet!
[56] Diese biogr. Inf.: Blümel an D.H. br. vom 28.09.1985.

manche Scharfenberger Einflüsse deutlich werden"⁵⁷: Insbesondere der im Vorangehenden bereits dargestellte Plan einer grundlegenden Neugestaltung des 13. Schuljahres - mit Auswirkungen auf die gesamte Gestaltung der Oberstufe des Wissenschaftlichen Zweigs - basierte auf einer von Blume in Zusammenarbeit mit Frühbrodt erarbeiteten Konzeption⁵⁸, "die bereits 1961 beantragt worden war" und "dem Wissenschaftlichen Zweig [der Oberstufe] mancherlei neue Impulse gegeben [hätte], wäre sie nicht "aus schulinternen wie aus überregional-behördlichen Gründen [...] in Ansätzen stecken [geblieben]" und 1963 "abgesetzt" worden⁵⁹.

Das Verhältnis des engagierten Blume zu seinen Nachfolgern war nicht immer ungetrübt:

> "Mit seinen Nachfolgern in den Ämtern des Direktors von Scharfenberg, Wolfgang Pewesin, und des Direktors der Pädagogischen Hochschule von Berlin, Wilhelm Richter, kam es zeitweilig zu Entfremdungen, die erst gegen Ende des Jahrzehnts langsam wichen. Der Pensionär auf dem Fasanenhof in Frohnau sah viele Dinge anders als die unmittelbar Handelnden. Doch brach der Kontakt nie ab."⁶⁰

So distanzierte sich Blume deutlich von den Umständen, unter denen Scheel 1948 die Insel verlassen mußte (und wie er im Anschluß daran von seinem Nachfolger behandelt wurde):

> "Mon cher!
> Durch Kroll erfuhr ich von Ihrem peinlichen unverdienten Rencontre in Scharfenberg. Es wäre mir schmerzlich, wenn Sie mich damit identifizieren; um das zu verhüten, teile ich Ihnen einige Tatsachen mit:
> Ich war im Jahre 50 ein Mal auf der Insel und zwar zur Einweihung des Bienenhauses als eines Gemeinschaftswerks der 9. Schuljahre, die ich dorthin gebracht hatte.
> Dr. Frühbrodt und ein Berufsschullehrer Lengsfeld, der seinem Hochschullehrer auf die Insel gefolgt war, verlassen diese wieder nach vergeblicher Opposition; es fehlt an menschlicher Harmonie und an der richtigen Atmosphäre.
> Verschiedene Aussprachen mit W. Pewesin und den Schulräten haben kein weiteres Ergebnis gehabt, als daß ich mir ein Gallenleiden zugezogen habe. Geht doch diese Enttäuschung begreiflicher Weise viel tiefer als die mit Eberl.
> Daß dieser Pewesins Aufgaben in Lankwitz übernommen hat, ist ein Witz der auch sonst wenig erfreulichen Hochschulgeschichte. Trotzdem ich keine Wiederholung, keinen Abklatsch wünsche, habe ich kein Glück mit meinen Nachfolgern, freilich auch in der Schönfließerstr. nicht!
> Vor einigen Wochen schloß ich einen Brief an P.: 'Es scheint nicht gut, wenn man sich zu lange überlebt.'
>
> Nichts destotrotz: Alle guten Geister!
> Ihr W. Bl."⁶¹

---

57 RADDE, Gerd, Zur Auflösung der Berliner Reformschulen durch das NS-Regime 1933. Unveröff. masch. Fassung eines Vortrages vom 08.02.1983, Berlin 1983, S. 16.
58 PS Radde: BLUME, Wilhelm / FRÜHBRODT, Gerhard, Denkschrift aus Anlaß des Planes, die Vorschläge zur Neugestaltung des 13. Schuljahrs von W. Blume und G. Frühbrodt (gedr. Wiesbaden 1955) an der Schule besonderer Prägung in Britz probeweise zu verwirklichen. Masch. Berlin, November 1960.
59 RADDE, Einheitsschule (1990), S. 146.
60 SCHUPPAN, Wilhelm Blume, S. 311. - So auch zuvor: RICHTER, Schulfarm, S. 140.
61 Berlin, LA, SIS: Blume an Scheel br. vom 06.08.1950.

Erst die parallellaufenden Arbeiten zur - oben beschriebenen - Neugestaltung des 13. Schuljahres in den 50er und 60er Jahren Jahren brachten Blume und Pewesin und damit auch Blume und die Schulfarm wieder näher zueinander[62].

Von den Ereignissen auf der Insel Ende der 60er Jahre, die - wie oben gezeigt - mit dem Rückzug Pewesins und dem Ende des reformpädagogisch geprägten Scharfenberg endeten, wurde Blume recht bald aufgeschreckt: Offenbar mit gewohntem sicheren Instinkt erkannte er, was hier auf dem Spiele stand. Noch einmal versuchte er, durch zahlreiche persönliche Begegnungen und Briefe seinen Einfluß zur Geltung zu bringen[63].

Doch unter den nunmehr maßgeblichen Schulpolitikern befanden sich kaum mehr Personen, mit denen Blume zum Teil über Jahrzehnte hinweg enge Beziehungen gepflegt hatte. Zudem hatte Blume spätestens seit Mitte der 60er Jahre zunehmend mit körperlichen Altersproblemen sowie im Alltag auch mit Vereinsamungsproblemen zu kämpfen[64].

Ende der 60er Jahre war sich Blume im Klaren, daß seine eigene Kraft für eine massive Beeinflussung der Entwicklung auf Scharfenberg nicht mehr ausreichte. Deutlich kommt dies in einigen Briefen zum Ausdruck, die er 1969/70 an Anneliese Pfeiffer[65], an Wilhelm Richter[66], an Heinrich Scheel[67] und - im Zusammenhang mit dessen Dissertation über Fritz Karsen - an Gerd Radde[68] geschrieben hatte.

So heißt es in einem Brief an Radde vom 11.05.1969:

"Bevorstehende Sitzungen über die Zukunft Scharfenbergs", die mir selbst nicht mehr klar ist!! Es ist zu viel für 85."[69]

---

[62] S. so: HARTKOPF, Beitrag, S. 40 und S. 51.
[63] Vgl. als eines von mehreren Beispielen: Berlin, LA, SIS: Blume an Weiß br. vom 24.03.1969: "Ich hatte gehofft, Sie würden einmal bei mir vorgesprochen [haben]"; Zusatz von Weiß: "Wieder aus Sorge um Nachfolge in Scharfenberg. 9.4.69." - Zur Scharfenbergkrise und Blumes Anteilnahme daran s. (u.a.) auch: Berlin, LA: Rep. 200, Acc. 3184 = Nachlaß Wilhelm Blume, Lfd. Nr. 4: Das Scharfenberg-Konzept 1957/77; und: Ebd., Lfd. Nr. 5: Krise der Schulfarm 1969/70.
[64] Vgl. dazu z.B.: Berlin, LA, SIS: Blume an Pfeiffer br. vom 10.06.1966: "Es ist mir nicht gutgegangen [...]. Der häufige Temperaturwechsel führte zu einer tüchtigen Erkältung, die sich auf die empfindlichen Stellen des Körpers warf: das Gehör nahm rapide ab, sodaß ich zu Mutters Hörrohr meine Zuflucht nehmen mußte, und die vom Vater und Großvater ererbte Blasenanfälligkeit machte sich geltend [...]. Man ist halt nicht umsonst über 80! ..." - Vgl. z.B. auch: Berlin, LA, SIS: Blume an Pfeiffer br. vom 13.06.1968:
"Ich muß heute zum Frohnauer Boulevard; das ist nicht schön, aber das Geld ist alle [...] und auch die greisen Haare werden auch gar zu lang.
Einen schönen Guten Morgen-Gruß von Deinem Gammler.
[PS:] In den Landerziehungsheimen war das schon einmal um 1920 Mode."
[65] Eine größere Anzahl an Briefen Blumes an Pfeiffer befinden sich in: Berlin, LA, SIS.
[66] Eine Anzahl an Briefen Blumes an Richter befinden sich in: Berlin, LA: Rep. 200, Acc. 3184.
[67] PS Scheel.
[68] Eine Anzahl an Briefen Blumes an Radde und Richter befinden sich: PS Radde.
[69] PS Radde: Blume an Radde br. vom 11.05.1969.

Am 22.06.1969 an Radde:

"Es ist zu viel - Vergangenheit und Zukunft zu verarbeiten, zumal ich Ärger zu Haus, Todesfälle in der Verwandtschaft und ein schmerzendes Fußleiden hatte."[70]

Am 06.07.1969 an Richter:

"Scharfenberg hat den Tiefpunkt seiner Entwicklung erreicht. Nach einer schauerlichen Konferenz mit dem 3/4 reaktionär eingestellten Kollegium hat Pewesin die Insel fluchtartig verlassen [...]. [Es wäre] das Beste [...], die Farm zuzumachen; in der Oberstufe geht das Rauschgift um! Es gibt offenbar keine Lehrer, die diesen Zeitumständen gewachsen wären. Sehen Sie einen anderen Ausweg?"[71]

Am 21.01.1970 an Richter:

"Manchmal kommt mir der Gedanke, ob es wohl am besten wäre, aus Scharfenberg ein Schullandheim für die Gesamtschulen zu machen, deren Klassen resp. Gruppen dort ein paar Wochen aus der Unrast der 5 Tage Woche zur Besinnung kommen könnten!"[72]

Am 13.02.1970 an Scheel:

"[...] mein Kind - die Schulfarm - macht mir schon monatelang schwere Sorgen; soviel Denkschriften und Warnbriefe habe ich in den 20er Jahren einst nicht zu schreiben brauchen!"[73]

Am 15.09.1970 an Richter:

"Mein altes etwas blasphemisch klingendes Bonmot: 'So alt darf man nicht werden, wenn man noch seine 5 Sinne zusammen hat' bewahrheitet sich."[74]

---

[70] PS Radde: Blume an Radde br. vom 22.06.1969.
[71] Berlin, LA: Rep. 200, Acc. 3184, Nr. 35, Brief 3: Blume an Richter br. vom 06.07.1969.
[72] Berlin, LA: Rep. 200, Acc. 3184, Nr. 4, Blatt 11: Blume an Richter br. vom 21.01.1970.
[73] PS Scheel: Blume an Scheel br. vom 13.02.1970.
[74] Berlin, LA: Rep. 200, Acc. 3184, Nr. 4, Blatt 15: Blume an Richter br. vom 15.09.1970; hier findet sich auch eine radikale Ablehnung des neuen Scharfenberger Konzeptes ('Müller-Kühl-Projekt'). - Das 'Bonmot' befindet sich u.a. auch in: Berlin, LA, SIS: Blume an Pfeiffer br. vom 3. Advent 1969.

Und schließlich an Radde am 21.09.1970:

"Gestern war Dr. Richter bei mir. Wir haben überlegt, wie die Reinickendorfer Neuplanungen abzuwenden seien; es gibt nur einen Ausweg: bevor der Senat die vom Bezirk zwecks Umstellung beantragten Mittel (7-10 Millionen) bewilligt, müssen wir versuchen, daß der Schulsenator resp. das Landesschulamt eine Sitzung prominenter Pädagogen (außerhalb des Schulamts) ([Rudolf] Lennert, [Fritz] Borinski, [Hellmut] Becker etc.) einberufen, um jenen Plan zu diskutieren. Kurz gesagt: es geht um Beschränkung auf die Oberstufe, also um Ausschaltung der Hauptschüler aus der Insel; es sollen 7 Sozialarbeiter angestellt werden; es würde sich wahrscheinlich um solche Obersekundaner handeln, die mit ihren Eltern oder umgekehrt nicht fertig werden ... [sic!] Da Sie kraft Ihres neuen Amtes mit den Möglichkeiten im Landesschulamt vertraut sind, möchte ich baldigst sehr gerne mit Ihnen Fühlung nehmen. Eile tut Not! Wenn Sie es einrichten können, kommen Sie, so bald wie möglich, nach Schluß Ihrer Dienstzeit nach Frohnau!
In großer Eile! Ich habe mir schon die Finger wund geschrieben ...
Auf Wiedersehen!
Ihr
alter W. Bl.

NB. Liegt Karsen noch im Sarge?
Die oben berührten Pläne werden Nägel zu meinem."[75]

Am 06.10.1970 schrieb Blume an Anneliese Pfeiffer:

"Die ganze Zeit über hatte ich weiter zu kämpfen, habe es wenigstens erreicht [...], daß der Landesschulrat dem Reinickendorfer neuen Inselplan seine Zustimmung versagen will [...] - es ist nun wenigstens das Schlimmste verhütet!"[76]

Wenige Wochen danach - im 87. Lebensjahr - starb Blume am 17.11.1970; seine Urne wurde auf dem Tegeler Friedhof gegenüber der Humboldtschule beigesetzt[77]. Am 1. Oktober 1977 wurde eine kleine Straße in unmittelbarer Nähe der Humboldtschule in 'Wilhelm-Blume-Allee' benannt[78] und am 17.11.1988 am Speerweg 36 in Frohnau eine Gedenktafel für den Pädagogen enthüllt[79].

---

[75] PS Radde: Blume an Radde br. vom 21.09.1970.
[76] Berlin, LA, SIS: Blume an Pfeiffer br. vom 06.10.1970.
[77] S. etwa: BLUME, Anneliese, [Todesanzeige für Wilhelm Blume (1884-1970), Berlin 1970]. - Ebd. heißt es: "Die Trauerfeier findet statt am Mittwoch, dem 25. November 1970, um 15 Uhr im Krematorium Wedding [...]." - S. u.a. auch: Todesanzeige für Prof. Wilhelm Blume, in: Der Tagesspiegel vom 22.11.1970. - Todesanzeige für Wilhelm Blume, in: Der Tagesspiegel vom 24.11.1970.
[78] Vgl.: HARTKOPF, Werner, Wilhelm Blume. Rede zur Einweihung der Wilhelm-Blume-Allee am 1.10.1977, in: Humboldtschule Tegel. 1903-1978, hrsg. von der Humboldt-Oberschule Tegel, Berlin 1978, S. 41f. - Ebd., S. 40, zeigt ein Foto der Enthüllung des Straßenschildes 'Wilhelm-Blume-Allee' durch Bezirksbürgermeister Herbert Grigers (1928-1983) [diese Lebensdaten: Landesarchiv Berlin an D.H. br. vom 10.06.1999], Werner Hartkopf, Wilhelm Richter und dem damaligen Leiter der Humboldtschule Hans-Joachim Starck am 01.10.1977.
[79] S.: Gedenktafel für den Schulfarm-Gründer Blume, in: Der Tagesspiegel vom 16.11.1988.

II.4. ZUR BIOGRAPHIE EINIGER SCHARFENBERGER LEHRKRÄFTE DER JAHRE 1922 BIS 1933/34 NACH 1945

Von den Lehrkräften, die in den Jahren 1922 bis 1933/34 als Oberstudienräte, Studienräte oder Assessoren an der Schulfarm tätig gewesen waren, die NS-Zeit überlebt hatten und auch nach Ende des 2. Weltkrieges weiterhin beruflich tätig blieben, wirkten - von Blume abgesehen - die meisten 'unauffällig' an ihrer Wirkungstätte, d.h. ohne eine über dieselbe hinausgehende, feststellbare Wirksamkeit. Auf drei Ausnahmen von dieser Feststellung sei - aufgrund ihrer unterschiedlichen Relevanz im pädagogischen Bereich in sehr unterschiedlichem Umfange - im Folgenden eingegangen.

(1) Als man gleich nach dem 2. Weltkrieg plante, in Göttingen eine Pädagogische Hochschule zu gründen, wurde Walter Ackermann ab Oktober 1945 als Dozent für Philosophie gewonnen und ab Dezember 1946 zum Professor der im Februar des Jahres eröffneten Pädagogischen Hochschule berufen[1]. Damit war Ackermann - neben Blume[2] und Ziegelmayer[3] - der dritte ehemalige Scharfenberger Lehrer, der nach dem 2. Weltkrieg im Hochschulbereich tätig wurde. In einem Antrag betr. Ackermanns Übernahme als Beamter auf Lebenszeit an den Niedersächsischen Kultusminister vom 11.07.1949 heißt es aufschlußreich:

> "Von besonderer Bedeutung gerade für die pädagogische Aufgabe an der Hochschule ist [...], daß Prof. Ackermann während seiner schulpraktischen Tätigkeit konkrete Erfahrungen auf dem Sektor der Landerziehungsheimbewegung gemacht hat [...]. Darüber hinaus vereinigt er in seiner Person den Willen zur wissenschaftlichen Exaktheit mit einem leidenschaftlichen ethischen Erziehungsimpuls, der hier an der Hochschule durch den ihm erteilten Sonderlehrauftrag für sokratische Methode zum Ausdruck kommt und der auch im Zusammenhang mit der politischen Erziehung der Studenten mit ein entscheidender Faktor ist.
> Neben seiner gewissenhaften Arbeit auf dem wissenschaftlichen Gebiet bedarf aber auch die menschliche Seite einer Erwähnung. Seine immer um Sachlichkeit und gerechte Entscheidung bemühte Haltung verbunden mit einer in jeder Hinsicht vornehmen Gesinnung, ist hier von großem Wert.
> So rechtfertigen Vorbildung, Entwicklungsgang, sachliche Leistung und menschliche Haltung in jeder Weise, daß nunmehr eine Übernahme in das Beamtenverhältnis auf Lebenszeit ausgesprochen wird."[4]

---

[1] Zur Geschichte der 1946 gegründeten und 1978 aufgelösten und als Fachbereich Erziehungswissenschaften in die Universität Göttingen eingegliederten Pädagogischen Hochschule s.: Vierzig Jahre Pädagogische Hochschule Göttingen. Jubiläumsfeier am 7. und 8. Februar 1986 im Fachbereich Erziehungswissenschaften der Georg-August-Universität Göttingen, hrsg. von Karl NEUMANN, Göttingen 1986.

[2] S. 924ff.

[3] S. 838f.

[4] Göttingen, AdPH: Personalakte Ackermann, Antrag betr. Ackermanns Übernahme als Beamter auf Lebenszeit an den Niedersächsischen Kultusminister vom 11.07.1949. - Die Erwähnung von Ackermanns Erfahrungen im Bereich der Landerziehungsheimbewegung ist einer der wichtigen Hinweise darauf, daß man (auch) im Bereich des niedersächsischen Kultusministeriums nach 1945 gezielt auf erfahrene Reformpädagogen der Weimarer Republik zurück griff. - S. dazu: LESKI, Schulreform. - Und: LESKI, Schulreformprogramme, bes. S. 18-25.

Im Sommer 1954 trat Ackermann in den Ruhestand. In seiner Abschiedsrede in einer Feierstunde am 3. Juli 1954 sagte Prof. Dr. Stock, der Direktor der Pädagogischen Hochschule, über Ackermann:

> "In zwei Bereichen vollzog sich der persönliche Beitrag Walter Ackermanns, in der Bemühung um philosophische Erkenntnis und in der Repräsentation politischen Engagements in der Kraft verantwortlichen Denkens. Er hat als akademischer Lehrer den Weg und den Stil einer Verbindung von Lehre und Leben gewählt, er hat auf die Zeitprobleme entschieden zu antworten gesucht und hat Partei ergriffen, ohne unbequeme Auseinandersetzungen zu scheuen. Kompromißlose Absage an jedes Denken und Handeln, das die Humanität gefährdet oder leugnet; menschliche und charakterliche Eindeutigkeit und vornehme Ritterlichkeit in Haltung und Umgang - so stand er im Kreise der Dozenten und Studenten. Sein Anliegen soll unter uns wirksam bleiben: Kritik an aller leeren Tradition, an sattem Besitz und an geistloser Macht, Wille zu persönlichem und öffentlichen Einsatz gerade als akademischer Mensch gegenüber allem Unrecht; Freude an wesenhaftem Fortschritt."[5]

Am 21.04.1978 starb Ackermann in Wiesbaden, wo er seit seiner Pensionierung 1954 mit seiner Frau wohnte[6].

(2) Georg Netzband begann 1949 mit der Ausarbeitung von Richtlinien für das bildnerische Gestalten im 9. Schuljahr (Berufsfindungsjahr) und deren Durchführung an einer Berliner Einheitsschule. 1950 wurde er als Kunstlehrer an der 6./7. Einheitsschule im Bezirk Schöneberg wieder in den Schuldienst eingestellt, 1951-1968 war er Fachberater und Fachseminarleiter für Kunst und Werken, übernahm ein Fachseminar für bildende Kunst und war Dozent für Lehrerfortbildung im Bezirk Schöneberg und Versuche zur völligen Umstellung des gebundenen (=technischen) Zeichnens, für eine geeignete Mädchenerziehung in bilderischem Gestalten an Oberschulen Technischen Zweiges und für das 1. Schuljahr an Grundschulen[7]. Aus dieser Praxis gingen die 1953-1955 erschienenen drei Bände 'Kunstpädagogische Anregungen' hervor[8]. 1968 ging Netzband in Pension[9] und siedelte nach Lindenberg im Allgäu über. Seine Werke wurden nun im In- und Ausland, u.a. in London, Lyon, Monte Carlo, New York, Nizza, Nottingham, Paris, ausgestellt, und im November 1980

---

[5] Zit. nach: Der Freundeskreis. Rundbrief für Ehemalige und Freunde der Pädagogischen Hochschule Göttingen, Heft: Dezember 1954, S. 12f.
[6] F. Ackermann an D.H. br. vom 30.08.1988.
[7] PS Netzband: NETZBAND, Georg, Lebenslauf des Studienrates Georg Netzband [Zwischen 1953-1958].
[8] NETZBAND, Georg / ESCHEN, Fritz, Kunstpädagogische Anregungen. Ein Beitrag zur Praxis der bildnerischen Erziehung an allgemeinbildenden Schulen, 3 Bde., Göttingen [u.a.] 1955, 1956, 1959.
[9] Berlin, LA, SIS: Blume an Pfeiffer br. vom 11.06.1968: "Und zwischendurch [...] mußte ich noch zu der Ausstellung Georg Netzbands im Haus am Kleistpark, die der Bezirk Schöneberg veranstaltet hat: Gemälde namentlich Graphik; zuletzt hat er 25 Lithographien gemacht zu - Ovids Metamorphosen; sein erstes größeres Werk war in Scharfenberg entstanden [...]. Netzband ist an der 10. Realschule in der Gartenstr. [...] in meiner Tertia ein kesser boy gewesen und nachher der 1. Zeichenlehrer in Scharfenberg; jetzt geht er mit 70 [richtig: 68!] Jahren!! in den Ruhestand; er war noch immer ein anregungsreicher, nicht so bald zu ersetzender Ausbildner der Kunstreferendare im Bezirk Schöneberg [...]."

wurde ihm für sein Werk das Bundesverdienstkreuz verliehen[10]. Gleichwohl ist das künstlerische Werk Netzbands, der am 07.04.1984 starb[11], heute weitgehend vergessen.

"Unerschütterlich in seiner Anteilnahme für die vom faschistischen Terror und von den Folgen des Krieges betroffenen Menschen deckte er mit seiner Kunst den verbrecherischen Charakter des Naziregimes auf. Warum wurden diese in der Zeit von 1939 bis 1948 entstandenen Arbeiten, in ihrer Expressivität und aufgewühlten Farbigkeit vergleichbar mit Ludwig Meidner, bisher so wenig beachtet? Für mich [...] einer der starken 'Verschollenen'."[12]

(3) Elisabeth Rotten behielt auch nach dem Ende des 2. Weltkrieges ihren Wohnsitz in Saanen im Berner Oberland und verdiente weiterhin Geld mit Übersetzungsarbeiten[13]. Von der Vielzahl der Aktivitäten, die sie nun im internationalen Rahmen unternahm, können hier nur wenige kurz angerissen werden:

---

[10] Vgl.: Maler Georg Netzband erhält Verdienstorden der Bundesrepublik. Künstler dokumentiert in seinen Bildern Zeitgeschichte, in: Allgäuer Zeitung vom 09.04.1981. - PS Netzband: Bayerisches Staatsministerium für Unterricht und Kultus (Ministerialrat Dr. Hentschel) an Georg Netzband br. vom 28.11.1980 [Betr. Verdienstorden der Bundesrepublik Deutschland für Georg Netzband (mit Vorschlagsbegründung)].

[11] PEWESIN, Dem Gedächtnis, S. 3. - Georg Netzband gestorben, in: Der Tagesspiegel vom 12.04.1984.

[12] KRAPOHL, Ulrich, Krieg und Frieden. Eine BBK-Ausstellung gleich hinter der documenta, in: Tendenzen. Zeitschrift für engagierte Kunst, Jg. 1980, Nr. 140, S. 48-50, hier S. 49.

[13] S. u.a.: OURSLER, Fulton / OURSLER, Will, Pater Flanagan von Boys Town. Aus dem Engl. übers. von Elisabeth ROTTEN, Baden-Baden 1951. - OVERSTREET, Harry Allen, Geistige Reife. Ein Beitrag zum neuen Menschenbild. Eingel. von Heinrich MENG und Elisabeth ROTTEN. Aus dem Amerik. übers. von Elisabeth ROTTEN, Zürich 1951 (Ebd., S. 9-13: MENG, Heinrich / ROTTEN, Elisabeth, Zur Einführung). - FROMM, Erich, Der moderne Mensch und seine Zukunft. Eine sozialpsychologische Untersuchung. Aus dem Engl. übers. von Elisabeth ROTTEN, Frankfurt 1960. - FROMM, Erich, Psychoanalyse und Religion. Aus dem Engl. übers. von Elisabeth ROTTEN, Zürich 1966.

Nach 1945 wurde Rotten auch Mitbegründerin des internationalen Pestalozzi-Kinderdorfes in Trogen im Kanton Appenzell[14]. Sie begründete dieses Engagement u.a. mit der Notwendigkeit, den Blick "in die Nähe auf das geschädigte einzelne Kind" mit dem Blick "in die Weite auf das Ziel einer friedensfähigen Welt für alle" zu verbinden[15].

1947 arbeitete sie als Dozentin an der von Blume geleiteten Pädagogischen Hochschule in Berlin[16]. Im Herbst 1948 initiierten der Leiter der 'Schweizer Spende für die Kriegsgeschädigten' Rodolfo Olgiati-Schneider (1905-1986)[17] und Rotten als Leiterin des dieser Einrichtung zugehörigen 'Bureaus für kulturellen Austausch'[18] unter Einbeziehung der amerikanischen und englischen Besatzungsbehörden für ca.

[14] Zur Geschichte des Kinderdorfes Pestalozzi s. bes.: Kinderdorf Pestalozzi Trogen. Jahresbericht, Jg. 1946 (1947) - 1964 (1965). - CORTI, Walter Robert, Der Weg zum Kinderdorf Pestalozzi (=Gute Schriften, 152), Zürich 1955. - KNÖPFEL-NOBS, Irene, Von den Kindergemeinschaften zur außerfamiliären Erziehung. Die Geschichte der Fédération Internationale des Communautés Educatives (FICE), Zürich 1992. - KAMP, Johannes-Martin, Kinderrepubliken. Geschichte, Praxis und Theorie radikaler Selbstregierung in Kinder- und Jugendheimen, Opladen 1995, S. 559-561: Kap. "Das Pestalozzi-Kinderdorf Trogen und die Gründung der FICE". - BILL, Arthur / SFOUNTOURIS, Argyris N., Das Kinderdorf Pestalozzi in Trogen und sein griechischer Dichter. Bilder aus der Zeit der ersten 25 Jahre - 16 Gedichte von Nikifóros Vrettákos - Ausblick, Bern [u.a.] 1996. - SCHMIDLIN, Guido, Walter Robert Corti. Der Gründer des Kinderdorfes Pestalozzi in Trogen, Zürich 1996. - S. weiter: CORTI, Walter Robert, Kinderdorf Pestalozzi, in: Die Friedens-Warte. Blätter für internationale Verständigung und zwischenstaatliche Organisation, Jg. 45 (1945), S. 121-126. - EICHENBERGER, Emma, Vom Kinderdorf Pestalozzi in Trogen, in: Sonnenbergbriefe zur Völkerverständigung, 7. Brief: September 1954, Braunschweig 1954, S. 29-31. - GEISSBERGER, Werner, Ein Dorf für Kinder, in: Du. Die Zeitschrift für Kunst und Kultur, Jg. 1984, Heft 8, S. 12-21 und S. 78. - Publikationen Rottens über das Kinderdorf: ROTTEN, Elisabeth, Kinderdorf Pestalozzi, in: Der Neue Bund, Jg. 11 (1945), S. 15f. - ROTTEN, Elisabeth, Das Kinderdorf Pestalozzi in Trogen, in: Neue Züricher Zeitung vom 25.12.1945 (Weihnachtsausg. Nr. 1973). - ROTTEN, Elisabeth, Der geistige Ort des Kinderdorfes [Pestalozzi in Trogen], in: Die Friedens-Warte. Blätter für internationale Verständigung und zwischenstaatliche Organisation, Jg. 45 (1945), S. 126-136. - ROTTEN, Elisabeth, Die geistigen Grundlagen und Ziele des 'Kinderdorf Pestalozzi' in Trogen, in: Berner Schulblatt vom 25.05.1946. - ROTTEN, Elisabeth, Das Kinderdorf 'Pestalozzi' in Trogen, in: Eidgenössische Blätter für Förderung der religiösen und sozialen Einheit im Schweizervolk, Zürich, Nr. 8 vom 15.08.1946. - ROTTEN, Elisabeth, Das Kinderdorf Pestalozzi, in: Das Bodenseebuch, Jg. 33 (1947), S. 84-87. - ROTTEN, Elisabeth, Auswirkungen des internationalen 'Kinderdorf Pestalozzi' in Trogen, Kt. Appenzell, in: Die Friedens-Warte. Blätter für internationale Verständigung und zwischenstaatliche Organisation, Jg. 49 (1949), S. 19-23; auch in: Der Kreis, hrsg. von der Pädagogische Arbeitsstelle Bremen, Jg. 2 (1949), S. 3-7. - ROTTEN, Elisabeth, Children's Communities. A Way of Life for War's Victims, o.O. u.J. [um 1949]. - ROTTEN, Elisabeth, Kinderdörfer, in: Lexikon der Pädagogik, Bd. 2, Bern 1951, S. 19f. - ROTTEN, Elisabeth, The Pestalozzi Children's Village, in: The Year Book of Education, 1957, S. 491-501. - ROTTEN, Elisabeth, Pädagogische Grundziele des Pestalozzidorfes in: GRAAB, Franz Josef, Fritz Wartenweiler und die Erwachsenenbildung in der Schweiz, Zürich [u.a.] 1975, Anhang 14, o.S. - Vgl.: Stiftung Kinderdorf Pestalozzi. Zentralsekretariat an D.H. br. vom 02.12.1997.
[15] ROTTEN, Idee und Liebe, S. 82.
[16] BLUME, Zum 80. Geburtstag, S. 69: "Als unsere Freundin 1947 dem Ruf als Gastdozentin an der Pädagogischen Hochschule Groß-Berlin folgte [...]." - Ebd., S. 69f., Beschreibung der Dozententätigkeit Rottens.
[17] Zur Biogr.: Zur Erinnerung an Rodolfo Olgiati-Schneider, geboren den 30. Juni 1905, gestorben den 31. Mai 1986, o.O. und J. [Basel 1986].
[18] Elisabeth Rotten, in: Lexikon der Pädagogik, Bd. 3, Bern 1952, S. 388: Hinweis, Rotten sei Leiterin der Abteilung 'Schulung und kultureller Austausch' der 'Schweizer Spende' gewesen.

20 deutsche (bzw. deutschsprachige) Pädagogen eine Reise in die Schweiz, die ebenso der Erbauung und Erholung der Reiseteilnehmer dienen sollte, wie dem Ziel, deutsche Pädagogen aus ihrer Isolation heraus zuholen und in internationale Zusammenhänge hineinzustellen[19]. Hilker schrieb dazu:

> "Kaum war der 2. Weltkrieg zu Ende gegangen, als der Name Elisabeth Rotten wieder in Deutschland gehört wurde, dieses Mal über die amerikanischen und britischen Besatzungsbehörden, mit denen sie in Verbindung getreten war, um den Deutschen zu helfen. Aus Mitteln der 'Schweizer Spende' konnte sie im Sommer des Jahres 1948 zwanzig Pädagogen, denen die Hitlerzeit übel mitgespielt hatte, für 3 Wochen nach der Schweiz einladen, um sie in Schweizer Familien, in Gesprächen mit Kollegen, bei Besichtigungen und Ausflügen und schließlich in der Stille eines idyllischen Landaufenthaltes in der Nähe von Genf zu neuen Ausblicken des Lebens führen. Wer von den Teilnehmern an dieser Fahrt hat in all den Jahren die Eindrücke eines vom Kriege verschonten Landes, die Freundlichkeit der Menschen, die Erlebnisse in Zürich, Bern, Genf und im stillen Park von Présinge und vor allem die Güte der weißhaarigen Frau vergessen können, die uns auf der Reise betreute und unsere Gespräche führte."[20]

In einer kleinen Monographie über den Hamburger Pädagogen Fritz Köhne (1879-1956) heißt es dazu:

> "Im Herbst 1948 war Fritz Köhne Gast der 'Schweizer Spende an die Kriegsgeschädigten'. Ihr Leiter war R. Olgiati und Leiterin ihres 'Bureaus für kulturellen Austausch' Elisabeth Rotten. Sie luden führende Persönlichkeiten aus dem deutschen Erziehungswesen in die Schweiz ein. Darunter waren Professor Dr. Herman Nohl, Göttingen, Viktor Fadrus, Wien, Leo Weismantel und Fritz Köhne. Aus Oxford kam Professor Dr. Elisabeth Blochmann. Mit Fritz Köhne reiste als Vertreter der jüngeren Generation Dr. Carl Schietzel, Hamburg. Die Reise begann am 2. September 1948 und führte über Frankfurt und Basel zunächst nach Zürich. Hier hielt Fritz Köhne als Senior der Gruppe bei der ersten gemeinsamen Tafel mit den Gastgebern eine bewegte und bewegende Ansprache. Die Reise ging über Berlin weiter nach Genf. Von hier schrieb Fritz Köhne: 'Heute sind wir in einem schön gelegenen Heim mit wundervollem Park gelandet, wo wir uns nach den vielen Besichtigungen, Schulbesuchen, offiziellen und privaten Empfängen mit Essen, Wein, Kaffee, Kuchen usw. erholen und besinnen sollen. Es ist märchenhaft, als Deutscher in einem Lande zu weilen, das in seinen Städten, in Wirtschaft und Kultur keine Kriegsspuren aufweist. Und dann die wundervolle Landschaft am Züricher und Genfer See, die wir bei schönstem Wetter in vollen Zügen genießen dürfen.'[21] Die Deutschen unter den Teilnehmern kamen aus ihren zerbombten Städten und hatten gerade die furchtbaren Hungerjahre überstanden, die nach der Währungsreform im Juni 1948 eben abzuklingen begannen. Köhne trennte sich in Genf von der Gruppe und suchte seinen Sohn in Davos auf [...]. Auf der Rückreise machte Köhne mehrere Tage Aufenthalt im 1946 gegründeten Pestalozzidorf Trogen. Dort lebten Waisenkinder aus verschiedenen Völkern und wurden zu gegenseitigem Verstehen erzogen. Das Werk war beseelt vom Geist Pestalozzis, dem auch Fritz Köhne sich verbunden fühlte."[22]

Maßgeblich beteiligt war Rotten auch daran, daß 1950 in Jugenheim an der Bergstraße eine neue 'Deutsche Sektion des Weltbundes für Erneuerung der Erziehung' gegründet werden konnte. Hilker schrieb dazu:

> "Mit Hilfe von Dr. Elisabeth Rotten gelang es auch, die Fäden zur ausländischen Pädagogik aufs neue zu knüpfen. Das erste 'Internationale Pädagogische Treffen' in Jugenheim an der Bergstraße, bei dem vom 14. bis 19. August [1950] 183 Erzieher aus 13 Ländern in 4 Erdteilen

---

[19] S. dazu bes.: HILKER, Zum 75. Geburtstag von Dr. Elisabeth Rotten, S. 173. - Und: FIEGE, Fritz Köhne, S. 100. - DEITERS, Bildung, S. 185f.
[20] HILKER, Zum 75. Geburtstag von Dr. Elisabeth Rotten, S. 173.
[21] Postkarte Fritz Köhnes an Luise Polster vom 20.09.1948.
[22] FIEGE, Fritz Köhne, S. 100.

[...] die pädagogische Situation in der Welt erörterten und eine neue 'Deutsche Sektion des Weltbundes für Erneuerung der Erziehung' gründeten, wäre ohne ihre Initiative nicht zustande gekommen. Seitdem gibt es zahlreiche Brücken zwischen deutscher und Weltpädagogik [...]. Immer wieder aber begegnet den Teilnehmern bei solchen Zusammentreffen die Persönlichkeit Elisabeth Rottens, die in allen internationalen Gremien bekannt und als Ratgeberin geschätzt wird."[23]

1949 wurde im Oberharz die Bildungsstätte 'Sonnenberg' - heute eine der ältesten, bekanntesten und mittlerweile auch räumlich größten Bildungsstätten Deutschlands - gegründet, und zwar mit dem erklärten Ziel, durch Gespräche und Diskussionen Vorurteile überwinden zu helfen und damit den Frieden zwischen dem Völkern zu dienen [24]. Spätestens ab Mitte der 50er Jahre betätigte sich Rotten als Teilnehmerin und Vortragsrednerin aktiv an der Sonnenberg-Arbeit[25]. So war sie z.B. Mitveranstalterin und Vortragende der internationalen Erziehertagung auf dem Sonnenberg vom 6. bis 15. Mai 1954 über das Tagungsthema 'Schulversuche zur besseren Er-

---

[23] HILKER, Zum 75. Geburtstag von Dr. Elisabeth Rotten, S. 173.
[24] Einen Überblick bietet: NEUMANN, Kurt, Internationale Bildungsarbeit. Grundlagen und Erfordernisse, dargestellt am Beispiel des Internationalen Arbeitskreises Sonnenberg, Braunschweig 1968. - Und vor allem: NEUMANN, Kurt, Sonnenberg. Entstehung und Entwicklung einer Bildungseinrichtung im Kontext gesellschaftlicher Defizite und bildungsgeschichtlicher Chancen (=Studien zur Pädagogik, Andragogik und Gerontagogik, 8), Frankfurt [u.a.] 1990. - Sonnenberg-Nachrichten, September 1958, S. 11, findet sich der Hinweis, daß 1958 eine österreichische Gruppe der Sonnenberg-Freunde gegründet wurde, und zwar unter Leitung von Viktor Fadrus und unter Mitwirkung des ehemaligen Scharfenberg-Schülers Erich Gawronski (s. zu dessen Biogr. nach 1945 S. 1000).
[25] S. so z.B.: Der Sonnenberg. 1949-1959, in: Sonnenberg-Nachrichten, 5: September 1959, o.S. - NEUMANN, Internationale Bildungsarbeit, u.a. S. 183. - Internationaler Arbeitskreis Sonnenberg an D.H. br. vom 30.03.1989: "Wir feiern in wenigen Wochen den 40. Jahrestag unserer Gründung. Walter Schulze und seine Freunde hatten aufgrund Ihrer Erfahrungen in deutschen Flüchtlingslagern gleich nach dem Krieg, wie auch aufgrund ihres persönlichen Schicksals während der Nazizeit zunächst informell dänische Freunde, die bereit waren, 1949 nach Deutschland zu kommen, eingeladen und mit Ihnen über die Vergangenheit diskutiert, gleichzeitig aber auch Wege gesucht, ihre Kräfte als Pädagogen für den Aufbau in politisch-pädagogischer Hinsicht einzusetzen. Es muß gegen Ende der 50er Jahre gewesen sein, daß es eine Verbindung zu Elisabeth Rotten gab. Sie kam dann häufig zu Veranstaltungen auf den Sonnenberg, insbesondere um über Friedenserziehung im weitesten Sinn zu sprechen. Sie ist dann später, auch nach ihrem Tod, immer wieder als Persönlichkeit dargestellt worden, die der weiteren Entwicklung der Bildungsarbeit im Sonnenberg wichtige Impulse gegeben hat."

kenntnis und Förderung individueller Begabungen im Rahmen gemeinsamer sozialer Erziehung bis zur Adoleszenz'[26].

Elisabeth Rotten war auch im Umfeld des Schwelmer Kreises zu finden[27]. Ende der 50er Jahre ging für sie ein besonderer Impuls von dem Werk 'The Arms Race' des britischen Politikers Philip John Noel-Baker (1889-1982) aus, der 1959 den Nobelpreis erhalten hatte[28]. Rotten übersetzte sein Werk 'The Arms Race' ins Deut-

[26] Bericht über die Internationale Erziehertagung auf dem Sonnenberg im Oberharz vom 6. bis 15. Mai 1954. Tagungsthema: Schulversuche zur besseren Erkenntnis und Förderung individueller Begabungen im Rahmen gemeinsamer sozialer Erziehung bis zur Adoleszenz, Braunschweig 1955, S. 6-13. - Auf dieser von Elisabeth Rotten mitveranstalteten Tagung sprach auch die Schwedin Ester Hermansson, Göteborg (S. 55-59); sie bemerkte u.a.: "Aus der Schule 'Scharfenberg' bei Berlin ist nachweislich nicht ein einziger Nazi hervorgegangen. Als man ungläubig die einstigen Schüler fragte, wie man diese innere Widerstandskraft in ihnen geweckt habe, erklärten sie: 'Das war sehr einfach. Durch die Art, wie man uns zum selber Prüfen und Urteilen anleitete, hat man uns gegen das Lügengift der Nazi[s] immun gemacht.'" (S. 58) - Vgl. dazu: HILKER, Franz, Vergleichende Pädagogik. Eine Einführung in ihre Geschichte, Theorie und Praxis, München 1962, S. 159: "Für die Arbeit im 'Internationalen Haus Sonnenberg' mag als charakteristisch gelten ein Lehrertreffen mit etwa 60 Teilnehmern aus 10 europäischen Ländern und den USA, das im Mai 1954 unter Leitung von Dr. Elisabeth Rotten stattfand und den Aufbau eines differenzierten und elastischen Einheitsschulwesens erörterte. Nach einem einleitenden Referat und einer längeren Aussprache bildeten sich vier Arbeitsgruppen, in denen die aufgeworfenen Hauptfragen weiter behandelt wurden."
[27] S. z.B.: DUDEK, Peter, Gesamtdeutsche Pädagogik im Schwelmer Kreis. Geschichte und politisch-pädagogische Programmatik 1952-1974 (=Veröffentlichungen der Max-Traeger-Stiftung, 20), Weinheim [u.a.] 1993, S. 80.
[28] ROTTEN, Idee und Liebe, S. 83f.: "1958 ließ mich die Begegnung mit Philip Noel-Bakers neuem Buch 'The Arms Race' abermals aufs stärkste jenen inneren Zusammenhang zwischen warmherziger Menschenliebe und strengem Wahrhaftigkeitssuchen für die endgültige Überwindung und Abschaffung des Krieges miterleben. In des Verfassers unermüdlichem Wirken für die realistischen Möglichkeiten einer totalen Weltabrüstung, Hand in Hand mit dem geistig-seelischen und rechtlichen Aufbau einer auf Waffengewalt verzichtenden kooperativen und sozial gesunden Welt, fand ich aufs neue den Ausdruck und die Wesensgestalt allumfassender und zugleich konkreter, von Liebe zum Menschen beseelter Friedensarbeit, wie ich sie immer gesucht. Weit entfernt, etwa eingleisig zu sein, ruft diese Kampagne vielmehr nach der Mitarbeit aller, die - von welchem Ausgangspunkt es auch sei - dem Frieden unter den Menschen und den Völkern zuzustreben. Wer das Buch mit Kopf und Herz studiert, erkennt deutlich, daß das heilige Bemühen um Einstellung des wahnwitzigen Rüstungswettlaufs zugunsten einer konsequenten kontrollierten Abrüstung, wie es uns hier abgewogen und an Hand der Tatsachen und Angebote geprüft entgegentritt, ein sammelnder und ausstrahlender Brennpunkt zu werden verdient. Es bedarf des Einsatzes sämtlicher Friedensbestrebungen, seien sie religiös-ethischer, völkerrechtlicher oder wissenschaftlicher Art, psychologisch, erzieherisch, wirtschaftlicher oder sozial, weil sie alle voraussetzt, mit umgreift, herbeiruft und vielfach erst ermöglicht." - HECKMANN, Gustav, Leben ohne Gewalt. Elisabeth Rotten: geb. 15. Febr. 1882, gest.: 2. Mai 1964, in: Neue Sammlung, Jg. 4 (1964), S. 490-500, hier S. 496: "Den stärksten produktiven Impuls ihrer letzten Jahre hat Elisabeth Rotten durch Philip Noel-Bakers Buch 'The Arms Race' im Jahre 1959 erfahren. Das Buch fesselte sie durch die aus intimer persönlicher Kenntnis gezeichnete Gesamtschau der Abrüstungsbemühungen, durch die Fülle aller relevanten Daten, die vielfach nur in den Bibliotheken großer parlamentarischer Institutionen zugänglich sind, durch die unbestechliche Objektivität Ost und West gegenüber. Es packte sie durch die Kühnheit der aufs Ganze gehenden Lösung, durch den Gedanken, daß das Abrüstungsproblem lösbar wird, sobald man nicht auf Teilschritte aus ist, sondern von vornherein die völlige Abrüstung in einem durchdachten Plan ins Auge fast. Dieser Gedanke war für Elisabeth Rotten schlechthin überzeugend, und von da an galt ihre Hauptanstrengung seiner Durchsetzung." - Zur Beziehung Rotten - Noel-Baker s.: SCHMIDLIN, Walter Robert Corti, S. 250f.

sche[29], ebenso Noel-Bakers Rede anläßlich der Verleihung des Nobelpreises in Oslo[30]. Daneben verfaßte sie einen biographischen Aufsatz über Noel-Baker[31], der seinerseits zwei biographische Arbeiten über Rotten schrieb[32].

Über diese 'Einzelaktivitäten' hinaus vergaß Elisabeth Rotten auch nach 1945 nicht den weiteren Ausbau und die Pflege ihrer internationalen Kontakte, die sie durch zahlreiche Reisen während derer sie auf jeglichen Komfort verzichtete[33], sowie durch eine umfängliche, oft unterwegs auf einer Reiseschreibmaschine verfaßte Korrespondenz en jour hielt. Um 1946/47 herum hielt sie beispielsweise einen Vortrag in der Elisabethschule in Marburg[34], 1950 an der Pädagogischen Hochschule Göttingen[35], 1951 an der Pädagogische Hochschule West-Berlin[36]. Lauterburg weiß zu be-

---

[29] NOEL-BAKER, Philip, Wettlauf der Waffen. Konkrete Vorschläge für die Abrüstung. Mit einem Vorwort von Robert JUNGK. Übers. aus dem Engl. von Elisabeth ROTTEN, München 1961; Original: NOEL-BAKER, Philip, The Arms Race. A programme for World Disarmament, London 1958.

[30] NOEL-BAKER, Philip, Weltabrüstung heute möglich! Die Osloer Ansprache bei der Entgegennahme des Friedens-Nobelpreises 1959. Übers. und Nachwort von Elisabeth ROTTEN (=Schriftenreihe des Schweizerischen Friedensrates, 2), Zürich 1960. - ROTTEN, Elisabeth, Nachwort, in: NOEL-BAKER, Philip, Weltabrüstung heute möglich! Die Osloer Ansprache bei der Entgegennahme des Friedens-Nobelpreises 1959. Übers. und Nachwort von Elisabeth ROTTEN (=Schriftenreihe des Schweizerischen Friedensrates, 2), Zürich 1960, S. 28-31.

[31] ROTTEN, Elisabeth, Der Rüstungswettlauf. Zum Lebenswerk Philip Noel-Bakers M.P., in: Die Friedens-Warte, Jg. 55, 1959/60, [Heft 3: 1960], S. 220-238.

[32] NOEL-BAKER, Philip, Eine edle Frau und treue Freundin der 'Neuen Wege', in: Neue Wege, Jg. 58 (1964), S. 134f. - Und: NOEL-BAKER, Philip, Nachruf an Elisabeth Rotten, in: Neue Wege, Jg. 58 (1964), S. 210-212.

[33] Als Beispiel sei hier auf eine anläßlich eines bevorstehenden Besuches im Pestalozzi-Dorf gemachte Briefnotiz hingewiesen: "Sie wissen, ich kann meinen lieben Schlafsack überall ausbreiten, auch auf Lagerstätten, die für andre zu klein sind - aber ich verstehe auch, wenn dies bei meiner vielleicht etwas späten Anmeldung diesmal nicht möglich ist und gehe dann eben auch ins Hotel." (Trogen, Archiv des Kinderdorfes Pestalozzi: Ordner [1:] Elisabeth Rotten, Korrespondenz: Rotten an Frau Bill br. vom 18.06.1953).

[34] PÖGGELER, Franz, Einleitung, in: WALTHER, Heinrich, Ein Leben, o.O. 1971, S. 1-6, hier S. 3: "Ich vergesse nie ein Gespräch mit Elisabeth Rotten kurz nach 1945 in Marburg, das Heinrich Walther [(1880-1960)] in den Räumen der alten Elisabethschule gegenüber dem Landgrafenhaus organisiert hatte und bei dem die Emigrantin Bilanz machte - mit allem Soll und Haben der Reform." - PÖGGELER, Macht und Ohnmacht, S. 143: "1946 oder 1947 lernte ich in Marburg Elisabeth Rotten kennen, die nach langen Jahren der Schweizer Emigration nicht nur über die 'Ecole d'Humanité' berichtete, sondern auch zum neuen Start der 'New Education Fellowship' aufrief - mit einem begeisternden Idealismus und schwungvollem Charme, wie ich ihn später nur noch bei Maria Montessori erlebte. Im Gespräch mit Elisabeth Rotten wurde mir auch deutlich, daß eines der zentralen Motive der klassischen Reformpädagogik darin bestanden hatte, Demokratie zur Lebensform und Verhaltensweise zu machen, die Schule als 'embryonic community life' (John Dewey), als 'Staat im Kleinen' zu gestalten." - Ebd., S. 274: "Ich bin dankbar dafür, in Paul Oestreich einen geborenen Reformer leibhaftig erlebt zu haben. Mich erinnerte die Schwelmer Erfahrung [mit Oestreich] übrigens spontan an die Begegnung mit Elisabeth Rotten [...] in Marburg. An solche Erlebnisse schließt sich sogleich die Frage an: Und für Reformer haben wir heute? Was für Menschen sind sie? Wie ist ihr Ethos beschaffen? Haben sie eine Botschaft zu verkünden - wie Oestreich oder Rotten? Wie steht es um den zündenden Funken, der - damit die Reform in Gang kommen kann - auf Lehrer und Schüler überspringen muß? - Rückschauend kann ich heute feststellen: Reformerpersönlichkeiten wie Oestreich und Rotten habe ich seitdem nicht mehr kennengelernt."

[35] Göttingen, AdPH: Ordner II: 1946-1950: "Heute, Donnerstag, den 8.6.50, findet um 18 Uhr ein Vortrag von Frau Elisabeth Rotten über das Recht des Kindes statt. An diesem Vortrag werden auch Studenten des Pädagogischen Instituts der Universität teilnehmen [...]."

richten, daß es z.B. 1957 vorkam, "daß sie innert [=innerhalb] einem knappen Monat in Frankfurt a.M., Kassel, Dortmund, im Freundschaftsheim Bückeburg (In Niedersachsen), in Kopenhagen, Hamburg, Westberlin [...], in Hannover, Wien, Insbruck zu wirken hatte [...]. Einmal hatte sie die Arbeitsroute: Bern, Zürich, Basel, Hamburg, Berlin, Dänemark, London, in England innert 14 Tagen an verschiedenen Orten, Paris, Sèvre, zum Besuch der Unesco mit der Landung im Schloß Hünigen bei Thun zum Treffen der Woodbrooker Quäker."[37]

Gustav Heckmann über Elisabeth Rotten (1964)[38]

"Elisabeth Rotten ist unendlich viel gereist, in vielen Ländern, zu Tagungen, zu den Menschen, mit dene sie zusammenarbeitete, zu Vorträgen, zum Besuch von Schulen und anderen Institutionen ihres Arbeitsbereiches. Sie hat eine unendliche Korrespondenz geführt. Sie hat Aufsätze geschrieben, in denen sie zur Tätigkeit ermutigte, vor allem durch Mitteilen von Information. Sie hatte eine unendliche Menge von Empirie, ihre Arbeitsgebiete betreffend, im Kopf und war unersättlich im Sammeln neuer bedeutsamer Tatsachen. Sie konnte auf Tagungen schweigend dabeisitzen, auf ihrem Block Notizen machend. Ihre Reiseschreibmaschine gehörte ebenso zu ihrem ständigen Gepäck wie der leichte Schlafsack - sie bestand darauf, daß ihre Gastgeber keine Bettwäsche für sie auflegten. Wenn sie sich bei jemandem zum Übernachten angesagt hatte, so kamen vor ihr die für sie bestimmten Briefe aus aller Welt an. In einem ihrer Briefe, in dem sie ihr nächstes umfangreiches Reiseprogramm mitteilt, heißt es: 'Dies klingt vielleicht nach einem gehetzten Leben. Das ist es nicht. Ich tue alles mit innerer Ruhe und Freude.' [...]. Elisabeth Rotten wirkte vor allem durch den persönlichen Kontakt und das gesprochene Wort. Da spürte der Partner die 'noch weithin unentdeckte Herzens- und Seelenkraft', die ihr in höherem Maße eigen war als den meisten von uns. Vor einer Versammlung konnte ihre Stimme zunächst so zerbrechlich wirken wie ihre zarte Person, um bald wie ruhige Wellen den Raum zu erfüllen. Ihre Korrespondenz war ergänzendes Mittel, den persönlichen Kontakt aufrechtzuerhaltend, pflegend, vorbereitend, der Planung von Tagungen dienend. Weil ihre Wirkung so stark auf dem persönlichen Kontakt beruhte, hatte ihr vieles Reisen seinen guten Sinn. Und in dieser ihrer Eigenart liegt der Grund dafür, daß ihre Arbeit für eine friedliche Welt über den Kreis derer, die ihr persönlich begegnet sind, hinaus wenig bekannt geworden ist. Ihre Leistung liegt in Werken tätiger Liebe und im Entzünden von Hoffnung, Vision, Mut zur Tat in Menschen, die ihr begegneten."

---

36   Trogen, AdKP: Ordner [1:] Elisabeth Rotten, Korrespondenz: Rotten an Frl. Klein br. vom 13.03.1951: "Am 8. Mai [1951] findet mein Vortrag über 'Neue Strömungen in der Lehrerbildung [...]' bei der Immatrikulationsfeier des S.-Sem. der Päd. Hochschule Berlin-West statt, die schwer um ihre geistige Freiheit zu kämpfen hat und sich von diesem Referat, das die 'Würdenträger' der Stadtverwaltung ex officio anhören müssen, eine wesentliche Wirkung verspricht."
37   LAUTERBURG, Zur Erinnerung. - Weitere Beispiele: Trogen, AdKP: Ordner [1:] Elisabeth Rotten, Korrespondenz: Liste der Teilnehmer am Pädagogischen Treffen der Schweizer Europahilfe in Hünigen bei Stalden im Emmental vom 28.09.-11.10.1952. - Und: Trogen, AdKP: Ordner [1:] Elisabeth Rotten, Korrespondenz: Reiseplan von Elisabeth Rotten im Sommer 1953.
38   HECKMANN, Leben ohne Gewalt, S. 494f.

Vor allem aber führten diese Zusammenhänge maßgeblich dazu, daß Elisabeth Rotten - in noch stärkerem Maße als zuvor - ihre Aktivitäten auf friedenspädagogische und -politische Bemühungen konzentrierte[39].

Zeitgenössischen Berichten, die häufig die starke persönliche, ja charismatische Ausstrahlung Elisabeth Rottens betonen, ist zu entnehmen, daß sie eine zierliche und gebrechliche Person war, die von Jugend an schwache Augen hatte und mit zunehmendem Alter gesundheitlich angeschlagen war, worauf sie kaum Rücksicht genommen haben soll[40]. Woher sie die innere Kraft für diese Art von Leben nahm, ist nur eine der unbeantworteten Fragen ihres engagierte Lebens.

---

[39] S. u.a.: ROTTEN, Elisabeth, Die Schwäche der Gewalt und die Kraft des Geistes. Vortrag, gehalten an der Escherbundtagung vom 20./21. September 1958, in: Der Neue Bund. Monatsschrift für Freiheit und Gemeinschaft, Jg. 24 (1958), S. 115-129. - ROTTEN, Elisabeth, Friedensarbeit alt und neu, in steigendem Maße eine Aufgabe der Erwachsenenbildung, in: Gespräch und Begegnung. Gabe der Freunde zum 70. Geburtstag von Fritz Wartenweiler, hrsg. von den 'Freunden schweizerischer Volksbildungsheime' zum 20. August 1959, Zürich 1959, S. 99-109; wieder in: Versöhnung und Friede. Mitteilungen des deutschen Versöhnungsbundes, Nr. 17: April 1961, S. 1-9. - ROTTEN, Elisabeth, Todeslauf durch Wettrüsten oder gemeinsamer neuer Start durch gemeinsame Abrüstung?, in: Neue Wege, Jg. 54 (1960), S. 5-11; mit veränd. Schlußteil u.d.T. 'Todeslauf durch Wettrüsten oder neuer Start durch gemeinsame Abrüstung?' auch in: Friedensrundschau. Monatsschrift der Internationale der Kriegsgegner, Deutscher Zweig und des Internationalen Versöhnungsbundes, Deutscher Zweig, Bd. 14 (1960), Nr. 3, S. 2-5. - ROTTEN, Elisabeth, Christus ist unser Friede [Predigt zum Kirchensonntag am 5. Februar 1961 in der Kirche Saanen], in: Neue Wege, Jg. 55 (1961), S. 113-123. - ROTTEN, Elisabeth, Erziehung und Politik, in: Sonnenbergbriefe zur Völkerverständigung, Brief 24: August 1961, Braunschweig 1961, S. 33-35; S. 35-37 (engl.); S. 38f. (franz.). - ROTTEN, Elisabeth, Fridtjof Nansen. Forscher, Nothelfer, Politiker. 10. Oktober 1861 - 13. Mai 1930. Separatdr. aus 'Anzeiger von Saanen' 1962 nach Vorträgen vor der Volkshochschule Saanenland, Saanen 1962. - ROTTEN, Elisabeth, Rußland und der Frieden. Erfahrungen und Urteil Fridtjof Nansens, in: Der Neue Bund. Zeitschrift für Freiheit und Gemeinschaft, Jg. 28 (1962), S. 3-8. - ROTTEN, Elisabeth, Warum ja zur totalen Abrüstung?, in: Gewerkschaftliche Monatshefte, Jg. 13 (1962), S. 68-74. - ROTTEN, Elisabeth, Wahrhaftigkeit, Gerechtigkeit und Frieden, Bad Pyrmont 1963. - ROTTEN, Elisabeth / MENG, Heinrich, Kriegs- und Friedensfragen im Aspekt der Psychohygiene (Vortrag beim '6. International Congress of Mental Health', Paris 30.08.-05.09.1961), in: Hippokrates. Wissenschaftliche Medizin und praktische Heilkunde im Fortschritt der Zeit, Jg. 33 (1962), S. 123-125; auch in: Praktische Psychiatrie, Zürich, Jg. 41 (1962), S. 102-107; auch in: Der Psychologe. Jahrbuch, Bern, Jg. 14 (1962), S. 450-456; wieder in: Neue Wege, Jg. 58 (1964), S. 203-208; wieder in: Schule und Nation. Die Zeitschrift für ein demokratisches Bildungswesen, Jg. 11 (1964/65), Heft 3 (1965), S. 1-3. - ROTTEN, Elisabeth, Pädagogik der weltweiten Verständigung, in: Schule und Nation. Die Zeitschrift für ein demokratisches Bildungswesen, Jg. 11 (1964/65), Heft 2 (1964), S. 3-5.

[40] Z.B.: SCHOMBURG, Elisabeth Rotten, S. 92. - BILL, Arthur, Liebe Kinderdorf-Freunde! [Zum Tode von Elisabeth Rotten], in: Freundschaft. Zeitschrift des Kinderdorfes Pestalozzi Trogen/Schweiz, Nr. 55, Sommer 1964, o.S. - BECKER, Zwischen Wahn und Wahrheit, S. 181 und S. 193. - LAUTERBURG, Zur Erinnerung: "Das Werk Elisabeth Rottens wäre übergenug gewesen für einen kräftigen Menschen. Aber wie stand es um ihre Gesundheit? Die Augen waren so schwach und gefährdet, daß die Augenärzte ihr rieten, nie bei künstlichem Licht zu arbeiten. Doch was geschah tatsächlich? Nach einem vollen Arbeitstag, der auch mit Hausarbeit und Umsorgung der bei ihr wohnenden schweizerischen und auswärtigen Gäste belastet war, fing sie sehr oft erst noch um Mitternacht an, die uferlose Privatkorrespondenz zu erledigen. - Sie litt, ohne zu klagen, jahrzehntelang auch unter qualvollen Schmerzen, die von Neuralgien herrührten. Aber was der Körper ihr zu ertragen aufbürdete, das vermochte ihr geistiges und seelisches Leben nicht zu hemmen." - Vgl. vor allem aber div. Korrespondenzen in: Trogen: Archiv des Kinderdorfes Pestalozzi.

Am 2. Mai 1964 starb Elisabeth Rotten - nach der 1957 eine Berliner Sonderschule benannt wurde[41] -, 82jährig in einer Londoner Klinik[42]. Sie wurde auf dem Friedhof in Saanen, im Berner Oberland, beerdigt. Ihr Grabspruch, ein Satz von Romain Rolland, charakterisiert ihr Leben treffend:

"Sie war unterwegs für die, die noch unterwegs sind."[43]

Elisabeth Rotten, die bis zu ihrem Tod mit Wilhelm Blume aufs engste freundschaftlich verbunden blieb, war zweifellos eine der interessantesten Frauengestalten der historischen Reformpädagogik. Doch wenn sich Franz Hilker im Todesjahr Rottens noch sicher war, daß die "kleine, zarte Person, die eine klare Denkerin, eine mitreißende Rednerin und eine furchtlose Kämpferin war, [...] in der pädagogischen Welt unvergessen bleiben [wird]"[44], so mußte Friedrich Schneider in seiner 1970 erschienenen Autobiographie bereits formulieren, daß er für seine Pflicht halte, "hier auf die beinahe vergessene Deutschschweizerin Elisabeth Rotten [...] und ihre großen Verdienste um die Internationalisierung der pädagogischen Wissenschaft hinzuweisen"[45].

Neben einem autobiographischen Text Rottens[46] und einigen Lexikonartikeln[47] existieren wohl eine Reihe von Aufsätzen, meist anläßlich von Geburtstagen oder zu

---

[41] SCHOMBURG, Elisabeth Rotten, S. 93: "Unvergeßlich werden allen Teilnehmern an der Einweihungsfeier die schlichten und gerade darum so bedeutungsvollen Worte bleiben, die die Patin der Schule zu den anwesenden Erziehern sprach. 'Was soll aus diesen jungen Menschen werden, wenn wir sie herauslassen müssen in eine Welt, die erfüllt ist von gegenseitiger Abkehr und Mißtrauen und Blockbildung der Menschen untereinander? Machen wir die Menschen unserer Generation bereit, daß sie die Kinder, die mit dem Willen und der Fähigkeit zum Zusammenwirken ins Leben hinaustreten, nun auch aufnehmen!'"

[42] S. bes.: BILL, Liebe Kinderdorf-Freunde!: "[...] am frühen Morgen des 2. Mai 1964 in einer Klinik in London im Alter von 82 Jahren und 2 Monaten gestorben [...]." - Ebd. weiter: "Sie hat in London liebe alte Quäkerfreunde aufsuchen wollen, und sie hat auch gehofft, in einer Londoner Klinik von den sie seit Monaten plagenden Neuralgien durch einen operativen Eingriff befreit werden zu können. Zu diesem Eingriff ist es nicht mehr gekommen. Elisabeth Rotten, deren zerbrechlicher Körper seit Jahren durch einen schonungslosen Arbeitseinsatz geschwächt war, fühlte in London ihre Kräfte schwinden. Sie ließ ihre Pflegetochter, Frau Eva Minder, rufen, die noch rechtzeitig von Bern nach London reisen konnte [...]. Elisabeth Rotten hat bis zum letzten Augenblick, und auch wenn sie ans Krankenbett gefesselt war, für die Aufgaben gearbeitet, die sie sich gestellt hatte. In ihren letzten Jahren hat sie ihre ganze Kraft der Friedensarbeit gewidmet. An ihrem 82. Geburtstag besuchten meine Frau und ich sie nach einer Operation [...] in einem Bernerspital. Sie saß halb aufgerichtet im Bett, ihre kleine 'Hermes-Baby'-Schreibmaschine auf der Bettdecke und das Bett und die nächsten Stühle übersät mit Korrespondenz und Arbeitsunterlagen."

[43] WOMMELSDORF, Elisabeth Rotten, S. 371.

[44] HILKER, Franz, In memoriam Elisabeth Rotten!, in: Bildung und Erziehung, Jg. 17 (1964), S. 229.

[45] SCHNEIDER, Friedrich, Ein halbes Jahrhundert erlebter und mitgestalteter Vergleichender Erziehungswissenschaft, Paderborn 1970, S. 29.

[46] Lebenslauf [von Elisabeth Rotten], in: ROTTEN, Elisabeth, Goethes Urphänomen und die platonische Idee, Marburg, Univ., Diss. (Teildr.), Marburg 1912, o.S. - ROTTEN, Idee und Liebe [Kurzautobiographie].

Rottens Tod geschrieben[48]. An neueren Arbeiten aber sind nur vier unpublizierte studentische Arbeiten)[49], ein Aufsatz von Wolfgang Keim über die Geschichte friedenspädagogischer Diskussionen und Bemühungen, in dem er Rottens friedenspädagogische Ideen und Aktivitäten "im Rahmen reformpädagogischer Erneuerung" beleuchtet[50], und ein Kapitel über die Biographie Elisabeth Rottens in Guido Schmidlins Biographie über Walter Robert Corti[51] sowie last not least zwei Arbeiten

---

[47] Hier sind vor allem zu nennen: Elisabeth Rotten, in: Munzinger-Archiv/Internationales Biographisches Archiv, 6/85 004633-3/106 Ro-W. - Elisabeth Friederike Rotten, in: Lexikon der Pädagogik, Bd. 3, Bern 1952, S. 388. - RÖHRS, Hermann, Elisabeth Rotten, in: Lexikon der Pädagogik, Bd. 3, Freiburg [u.a.] 1971, S. 449. - Elisabeth Rotten, in: ELZER, Hans-Michael, Begriffe und Personen aus der Geschichte der Pädagogik, hrsg. von F.J. ECKERT und K. LOTZ, Frankfurt [u.a.] 1985, S. 362f. - Elisabeth Rotten, in: BÖHM, Winfried, Wörterbuch der Pädagogik, 13. Aufl. Stuttgart 1988, S. 508. - Elisabeth Rotten, in: Schweizer Lexikon in 6 Bdn., Bd. 5: Obs-Soy, Luzern 1993, S. 426.

[48] Hier sind hervorzuheben: HILKER, Zum 75. Geburtstag von Dr. Elisabeth Rotten. - BLUME, Zum 80. Geburtstag. - CORTI, Walter Robert, "Und so fortan". Zu Elisabeth Rottens 80. Geburtstag, in: Elisabeth Rotten [hrsg. vom Internationalen Arbeitskreis Sonnenberg], Braunschweig o.J. [1962], S. 1-9. - KREITMAIR, Karl, Wer ist Elisabeth Rotten? Zu ihrem 80. Geburtstag am 15. Februar, in: Unsere Jugend, Jg. 14 (1962), S. 79f. - NILS, Maria, Elisabeth Rotten. zu ihrem 80. Geburtstag, in: Tages-Anzeiger für Stadt und Kanton Zürich vom 15.02.1962. - SCHOMBURG, Elisabeth Rotten. - Gedenkfeier für Elisabeth Rotten, in: Neue Züricher Zeitung vom 05.06.1964, Fernausg. Nr. 153, Bl. 8. - HECKMANN, Leben ohne Gewalt. - HILKER, Franz, In memoriam Elisabeth Rotten!, in: Bildung und Erziehung, Jg. 17 (1964), S. 229. - HIRSCH, Willi, Elisabeth Friederike Rotten. 15. Februar 1882 - 2. Mai 1964. Trauerfeier in der Kirche Saanen, in: Anzeiger von Saanen vom 26.05.1964. - HIRSCH, Willi, Aus dem Leben und Wirken Elisabeth Rotten, in: Der Neue Bund. Zeitschrift für Freiheit und Gemeinschaft, Jg. 30 (1964), S. 87-98. - MENG, Heinrich, In Memoriam Elisabeth Rotten, in: Schule und Nation. Die Zeitschrift für ein demokratisches Bildungswesen, Jg. 11 (1964), Heft 2, S. 2. - Elisabeth Friederike Rotten. 15. Februar 1882 - 2. Mai 1964, Zürich 1964. - SCHENCK, Ernst von, Elisabeth Rotten +. Zum Andenken an einen lauteren Geist und an eine unbeugsame Kämpferin für den Frieden, in: National-Zeitung, Basel, vom 15.05.1964, Abendblatt. - SCHOMBURG, Eberhard, Auf heilpädagogischer Warte. Elisabeth Rotten zum Gedächtnis, in: Zeitschrift für Heilpädagogik, Jg. 15 (1964), Heft 8, S. 409-411. - STOCKER, G., Aus dem Leben und Wirken Elisabeth Rottens, in: Schweizer Frauenblatt vom 01.01.1965. - WOMMELSDORF, Elisabeth Rotten. - LAUTERBURG, Zur Erinnerung. - BECKER, Zwischen Wahn und Wahrheit, S. 179-217.

[49] HERRMANN, Ursula, Das Problem der Friedenserziehung in Leben und Werk Elisabeth Rottens. Schriftliche Hausarbeit im Rahmen der ersten Staatsprüfung für das Lehramt an der Grund- und Hauptschule in Neuss (Betreuer Prof. Manfred Hohmann), Neuss o.J. - KISSNER, Vera, Elisabeth Rotten - Reformpädagogin und Friedensarbeiterin - 15. Februar 1882 - 2. Mai 1964. Seminararbeit am Institut für Bildungsforschung und Pädagogik des Auslands an der Justus-Liebig-Universität Gießen, Gießen 1984. - KISSNER, Vera, Elisabeth Rotten - ihr Beitrag zur reformpädagogischen Bewegung. Wissenschaftliche Hausarbeit zur Erlangung des Magistergrades an der Justus-Liebig-Universität Gießen, FB 04: Erziehungswissenschaften, Referent: Prof. Dr. H. Widmann, Gießen 1986. - MELLIN, Claudia, Elisabeth Rotten - eine zu unrecht vergessene Repräsentantin der historischen Friedens- und Reformpädagogik. Diplomarbeit am Fachbereich 2: Pädagogik der Universität-Gesamthochschule Paderborn (Betreuer Prof. Dr. Wolfgang Keim), Paderborn 1998.

[50] KEIM, Geschichte friedenspädagogischer Diskussionen, S. 566-569: Teilkap. 'Elisabeth Rotten: Friedenspädagogik im Rahmen reformpädagogischer Erneuerung'.

[51] SCHMIDLIN, Walter Robert Corti.

von Dietmar Haubfleisch[52] zu nennen. Eine umfassende Untersuchung, die Leben und Werk Elisabeth Rottens in kritischer Weise würdigt und ihrer bildungshistorischen Bedeutung nachgeht, liegt bislang noch nicht vor. Die Ursachen hierfür sind mannigfaltig. Einer der Gründe ist mit Sicherheit in der bisher oft verengten und einseitigen Rezeption der Reformpädagogik zu sehen: die Beschränkung auf eine ideengeschichtliche Interpretation bzw. die einseitige Betrachtung als 'Bücherpädagogik'[53] sowie die 'Kanonisierung' einer kleinen Gruppe von sog. 'Repräsentaten' - in der vor allem Frauen wie z.B. Elisabeth Rotten ausgeblendet wurden.

Aus der Fülle der Fragestellungen, die durch eine detaillierte Untersuchung des Lebens und Wirkens Rottens erhellt werden könnten, sei hier lediglich auf eine sehr wichtige hingewiesen: Nach wie vor ist die Frage noch nicht ausreichend beantwortet, auf welchen Kommunikationswegen reformpädagogische Ideen und Erfahrungen zum einen zwischen Reformpädagoginnen und Reformpädagogen und zum anderen zwischen reformpädagogisch arbeitenden Projekten und Einrichtungen ausgetauscht wurden. Desgleichen ist die Wirkung von reformpädagogisch wirkenden Personen und Einrichtungen auf 'traditionell' arbeitende Personen und Einrichtungen in den 20er und frühen 30er Jahren sowie nach 1945 kaum untersucht. Es scheint, als ob Rotten mit ihrer profunden Kenntnis der vielfältigen Reformversuche und -vorhaben, ihrer regen publizistischen Tätigkeit und ihren zahlreichen persönlichen nationalen und internationalen Kontakten, "eine Zentralgestalt im Kommunikationsnetz der Schulreform jener Jahre" gewesen ist[54].

Was nun die Literatur- und Quellenlage für eine noch zu schreibende Biographie Rottens anbelangt, so existieren neben den Publikationen Rottens und verschiedenen Erinnerungen an sie zahlreiche ungedruckte Quellen in Privatbeständen und Archi-

---

52 HAUBFLEISCH, Dietmar, Elisabeth Rotten (1882-1964) - eine (fast) vergessene Reformpädagogin, in: "etwas erzählen". Die lebensgeschichtliche Dimension in der Pädagogik. Bruno Schonig zum 60. Geburtstag, hrsg. von Inge HANSEN-SCHABERG, Baltmannsweiler 1997, S. 114-131; überarb. Ausg. unter Weglassung der Abb.: Marburg 1997: http://archiv.ub.uni-marburg.de/sonst/1996/0010.html - HAUBFLEISCH, Dietmar, Elisabeth Rotten (1882-1964) - ein Quellen- und Literaturverzeichnis, Marburg 1997: http://archiv.ub.uni-marburg.de/sonst/1997/0010.html
53 SCHONIG, Bruno, Reformpädagogik - Bücherweisheit oder Schulrealität? Anmerkungen zu zwei historisch-pädagogischen Ansätzen, sich mit der Pädagogik in der Weimarer Republik auseinanderzusetzen [zu: OELKERS, Jürgen, Reformpädagogik. Eine kritische Dogmengeschichte. Weinheim [u.a.] 1989, und: 'Die Alte Schule überwinden'. Reformpädagogische Versuchsschulen zwischen Kaiserreich und Nationalsozialismus, hrsg. von Ullrich AMLUNG, Dietmar HAUBFLEISCH, Jörg-W. LINK und Hanno SCHMITT (=Sozialhistorische Untersuchungen zur Reformpädagogik und Erwachsenenbildung, 15), Frankfurt 1993], in: Mitteilungen & Materialien. Arbeitsgruppe Pädagogisches Museum e.V., Berlin, Heft Nr. 42/1994, S. 79-88.
54 LEHBERGER, Reiner, Kommunikationswege der Versuchs- und Reformschulen in der Weimarer Republik (aus Hamburger Sicht), in: Nationale und internationale Verbindungen der Versuchs- und Reformschulen in der Weimarer Republik. Beiträge zur schulgeschichtlichen Tagung vom 17.11.-18.11.1992 im Hamburger Schulmuseum, hrsg. von Reiner LEHBERGER (=Hamburger Schriftenreihe zur Schul- und Unterrichtsgeschichte, 5), Hamburg 1993, S. 8-20, hier S. 15.

ven[55]. Diesen Quellen, insbesondere den verschieden(st)en Nachlässen von Personen, die mit Elisabeth Rotten in Verbindung gestanden hatten, nachzugehen und an ihren

---

[55] Quellen von und über Elisabeth Rotten finden sich - entsprechend ihrer Lebens- und Wirkungsweise - sehr verstreut; die Sichtung zahlreicher Archivbestände, insbes. zahlreicher Nachlässe von Pädagoginnen und Pädagogen sowie Bildungspolitikerinnen und -politikern, mit denen sie in Verbindung stand, stellt bislang ein Desiderat dar. -
Hingewiesen sei hier auf Archivalien: (a) im Evangelischen Zentralarchiv in Berlin (umfangreiche Korrespondenz betr. Rottens Arbeit in der 'Auskunfts- und Hilfsstelle für Deutsche im Ausland und Ausländer in Deutschland'), (b) im Geheimen Staatsarchiv Preußischer Kulturbesitz Berlin (Nachlaß C.H. Becker), (c) im Landesarchiv Berlin: Rep. 140, Acc. 4573: Schulfarm Insel Scharfenberg (ehemaliges Archiv der Schulfarm Insel Scharfenberg); ebd.: Rep. 200, Acc. 3184: Nachlaß Wilhelm Blume, (d) in der Handschriftenabteilung der Staatsbibliothek zu Berlin. Preußischer Kulturbesitz in Berlin (Nachlaß Bolte), (e) in der Handschriftenabteilung der Universitätsbibliothek Erlangen-Nürnberg (Briefnachlaß Otto Stählin), (f) im Deutschen Exilarchiv in Der Deutschen Bibliothek in Frankfurt: EB 85/27: Teilnachlaß Anna Steuerwald-Landmann, (g) ebenfalls im Deutschen Exilarchiv in Der Deutschen Bibliothek in Frankfurt: EB 87/122: Nachlaß Walter Fabian, (h) im Nachlaß von Adolphe Ferrière im Institut Jean-Jacques Rousseau an der Universität Genf, (i) in der Handschriftenabteilung der Niedersächsischen Staats- und Universitätsbibliothek Göttingen (Nachlaß Herman Nohl und Nachlaß Erich Weniger), (j) im Nachlaß von Paul und Edith Geheeb im Archiv der Ecole d'Humanité in Goldern (Berner Oberland), (k) in 'The Jewish National and University Library' in Jerusalem: Martin-Buber-Archiv, Buber-Correspondenz: Nr. 637: Correspondenz Elisabeth Rotten an Martin Buber (1921-1957) (vgl. dazu S. 359), (l) in der Handschriftenabteilung des Deutschen Literaturarchivs in Marbach (Hermann Hesse-Archiv), (m) im Staatsarchiv Marburg: Bestand 305a: Universität, Kanzler, Acc. 1950/9, Nr. 761; ebd.: Bestand 307: Universität, Philosophische Fakultät, Nr. 243, (n) in der Universitätsbibliothek Marburg: Ms 831: Nachlaß Paul Natorp, Varia und Fragmente, (o) in der Handschriften-Sammlung der Stadtbibliothek München (Ludwig Quidde), (p) im Brandenburgisches Landeshauptarchiv in Potsdam; bes.: Pr. Br. Rep. 34: Provinzialschulkollegium, Personalia, Nr. R 280: Elisabeth Rotten, (q) im Archiv des Kinderdorfes Pestalozzi in Trogen (sechs Ordner mit Korrespondenzen Rottens) und (r) im Paul Oestreich-Archiv an der Universität Würzburg (Protokollbücher des Bundes Entschiedener Schulreformer; Briefsammlung Paul Oestreich: darin Korrespondenz Rotten - Oestreich). -
Zum Nachlaß Rottens s. auch folgende Hinweise: Berlin, LA: Rep. 200, Acc. 3184, Nr. 34, o.Bl.-Nr.: Heinrich Becker an Wilhelm Blume vom 15.05.1965: "[...]. Heute wollte ich Ihnen noch etwas von meiner jüngsten Korrespondenz mit der mir trotz persönlichen Nichtbegegnetseins recht lieb gewordenen Wahltochter Elisabeths, Frau Eva Minder, Bern, erzählen. Daß Frau Minder mit ihrem Vater [Karl Wilker] sehr verschiedener Meinung über manche Einzelfragen der Nachlaß-Verwertung war, war bald zu merken. Dr. Wilkers Urteilsvermögen hat offenbar niemals ausgereicht, um die Weite des Elisabethschen Denkens und Wollens zu fassen: Ebensowenig hat er, der seit Jahrzehnten in Südafrika gelebt hat, ohne zu merken, daß die dortige Politik aus ähnlichen Wurzeln gespeist wird, wie der Hitlerfaschismus, die Tendenz erkannt, die die offizielle westdeutsche Politik, wenigstens heute noch, bestimmt. Infolgedessen ist er auf die widersinnige Idee gekommen, den Nachlaß Elisabeths möglichst auf den 'Sonnenberg' zu schaffen. Frau Minder war dagegen, schien aber ihrem Vater nicht energisch genug entgegentreten zu können. Ich habe ihr nach Kräften den Rücken gesteift, und nun schreibt sie mir zu meiner Beruhigung, daß Elisabeths Bibliothek im wesentlichen geschlossen an das von Dr. Corti geleitete Institut geht, daß sie dort inventarisiert wird und allen Interessenten zur Verfügung bleibt. Auch das Material, das Dr. Wilker inzwischen zum Sonnenberg hat schicken lassen, gilt als Leihgabe. Ich denke, das ist eine brauchbare Regelung ist, wobei mich auch besonders freut, daß Frau Minder nun die für sie viel zu schwere Last dieser Verantwortung los ist. Ich muß gestehen, daß mir der Gedanke recht unangenehm war, Elisabeths Nachlaß in dem Einflußbereich der 'Vorwärtsstrategen' zu wissen [...]." - Nikolaus Koch (geb. 1912) an D.H. br. vom 23.06.1990: "Mit Elisabeth Rotten wurde ich über den Versöhnungsbund und den Weltbund zur [sic!] Erneuerung der Erziehung bekannt. Die dienstliche Korrespondenz, die ich als Leiter der Pädagogischen Zentralbücherei des Landes Nordrhein-Westfa-

verschieden(st)en Wirkungsstätten nachzuforschen, erfordert (zugegebenermaßen) ein hartes Stück Arbeit. Allein: Die These, daß im Kontext der historischen Reformpädagogik wirkende Frauen keine Spuren hinterlassen hätten, taugt (auch) im Falle Elisabeth Rottens als einer der interessantesten Frauengestalten der historischen Reformpädagogik als 'Ausrede' nicht.

---

len mit ihr führte, ist vielleicht noch in der UB Dortmund vorhanden. Meine Versuche, die Archivalien der PZB [=Pädagogische Zentralbücherei] zu sichern, litten unter der Unruhe ständiger Umorganisationsvorgänge im Dortmunder Hochschulbereich. Elisabeth Rotten hatte der PZB ihren Nachlaß versprochen und vorweg einige wichtige Titel gestiftet. Unverständnis im Düsseldorfer Kultusministerium verhinderte die Übergabe. Soviel ich weiß, hat Haus Sonnenberg ihn übernommen. Uferlose Korrspondenz hinderte Elisabeth Rotten am Abschluß größerer Arbeiten. Als ich dem Rottenverehrer Gustav Heckmann einmal sagte, ich müsse für ein Jahr nach Saanen gehen, um ihre Lebensarbeit einsammeln zu helfen, meinte er, ich solle es tun. Meine eigenen Pflichten waren im Wege [...]. Meine persönliche Korrespondenz mit ihr ruht in der unaufgearbeiteten Menge eigener Archivalien." - In: GEBHARDT, Walther, Spezialbestände in deutschen Bibliotheken. Bundesrepublik Deutschland einschließlich Berlin (West), Berlin [u.a.] 1977, S. 121f. heißt es zu den Beständen der 'Pädagogischen Hochschule Ruhr' (Dortmund): "1958: E. Rotten (1882-1964), Pädagogik (Pädagogik) 2.000 Bde. und (Reformpädagogik) 164 Bde." - S. entsprechend: Materialien zur Geschichte der Bibliothek 1946-1976, hrsg. von der Pädagogischen Hochschule Ruhr. Hochschulbibliothek, 2. unveränd. Aufl. Dortmund 1979, S. 9: "In diesen [fünfziger!] Jahren erhielt die Bibliothek eine Reihe von Lehrernachlässen als Geschenk, u.a. von E. Rotten [...]. Dadurch baute sie ihren Bestand an pädagogischer Reformliteratur weiter aus." - Universität Dortmund an D.H. br. vom 17.07.1987 (und ebenso br. vom 08.05.1990) schreibt, "daß Frau Rotten mit Prof. Nikolaus Koch (ehem. Leiter der PH-Bibliothek) bekannt war, und einige Geschenke von Frau Rotten in den Jahren bis 1964 in den Bestand der Bibliothek eingearbeitet wurden. Genaue Angaben wären nur aus dem Schriftwechsel zu entnehmen, der nicht mehr vorhanden ist [...]. Die Bibliothek der Pädagogischen Hochschule Ruhr wurde 1980 in die Universitätsbibliothek Dortmund integriert." - Internationaler Arbeitskreis Sonnenberg an D.H. br. vom 30.03.1989: "Der Sonnenberg besitzt insbesondere Bücher und Zeitschriften aus Elisabeth Rottens Nachlaß, zum Teil mit handschriftlichen Anmerkungen. Es gibt aber keine Briefe und Tagebücher bei uns. Quellen, die Hinweise geben zur Beziehung Elisabeth Rotten Schulfarm Insel Scharfenberg bzw. Wilhelm Blume habe ich in der Bibliothek nicht entdecken können." - Evangelisches Zentralarchiv in Berlin an D.H. br. vom 30.07.1990: "Von Elisabeth Rotten sind mehrere Schriften in unserer Bibliothek vorhanden. Wir haben Ihnen die entsprechenden Katalogkarten kopiert. Ferner besitzen wir eine vollständige Reihe der 'Eiche', bei der Elisabeth Rotten zeitweise mitgearbeitet hat. Umfangreiche Korrespondenz aus ihrer Arbeit in der Hilfstelle in Deutschland und Deutsche im Ausland während des ersten Weltkrieges liegt im 'Ökumenischen Archiv'. In diesem Archivbestand liegt vermutlich auch noch an anderen Stellen Material zur Arbeit von Frau Rotten, die engen Kontakt zu Friedrich Siegmund-Schulze pflegte. Unterlagen über die Schulfarm Insel Scharfenberg konnten wir allerdings nicht ermitteln."

III. ZUR FRAGE NACH DEM LEBENSLAUF DER SCHÜLER DER SCHULFARM DER WEIMARER REPUBLIK NACH 1934 ('LANGZEITWIRKUNGEN')

1959 hatte sich Arnulf Hoffmann, von 1928 bis 1932 Scharfenbergschüler, an seinen ehemaligen Scharfenberger Mitschüler und nunmehrigen Schulleiter der Schulfarm, Wolfgang Pewesin, mit einigen Fragen gewandt:

> "Was ist aus all den 'Uralten' geworden, und wieweit hat die spezifisch Scharfenberger Ausbildung den zukünftigen Lebensweg beeinflußt? Hatte diese neuartige Unterrichts- und Erziehungsform einen besonderen Wert gehabt - abgesehen davon, daß eine Schulzeit ohne den im allgemeinen empfundenen Zwang schon Gewinn genug ist - oder hätte sich jeder einzelne in gleicher Weise entwickelt, wenn er stattdessen auf einer normalen Schule gewesen wäre?"[1]

Hoffmann verband diese Fragen mit folgendem Vorschlag:

> "Diese Frage[n] nach dem Wert der Scharfenberger Erziehung fände[n] vielleicht eine Antwort beim Studium der Lebensentwicklung aller 'Uralten'. Eine Sammlung von Lebensläufen (bestehend aus 2-3 Schreibmaschinenseiten) nach Jahrgängen geordnet könnte eine Erweiterung der Scharfenberger Chronik darstellen und würde zweifellos recht aufschlußreich sein."[2]

Pewesin antwortete:

> "Was Sie da andeuten von einem Lebensläufe-Archiv ehemaliger Scharfenberger: das geht mir seit langem durch den Kopf, es wäre eine sehr gute Sache. Ihren Vorschlag werde ich in Form einer Bitte an die Uralten, uns solche kurzen Lebensläufe zu schicken, in das Rundschreiben aufnehmen. Aber freilich brauchen wir auch Notizen über die, die nicht unmittelbar erreichbar sind: da könnten aber vielleicht andere, die von denen wissen, helfen."[3]

Aus welchen Gründen auch immer - das anvisierte Vorhaben wurde leider nicht realisiert. Somit wurde auch keine Sammlung von Lebensläufen, die Ende der 50er Jahre sicher noch von einer großen Anzahl ehemaliger Scharfenberger hätten zusammengestellt werden können und die für die Fragestellung nach der mittel- und längerfristigen 'Wirkung' der Schulfarm auf die Biographie ihrer ehemaligen Schüler von zentraler Bedeutung gewesen wären, geschaffen.

Erst im Rahmen dieser Arbeit konnten durch zahlreiche Gespräche und Korrespondenzen mit ehemaligen Schülern bzw. deren Verwandten (immerhin) einige biographische Informationen über die nachschulische Biographie einiger ehemaliger Schüler der Schulfarm zusammengetragen werden. Wenngleich durch die doch recht geringe Anzahl der biographischen Informationen (Tod, nicht mehr recherchierbarer Wohnort u.a.m.) zur gestellten Frage - in noch geringerem Maße als bei den bislang behandelten Kapiteln zur Geschichte der Schulfarm - 'repräsentative' Aussagen zu-

---

[1] Berlin, LA, SIS: A. Hoffmann an Pewesin br. vom 14.06.1959.
[2] Berlin, LA, SIS: A. Hoffmann an Pewesin br. vom 14.06.1959.
[3] Berlin, LA, SIS: Pewesin an A. Hoffmann br. vom 05.10.1959.

läßt, so läßt sich aus den vorhandenen Informationen doch eine recht eindeutige und im folgenden darzustellende Grundtendenz erkennen[4].

III.1 ÜBER DIE VIELFALT DER SCHARFENBERGER EINFLÜSSE

Über das hohe 'Leistungsniveau', das die Schüler der Schulfarm in der Weimarer Republik erreichten, wurde bereits an früherer Stelle berichtet; auch was die überdurchschnittliche Persönlichkeitsreife der Abiturienten anbelangt, wurden bereits entsprechende Hinweise gegeben.

Röhrs schrieb in einem Aufsatz, in dem er den 'Ertrag' der reformpädagogischen Praxis zu bestimmen suchte, über die 'Leistungen', die Schüler an reformpädagogisch orientierten Schulen erbracht hätten[5]: Die Ergebnisse der Schüler von Reformschulen würden sich von denen an 'Normalschulen' erzielten u.a. unterscheiden durch bessere fachliche Kenntnisse, insbesondere aber hätten sie eine präzisere, systematischere und objektivere Denkweise, eine ausgeprägte Kreativität und Erfindungsgabe entwickelt. Diese Ergebnisse seien, so Röhrs "Folge der selbsttätigen Arbeitsweise aufgrund der methodischen Mündigkeit, die die Auseinandersetzung mit relativ neuen Fragestellungen erlaubt"; als "spezifisch reformerzieherische Ergebnisse" nennt Röhrs "die bewährte Soziabilität und politische Mündigkeit […], die erlauben, das Gruppenleben fördernd mitzugestalten und politisch Verantwortung mitzutragen."[6] Röhrs Thesen, die sich auch für andere Reformschulen der Weimarer Republik erhärten lassen, treffen voll und ganz auch auf die Schulfarm bzw. ihre ehemaligen Schüler zu - dies wurde bereits aus dem bislang Aufgezeigten deutlich und wird sich zudem durch das im folgenden Aufzuzeigende weiter bestätigen lassen.

Ein erstes Zeichen für die enge Verbundenheit einiger ehemaliger Schüler mit der Schulfarm (und damit auch ein Zeichen der Wirkung der Schulfarm) war, daß - wie schon an früherer Stelle dieser Arbeit gezeigt worden ist - eine Reihe der Schüler nach ihrer Schülerzeit als studentische 'Helfer' engen Kontakt zur Schulfarm behielten[7]; dies sei, wie Heinz Wagner formuliert, für die Ehemaligen "befriedigend"

---

4   Vgl. z.B. für die Karl-Marx-Schule zu diesem Aspekt: "Unsere Erhebungen hierüber ließen wegen der relativ geringen Zahl der uns bekannten und erreichbaren ehemaligen Karl-Marx-Schüler keine exakte empirische Untersuchung zu; sie hätte den Rahmen dieses ohnehin weitgefaßten Themas vermutlich gesprengt. Doch läßt die erkennbare Grundtendenz kaum Zweifel daran, daß die Einflüsse der Karsenschen Pädagogik […] ihr 'Verhalten und die weitere geistige Orientierung' bestimmte: Karsens Grundsätze gaben vielen seiner Schüler 'eine Basis für die Dauer ihres Lebens'." (RADDE, Fritz Karsen, S. 204; dazu auch: Ebd., S. 295, Anm. 58.).
5   RÖHRS, Hermann, Die Reformpädagogik - Illusion oder Realität? Ein Kapitel der internationalen Reformpädagogik, in: Pädagogik und Schulalltag, Jg. 47 (1992), S. 562-583; wieder in: RÖHRS, Hermann, Reformpädagogik und innere Bildungsreform (=Hermann Röhrs. Gesammelte Schriften, 12), Weinheim 1998, S. 140-165; bes. (1992) S. 571-579.
6   RÖHRS, Reformpädagogik - Illusion oder Realität, S. 579.
7   Vgl. S. 383f.

gewesen und habe auch geholfen, "die endgültige Trennung noch ein wenig hinauszuzögern"[8].

Eine enge Verbundenheit blieb auch zwischen vielen ehemaligen Schülern und ihren ehemaligen Lehrern bestehen. So standen z.b. viele ehemalige Schüler mit Blume bis zu dessen bzw. bis zu ihrem Tode in Verbindung. Sicher kann es auch als ein Zeichen enger Verbundenheit und des Vertrauens interpretiert werden, daß Blume nach der Beendigung des 2. Weltkriegs für mehrere seiner ehemaligen Schüler die erste 'Anlaufstelle' nach ihrer Rückkehr nach Berlin und bei ihrer persönlichen und beruflichen Neuorientierung wurde[9].

In einigen Fällen wurden die nachschulischen Beziehungen zwischen ehemaligen Schülern und Scharfenberger Lehrern gar noch enger als in der Schulzeit selbst. So schreibt etwa Wolfgang Pewesin, er habe seinen Lehrer Cohn erst nach seinem Abitur so richtig kennen und schätzen gelernt, "in den Sonnabend-Lesestunden in seinem Hause, zu denen er einige von uns einlud", um gemeinsam "in hundert Sitzungen die hundert Gesänge der Divina Commedia auf italienisch" zu lesen und dabei den (ehemaligen) Schülern "eindrucksvoll die dichterische Größe und philosophische Tiefe dieses Hauptwerkes mittelalterlicher europäischer Geistigkeit" zu vermitteln[10].

Beredte Beispiele für enge außerschulische, (zum Teil) auch über ihre gemeinsame Scharfenberger Zeit hinausreichende Verbindungen zwischen (ehemaligen) Scharfenbergschülern und (ehemaligen) Lehrkräften wurden anhand des Wirkens von Hans Gärtner und vor allem von Erich Scheibner aufgezeigt[11].

Erich Scheibner war auf Scharfenberg insbesondere für die 'linksorientierten' Jugendlichen ein wichtiger Kristallisationspunkt gewesen. Die dabei entstandenen Bindungen blieben auch bestehen, nachdem Scheibner Scharfenberg zum 1. Oktober 1933 verlassen mußte und an eine Berliner Stadtschule versetzt wurde[12]:

Scheibner war nach seinem Schulwechsel zurück in die elterliche Wohnung am Hacke'schen Markt gezogen, wo er ein ausgebautes Bodenzimmer mit Küche und Schlafecke - ein schönes Eckzimmer mit Blick über die Dächer des Viertels - besaß[13]. Hier trafen sich die Jungen, die sich schon auf Scharfenberg ideell und per-

---

8   Wagner an D.H. br. vom 07.08.1988.
9   S. z.B. im Falle Heinrich Scheels S. 888. - S. z.B. im Falle Hermann Natterodts: Berlin, LA, SIS: Blume an Friedrich Natteroth br. vom 21.08.1945: "Mit Freude habe ich durch einen Brief des vergeblich auf mich wartenden filius vor einiger Zeit erfahren, daß Ihre Familie noch lebt [...]." - Und: Berlin, LA, SIS: Natterodt an D.H. br. vom 27.12.1989: "Im Juni 1945, nachdem Deutschland infolge des von den Faschisten ausgelösten Krieges zusammengebrochen und zerstört war, habe ich Blume [...] in seinem Haus in Frohnau bei Berlin besucht [...]." - S. z.B. im Falle Heinz Wagners: Wagner an D.H. br. vom 07.08.1988.
10 PEWESIN, Rede (1982), S. 10. - Dantes 'Göttliche Komödie' war der Schulgemeinschaft zu Weihnachten 1924 gestiftet worden; s. dazu Prot. der 54. Abendaussprache vom 28.01.1925 (Hans Samter), in: Berlin, LA, SIS: CH, V, S. 124-127, hier S. 124. - DANTE, Alighieri, Die göttliche Komödie. Übers. von Karl WITTE. Durchges. und hrsg. von Berthold WIESE [Neue, gänzl. veränd. Ausg.] (=Reclams Universal-Bibliothek, 796/800), Leipzig [1922].
11 S. 428-433.
12 S. dazu S. 782f.
13 Scheel an D.H. mündl. vom 17.02.1987.

sönlich verbunden fühlten und die politisch und kulturell ähnlich interessiert waren, in den ersten Jahren des Nationalsozialismus bis zum Kriegsausbruch, mindestens einmal pro Woche wieder zusammen; dann löste sich die Gruppe auf, da ein großer Teil der Beteiligten zum Militärdienst eingezogen wurde[14].

Zur Stammgruppe gehörten maximal 15-20 Personen, darunter auch Jungen, die bereits 1932 die Schulfarm verlassen hatten[15]. Bernd Goepel nennt, außer sich selbst, Herbert Bestehorn, Karl Dietrich, Rudolf Jäger, Nikodemus Kruyt, Hans Lautenschläger, Peter Rathjens, Hermann Riepe, Heinrich Scheel, Helmut Woldt und auch Hans Coppi[16]. Zu dem Kreis zählten außerdem Erwin Witt[17] und Wolfgang Weber[18]. Die Aktivitäten der Gruppe reichten über die Treffen in Scheibners Wohnung hinaus. Gemeinsam unternahm man in den Ferien bzw. im Urlaub Wanderungen und ausgedehnte Zelt- und Radtouren quer durch Deutschland[19], die "unter der von uns selbstverständlich anerkannten Führung und Leitung von Erich Scheibner"[20] standen:

> "Scheibner, ohne jemals Respektperson hervorzuheben, war ganz selbstverständlich als primus inter pares angesehen. Er war nicht nur in erzieherischer und ideeller Hinsicht Hauptperson, er ermöglichte alles durch persönlichen und finanziellen Einsatz erst."[21]

Zu den Errungenschaften, die Scheibner der Gruppe verschaffte, gehörte auch eine Wiese mit einem alten verlassenen Pferdestall, die man auf einer Wanderung in einem Waldbezirk südlich von Berlin an dem Fluß Schmölde bei Prieros vorgefunden hatte. Scheibner fragte beim zuständigen Förster an, der zustimmte und das Gelände zur Verfügung stellte. Auf diese Weise hatte man ein 'Heim' gefunden, das die Möglichkeit bot, dort Boote unterzubringen und vor allem an Wochenenden oder in den Ferien zu übernachten[22]. Die Erzählungen der an diesen Aktivitäten Beteiligten

---

14 Goepel an D.H. mündl. vom 25.11.1985.
15 Goepel an D.H. mündl. vom 25.11.1985.
16 Goepel an D.H. mündl. vom 25.11.1985.
17 Witt an D.H. br. vom 01.11.1987: "Mit Scheibner hatte ich noch bis etwa Mitte 39 Verbindung. Wir trafen uns dort von Zeit zu Zeit um Bücher auszutauschen und uns über die politische Geschehnisse zu unterhalten. Das war sehr nötig in jener Zeit, wo deutsche Richter unverständliche Urteile fällten, Schutzpolizisten wegsahen, wenn die Schaufensterscheibe eines jüdischen Inhabers zu Bruch ging, und Menschen auf offener Strasse von Rollkommandos zusammengeschlagen wurden, weil sie nicht rechtzeitig die rechte Hand zum Gruß der vorbeigetragenen Hakenkreuzfahne hochbekommen hatten. Es war mir einfach ein menschliches Bedürfnis sich von Freunden, Scharfenbergern, denen man vertrauen konnte, bestätigen zu lassen, daß man nicht selbst einfach übergeschnappt sei, sondern die Welt draußen moralisch, menschlich, sich allmählich zum Tollhaus entwickelte."
18 P. Rathjens an D.H. br. vom 02.09.1985.
19 Scheel an D.H. mündl. vom 17.02.1987 berichtet von einer gemeinsamen Radtour von Scheibner, Lautenschläger und ihm, die sie u.a. nach Frankfurt führte. - Goepel an D.H. mündl. vom 25.11.1985., berichtet z.B. von einer fünfwöchigen Zelttour nach Rügen. - P. Rathjens an D.H. br. vom 02.09.1985, schreibt von Rad- und Paddeltouren in die Mark Brandenburg, vom Zelten an der Ostsee und einer Tour mit Riepe und Weber nach Berchtesgaden.
20 Goepel an D.H. mündl. vom 25.11.1985.
21 Goepel an D.H. mündl. vom 25.11.1985.
22 Hierzu: Goepel an D.H. mündl. vom 25.11.1985. - Und: Natterodt, zit. nach: Rote Kapelle. Dokumente. Begleitheft [zur Schallplatte], hrsg. vom VEB Deutsche Schallplatten, Berlin (DDR), o.J. [1987], o.S.

1. Über die Vielfalt der Scharfenberger Einflüsse

sowie auch eine Reihe erhalten gebliebener Fotos[23] erwecken den Eindruck eines ebenso niveauvollen kulturell-freigeistigen wie zugleich auch jugendbetont-ungezwungenen Lebens - ganz so, als ob hier der 'Geist' der gemeinsamen Scharfenbergjahre fortgeführt worden wäre. Daneben erinnern die Aktivitäten der Gruppe um Scheibner in nahezu frappierender Weise an die der Schüler um den jungen Lehrer Blume vor Beginn des Scharfenberger Schulversuches. Die folgenden drei Zitate bestätigen dies noch einmal:

> "Kurz und gut, es fand doch eine recht intensive Bildungsarbeit in dem Sinne weiter statt, wie wir sie einesteils von Scharfenberg aus kannten, und wie sie im Sinne der damaligen fortschrittlichen, sozialdemokratisch-sozialistisch-kommunistisch eingestellten und kulturell interessierten Menschen bestand."[24]

> "Sonnabends sind wir mit dem Fahrrad dahin [Prieros] gefahren, haben uns natürlich nicht immer über Politik unterhalten, sind auch Boot gefahren, wie eben junge Leute sind [...].[25]

> "Wir führten unser Leben so weiter, wie wir es aus der Zeit vor unserem Abgang von der Schule her gewohnt waren."[26]

Auf die Frage nach dem längerfristigen Einfluß der Schulfarm antworten Verwandte und Bekannte von inzwischen verstorbenen ehemaligen Scharfenberg-Schülern in recht einheitlicher Weise: So heißt es etwa über Karl Berisch, Scharfenberg sei "die einzige Lebensstätte" gewesen, die er "immer wieder mit Begeisterung erwähnt" habe[27]. Walter Jandt habe "immer sehr positiv" über Scharfenberg gesprochen, und er sei "sehr geprägt" gewesen "durch seine Scharfenberger Schulzeit" - u.a. habe die "dort erlebte freie Art zwischen Lehrer und Schüler [...] ihm in seinem Berufsleben sehr gedient"[28]. Auch Erich Gawronski habe oft über die Scharfenberger Schulzeit gesprochen und versucht, "auch nach den Grundsätzen der Schule zu leben"[29].

Die Selbstzeugnisse ehemaliger Schüler sprechen bezüglich der gestellten Frage die gleiche Sprache: Bei aller Vorsicht ("Diese Frage ist kaum exakt zu beantworten, da die Alternative - die letzten vier Jahre auf einer normalen Schule - fehlt (Versuch und Gegenversuch!)"[30]) kommen die ehemaligen Scharfenberg-Schüler zu dem Schluß, die Scharfenberger Zeit sei für sie eine sehr beglückende gewesen und habe

---

[23] S. u.a.: Berlin, LA, SIS. - Und: PS Scheel.
[24] Goepel an D.H. mündl. vom 25.11.1985.
[25] Natterodt, zit. nach: Rote Kapelle. Dokumente. Begleitheft [zur Schallplatte], hrsg. vom VEB Deutsche Schallplatten, Berlin (DDR), o.J. [1987], o.S.
[26] Goepel an D.H. mündl. vom 25.11.1985.
[27] PS Schwer-Rode: JENA, Hans-Jörg von, Für Karl Berisch [10.03.1988].
[28] Ch. Jandt an D.H. br. vom 18.05.1988.
[29] K. Gawronski an D.H. br. vom 28.08.1988.
[30] A. Hoffmann an D.H. br. vom 28.06.1988.

sie - neben dem von einigen Schülern miterwähnten Elternhaus[31] - in besonderem Maße geprägt:

> So schreibt Carl Rathjens, daß er sich "immer gern" an seine Scharfenberger Schulzeit erinnere, der er viel verdanke[32], Erwin Witt, daß die "Jahre in Scharfenberg" für ihn "prägend" gewesen seien[33], Gaulke, Scharfenberg habe "etwas Besonderes" gehabt, und man vergesse "die Schule und die Gemeinschaft" ein Leben lang nicht[34], und Halberstadt-Freud, die Schulfarm sei eine "neue Welt" für ihn gewesen und er "schätze sie sehr", seine "Erfahrungen auf Scharfenberg" für seine "ganze weitere Entwicklung"[35]. Hanno Reichenbach bezeichnet die eineinhalb Jahre auf der Insel als "vielleicht die eindrucksvollsten und schönsten meines Lebens"[36]:

> "[...] ich werde das Erlebnis Scharfenberg mein ganzes Leben an mir tragen und weiß nur zu gut, daß ich vieles unendlich Wertvolles dort mitbekommen habe."[37]

Gerhard Cutner berichtet, er "denke mit Freude und Dankbarkeit an die zwei Jahre", die er auf Scharfenberg "verleben durfte"[38]. Karl Schneider ist sich sicher, er könne sagen, daß Scharfenberg für ihn "ein Gewinn für's Leben war"[39]. Heinz Wolff schreibt, die Schulfarm sei für ihn "ein Erlebnis" gewesen, sie sei ihm, wie "wohl jedem, der einmal dort war, ans Herz gewachsen"[40]; obgleich er nur zwei Jahre auf Scharfenberg gelebt habe, habe sie "ihre Zeichen" in seiner "persönlichen und beruflichen Entwicklung" hinterlassen[41]. Und auch Heinz Wagner formuliert, seine Scharfenberger Jahre erhielten "im Rückblick [...] ein Gewicht, das ungleich viel größer ist, als es ihrer Zahl an Lebensjahren eigentlich zu entsprechen hätte."[42] Stempel betrachtet es "als großes Glück", daß er auf Scharfenberg drei Jahre verbringen durfte, die für ihn "zur schönsten Zeit meines Lebens" zählen[43]. Arnold Fritz schreibt dazu:

> "Wenn auch nicht alles so leicht und heiter war, wie es einem nach 60 Jahren verklärt vor Augen steht - soviel steht fest, daß diese 'echte' Schule mich für mein Leben geprägt, mein innerliches Streben bis zum heutigen Tag gefestigt und auch, um dies nicht zu vergessen, meine

---

31 So schreibt z.B.: Wagner an D.H. br. vom 13.07.1990, er habe schon "vom Elternhaus her eine politische Einstellung entwickelt"; "beide Eltern waren überzeugte Sozialdemokraten und Mitglieder in der SPD - meine Mutter arbeitete später noch, solange es möglich war, in der Arbeitslosenhilfe der SPD mit"; diese Einstellung habe sich auf Scharfenberg weiter entfalten können. - Wagner an D.H. br. vom 05.06.1988: "Vieles, was schon über Familie und Entwicklungsgang angelegt und vorgeformt war, erhielt Anreicherung und Vertiefung in einer als beglückend erlebten Form, die gegenüber den zu bewältigenden neuen Außenproblemen Halt und Richtung gab - insbesondere im politischen Bereich."
32 C. Rathjens an D.H. br. vom 23.08.1985.
33 Witt an D.H. br. vom 01.11.1987.
34 Gaulke an D.H. br. vom 10.03.1988.
35 W.E. Freud an D.H. mündl. vom 27.09.1987.
36 Berlin, LA, SIS: H. Reichenbach an Blume br. vom 20.04.1946.
37 Berlin, LA, SIS: H. Reichenbach an Blume br. vom 20.04.1946.
38 Cutner an D.H. br. vom 09.07.1991.
39 K. Schneider an D.H. br. vom 16.10.1991.
40 H. Wolff an D.H. br. vom 09.06.1988.
41 H. Wolff an D.H. br. vom 21.06.1988.
42 PS Wagner: WAGNER, Heinz, Auch das war Scharfenberg. Erinnerung an einige Episoden im Inselleben der Jahre 1926-29, S. 12.
43 Stempel an D.H. br. vom 26.09.1985.

körperliche Entwicklung durch Waldlauf, Schwimmen, Unterricht im Freien (auch im Winter!), Gemeinschaftsarbeit, harte Betten, gesund-karge Kost u.a. im besten Sinne geprägt hat."[44]

Und Schmoll hält fest:

"Meine Erinnerungen an Scharfenberg 'überwältigen' mich manchmal und dann möchte ich sogleich zur Feder greifen. Jedenfalls haben sie mich mein ganzes bisheriges Leben begleitet und bedeuten mir sehr viel. Ich verdanke Scharfenberg außerordentlich vielfältige Eindrücke, Erfahrungen und Prägungen für die ganze nachfolgende Zeit [...]."[45]

Fragt man die ehemaligen Schüler genauer, welche einzelnen Elemente der auf Scharfenberg praktizierten Pädagogik ihrer Auffassung nach (besondere) Auswirkungen auf ihre weitere Biographie (gehabt) hätten, so werden - wenn auch von Fall zu Fall in unterschiedlicher Gewichtung - alle die Elemente des Scharfenberger Insellebens erwähnt, die in dieser Arbeit als für den Scharfenberger Schulversuch wesentlich herausgearbeitet wurden.

(1) Eines dieser zentralen Elemente war die Gemeinschaftsarbeit. Ehemalige Scharfenberger Schüler heben einmal deren Bedeutung für ihre soziale Entwicklung hervor, aber auch die Bedeutung der praktischen Arbeit für die Physis und weitere gesundheitliche Entwicklung - die "Einfachheit der Lebensführung in Nahrung, Kleidung" und die viele "Bewegung durch Sport und körperliche Abhärtung" (Witt)[46], die "Erziehung zu Abhärtung und zu einem einfachen Leben" (Natterodt)[47], die "körperliche Entwicklung durch Waldlauf, Schwimmen, Unterricht im Freien (auch im Winter!), Gemeinschaftsarbeit, harte Betten, gesund-karge Kost u.a." (Fritz)[48].

Nicht unerwähnt bleiben darf der in diesem Zusammenhang mehrfach gegebene Hinweis, gerade die Erfahrungen des 'Spartanischen', 'Primitiven' und 'Körperlichen' hätten insbesondere in der Kriegs- und Nachkriegszeit und schließlich auch im Alter ihre positiven Wirkungen gezeigt. So schreibt Halberstadt-Freud - in einer bürgerlichen Familie mit allem Komfort erzogen[49] -, seine entsprechenden Scharfenberger Erfahrungen hätten sich in der Zivilinternierung in England deutlich positiv bemerkbar gemacht:

"Ich hatte einfach Selbstvertrauen, ich wußte, wie man sich in einer Gemeinschaft verhält - obwohl das [in der Internierung] eine ganz andere war. Und ich wußte auch, daß man mit ganz wenig auskommen kann. Und daß man bloß erfinderisch zu sein braucht und das war ich auch immer [...]. Ja, die Gemeinschaft war wohl das Wichtigste für mich auf Scharfenberg."[50]

Karl Mundstock berichtet entsprechend:

"Von der Abhärtung und dem Training zehrte ich viele Jahrzehnte, litt weniger als die meisten unter Gestapobetreuung, Schutzhaft, Gefängnis, Wehrmachtsknast, Krieg, arktischen Schnee-

---

[44] A. Fritz an D.H. br. vom 23.08.1985.
[45] Schmoll an D.H. br. vom 30.04.1985.
[46] Witt an D.H. br. vom 01.11.1987.
[47] Natterodt an D.H. br. vom 27.12.1989.
[48] A. Fritz an D.H. br. vom 23.08.1985.
[49] So: FREUD, Die Freuds, S. 4-10.
[50] W.E. Freud an D.H. mündl. vom 27.09.1987.

stürmen, der grausamen Kälte des zweiten Nachkriegswinters. Um mich herum war alles mit galoppierender Grippe verseucht, doch ich wandelte gefeit durch die Bazillenschwärme."[51]

Auch Peter Rathjens schreibt, gerade die Scharfenberger "Einfachheit nicht als Notbehelf, sondern aus Prinzip" sei "nicht spurlos" an ihm vorübergegangen und hätte ihm "in der Kriegs- und Nachkriegszeit sicher genützt"[52]. Und Karl Schneider hält fest, daß die "spartanische Erziehung und Abhärtung" ihm "besonders als Soldat geholfen hat, spätere Fährnisse durchzustehen."[53] Fritz Stempel schließlich schreibt:

> "Etwas besonderes, was ich so richtig erst später erkannt habe, war das einfache Leben. Zwei Butterbrote mit Wurst abends und sechs bis acht einfache Schmalzstullen hinterher, Schlafen teilweise auf Strohsäcken, nur kaltes Wasch- und Duschwasser, kein Telefon, kein Radio, man war genügsam. Aber vor allen Dingen die Abhärtung, das war ein Pluspunkt für das spätere Leben. Ich profitiere heute noch davon, kenne keinen Husten und Schnupfen, habe keine Weh-Wehchen, betätige mich sportlich, fahre Schi alpin [...]. Den Krieg an der Front habe ich besser überstanden als so manch anderer."[54]

(2) Als zweites zentrales Element der Scharfenberger Pädagogik mit deutlicher Wirkung auf die weitere Biographie Scharfenberger Schüler wird - zusammen mit der gesamten musischen Erziehung - der Unterricht benannt. So berichtet z.B. Gerhard Cutner, er verdanke Scharfenberg "eine enorme Ausweitung" seines "Horizonts, besonders in der Sphäre der Literatur, Kunst und Musik."[55] Und der Naturwissenschaftler Arnulf Hoffmann schreibt in diesem Zusammenhang, daß für ihn geblieben sei "auch ein Blick für geschichtliche Zusammenhänge und - trotz der sehr speziellen Ausbildung zum Physiker und Entwicklungsingenieur - die Liebe zum Theater und zu guter Literatur."[56]

Über diese allgemein-kulturellen Aspekte hinaus beeinflußten der Unterricht wie auch das musische Leben auf Scharfenberg häufig sehr direkt Wahl und spätere Ausübung des Berufes. So hebt - um an dieser Stelle zunächst nur zwei Beispiele zu nennen - der Filmarchitekt und Bühnenbildner Karl Schneider hervor, daß Scharfenberg für ihn "zur Entscheidungshilfe" für seinen späteren Beruf geworden sei; insbesondere habe er durch "die bemerkenswert[e] [...] Arbeit des Zeichenlehrers Scheibner", durch "die Vielfalt der gebotenen Möglichkeiten in seinem Unterricht" Anregungen für seinen späteren Beruf erhalten[57]. Der Kunsthistoriker Schmoll schreibt, für seinen Weg zur Kunstgeschichte seien neben der Familientradition, einem Leben in künstlerischer Atmosphäre, dem eigenen Drang, sich ziemlich früh mit Stiften, Farben und Plastelin zu versuchen, die 'folgenreichen Anregungen' aus der Scharfenberger Schulzeit entscheidend gewesen[58].

Auf die Frage nach der von Scharfenberger Schülern getroffenen Berufswahl soll im folgenden Teilkapitel gesondert eingegangen werden.

---

[51] MUNDSTOCK, Meine tausend Jahre, S. 105.
[52] P. Rathjens an D.H. br. vom 02.09.1985.
[53] K. Schneider an D.H. br. vom 16.10.1991.
[54] Stempel an D.H. br. vom 26.09.1985.
[55] Cutner an D.H. br. vom 09.07.1991.
[56] Hoffmann an D.H. br. vom 28.06.1988.
[57] K. Schneider an D.H. br. vom 16.10.1991.
[58] SCHMOLL, Frühe Wege, S. 276-284.

1. Über die Vielfalt der Scharfenberger Einflüsse

(3) Was schließlich - neben der Gemeinschaftsarbeit und dem Unterricht - die Selbstverwaltung ('politische Bildung') als drittes zentrales Element der auf Scharfenberg praktizierten Pädagogik anbelangt, so wird auch diesem von den ehemaligen Schülern ein für ihre weitere Biographie besonderer Stellenwert zugemessen. So berichtet z.B. H. Zander, die "Erziehung auf Scharfenberg (durch Lehrer und Mitschüler in der Gemeinschaft, durch das eigene aktive Mitwirken auf der Grundlage der gebotenen Möglichkeiten)" habe ihm "Orientierung, eine Grundhaltung für den weiteren Lebensweg gegeben", an der er nicht selten seine "Haltung selbst in nicht einfachen Lebenslagen messen konnte", und sie habe ihm geholfen, "in vielen Fragen richtig zu entscheiden"[59]. Karl Schneider schließt sich dem inhaltlich an, indem er als die für ihn "positive Seite Scharfenbergs" die "Erziehung zur Mitverantwortung, Demokratie, kritischem Denken und Zusammenhänge zu erkennen" hervorhebt[60]. Und Arnulf Hoffmann schreibt an einer Stelle:

> "Sicher kann ich sagen, daß die vier Jahre Scharfenberg mich stärker geprägt haben, als dies sonst der Fall gewesen wäre. Wir lernten einerseits sehr selbständig zu arbeiten, andererseits aber auch eine Reihe von Aufgaben gemeinsam im Team zu lösen. Wir gewöhnten uns recht frühzeitig daran, Verantwortung innerhalb eines Gemeinwesens zu tragen. Mir ist es später nie schwer gefallen, mich in eine Gemeinschaft - Arbeitsdienst, Wehrdienst und Kriegszeit - einzufügen, ohne meine Selbständigkeit dabei aufzugeben.
> Wesentlich für das spätere Leben war sicher, daß wir lernten, Dinge und Menschen - auch uns selbst - kritisch zu betrachten, und dies wiederum verbunden mit Toleranz gegenüber Mitschülern und Lehrern. Eine Neigung zum Fanatismus, insbesondere politischem Fanatismus blieb mir fremd."[61]

An anderer Stelle hält Hoffmann zum Thema 'Einfluß Scharfenbergs' fest:

> "Ja, einerseits war unsere Kritikfähigkeit soweit entwickelt, daß man nicht blindlings irgendwelchen "Autoritäten" nachlief; andererseits wurden wir zur Toleranz gegenüber andersdenkenden Menschen erzogen."[62]

Martin Grotjahn schließlich schreibt eindrucksvoll:

> "The 'Spirit of Scharfenberg', Blume's Ideal of Education, was to teach us the Idea of Freedom. Not in the militant spirit of the Western Powers as, 'Free from political threat', but in the classical Greek sense: Free to think, to move, to love, to speak, to work.
> That is what I got from Scharfenberg which for me is 'Blume'. I got perhaps a little to much of his spirit of freedom. I finally felt free of political dogma in germany (later in the U.S.A.), in medicine and even freed myself finally from dogma in psychoanalysis. I became - perhaps too much - I, myself, a citizen of the world, a therapist and an eternal student of human behavior and motivation.
> My father gave me the start, Blume the time and the direction (a psycho-social moratorium) and finally my wife gave me the love I needed to continue my way. The rest I did myself.

---

[59] Zander an D.H. br. vom 25.08.1990.
[60] K. Schneider an D.H. br. vom 16.10.1991.
[61] Hoffmann an D.H. br. vom 28.06.1988.
[62] Hoffmann an D.H. br. vom 09.09.1988.

All four of us, sitting in judgement, do not need to be proud of me - but we all can be satisfied with effort and result."[63]

Diese generell gemachten Aussagen werden von den ehemaligen Schülern unterschiedlich spezifiziert. So bringt z.B. Schmoll eine interessante Fascette ins Spiel, wenn er davon berichtet, daß ihm als Hochschullehrer noch "während der aufregenden Jahre der 1968er Studentenrevolte [...] die Erfahrung von Scharfenberg zugute [gekommen sei]"[64]:

> "Ich war in unserer Architekturfakultät der Technischen Universität München der einzige, der mit den Studenten noch reden konnte, ich meine aus dem Lehrkörper. Und ich schlug in der verfahrenen Situation, als der Konflikt alles zu sprengen drohte, vor, das Modell einer Drittelparität für 1-2 Semester zu erproben. Man nahm das schließlich an unter der Bedingung, daß ich diese Versammlung einer 'Nebenregierung' neben der ordnungsgemäßen Fakultätssitzung auch leiten würde. Das hat mich viel Zeit gekostet, unendliche Sitzungen. Aber es war gut, weil alle erlebten, was und wie so etwas zu machen ist. Im 2. Semester mußten wir es dann aufgeben, doch war die Stimmung danach wie gewandelt und alle fanden zur beruhigten Arbeit zurück! [...]."[65]

Meist jedoch folgen Spezifikationen zum Thema in Hinblick auf das Verhalten in der NS-Zeit. Und so soll im übernächsten Teilkapitel - zum Abschluß der Arbeit - der Frage nach dem Verhalten der Scharfenberger Schüler der 20er und frühen 30er Jahre in der NS-Zeit in einem gesonderten Teilkapitel nachgegangen werden.

---

[63] M. Grotjahn an D.H. br. vom 12.06.1987. - Vgl.: GROTJAHN, Martin, My favorite Patient. The Memoirs of a Psychoanalyst (=Psychologie und Humanwissenschaften, 2), Frankfurt [u.a.] 1987, hier S. 300-303. - S. dazu: M. Grotjahn an D.H. br. vom 12.06.1987: "Auf Seite 300-303 finden Sie einen Traum. Der 'headmaster' ist Blume. Er lebt immer noch in meinen Träumen, 60 Jahre !!! später."
[64] Schmoll an D.H. br. vom 30.04.1985.
[65] Schmoll an D.H. br. vom 30.04.1985.

III.2. DER BERUFLICHE WERDEGANG

Nach ihrer Schulzeit ergriffen die ehemaligen Scharfenberger Schüler die unterschiedlichsten Berufe. So wurde etwa Hans Gaulke Gärtner (ab 1951 in Schweden)[1], Ewald Albrecht Kapitän[2]. Rudolf Frey wurde promovierter Maschineningenieur[3]; als Ingenieure in die Forschung gingen Arnulf Hoffmann[4] und Bernd Stückler[5]. Rolf E. Pallat wurde Geophysiker und ging als solcher nach dem 2. Weltkrieg in die Erdölindustrie in Kanada[6]. Den Arztberuf ergriffen Rolf Wernecke[7], Emil Schipkus[8], Bernd Goepel[9] und Peter Rathjens[10]. Karl Schneider wurde einer der wichtigsten

---

[1] Gaulke an D.H. br. vom 10.03.1988.
[2] Albrecht an D.H. br. vom 30.05.1988.
[3] FREY, Rudolf, Die Abgastemperaturen von Drehrohöfen. Ihre Vorausberechnung und die Vorausbestimmung von Brennstoffverbrauch und Wirkungsgraden. Berlin, Techn. Hochsch., Diss., 1933, o.S.: Lebenslauf.
[4] HOFFMANN, Arnulf, Die Bestimmung der Lebensdauer metastibler Anregungszustände des Neons aus Reststrommessungen in Glimmentladungen, Berlin, Techn. Hochsch., Diss., 1941, o.S.: Lebenslauf. - Und: Hoffmann an D.H. br. vom 28.06.1988.
[5] STÜCKLER, Bernd, Über die Differentialgleichungen für die Bewegung eines idealisierten Kraftwagens, Berlin, Techn. Hochsch., Diss., 1951, o.S.: Lebenslauf. - Und: Stückler an D.H. br. vom 11.02.1988.
[6] R.E. Pallat an D.H. br. vom 18.01.1990: "Ich flog Ende Januar 1953 nach Montreal und fuhr weiter nach Calgary, Alberta, dem Zentrum der Ölindustrie. Binnen einer Woche fand ich eine gute Stellung, in der ich fast 16 Jahre blieb. Danach habe ich noch zweimal gewechselt und bin schließlich in Montreal gelandet. Seit April 1975 bin ich im Ruhestand und habe mich auf dem Lande, ca. 80 km östlich von Montreal in den landschaftlich sehr schönen Eastern Townships von Quebec angesiedelt. Da bin ich der Natur nahe, kann im Sommer gärtnern und im Winter Ski laufen, aber muß doch die angenehmen Seiten der Zivilisation, wie Elektrizität, Warmwasserleitung usw. nicht entbehren [...]. Veröffentlicht habe ich, seit meiner Doktorarbeit, die im Jahrbuch des Halleschen Verbandes für die Erforschung der mitteldeutschen Bodenschätze (1934) abgedruckt worden ist, und einer Zusammenfassung davon in der Zeitschrift 'Braunkohle', nichts mehr. Die Art meiner Tätigkeit, wo es meist auf Geheimhaltung ankam, war nicht dazu getan." - Diss.: PALLAT, Rolf E., Die Folgen junger Bewegungen des Untergrundes im Meuselwitzer Braunkohlegebiet, Halle, Univ., Diss., 1935; Teildr. in: Jahrbuch des Halleschen Verbandes für die Erforschung der mitteldeutschen Bodenschätze und ihrer Verwertung, N.F. 13 (1934), S. 171-212 [ohne Lebenslauf].
[7] WERNECKE, Rolf, Zur Diagnose und Behandlung der subpektoralen Phlegmone, Berlin, Univ., Diss., 1937, o.S.: Lebenslauf.
[8] SCHIPKUS, Emil, Blutdruckversuche mit Adrenalin und Azetylcholin, Berlin, Univ., Diss., 1939, o.S.: Lebenslauf.
[9] GOEPEL, Bernhard, Ein Beitrag zu den arteriellen peripheren Durchblutungsstörungen nach Trauma ohne Kontinuitätstrennung der Gefäßwand, Berlin, Freie Univ., Diss., 1959, o.S.: Lebenslauf.
[10] RATHJENS, Peter, Über einen Fall von symmetrischen, persistierenden Erythemen des Gesichts und des Halses, Mainz, Univ., Diss., 1954, o.S.: Lebenslauf. - Und: P. Rathjens an D.H. br. vom 02.09.1985.

Filmarchitekten des deutschen Nachkriegsfilms[11]. Zum Teil ergriffen die ehemaligen Scharfenberger Schüler Berufe mit ausgesprochener 'Multiplikationsfunktion': so arbeiteten als Schriftsteller (und Übersetzer) Karl Berisch[12], Hellmut Jaesrich[13], Karl Mundstock[14] und Gerhard Hardel, der einer der profiliertesten Kinderbuchautoren der DDR wurde[15].

1928 hatte sich ein Elternteil eines Scharfenberger Schülers gewünscht, "daß Scharfenberg zu der Aufgabe mit beitrage, daß nämlich unter der Schar der zukünftigen Lehrer, welche die Insel jährlich verlassen, sich zwei oder drei finden, die, ihre Kenntnisse der unendlichen Kleinarbeit benutzend, Schulen von ähnlicher Einheitlichkeit als 'neue Keimzellen' über Krisen hinweg ins Leben führen."[16]

---

[11] K. Schneider an D.H. br. vom 16.10.1991: Verließ 1933 die Schulfarm und bekam ein Stipendium an der Berliner Akademie, um dort freie Malerei zu studieren. Nach dem Studium erste Arbeiten als Bühnenbildner am Theater; 1948-58 Filmarchitekt bei der Defa in Potsdam-Babelsberg, später dann auch für Film- und Fernsehproduktionen in der Bundesrepublik. Schneider hatte die Ausstattung für 23 Spielfilme und über 25 Fernsehproduktionen entworfen, darunter z.B. 'Der Untertan' von Wolfgang Staudte (1906-1984). 1987 kaufte das Filmmuseum Düsseldorf die 'Sammlung Schneider' (217 Originalskizzen, Werkzeichnungen, Fotos, Drehbücher, Programme, Kritiken und andere Dokumente aus dem Schaffen des Filmarchitekten) für 85.000 DM. 1988 erhielt Schneider, als einer der wichtigsten Filmarchitekten des deutschen Nachkriegsfilms, für sein Gesamtwerk das Deutsche Filmband in Gold.

[12] Berisch an D.H. br. vom 29.10.1985: "Karl Berisch - wollte [...] Verleger [werden]; Voluntär in einem Buchverlag, der 1929 Pleite ging; Jahre der Stellungslosigkeit, Verbot literarischer Betätigung ('Reichsschrifttumskammer'), während des Krieges Illegalität in Berlin, dann im Werbefach (Kinoreklame), Übergang zum Schreiben (vorwiegend Literatursendungen für SFB und RIAS), dann mehr und mehr literarische Übersetzungen (amerikanisch und englisch) [...]."

[13] JAESRICH, Hellmut, Die französische Literatur im Spiegel der Histoire de France Jules Michelets, Bonn, Univ., Diss., 1939, o.S.: Lebenslauf. - Und: K. Berisch an D.H. br. vom 16.09.1985.

[14] MUNDSTOCK, Karl, Zeit der Zauberin, Halle 1985 (Covertext, Rückseite): "Karl Mundstock wurde am 26. März 1915 in Berlin geboren. Früh wurde er in die Kämpfe der Arbeiterklasse einbezogen. 1933 trat er in den Kommunistischen Jugendverband ein. Sechs Wochen vor dem Abitur wurde er verhaftet und wegen 'Vorbereitung zum Hochverrat' zu zwei Jahren Jugendgefängnis verurteilt. Im Gefängnis entstehen seine ersten Gedichte. Von Beruf Metallarbeiter, arbeitet er nach seiner Haft in verschiedenen Berufen. 1936 Aufnahme in die illegale Kommunistische Partei. 1939 wurde er nach vier Semestern Maschinenbaustudium an der Abendschule exmatrikuliert und 1942 eingezogen. 1944 wurde Mundstock wegen 'Wehrkraftzersetzung' verhaftet. Er kam bei Kriegsende in englische Gefangenschaft und lebt seit seiner Rückkehr freischaffend in Berlin. Zunächst schrieb er Reportagen für die Zeitung 'Neues Deutschland', später zahlreiche Gedichte, Erzählungen und Romane. Er ist Mitglied des Präsidiums des PEN-Zentrums der DDR." - S. bes. die Autobiogr.: MUNDSTOCK, Karl, Meine tausend Jahre Jugend, Halle [u.a.] 1981.

[15] Biogr. Inf. u.a: EBERT, Günter, Geschichte und Geschichten. Lilo Hardel und Gerhard Hardel als Kinderbuchautoren, in: Beiträge zur Kinder- und Jugendliteratur, Heft 13 (1969), S. 37-54. - Gerhard Hardel, in: Schriftsteller der DDR (Meyers Taschenlexikon), 2. unveränd. Aufl. Leipzig 1975, S. 192f. - KÜNNEMANN, Horst, Gerhard Hardel, in: Lexikon der Kinder- und Jugendliteratur, hrsg. Klaus DODERER, Bd. 1: A-H, Weinheim [u.a.] 1975, S. 522f. - Vgl. auch: SCHEEL, Schulfarm (1990), S. 44.

[16] Aus dem Leben, S. 394.

2. Der berufliche Werdegang

Auch Blume hegte (wie viele seiner reformpädagogisch orientierten Kollegen[17]) solche Hoffnungen. So berichtete er 1926 voller Stolz, daß "sich doch 10 unserer Abiturienten auf den Lehrerberuf vor[bereiten], von denen die meisten gewillt und fähig sind, das Werk fortzusetzen und in Filialgründungen zu erweitern."[18] Und im Jahresbericht der Schulfarm für das Schuljahr 1932/33 schrieb Blume, die die Schulfarm mit mittlerer Reife verlassenden Schüler hätten "meist im kaufmännischen Leben oder in der Technik Unterkunft gefunden"[19]; von den Abiturienten (aber) habe sich "ein verhältnismäßig großer Teil pädagogischen Berufen zugewandt, sowohl dem Volksschullehrerberuf, der Jugendpflege, wie auch dem akademischen Studium"[20].

Auf Fritz Blümel, Erwin Kroll, Wolfgang Pewesin, Heinrich Scheel und Walter Schramm als Pädagogen, die im engsten Umfeld Blumes, zum Teil auf Scharfenberg selbst tätig geworden waren, ist in dieser Arbeit an früheren Stellen ausführlich eingegangen worden. Neben diesen Schülern studierten für das Lehramt bzw. ergriffen der Lehrerberuf: Peter Grotjahn (bis zu seinem Tode ca. 1943)[21], Walter Jandt[22], Werner Fiebig[23], Hans-Alfred Kraemer[24], Gerhard Kuttner[25], Hermann Natterodt

---

[17] Vgl. dazu auch: KELLER, Alwine von, Die Lehrerpersönlichkeit und ihre Bildung durch das Landerziehungsheim, in: Das Landerziehungsheim, hrsg. von Alfred ANDREESEN, Leipzig 1926, S. 120-124, hier S. 124: "[...] daß aus den Landerziehungsheimen neue Bildner erwachsen, das ist eine unserer wirklichsten Aufgaben und ist unsere Erwartung."
[18] BLUME, Gesuch (1926).
[19] Berlin, BBF: SLG-GS, Jahresberichte 1932/33, Bd. 248d, Nr. 88: Berlin, SIS (Blume), S. 43.
[20] Berlin, BBF: SLG-GS, Jahresberichte 1932/33, Bd. 248d, Nr. 88: Berlin, SIS (Blume), S. 43.
[21] PS A. Grotjahn: Peter Grotjahn, Tagebuch 1926-1928. - S. auch: A. Grotjahn an D.H. br. vom 23.05.1988.
[22] Ch. Jandt an D.H. br. vom 18.05.1988.
[23] FIEBIG, Werner, Das 'Livre d'Enanchet', nach der einzigen Handschrift [Nr.] 2585 der Wiener Nationalbibliothek herausgegeben. Berlin, Univ., Diss., 1938, o.S.: Lebenslauf. - S. auch: Berlin, AASGB, Ordner Blume/Richter 2: Werner Fiebig an Blume br. vom 17.09.1947 (Marburg, Ockershäuser Allee 32).
[24] Während der Zeit des Nationalsozialismus erscheint Kraemer punktuell als Mitarbeiter der 'Reichsstelle für den Unterrichtsfilm' (s. zu dieser bes. S. 840-844. - Vgl. dazu: Verzeichnis der Unterrichtsfilme für Allgemeinbildende Schulen [Loseblattsammlung, Grundwerk] (=Schriftenreihe der Reichsstelle für den Unterrichtsfilm, 4), Stuttgart [u.a.] 1937 [Das Grundverzeichnis dieser Loseblattsammlung stammt aus dem Jahr 1937 und beinhaltet die ersten 100 für Allgemeinbildende Schulen bestimmten Filme der Reichsstelle bis 1936 (F1/1934 bis F140/1936); weitere Ergänzungen wurden in der Zs. 'Film und Bild in Erziehung und Wissenschaft, Erziehung und Volksbildung' beigelegt]: F41/1935 Herstellung von Wachskerzen, Beiheft: Hans-Alfred Kraemer, Studienassor, Berlin. - F52/1935 Herstellung eines Porzellantellers, Beiheft: Hans-Alfred Kraemer, Studienassessor, Berlin. - Nach dem 2. Weltkrieg wurde Kraemer Lehrer in der DDR; bis Mitte der 50er Jahre publizierte er in pädagogischen Fachzeitschriften, vgl. z.B.: KRAEMER, Hans-Alfred, Zur Entwicklung der Reifeprüfungsfragen im Fache Deutsch, in: Deutschunterricht, Berlin (DDR), Jg. 9 (1956), S. 517-529; hier heißt es mit deutlicher Anlehnung an autobiogr. Erfahrungen auf Scharfenberg auf S. 524: "Aus allen diesen Erwägungen heraus komme ich zu dem Schluß, daß die Reifeprüfung über den Nachweis bestimmter Kenntnisse von Sachverhalten und deren Zusammenhänge hinaus auch den Nachweis einer gewissen Urteilsfähigkeit des Abiturienten erbringen sollte, wobei nicht das Endergebnis des Denkprozesses, das fertige Urteil, der Bewertung unterliegt, sondern die Qualität des Denkprozesses selbst, die Urteilsfindung. Diese kann aber nur dann in Erscheinung treten, wenn der Abiturient sich plötzlich und unvorbereitet vor ein neues Problem gestellt sieht, das er lösen soll, und wenn dieses Problem keinen historischen, sondern Gegenwartscharakter trägt."

(nach 1945 in der DDR)[26], Arnold Fritz (Kunstlehrer und Künstler)[27], Bernd Schmoll gen. Eisenwerth (Kunstlehrer)[28] und wohl auch Paul Heinrichsdorff[29]

Landwirtschaftslehrer wurden Friedrich Dietz[30] und Hans Zander[31]. Fritz Helmerich wurde Berufsschul- bzw. Diplomhandelslehrer[32]. Erich Gawronski wurde nach dem 2. Weltkrieg Leiter der Wiener Volkshochschule Alsergrund[33].

---

[25] Cutner an D.H. br. vom 09.07.1991: Nach Abitur 1926 zunächst ein Jahr Arbeit in der elterlichen Apotheke; ab 1927 Studium der Germanistik, Anglistik und Romanistik in Berlin, Heidelberg und Hamburg; Dissertation (KUTTNER, Gerhard, Wesen und Formen der deutschen Schwankliteratur des 16. Jahrhunderts, Hamburg, Univ., Diss., 1934), dann Referendariat; später Emigration (s. S. 1002)."

[26] Natterodt an D.H. br. vom 27.12.1989: "Durch die Krise im Pressewesen war mein Vater 1932 arbeitslos. Ich verließ die Schule und erlernte in 4jähriger Lehrzeit den Beruf eines Feinmechanikers. Als nach 1945 in der Ostzone Neulehrer gebraucht wurden, entschloß ich mich dazu, besonders auf Grund meiner schönen Schulzeit auf Scharfenberg [!]. 1949 holte mich Heinz Scheel, der im Haus der Kinder in Berlin-Lichterfelde Leiter war, als Arbeitsgruppenleiter für Biologie dort hin. Technischer Direktor war ein älterer Scharfenberger Schüler. Dann war ich als Referent für berufsbildende Schulen im Berliner Institut für Film und Bild tätig. Von 1952 bis 1978 war ich Mitarbeiter im Fernsehfunk in Berlin-Adlershof." - S. so auch: GRIEBEL, Regina / COBURGER, Marlies / SCHEEL, Heinrich, Erfasst? Das Gestapo-Album zur Roten Kapelle. Eine Foto-Dokumentation, hrsg. in Verbindung mit der Gedenkstätte Deutscher Widerstand, Halle 1992, S. 138f.

[27] A. Fritz an D.H. br. vom 23.08.1985: "Ich besuchte nach 1 Semester in Freiburg (Philosophie + Kunstgeschichte (mein Vater hoffte wohl im Stillen, daß ich noch wählen wollte)) die 'Staatliche Kunstschule' Berlin - auch eine wunderbare Zeit unter der Leitung bedeutender Lehrer (Tappert, Hasler, Jäckel u.a.) - wo ich 1930 meine Prüfung 'für das künstlerische Lehramt an höheren Schulen' bestand. - A. Fritz an D.H. br. vom 31.08.1985: "Ich bekam [im August 1933] eine Vertretung (die Arbeitslosigkeit grassierte auch unter den Lehrern) in Magdeburg, wurde dann [Ostern 1934, eine volle Stelle] in Langensalza Assessor und 1941 zum Studienrat ernannt. 1935 heiratete ich (3 Kinder - Hausfrau, Musiker, Arzt -) habe dann den ganzen Krieg mitgemacht. 1950 wurde ich wieder in Berlin (Ost) als Kunsterzieher angestellt, verließ die DDR 1952 und war 1953 hier in Hildesheim endgültig bis zur Pensionierung 1970 tätig. Meine eigene künstlerische Tätigkeit hat - wenn man von kriegsbedingten Pausen absieht - nie aufgehört - ich habe an verschiedenen Ausstellungen in Ost und West teilgenommen und Einzelausstellungen in Paris, Köln, Hannover, Hildesheim, Bad Harzburg gehabt."

[28] Schmoll an D.H. br. vom 30.04.1985: "Mein Bruder wollte erst Maler werden, sah aber in der Wirtschaftskrise ein, daß es besser wäre, die sicherere Laufbahn eines Kunsterziehers einzuschlagen. Er studierte an den 'Vereinigten Staatshochschulen für bildende Kunst' (dies war die 2. Kunstakademie) in Berlin-Schöneberg. Er hatte begonnen auf der Charlottenburger Kunstgewerbeschule und zwischenzeitlich auch eine Ausbildung als Dekorationsmaler absolviert. An der Hochschule machte er um 1937 das Staatsexamen für Kunsterziehung, mußte dann aber noch ein wiss. Nebenfach an der Universität studieren, er wählte Germanistik. Da er zwischenzeitlich 1 Jahr bei der Wehrmacht, 'freiwillig' noch, diente, schaffte er das Examen in Germanistik erst während des Krieges, zu dem er sofort eingezogen wurde [...]. Mußte das Germanistikexamen nochmal nachholen, da das Kriegsnotexamen nicht anerkannt wurde. War dann [...] Studienreferendar, Studienrat, Oberstudienrat, zuletzt Verleihung des Professortitels, weil er für die Referendarausbildung und für die Assessorenbetreuung zuständig war in Stuttgart [...]."

[29] HEINRICHSDORFF, Paul, J.M.J. Lenzens religiöse Haltung, Frankfurt, Univ., Diss., 1931 (Teildr.); vollständig als: HEINRICHSDORFF, Paul, J.M.J. Lenzens religiöse Haltung (=Germanische Studien, 117), Berlin 1932, o.S.: Lebenslauf (nur im Teildr.)): "Vom Sommersemester 1925 bis zum Sommersemester 1927 studierte ich an der Universität Berlin Germanistik, Anglistik und Geschichte. Nach einem Studienaufenthalt in England im Sommer 1927 setzte ich mein Studium bis zum Wintersemester 1929 in Göttingen fort und ging dann an die Universität Frankfurt a. Main. [...]." - Vgl. dazu Paul Heinrichsdorfs England-Reise S. 468f.

[30] Dietz an D.H. br. vom 25.05.1988.

2. Der berufliche Werdegang

Einige Scharfenberger wurden Hochschullehrer: Carl Rathjens Geographieprofessor mit Arbeitsschwerpunkten auf dem islamischen Orient, insbesondere Afghanistan[34], und Heinrich Scheel - wie bereits gezeigt - Professor für Geschichte[35]. Adi Schmoll wurde Professor für Kunstgeschichte mit Arbeitsschwerpunkten auf der Architektur und Skulptur des Mittelalters, der Malerei und Plastik des 19. und 20. Jahrhunderts, der Erforschung Rodins sowie auf den kunsthistorischen Aspekten der Fotografie[36].

---

[31] Zander an D.H. br. vom 25.08.1990: "1933-1936 in der Landwirtschaft tätig (Landwirtschaftslehrling, Landarbeiter) in Westfalen und Hannover. 1936-1939 Studium der Landwirtschaft in Berlin; Abschluß Diplomlandwirt. September 1939 - Juli 1945 zum Kriegsdienst eingezogen. In dieser Zeit während eines Fronturlaubs 1943 mündliche Prüfung zum Dr. agr. (Diss. 1939 und 1940 in Berlin-Dahlem fertiggestellt). 1946-1966 in der landwirtschaftlichen Presse der DDR tätig. Von 1966-1978 (Altersgrenze) wiss. Mitarbeiter im Institut für Agrargeschichte der Akademie der Landwirtschaftswissenschaften der DDR." - S. auch: ZANDER, Hans, Beiträge zur Frage der Nitrat- und Ammoniakernährung der Rüben. Unter Berücksichtigung von Stickstoffmenge, Wasserstoffionenkonzentration, Vegetationsdauer und Wasserversorgung, Berlin, Univ., Diss., 1943, o.S.: Lebenslauf.

[32] Helmerich an D.H. mündl. vom 27.05.1990: nach dem 2. Weltkrieg in der DDR nach Handelslehrerprüfung 1949/50 ab 1950 stellvertretender Direktor der gewerblichen Berufsschule in Calve/Saale, von 1960-64 ebendort Direktor und (kombiniert) Studium an der Humboldt-Universität mit Abschluß Diplomhandelslehrer.

[33] GAWRONSKI, Erich, Bismarcks Formen des außenpolitischen Handelns bis zur Reichsgründung, Kiel, Univ., Diss., 1931, o.S.: Lebenslauf. - K. Gawronski an D.H. br. vom 28.08.1988.

[34] RATHJENS, Carl, Geomorphologische Untersuchungen in der Reiteralm und im Lattengebirge im Berchtesgadener Land, München, Univ., Diss., 1938, o.S.: Lebenslauf. - Und: C. Rathjens an D.H. br. vom 23.08.1985. - Autobiogr. findet sich in: RATHJENS, Carl, Geographie in einem Menschenalter, in: Wechselwirkungen. Der wissenschaftliche Verlag als Mittler. 175 Jahre B.G. Teubner. 1811-1986, Stuttgart 1986, S. 135-149. - Biogr. findet sich bei: BORCHERDT, Christoph, Laudatio für Carl Rathjens anläßlich seines 50jährigen Doktorjubiläums, in: Mitteilungen der Geographischen Gesellschaft in München, Bd. 72 (1987), S. 261-270. - GRÖTZBACH, Erwin, Afganistan - 70 Jahre Gegenstand deutscher Geographischer Forschung. Festvortrag zum 50jährigen Doktorjubiläum von Prof. Dr. Carl Rathjens in München, in: Mitteilungen der Geographischen Gesellschaft in München, Bd. 72 (1987), S. 261-270 [der islamische Orient und speziell Afganistan waren Objekte von Rathjens' wissenschaftlicher Arbeit]. - Vor allem aber s.: RATHJENS, Carl, Wege eines Geographen. Aus dem Nachlaß hrsg. von Wolfgang MÜLLER. Mit einem Nachwort von Dietrich FLIEDNER (=Annales Universitatis Saraviensis, 10), St. Ingbert 1997.

[35] S. 895f.

[36] (Auto-) Biogr. Inf. u.a.: Schmoll an D.H. br. vom 30.04.1985. - SCHMOLL, Frühe Wege, hier S. 275 (Vorbemerkung des Hrsg.). - SCHMOLL GEN. EISENWERTH, Josef Adolf, Ein Gespräch mit Dorothèe Gelderblom, Bielefeld, 3. Juli 1988, in: Rollenbilder im Nationalsozialismus - Umgang mit dem Erbe, hrsg. von Stefanie POLEY, Bad Honnef 1991, S. 382-389. - Eine 300 Titel umfassende Bibliographie des Werkes von J.A. Schmoll ist enthalten in: SCHMOLL GEN. EISENWERTH, Josef Adolf, Epochengrenzen und Kontinuität. Studien zur Kunstgeschichte, hrsg. von Winfried NERDINGER und Dietrich SCHUBERT, München 1985, S. 351-362.

Drei emigierte Scharfenbergschüler wurden in psychologischen Berufsfeldern tätig: Kuttner wurde in England Psychotherapeut[37], Martin Grotjahn in den USA[38]; Freud wurde in England Psychoanalytiker[39]. Und Heinz Wagner wurde in der Sozialarbeit und als Psychagoge tätig[40].

Mit der Tatsache, daß zahlreiche Scharfenberger Schüler Berufe mit 'Multiplikatorenfunktion' erlernten und ausübten, insbesondere aber eine ganze

---

[37] Cutner an D.H. br. vom 09.07.1991: "1936 wurden meine Frau und ich [Heirat 1932] aufmerksam auf das Deutsche Institut für Psychotherapie in Berlin [...]. Der Direktor dieses Unternehmens war ein Medizinalrat Dr. [Matthias Heinrich] Göring [(1879-19..)]. Der Name war nützlich - er war ein Verwandter des anderen G. Wir wurden zur Ausbildung zugelassen. Dieses Studium wurde vorzeitig beendet: im Sommer 1938 fuhren wir nach England, offiziell zum Internationalen Kongreß für Psychotherapie in Oxford, inoffiziell, um Kontakte zu machen zwecks einer möglichen Auswanderung nach England, mit dem Beruf der Psychotherapie. Dann kam 'München' und 'Frieden in unsere Zeit' (Chamberlain). Ich blieb in England; meine Frau fuhr nach Berlin zurück, um eine regelrechte Auswanderung [...] vorzubereiten. Wäre ich auch zurückgekehrt, ich zweifle, ob ich hier sitzen und diesen Brief schreiben würde! Ostern 1939 kamen meine Frau und Tochter (3 Jahre alt), und wir lebten in Bristol. Als der Krieg ausbrach, mußten wir Bristol (Hafen!) verlassen, denn technisch waren wir 'enemy aliens'. Schließlich landeten wir in Stone-on-Trent, wo mir mein Dr. phil. einen Posten als Deutschlehrer an einer High School (Höhere Schule) verschaffte." - Ab September (außerdem) Fortsetzung des Studiums der Psychotherapie. - "Von 1955-73 arbeitete ich als Psychotherapeut an einem Mental Hospital in Worcester. 1979 zog ich von Worcester nach Cheltenham."

[38] Biogr. Inf. zu M. Grotjahn - der vom Sommersemester 1924 bis Mai 1926 Medizin mit Staatsexamensabschluß studierte, nach seinem praktischen Jahr 1930 promovierte, sich ab 1929 auf die Psychiatrie zu spezialisieren begann, bis 1936 eine psychoanalytische Ausbildung machte, 1936 mit Frau und einjährigem Kind in die USA emigrierte, wo er als Arzt in den Dienst der US-Armee trat - in folgender Auswahl der Arbeiten Grotjahns: GROTJAHN, Martin, Über Untersuchungen an Sackträgern, Berlin, Univ., Diss., 1930, o.S.: Lebenslauf. - GROTJAHN, Martin, Vom Sinn des Lachens. Psychoanalytische Betrachtungen über den Witz, das Komische und den Humor. Aus dem Amerik. von Gerhard VORKAMP, München 1974. - GROTJAHN, Martin, Die Sprache des Symbols. Der Zugang zum Unbewußten. Aus dem Amerik. von Gerhard VORKAMP, München 1977. - GROTJAHN, Martin, Kunst und Technik der Analytischen Gruppentherapie. Aus dem Amerik. von Gudrun THEUSNER-STAMPA, Frankfurt 1985. - Vor allem aber s. Grotjahns im wesentlichen zwischen 1974-1984 geschriebene Autobiogr.: GROTJAHN, Martin, My favorite Patient. The Memoirs of a Psychoanalyst (=Psychologie und Humanwissenschaften, 2), Frankfurt [u.a.] 1987, die S. 19-22 ein Kapitel über seine Schulzeit auf der Insel Scharfenberg unter dem Titel 'The Island of my Destiny' enthält und sich auch in ihrem Schluß, S. 300f., auf die Schulfarm bzw. Blume (verschlüsselt: 'The headmaster') bezieht. - S. auch: KASPARI, Alfred Grotjahn, S. 371-387: Kap. 'Alfred Grotjahn und sein Sohn Martin'.

[39] Vgl. S. 1006f.

[40] Biogr. Inf.: PS WAGNER: WAGNER, Heinz Wolfgang, Lebenslauf (1990); und: Wagner an D.H. br. vom 05.06.1988: Nach seinem Scharfenberger Abitur studierte Wagner ab Wintersemester 1929/30 bis Herbst 1937 insges. 8 Semester Bauingenieurwesen an der Technischen Hochschule Berlin, zwischenzeitlich an der Meisterschule für Grafik und Buchgewerbe, 1939-43 Kriegsdienst, 1945-46 an der Werkstatt für Kinderspielzeug in Platendorf (Lüneburg), 1946-48 Erzieher im Zentraljugendheim 'Sternhaus' Wolfenbüttel, 1948-55 Heimleiter in der Jugendwohnheim Waterlooplatz in Hannover, 1955 Heimberater beim Hauptausschuß der Arbeiterwohlfahrt in Bonn, Mitte der 50er Jahre Psychagogenausbildung mit staatl. Anerkennung, 1962 Arbeit als Psychagoge und Werktherapeut im therapeutisch-pädagogischen Jugendheim 'Haus Sommerberg' in Hoffnungsthal bei Köln, daneben div. andere therapeutische Tätigkeiten, 1975 pensioniert. - Zu Wagners Arbeit s. auch: SCHMIDT, Manfred, Institutionelle Veränderungen in der Geschichte eines Jugendheimes von 1962-1982, Bochum, Univ., Diss. (masch.), 1986, S. 181-205.

2. Der berufliche Werdegang

Reihe Scharfenberger Schüler pädagogische Berufe ergriffen, scheint eine weitere, für reformpädagogische Schulen typische 'Wirkung' zum Ausdruck zu kommen: Röhrs schrieb in seinem schon an früherer Stelle dieser Arbeit erwähnten Aufsatz, in dem er den 'Ertrag' der reformpädagogischen Praxis zu bestimmen suchte, über die 'Leistungen', die Schüler an reformpädagogisch orientierten Schulen erbracht hätten[41]. Aufgrund der Tatsache, "welch differenziertes pädagogisches Verständnis [die Schüler reformpädagogischer Schulen] [...] zu den Fragen der Menschenbildung entwickelt [hätten]" sei es für ihn kein Zufall, "daß ein hoher Anteil der Ehemaligen dieser Institutionen Pädagogen [wurden]"[42].

---

[41] RÖHRS, Reformpädagogik - Illusion oder Realität?, bes. S. 571-579.
[42] RÖHRS, Reformpädagogik - Illusion oder Realität?, S. 573.

III.3. DAS WIRKEN UND VERHALTEN IN DER NS-ZEIT

Im diese Arbeit abschließenden Teilkapitel soll - wie oben schon angekündigt - der Frage nach dem Verhalten, nach der Biographie einiger ehemaliger Scharfenberger Schüler der 20er und frühen 30er Jahre in der NS-Zeit und damit auch nach dem Widerstandspotential der Scharfenberger Pädagogik bzw. ihrer ehemaligen Schüler gegenüber dem Nationalsozialismus nachgegangen werden.

Vorangestellt sei der Hinweis, daß der 2. Weltkrieg einigen der ehemaligen Schüler den Tod brachte: So kam Herbert Bestehorn in Rußland um[1], ebenso Wilhelm Grundschöttel[2], Rudolf Pradel[3] und Kurt Martinu[4]. Außerdem fielen Gerhard Marnitz[5], Hermann Riepe[6], Rudolf Schädlich[7] und Hans-Jörg Böker[8]. Hans Woldt erkrankte als Soldat in Griechenland tödlich an Fleckfieber[9], sein Bruder Helmut Woldt fiel in der Ukraine[10]. Vermutlich starben im Krieg auch Peter Grotjahn[11] und Alfons Thiede[12].

Einige der ehemaligen Schüler emigrierten unter der Hitlerdiktatur: Martin Grotjahn und Lothar Zenk[13] wanderten in die USA aus. Ebenfalls emigrierte eine

---

[1] Lt. hdschr. Nachtrag o.D. im Abi-Zeugnis: Berlin, LA, SIS: Reifeprüfungen 1925-1935. - S. auch: SCHEEL, Heinrich, Begegnungen mit Käthe Kollwitz in der Zeit des Faschismus. - Für Jürgen Kuczynski. Auch ein Stück Alltag im antifaschistischen Widerstand, in: Jürgen Kuczynski - ein universeller marxistisch-leninistischer Gesellschaftswissenschaftler (=Sitzungsberichte der Akademie der Wissenschaften der DDR. Reihe Gesellschaftswissenschaften, Jg. 1980, Nr. 9/G), Berlin (DDR) 1980, S. 57-65; u.d.T. 'Begegnungen mit Käthe Kollwitz' auch in: Sinn und Form. Beiträge zur Literatur, Jg. 32 (1980), S. 573-579, hier S. 59.

[2] Lt. handschr. Nachtrag o.D. in: Berlin, LA, SIS: Reifeprüfungen 1925-1935. - So auch: R. Grundschöttel an D.H. br. vom 25.06.1990. - Und: Faas an D.H. mündl. vom 24.05.1990.

[3] Pradel an D.H. br. vom 09.07.1988.

[4] Lt.: Berlin, LA, SIS: Reifeprüfungen 1925-1935, hdschr. Nachtrag im Abizeugnis, o.D. - Vgl. auch: Schmoll an D.H. br. vom 30.06.1985.

[5] Berlin, LA, SIS: Übersicht über die Klassen- und Prüfungsleistungen der Schluß-Prüflinge Ostern 1929. Nachtrag: Mitteilung von Frau Marnitz an W. Pewesin vom 05.01.1965.

[6] Scheel an D.H. br. vom 17.09.1991. - Und: Goepel an D.H. mündl. vom 25.11.1985.

[7] Lt.: M. Richter an D.H. br. vom 24.05.1988.

[8] SCHEEL, Schulfarm (1990), S. 45.

[9] A. Fritz an D.H. br. vom 23.08.1985: "Mein alter Freund Hans Woldt ist Ende des Krieges in Griechenland umgekommen." - BEHNE, Adolf, Entartete Kunst, Berlin 1947 [Widmung: "Dem Gedenken meiner jungen Freunde [...] Helmut Woldt gefallen [...]. Hans Woldt gestorben [...]."], o.S.: gestorben am 01.03.1946 nach der Heimkehr aus Griechenland an Fleckfieber.

[10] BEHNE, Entartete Kunst [Widmung: "Dem Gedenken meiner jungen Freunde [...] Helmut Woldt gefallen [...]. Hans Woldt gestorben [...]."], o.S. - Goepel an D.H. mündl. vom 25.11.1985: Am 07.09.1941 in Dobrotowo (Ukraine) gefallen.

[11] A. Grotjahn an D.H. br. vom 23.05.1988.

[12] Lt.: Schmoll an D.H. br. vom 30.06.1985.

[13] Zenk an die Schulfarm Insel Scharfenberg br. vom 02.05.1987 und an D.H. br. vom 29.05.1988.

Anzahl jüdischer Schüler, so Kurt Maschkowski nach Palästina[14], ebenso Paul Heinrichsdorff[15] und sein jüngerer Bruder Jochen Heinrichsdorff[16]. Willi (William) Jelski ging 1936/37 nach Wien (und kehrte 1965 nach Deutschland zurück)[17]. Jürgen Ortmann emigrierte in die USA[18]. Nach England emigrierte der Halbjude Walter

---

[14] Berlin, LA, SIS: Kurt Maschkowski (Israel) an Scheel br. vom 14.03.1948: "Wie Du Dich vielleicht noch erinnerst, verließ ich D. erst während des Krieges. Die Fahrt dauerte 3 Monate, und danach verbrachte ich ein halbes Jahr in einem englischen Internierungslager. Alles zusammen dauerte das bis August 1940. Von dort entlassen, ging ich in eine Gemeinschaftssiedlung [...] und [...] ging [dann nach einem Jahr] nach Tel-Aviv." - Ebd.: "Ich selbst bin ja zum Glück nie dort [KZ!] gewesen. Doch reichen nur die Geschichten, die ich von den Lagern hörte, vollkommen aus. Meinen Vater, dem es anfangs noch ganz leidlich ging, da er - bei Juden war das ja wichtig - als Frontkämpfer galt, brachte man im Jahre 42 nach Polen, wo ihm dann ins Jenseits herübergeholfen wurde. Fast alle meine Bekannten hier haben ihre Familien verloren."

[15] Vgl. folgende biogr. Informationssplitter: Trogen, AdKP, Ordner [1:] Elisabeth Rotten, Korrespondenz: Elisabeth Rotten an Herrn Lauper br. vom 15.02.1948: "[...]. Dr. Paul Heinrichsdorff, Hanna Kroll, Tel Zwi, Pardes House, Palestine. PH ist ein früherer Schüler von mir, den ich in bester Erinnerung habe, charakterlich wie nach seinen Schulleistungen, und dessen Weiterentwicklung ich auch indirekt weiterverfolgen konnte, ohne daß er es wußte. Er bewirbt sich um Mitarbeit am KD Trogen, z.T. weil er und seine Frau ihre Kinder, die sie mitbringen möchten, lieber in der Atmosphäre der Toleranz erziehen möchten, die sie sich in Trogen versprechen, z.T. weil er sich auch ohne diesen persönlichen Wunsch in dieser Richtung einsetzen möchte. Daß dies aufrichtig ist, kann ich bezeugen. Ich dachte, daß er evt. vorgemerkt werden könnte, falls, wie zu hoffen, das Palestina-Hause noch in frage kommt. Sollte dies der Fall sein, so stehe ich zu weiteren Auskünften zur Verfügung." - Berlin, LA: Rep. 200, Acc. 3184, Nr. 13: Blume an Richter br. vom 20.01.1965: "[...] unser großer Pädagoge [Paul Heinrichsdorff] lebt in Haifa und ist der Englischlehrer von [Carl] Cohns Enkel." - Berisch an D.H. br. vom 29.10.1985: "nach Israel emigriert". - Pradel an D.H. br. vom 09.07.1988: "1933 mußten sie [Paul und Jochen Heinrichsdorff] flüchten; ich hörte über Paul, er sei an die Universität in Haifa gelangt." - Vgl. allerdings: University of Haifa an D.H. br. vom 20.09.1989: "We have searched through our records from 1963 the time of the establishment of the University of Haifa, till the present and find no reference whatever to Prof. Heinrichsdorff."

[16] Pradel an D.H. br. vom 09.07.1988.

[17] Schmoll an D.H. br. 30.04.1985 und bes. vom 30.06.1985. - Zu Jelskis illegalem Unterschlupf bei Schmoll 1936/37 s. S. 1008.

[18] Berlin, LA, SIS: Erik J. Ortmann an Scheel br. vom 05.08.1989 (Briefkopie): "Ganz kurz über Jürgen Ortmann (den 'Erik' habe ich freiwillig an meinen Namen angehängt, weil doch die Amerikaner das 'J' nicht aussprechen können). Nach meinem Abgang von Scharfenberg mit der Obersekunda Reife wurde ich kaufmännischer Lehrling, dann Angestellter. Wanderte 1937 aus, ging auf die Schule, dann Universität (Geschichte, Recht), wurde eingezogen, diente 1 1/2 Jahre, trat in die Reserve ein (freiwillig), heiratete [...] und wurde Staatsbeamter. Pensioniert seit 1980 - und seit dieser Zeit faulenze ich. Gesundheitlich geht's prima [...]. Kinderlos [...]."

Jenke[19], ebenso Hanno Reichenbach[20] und Ernst Halberstadt, der sich fortan W. Ernest Freud nannte.

Detailliertere Informationen über die Emigration bzw. das (Über-) Leben ehemaliger jüdischer Schüler der Schulfarm seien hier zu Ernst Halberstadt-Freud und zu Karl Berisch angeführt:

Halberstadt-Freud[21] lebte, nach seinem Entschluß, die Schulfarm bzw. Deutschland zu verlassen, von 1933-1938, z.T. bei den Großeltern und z.T. bei Freunden, in Wien. Hier besuchte er für einige Monate zunächst wieder seine alte Schule, die Privatschule von Dorothy Tiffany-Burlingham[22], dann ein Wiener Realgymnasium, wo er sein Abitur machte. Da es die Familie zunächst für richtig hielt, er solle beruflich dem Vater folgen, absolvierte er in Wien (ebenfalls) eine Ausbildung als Fotograf. 1935 wanderte der Vater nach Johannisburg aus; seinem Wunsch, sein Sohn möge ihm folgen, kam dieser aufgrund stärkerer Bindung an die Verwandtschaft mütterlicherseits nicht nach. 1938 erfolgte der 'Anschluß' Österreichs. Die exponierte Familie Freud - Freuds Schriften wurden nun verbrannt - war nunmehr sehr gefährdet und emigrierte mit Hilfe einflußreicher Bekannter über Frankreich nach England[23]. Hier folgte eine Zivilinternierung, die die Engländer aus Angst vor einer '5. Kolonne' mit allen Deutschen in England durchführten. Anschließend holte Halberstadt-Freud, da deutsche Schulabschlüsse in England nicht anerkannt wurden, diese nach, studierte neben Berufsarbeit (jobs in einer Administration) in London Psychologie und wurde schließlich Psychoanalytiker. Er lebte in England zusammen mit seiner Tante Anna Freud bis zu deren Tod 1982. Bereits seit den 50er Jahren hatte Halberstadt-Freud wieder berufliche Kontakte nach Deutschland. In den 70er und 80er Jahren intensivierte er sie, insbesondere auf seinem Spezialgebiet der letzten 10 Jahre, der Psychoanalyse auf den Frühgeborenen-Intensivstationen (Bezug

---

[19] Berlin, LA, SIS: Reifeprüfungen 1925-1935, handschriftl. Nachtrag von W. Pewesin im Abi-Gutachten: "Dieser Junge, groß, blond, mußte Deutschland nach 1933 verlassen, weil in seinem 'Stammbaum' sich ein jüdischer Vorfahr fand. Er ist nach England gegangen, wo er eine neue Heimat gefunden hat." - Auch: Schmoll an D.H. br. vom 12.12.1988: "Sehr merkwürdig berührte es Freunde und mich, als wir im Laufe des Jahres 1933 gerüchteweise hörten, Jenke sei Halbjude und deswegen nach England gegangen. Er war ein großer blonder Schlesier, eigentlich ein Idealtyp für Nazis ... [sic!]." - Wagner an D.H. br. vom 13.07.1990: "Walter Jenke verlor ich nach 1933 aus den Augen, weiß also kaum etwas über sein Schicksal. Nach dem Krieg begegnete mir sein Name in einer Veröffentlichung des Bärenreiter-Verlages in Kassel. Da wurde vom Schicksal eines Original-Porträts berichtet (ich glaube Schütz), das in England auftauchte, nachdem Walter Jenke es bei seiner Emigration aus Deutschland hatte nach England bringen können."

[20] Berlin, LA, SIS: H. Reichenbach an Blume br. vom 20.04.1946: "Ja, ich selber habe noch sehr viel Glück gehabt, denn 1934 emigrierte ich erst in die Schweiz und dann endgültig 1935 nach England mit meiner ganzen Familie. Und es war mir möglich, hier in London an der Universität zu studieren. Anschließlich ging ich in die englische Armee [...]. Seit zwei Jahren bin ich jetzt an das englische Foreign Office sekondiert, wo ich viel mit deutschen Kriegsgefangenen zu tun habe und Unterricht in den verschiedenen Lagern organisiere." - S. auch: SCHEEL, Begegnung, S. 11.

[21] Soweit nicht anders vermerkt entstammen die folgenden biogr. Angaben: W.E. Freud an D.H. mündl. vom 27.09.1987.

[22] S. dazu S. 353f.

[23] Zur Emigration der Familie Freud s.: SALBER, Anna Freud.

3. Das Wirken und Verhalten in der NS-Zeit

Babies-Mütter)[24]. Nach dem Tode seiner Tante Anna Freud zog er schließlich 1983 wieder nach Deutschland, ist aber - trotz Überlegungen, die deutsche Staatsbürgerschaft wieder anzunehmen - weiterhin englischer Staatsbürger[25].

Eine besondere Erwähnung verdient das Schicksal des ehemaligen jüdischen Scharfenbergschülers Karl Berisch: Er verließ, nachdem ihm von der Reichsschrifttumskammer jegliche literarische Betätigung verboten worden war, Berlin für kurze Zeit - um bald danach zurückzukehren und die gesamte NS-Zeit hindurch im Untergrund versteckt in Berlin zu überleben[26].

Wie aber verhielten sich die von mir ausfindig gemachten, in der NS-Zeit in Deutschland verbliebenen ehemaligen Scharfenberg-Schüler?

Arnulf Hoffmann schrieb zu dieser Frage, "Toleranz gegen Juden" sei für ihn, "schon vom Elternhaus her, selbstverständlich" gewesen; "der nationalsozialistische Rassenwahn" habe "abstoßend" auf ihn gewirkt[27]. Peter Rathjens betont, er sei aufgrund seiner Scharfenberger Schulzeit "nie [...] nazistischen oder nationalistischen Gedankengängen erlegen, im Gegensatz zur Mehrheit meiner Generation"[28], und sein Bruder Carl, daß er es "- neben dem Einfluß meiner Eltern - zu einem guten Teil Scharfenberg verdanke", daß er "gegen den Nationalsozialismus immunisiert war"[29]. Bernd Goepel "kann [...] nur so viel sagen, daß es der Nationalsozialismus nicht geschafft hat, auch nur einen von uns durch welche Verlockungen auch immer, abtrünnig oder politisch andersdenkend werden zu lassen."[30] Ein anderer Schüler antwortete, so Rotten, auf die Frage, wie es möglich gewesen sei, den Verführungen des Nationalsozialismus zu widerstehen:

"Sie [die Lehrer] haben uns immun gemacht gegen das Lügengift der Nazis."[31]

---

[24] Vgl. z.B.: FREUD, W. Ernest, Beobachtungen des Psychoanalytikers auf Neonatologischen Intensiv-Stationen (NIS), in: Humana Informationen. Aktuelle Schriftenreihe, Ausg. III/1986, S. 11-26 [mit weiterer Literatur zum Thema von W.E. Freud]. - PFAFF, Elke, Neue Wege in Bensberger Klinik. Babys leben in rosaroter Welt. Mutter und Kind bleiben ständig in Kontakt, in: Kölner Stadt-Anzeiger vom 24./25.01.1987.
[25] W.E. Freud an D.H. mündl. vom 27.09.1987: "Aber dann wird man von den Engländern nicht mehr beschützt - falls hier [in Deutschland] mal was schief geht. Und das ist immer noch ein Punkt, wo ich zögere. Man weiß ja nie, ob man ihn nicht mal brauchen könnte."
[26] Berisch an D.H. br. vom 29.10.1985. - S. dazu auch: PS Schwer-Rode: JEESEN, Joachim [=Karl Berisch], Ein gewisser Herr Frederiksen. Erinnerungen aus der Verfolgungszeit [Autobiographischer Bericht], unveröff., Berlin 1960. - PS Schwer-Rode: JENA, Hans-Jörg von, Für Karl Berisch [10.03.1988].
[27] Hoffmann an D.H. br. vom 09.09.1988.
[28] Peter Rathjens an D.H. br. vom 02.09.1985.
[29] C. Rathjens an D.H. br. vom 23.08.1985; weiter heißt es hier: "Das hat nach 1933 viele Schwierigkeiten mit sich gebracht, die ich wohl auch nur deswegen überstanden habe, weil ich von den 12 Jahren des 1000-jährigen Reiches 8 Jahre lang eine Uniform tragen mußte. Das hat mir dann nach dem Krieg aber auch zu einem raschen Start in die Hochschullaufbahn verholfen." - Vgl. auch: RATHJENS, Wege eines Geographen, S. 37.
[30] Goepel an D.H. mündl. vom 25.11.1985.
[31] ROTTEN, Elisabeth, Psychohygiene als Erziehungsfaktor, in: Geistige Hygiene. Forschung und Praxis, hrsg. von Maria PFISTER-AMMENDE, Basel 1955, S. 17-39; u.d.T. 'Geistig-seelische Gesundheitssicherung von Kindheit auf (Psychohygiene als Erziehungsfaktor)' wieder in: Die Gesundheitssicherung. Gesunderhaltung der arbeitenden Menschen als soziale Aufgabe, Heft 5 (1956), S. 14-30, hier S. 36.

Im Folgenden gehe ich auf diese Feststellungen detaillierter und differenzierter ein:

Natürlich sahen sich viele ehemalige Scharfenberg-Schüler, die eine Berufsausbildung durchliefen oder studierten oder bereits Berufe ausübten, in irgendeiner Weise nationalsozialistischem Druck ausgesetzt. So berichtet Schmoll, er habe an der Berliner Universität mit den Hauptfächern Kunstgeschichte und Archäologie zu studieren begonnen, habe einen Freiplatz in einem Studentenwohnheim erhalten und sich dort dem Druck ausgesetzt gesehen, einer NS-Organisation, dem NS-Studentenbund, beizutreten. Er habe dies verweigert, sei dabei glimpflich davon gekommen, habe jedoch das Studentenheim aufgegeben und sei 1937 zu seiner Mutter nach Charlottenburg gezogen[32]. Hier habe er 1936-37 seinem ehemaligen jüdischen Scharfenberger Schulkameraden Jelski und dessen jüdischer Freundin bis zu deren Emigration für einige Zeit Unterschlupf bieten können[33]. 1938 hätten bei ihm Hausdurchsuchungen der Gestapo stattgefunden und er sei in diesem Zusammenhang vorübergehend festgenommen worden - wobei ihm u.a. auch vorgeworfen wurde, daß er "in Scharfenberg Schüler gewesen sei", was schon "ein bedenkliches Licht" auf seine Haltung werfe[34]. Bei aller Courage und Standhaftigkeit, so Schmoll, könne jedoch "nicht geleugnet werden, daß unmerklich ein Prozeß der schrittweisen Anpassung erfolgte, wenn man in diesem System weiterleben wollte" - auch "wenn man es nicht bewußt wollte"[35].

Ein beeindruckendes Beispiel für diese Konfliktlage stellt der Weg Fritz Blümels dar. Wie oben dargestellt, hatte Blümel nach seinem Scharfenberger Abitur studiert, mit dem Ziel, anschließend Lehrer zu werden. Da er jedoch nicht bereit war, den Beamteneid auf Hitler zu schwören, wählte er zunächst einen 'neutraleren' Beruf, änderte jedoch zu Kriegsbeginn 1939 seine Haltung und wurde NSDAP-Mitglied, um das Referendariat beginnen zu können[36]. Dieser Schritt hatte für Blümel, wie für all die Kollegen, die ebenfalls den Schritt in die NSDAP getan hatten, nach dem Ende der NS-Zeit u.a. zur Folge, auf Jahre hin nicht für den Schuldienst zugelassen zu werden. In einem undatierten, in der unmittelbaren Nachkriegszeit geschriebenen Brief warnte Blume den damals in Goslar weilenden Blümel davor, nach Berlin zu kommen, und empfahl ihm statt dessen, sich an anderer Stelle um eine Lehrtätigkeit zu bemühen:

> "Er [Blume!] steht denn auch so gut wie allein auf weiter Flur, da die herangezogenen Mitarbeiter fast alle Pgs [=Parteigenossen] geworden sind und deshalb nicht eingestellt werden dürfen. Ich suchte mit aller Gewalt bei allerbesten Beziehungen zu den gegenwärtigen Machthabern, wenigstens den mit 90 Pfd. Lebendgewicht heimgekehrten Dr. Frühbrodt mir für

---

32 SCHMOLL, Ein Gespräch, S. 382f.
33 Schmoll an D.H. br. vom 30.04.1985 und bes. vom 30.06.1985.
34 Schmoll an D.H. br. vom 30.04.1985: "[In der NS-Zeit kam es zu] Haussuchungen durch die Gestapo (1938), als ich in Charlottenburg in der Wohnung meiner Mutter wohnte. Man hatte mich damals vorübergehend verhaftet. Das hing mit meiner Freundschaft mit in Berlin tätigen Franzosen zusammen. Aber bei den Vernehmungen im Gestapohauptquartier wurde mir, für mich völlig überraschend, u.a. vorgehalten, daß ich ja in Scharfenberg Schüler gewesen sei, was schon ein bedenkliches Licht auf meine Haltung werfe."
35 SCHMOLL, Ein Gespräch, S. 382. - Ebd., S. 386: "Ich gebe offen zu, mich haben einige äußerlich auch für einen Nazi gehalten, weil ich so blond und blauäugig war und öfter in Räuberzivil mit Schaftstiefeln herumlief. Ich habe Grabungen gemacht für meine Doktorarbeit und fand dann dieses Räuberzivil sehr passend; das war nicht nur praktisch, das war auch eine Tarnung."

3. Das Wirken und Verhalten in der NS-Zeit

Scharfenberg zu erkämpfen - es ist mir nicht gelungen; bis jetzt ist noch keine Ausnahme in Großberlin gemacht worden[37]. Ich beeile mich, Ihnen diese sehr enttäuschende Nachricht zum so und so vielten Male zukommen zu lassen, damit Sie keine Gelegenheit [...] vorübergehen lassen und sich Berlin zunächst noch fernzuhalten; Dr. Frühbrodt schippt für die Engländer Kohlen. Dr. Richter, der stubenrein ist, ist noch bei seiner Familie in Kiel. Von alten Kräften habe ich nur Küchling, Jung und Stanki[ewicz], sonst resp. auch sehr alt, aber 70% sind gut. Ein Seminar habe ich auch wieder aufgemacht, und Scharfenberg blüht mit 70 Jungen und 30 Mädchen. Ich pendele immer hin und her und muß noch dazu oft nach Berlin zu Lehrbuchsitzungen und Vorträgen, zu denen man uns alte erfahrene (!) 'Schulreformer' ständig heranholt. Außerdem Literaturvorträge für die französischen Offiziere in Tegel etc. etc. Ich arbeite 14 Stunden täglich amtlich! Das kommt davon, wenn die junge Mannschaft glaubte etwas zu versäumen, wenn sie nicht ... Schweigen wir von dem casus. Jammern hilft nichts, man muß halt mit greisem Kopf in die Bresche springen und damit basta. Weise Reden kann jeder halten."[38]

Blümel kehrte (dennoch) nach Berlin zurück - und erlitt das gleiche Schicksal wie Frühbrodt: Er wurde vom Arbeitsamt in eine Baukolonne gesteckt, wo er als 'Hucker' arbeitete[39].

Blume setzte sich - wie auch für Frühbrodt - massiv für eine Wiedereinstellung Blümels als Lehrer ein. In diesem Zusammenhang entstanden u.a. zwei eindrückliche Briefe Blümels:

"Lieber Chef!
Ich danke Ihnen für Ihre Zeilen. Ihre Absicht, zu versuchen, in der späteren mündlichen Verhandlung eingreifen zu können, ist mehr als ich erwartete. Diese direkte Belastung wollte ich Ihnen eigentlich ersparen, da Sie genug anderes zu tun haben. Doch ist der Gedanke daran tröstlich für mich und ich erwarte die Prüfung meiner Sache guten Mutes.
Sie wundern sich, daß ich statt der Druckertätigkeit die Steinfron als Zwischenlösung vorzöge? Die Entscheidung darüber, was für Arbeit ich tue, liegt nicht bei mir, sondern bei dem zuständigen Arbeitsamt. Art und Ort der Arbeit wird von diesem bestimmt. Ich weiß, das ließe sich mit einiger Bemühung ändern, will es aber garnicht mehr, nachdem ich, 'die Gottheit in meinem Willen aufgenommen habe', woraus nach Schiller und Scharfenberg doch wohl wieder Freiheit resultiert. Ein weiterer Grund dieser Selbstbescheidung ist, daß ich einen alten Freund und Kameraden von der SPD und dem Reichsbanner Schwarz-Rot-Gold in dem Vorsteher meines zuständigen Arbeitsamtes wiederfand, der ganz gewiß von mir keine Bitte zur Erleichterung meiner Lage hören wird, wenn er nicht von selbst auf diese Idee kommt. Im übrigen ist die Steinarbeit so schlimm nicht. Wenn man gesund und an körperliche Arbeit gewöhnt ist, dann ist sie als Freilufttätigkeit gesünder, als die Maschinenarbeit im dumpfen Fabriksaal. Da ich beides bin, mag es dabei bleiben. Wenigstens so lange, als ich nicht gezwungen bin, mehr Geld zu verdienen, um meine Familie ernähren zu können. Da ich aber noch Einspänner sein muß, reicht für mich allein das Steinarbeitereinkommen aus, sodaß ich es mir leisten kann, die Abende mit ehrenamtlichem Unterrichten zu verschenken.

---

[36] S. 853f.
[37] Zur 'autonomen Haltung' Blumes zum Thema 'NSDAP-Mitgliedschaft' im Allgemeinen und im Falle Frühbrodts im Besonderen s.: RIEß, Erinnerungen an die Humboldtschule, S. 77: "Blume bedauerte diese [Nicht-Wiedereinstellung] sehr bei einem bestimmten Kollegen [der der NSDAP angehört hatte], den er gern wieder zum Wiederaufbau nach dem Krieg an der Schule gehabt hätte [Frühbrodt] (er gab mit ihm im Goethe-Gedenkjahr 1949 die Goethe-Broschüre für die Berliner Schulen heraus). - Jedoch gab Blume keine 'Persil-Scheine' an Lehrer, die zwar keine Parteimitglieder gewesen waren, sich aber sehr für Wehrertüchtigung und nationalsozialistisches Gedankengut eingesetzt hatten."
[38] PS Radde, Nachlaß Fritz Blümel (1899-1989), Korrespondenz: Blume an Blümel br. vom [o.D.].
[39] PS Radde, Nachlaß Fritz Blümel (1899-1989), Korrespondenz: Blümel an Blume br. vom [o.D.]: "[...], daß ich bei meinem Baubetrieb jetzt wieder voll als Hucker in der Kolonne arbeite [...]. Die Fahrzeit eingeschlossen, nimmt mir der Bau täglich 11-12 Stunden."

Da die Entnazifizierungstätigkeit während der kalten Monate eingefroren war, rechne ich nicht damit, sobald schon verhandelt zu werden. Hoffentlich bekomme ich zur Erleichterung des Verfahrens inzwischen von Dr. [Paul] Hertz [(1888-1961)][40], dem früheren Reichstagsabgeordneten und Sekretär der SPD Reichtagsfraktion, aus New York die Bestätigung der früheren Verbindung und der Tatsache, daß ich ihm bei seiner Flucht aus Deutschland behilflich sein konnte. Desgleichen von Dr. Schlesinger, dem damaligen Verbindungsmann des Wiener Adlerkreises zur SPD-Reichstagsfraktion [...]. Hertz und Schlesinger hielten meine Wohnung in Britz für sicher genug, vor nazistischem Zugriff unterzuschlüpfen. Hertz begleitete ich im Auto aus Berlin hinaus, bis ich ihn in Sicherheit wußte. Es ist gewiß betrüblich, diese Dinge, die doch selbstverständlich waren und es immer wieder wären, sich heute als Verdienste und entlastende Fakten anrechnen zu lassen, ich bin auch immer wieder drauf und dran, es einfach nicht zu tun, aber es hieße wohl doch, die Dummheit aus Anständigkeit oder die Anständigkeit aus Dummheit zu übertreiben."[41]

In einem Brief vom 25.11.1948 schrieb Blümel an Blume schonungslos über seine 'Verfehlung':

"Mit dem erwähnten 'leichtgläubigen Idealismus' (die Anerkennung, die in dem Ausdruck 'Idealismus' für meine Tätigkeit an Ihrer Schule enthalten ist, nehme ich gern und dankbar zur Kenntnis) begründen Sie meinen Eintritt in die Nazipartei und sind damit, wie ich glaube, sachlich zum dritten Mal im Irrtum. Ich gebe zwar zu, daß sich für den Präsidenten Taylor das alles ganz plausibel und logisch geschlossen lesen wird - vielleicht ist das auch der Zweck ohne Rücksicht auf die Gültigkeit - aber ich darf eine solche Legendenbildung doch nicht unwidersprochen hinnehmen. Nicht weil ich den Nazis leichtgläubig auf sozialem Gebiet Gutes zutraute, bin ich Mitglied geworden, sondern, unter anderen Gründen, weil ich ihnen grundsätzlich alles Schlechte zutraute. Ich habe ihnen von vornherein die ungerechte und gehässige Nadelstichpolitik, wie sie etwa Kollegin Stankiewicz erfuhr, und wie sie für mich wegen meiner politischen Linksaktivität noch wahrscheinlicher geworden wäre, genau so zugetraut wie die sadistische Brutalität der Konzentrationslager und die Verlogenheit der politischen Argumentation. Ich habe manchen Mann den SA-Schlägen entreißen helfen und manchen gemeuchelten Kameraden zu Grabe getragen. Ich kann also niemals für mich als entlastend geltend machen, ich hätte die Nazis verkannt und sei von ihnen getäuscht worden. Auch in der hoffentlich bald stattfindenden Verhandlung vor der Kommission werde ich keine Entlastungsbrücke betreten, die aus solchen Argumenten besteht. Ich weiß genau, daß ich mir möglicherweise damit schade, die nichtnationalsozialistische Gesinnung zu betonen, weil das auf die Kommission kaum Eindruck machen dürfte; denn selbst die größten Nazis wollen es angeblich nie gewesen sein. Ich werde mich damit abfinden müssen - es bleibt trotzdem wahr."[42]

Es dauerte bis in den Januar 1953, bis Blume Blümel mitteilen konnte, daß er - aufgrund seiner Einflußnahme - nunmehr wieder als Lehrer tätig werden konnte, und

---

[40] Biogr. Inf.: M.d.R. Die Reichstagsabgeordneten der Weimarer Republik in der Zeit des Nationalsozialismus. Politische Verfolgung, Emigration und Ausbürgerung 1933-1945. Eine biographische Dokumentation. Mit einem Forschungsbericht zur Verfolgung deutscher und ausländischer Parlamentarier im nationalsozialistischen Herrschaftsbereich, hrsg. von Martin SCHUMACHER, 3., erheblich erw. und überarb. Aufl., Düsseldorf 1994, S. 192-194.
[41] PS Radde, Nachlaß Fritz Blümel (1899-1989), Korrespondenz: Blümel an Blume br. vom [o.D.].
[42] PS Radde, Nachlaß Fritz Blümel (1899-1989), Korrespondenz: Blümel an Blume br. vom 25.11.1948.

III.3.A. DER SCHEIBNER KREIS

Von dem Kreis der ehemaligen Scharfenbergschüler, die sich bis Kriegsbeginn um ihren ehemaligen Lehrer Erich Scheibner scharten, war bereits an früherer Stelle der Arbeit die Rede[44].

Die Beteiligten erinnern sich, wie sie in Scheibners Wohnung, z.T. bis tief in die Nacht hinein, zusammen saßen und durch Schallplattenhören, gegenseitiges Vorlesen und Rezipieren aus Büchern intensive Bildungsarbeit betrieben[45], wie sie gemeinsam Literatur lasen - "alles Verbotene oder Mißliebige von Marx bis Wiechert"[46], u.a. marxistische Werke, die sie von Scharfenberg hatten 'mitgehen lassen' und die sie wie auch andere illegale Materialien in Bodenverschlägen in Scheibners Wohnung verborgen hatten[47]. Drei Aspekte seien an dieser Stelle zum 'Scheibnerkreis' hervorgehoben:

Erstens ist die Solidarität stiftende und zugleich die Ich-Stärke stützende Bedeutung der Treffen um Scheibner zu betonen, wie sie u.a. Erwin Witt beschreibt:

"Mit Scheibner hatte ich noch bis etwa Mitte 39 Verbindung. Wir trafen uns dort von Zeit zu Zeit um Bücher auszutauschen und uns über die politische Geschehnisse zu unterhalten. Das war sehr nötig in jener Zeit, wo deutsche Richter unverständliche Urteile fällten, Schutzpolizisten wegsahen, wenn die Schaufensterscheibe eines jüdischen Inhabers zu Bruch ging, und Menschen auf offener Strasse von Rollkommandos zusammengeschlagen wurden, weil sie nicht rechtzeitig die rechte Hand zum Gruß der vorbeigetragenen Hakenkreuzfahne hochbekommen hatten. Es war mir einfach ein menschliches Bedürfnis sich von Freunden, Scharfenbergern, denen man

---

[43] PS Radde, Nachlaß Fritz Blümel (1899-1989), Korrespondenz: Blume an Blümel br. vom 08.01.1953: "Soeben teilt mir Dr. Ruth Lesser mit, daß die Zulassungskommission [...] sich für Ihre Beschäftigung an wissenschaftlichen Oberschulen entschieden hat. Die Bahn ist also frei! Entre nous gesagt, liebäugelt sie noch etwas mit der Odenwaldschule, die sie auch ohne jenes Placet genommen hätte. Sie weiß von meinem Schreiben für Britz nichts." - Vgl. S. 967f.
[44] S. 430-432.
[45] Goepel an D.H. mündl. vom 25.11.1985.
[46] P. Rathjens an D.H. br. vom 02.09.1985.
[47] Nach Inf. von Lautenschläger in: HESSE, Hildegard / HOFFMANN, Horst, Der lautlose Aufstand. Hans Lautenschläger, Widerstandskämpfer der Schulze-Boysen/Harnack-Organisation, gibt zu Protokoll, in: Wochenpost, Berlin (DDR), Jg. 29 (1982), Teil 1: 'Sie nannten uns 'Rote Kapelle'' in Nr. 48 vom 26.11.1982, S. 12f.; Teil 2: 'Wir waren erst siebzehn' in Nr. 49 vom 03.12.1982, S. 19; Teil 3: 'Hitlers Geliebte erzählte mir' in Nr. 50 vom 10.12.1982; Teil 4: 'Fünf Monate in der Todeszelle' in Nr. 51 vom 17.12.1982, hier Teil 2, S. 19: "Eine der ersten Aktionen [...] bestand darin, große Teile der Schülerbibliothek in Scharfenberg vor der geplanten Bücherverbrennung durch die Hitlerjugend zu retten. Heinrich Scheel [...], Helmut Woldt und Hans Lautenschläger versteckten die gefährdeten Werke in der Bodenkammer bei ihrem Zeichenlehrer Erich Scheibner in der Rosenthaler Straße 44."

vertrauen konnte, bestätigen zu lassen, daß man nicht selbst einfach übergeschnappt sei, sondern die Welt draußen moralisch, menschlich, sich allmählich zum Tollhaus entwickelte."[48]

Zweitens sei darauf hingewiesen, daß es nicht zuletzt Scheibners 'Kristallisationsfunktion' war, wie es den in Berufsausbildung oder -ausübung bzw. im Studium befindlichen ehemaligen Scharfenberger Schülern ermöglichte, neben aller gemeinsamer intellektueller Arbeit für längere Zeit eine gewisse jugendliche Unbekümmertheit bewahren und ausleben zu können. Dies zeigt sich ganz deutlich anhand einiger Aussagen Beteiligter[49] sowie anhand zahlreicher erhalten gebliebener Fotos von Aufenthalten der Gruppe um Scheibner an dem Fluß Schmölde bei Prieros[50].

Als dritter Aspekt sei abschließend die auffallend herausgehobene Rolle der Literatur und Kunst in diesem Zusammenhang hervorgehoben. Welche kraftspendende Bedeutung die Jungen der Beschäftigung mit beidem zumaßen, zeigt Scheel am eindrucksvollsten in seiner Schilderung über seinen Freund Herbert Bestehorn - 1913 geboren, Arbeiterkind, schon früh Halbwaise und vor seinen Scharfenberger Jahren von seiner Mutter im Arbeiterviertel Moabit großgezogen worden[51] -, der nach seinem Abitur 1933 Buchhändler geworden war[52]:

"Sein [für die Gruppe] nachhaltigster Beitrag [...] bestand in dem unermüdlichen Bestreben, uns, seinen Freunden, Literatur und Kunst als Kraftquellen des Widerstandes [!] gegen die faschistische Barbarei immer wieder neu zu erschließen. Vor mir liegt noch ein handgefertigtes Faltblatt vom Herbst 1935, das als ein Programmheft für die Freunde bestimmt war, die so zu

---

[48] Witt an D.H. br. vom 01.11.1987.
[49] S. z.B.: Lautenschläger, zit. nach: Rote Kapelle. Dokumente. Begleitheft [zur Schallplatte], hrsg. vom VEB Deutsche Schallplatten, Berlin (DDR), o.J. [1987], o.S.: "Meinungsverschiedenheiten? Heinz Scheel hat z.B. zu mir gesagt: Erich Weinert [(1890-1953)], das ist für ihn überhaupt kein Dichter, das ist Asphaltliteratur. Daraufhin hab ich ihm eine gescheuert. Bums, war die Keilerei da. Aber wir haben uns immer wieder vertragen [...]." - Lautenschläger, zit. nach: HESSE / HOFFMANN, Der lautlose Aufstand, Teil 2, S. 19: Solche Erlebnisse - so Lautenschläger - hätten dazu beigetragen, die Beteiligten "menschlich reifen" zu lassen: "Wir wurden besonnener, und unsere Erfahrungen in der illegalen Arbeit wuchsen [...]."
[50] S. u.a.: Berlin, LA, SIS. - Und: PS Scheel.
[51] SCHEEL, Begegnungen, S. 57.

einem Kulturabend in die Wohnung unseres ehemaligen Zeichenlehrers [Erich Scheibner] am Hackischen Markt eingeladen wurden. Das Deckblatt trägt den in Linoleum nachgeschnittenen Titelholzschnitt des Romans in Bildern 'Die Sonne' von Frans Masereel; das Innenblatt führt auf, was an diesem Abend von Herbert Bestehorn und anderen zum Vortrag gebracht wurde [...]."[53]

Heinrich Scheel berichtet von einem Briefwechsel zwischen Bestehorn und Käthe Kollwitz (1867-1945) im Herbst 1938[54], der mit einer Bitte Bestehorns an Käthe Kollwitz "um einen Druck als Geschenk für einen [...] befreundeten Menschen"[55] begann - einer Bitte, der Käthe Kollwitz durch Überlassung eines ihrer 'Weberblätter' entsprochen hatte[56]. Diese Briefe gelangten nach Bestehorns Tod 1941 durch dessen Mutter in den Besitz von Scheel[57], der daraufhin seinerseits einen kurzen Briefwechsel mit Käthe Kollwitz begann[58]. In seinem Aufsatz betont Scheel explizit, daß ihm und seinen Freunden "die Kunst der Käthe Kollwitz Kraftquelle und Waffe in einem [war]"[59]. Scheel nennt dazu auch ein konkretes Beispiel:

"Im Januar 1936 führte unsere Gruppe eine Klebezettelaktion zur Erinnerung an die Ermordung Karl Liebknechts [(1871-1919)] und Rosa Luxemburgs [(1870-1919)] durch. Als Vorlage für den Linolschnitt, den ich zu diesem Zweck anfertigte, diente das 'Gedenkblatt für Karl Liebknecht' von Käthe Kollwitz, das 1919/20 entstanden war."[60]

---

[52] SCHEEL, Begegnungen, S. 57f.: "Die Liebe zum Buch war es, die seinen Berufswunsch bestimmte. Er wurde Buchhändler, und da die Lehrstellen damals sehr knapp waren, nahm er um des Endzieles willen auch mit einer Lehre in der Schroppschen Verlagsbuchhandlung vorlieb, die vornehmlich geographische Publikationen und Lehrmittel wie Landkarten, Globen und dergleichen verkaufte. Die Buchhandlung in der damaligen Dorotheen- und heutigen Clara-Zetkinstraße machte einen etwas düsteren, leicht verstaubten Eindruck, und Heinrich Bestehorn hat sich dort auch nie recht wohl gefühlt. Ein aus der proletarischen Herkunft resultierendes Selbstbewußtsein und die goethesche Bildungsidee [!], um die er als junger Mensch sein Denken und Empfinden zentrierte, machte ihn für die faschistische Ideologie total unempfindlich. Er litt unter ihr und - wie er einmal schrieb - dem 'tragischen Schicksal, ein Deutscher zu sein, ohne dort eine wirkliche Heimat zu finden'. Die aus seiner proletarischen Herkunft in ihm gewachsene allgemeine sozialistische Grundüberzeugung, auch wenn sie keine klaren Konturen besaß, schützte ihn davor, die goethesche Welt nur als eine Fliehburg zu nutzen, in der man sich vor der Wirklichkeit verkroch. Es war ein bewußtes politisches Bekenntnis mit allen von der Vorsicht gebotenen Unschärfen, die zum Teil aber ebenso auch einer unverkennbaren Naivität geschuldet waren, wenn er in jenen finsteren Jahren in einem Bewerbungsschreiben formulierte: 'Meine Erziehung stand während der entscheidenden Jahre meiner Jugendentwicklung unter dem uneingeschränkten Einfluß goethischer Bildungsidee und goethischem Weltbürgertums.'"
[53] SCHEEL, Begegnungen, S. 58.
[54] SCHEEL, Begegnungen, S. 62f.: Abschriften von drei in Privatbesitz von Scheel erhaltenen Briefen dieses Briefwechsels.
[55] SCHEEL, Begegnungen, S. 62.
[56] SCHEEL, Begegnungen, S. 62.
[57] SCHEEL, Begegnungen, S. 59.
[58] Abschrift von zwei in Privatbesitz von Scheel erhaltenen Briefen dieses Briefwechsels abgedr. in: SCHEEL, Begegnungen, S. 64f.
[59] SCHEEL, Begegnungen, S. 60.
[60] SCHEEL, Begegnungen, S. 60.

III.3.B. WIDERSTANDSTÄTIGKEIT

Bereits 1933 begannen einige der ehemaligen Schüler, die zum Kreis um Scheibner gehörten, zum Teil in Zusammenarbeit mit anderen Personen und Gruppen, damit, 'kleinere' Widerstandsaktivitäten auszuüben[61].

Der weitere Kreis der Gruppe um Scheibner wußte von diesen Unternehmen entweder nichts oder nur partiell: Über Herbert Bestehorn z.B. schreibt Scheel, er habe "keinen aktiven Anteil an der illegalen Widerstandsarbeit" gehabt; in "groben Umrissen" aber habe er davon gewußt, zudem habe er, "wenn gebeten, mal eine Handreichung, mal einen Botengang" übernommen[62]. Kurt Badenhoop, "ein Mitschüler, der '32 nach der sogenannten Mittleren Reife abging", gehörte ebenfalls nicht zum 'aktiven Kern', doch machte er - so Scheel - "später in der Wallstraße einen Zigarettenstand auf [...], der für uns in der Illegalität Anlaufpunkt und Nachrichtenübermittlungsstelle wurde"[63].

Zu den ersten Widerstandsaktionen gehörte, daß einige der Jungen - zusammen mit einer Gruppe katholischer Jugendlicher aus Tegel - vor den Reichstagswahlen am 12.11.1933 Flugblätter anfertigten, die sie in S- und U-Bahnen, an Schaufensterscheiben und Telefonzellen anklebten, und während des Reichstagsbrandprozesses vom September bis Dezember 1933 die Rede Georgi Dimitroffs (1882-1949) vor dem Leipziger Reichsgericht vervielfältigten und in Berlin verteilten[64].

Gegen den Nazifilm 'Hitlerjunge Quex' (1933) wurden Handzettel verteilt, eine mehrseitige Flugschrift 'Gegen den Krieg' herausgegeben und Druckerzeugnisse aus dem Ausland besorgt[65].

---

[61] Die meisten der ehemaligen Scharfenbergschüler, die im Folgenden im Kontext ihrer Widerstandstätigkeiten behandelt werden, wurden um 1915/16, mit einer Ausnahme (Hanno Günther: 1921) geboren. Sie waren also (mit Ausnahme Hanno Günthers) 1933 ca. 18 Jahre alt, zu Kriegsbeginn 1939, als sie ihre Aktivitäten intensivierten, 24 Jahre alt. Sie sollen in dieser Arbeit, anders als z.Tl. in der Literatur geschehen, nicht dem 'Jugendwiderstand' zugeordnet werden. - Vgl. zuletzt: SCHILDE, Kurt, Im Schatten der 'Weißen Rose'. Jugendopposition gegen den Nationalsozialismus im Spiegel der Forschung (1945 bis 1989) (=Europäische Hochschulschriften, Reihe 3: Geschichte und ihre Hilfswissenschaften, 664), Frankfurt [u.a.] 1995. Schilde benennt das Problem "Was versteht man unter 'Jugend'", ohne zu einer befriedigenden Definition zu finden (S. 19); S. 67 bezeichnet er Scheel im August 1939 als 'kommunistischen Jugendlichen'; auf die Fragestellung nach einem Zusammenhang von schulischer Sozialisation und Widerstand geht Schilde nicht explizit ein.
[62] SCHEEL, Begegnungen, S. 58. - So auch: Scheel an D.H. mündl. vom 17.02.1987.
[63] Scheel, zit. nach: RÜGER, Maria, Aus einem Gespräch mit Hans Coppi, Hans Lautenschläger und Heinrich Scheel vom 16. Mai 1985, in: Für Mutter Coppi und die Anderen, Alle!. Graphische Folge von Fritz CREMER, hrsg. von der Akademie der Künste der Deutschen Demokratischen Republik, Berlin (DDR) 1986, S. 31-53, hier S. 41.
[64] HESSE / HOFFMANN, Der lautlose Aufstand, Teil 2, S. 19.
[65] HESSE / HOFFMANN, Der lautlose Aufstand, Teil 2, S. 19.

3. Das Wirken und Verhalten in der NS-Zeit

Im Januar 1934 organisierten Hans Coppi, Heinrich Scheel und Hans Lautenschläger gemeinsam mit anderen eine Kranzniederlegung an den Gräbern von Karl Liebknecht und Rosa Luxemburg in Berlin-Friedrichsfelde[66].

Ebenfalls 1934 entstand unter Beteiligung Heinrich Scheels und Helmut Woldts, damals beide in der Oberprima der Humboldtschule, sowie Hermann Riepes, damals Obersekundaner an der Humboldtschule, ein antifaschistisches Flugblatt, das die Nazilügen im Zusammenhang mit dem Röhm-Putsch aufzudecken suchte[67].

Am 13.01.1934 wurde Hans Coppi von der Gestapo verhaftet, wegen 'kommunistischer Betätigung' in 'Schutzhaft' genommen, wegen 'Vorbereitung zum Hochverrat' zu einem Jahr Gefängnis verurteilt und im Jugendgefängnis Oranienburg inhaftiert[68]. Anschließend setzte er seine politische Tätigkeit fort. Am 02.09.1935 wurde er erneut zu einer vierwöchigen Gefängnisstrafe verurteilt, da er verbotene Druckschriften verbreitet hatte[69]; 1936 wurde er von der Reichsarbeitsdienstpflicht ausgeschlossen[70].

1936 waren Hans Coppi, Hans Lautenschläger, Hermann Natterodt und Heinrich Scheel an der Herstellung eines Flugblattes zur anstehenden Reichstagswahl beteiligt. Dieses bestand aus drei einseitig beschriebenen Blättern; die Titelseite war

---

[66] HESSE / HOFFMANN, Der lautlose Aufstand, Teil 2, S. 19.
[67] Veröff. in: 80 Jahre Humboldtschule Tegel 1903-1983 (=Humboldtheft, 6), Berlin 1983, S. 107-109. - Vgl. dazu: HARTKOPF, Humboldtschule unter Wilhelm Blume, S. 96: "Professor Scheel [...] berichtet auch von folgender interessanten Episode, die bisher unbekannt geblieben war, aber auf die Schulsituation von damals ein bezeichendes Licht werfen dürfte: Die Sommerferien 1934 hatte Scheel in Paris verbracht, um die Emigration eines Gefährdeten vorzubereiten, und konnte von dort aus der Distanz und mit weit besseren Informationen auf die Verhältnisse in Deutschland blicken. Nach seiner Rückkehr hat er dann, die dort gewonnenen Einsichten verarbeitend, mit zwei der auch an die Humboldtschule übergewechselten Kameraden ein antifaschistisches Flugblatt verfaßt und vervielfältigt, das er mit einer der berühmten Karikaturen von Karl Arnold [(1883-1953)] aus dem 'Simplizissimus' nachempfundenen Hitlerkarikatur versehen hatte. Die Flugblattverteilung war damals, wie im Untergrund üblich, von einer anderen Gruppe, die in keiner Verbindung zur Humboldtschule stand, übernommen worden. Wer beschreibt aber den ersten Schreck der Flugblattverfasser, als einige Tage später ein Klassenkamerad, der mit der ganzen Flugblattgeschichte sonst nichts zu tun hatte, mit einem Exemplar davon in der Klasse erschien. Der Schreck verflog sofort, als eine Tegeler Laubenkolonie als Fundort genannt wurde. Es bildete sich sofort ein interessierter Kreis um den Finder und diskutiere den Flugblattinhalt, als der Gesanglehrer, Herr [Franz] Schwärzke [(1879-19..)], in die Klasse trat, sich den Gegenstand der allgemeinen Unruhe aushändigen ließ und das Blatt studierte. Nachdem er mit markigen Worten seiner Entrüstung über ein solches unwürdiges Pamphlet Ausdruck gegeben hatte, faltete er das Blatt zusammen und steckte es ein. Damit war die Angelegenheit erledigt, und es erfolgte überhaupt nichts. Bis heute ist unbekannt, an welcher Stelle die Flugblattgeschichte 'im Sande verlaufen' ist, ob bei Schwärzke selbst oder bei Blume, falls er diesem davon Mitteilung gemacht hatte, wie es seine Dienstpflicht gewesen wäre." - Zur Aktion und einem noch erhaltenen Exemplar des Flugblattes: SCHEEL, Heinrich, Die Rote Kapelle - Widerstand, Verfolgung, Haft, in: Die Rote Kapelle im Widerstand gegen den Nationalsozialismus, hrsg. von Hans COPPI, Jürgen DANYEL und Johannes TUCHEL (=Schriften der Gedenkstätte Deutscher Widerstand, 1), Berlin 1994, S. 39-53, hier S. 43.
[68] So u.a.: Widerstand gegen den Nationalsozialismus (=Neue Scharfenberg-Hefte, 7), Berlin 1984, S. 31.
[69] U.a.: Widerstand gegen den Nationalsozialismus, S. 31.
[70] Widerstand gegen den Nationalsozialismus, S. 31. - Ebd., S. 31f.: Kopien Arbeitsbuches von Coppi mit entsprechendem Eintrag.

als Nachbildung eines Stimmzettels aufgezeichnet, wie er von den Nationalsozialisten zur Reichstagswahl am 29. März 1936 ausgegeben wurde, gestaltet. Das Flugblatt war auf Wachsmatrizen getippt und dann in der Wohnung Natterodts vervielfältigt worden. Nach zuvor zusammengestellten Adressenlisten wurden die Briefumschläge beschriftet und als Druckschriftensendung zum billigsten Posttarif - damals 3 Pfennige - auf die Reise geschickt. Die Briefe wurden bei den verschiedenen Berliner Postämtern eingeworfen, um bei einer möglichen Kontrolle des Inhalts auf einem Postamt nicht die gesamte Sendung zu gefährden[71].

Im Frühjahr 1942 wurden laut einem Nazibericht im Wedding und in Moabit unter Beteiligung Hans Coppis Klebezettel gegen die Naziausstellung 'Das Sowjetparadies' geklebt[72].

Der 'Hitler-Stalin-Pakt' vom 23.08.1939 führte nicht zuletzt auch bei den ehemaligen Scharfenberger Schülern um Hans Coppi zu - wie es Scheel ausdrückt - erheblichen 'ideologischen Verwirrungen'[73]. Auf der Suche nach Erklärungsmöglichkeiten und Legitimierungen des Sinns der eigenen Arbeit kam es zur Zusammenarbeit der ehemaligen Scharfenberger Schüler mit einer oppositionellen Gruppe, die sich um den Oberleutnant im Reichsluftfahrtministerium Harro Schulze-Boysen (1909-1942) und den Berliner Oberregierungsrat und Wissenschaftler Arvid Harnack (1901-1942) kristallisierte, die selbst wiederum mehrere Personenkreise zusammenfaßte und die, von der Gestapo unter dem Fahndungsbegriff 'Rote Kapelle' subsumiert, später, insbesondere in der DDR, auch als 'Schulze-Boysen/Harnack-Organisation' bezeichnet wurde[74].

Wie kaum eine andere Widerstandsgruppe wurde diese Widerstandsorganisation in den Jahrzehnten des Kalten Krieges in der Bundesrepublik wie in der DDR in einem Ausmaße für propagandistische Zwecke mißbraucht, daß eine wissenschaftliche Aufarbeitung ihrer Geschichte weitgehend unmöglich war:

Die zentralen, der Wissenschaft zugänglichen schriftlichen Quellen zum Thema waren und sind Gestapoberichte. Diese bewerteten die 'Rote Kapelle' einseitig als bedeutende, von der Sowjetunion ferngesteuerte Gruppe von Vaterlandsverrätern.

In der Bundesrepublik wurde dieses Bild weitertradiert und die Rote Kapelle als kommunistische Widerstandsgruppe entweder in diffamierender Weise dargestellt, ganz aus der Widerstandsforschung ausgeklammert oder reißerisch

---

[71] Nach: Widerstand gegen den Nationalsozialismus, S. 37; hier findet sich auch eine Abb. des Flugblattes sowie S. 37-40 eine Abschrift seines Textes.
[72] Widerstand gegen den Nationalsozialismus, S. 36. - Ebd. findet sich auch eine Abbildung des Klebezettels.
[73] Scheel an D.H. mündl. vom 17.02.1987. - Vgl. auch, auf Inf. von Scheel basierend: SCHIELKE, Der Lange von der Schulfarm, S. 10.
[74] Zum Begriff 'Rote Kapelle': ROSIEJKA, Gert, Die Rote Kapelle. 'Landesverrat' als antifaschistischer Widerstand. Mit einer Einführung von Heinrich SCHEEL, Hamburg 1986, S. 23-25. - Scheel, zit. nach: Rote Kapelle. Dokumente. Begleitheft [zur Schallplatte], hrsg. vom VEB Deutsche Schallplatten, Berlin (DDR), o.J. [1987], o.S. zur Verwendung des Begriffs 'Rote Kapelle': "Rote Kapelle - dennoch ein klangvoller Name, den zu benutzen wir uns nicht scheuen sollten. Auch die Niederländer zu [Lamoral von] Egmonts [(1522-1568)] Zeiten wurden von den sie beherrschenden Spaniern als gueux, als Bettler beschimpft, aber sie machten daraus einen Ehrennamen, indem sie sich selbst mit Stolz die Geusen nannten."

'ausgeschlachtet'[75]. So vermag man den Beurteilungen Scheels, der selbst Mitglied der Roten Kapelle war und als 'Betroffener' wie als Historiker selbst an vielen Stellen zum deutschen Widerstand[76] ebenso zur Roten Kapelle[77] und nicht zuletzt auch

---

[75] Selbst neuere Arbeiten sind nicht immer frei von jenen unkritischen Tradierungen der NS-Quellen; so z.B.: Krieg gegen die Sowjetunion 1941-1945. Eine Dokumentation, hrsg. Reinhard RÜRUP, Berlin 1991, S. 190: "Über den Wetterdienstinspector der Luftwaffe Heinrich Scheel kam Schulze-Boysen Ostern 40 mit einem Diskutierkreis ehemaliger Schüler der Scharfenberg Aufbau Schule in Berlin Tegel zusammen, der völlig kommunistisch ausgerichtet war. Hier [!] lernte er den Dreher Hans Coppi kennen, der im Frühjahr 41 von ihm zur nachrichtendienstlichen Mitarbeit geworben und als Funker eingesetzt worden ist." - Ebd., S. 191: "Sowohl [Oda] Schottmüller [(1905-1943)] als [auch] die [Gräfin Erika von] Brockdorff [(1911-1943)], mit der Coppi aus diesen und jenen Gründen ein intimes Verhältnis unterhielt, wußten von den Sendeversuchen und stellten ihre Wohnungen auch bereitwilligst zur Verfügung." - Als eine der wenigen frühen 'westlichen', um historische Wahrheit bemühten Darstellungen zum Thema gilt: PERRAULT, Gilles, Auf den Spuren der Roten Kapelle, 2. Aufl. [der deutschen Übers. und Erstausg. 1969], Wien [u.a.] 1990. - Vgl. dazu die Rezension: SCHEEL, Heinrich, Neues vom legendären Grand Chef. Gilles Perraults Bericht liegt jetzt in einer erw. Neuausg. vor, in: Die Zeit vom 15.03.1991, S. 49.
[76] Z.B.: SCHEEL, Heinrich, Zwei deutsche Staaten - zwei Traditionen in ihrer Stellung zum Kampf der Partisanen, in: Der nationale und internationale Charakter der Widerstandsbewegung während des zweiten Weltkrieges. Internationale Konferenz über die Geschichte der Widerstandsbewegung, Warschau 15.-19.04.1962, Bd. 2, Wien 1966, S. 480-487.
[77] Z.B.: SCHEEL, Heinrich, Die 'Rote Kapelle' und der 20. Juli 1944, in: Zeitschrift für Geschichtswissenschaft, Jg. 33 (1985), S. 325-337. - SCHEEL, Heinrich, Die 'Rote Kapelle' und der 20. Juli 1944, in: Die Widerstandsorganisation Schulze-Boysen/Harnack. Die 'Rote Kapelle'. Tagung vom 9.-11.9.1988 im Adam-von-Trott-Haus, hrsg. von der Evangelischen Akademie Berlin (West) (=Dokumentation 69/90), Berlin 1990, S. 30-52. - SCHEEL, Heinrich, Elisabeth und Kurt Schumacher, in: Die Rote Kapelle im Widerstand gegen den Nationalsozialismus, hrsg. von Hans COPPI, Jürgen DANYEL und Johannes TUCHEL (=Schriften der Gedenkstätte Deutscher Widerstand, 1), Berlin 1994, S. 254-261.

zur Rolle der ehemaligen Scharfenbergschüler im Widerstand[78] Stellung bezogen hat - ebenso wie den Beurteilungen Hans Lautenschlägers[79] und Hans Coppis jun.[80] -, nicht zu widersprechen:

> "Von der bundesdeutschen Historiographie aus der Geschichte des deutschen Widerstandes hinauseskamotiert, wurde die Rote Kapelle [...] vornehmlich Gegenstand sensationell aufgemachter Spionageromane, Reportagen und Artikelserien, die auch dort, wo sie wissenschaftliche Arbeitsweise vortäuschen, wissenschaftlich ohne jeden Belang blieben und lediglich durch ihre Gruselstories die antikommunistische Propaganda bedienten."[81]

Die DDR-Geschichtsschreibung, die sich auch erst Mitte der 60er Jahre der Roten Kapelle annahm, entwickelte - wenngleich unter anderen Vorzeichen, so doch ebenfalls der Propaganda der Gestapoberichte folgend - in einfachstem Strickmuster das Bild einer von Kommunisten dominierten großen, homogenen und leistungsstarken Widerstandsorganisation, in der die Volksfrontpolitik der KPD eine nachhaltige Aus-

---

[78] S. z.B.: SCHEEL, Heinrich, Zur Roten Kapelle, in: Theorie und Praxis. Wissenschaftliche Beiträge der Parteihochschule 'Karl-Marx' beim ZK der SED, Berlin (DDR), Jg. 23 (1974), Heft 1, S. 40-47. - SCHEEL, Heinrich, Vereint im Widerstand gegen den Faschismus. Aus der Geschichte der Roten Kapelle, in: Spektrum. Die Monatsschrift für den Wissenschaftler, Jg. 6 (1975), Mai-Heft, S. 4-7. - SCHEEL, Heinrich, Die Widerstandsorganisation Schulze-Boysen/Harnack. Die Wahrheit und bürgerliche Lügen über die 'Rote Kapelle', in: Horizont. Wochenzeitung, Berlin (DDR), 1977, Nr. 51, S. 25 und S. 28. - SCHEEL, Heinrich, Der 22. Dezember 1942, in: Widerstand gegen den Nationalsozialismus (=Neue Scharfenberg-Hefte, 7), Berlin 1984, S. 21-27. - SCHEEL, Heinrich, Mein Freund und Kampfgefährte. Zum 70. Geburtstag von Hans Coppi am 25. Januar, in: Neuer Tag. Organ der Bezirksleitung Frankfurt (Oder) der Sozialistischen Einheitspartei Deutschlands vom 24.01.1986, Wochenbeilage: Unsere Zeit. - SCHEEL, Heinrich, Hans Coppi - mein Freund und Kampfgefährte, Berlin (DDR) 1986. - RÜGER, Maria, Aus einem Gespräch mit Hans Coppi, Hans Lautenschläger und Heinrich Scheel vom 16. Mai 1985, in: Für Mutter Coppi und die Anderen, Alle!. Graphische Folge von Fritz CREMER, hrsg. von der Akademie der Künste der Deutschen Demokratischen Republik, Berlin (DDR) 1986, S. 31-53.- Rote Kapelle. Dokumente. Begleitheft [zur Schallplatte], hrsg. vom VEB Deutsche Schallplatten, Berlin (DDR), o.J. [1987]. - SCHEEL, Heinrich, Von der Schulfarm Scharfenberg zur 'Roten Kapelle'. Anmerkungen zur Gemeinschaftsbildung im Widerstand, in: Die Widerstandsorganisation Schulze-Boysen/Harnack. Die 'Rote Kapelle'. Tagung vom 9.-11.9.1988 im Adam-von-Trott-Haus, hrsg. von der Evangelischen Akademie Berlin (West) (=Dokumentation 69/90), Berlin 1990, S. 1-19. - SCHEEL, Heinrich, Vor den Schranken des Reichskriegsgerichts. Mein Weg in den Widerstand, Berlin 1993. - SCHEEL, Heinrich, Die Rote Kapelle - Widerstand, Verfolgung, Haft, in: Die Rote Kapelle im Widerstand gegen den Nationalsozialismus, hrsg. von Hans COPPI, Jürgen DANYEL und Johannes TUCHEL (=Schriften der Gedenkstätte Deutscher Widerstand, 1), Berlin 1994, S. 39-53. - S. dazu auch den auf Inf. von Scheel basierenden Artikel: SCHIELKE, Der Lange von der Schulfarm.

[79] Erinnerungen des Scharfenbergschülers Hans Lautenschläger: HESSE / HOFFMANN, Der lautlose Aufstand.

[80] Artikel des Sohnes des Scharfenbergschülers Hans Coppi: COPPI, Hans, Schokoladenreklame tarnte Flugblätter. Die Gestapo bezeichnete die Schulze/Harnack-Gruppe als 'Rote Kapelle', in: Junge Welt, Berlin (DDR) vom 22.12.1967. - COPPI, Hans, "... und die Saat ging auf", in: DDR-Revue. Jg. 20 (1975), Heft 6, S. 38-40.

[81] SCHEEL, Einleitung, S. 9. - Mit den angesprochenen Titeln ist u.a. gemeint: HOEHNE, Heinz, Kennwort: Direktor. Die Geschichte der Roten Kapelle, Frankfurt 1970; verändert zuerst als Serie in: Der Spiegel, Jg. 22 (1968), Nr. 21, S. 78-96; Nr. 22, S. 86-98; Nr. 23, S. 72-86; Nr. 24, S. 98-110; Nr. 25, S. 100-114; Nr. 26, S. 78-94; Nr. 27, S. 80-90; Nr. 28, S. 60-72; Nr. 29, S. 72-80; Nr. 30, S. 79-90. - Das Geheimnis der Roten Kapelle. Das US-Dokument 0/7708. Verrat und Verräter gegen Deutschland, hrsg. von Gert SUDHOLT, 2. Aufl. Leoni 1979.

3. Das Wirken und Verhalten in der NS-Zeit

formung erhielt. In plattester Manier wurde hier eine 'Märtyrer- und Heldenverehrung' inszeniert, die sich publizistisch weitestgehend auf die Wiederholung immergleicher Elemente - Kurzbiographie, Foto, 'letzter Brief' und Todesurteil - beschränkte und entgegen der zumindest angeblich beabsichtigten, 'staatspolitisch' 'gewollten' Intention - nichts dazu beitrug, eine differenzierte Annäherung an die Mitglieder der Roten Kapelle in wissenschaftlicher und/oder in politisch-pädagogischer Weise zu ermöglichen[82].

Erst mit dem Abflauen des Kalten Krieges begann Mitte der 80er Jahre sowohl in der DDR als auch in der Bundesrepublik eine allmähliche differenziertere Betrachtungsweise zu greifen. Dabei spielte in der DDR das Wirken Heinrich Scheels eine nicht unwesentliche Rolle[83]. In der Bundesrepublik Deutschland sind insbesondere die Arbeiten Peter Steinbachs zur Widerstandsforschung im allgemeinen wie zur Roten Kapelle im besonderen hervorzuheben: Allmählich gelang es - trotz anhaltender Behinderungen der Erforschung des 'linken Widerstandes' durch konservative Kreise[84] - seit Ende der 80er und Beginn der 90er Jahre (u.a. auch forciert durch die

---

[82] S. z.B.: "... besonders jetzt tu Deine Pflicht!" Briefe von Antifaschisten geschrieben vor ihrer Hinrichtung, Berlin [u.a.] 1948. - Erkämpft das Menschenrecht. Lebensbilder und letzte Briefe antifaschistischer Widerstandskämpfer. Mit einem Vorwort von Wilhelm PIECK, hrsg. vom Institut für Marxismus-Leninismus beim Zentralkomitee der Sozialistischen Einheitspartei Deutschlands, Berlin (DDR) 1958. - Deutsche Widerstandskämpfer 1933-1945. Biographien und Briefe, hrsg. vom Institut für Marxismus-Leninismus beim Zentralkomitee der SED, bearb. von Luise KRAUSHAAR [u.a.], Bd. 1, Berlin (DDR) 1970. - BIERNAT, Karl Heinz / KRAUSHAAR, Luise, Die Schulze-Boysen/Harnack-Organisation im antifaschistischen Kampf, hrsg. vom Institut für Marxismus-Leninismus beim ZK der SED, 2. Aufl. Berlin (DDR) 1972. - In gewissem Sinne auch: Der deutsche antifaschistische Widerstand 1933-1945. In Bildern und Dokumenten, hrsg. von Peter ALTMANN [u.a.], Frankfurt 1975. - S. auch (unter Nennung der Schulfarm): JAHNKE, Karl-Heinz, Die Stafette: Junge deutsche Patrioten im Kampf fürs Vaterland, in: Junge Generation, Jg. 23 (1969), Heft 8, S. 31-34. - KOROLKOW, Juri, Die innere Front. Roman über die Rote Kapelle (Übers. aus dem Russischen), 2. Aufl. Berlin (DDR) 1976. - BLANK, Alexander S. / MADER, Julius, Rote Kapelle gegen Hitler, Berlin (DDR) 1979, S. 106f. (Auszüge von Briefen Hans Coppis an seine Frau Hilde). - JAHNKE, Karl Heinz, In einer Front. Junge Deutsche an der Seite der Sowjetunion im Großen Vaterländischen Krieg, 2. erw. Aufl. Berlin (DDR) 1989, bes. S. 102-107. -
Zur Antifaschismusforschung in der DDR s. u.a.: WIPPERMANN, Wolfgang, Antifaschismus in der DDR: Wirklichkeit und Ideologie (=Beiträge zum Thema Widerstand, 16), Berlin o.J. [ca. 1979/80]. - Zur Problematik der Heroisierung aus politisch-pädagogischer Sichtweise s. u.a.: Hans Coppi (jun.) in: RÜGER, Maria, Aus vier Jahren Gespräch mit Hans Coppi, Hans Lautenschläger und Heinrich Scheel vom 16. Mai 1985, in: Für Mutter Coppi und die Anderen, Alle!. Graphische Folge von Fritz CREMER, hrsg. von der Akademie der Künste der Deutschen Demokratischen Republik, Berlin (DDR) 1986, S. 31-53, bes. S. 52f.

[83] Vgl. z.B.: WEIGAND, Friedrich, Die Koexistenz der Historiker. Ost-West-Diskussion auf dem Internationalen Kongreß in Stuttgart, in: Der Tagesspiegel vom 03.09.1985: "[...] würdigte ein so überzeugter Marxist wie Heinrich Scheel (Berlin) die früher sehr oft geleugnete Partnerschaft mit bürgerlichen Antifaschisten."

[84] Vgl. z.B. die Schwierigkeiten des Historikers Peter Steinbach, den im Jahr 1983 erteilten Auftrag des damaligen Regierenden Bürgermeisters Richard von Weizsäcker zu realisieren, in der - erst 1989 eröffneten - Ausstellung 'Deutscher Widerstand' in der Stauffenbergstr. in Berlin den Widerstand gegen Hitler und die Naziherrschaft 'in seiner ganzen Breite und Vielfalt' darzustellen, d.h. neben den Männern des 20. Juli auch den frühen Widerstand von Gewerkschaftlern, Arbeitern und Kommunisten gegen Hitler ebenso zu würdigen wie den der 'Roten Kapelle' oder des Nationalkomitees Freies Deutschland (NKFD) und des Bundes Deutscher Offiziere (BDO).

Öffnung von Archiven in Osteuropa), die Forschung voranzubringen und damit einen wichtigen Beitrag zur Entmythologisierung deutscher Widerstandsgeschichte zu leisten[85].

Dabei wird - in Bestätigung früher Darstellungen Beteiligter wie zum Beispiel des religiösen Sozialisten und ehemaligen preußischen Ministers für Wissenschaft, Kunst und Volksbildung, Adolf Grimme (1889-1963) oder des Schriftstellers Gün-

---

[85] S. vor allem: Widerstand. Ein Problem zwischen Theorie und Geschichte, hrsg. von Peter STEINBACH, Köln 1987. - STEINBACH, Peter, Widerstandsforschung im politischen Spannungsfeld, in: Aus Politik und Zeitgeschichte. Beilage zur Wochenbeilage Das Parlament, B 28/88 vom 8. Juli 1988, S. 3-21. - STEINBACH, Peter, Die 'Rote Kapelle' - ein Vergleichsfall für die Widerstandsgeschichte, in: Deutsches Allgemeines Sonntagsblatt vom 01.09.1989; wieder in: Die Widerstandsorganisation Schulze-Boysen/Harnack. Die 'Rote Kapelle'. Tagung vom 9.-11.9.1988 im Adam-von-Trott-Haus, hrsg. von der Evangelischen Akademie Berlin (West) (=Dokumentation 69/90), Berlin 1990, S. 79-85. - STEINBACH, Peter, Aspekte der Widerstandsforschung in wissenschaftsgeschichtlichem und landeshistorischem Kontext, in: Niedersächsisches Jahrbuch für Landesgeschichte, Bd. 62 (1990), S. 1-23. - STEINBACH, Peter, Widerstandsorganisation Harnack/Schulze-Boysen. Die 'Rote Kapelle' - ein Vergleichsfall für die Widerstandsgeschichte, in: Arbeiterschaft und Nationalsozialismus in Österreich. In Memoriam Karl R. Stadler, hrsg. von Rudolf G. ARDELT und Hans HAUTMANN, Wien und Zürich 1990, S. 691-720; wieder in: Geschichte in Wissenschaft und Unterricht, Jg. 32 (1991), S. 133-152. - STEINBACH, Peter, Die Rote Kapelle - 50 Jahre danach, in: Die Rote Kapelle im Widerstand gegen den Nationalsozialismus, hrsg. von Hans COPPI, Jürgen DANYEL und Johannes TUCHEL (=Schriften der Gedenkstätte Deutscher Widerstand, 1), Berlin 1994, S. 54-67. - Lexikon des Widerstandes 1933-1945, hrsg. von Peter STEINBACH und Johannes TUCHEL, München 1994. - Widerstand in Deutschland 1933-1945. Ein historisches Lesebuch, hrsg. von Peter STEINBACH und Johannes TUCHEL, München 1994, S. 259-283 (Kap. 'Rote Kapelle' [Quellentexte]). - Widerstand gegen den Nationalsozialismus, hrsg. von Peter STEINBACH und Johannes TUCHEL (=Schriftenreihe der Bundeszentrale für Politische Bildung, 323), Bonn 1994. -
S. auch: TUCHEL, Johannes, Weltanschauliche Motivationen in der Harnack/Schulze-Boysen-Organisation ('Rote Kapelle'), in: Kirchliche Zeitgeschichte, Jg. 1 (1988), S. 267-292. - COPPI, Hans, Gespräche über die Rote Kapelle, in: Die Weltbühne, Jg. 84 (1989), S. 281-284. - Antifaschistisches Erbe - Parteieigentum? Weiße Flecken in der politischen Topographie. NBI [Ursula BERGMANN] sprach mit Hans Coppi, Historiker und Mitglied der Komitees der Antifaschistischen Widerstandskämpfer der DDR, in: Neue Berliner Illustrierte [=NBI] [Wochenzeitschrift], Jg. 46 (1990), Nr. 5, Berlin 1990, S. 10f. - Eva-Maria Buch und die 'Rote Kapelle'. Erinnerungen an den Widerstand gegen den Nationalsozialismus, hrsg. von Kurt SCHILDE, Berlin 1992, hier vor allem S. 55-84: COPPI, Hans / DANYEL, Jürgen, Abschied von den Feindbildern. Zum Umgang mit der Geschichte der 'Roten Kapelle'. - GRIEBEL, Regina / COBURGER, Marlies / SCHEEL, Heinrich, Erfasst? Das Gestapo-Album zur Roten Kapelle. Eine Foto-Dokumentation, hrsg. in Verbindung mit der Gedenkstätte Deutscher Widerstand, Halle 1992. - COPPI, Hans, Die 'Rote Kapelle' - ein Geschichtsbild verändert sich, in: Geschichte - Erziehung - Politik, Jg. 5 (1994), S. 450-458. - COPPI, Hans, Rote Kapelle, in: Lexikon des Widerstandes 1933-1945, hrsg. von Peter STEINBACH und Johannes TUCHEL, München 1994, S. 156f. - Die Rote Kapelle im Widerstand gegen den Nationalsozialismus, hrsg. von Hans COPPI, Jürgen DANYEL und Johannes TUCHEL (=Schriften der Gedenkstätte Deutscher Widerstand, 1), Berlin 1994, s. hier insbes. S. 12-38: DANYEL, Jürgen, Die Rote Kapelle innerhalb der deutschen Widerstandsbewegung. - Widerstand gegen den Nationalsozialismus, hrsg. von Peter STEINBACH und Johannes TUCHEL (=Schriftenreihe der Bundeszentrale für Politische Bildung, 323), Bonn 1994, s. hier bes. S. 468-487: DANYEL, Jürgen, Zwischen Nation und Sozialismus: Genese, Selbstverständnis und ordnungspolitische Vorstellungen der Widerstandsgruppe um Arvid Harnack und Harro Schulze-Boysen.

3. Das Wirken und Verhalten in der NS-Zeit

ther Weisenborn (1902-1969)[86] - deutlich, daß die 'Rote Kapelle' eine Organisation war, die Widerstand durch eine Vielfalt oppositioneller Aktivitäten ausübte - etwa durch illegale Gesprächskreise, durch Sammlung von Informationen und deren illegale Verbreitung mittels Flugschriften und Klebezetteln, aber auch durch Spionage und Sabotage in Rüstungsbetrieben, durch 'Zersetzungsarbeit' in der Wehrmacht und nicht zuletzt durch Übermittlung militärisch wichtiger Nachrichten an die UdSSR mit dem Ziel, den militärischen Kampf der Roten Armee zu unterstützen, um die Ausweitung des Krieges zu verhindern und durch einen Sturz Hitlers Krieg und Diktatur zu beenden.

Von - im Kontext der vorliegenden Arbeit - besonderer Bedeutung erscheinen mir die neueren Fragestellungen nach den 'Motivations-' und 'Sozialisationsaspekten' innerhalb der Roten Kapelle. Hans Coppi und Jürgen Danyel schreiben dazu aufschlußreich:

> "Mit den tradierten Bezeichnungen 'Rote Kapelle' oder 'Schulze-Boysen/Harnack-Organisation' verbindet sich in der Regel eine Überdehnung des Grades der Organisiertheit dieser Widerstandsgruppierung [...]. Freundschaft und Nazigegnerschaft gehörten oftmals zusammen, gingen ineinander über, verbanden viele dieser Frauen und Männer. Die Ablehnung des Naziregimes erfuhr ihre Bestätigung und Ausformung in kleinen Gemeinschaften, im vertrauten Kreis der Freunde. Häufig ergaben sich Annäherungen und Kontakte von Nazigegnern aus einer Vielfalt von Beziehungen, aus menschlicher und geistiger Nähe. Davon ging eine wechselseitige Anziehung aus. Begegnungen von Andersdenkenden wurden zu Erlebnissen, weil unter den Bedingungen einer gleichgeschalteten Öffentlichkeit der ins überschaubare Private zurückgenommene Meinungsaustausch zum entscheidenden Kommunikationsmittel wurde. Geselligkeit war verbunden mit freundschaftlichen Annäherungen. Überlebende erinnern sich verschiedener Feste, auf denen fröhliche Ausgelassenheit herrschte und viel gelacht wurde. Sie waren Ausdruck eines ungebrochenen Lebenswillens und dienten als identitätsbewahrende Formen der Selbstbehauptung in einer feindlichen sozialen und politischen Umwelt. [...]. In der spezifischen Kultur menschlicher Beziehungen, die den Lebensalltag im Widerstand prägten, hatten Zärtlichkeit, Liebe und Erotik ihren festen Platz. Sie gehörten zu dem Leben in einer bedrohten Zeit."[87]

---

[86] Grimme an Hans Friedrich, Hamburg, Mitte 1951, abgedr. in: Adolf Grimme. Briefe, hrsg. von Dieter SAUBERZWEIG (=Veröffentlichungen der Deutschen Akademie für Sprache und Dichtung, 39), Heidelberg 1967, S. 163; wieder zit. in: SCHEEL, Heinrich, Einführung, in: ROSIEJKA, Die Rote Kapelle, S. 12: "Meine Freunde und ich haben das alles früher kommen sehen, und wir haben danach gehandelt. Nicht um dem deutschen Volke zu schaden, sondern um das Unheil von ihm abzuwenden. Jeder Tag, der den Krieg verkürzte, bedeutete hier einen Gewinn. Städte wären erhalten, Menschen würden zu Hunderttausenden am Leben geblieben sein, und unsere jungen Soldaten wären zu ihren Familien heimgekehrt. Das war der Leitgedanke unseres Handelns. Und in diesem Sinne weiß ich mich vor Gott und meinem Gewissen rein vor jeder Schuld." -
WEISENBORN, Günther, Der lautlose Aufstand. Bericht über die Widerstandsbewegung des deutschen Volkes 1933-1945. Neudr. der 2. Aufl. Hamburg 1954, unveränd. in Inhalt und Gliederung, jedoch mit Erneuerung der Literaturauswahl sowie Hinzufügung eines kurzen Beitrags über Weisenborn und einem Namensregister, Frankfurt 1974, hier S. 242-259 eigener Abschnitt zur 'Roten Kapelle'. - Vgl. (wohl nach Weisenborn) auch: SANDVOß, Hans-Reiner, Widerstand in Neukölln (=Schriftenreihe über den Widerstand in Berlin von 1933 bis 1945, 4), Berlin 1990, S. 165. - Auch: TUCHEL, Weltanschauliche Motivationen.

[87] COPPI / DANYEL, Abschied von den Feindbildern, S. 58f. - Vgl. auch: TUCHEL, Weltanschauliche Motivationen. - Und vor allem: SCHEEL, Von der Schulfarm Scharfenberg zur 'Roten Kapelle', bes. S. 16ff. - SCHEEL, Vor den Schranken.

Heinrich Scheel betont sogar, daß es gerade die "normale[n] Lebensäußerungen" der Widerstand Leistenden gewesen seien, die für die politische Arbeit benötigt wurden "wie die Luft zum Atmen"[88]:

> "Ich bin der Meinung, daß hier auch eine elementare Lebenslust mit am Werke war, die aus dem Wissen um die Gefahren sogar noch eine Steigerung erfuhr. Weisenborn hat einmal gesagt: 'Wer jede Nacht daran denkt, daß der Tod [...] in sein Zimmer einbrechen kann, sieht Erotik anders.' Aktiver Widerstand auf Dauer bedurfte gemeinschaftlicher Lebensäußerungen, die das erbärmliche und lähmende Gefühl einer hoffnungslosen Isolierung überhaupt nicht erst aufkommen ließen. Organisierter Widerstand setzte ein Hinterland voraus, das sehr viel breiter war als die Gesamtheit der in dieser Organisation bewußt illegal Tätigen. Normalität war die unabdingbare Kehrseite der Konspiration. Die Zugehörigkeit zu einer Gemeinschaft von Menschen, die sich füreinander verantwortlich fühlten und dabei eine Toleranz übten, die Gesinnungsunterschiede gelten ließen, sofern sie diesen Gemeinschaftsgeist nicht zerstörten, war ein unversiegbarer Kraftquell jeglichen Widerstandes."[89]

Im Sommer 1942 wurde die 'Rote Kapelle' durch die Gestapo aufgedeckt. Weisenborn berichtete, daß die Verhaftungswelle, während der insgesamt 118 Verhaftungen stattfanden, in Berlin am 30. August einsetzte, 22 Verhaftete wieder frei gelassen wurden, vier Sendegeräte und zwei Abziehapparate beschlagnahmt wurden und nach schwersten Vernehmungen und Folterungen durch die Gestapo in der Prinz-Albrecht-Straße der Prozeß mit rund 80 Angeklagten vor dem Reichskriegsgericht in Berlin erfolgte[90]. Zu den Verhafteten gehörten die ehemaligen Scharfenberger Schüler Hermann Natterodt, Heinrich Scheel und Hans Coppi.

Hermann Natterodt wurde am 12.09.1942 verhaftet, jedoch, nachdem man ihm nichts hatte beweisen können, nach einigen Tagen Haft wieder frei gelassen[91].

Heinrich Scheel, der am 16. September 1942 verhaftet wurde, kam ins Gestapo-Gefängnis in der Prinz-Albrecht-Straße und wurde vor dem Reichskriegsgericht des Hoch- und Landesverrates sowie der Feindbegünstigung im Rahmen der 'Roten Kapelle' angeklagt. Da Scheel Soldat war, unterstand er jedoch dem Reichskriegsgericht: Sein Soldatenstatus bzw. daraus resultierende Widersprüche zwischen den faschistischen Blutrichtern und den alten Reichswehroffizieren im Zweiten Senat des Reichskriegsgerichts bewahrten ihn vor dem beantragten Todesurteil. Statt dessen

---

[88] SCHEEL, Von der Schulfarm Scharfenberg zur 'Roten Kapelle', S. 18.
[89] SCHEEL, Von der Schulfarm Scharfenberg zur 'Roten Kapelle', S. 19.
[90] WEISENBORN, Der lautlose Aufstand, S. 243. - S. zu den Verhaftungen und den nachfolgenden Verfahren zuletzt: HAASE, Norbert, Das Reichskriegsgericht und der Widerstand gegen die nationalsozialistische Herrschaft. Katalog zur Sonderausstellung der Gedenkstätte Deutscher Widerstand in Zusammenarbeit mit der Neuen Richtervereinigung, hrsg. von der Gedenkstätte Deutscher Widerstand, Berlin 1993, S. 100-143 (Kap. 'Das Reichskriegsgericht und der Fall 'Rote Kapelle'' [mit Quellendokumenten]). - Und: HAASE, Norbert, Der Fall 'Rote Kapelle' vor dem Reichskriegsgericht, in: Die Rote Kapelle im Widerstand gegen den Nationalsozialismus, hrsg. von Hans COPPI, Jürgen DANYEL und Johannes TUCHEL (=Schriften der Gedenkstätte Deutscher Widerstand, 1), Berlin 1994, S. 160-179.
[91] Natterodt, zit. nach: Rote Kapelle. Dokumente. Begleitheft [zur Schallplatte], hrsg. vom VEB Deutsche Schallplatten, Berlin (DDR), o.J. [1987], o.S.: "Hans Coppi hatte mir ein kleines Sendegerät zur Aufbewahrung übergeben, das war schon demontiert. Bei meiner Vernehmung hab ich gesagt: ich dachte, es sei ein Radioapparat [...]. Wenigstens konnte man mir nichts beweisen. Ich bin nach ungefähr 20 Tagen entlassen worden, nachdem man mich instruiert hatte, nichts zu erzählen." - GRIEBEL / COBURGER / SCHEEL, Erfasst?, bes. S. 138f.

3. Das Wirken und Verhalten in der NS-Zeit

wurde er zu 5 Jahren Zuchthaus verurteilt. Er wurde zur Ableistung der Haftstrafe zunächst ins KZ Aschendorfer Moor bei Papenburg gebracht. Mitte 1944 wurde er in die Festung Torgau zur Strafaussetzung zwecks Frontbewährung überführt, in das Frontbewährungsbataillon 500 eingegliedert und zum Fronteinsatz in die Vogesen geschickt. 1944 geriet er in Frankreich in amerikanische Gefangenschaft, aus der er im August 1946 entlassen wurde[92].

Hans Lautenschläger wurde am 24.02.1943 festgenommen[93] und am 3. Juli 1943 vom II. Senat des Reichskriegsgerichts zum Tode verurteilt[94]. Lautenschläger berichtet, daß er es einem Anstaltsgeistlichen in Moabit verdanke, daß die Vollstreckung des Urteils ausgesetzt und Ende November 1943 die Todesstrafe in 15 Jahre Zuchthaus mit sofortiger 'Frontbewährung' umgewandelt wurde[95]. Auf diese Weise geriet er, nachdem er am 8. August 1944 zur Roten Armee übergelaufen war[96], in sowjetische Gefangenschaft, aus der er am 20. Oktober 1945 entlassen wurde[97].

Als erster der ehemaligen Scharfenberger Schüler war bereits am 12.09.1942 Hans Coppi - gemeinsam mit seiner Frau Hilde - verhaftet worden[98]. Am 19.12.1942 wurde er - wie ca. 50 weitere Mitglieder der 'Roten Kapelle' - zum Tode verur-

---

[92] SCHEEL, Heinrich, Biographie, in: Widerstand gegen den Nationalsozialismus (=Neue Scharfenberg-Hefte, 7), Berlin 1984, S. 28. - Ebenso: MARKOV, Laudatio, S. 6. - GRIEBEL, / COBURGER / SCHEEL, Erfasst?, bes. S. 94f. - SCHEEL, Vor den Schranken.
[93] HESSE / HOFFMANN, Der lautlose Aufstand, Teil 1, S. 12.
[94] HESSE / HOFFMANN, Der lautlose Aufstand, Teil 4, S. 16.
[95] HESSE / HOFFMANN, Der lautlose Aufstand, Teil 4, S. 17. - Und: Lautenschläger, zit. nach: Rote Kapelle. Dokumente. Begleitheft [zur Schallplatte], hrsg. vom VEB Deutsche Schallplatten, Berlin (DDR), o.J. [1987], o.S.
[96] Lautenschläger, zit. nach: Rote Kapelle. Dokumente. Begleitheft [zur Schallplatte], hrsg. vom VEB Deutsche Schallplatten, Berlin (DDR), o.J. [1987], o.S. - So auch: HAASE, Norbert, Desertation - Kriegsdienstverweigerung - Widerstand, in: Widerstand gegen den Nationalsozialismus, hrsg. von Peter STEINBACH und Johannes TUCHEL (=Schriftenreihe der Bundeszentrale für Politische Bildung, 323), Bonn 1994, S. 526-536, hier S. 533.
[97] HESSE / HOFFMANN, Der lautlose Aufstand, Teil 4, S. 17.
[98] Zur Biogr. Coppis s. u.a.: SCHEEL, Heinrich, "Kämpf für das, was wert und wahr", in: Das große Jugendmagazin, Bd. 3, Berlin 1961, S. 44-47. - SCHIELKE, Der Lange von der Schulfarm. - 65. Geburtstag des deutschen antifaschistischen Widerstandskämpfers Hans Coppi - geb. am 25.1.1916 in Berlin, gest. (hingerichtet) am 22.12.1942 in Berlin-Plötzensee, in: Bibliographische Kalenderblätter der Berliner Stadtbibliothek, 23. 1981, 1, S. 10-15 (u.a. mit Kurzbiogr. und Literaturverzeichnis). - DDR-'Standardinformationen' (meist: Kurzbiogr., Foto, letzter Brief) in: Deutsche Widerstandskämpfer 1933-1945. Biographien und Briefe, hrsg. vom Institut für Marxismus-Leninismus beim Zentralkomitee der SED, bearb. von Luise KRAUSHAAR [u.a.], Bd. 1, Berlin (DDR) 1970, S. 179-183. - Erkämpft das Menschenrecht. Lebensbilder und letzte Briefe antifaschistischer Widerstandskämpfer. Mit einem Vorwort von Wilhelm PIECK, hrsg. vom Institut für Marxismus-Leninismus beim Zentralkomitee der Sozialistischen Einheitspartei Deutschlands, Berlin (DDR) 1958, S. 96-99. - BIERNAT / KRAUSHAAR, Die Schulze-Boysen/Harnack-Organisation, S. 48 und 78f. - BLANK, Alexander S. / MADER, Julius, Rote Kapelle gegen Hitler, Berlin (DDR) 1979, S. 213 und S. 435. - Kurzbiogr. Hans Coppis (mit vielen Fehlern) auch in: Aus der Reinickendorfer Geschichte, S. 46f. - Zuletzt: GRIEBEL / COBURGER / SCHEEL, Erfasst?, bes. S. 84f. - Und: COPPI, Hans, Hans Coppi (25.1.1916-22.12.1942), in: Lexikon des Widerstandes 1933-1945, hrsg. von Peter STEINBACH und Johannes TUCHEL, München 1994, S. 38.

teilt[99]. In der Urteilsbegründung hieß es unter expliziter Nennung der Schulfarm u.a.:

"[...]. Nach seiner Schulentlassung Ostern 1933 betätigte er sich als Landhelfer und Hausdiener. 1938 ging er als Hilfsarbeiter in die Maschinenfabrik Max Ehmke in Tegel, wo er als Dreher angelernt wurde und bis zum Eintritt in die Wehrmacht blieb. Am 10. September 1942 wurde er zum Inf. Ers. Bat. 479 nach Schrimm bei Posen eingezogen [...].
Coppi ist überzeugter Kommunist. Bereits im Jahre 1934 wurde er wegen kommunistischer Betätigung in Schutzhaft genommen, am 4. August 1934 wegen Vorbereitung zum Hochverrat zu 1 Jahr Gefängnis [...] und am 2. September 1935 wegen Verbreitung verbotener Druckschriften vom Schöffengericht Berlin zu 4 Wochen Gefängnis [...] verurteilt. Diese Strafen hielten ihn nicht ab, sich weiterhin kommunistisch zu betätigen [...].
Zu seinen Bekannten gehörte auch sein Schulkamerad aus Scharfenberg, der Wetterdienstinspektor Scheel, der ebenfalls linksradikal eingestellt war. Im Jahre 1939 kam er durch Scheel dem Angeklagten Schulze-Boysen näher. Etwa im Mai 1941 forderten Schulze-Boysen und der Russe Alexander Erdberg [=Alexander Korotkow (1909-1961)] den Angeklagten zur Mitarbeit auf. Dieser war sofort bereit, ohne zu fragen, worum es sich handelte. Er wußte aber, daß nur eine illegale kommunistische Arbeit in Frage kam. Von dieser Zeit an vernachlässigte er seinen alten Kreis und schloß sich mehr der Gruppe um Schulze-Boysen an. Er las die Hetzschriften dieser Gruppe und gab sie weiter, so u.a. die Schrift 'Organisiert den revolutionären Massenkampf gegen Faschismus und imperialistischen Krieg'. Er beteiligte sich auch im Frühjahr 1942 an der Klebezettelaktion und klebte im Wedding und Moabit gemeinsam mit seiner Frau wenigstens 35 solcher Zettel an.
Der Angeklagte gibt dies alles zu [...]."[100]

Am 22.12.1942, wurde Hans Coppi, 26 Jahre alt, in Plötzensee durch das Fallbeil hingerichtet[101]. Seine Frau Frau Hilde (1909-1943)[102] war zum Zeitpunkt ihrer Ver-

---

[99] Das Todesurteil für Hans Coppi und andere Mitglieder der Roten Kapelle ist in Auszügen (und mit leichten Manipulationen!) faksimiliert abgedr. in: SCHILDE, Kurt, Vom Columbia-Haus zum Schulenburgring. Dokumentation mit Lebensgeschichten von Opfern des Widerstandes und der Verfolgung von 1933 bis 1945 aus dem Bezirk Tempelhof. Mit einem Geleitwort von Klaus WOWEREIT, hrsg. vom Bezirksamt Tempelhof von Berlin anläßlich der Erstellung des 'Gedenkbuches für die Opfer des Nationalsozialismus aus dem Bezirk Tempelhof' (=Stätten der Geschichte Berlins, 24), Berlin 1987, S. 141 (S. 1 des Urteils); auch in: Widerstand gegen den Nationalsozialismus, S. 29 (S. 1 des Urteils); auch in: Der deutsche antifaschistische Widerstand 1933-1945. In Bildern und Dokumenten, hrsg. von Peter ALTMANN [u.a.], Frankfurt 1975, S. 190 (S. 1f. des Urteils); auch in: BLANK, Alexander S. / MADER, Julius, Rote Kapelle gegen Hitler, Berlin (DDR) 1979, S. 156f. (S. 1f. des Urteils); auch in: ROSIEJKA, Die Rote Kapelle, S. 84f. (Zusammenschnitt von S. 1-3 des Urteils auf 2 Seiten); DANYEL, Jürgen, Die Rote Kapelle innerhalb der deutschen Widerstandsbewegung, in: Die Rote Kapelle im Widerstand gegen den Nationalsozialismus, hrsg. von Hans COPPI, Jürgen DANYEL und Johannes TUCHEL (=Schriften der Gedenkstätte Deutscher Widerstand, 1), Berlin 1994, S. 12-38, hier S. 13 (S. 1 des Urteils). - Eine Abschrift der Urteilsbegründung für Hans Coppi in: Widerstand gegen den Nationalsozialismus, S. 30f.; auch in: HAASE, Norbert, Das Reichskriegsgericht und der Widerstand gegen die nationalsozialistische Herrschaft. Katalog zur Sonderausstellung der Gedenkstätte Deutscher Widerstand in Zusammenarbeit mit der Neuen Richtervereinigung, hrsg. von der Gedenkstätte Deutscher Widerstand, Berlin 1993, S. 103-121 (S. 1f. faksimiliert; die Urteilsbegründung vollst. in Transkription!).
[100] Abgedr. u.a. in: Widerstand gegen den Nationalsozialismus, S. 30f.
[101] GRIEBEL / COBURGER / SCHEEL, Erfasst?, S. 85.

3. Das Wirken und Verhalten in der NS-Zeit

haftung am 12.09.1942 hochschwanger. Im Berliner Frauengefängnis brachte sie am 27.11.1942 ihren Sohn zur Welt. Am 20. Januar 1943 verhängten die Nazirichter auch über die junge Mutter das Todesurteil. Einige Monate durfte sie ihren Säugling versorgen; dann mußte sie am 05.08.1943 im Zuchthaus Berlin-Plötzensee den Gang zum Schafott antreten[103].

Gilles Perrault schreibt in seiner berühmten Darstellung über die 'Rote Kapelle', der Niederländer Nikodemus Kruyt, von 1932 bis 1934 Scharfenbergschüler, sei im 2. Weltkrieg im Rahmen einer Widerstandsaktion bei einem Fallschirmabsprung über den Niederlanden umgekommen; doch fehlen leider genauere Quellen, die Perraults Aussagen bestätigen[104].

---

[102] DDR-'Standardinformationen' (meist: Kurzbiogr., Foto, letzter Brief) zu Hilde Coppi: "... besonders jetzt tu Deine Pflicht!" Briefe von Antifaschisten geschrieben vor ihrer Hinrichtung, Berlin [u.a.] 1948, S. 81 und 83. - Und die Flamme soll euch nicht verbrennen. Letzte Briefe europäischer Widerstandskämpfer, hrsg. von Piero MAVEZZI und Giovanni PIRELLI. Mit einem Vorwort von Thomas MANN, Berlin (DDR) 1956, S. 151f. - Erkämpft das Menschenrecht. Lebensbilder und letzte Briefe antifaschistischer Widerstandskämpfer. Mit einem Vorwort von Wilhelm PIECK, hrsg. vom Institut für Marxismus-Leninismus beim Zentralkomitee der Sozialistischen Einheitspartei Deutschlands, Berlin (DDR) 1958, S. 96, S. 98-101. - Deutsche Widerstandskämpfer 1933-1945. Biographien und Briefe, hrsg. vom Institut für Marxismus-Leninismus beim Zentralkomitee der SED, bearb. von Luise KRAUSHAAR [u.a.], Bd. 1, Berlin (DDR) 1970, S. 179-183. - BIERNAT / KRAUSHAAR, Die Schulze-Boysen/Harnack-Organisation, S. 48 und S. 78-80. - BLANK, Alexander S. / MADER, Julius, Rote Kapelle gegen Hitler, Berlin (DDR) 1979, S. 213, S. 435. - Zuletzt: GRIEBEL / COBURGER / SCHEEL, Erfasst?, bes. S. 68f. - Und: COPPI, Hans, Hilde Coppi (31.5.1909-5.8.1943), in: Lexikon des Widerstandes 1933-1945, hrsg. von Peter STEINBACH und Johannes TUCHEL, München 1994, S. 38f.
[103] BIERNAT / KRAUSHAAR, Die Schulze-Boysen/Harnack-Organisation, S. 79.
[104] PERRAULT, Auf den Spuren, S. 149f.: "Wir wissen heute, daß der Holländer Kruyt, ein ehemaliger protestantischer Pastor, von Jefremow verraten wurde. Nachdem Kruyt Kommunist geworden und nach Rußland geflüchtet war, hatte er sich als Freiwilliger für eine Sondermission gemeldet und in Moskau [...] Spionageausbildung erhalten [...]. Kruyt sollte Jefremow unterstützen und war darum mit einem Unterseeboot nach England gebracht worden. Dort hatte er auch noch das harte Training der englischen Fallschirmspringer absolviert. Die englischen Ausbilder betrachteten diesen Ausländer, der ihr Vater, vielleicht sogar ihr Großvater hätte sein können, mit Staunen: er war damals dreiundsechzig Jahre alt. Zusammen mit einem anderen sowjetischen Agenten wurde er Ende Juli von einem englischen Bomber über Belgien abgesetzt. An seinem linken Bein trug er, gut verpackt und festgeschnallt, ein Sendegerät. Sein Begleiter, der von der Moskauer Schule bis zum Absprung alle Mühen und Leiden mit ihm geteilt hatte, war etwas früher in der Nähe von Den Haag angesprungen. Kruyt landete ohne Schwierigkeiten, vergrub seinen Fallschirm und verschwand in der Finsternis. Drei Tage später wurde er bei der Gestapo denunziert. Er wurde gefoltert und schluckte, als seine Schergen eine Sekunde lang nicht aufpaßten, eine Giftpille, die den Gestapoleuten entgangen war, aber eine sofort vorgenommene Magenspülung verhinderte den vorzeitigen Tod. Das Verhör wurde fortgesetzt: wer war der Fallschirmspringer, der bei Den Haag abgesetzt worden war? Als er immer noch nicht antwortete, zuckte der Deutsche leicht mit der Schulter und sagte: 'Auf alle Fälle haben wir ihn. Er hat sich beim Landen auf dem Dach eines Hauses das Genick gebrochen.' Da zeigten sich im Gesicht des Dreiundsechzigjährigen, den die Foltern und die Bitterkeit des Vaters erschöpft hatten, zum ersten Mal Spuren von Müdigkeit. Er murmelte: 'Es war mein Sohn!' Man erlaubte ihm, an der Beerdigung teilzunehmen. Danach wurde Kruyt an die Wand gestellt und erschossen."

Außer Hans Coppi (und evt. Nikodemus Kruyt) wurde noch ein weiterer Schüler der die Schulfarm, allerdings erst ab 1934, besucht hatte, aufgrund seiner Widerstandstätigkeit hingerichtet: Es handelt sich um Hanno Günther[105].

---

[105] Auf die Biogr. Günthers wird in einer Vielzahl von Veröffentlichungen mehr oder weniger ausführlich und korrekt eingegangen; s. u.a.: HERMLIN, Stephan, Die erste Reihe, 2. Aufl. Berlin (DDR) 1952 [S. 76-79: Kap. 'Hanno Günther']. - WEISENBORN, Günther, Der lautlose Aufstand. Bericht über die Widerstandsbewegung des deutschen Volkes 1933-1945. Neudr. der 2. Aufl. Hamburg 1954, unveränd. in Inhalt und Gliederung, jedoch mit Erneuerung der Literaturauswahl sowie Hinzufügung eines kurzen Beitrags über Weisenborn und einem Namensregister, Frankfurt 1974. - DROBISCH, Klaus, Alfred Schmidt-Sas 1895-1943, in: DROBISCH, Klaus / HOHENDORF, Gerd, Antifaschistische Lehrer im Widerstandskampf, Berlin (DDR) 1967, S. 34-53; vom Autor gekürzte und überarb. Fassung wieder in: Lehrer im antifaschistischen Widerstandskampf der Völker. Studien und Materialien, 1. Folge (=Monumenta Paedagogica, 15), Berlin (DDR) 1974, S. 308-316. - Die weltlichen Gemeinschaftsschulen, in: "Wer sich nicht erinnern will ...". Kiezgeschichte Berlin 1933 [...], Berlin 1983, Teil C, [Teil 1:] Widerstand in Neukölln, hrsg. vom Neuköllner Kulturverein, S. 15-26, hier werden S. 16 Günther und seine Rütli-Mitschüler genannt. - Hanno Günther und die Rütli-Gruppe, in: "Wer sich nicht erinnern will ..." Kiezgeschichte Berlin 1933 [...], Berlin 1983, Teil C [Teil 1:] Widerstand in Neukölln, hrsg. vom Neuköllner Kulturverein, S. 27-30; erw. und leicht verb. unter gleichem Titel wieder in: Widerstand in Neukölln, hrsg. vom VVN-Westberlin/Verband der Antifaschisten und Neuköllner Kulturverein, 2. erw. Aufl. Berlin 1987, S. 26-31 [Unergiebig und ärgerlich: Abgeschrieben, ohne Quellenangaben!]. - SCHUMANN, Frank, Anstelle einer Biographie [zu Hanno Günther], in: Die Weltbühne. Wochenschrift für Politik, Kunst, Wirtschaft, Berlin, Jg. 78 (1983), S. 33-35. - GUTSCHALK, Rolf, Hanno Günther, in: Widerstand gegen den Nationalsozialismus (=Neue Scharfenberg-Hefte, 7) Berlin 1984, S. 41-45 [Kurzbiogr. und Dokumente]. - SCHILDE, Kurt, Im Schatten des 20. Juli. Der vergessene Widerstand der Neuköllner Rütli-Gruppe - Jugendliche wurden hingerichtet, in: Der Tagesspiegel vom 15.07.1984. -
ESCHER, Felix, Neukölln (=Geschichte der Berliner Verwaltungsbezirke, 3), Berlin 1988 [S. 79: zu Günther]. - SANDVOß, Widerstand in Neukölln, S. 229-239: Kap. 'Schüler und Lehrer im Widerstand', hier zu Günther: S. 235-239 [S. 235: Foto]. - HOFFMANN, Volker, 'Hitlers Sieg - ewiger Krieg'. Leben und Widerstand Hanno Günthers und anderer Rütlischüler, in: Mitteilungen & Materialien. Arbeitsgruppe Pädagogisches Museum, Berlin, Nr. 33/1990, S. 75-92. -
Kurzbiogr., Foto, 'letzter Brief' und Todesurteil in der DDR-Literatur u.a. in: "... besonders jetzt tu Deine Pflicht!" Briefe von Antifaschisten geschrieben vor ihrer Hinrichtung, Berlin [u.a.] 1948, S. 39: letzter Brief an die Mutter. - Erkämpft das Menschenrecht. Lebensbilder und letzte Briefe antifaschistischer Widerstandskämpfer. Mit einem Vorwort von Wilhelm PIECK, hrsg. vom Institut für Marxismus-Leninismus beim Zentralkomitee der Sozialistischen Einheitspartei Deutschlands, Berlin (DDR) 1958 [S. 200: Kurzbiogr., S. 200f.: letzter Brief der Mutter, S. 201: Foto. - Deutsche Widerstandskämpfer 1933-1945. Biographien und Briefe, hrsg. vom Institut für Marxismus-Leninismus beim Zentralkomitee der SED, bearb. von Luise KRAUSHAAR [u.a.], Bd. 1, Berlin (DDR) 1970 [S. 348 und S. 359: Kurzbiogr. Günther, S. 349: Foto, S. 350 Abschiedsbrief an die Mutter]. - Der deutsche antifaschistische Widerstand 1933-1945. In Bildern und Dokumenten, hrsg. von Peter ALTMANN [u.a.], Frankfurt 1975 [S. 182: Kurzbiogr. Günther, S. 182: Foto]. - Bes. zu erwähnen ist die unveröff. Arbeit: STERN, Hans Joachim Günther, Christa, Hans Joachim Günther. Eine Biographie, Wiss. Hausarbeit zur Erlangung der Lehrbefähigung bis zur 12. Klasse im Fachbereich Geschichte an der Phil. Fak. der Ernst-Moritz-Arndt Universität Greifswald, Greifswald 1968 [mit umfangreichem Quellenanhang [z.B.: Berlin, BA, Stiftung Archiv der Parteien und Massenorganisationen der DDR (SAPMO), NJ-1705: Anklageschrift gegen Günther u.a.]. - Vor allem aber: HOFFMANN, Volker, Hanno Günther, ein Hitler-Gegner 1921-1942. Geschichte eines unvollendeten Kampfes (=Stätten der Geschichte Berlins, 80), Berlin 1992. - HOFFMANN, Volker, Hanno-Günther/Rütli-Gruppe, in: Lexikon des deutschen Widerstandes, hrsg. von Wolfgang BENZ und Walter H. PEHLE, Frankfurt 1994, S. 223-225. - Hanno Günther (12.1.1921-3.12.1943), in:

3. Das Wirken und Verhalten in der NS-Zeit

Dieser war am 12.1.1921 als Kind eines Buchhändlers und einer Lehrerin geboren worden[106], hatte zunächst die 34. Volksschule in Charlottenburg besucht[107], um dann anschließend die Rütlischule zu besuchen[108]. Als mit der Machtübernahme durch die Nazis auch das Ende der Rütlischule gekommen war, wechselte Hanno Günther zunächst an die 47. Volksschule in Britz, wohin die Eltern gezogen waren[109], dann 1934 nach Scharfenberg[110]. Hier trat er - nicht "um im Sinne der damaligen Linie der KPD die faschistischen Massenorganisationen von innen her zu zersetzen"[111], sondern, weil die HJ-Mitgliedschaft damals bereits Voraussetzung für eine Aufnahme in die Schulfarm war - in die Hitlerjugend ein[112].

Nach Stephan Hermlin (1915-1997) war mit diesem Wechsel die - wie sich bald zeigen sollte - vergebliche Hoffnung der Eltern verbunden, "der demokratische Schulgeist würde sich dort eine Zeitlang halten können."[113]

Es gibt Hinweise, die die Richtigkeit von Hermlins Behauptung bestätigen, daß es Mitte der 30er Jahre unter den Schülern auf Scharfenberg "eine oppositionelle Minderheit [gab], der Hanno sich schnell anschloß."[114]

Die oppositionelle Haltung Günthers führte auch dazu, daß die Scharfenberger Schulzeit für ihn nach dem 9. Schuljahr zu Ostern 1936 endete. Der Anlaß dazu war offenbar ein den Lehrern mißfallender Aufsatz Günthers über die Arbeitslosigkeit[115].

"Die Schulleitung hatte der Mutter nahegelegt, ihren mißratenen Sprößling von der Schule zu nehmen, da dieser sich mehrfach ganz und gar unnazistisch geäußert und verhalten hatte."[116]

Lexikon des Widerstandes 1933-1945, hrsg. von Peter STEINBACH und Johannes TUCHEL, München 1994, S. 73.
[106] HOFFMANN, Hitlers Sieg, S. 80.
[107] STERN, Hans Joachim Günther, S. 1.
[108] HOFFMANN, Hitlers Sieg, S. 80. - Ebd.: "Bei seinen Klassenkameraden aus proletarischen Elternhäusern lernte Hanno die Welt der Arbeiter und der KPD kennen, die Not der Arbeitslosen, aber auch das Aufbegehren und den organisierten Kampf dagegen. Wenn der Volksgerichtshof in der Anklageschrift aus dieser Tatsache allerdings die Behauptung macht 'Auf der Rütlischule wurde er (Hanno) kommunistisch beeinflußt', dann verwischte er gerade die Grenze, die die überwiegend sozialdemokratisch ausgerichtete Schule von der kommunistischen Mehrheit der Elternschaft, zu der auch Hannos Mutter gehörte, trennte."
[109] GUTSCHALK, Hanno Günther, S. 41, vermutlich nach: STERN, Hans Joachim Günther, S. 8.
[110] Vgl. u.a.: SCHUMANN, Anstelle einer Biographie, S. 34.
[111] So die Vermutung in: Hanno Günther und die Rütli-Gruppe, in: Widerstand in Neukölln, hrsg. vom VVN-Westberlin/Verband der Antifaschisten und Neuköllner Kulturverein, 2. erw. Aufl. Berlin 1987, S. 26-31, hier S. 27.
[112] Vgl.: HOFFMANN, Hitlers Sieg, S. 81.
[113] HERMLIN, Die erste Reihe, S. 76.
[114] HERMLIN, Die erste Reihe, S. 76. - Vgl. bes. S. 827. - Es gibt allerdings keine Bestätigung für die folgende Behauptung Schumanns: SCHUMANN, Anstelle einer Biographie, S. 34: "Günther bekommt den offenbar von ihm gesuchten Kontakt zu ehemaligen Scharfenbergern, die bereits im aktiven Widerstand stehen: Hans Coppi, Heinrich Scheel, Hans Lautenschläger, Karl Mundstock, Hermann Natterodt."
[115] HERMLIN, Die erste Reihe, S. 76. - Und: SCHUMANN, Anstelle einer Biographie, S. 34.
[116] HOFFMANN, Hitlers Sieg, S. 80.

Damit war zugleich die Schulzeit für Günther beendet. Er wurde, 15jährig, Bäcker und trat wegen 'beruflicher Inanspruchnahme' aus der HJ aus[117].

1937 kam Günther, vermutlich durch Vermittlung eines ehemaligen Mitschülers der Rütlischule, Kontakt zu einem kleinen Gesprächskreis von Oppositionellen, die sich im Hause von Elisabeth Pungs (1896-1945) in der Wiesbadener Straße in der Nähe des Künstlerviertels am Laubenheimer Platz zusammenfanden[118]. Eine zweite wichtige Verbindung Günthers war die zu dem kommunistischen Musikpädagogen Alfred Schmid-Sas (1895-1943)[119].

1940 entstand im Gefolge eines Klassentreffens ehemaliger Rütli-Schüler eine illegale Zusammenarbeit zwischen Günther und einigen seiner ehemaligen Rütli-Schulfreunden, dem Dreher Bernhard Sikorski (1921-1942), der Büroangestellten Emmerich Schaper (1920-1942) und der Stenotypistin Dagmar Petersen (1920-19..) und Hertha Miethke (verh. Prüffert) (19..-19..)[120]. Die Bezeichnung dieser Gruppe

---

[117] HOFFMANN, Hitlers Sieg, S. 80f. - Ebd., S. 81: "Der Austritt aus der HJ war gewiß ein mutiger Schritt für den Sechzehnjährigen, aber er war 1936 durchaus keine Ausnahme. Noch war die Zugehörigkeit zur HJ für die entsprechenden Altersjahrgänge keine Pflicht. Das wurde sie erst 1939. Und viel Jugendliche verließen in jenen Jahren nach einer ersten Welle echter Begeisterung die HJ, weil sie militärischen Drill, öde Schulungen, langweilige Heimabende und Cliquenwirtschaft der HJ-Führer satt hatten. Wir können annehmen, daß solche Erfahrungen auch bei Hanno eine Rolle gespielt haben."

[118] HOFFMANN, Hitlers Sieg, S. 81.

[119] DROBISCH, Klaus, Alfred Schmidt-Sas 1895-1943, in: DROBISCH, Klaus / HOHENDORF, Gerd, Antifaschistische Lehrer im Widerstandskampf, Berlin (DDR) 1967, S. 34-53; vom Autor gekürzte und überarb. Fassung wieder in: Lehrer im antifaschistischen Widerstandskampf der Völker. Studien und Materialien, 1. Folge (=Monumenta Paedagogica, 15), Berlin (DDR) 1974, S. 308-316.

[120] SCHUMANN, Anstelle einer Biographie, S. 35. - HOFFMANN, Hitlers Sieg, S. 78. - A. auch den Bericht in: WEISENBORN, Der lautlose Aufstand, S. 223f.

als 'Rütligruppe' ist - wie der Begriff der 'Roten Kapelle' - ein Begriff der Gestapo[121].

Zu den illegalen Produkten, die unter Günthers Mitarbeit entstanden, gehörten Klebezettel, die an Litfaßsäulen, Schaufenstern, an Telefonzellen und Häuserwänden auftauchten und Slogans wie 'Jeder Sieg bringt neuen Krieg!', 'Schluß mit dem Krieg!', 'Stürzt Hitler! Rettet Deutschland!' beinhalteten[122] sowie ein mit 'Offener Brief' eines 'Paul Schulze' bezeichneter Flugzettel[123].

Zwischen Juli 1940 und Januar 1941 veröffentlichte die Rütligruppe die Flugblattserie 'Das freie Wort' mit je 200-300, also insgesamt etwa 1.200-1.500 Exemplaren, die in Briefkästen gesteckt oder in Hauseingänge gelegt und zum Teil auch mit der Post an wahllos aus dem Telefonbuch herausgesuchte Adressen geschickt

---

[121] HOFFMANN, Hitlers Sieg, S. 78. - Ebd., S. 79 zum Begriff 'Rütligruppe': "Daß in der Schule entstandene Verbindungen für den Widerstand ausgenutzt wurden, war der Gestapo nichts Neues. Darum nannte sie die jungen Leute um Hanno einfach Rütligruppe. Nach dem Kriege ist dieser Name gewissermaßen als Ehrennahme in die Literatur übernommen worden. Ich meine: mit einigem Recht. Er verweist darauf, daß die antifaschistische Gesinnung, die die jungen Angeklagten aus ihren Elternhäusern und von den kommunistischen Jungpionieren mitgebracht hatten, denen sie alle vor 1933 mehr oder weniger lange angehört hatten, in der Rütlischule oft bestärkt und von einzelnen Lehrern ganz bewußt gefördert wurde. Die Rütlischule wird m.E. überschätzt, wenn sie verallgemeinernd 'antifaschistische Schule' genannt wird. Dennoch ist anzuerkennen, daß sie durch ihre Erziehung zur Toleranz und zum selbständigen Denken auch zur antifaschistischen Erziehung ihrer Schüler vieles beigetragen hat. Und es spricht für diese Schule, daß die Nazis zwar ihre Strukturen zerschlagen, ihre Lehrer versetzen und entlassen, ihre Klassen auflösen konnten, nicht aber das in den Klassen gestiftete Zusammengehörigkeitsgefühl vieler ehemaliger Rütlischüler. Und diesem Zusammengehörigkeitsgefühl, dieser Verbundenheit mit der alten Schule und ihrem fortschrittlichen Geist verdankt sich das für die Konstituierung der Rütligruppe so wichtige Klassentreffen Ende 1940. Aber der Name Rütligruppe darf uns nicht darüber hinwegtäuschen, daß der größte Teil der illegalen Arbeit von Hanno Günther und dem Nicht-Rütlischüler Wolfgang Pander vor der eigentlichen Konstituierung der Rütligruppe Ende 1940 geleistet worden ist. Und ebensowenig dürfen wir bei dem Namen Rütligruppe vergessen, daß Hanno und Wolfgang bei ihrer illegalen Arbeit die Anleitung und Unterstützung erwachsener erfahrener Funktionäre der KPD, vor allem von Schmidt-Sas und H.[erbert] Bochow [(1906-1942)] hatten. In manchen Darstellungen der Rütligruppe ist diese Tatsache vernachlässigt worden und das etwas legendenhafte Bild einer völlig aus eigener Kraft handelnden Gruppe von Jugendlichen der Rütligruppe entworfen worden."
[122] SCHUMANN, Anstelle einer Biographie, S. 35.
[123] Abschrift findet sich auf S. 4 des 'Urteils' in Kopie in: STERN, Hans Joachim Günther, o.S. (Dokumentenanhang).

wurden[124] und die den Krieg ebenso wie die inneren Verhältnisse in Deutschland anprangerte[125].

Im Sommer/Herbst 1941 wurde die 'Rütli-Gruppe' von der Gestapo entdeckt, und die meisten ihrer Mitglieder wurden verhaftet[126]. Gegen Günther selbst wurde am 03.09.1941 Haftbefehl erlassen[127]. Nach einer 1 1/4jährigen Untersuchungshaft wurde den Verhafteten am 09.10.1942 vor dem Volksgerichtshof der Prozeß gemacht; der Vorwurf lautete auf Hoch- und Landesverrat, Feindbegünstigung, politische Betätigung gegen das Reich mit kommunistischer Zielsetzung. Mit der Ausnahme von Dagmar Petersen, die zu sieben Jahren Zuchthaus verurteilt wurde, lautete das Urteil vom 09.10.1942 für die Angeklagten auf Todesstrafe[128]. In der Urteilsbegründung gegen Günther heißt es:

"Der Angeklagte Günther besuchte die damals marxistisch geleitete Rütli-Schule in Neukölln und später die Aufbauschule Scharfenberg bis zur Obertertia. Dann trat er bei einem Bäcker in die Lehre, arbeitete etwa ein Jahr lang nach Beendigung der Lehrzeit als Bäckergeselle und wurde im April 1941 zur Wehrmacht eingezogen. Im September desselben Jahres wurde er wegen der hier angeklagten Straftat aus dem Wehrdienst entlassen.
Günther wurde im Elternhaus marxistisch erzogen. Schon im Alter von fünf Jahren kam er zu den 'Kinderfreunden', einer sozialdemokratischen Unterorganisation, und wurde dann als Schüler der 'Rütli Schule' Mitglied der kommunistischen 'Jungpioniere' und der 'Roten Pfadfinder'. Nach der Machtergreifung gehörte er während des Besuchs der Aufbauschule Scharfenberg zuerst dem Jungvolk und dann der HJ an. Im Jahre 1936 schied er aus der HJ aus, da er angeblich wegen beruflicher Inanspruchnahme dort keinen Dienst mehr tun konnte."[129]

---

[124] HOFFMANN, Hitlers Sieg, S. 82f.
[125] Kopien aller Folgen in: STERN, Hans Joachim Günther, o.S. (Dokumentenanhang). - Abdr. des 1. und 6. Flugblattes in: Der deutsche antifaschistische Widerstand 1933-1945. In Bildern und Dokumenten, hrsg. von Peter ALTMANN [u.a.], Frankfurt 1975, S. 182f. - Abschrift des Textes des 1. Flugblattes [Juni 1940] in: Deutsche Arbeiterjugendbewegung 1904-1945. Illustrierte Geschichte, Köln 1987, S. 250. - Text des 5. Flugblattes [Weihnachten 1940] in: HOFFMANN, Hitlers Sieg, S. 84f. - Texte des 4. und 6. Flugblattes in: Widerstand in Deutschland 1933-1945. Ein historisches Lesebuch, hrsg. von Peter STEINBACH und Johannes TUCHEL, München 1994, S. 162-164 und S. 164f. - Abdr. des 1. und 6. Flugblattes in: HOFFMANN, Hanno Günther, S. 64 und S. 68. - Widerstand in Deutschland 1933-1945. Ein historisches Lesebuch, hrsg. von Peter STEINBACH und Johannes TUCHEL, München 1994, S. 356, nennt als Quelle für die Flugblätter 'Das freie Wort': Bundesarchiv. Abteilungen Potsdam, NJ 2 (jetzt: Berlin, Bundesarchiv: Stiftung Archiv der Parteien und Massenorganisationen der DDR (SAPMO), NJ 2). - Zu den Flugblättern 'Das freie Wort' s. auch: HOFFMANN, Hitlers Sieg, S. 82-85.
[126] HOFFMANN, Hitlers Sieg, S. 78. - Zu Vermutungen über den Grund für das Auffliegen der Gruppe: HOFFMANN, Hitlers Sieg, S. 86.
[127] Kopie in: STERN, Hans Joachim Günther, o.S. (Dokumentenanhang). - Abgedr. in: GUTSCHALK, Hanno Günther, S. 42.
[128] Das vollst. Urteil incl. Begründungen als Kopie in: STERN, Hans Joachim Günther, o.S. (Dokumentenanhang). - Urteil, S. 1f. abgedr. in: GUTSCHALK, Hanno Günther, S. 43f. - Das Urteil ohne die Begründung (S. 1 und Beginn S. 2)) ist auch abgedr. in: WIELAND, Günther, Das war der Volksgerichtshof. Ermittlungen, Fakten, Dokumente, Pfaffenweiler 1989, S. 171. - Gedenkstätte Plötzensee, hrsg. von der Informationsstätte Stauffenbergstraße, 25. Aufl. Berlin 1988, S. 12-14: S. 1f. und S. 7 des Urteils gegen die 'Rütli-Gruppe'. - S. 7 des Urteils mit Flugblatttext in: Hanno Günther und die Rütli-Gruppe, in: Widerstand in Neukölln, hrsg. vom VVN-Westberlin/Verband der Antifaschisten und Neuköllner Kulturverein, 2. erw. Aufl. Berlin 1987, S. 26-31, hier S. 29.
[129] U.a. abgedr. in: GUTSCHALK, Hanno Günther, S. 44.

3. Das Wirken und Verhalten in der NS-Zeit

Während Emmerich Schaper (1920-1942) bereits vor seiner Hinrichtung in einer der Todeszellen von Plötzensee an den Folgen schwerer Mißhandlungen starb[130], wurde Günther zusammen mit Wolfgang Pander (1917-1942) und Bernhard Sikorski am 03.12.1942 in Plötzensee ermordet[131]. Sein Tod wurde von den Nazis zur Abschreckung mit einem blutroten Plakat der Öffentlichkeit bekannt gemacht[132].

An den Treffpunkt der Rütli-Gruppe in der Wohnung von Emmerich Schaper, Friedrichshain, Andreasstr. 64, erinnert heute eine Gedenktafel[133]. Auf der Insel Scharfenberg wurde am 02. Juli 1984 eine Gedenktafel für Hans Coppi und Hanno Günther enthüllt[134].

---

[130] SCHILDE, Kurt, Im Schatten des 20. Juli. Der vergessene Widerstand der Neuköllner Rütli-Gruppe - Jugendliche wurden hingerichtet, in: Der Tagesspiegel vom 15.07.1984.

[131] Abschiedsbrief von Günther an seine Mutter abgedr. in: "... besonders jetzt tu Deine Pflicht!" Briefe von Antifaschisten geschrieben vor ihrer Hinrichtung, Berlin [u.a.] 1948, S. 39. - Und die Flamme soll euch nicht verbrennen. Letzte Briefe europäischer Widerstandskämpfer, hrsg. von Piero MAVEZZI und Giovanni PIRELLI. Mit einem Vorwort von Thomas MANN, Berlin (DDR) 1956, S. 139f.; auch in: WEISENBORN, Der lautlose Aufstand, S. 382; und in: Deutsche Widerstandskämpfer 1933-1945. Biographien und Briefe, hrsg. vom Institut für Marxismus-Leninismus beim Zentralkomitee der SED, bearb. von Luise KRAUSHAAR [u.a.], Bd. 1, Berlin (DDR) 1970, S. 350; Abschrift in: STERN, Hans Joachim Günther, o.S. - Abschiedsbrief von Günther an seinen Vater abgedr. in: HOFFMANN, Hitlers Sieg, S. 76. - Günthers Mutter in einem Bericht über ihre Leiden, in: Berliner Zeitung vom Totensonntag 1945, wieder abgedr. in: WEISENBORN, Der lautlose Aufstand, S. 222f. - HOFFMANN, Hitlers Sieg, S. 77, zeigt das 'grausige preußisch-exakte Hinrichtungsritual' auf, das den Angehörigen neben all dem Leid auch noch 'die finanzielle Katastrophe' brachte, da sie für die gesamten Kosten von Haft und Hinrichtung aufzukommen hatten.

[132] Abbildung des Plakats vom 03.12.1942, das die erfolgte Hinrichtung Hanno Günthers bekannt macht in: Der deutsche antifaschistische Widerstand 1933-1945. In Bildern und Dokumenten, hrsg. von Peter ALTMANN [u.a.], Frankfurt 1975, S. 183; auch in: Hanno Günther und die Rütli-Gruppe, in: Widerstand in Neukölln, hrsg. vom VVN-Westberlin/Verband der Antifaschisten und Neuköllner Kulturverein, 2. erw. Aufl. Berlin 1987, S. 26-31, hier S. 31; auch in: SANDFOß, Widerstand in Neukölln, S. 239; auch in: HOFFMANN, Hanno Günther, S. 180.

[133] Stätten des Widerstandes in Berlin 1933-1945, hrsg. von der Gedenkstätte Deutscher Widerstand, Berlin o.J., S. 55.

[134] Gedenkstätten für die Opfer des Nationalsozialismus. Eine Dokumentation. Text und Zusammenstellung: Ulrike PUVOGEL (=Schriftenreihe der Bundeszentrale für politische Bildung, 245), Bonn 1987, S. 202: "Gedenktafel Hans Coppi und Hanno Günther, Insel Scharfenberg: [...] Widerstand [...] hatten Hans Coppi und Hanno Günther geleistet, an die eine Gedenktafel auf der Insel Scharfenberg/Tegeler See erinnert [...]." - Feierstunde für deutsche Antifaschisten. Gedenktafel enthüllt, in: Die Wahrheit. Sozialistische Tageszeitung Westberlins. SED Westberlin vom 04.06.1984. - Gedenktafel für Widerstandskämpfer, in: Der Tagesspiegel vom 29.07.1984. - S. auch: Abb. 113.

Das bedeutendste Denkmal für Hans Coppi aber schuf Peter Weiss (1916-1982) mit seinem dreibändigen Werk 'Die Ästhetik des Widerstands'[135]. Weiss schildert in diesem Roman, der viele autobiographische Züge hat, die Situation einer kleinen Gruppe von Widerstandskämpfern, zu der Hans Coppi zählt, im Zeitraum vom Beginn des spanischen Bürgerkrieges bis zum Ende des zweiten Weltkriegs. Die Kernfragen des Romans lauten:

"Woher nahmen die Widerstandskämpfer und -kämpferinnen ihre Kraft? Welches waren die Motive ihres Handelns? Wie konnten sie ihre Handlungsfähigkeit selbst in existenzbedrohenden Situationen bewahren und erweitern?"

Lutz van Dick antwortet darauf:

"Die Stärke des Kollektivs beruht in der ausgeprägten Individualität der Einzelnen, im unbeschränkten Einbringen und Austauschenkönnen selbst über unterschiedlichste Erlebnisse und deren sinnliche Wahrnehmung."[136]

---

[135] WEISS, Peter, Die Ästhetik des Widerstands, 3 Bde., Frankfurt 1978, 1979 und 1981 [Bd. 1, S. 11, S. 15f. und S. 183 sowie Bd. 3, S. 183 Scharfenberg nennend]. - Zur 'Ästhetik' liegt inzwischen eine nahezu unübersehbare Fülle an Sekundärliteratur vor; davon sei hier lediglich genannt: Peter Weiss im Gespräch mit Burkhardt Lindner: Zwischen Pergamon und Plötzensee oder Die andere Darstellung der Verläufe (Mai 1981), in: Die 'Ästhetik des Widerstands' lesen. Über Peter Weiss, hrsg. von Karl Heinz GÖTZE und Klaus R. SCHERPE (=Literatur im historischen Prozeß, N.F. 1; Argument-Sonderband AS 75), Berlin 1981, S. 150-173, hier S. 151; wieder in: Peter Weiss im Gespräch, hrsg. von Rainer GERLACH und Matthias RICHTER, Frankfurt 1986, S. 263-289, hier S. 263f.; als wichtiges Hilfsmittel zum Werk sei hervorgehoben: COHEN, Robert, Bio-Bibliographisches Handbuch zu Peter Weiss' 'Ästhetik des Widerstands', Hamburg 1989. -
Obwohl Weiss an verschiedenen Stelle (Bd. 1, S. 11, S. 15f. und S. 183 sowie Bd. 3, S. 183) direkte Hinweise auf die Schulfarm Scharfenberg gibt, wird die Verbindung zwischen Coppi und der Schulfarm und die darin liegende Relevanz in der Literatur zumeist übersehen. Das gilt auch für die beiden, den politisch-pädagogischen Aspekt der 'Ästhetik' in den Mittelpunkt stellenden Arbeiten: DICK, Lutz van, Oppositionelles Lehrerverhalten 1933-1945. Biographische Berichte über den aufrechten Gang von Lehrerinnen und Lehrern (=Veröffentlichungen der Max-Traeger-Stiftung, 6), Weinheim [u.a.] 1988; die in diesem Band veröff. biogr. Berichte sind weitgehend wieder abgedr. in: Lehreropposition im NS-Staat. Biographische Berichte über den 'aufrechten Gang', hrsg. von Lutz van DICK. Mit einem Vorwort von Hans-Jochen GAMM, Frankfurt 1990. - Und: BERNHARD, Armin, Kultur, Ästhetik und Subjektentwicklung. Edukative Grundlagen und Bildungsprozesse in Peter Weiss' 'Ästhetik des Widerstands', Frankfurt 1994. -
Einen Bezug zur Schulfarm stellt an einer Stelle her: SÖLLNER, Alfons, Peter Weiss und die Deutschen. Die Entstehung einer politischen Ästhetik wider die Verdrängung, Opladen 1988, S. 195. - Ausführlicher auf die Rolle der Schulfarm gehen lediglich ein: MOOSBRUCKER-EYL, U., Kunst und Widerstand. Kategorien der Selbstverständigung im Leben Hans Coppi. Anmerkungen zu Peter Weiss 'Ästhetik des Widerstands', in: Widerstand gegen den Nationalsozialismus (=Neue Scharfenberg-Hefte, 7) Berlin 1984, S. 13-20 (davon S. 15-20 mit einem Textauszug aus der 'Ästhetik' (Bd. 1, S. 175-180).] - PIETA, Christian, Erziehung zum Widerstand. Gedanken zur Arbeit auf der Schulfarm Scharfenberg 1984, in: Widerstand gegen den Nationalsozialismus (=Neue Scharfenberg-Hefte, 7), Berlin 1984, S. 3-12. - Für Mutter Coppi und die Anderen, Alle!. Graphische Folge von Fritz CREMER, hrsg. von der Akademie der Künste der Deutschen Demokratischen Republik, Berlin (DDR) 1986, hier insbes. S. 31-53: RÜGER, Maria, Aus einem Gespräch mit Hans Coppi, Hans Lautenschläger und Heinrich Scheel vom 16. Mai 1985.

[136] DICK, Oppositionelles Lehrerverhalten, S. 548.

Hervor hebt Dick, daß Widerstand "eine Handlungsdimension [sei], die nicht einmalig erworben werden kann, sondern die eher am Ende eines Erfahrungsprozesses zur Ausbildung kommt und auch dann beständig neu erarbeitet und kritisch überprüft werden muß"[137].

"Dieses Prozeßhafte, auch die Möglichkeit und Notwendigkeit eigenständigen Erarbeitens und beständigen Lernens und Dazulernens, wird durch die weiterreichende Formulierung einer 'Ästhetik des aufrechten Gangs' eher erfaßt und ausdrücklich auf gesellschaftliche Situationen bezogen, die nicht offensichtlich zum Widerstand herausfordern, wohl aber auf die Fähigkeiten zum aufrechten Gang angewiesen sind, wollen sie als solche bestehen bleiben."[138]

Eine ganz besondere Bedeutung spricht Weiss der Auseinandersetzung mit Kunst und Kunstwerken zu[139].

Im Zusammenhang der hier vorliegenden Arbeit ist es besonders interessant, daß sich Weiss nur am Rande mit der Schulfarm und damit mit einer wichtigen Phase von Coppis Schulzeit auseinandergesetzt hat und daß Dick von diesen Zusammenhängen offensichtlich keinerlei Kenntnisse hatte -, daß aber beide mit ihren Darstellungen und Interpretationen widerständigen Verhaltens indirekt auch eine Interpretation für die auf Scharfenberg praktizierte politischen Pädagogik und ihre praktischen, über die Insel(zeit) hinausreichenden Wirkungen auf ihre ehemaligen Schüler geliefert haben.

III.3.C. SCHLUßBEMERKUNGEN

Faßt man das bislang Gesagte zum Verhalten der in der NS-Zeit in Deutschland lebenden ehemaligen Scharfenberger Schüler (auf dem Hintergrund der Frage nach der politischen Substanz, dem Widerstandspotential gegenüber dem Nationalsozialismus der Scharfenberger Pädagogik bzw. ihrer ehemaligen Schüler) zusammen, so kann folgendes festgehalten werden:

Es ist aufgezeigt worden, daß hier neben Anpassungen im Sinne des Modells von Detlev Peukert die ganze Palette 'nichtangepaßten Verhaltens' - von Nonkonformität, über Verweigerung und Protest bis hin zu aktivem Widerstand zu beobachten ist.

Um Mißverständnissen vorzubeugen: Scharfenberg erzog nicht direkt 'zum Widerstand'. Aber die auf Scharfenberg praktizierte Pädagogik legte - wie ich durch meinen an früherer Stelle gegebenen Hinweis auf die Erziehung zu sozial und demokratisch gesinnten, politisch verantwortlichen Individuen und durch konkrete Aussagen ehemaliger Schüler zu dem Themenbereich zu zeigen versucht habe - eine Grundlage für jene Grundhaltung, die Ernst Bloch den 'aufrechten Gang' nannte[140].

---

[137] DICK, Oppositionelles Lehrerverhalten, S. 549.
[138] DICK, Oppositionelles Lehrerverhalten, S. 549.
[139] Vgl.: DICK, Oppositionelles Lehrerverhalten, S. 548.
[140] Vgl.: DICK, Oppositionelles Lehrerverhalten.

Elisabeth Rotten forderte 1955 eine "Erziehung zum Selber-Urteilen und zur Widerstandsfähigkeit gegen Massensuggestionen auf allen Stufen des Erziehungsprozesses mit den ihnen jeweils gemäßen Mitteln."[141] Als 'Belege' für die Richtigkeit ihrer Forderung führte sie an:

> "Daß solche geistige Sturmfestigkeit dank frühzeitiger und umfassender Pflege und Stärkung der aufbauenden und zum Ganzen strebenden Grundkräfte der Menschennatur erreicht werden kann, haben Schulen wie die Schulfarm Insel Scharfenberg, Berlin-Tegel, und die Lichtwark-Schule Hamburg bewiesen, aus denen in kritischer Zeit keine Nationalsozialisten hervorgegangen sind."[142]

Mit diesem Verhaltensspektrum ihrer ehemaligen Schüler reiht sich die Schulfarm in die Reihe anderer 'linker' Reformschulen, wie die Lebensgemeinschaftsschulen in

---

[141] ROTTEN, Elisabeth, Psychohygiene als Erziehungsfaktor, in: Geistige Hygiene. Forschung und Praxis, hrsg. von Maria PFISTER-AMMEBDE, Basel 1955, S. 17-39; u.d.T. 'Geistig-seelische Gesundheitssicherung von Kindheit auf (Psychohygiene als Erziehungsfaktor)' wieder in: Die Gesundheitssicherung. Gesunderhaltung der arbeitenden Menschen als soziale Aufgabe, Heft 5 (1956), S. 14-30, hier (1955), S. 36.

[142] ROTTEN, Psychohygiene, S. 36. - Vgl. (nahezu gleichlautend): Bericht über die Internationale Erziehertagung auf dem Sonnenberg im Oberharz vom 6. bis 15. Mai 1954. Tagungsthema: Schulversuche zur besseren Erkenntnis und Förderung individueller Begabungen im Rahmen gemeinsamer sozialer Erziehung bis zur Adoleszenz, Braunschweig 1955, S. 58, die Bemerkung einer schwedischen Pädagogin zu der von Rotten mitveranstalteten Tagung: "Aus der Schule 'Scharfenberg' bei Berlin ist nachweislich nicht ein einziger Nazi hervorgegangen. Als man ungläubig die einstigen Schüler fragte, wie man diese innere Widerstandskraft in ihnen geweckt habe, erklärten sie: 'Das war sehr einfach. Durch die Art, wie man uns zum selber Prüfen und Urteilen anleitete, hat man uns gegen das Lügengift der Nazi[s] immun gemacht.'" - S. auch: Trogen, AdKP, Ordner [3:] Elisabeth Rotten, 1954-1959 (D 13 a): Rotten an Arthur Bill br. vom 03.05.1957: Rotten kündigt hier an, in einem Referat auf dem Sonnenberg über das Kinderdorf Pestalozzi in Trogen auch einiges über die Schulfarm einzuflechten, "nicht nur, weil ich das dortige 'erziehende Schulleben' während der ersten entscheidenden Jahre mit Wilhelm Blume mit aufbauen durfte - [...], sondern auch weil die erziehlichen Wirkungen dort nach einer Generation Kontakt mit den 'Ehemaligen' klar zu Tage liegen." - Schon 1950 hatte Rotten über die Schulfarm und ihre ehemaligen Schüler geschrieben: "Es ist diejenige Schule, an der ich am intensivsten mitgearbeitet habe. Sie darf sich rühmen, nicht einen einzigen Nazi hervorgebracht zu haben. Ich habe dies einwandfrei feststellen können und die Gespräche, die ich mit andern ehemaligen Schülern darüber hatte, waren äußerst ermutigend [...]." (Trogen, AdKP, Ordner [1:] Elisabeth Rotten, Korrespondenz: Elisabeth Rotten an Arthur Bill br. vom 14.07.1950).

3. Das Wirken und Verhalten in der NS-Zeit

Berlin und Hamburg sowie die Karl-Marx-Schule in Berlin und die Lichtwarkschule in Hamburg ein[143] - die die Nazis nicht zufällig früh ins politische Visier nahmen[144].

Zum Abschluß des Teils 2 der vorliegenden Arbeit konnte festgestellt werden, daß von der Schulfarm der Weimarer Republik auf verschiedenste Art und Weise eine "Multiplikatoren-Funktion im Pädagogischen"[145] ausgegangen ist: etwa durch Publi-

---

[143] S. zu den Hamburger Reformschulen bes.: HOCHMUTH, Ursel, Telemann- und Lichtwarkschüler, in: HOCHMUTH, Ursel / MEYER, Gertrud, Streiflichter aus dem Hamburger Widerstand 1933-1945. Berichte und Dokumente, Frankfurt 1969, S. 72-81. - HOCHMUTH, Ursel, Zur Telemann-Gruppe. Musizieren, diskutieren, wandern und illegale Arbeit, in: Hamburg: Schule unterm Hakenkreuz, hrsg. von Ursel HOCHMUTH und Hans-Peter de LORENT, 2. Aufl. Hamburg 1986, S. 36-39. - HOCHMUTH, Ursel, Lichtwarkschule/Lichtwarkschüler: 'Hitler führt ins Verderben - Grüßt nicht!', in: Hamburg: Schule unterm Hakenkreuz, hrsg. von Ursel HOCHMUTH und Hans-Peter de LORENT, 2. Aufl. Hamburg 1986, S. 84-105. - Als ein weiteres reformpädagogisches Beispiel s.: UFFRECHT, Ulrich, Die Freie Schul- und Werkgemeinschaft Letzlingen. Ein Schulversuch von bleibender Bedeutung, in: Neue Sammlung, Jg. 32 (1992), S. 549-570, hier S. 567, Anm. 55: "Als eine der bemerkenswertesten Wirkungen Letzlingens habe ich es immer angesehen, daß - zumindest soweit ich weiß - kein einziger der ehemaligen Schüler dieser Schule der Barbarei der Nazis verfallen ist, wenigstens aber keiner von ihnen sich aktiv an deren Verbrechen beteiligt hat. Dagegen weiß ich von vielen, die aus innerer Ablehnung des Nazitums unter großen persönlichen Opfern in die Emigration gegangen sind. Welche andere Schule kann das schon von sich sagen?!"

[144] Die Rolle der Schule für die politische Arbeit ihrer (ehemaligen) Schüler im Verhältnis zu anderen Einflußfaktoren gilt es grundsätzlich genau(er) zu betrachten. Einerseits darf nicht außer acht gelassen werden, daß möglicherweise außerschulische Faktoren eine wichtige Rolle spielten; andererseits ist der erhebliche Einfluß dieser Schulen auf die Vorbereitung, Entwicklung oder Stärkung ns-kritischer Einstellungen bei vielen ihrer Schüler eindeutig belegt; vgl. z.B.: HAGENER, Caesar, Die Hamburger Versuchsschulen der Weimarer Jahre. Ihre Programmatik und Realität im Umfeld gesellschaftlicher Bewegungen, in: Hamburg - Stadt der Schulreformen, hrsg. von Peter DASCHNER und Reiner LEHBERGER (=Hamburger Schriftenreihe zur Schul- und Unterrichtsgeschichte, 2), Hamburg 1990, S. 26-41, hier S. 41: "Nun haben [...] ehemalige Schüler der [Hamburger] Versuchsschulen ihre Schulzeit oft in euphorisch überhöhten Erinnerungen bewahrt - in Bildern, die heute noch (1989!) u.a. ihre Meinung stützen, daß sie dieser Schule alles verdanken - auch ihr Denken und Handeln im Widerstand nach 1933. Solche Auskünfte halten jedoch einer genaueren Befragung nicht stand. Denn wenn auch der sogenannte 'Gemeinschaftsgeist' der Versuchsschule für jene ehemaligen Schüler, die sich etwa um 1930 als 'Telemänner' (oder unter ähnlichen vertrauten Kürzeln) in sozialistischen Jugendgruppen zusammenfanden, als Glaube an eine bessere Gesellschaft in Freundschaften fortwirkte, so vollzog sich die Politisierung im engeren Sinne erst außerhalb der Schule über Erfahrungen in solchen Gruppen, wo es um hautnahe Teilnahme am politischen Leben ging." - Zuletzt ebenso: LEHBERGER, Weimarer Reformschulen im Nationalsozialismus, S. 17: "Ob im Blick auf die Widerstandsforschung die Ausleuchtung der Reformschulen nach 1933 neue Ergebnisse bringt, muß hier offen bleiben, ist aber zu vermuten. Mit dem von Detlev Peukert vorgelegten Schema von Nonkonformität, Verweigerung, Protest bis hin zum Widerstand haben wir ein Differenzierungsraster, mit dem wir widerständiges Verhalten von Lehrern und Schülern unterhalb aktiver Widerstandsarbeit besser beschreibbar und damit sichtbar machen können. Und daß es gerade an den Reformschulen Verhalten auf dieser Ebene des Widerständigen gegeben hat, ist nun in der Tat eindeutig zu erwarten. Andererseits möchte ich mich davor warnen, daß das politische Verhalten von Schülern und Lehrern an den Reformschulen allein oder sogar auch nur vorrangig diesen Institutionen als Sozialisationsinstanz zugeschrieben wird. Bei den meisten, deren Weg in den aktiven Widerstand führte [...], [...] war die politische Sozialisation durch Jugendverbände, Parteien und Elternhaus der bedeutendere Faktor, die jeweilige Schule nur ein Moment im Bedingungsfeld dieses Verhaltens."

[145] So: RADDE, Fritz Karsen, S. 204, über die Karl-Marx-Schule.

kationen und Vorträge über den Schulversuch, durch Besucher und Hospitanten, durch Lehrkräfte und seit Ende der 20er Jahre auch durch auf Scharfenberg ausgebildete Referendare, die nach ihrer Scharfenberger Zeit an 'Normalschulen' wechselten, nicht zuletzt schließlich auch durch Blumes 'Doppeldirektorat' Schulfarm Insel Scharfenberg-Humboldtschule Tegel (1932 bis 1934).

Zu Beginn des Teils 3 dieser Arbeit wurde die Frage nach der 'Wirksamkeit der Erziehungs- und Bildungsrealität der Schulfarm Insel Scharfenberg der Weimarer Republik nach 1933/34' gestellt. Wenngleich zur Klärung dieser Frage letztendlich noch weitere Quellenrecherchen und Detailuntersuchungen erforderlich sind, so kann doch am Ende des Teils 3 und damit am Ende der Arbeit insgesamt zusammenfassend Folgendes festgehalten werden:

- Die Schulfarm 'überlebte' die NS-Zeit als Institution, und zumindest punktuell wirkten Gedankengut und Erfahrungen, aus der Tradition der Schulfarm der Weimarer Republik in die Schulfarm der NS-Zeit hinein und leisteten zumindest einen kleinen Beitrag dazu, daß ein 'totales' Umfunktionieren der Schulfarm in eine nationalsozialistische 'Musterschule' nicht realisiert werden konnte.

- Die Lehrkräfte der Schulfarm der Weimarer Republik verhielten sich in der NS-Zeit nicht vollständig angepaßt; vielmehr kann ihr Verhalten, von Person zu Person unterschiedlich, in die Palette 'Nichtangepaßten Verhaltens' des Peukertschen Modells eingeordnet werden.

- Nach 1945, insbesondere in den 50er und 60er Jahren, als die reformpädagogischen Traditionen der 20er und frühen 30er Jahren wiederbelebt und weiterentwickelt wurden, ging von Scharfenberg, wenngleich nicht im gleichen Umfange wie in der Weimarer Republik, erneut eine "Multiplikatoren-Funktion im Pädagogischen"[146], gingen "Impulse für das Bildungswesen insgesamt"[147] aus.

- Zur Frage nach den 'Langzeitwirkungen' der Erziehungs- und Unterrichtsrealität der Schulfarm der Weimarer Republik' auf die ihr anvertrauten Schüler kann zusammenfassend festgestellt werden, daß deutliche 'Wirkungen' auf den weiteren Lebensweg der ehemaligen Schüler der Schulfarm der Weimarer Republik - ihre Persönlichkeitsbildung, ihren beruflichen Werdegang sowie ihr politisches Verhalten, insbes. auch in der NS-Zeit, - festzustellen sind, daß also das Scharfenberger Ziel, die Schüler zu sozial gesinnten Persönlichkeiten reifen zu lassen - als in einem überdurchschnittlichem Maße erreicht beschrieben werden kann.

Es kann also eine Vielfalt von 'Nachwirkungen' der Schulfarm in der Weimarer Republik wie auch nach dem Ende des Schulversuches im Zeitraum 1933/34 ausgemacht werden. Damit aber darf man abschließend feststellen, daß am Ende des exponierten Schulversuches der Weimarer Republik in den Jahren 1933/34 NICHT - wie es zunächst erscheinen könnte - "ein trauriges Umsonst" (Ossietzky)[148] stand.

---

[146] So: RADDE, Fritz Karsen, S. 204, über die Karl-Marx-Schule.
[147] HARTKOPF, Beitrag, S. 2.
[148] OSSIETZKI, Carl von, Deutschland ist ..., zuerst in: Die Weltbühne, Jg. 24 (1938), Nr. 45 (06.11.1928), S. 289-291, hier S. 291.

Abb. 1: Blume als Gymnasiast (um die Jahrhundertwende).

Abb. 2: Blume (1911).

Abb. 3: Blume (unten links) mit seinen Eltern und dem Elternhaus in Wolfenbüttel (um 1917).

Abb. 4: Blume (links hinten) mit Schülern des Schulwandervogels der 10. Realschule (1914).

Abb. 5: Blume mit Schülern unterwegs (um 1913/14).

Abbildungen zur Geschichte der Schulfarm Insel Scharfenberg

Abb. 6: Frontseite des Humboldt-Gymnasiums in der Gartenstraße (1925 oder früher).

Abb. 7: Das Lehrerkollegium des Humboldt-Gymnasiums 1919/20 (in der unteren Reihe, dritter von links: Blume, vierter von links: Carl Cohn, fünfter von rechts: Max Schmidt).

Abb. 8: Das Wiesenburger Schloß (Postkarte) (1918 oder früher).

Abb. 9: Blume am Humboldt-Gymnasium mit den Abiturienten Ostern 1920 (von links nach rechts: Gerhard Grüß, Martin Weise, Wilhelm Richter, Adolf Nußbeck und Johannes Gorke).

Abb. 10: Das Wanderheim des Humboldt-Gymnasiums bei Stolpe (zwischen 1918 und 1925).

Abb. 11: Festtrubel vor dem Stolper Humboldt-Schulgemeindeheim (1919).

Abb. 12: Die Insel Scharfenberg. Zeichnung von Gottlob Theuerkauf (1880).

Abb. 13: Carl Bolle vor seinem Haus auf Scharfenberg (um die Jahrhundertwende).

Abbildungen zur Geschichte der Schulfarm Insel Scharfenberg

Abb. 14: Das 'Bollehaus', gezeichnet von Wolfgang Ewerth (15.06.1922).

Abb. 15: Das 'Bollehaus' mit Scharfenberger Schülern (wohl 1922).

Abb. 16: Das 'Bollehaus'. Linolschnitt.

Abb. 17: Der Eingangsbereich des 'Bollehauses'.

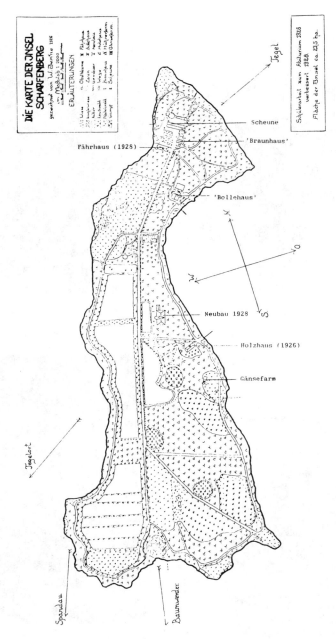

Abb. 18: Karte der Insel Scharfenberg. Gezeichnet von dem Schüler Walter Jenke als Arbeit zum Abiturium 1926, verbessert 1928 (mit erw. Beschriftung durch D.H.).

Abb. 19: Prof. Carl Cohn.

Abb. 20: Georg Netzband (1919).

Abb. 21: Elisabeth Rotten (um 1928).

Abb. 22: Paul Glasenapp (um 1932).

Abb. 23: Wilhelm Paulsen (wohl im August 1921).

Abb. 24: Ernst Sorge auf der von Alfred Wegener geleiteten Grönlandexpedition 1929.

Abb. 25: Wilhelm Moslé. Holzschnitt des Scharfenberger Schülers Josef Adolf Schmoll gen. Eisenwerth (ca. 1932).

Abb. 26: Franz Hilker (um 1932)

Abbildungen zur Geschichte der Schulfarm Insel Scharfenberg

Abb. 27: Blume mit einem seiner Schüler (wohl Mitte der 20er Jahre).

Abb. 28: Blume und Erich Scheibner (Juni 1930).

Abb. 29: Überfahrt mit der von Schülern bedienten Fähre zwischen der Insel Scharfenberg und dem Festlandsufer (1923).

Abb. 30: Ein Wagen mit Kohle wird mit der Fähre zur Insel übergesetzt (Mitte der 20er Jahre).

Abb. 31: Die Fähre im Eis des Tegeler Sees (Winter Mitte der 20er Jahre).

Abb. 32: Schüler beim Waschen im See, im Hintergrund das Holzhaus (vorn rechts am Steg: Ewald Albrecht) (wohl 1929).

Abb. 33: Beim Baden im See (sitzend im gestreiften Badeanzug: Blume) (1922).

Abb. 34: Beim Kühehüten (1928 oder früher).

Abb. 35: Bei der Feldarbeit (1926).

Abbildungen zur Geschichte der Schulfarm Insel Scharfenberg 1053

Abb. 36: Heuernte (1926).

Abb. 37: Schüler im Hühnerhof der Schulfarm (1926). - "Dieser Käfig beherbergte zu Dr. Bolles Zeiten Affen, bis Juni [19]26 stand er vor dem Geflügelstall rechts am Knick zum Mittelweg von der Fähre aus; jetzt ist er vor der neuen Hühnerfarm hinter dem Holzhaus aufgerichtet als Kükenaufzuchtraum. Der Hühnerwart Bobs Teutenberg (barfuß) beim Füttern an einem Mittwochnachmittag [...]." (Berlin, LA, SIS: CH, V, S. 345)

Abb. 38: Kirschenernte.

Abb. 39: Metallarbeiten. Arbeiten am Schleifstein (1928).

Abb. 40: Metallarbeiten (1928).

Abb. 41: Probealarm der Schülerfeuerwehr (1928 oder früher).

Abb. 42: Schweineschlachten am 4. Januar 1927. Schülerzeichnung.

Abb. 43: Der Schüler Arnold Fritz als Freskomaler (Thema: Don Quixote verehrt Dulcinella) im Bibliothekszimmer des 'Bollehauses' (1925).

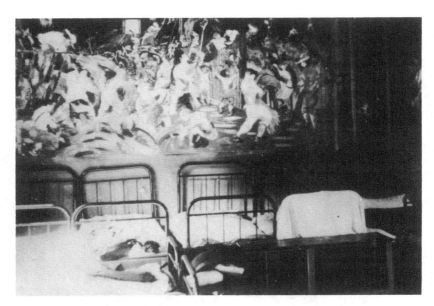

Abb. 44: Kunst im "Scheunenviertel" (1925).

Abb. 45: Der Schüler Walter Schramm verteilt als Ausschußmitglied an einem Mittwochnachmittag im Mai 1925 die Gemeinschaftsarbeit.

Abbildungen zur Geschichte der Schulfarm Insel Scharfenberg 1059

Abb. 46: Schüler beim Bauen der Eßtische und -bänke (Mitte der 20er Jahre).

Abb. 47: Der Tischdienst beim Decken der Tische (Ende der 20er Jahre).

Abb. 48: Gemeinsame Mittagstafel im Freien (Mitte der 20er Jahre).

Abb. 49: Beim Baumfällen für das Holzhaus (1925).

Abb. 50: Schüler beim Abladen von Baumaterial für das Holzhaus (1925).

Abb. 51: Arbeitspause am Seeufer.

Abb. 52: Das Holzhaus. "Holzhaus, rechts Veranda, mitten Unterrichtsraum, links Schlafraum, 5 Schüler, Strohbetten. Im Winter waren durch die Kälte und Körperausdünstung die Strohsäcke durchfeuchtet. Einmal wöchentlich wurde der Kanonenofen während des Tages kräftigst aufgeheizt, damit die Strohsäcke wieder trockneten. Abends Tür und Fenster auf, Wärme raus, Kälte wieder rein, alles von vorn." (Paul Glasenapp an D.H. mündl. vom 13./14.03.1985).

Abb. 53: Unterrichtsraum im Holzhaus (mit Tafel).

Abbildungen zur Geschichte der Schulfarm Insel Scharfenberg

Abb. 54: Der Neubau. Entwurf des Architekten Richard Ermisch (Aquarell) (1927).

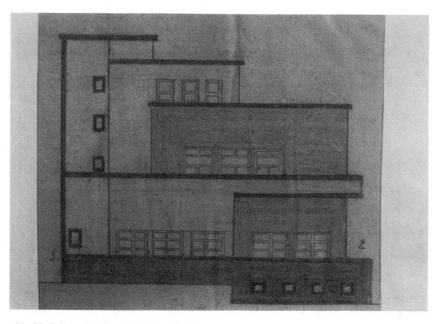

Abb. 55: Schülerplan für den Neubau (1927).

Abb. 56: Der Schülerwohn- und Unterrichtsneubau von 1927/28 ('Blumehaus').

Abb. 57: Der Unterrichtssaal im Schülerwohn- und Unterrichtsneubau von 1927/28.

Abbildungen zur Geschichte der Schulfarm Insel Scharfenberg 1065

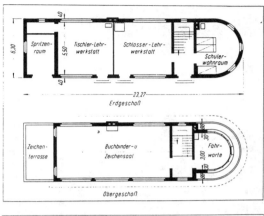

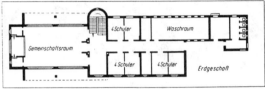

Abb. 58: Grundrisse des Schülerwohn- und Unterrichtsneubaus und des Fährhauses von 1927/28.

Abb. 59: Das Werkstätten- und Fährhaus von Nordwesten (rechts oben die Fährwarte) (1928).

Abb. 60: Die Fährwarte im Werkstätten- und Fährhaus (1928).

Abb. 61: Zeichensaal in Werkstätten- und Fährhaus (links neben dem Ofen: Schere für Buchbinderarbeiten, links hinten: Presse für Linolschnitte) (1928).

Abb. 62: Auf dem Schulplatz im Mai 1922.

Abb. 63: Zeichenunterricht im Freien (1923).

Abb. 64: Zeichenunterricht im Freien (1926).

Abb. 65: Zeichenunterricht am See (links: Willi Jelski, rechts vorn: Bernhard Schmoll) (Ende der 20er Jahre).

Abb. 66: Biologieunterricht (links: Lehrer Hans Wahle; stehend: Martin Grotjahn) (1922).

Abb. 67: Unterricht am Mikroskop im Freien mit Wilhelm Ziegelmayer (ca. 1926-1928).

Abb. 68: Meteorologische Station: Ablesen des Bodenminimumthermometers (1927).

Abb. 69: Meteorologische Station: allmorgendliche Bestimmung der Regenmenge (1927).

Abb. 70: Schüler mit ihrem Mathematiklehrer Ernst Sorge (links) beim Vermessen der Insel mit Theodolit, Bandmaß und Winkelspiegel (1926).

Abbildungen zur Geschichte der Schulfarm Insel Scharfenberg

Abb. 71: Buchbinderei im alten Speisesaal im Keller des 'Bollehauses' und Wandbild von Georg Netzband ("Das Heilige Abendmahl") (ca. 1927).

Abb. 72: Marionettenpuppen, von Schülern gebastelt, als erneuter Gegenstand künstlerischer Produktion (Linolschitt).

Abb. 73: Plakat von Josef Adolf Schmoll gen. Eisenwerth: Bericht des Scharfenberger Kunstlehrers Erich Scheibner über seine Reise in die Sowjetunion (21.08.1932).

Abb. 74: Titelblatt der Schülerzeitung 'Die Ernte', Nr. 7: 1928.

Abb. 75: Titelblatt der Schülerzeitung 'Die Ernte', Nr. 5: Weihnachten 1927.

Abb. 76: Titelblatt der Schülerzeitung 'Die Ernte', Nr. 8: September 1928.

Abb. 77: Schüler am runden Tisch bei der Lektüre (1925).

Abb. 78: 'Bibliothek' im Bollesaal des 'Bollehauses' (1928).

Abb. 79: Erntefest 1929: Festplatz mit (noch) leeren Tischen.

Abb. 80: Aufführung von Zuckmayers 'Schinderhannes' (Herbst 1932). Links liegend: Josef Adolf Schmoll gen. Eisenwerth; rechts stehend: Heinrich Scheel; davor sitzend: Erwin Witt.

Abbildungen zur Geschichte der Schulfarm Insel Scharfenberg

Abb. 81: "Die Braut von Messina". Theateraufführung 1932.

Abb. 82: Theateraufführung (links Erwin Witt (um 1929 bis 1933).

Abb. 83: Theateraufführung auf dem Erntefest 1927.

Abbildungen zur Geschichte der Schulfarm Insel Scharfenberg

Abb. 84: Mußestunde am Seeufer (1928).

Abb. 85: Schüler beim Angeln am See. Holzschnitt von Hans Gaulke (1930).

Abbildungen zur Geschichte der Schulfarm Insel Scharfenberg 1077

Abb. 86: Josef Adolf Schmoll gen. Eisenwerth. Selbstbildnis vor Scharfenbergufer (17jährig). Holzschnitt (Februar 1932).

Abb. 87: Josef Adolf Schmoll gen. Eisenwerth: Kronprinz und Kriegskrüppel, Press-Span-Radierung (März 1932 oder etwas früher).

Abb. 88: Heinrich Scheel: Selbstportrait.

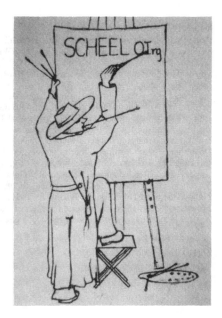

Abb. 89: Heinrich Scheel: Selbstportrait als Maler.

Abb. 90: Die personifizierten Kräfte der politischen Parteien und Tendenzen am Vorabend des zweiten (und entscheidenden) Wahlgangs zur Wiederwahl des Reichspräsidenten (ehem. Generalfeldmarschalls) Paul von Hindenburg am 10.04.1932. Politische Karikatur, Feder und Aquarell, von Josef Adolf Schmoll gen. Eisenwerth (17jährig).

Hindenburg in der Mitte ist als Zeichen der Kraftlosigkeit despektierlich als Vogelscheuche gezeichnet. An seinem Pfahl sägen gemeinsam die Vertreter der äußersten Rechten (SA-Mann) und Linken (Rotfrontkämpfer der KPD). Noch wird Hindenburg gestützt durch Reichskanzler Heinrich Brüning (Zentrum), der nur noch mit Notverordnungen und Kürzungen des maroden Etats regiert, am Bürovorsteherpult hockend und rechnend, am Federhalter kauend, und gehalten von Theodor Düsterberg. Der Berliner Oberbürgermeister Dr. Heinrich Sahm, Leiter der überparteilichen Initiative zur Wiederwahl Hindenburgs, wird gehalten vom Kapital und gestützt durch einen Vertreter des SPD-'Reichsbanners Schwarz-Rot-Gold'. Von der einen Seite kommt Ernst Thälmann, Vorsitzender der KPD, mit Hammer- und Sichel-Fahne und einem Messer (als Anspielung auf die blutigen Straßenschlachten in Berlin ab 1931). Von der anderen Seite steigt Adolf Hitler mit Hakenkreuz-Fahne und Revolver empor, um Hindenburgs 'Stamm' umzutreten. Industrielle, durch Zigarre beziehungsweise Geldsack als solche gekennzeichnet, befinden sich auf beiden Seiten.

Abbildungen zur Geschichte der Schulfarm Insel Scharfenberg 1079

Abb. 91: Heinrich Scheel und Josef Adolf Schmoll gen. Eisenwerth vor dem Holzhaus (Sommer 1932).

Abb. 92: Hans Coppi als Schüler auf Scharfenberg (um 1931).

Abb. 93: Heinrich Scheel (1933).

Abb. 94: Felix Scholz (1896-1959).

Abb. 95: 'Der Präsident'. Karrikatur von Joseph Adolf Schmoll gen. Eisenwerth, Pastell auf Karton; Bild für Bühnenausstattung der Schüleraufführung 'Leonce und Lena' von Büchner (Herbst 1933).

Abb. 96: Georg Netzband bei der Arbeit an dem Ölbild 'Kurfürstendamm' (1939).

Abb. 97: Georg Netzband: 'Stalingrad ist gefallen' (1943).

Abb. 98: Georg Netzband: 'Genickschuß' (1939).

Abb. 99: Die Humboldtschule in Tegel (Mitte der 30er Jahre).

Abb. 100: 'Humboldtbanner' der Humboldtschule Tegel.

Abbildungen zur Geschichte der Schulfarm Insel Scharfenberg 1083

Abb. 101: Blume bei einer Rede (wohl Mitte der 30er Jahre).

Abb. 102: Blume (von hinten) bei einer Ansprache am 03.09.1938 vor Schülern der Humboldtschule.
Das Foto enthält auf der Rückseite - von der Hand Blumes - den Text:
Im Namen des Bluts!
Im Namen des Volks!
Im Namen des Leids!
Am 3. September 1938.

Abb. 103: Blume (1962).

Abb. 104: Feier zum 40jährigen Bestehen der Schulfarm Insel Scharfenberg (vordere Reihe von links nach rechts: Wolfgang Pewesin (damals Leiter der Schulfarm), Prof. Lennert (FU Berlin), Evers (Senator für Schulwesen), Blume) (1962).

Abb. 105: Blume (um 1965)

Abb. 106: Vermutlich das letzte Foto von Blume (Frohnau, 1970).

Abb. 107: Walter Ackermann.

Abb. 108: Elisabeth Rotten (in den 50er Jahren oder Anfang der 60er Jahre).

Abb. 109: Wilhelm Richter (in den 60er Jahren).

Abb. 110: Georg Netzband (1967).

Abbildungen zur Geschichte der Schulfarm Insel Scharfenberg

Abb. 111: Werner Hartkopf.

Abb. 112: Fritz Blümel (60er Jahre).

Abb. 113: Heinrich Scheel bei seiner Gedenkrede zur Enthüllung der Gedenktafel für Hans Coppi und Hanno Günther auf Scharfenberg am 03.06.1984.

Abb. 114: Paul Glasenapp und Annegret Wenz in Minden (14.03.1985).

ABBILDUNGSNACHWEISE

Anmerkung: "O:" weist die Existenz eines Originalfotos (im Sinne eines "historischen Abzugs" - die Existenz von Originalnegativen ist in keinem Falle bekannt), "D:" alle bekannten bisherigen Veröffentlichungen der Abbildungen nach. In den Fällen, in denen kein "Original" auffindbar war, wurden die veröffentlichten Abbildungen als Vorlage für diese Arbeit verwendet.

Abb. 1: O: PS Anneliese Blume.

Abb. 2: O: Berlin, LA, SIS: Fotosammlung. - D: 60 Jahre Schulfarm Insel Scharfenberg 1922-1982. Jubiläums-Festschrift anläßlich des 60jährigen Bestehens der Schulfarm Insel Scharfenberg (=Sonderheft der Fähre), Berlin 1982, S. 12; wieder in: Wilhelm Blume zum 100. Geburtstag (=Neue Scharfenberg-Hefte, 6), Berlin 1984, S. 1; wieder in: Steige hoch, du roter Adler. Katalog zur Ausstellung im Heimatmuseum Reinickendorf aus Anlaß der 750-Jahr-Feier Berlins vom 08.05. - 30.11.1987, hrsg. vom Bezirk Reinickendorf, Abt. Volksbildung. Heimatmuseum, Berlin 1987, o.S.; wieder in: KEIM, Wolfgang, Zur Aktualität reformpädagogischer Schulmodelle. Das Beispiel der Schulfarm Insel Scharfenberg, in: Jahrbuch des Archivs der deutschen Jugendbewegung, Bd. 16 (1986/87), S. 295-320, hier S. 299; wieder in: BEHRMANN, Alfred, Schulfarm Insel Scharfenberg - Ihr Beitrag zur Erziehung in Bildender Kunst, in: ... und die Kunst ist immer dabei. Schulfarm Insel Scharfenberg - Ein Beitrag zur Bildenden Kunst. Katalog zur Ausstellung 12. Mai - 18. Juni 1989 in der Rathaus-Galerie Reinickendorf, Berlin 1989, o.S.; Ausschnitt wieder in: Profil. Zeitschrift für die Schulfarm Insel Scharfenberg, Jg. 1, Nr. 1: November 1995, S. 2.

Abb. 3: O: PS Anneliese Blume.

Abb. 4: O: PS Anneliese Blume.

Abb. 5: O: Berlin, LA, SIS: Fotosammlung.

Abb. 6: D: COHN, Carl, Geschichte des Berliner Humboldt-Gymnasiums in den Jahren 1875-1925, Berlin 1925, S. 1.

Abb. 7: O: D.H.

Abb. 8: O: Berlin, LA, SIS: CH, I, o.S.

Abb. 9: O: Berlin, LA, SIS: Fotosammlung.

Abb. 10: D: COHN, Carl, Geschichte des Berliner Humboldt-Gymnasiums in den Jahren 1875-1925, Berlin 1925, S. 32; wieder in: Aus dem Werden der Schulfarm Insel Scharfenberg. Bilder, Dokumente, Selbstzeugnisse von Eltern, Lehrern, Schülern, red. von Wilhelm BLUME, in: Das Werdende Zeitalter. Eine Monatsschrift für Erneuerung der Erziehung, Jg. 7 (1928), S. 329-404, hier S. 337.

Abb. 11: D: BLUME, Wilhelm, Augenblicksbilder aus dem Werden des Humboldtschulgemeindeheims Stolpe in der Mark, in: Der märkische Wanderer, Jg. 6 (1920), S. 148-150, hier S. 149.

Abb. 12: D: ALFIERI, Leo, Insel Scharfenberg, in: Der Bär. Illustrirte Berliner Wochenschrift. Eine Chronik fürs Haus, Jg. 7 (1880), S. 121-123, mit 'Nachschrift' S. 124 und Illustration S. 119, hier S. 119; wieder in: POMPLUN, Kurt, Pomplun's Großes Berlin Buch, Berlin 1986, S. 169.

Abb. 13: O: Berlin, StaBi: Sammlung Darmstaedter LB 1880 (19), Bl. 49.

Abb. 14: O: Berlin, LA, SIS: CH, I, o.S.

Abb. 15: O: PS Martin Grotjahn.

Abb. 16: D: BLUME, Wilhelm, Erinnerungen an das Bollehaus auf der Insel Scharfenberg (=Vorträge und Aufsätze, 8), Berlin 1959, S. 16a.

Abb. 17: D: 60 Jahre Schulfarm Insel Scharfenberg 1922-1982. Jubiläums-Festschrift anläßlich des 60jährigen Bestehens der Schulfarm Insel Scharfenberg (=Sonderheft der Fähre), Berlin 1982, S. 1.

Abb. 18: D: Aus dem Leben der Schulfarm Insel Scharfenberg. Bilder, Dokumente, Selbstzeugnisse von Eltern, Lehrern, Schülern, red. von Wilhelm BLUME, in: Das Werdende Zeitalter. Eine Monatsschrift für Erneuerung der Erziehung, Jg. 7 (1928), S. 329-404, hier als 'Beilage' hinzugefügt.

Abb. 19: O: PS Martin Grotjahn.

Abb. 20: D: Georg Netzband. Eine Werkauswahl. 1980, hrsg. von Isabel Netzband, Hamburg 1980, S. 4.

Abb. 21: D: ROTTEN, Elisabeth, Die pädagogische Weltkonferenz in Helsingör. Erinnerungen und Bemerkungen, in: Schweizer Erziehungs-Rundschau. Organ für das öffentliche und private Bildungswesen der Schweiz, Jg. 2 (1929/30), Nr. 9: Dezember 1929, S. 207-209, hier S. 208.

Abb. 22: O: PS Paul Glasenapp

Abb. 23: O: Berlin, Ullstein Bilderdienst, Fotoarchiv, Nr. 13678a

D: Hamburger Fremdenblatt vom 15.02.1921, Nr. 76.

Abb. 24: D: WEGENER, Alfred, Mit Motorboot und Schlitten in Grönland, Bielefeld [u.a.] 1930, S. 169.

Abb. 25: O: Berlin, Berlinische Galerie: Archiv Josef Adolf Schmoll gen. Eisenwerth.

Abb. 26: O: PS D.H.

Abb. 27: O: Berlin, LA, SIS: Fotosammlung.

Abb. 28: O: Berlin, LA, SIS: Fotosammlung.

Abb. 29: O: Berlin, LA, SIS: CH, III, S. 22. - D: Ferma Szkolna, in: Illustracja Polska, Poznan, Jg. 2 (1923), S. 521; wieder in: BLUME, Wilhelm, Die Schulfarm auf der städtischen Insel Scharfenberg bei Berlin, in: Deutsche Schulversuche, hrsg. von Franz HIL-

KER, Berlin 1924, S. 312-330, hier S. 312; wieder in: BLUME, Wilhelm, Die Schulfarm Insel Scharfenberg, in: Das Berliner Schulwesen, hrsg. von Jens NYDAHL, Berlin 1928, S. 135-186 und S. 568f., hier S. 143.

Abb. 30: O: Berlin, LA, SIS: Fotosammlung.

Abb. 31: O: Berlin, LA, SIS: Fotosammlung.

Abb. 32: O: PS Ewald Albrecht. - D: RATHJENS, Carl, Wege eines Geographen. Aus dem Nachlaß hrsg. von Wolfgang MÜLLER. Mit einem Nachwort von Dietrich FLIEDNER (=Annales Universitatis Saraviensis, 10), St. Ingbert 1997, S. 34.

Abb. 33: D: BLUME, Wilhelm, Berlins Schulinsel, in: Die Woche. Moderne illustrierte Zeitschrift, Berlin, Jg. 24 (1922), Nr. 29/30 (29.07.1922), S. 702f., hier S. 703.

Abb. 34: D: BLUME, Wilhelm, Die Schulfarm Insel Scharfenberg, in: Das Berliner Schulwesen, hrsg. von Jens NYDAHL, Berlin 1928, S. 135-186 und S. 568f., hier S. 147; wieder in: HAUBFLEISCH, Dietmar, Die Schulfarm Insel Scharfenberg - Ein Beitrag zur Überwindung der traditionellen Schule in der Weimarer Republik, in: Schule ist mehr als Unterricht. Beispiele aus der Praxis ganztägiger Erziehung, hrsg. von Christian KUBINA (=Materialien zur Schulentwicklung, 18), Wiesbaden 1992, S. 126-139, hier S. 130.

Abb. 35: O: Berlin, LA, SIS: Fotosammlung. - D: Eine Berliner Schulfarm. Die Schule auf Humboldts Insel im Tegeler See, in: Berliner Illustrierte Zeitung vom 08.08.1926.

Abb. 36: D: Eine Berliner Schulfarm. Die Schule auf Humboldts Insel im Tegeler See, in: Berliner Illustrierte Zeitung vom 08.08.1926; wieder in: BLUME, Wilhelm, Die Schulfarm Insel Scharfenberg, in: Das Berliner Schulwesen, hrsg. von Jens NYDAHL, Berlin 1928, S. 135-186 und S. 568f., hier S. 152; wieder in: HOFFMANN, Volker, Anmerkungen zum Verhältnis von Massenschulen und Versuchsschulen in der Weimarer Republik, in: Weimarer Republik, hrsg. vom Kunstamt Kreuzberg von Berlin und dem Institut für Theaterwissenschaft der Universität Köln, 3. verb. Aufl. Berlin [u.a.] 1977, S. 563-567, hier S. 566; wieder in: Schulgeschichte Berlins, Berlin (DDR) 1987, S. 129.

Abb. 37: O: Berlin, LA, SIS: CH, V, S. 345. - D: Eine Berliner Schulfarm. Die Schule auf Humboldts Insel im Tegeler See, in: Berliner Illustrierte Zeitung vom 08.08.1926.

Abb. 38: O: Berlin, LA, SIS: Fotosammlung.

Abb. 39: D: Der Schulstaat auf der Bolle-Insel, in: Berliner Tageblatt und Handelszeitung vom 21.08.1928.

Abb. 40: D: Diese Insel gehört uns! Scharfenberg, die 'Schulfarm' im Tegeler See, in: Kölnische Zeitung vom 15.08.1931.

Abb. 41: D: BLUME, Wilhelm, Die Schulfarm Insel Scharfenberg, in: Das Berliner Schulwesen, hrsg. von Jens NYDAHL, Berlin 1928, S. 135-186 und S. 568f., hier S. 179; wieder in: HAUBFLEISCH, Dietmar, Die Schulfarm Insel Scharfenberg - Ein Beitrag zur Überwindung der traditionellen Schule in der Weimarer Republik, in: Schule ist mehr als Unterricht. Beispiele aus der Praxis ganztägiger Erziehung, hrsg. von Christian KUBINA (=Materialien zur Schulentwicklung, 18), Wiesbaden 1992, S. 126-139, hier S. 131.

Abb. 42: O: Berlin, LA, SIS: CH, V, S. 431. - D: HAUBFLEISCH, Dietmar, Schulfarm Insel Scharfenberg (Berlin) - oder: Vom Nutzen der Geschichte, in: Zeitschrift für Erlebnispädagogik, Jg. 16 (1996), Heft 2/3: Februar/März, S. 5-19, hier S. 7.

Abb. 43: O: Berlin, LA, SIS: CH, V, S. 172. - D: BLUME, Wilhelm, Die Schulfarm Insel Scharfenberg, in: Das Berliner Schulwesen, hrsg. von Jens NYDAHL, Berlin 1928, S. 135-186 und S. 568f., hier S. 153; wieder in: HOFFMANN, Volker, Anmerkungen zum Verhältnis von Massenschulen und Versuchsschulen in der Weimarer Republik, in: Weimarer Republik, hrsg. vom Kunstamt Kreuzberg von Berlin und dem Institut für Theaterwissenschaft der Universität Köln, 3. verb. Aufl. Berlin [u.a.] 1977, S. 563-567, hier S. 566; wieder in: Sonderheft zum 'Tag der Alten' 1985. Aus der Geschichte der Schulfarm Insel Scharfenberg. 1. Georg Netzband (gest. 1984). 2. Der Beginn der Neuordnung Scharfenbergs 1949, Teil 1: In der Ost-West-Spannung. Die Wirren des Übergangs 1948/49 (=Neue Scharfenberg-Hefte, 11), Berlin 1985, S. 2; wieder in: Steige hoch, du roter Adler. Katalog zur Ausstellung im Heimatmuseum Reinickendorf aus Anlaß der 750-Jahr-Feier Berlins vom 08.05. - 30.11.1987, hrsg. vom Bezirk Reinickendorf, Abt. Volksbildung. Heimatmuseum, Berlin 1987, o.S.; wieder in: BEHRMANN, Alfred, Schulfarm Insel Scharfenberg - Ihr Beitrag zur Erziehung in Bildender Kunst, in: ... und die Kunst ist immer dabei. Schulfarm Insel Scharfenberg - Ein Beitrag zur Bildenden Kunst. Katalog zur Ausstellung 12. Mai - 18. Juni 1989 in der Rathaus-Galerie Reinickendorf, Berlin 1989, o.S.

Abb. 44: D: Sonderheft zum 'Tag der Alten'. Aus der Geschichte der Schulfarm. 1. Georg Netzband (gest. 1984). 2. Der Beginn der Neuordnung Scharfenbergs 1949, 1. Teil: In der Ost-West-Spannung. Die Wirren des Übergangs 1948/49 (=Neue Scharfenberg-Hefte, 11), Berlin 1985, S. 2.

Abb. 45: O: Berlin, LA, SIS: CH, IV, S. 179.

Abb. 46: O: Berlin, LA, SIS: Fotosammlung.

Abb. 47: O: Berlin, LA, SIS: Fotosammlung.

Abb. 48: O: Berlin, LA, SIS: Fotosammlung.

Abb. 49: O: Berlin, LA, SIS: CH, V, S. 219.

Abb. 50: O: Berlin, LA, SIS: CH, V, S. 195.

Abb. 51: O: PS Ursula Sybille Schwer-Rode. - D: HAUBFLEISCH, Dietmar, Schulfarm Insel Scharfenberg (Berlin) - oder: Vom Nutzen der Geschichte, in: Zeitschrift für Erlebnispädagogik, Jg. 16 (1996), Heft 2/3: Februar/März, S. 5-19, hier S. 13.

Abb. 52: O: Berlin, LA, SIS: Fotosammlung.

Abb. 53: O: Berlin, LA, SIS: Fotosammlung.

Abb. 54: D: ERMISCH, Eberhard-Günther / WEBER, Klaus Konrad, Richard Ermisch. Porträt eines Baumeisters. Querschnitt einer Zeit, Berlin [u.a.] 1971, S. 81.

Abb. 55: O: Berlin, LA, SIS: CH, V, S. 310.

Abb. 56: O: Berlin, LA, SIS: Fotosammlung. - D: Aus dem Leben der Schulfarm Insel Scharfenberg. Bilder, Dokumente, Selbstzeugnisse von Eltern, Schülern, red. von Wilhelm BLUME, in: Das Werdende Zeitalter. Eine Monatsschrift für Erneuerung der Erziehung, Jg. 7 (1928), S. 329-404, hier S. 337; wieder in: Die Schulfarm auf der städtischen Insel Scharfenberg bei Berlin-Tegel, in: Das Schulhaus. Zentralorgan für Bau, Einrichtung und Ausstattung der Schulen und verwandten Anstalten im Sinne neuzeitlicher Forderungen, Jg. 24 (1929/30), S. 270f., hier S. 271.

Abbildungen zur Geschichte der Schulfarm Insel Scharfenberg 1089

Abb. 57: D: BLUME, Wilhelm, Die Schulfarm Insel Scharfenberg, in: Das Berliner Schulwesen, hrsg. von Jens NYDAHL, Berlin 1928, S. 135-186 und S. 568f., hier S. 183; wieder in: Die Schulfarm auf der städtischen Insel Scharfenberg bei Berlin-Tegel, in: Das Schulhaus. Zentralorgan für Bau, Einrichtung und Ausstattung der Schulen und verwandten Anstalten im Sinne neuzeitlicher Forderungen, Jg. 24 (1929/30), S. 270f., hier S. 271.

Abb. 58: D: ERMISCH, Eberhard-Günther / WEBER, Klaus Konrad, Richard Ermisch. Porträt eines Baumeisters. Querschnitt einer Zeit, Berlin [u.a.] 1971, S. 31.

Abb. 59: D: Bauten der Volkserziehung und Volksgesundung, hrsg. von Emanuel Josef MARGOLD [Berlin 1930]. Mit einem Nachwort zur Neuausgabe von Myra WARHAFTIG, Berlin 1999, S. 33; wieder in: ERMISCH, Eberhard-Günther / WEBER, Klaus Konrad, Richard Ermisch. Porträt eines Baumeisters. Querschnitt einer Zeit, Berlin [u.a.] 1971, S. 31; wieder in: SCHMIDT-THOMSEN, Helga, Schulen der Weimarer Republik, in: Berlin und seine Bauten, hrsg. vom Architekten- und Ingenieur-Verein zu Berlin, Teil V, Bd. C: Schulen, Berlin 1991, S. 121-174, hier S. 135.

Abb. 60: D: Aus dem Leben der Schulfarm Insel Scharfenberg. Bilder, Dokumente, Selbstzeugnisse von Eltern, Lehrern, Schülern, red. von Wilhelm BLUME, in: Das Werdende Zeitalter. Eine Monatsschrift für Erneuerung der Erziehung, Jg. 7 (1928), S. 329-404, hier S. 401.

Abb. 61: O: Berlin, LA, SIS: Fotosammlung.

Abb. 62: O: Berlin, LA, SIS: Fotosammlung. - D: BLUME, Wilhelm, Berlins Schulinsel, in: Die Woche. Moderne illustrierte Zeitschrift, Berlin, Jg. 24 (1922), Nr. 29/30 (29.07.1922), S. 702f., hier S. 702; wieder in: HAUBFLEISCH, Dietmar, Die Schulfarm Insel Scharfenberg. Ein 1922-1982. Jubiläums-Festschrift anläßlich des 60jährigen Bestehens der Schulfarm Insel Scharfenberg (=Sonderheft der Fähre), Berlin 1982, S. 28; wieder in: HARTKOPF, Werner, Zum 100. Geburtstag Wilhelm Blumes. Er prägte das deutsche Schulwesen, Teil 2, in: Der Nord-Berliner. Amtliches Organ des Bezirksamtes Reinickendorf vom 17.02.1984.

Abb. 63: D: Die Inselschule im Tegeler See, in: Deutsche Tageszeitung vom 17.11.1923, Illustrierte Beilage: BIlder zur Zeitgeschichte; wieder in: BLUME, Wilhelm, Die Schulfarm auf der städtischen Insel Scharfenberg bei Berlin, in: Deutsche Schulversuche, hrsg. von Franz HILKER, Berlin 1924, S. 312-330, hier S. 325; wieder in: PAETZ, Andreas, Schulfarm Insel Scharfenberg, in: Schulen, die anders waren. Zwanzig reformpädagogische Modelle im Überblick, hrsg. von Andreas PAETZ und Ulrike PILARCZYK, Berlin 1990, S. 89-95, hier S. 93.

Abb. 64: D: Eine Berliner Schulfarm. Die Schule auf Humboldts Insel im Tegeler See, in: Berliner Illustrierte Zeitung vom 08.08.1926; wieder in: Das Reich des Kindes, hrsg. von Adele SCHREIBER, Berlin 1930, Tafel 32 unten; wieder in: HAUBFLEISCH, Dietmar, Schulfarm Insel Scharfenberg. Reformpädagogische Versuchsschularbeit im Berlin der Weimarer Republik, in: 'Die Alte Schule überwinden'. Reformpädagogische Versuchsschulen zwischen Kaiserreich und Nationalsozialismus, hrsg. von Ullrich AMLUNG, Dietmar HAUBFLEISCH, Jörg-W. LINK und Hanno SCHMITT (=Sozialhistorische Untersuchungen zur Reformpädagogik und Erwachsenenbildung, 15), Frankfurt 1993, S. 65-88, hier S. 72.

Abb. 65: O: Berlin, LA: SIS: Fotosamlung.

Abb. 66: O: PS Martin Grotjahn. - D: BLUME, Wilhelm, Berlins Schulinsel, in: Die Woche. Moderne illustrierte Zeitschrift, Berlin, Jg. 24 (1922), Nr. 29/30 (29.07.1922), S. 702f., hier S. 702; wieder in: HAUBFLEISCH, Dietmar, Die Schulfarm Insel Scharfenberg. Ein 'demokratischer Schulstaat' im Berlin der Weimarer Republik, in: Pädagogik, Jg. 47 (1995), Heft 3, S. 44-48, hier S. 47.

Abb. 67: D: Der Schulstaat auf der Bolle-Insel, in: Berliner Tageblatt und Handelszeitung vom 21.08.1928; wieder in: TROJAN, Walter, Schilfumkränztes Jugendeiland, in: Illustrierte Reichsbanner-Zeitung. Erste Republikanische Wochenschrift, Berlin, Jg. 5 (1928), Nr. 35 [wohl September], S. 556f., hier S. 556.

Abb. 68: O: Berlin, LA, SIS: CH, VI, o.S.

Abb. 69: O: Berlin, LA, SIS: Fotosammlung.

Abb. 70: D: Eine Berliner Schulfarm. Die Schule auf Humboldts Insel im Tegeler See, in: Berliner Illustrierte Zeitung vom 08.08.1926; wieder in: Berlin, Teil I: Volks-, Mittel- und Höhere Schulen, hrsg. vom Zentralinstitut für Erziehung und Unterricht, Berlin [u.a.] 1930, S. 116; wieder in: Schulgeschichte in Berlin, Berlin (DDR) 1987, S. 128; wieder in: 'Die Alte Schule überwinden'. Reformpädagogische Versuchsschulen zwischen Kaiserreich und Nationalsozialismus, hrsg. von Ullrich AMLUNG, Dietmar HAUBFLEISCH, Jörg-W. LINK und Hanno SCHMITT (=Sozialhistorische Untersuchungen zur Reformpädagogik und Erwachsenenbildung, 15), Frankfurt 1993, Titelcover.

Abb. 71: O: Berlin, LA, SIS: Fotosammlung; und: PS Ursula Sybille Schwer-Rode.

Abb. 72: D: Steige hoch, du roter Adler. Katalog zur Ausstellung im Heimatmuseum Reinickendorf aus Anlaß der 750-Jahr-Feier Berlins vom 08.05. - 30.11.1987, hrsg. vom Bezirk Reinickendorf, Abt. Volksbildung. Heimatmuseum, Berlin 1987, o.S.

Abb. 73: O: Berlin, LA, SIS: Fotosammlung.

Abb. 74: D: Steige hoch, du roter Adler. Katalog zur Ausstellung im Heimatmuseum Reinickendorf aus Anlaß der 750-Jahr-Feier Berlins vom 08.05. - 30.11.1987, hrsg. vom Bezirk Reinickendorf, Abt. Volksbildung. Heimatmuseum, Berlin 1987, o.S.

Abb. 75: O: Berlin, LA, SIS: Fotosammlung.

Abb. 76: O: Berlin, LA, SIS: Fotosammlung.

Abb. 77: O: Berlin, LA, SIS: CH, V, S. 245. - D: HAUBFLEISCH, Dietmar, Die Schulfarm Insel Scharfenberg. Ein 'demokratischer Schulstaat' im Berlin der Weimarer Republik, in: Pädagogik, Jg. 47 (1995), Heft 3, S. 44-48, hier S. 46.

Abb. 78: O: Berlin, LA, SIS: Fotosammlung.

Abb. 79: O: Berlin, LA, SIS: Fotosammlung.

Abb. 80: O: Berlin, LA, SIS: Fotosammlung.

Abb. 81: O: PS Heinrich Scheel.

Abb. 82: O: Berlin, LA: SIS: Fotosammlung.

Abb. 83: O: Berlin, LA: SIS: Fotosammlung.

Abb. 84: D: Der Schulstaat auf der Bolle-Insel, in: Berliner Tageblatt und Handelszeitung vom 21.08.1928.

Abb. 85: O: PS Hans Gaulke. - D: HAUBFLEISCH, Dietmar, Schulfarm Insel Scharfenberg (Berlin) - oder: Vom Nutzen der Geschichte, in: Zeitschrift für Erlebnispädagogik, Jg. 16 (1996), Heft 2/3: Februar/März, S. 5-19, hier S. 16.

Abb. 86: O: Berlin, Berlinische Galerie: Archiv Josef Adolf Schmoll gen. Eisenwerth. - D: Als Postkarte im Kunstkartenverlag Gebrüder Pixis in München unter der Bestellnummer 70 erschienen.

Abb. 87: O: Berlin, Berlinische Galerie: Archiv Josef Adolf Schmoll gen. Eisenwerth.

Abb. 88: O: PS Heinrich Scheel. - D: SCHEEL, Heinrich, Vor den Schranken des Reichskriegsgerichts. Mein Weg in den Widerstand, Berlin 1993, S. 88.

Abb. 89: O: PS Heinrich Scheel. - D: SCHEEL, Heinrich, Vor den Schranken des Reichskriegsgerichts. Mein Weg in den Widerstand, Berlin 1993, S. 104.

Abb. 90: O: Berlin, Berlinische Galerie: Archiv Josef Adolf Schmoll gen. Eisenwerth. - D: SCHMOLL GEN. EISENWERTH, Josef Adolf, Ein Gespräch mit Dorothèe Gelderblom, Bielefeld, 3. Juli 1988, in: Rollenbilder im Nationalsozialismus - Umgang mit dem Erbe, hrsg. von Stefanie POLEY, Bad Honnef 1991, S. 382-389, hier S. 387; wieder in: HAUBFLEISCH, Dietmar, 'Schülerarbeiten' als Quelle zur Erschließung der reformpädagogischen Unterrichts- und Erziehungsrealität der Schulfarm Insel Scharfenberg (Berlin) in der Weimarer Republik, in: Towards a History of Everyday Educational Reality, ed. by Marc DEPAEPE, Max LIEDTKE und Frank SIMON (=Paedagogica Historica. International Journal of the History of Education, Jg. 31, Heft 1), Gent 1995, S. 151-180, hier S. 170.

Abb. 91: O: Berlin, LA, SIS: Fotosammlung.

Abb. 92: D: SCHIELKE, Volker, Der Lange von der Schulfarm. Am 25. Januar wäre der Funker der 'Roten Kapelle' Hans Coppi 65 Jahre alt geworden, in: Neue Berliner Illustrierte, Berlin (DDR), Jg. 37 (1981), Nr. 2, S. 8-11, hier S. 11; wieder in: LAUTENSCHLÄGER, Hans, Der lautlose Aufstand, Teil 2: Wir waren erst siebzehn, in: Wochenpost, Jg. 29 (1982), Nr. 49 (03.12.1982), S. 19; wieder in: GRIEBEL, Regina / COBURGER, Marlies / SCHEEL, Heinrich, Erfasst? Das Gestapo-Album zur Roten Kapelle. Eine Foto-Dokumentation, hrsg. in Verbindung mit der Gedenkstätte Deutscher Widerstand, Halle 1992, S. 84.

Abb. 93: O: Berlin, LA, SIS: Fotosammlung. - D: BLANK, Alexander S. / MADER, Julius, Rote Kapelle gegen Hitler, Berlin (DDR) 1979, S. 34 [Ausschnitt des Fotos!]; wieder in: SCHEEL, Heinrich, Vor den Schranken des Reichskriegsgerichts. Mein Weg in den Widerstand, Berlin 1993, S. 97.

Abb. 94: O: Berlin, BA: Bestand des ehemaligen Berlin Document Center.

Abb. 95: O: Berlin, Berlinische Galerie: Archiv Josef Adolf Schmoll gen. Eisenwerth. - D: SCHEEL, Heinrich, Vor den Schranken des Reichskriegsgerichts. Mein Weg in den Widerstand, Berlin 1993, S. 95.

Abb. 96: D: Georg Netzband. Eine Werkauswahl. 1980, hrsg. von Isabel NETZBAND, Wiesbaden 1980, S. 7.

Abb. 97: D: Georg Netzband. Eine Werkauswahl. 1980, hrsg. von Isabel NETZBAND, Wiesbaden 1980, S. 71.

Abb. 98: D: Georg Netzband. Eine Werkauswahl. 1980, hrsg. von Isabel NETZBAND, Wiesbaden 1980, S. 64.

Abb. 99: D: Der Marsch in die Heimat. Ein Heimatbuch des Bezirks Berlin-Reinickendorf, hrsg. von Walter PAULS und Wilhelm TESSENDORFF, Frankfurt a.M. 1937, S. 465.

Abb. 100: D: Humboldtschule Tegel. 1903-1978, hrsg. von der Humboldt-Oberschule Tegel, Berlin 1978, S. 46.

Abb. 101: O: PS Anneliese Blume.

Abb. 102: O: PS Anneliese Blume.

Abb. 103: D: Wilhelm Blume 80 Jahre alt, in: Der Nord-Berliner. Amtliches Organ des Bezirksamtes Reinickendorf vom 07.02.1964; wieder in: HARTKOPF, Werner, Gründer der Schulfarm Scharfenberg. Wilhelm Blume in memoriam, in: Der Nord-Berliner. Amtliches Organ des Bezirksamtes Reinickendorf vom 27.11.1970; wieder in: Frohnauer 'Fasanenhof' ersteht neu, in: Der Nord-Berliner. Amtliches Organ des Bezirksamtes Reinickendorf vom 15.08.1971; wieder in: 60 Jahre Schulfarm Insel Scharfenberg 1922-1982. Jubiläums-Festschrift anläßlich des 60jährigen Bestehens der Schulfarm Insel Scharfenberg (=Sonderheft der Fähre), Berlin 1982, S. 2; wieder in: Wilhelm Blume zum 100. Geburtstag (=Neue Scharfenberg-Hefte, 6), Berlin 1984, S. 41; wieder in: HARTKOPF, Werner, Zum 100. Geburtstag Wilhelm Blumes. Er prägte das deutsche Schulwesen, Teil 2, in: Der Nord-Berliner. Amtliches Organ des Bezirksamtes Reinickendorf vom 17.02.1984; wieder in: SCHEEL, Heinrich, Vor den Schranken des Reichskriegsgerichts. Mein Weg in den Widerstand, Berlin 1993, S. 55.

Abb. 104: D: PEWESIN, Wolfgang, Die Etappen der Scharfenberger Oberstufenreform 1952-1968. Eine Darstellung und Dokumentation (=Neue Scharfenberg-Hefte, 10), Berlin 1985, S. 4.

Abb. 105: O: D.H.

Abb. 106: O: PS Anneliese Blume.

Abb. 107: O: PS Ingeborg Ackermann.

Abb. 108: O: PS: Willi Hirsch.

Abb. 109: D: 60 Jahre Schulfarm Insel Scharfenberg 1922-1982. Jubiläums-Festschrift anläßlich des 60jährigen Bestehens der Schulfarm Insel Scharfenberg (=Sonderheft der Fähre), Berlin 1982, S. 18.

Abb. 110: D: Georg Netzband. Eine Werkauswahl. 1980, hrsg. von Isabel Netzband, Hamburg 1980, S. 3.

Abb. 111: D: Humboldtschule Tegel. 1903-1978, hrsg. von der Humboldt-Oberschule Tegel, Berlin 1978, S. 30.

Abb. 112: D: MITZKA, Herbert, Der Wissenschaftliche Zweig an der Fritz-Karsen-Schule in Berlin-Neukölln in den Jahren von 1952 bis 1965. Ein Beitrag zur Geschichte der Einheitsschule, 3. Aufl. Einhausen 1987, S. 64.

Abb. 113: O: Berlin, LA, SIS: Fotosammlung.

Abb. 114: O: D.H.

QUELLEN- UND LITERATURVERZEICHNIS

I. UNGEDRUCKTE QUELLEN

I.1. ARCHIVALIEN

Berlin, Amerika-Gedenkbibliothek / Berliner Zentralbibliothek [1]
Zeitungsausschnittarchiv

Berlin, Archiv der Arbeitsstelle für Schulgeschichte Berlins (AASGB) [2]
Ordner 'Karsen' I - IV und [V] 'Orginale'
Ordner 'Nachlaß Richter' I und II
Ordner 'Blume/Richter' 1 - 4
Ordner 'Schulreform. Einheitsschulgesetz 1948'
Ordner 'Fritz-Karsen-Schule. Manuskripte von Fritz Hoffmann 1947-64'

Berlin, Archiv der Humboldt-Universität [3]
93. Rektorat, Matrikel Nr. 791
97. Rektorat, Matikel Nr. 2975

Berlin, Berlinische Galerie [4]
Archiv Josef Adolf Schmoll gen. Eisenwerth

Berlin, Bundesarchiv. Abteilungen Deutsches Reich und DDR sowie Stiftung Archiv der Parteien und Massenorganisationen der DDR (BA)
Bestand Reichsministerium für Wissenschaft, Erziehung und Volksbildung [5]

---

[1] Kurzübersicht: Berliner Archive, hrsg. vom Landesarchiv Berlin und der Arbeitsgemeinschaft Berliner Archivare, 4. erw. Aufl. Berlin 1992, S. 17. - Mit Gesetz vom 25.09.1995 (Gesetz- und Verordnungsblatt für Berlin Nr. 55 vom 29.09.1995) sind die Amerika-Gedenkbibliothek und die Berliner Stadtbibliothek in einer rechtsfähigen Stiftung des öffentlichen Rechts mit dem Namen 'Zentral- und Landesbibliothek Berlin' zusammengeschlossen worden.

[2] Die Arbeitsstelle wurde von Prof. Dr. Benno Schmoldt als ehemaligem Professor an der Pädagogischen Hochschule begründet und nach Schließung der Pädagogischen Hochschule an die Freie Universität Berlin gebracht. - Vgl.: SCHMOLDT, Benno, Arbeitsstelle für die Schulgeschichte Berlins. Aufbau einer schulgeschichtlichen Forschungsstelle an der Pädagogischen Hochschule Berlin, in: Informationen zur Erziehungs- und Bildungshistorischen Forschung (=IZEBF), Heft 11 (1979), S. 66-70. - Berliner Schulgeschichte. Eine Umfrage zu Forschung und Materialien nach 1986, hrsg. von Achim LESCHINSKY (=Mitteilungen und Materialien. Arbeitsgruppe Pädagogisches Museum e.V., 35), Berlin 1991, S. 97f. - Vgl. auch die Kurzübersicht: Berliner Archive, S. 62. - Zur Zeit lagert das Archiv in einem Nebenraum der Bereichsbibliothek Erziehungs- und Unterrichtswissenschaften der Freien Universität Berlin.

[3] Kurzübersicht: Berliner Archive, S. 84f.

[4] Kurzübersicht: Berliner Archive, S. 36f.

[5] S.: Übersicht über die Bestände des Deutschen Zentralarchivs Potsdam (=Schriftenreihe des deutschen Zentralarchivs, 1), Berlin (DDR) 1957.

Bestand N 2210: Nachlaß Leonard Nelson
Bestand NY 4098: Nachlaß Josef Hahn
Bestand des ehemaligen Berlin Document Center [6]

Berlin, Deutsches Institut für Internationale Pädagogische Forschung / Bibliothek für Bildungsgeschichtliche Forschung / Archiv (BBF)
Reichwein-Archiv
Sammlungen der ehemaligen Gutachterstelle für deutsches Schul- und Studienwesen (SLG-GS) [7]

---

[6] Kurzübersicht: Berliner Archive, S. 31. Vgl. zum Berlin Document Center auch die (leider etwas reißerische) Arbeit: MEYER, Heiner, Berlin Document Center. Das Geschäft mit der Vergangenheit, Frankfurt und Berlin 1988. - Sowie: Bestände des BDC [Berlin Document Center] verfilmt: Der Countdown läuft, in: InfoDoc. Technologien für Information und Dokumentation, Jg. 1994, Nr. 1 [Februar], S. 6-10. - ALBRECHT, Jörg, 'Berlin Document Center' jetzt Abteilung des Bundesarchivs, in: Die Zeit vom 01.07.1994; wieder in: Rund-Brief der Historischen Kommission der Deutschen Gesellschaft für Erziehungswissenschaft, Jg. 3 (1994), Heft 2: Oktober 1994, S. 18f.

[7] Kurzübersicht über die Bestände, die zuvor im 'Berliner Institut für Lehrerfort- und -weiterbildung und Schulentwicklung (BIL). Gutachterstelle für deutsches Schul- und Studienwesen (Berlin)' [ehemals: 'Pädagogisches Zentrum. Gutachterstelle für das deutsche Schul- und Studienwesen (PZ)'] lagernden und 1998 vom Archiv der Bibliothek für Bildungsgeschichtliche Forschung (BBF) übernommenen Quellenbestände in: Berliner Archive, S. 106. - Berliner Schulgeschichte. Eine Umfrage zu Forschung und Materialien nach 1986, hrsg. von Achim LESCHINSKY (=Mitteilungen und Materialien. Arbeitsgruppe Pädagogisches Museum e.V., 35), Berlin 1991, S. 107-110.

- [Ungedr.] Jahresberichte preußischer höherer Schulen. 1920/21 bis 1939/40 [8]
- Personalblätter/-karteien

Berlin, Geheimes Staatsarchiv Preußischer Kulturbesitz (GStA PK) [9]
I. HA, Rep. 76: Kultusministerium VI, Sekt. 1, Generalia cc: Öffentliche Bildungs- und Unterrichtssachen
I. HA, Rep. 76: Kultusministerium VI, Sekt. 1, Generalia z: Lehranstalts-Sachen: Gymnasien
I. HA, Rep. 76: Kultusministerium VI, Sekt. 7, Generalia z: Lehranstalts-Sachen: Gymnasien
I. HA, Rep. 76: Kultusministerium VI, Sekt. 14: Berlin, Generalia z: Lehranstalts-Sachen: Gymnasien

---

[8] Zu dieser Quellengruppe s. S. 25. - Die Schulfarm war bis zum Schuljahr 1932/33 vom Schreiben von Jahresberichten befreit; s. dazu nachfolgende Quellenbelege: [1:] Mit Schreiben vom 31.07.1930 bat Blume das Provinzialschulkollegium um Befreiung von der Erstellung des geforderten Jahresberichts: "Den geforderten Jahresbericht einzureichen, ist mir unmöglich. Die Schulfarm Insel Scharfenberg war bisher von der Erstattung eines solchen befreit. Die früheren Dezernenten Herren Oberschulräte Möller und Hartke haben in Anbetracht der besonderen Verhältnisse der Schulfarm darauf verzichtet, zumal 1928 im Verlag des Werdenden Zeitalters ein ausführlich, wenn auch anders gehaltener Rechenschaftsbericht veröffentlicht ist. Für das verflossene oder laufende Schuljahr ist auf Grund der bisherigen Sachlage mir einen Jahresbericht nachzuliefern daher unmöglich, da das Material in dem verlangten Sinne nicht vorliegt. Ich plane, zu Ostern 1932, dem Datum, an dem die Schulfarm 10 Jahre als Versuchsschule bestehen wird, eine größere Schrift mit dem pädagogischen Fazit zu veröffentlichen; bis zu diesem Termin bitte ich es bei dem bisherigen Dispens bewenden zu lassen; ich kann mit dem besten Willen nicht bis dahin noch mehr meine Zeit den amtlich-bürokratischen Abliegenheiten widmen, wenn nicht die eigentliche Versuchsarbeit Schaden leiden soll." (Berlin, BA: Bestand Reichsministerium für Wissenschaft, Erziehung und Volksbildung, Nr. 4702, Bl. 53). - [2:] Mit Schreiben vom 10.01.1931 wandte sich das Provinzialschulkollegium (Schmidt) betreffend Blumes Bitte um Befreiung von der Erstellung der Jahresberichte an den preußischen Minister für Wissenschaft, Kunst und Volksbildung (Berlin, BA: Bestand Reichsministerium für Wissenschaft, Erziehung und Volksbildung, Nr. 4702, Bl. 50). - [3:] Mit Schreiben vom 29.06.1931 mahnte die 'Staatliche Auskunftsstelle für Schulwesen' Blume um Zusendung des Jahresberichts für das Schuljahr 1930/31: "Der Jahresbericht 1930/31 nebst Ergänzungsmeldung ist hier bisher nicht eingegangen, obwohl der späteste Einreichungstermin der 15. Juni war [...]." (Berlin, BBF: SLG-GS, Jahresberichte 1930/31, Bd. 195b, Nr. 32: SIS (Blume): Brief der Staatlichen Auskunftsstelle für Schulwesen, Berlin-Schöneberg, Grunewaldstraße 6/7 vom 29.06.1931 an die Schulfarm Insel Scharfenberg/Wilhelm Blume: Mahnung um Einsendung des Jahresberichte 1930/31). - [4:] Blume antwortete handschriftlich, die Schulfarm sei "bis 1932 von der Jahresberichtsablieferung befreit." (Berlin, BBF: SLG-GS, Jahresberichte 1930/31, Bd. 195b, Nr. 32: SIS (Blume): Hdschr. Antwort Blumes auf den Brief der Staatlichen Auskunftsstelle für Schulwesen, Berlin-Schöneberg, Grunewaldstraße 6/7 vom 29.06.1931 an die Schulfarm Insel Scharfenberg/Wilhelm Blume: Mahnung um Einsendung des Jahresberichte 1930/31). - [5:] Ob Blume eine weitere Befreiung beantragt hatte, ist unklar. Im Jahresbericht der Schulfarm für das Schuljahr 1932/33 findet sich jedoch ein Hinweis, die Befreiung sei nun durch einen Erlaß (S.: Erlaß U II C 555 (01.04.1933); veröff. in: Zentralblatt für die gesamte Unterrichts-Verwaltung in Preußen, Jg. 75 (1933), Heft 8 (20.04.1933), S. 105) rückgängig gemacht worden (Berlin, BBF: SLG-GS, Jahresberichte 1932/33, Bd. 248d, Nr. 88: Berlin, SIS (Blume)).

[9] Vgl.: Übersicht über die Bestände des Geheimen Staatsarchivs in Berlin-Dahlem, Teil II: Zentralbehörden, andere Institutionen, Sammlungen, bearb. von Hans BRANIG, Winfried BLIß und Werner PETERMANN, Köln [u.a.] 1967. - Minerva-Handbücher: Archive im deutschsprachigen Raum, Bd. 1: A-N, 2. Aufl. Berlin [u.a.] 1974, S. 72-75. - Berliner Archive, S. 67-75. - S. zu den bildungsgeschichtlichen Quellen auch: WEISER, Johanna, Das preußische Schulwesen im 19. und 20. Jahrhundert. Ein Quellenbericht aus dem Geheimen Staatsarchiv Preußischer Kulturbesitz (=Studien und Dokumentationen zur deutschen Bildungsgeschichte, 60), Köln [u.a.] 1996.

I. HA, Rep. 76: Kultusministerium VI, Sekt. 15: Potsdam, d: Bausachen
I. HA, Rep. 92: Nachlaß Carl Heinrich Becker [10]

Berlin, Heimatmuseum und -Archiv Reinickendorf [11]
Fotografien zur Schulfarm Insel Scharfenberg

Berlin, Landesarchiv (LA) [12]
Rep. 4: Senatsverwaltung für Inneres
Rep. 7: Senator für Volksbildung, Acc. 2186
Rep. 15: Senator für Schulwesen, Jugend und Sport, Acc. 2551
Rep. 140: Schulen, Acc. 4573: Schulfarm Insel Scharfenberg (LA, SIS) [13]
- Unterlagen zu Blumes Lehrerzeit am Berliner Humboldt-Gymnasium
- Unterlagen zum Sommerschulversuch auf der Insel Scharfenberg 1921
- Chronik der Schulfarm Insel Scharfenberg, 7 Bde. (1922-1929/32)
- Berichte, Anträge, Gesuche [usw.]
- Schülerverzeichnisse
- Prüfungsunterlagen
- Schülerarbeiten: Jahres- und Halbjahres-, Kursarbeiten u.a.
- Schul- bzw. Schülerzeitungen
- Arbeiten Scharfenberger Referendare (1931-1934)
- Zeitschriften- und Zeitungsartikel aus dem Nachlaß Wilhelm Blumes
- Korrespondenz
- Sonstige Schriftquellen
- Fotosammlung

---

[10] Der Nachlaß von C.H. Becker befindet sich unter der Signatur 'I. HA, Rep. 92: C.H. Becker' als Depositum im Geheimen Staatsarchiv Stiftung Preußischer Kulturbesitz in Berlin-Dahlem. Er umfaßt allein 5.500 Korrespondenzpartner, die alphabetisch erfaßt sind, weiter persönliche Aufzeichnungen, Interviews, Reiseberichte, Fotos, Presseausschnitte, Personalia usw. Der geordnete Nachlaß ist wissenschaftlich zugänglich nach vorheriger Vereinbarung mit den Nachkommen C.H. Beckers. - S.: NOWAK, Über Leben und Nachlaß.
[11] Vgl. die Kurzübersicht: Berliner Archive, S. 79f.
[12] Vgl.: Das Landesarchiv und seine Bestände, bearb. von Klaus DETTMER [u.a.] (=Schriftenreihe des Landesarchivs Berlin, 1), 2. Aufl. Berlin 1992. - Vgl. auch die Kurzübersicht: Berliner Archive, S. 92-95.
[13] Das von Johann Caspar Struckmann erarbeitete Findbuch dazu: Berlin, LA: Findbuch, Rep. 140, Bd. 2, Acc. 4573: Schulfarm Insel Scharfenberg. - Da die Verzeichnungsarbeiten inhaltlich problematisch und (damit) lediglich als vorläufiger 'Entwurf' betracht werden können, werden die dort vorgenommenen Bestandsgliederungen im Rahmen dieser Arbeit (Quellenangaben) im einzelnen nicht nachvollzogen. - Vgl. zum 'Archiv', den Verzeichnungsarbeiten u.a. auch: STRUCKMANN, Johann Caspar, Schul-Arbeiten an der Schulgeschichte, in: Scharfenberger Notizen. Zeitung des 'Vereins der Freunde der Schulfarm Insel Scharfenberg', Berlin, Nr. 4: Dezember 1993, S. 3-5. - Zur 'Bewertung' der Verlagerung des Archivs von der Insel Scharfenberg ins Landesarchiv s. S. 920f.

Rep. 200, Acc. 2822: Nachlaß Wilhelm Richter [14]
Rep. 200, Acc. 3184: Nachlaß Wilhelm Blume [15]
Rep. 220: Bezirksamt Reinickendorf, Acc. 915: Personalangelegenheiten [u.a.]

Berlin, Landesarchiv, Außenstelle Breite Straße [ehemals: Stadtarchiv] (StadtA) [16]
Rep. 01-06: Personalbüro
Rep. 20-01: Hauptschulverwaltung
Rep. 00-02/1: Stadtverordnetenversammlung
Rep. 120: Volksbildung

Berlin, Staatsbibliothek zu Berlin. Preußischer Kulturbesitz (StaBi)
Nachlaß Schalow
Nachlaß H. Conwetz
Sammlung Darmstaedter LB 1880 (19)
Nachlaß Max Lenz

Berlin, Staatsbibliothek zu Berlin. Preußischer Kulturbesitz, Haus Unter den Linden
Nachlaß Hans Delbrück [17]

Berlin, Stiftung der Akademie der Künste. Archivabteilung Baukunst
Nachlaß Richard Ermisch
Sammlung Arthur Köster

Berlin, Ullstein Verlag GmbH. Textarchiv und Bibliothek (Ullstein TA) [18]
Zeitungsausschnittsammlung

---

[14] S.: Berlin, LA: Rep. 200 (Bd. 5): Nachlässe (Vorläufiges Rep.). - Der Nachlaß Wilhelm Richter wurde im Dezember 1982 von Frau Maina Richter an das Landesarchiv Berlin abgegeben; abgesondert wurden Wilhelm Blume betr. Teile (s. Berlin, LA: Rep. 200, Acc. 3184: Nachlaß Wilhelm Blume).

[15] S.: Berlin, LA: Rep. 200 (Bd. 5): Nachlässe (Vorläufiges Rep.). - Die Blume-Materialien des Landesarchivs entstammen dem Nachlaß Wilhelm Richter (s. Berlin, LA: Rep. 200, Acc. 2822: Nachlaß Wilhelm Richter).

[16] Vgl.: Bestandsübersicht [über die Archivalien des Stadtarchivs Berlin]. Stadtverordnetenversammlung Berlin (vor 1945), in: Beiträge, Dokumente, Informationen des Archivs der Hauptstadt der Deutschen Demokratischen Republik, Jg. 1 (1964), S. 61f. - Bestandsübersicht [über die Archivalien des Stadtarchivs Berlin]. Hauptschulverwaltung der Stadt Berlin, in: Beiträge, Dokumente, Informationen des Archivs der Hauptstadt der Deutschen Demokratischen Republik, Jg. 1 (1964), S. 121f. - Vgl. auch die Kurzübersicht: Berliner Archive, S. 95-98.

[17] Der Nachlaß Hans Delbrück, bearb. von Horst WOLF, mit einem Vorwort von Hans SCHLEIER (=Handschrifteninventar der deutschen Staatsbibliothek, 4), Berlin (DDR) 1980, S. 17.

[18] Kurzübersicht: Berliner Archive, S. 132f. - S. darüber hinaus: ELLENDT, Olaf, Das Ullstein-Archiv in Berlin, in: Der Archivar, 23 (1970), Sp. 349-356. - Sowie: NICOLAS, Ilse, Ohne sie läuft gar nichts. Ullsteins Text- und Bildarchiv, in: Hundert Jahre Ullstein. 1877-1977, Bd. 3, Frankfurt [u.a.] 1977, S. 171-190, bes. S. 181f. - Leider wurde die Zeitungsausschnittsammlung der Vorkriegszeit im Kriege vernichtet; vgl. dazu NICOLAS, Ohne sie läuft gar nichts, S. 177.

Berlin, Ullstein Bilderdienst (Ullstein BA) [19]
Fotoarchiv

Bonn, Archiv der sozialen Demokratie der Friedrich Ebert-Stiftung (AdsD)
Nachlaß Leonard Nelson, Kassette 40

Frankfurt, Deutsches Exilarchiv in Der Deutschen Bibliothek
EB 85/27: Teilnachlaß Anna Steuerwald-Landmann
EB 87/112: Nachlaß Walter Fabian

Frankfurt, Sammlung Pädagogisch-Politischer Emigration [20]
Fragment - einleitender Teil zu einer dann aufgegebenen Arbeit über die neue Volkshochschule, September 1921, Ehrenfels. Meiner Elisabeth zugeeignet! Weihnachten 1921

Erlangen, Universitätsbibliothek Erlangen-Nürnberg
Briefnachlaß Otto Stählin

Genf, Institut Jean-Jacques Rousseau an der Universität Genf
Nachlaß Adolphe Ferrière

Göttingen, Archiv der Pädagogischen Hochschule (AdPH)
Ordner I - V (1945-57)
Personalakte Prof. Dr. Walter Ackermann

Göttingen, Niedersächsische Staats- und Universitätsbibliothek
Nachlaß Herman Nohl

Goldern, Archiv der Ecole d'Humantié
Nachlaß Paul und Edith Geheeb
Wagenschein-Archiv

Hamburg, Staatsarchiv (StA)
Bestand: Lichtwarkschule
Zeitungsausschnittsammlung

Heidelberg, Archiv der Ruprecht-Karls-Universität
Anmeldung für die Großherzoglich Badische Universität Heidelberg von Wilhelm Blume für das Sommersemester 1902.
Belegungsplan von Wilhelm Blume für das Sommersemester 1902.
Studien- und Sittenzeugnis der Großherzoglich Badischen Universität Heidelberg für Wilhelm Blume für das Sommersemester 1902 vom 28.08.1902.

---

[19] Kurzübersicht: Berliner Archive, S. 131f. - S. darüber hinaus: ELLENDT, Das Ullstein-Archiv. - Sowie: NICOLAS, Ohne sie läuft gar nichts, bes. S. 183-187.
[20] S. dazu: Frankfurt, Sammlung pädagogisch-politischer Emigration: Findbuch 'Politisch-Pädagogische Emigration 1933-45' (Frankfurt, April 1979), masch.

1. Archivalien

Jerusalem, The Jewish National and University Library
Martin-Buber-Archiv [21]

Koblenz, Bundesarchiv (BA) [22]
Bestand NS 12: Hauptamt für Erzieher/Reichsverwaltung des NSLB

Marbach, Deutsches Literaturarchiv
Hermann Hesse-Archiv

Marburg, Staatsarchiv (StA)
Bestand 305a: Universität, Kanzler
Bestand 307: Universität, Philosophische Fakultät

Marburg, Universitätsbibliothek (UB)
Bestand Ms 831: Nachlaß Paul Natorp

München, Handschriften-Sammlung der Stadtbibliothek
Nachlaß Ludwig Quidde

Oberhambach, Archiv der Odenwaldschule (OSO) [23]
Gästebuch vom 09.05.1910 bis 01.02.1921 und Gästebuch vom 03.02.1921 bis 24.04.1925

Potsdam, Brandenburgisches Landeshauptarchiv (BLA) [24]
Pr. Br. Rep. 1: Oberpräsident der Provinz Brandenburg
Pr. Br. Rep. 34: Provinzialschulkollegium [25]
Pr. Br. Rep. 34: Provinzialschulkollegium, Personalia
Pr. Br. Rep. 30: Berlin C Pol. Präs. Titel 95 Sektion 10,

Trogen, Archiv des Kindersdorfs Pestalozzi (AdKP)
Ordner [1 - 6:] Elisabeth Rotten

---

[21] Ein die gesamten Privatarchiv-Bestände der Nationalbibliothek Jerusalem - so auch das Buber-Archiv - umfassendes Register existiert in Mikroform; dieses befindet sich u.a. in der Stadt- und Universitätsbibliothek Frankfurt (Sign.: HB 24: Ac 6/302 (Präsenzbestand)). - Die Buber-Correspondenz selbst ist ebenso mikroverfilmt; eine Microfiche-Ausgabe befindet sich u.a. in der Stadt- und Universitätsbibliothek Frankfurt (Sign.: MP 8788 (auf dem Fernleihwege ausleihbar)); die Korrespondenz Elisabeth Rotten an Martin Buber befindet sich hier auf den Microfiche-Nrn. 637a-c.
[22] Das Bundesarchiv und seine Bestände. Begr. von Friedrich FACIUS [u.a.], 3. erg. und neu bearb. Aufl. von Gerhard GRANIER [u.a.] (=Schriften des Bundesarchivs, 10), Boppard 1977.
[23] Vgl.: Die Odenwaldschule erschließt ihr Archiv, in: Rundbrief der Historischen Kommission der Deutschen Gesellschaft für Erziehungswissenschaft, Jg. 6 (1997), Heft 2: November 1997, S. 44-49.
[24] Übersicht über die Bestände des Brandenburgischen Landeshauptarchivs Potsdam (Staatsarchiv Potsdam), Bd. 1 (=Veröffentlichungen des Brandenburgischen Landeshauptarchivs (Staatsarchiv Potsdam), 5), Weimar 1964.
[25] Zu diesem Bestand wichtig: Übersicht über die Bestände des Brandenburgischen Landeshauptarchivs Potsdam, S. 45f.

Wolfenbüttel, Archiv der Großen Schule
Unterlagen zu den Abiturienten 1902
Verzeichnis der Abiturienten 1902

Wolfenbüttel, Niedersächsisches Staatsarchiv (StA) [26]
4 Kb: Standesamts-Nebenregister seit 1876
12 A Neu 13: Geheimrats-Kollegium, Staatsministerium, ca. 1814ff.
103 B Neu: Landesschulamt für das Volksschulwesen vom Ende d. 17. Jhdt. bis 20. Jhdt.
103 N: Zweitschriften der Kirchenbücher von Gemeinden im Bereich der ev.-luth. braunschweigischen Landeskirche aus der Zeit von 1815-1875
VII D Hs: Städte und Flecken 13.-19. Jhdt.

Würzburg, Oestreich-Archiv / Archiv des Bundes Entschiedener Schulreformer am Institut für Pädagogik I der Universität Würzburg (Oestreich-Archiv) [27]
Protokollbücher des Bundes entschiedener Schulreformer, 2 Bde.
Briefsammlung Paul Oestreich [28]

---

[26] Vgl.: KÖNIG, Joseph, Kurzübersicht über die Bestände des Niedersächsischen Staatsarchivs in Wolfenbüttel (=Veröffentlichungen der Niedersächsischen Archivverwaltung: Kurzübersichten, 1), Göttingen 1977.
[27] S. dazu: BÖHM, Kulturpolitik, S. 37-41. - Und: NEUNER, Bund, S. 20-22.
[28] Es handelt sich um ca. 6.000 Briefe, in Ordnern chronologisch nach Jahren geordnet.

I.2. PRIVATE SAMMLUNGEN

Ingeborg Ackermann (Wiesbaden)
Ewald Albrecht (Hamburg)
Anneliese Blume (Calvörde)
Heinz Faas (Berlin)
W. Ernest Freud (Bergisch-Gladbach)
Gerhard Frühbrodt (Berlin)
Hans Gaulke (Spånga, Schweden)
Paul Glasenapp (Minden)
Anneliese Grotjahn (Bad Schwartau)
Martin Grotjahn (Los Angeles, USA)
Willi Hirsch (Bern, Schweiz)
Arnulf Hoffmann (München)
Karl-Bernhard Netzband (Wiesbaden)
Wolfgang Pewesin (Wuppertal) [1]
Werner Ernst Pradel (Wien, Österreich)
Gerd Radde (Berlin) [2]
Maina Richter (Berlin)
Heinrich Scheel (Berlin)
Josef Adolf Schmoll gen. Eisenwerth (München)
Gerda Scholz-Sorge (Berlin)
Ursula Sybille Schwer-Rode (Berlin)
Fritz Stempel (Veitshöchheim)
Bernd Stückler (Ratzeburg)
Senta Tittmann (Woltersdorf)
Heinz Wagner (Hannover)
Lothar G. Zenk (Houston, USA)
Angela Ziegelmayer (Oldenburg)

---

[1] Die Originale eines umfangreichen Briefwechsels Pewesin / Blume finden sich im Privatbesitz von Pewesins Witwe in Wuppertal. Kopien bzw. Abschriften davon befinden sich in Berlin, LA, SIS. - Bei den Briefen von Pewesin an Blume handelt es sich um Briefe, die Pewesin aus dem Nachlaß von Blume überlassen wurden.

[2] U.a. befindet sich im Privatarchiv von Gerd Radde ein umfangreicher 'Nachlaß Fritz Blümel (1899-1989)'. S. dazu: PS Radde, Nachlaß Fritz Blümel (1899-1989), Korrespondenz: Gerhard Dorenberg (Testamentsvollstrecker für den Nachlaß Blume) an Blümel br. vom 04.05.1971, betr. Nachlaß Blume: "[...] als Testamentsvollstrecker des Herrn Professor Wilhelm Blume sind mir bei Sichtung der Hinterlassenschaft die beiliegenden von Ihnen stammenden bzw. Sie betreffenden Schriften oder Erinnerungsstücke in die Hände gefallen, die ich mir erlaube Ihnen zuzustellen in der Annahme, daß diese für Sie von Interesse sein könnten."

I.3. BRIEFLICHE UND MÜNDLICHE AUSKÜNFTE

Fridjof Ackermann (Wolfsburg)
Irmgard Ackermann (Wiesbaden)
Waltraud Ackermann (Wiesbaden)
Akademie der Wissenschaften der DDR (Berlin)
Ewald Albrecht (Hamburg)
Hans Alfken (Hannover)
Amerika-Gedenkbibliothek/Berliner Zentralbibliothek (Berlin)
Archiv der Arbeiterjugendbewegung (Oer-Erkenschwick)
Archiv der Arbeitsstelle für Schulgeschichte Berlins (Berlin)
Archiv der Deutschen Jugendbewegung (Witzenhausen)
Archiv der Hansestadt Lübeck (Lübeck)
Archiv der Hermann-Lietz-Schulen, Schloß Bieberstein (Hofbieber)
Archiv der Jugendmusikbewegung e.V. in der Herzog August Bibliothek (Wolfenbüttel)
Archiv der sozialen Demokratie der Friedrich Ebert-Stiftung (Bonn-Bad Godesberg)
Archiv der Technischen Universität Dresden (Dresden)
Archiv für den Wissenschaftlichen Film der DDR (Potsdam-Babelsberg)
Hellmut Becker (Berlin)
Beltz Verlag (Weinheim)
Reinhard Bergner (Magdeburg)
Karl Berisch (Berlin)
Berliner Feuerwehr. Lehrschau und Archiv (Berlin)
Berliner Institut für Lehrerfort- und -weiterbildung und Schulentwicklung (BIL). Gutachterstelle für deutsches Schul- und Studienwesen (Berlin)
Berlinische Galerie. Museum für moderne Kunst, Photographie und Architektur (Berlin)
Bertha-von-Suttner-Oberschule (Gymnasium) (Berlin)
Betriebsgesellschaft Senioren-Wohnsitz Ratzeburg GmbH & Co KG (Ratzeburg)
Bezirksamt Reinickendorf (Berlin)
Bezirksamt Tempelhof von Berlin. Abt. Volksbildung (Berlin)
Bibliothek des Auswärtigen Amtes (Bonn)
Bibliothèque Communale Centrale (Verviers, Belgien)
Erich Bitterhof (Kassel)
Fritz Blümel (Berlin)
Anneliese Blume (Calvörde)
Günther Böhme (Frankfurt)
Borsig GmbH (Berlin)
Brandenburgisches Landeshauptarchiv (Potsdam)
Bundesarchiv (Koblenz)
Bundesarchiv. Abteilungen Deutsches Reich und DDR sowie Stiftung Archiv der Parteien und Massenorganisationen der DDR (Berlin)
Bundesarchiv - Filmarchiv (Berlin)
Gerhard Cutner (Cheltenham, Großbritannien)
Deutsch-Russisches Museum Berlin-Karlshorst (Berlin)
Deutsche Bücherei (Leipzig)
Deutsche Staatsbibliothek. Handschriftenabteilung/Literaturarchiv (Berlin)
Deutsche Staatsbibliothek in der Stiftung Preußischer Kulturbesitz (Berlin)
Deutscher Wetterdienst. Zentralamt (Offenbach)
Deutsches Institut für Filmkunde. Filmarchiv (Wiesbaden-Erbenheim)

Deutsches Institut für Internationale Pädagogische Forschung / Bibliothek für Bildungsgeschichtliche Forschung / Archiv (BBF)
Die Deutsche Bibliothek. Deutsches Exilarchiv 1933-1945 (Frankfurt)
Karl Dietrich (Berlin)
Fritz Dietz (Muggensturm)
Edgar Dollezal (Bad Füssing)
Peter Dudek (Freigericht)
Ecole d'Humanité (Hasliberg Goldern, Schweiz)
Eggebrecht-Presse KG (Mainz-Hechtsheim)
Alfred Ehrentreich (Korbach)
Helmut Engelbrecht (Krems, Österreich)
Evangelisches Zentralarchiv in Berlin (Berlin)
Heinz Faas (Berlin)
Gisela Faust (Berlin)
Hildegard Feidel-Mertz (Frankfurt)
S. Fischer Verlag (Frankfurt)
Helmut W. Flügel (Graz, Österreich)
Freie Universität Berlin. Bereichsbibliothek Erziehungs- und Unterrichtswissenschaften (Berlin)
W. Ernest Freud (Bensberg)
Sigmund Freud Museum Wien (Wien, Österreich)
Arnold Fritz (Hildesheim)
Gerhard Frühbrodt (Berlin)
Hans Gaulke (Spånga, Schweden)
Kaia Gawronski (Wien, Österreich)
Geheimes Staatsarchiv Preußischer Kulturbesitz (Berlin)
Geheimes Staatsarchiv Stiftung Preußischer Kulturbesitz. Abt. Merseburg (Merseburg)
Generallandesarchiv Karlsruhe (Karlsruhe)
Helmut Gispert (Berlin)
Ingeborg Glasenapp (Minden)
Paul Glasenapp (Minden)
Johann Wolfgang Goethe-Universität Frankfurt a.M. Universitätsarchiv (Frankfurt)
Bernhard Goepel (Berlin)
Große Schule Wolfenbüttel (Wolfenbüttel)
Anneliese Grotjahn (Bad Schwartau)
Martin Grotjahn (Los Angeles, USA)
Michael Grotjahn (Mill Valley, USA)
Rolf Grundschöttel (Hohen Neuendorf)
Karl Gunther (Gentnod, Schweiz)
Rolf Gutschalk (Oldenburg/Holstein)
Gymnastik-Seminar-Loheland (Künzell)
Margrit Gyr (Trogen, Schweiz)
Heinz Hanke (Berlin)
Hannoversche Allgemeine Zeitung (Hannover)
Inge Hansen-Schaberg (Berlin)
Charlotte Heckmann (Hannover)
Gustav Heckmann (Hannover)
Heimatmuseum und -archiv Reinickendorf (Berlin)
Imme Heiner (Künzell)
Ulrich von Heinz (Berlin)
Jürgen Helmchen (Berlin)
Fritz Helmerich (Berlin)
Dieter Henning (Berlin)

Herzog August Bibliothek Wolfenbüttel (Wolfenbüttel)
Hans-Georg Heun (Berlin)
Knut Hickethier (Marburg)
Willi Hirsch (Bern, Schweiz)
HNA Waldeckische Allgemeine (Korbach)
Arnulf Hoffmann (München)
Volker Hoffmann (Berlin)
Klaus-Peter Horn (Berlin)
Humboldt-Oberschule (Gymnasium) (Berlin)
Humboldt-Universität zu Berlin. Universitätsarchiv (Berlin)
Humboldt-Universität zu Berlin. Universitätsbibliothek (Berlin)
Institut für den Wissenschaftlichen Film. Abt. Kulturwissenschaften (Göttingen)
Internationaler Arbeitskreis Sonnenberg (Braunschweig)
Internationales Institut für Sozialgeschichte (Amsterdam, Niederlande)
Heinz K. Jahnke (Kalamazoo, USA)
Christa Jandt (Norden)
The Jewish National and University Library (Jerusalem, Israel)
Lucie Kaye (London, Großbritannien)
Wolfgang Keim (Paderborn)
Wolfgang Kelsch (Wolfenbüttel)
Diethart Kerbs (Berlin)
Kinderdorf Pestalozzi (Trogen, Schweiz)
Vera Kissner (Giessen)
Hans W. Kivelitz (Düsseldorf)
Walter Klotz (Clausthal-Zellerfeld)
Nikolaus Koch (Witten)
Joseph König (Wolfenbüttel)
Soichiro Komine (Nagoya, Japan)
Werner Korthaase (Berlin)
Kurt Kuhlmann (Greiz)
Fritz Kunkel (Berlin)
Kunstmuseum Kloster Unser Lieben Frauen (Magdeburg)
Landesarchiv Berlin (Berlin)
Landesarchiv Berlin, Außenstelle Breite Str. 30/31 (Berlin)
Landesarchiv Magdeburg (Magdeburg)
Landeseinwohneramt Berlin (Berlin)
Langenscheidt KG (München)
Reiner Lehberger (Hamburg)
Leo Baeck Institute (New York, USA)
Leo Baeck Institute (Jerusalem, Israel)
Lessing-Oberschule (Gymnasium) (Berlin)
Ulrich Linse (München)
Günter Lube (Salzgitter)
Märkisches Museum (Berlin)
Elisabeth Mann (Marburg)
Jan J. Mennerich (Felde/Holstein)
Peter J. Mennerich (Hannover)
Alfred Merkel (Gößnitz)
Susanne Miller (Bonn)
Eva Minder-Wilker (Herrenschwanden, Schweiz)
Ministerrat der Deutschen Demokratischen Republik. Ministerium des Innern. Staatliche Archivverwaltung (Potsdam)

Rüdiger Möller (Cuxhaven)
Hüter-Georg Moslé (Duisburg)
Museum für Technik & Verkehr (Berlin)
Martin Näf (Basel, Schweiz)
Hermann Natterodt (Berlin)
Karl-Bernhard Netzband (Wiesbaden)
Lottie M. Newman (Woodbridge, USA)
Niedersächsische Staats- und Universitätsbibliothek (Göttingen)
Niedersächsisches Hauptstaatsarchiv Hannover (Hannover)
Niedersächsisches Staatsarchiv Wolfenbüttel (Wolfenbüttel)
Inge Noeggerath (München)
Herrmann Nolte (Wolfenbüttel)
Malene Nydahl (Kiel)
Odenwaldschule (Heppenheim)
Oestreich-Archiv / Archiv des Bundes Entschiedener Schulreformer am Institut für Pädagogik I der Universität Würzburg (Würzburg)
Detlef Oppermann (Landau)
Pädagogisches Zentrum. Gutachterstelle für deutsches Schul- und Studienwesen (Berlin)
Rolf E. Pallat (Waterloo, Kanada)
Benjamin Pardo (Sdot Yam, Israel)
Joachim Paul (Flensburg)
Gerda Paulsen (Hamburg)
Detlef Peglow (Hamburg)
Andreas Pehnke (Greifswald)
Wolfgang Pewesin (Wuppertal)
Anneliese Pfeiffer (Hamburg)
Hans-Martin Pleßke (Leipzig)
Lilly Pollack-Netzband (Lindenberg/Allgäu)
Werner Ernst Pradel (Wien, Österreich)
Private Dortmunder Fachschule für Gymnastik-Bewegungstherapie (Dortmund)
Quäkerhaus (Bad Pyrmont)
Gerd Radde (Berlin)
Harald Ramm (Berlin)
Carl Rathjens (Saarbrücken)
Peter Rathjens (Wiesbaden)
Rosemarie Reichwein (Berlin)
Religiöse Gesellschaft der Freunde (Quäker) (Bremen)
Maina Richter (Berlin)
Horst Roche (Bornheim)
Hermann Röhrs (Wilhelmsfeld)
Rudolf Rogler (Berlin)
Elsa Roth (Chicago, USA)
Horst Rumpf (Frankfurt)
Ruprecht-Karls-Universität Heidelberg. Universitätsarchiv (Heidelberg)
Susanne Salinger (Berlin)
Uwe Sandfuchs (Dresden)
Heinrich Scheel (Berlin)
Edith Scheel-Korth (Berlin)
Schiller-Nationalmuseum und Deutsches Literaturarchiv (Marbach am Neckar)
Elfriede Schipkus (Berlin)
Schleswig-Holsteinische Landesbibliothek (Kiel)
Karl-Heinz Schmidt-Lauzemis (Berlin)

Rolf Schmitz (Berlin)
Josef Adolf Schmoll gen. Eisenwerth (München)
Ingeborg Schnack (Marburg)
Bernhard Schneider (Berlin)
Karl Schneider (Daun)
Hermann Schnorbach (Frankfurt)
Harald Scholtz (Berlin)
Gerda Scholz-Sorge (Berlin)
Bruno Schonig (Berlin)
Ilse Schramm (Berlin)
Gerhard Schumpe (Troisdorf)
Michael-Sören Schuppan (Berlin)
Schule Tieloh (Hamburg)
Schulfarm Insel Scharfenberg (Berlin)
Ulrich Schulze-Marmeling (Berlin)
Martin Schwarzbach (Köln)
Ursula Sybille Schwer-Rode (Berlin)
Jizchak Schwersenz (Haifa, Israel)
Chaim Seeligmann (Yad Tabenkin, Israel)
Senatsbibliothek (Berlin)
Grete Sonnemann (Berlin)
Staatsarchiv der Freien und Hansestadt Hamburg (Hamburg)
Staatsarchiv Potsdam (Postdam)
Staatsbibliothek zu Berlin. Preußischer Kulturbesitz. Abteilung Historische Drucke (Berlin)
Staatsbibliothek zu Berlin. Preußischer Kulturbesitz. Zentralkartei der Autographen (Berlin)
Stadt Bochum. Einwohnermeldeamt (Bochum)
Stadt Saarbrücken. Referat für Öffentlichkeitsarbeit (Saarbrücken)
Stadtarchiv Berlin (Berlin, DDR)
Stadtarchiv Lüneburg (Lüneburg)
Stadt- und Universitätsbibliothek Frankfurt (Frankfurt)
Stadtbibliothek München. Handschriften-Abteilung (München)
Hans-Joachim Starck (Berlin)
Joachim Stein (Berlin)
Fritz Stempel (Veitshöchheim)
Stiftung Archiv der Akademie der Künste. Archivabteilung Baukunst (Berlin)
Stiftung Kinderdorf Pestalozzi. Zentralsekretariat (Zürich, Schweiz)
Hans-Martin Stimpel (Göttingen)
Erika Stölting (Oldenburg)
Ruth Strohschein (Berlin)
Anna Stucken (Berlin)
Bernd Stückler (Ratzeburg)
Der Tagesspiegel. Recherche und Dokumentation / Archiv (Berlin)
taz. die tageszeitung. Archiv und Leseservice (Berlin)
Technische Universität Dresden. Universitätsarchiv (Dresden)
Ilse Thiele (Schönebeck/Elbe)
Senta Tittmann (Woltersdorf)
Hans J. Uetze (Nürnberg)
Ulrich Uffrecht (Buxtehude)
Ullstein GmbH. Textarchiv und Bibliothek (Berlin)
Universität Dortmund. Universitätsbibliothek (Dortmund)
Universität Göttingen. Fachbereich Erziehungswissenschaften (Göttingen)

Universitätsarchiv der Universität des Saarlandes (Saarbrücken)
Universitätsbibliothek Erlangen-Nürnberg. Handschriftenabteilung (Erlangen)
University of Haifa (Haifa, Israel)
Wolfgang Voges (Bonn-Bad Godesberg)
Heinz Wagner (Hannover)
Waldeckische Landeszeitung (Korbach)
Norbert H. Weber (Berlin)
Alfred-Wegener-Institut (Bremerhaven)
Lotte Wegener (München)
Werner Weidner (Allmersbach im Tal)
Klaus Weigelt (Brüssel, Belgien)
Erwin Weiß (Berlin)
Weltbund für Erneuerung der Erziehung. Deutschsprachige Sektion
Joachim Wendt (Hamburg)
Rainer Werner (Berlin)
Werner von Siemens-Oberrealschule (Berlin)
Wichern-Verlag GmbH (Berlin)
Horst Widmann (Gießen)
Wiener Stadt- und Landesarchiv (Wien, Österreich)
Peter Wilsdorf (Seevetal)
Erwin Witt (Conil de la Frontera, Spanien)
Wolfgang Wittwer (Hannover)
Hildegard Wolff (Hannover)
Heinz Wolff (Rathenow)
Judith Yellin-Ginat (Jerusalem, Israel)
YIVO Institute for Jewish Research (New York, USA)
Hans Zander (Berlin)
Die Zeit. Wochenzeitung für Politik, Wirtschaft, Handel und Kultur (Hamburg)
Lothar G. Zenk (Blue Bonnett, USA)
Zentrales Staatsarchiv, Historische Abteilung I (Potsdam)
Zentrales Staatsarchiv, Historische Abt. II (Merseburg)
Angela Ziegelmayer (Oldenburg)
Gerfried Ziegelmayer (München)
Jörg-Heinrich Zincke (Wuppertal)

II. GEDRUCKTE QUELLEN UND LITERATUR

II.1. GEDRUCKTE QUELLEN UND LITERATUR ÜBER DIE SCHULFARM INSEL SCHARFENBERG UND WILHELM BLUME[1]

II.1.A. GEDRUCKTE QUELLEN UND LITERATUR (OHNE ZEITUNGSARTIKEL)

80 Jahre Humboldtschule Tegel. 1903-1983 (=Humboldtheft, 6), Berlin 1983.

ACKERMANN, Walter, Einige Bemerkungen über die kulturelle und pädagogische Bedeutung der Mathematik und der Naturwissenschaften, in: Aus dem Leben der Schulfarm Insel Scharfenberg. Bilder, Dokumente, Selbstzeugnisse von Eltern, Lehrern, Schülern, red. von Wilhelm BLUME, in: Das Werdende Zeitalter. Eine Monatsschrift für Erneuerung der Erziehung, Jg. 7 (1928), S. 329-404, hier S. 363-366.

ACKERMANN, Walter, Über Scharfenberg im Vergleich mit den Landerziehungsheimen, in: Aus dem Leben der Schulfarm Insel Scharfenberg. Bilder, Dokumente, Selbstzeugnisse von Eltern, Lehrern, Schülern, red. von Wilhelm BLUME, in: Das Werdende Zeitalter. Eine Monatsschrift für Erneuerung der Erziehung, Jg. 7 (1928), S. 329-404, hier S. 397f.

ADOMATIS, Hans-Joachim, Schulfarm Scharfenberg, in: betrifft: erziehung, Jg. 16 (1983), S. 26-30.

Adreßbuch der Ruprecht-Karls-Universität in Heidelberg. Sommerhalbjahr 1902, Heidelberg 1902.

Adreßbuch für Wolfenbüttel nebst Mitteilungen über Wolfenbüttel, Wolfenbüttel, Jge. 1872-1933.

ALBRECHT, Franz, Über die Anfänge der demokratischen Lehrerbildung in Berlin bis zur Gründung der Pädagogischen Hochschule (1945-48), in: Jahrbuch für Erziehungs- und Schulgeschichte, Jg. 29 (1989), S. 67-84.

Album des Herzoglichen Gymnasiums (der Herzoglichen Großen Schule) zu Wolfenbüttel 1801-1903, 2. Ausg. bearb. von Urban WAHNSCHAFFE und Paul ZIMMERMANN, Wolfenbüttel 1903.

Album der Staatlichen Großen Schule (ehemals Gymnasium) zu Wolfenbüttel 1801-1928, 3. Ausg. bearb. mit Unterstützung von Karl LINDE von August FINK und Paul ZIMMERMANN, Wolfenbüttel 1928.

ALFIERI, Leo, Insel Scharfenberg, in: Der Bär. Illustrirte [sic!] Berliner Wochenschrift. Eine Chronik fürs Haus, Jg. 7 (1880) [Nr. 10 (04.12.1880)], S. 121-123, mit 'Nachschrift' [der Re-

---

[1] 'Minimal-'Kriterium für die Aufnahme von Literaturtiteln in diesen Abschnitt des Verzeichnisses ist - ganz pragmatisch - die direkte Nennung des Begriffes 'Schulfarm Insel Scharfenberg' bzw. 'Wilhelm Blume'. - Nicht vollständig verzeichnet wurden lediglich die diversen Scharfenberger Schul- und Schülerzeitungen nach 1945; s. zu diesen die ansonsten unbefriedigende Arbeit: STRUCKMANN, Johann Caspar, Bibliographie zur Geschichte der Schulfarm Insel Scharfenberg, Berlin 1994. - Bei der Recherche nach den Zeitungsartikeln war äußerst hilfreich: [1.] Amerika-Gedenkbibliothek/Berliner Zentralbibliothek: Zeitungsausschnitt-Sammlung. - [2.] Der Tagesspiegel. Archiv / Dokumentation. - [3.] taz (die tageszeitung). Archiv und Leseservice. - [4.] Ullstein GmbH. Textarchiv und Bibliothek: Zeitungsausschnitt-Sammlung. - Auch (für Recherchen zur Biographie Wilhelm Paulsens): Hamburg, Staatsarchiv: Zeitungsausschnittsammlung, A 765: Wilhelm Paulsen.

daktion der Zs.] S. 124 und Illustration [Originalzeichnung 'Die Insel Scharfenberg' von Gottlob Theuerkauf] S. 119.

ALVERDES, Liselott, Die Jungen von der Inselschule, Berlin 1935.

AMLUNG, Ullrich / HAUBFLEISCH, Dietmar / LINK, Jörg-W. / SCHMITT, Hanno, Vorwort, in: 'Die Alte Schule überwinden'. Reformpädagogische Versuchsschulen zwischen Kaiserreich und Nationalsozialismus, hrsg. von Ullrich AMLUNG, Dietmar HAUBFLEISCH, Jörg-W. LINK und Hanno SCHMITT (=Sozialhistorische Untersuchungen zur Reformpädagogik und Erwachsenenbildung, 15), Frankfurt 1993, S. 7f.; wieder: Marburg 1993: http://archiv.ub.uni-marburg.de/sonst/1997/0002.html

Amtliches Verzeichnis des Personals und der Studierenden der Königlichen Friedrich-Wilhelms-Universität zu Berlin. WS 1904/05 bis WS 1907/08, Berlin 1904 bis 1907.

Anmeldung bei den Berliner Aufbauschulen, in: Nationalsozialistische Erziehung. Wochenschrift des Nationalsozialistischen Lehrerbundes, Gau Berlin, Berlin, Jg. 7 (1938), S. 71.

Arbeits-Praktikum der 9. Jahrgangsstufe vom 15.-20.10.1984. Dokumente, Berichte (=Neue Scharfenberg-Hefte, 9), Berlin 1984.

Arbeitswoche in Scharfenberg vom 14.-19.11.1983. Berichte - Skizzen - Dokumente (=Neue Scharfenberg-Hefte, 5), Berlin 1983.

ARLAND, Bernhard, Georg Netzband. Vorbemerkungen zu einer Werkauswahl, in: Georg Netzband. Eine Werkauswahl. 1980, hrsg. von Isabel NETZBAND, Wiesbaden 1980, S. 4-8.

ARNHARDT, Gerhard, Zur Akzeptanz reformpädagogischen Denkens und Handelns in der SBZ und DDR - interpretiert an Beiträgen aus den Fachzeitschriften 'die neue schule' und 'pädagogik' bis zur Mitte der 50er Jahre, in: Pädagogik und Schulalltag, Jg. 46 (1991), S. 673-679.

Auf Beschluß des Ausschusses für Versuchsschulen der Stadt Berlin soll in diesem Frühjahr mit dem Ausbau der Sommerschule auf der städtischen Insel Scharfenberg im Tegeler See zu einer Dauerschule der Anfang gemacht werden [...], in: Gemeindeblatt der Stadt Berlin, Berlin, Jg. 63 (1922), S. 150.

Aus dem Leben der Schulfarm Insel Scharfenberg. Bilder, Dokumente, Selbstzeugnisse von Eltern, Lehrern, Schülern, red. von Wilhelm BLUME, in: Das Werdende Zeitalter. Eine Monatsschrift für Erneuerung der Erziehung, Jg. 7 (1928), S. 329-404; Auszug (S. 339-348 oben) wieder abgedr. in: 60 Jahre Schulfarm Insel Scharfenberg 1922-1982. Jubiläums-Festschrift anläßlich des 60-jährigen Bestehens der Schulfarm Insel Scharfenberg (=Sonderheft der Fähre), Berlin 1982, S. 19-28.

[Aus dem Leben der Schulfarm Insel Scharfenberg. Bilder, Dokumente, Selbstzeugnisse von Eltern, Lehrern, Schülern, red. von Wilhelm BLUME, in: Das Werdende Zeitalter. Eine Monatsschrift für Erneuerung der Erziehung, Jg. 7 (1928), S. 329-404. Kurzrezension], in: Schweizer Erziehungs-Rundschau. Organ für das öffentliche und private Bildungswesen der Schweiz, Jg. 1 (1928/29), Nr. 8: November 1928, S. 199.

Aus der märkischen Heimat. Natur- und Landschaftsbilder in Gedichten, gesammelt von L. H. FISCHER (=Archiv der 'Brandenburgia'. Gesellschaft für Heimatkunde der Provinz Brandenburg zu Berlin. Unter Mitwirkung des Märkischen Provinzial-Museums hrsg. vom Gesellschafts-Vorstande, 8. Bd.), Berlin 1901.

Aus der Reinickendorfer Geschichte. Naziterror und Widerstand, hrsg. vom VVN: Verein der Verfolgten des Naziregimes Westberlins - Verband der Antifaschisten, Berlin 1983.

Auswahlbibliographie zur Reformpädagogik in Berlin, in: Reformpädagogik in Berlin - Tradition und Wiederentdeckung. Für Gerd Radde, hrsg. von Wolfgang KEIM und Norbert H. WEBER (=Studien zur Bildungsreform, 30), Frankfurt [u.a.] 1998, S. 397-400.

BAHN, Anna, 5 Jahre Scharfenberg, in: Festschrift zum 75-jährigen Bestehen der Schulfarm Scharfenberg 1997, [hrsg. von der Schulleitung der Schulfarm Insel Scharfenberg], Berlin 1997, S. 96f.

BAHNS, Fritz / BOUVIER, Kunibert / ROTHE, Hanns [u.a.], Aus dem Naturleben unserer Heimat, in: Der Marsch in die Heimat. Ein Heimatbuch des Bezirks Berlin-Reinickendorf, hrsg. von Walter PAULS und Wilhelm TESSENDORF, Frankfurt 1937, S. 33-103.

BANDMANN, Erich, Der Lehrer und Scharfenberg, in: Aus dem Leben der Schulfarm Insel Scharfenberg. Bilder, Dokumente, Selbstzeugnisse von Eltern, Lehrern, Schülern, red. von Wilhelm BLUME, in: Das Werdende Zeitalter. Eine Monatsschrift für Erneuerung der Erziehung, Jg. 7 (1928), S. 329-404, hier S. 395-397.

BAUMGARTNER, Gabriele, Heinrich Scheel, in: Biographisches Handbuch der SBZ/DDR, hrsg. von Gabriele BAUMGARTNER und Dieter HEBIG, Bd. 2, München 1997, S. 765f.

Bauten der Volkserziehung und Volksgesundung, hrsg. von Emanuel Josef MARGOLD [Berlin 1930]. Mit einem Nachwort zur Neuausg. von Myra WARHAFTIG, Berlin 1999.

BECKER, Hellmut, Nachwort, in: SCHÄFER, Walter, Erziehung im Ernstfall. Die Odenwaldschule 1946-1972, Frankfurt 1979, S. 242-253; u.d.T. 'Walter Schäfer - ein Erzieher beschreibt seine Arbeit' wieder in: BECKER, Hellmut, Auf dem Weg zur lernenden Gesellschaft. Personen, Analysen, Vorschläge für die Zukunft, Stuttgart 1980, S. 103-113.

Begegnung eines Studenten der Pädagogischen Hochschule 1945-1948, heute Lehrer auf Scharfenberg, mit Blume, in: Wilhelm Blume zum 70. Geburtstag (=Die Fähre. Eine Zeitung der Schulfarm Insel Scharfenberg, Heft 1/1954), Berlin 1954, o.S.

BEHRMANN, Alfred, Scharfenberg 1921-1928. Eine pädagogische Untersuchung (=Vorträge und Aufsätze, 3-4), Berlin 1957.

BEHRMANN, Alfred, Schüleraufführungen in Scharfenberg 1953-1962, Teil 1: Stücke (=Vorträge und Aufsätze, 9-10), Berlin o.J. [ca. 1962].

BEHRMANN, Alfred, Aus dem Bilderbogen des Christian Morgenstern, in: Das Spiel in der Schule. Eine Vierteljahresschrift für Mittlere und Höhere Schulen, Jg. 3 (1962), S. 97-101.

BEHRMANN, Alfred, Lust bei 'Scherz, Satire, Ironie und tiefere Bedeutung', in: Das Spiel in der Schule. Eine Vierteljahresschrift für alle Schulgattungen, Jg. 5 (1964), S. 172-176.

BEHRMANN, Alfred, Versuch mit Shakespeare, in: Das Spiel in der Schule. Eine Vierteljahresschrift für alle Schulgattungen, Jg. 5 (1964), S. 170-172.

BEHRMANN, Alfred, Schulfarm Insel Scharfenberg - Ihr Beitrag zur Erziehung in Bildender Kunst, in: ... und die Kunst ist immer dabei. Schulfarm Insel Scharfenberg - Ein Beitrag zur Bildenden Kunst. Katalog zur Ausstellung 12. Mai - 18. Juni 1989 in der Rathaus-Galerie Reinickendorf, Berlin 1989, o.S.

Bei einem Rückblick auf das Jahr 1962 [...], in: Sonnenberg-Nachrichten, Nr. 14: Januar 1963, S. 12.

Beiheft zur Vorbereitung auf die Lektüre von Walter Harlans dramatischer Dichtung 'Das Nürnbergisch Ei'. Mit einem Nachwort und 12 zeitgenössischen Abbildungen sowie einem Stadtplan und zeittabellarischen Übersichten für Lehrer und Schüler geschrieben und zusammengestellt von Wilhelm BLUME, Berlin [u.a.] 1951.

Beiträge zur Geschichte der Pädagogischen Hochschule Berlin, hrsg. von Gerd HEINRICH (=Abhandlungen aus der Pädagogischen Hochschule Berlin, 6), Berlin 1980.

Beiträge zur Geschichte der Schulfarm. Werner Hartkopf (1906-1984): Der Beitrag der Schulfarm Scharfenberg zur modernen Gymnasialreform. Heinrich Scheel: Der Wechsel 1949; eine Darstellung als Entgegnung auf Wolfgang Pewesin ([s. Neue Scharfenberg-] Heft[e] Nr. 11), (=Neue Scharfenberg-Hefte, 12), Berlin 1986.

[Bericht aus] Berlin, in: Sonnenberg-Nachrichten, Braunschweig, Nr. 14: Januar 1963, S. 12.

Bericht der drei Studienräte Cohn, Schmidt und Blume vom städtischen Humboldtgymnasium zu Berlin über die Sammelschule auf der Insel Scharfenberg (1921) [Berlin, GStA PK: Rep. 76 VI, Sekt. 14 z, Nr. 48 II, Bl. 38-66; sowie: Berlin, LA, SIS], hrsg. von Dietmar HAUBFLEISCH, Marburg 1999: http://archiv.ub.uni-marburg.de/sonst/1999/0001/q10.html; zuerst veröff. als: Zur Geschichte der Schulfarm. Bericht der drei Studienräte Blume, Cohn und Schmidt vom städtischen Humboldtgymnasium zu Berlin über die Sommerschule auf der Insel Scharfenberg (1921) (=Neue Scharfenberg-Hefte, 1), Berlin 1982.

Bericht über die Besichtigungen im Anschluß an die Tagung als: Bericht über die Lehrerbildungstagung [des Bundes Entschiedener Schulreformer] in Berlin-Schöneberg, 30. September bis 3. Oktober [1925], in: Die Neue Erziehung, Jg. 8 (1926), S. 53-55

Bericht über die Internationale Erziehertagung auf dem Sonnenberg im Oberharz vom 6. bis 15. Mai 1954. Tagungsthema: Schulversuche zur besseren Erkenntnis und Förderung individueller Begabungen im Rahmen gemeinsamer sozialer Erziehung bis zur Adoleszenz , Braunschweig 1955.

Bericht über die Lehrerbildungstagung [des Bundes Entschiedener Schulreformer] in Berlin-Schöneberg, 30. September bis 3. Oktober [1925], in: Die Neue Erziehung, Jg. 8 (1926), S. 53-55.

BERISCH, Karl, Scharfenberg und Wickersdorf, in: Aus dem Leben der Schulfarm Insel Scharfenberg. Bilder, Dokumente, Selbstzeugnisse von Eltern, Lehrern, Schülern, red. von Wilhelm BLUME, in: Das Werdende Zeitalter. Eine Monatsschrift für Erneuerung der Erziehung, Jg. 7 (1928), S. 329-404, hier S. 398-400.

BERISCH, Karl, Theaterfahrt mit Wilhelm Blume [1924], in: Wilhelm Blume zum 70. Geburtstag (=Die Fähre. Eine Zeitung der Schulfarm Insel Scharfenberg, Heft 1/1954), Berlin 1954, o.S.; wieder in: Wilhelm Blume zum 100. Geburtstag (=Neue Scharfenberg-Hefte, 6), Berlin 1984, S. 13-15.

Berlin, Teil I: Volks-, Mittel- und Höhere Schulen, hrsg. vom Zentralinstitut für Erziehung und Unterricht, Berlin [u.a.] 1930.

Berlin und seine Bauten, hrsg. vom Architekten- und Ingenieur-Verein zu Berlin, Teil IV, Bd. C: Die Wohngebäude - Einfamilienhäuser - Individuell geplante Einfamilienhäuser - Die Hausgärten, Berlin [u.a.] 1975.

Berlin und seine Bauten, hrsg. vom Architekten- und Ingenieur-Verein zu Berlin, Teil V, Bd. C: Schulen, Berlin 1991.

Eine Berliner Schulinsel, in: Vivos voco. Zeitschrift für neues Deutschtum, Jg. 2 (1921/22), S. 699.

Beschluß des Bezirksschulausschusses Berlin 1-6 vom 25.10.1926, am 02.11.1926 "vor Stellungnahme zu den auf 20.000 M. lautenden Kostenanschlage [vom 07.07.1926] zunächst eine Besichtigung der Farm Scharfenberg durch die Mitglieder des Bezirksausschusses vorzunehmen" [Berlin, LA, SIS], hrsg. von Dietmar HAUBFLEISCH, Marburg 1999: http://archiv.ub.uni-marburg.de/sonst/1999/0001/q31.html

Besinnung und Ausblick. 60 Jahre Humboldtschule (=Vorträge und Aufsätze, hrsg. von der Vereinigung der Freunde der Humboldtschule, 4), Berlin 1964.

BIJK, Grazena von, Einspruch, Dr. Specht! [Über: Unser Lehrer Dr. Specht. Krähenwerder. ZDF, 1. Folge: 07.02., 2. Folge: 14.02., 3. Folge: 21.02., 4. Folge: 28.02., 5. Folge: 07.03., 6. Folge: 14.03., 7. Folge: 21.03., 8. Folge: 28.03., 9. Folge: 04.04., 10. Folge: 11.04., 11. Folge: 18.04., 12. Folge: 25.04., 13. Folge: 02.05., 14. Folge: 09.05., 15. Folge: 16.05., 16. Folge 23.05.1995. - ULMER, Michael, Unser Lehrer Dr. Specht. Willkommen auf Krähenwerder. Roman [auf der Basis der Drehbücher zu der gleichnamigen ZDF-Serie von Kurt BARTSCH], Köln 1994], in: Deutsche Lehrerzeitung, Jg. 42 (1995), Heft 8, S. 1; wieder in: Frankfurter Rundschau vom 02.03.1995.

BIERBAUM, Otto Julius, Nemt, Frouwe, disen Kranz. Ausgewählte Gedichte, Berlin 1894.

BIERBAUM, Otto Julius, Scharfenberg, in: Brandenburgia, Jg. 3 (1894/95), S. 208f.

BIERNAT, Karl Heinz, Der antifaschistische Kampf der Schulze-Boysen/Harnack-Organisation, in: BIERNAT, Karl Heinz / KRAUSHAAR, Luise, Die Schulze-Boysen/Harnack-Organisation im antifaschistischen Kampf, hrsg. vom Institut für Marxismus-Leninismus beim ZK der SED, 2. Aufl. Berlin (DDR) 1972, S. 7-43.

BIERNAT, Karl Heinz / KRAUSHAAR, Luise, Die Schulze-Boysen/Harnack-Organisation im antifaschistischen Kampf, hrsg. vom Institut für Marxismus-Leninismus beim ZK der SED, 2. Aufl. Berlin (DDR) 1972.

Biographische Übersicht [zu Georg Netzband], in: Georg Netzband. Eine Werkauswahl. 1980, hrsg. von Isabel NETZBAND, Wiesbaden 1980, S. 145.

BLANCK, Bernd Arnold, Zur Schul- und Schulbauentwicklung im 19. und 20. Jahrhundert. Die Schulbauentwicklung zwischen politisch-ökonomischen, erziehungsideologischen Bindungen und pädagogisch-emanzipatorischen Elementen. Eine sozioökonomisch orientierte Untersuchung typischer Nutzungs- und Gestaltungskonstellationen im historischen und gegenwärtigen Schulbau, Berlin, Techn. Hochsch., Diss., 1979 (8 Mikrofiches).

BLANK, Alexander S. / MADER, Julius, Rote Kapelle gegen Hitler, Berlin (DDR) 1979.

BLEIBER, Helmut, Trauerrede für Heinrich Scheel (11.12.1915-7.1.1996) bei der Urnenbeisetzung am 23.2.1996 in Stolzenhagen, in: SCHEEL, Heinrich, Vom Leiter der Berliner Schulfarm Scharfenberg zum Historiker des deutschen Jakobinismus (1946-1956). Autobiographische Aufzeichnungen (=Sitzungsberichte der Leibniz-Sozietät, Bd. 14 = Jg. 1996, Heft 6), Berlin 1997, S. 94-99.

BLIEFERNICH, Manfred, Karl Mundstock, in: Biographisches Handbuch der SBZ/DDR, hrsg. von Gabriele BAUMGARTNER und Dieter HEBIG, Bd. 2, München 1997, S. 575.

BLOCK, Benjamin, Nochmal 5 Jahre Scharfenberg, in: Festschrift zum 75-jährigen Bestehen der Schulfarm Scharfenberg 1997, [hrsg. von der Schulleitung der Schulfarm Insel Scharfenberg], Berlin 1997, S. 98f.

BLÜMEL, Fritz, Die Politik in Scharfenberg, in: Aus dem Leben der Schulfarm Insel Scharfenberg. Bilder, Dokumente, Selbstzeugnisse von Eltern, Lehrern, Schülern, red. von Wilhelm BLUME, in: Das Werdende Zeitalter. Eine Monatsschrift für Erneuerung der Erziehung, Jg. 7 (1928), S. 329-404, hier S. 385f.

BLÜMEL, Fritz, Heiteres aus dem Reich der 'Schwarzen Kunst' [Teil 1: Gautschtag; Teil 2: Der Zwiebelfisch], in: Der Mensch in der Berufsarbeit. Ein Lesebuch der humanen Bildung für das Abschlußjahr der Volksschule (9. Schuljahr). Bearb. von Wilhelm BLUME, 2. Aufl. Berlin [u.a.] 1950 und 41.-50. Tsd. Berlin [u.a.] 1951, jeweils S. 158-164; wieder in: Der Mensch in der Berufsarbeit. Ein Lese- und Arbeitsbuch für das Abschlußjahr der Volksschule (9. Schuljahr) zur Förderung der humanen Bildung. Bearb. von Wilhelm BLUME, 3. Aufl. Berlin [u.a.] 1951, S. 175-180; unter demselben Titel, aber um den 2. Teil gekürzt wieder in: Der Mensch in der Berufsarbeit. Ein Wegbegleiter in die Welt der Arbeit, in das Kultur- und Gemeinschaftsleben. Zusammengestellt und bearb. von Wilhelm BLUME und Walter SCHEUNEMANN, 4. neugestaltete Aufl. Bad Homburg v.d.H. 1957; 5. Aufl. Berlin [u.a.] 1958; 6. Aufl. ebd. 1960; 7. Aufl. ebd. 1961; jeweils S. 280-282.

BLÜMEL, Fritz, '... liebe Freunde', in: Wilhelm Blume zum 70. Geburtstag (=Die Fähre. Eine Zeitung der Schulfarm Insel Scharfenberg, Heft 1/1954), Berlin 1954, o.S.

BLÜMEL, Fritz, Plauderei über den Buchdrucker, in: Der Mensch in der Berufsarbeit. Ein Wegbegleiter in die Welt der Arbeit, in das Kultur- und Gemeinschaftsleben. Zusammengestellt und bearb. von Wilhelm BLUME und Walter SCHEUNEMANN, 4. neugestaltete Aufl. Bad Homburg v.d.H. [u.a.] 1957; 5. Aufl. Berlin [u.a.] 1958; 6. Aufl. ebd. 1960; 7. Aufl. ebd. 1961; jeweils S. 219-223.

BLUME, Anneliese, [Todesanzeige für Wilhelm Blume (1884-1970), Berlin 1970.]

BLUME, Wilhelm, [Buchbesprechung von] [1.] Vom deutschen Schwert. Ein Flugblatt zu Kaisers Geburtstag von Dr. Schaube, Berlin 1916; [2.] Aus eherner Zeit. Vaterländische Lieder und Gedichte aus dem Weltkrieg, für die Schuljugend ausgewählt von Dr. L.H. Fischer, Berlin 1915; [3.] Waffenklänge von Max Georg Zimmermann, Oldenburg 1914-15; [4.] Kriegsgedichte von H. Ehrenhard, Neuwied 1916; [5.] Deutschland sei wach! Vaterländische Gedichte von Ernst von Wildenbruch, Berlin 1915, in: Deutsches Philologen-Blatt, Jg. 24 (1916), Nr. 4 (26.01.1916), S. 62.

BLUME, Wilhelm, [Buchbesprechung von] [1.] Auf Posten, Jungdeutschland! Ein Wort an unsere liebe deutsche Jugend von Prof. Dr. Sellmann, Witten 1916; [2.] Alte und neue Balladen und Lieder des Freiherrn Vörries von Münchhausen. Auswahl fürs Feld, [o.O.u.J.], in: Deutsches Philologen-Blatt, Jg. 24 (1916), Nr. 11 (15.03.1916), S. 173f.

BLUME, Wilhelm, Neues zur Behandlung von Goethes Getreuem Eckhart, in: Zeitschrift für den deutschen Unterricht, Jg. 30 (1916), S. 203-205.

BLUME, Wilhelm, [Buchbesprechung von] [1.] Clara Prinzhorn, Deutschland, Deutschland, über alles! Festdichtung zur Feier des Geburtstages des Deutschen Kaisers und anderer patriotischer Gedenktage, Wolfenbüttel 1910; [2.] Clara Prinzhorn, Ein Klang aus Deutschlands Hohem Liede. Kriegsgedichte 1914-16, Braunschweig 1916, in: Deutsches Philologen-Blatt, Jg. 25 (1917), Nr. 3 (17.01.1917), S. 62f.

BLUME, Wilhelm, Cicero als Lobredner der Stadt Braunschweig. Eine literaturhistorische und lokalpatriotische Plauderei, in: Niedersachsen. Illustrierte Halbmonatsschrift für Geschichte und Familiengeschichte, Landes- und Volkskunde, Heimat- und Denkmalschutz, Sprache, Kunst und Literatur Niedersachsens, Jg. 22 (1917), Nr. 11 (01.03.1917), S. 170f.

BLUME, Wilhelm, [Buchbesprechung von] [1] Theodor Körner, der schwarze Jäger, ein Appell an meine Kameraden im Felde von Magnus Jocham, Freiburg i.Br. 1916, [2] Das Seelenleben unserer Kriegsbeschädigten von Prof. Dr. Adolf Sellmann, Witten a. Ruhr 1916, in: Deutsches Philologen-Blatt, Jg. 25 (1917), Nr. 24 (27.06.1917), S. 406f.

BLUME, Wilhelm, [Buchbesprechung von] Louise von François, Die Stufenjahre der Dichterin. Zur Erinnerung an die 100. Wiederkehr ihres Geburtstages am 27. Juni 1917 von Prof. Ernst Schroeter, Weißenfels 1917, in: Deutsches Philologen-Blatt, Jg. 25 (1917), Nr. 29 (08.08.1917), S. 470.

BLUME, Wilhelm, Fräulein Muthchen und ihr Hausmeier als Lyzeumslektüre im Gedenkjahr der Dichterin, in: Frauenbildung. Zeitschrift für die gesamten Interessen des weiblichen Unterrichtswesens, Jg. 17 (1918), S. 17-29.

BLUME, Wilhelm, Neue Erzieher zur Mannhaftigkeit, in: Deutsches Philologen-Blatt, Jg. 26 (1918), Nr. 23/24 (24.06.1918), S. 194f.

[BLUME, Wilhelm:] Hausordnung für das Schulgemeindeheim des Humboldtgymnasiums (1919) [Berlin, LA, SIS], hrsg. von Dietmar HAUBFLEISCH, Marburg 1999: http://archiv.ub.uni-marburg.de/sonst/1999/0001/q01.html

BLUME, Wilhelm, Augenblicksbilder aus dem Werden des Humboldtschulgemeindeheims bei Stolpe in der Mark, in: Der Märkische Wanderer. Zeitschrift für Heimatpflege und Wandern in der Mark Brandenburg und den angrenzenden Gebieten. Amtliches Organ des Vereins Märkischer Wandervereine e.V., des Bundes für Jugendherbergen in der Mark Brandenburg e.V. und der Arbeitsgemeinschaft für Wandern und Heimatpflege, Jg. 6 (1920), S. 148-150.

BLUME, Wilhelm, Berlins erste Sommerschule, in: Deutsches Philologen-Blatt, Jg. 29 (1921), Nr. 15 (04.05.1921), S. 203.

BLUME, Wilhelm, Grundzüge zum Plane der ersten städtischen Sonderschule für Schüler aus den Oberstufen der höheren Lehranstalten Berlins (17.12.1921) [Berlin, LA, SIS], hrsg. von Dietmar HAUBFLEISCH, Marburg 1999: http://archiv.ub.uni-marburg.de/sonst/1999/0001/q11.html

BLUME, Wilhelm, Die Anfänge ... anno 1921/22, in: Wilhelm Blume zum 100. Geburtstag (=Neue Scharfenberg-Hefte, 6), Berlin 1984, S. 9-12.

BLUME, Wilhelm, Gesuch an den Magistrat, die Deputation für die äußeren Angelegenheiten der höheren Schulen und den Ausschuß für Versuchsschulen um Ausbau der 1921 für das städtische Humboldtgymnasium begründeten Sommerschule auf der Insel Scharfenberg zu einer ständigen Sammelwahlschule für Schüler Berlins zunächst in der Form einer Versuchs-Oberschule, - eingereicht von Studienrat W. Blume vom städtischen Humboldtgymnasium (Anfang Februar 1922) [Berlin, GStA PK: I. HA, Rep. 76 VI, Sekt. 14 z, Nr. 48 II, Bl. 77-134], hrsg. von Dietmar HAUBFLEISCH, Marburg 1999:
http://archiv.ub.uni-marburg.de/sonst/1999/0001/q12.html

BLUME, Wilhelm, Berlins Schulinsel, in: Die Woche. Moderne illustrierte Zeitschrift, Berlin, Jg. 24 (1922), Nr. 29/30 (29.07.1922), S. 702f.

BLUME, Wilhelm, Bericht über die Entwicklung der städtischen Scharfenbergschule, erstattet von ihrem Leiter Wilhelm Blume unter Mithilfe der Fachvertreter, verbunden mit dem Gesuch um staatliche Anerkennung zu Oktober 1923, unter Beifügung von Stundentafeln und Lehrplänen. Eingereicht an Herrn Geheimrat Dr. Michaelis als Vertreter des Provinzialschulkollegiums im Juli 1923 [Berlin, GStA PK: I. HA, Rep. 76 VI, Sekt. 14 z, Nr. 48 II, Bl. 174-267], hrsg. von Dietmar HAUBFLEISCH, Marburg 1999:
http://archiv.ub.uni-marburg.de/sonst/1999/0001/q13.html

BLUME, Wilhelm, Die Oktoberstudienfahrt des Ausschusses [der Schulfarm Insel Scharfenberg im Oktober 1924] [Berlin, LA, SIS: CH, V, S. 61-64 und S. 69-83], hrsg. von Dietmar HAUBFLEISCH, Marburg 1999:
http://archiv.ub.uni-marburg.de/sonst/1999/0001/q21.html

BLUME, Wilhelm, Die Schulfarm auf der städtischen Insel Scharfenberg bei Berlin, in: Deutsche Schulversuche, hrsg. von Franz HILKER, Berlin 1924, S. 312-330.

BLUME, Wilhelm, Gesuch der Schulfarm Insel Scharfenberg um Bewilligung des Baues eines neuen Hauses an den Bezirksausschuß I-VI, zu Händen von Herrn Stadtrat [Wilhelm] Benecke, vom 07.07.1926 [Berlin, LA, SIS], hrsg. von Dietmar HAUBFLEISCH, Marburg 1999:
http://archiv.ub.uni-marburg.de/sonst/1999/0001/q30.html

BLUME, Wilhelm, Schreiben an das Berliner Stadtbauamt vom 25.05.1927 [Fragment] [Berlin, LA, SIS], hrsg. von Dietmar HAUBFLEISCH, Marburg 1999:
http://archiv.ub.uni-marburg.de/sonst/1999/0001/q32.html

BLUME, Wilhelm, Die Schulfarm Insel Scharfenberg, in: Das Berliner Schulwesen, hrsg. von Jens NYDAHL. Bearb. unter Mitwirkung Berliner Schulmänner von Erwin KALISCHER, Berlin 1928, S. 135-186 und S. 568f.; kurzer Auszug wieder in: Die deutsche Jugendbewegung 1920 bis 1933. Die bündische Zeit, hrsg. von Werner KINDT (=Dokumentation der Jugendbewegung, 3), Düsseldorf [u.a.] 1974, S. 1462-1466.

BLUME, Wilhelm, Begründung zu dem Antrag, das Direktorat der Humboldtschule in Personalunion mit der Leitung der Schulfarm Insel Scharfenberg zu verbinden (1932) [Berlin, LA, SIS], hrsg. von Dietmar HAUBFLEISCH, Marburg 1999:
http://archiv.ub.uni-marburg.de/sonst/1999/0001/q40.html; zuvor abgedr. in: Wilhelm Blume zum 100. Geburtstag (=Neue Scharfenberg-Hefte, 6), Berlin 1984, S. 17-25.

BLUME, Wilhelm, Ich klage an! [Aufruf an die Scharfenberger Schülerschaft im Frühjahr 1932] [PS Stückler], hrsg. von Dietmar HAUBFLEISCH, Marburg 1999:
http://archiv.ub.uni-marburg.de/sonst/1999/0001/q50.html; zuvor abgedr. in: JAHNKE, Heinz K., Scharfenberg unter dem Hakenkreuz. Die Geschichte der Schulfarm Scharfenberg zwischen 1933 und 1945, Berlin 1997, S. 185.

BLUME, Wilhelm, Das Umordnen der Schülerselbstverwaltung im Juli-August 1933 [PS Stückler], hrsg. von Dietmar HAUBFLEISCH, Marburg 1999:
http://archiv.ub.uni-marburg.de/sonst/1999/0001/q51.html; zuvor abgedr. in: JAHNKE, Heinz

K., Scharfenberg unter dem Hakenkreuz. Die Geschichte der Schulfarm Scharfenberg zwischen 1933 und 1945, Berlin 1997, S. 186-188.

[BLUME, Wilhelm], Ordnung der Schulfarm Insel Scharfenberg vom 03.11.1933 [Berlin, LA, SIS], hrsg. von Dietmar HAUBFLEISCH, Marburg 1999: http://archiv.ub.uni-marburg.de/sonst/1999/0001/q53.html; zuvor abgedr. in: GUTSCHALK, Rolf, Scharfenberg während der NS-Zeit. Einige Dokumente, in: 60 Jahre Schulfarm Insel Scharfenberg (1922-1982). Jubiläums-Festschrift anläßlich des 60-jährigen Bestehens der Schulfarm Insel Scharfenberg (=Sonderheft der Fähre), Berlin 1982, S. 33-47, hier: S. 37-39 (als Dok. Nr. 3); (mit fehlerhafter Gliederung) auch in: JAHNKE, Heinz K.: Scharfenberg unter dem Hakenkreuz. Die Geschichte der Schulfarm Scharfenberg zwischen 1933 und 1945, Berlin 1997, S. 192f.

BLUME, Wilhelm, Bilde dich selbst und wirke auf Andere [aus einer Rede Blumes, gehalten am 8. April 1935 in der Aula der Humboldtschule bei einer vom 20. Berliner Bezirk veranstalteten Gedächtnisfeier], in: Festschrift zur Fünfzigjahrfeier der Humboldtschule in Berlin-Tegel, hrsg. vom Lehrerkollegium der Humboldtschule und der 'Vereinigung ehemaliger Humboldtschüler' zu Berlin-Tegel e.V., Berlin 1953, S. 13-15.

BLUME, Wilhelm, Um Humboldtschloß und Borsigwerke. Eine Tegeler Geschichte und Landschaftskunde, in: Der Marsch in die Heimat. Ein Heimatbuch des Bezirks Berlin-Reinickendorf, hrsg. von Walter PAULS und Wilhelm TESSENDORFF, Frankfurt 1937, S. 403-467.

BLUME, Wilhelm, Bezirksantrag 1945 zur Wiedereröffnung Scharfenbergs [vermutlich Juli 1945]; das in Berlin, LA, SIS erhaltene masch. Fragment des Antrages veröff. in: Wilhelm Blume zum 100. Geburtstag (=Neue Scharfenberg-Hefte, 6), Berlin 1984, S. 29-35.

BLUME, Wilhelm, Ansprache an die Eltern der Humboldtschule, September 1945 [a] und Beiträge aus der Unterrichtspraxis der Tegeler Humboldtschule zu dem Thema: Wie bringt man Wesen und Gesinnung der Demokratie ohne Definitionen und Abstraktionen bei sich bietender Gelegenheit an die Schüler heran? [b]; Teil [a] abgedr. in: Wilhelm Blume zum 100. Geburtstag (=Neue Scharfenberg-Hefte, 6), Berlin 1984, S. 26-28.

BLUME, Wilhelm, Brief an Paul Wandel, Direktor des Amtes für Volksbildung in der sowjetischen Besatzungszone (Berlin), vom 29.10.1945 [PS Scheel], hrsg. von Dietmar HAUBFLEISCH, Marburg 1999: http://archiv.ub.uni-marburg.de/sonst/1999/0001/q60.html; zuvor abgedr. in: Wilhelm Blume zum 100. Geburtstag (=Neue Scharfenberg-Hefte, 6), Berlin 1984, S. 37-39.

BLUME, Wilhelm, Denkschrift über die Schulfarm Insel Scharfenberg - was sie war, wie sie augenblicklich ist, und was sie werden soll [Dezember 1945] [Berlin, LA, SIS], hrsg. von Dietmar HAUBFLEISCH, Marburg 1999: http://archiv.ub.uni-marburg.de/sonst/1999/0001/q61.html; Kap. 'Die 12jährige Zwischenherrschaft' zuvor bereits veröff. in: GUTSCHALK, Rolf, Scharfenberg während der NS-Zeit. Einige Dokumente, in: 60 Jahre Schulfarm Insel Scharfenberg 1922-1982. Jubiläums-Festschrift anläßlich des 60-jährigen Bestehens der Schulfarm Insel Scharfenberg (=Sonderheft der Fähre), Berlin 1982, S. 33-47, hier S. 46f. [als Dok. Nr. 10].

BLUME, Wilhelm, Briefentwurf an Prof. Dr. Richard Woldt [ca. Ende 1945 / Anfang 1946] [Berlin, AASGB: Ordner Blume/Richter 1], hrsg. von Dietmar HAUBFLEISCH, Marburg 1999:
http://archiv.ub.uni-marburg.de/sonst/1999/0001/q62.html

BLUME, Wilhelm, Antrittsrede zur Eröffnung der Pädagogischen Hochschule Groß-Berlin am 21. November 1946 in den Kammerspielen des Deutschen Theaters, in: 30 Jahre Pädagogische Hochschule Berlin. Reden, Aufsätze und bildungspolitische Stellungnahmen ihrer Rektoren seit 1946, Berlin 1978, S. 9-20.

BLUME, Wilhelm, Biographisches [1948 oder etwas später], in: Wilhelm Blume zum 100. Geburtstag (=Neue Scharfenberg-Hefte, 6), Berlin 1984, S. 7.

BLUME, Wilhelm, Die augenblickliche Situation der Lehrerausbildung in der pädagogischen Hochschule zu Berlin, in: Schola, Jg. 3 (1948), S. 750-756.

BLUME, Wilhelm, Unmaßgebliche Meinungen und Beiträge zum Weitertreiben unserer Berliner Schulreform. Persönliches Schreiben von W. Blume an Stadtrat Walter May [...] [vmtl.: Februar 1949], in: FÜSSL, Karl-Heinz / KUBINA, Christian, Dokumente zur Berliner Schulgeschichte (1948-1965) (=Materialien und Studien zur Geschichte der Berliner Schule nach 1945, 3), Berlin 1982, S. 51-59.

BLUME, Wilhelm, Bausteine zum Berliner Pestalozzi-Fröbel-Haus in dem Entwicklungsgang seiner Gründerin [bearb. nach: LYSCHINSKA, Mary L., Henriette Schrader-Breymann, Ihr Leben aus Briefen und Tagebüchern zusammengestellt und erläutert, 2 Bde., 2. Aufl. unter Mitwirkung von Arnold BREYMANN Berlin 1927], in: Der Mensch in der Berufsarbeit. Ein Lesebuch der humanen Bildung für das 9. Schuljahr. Bearb. von Wilhelm BLUME, 1. Aufl. Berlin [u.a.] 1949, S. 202-208; wieder in: Der Mensch in der Berufsarbeit. Ein Lesebuch der humanen Bildung für das Abschlußjahr der Volksschule (9. Schuljahr). Bearb. von Wilhelm BLUME, 2. Aufl. Berlin [u.a.] 1950 und 41.-50. Tsd. Berlin [u.a.] 1951, jeweils S. 210-216; wieder in: Der Mensch in der Berufsarbeit. Ein Lese- und Arbeitsbuch für das Abschlußjahr der Volksschule (9. Schuljahr) zur Förderung der humanen Bildung. Bearb. von Wilhelm BLUME, 3. Aufl. Berlin [u.a.] 1951, S. 226-232.

BLUME, Wilhelm, Besuch der Orgelbauanstalt in der Schillerstadt Ludwigsburg, in: Der Mensch in der Berufsarbeit. Ein Lesebuch der humanen Bildung für das 9. Schuljahr. Praktischer Zweig. Bearb. von Wilhelm BLUME, 1. Aufl. Berlin [u.a.] 1949, S. 129-135; wieder in: Der Mensch in der Berufsarbeit. Ein Lesebuch der humanen Bildung für das Abschlußjahr der Volksschule (9. Schuljahr). Bearb. von Wilhelm BLUME, 2. Aufl. Berlin [u.a.] 1950 und 41.-50. Tsd. Berlin [u.a.] 1951, jeweils S. 133-139; wieder in: Der Mensch in der Berufsarbeit. Ein Lese- und Arbeitsbuch für das Abschlußjahr der Volksschule (9. Schuljahr) zur Förderung der humanen Bildung. Bearb. von Wilhelm BLUME, 3. Aufl. Berlin [u.a.] 1951, S. 139-144.

BLUME, Wilhelm, Die Geschichte der Arbeit in der Schulfarm Insel Scharfenberg bei Berlin-Tegel 1921-33, in: Der Mensch in der Berufsarbeit. Ein Lesebuch der humanen Bildung für das 9. Schuljahr. Praktischer Zweig. Bearb. von Wilhelm BLUME, 1. Aufl. Berlin [u.a.] 1949, S. 30-34; u.d.T. 'Welche Rolle die praktische Arbeit in der Schulfarm Insel Scharfenberg 1921-33 gespielt hat' wieder in: Der Mensch in der Berufsarbeit. Ein Lesebuch der humanen Bildung für das Abschlußjahr der Volksschule (9. Schuljahr). Bearb. von Wilhelm BLUME, 2. Aufl. Berlin [u.a.] 1950 und 41.-50. Tsd. Berlin [u.a.] 1951, jeweils S. 32-37; unter diesem Titel wieder in: Der Mensch in der Berufsarbeit. Ein Lese- und Arbeitsbuch für das Abschlußjahr der Volksschule (9. Schuljahr) zur Förderung der humanen Bildung. Bearb. von Wilhelm BLUME, 3. Aufl. Berlin [u.a.] 1951, S. 37-41.

BLUME, Wilhelm, Goethe. Lebensbild (=Schwalbenbuch, 20), Berlin [u.a.] 1949.

BLUME, Wilhelm, Grundsätzliches zum vorliegenden Lesebuch, in: Der Mensch in der Berufsarbeit. Ein Lesebuch der humanen Bildung für das 9. Schuljahr. Praktischer Zweig. Bearb. von Wilhelm BLUME, 1. Aufl. Berlin [u.a.] 1949, S. 5f.; mit leichten Änderungen wieder in: Der Mensch in der Berufsarbeit. Ein Lesebuch der humanen Bildung für das Abschlußjahr der Volksschule (9. Schuljahr). Bearb. von Wilhelm BLUME, 2. Aufl. Berlin [u.a.] 1950 und 41.-50. Tsd. Berlin [u.a.] 1951, jeweils S. 6f.; mit leichten Änderungen wieder in: Der Mensch in der Berufsarbeit. Ein Lese- und Arbeitsbuch für das Abschlußjahr der Volksschule (9. Schuljahr) zur Förderung der humanen Bildung. Bearb. von Wilhelm BLUME, 3. Aufl. Berlin [u.a.] 1951, S. 5-7.

BLUME, Wilhelm, Monatsbilder aus dem Leben einer berühmten Laborantin [bearb. nach: BISCHOFF, Charitas, Amalie Dietrich. Ein Leben, Berlin 1909], in: Der Mensch in der Berufsarbeit. Ein Lesebuch der humanen Bildung für das 9. Schuljahr. Praktischer Zweig. Bearb. von Wilhelm BLUME, 1. Aufl. Berlin [u.a.] 1949, S. 209-214; wieder in: Der Mensch in der Berufsarbeit. Ein Lesebuch der humanen Bildung für das Abschlußjahr der Volksschule (9. Schuljahr). Bearb. von Wilhelm BLUME, 2. Aufl. Berlin [u.a.] 1950 und 41.-50. Tsd. Berlin [u.a.] 1951, jeweils S. 222-227; wieder in: Der Mensch in der Berufsarbeit. Ein Lese- und Arbeitsbuch für das Abschlußjahr der Volksschule (9. Schuljahr) zur Förderung der humanen Bildung. Bearb. von Wilhelm BLUME, 3. Aufl. Berlin [u.a.] 1951, S. 237-242.

BLUME, Wilhelm, Ein Richtfest 1948, in: Der Mensch in der Berufsarbeit. Ein Lesebuch der humanen Bildung für das 9. Schuljahr. Praktischer Zweig. Bearb. von Wilhelm BLUME, 1. Aufl. Berlin [u.a.] 1949, S. 37-39; wieder in: Der Mensch in der Berufsarbeit. Ein Lesebuch der humanen Bildung für das Abschlußjahr der Volksschule (9. Schuljahr). Bearb. von Wilhelm BLUME, 2. Aufl. Berlin [u.a.] 1950 und 41.-50. Tsd. Berlin [u.a.] 1951, jeweils S. 40-42; wieder in: Der Mensch in der Berufsarbeit. Ein Lese- und Arbeitsbuch für das Abschlußjahr der Volksschule (9. Schuljahr) zur Förderung der humanen Bildung. Bearb. von Wilhelm BLUME, 3. Aufl. Berlin [u.a.] 1951, S. 44-46.

BLUME, Wilhelm, Synchronistische Tabelle, in: Der Mensch in der Berufsarbeit. Ein Lesebuch der humanen Bildung für das 9. Schuljahr. Praktischer Zweig. Bearb. von Wilhelm BLUME, 1. Aufl. Berlin [u.a.] 1949, S. 275-297; wieder in: Der Mensch in der Berufsarbeit. Ein Lesebuch der humanen Bildung für das Abschlußjahr der Volksschule (9. Schuljahr). Bearb. von Wilhelm BLUME, 2. Aufl. Berlin [u.a.] 1950 und 41.-50. Tsd. Berlin [u.a.] 1951, jeweils S. 289-313; wieder in: Der Mensch in der Berufsarbeit. Ein Lese- und Arbeitsbuch für das Abschlußjahr der Volksschule (9. Schuljahr) zur Förderung der humanen Bildung. Bearb. von Wilhelm BLUME, 3. Aufl. Berlin [u.a.] 1951, S. 299-323.

BLUME, Wilhelm, Das Wort des Tischlergesellen [angeregt durch: KELLER, Gottfried, Der Grüne Heinrich], in: Der Mensch in der Berufsarbeit. Ein Lesebuch der humanen Bildung für das 9. Schuljahr. Praktischer Zweig. Bearb. von Wilhelm BLUME, 1. Aufl. Berlin [u.a.] 1949, S. 273; wieder in: Der Mensch in der Berufsarbeit. Ein Lesebuch der humanen Bildung für das Abschlußjahr der Volksschule (9. Schuljahr). Bearb. von Wilhelm BLUME, 2. Aufl. Berlin [u.a.] 1950 und 41.-50. Tsd. Berlin [u.a.] 1951, jeweils S. 288; wieder in: Der Mensch in der Berufsarbeit. Ein Lese- und Arbeitsbuch für das Abschlußjahr der Volksschule (9. Schuljahr) zur Förderung der humanen Bildung. Bearb. von Wilhelm BLUME, 3. Aufl. Berlin [u.a.] 1951, S. 298.

BLUME, Wilhelm, Zur Auslese im Lehrerberuf, in: Wege zu neuer Erziehung. Veröffentlichungen der Pädagogischen Arbeitsstelle Education Service Center Berlin, Jg. 1 (1950), Heft 10, S. 15-21.

BLUME, Wilhelm, Berliner Nachmittagspredigt über einen Dichtertext zu Nutz und Frommen des Neunten Schuljahres, in: Westermanns Pädagogische Beiträge, Jg. 3 (1951), S. 49-54.

BLUME, Wilhelm, Die Textilindustrie in unserer Literatur. Ein berufskundlicher Umblick aus Anlaß von Kasimir Edschmids 60. Geburtstag, in: Die berufsbildende Schule. Zeitschrift des deutschen Verbandes der Lehrerschaft an berufsbildenden Schulen, Jg. 3 (1951), Heft 1, S. 17-22.

BLUME, Wilhelm, Zu den Problemen des 'sozialkundlichen Unterrichts' - in Form einer Besprechung der neuesten Veröffentlichungen auf diesem Gebiete, in: Wege zu neuer Erziehung. Veröffentlichungen der Pädagogischen Arbeitsstelle Education Service Center Berlin, Jg. 2 (1951), Heft 2, S. 41-50.

BLUME, Wilhelm, Zur Einstimmung in das Verständnis des kommenden Berliner Bildungsplans für das sog. 9. Schuljahr, in: Wege zu neuer Erziehung. Veröffentlichungen der Pädagogischen Arbeitsstelle Education Service Center Berlin, Jg. 2 (1951), Heft 1, S. 2-9.

BLUME, Wilhelm, Ein Bericht aus Berlin [zum '9. Schuljahr'], in: Berufspädagogische Zeitschrift, Jg. 1 (1952), S. 102f.

BLUME, Wilhelm[2] / FRÜHBRODT, Gerhard, Zum hessischen Versuch: Ein Brief aus Berlin, in: Die Pädagogische Provinz. Erziehung und Jugendbildung, Jg. 7 (1953), S. 427-431.

BLUME, Wilhelm, Zum Geleit: Keim und Entfaltung, in: EGEL, Paul, 1000 fleißige Hände. Ein Jahr Berufsfindung, Berlin 1954, S. 11-14.

---

[2]   In der Zeitschrift heißt es fälschlicherweise: BLUME, Walter.

BLUME, Wilhelm / FRÜHBRODT, Gerhard, Das dreizehnte Schuljahr. 7 Kapitel zu seiner Problematik und praktischen Gestaltung (=Vergleichende Erziehung. Schriftenreihe der Pädagogischen Arbeitsstelle, 4), Wiesbaden 1955.

BLUME, Wilhelm / SCHEUNEMANN, Walter, Am Scheideweg, in: Der Mensch in der Berufsarbeit. Ein Wegbegleiter in die Welt der Arbeit, in das Kultur- und Gemeinschaftsleben. Zusammengestellt und bearb. von Wilhelm BLUME und Walter SCHEUNEMANN, 4. neugestaltete Aufl. Bad Homburg v.d.H. [u.a.] 1957; 5. Aufl. Berlin [u.a.] 1958; 6. Aufl. ebd. 1960; 7. Aufl. ebd. 1961; jeweils S. 7-23.

BLUME, Wilhelm, An der Wende der Zeiten [bearb. auf Grund des Materials bei: SCHMIDT-WEIßENFELS, Eduard, Zwölf Barbiere. Biographisch-novellistische Bilder, 12. Aufl. Berlin 1882 und bei: ZISCHKA, Anton, Der Kampf um die Weltmacht Baumwolle, Leipzig 1935], in: Der Mensch in der Berufsarbeit. Ein Wegbegleiter in die Welt der Arbeit, in das Kultur- und Gemeinschaftsleben. Zusammengestellt und bearb. von Wilhelm BLUME und Walter SCHEUNEMANN, 4. neugestaltete Aufl. Bad Homburg v.d.H. [u.a.] 1957; 5. Aufl. Berlin [u.a.] 1958; 6. Aufl. ebd. 1960; 7. Aufl. ebd. 1961; jeweils S. 142-151.

BLUME, Wilhelm, Die Hand - unser erstes und bestes Werkzeug [unter Verwendung von Anregungen in: HILS, Karl, Werken für alle. Von den Wurzeln der menschlichen Werkkraft, Ravensburg 1953], in: Der Mensch in der Berufsarbeit. Ein Wegbegleiter in die Welt der Arbeit, in das Kultur- und Gemeinschaftsleben. Zusammengestellt und bearb. von Wilhelm BLUME und Walter SCHEUNEMANN, 4. neugestaltete Aufl. Bad Homburg v.d.H. [u.a.] 1957; 5. Aufl. Berlin [u.a.] 1958; 6. Aufl. ebd. 1960; 7. Aufl. ebd. 1961; jeweils S. 55-57.

BLUME, Wilhelm, Die Nobelpreisträgerin Jane Addams. Eine führende Frau auf dem Feld der pflegerischen Berufe (1860-1935) [bearb. nach: ROTTEN, Elisabeth, Jane Addams. 1860-1935, Saanen 1936], in: Der Mensch in der Berufsarbeit. Ein Wegbegleiter in die Welt der Arbeit, in das Kultur- und Gemeinschaftsleben. Zusammengestellt und bearb. von Wilhelm BLUME und Walter SCHEUNEMANN, 4. neugestaltete Aufl. Bad Homburg v.d.H. [u.a.] 1957; 5. Aufl. Berlin [u.a.] 1958; 6. Aufl. ebd. 1960; 7. Aufl. ebd. 1961; jeweils S. 120-125.

BLUME, Wilhelm, Rohstoffe werden Schrittmacher zur Einheit, in: Der Mensch in der Berufsarbeit. Ein Wegbegleiter in die Welt der Arbeit, in das Kultur- und Gemeinschaftsleben. Zusammengestellt und bearb. von Wilhelm BLUME und Walter SCHEUNEMANN, 4. neugestaltete Aufl. Bad Homburg v.d.H. [u.a.] 1957; 5. Aufl. Berlin [u.a.] 1958; 6. Aufl. ebd. 1960; 7. Aufl. ebd. 1961; jeweils S. 52-54.

BLUME, Wilhelm, Rund um die Werkzeugmaschine [bearb. nach Materialien in: LÜBKE, Anton, Das Zauberreich der Maschinen, Stuttgart 1943], in: Der Mensch in der Berufsarbeit. Ein Wegbegleiter in die Welt der Arbeit, in das Kultur- und Gemeinschaftsleben. Zusammengestellt und bearb. von Wilhelm BLUME und Walter SCHEUNEMANN, 4. neugestaltete Aufl. Bad Homburg v.d.H. [u.a.] 1957; 5. Aufl. Berlin [u.a.] 1958; 6. Aufl. ebd. 1960; 7. Aufl. ebd. 1961; jeweils S. 73-76.

BLUME, Wilhelm, Von der Zukunft des Verkehrs - ein Dichterstreit [Zusammenstellung], in: Der Mensch in der Berufsarbeit. Ein Wegbegleiter in die Welt der Arbeit, in das Kultur- und Gemeinschaftsleben. Zusammengestellt und bearb. von Wilhelm BLUME und Walter SCHEUNEMANN, 4. neugestaltete Aufl. Bad Homburg v.d.H. [u.a.] 1957; 5. Aufl. Berlin [u.a.] 1958; 6. Aufl. ebd. 1960; 7. Aufl. ebd. 1961; jeweils S. 150f.

BLUME, Wilhelm / SCHEUNEMANN, Walter, Vorwort für alle Mädchen und Jungen in den Abschlußklassen, in: Der Mensch in der Berufsarbeit. Ein Wegbegleiter in die Welt der Arbeit, in das Kultur- und Gemeinschaftsleben. Zusammengestellt und bearb. von Wilhelm BLUME und Walter SCHEUNEMANN, 4. neugestaltete Aufl. Bad Homburg v.d.H. [u.a.] 1957; 5. Aufl. Berlin [u.a.] 1958; 6. Aufl. ebd. 1960; 7. Aufl. ebd. 1961; jeweils S. 3.

BLUME, Wilhelm, Wir sehen den Bauern beim Dreschen im Wandel der Zeiten zu, in: Der Mensch in der Berufsarbeit. Ein Wegbegleiter in die Welt der Arbeit, in das Kultur- und Gemeinschaftsleben. Zusammengestellt und bearb. von Wilhelm BLUME und Walter SCHEU-

NEMANN, 4. neugestaltete Aufl. Bad Homburg v.d.H. [u.a.] 1957; 5. Aufl. Berlin [u.a.] 1958; 6. Aufl. ebd. 1960; 7. Aufl. ebd. 1961; jeweils S. 159-162.

BLUME, Wilhelm, 12 Thesen [zum Thema Schullandheim]. Nebst einem nötigen Vorbericht zur Entschuldigung, in: Pempelforte. Zeitschrift des Humboldt-Gymnasiums Düsseldorf und des Vereins ehemaliger Hindenburg-Schüler, Dezember 1958, S. 3-6.

BLUME, Wilhelm, Erinnerungen an das Bollehaus auf der Insel Scharfenberg (=Vorträge und Aufsätze, 8), Berlin 1959; um die Einleitung (S. 2) gekürzt wieder in: Die Schulfarm auf der Insel Scharfenberg. Beiträge zu ihrer Geschichte anläßlich der 125-Jahr-Feier des Ortsteils Konradshöhe (=Neue Scharfenberg-Hefte, 14), Berlin 1990, S. 3-38; zuerst (mit kürzerem Beginn) als: BLUME, Wilhelm, Erinnerungen an das Bollehaus in: Der Nord-Berliner. Amtliches Organ des Bezirksamtes Reinickendorf vom 12.06., 26.06., 03.07., 10.07., 17.07., 24.07., 31.07., 07.08., 14.08., 21.08., 28.08., 04.09.1959.

BLUME, Wilhelm, Zum 80. Geburtstag von Elisabeth Rotten - Ein Gedenkblatt von Freundeshand, in: Bildung und Erziehung, Jg. 15 (1962), S. 65-77.

BLUME, Wilhelm, Rektor Walter Scheunemann. Ein Gedenkblatt von Freundeshand, in: Festschrift Ernst Reuter Schule. 1953-1963 (=ERS-Echo. Schülerzeitung der Ernst-Reuter-Schule, Nr. 15), Berlin 1963, S. 12-17.

BLUME, Wilhelm, In memoriam Max Klesse, in: KLESSE, Max, Vom alten zum neuen Israel. Ein Beitrag zur Genese der Judenfrage und des Antisemitismus, Frankfurt 1965, S. 5f.

Wilhelm Blume zum 70. Geburtstag (=Die Fähre. Eine Zeitung der Schulfarm Insel Scharfenberg, Heft 1/1954), Berlin 1954.

Blume, Wilhelm, in: Who's who in Germany. 1. Edition, ed. Horst G. KLIEMANN und Stephen S. TAYLOR, München 1956, S. 112f.

Blume, Wilhelm, in: Who's who in Germany. 2. Edition, ed. Horst G. KLIEMANN und Stephen S. TAYLOR, München 1960, S. 132.

Blume, Wilhelm, in: Who's who in Europe. Dictionnaire biographique des personalités européennes contemporaines par Edward A. de MAEYER, Edition 1: 1964-1965, Bruxelles 1964, S. 274.

Blume, Wilhelm, in: Who's who in Europe. Dictionnaire biographique des personalités européennes contemporaines par Edward A. de MAEYER, Edition 2: 1966-1967, Bruxelles 1966, S. 279.

Wilhelm Blume zum 100. Geburtstag (=Neue Scharfenberg-Hefte, 6), Berlin 1984.

BÖKENKAMP, Gérard, Rede [gehalten auf der Schulfeier '75 Jahre Schulfarm Insel Scharfenberg' am 6. Juni 1997], in: Profil. Zeitschrift für die Schulfarm Insel Scharfenberg, Berlin, Jg. 2, Nr. 9: November 1997, S. 12f.

BOLLE, Carl August, Briefe vom Tegeler See, in: Der Deutsche Garten, Jg. 1 (1878), S. 516-519 und S. 533-535.

BOLLE, Carl August, Stimmen vom Tegeler See. I: Bunte Sommervögel; II. Die Mandelkrähe; III. Der Eisvogel; IV., Die Turteltaube; V. Der Seidenschwanz; VI. Die Weindrossel, in: Ornithologisches Centralblatt, Jg. 3 (1878), S. 89f.

BOLLE, Carl August, Stimmen vom Tegeler See. VII. Im Bienenton summt [...]; VIII. Zu schau'n Dasselbe [...]; IX. Die Nachtschwalbe; X. Die Girlitze; XI. Die Möven; XII. Kraniche, als Vorboten einer Ehre, in: Ornithologisches Centralblatt, Jg. 3 (1878), S. 113f.

BOLLE, Carl August, Stimmen vom Tegeler See. XIII. Der Kukuk; XIV. Der Grünspecht; XV. Das Blaukehlchen; XVI. Der Dickfuß; XVII. Die Haidelerche; XVIII. Die Wachtel, in: Ornithologisches Centralblatt, Jg. 4 (1879), S. 57f.

BOLLE, Carl August, Stimmen vom Tegeler See. XIX. Die Schneedohle; XX. Der Kiebitz; XXI. Der Star; XXII. Die weiße Bachstelze; XXIII. Die Spechtmeise; XXIV. Der Baumläufer, in: Ornithologisches Centralblatt, Jg. 4 (1879), S. 89f.

BOLLE, Carl August, Über die auf Scharfenberg ausgesetzten Schopfwachteln, in: Deutsche Acclimatisation, Jg. 1 (1879), S. 10-12.

BOLLE, Carl August, Sonst und jetzt am Tegeler See, in: Ornithologisches Centralblatt, Jg. 5 (1880), S. 25.

BOLLE, Carl August, Bericht über die Wanderfahrt nach dem Tegeler See und der Insel Scharfenberg am 17. August 1892, in: Brandenburgia, Jg. 1 (1892/93), S. 94-102.

BOLLE, Carl August, Der Scharfe Berg [Gedichte (1878 und 1892)], in: Brandenburgia, Jg. 1 (1892/93), S. 102f.

BREUHAUS DE GROOT, Fritz August, Neue Bauten und Räume, Berlin-Charlottenburg 1941.

BRINKSCHULTE, Eva / MEYER, Ulrich / SANDER, Andreas, Immer in Reih und Glied? Leben in HJ und BDM. Joachim Stein. Jugend im Dritten Reich. Bericht eines ehemaligen Hitlerjungen, in: Vom Lagerfeuer zur Musikbox. Jugendkulturen 1900-1960, hrsg. von der Berliner Geschichtswerkstatt e.V., Berlin 1985, S. 79-104.

BROKERHOFF, Karl Heinz, Insel der Sammlung. Eine Anmerkung zum Unterricht im Landheim, in: Die Pempelforte. Zeitschrift des Humboldt-Gymnasiums Düsseldorf und des Vereins ehemaliger Hindenburg-Schüler, Dezember 1958, S. 10f.

BROKERHOFF, Karl Heinz, Cityschule. Gymnasium und technische Welt, Hannover [u.a.] 1964.

BROKERHOFF, Karl Heinz, Landheim-Studienwochen: Die Juden und der Staat Israel. Anschauung und Begriff, in: Der Gymnasial-Unterricht. Beiträge zur Gymnasialpädagogik, Reihe IV, Heft 3: Außerunterrichtliche Arbeitsweisen, Stuttgart 1967, S. 66-73.

BROKERHOFF, Karl Heinz, Auch Freundschaft braucht einen Ort. Warum Lehrer ein Schullandheim brauchen, in: Haus Pempelfort. Das Experimentierfeld des Humboldt-Gymnasiums Düsseldorf, Düsseldorf 1969, S. 29f.

BROSZAT, Sara / VOLMERHAUS, Claudia, Privatisierung - wollen wir das?, in: Profil. Zeitschrift für die Schulfarm Insel Scharfenberg, Jg. 2, Nr. 2: März 1996, S. 8f.

BUSCHE, Willy, Die Insel Scharfenberg, in: Landesgeschichtliche Vereinigung für die Mark Brandenburg. Mitteilungsblatt Nr. 42, Berlin 1963, S. 303f.

BUSCHKE, Meine Eindrücke von der Oktoberschulgemeinde [14.10.1923]. (Ein Elternbrief an den Leiter [der Schulfarm Insel Scharfenberg]), in: Aus dem Leben der Schulfarm Insel Scharfenberg. Bilder, Dokumente, Selbstzeugnisse von Eltern, Lehrern, Schülern, red. von Wilhelm BLUME, in: Das Werdende Zeitalter. Eine Monatsschrift für Erneuerung der Erziehung, Jg. 7 (1928), S. 391.

Chancen für Reformpädagogen, in: Chronik Berlin. Mit einem Essay von Heinrich ALBERTZ, 3., akt. Aufl. Gütersloh [u.a.] 1997, S. 330.

CHIOUT, Herbert, Schulversuche in der Bundesrepublik Deutschland. Neue Wege und Inhalte der Volksschule, hrsg. von der Hochschule für internationale Pädagogische Forschung in Frankfurt a.M., Dortmund 1955.

Chronik von Scharfenberg, in: Steige hoch, du roter Adler. Katalog zur Ausstellung im Heimatmuseum Reinickendorf aus Anlaß der 750-Jahr-Feier Berlins vom 08.05. - 30.11.1987, hrsg. vom Bezirk Reinickendorf, Abt. Volksbildung. Heimatmuseum, Berlin 1987, o.S.

Chronologisches Verzeichnis der Zöglinge des Herzoglichen Lehrer-Seminars zu Wolfenbüttel von der Gründung derselben im Jahre 1753 an bis auf die Gegenwart. Eine Festgabe zur Einweihung des neuen Seminargebäudes am 9. Oktober 1879 und mit den Ergänzungen bis 1903 eine Festgabe zum 150jährigen Bestehen des Seminars, Wolfenbüttel 1903.

CLAUSEN, Walther, Insel Scharfenberg im Tegeler See als Schulfarm. 'Neuzeitliche Erziehungsstätte im Wald, am See'. Bearb. für die II. Fachprüfung an der Gärtnerlehranstalt Oranienburg, Berlin 1929.

COHEN, Robert, Bio-Bibliographisches Handbuch zu Peter Weiss' 'Ästhetik des Widerstands', Hamburg 1989.

COHN, Carl, Geschichte des Berliner Humboldt-Gymnasiums in den Jahren 1875-1925, Berlin 1925.

COHN, Carl, Noch einmal die Schulfarm, in: Die Neue Erziehung. Monatsschrift für entschiedene Schulreform und freiheitliche Schulreform, Jg. 10 (1928), S. 30-36.

COPPI, Hans, '... und die Saat ging auf', in: DDR-Revue. Jg. 20 (1975), Heft 6, S. 38-40.

COPPI, Hans, Hans Coppi (25.1.1916-22.12.1942), in: Lexikon des Widerstandes 1933-1945, hrsg. von Peter STEINBACH und Johannes TUCHEL, München 1994, S. 38.

CORTI, Walter Robert, "Und so fortan". Zu Elisabeth Rottens 80. Geburtstag, in: Elisabeth Rotten [zum 80. Geburtstag am 15.02.1962, hrsg. vom Internationalen Arbeitskreis Sonnenberg], Braunschweig o.J. [1962], S. 1-9.

CZECH, Horst, Soldatische Haltung, in: Der Fährkahn. Blatt der Scharfenberger, 6. Folge: Juli 1936, S. 3f.

DALLMANN, Gerhard, Schulreform in Berlin - früher und heute. Einige persönliche Bemerkungen, in: Mut zur Reformpädagogik, hrsg. von Klaus MEIßNER (=Edition Diesterweg Hochschule, 6), Berlin 1996, S. 89-98.

DANYEL, Jürgen, Zwischen Nation und Sozialismus: Genese, Selbstverständnis und ordnungspolitische Vorstellungen der Widerstandsgruppe um Arvid Harnack und Harro Schulze-Boysen, in: Widerstand gegen den Nationalsozialismus, hrsg. von Peter STEINBACH und Johannes TUCHEL (=Schriftenreihe der Bundeszentrale für Politische Bildung, 323), Bonn 1994, S. 468-487.

DEPAEPE, Marc / SIMON, Frank, Is there any Place for the History of 'Education' in the 'History of Education'? A Plea for the History of Everyday Educational Reality in- and outside Schools, in: Towards a History of Everyday Educational Reality, ed. by Marc DEPAEPE, Max LIEDTKE und Frank SIMON (=Paedagogica Historica. International Journal of the History of Education, Jg. 31, Heft 1), Gent 1995, S. 9-16.

DEUTSCH, Regine, Die Schulfarm Insel Scharfenberg. Ein Bericht, in: Gesunde Jugend. Zeitschrift für die geistige und körperliche Ertüchtigung der Jugend durch Erholungsfürsorge, Kinderaustausch, Landaufenthalt, Kinder- und Jugendheime, Ferienkolonien, Jg. 3 (1931), [Nr. 8], S. 184f.

Deutsche Schullandheime, hrsg. von Heinrich SAHRHAGE, Bremen [u.a.] 1953.

DIEKMANN, Friedel, Nachlese zur Goetheliteratur dieses Jahres, in: Westermanns Pädagogische Beiträge. Eine Zeitschrift für die Volksschule, Jg. 1 (1949), S. 559-562.

DIETRICH, Theo, Lebensgemeinschaftsschulen, in: Lexikon der Pädagogik. Neue Ausg., Bd. 3, Freiburg [u.a.] 1971, S. 39f.

DIETZE, Horst / MEYERSEN, Arnold, The Educational Department of the Borough of Reinickendorf (=Reinickendorfer Rathausgespräche, 11), Berlin 1968.

DITTMER, Frank, Freilufttheater. Dramatisches ohne Dach im 20. Jahrhundert. Dargestellt an Berliner Beispielen, Berlin, Univ., Diss. (masch.), 1991.

DOBLIES, Werner, Die Imkerei auf Scharfenberg, in: Festschrift zum 75-jährigen Bestehen der Schulfarm Scharfenberg 1997, [hrsg. von der Schulleitung der Schulfarm Insel Scharfenberg], Berlin 1997, S. 73f.

DOBLIES, Werner, Schach, in: Festschrift zum 75-jährigen Bestehen der Schulfarm Scharfenberg 1997, [hrsg. von der Schulleitung der Schulfarm Insel Scharfenberg], Berlin 1997, S. 83.

DÖRING, Gebhard, Explosionsstudien an Ammoniak-Luft- und Ammoniak-Sauerstoff-Gemischen (unter Berücksichtigung höherer Anfangsdrucke), Berlin, Univ., Diss., 1931.

DORNBERGER, Manja / CHALUPECKY, Jan, Gips auf Scharfenberg, in: E:Werk. Werkstattjournal der zentralen Künstlerischen Werkstätten 1992, hrsg. von der Senatsverwaltung für Schule, Berufsbildung und Sport in Zusammenarbeit mit dem Bezirksamt Reinickendorf, Berlin 1992, S. 4.

30 Jahre nach dem Scharfenberger Abitur (=Neue Scharfenberg-Hefte, 8), Berlin 1984.

DUDEK, Peter, Gesamtdeutsche Pädagogik im Schwelmer Kreis. Geschichte und politisch-pädagogische Programmatik 1952-1974 (=Veröffentlichungen der Max-Traeger-Stiftung, 20), Weinheim [u.a.] 1993.

DÜMMLER, Harald [u.a.], Geologie und Böden der Insel Scharfenberg, in: Sitzungsberichte der Gesellschaft Naturforschender Freunde zu Berlin, N.F. Bd. 16 (1976), S. 63-88.

L'Ecole-Ferme de l'ile de Scharfenberg près de Berlin. Résumé d'une étude du Recteur Blume, in: Pour L'Ere Nouvelle. Revue Internationale D'Education Nouvelle, red. Adolphe Ferrière, Jg. 10 (1931), S. 11-14 und S. 40-43.

EHRENTREICH, Alfred, Der Gang der deutschen Schulreform. Bibliographisches, in: Die Tat. Monatsschrift für die Zukunft deutscher Kultur, Jg. 17 (1925/26), Bd. 1: April/September 1925, S. 393-396.

EHRENTREICH, Alfred, Pädagogische Odysee. Im Wandel der Erziehungsformen, Weinheim [u.a.] 1967.

EHRENTREICH, Alfred, 50 Jahre erlebte Schulreform - Erfahrungen eines Berliner Pädagogen, hrsg. und mit einer Einleitung von Wolfgang KEIM (=Studien zur Bildungsreform, 11), Frankfurt [u.a.] 1985.

EIßMANN, Frank, Vom Naturkunde-Unterricht zur Umweltbildung?, in: Festschrift zum 75-jährigen Bestehen der Schulfarm Scharfenberg 1997, [hrsg. von der Schulleitung der Schulfarm Insel Scharfenberg], Berlin 1997, S. 66-70.

ELLWEIN, Thomas, Pflegt die Schule Bürgerbewußtsein? Ein Bericht über die staatsbürgerliche Erziehung in den höheren Schulen der Bundesrepublik, München 1955.

ELZER, Hans-Michael, Begriffe und Personen aus der Geschichte der Pädagogik, hrsg. von Franz Joachim ECKERT und Klaus LOTZ, Frankfurt [u.a.] 1985.

ENGEL, Helmut, Die Architektur der Weimarer Zeit in Berlin, in: Berlin-Forschungen, hrsg. von Wolfgang RIBBE, Bd. 5 (=Einzelveröffentlichungen der Historischen Kommission zu Berlin, 71; =Publikationen der Sektion für Geschichte Berlins, 7), Berlin 1990, S. 175-218.

Entwicklung der äußeren Gestalt Scharfenbergs, in: Der Fährkahn. Blatt der Scharfenberger, 7. Folge: Mai 1937, S. 6-9.

Entwicklungen und Versuche in der Berliner Schule, hrsg. vom [Berliner] Senator für Schulwesen, Berlin o.J. [ca. 1964].

Erinnerungen Reinickendorfer Sozialdemokraten. 1933-1945. Jahre der Unmenschlichkeit, hrsg. von Karl RICHTER, Berlin 1987.

Erlaß des preußischen Ministeriums für Wissenschaft, Kunst und Volksbildung, in Vertretung gez. Carl Heinrich Becker, betr. Schulfarm Insel Scharfenberg an das Provinzialschulkollegium in Berlin-Lichterfelde vom 10.09.1923 [Berlin, GStA PK: Rep. 76 VI, Sekt. 14 z, Nr. 48 II, Bl. 267r; Abschrift von Blume u.a. in: Berlin, LA, SIS: CH, III, S. 85], hrsg. von Dietmar HAUBFLEISCH, Marburg 1999:
http://archiv.ub.uni-marburg.de/sonst/1999/0001/q14.html

ERMISCH, Eberhard-Günther / WEBER, Klaus Konrad, Richard Ermisch. Porträt eines Baumeisters. Querschnitt einer Zeit, Berlin [u.a.] 1971.

Die Ernte [Schülerzeitung der Schulfarm Insel Scharfenberg],
Nr. 1 [September] 1927 ('Erntefest 1927');
Nr. 2 [Herbst] 1927;
Nr. 3 [Herbst] 1927;
Nr. 4 [Herbst] 1927;
Nr. 5 [Weihnachten] 1927 ('Weihnachtsnummer');
Nr. 6 [Ostern] 1928 ('Dürernummer');
Nr. 7 [?] 1928 ('Tiernummer');
Nr. 8 [September] 1928 ('Erntefest 1928');
Nr. 9 [ca. März] 1929 ('Sunderhofnummer');
Nr. [10?] [September] 1929 ('Erntefest 1929').

Die Erzieher Groß-Berlins 1935. Verzeichnis der Lehrkräfte, Lehranstalten, Schulbehörden und Parteidienststellen, 1. Aufl. Berlin 1935.

Die Erzieher Berlins 1938. Verzeichnis der Lehrkräfte, Lehranstalten, Schulbehörden und NSLB-Dienststellen, 2. Aufl. Berlin 1938.

FADRUS, Viktor, Die vierte internationale Konferenz für Erneuerung der Erziehung in Locarno, in: Schulreform, Jg. 6 (1927), S. 412-422, S. 499-512, S. 553-560 und S. 609-627.

FADRUS, Viktor, Zehn Jahre Schulreform und Schulpolitik in Österreich, in: Zehn Jahre Schulreform in Österreich. Eine Festgabe. Otto Glöckel, dem Vorkämpfer der Schulerneuerung, gewidmet von seinen Mitarbeitern, Wien 1929, S. 9-59; wieder in: Schulreform, Jg. 8 (1929), S. 193-243; um das letzte Kapitel gekürzt wieder in: FADRUS, Viktor, Beiträge zur Neugestaltung des Bildungswesens. Zu seinem 70. Geburtstag, hrsg. von seinen Freunden und Schülern, Wien 1956, S. 66-94.

Der Fährkahn. Blatt der Scharfenberger, Berlin, 1. Folge: September 1935 bis 11. Folge: Mai 1941.

FECHNER, Helmuth, Dr. Meinshausen. Stadtschulrat von Berlin, Berlin 1934.

FEDKE, Hubertus / RADDE, Gerd, Zeittafel zur Berliner Schulgeschichte 1945-1991, in: Reform und Realität in der Berliner Schule. Beiträge zu 25 Dienstjahren des Landesschulrats Herbert Bath, hrsg. von Hubertus FEDKE und Gerd RADDE, Braunschweig 1991, S. 166-178.

FEDKE, Hubertus, Kleine Zeittafel zur Berliner Schulgeschichte von den Anfängen bis zur Gegenwart, in: Berlin, hrsg. von Christian ERNST und Christine LOST (=Schullandschaft Deutschland, 1), Baltmannsweiler 1997, S. 288-295.

FEIDEL-MERTZ, Hildegard, Sisyphos im Exil - Die verdrängte Pädagogik 1933-1945, in: Pädagogen und Pädagogik im Nationalsozialismus - Ein unerledigtes Problem der Erziehungswissenschaft, hrsg. von Wolfgang KEIM (=Studien zum Bildungswesen, 16), Frankfurt [u.a.] 1988, S. 161-178.

FEIDEL-MERTZ, Hildegard, Pädagogik im Exil nach 1933. Erziehung zum Überleben. Bilder und Texte einer Ausstellung, Frankfurt 1990.

FEHLOW, Daniel, Meine Insel, in: Festschrift zum 75-jährigen Bestehen der Schulfarm Scharfenberg 1997, [hrsg. von der Schulleitung der Schulfarm Insel Scharfenberg], Berlin 1997, S. 91.

FEITEN, Willi, Der Nationalsozialistische Lehrerbund. Entwicklung und Organisation. Ein Beitrag zum Aufbau und zur Organisationsstruktur des nationalsozialistischen Herrschaftssystems (=Studien und Dokumentationen zur deutschen Bildungsgeschichte, 19), Weinheim [u.a.] 1981.

FERRI`ERE, Adolphe, Die Freiluftschulen in Deutschland, Österreich und der deutschen Schweiz (Übers. und mit einem Nachtrag vers. von Karl TRIEBOLD), in: Die neue deutsche Schule, Jg. 3 (1929), S. 711-720.

FERRI`ERE, Adolphe, Préface, in: PAULSEN, Wilhelm, L'Ecole Solidariste. Traduction et Préface de Adolphe FERRI`ERE, Bruxelles 1931, S. 7-24.

Festschrift zum 75-jährigen Bestehen der Schulfarm Scharfenberg 1997, [hrsg. von der Schulleitung der Schulfarm Insel Scharfenberg], Berlin 1997.

Festschrift zur Fünfzigjahrfeier der Humboldtschule in Berlin-Tegel, hrsg. vom Lehrerkollegium der Humboldtschule und der 'Vereinigung ehemaliger Humboldtschüler' zu Berlin-Tegel e.V., Berlin 1953.

FIEBIG, Werner, Das 'Livre d'Enanchet', nach der einzigen Handschrift [Nr.] 2585 der Wiener Nationalbibliothek herausgegeben, Berlin, Univ., Diss., 1938.

FIEDLER, Jürgen, Ein offener Brief [vom 20.03.1982], in: 60 Jahre Schulfarm Insel Scharfenberg 1922-1982. Jubiläums-Festschrift anläßlich des 60-jährigen Bestehens der Schulfarm Insel Scharfenberg (=Sonderheft der Fähre), Berlin 1982, S. 143f.

FISCHER, Helmuth, Dunkle Zeit - freudiger Beginn, in: Die Fähre. Zeitung der Schulfarm Insel Scharfenberg, Berlin, Ausg. Juni 1959, o.S.

FISCHER, Helmuth, Rede an junge Humboldtianer (=Reinickendorfer Rathausvorträge, 10), Berlin 1968; Auszug (S. 5f.) in: Humboldtschule Tegel. 1903-1978, hrsg. von der Humboldt-Oberschule Tegel, Berlin 1978, S. 9.

FLETCHER, Arthur William, Education in Germany, Cambridge 1934.

FREDRICH, Günter, Hellmut Kahl, in: Humboldtschule Tegel 1903-1978, hrsg. von der Humboldt-Oberschule Tegel, Berlin 1978, S. 42f.

FREESE, Brunhild, Eine Jungenrepublik im See, in: Neues Leben. Zeitschrift der FDJ, 1947, August-Heft, S. 38f.

FREUD, W. Ernest, Persönliche Erinnerungen an den Anschluß 1938, in: Sigmund Freud House Bulletin, Vol. 12/No. 2: Winter 1988, S. 13-18.

Die Freiluftschule, in: Der freie Lehrer. Organ der Arbeitsgemeinschaft sozialdemokratischer Lehrer und Lehrerinnen Deutschlands, Jg. 3 (1921), [Nr. 29 vom September 1921], S. 79f.

FREY, Rudolf, Die Abgastemperaturen von Drehrohöfen. Ihre Vorausberechnung und die Vorausbestimmung von Brennstoffverbrauch und Wirkungsgraden, Berlin, Techn. Hochsch., Diss., 1933.

FRITZ, Arnold, Aus dem Tagebuch eines Hiergebliebenen [Gedicht anläßlich des Besuches eines Thomas Mann-Abends in Berlin durch eine Gruppe von Scharfenbergern am 16.10.1925], hschr. in: ASIS: CH, V, S. 243; abgedr. in: Wilhelm Blume zum 70. Geburtstag (=Die Fähre. Eine Zeitung der Schulfarm Insel Scharfenberg), Berlin 1954, o.S.

FRITZ, Arnold, Erinnerungen an Westerlinde und mein Elternhaus in Berlin, in: Briefe an Tetzel. Rudolf Kassners Briefe an seinen Jugendfreund Gottlieb Fritz aus den Jahren 1896 bis 1916 [mit Erläuterungen, Beilagen und Nachwort], hrsg. von Ernst ZINN und Klaus E. BOHNENKAMP, Pfullingen 1979, S. 273-278.

FRÜHBRODT, Gerhard, Einiges aus der Blume-Zeit der Humboldtschule, in: 80 Jahre Humboldtschule Tegel. 1903-1983 (=Humboldtheft, 6), Berlin 1983, S. 83-89.

FUCHS, Manfred, Probleme des Wirtschaftsstils von Lebensgemeinschaften. Erörtert am Beispiel der Wirtschaftsunternehmen der deutschen Jugendbewegung (=Schriften des Seminars für Genossenschaftswesen an der Universität zu Köln, 3), Göttingen 1957.

FÜHR, Christoph, Schulversuche in der Bundesrepublik Deutschland, in: Schulversuche in der Bundesrepublik Deutschland und im Ausland (=Studien zum europäischen Schul- und Bildungswesens, 2), Weinheim [u.a.] 1967.

25 Jahre Vereinigung der Freunde der Humboldt-Oberschule Tegel e.V. 1949-1974 (=Humboldt-Heft, 5), Berlin 1974.

50 Jahre Schulfarm Insel Scharfenberg, hrsg. aus Anlaß des 50jährigen Bestehens der Schulfarm Insel Scharfenberg, (masch.), Berlin 1972.

65. Geburtstag des deutschen antifaschistischen Widerstandskämpfers Hans Coppi - geb. am 25.1.1916 in Berlin, gest. (hingerichtet) am 22.12.1942 in Berlin-Plötzensee, in: Bibliographische Kalenderblätter der Berliner Stadtbibliothek, 23. 1981, 1, S. 10-15.

FÜSSL, Karl-Heinz / KUBINA, Christian, Der Erziehungsbeirat beim Senat von Berlin (1953-1968) (=Materialien und Studien zur Geschichte der Berliner Schule nach 1945, 1), Berlin 1979.

FÜSSL, Karl-Heinz / KUBINA, Christian, Berliner Schule zwischen Restauration und Innovation. Zielkonflikte um das Berliner Schulwesen 1951-1968 (=Studien zur Bildungsreform, 9), Frankfurt [u.a.] 1983.

FÜSSL, Karl-Heinz / KUBINA, Christian, Probleme der Schulreform nach 1945: Der 'Sonderfall' Berlin, in: Die Deutsche Schule, Jg. 76 (1984), S. 295-309.

FÜSSL, Karl-Heinz, Die Umerziehung der Deutschen. Jugend und Schule unter den Siegermächten des Zweiten Weltkriegs 1945-1955, Paderborn [u.a.] 1994.

GAWRONSKI, Erich, Bismarcks Formen des außenpolitischen Handelns bis zur Reichsgründung, Kiel, Univ., Diss., 1931.

Gedenkstätten für die Opfer des Nationalsozialismus. Eine Dokumentation. Text und Zusammenstellung: Ulrike PUVOGEL (=Schriftenreihe der Bundeszentrale für politische Bildung, 245), Bonn 1987.

Das Geheimnis der Roten Kapelle. Das US-Dokument 0/7708. Verrat und Verräter gegen Deutschland, hrsg. von Gert SUDHOLT, 2. Aufl. Leoni 1979.

GEIßLER, Gert, Schulämter und Schulreformer in Berlin nach Kriegsende 1945, in: Reformpädagogik in Berlin - Tradition und Wiederentdeckung. Für Gerd Radde, hrsg. von Wolfgang KEIM und Norbert H. WEBER (=Studien zur Bildungsreform, 30), Frankfurt [u.a.] 1998, S. 137-168.

GEIßLER, Gert, Geschichte des Schulwesens in der Sowjetischen Besatzungszone und in der Deutschen Demokratischen Republik 1945 bis 1962, Frankfurt [u.a.] 2000.

Geleitworte, in: Der Fährkahn. Blatt der Scharfenberger, 6. Folge: Juli 1936, S. 2.

GEORGE, Bruno, Die Schülerzeitung in Scharfenberg, in: Aus dem Leben der Schulfarm Insel Scharfenberg. Bilder, Dokumente, Selbstzeugnisse von Eltern, Lehrern, Schülern, red. von Wilhelm BLUME, in: Das Werdende Zeitalter. Eine Monatsschrift für Erneuerung der Erziehung, Jg. 7 (1928), S. 329-404, hier S. 381-383.

GIETZ, Martin, Kunsterziehung auf Scharfenberg, in: Festschrift zum 75-jährigen Bestehen der Schulfarm Scharfenberg 1997, [hrsg. von der Schulleitung der Schulfarm Insel Scharfenberg], Berlin 1997, S. 48-51.

GIETZ, Martin, Inspirationen. Das künstlerische Werk 1971 bis 1999, Berlin 1999.

Martin Gietz. Reisebilder 1984-1988, hrsg. vom Bezirksamt Reinickendorf von Berlin, Abteilung Volksbildung, Kunstamt, Berlin 1988.

GILLE, Hans, [Rezension von] Das Berliner Schulwesen [, hrsg. von Jens Nydahl. Bearb. unter Mitwirkung Berliner Schulmänner von Erwin KALISCHER, Berlin 1928], in: Deutsches Philologen-Blatt, Jg. 37 (1929), S. 247-249.

GLASENAPP, Paul, Entwicklung und Bedeutung unserer Landwirtschaft auf Grund der Aufzeichnungen in den Landwirtschaftsbüchern, in: Aus dem Leben der Schulfarm Insel Scharfenberg. Bilder, Dokumente, Selbstzeugnisse von Eltern, Lehrern, Schülern, red. von Wilhelm BLUME, in: Das Werdende Zeitalter. Eine Monatsschrift für Erneuerung der Erziehung, Jg. 7 (1928), S. 329-404, hier S. 340-342; wieder abgedr. in: 60 Jahre Schulfarm Insel Scharfenberg

1922-1982. Jubiläums-Festschrift anläßlich des 60-jährigen Bestehens der Schulfarm Insel Scharfenberg (=Sonderheft der Fähre), Berlin 1982, S. 20-22.

GOEPEL, Bernhard, Ein Beitrag zu den arteriellen Peripheren Durchblutungsstörungen nach Trauma ohne Kontinuitätstrennung der Gefäßwand, Berlin, Freie Univ., Diss., 1959.

Goethe-Brevier. Ausgew. von Wilhelm BLUME und Gerhard FRÜHBRODT (=Schwalbenbuch, 19), Berlin [u.a.] 1949.

GOLDBERG, Bettina, Schulgeschichte als Gesellschaftsgeschichte. Die höheren Schulen im Berliner Vorort Hermsdorf (1893-1945) (=Stätten der Geschichte Berlins, 99), Berlin 1994.

GOLDSCHMIDT, Dietrich, Wilhelm Richter zum 75. Geburtstag, in: Neue Sammlung, Jg. 17 (1977), S. 107-110.

GOLDSCHMIDT, Dietrich, Ansprache [zum Tode von Wilhelm Richter, 23. Juli 1978], in: Wilhelm Richter - 15.Dezember 1901 - 22. Juli 1978, Berlin 1978, S. 6-10.

GOLDSCHMIDT, Dietrich, Wilhelm Richter. 1901-1978, in: Beiträge zur Geschichte der Pädagogischen Hochschule Berlin, hrsg. von Gerd HEINRICH (=Abhandlungen aus der Pädagogischen Hochschule Berlin, 6), Berlin 1980, S. 135-142.

GOLDSCHMIDT, Dietrich, Wilhelm Richter, in: Pädagogen in Berlin. Auswahl von Biographien zwischen Aufklärung und Gegenwart, hrsg. von Benno SCHMOLDT (=Materialien und Studien zur Geschichte der Berliner Schule, 9), Baltmannsweiler 1991, S. 327-342.

GOLTZ, Christiane, Verwirklichung von Erlebnispädagogik innerhalb der schulischen Erziehung. Dargestellt am Beispiel der Segel-Arbeitsgemeinschaft des staatlichen Gymnasiums in Berlin 'Schulfarm Insel Scharfenberg', in: Zeitschrift für Erlebnispädagogik, Jg. 16 (1996), Heft 2/3: Februar/März, S. 37-77.

GOTHAN, W., Botanisch-geologische Spaziergänge in die Umgebung von Berlin, Leipzig [u.a.] 1910.

GRIEBEL, Regina / COBURGER, Marlies / SCHEEL, Heinrich, Erfasst? Das Gestapo-Album zur Roten Kapelle. Eine Foto-Dokumentation, hrsg. in Verbindung mit der Gedenkstätte Deutscher Widerstand, Halle 1992.

GRIEBEL, Regina, Cato Bontjes van Beek. Einführungsvortrag zum Film 'Ihr redet alle ... aber keiner tut etwas!', in: Die Rote Kapelle im Widerstand gegen den Nationalsozialismus, hrsg. von Hans COPPI, Jürgen DANYEL und Johannes TUCHEL (=Schriften der Gedenkstätte Deutscher Widerstand, 1), Berlin 1994, S. 277-281.

GROßKURTH, U., Scharfenberg, in: Organ. Schülerzeitung des Humboldtgymnasiums Düsseldorf, Heft 6: Juni 1961, o.S.

GROTHE, Jürgen, Die Insel Scharfenberg [...], in: Mitteilungen des Vereins für die Geschichte Berlins, Jg. 65 (1969), S. 267f.

GROTJAHN, Martin, Der naturwissenschaftliche Unterricht auf Scharfenberg, in: Aus dem Leben der Schulfarm Insel Scharfenberg. Bilder, Dokumente, Selbstzeugnisse von Eltern, Lehrern, Schülern, red. von Wilhelm BLUME, in: Das Werdende Zeitalter. Eine Monatsschrift für Erneuerung der Erziehung, Jg. 7 (1928), S. 329-404, hier S. 359f.

GROTJAHN, Martin, Über Untersuchungen an Sackträgern, Berlin, Univ., Diss., 1930.

GROTJAHN, Martin, My favorite Patient. The Memoirs of a Psychoanalyst (=Psychologie und Humanwissenschaften, 2), Frankfurt [u.a.] 1987.

GRUHN-ZIMMERMANN, Antonia, Schulbaureform der Weimarer Republik in Berlin, München, Diss., 1993.

GRUNDER, Hans-Ulrich, Das schweizerische Landerziehungsheim zu Beginn des 20. Jahrhunderts. Eine Erziehungs- und Bildungsinstitution zwischen Nachahmung und Eigenständigkeit.

Mit einem Vorwort von Hermann RÖHRS (=Studien zur Erziehungswissenschaft, 22), Frankfurt [u.a.] 1987.

GRUNDER, Hans-Ulrich, Reform der Erziehung. Eine Auseinandersetzung mit Andreas Flitner, in: Zeitschrift für Pädagogik, Jg. 40 (1994), S. 925-939.

'Gruppe Ulbricht' in Berlin April bis Juni 1945. Von den Vorbereitungen im Sommer 1944 bis zur Wiedergründung der KPD im Juni 1945. Eine Dokumentation. Mit einem Geleitwort von Wolfgang LEONHARD, hrsg. und eingel. von Gerhard KEIDERLING, Berlin 1993.

Hanno Günther und die Rütli-Gruppe, in: 'Wer sich nicht erinnern will ...' Kiezgeschichte Berlin 1933 [...], Berlin 1983, Teil C [Teil 1:] Widerstand in Neukölln, hrsg. vom Neuköllner Kulturverein, S. 27-30; verbesserte und erw. Fassung der fehlerhaften 1. Aufl.: Widerstand in Neukölln, hrsg. vom VVN-Westberlin/Verband der Antifaschisten und Neuköllner Kulturverein, 2. erw. Aufl. Berlin 1987, S. 26-31.

Hanno Günther (12.1.1921-3.12.1943), in: Lexikon des Widerstandes 1933-1945, hrsg. von Peter STEINBACH und Johannes TUCHEL, München 1994, S. 73.

GÜTLER, Peter, Liste der [Berliner] Schulen, in: Berlin und seine Bauten, hrsg. vom Architekten- und Ingenieur-Verein zu Berlin, Teil V, Bd. C: Schulen, Berlin 1991, S. 327-457.

GUTSCHALK, Rolf, Scharfenberg während der NS-Zeit. Einige Dokumente, in: 60 Jahre Schulfarm Insel Scharfenberg. 1922-1982. Jubiläums-Festschrift anläßlich des 60-jährigen Bestehens der Schulfarm Insel Scharfenberg (=Sonderheft der Fähre), Berlin 1982, S. 33-47.

GUTSCHALK, Rolf, Vorwort, in: Zur Geschichte der Schulfarm. Bericht der drei Studienräte Blume, Cohn und Schmidt vom städtischen Humboldt-Gymnasium zu Berlin über die Sommerschule auf der Insel Scharfenberg [1921] (=Neue Scharfenberg-Hefte, 1), Berlin 1982, o.S.

GUTSCHALK, Rolf, Hanno Günther, in: Widerstand gegen den Nationalsozialismus (=Neue Scharfenberg-Hefte, 7) Berlin 1984, S. 41-45.

GUTSCHALK, Rolf, Vorbemerkung, in: PEWESIN, Wolfgang, Beiträge zur Geschichte der Schulfarm. Auch ein Jubiläum: Scharfenberg vor 20 Jahren - eine Schülerdemonstration und ihre Folgen. Bericht und Dokumentation (=Neue Scharfenberg-Hefte, 13), Berlin 1987, S. 2.

GUTSCHALK, Rolf, Scharfenberg Insel Scharfenberg. Die Anfänge und ein Blick in die zwanziger Jahre, in: Die Schulfarm auf der Insel Scharfenberg. Beiträge zu ihrer Geschichte anläßlich der 125-Jahr-Feier des Ortsteils Konradshöhe (=Neue Scharfenberg-Hefte, 14), Berlin 1990, S. 39-45.

HAACKE, Ulrich, Zusammenarbeit von Deutsch, Geschichte und Staatsbürgerkunde, in: Die Erziehung. Monatsschrift für den Zusammenhang von Kultur und Erziehung in Wissenschaft und Leben, Jg. 6 (1931), S. 27-40 und 161-177.

HAASE, Norbert, Das Reichskriegsgericht und der Widerstand gegen die nationalsozialistische Herrschaft. Katalog zur Sonderausstellung der Gedenkstätte Deutscher Widerstand in Zusammenarbeit mit der Neuen Richtervereinigung, hrsg. von der Gedenkstätte Deutscher Widerstand, Berlin 1993.

HAMM-BRÜCHER, Hildegard, Auf Kosten unserer Kinder? Wer tut was für unsere Schulen - Reise durch die pädagogischen Provinzen der Bundesrepublik und Berlin, Bramsche [u.a.] 1965; die hier versammelten Artikel erschienen zuerst in: Die Zeit. Wochenzeitung für Politik, Wirtschaft, Handel und Kultur, Nr. 27 vom 02.07., Nr. 28 vom 09.07., Nr. 29 vom 16.07., Nr. 30 vom 23.07. (Berlin-Artikel), Nr. 31 vom 30.07., Nr. 32 vom 06.08., Nr. 33 vom 13.08., Nr. 34 vom 20.08., Nr. 35 vom 27.08., Nr. 36 vom 03.09. und Nr. 37 vom 10.09.1965. -
Der Artikel 'Berlin - In der Hauptstadt der pädagogischen Provinzen' und der Schlußartikel 'Bilanz einer Bildungsreise - Mit elf Provinzen ist kein Staat zu machen' sind - ohne Grafiken - wieder abgedr. in: Wege zur Schule von Morgen. Das Berliner Schulwesen im Spiegel westdeutscher Zeitungen, Berlin 1965, S. 43-49 und S. 50-59 (in diesen beiden Abdrucken fehlt der die Schulfarm betreffende Absatz).

Handbuch der Preußischen Unterrichts-Verwaltung,
[Jg. 6], Berlin 1927;
[Jg. 7], Berlin 1928;
[Jg. 8], Berlin 1929;
[Jg. 9], Berlin 1930;
[Jg. 10], Berlin 1931;
[Jg. 11], Berlin 1932;
[Jg. 12], Berlin 1934.

HANSEN, Reimer, Wilhelm Blume und die Berliner Lehrerausbildung 1946-1949. Eine kleine Dokumentation, in: Beiträge zur Geschichte der Pädagogischen Hochschule Berlin, hrsg. von Gerd HEINRICH (=Abhandlungen aus der Pädagogischen Hochschule Berlin, 6), Berlin 1980, S. 22-37.

HANSEN-SCHABERG, Inge, Die Montessoribewegung in Berlin während der Weimarer Republik und der Konflikt zwischen Clara Grunwald und Maria Montessori, in: Das Kind. Zeitschrift für Montessori-Pädagogik, Jg. 19 (1996), S. 27-36.

HANSEN-SCHABERG, Inge, Berliner Schule - Pädagogische Reformen und bildungspolitische Rahmenbedingungen zwischen 1900 und 1950, in: Berlin, hrsg. von Christian ERNST und Christine LOST (=Schullandschaft Deutschland, 1), Baltmannsweiler 1997, S. 6-12.

HANSEN-SCHABERG, Inge, Koedukation und Reformpädagogik. Untersuchung zur Unterrichts- und Erziehungsrealität in Berliner Versuchsschulen der Weimarer Republik (=Bildungs- und kulturgeschichtliche Beiträge für Berlin und Brandenburg, 2), Berlin 1999.

Gerhard Hardel, in: Schriftsteller der DDR (Meyers Taschenlexikon), 2. unveränd. Aufl. Leipzig 1975, S. 192f.

HARLAN, Walter, Das Nürnbergisch Ei. Dramatische Dichtung in vier Akten. Als Schullektüre hrsg. von Wilhelm BLUME, Berlin [u.a.] 1951.

HARRASCHIN, Erich, Fahrt der Helfergruppe am 10. März 1929, in: Die neue Erziehung, Jg. 11 (1929), S. 408f. (Mitteilungen des Bundes Entschiedener Schulreformer).

HARTKOPF, Werner, Gesamtunterricht im alten Scharfenberg - Philosophie im neuen, in: Wilhelm Blume zum 70. Geburtstag (=Die Fähre. Eine Zeitung der Schulfarm Insel Scharfenberg), Berlin 1954, o.S.

HARTKOPF, Werner, Zur Gestaltung der wissenschaftlichen Oberstufe und der Reifeprüfung (=Vorträge und Aufsätze, 1), Berlin 1957.

HARTKOPF, Werner / PEWESIN, Wolfgang, Die Philosophie im Oberstufenunterricht auf Scharfenberg (=Vorträge und Aufsätze, 6-7), Berlin 1958; Auszug als 'HARTKOPF, Werner, Über die naturphilosophische Arbeitsgemeinschaft' wieder in: Die Pädagogische Provinz, Jg. 13 (1969), S. 161f.

HARTKOPF, Werner, Die Strukturformen der Probleme. Zur Grundlegung einer allgemeinen Methodentheorie der Problembearbeitungen. Berlin, Freie Univ., Diss., 1958.

HARTKOPF, Werner, Meine Rückkehr nach Orplid (fast ein Märchen), in: Die Fähre. Zeitung der Schulfarm Insel Scharfenberg, Berlin, Ausg. Juni 1959, o.S.

HARTKOPF, Werner, Abschied von Orplid?, in: Die Fähre. Zeitung der Schulfarm Insel Scharfenberg, Berlin, Ausg. Weihnachten 1959, o.S.

HARTKOPF, Werner / PEWESIN, Wolfgang, Die Bedeutung der Philosophie im Oberstufenunterricht an den Oberschulen Wissenschaftlichen Zweiges (Gymnasien), in: Berliner Lehrerzeitung, Jg. 15 (1961), S. 392-396 und S. 411-414.

HARTKOPF, Werner, Gestaltungsprobleme der Oberstufe. Vortrag vor dem Kollegium des Humboldt-Gymnasiums in Düsseldorf, in: Die Pempelpforte. Zeitschrift des Humboldt-Gymnasiums Düsseldorf und des Vereins ehemaliger Hindenburg-Schüler, 1965, Oktober, S. 14f.

HARTKOPF, Werner / PEWESIN, Wolfgang, Schulfarm Insel Scharfenberg und Humboldt-Schule, Berlin, in: FÜHR, Christoph, Schulversuche 1965/66. Dokumentation aufgrund der bei den Kultusministerien der Länder in der Bundesrepublik Deutschland durchgeführten Erhebung über Schulversuche an öffentlichen Schulen, Teil 2: 50 Strukturberichte (=Dokumentationen zum in- und ausländischen Schulwesen, 7), Weinheim 1967, S. 225-232.

HARTKOPF, Werner, Die Wahlleistungsfächer. Zur Gestaltung der Oberstufe der Gymnasien, in: Berliner Lehrerzeitung, Jg. 23 (1969), Heft 7, S. 18-23.

HARTKOPF, Werner, Über die naturphilosophische Arbeitsgemeinschaft, in: Die Pädagogische Provinz, Jg. 13 (1969), S. 161f.; Auszug aus: HARTKOPF, Werner / PEWESIN, Wolfgang, Die Philosophie im Oberstufenunterricht auf Scharfenberg (=Vorträge und Aufsätze, 6-7), Berlin 1958.

HARTKOPF, Werner, Chemie und Biologie weiterhin Hauptfächer der gymnasialen Oberstufe. Ein Berliner Schulversuch [an der Schulfarm Insel Scharfenberg und der Humboldtschule Tegel], in: Der mathematische und naturwissenschaftliche Unterricht, Bd. 23 (1970), S. 234-236.

HARTKOPF, Werner, Versuchsbericht (September 1970) [über den Oberstufenversuch der Humboldt-Oberschule (in Zusammenarbeit mit der Schulfarm Insel Scharfenberg)], in: Reform der Sekundarstufe II. Teil A: Versuche in der gymnasialen Oberstufe, hrsg. von der Bildungskommission des Deutschen Bildungsrates (=Deutscher Bildungsrat, Materialien zur Bildungsplanung, 1), Braunschweig 1971, S. 46-50.

HARTKOPF, Werner, Die Gründung der Schulfarm Scharfenberg vor 50 Jahren. Ein Stück Nord-Berliner Schulgeschichte, in: Pädagogische Rundschau, Sonderheft 1976: Pädagogik in der Weimarer Zeit, S. 67-94; wieder in: 'Neue Erziehung' - 'Neue Menschen'. Ansätze zur Erziehungs- und Bildungsreform in Deutschland zwischen Kaiserreich und Diktatur, hrsg. von Ulrich HERRMANN (=Geschichte des Erziehungs- und Bildungswesens in Deutschland, 5), Weinheim [u.a.] 1987, S. 200-220.

HARTKOPF, Werner, Die Bildungsansätze Wilhelm von Humboldts und Georg Wilhelm Friedrich Hegels im Hinblick auf die aktuelle geistige Situation, in: Humboldtschule Tegel. 1903-1978, hrsg. von der Humboldt-Oberschule Tegel, Berlin 1978, S. 14-19.

HARTKOPF, Werner, Das Humboldtbanner, in: Humboldtschule Tegel. 1903-1978, hrsg. von der Humboldt-Oberschule Tegel, Berlin 1978, S. 47.

HARTKOPF, Werner, Wilhelm Blume. Rede zur Einweihung der Wilhelm-Blume-Allee am 1.10.1977, in: Humboldtschule Tegel. 1903-1978, hrsg. von der Humboldt-Oberschule Tegel, Berlin 1978, S. 41f.

HARTKOPF, Werner, Der Gründer Wilhelm Blume, in: 60 Jahre Schulfarm Insel Scharfenberg 1922-1982. Jubiläums-Festschrift anläßlich des 60-jährigen Bestehens der Schulfarm Insel Scharfenberg (=Sonderheft der Fähre), Berlin 1982, S. 3-12.

HARTKOPF, Werner, Die Bewältigung der Dialektik des Pädagogischen im alten Scharfenberg. Ein Essay (=Neue Scharfenberg-Hefte, 3), Berlin 1982.

HARTKOPF, Werner, Die Humboldtschule unter Wilhelm Blume im 'Dritten Reich', in: 80 Jahre Humboldtschule Tegel. 1903-1983 (=Humboldtheft, 6), Berlin 1983, S. 90-108.

HARTKOPF, Werner, Der Beitrag der Schulfarm Scharfenberg zur modernen Gymnasialreform, in: Beiträge zur Geschichte der Schulfarm. Werner Hartkopf (1906-1984): Der Beitrag der Schulfarm Scharfenberg zur modernen Gymnasialreform. Heinrich Scheel: Der Wechsel 1949; eine Darstellung als Entgegnung auf Wolfgang Pewesin ([s. Neue Scharfenberg-] Heft[e] Nr. 11), (=Neue Scharfenberg-Hefte, 12), Berlin 1986, S. 1-60.

HARTUNG, Andreas, Porträt eines Schülerjahrganges, in: 60 Jahre Schulfarm Insel Scharfenberg 1922-1982. Jubiläums-Festschrift anläßlich des 60-jährigen Bestehens der Schulfarm Insel Scharfenberg (=Sonderheft der Fähre), Berlin 1982, S. 119-126.

HAUBFLEISCH, Dietmar, Die Schulfarm Insel Scharfenberg. Ein Beitrag zur Überwindung der traditionellen Schule in der Weimarer Republik, in: Schule ist mehr als Unterricht. Beispiele aus der Praxis ganztägiger Erziehung, hrsg. von Christian KUBINA (=Materialien zur Schulentwicklung, 18), Wiesbaden 1992, S. 126-139; mit akt. Anmerkungsteil wieder: Marburg 1999:
http://archiv.ub.uni-marburg.de/sonst/1999/0010.html

HAUBFLEISCH, Dietmar, Schulfarm Insel Scharfenberg. Reformpädagogische Versuchsschularbeit im Berlin der Weimarer Republik, in: 'Die Alte Schule überwinden'. Reformpädagogische Versuchsschulen zwischen Kaiserreich und Nationalsozialismus, hrsg. von Ullrich AMLUNG, Dietmar HAUBFLEISCH, Jörg-W. LINK und Hanno SCHMITT (=Sozialhistorische Untersuchungen zur Reformpädagogik und Erwachsenenbildung, 15), Frankfurt 1993, S. 65-88.

HAUBFLEISCH, Dietmar, Schulfarm Insel Scharfenberg. Mikroanalyse der reformpädagogischen Unterrichts- und Erziehungsrealität einer demokratischen Versuchsschule im Berlin der Weimarer Republik [Forschungsbericht], in: Mitteilungen & Materialien. Arbeitsgruppe Pädagogisches Museum e.V., Berlin, Heft Nr. 39/1993, S. 115-119.

HAUBFLEISCH, Dietmar, Die Schulfarm Insel Scharfenberg (Berlin) und ihre vielfältigen Vernetzungen mit Personen und Institutionen der Reformpädagogik der Weimarer Republik. Einige Beispiele und Funktionen, in: Nationale und internationale Verbindungen der Versuchs- und Reformschulen in der Weimarer Republik. Beiträge zur schulgeschichtlichen Tagung vom 17.11.-18.11.1992 im Hamburger Schulmuseum, hrsg. von Reiner LEHBERGER (=Hamburger Schriftenreihe zur Schul- und Unterrichtsgeschichte, 5), Hamburg 1993, S. 52-64; im Anmerkungsteil leicht verändert wieder: Marburg 1997:
http://archiv.ub.uni-marburg.de/sonst/1997/0006.html

HAUBFLEISCH, Dietmar, Berliner Reformpädagogik in der Weimarer Republik. Überblick, Forschungsergebnisse und -perspektiven, in: Die Reform des Bildungswesens im Ost-West Dialog. Geschichte, Aufgaben, Probleme, hrsg. von Hermann RÖHRS und Andreas PEHNKE (=Greifswalder Studien zur Erziehungswissenschaft, 1), Frankfurt [u.a.] 1994, S. 117-132; unveränd. wieder in: 2., erw. Aufl., Frankfurt [u.a.] 1998, S. 143-158; leicht akt. wieder: Marburg 1998:
http://archiv.ub.uni-marburg.de/sonst/1998/0013.html

HAUBFLEISCH, Dietmar, Die Schulfarm Insel Scharfenberg in der NS-Zeit, in: Weimarer Versuchs- und Reformschulen am Übergang zur NS-Zeit. Beiträge zur schulgeschichtlichen Tagung vom 16.-17. November 1993 im Hamburger Schulmuseum, hrsg. von Reiner LEHBERGER (=Hamburger Schriftenreihe zur Schul- und Unterrichtsgeschichte, 6), Hamburg 1994, S. 84-96; im Anmerkungsteil leicht verändert wieder: Marburg 1997:
http://archiv.ub.uni-marburg.de/sonst/1997/0007.html

HAUBFLEISCH, Dietmar, Die Schulfarm Insel Scharfenberg. Ein 'demokratischer Schulstaat' im Berlin der Weimarer Republik, in: Pädagogik, Jg. 47 (1995), Heft 3, S. 44-48.

HAUBFLEISCH, Dietmar, 'Schülerarbeiten' als Quelle zur Erschließung der reformpädagogischen Unterrichts- und Erziehungsrealität der Schulfarm Insel Scharfenberg (Berlin) in der Weimarer Republik, in: Towards a History of Everyday Educational Reality, ed. by Marc DEPAEPE, Max LIEDTKE und Frank SIMON (=Paedagogica Historica. International Journal of the History of Education, Jg. 31, Heft 1), Gent 1995, S. 151-180; wieder: Marburg 1999:
http://archiv.ub.uni-marburg.de/sonst/1999/0002/welcome.html

HAUBFLEISCH, Dietmar, Die Schulfarm Insel Scharfenberg (Berlin) nach 1945, in: Schulen der Reformpädagogik nach 1945. Beiträge zur dritten schulgeschichtlichen Tagung vom 15. bis 16. November 1994 im Hamburger Schulmuseum, hrsg. von Reiner LEHBERGER (=Hamburger Schriftenreihe zur Schul- und Unterrichtsgeschichte, 7), Hamburg 1995, S. 57-93; im Anmerkungsteil leicht verändert wieder: Marburg 1997:
http://archiv.ub.uni-marburg.de/sonst/1997/0008.html

HAUBFLEISCH, Dietmar, Schulfarm Insel Scharfenberg - oder: Vom Nutzen der Geschichte, in: Zeitschrift für Erlebnispädagogik, Jg. 16 (1996), Heft 2/3: Februar/März, S. 5-19; leicht ver-

änd. Neuausg., unter Weglassung der Abbildungen: Marburg 1996:
http://archiv.ub.uni-marburg.de/sonst/1996/0001.html

HAUBFLEISCH, Dietmar, Elisabeth Rotten (1882-1964) - eine (fast) vergessene Reformpädagogin, in: "etwas erzählen". Die lebensgeschichtliche Dimension in der Pädagogik. Bruno Schonig zum 60. Geburtstag, hrsg. von Inge HANSEN-SCHABERG, Baltmannsweiler 1997, S. 114-131; überarb. Ausg. unter Weglassung der Abb.: Marburg 1997:
http://archiv.ub.uni-marburg.de/sonst/1996/0010.html

HAUBFLEISCH, Dietmar, Elisabeth Rotten (1882-1964) - ein Quellen- und Literaturverzeichnis, Marburg 1997:
http://archiv.ub.uni-marburg.de/sonst/1997/0010.html

HAUN, Horst, Heinrich Scheel [Kurzbiographie], in: Wer war wer - DDR. Ein biographisches Lexikon, hrsg. von Jochen CERNY, 2. durchges. Aufl. Berlin 1992, S. 390.

HECKMANN, Gustav, Leben ohne Gewalt. Elisabeth Rotten: geb. 15. Febr. 1882, gest.: 2. Mai 1964, in: Neue Sammlung, Jg. 4 (1964), S. 490-500.

HEERWAGEN, Fritz, Prüffeld des Neuen. Berlin als Pionier in der Bildungspolitik, Düsseldorf [u.a.] 1966.

Heil Hitler, Herr Lehrer. Volksschule 1933-1945. Das Beispiel Berlin, hrsg. vom Pädagogisches Museum [Berlin], Reinbek 1983.

HEIMHOLD, Heinz, Die Präparatensammlung des Naturkurses, in: Aus dem Leben der Schulfarm Insel Scharfenberg. Bilder, Dokumente, Selbstzeugnisse von Eltern, Lehrern, Schülern, red. von Wilhelm BLUME, in: Das Werdende Zeitalter. Eine Monatsschrift für Erneuerung der Erziehung, Jg. 7 (1928), S. 329-404, hier S. 362f.

Heimschulen und Schülerheime in der Bundesrepublik und in Westberlin. Anschriften, Sprachfolge, Bedingungen, Berlin [u.a.] 1958.

Heimschulen und Internate in der Bundesrepublik (einschließlich Berlin). Ein Verzeichnis, Göttingen, Jg. 2 (1958) - 11 (1990).

Heimschulen und Internate in der Bundesrepublik Deutschland, Göttingen, Jg. 12 (1994).

HEINRICHSDORFF, Annie, Der Elternarbeitsausschuß, in: Aus dem Leben der Schulfarm Insel Scharfenberg. Bilder, Dokumente, Selbstzeugnisse von Eltern, Lehrern, Schülern, red. von Wilhelm BLUME, in: Das Werdende Zeitalter. Eine Monatsschrift für Erneuerung der Erziehung, Jg. 7 (1928), S. 329-404, hier S. 391f.

HEINRICHSDORFF, Paul, Die freie Mitarbeit der ehemaligen Schüler, in: Aus dem Leben der Schulfarm Insel Scharfenberg. Bilder, Dokumente, Selbstzeugnisse von Eltern, Lehrern, Schülern, red. von Wilhelm BLUME, in: Das Werdende Zeitalter. Eine Monatsschrift für Erneuerung der Erziehung, Jg. 7 (1928), S. 329-404, hier S. 387.

HEINRICHSDORFF, Paul, J.M.J. Lenzens religiöse Haltung, Frankfurt, Univ., Diss., 1931: Teildr. Berlin 1931; vollst. als: HEINRICHSDORFF, Paul, J.M.J. Lenzens religiöse Haltung (=Germanische Studien, 117), Berlin 1932.

HEMPEL, Harry, Portrait eines jungen Gymnasiums. Die Humboldtschule im Bezirk Reinickendorf, in: Berliner Lehrerzeitung, Jg. 21 (1967), Heft 2, S. 14f.; wieder in: Harry Hempel zum Abschied (=Humboldtheft, 10), Berlin 1988, S. 29f.

HEMPEL, Harry, Oxboeler Tagebuch, in: Humboldtschule Tegel. 1903-1978, hrsg. von der Humboldt-Oberschule Tegel, Berlin 1978, S. 57-60; wieder in: Harry Hempel zum Abschied (=Humboldtheft, 10), Berlin 1988, S. 31-34.

HEMPEL, Harry / LÜHMANN, Hinrich, Aus den Annalen der Humboldtschule, in: Humboldtschule Tegel. 1903-1978, hrsg. von der Humboldt-Oberschule Tegel, Berlin 1978, S. 31-35.

HEMPEL, Harry, Die Humboldtschule im 65. Jahr. Rückschau auf ein junges Gymnasium, in: Humboldtschule Tegel. 1903-1978, hrsg. von der Humboldt-Oberschule Tegel, Berlin 1978, S. 19-21.

HEMPEL, Harry, Vergangenheitsbewältigung, in: 80 Jahre Humboldtschule Tegel. 1903-1983 (=Humboldtheft, 6), Berlin 1983, S. 70-73.

Harry Hempel zum Abschied (=Humboldtheft, 10), Berlin 1988.

Herbstfest der Schulfarm Scharfenberg, in: Nationalsozialistische Erziehung. Kampf- und Mitteilungsblatt des Nationalsozialistischen Lehrerbundes für den Gau Groß-Berlin, Berlin, Jg. 6 (1937), S. 457.

HERING, Sabine / LÜTZENKIRCHEN, Hans-Georg, Das Gespräch mit Heinrich Scheel, in: HERING, Sabine / LÜTZENKIRCHEN, Hans-Georg, Anders werden. Die Anfänge der politischen Erwachsenenbildung in der DDR. Gespräche mit Hans Mahle, Paul Wandel, Kurt Hager, Alice Zadek, Wolfgang Harich, Heinrich Scheel, Helmut Bock, Erwin Hinz, Rosemarie Walther, Werner Hecht, Heinz Fleischer und Norbert Podewin. Mit einem Nachwort von Lutz NIETHAMMER, Berlin 1995, S. 95-109.

HERMLIN, Stephan, Die erste Reihe, 2. Aufl. Berlin (DDR) 1952.

HEUN, Hans-Georg, Meine Schulzeit auf Scharfenberg [1933-1945], in: Profil. Zeitschrift für die Schulfarm Insel Scharfenberg, Berlin, Jg. 2, Nr. 9: November 1997, S. 9f.

HICKETHIER, Knut, Die Insel. Jugend auf der Schulfarm Insel Scharfenberg 1958-1965. Mit einer schulhistorischen Notiz von Gerd RADDE (=Berliner Schuljahre. Erinnerungen und Berichte, 1), Berlin 1991.

HIEPE, Richard, Aufbruch nach einem Lebenswerk. Der Maler Georg Netzband, in: Tendenzen. Zeitschrift für engagierte Kunst, Nr. 147: Juli-September 1984, S. 45-49.

HILDEBRANDT, Florian, Grußwort des Schulleiters, in: Festschrift zum 75-jährigen Bestehen der Schulfarm Scharfenberg 1997, [hrsg. von der Schulleitung der Schulfarm Insel Scharfenberg], Berlin 1997, S. 5.

HILDEBRAND, Florian, Fachbereich Informatik, in: Festschrift zum 75-jährigen Bestehen der Schulfarm Scharfenberg 1997, [hrsg. von der Schulleitung der Schulfarm Insel Scharfenberg], Berlin 1997, S. 60f.

HILDEBRAND, Florian, Solarprojekt 1990, in: Festschrift zum 75-jährigen Bestehen der Schulfarm Scharfenberg 1997, [hrsg. von der Schulleitung der Schulfarm Insel Scharfenberg], Berlin 1997, S. 84-86.

HILDEBRAND, Florian, Rede [gehalten auf der Schulfeier '75 Jahre Schulfarm Insel Scharfenberg' am 6. Juni 1997], in: Profil. Zeitschrift für die Schulfarm Insel Scharfenberg, Berlin, Jg. 2, Nr. 9: November 1997, S. 13f.

HILKER, Franz, Grundriß der neuen Erziehung, in: Deutsche Schulversuche, hrsg. von Franz HILKER, Berlin 1924, S. 1-32.

HILKER, Franz, Versuchsschulen und allgemeine Schulreform, in: Deutsche Schulversuche, hrsg. von Franz HILKER, Berlin 1924, S. 448-463.

HILKER, Franz, Vorwort des Herausgebers, in: BLUME, Wilhelm / FRÜHBRODT, Gerhard, Das dreizehnte Schuljahr. 7 Kapitel zu seiner Problematik und praktischen Gestaltung (=Vergleichende Erziehung. Schriftenreihe der Pädagogischen Arbeitsstelle, 4), Wiesbaden 1955, S. IIIf.

HILKER, Franz, In memoriam Elisabeth Rotten!, in: Bildung und Erziehung, Jg. 17 (1964), S. 229.

HILL, Mario, Scharfenberg - Grundlage für den Beruf?, in: Festschrift zum 75-jährigen Bestehen der Schulfarm Scharfenberg 1997, [hrsg. von der Schulleitung der Schulfarm Insel Scharfenberg], Berlin 1997, S. 87.

HOEHNE, Heinz, Kennwort: Direktor. Die Geschichte der Roten Kapelle, Frankfurt 1970; veränd. zuerst als Serie in: Der Spiegel, Jg. 22 (1968), Nr. 21, S. 78-96, Nr. 22, S. 86-98, Nr. 23, S. 72-86, Nr. 24, S. 98-110, Nr. 25, S. 100-114, Nr. 26, S. 78-94, Nr. 27, S. 80-90, Nr. 28, S. 60-72, Nr. 29, S. 72-80, Nr. 30, S. 79-90.

HOFFMANN, Arnulf, Die Bestimmung der Lebensdauer metastibler Anregungszustände des Neons aus Reststrommessungen in Glimmentladungen, Berlin, Techn. Hochsch., Diss. (masch.), 1941.

HOFFMANN, Fritz, Erinnerungen eines Schulreformers, in: Festschrift für Fritz Karsen. Im Auftrage der 'Freunde der Fritz-Karsen-Schule' hrsg. von Gerd RADDE, Berlin 1966, S. 42-45.

HOFFMANN, Volker, Anmerkungen zum Verhältnis von Massenschulen und Versuchsschulen in der Weimarer Republik, in: Weimarer Republik, hrsg. vom Kunstamt Kreuzberg von Berlin und dem Institut für Theaterwissenschaft der Universität Köln, 3. verb. Aufl. Berlin [u.a.] 1977, S. 563-567.

HOFFMANN, Volker, 'Hitlers Sieg - ewiger Krieg'. Leben und Widerstand Hanno Günthers und anderer Rütlischüler, in: Mitteilungen & Materialien. Arbeitsgruppe Pädagogisches Museum, Berlin, Heft Nr. 33/1990, S. 75-92.

HOFFMANN, Volker, Hanno Günther, ein Hitler-Gegner. 1921-1942. Geschichte eines unvollendeten Kampfes (=Stätten der Geschichte Berlins, 80), Berlin 1992.

HOFFMANN, Volker, Hanno-Günther/Rütli-Gruppe, in: Lexikon des deutschen Widerstandes, hrsg. von Wolfgang BENZ und Walter H. PEHLE, Frankfurt 1994, S. 223-225.

HOOF, Dieter, Die Schulpraxis der Pädagogischen Bewegung des 20. Jahrhunderts. Berichte und Unterrichtsbilder, Bad Heilbrunn 1969.

HUKE, Daniela / ROTERBERG, Henrike / SCHINDLER, Anne / ZINSIUS, Christof, Schüleräußerungen zum Fach Biologisch Werken, in: Festschrift zum 75-jährigen Bestehen der Schulfarm Scharfenberg 1997, [hrsg. von der Schulleitung der Schulfarm Insel Scharfenberg], Berlin 1997, S. 54-56.

Humboldt-Gedenk-Blatt, hrsg. zum 8. April 1935 von der Deutschkundlichen Arbeitsgemeinschaft an der Humboldtschule in Tegel, Berlin 1935.

Humboldt-Gymnasium in Berlin. 38. Bericht über das Schuljahr Ostern 1912 bis Ostern 1913, Berlin 1913.

Humboldtheft, hrsg. von der Vereinigung der Freunde der Humboldtschule, Heft 5ff., Berlin 1975ff.

Humboldtschule Tegel. 1903-1978, hrsg. von der Humboldt-Oberschule Tegel, Berlin 1978.

Humboldt-Schulgemeindeblätter. In Zusammenarbeit mit den übrigen Jugendwaltern der Humboldtschule hrsg. vom Schulleiter [= Wilhelm Blume], Berlin-Tegel,
Heft 1: Nov. - Dez. 1935;
Heft 2: Ostern 1936;
Heft 3: August 1936 (=Olympiaausg.).

'Ich komme aus einer Berliner Arbeiterfamilie'. Von der 'Roten Kapelle' zum Vizepräsidenten der Akademie [der Wissenschaften der DDR]. Ein Interview mit Heinrich Scheel, in: Die Tat. Antifaschistische Wochenzeitung, Jg. 30 (1979), Nr. 38 (21.09.1979), S. 12.

Insel Scharfenberg, in: Schülerheime. Sammlung der Bestimmungen und Übersicht über die bestehenden Schülerheime, hrsg. von Walter LANDÉ und Walter GÜNTHER (=Weidmannsche Taschenausgaben von Verfügungen der Preußischen Unterrichtsverwaltung, 23), Berlin 1925, S. 140-142.

Insel Scharfenberg, in: Schülerheime. Sammlung der Bestimmungen und Übersicht über die bestehenden Schülerheime, hrsg. von Walter LANDÉ und Walter GÜNTHER (=Weidmannsche Taschenausgaben von Verfügungen der Preußischen Unterrichtsverwaltung, 23), 2. Aufl. Berlin 1927, S. 191-194.

Die Insel Scharfenberg im Tegeler See [...], in: Berlin-Archiv, [Braunschweig], Loseblatt-Ausg. Bd. 1 (1979) - 22 (1997), Bd. 13, S. 6067.

Die 'Insulaner' im Mai 1982, in: 60 Jahre Schulfarm Insel Scharfenberg 1922-1982. Jubiläums-Festschrift anläßlich des 60-jährigen Bestehens der Schulfarm Insel Scharfenberg (=Sonderheft der Fähre), Berlin 1982, S. 116-118.

JACQUEMOTH, Joseph, Gesamtschulen in Berlin - Bilanz nach zwanzig Jahren, in: Das Schulwesen in Berlin seit 1945. Beiträge zur Entwicklung der Berliner Schule, hrsg. von Benno SCHMOLDT (=Materialien und Studien zur Geschichte der Berliner Schule nach 1945, 8), Berlin 1990, S. 160-175.

Jährliche Nachrichten über das Lehrer-Seminar in Wolfenbüttel, Schuljahr 1913/14, Wolfenbüttel 1914.

Jährliche Nachrichten über die Präparanden-Anstalt in Wolfenbüttel, Wolfenbüttel 1872.

Jährliche Nachrichten über die Präparanden-Anstalt in Wolfenbüttel, Wolfenbüttel 1875.

Jährliche Nachrichten über die Staatliche Lehrerbildungsanstalt und die Deutsche Aufbauschule in Wolfenbüttel. Die Zeit von Ostern 1916 bis dahin 1926 umfassend, bearb. von R. EVERLIEN, Wolfenbüttel 1926.

JAESRICH, Hellmut, Gedanken über Herrn Walter Saupe, in: Die Ernte, Jg. 1 (1927), Nr. 4, o.S.

JAESRICH, Hellmut, Die französische Literatur im Spiegel der Histoire de France Jules Michelets, Bonn, Univ., Diss., 1939.

JAESRICH, Hellmut, Vorwort, in: Georg Netzband. Berlin zwischen den Kriegen. Antikriegsbilder, Materialbilder, Ölbilder, Grafiken im Haus am Kleistpark [zur Ausstellung vom 24.05.-14.06.1968]. Mit einem Vorwort von Hellmut JAESRICH, Berlin 1968, o.S.

JAHNKE, Heinz K., Scharfenberg unter dem Hakenkreuz. Die Geschichte der Schulfarm Scharfenberg zwischen 1933 und 1945, Berlin 1997.

JAHNKE, Karl-Heinz, Die Stafette: Junge deutsche Patrioten im Kampf fürs Vaterland, in: Junge Generation, Jg. 23 (1969), Heft 8, S. 31-34.

JAHNKE, Karl Heinz, In einer Front. Junge Deutsche an der Seite der Sowjetunion im Großen Vaterländischen Krieg, 2. erw. Aufl. Berlin (DDR) 1989.

Jahrbuch (Kunzes Kalender) der Lehrer der höheren Schulen,
Jg. 42: Schuljahr 1935/36, 2. Teil, Breslau 1935;
Jg. 43: Schuljahr 1936/37, 2. Teil, Breslau 1936;
Jg. 44: Schuljahr 1937/38, 2. Teil, Breslau 1937;
Jg. 45: Schuljahr 1938/39, 2. Teil, Breslau 1938;
Jg. 46: Schuljahr 1939/40, 2. Teil, Breslau 1939;
Jg. 47: Schuljahr 1940/41, 2. Teil, Breslau 1940;
Jg. 48: Schuljahr 1941/42, 2. Teil, Breslau 1941;
Jg. 49: Schuljahr 1942/43, 2. Teil, Breslau 1942.

Jahresbericht des Herzoglichen Gymnasiums zu Wolfenbüttel. Jge. Ostern 1893 bis 1894 - Ostern 1901 bis 1902, Wolfenbüttel 1894-1902.

Jahresbericht des Humboldt-Gymnasiums ...
 s. Humboldt-Gymnasium ...

Jahresbericht des Lessing-Gymnasiums ...
 s. Lessing-Gymnasium ...

Jahresbericht der 10. Realschule ...
s. Zehnte Realschule ...

Jahresberichte der höheren Lehranstalten in Preußen. Schuljahr 1921/22. Bearb. von der Staatlichen Auskunftsstelle für Schulwesen, Leipzig 1924.

JANNASCH, Hans-Windekilde, Pädagogische Existenz. Ein Lebensbericht. Mit einem Vor- und Nachwort von Helmuth KITTEL, Göttingen 1967.

JAUMANN, Holger, Sport auf Scharfenberg, in: Festschrift zum 75-jährigen Bestehen der Schulfarm Scharfenberg 1997, [hrsg. von der Schulleitung der Schulfarm Insel Scharfenberg], Berlin 1997, S. 77-79.

Die Julipunkte der Schulfarm Insel Scharfenberg, in: Wir machen mit. Aus dem Leben der Schülermitverwaltung, Koblenz, Jg. 2 (1954), Heft 4, S. 3.

KAHL, Hellmut, Aus den Annalen der Humboldtschule, in: Festschrift zur Fünfzigjahrfeier der Humboldtschule in Berlin-Tegel, hrsg. vom Lehrerkollegium der Humboldtschule und der 'Vereinigung ehemaliger Humboldtschüler' zu Berlin-Tegel e.V., Berlin 1953, S. 19-22.

Der Kaktus. Abiturzeitung der Scharfenberger Prima, Ostern 1938, masch., Berlin 1938.

Kalender für das höhere Schulwesen Preußens und einiger anderer deutscher Staaten,
Jg. 18: Schuljahr 1911, 2. Teil, Breslau 1911;
Jg. 19: Schuljahr 1912, 2. Teil, Breslau 1912;
Jg. 20: Schuljahr 1913, 2. Teil, Breslau 1913;
Jg. 21: Schuljahr 1914, 2. Teil, Breslau 1914;
Jg. 22: Schuljahr 1915, 2. Teil, Breslau 1915;
Jg. 23: Schuljahr 1916, 2. Teil, Breslau 1916;
Jg. 24: Schuljahr 1917, 2. Teil, Breslau 1917;
Jg. 25: Schuljahr 1918, 2. Teil, Breslau 1918;
Jg. 26: Schuljahr 1919, 2. Teil, Breslau 1919;
Jg. 27: Schuljahr 1920, 2. Teil, Breslau 1920;
Jg. 28: Schuljahr 1921, 2. Teil, Breslau 1921;
Jg. 29: Schuljahr 1922, 2. Teil, Breslau 1922;
Jg. 30: Schuljahr 1923, 2. Teil, Breslau 1923.

KAMP, Johannes-Martin, Kinderrepubliken. Geschichte, Praxis und Theorie radikaler Selbstregierung in Kinder- und Jugendheimen, Opladen 1995.

KAMP, Martin, Arbeitsunterricht in einer Volksschuloberstufe. Die Versuchsvolksschule Bochold III in Essen, in: Pädagogik, Jg. 47 (1995), Heft 5, S. 42-47.

KAMPS, Joachim, Der Scharfenberger Tagesablauf [1972], in: 50 Jahre Schulfarm Insel Scharfenberg, hrsg. aus Anlaß des 50jährigen Bestehens der Schulfarm Insel Scharfenberg, (masch.), Berlin 1972, o.S.

KAROW, Willi, Geschichte der gewerblichen Berufsschule in Berlin, in: KAROW, Willi / EGDMANN, Renate / WAGNER, Hermann, Berliner Berufsschulgeschichte. Von den Ursprüngen im 18. Jahrhundert bis zur Gegenwart, hrsg. von Herbert BATH, Berlin 1993, S. 1-280 und S. 601-649 (Anm.).

KARSEN, Fritz, Die Entstehung der Berliner Gemeindeschulen, in: Die neuen Schulen in Deutschland, hrsg. von Fritz KARSEN. Mit einem Vorwort von Wilhelm PAULSEN, Langensalza 1924, S. 160-181.

KARSTÄDT, Otto, Neuere Versuchsschulen und ihre Fragestellungen, in: Jahrbuch des Zentralinstituts für Erziehung und Unterricht, Jg. 4 (1922), Berlin 1922, S. 87-133; neue und fortgeführte Fassung u.d.T. 'Versuchsschulen und Schulversuche' (wieder) in: Handbuch der Pädagogik, hrsg. von Hermann NOHL und Ludwig PALLAT, 5 Bde. und 1 Erg.-Bd. Faksimile-Dr. der Originalausg. Langensalza 1928-1933, Weinheim [u.a.] 1981, hier Bd. 4 (1928), S. 333-364.

KASPARI, Christoph, Alfred Grotjahn (1869-1931) - Leben und Werk, Bonn, Univ., Diss., 1989.

KAYSER, Wedig von, Scharfenbergs HJ im Jahre 1936, in: Der Fährkahn. Blatt der Scharfenberger, 6. Folge: Juli 1936, S. 22f.7

KEIM, Wolfgang, Das Kurssystem der gymnasialen Oberstufe im Spannungsfeld von technokratischem Kalkül und pädagogischer Verantwortung (1983), in: Kursunterricht - Begründungen, Modelle, Erfahrungen, hrsg. von Wolfgang KEIM (=Wege der Forschung, 504), Darmstadt 1987, S. 536-562.

KEIM, Wolfgang, Kursunterricht auf der Oberstufe von Wilhelm Blumes Schulfarm Insel Scharfenberg (1985), in: Kursunterricht - Begründungen, Modelle, Erfahrungen, hrsg. von Wolfgang KEIM (=Wege der Forschung, 504), Darmstadt 1987, S. 111-150.

KEIM, Wolfgang, Einführung, in: Kursunterricht - Begründungen, Modelle, Erfahrungen, hrsg. von Wolfgang KEIM (=Wege der Forschung, 504), Darmstadt 1987, S. 1-34.

KEIM, Wolfgang, Die Geschichte friedenspädagogischer Diskussionen und Bemühungen, in: Handbuch Praxis der Umwelt- und Friedenserziehung, hrsg. von Jörg CALLIEß und Reinhold E. LOB, Bd. 1: Grundlagen, Düsseldorf 1987, S. 557-595.

KEIM, Wolfgang, Zur Aktualität reformpädagogischer Schulmodelle. Das Beispiel der Schulfarm Insel Scharfenberg, in: Jahrbuch des Archivs der deutschen Jugendbewegung, Bd. 16 (1986/87), S. 295-320.

KEIM, Wolfgang, Zur Reformpädagogik-Rezeption in den alten Bundesländern - Phasen, Funktionen, Probleme, in: Pädagogik und Schulalltag, Jg. 47 (1992), S. 124-138; auch in: Ein Plädoyer für unser reformpädagogisches Erbe. Protokollband der internationalen Reformpädagogik-Konferenz am 24. September 1991 an der Pädagogischen Hochschule Halle-Köthen, hrsg. von Andreas PEHNKE, Neuwied [u.a.] 1992, S. 111-139.

KEIM, Wolfgang, Kursunterricht, in: Wörterbuch Schulpädagogik. Ein Nachschlagewerk für Studium und Schulpraxis, hrsg. von Rudolf W. KECK und Uwe SANDFUCHS, Bad Heilbrunn 1994, S. 187f.

KEIM, Wolfgang, Reformpädagogik als restaurative Kraft. Zur Problematik der Reformpädagogik-Rezeption in Westdeutschland zwischen 1945 und 1965, in: Erziehung und Erziehungswissenschaft in der BRD und der DDR, hrsg. von Dietrich HOFFMANN und Karl NEUMANN, Bd. 1: Die Teilung der Pädagogik (1945-1965), Weinheim 1994, S. 221-249.

KEIM, Wolfgang, Die Wiederentdeckung Fritz Karsens - Gerd Radde zum siebzigsten Geburtstag, in: Pädagogik und Schulalltag, Jg. 49 (1994), S. 146-158; in leicht veränd. Fassung u.d.T. "Die Wiederentdeckung Fritz Karsens" wieder in: Reformpädagogik in Berlin - Tradition und Wiederentdeckung. Für Gerd Radde, hrsg. von Wolfgang KEIM und Norbert H. WEBER (=Studien zur Bildungsreform, 30), Frankfurt [u.a.] 1998, S. 179-199.

KEIM, Wolfgang, Erziehung unter der Nazi-Diktatur,
Bd. 1: Antidemokratische Potentiale, Machtantritt und Machtdurchsetzung, Darmstadt 1995;
Bd. 2: Kriegsvorbereitung, Krieg und Holocaust, Darmstadt 1997.

KEIM, Wolfgang, Festvortrag 'Reformpädagogik und Nationalsozialismus - ein verdrängtes Kapitel deutscher Erziehungsgeschichte', in: Beiträge anläßlich der Ehrung des Berliner Schulhistorikers Dr. Gerd Radde am 3. Juli 1998, hrsg. vom Fachbereich Erziehungs- und Unterrichtswissenschaften der Technischen Universität Berlin, Berlin 1998, S. 10-28.

KEIM, Wolfgang / WEBER, Norbert H., Zur Einführung, in: Reformpädagogik in Berlin - Tradition und Wiederentdeckung. Für Gerd Radde, hrsg. von Wolfgang KEIM und Norbert H. WEBER (=Studien zur Bildungsreform, 30), Frankfurt [u.a.] 1998, S. 11-13.

KELLER, Gottfried, Am Tegeler See (1852), in: KELLER, Gottfried, Gesammelte Gedichte, Bd. 2 (=Gesammelte Werke, Bd. 10), 17. Aufl. Stuttgart [u.a.] 1904, S. 93f.

KINZE, Helmut, Die Insel antwortet [auf die Kriegssituation], in: Der Fährkahn. Blatt der Scharfenberger, 8. Folge: 1937, S. 21-23.

KINZE, Helmut, Brückenberg. K.L.V., in: Der Fährkahn. Blatt der Scharfenberger, 11. Folge: Mai 1941, S. 18-21.

KIRSCH, Botha, Die Stunde Null, in: Humboldtschule Tegel. 1903-1978, hrsg. von der Humboldt-Oberschule Tegel, Berlin 1978, S. 61f.

KLEDZIK, Ulrich, Ansätze Paul Heimanns zu Unterricht und Erziehung im Sekundarbereich I der Berliner Schule, in: Die Berliner Didaktik: Paul Heimann, hrsg. von Hansjörg NEUBERT (=Wissenschaft und Stadt, 18), Berlin 1991, S. 133-146.

KLEWITZ, Marion, Berliner Einheitsschule 1945-1951. Entstehung, Durchführung und Revision des Reformgesetzes von 1947/48 (=Historische und Pädagogische Studien, 1), Berlin 1971.

KLEWITZ, Marion, Berliner Schule unter Viermächtekontrolle, in: Zeitschrift für Pädagogik, Jg. 23 (1977), S. 563-579.

KLINGENBERG, Andreas, Biologisch Werken, in: Festschrift zum 75-jährigen Bestehen der Schulfarm Scharfenberg 1997, [hrsg. von der Schulleitung der Schulfarm Insel Scharfenberg], Berlin 1997, S. 52.

KLINGENBERG, Andreas, Chemie-Unterricht. Ein Projekt des Wahlpflichtkurses Chemie (10. Klasse), in: Festschrift zum 75-jährigen Bestehen der Schulfarm Scharfenberg 1997, [hrsg. von der Schulleitung der Schulfarm Insel Scharfenberg], Berlin 1997, S. 57-59.

KLOTZ, Ernst, Überfachlicher Unterricht? Bemerkungen zu Wilhelm Blumes Buch über das 13. Schuljahr, in: Die Höhere Schule, Jg. 9 (1956), S. 45-48.

KOLLAND, Dorothea, Klassenkampf und Erziehung in der Weimarer Republik, in: Wie das Leben lernen ... Kurt Löwensteins Entwurf einer sozialistischen Erziehung. Beiträge und Dokumente [Katalog zu der Ausstellung 'Nicht nur für sondern auch wie das Leben sollten wir lernen - 100 Jahre Kurt Löwenstein' vom 20.5. bis 28.6.1985 im Alten Kunstamt/Saalbau, Berlin-Neukölln], Berlin 1985, S. 45-69.

KOMINE, Soichiro, Hans Richert and secondary school reform in Prussia in the age of the Weimar Republic, in: The Japanese Journal of Educational Research, Vol. 63 (1994/95), No. 4, S. 404-413.

KOMINE, Soichiro, Über die Schulfarm Insel Scharfenberg, in: Chukyo University Bulletin of the Faculty of Liberal Arts, Vol. 38 (1997/98), S. 191-240.

Konzeptionsvorschlag [der Reformgruppe der Schulfarm Insel Scharfenberg vom 16.08.1996], in: Profil. Zeitschrift für die Schulfarm Insel Scharfenberg, Jg. 3, Nr. 5: Januar 1997, S. 2-6; wieder in: WERNER, Rainer, Schulfarm Insel Scharfenberg 1995 bis 1997. Chronik eines Reformversuchs. Eine Dokumentation, Berlin 1998, S. 120-129.

KOROLKOW, Juri, Die innere Front. Roman über die Rote Kapelle (Übers. aus dem Russischen), 2. Aufl. Berlin (DDR) 1976.

KRAUSHAAR, Luise, Berliner Kommunisten im Kampf gegen den Faschismus 1936 bis 1942. Robert Uhrig und Genossen, Berlin 1981.

KREITMAIR, [Karl], Die Schulfarm Scharfenberg, in: Schweizerische Lehrerzeitung, Jg. 75 (1930), S. 382f.

KREITMAIR, Karl, Wer ist Elisabeth Rotten? Zu ihrem 80. Geburtstag am 15. Februar, in: Unsere Jugend, Jg. 14 (1962), S. 79f.

Krieg gegen die Sowjetunion 1941-1945. Eine Dokumentation, hrsg. von Reinhard RÜRUP, Berlin 1991.

KRÜGER, Harry, Kriegsgefangenschaft mit 'Stäbchen', in: Humboldtschule Tegel. 1903-1978, hrsg. von der Humboldt-Oberschule Tegel, Berlin 1978, S. 60f.

KRULL, Wilhelm, Schulfarm Scharfenberg, in: Schulblatt für Braunschweig und Anhalt, 1. November 1932, S. 709-713.

KUBINA, Christian, Die Schulfarm Scharfenberg - ein fast vergessenes Erbe der Reformpädagogik, in: Hort heute. Fachzeitschrift für die Ganztagserziehung, Jg. 2 (1991), Heft 8, S. 31f.

KÜHL, Siegfried, Das Blume-Haus, oder die sehr persönlichen Anmerkungen eines 'Neu-Scharfenbergers' zur Metamorphose des Bauwerks unter besonderer Berücksichtigung einstiger und heutiger Bewohnerschaft und manch vergnüglicher Ereignisse, in: 50 Jahre Schulfarm Insel Scharfenberg, hrsg. aus Anlaß des 50jährigen Bestehens der Schulfarm Insel Scharfenberg, (masch.), Berlin 1972, o.S.

KÜHL, Siegfried, Das Vorbild Bonzo [Kurzautobiographie], in: ... und die Kunst ist immer dabei. Schulfarm Insel Scharfenberg - Ein Beitrag zur Bildenden Kunst. Katalog zur Ausstellung 12. Mai - 18. Juni 1989 in der Rathaus-Galerie Reinickendorf, Berlin 1989, o.S.

KÜNNEMANN, Horst, Gerhard Hardel, in: Lexikon der Kinder- und Jugendliteratur, hrsg. von Klaus DODERER, Bd. 1: A-H, Weinheim [u.a.] 1975, S. 522f.

KÜNNEMANN, Horst, Erich Zornemann. 1891-1976, in: Beiträge zur Geschichte der Pädagogischen Hochschule Berlin, hrsg. von Gerd HEINRICH (=Abhandlungen aus der Pädagogischen Hochschule Berlin, 6), Berlin 1980, S. 161f.

KUTTNER, Gerhard, Wesen und Formen der deutschen Schwankliteratur des 16. Jahrhunderts, Hamburg, Univ., Diss., 1934.

LAMPERTIUS, Greta, Biologisch Werken in der 7. Klasse, in: Festschrift zum 75-jährigen Bestehen der Schulfarm Scharfenberg 1997, [hrsg. von der Schulleitung der Schulfarm Insel Scharfenberg], Berlin 1997, S. 53.

LANGE, Annemarie, Berlin zur Zeit Bismarcks und Bebels, 4. Aufl. Berlin (DDR) 1984.

LANGE, Friedrich C. A., Groß-Berliner Tagebuch. 1920-1933, Berlin 1951; 2. unveränd. Aufl. ebd. 1982.

LANGER, Jürgen, Alternative Schulen - Reformschulen - Gesamtschulen, Teil 1, in: Ad Hoc. Information und Diskussion zu Bildungsfragen, hrsg. vom Konsultations- und Informationszentrum an der Akademie der Pädagogischen Wissenschaften, 1990, Heft 6, S. 3f.

LAUX, Hermann, Pädagogische Diagnostik im Nationalsozialismus 1933-1945 (=INGENKAMP, Karlheinz / LAUX, Hermann, Geschichte der Pädagogischen Diagnostik, 2), Weinheim 1990.

LEHBERGER, Reiner, Kommunikationswege der Versuchs- und Reformschulen in der Weimarer Republik (aus Hamburger Sicht), in: Nationale und internationale Verbindungen der Versuchs- und Reformschulen in der Weimarer Republik. Beiträge zur schulgeschichtlichen Tagung vom 17.11.-18.11.1992 im Hamburger Schulmuseum, hrsg. von Reiner LEHBERGER (=Hamburger Schriftenreihe zur Schul- und Unterrichtsgeschichte, 5), Hamburg 1993, S. 8-20.

LEHBERGER, Reiner, Weimarer Reformschulen im Nationalsozialismus, in: Weimarer Versuchs- und Reformschulen am Übergang zur NS-Zeit. Beiträge zur schulgeschichtlichen Tagung vom 16.-17. November 1993 im Hamburger Schulmuseum, hrsg. von Reiner LEHBERGER (=Hamburger Schriftenreihe zur Schul- und Unterrichtsgeschichte, 6), Hamburg 1994, S. 8-19.

LEHBERGER, Reiner, 'Laßt uns die Schule NEU gestalten'. Die Weimarer Versuchs- und Reformschulen und die Strukturmerkmale ihres Erfolges, in: Pädagogik, Jg. 51 (1999), Heft 12, S. 14-17.

LEHMANN, Reinhold, Versuchsschulen und Schulversuche im Auslande,
Teil 1-3, in: Schulreform, Jg. 4 (1925), S. 449-456, S. 573-578 und S. 633-639;
Teil 4-6, in: Schulreform, Jg. 5 (1926), S. 105-112, S. 283-286 und S. 445-451.

LEHMANN, Walter, Die Schulfarm Insel Scharfenberg, in: Pädagogisches Zentralblatt, hrsg. vom Zentralinstitut für Erziehung und Unterricht, Jg. 5 (1925), S. 145-167.

Lehrer trieben Schülerspäße. Scharfenberg entwickelte Lehrplan 'Darstellendes Spiel' für die Berliner Schule, in: Die Schule. Nachrichtenblatt für Eltern, Lehrer und Schüler, Berlin, Jg. 1 (1976), Heft 4, S. 2.

Lehrer-Verzeichnis Berlin,
Jg. 77 (1925), Berlin 1925;
Jg. 78 (1927), Berlin 1927;
Jg. 80 (1931), Berlin 1931.

Lehrer-Verzeichnis Berlin ...
vgl. auch: Verzeichnis der Lehrer und Schulen Berlins ...

LEMKE, Gerd, 'Marschallski' und 'Sirene', in: Humboldtschule Tegel, 1903-1978, hrsg. von der Humboldt-Oberschule Tegel, Berlin 1978, S. 55-57.

LEMKE, Hans, Die Berliner Aufbauschulen, in: Wissenschaftliche Zeitschrift der Humboldt-Universität zu Berlin, Reihe: Mathematik/Naturwissenschaften, Jg. 37 (1988), Heft 2, S. 208-211.

LEMKE, Hans, Schulfarm Scharfenberg - eine Versuchsschule der Stadt Berlin, in: Berliner höhere Schulen in drei Jahrhunderten (=Gesellschaftswissenschaften. Studien, Berlin (DDR), 1990/Heft 8), Berlin (DDR) 1990, S. 60-69; um einige zusammenfassende Sätze gekürzt auch in: Wissenschaftliche Zeitschrift der Universität Rostock. Gesellschafts- und Sprachwissenschaftliche Reihe, Bd. 39: Mecklenburgische Schulgeschichte, Rostock 1990, S. 179-186.

LENNERT, Rudolf, Mögliche Schulreformen, in: Neue Sammlung, Jg. 2 (1962), S. 334-338 (Teil 1) und Jg. 5 (1965), S. 308-313 (Teil 2); wieder in: Das Problem der gymnasialen Oberstufe, hrsg. von Rudolf LENNERT, Bad Heilbrunn 1971, S. 104-114.

LENNERT, Rudolf, Ursprung und Frühzeit der deutschen Landerziehungsheime. Zum 100. Geburtstag von Hermann Lietz (28.4.1968), in: Neue Sammlung, Jg. 8 (1968), S. 247-259.

LEPPIN, Gerda, Schwimmen 'Rund um Scharfenberg', in: Festschrift zum 75-jährigen Bestehen der Schulfarm Scharfenberg 1997, [hrsg. von der Schulleitung der Schulfarm Insel Scharfenberg], Berlin 1997, S. 80-82.

LESCHINSKY, Achim, Plädoyer für die Erforschung der Berliner Erziehungs- und Schulgeschichte, in: Schule in Berlin. Gestern und heute, hrsg. von Benno SCHMOLDT (=Wissenschaft und Stadt, 9), Berlin 1989, S. 199-204.

Lessing-Gymnasium zu Berlin. Dreißigster Jahresbericht, Ostern 1912 [für das Schuljahr 1911/1912], Berlin 1912.

Liebe Inselleute! [Leserbrief 'mehrerer Scharfenberger auf der städtischen Schulfarm im Tegeler See' zu einem Bild 'Sturm auf der 'Jugendinsel'' in der 4. Nachricht: 13. November 1926 der Zeitschrift 'Jugendinsel'], in: Jugendinsel. Zeitschrift für Jungen und Mädel, hrsg. von Else HILDEBRANDT, Berlin, 7. Nachricht: 22. Dezember 1926, o.S.

LIESFELD, Ursula, Tegel (=Chronik des Bezirks Reinickendorf von Berlin, Teil 5), Berlin 1987.

LINK, Jörg-W., Reformpädagogik zwischen Weimar, Weltkrieg und Wirtschaftswunder. Pädagogische Ambivalenzen des Landschulreformers Wilhelm Kircher (1898-1968) (=Untersuchungen zu Kultur und Bildung, 2), Hildesheim 1999.

LINSE, Ulrich, Antiurbane Bestrebungen in der Weimarer Republik, in: Im Banne der Metropolen. Berlin und London in den zwanziger Jahren, hrsg. von Peter ALTER (=Veröffentlichungen des Deutschen Historischen Instituts London, 29). Göttingen [u.a.] 1993, S. 314-344.

LONGARDT, Wolfgang, Musisches Leben auf der Schulfarm Scharfenberg, in: Theater der Schulen. Bericht von der Arbeit 1954-1955, Berlin o.J. [1955], S. 8f.

LONGARDT, Wolfgang, Scharfenberger 'Uraufführungen', in: Pädagogische Blätter, Berlin, Jg. 7 (1956), S. 26-29.

LONGARDT, Wolfgang, 'Bühnen-Variationen' als pädagogischer Versuch, in: Pädagogische Blätter, Berlin, Jg. 8 (1957), S. 149-152.

LONGART, Wolfgang, Musikalische Bühnenspiele zur 'Bundesschulmusikwoche Berlin' - ein kritischer Rückblick, in: Das Spiel in der Schule. Eine Vierteljahresschrift für Mittlere und Höhere Schulen, Jg. 1 (1960), S. 190-193.

LONGART, Wolfgang, Neue Wege zum musikalischen Bühnenspiel in der Schule, in: Das Spiel in der Schule. Eine Vierteljahresschrift für Mittlere und Höhere Schulen, Jg. 3 (1962), S. 54-56.

LONGARDT, Wolfgang, Ein Bilderbuch als Spielvorlage, in: Das Spiel in der Schule. Eine Vierteljahresschrift für alle Schulgattungen, Jg. 5 (1964), S. 23f.

MARKOV, Walter, Laudatio für Heinrich Scheel, in: Universalhistorische Aspekte und Dimensionen des Jakobinismus. Dem Wirken Heinrich Scheels gewidmet (=Sitzungsberichte der Akademie der Wissenschaften der DDR, Reihe Gesellschaftswissenschaften, Jg. 1976, Nr. 10/G), Berlin (DDR) 1976, S. 5-9.

MARTENS, Hildegard, Der Kräutergarten, in: Festschrift zum 75-jährigen Bestehen der Schulfarm Scharfenberg 1997, [hrsg. von der Schulleitung der Schulfarm Insel Scharfenberg], Berlin 1997, S. 71f.

MARTINU, Kurt, F.G. Klopstock im Raum der Nation, Bonn, Univ., Diss., 1936.

MAST, Peter, [Rezension von:] Geschichte der Berliner Verwaltungsbezirke, hrsg. von Wolfgang RIBBE, Bd. 1-5, 11 und 12, Berlin 1988, in: Zeitschrift für internationale erziehungs- und sozialwissenschaftliche Forschung, Jg. 6 (1989), S. 426-429.

MECHOW, Max, Frohnau. Die Berliner Gartenstadt (=Berliner Kaleidoskop, 24), Berlin 1977; 2. Aufl. Berlin 1985.

MEHLING, Markus, Schule auf hoher See, in: Festschrift zum 75-jährigen Bestehen der Schulfarm Scharfenberg 1997, [hrsg. von der Schulleitung der Schulfarm Insel Scharfenberg], Berlin 1997, S. 102-105.

MELAMERSON, Ernst, Wie der Gesamtunterricht der Jüngsten 1928 in Gang kam, in: Aus dem Leben der Schulfarm Insel Scharfenberg. Bilder, Dokumente, Selbstzeugnisse von Eltern, Lehrern, Schülern, red. von Wilhelm BLUME, in: Das Werdende Zeitalter. Eine Monatsschrift für Erneuerung der Erziehung, Jg. 7 (1928), S. 329-404, hier S. 353-355.

MENNERICH, Jan J., Die Schulfarm Insel Scharfenberg in den Jahren 1936-1940. Eine Retrospektive [Oktober 1987], in: Festschrift zum 75-jährigen Bestehen der Schulfarm Scharfenberg 1997, [hrsg. von der Schulleitung der Schulfarm Insel Scharfenberg], Berlin 1997, S. 12-19; um den Schlußteil gekürzt zuvor in: Die Schulfarm auf der Insel Scharfenberg. Beiträge zu ihrer Geschichte anläßlich der 125-Jahr-Feier des Ortsteils Konradshöhe (=Neue Scharfenberg-Hefte, 14), Berlin 1990, S. 46-53.

Der Mensch in der Berufsarbeit. Ein Lesebuch der humanen Bildung für das 9. Schuljahr. Praktischer Zweig. Bearb. von Wilhelm BLUME, 1. Aufl. Berlin [u.a.] 1949.

Der Mensch in der Berufsarbeit. Ein Lesebuch der humanen Bildung für das Abschlußjahr der Volksschule (9. Schuljahr). Bearb. von Wilhelm BLUME,
2. Aufl. Berlin [u.a.] 1950;
2. Aufl., 41.-50. Tsd. Berlin [u.a.] 1951.

Der Mensch in der Berufsarbeit. Ein Lese- und Arbeitsbuch für das Abschlußjahr der Volksschule (9. Schuljahr) zur Förderung der humanen Bildung. Bearb. von Wilhelm BLUME, 3. Aufl. Berlin [u.a.] 1951.

Der Mensch in der Berufsarbeit. Ein Wegbegleiter in die Welt der Arbeit, in das Kultur- und Gemeinschaftsleben. Zusammengestellt und bearb. von Wilhelm BLUME und Walter SCHEU-

NEMANN, 4. neugestaltete Aufl. Bad Homburg v.d.H. [u.a.] 1957;
5. Aufl. Berlin [u.a.] 1958;
6. Aufl. ebd. 1960;
7. Aufl. ebd. 1961.

Der Mensch in der Berufsarbeit. Ein Wegbegleiter in die Welt der Arbeit, in das Kultur- und Gemeinschaftsleben. Zusammengestellt und bearb. von Wilhelm BLUME und Walter SCHEUNEMANN, 4. neugestaltete [!] Aufl. Bad Homburg v.d.H. [u.a.] 1957.

METZ, Emil, Der Verein der Freunde der Scharfenbergschulidee e.V., in: Aus dem Leben der Schulfarm Insel Scharfenberg. Bilder, Dokumente, Selbstzeugnisse von Eltern, Lehrern, Schülern, red. von Wilhelm BLUME, in: Das Werdende Zeitalter. Eine Monatsschrift für Erneuerung der Erziehung, Jg. 7 (1928), S. 329-404, hier S. 394.

METZ, Gerhard, Schulfarm Scharfenberg, in: Das Werdende Zeitalter. Eine Monatsschrift für Erneuerung der Erziehung. Jg. 5 (1926), S. 179-183.

METZ, Gerhard, Rückerinnerung an den Deutschkurs, in: Aus dem Leben der Schulfarm Insel Scharfenberg. Bilder, Dokumente, Selbstzeugnisse von Eltern, Lehrern, Schülern, red. von Wilhelm BLUME, in: Das Werdende Zeitalter. Eine Monatsschrift für Erneuerung der Erziehung, Jg. 7 (1928), S. 329-404, hier S. 348f.

MEYER, Alfred, Aus der Scharfenberger Chronik, Juni 1961, in: Die Pempelforte. Zeitschrift des Humboldt-Gymnasiums Düsseldorf und des Vereins ehemaliger Hindenburg-Schüler, Nr. 3, 1961, S. 11.

MEYER, Erich, Die Scharfenberger Schülerfeuerwehr, in: Aus dem Leben der Schulfarm Insel Scharfenberg. Bilder, Dokumente, Selbstzeugnisse von Eltern, Lehrern, Schülern, red. von Wilhelm BLUME, in: Das Werdende Zeitalter. Eine Monatsschrift für Erneuerung der Erziehung, Jg. 7 (1928), S. 329-404, hier S. 379f.

MEYER-RABBA, Erlebnis Berlin. Bericht über die Jahrestagung der Bundesarbeitsgemeinschaft deutscher Schülervertretungen in Berlin vom 31. Mai bis zum 4. Juni 1955, in: Wir machen mit. Aus dem Leben der Schülermitverwaltung, Jg. 3 (1955), Heft 5, S. 4f.

MIETH, Annemarie. Literatur und Sprache im Deutschunterricht der Reformpädagogik. Eine problemgeschichtliche Untersuchung (=Beiträge zur Geschichte des Deutschunterrichts, 11), Frankfurt [u.a.] 1994.

MISCHON-VOSSELMANN, Doris, Machtübernahme an den Schulen, in: Schulreform - Kontinuitäten und Brüche. Das Versuchsfeld Berlin-Neukölln, hrsg. von Gerd RADDE, Werner KORTHAASE, Rudolf ROGLER und Udo GÖßWALD im Auftrag des Bezirksamts Neukölln, Abt. Volksbildung, Kunstamt, Bd. I: 1912 bis 1945, Opladen 1993, S. 310-326.

Mit der Kamera auf dem Kongreß, in: Die Neue Schule, Jg. 1 (1946), S. 298f.

Mitglieder der 'Altgemeinde'!, in: Der Fährkahn. Blatt der Scharfenberger, 7. Folge: Mai 1937, S. 30f.

MITZKA, Herbert, Der Wissenschaftliche Zweig an der Fritz-Karsen-Schule in Berlin-Neukölln in den Jahren von 1952 bis 1965. Ein Beitrag zur Geschichte der Einheitsschule, 3. Aufl. Einhausen 1987.

MOLO, Walter von, So wunderbar ist das Leben. Erinnerungen und Begegnungen, Stuttgart 1957.

MOOSBRUCKER-EYL, U., Kunst und Widerstand. Kategorien der Selbstverständigung im Leben Hans Coppi. Anmerkungen zu Peter Weiss 'Ästhetik des Widerstands', in: Widerstand gegen den Nationalsozialismus (=Neue Scharfenberg-Hefte, 7) Berlin 1984, S. 13-20.

MORÉ, Walter, Schulfarm Insel Scharfenberg, in: Informationen für Kultur, Wirtschaft und Politik, Jg. 12 (1959), Heft 10 (Oktober), S. 27-30.

MORITZ, Hans-Jürgen, Schulfarm Scharfenberg. Die Insel der offenen Türen, in: Raus in die Stadt! Stadtführer für Kinder durch Berlin und 750 Jahre Geschichte, hrsg. von Heinz-Dieter SCHILLING, Berlin 1985, S. 78-84.

MOSLÉ, Wilhelm, Gruppenarbeit im englischen Anfangsunterricht der Grünen, in: Aus dem Leben der Schulfarm Insel Scharfenberg. Bilder, Dokumente, Selbstzeugnisse von Eltern, Lehrern, Schülern, red. von Wilhelm BLUME, in: Das Werdende Zeitalter. Eine Monatsschrift für Erneuerung der Erziehung, Jg. 7 (1928), S. 329-404, hier S. 357f.

MÜLLER, Rudi, Anhang. Eine Besprechung, in: Das Spiel in der Schule. Eine Vierteljahresschrift für alle Schulgattungen, Jg. 5 (1964), S. 176f.

MÜLLER, Rudi, Nachgelesen - Kommentiert. 50 Jahre Schulfarm Insel Scharfenberg, in: 50 Jahre Schulfarm Insel Scharfenberg, hrsg. aus Anlaß des 50jährigen Bestehens der Schulfarm Insel Scharfenberg, (masch.), Berlin 1972, o.S.

MÜLLER, Rudi, Stirbt Scharfenberg?, in: Mitteilungsblatt des Deutschen Philologenverbandes, Landesverband Berlin, Jg. 23 (1976), S. 215-217.

MÜLLER, Rudi, Ein Modell für die Praxis. Lernziele und Arbeitsstrukturen des Darstellenden Spiels im Kurssystem, in: Schul-Management, Jg. 7 (1976), Heft 5, S. 32-37.

MÜLLER, Rudi, Vom Schulspiel zur Theaterpädagogik, in: Schul-Management, Jg. 7 (1976), Heft 5, S. 26-28.

MÜLLER, Rudi, Rede zum 'Fünfzigsten', in: 60 Jahre Schulfarm Insel Scharfenberg 1922-1982. Jubiläums-Festschrift anläßlich des 60-jährigen Bestehens der Schulfarm Insel Scharfenberg (=Sonderheft der Fähre), Berlin 1982, S. 80-82.

MÜLLER, Rudi, Brief zum 'Sechzigsten', in: 60 Jahre Schulfarm Insel Scharfenberg 1922-1982. Jubiläums-Festschrift anläßlich des 60-jährigen Bestehens der Schulfarm Insel Scharfenberg (=Sonderheft der Fähre), Berlin 1982, S. 83-89.

MÜLLER, Rudi, Die Film- und Theaterwerkstatt am scharfen Berg. Theaterinitiativen und -aktivitäten in den 70er Jahren, in: 60 Jahre Schulfarm Insel Scharfenberg 1922-1982. Jubiläums-Festschrift anläßlich des 60-jährigen Bestehens der Schulfarm Insel Scharfenberg (=Sonderheft der Fähre), Berlin 1982, S. 90-104.

MÜNZEL, Karl, Aus dem Anstaltsleben 1940/41 [April 1940-März 1941], in: Der Fährkahn. Blatt der Scharfenberger, 11. Folge: Mai 1941, S. 5-10.

Mütterlichkeit als Profession? Lebensläufe deutscher Pädagoginnen in der ersten Hälfte dieses Jahrhunderts, Bd. 2: BREHMER, Ilse / EHRLICH, Karin, Kurzbiographien (=Frauen in Geschichte und Gesellschaft, 5), Pfaffenweiler 1993.

MUNDSTOCK, Karl, Meine tausend Jahre Jugend, Halle [u.a.] 1981.

Der Nachlaß Hans Delbrück, bearb. von Horst WOLF, mit einem Vorwort von Hans SCHLEIER (=Handschrifteninventar der Deutschen Staatsbibliothek, 4), Berlin (DDR) 1980.

NATTEROTH, Friedrich, Schulfarm Scharfenberg, in: Die neue Schule. Blätter für demokratische Erneuerung in Unterricht und Erziehung, Jg. 1 (1946), S. 30-32; gekürzt auch in: NATTEROTH, Friedrich, Schulfarm Scharfenberg, in: Der freie Bauer. Das illustrierte Blatt, Jg. 1 (1946), Nr. 32.

NATTEROTH, Friedrich, Schulfarm Scharfenberg, in: Der freie Bauer. Das illustrierte Blatt, Jg. 1 (1946), Nr. 32; gekürzte Fassung von: NATTEROTH, Friedrich, Schulfarm Scharfenberg, in: Die neue Schule. Blätter für demokratische Erneuerung in Unterricht und Erziehung, Jg. 1 (1946), S. 30-32.

NETZBAND, Georg, Schüler sprengten den Fächerrahmen, in: Wege zu neuer Erziehung. Veröffentlichungen der Pädagogischen Arbeitsstelle Education Service Center Berlin, Jg. 2 (1951), Heft 5, S. 162f.

NETZBAND, Georg / ESCHEN, Fritz, Kunstpädagogische Anregungen. Ein Beitrag zur Praxis der bildnerischen Erziehung an allgemeinbildenden Schulen, Bd. 2: 7. bis 10. Schuljahr und Berufsfindungsjahr, Göttingen [u.a.] 1959.

Georg Netzband. Berlin zwischen den Kriegen. Antikriegsbilder, Materialbilder, Ölbilder, Grafiken im Haus am Kleistpark [zur Ausstellung vom 24.05.-14.06.1968]. Mit einem Vorwort von Hellmut JAESRICH, Berlin 1968.

Georg Netzband. Eine Werkauswahl. 1980, hrsg. von Isabel NETZBAND, Wiesbaden 1980.

Neue Scharfenberg-Hefte, hrsg. von der Projektgruppe Scharfenberg-Archiv, Berlin, Nr. 1 (1982) - 14 (1990):
1: Zur Geschichte der Schulfarm. Bericht der drei Studienräte Blume, Cohn und Schmidt vom städtischen Humboldt-Gymnasium zu Berlin über die Sommerschule auf der Insel Scharfenberg (1921) [Veröffentlichung des 'Berichts der drei Studienräte Cohn, Schmidt und Blume vom städtischen Humboldtgymnasium zu Berlin über die Sammelschule auf der Insel Scharfenberg' [Berlin, GStA PK: Rep. 76 VI, Sekt. 14 z, Nr. 48 II, Bl. 38-66; sowie: Berlin, LA, SIS]] (=Neue Scharfenberg-Hefte, 1), Berlin 1982; auch veröff. als: Bericht der drei Studienräte Cohn, Schmidt und Blume vom städtischen Humboldtgymnasium zu Berlin über die Sammelschule auf der Insel Scharfenberg [Berlin, GStA PK: Rep. 76 VI, Sekt. 14 z, Nr. 48 II, Bl. 38-66; sowie: Berlin, LA, SIS], hrsg. von Dietmar HAUBFLEISCH, Marburg 1999: http://archiv.ub.uni-marburg.de/sonst/1999/0001/q10.html;
2: Schülertexte. Dokumente einer Geschichte Scharfenbergs von 'unten' (=Neue Scharfenberg-Hefte, 2), Berlin 1982;
3: HARTKOPF, Werner, Die Bewältigung der Dialektik des Pädagogischen im alten Scharfenberg. Ein Essay (=Neue Scharfenberg-Hefte, 3), Berlin 1982;
4: 60 Jahrfeier. Eine Nachlese (=Neue Scharfenberg-Hefte, 4), Berlin 1983;
5: Arbeitswoche in Scharfenberg vom 14.-19.11.1983. Berichte - Skizzen - Dokumente (=Neue Scharfenberg-Hefte, 5), Berlin 1983;
6: Wilhelm Blume zum 100. Geburtstag (=Neue Scharfenberg-Hefte, 6), Berlin 1984;
7: Widerstand gegen den Nationalsozialismus (=Neue Scharfenberg-Hefte, 7), Berlin 1984;
8: 30 Jahre nach dem Scharfenberger Abitur (=Neue Scharfenberg-Hefte, 8), Berlin 1984;
9: Arbeits-Praktikum der 9. Jahrgangsstufe vom 15.-20.10.1984. Dokumente, Berichte (=Neue Scharfenberg-Hefte, 9), Berlin 1984;
10: PEWESIN, Wolfgang, Die Etappen der Scharfenberger Oberstufenreform 1952-1968. Eine Darstellung und Dokumentation (=Neue Scharfenberg-Hefte, 10), Berlin 1985;
11: Sonderheft zum 'Tag der Alten'. Aus der Geschichte der Schulfarm. 1. Georg Netzband (gest. 1984) [von Wolfgang PEWESIN] - 2. Der Beginn der Neuordnung Scharfenbergs 1949, 1.Teil: In der Ost-West-Spannung. Die Wirren des Übergangs 1948/49 [von Wolfgang PEWESIN] (=Neue Scharfenberg-Hefte, 11), Berlin 1985;
12: Beiträge zur Geschichte der Schulfarm. Werner Hartkopf (1906-1984): Der Beitrag der Schulfarm Scharfenberg zur modernen Gymnasialreform. Heinrich Scheel: Der Wechsel 1949; eine Darstellung als Entgegnung auf Wolfgang Pewesin ([s. Neue Scharfenberg-] Heft[e] Nr. 11), (=Neue Scharfenberg-Hefte, 12), Berlin 1986;
13: PEWESIN, Wolfgang, Beiträge zur Geschichte der Schulfarm. Auch ein Jubiläum: Scharfenberg vor 20 Jahren - eine Schülerdemonstration und ihre Folgen. Bericht und Dokumentation (=Neue Scharfenberg-Hefte, 13), Berlin 1987;
14: Die Schulfarm auf der Insel Scharfenberg. Beiträge zu ihrer Geschichte anläßlich der 125-Jahr-Feier des Ortsteils Konradshöhe (=Neue Scharfenberg-Hefte, 14), Berlin 1990.

Neues aus dem Scheunenviertel [Schülerzeitung der Schulfarm Insel Scharfenberg], Berlin, Jg. 1 (1926/27).

NIERMANN, Jupp, Musik auf der Schulfarm Scharfenberg, in: Festschrift zum 75-jährigen Bestehen der Schulfarm Scharfenberg 1997, [hrsg. von der Schulleitung der Schulfarm Insel Scharfenberg], Berlin 1997, S. 39-41.

OELKERS, Jürgen, Die 'neue Erziehung' im Diskurs der Reformpädagogik, in: Die neue Erziehung. Beiträge zur Internationalität der Reformpädagogik, hrsg. von Jürgen OELKERS und Fritz OSTERWALDER (=Explorationen, 29), Bern [u.a.] 1999, S. 13-41.

OESER, Erwin, Gestalt und Wert der Zeitungsberichte, in: Aus dem Leben der Schulfarm Insel Scharfenberg. Bilder, Dokumente, Selbstzeugnisse von Eltern, Lehrern, Schülern, red. von Wilhelm BLUME, in: Das Werdende Zeitalter. Eine Monatsschrift für Erneuerung der Erziehung, Jg. 7 (1928), S. 385.

OESER, Erwin, Absorptions- und Fluoreszenzuntersuchungen an dampfförmigen Cadmium- und Zinkhalogeniden, Göttingen, Univ., Diss., 1935.

OPALKA, Bruno, Dante und die politischen Mächte seiner Zeit. Untersuchungen zur Monarchia, Bonn, Univ., Diss., 1937.

OPPERMANN, Detlef, Gesellschaftsreform und Einheitsschulgedanke. Zu den Wechselwirkungen politischer Motivation und pädagogischer Zielsetzungen in der Geschichte des Einheitsschulgedankens, Bd. 1 (=Sozialhistorische Untersuchungen zur Reformpädagogik und Erwachsenenbildung, 1), Frankfurt 1982.

PAETZ, Andreas, Wilhelm Blume und die Insel, in: Deutsche Lehrerzeitung, Jg. 37 (1990), Heft 45, S. 9.

PAETZ, Andreas, Schulfarm Insel Scharfenberg, in: Schulen, die anders waren. Zwanzig reformpädagogische Modelle im Überblick, hrsg. von Andreas PAETZ und Ulrike PILARCZYK und mit einem Nachwort vers. von Gert GEIßLER, Berlin 1990, S. 89-95.

PAETZ, Andreas, Zu einigen Bestandteilen des reformpädagogischen Erbes in Brandenburg/Berlin, in: Ein Plädoyer für unser reformpädagogisches Erbe. Protokollband der internationalen Reformpädagogik-Konferenz am 24. September 1991 an der Pädagogischen Hochschule Halle-Köthen, hrsg. von Andreas PEHNKE, Neuwied [u.a.] 1992, S. 178-186.

PAPE, Inka, Scharfenberg 1987-1994, in: Festschrift zum 75-jährigen Bestehen der Schulfarm Scharfenberg 1997, [hrsg. von der Schulleitung der Schulfarm Insel Scharfenberg], Berlin 1997, S. 88f.

PAUL, Stefan, Porträts Neuköllner Schulreformer, in: Schulreform - Kontinuitäten und Brüche. Das Versuchsfeld Berlin-Neukölln, hrsg. von Gerd RADDE, Werner KORTHAASE, Rudolf ROGLER und Udo GÖßWALD im Auftrag des Bezirksamts Neukölln, Abt. Volksbildung, Kunstamt, Bd. II: 1945 bis 1972, Opladen 1993, S. 169-171.

PAULSEN, Wilhelm, Die neue Erziehungsbewegung und unser Schul- und Bildungsprogramm, in: Die Gesellschaft. Internationale Revue, Jg. 2 (1925), S. 524-545.

PAULSEN, Wilhelm, Die Überwindung der Schule. Begründung und Darstellung der Gemeinschaftsschule, Leipzig 1926; Auszug in franz. Übers. wieder in: PAULSEN, Wilhelm, L'Ecole Solidariste. Traduction et Préface de Adolphe FERRI`ERE, Bruxelles 1931, S. 25-34.

PAULSEN, Wilhelm, Der gegenwärtige Stand des deutschen Schulwesens, in: Schweizerische Lehrerzeitung. Organ des Schweizerischen Lehrervereins und des Pestalozzianums in Zürich, Jg. 72 (1927), S. 409-411, S. 421f., S. 431f., S. 442-444 und S. 457f.

PEWESIN, Christoph, Einige Bemerkungen zur Situation in Scharfenberg, in: Scharfenberger Notizen. Zeitung des 'Vereins der Freunde der Schulfarm Insel Scharfenberg', Berlin, Nr. 5: April 1994, S. 3-5.

PEWESIN, Christoph, Schulfarm Scharfenberg - Einsparen?, in: Profil. Zeitschrift für die Schulfarm Insel Scharfenberg, Jg. 2, Nr. 2: März 1996, S. 2-4.

PEWESIN, Wolfgang, Der Kulturunterricht - Wie er einem Studenten der Geschichte nachträglich erscheint, in: Aus dem Leben der Schulfarm Insel Scharfenberg. Bilder, Dokumente, Selbstzeugnisse von Eltern, Lehrern, Schülern, red. von Wilhelm BLUME, in: Das Werdende Zeitalter. Eine Monatsschrift für Erneuerung der Erziehung, Jg. 7 (1928), S. 329-404, hier S. 346-348; wieder abgedr. in: 60 Jahre Schulfarm Insel Scharfenberg 1922-1982. Jubiläums-Festschrift anläßlich des 60-jährigen Bestehens der Schulfarm Insel Scharfenberg (=Sonderheft der Fähre), Berlin 1982, S. 26-28.

PEWESIN, Wolfgang, Imperium, Ecclesia universalis, Rom. Der Kampf der afrikanischen Kirch um die Mitte des 6. Jahrhunderts, Berlin, Univ., Diss., 1937.

PEWESIN, Wolfgang, Schulfarm Insel Scharfenberg. Ein Beitrag zur Frage der neuen deutschen Erziehung, in: Die Brücke. Für Verständigung und Frieden. Zeitschrift der Studenten von Wilton Park, Training Centre, 3. Lehrgang, Juni 1946, S. 28-30.

PEWESIN, Wolfgang, Vorschlag zur Gestaltung des 13. Schuljahres auf der Schulfarm Insel Scharfenberg 1952/53 vom 06.03.1952, in: 60 Jahre Schulfarm Insel Scharfenberg 1922-1982. Jubiläums-Festschrift anläßlich des 60-jährigen Bestehens der Schulfarm Insel Scharfenberg (=Sonderheft der Fähre), Berlin 1982, S. 75f.; wieder in: PEWESIN, Wolfgang, Die Etappen der Scharfenberger Oberstufenreform 1952-1968. Eine Darstellung und Dokumentation (=Neue Scharfenberg-Hefte, 10), Berlin 1985, S. 13-15.

PEWESIN, Wolfgang, Die Schulfarm Scharfenberg, in: Eltern-Blatt, Jg. 4 (1954), Nr. 6 [=Juni-Heft], o.S.

PEWESIN, Wolfgang, Zum Geleit, in: Wilhelm Blume zum 70. Geburtstag (=Die Fähre. Eine Zeitung der Schulfarm Insel Scharfenberg, Heft 1/1954), Berlin 1954, o.S.

PEWESIN, Wolfgang, Der Erzieher Goethe. Wilhelm Blume gewidmet (=Vorträge und Aufsätze, 2), Berlin 1957.

PEWESIN, Wolfgang, Scharfenberg und die wissenschaftliche Oberschule (=Vorträge und Aufsätze, 5), Berlin 1958.

PEWESIN, Wolfgang, Schon zehne sind's ..., in: Die Fähre. Zeitung der Schulfarm Insel Scharfenberg, Berlin, Ausg. Juni 1959, o.S.

PEWESIN, Wolfgang, Nicolai Hartmann im Philosophieunterricht, in: Die Pädagogische Provinz, Jg. 14 (1960), S. 103-107.

PEWESIN, Wolfgang, Zur Rahmenvereinbarung über die Gestaltung der Gymnasialoberstufe, in: Bildung und Erziehung, Jg. 14 (1961), S. 742-748.

PEWESIN, Wolfgang, Haus Pempelfort. Von der Schulfarm Scharfenberg gesehen, in: Tradition und Gegenwart. Festschrift zur 125-Jahrfeier des städtischen Humboldt-Gymnasiums Düsseldorf, Düsseldorf 1963, S. 370-375.

PEWESIN, Wolfgang, Die Musen in unserer Schule. Eröffnungsvortrag der 10. Musischen Woche der Berliner Schulen, in: Das Spiel in der Schule. Eine Vierteljahresschrift für alle Schulgattungen, Jg. 5 (1964), S. 69-73.

PEWESIN, Wolfgang, Wilhelm Blume - 80 Jahre alt. Keine historische Würdigung, in: Berliner Lehrerzeitung, Jg. 18 (1964), S. 34-36; mit einer leichten Kürzung gegen Ende des Artikels wieder in: Wilhelm Blume zum 100. Geburtstag (=Neue Scharfenberg-Hefte, 6), Berlin 1984, S. 2-6.

PEWESIN, Wolfgang, Schulfarm Insel Scharfenberg - Berlin. Ein Schulversuch zur Gestaltung der Gymnasial-Oberstufe, in: Der Gymnasial-Unterricht, hrsg. von Robert ULSHÖFER und Hartmut von HENTIG, Reihe IV (1966), Heft 2, S. 26-34.

PEWESIN, Wolfgang, Die soziale Utopie wird immer in der jeweiligen Gegenwart realisiert - Rote Fahnen auf Scharfenberg, in: Haus Pempelfort. Das Experimentierfeld des Humboldt-Gymnasiums Düsseldorf, Düsseldorf 1969, S. 122-126.

PEWESIN, Wolfgang, Vollendung in der Begrenzung. Erziehung als bewußte Formung. Über den Erzieher Goethe, in: Haus Pempelfort. Das Experimentierfeld des Humboldt-Gymnasiums Düsseldorf, Düsseldorf 1969, S. 9-16.

PEWESIN, Wolfgang, Wege und Irrwege. Ein Brief an Scharfenberger Abiturienten, in: Berliner Lehrerzeitung, Jg. 24 (1970), Heft 12, S. 16-22; längerer Auszug wieder in: Profil. Zeitschrift für die Schulfarm Insel Scharfenberg, Jg. 2, Nr. 2: März 1996, S. 10f.

PEWESIN, Wolfgang, 50 Jahre Schulfarm Insel Scharfenberg, in: Berliner Lehrerzeitung, Jg. 26 (1972), Heft 9, S. 22.

PEWESIN, Wolfgang, Wilhelm Blume (1884-1970), in: Beiträge zur Geschichte der Pädagogischen Hochschule Berlin, hrsg. von Gerd HEINRICH (=Abhandlungen aus der Pädagogischen Hochschule Berlin, 6), Berlin 1980, S. 71-76.

PEWESIN, Wolfgang, Die Erneuerung der Schulfarm 1949-1969, in: 60 Jahre Schulfarm Insel Scharfenberg 1922-1982. Jubiläums-Festschrift anläßlich des 60-jährigen Bestehens der Schulfarm Insel Scharfenberg (=Sonderheft der Fähre), Berlin 1982, S. 48-64 und Dokumente dazu S. 65-78.

PEWESIN, Wolfgang, Rede, gehalten auf der Feier zum 60jährigen Bestehen der Schulfarm Insel Scharfenberg am 22. Mai 1982, in: 60 Jahrfeier. Eine Nachlese (=Neue Scharfenberg-Hefte, 4), Berlin 1983, S. 5-16.

PEWESIN, Wolfgang, Die Etappen der Scharfenberger Oberstufenreform 1952-1968. Eine Darstellung und Dokumentation (=Neue Scharfenberg-Hefte, 10), Berlin 1985.

PEWESIN, Wolfgang, Der Beginn der Neuordnung Scharfenbergs 1949. Teil 1: In der Ost-West-Spannung. Die Wirren des Übergangs 1948/49, in: Sonderheft zum 'Tag der Alten' 1985. Aus der Geschichte der Schulfarm. 1. Georg Netzband (gest. 1984) [von Wolfgang PEWESIN] - 2. Der Beginn der Neuordnung Scharfenbergs 1949. Teil 1: In der Ost-West-Spannung. Die Wirren des Übergangs 1948/49 [von Wolfgang PEWESIN] (=Neue Scharfenberg-Hefte, 11), Berlin 1985, S. 6-16.

PEWESIN, Wolfgang, Dem Gedächtnis Georg Netzbands, in: Sonderheft zum 'Tag der Alten' 1985. Aus der Geschichte der Schulfarm. 1. Georg Netzband (gest. 1984) [von Wolfgang PEWESIN] - 2. Der Beginn der Neuordnung Scharfenbergs 1949. Teil 1: In der Ost-West-Spannung. Die Wirren des Übergangs 1948/49 [von Wolfgang PEWESIN] (=Neue Scharfenberg-Hefte, 11), Berlin 1985, S. 3-5.

PEWESIN, Wolfgang, Beiträge zur Geschichte der Schulfarm. Auch ein Jubiläum: Scharfenberg vor 20 Jahren - eine Schülerdemonstration und ihre Folgen. Bericht und Dokumentation (= Neue Scharfenberg-Hefte, 13), Berlin 1987.

PFEIFFER, Thomas, Wozu Mistkarren? Wird die Schulfarm Insel Scharfenberg bald wieder das, was sie war - pädagogischer Schulversuch?, in: Blickpunkt. Die junge Zeitschrift, Berlin, Jg. 19 (1970), Juni/Juli-Heft, S. 18f.

Philologen-Jahrbuch (Kunzes Kalender) für das höhere Schulwesen Preußens und einiger anderer deutscher Staaten,
Jg. 31: Schuljahr 1924, 2. Teil, Breslau 1924;
Jg. 32: Schuljahr 1925, 2. Teil, Breslau 1925.

Philologen-Jahrbuch (Kunzes Kalender) für das höhere Schulwesen Preußens und einiger anderer deutscher Länder,
Jg. 33: Schuljahr 1926/27, 2. Teil, Breslau 1926;
Jg. 34: Schuljahr 1927/28, 2. Teil, Breslau 1927;
Jg. 35: Schuljahr 1928/29, 2. Teil, Breslau 1928;
Jg. 36: Schuljahr 1929/30, 2. Teil, Breslau 1929;
Jg. 37: Schuljahr 1930/31, 2. Teil, Breslau 1930;
Jg. 38: Schuljahr 1931/32, 2. Teil, Breslau 1931;
Jg. 39: Schuljahr 1932/33, 2. Teil, Breslau 1932;
Jg. 40: Schuljahr 1933/34, 2. Teil, Breslau 1933.

Philologen-Jahrbuch (Kunzes Kalender) der Lehrer der höheren Schulen, Jg. 41: Schuljahr 1934/35, 2. Teil, Breslau 1934.

PIETA, Christian, Erziehung zum Widerstand. Gedanken zur Arbeit auf der Schulfarm Scharfenberg 1984, in: Widerstand gegen den Nationalsozialismus (=Neue Scharfenberg-Hefte, 7), Berlin 1984, S. 3-12.

PÖGGELER, Franz, Die Verwirklichung politischer Lebensformen in der Erziehungsgemeinschaft. Eine kritische Interpretation moderner Schulversuche, Ratingen 1954.

PÖGGELER, Franz, Die Schulreform-Bewegungen des 20. Jahrhunderts und ihre Leitmotive, in: Pädagogik im Bild, hrsg. von Franz HILKER, Freiburg 1956, S. 289-302.

PÖGGELER, Franz, Objekte für Sammlungen zur Schul- und Bildungsgeschichte, in: Informationen zur Erziehungs- und Bildungshistorischen Forschung (=IZEBF), Nr. 20/21 (1983), S. 443-460.

PÖGGELER, Franz, Macht und Ohnmacht der Pädagogik. 1945 bis 1993: Im Spannungsfeld zwischen Erziehung, Politik und Gesellschaft. Ein Erfahrungsbericht, München 1993.

POMPLUN, Kurt, Von Häusern und Menschen. Berliner Geschichten (=Schriften zur Berliner Kunst- und Kulturgeschichte, 15), 1. Aufl. Berlin 1972; (=Berliner Kaleidoskop, 15), 2. Aufl. Berlin 1976.

POMPLUN, Kurt, Kutte kennt sich aus. Berlin-Bummel mit Kurt Pomplun, 5. Aufl. Berlin 1980.

POMPLUN, Kurt, Pompuns's Großes Berlin Buch, Berlin 1986.

POSENER, Alan, John Lennon, Reinbek 1987.

Praxisorientierter Unterricht, Projektgruppen, Wahlpflichtunterricht, Arbeitsgemeinschaften. Materialien der Schulleitung über die Entwicklung seit 1977, in: 60 Jahre Schulfarm Insel Scharfenberg 1922-1982. Jubiläums-Festschrift anläßlich des 60-jährigen Bestehens der Schulfarm Insel Scharfenberg (=Sonderheft der Fähre), Berlin 1982, S. 127-142.

PRIDIK, Heinrich, Hospitanten-Eindrücke vom Gesamtunterricht in Scharfenberg, in: Aus dem Leben der Schulfarm Insel Scharfenberg. Bilder, Dokumente, Selbstzeugnisse von Eltern, Lehrern, Schülern, red. von Wilhelm BLUME, in: Das Werdende Zeitalter. Eine Monatsschrift für Erneuerung der Erziehung, Jg. 7 (1928), S. 329-404, hier S. 349-352.

Profil. Zeitschrift für die Schulfarm Insel Scharfenberg, Berlin, Jg. 1 (1995), Nr. 1: November 1995 - Jg. 3 (1998), Nr. 10: April 1998.

Protokolle der Abendaussprachen der Schulfarm Insel Scharfenberg 1922-1929/32 [Berlin, LA, SIS], hrsg. von Dietmar HAUBFLEISCH, Marburg 1999:
http://archiv.ub.uni-marburg.de/sonst/1999/0001/q20.html

Quellen zur Geschichte der Schulfarm Insel Scharfenberg (Berlin), hrsg. von Dietmar HAUBFLEISCH, Marburg 1999:
http://archiv.ub.uni-marburg.de/sonst/1999/0001/welcome.html

RADDE, Gerd, Fritz Karsen. Ein Berliner Schulreformer der Weimarer Zeit (=Historische und Pädagogische Studien, 4), Berlin 1973; Neuausg. als: RADDE, Gerd, Fritz Karsen. Ein Berliner Schulreformer der Weimarer Zeit. Erw. Neuausg. Mit dem 'Bericht über den Vater' von Sonja KARSEN [und dem Beitrag 'Verfolgt, verdrängt und (fast) vergessen. Der Reformpädagoge Fritz Karsen' von Gerd RADDE] (=Studien zur Bildungsreform, 37), Frankfurt [u.a.] 1999.

RADDE, Gerd, Lehrerbildung an der Pädagogischen Hochschule Berlin 1946-1949, in: Neue Unterrichtspraxis, Jg. 13 (1980), S. 77-81.

RADDE, Gerd, Zeittafel zur Berliner Schulgeschichte von den Anfängen bis 1980, in: RICHTER, Wilhelm, Berliner Schulgeschichte. Von den mittelalterlichen Anfängen bis zum Ende der Weimarer Republik. Unter Mitwirkung von Maina RICHTER hrsg. und bearb. von Marion KLEWITZ und Hans Christoph BERG. Mit einer Zeittafel von Gerd RADDE (=Historische und Pädagogische Studien, 13), Berlin 1981, S. 189-203.

RADDE, Gerd, Die Fritz-Karsen-Schule als Einheitsschule, in: Forschungsprojekt der Stiftung Volkswagenwerk innerhalb des Förderungsschwerpunktes 'Deutschland nach 1945': Zielkonflikte um das Berliner Schulwesen zwischen 1948 und 1962 (Werkstattbericht) [aus der FU Berlin]. Projektgruppe zur Schulgeschichte Berlins. FB Erziehungs- und Unterrichtswissenschaften. Benno SCHMOLDT, Karl-Heinz FÜSSL, Christian KUBINA und Gerd RADDE, Berlin 1983, S. 126-177.

RADDE, Gerd, Ansätze eines Kursunterrichts an Berliner Lebensgemeinschaftsschulen während der Weimarer Zeit (1985), in: Kursunterricht - Begründungen, Modelle, Erfahrungen, hrsg. von Wolfgang KEIM (=Wege der Forschung, 504), Darmstadt 1987, S. 177-193.

RADDE, Gerd, Zum Kern- und Kursunterricht auf der differenzierten Mittelstufe an der Fritz-Karsen-Schule in Berlin (West) (1984), in: Kursunterricht - Begründungen, Modelle, Erfahrungen, hrsg. von Wolfgang KEIM (=Wege der Forschung, 504), Darmstadt 1987, S. 290-326.

RADDE, Gerd, Die Einheitsschule in Berlin. Ein Gesamtsystem und seine exemplarische Verwirklichung an der Fritz-Karsen-Schule in Berlin-Neukölln, in: Gesamtschul-Informationen, Jg. 20 (1989), Heft 1/2, S. 45-73; wieder in: Das Schulwesen in Berlin seit 1945. Beiträge zur Entwicklung der Berliner Schule, hrsg. von Benno SCHMOLDT (=Materialien und Studien zur Geschichte der Berliner Schule nach 1945, 8), Berlin 1990, S. 127-159.

RADDE, Gerd, Das 'Gesetz für Schulreform' von 1948 und seine Realisierung an der Fritz-Karsen-Schule in Berlin (West), in: Schule in Berlin. Gestern und heute, hrsg. von Benno SCHMOLDT (=Wissenschaft und Stadt, 9), Berlin 1989, S. 87-108.

RADDE, Gerd, Verfolgt, verdrängt und (fast) vergessen. Der Reformpädagoge Fritz Karsen, in: Erziehungswissenschaft und Nationalsozialismus. Eine kritische Positionsbestimmung, hrsg. von Wolfgang KEIM (=Forum Wissenschaft. Studienhefte, 9), Marburg 1990, S. 87-100.

RADDE, Gerd, Die Fritz-Karsen-Schule als Einheitsschule zwischen Reform und Realität, in: Reform und Realität in der Berliner Schule. Beiträge zu 25 Dienstjahren des Landesschulrats Herbert Bath, hrsg. von Hubertus FEDKE und Gerd RADDE, Braunschweig 1991, S. 93-103.

RADDE, Gerd, Professor Paul Heimann. Portrait eines Pädagogen, in: Brennpunkt Lehrerbildung, hrsg. von der Freien Universität Berlin. Zentralinstitut für Unterrichtswissenschaften und Curriculumsentwicklung, Berlin, Heft 7: Dezember 1987, S. 6-9; leicht überarb. und ohne Abb. wieder in: Die Berliner Didaktik: Paul Heimann, hrsg. von Hansjörg NEUBERT (=Wissenschaft und Stadt, 18), Berlin 1991, S. 35-44.

RADDE, Gerd, Der Reformpädagoge Fritz Karsen. Verfolgt und verdrängt, doch nicht vergessen, in: Pädagogen in Berlin. Auswahl von Biographien zwischen Aufklärung und Gegenwart, hrsg. von Benno SCHMOLDT (=Materialien und Studien zur Geschichte der Berliner Schule, 9), Baltmannsweiler 1991, S. 249-271.

RADDE, Gerd, Die Schulfarm Insel Scharfenberg. Eine schulhistorische Notiz, in: HICKETHIER, Knut, Die Insel. Jugend auf der Schulfarm Insel Scharfenberg 1958-1965. Mit einer schulhistorischen Notiz von Gerd RADDE (=Berliner Schuljahre. Erinnerungen und Berichte, 1), Berlin 1991, S. 32-39.

RADDE, Gerd, Kontinuität und Abbruch demokratischer Schulreform. Das Beispiel der Einheitsschule in Groß-Berlin, in: Öffentliche Pädagogik vor der Jahrhundertwende: Herausforderungen, Widersprüche, Perspektiven, hrsg. von Karl-Christoph LINGELBACH und Hasko ZIMMER (=Jahrbuch für Pädagogik, 1993), Frankfurt [u.a.] 1993, S. 29-51.

RADDE, Gerd, Die Fritz-Karsen-Schule im Spektrum der Berliner Schulreform, in: Schulreform - Kontinuitäten und Brüche. Das Versuchsfeld Berlin-Neukölln, hrsg. von Gerd RADDE, Werner KORTHAASE, Rudolf ROGLER und Udo GÖßWALD im Auftrag des Bezirksamts Neukölln, Abt. Volksbildung, Kunstamt, Bd. II: 1945 bis 1972, Opladen 1993, S. 68-84.

RADDE, Gerd, Fritz Hoffmann. 1898-1976, in: Schulreform - Kontinuitäten und Brüche. Das Versuchsfeld Berlin-Neukölln, hrsg. von Gerd RADDE, Werner KORTHAASE, Rudolf ROGLER und Udo GÖßWALD im Auftrag des Bezirksamts Neukölln, Abt. Volksbildung, Kunstamt, Bd. II: 1945 bis 1972, Opladen 1993, S. 204-207.

RADDE, Gerd, Zum Gedenken an Heinrich Scheel (11.12.1915-07.01.1996), in: Pädagogik und Schulalltag, Jg. 51 (1996), S. 212f.

RADDE, Gerd, Antifaschistisch-demokratischer Neuanfang als Aufklärung im pädagogischen Prozeß - der Weg eines ehemaligen Marinesoldaten in die Berliner Lehrerbildung (1946), in: "etwas erzählen". Die lebensgeschichtliche Dimension in der Pädagogik. Bruno Schonig zum 60. Geburtstag, hrsg. von Inge HANSEN-SCHABERG, Baltmannsweiler 1997, S. 45-55.

RADDE, Gerd, 'Vernehmt meinen Dank', in: Beiträge anläßlich der Ehrung des Berliner Schulhistorikers Dr. Gerd Radde am 3. Juli 1998, hrsg. vom Fachbereich Erziehungs- und Unterrichtswissenschaften der Technischen Universität Berlin, Berlin 1998, S. 37-42.

RADDE, Gerd, Fritz Karsen. Ein Berliner Schulreformer der Weimarer Zeit. Erw. Neuausg. [der 1973 als Bd. 4 in der Reihe 'Historische und Pädagogische Studien' erschienenen Dissertation mit gleichem Titel]. Mit dem 'Bericht über den Vater' von Sonja KARSEN [und dem Beitrag 'Verfolgt, verdrängt und (fast) vergessen. Der Reformpädagoge Fritz Karsen' von Gerd RADDE] (=Studien zur Bildungsreform, 37), Frankfurt [u.a.] 1999.

RADVANN, Wilhelm, Beiträge zur Geschichte der Insel Scharfenberg im Tegeler See, in: Mitteilungen des Vereins für die Geschichte Berlins, Jg. 46 (1929), S. 12-25.

RAPOPORT, Samuel Mitja, Laudatio auf Heinrich Scheel anläßlich seines 80. Geburtstages [am 11.12.1995], in: Sitzungsberichte der Leibnitz-Sozietät, Bd. 8 (1995), S. 127-129.

RATHJENS, Carl, Geomorphologische Untersuchungen in der Reiteralm und im Lattengebirge im Berchtesgadener Land, München, Univ., Diss., 1938.

RATHJENS, Carl, Wege eines Geographen. Aus dem Nachlaß hrsg. von Wolfgang MÜLLER. Mit einem Nachwort von Dietrich FLIEDNER (=Annales Universitatis Saraviensis, 10), St. Ingbert 1997.

RAHN, Kerstin, Friedrich Wilhelm Blume, in: Braunschweigisches Biographisches Lexikon. 19. und 20. Jahrhundert, hrsg. von Horst-Rüdiger JARCK und Günter SCHEEL, Hannover 1996, S. 69.

REIBE, Axel, Reinickendorf (=Geschichte der Berliner Verwaltungsbezirke, 4), Berlin 1988.

Das Reich des Kindes, hrsg. von Adele SCHREIBER, Berlin 1930.

REINSCH, Heinz, Die Scharfenberger Hühnerfarm, in: Aus dem Leben der Schulfarm Insel Scharfenberg. Bilder, Dokumente, Selbstzeugnisse von Eltern, Lehrern, Schülern, red. von Wilhelm BLUME, in: Das Werdende Zeitalter. Eine Monatsschrift für Erneuerung der Erziehung, Jg. 7 (1928), S. 329-404, hier S. 380.

'Resultate' (Unterschriften, Briefe, Pressemeldungen), hrsg. von der Initiative 'Erhaltung der Schulfarm Insel Scharfenberg als Reformschule' (Dezember 1996), Berlin 1996.

RICHTER, Wilhelm, Scharfenberg und die Großstadt, in: Aus dem Leben der Schulfarm Insel Scharfenberg. Bilder, Dokumente, Selbstzeugnisse von Eltern, Lehrern, Schülern, red. von Wilhelm BLUME, in: Das Werdende Zeitalter. Eine Monatsschrift für Erneuerung der Erziehung, Jg. 7 (1928), S. 329-404, hier S. 402-404.

RICHTER, Wilhelm, Zur Geschichte der Pädagogischen Hochschule, in: Berliner Lehrerzeitung, Jg. 6 (1952), S. 201.

RICHTER, Wilhelm, Die Brüder Humboldt und Berlin [nach einem Vortrag während der Berliner Festwochen am 11. September 1952 in der Aula der Humboldtschule in Tegel], in: Festschrift zur Fünfzigjahrfeier der Humboldtschule in Berlin-Tegel, hrsg. vom Lehrerkollegium der Humboldtschule und der 'Vereinigung ehemaliger Humboldtschüler' zu Berlin-Tegel e.V., Berlin 1953, S. 8-10.

RICHTER, Wilhelm, Schulerinnerungen, Berlin 1976; Kap. 'Scharfenberg 1928-1932' (S. 9-16) wieder in: Neue Sammlung, Jg. 17 (1977), Heft 1, S. 110-115; Kap. 'Tegel I und II. 1932-1934 und 1936-1943' (S. 20-27) u.d.T. 'Schulerinnerungen. Tegel 1932-1934 und 1936-1943' wieder in: Humboldtschule Tegel. 1903-1978, hrsg. von der Humboldt-Oberschule Tegel, Berlin 1978, S. 47-51.

RICHTER, Wilhelm, Scharfenberg 1928-1932, in: Ders., Schulerinnerungen, Berlin 1976, S. 9-16; wieder in: Neue Sammlung, Jg. 17 (1977), Heft 1, S. 110-115.

RICHTER, Wilhelm, Tegel I und II. 1932-1934 und 1936-1943, in: Ders., Schulerinnerungen, Berlin 1976, S. 20-27; u.d.T. 'Schulerinnerungen. Tegel 1932-1934 und 1936-1943'; wieder in: Humboldtschule Tegel. 1903-1978, hrsg. von der Humboldt-Oberschule Tegel, Berlin 1978, S. 47-51.

Wilhelm Richter - 15. Dezember - 23. Juli 1978, Berlin 1978.

RICHTER, Wilhelm, Abriß der Geschichte der Pädagogischen Hochschule Berlin von 1946 bis 1948, in: Beiträge zur Geschichte der Pädagogischen Hochschule Berlin, hrsg. von Gerd HEINRICH (=Abhandlungen aus der Pädagogischen Hochschule Berlin, 6), Berlin 1980, S. 3-21.

RICHTER, Wilhelm, Die Schulfarm Insel Scharfenberg - Wilhelm Blume, in: Ders., Berliner Schulgeschichte. Von den mittelalterlichen Anfängen bis zum Ende der Weimarer Republik. Unter Mitwirkung von Maina RICHTER hrsg. und bearb. von Marion KLEWITZ und Hans Christoph BERG. Mit einer Zeittafel von Gerd RADDE (=Historische und Pädagogische Studien, 13), Berlin 1981, S. 135-148; in Teilen wieder in: 60 Jahre Schulfarm Insel Scharfenberg 1922-1982. Jubiläums-Festschrift anläßlich des 60-jährigen Bestehens der Schulfarm Insel Scharfenberg (=Sonderheft der Fähre), Berlin 1982, S. 13-18; um den Schluß gekürzt wieder in: Steige hoch, du roter Adler. Katalog zur Ausstellung im Heimatmuseum Reinickendorf aus Anlaß der 750-Jahr-Feier Berlins vom 08.05. - 30.11.1987, hrsg. vom Bezirk Reinickendorf, Abt. Volksbildung. Heimatmuseum, Berlin 1987, o.S.

RIEGE, Jochen, Die sechsjährige Grundschule. Geschichtliche Entwicklung und gegenwärtige Gestalt aus pädagogischer und politischer Perspektive (=Studien zur Bildungsreform, 27), Frankfurt [u.a.] 1995.

RIEß, Günther, Erinnerungen an die Humboldtschule unter Wilhelm Blume, in: 80 Jahre Humboldtschule Tegel. 1903-1983 (=Humboldtheft, 6), Berlin 1983, S. 74-82.

RINOT, Hanoch, Scepticism in the Educational Dialogue of Yohanan Ginat, in: Bulletin. Youth Aliyah. Jewish Agency for Israel/Children and Youth Aliyah Deportmet, Jerusalem, Dezember 1979, S. 53-56.

ROCKSCH, Wolfgang, Schulgeschichte in Berlin [...], Berlin 1987 [Rezension], in: Jahrbuch für Erziehungs- und Schulgeschichte, Jg. 29 (1989), S. 207-213.

RÖGER, Christfried, Die Cecilienschule zu Saarbrücken (1912-1924) (=Veröffentlichungen des Instituts für Landeskunde des Saarlandes, 13), Saarbrücken 1965.

ROGLER, Rudolf, Das Heimatmuseum Berlin-Neukölln als Archiv, Forschungsstelle und Multiplikator reformpädagogischer Praxis, in: Mitteilungen & Materialien, Berlin, Heft Nr. 47 (1997), S. 58-75.

ROMAN, Frederick William, The New Education in Europe. An account of recent fundamental changes in the educational philosophy of Great Britain, France and Germany, second impression [2. unveränd. Aufl.], London 1924.

ROSENBERG, Alfons, Day schools, in: SPECHT, Minna / ROSENBERG, Alfons, Experimental Schools in Germany. Day schools (=German Educational Reconstruction, 1), London [1945], S. 16-24; Kap. 'Scharfenberg School' (S. 16-18) gekürzt und in deutscher Übers. wieder in: Steige hoch, du roter Adler. Katalog zur Ausstellung im Heimatmuseum Reinickendorf aus Anlaß der 750-Jahrfeier Berlins vom 08.05. - 30.11.1987, hrsg. vom Bezirk Reinickendorf, Abt. Volksbildung. Heimatmuseum, Berlin 1987, o.S.

Rote Kapelle. Dokumente aus dem antifaschistischen Widerstand. Begleitheft [zur Schallplatte], hrsg. vom VEB Deutsche Schallplatten, Berlin (DDR), o.J. [1987].

ROTHE, Hanns, Ich habe gerade mein 90. Lebensjahr vollendet, in: Humboldtschule Tegel. 1903-1978, hrsg. von der Humboldt-Oberschule Tegel, Berlin 1978, S. 122-124.

ROTTEN, Elisabeth, Das Janusgesicht der Schule, in: Das Werdende Zeitalter. Eine Monatsschrift für Erneuerung der Erziehung, Jg. 7 (1928), S. 1-4.

ROTTEN, Elisabeth, 'Durch Absonderung zur Gemeinschaft'. Ein Ruf an die Jugend, in: Das Werdende Zeitalter. Eine Monatsschrift für Erneuerung der Erziehung, Jg. 8 (1929), S. 293-300.

ROTTEN, Elisabeth, Psychohygiene als Erziehungsfaktor, in: Geistige Hygiene. Forschung und Praxis, hrsg. von Maria PFISTER-AMMENDE, Basel 1955, S. 17-39; u.d.T. 'Geistig-seelische Gesundheitssicherung von Kindheit auf (Psychohygiene als Erziehungsfaktor)' wieder in: Die Gesundheitssicherung. Gesunderhaltung der arbeitenden Menschen als soziale Aufgabe, Heft 5 (1956), S. 14-30.

ROTTEN, Elisabeth, Erziehung und Politik, in: Sonnenbergbriefe zur Völkerverständigung, Brief 24: August 1961, Braunschweig 1961, S. 33-35 - engl.: S. 35-37 und franz.: S. 38f.; der die Schulfarm Insel Scharfenberg betr. Abschnitt ist wieder zitert bei: STUCKI, Helene, Die Stimme Elisabeth Rottens, in: Der Neue Bund. Zeitschrift für Freiheit und Gemeinschaft, Jg. 30 (1964), S. 98-102, hier S. 99.

Elisabeth Rotten, in: Lexikon der Pädagogik, Bd. 3, Bern 1952, S. 388.

Elisabeth Rotten, in: ELZER, Hans-Michael, Begriffe und Personen aus der Geschichte der Pädagogik, hrsg. von Franz Joachim ECKERT und Klaus LOTZ, Frankfurt [u.a.] 1985, S. 362f.

ROUVAIRE, Heinz, Arbeitsabfolge in der Projektgruppe Holz, in: Festschrift zum 75-jährigen Bestehen der Schulfarm Scharfenberg 1997, [hrsg. von der Schulleitung der Schulfarm Insel Scharfenberg], Berlin 1997, S. 75.

RUDE, Adolf, Die Neue Schule und ihre Unterrichtslehre, Bd. 1: Die Neue Schule, [1. Aufl. 1927] 3. Aufl. Osterwieck [u.a.] 1930.

RÜGER, Maria, Aus einem Gespräch mit Hans Coppi, Hans Lautenschläger und Heinrich Scheel vom 16. Mai 1985, in: Für Mutter Coppi und die Anderen, Alle!. Graphische Folge von Fritz CREMER, hrsg. von der Akademie der Künste der Deutschen Demokratischen Republik, Berlin (DDR) 1986, S. 31-53.

RUTHENBERG, Heinz, Der Milchdienst, in: Aus dem Leben der Schulfarm Insel Scharfenberg. Bilder, Dokumente, Selbstzeugnisse von Eltern, Lehrern, Schülern, red. von Wilhelm BLUME, in: Das Werdende Zeitalter. Eine Monatsschrift für Erneuerung der Erziehung, Jg. 7 (1928), S. 329-404, hier S. 381.

SALINGER, Susanne / STREHLOW, Harro, Bibliographie des Berliner Botanikers und Ornithologen Carl Bolle, in: Verhandlungen des Botanischen Vereins von Berlin und Brandenburg, Bd. 124 (1991), S. 93-114.

SALINGER, Susanne, Carl Bolle, ein Mitglied des 'Botanischen Vereins für die Provinz Brandenburg und die angrenzenden Länder', in: Verhandlungen des Botanischen Vereins von Berlin und Brandenburg, Bd. 124 (1991), S. 87-91.

SALINGER, Susanne / STREHLOW, Harro, Carl August Bolle (21. November 1821 - 17. Februar 1909), in: Blätter aus dem Naumann-Museum, Bd. 13 (1992/93), S. 29-88.

SALINGER, Susanne, Zur Geschichte und Naturgeographie Scharfenbergs, in: Festschrift zum 75-jährigen Bestehen der Schulfarm Scharfenberg 1997, [hrsg. von der Schulleitung der Schulfarm Insel Scharfenberg], Berlin 1997, S. 20-32.

SANDVOß, Hans-Rainer, Widerstand in Pankow und Reinickendorf (=Schriftenreihe über den Widerstand in Berlin von 1933 bis 1945, 6), Berlin 1992.

SAUPE, Walther, Zur Überwindung der Bildungskrisis. Gedanken und Tatsachen, 1. Teil: Historische Bildung, Gemeinschaftserziehung, Lehrerbildung, Chemnitz 1926.

SAUPE, Walther, Gedanken über Scharfenberg, in: Die Neue Erziehung. Monatsschrift für entschiedene Schulreform und freiheitliche Schulreform, Jg. 9 (1927), S. 771-775.

SCH., W., Rektoratsübernahme an der Pädagogischen Hochschule, in: Berliner Lehrerzeitung, Jg. 13 (1959), S. 295.

SCHALOW, Hermann, Beiträge zur Vogelfauna der Mark Brandenburg. Materialien zu einer Ornithologie der norddeutschen Tiefebene auf Grund eigener Beobachtungen und darauf gegründeten Studien, Berlin 1919.

Scharfenberg, in: Preußische Feuerwehr-Zeitung (früher Brandenburgische Feuerwehr-Zeitung). Organ der Feuerwehrverbände Brandenburg, Pommern, Provinz Sachsen, West- und Ostpreußen, des Verbandes der freiwilligen Feuerwehren der Stadt Berlin und der Grenzmark Posen-Westpreußen, Jg. 38 (1928), [Nr. 17 vom 01.09.], S. 456f.

Scharfenberg während der Arbeit, Berlin,
Nr. 1: Januar 1933;
Nr. 2: Februar 1933;
Nr. 3: Februar 1933;
Nr. 4: März 1933;
Nr. 5: April 1933;
Nr. 6: Juni 1933;
Nr. 7: August 1933;
Nr. 8: September 1933 [Titel: 'Scharfenberg. Erntefest 1933'].

Scharfenberger Geschichte. Zeittafel des Schuljahres 1936/37, in: Der Fährkahn. Blatt der Scharfenberger, 7. Folge: Mai 1937, S. 3-5; wieder in: GUTSCHALK, Rolf, Scharfenberg während der NS-Zeit. Einige Dokumente, in: 60 Jahre Schulfarm Insel Scharfenberg 1922-1982. Jubiläums-Festschrift anläßlich des 60-jährigen Bestehens der Schulfarm Insel Scharfenberg (=Sonderheft der Fähre), Berlin 1982, S. 33-47 [als Dok. Nr. 8].

Scharfenberger Notizen. Zeitung des 'Vereins der Freunde der Schulfarm Insel Scharfenberg', Berlin,
Nr. 1: Mai 1992;
Nr. 2: Dezember 1992;
Nr. 3: Mai 1993;
Nr. 4: Dezember 1993;
Nr. 5: April 1994.

SCHEEL, Heinrich, Pädagogisches Leben. Theaterbesuch einer Schulklasse [der Schulfarm Insel Scharfenberg], in: Die Neue Schule, Jg. 3 (1948), S. 351f.

SCHEEL, Heinrich, Schülerprüfung oder Lehrerprüfung, in: Die neue Schule, Jg. 3 (1948), S. 655f.

SCHEEL, Heinrich, Die revolutionär-demokratischen Volksbewegungen in Südwestdeutschland von 1795 bis 1801, Berlin (DDR), Humboldt-Univ., Diss. (masch.), 1956.

SCHEEL, Heinrich, 'Kämpf für das, was wert und wahr', in: Das große Jugendmagazin, Bd. 3, Berlin 1961, S. 44-47.

SCHEEL, Heinrich, Zur Roten Kapelle, in: Theorie und Praxis. Wissenschaftliche Beiträge der Parteihochschule 'Karl-Marx' beim ZK der SED, Berlin (DDR), Jg. 23 (1974), Heft 1, S. 40-47.

SCHEEL, Heinrich, Vereint im Widerstand gegen den Faschismus. Aus der Geschichte der Roten Kapelle, in: Spektrum. Die Monatsschrift für den Wissenschaftler, Jg. 6 (1975), Mai-Heft, S. 4-7.

SCHEEL, Heinrich, Die Widerstandsorganisation Schulze-Boysen/Harnack. Die Wahrheit und bürgerliche Lügen über die 'Rote Kapelle', in: Horizont. Wochenzeitung, 1977, Nr. 51, S. 25 und S. 28.

SCHEEL, Heinrich, Begegnungen mit Käthe Kollwitz in der Zeit des Faschismus. - Für Jürgen Kuczynski. Auch ein Stück Alltag im antifaschistischen Widerstand, in: Jürgen Kuczynski - ein universeller marxistisch-leninistischer Gesellschaftswissenschaftler (=Sitzungsberichte der

Akademie der Wissenschaften der DDR. Reihe Gesellschaftswissenschaften, Jg. 1980, Nr. 9/G), Berlin (DDR) 1980, S. 57-65; u.d.T. 'Begegnungen mit Käthe Kollwitz' auch in: Sinn und Form. Beiträge zur Literatur, Jg. 32 (1980), S. 573-579.

SCHEEL, Heinrich, Biographie, in: Widerstand gegen den Nationalsozialismus (=Neue Scharfenberg-Hefte, 7), Berlin 1984, S. 28.

SCHEEL, Heinrich, Der 22. Dezember 1942, in: Widerstand gegen den Nationalsozialismus (=Neue Scharfenberg-Hefte, 7), Berlin 1984, S. 21-27.

SCHEEL, Heinrich, Hans Coppi, mein Freund und Kampfgefährte, Berlin (DDR) 1986.

SCHEEL, Heinrich, Der Wechsel 1949; eine Darstellung als Entgegnung auf Wolfgang Pewesin ([s. Neue Scharfenberg-] Heft[e] Nr. 11), in: Beiträge zur Geschichte der Schulfarm. Werner Hartkopf (1906-1984): Der Beitrag der Schulfarm Scharfenberg zur modernen Gymnasialreform. Heinrich Scheel: Der Wechsel 1949; eine Darstellung als Entgegnung auf Wolfgang Pewesin ([s. Neue Scharfenberg-] Heft[e] Nr. 11), (=Neue Scharfenberg-Hefte, 12), Berlin 1986, S. 61-67.

SCHEEL, Heinrich, Meine Begegnung mit der 'Jüdischen Frage', in: 'Und lehrt sie: GEDÄCHTNIS!' Eine Ausstellung des Ministeriums für Kultur und des Staatssekretärs für Kirchenfragen in Zusammenarbeit mit dem Verband der Jüdischen Gemeinden in der DDR zum Gedenken an den faschistischen Novemberpogrom vor fünfzig Jahren, Berlin (DDR) 1988, S. 10-15.

SCHEEL, Heinrich, Schulfarm Insel Scharfenberg, in: Der Mahnruf. Antifaschistisches Magazin, Berlin (DDR), Jg. 33 (1989), 1. Quartal, Nr. 212, S. 4.

SCHEEL, Heinrich, Schulfarm Insel Scharfenberg, in: Sinn und Form. Beiträge zur Literatur, Jg. 41 (1989), S. 470-498; als Abschnitt 1 'Die Schulfarm' und 2 'Die Lehrer' wieder in: SCHEEL, Heinrich, Schulfarm Insel Scharfenberg (=Wortmeldungen, 3), Berlin (DDR) 1990, S. 5-33.

SCHEEL, Heinrich, Schulfarm Insel Scharfenberg (=Wortmeldungen, 3), Berlin (DDR) 1990; Abschnitte 1 'Die Schulfarm' und 2 'Die Lehrer' zuerst in: SCHEEL, Heinrich, Schulfarm Insel Scharfenberg, in: Sinn und Form. Beiträge zur Literatur, Jg. 41 (1989), S. 470-498.

SCHEEL, Heinrich, Von der Schulfarm Scharfenberg zur 'Roten Kapelle'. Anmerkungen zur Gemeinschaftsbildung im Widerstand, in: Die Widerstandsorganisation Schulze-Boysen/Harnack. Die 'Rote Kapelle'. Tagung vom 9.-11.9.1988 im Adam-von-Trott-Haus, hrsg. von der Evangelischen Akademie Berlin (West) (=Dokumentation 69/90), Berlin o.J. [1990], S. 1-19.

SCHEEL, Heinrich, Ein jüdischer Lehrer an seinen einstigen Schüler. Briefe Hans Gärtners aus den Jahren 1946-1950, in: Zeitschrift für Religions- und Geistesgeschichte, Jg. 43 (1991), S. 18-29.

SCHEEL, Heinrich, Vor den Schranken des Reichskriegsgerichts. Mein Weg in den Widerstand, Berlin 1993.

SCHEEL, Heinrich, Die Rote Kapelle - Widerstand, Verfolgung, Haft, in: Die Rote Kapelle im Widerstand gegen den Nationalsozialismus, hrsg. von Hans COPPI, Jürgen DANYEL und Johannes TUCHEL (=Schriften der Gedenkstätte Deutscher Widerstand, 1), Berlin 1994, S. 39-53.

SCHEEL, Heinrich, Vom Leiter der Berliner Schulfarm Scharfenberg zum Historiker des deutschen Jakobinismus (1946-1956). Autobiographische Aufzeichnungen (=Sitzungsberichte der Leibniz-Sozietät, Bd. 14 = Jg. 1996, Heft 6), Berlin 1997.

SCHEEL, Heinrich, Wilhelm Blumes Schulfarm Insel Scharfenberg in der Nachkriegszeit bis zum Beginn des Kalten Krieges, in: Reformpädagogik in Berlin - Tradition und Wiederentdeckung. Für Gerd Radde, hrsg. von Wolfgang KEIM und Norbert H. WEBER (=Studien zur Bildungsreform, 30), Frankfurt [u.a.] 1998, S. 99-117.

Scheel, Heinrich [Biographie], in: BUCH, Günther, Namen und Daten wichtiger Personen der DDR, 3. Aufl. Bonn [u.a.] 1982, S. 268f.

SCHEIBNER, Erich, [Beurteilung der Zeitschrift 'Deutsche Jugend'], in: Deutsche Jugend. Zeitschrift für das Jugendrotkreuz, Jg. 4 (1929), o.S.

SCHIELKE, Volker, Der Lange von der Schulfarm. Am 25. Januar wäre der Funker der 'Roten Kapelle' Hans Coppi 65 Jahre alt geworden, in: Neue Berliner Illustrierte [=NBI] [Wochenzeitschrift], Berlin (DDR), Jg. 37 (1981), Nr. 2, S. 8-11.

SCHILLER, Joachim, Der preußische Kultusminister C.H. Becker und die Reformpädagogik der Weimarer Republik, in: Pädagogik und Schulalltag, Jg. 46 (1991), S. 271-279.

SCHINDLER, Norbert, Berliner Pflanzen. Berlin und Berliner als Namensgeber (=Berliner Forum 2/85), Berlin 1985.

SCHIPKUS, Emil, Blutdruckversuche mit Adrenalin und Azetylcholin, Berlin, Univ., Diss., 1939.

SCHMIDLIN, Guido, Walter Robert Corti. Der Gründer des Kinderdorfes Pestalozzi in Trogen, Zürich 1996.

SCHMIDT, Andrea, 40 Jahre Schule im Tegeler See, in: Der Feuerreiter, Köln, Jg. 37 (1961), Nr. 13 [vom 01.07.], S. 13-15.

SCHMIDT, Andrea, Wie Robinson auf einer Insel. Eine einzigartige Schule feiert ihr vierzigjähriges Jubiläum, in: Unser Kind. Eine Elternzeitschrift, Jg. 12 (1961), Nr. 10 [Oktober], S. 1 und S. 4f.

SCHMIDT-THOMSEN, Helga, Schule in der Zeit des Nationalsozialismus, in: Berlin und seine Bauten, hrsg. vom Architekten- und Ingenieur-Verein zu Berlin, Teil V, Bd. C: Schulen, Berlin 1991, S. 175-196.

SCHMIDT-THOMSEN, Helga, Schulen der Weimarer Republik, in: Berlin und seine Bauten, hrsg. vom Architekten- und Ingenieur-Verein zu Berlin, Teil V, Bd. C: Schulen, Berlin 1991, S. 121-174.

SCHMITT, Hanno, Die Besucherbücher der Odenwaldschule (1910-1933), in: Nationale und internationale Verbindungen der Versuchs- und Reformschulen in der Weimarer Republik. Beiträge zur schulgeschichtlichen Tagung vom 17.11.-18.11.1992 im Hamburger Schulmuseum, hrsg. von Reiner LEHBERGER (=Hamburger Schriftenreihe zur Schul- und Unterrichtsgeschichte, 5), Hamburg 1993, S. 130-135; mit akt. Anmerkungsteil wieder: Marburg 1999: http://archiv.ub.uni-marburg.de/sonst/1999/0006.html

SCHMITT, Hanno, Topographie der Reformschulen in der Weimarer Republik: Perspektiven ihrer Erforschung, in: 'Die Alte Schule überwinden'. Reformpädagogische Versuchsschulen zwischen Kaiserreich und Nationalsozialismus, hrsg. von Ullrich AMLUNG, Dietmar HAUBFLEISCH, Jörg-W. LINK und Hanno SCHMITT (=Sozialhistorische Untersuchungen zur Reformpädagogik und Erwachsenenbildung, 15), Frankfurt 1993, S. 9-31.

SCHMITT, Hanno, Versuchsschulen als Instrumente schulpädagogischer Innovation vom 18. Jahrhundert bis zur Gegenwart, in: Jahrbuch für Historische Bildungsforschung, hrsg. von der Historischen Kommission der Deutschen Gesellschaft für Erziehungswissenschaft, Bd. 1, Weinheim [u.a.] 1993, S. 153-178.

SCHMITT, Hanno, Authentische Pädagogische Praxis: Die Schulfarm Insel Scharfenberg zwischen Anfang und Ende des 20. Jahrhunderts, in: Profil. Zeitschrift für die Schulfarm Insel Scharfenberg, Berlin, Jg. 2, Nr. 9: November 1997, S. 3-8.

SCHMITT, Hanno, Zur Realität der Schulreform in der Weimarer Republik, in: Politische Reformpädagogik, hrsg. von Tobias RÜLCKER und Jürgen OELKERS, Bern [u.a.] 1998, S. 619-643.

SCHMITZ-HÜBSCH, Klara, Der Mittelschullehrer, der Universitätsprofessor wurde. Ein Gedenkblatt zum Tode Dr. Wilhelm Ziegelmeyers, in: Die Mittlere Schule, Jg. 59 (1951), März-Heft, S. 47f.

SCHMOLDT, Benno, Versuch zur Neugestaltung der gymnasialen Oberstufe in Berlin-Reinickendorf (=Kommunalpolitische Beiträge, III/16), Berlin 1968.

SCHMOLDT, Benno, [Rezension von:] Kursunterricht - Begründungen, Modelle, Erfahrungen, hrsg. von Wolfgang KEIM (=Wege der Forschung, 504), Darmstadt 1987, in: Informationen zur Erziehungs- und Bildungshistorischen Forschung (=IZEBF), Nr. 33 (1988), S. 233-236.

SCHMOLDT, Benno / SCHUPPAN, Michael-Sören, Vorwort, in: Pädagogen in Berlin. Auswahl von Biographien zwischen Aufklärung und Gegenwart, hrsg. von Benno SCHMOLDT (=Materialien und Studien zur Geschichte der Berliner Schule, 9), Baltmannsweiler 1991, S. 1-5.

SCHMOLDT, Benno, Schule und Unterricht im allgemeinbildenden Schulwesen der Weimarer Republik unter besonderer Berücksichtigung der Entwicklung in Berlin, in: Schule und Unterricht in der Endphase der Weimarer Republik. Auf dem Weg in die Diktatur, hrsg. von Reinhard DITHMAR, Neuwied [u.a.] 1993, S. 72-88.

SCHMOLL GEN. EISENWERTH, Josef Adolf, Frühe Wege zur Kunstgeschichte, in: Kunsthistoriker in eigener Sache. Zehn autobiographische Skizzen, hrsg. von Martina SITT. Mit einer Einleitung von Heinrich DILLY, Berlin 1990, S. 274-298.

SCHMOLL GEN. EISENWERTH, Josef Adolf, Ein Gespräch mit Dorothèe Gelderblom, Bielefeld, 3. Juli 1988, in: Rollenbilder im Nationalsozialismus - Umgang mit dem Erbe, hrsg. von Stefanie POLEY, Bad Honnef 1991, S. 382-389.

SCHNEIDER, Friedrich, Ein halbes Jahrhundert erlebter und mitgestalteter Vergleichender Erziehungswissenschaft, Paderborn 1970.

SCHOLTZ, Harald, Erziehung und Unterricht unterm Hakenkreuz, Göttingen 1985.

SCHOLTZ, Harald, Schule unterm Hakenkreuz, in: Schule und Unterricht im Dritten Reich, hrsg. von Reinhard DITHMAR, Neuwied 1989, S. 1-20.

SCHOLTZ, Harald, Gymnasium zum Grauen Kloster 1874-1974. Bewährungsproben einer Berliner Gymnasialtradition in ihrem vierten Jahrhundert (=Bibliothek für Bildungsforschung, 8), Weinheim 1998.

SCHOLZ, Felix, Schulfarmordnung [vermutlich Ende Oktober 1933] [PS Stückler], hrsg. von Dietmar HAUBFLEISCH, Marburg 1999: http://archiv.ub.uni-marburg.de/sonst/1999/0001/q52.html; zuvor abgedr. in: JAHNKE, Heinz K, Scharfenberg unter dem Hakenkreuz. Die Geschichte der Schulfarm Scharfenberg zwischen 1933 und 1945, Berlin 1997, S. 190f.

SCHOLZ, Felix, Scharfenberg. Die höhere Landerziehungsschule der Stadt Berlin, in: Nationalsozialistische Erziehung. Kampf- und Mitteilungsblatt des Nationalsozialistischen Lehrerbundes für den Gau Groß-Berlin, Berlin, Jg. 5 (1936), S. 353f.; wieder in: GUTSCHALK, Rolf, Scharfenberg während der NS-Zeit. Einige Dokumente, in: 60 Jahre Schulfarm Insel Scharfenberg 1922-1982. Jubiläums-Festschrift anläßlich des 60-jährigen Bestehens der Schulfarm Insel Scharfenberg (=Sonderheft der Fähre), Berlin 1982, S. 33-47, hier S. 41-44 [als Dok. Nr. 7].

SCHOLZ, Felix, Erziehung zum Volk. Aus der Ansprache des Leiters beim Herbst-Sportfest, in: Der Fährkahn. Blatt der Scharfenberger, 6. Folge: Juli 1936, S. 9f.

SCHOLZ, Felix, Jahresabschluß 1939. Aus der Ansprache des Anstaltsleiters, in: Der Fährkahn. Blatt der Scharfenberger, 8. Folge: 1937, S. 45f.

SCHOLZ, Felix, Zum Geleit, in: Der Fährkahn. Blatt der Scharfenberger, 11. Folge: Mai 1941, S. 3-5.

SCHONIG, Bruno, Berliner Reformpädagogik in der Weimarer Republik. Personen - Konzeptionen - Unterrichtsansätze, in: Schule in Berlin. Gestern und heute, hrsg. von Benno SCHMOLDT (=Wissenschaft und Stadt, 9), Berlin 1989, S. 31-53.

SCHONIG, Bruno, Reformpädagogik - Bücherweisheit oder Schulrealität? Anmerkungen zu zwei historisch-pädagogischen Ansätzen, sich mit der Pädagogik in der Weimarer Republik auseinanderzusetzen [zu: OELKERS, Jürgen, Reformpädagogik. Eine kritische Dogmengeschichte. Weinheim [u.a.] 1989, und: 'Die Alte Schule überwinden'. Reformpädagogische Versuchsschulen zwischen Kaiserreich und Nationalsozialismus, hrsg. von Ullrich AMLUNG, Dietmar HAUBFLEISCH, Jörg-W. LINK und Hanno SCHMITT (=Sozialhistorische Untersuchungen zur Reformpädagogik und Erwachsenenbildung, 15), Frankfurt 1993], in: Mitteilungen & Materialien. Arbeitsgruppe Pädagogisches Museum e.V., Berlin, Heft Nr. 42/1994, S. 79-88.

SCHONIG, Bruno, Die Ambivalenz der Reformpädagogik ist die Ambivalenz der Reformpädagogen. Anmerkungen zu einigen Untersuchungen über das Verhältnis von Reformpädagogik und Nationalsozialismus [Rezension des Bandes 'Weimarer Versuchs- und Reformschulen am Übergang zur NS-Zeit. Beiträge zur schulgeschichtlichen Tagung vom 16.-17. November 1993 im Hamburger Schulmuseum, hrsg. von Reiner LEHBERGER (=Hamburger Schriftenreihe zur Schul- und Unterrichtsgeschichte, 6), Hamburg 1994'], in: Mitteilungen & Materialien. Arbeitsgruppe Pädagogisches Museum e.V., Berlin, Heft Nr. 44/1995, S. 112-118.

SCHONIG, Bruno, Reformpädagogik, in: Handbuch der deutschen Reformbewegungen 1880-1933, hrsg. von Diethart KERBS und Jürgen REULECKE, Wuppertal 1998, S. 319-330.

SCHOTTLÄNDER, Stefan, Aus dem Fragment einer Autobiographie, in: Humboldtschule Tegel. 1903-1978, hrsg. von der Humboldt-Oberschule Tegel, Berlin 1978, S. 51-54; in Teilen u.d.T. 'Erinnerungen eines Schülers aus dem Jahre 1943 an Wilhelm Richter' wieder in: Wilhelm Richter - 15. Dezember - 23. Juli 1978, Berlin 1978, S. 13-15.

SCHRECK, Karl-Heinz, Fähren im Bereich Berlin (West), in: Berliner Verkehrsblätter. Informationsschrift des Arbeitskreises Berliner Nahverkehr, Jg. 33 (1986), S. 64-73, S. 88-97, S. 116-125 und S. 148-155.

Schüler und Kollegen erinnern sich. Geschichten um Paul Heimann, in: Die Berliner Didaktik: Paul Heimann, hrsg. von Hansjörg NEUBERT (=Wissenschaft und Stadt, 18), Berlin 1991, S. 285-316.

Schülertexte. Dokumente einer Geschichte Scharfenbergs von 'unten' (=Neue Scharfenberg-Hefte, 2), Berlin 1982.

SCHÜTZE, Joachim, Die Vogelwelt der Insel Scharfenberg, in: Berliner Naturschutz-Blätter, Jg. 18 (1974), S. 52-59 und S. 97-103.

SCHUHMACHER, Dieter, Schulzeit - die schönste Zeit im Leben, in: Humboldtschule Tegel. 1903-1978, hrsg. von der Humboldt-Oberschule Tegel, Berlin 1978, S. 54f.

Die Schule auf der Insel. Die Westberliner Schulfarm Scharfenberg - ein pädagogischer Erfolg, in: Berlin-Programm, Berlin-Charlottenburg, 1956, Heft 47, S. 9.

Schulen in Berlin. Ein Wegweiser durch die Berliner Schullandschaft, hrsg. von der Bildungsberatung Berlin e.V., erarb. und zusammengestellt von Christiane GRIESE, Berlin 2000.

Die Schulfarm auf der Insel Scharfenberg. Beiträge zu ihrer Geschichte anläßlich der 125-Jahr-Feier des Ortsteils Konradshöhe (=Neue Scharfenberg-Hefte, 14), Berlin 1990.

Die Schulfarm auf der städtischen Insel Scharfenberg bei Berlin-Tegel, in: Das Schulhaus. Zentralorgan für Bau, Einrichtung und Ausstattung der Schulen und verwandten Anstalten im Sinne neuzeitlicher Forderungen, Jg. 24 (1929/30), S. 270f.

Die Schulfarm Insel Scharfenberg. Eine chronologische Übersicht ihrer Geschichte, in: Die Schulfarm auf der Insel Scharfenberg. Beiträge zu ihrer Geschichte anläßlich der 125-Jahr-Feier des Ortsteils Konradshöhe (=Neue Scharfenberg-Hefte, 14), Berlin 1990, S. 60-62.

Schulfarm Insel Scharfenberg, in: Berlin-Handbuch. Das Lexikon der Bundeshauptstadt, hrsg. vom Presse- und Informationsamt des Landes Berlin, Berlin 1992, S. 1046; wieder: 2., durchges. Aufl. ebd. 1993, S. 1046.

Schulfarm Insel Scharfenberg (Gymnasium mit Internat) Inselordnung (Rohfassung, Januar 1996), in: Dokumentation. Beiträge zur Diskussion über eine Neukonzeption der Schulfarm Scharfenberg, Berlin 1996, S. 9-11; wieder in: WERNER, Rainer, Schulfarm Insel Scharfenberg 1995 bis 1997. Chronik eines Reformversuchs. Eine Dokumentation, Berlin 1998, S. 105-117; Auszug der gleichlautenden Fassung vom Februar 1996 u.d.T. 'Die neue Inselordnung der Schulfarm Insel Scharfenberg (Rohfassung Febr. 1996)' in: Profil. Zeitschrift für die Schulfarm Insel Scharfenberg, Jg. 2, Nr. 2: März 1996, S. 14f.

Schulfarm Scharfenberg, in: Nationalsozialistische Erziehung. Wochenschrift des Nationalsozialistischen Lehrerbundes, Gau Berlin, Berlin, Jg. 7 (1938), S. 85.

Schulfarm Scharfenberg, in: Nationalsozialistische Erziehung. Wochenschrift des Nationalsozialistischen Lehrerbundes, Gau Berlin, Berlin, Jg. 7 (1938), S. 119.

Schulfarm Scharfenberg, in: DEHIO, Georg, Handbuch der Deutschen Kunstdenkmäler, Bd.: Berlin, bearb. von Sibylle BADSTÜBNER-GRÖGER [u.a.], München [u.a.] 1994, S. 375.

Die Schulfarm Scharfenberg. Ein interessantes pädagogisches Experiment, in: Allgemeiner Wegweiser für jede Familie. Mit Bilderbeilage und Schnittbogenmuster, Berlin, Jg. 1932 [Nr. 46 vom 16.11.], Ausg. B, S. 885.

Die Schulfarm Scharfenberg. Eine chronologische Übersicht, in: 60 Jahre Schulfarm Insel Scharfenberg 1922-1982. Jubiläums-Festschrift anläßlich des 60-jährigen Bestehens der Schulfarm Insel Scharfenberg (=Sonderheft der Fähre), Berlin 1982, S. 105-110.

Die Schulfarm Scharfenberg. Eine chronologische Übersicht, in: Festschrift zum 75-jährigen Bestehen der Schulfarm Scharfenberg 1997, [hrsg. von der Schulleitung der Schulfarm Insel Scharfenberg], Berlin 1997, S. 33-37.

Die Schulfarm Scharfenberg im Spiel der Politik, in: Die Neue Schule, Jg. 3 (1948), S. 269f.

Schulgeschichte in Berlin, Berlin (DDR) 1987.

SCHULZ, Rüdiger, Archäologische Landesaufnahme der Funde und Fundstellen in Berlin, hrsg. vom archäologischen Landesamt Berlin, Berlin 1987.

SCHUMANN, Frank, Anstelle einer Biographie [zu Hanno Günther], in: Die Weltbühne. Wochenschrift für Politik, Kunst, Wirtschaft, Berlin, Jg. 78 (1983), Heft 2, S. 33-35.

SCHUMANN, Frank, Blume inter pares, in: Die Weltbühne. Wochenschrift für Politik, Kunst, Wirtschaft, Berlin, Jg. 78 (1983), Heft 36, S. 1123-1126.

SCHUMANN, Sonja, Die Scharfenbergerin 'Kaninchen Sonja', in: Festschrift zum 75-jährigen Bestehen der Schulfarm Scharfenberg 1997, [hrsg. von der Schulleitung der Schulfarm Insel Scharfenberg], Berlin 1997, S. 92-94.

SCHUPPAN, Michael-Sören, Zeittafel 1946-1979, in: Beiträge zur Geschichte der Pädagogischen Hochschule Berlin, hrsg. von Gerd HEINRICH (=Abhandlungen aus der Pädagogischen Hochschule Berlin, 6), Berlin 1980, S. 38-56.

SCHUPPAN, Michael-Sören, Berliner Lehrerbildung nach dem Zweiten Weltkrieg. Die Pädagogische Hochschule im bildungspolitischen Kräftespiel unter den Bedingungen der Vier-Mächte-Stadt (1945-1958) (=Europäische Hochschulschriften, Reihe 11: Pädagogik, 403), Frankfurt [u.a.] 1990.

SCHUPPAN, Michael-Sören, Robert Alt und die Pädagogische Hochschule Groß-Berlin. Eine kleine Dokumentation, in: Pädagogen in Berlin. Auswahl von Biographien zwischen Aufklärung und Gegenwart, hrsg. von Benno SCHMOLDT (=Materialien und Studien zur Geschichte der Berliner Schule, 9), Baltmannsweiler 1991, S. 391-398.

SCHUPPAN, Michael-Sören, Wilhelm Blume, in: Pädagogen in Berlin. Auswahl von Biographien zwischen Aufklärung und Gegenwart, hrsg. von Benno SCHMOLDT (=Materialien und Studien zur Geschichte der Berliner Schule, 9), Baltmannsweiler 1991, S. 299-312.

SCHUPPAN, Michael-Sören, Die Anfänge der ordentlichen Lehrerausbildung in Berlin nach 1945 und die Gründung der Freien Universität, in: Lehrerbildung im vereinten Deutschland. Referate eines Colloquiums zu Fragen der Gestaltung der zukünftigen Lehrerbildung, hrsg. von Peter HÜBNER (=Europäische Hochschulschriften, Reihe 11: Pädagogik, 591), Frankfurt [u.a.] 1994, S. 1-17.

SCHUPPE, Erwin, Privatschulen als Alternativen zu staatlichen Schulen?, in: Neue Sammlung, Jg. 17 (1977), S. 273-290.

SCHUPPAN, Michael-Sören, Jens Peter Nydahl. 1883-1967, in: Schulreform - Kontinuitäten und Brüche. Das Versuchsfeld Berlin-Neukölln, hrsg. von Gerd RADDE, Werner KORTHAASE, Rudolf ROGLER und Udo GÖßWALD im Auftrag des Bezirksamts Neukölln, Abt. Volksbildung, Kunstamt, Bd. II: 1945 bis 1972, Opladen 1993, S. 225-227.

SCHWARZ, Karl, Bibliographie der deutschen Landerziehungsheime (=Aus den deutschen Landerziehungsheimen, 8), Stuttgart 1970.

SCHWEDTKE, Kurt, Nie wieder Karl-Marx-Schule! Eine Abrechnung mit der marxistischen Erziehung und Schulverwaltung, Braunschweig, Berlin [u.a.] o.J. [1933].

SCHWERBROCK, Wolfgang, Proteste der Jugend. Schüler, Studenten und ihre Presse, Düsseldorf [u.a.] 1968.

SCHWERIN, F. Graf von, Jahresversammlung zu Berlin am 28., 29. und 30. August 1917, in: Mitteilungen der Deutschen Dendrologischen Gesellschaft, Jg. 26 (1917), S. 238-297.

Sechzig Jahre Humboldtschule Tegel, in: Besinnung und Ausblick. 60 Jahre Humboldtschule (=Vorträge und Aufsätze, hrsg. von der Vereinigung der Freunde der Humboldtschule, 4), Berlin 1964, S. 1-11.

60 Jahre Schulfarm Insel Scharfenberg 1922-1982. Jubiläums-Festschrift anläßlich des 60-jährigen Bestehens der Schulfarm Insel Scharfenberg (=Sonderheft der Fähre), Berlin 1982.

60 Jahrfeier. Eine Nachlese (=Neue Scharfenberg-Hefte, 4), Berlin 1983.

SEIDEL, Heinrich, Leberecht Hühnchen. Prosa-Idyllen, Leipzig 1901; zuletzt: Frankfurt 1985.

Senator für Schulwesen verbietet Friedenstag in Scharfenberg, in: Berliner Lehrerzeitung. Jg. 36 (1982), Heft 2, S. 12.

Die Sitzungsprotokolle des Magistrats der Stadt Berlin 1945/46, bearb. und eingel. von Dieter HANAUSKE,
Teil I: 1945 (=Schriftenreihe des Landesarchivs Berlin, 2, Teil I), Berlin 1995;
Teil II: 1946 (=Schriftenreihe des Landesarchivs Berlin, 2, Teil II), Berlin 1999.

SOBISIAK, Günter, Max Klesse. 1896-1963, in: Beiträge zur Geschichte der Pädagogischen Hochschule Berlin, hrsg. von Gerd HEINRICH (=Abhandlungen aus der Pädagogischen Hochschule Berlin, 6), Berlin 1980, S. 107-112.

SÖLLNER, Alfons, Peter Weiss und die Deutschen. Die Entstehung einer politischen Ästhetik wider die Verdrängung, Opladen 1988.

SOMMER, Helmut, Anstatt eines Vorwortes. Begrüßungsansprache des Schulleiters anläßlich der 60-Jahrfeier der Schulfarm Insel Scharfenberg am 22. Mai 1982, in: 60 Jahre Schulfarm Insel Scharfenberg 1922-1982. Jubiläums-Festschrift anläßlich des 60-jährigen Bestehens der Schulfarm Insel Scharfenberg (=Sonderheft der Fähre), Berlin 1982, S. I-V.

SOMMER, Helmut, Scharfenberg in den letzten 5 Jahren, in: 60 Jahre Schulfarm Insel Scharfenberg 1922-1982. Jubiläums-Festschrift anläßlich des 60-jährigen Bestehens der Schulfarm Insel Scharfenberg (=Sonderheft der Fähre), Berlin 1982, S. 111-115.

SOMMER, Helmut, Zur Vorgeschichte der Insel Scharfenberg, in: Die Schulfarm auf der Insel Scharfenberg. Beiträge zu ihrer Geschichte anläßlich der 125-Jahr-Feier des Ortsteils Konradshöhe (=Neue Scharfenberg-Hefte, 14), Berlin 1990, S. 59.

SOMMER, Helmut / WERNER, Rainer, Inseltheater. Die Fächer Schulspiel/Darstellendes Spiel in der Schulfarm Insel Scharfenberg, in: Musische Tage Reinickendorf 1991, hrsg. vom Bezirksamt Reinickendorf von Berlin, Abt. Volksbildung, Berlin 1991, Sp. 65-68.

SOMMER, Helmut, Gedanken zum 75. Geburtstag der Schulfarm Insel Scharfenberg unter besonderer Berücksichtigung der Jahre 1977 bis 1992, in: Festschrift zum 75-jährigen Bestehen der Schulfarm Scharfenberg 1997, [hrsg. von der Schulleitung der Schulfarm Insel Scharfenberg], Berlin 1997, S. 7-11.

SOMMER, Matthias, Ein Traum?, in: Festschrift zum 75-jährigen Bestehen der Schulfarm Scharfenberg 1997, [hrsg. von der Schulleitung der Schulfarm Insel Scharfenberg], Berlin 1997, S. 90.

Sonderheft zum 'Tag der Alten'. Aus der Geschichte der Schulfarm. 1. Georg Netzband (gest. 1984) [von Wolfgang PEWESIN] - 2. Der Beginn der Neuordnung Scharfenbergs 1949, 1.Teil: In der Ost-West-Spannung. Die Wirren des Übergangs 1948/49 [von Wolfgang PEWESIN] (=Neue Scharfenberg-Hefte, 11), Berlin 1985.

SONNENSCHEIN-WERNER, Claus, Nachbemerkung, in: SCHEEL, Heinrich, Schulfarm Insel Scharfenberg (=Wortmeldungen, 3), Berlin (DDR) 1990, S. 68-70.

SORGE, Ernst, Scharfenbergs mathematischer Unterricht, in: Aus dem Leben der Schulfarm Insel Scharfenberg. Bilder, Dokumente, Selbstzeugnisse von Eltern, Lehrern, Schülern, red. von Wilhelm BLUME, in: Das Werdende Zeitalter. Eine Monatsschrift für Erneuerung der Erziehung, Jg. 7 (1928), S. 329-404, hier S. 358f.

STARCK, Hans-Joachim, Die Stellung der Naturwissenschaften in der Gesamtoberschule, in: Berliner Lehrerzeitung, Jg. 22 (1968), Heft 2, S. 36f.

STARCK, Hans-Joachim, Die Humboldtschule im 75. Jahr. Fünf Jahre reformierte Oberstufe. Ein Zwischenbericht, in: Humboldtschule Tegel. 1903-1978, hrsg. von der Humboldt-Oberschule Tegel, Berlin 1978, S. 22-25.

STARCK, Hans-Joachim, Vorwort, in: Harry Hempel zum Abschied (=Humboldtheft, 10), Berlin 1988, S. 1f.

Statistisches Jahrbuch der Stadt Berlin, hrsg. im Auftrage des Magistrats vom Statistischen Amt der Stadt Berlin, [N.F.][3] Jge. 1-15 (1924-1943) [Jg. 1924 und 1926 erschienen als Statistisches Taschenbuch der Stadt Berlin], Berlin 1924-1943, hier: [N.F.] Jg. 7 (1931), Berlin 1931; [N.F.] Jg. 8 (1932), Berlin 1932; [N.F.] Jg. 9 (1933), Berlin 1933; [N.F.] Jg. 10 (1934), Berlin 1934; [N.F.] Jg. 11 (1935), Berlin 1936; [N.F.] Jg. 12 (1936), Berlin 1937; [N.F.] Jg. 13 (1937), Berlin 1938; [N.F.] Jg. 14 (1938), Berlin 1939; [N.F.] Jg. 15 (1939), Berlin 1943[4].

Steige hoch, du roter Adler. Katalog zur Ausstellung im Heimatmuseum Reinickendorf aus Anlaß der 750-Jahr-Feier Berlins vom 08.05. - 30.11.1987, hrsg. vom Bezirk Reinickendorf, Abt. Volksbildung. Heimatmuseum, Berlin 1987.

STEINBACH, Peter, Widerstandsorganisation Harnack/Schulze-Boysen. Die 'Rote Kapelle' - ein Vergleichsfall für die Widerstandsgeschichte, in: Arbeiterschaft und Nationalsozialismus in Österreich. In Memoriam Karl R. Stadler, hrsg. von Rudolf G. ARDELT und Hans HAUTMANN, Wien und Zürich 1990, S. 691-720; wieder in: Geschichte in Wissenschaft und Unter-

---

[3] Statistisches Jahrbuch der Stadt Berlin, hrsg. im Auftrage des Magistrats vom Statistischen Amt der Stadt Berlin, [N.F.], Jg. 1 (1924), S. III: "Nachfolger des 'Statistischen Jahrbuchs' der (alten) Stadt Berlin, dessen letzte, die Jahre 1915 bis 1919 umfassende Ausgabe im Juli 1920 erschien [...]."

[4] Schulfarm Insel Scharfenberg in den Jgn. [N.F.] Jg. 1 (1924), Berlin 1924 - [N.F.] Jg. 6 (1930), Berlin 1930 nicht aufgeführt.

richt, Jg. 32 (1991), S. 133-152; wieder in: STEINBACH, Peter, Widerstand im Widerstreit. Der Widerstand gegen den Nationalsozialismus in der Erinnerung der Deutschen. Ausgewählte Studien, Paderborn [u.a.] 1994, S. 234-256.

STEINBERGER, Nathan, Der sozialistische Schülerbund im Spannungsfeld von Schulreform und Schulkampf - Bericht eines ehemaligen Karsen-Schülers, in: Schulreform - Kontinuitäten und Brüche. Das Versuchsfeld Berlin-Neukölln, hrsg. von Gerd RADDE, Werner KORTHAASE, Rudolf ROGLER und Udo GÖßWALD im Auftrag des Bezirksamts Neukölln, Abt. Volksbildung, Kunstamt, Bd. I: 1912 bis 1945, Oplden 1993, S. 223-231.

STEINBRINKER, Heinrich, Kurzchronik [über Schulversuche der Jugendbewegung], in: Die deutsche Jugendbewegung 1920 bis 1933. Die bündische Zeit, hrsg. von Werner KINDT (= Dokumentation der Jugendbewegung, 3), Düsseldorf [u.a.] 1974, S. 1444f.

STRUCKMANN, Johann Caspar, Schul-Arbeiten an der Schulgeschichte, in: Scharfenberger Notizen. Zeitung des 'Vereins der Freunde der Schulfarm Insel Scharfenberg', Berlin, Nr. 4: Dezember 1993, S. 3-5.

STRUCKMANN, Johann Caspar, Bibliographie zur Geschichte der Schulfarm Insel Scharfenberg, Berlin 1994.

STRUCKMANN, Johann Caspar, Die Jahresarbeiten. Ein Stück Schul- und Wissenschaftsgeschichte der Schulfarm Scharfenberg, in: Mitteilungen & Materialien. Arbeitsgruppe Pädagogisches Museum e.V., Berlin, Heft Nr. 42/1994, S. 68-78.

STRUCKMANN, Johann Caspar, Nachtrag zum Schuljubiläum, in: Profil. Zeitschrift für die Schulfarm Insel Scharfenberg, Berlin, Jg. 2, Nr. 9: November 1997, S. 15.

STUCKI, Helene, Die Stimme Elisabeth Rottens, in: Der Neue Bund. Zeitschrift für Freiheit und Gemeinschaft, Jg. 30 (1964), S. 98-102.

STÜCKLER, Bernd, Über die Differentialgleichungen für die Bewegung eines idealisierten Kraftwagens, Berlin, Techn. Hochsch., Diss., 1951.

SUKOPP, Herbert / BRANDE, Arthur, Beiträge zur Landschaftsgeschichte des Gebietes um den Tegeler See, in: Sitzungsberichte der Gesellschaft Naturforschender Freunde zu Berlin, (N.F.) Bd. 24/25 (1984/85), S. 198-214.

Tagung 'Das Landheim' [vom 6. und 7. Okt. 1925], in: Pädagogisches Zentralblatt, Jg. 5 (1925), S. 414.

Tagung 'Der neue Lehrer' [veranstaltet vom Bund Entschiedener Schulreformer vom 30.09. bis 04.10.1925], in: Pädagogisches Zentralblatt, Jg. 5 (1925), S. 291.

TOSCH, Frank, 'Der Glücksfall einer guten Schule'. Universität Potsdam zeigte Ausstellung über die Hamburger Lichtwarkschule [und führte einen Workshop 'Historische Reformschulen: Modell für heutige gute Schule' durch], in: Rundbrief der Historischen Kommission der Deutschen Gesellschaft für Erziehungswissenschaft, Jg. 7 (1998), Brief 1: Mai, S. 47-49.

TOURBIER, Richard, Wie die Schulfarm Scharfenberg ein Erntefest feierte, in: Die Jugendbühne, Jg. 12 (1932), S. 38-41.

TRENKNER, Henning, Die Entwicklung der Farm als Bestandteil des Gymnasiums, in: Festschrift zum 75-jährigen Bestehen der Schulfarm Scharfenberg 1997, [hrsg. von der Schulleitung der Schulfarm Insel Scharfenberg], Berlin 1997, S. 62-65.

Überschau [über die Entwicklung Scharfenbergs von August 1939 bis Januar 1940], in: Der Fährkahn. Blatt der Scharfenberger, 8. Folge: 1937, S. 23-25.

Übersicht über die städtischen höheren Lehranstalten [Jg. 1]. Stand vom 1. Mai 1927. Anhang: Die staatlichen höheren Lehranstalten in Berlin, hrsg. vom Magistrat der Stadt Berlin 1927.

Übersicht über die städtischen höheren Lehranstalten [Jg. 2]. Stand vom 1. Mai 1928. Anhang: Die staatlichen höheren Lehranstalten in Berlin, hrsg. vom Magistrat der Stadt Berlin 1928.

Übersicht über die städtischen höheren Lehranstalten [Jg. 3]. Stand vom 1. Mai 1929. Anhang: Die staatlichen höheren Lehranstalten in Berlin, hrsg. vom Magistrat der Stadt Berlin 1929.

Übersicht über die städtischen höheren Lehranstalten [Jg. 4]. Stand vom 1. Mai 1930. Anhang: Die staatlichen höheren Lehranstalten in Berlin, hrsg. vom Magistrat der Stadt Berlin 1930.

Übersicht über die städtischen höheren Lehranstalten [Jg. 5]. Stand vom 1. Mai 1931. Anhang: Die staatlichen höheren Lehranstalten in Berlin, hrsg. vom Magistrat der Stadt Berlin 1931.

ULMER, Michael, Unser Lehrer Dr. Specht. Willkommen auf Krähenwerder. Roman [auf der Basis der Drehbücher zu der gleichnamigen ZDF-Serie von Kurt BARTSCH[5]], Köln 1994.

Um Berlins pädagogische Hochschule, in: Die Lehrer-Gewerkschaft. Mitteilungsblatt, hrsg. vom Verband der Lehrer und Erzieher Groß-Berlins, Berlin, Jg. 2 (1948) [Nr. 19 vom 20.12.1948], S. 151f.

... und die Kunst ist immer dabei. Schulfarm Insel Scharfenberg - Ein Beitrag zur Bildenden Kunst. Katalog zur Ausstellung 12. Mai - 18. Juni 1989 in der Rathaus-Galerie Reinickendorf, Berlin 1989.

Verwaltungsbericht der Bezirksverwaltung Reinickendorf für die Zeit vom 1. April 1932 bis 31. März 1936, hrsg. vom Bezirksbürgermeister des Verwaltungsbezirks Reinickendorf der Reichshauptstadt Berlin, Berlin 1936.

Verwaltungsbericht der Stadt Berlin 1924-1927 (1. April 1924 bis 31. März 1928). Nach den Berichten der Verwaltungen hrsg. von dem Statistischen Amt der Stadt Berlin (Verwaltungsberichtsstelle), Heft 5: Schul-, Kunst- und Bildungswesen, Berlin 1929.

Verwaltungsbericht der Hauptschulverwaltung der Stadt Berlin und der Allgemeinen Hauptverwaltung Kunst- und Bildungswesen für die Zeit vom 1. April 1932 bis 31. März 1936 mit einem kurzen Rückblick seit 1928, Heft 5: Schul-, Kunst- und Bildungswesen, Berlin 1937.

Verzeichnis der Höheren Schulen mit Schülerheimen im Großdeutschen Reich. Bearb. von der Reichsstelle für Schulwesen, Berlin, Berlin 1943.

Verzeichnis der Lehrer und Schulen Berlins, Jg. 81 (1952/53), Berlin 1953.

Verzeichnis der Lehrer und Schulen Berlins, Jg. 82 (1955/56), Berlin 1956.

Verzeichnis der Lehrer und Schulen Berlins, Jg. 83 (1962/63), Berlin 1963.

Verzeichnis der Lehrer und Schulen Berlins ...
vgl. auch: Lehrer-Verzeichnis Berlin ...

Verzeichnis deutscher Filme, hrsg. von Walther GÜNTHER, I: Lehr- und Kulturfilme (Abgeschlossen: 31.03.1926), Berlin 1927.

Voraussetzungen für den Eintritt in die Schulfarm Insel Scharfenberg [Informationsblatt der Schulfarm, 1928]; wieder in: 60 Jahre Schulfarm Insel Scharfenberg 1922-1982. Jubiläums-Festschrift anläßlich des 60-jährigen Bestehens der Schulfarm Insel Scharfenberg (=Sonderheft der Fähre), Berlin 1982, S. 29.

Vorträge und Aufsätze, hrsg. von der Gemeinschaft der Freunde der Scharfenberg-Schulidee, Berlin 1957-[ca. 1962]:
1: HARTKOPF, Werner, Zur Gestaltung der wissenschaftlichen Oberstufe und der Reifeprüfung (=Vorträge und Aufsätze, 1), Berlin 1957;
2: PEWESIN, Wolfgang, Der Erzieher Goethe. Wilhelm Blume gewidmet (=Vorträge und Aufsätze, 2), Berlin 1957;
3-4: BEHRMANN, Alfred, Scharfenberg 1921-1928. Eine pädagogische Untersuchung

---

[5] Unser Lehrer Dr. Specht. Krähenwerder. ZDF, 1. Folge: 07.02., 2. Folge: 14.02., 3. Folge: 21.02., 4. Folge: 28.02., 5. Folge: 07.03., 6. Folge: 14.03., 7. Folge: 21.03., 8. Folge: 28.03., 9. Folge: 04.04., 10. Folge: 11.04., 11. Folge: 18.04., 12. Folge: 25.04., 13. Folge: 02.05., 14. Folge: 09.05., 15. Folge: 16.05., 16. Folge 23.05.1995.

(=Vorträge und Aufsätze, 3-4), Berlin 1957;
5: PEWESIN, Wolfgang, Scharfenberg und die wissenschaftliche Oberschule (=Vorträge und Aufsätze, 5), Berlin 1958;
6-7: HARTKOPF, Werner / PEWESIN, Wolfgang, Die Philosophie im Oberstufenunterricht auf Scharfenberg (=Vorträge und Aufsätze, 6-7), Berlin 1958;
8: BLUME, Wilhelm, Erinnerungen an das Bollehaus auf der Insel Scharfenberg (=Vorträge und Aufsätze, 8), Berlin 1959;
9-10: BEHRMANN, Alfred, Schüleraufführungen in Scharfenberg 1953-1962, Teil 1: Stücke (=Vorträge und Aufsätze, 9-10), Berlin o.J. [ca. 1962].

Vorträge und Aufsätze, hrsg. von der Vereinigung der Freunde der Humboldtschule, Hefte 1-4, Berlin 1961-1964.

WEBER, Norbert H., Berliner Reformpädagogik als Thema erziehungswissenschaftlicher Lehrveranstaltungen am Fachbereich Erziehungs- und Unterrichtswissenschaft der TU Berlin, in: Reformpädagogik in Berlin - Tradition und Wiederentdeckung. Für Gerd Radde, hrsg. von Wolfgang KEIM und Norbert H. WEBER (=Studien zur Bildungsreform, 30), Frankfurt [u.a.] 1998, S. 343-376.

WEBER, Norbert H., Laudatio, in: Beiträge anläßlich der Ehrung des Berliner Schulhistorikers Dr. Gerd Radde am 3. Juli 1998, hrsg. vom Fachbereich Erziehungs- und Unterrichtswissenschaften der Technischen Universität Berlin, Berlin 1998, S. 29-36.

WEBER, Wolfgang, Der Kranich [Gedicht auf Felix Scholz, 1933] [PS Stückler]; abgedr. in: JAHNKE, Heinz K., Scharfenberg unter dem Hakenkreuz. Die Geschichte der Schulfarm Scharfenberg zwischen 1933 und 1945, Berlin 1997, S. 189; kurzer Auszug auch in: SCHEEL, Heinrich, Schulfarm Insel Scharfenberg (=Wortmeldungen, 3), Berlin (DDR) 1990, S. 59; sowie in: SCHEEL, Heinrich, Vor den Schranken des Reichskriegsgerichts. Mein Weg in den Widerstand, Berlin 1993, S. 95.

WEDEL, Gudrun, Berliner Schulalmanach. Verzeichnis aller öffentlichen allgemeinbildenden Schulen in Berlin (West) (1952-1982) (=Materialien und Studien zur Geschichte der Berliner Schule, 10), Hohengehren 1993.

Wege zur Schule von morgen. Entwicklungen und Versuche in der Berliner Schule, hrsg. vom Senator für Schulwesen, Berlin 1964; 2. unwesentl. veränd. Aufl. 1965.

WEGENER, Charlotte, Elternarbeit an der Humboldtschule, in: Humboldtschule Tegel. 1903-1978, hrsg. von der Humboldt-Oberschule Tegel, Berlin 1978, S. 65-67.

Wegweiser durch das höhere Schulwesen des Deutschen Reiches. Im Auftrage des Reichsministeriums für Wissenschaft, Erziehung und Volksbildung bearb. von der Reichsstelle für Schulwesen Berlin,
Jg. 1: Schuljahr 1935, Berlin 1936;
Jg. 2: Schuljahr 1936, Berlin 1937;
Jg. 3: Schuljahr 1937, Berlin 1938;
Jg. 4: Schuljahr 1938, Berlin 1939;
Jg. 5: Schuljahr 1939, Berlin 1940;
Jg. 6: Schuljahr 1940, Berlin 1942;
Jg. 7: Schuljahr 1941, Berlin 1943;
Jg. 8: Schuljahr 1942, Berlin 1944.

WEISS, Peter, Die Ästhetik des Widerstands, 3 Bde., Frankfurt 1978, 1979 und 1981.

WEISS, Wilhelm, Berlins Schulfarm Scharfenberg. Ein Landerziehungsheim, in: Berliner Lehrerzeitung, Jg. 18 (1964), S. 307-309.

WEIß, Yvonne, Gedanken zum Thema 'Scharfenberg', in: Festschrift zum 75-jährigen Bestehen der Schulfarm Scharfenberg 1997, [hrsg. von der Schulleitung der Schulfarm Insel Scharfenberg], Berlin 1997, S. 100f.

WEITLING, Eberhard, Die pädagogische Insel, in: Die Berliner Schule, Jg. 6 (1959), Heft 10, S. 4f.

Welchen Zweig der Oberschule soll mein Kind besuchen?, hrsg. vom Senator für Schulwesen, Berlin, o.J. [1968].

Die weltlichen Gemeinschaftsschulen, in: 'Wer sich nicht erinnern will ...'. Kiezgeschichte Berlin 1933 [...], Berlin 1983, Teil C, [Teil 1:] Widerstand in Neukölln, hrsg. vom Neuköllner Kulturverein, S. 15-26.

WENDT, Joachim, Pädagogische Einflüsse der Lichtwarkschule in Hamburg und ihre Wirkung nach außen, in: Nationale und internationale Verbindungen der Versuchs- und Reformschulen in der Weimarer Republik. Beiträge zur schulgeschichtlichen Tagung vom 17.11.-18.11.1992 im Hamburger Schulmuseum, hrsg. von Reiner LEHBERGER (=Hamburger Schriftenreihe zur Schul- und Unterrichtsgeschichte, 5), Hamburg 1993, S. 70-79.

WENIGER, Erich, [Rezension:] LEHMANN, Walter, Die Schulfarm Insel Scharfenberg, in: Pädagogisches Zentralblatt, hrsg. vom Zentralinstitut für Erziehung und Unterricht, Jg. 5 (1925), S. 145-167, in: Zeitschrift für Kinderforschung. [Teil] Referate, Bd. 31 (1931), S. 248.

Werkarbeit für Schule und Leben. Im Auftrage des Zentralinstituts für Erziehung und Unterricht hrsg. von Ludwig PALLAT, Breslau 1926.

WERNECKE, Rolf, Der ornithologische Bestand Scharfenbergs im Jahre 1924/25, in: Aus dem Leben der Schulfarm Insel Scharfenberg. Bilder, Dokumente, Selbstzeugnisse von Eltern, Lehrern, Schülern, red. von Wilhelm BLUME, in: Das Werdende Zeitalter. Eine Monatsschrift für Erneuerung der Erziehung, Jg. 7 (1928), S. 329-404, hier S. 361f.

WERNECKE, Rolf, Zur Diagnose und Behandlung der subpektoralen Phlegmone, Berlin, Univ., Diss., 1937.

WERNER, Rainer, Anregungen zur Erprobung neuer Unterrichtsformen in der Schulfarm Insel Scharfenberg. Tischvorlage für die Arbeitsgruppe 'Neukonzeption der Schulfarm', in: Dokumentation. Beiträge zur Diskussion über eine Neukonzeption der Schulfarm Scharfenberg, Berlin 1996, S. 13-15, wieder in: WERNER, Rainer, Schulfarm Insel Scharfenberg 1995 bis 1997. Chronik eines Reformversuchs. Eine Dokumentation, Berlin 1998, S. 129-134.

WERNER, Rainer, Memorandum zur Erhaltung der Schulfarm Insel Scharfenberg als Reformschule, in: 'Resultate' (Unterschriften, Briefe, Pressemeldungen), hrsg. von der Initiative 'Erhaltung der Schulfarm Insel Scharfenberg als Reformschule' (Dezember 1996), Berlin 1996, S. 2, wieder in: WERNER, Rainer, Schulfarm Insel Scharfenberg 1995 bis 1997. Chronik eines Reformversuchs. Eine Dokumentation, Berlin 1998, S. 118f.

WERNER, Rainer, Die Schulfarm Insel Scharfenberg in Berlin. Perspektiven einer Neubesinnung, in: Zeitschrift für Erlebnispädagogik, Jg. 16 (1996), Heft 2/3: Februar/März, S. 20-36; leicht veränd. und ohne Abb. wieder in: WERNER, Rainer, Schulfarm Insel Scharfenberg 1995 bis 1997. Chronik eines Reformversuchs. Eine Dokumentation, Berlin 1998, S. 14-29.

WERNER, Rainer, Privatisierung der Schulfarm Insel Scharfenberg? Unglück oder Chance? [Manuskript 1996], in: WERNER, Rainer, Schulfarm Insel Scharfenberg 1995 bis 1997. Chronik eines Reformversuchs. Eine Dokumentation, Berlin 1998, S. 32-38.

WERNER, Rainer, Die neue Inselordnung: nostalgische Rückwendung oder zeitgemäße Pädagogik?, in: Profil. Zeitschrift für die Schulfarm Insel Scharfenberg, Jg. 2, Nr. 2: März 1996, S. 12f.; wieder in: WERNER, Rainer, Schulfarm Insel Scharfenberg 1995 bis 1997. Chronik eines Reformversuchs. Eine Dokumentation, Berlin 1998, S. 39-43.

WERNER, Rainer, Quo vadis Scharfenberg? Zur Diskussion um die weitere Zukunft der Internatsschule, in: Profil. Zeitschrift für die Schulfarm Insel Scharfenberg, Jg. 2, Nr. 2: März 1996, S. 5-8.

WERNER, Rainer, Redebeitrag auf der Veranstaltung 'Quo vadis Scharfenberg?' am 18.4.1996, in: Profil. Zeitschrift für die Schulfarm Insel Scharfenberg, Jg. 2, Nr. 3: Mai 1996, S. 3-5.; wieder in: WERNER, Rainer, Schulfarm Insel Scharfenberg 1995 bis 1997. Chronik eines Reformversuchs. Eine Dokumentation, Berlin 1998, S. 44-50.

WERNER, Rainer, Alles nur Theater ...? Über die pädagogische Bedeutung des Faches 'Theater' an der Schulfarm Scharfenberg, in: Festschrift zum 75-jährigen Bestehen der Schulfarm Scharfenberg 1997, [hrsg. von der Schulleitung der Schulfarm Insel Scharfenberg], Berlin 1997, S. 42-47.

WERNER, Rainer, 'Familienbetrieb'. Überlegungen zum neuen Internatskonzept für die Schulfarm Insel Scharfenberg (Referat für die Klausurtagung der Eltern am 19.1.1997), in: Profil. Zeitschrift für die Schulfarm Insel Scharfenberg, Jg. 3, Nr. 5: Januar 1997, S. 10-12; wieder in: WERNER, Rainer, Schulfarm Insel Scharfenberg 1995 bis 1997. Chronik eines Reformversuchs. Eine Dokumentation, Berlin 1998, S. 60-65.

WERNER, Rainer, Jubiläum in schwieriger Zeit. Die Schulfarm Scharfenberg wird 75 Jahre alt, in: Profil. Zeitschrift für die Schulfarm Insel Scharfenberg, Jg. 3, Nr. 7: Juni 1997, S. 1-9; wieder in: WERNER, Rainer, Schulfarm Insel Scharfenberg 1995 bis 1997. Chronik eines Reformversuchs. Eine Dokumentation, Berlin 1998, S. 74-88.

WERNER, Rainer, Gedanken zu einem neuen Internatskonzept für die Schulfarm Insel Scharfenberg, in: Profil. Zeitschrift für die Schulfarm Insel Scharfenberg, Jg. 3, Nr. 5: Januar 1997, S. 7-10; wieder in: WERNER, Rainer, Schulfarm Insel Scharfenberg 1995 bis 1997. Chronik eines Reformversuchs. Eine Dokumentation, Berlin 1998, S. 53-59.

WERNER, Rainer, Lehrerdasein auf Scharfenberg, in: Profil. Zeitschrift für die Schulfarm Insel Scharfenberg, Jg. 3, Nr. 6: Januar 1997, S. 2-4; wieder in: WERNER, Rainer, Schulfarm Insel Scharfenberg 1995 bis 1997. Chronik eines Reformversuchs. Eine Dokumentation, Berlin 1998, S. 66-71.

WERNER, Rainer, Schulfarm Insel Scharfenberg (Reinickendorf), in: Berlin, hrsg. von Christian ERNST und Christine LOST (=Schullandschaft Deutschland, 1), Baltmannsweiler 1997, S. 102-112.

WERNER, Rainer, Von der Frittenbude zum Gourmetlokal [Manuskript 1997], in: WERNER, Rainer, Schulfarm Insel Scharfenberg 1995 bis 1997. Chronik eines Reformversuchs. Eine Dokumentation, Berlin 1998, S. 89-94.

WERNER, Rainer, Schulfarm Insel Scharfenberg 1995 bis 1997. Chronik eines Reformversuchs. Eine Dokumentation, Berlin 1998.

WERNER, Rainer, Von der Utopie zur Wirklichkeit. Einige Anmerkungen zur Überarbeitung der neuen Inselordnung, in: Profil. Zeitschrift für die Schulfarm Insel Scharfenberg, Jg. 4, Nr. 10: März 1998, S. 5-7; wieder in: WERNER, Rainer, Schulfarm Insel Scharfenberg 1995 bis 1997. Chronik eines Reformversuchs. Eine Dokumentation, Berlin 1998, S. 97-103.

WERNER, Rainer, Aktionskünstler und inspirierter Pädagoge. Martin Gietz zum 50., in: GIETZ, Martin, Inspirationen. Das künstlerische Werk 1971 bis 1999, Berlin 1999, S. 29-36.

Widerstand gegen den Nationalsozialismus (=Neue Scharfenberg-Hefte, 7), Berlin 1984.

WIETHOLZ, August, Geschichte des Dorfes und Schlosses Tegel, Berlin 1922.

WILHELM, Theodor, Pädagogik der Gegenwart, 5. umgearb. Aufl. Stuttgart 1977, S. 76-116; wieder abgedr. u.d.T.: 'Der reformpädagogische Impuls', in: 'Neue Erziehung'. 'Neue Menschen'. Ansätze zur Erziehungs- und Bildungsreform in Deutschland zwischen Kaiserreich und Diktatur, hrsg. von Ulrich HERRMANN (=Geschichte des Erziehungs- und Bildungswesens in Deutschland, 5), Weinheim [u.a.] 1987, S. 177-199.

WILKE, Fritjof, Die Metallwerkstatt der Schulfarm, in: Festschrift zum 75-jährigen Bestehen der Schulfarm Scharfenberg 1997, [hrsg. von der Schulleitung der Schulfarm Insel Scharfenberg], Berlin 1997, S. 76.

Werner Wilke, in: Meine Landsleute. Die Sorben und die Lausitz im Zeugnis deutscher Zeitgenossen. Von Spener und Lessing bis Pieck, hrsg. von Hartmut ZWAHR, Bautzen o.J. [1985], S. 388-405.

WILLE, Klaus-Dieter, 41 Spaziergänge in Reinickendorf und Wedding (=Berliner Kaleidoskop, 27), Berlin 1979.

WINKLER, Regina, Mein Kind lebt auf 'ner Insel, in: Elternhaus und Schule, Berlin (DDR), Jg. 39 (1990), Heft 5, S. 5-7.

Wir pflügen und bebauen deutsches Land!, in: Der Fährkahn. Blatt der Scharfenberger, 4. Folge: September 1935, S. 6.

WITT, Erwin, Bildungsgang [anläßlich des Abituriums an der Schulfarm Insel Scharfenberg 1934], abgedr. in: HAUBFLEISCH, Dietmar, 'Schülerarbeiten' als Quelle zur Erschließung der reformpädagogischen Unterrichts- und Erziehungsrealität der Schulfarm Insel Scharfenberg (Berlin) in der Weimarer Republik, in: Towards a History of Everyday Educational Reality, ed. by Marc DEPAEPE, Max LIEDTKE und Frank SIMON (=Paedagogica Historica. International Journal of the History of Education, Jg. 31, Heft 1), Gent 1995, S. 151-180, hier S. 172-180; wieder: Marburg 1999: http://archiv.ub.uni-marburg.de/sonst/1999/0002/welcome.html (hier: Quellenanhang).

WITTE, Erich, Der wechselnde Stundenplan. Psychologische Betrachtungen zur 'Neuordnung des preußischen höheren Schulwesens', in: Die Neue Erziehung. Monatsschrift für entschiedene Schulreform und freiheitliche Schulreform, Jg. 7 (1925), S. 356-359.

WOLDT, Richard, Grundsätzliches [zur Stellung der Eltern in Scharfenberg] in: Aus dem Leben der Schulfarm Insel Scharfenberg. Bilder, Dokumente, Selbstzeugnisse von Eltern, Lehrern, Schülern, red. von Wilhelm BLUME, in: Das Werdende Zeitalter. Eine Monatsschrift für Erneuerung der Erziehung, Jg. 7 (1928), S. 329-404, hier S. 387f.

WOLFF, Julius, Stadtschule und Scharfenberg, in: Aus dem Leben der Schulfarm Insel Scharfenberg. Bilder, Dokumente, Selbstzeugnisse von Eltern, Lehrern, Schülern, red. von Wilhelm BLUME, in: Das Werdende Zeitalter. Eine Monatsschrift für Erneuerung der Erziehung, Jg. 7 (1928), S. 329-404, hier S. 400-402.

WOYTINSKY, Emma, Sozialdemokratie und Kommunalpolitik. Gemeindearbeit in Berlin, Berlin 1929.

WÜRTENBERG, Gustav, Schullandheim-Saga. Auf dem Wege - Vision - Ausblick, in: Haus Pempelfort. Das Experimentierfeld des Humboldt-Gymnasiums Düsseldorf, Düsseldorf 1969, S. 93-96.

ZANDER, Hans, Beiträge zur Frage der Nitrat- und Ammoniakernährung der Rüben. Unter Berücksichtigung von Stickstoffmenge, Wasserstoffionenkonzentration, Vegetationsdauer und Wasserversorgung, Berlin, Univ., Diss., 1943.

Zehnte Realschule zu Berlin,
XXI. Bericht über das Schuljahr von Ostern 1913 bis Ostern 1914, Berlin 1914;
XXII. Bericht über das Schuljahr von Ostern 1914 bis Ostern 1915, Berlin 1915.

ZIEGELMAYER, W[ilhelm], Leben und Ernährung. Ein Buch über zweckmäßige Ernährung für die Hand des Lehrers im aturwissenschaftlichen Unterricht aller Schulgattungen, sowie zum Gebrauch für Gewerbe-Seminare und Frauenseminare. [Jens Nydahl gewidmet], Langensalza 1928.

ZIEGENSPECK, Jörg, Einige Bemerkungen zu diesem [Themen-] Heft [zur Schulfarm Insel Scharfenberg], in: Zeitschrift für Erlebnispädagogik, Jg. 16 (1996), Heft 2/3: Februar/März, S. 3f.

ZIMMERMANN, Klaus, An Stelle des Bolleturms, in: Die Fähre. Zeitung der Schulfarm Insel Scharfenberg, Berlin, Ausg. 1960, o.S.

Zum Geleit, in: Der Fährkahn. Blatt der Scharfenberger, 4. Folge: September 1935, S. 4.

Zur Geschichte der Insel Scharfenberg, in: Monatsschrift des Vereins zur Beförderung des Gartenbaues in den Königlich Preußischen Staaten, Jg. 23 (1880), S. 473f.

Zur Geschichte der Schulfarm. Bericht der drei Studienräte Blume, Cohn und Schmidt vom städtischen Humboldt-Gymnasium zu Berlin über die Sommerschule auf der Insel Scharfenberg (1921) [Veröffentlichung des 'Berichts der drei Studienräte Cohn, Schmidt und Blume vom städtischen Humboldtgymnasium zu Berlin über die Sammelschule auf der Insel Scharfenberg' [Berlin, GStA PK: Rep. 76 VI, Sekt. 14 z, Nr. 48 II, Bl. 38-66; sowie: Berlin, LA, SIS]] (=Neue Scharfenberg-Hefte, 1), Berlin 1982; wieder: Bericht der drei Studienräte Cohn, Schmidt und Blume vom städtischen Humboldtgymnasium zu Berlin über die Sammelschule auf der Insel Scharfenberg [Berlin, GStA PK: Rep. 76 VI, Sekt. 14 z, Nr. 48 II, Bl. 38-66; sowie: Berlin, LA, SIS], hrsg. von Dietmar HAUBFLEISCH, Marburg 1999: http://archiv.ub.uni-marburg.de/sonst/1999/0001/q10.html

Zur Weihe unseres Horst Wessel-Mals am 23. Februar 1934. Eine Erinnerung, in: Der Fährkahn. Blatt der Scharfenberger, 8. Folge: 1937, S. 20-22.

II.1.B. ZEITUNGSARTIKEL (IN CHRONOLOGISCHER REIHENFOLGE)

Freiluftunterricht am Tegeler See. Der erste Berliner Versuch einer Gemeinschaftsschule, in: Berliner Tageblatt und Handels-Zeitung vom 22.04.1921, Abendausg.

Die Insel Scharfenberg. Ihre Bedeutung für die Naturwissenschaft, in: Berliner Morgenpost vom 21.05.1921.

J., R., Die Schule im Freien. Auf der Insel Scharfenberg, in: Berliner Tageblatt und Handelszeitung vom 06.07.1921.

De school in de open lucht, in: Nieuwe Courant (Den Haag) vom 08.07.1921.

HILDEBRANDT, Paul, Die Schule im Freien. Das Humboldtgymnasium auf der Insel Scharfenberg, in: Vossische Zeitung vom 21.08.1921.

KUTSCHERA, K., Schulunterricht im Freien, in: Berliner Lokal-Anzeiger vom 27.11.1921.

Scharfenberg bei Tegel als 'Schulinsel', in: Berliner Lokal-Anzeiger vom 21.02.1922.

Die Sommerschule auf der Insel Scharfenberg, in: Berliner Tageblatt und Handelszeitung vom 21.02.1922, Morgenausg.

Eine Dauerschule auf der Insel Scharfenberg, in: Berliner Tageblatt und Handelszeitung vom 16.03.1922, Morgenausg.

Ausbau der Sommerschule auf der Insel Scharfenberg, in: Berliner Börsen-Courier vom 16.03.1922.

Eine Dauerschule auf der Insel Scharfenberg, in: Berliner Morgenpost vom 16.03.1922, 1. Beilage.

Die Robinsonschule, in: Deutsche Allgemeine Zeitung vom 16.03.1922, Morgenausg.

Eine weltliche Versuchsschule, in: Volkszeitung [Berlin] vom 16.03.1922, Morgenausg.

Dauerschule auf der Insel Scharfenberg, in: Berliner Lokal-Anzeiger vom 21.03.1922, Abendausg.

Ein ausgezeichneter Erfolg, in: Deutsche Zeitung vom 15.03.1923, Morgenausg.

Die Inselschule Scharfenberg, in: Vorwärts vom 26.03.1923, Abendausg.

Lebensgemeinschaftsschulen, in: Spandauer Zeitung vom 19.05.1923.

HILDEBRANDT, Paul, Berliner Schüler als Selbstversorger. Das Internat auf der Insel Scharfenberg, in: Vossische Zeitung vom 25.09.1923, Morgenausg., 1. Beilage.

Die Verluste der Brennstoffzentrale. Wieder ein verkrachtes städtisches Unternehmen, in: Vossische Zeitung vom 05.10.1923.

WITTE, Erich, Die Groß-Berliner Aufbauschulen, in: Berliner Börsen-Courier vom 10.10.1923; u.d.T. 'Die Groß-Berliner Aufbauschulen und Gemeinschaftsschulen' wieder in: Schlesische Schulzeitung. Pädagogische Wochenschrift, Breslau, vom 06.12.1923.

Die Inselschule im Tegeler See, in: Deutsche Tageszeitung vom 17.11.1923, Illustrierte Beilage: Bilder zur Zeitgeschichte.

WITTE, Erich, Der Stundenplan von Scharfenberg, in: Berliner Volkszeitung vom 23.11.1923.

WITTE, Erich, Die Groß-Berliner Aufbauschulen und Gemeinschaftsschulen, in: Schlesische Schulzeitung. Pädagogische Wochenschrift, Breslau, vom 06.12.1923; u.d.T. 'Die Groß-Berliner Aufbauschulen' zuerst in: Berliner Börsen-Courier vom 10.10.1923.

Ferma Szkolna, in: Illustracja Polska, Poznan, Jg. 2 (1923), S. 521.

[HILDEBRANDT, Paul], Die Jugend von Scharfenberg. Das Fest der Schulgemeinde, in: Vossische Zeitung vom 15.06.1924 [Beilage: Neuer Tagesdienst der Vossischen Zeitung. Erg. zur Berliner-Ausg.].

VIOLET, W., Schulfarm Scharfenberg. Die Erziehungsanstalt im Tegeler See, in: Berliner Stadtblatt. Generalanzeiger des Berliner Tageblatts vom 20.07.1924; gekürzt wieder in: Berliner Tageblatt und Handelszeitung vom 23.07.1924.

Die Schule auf der städtischen Insel Scharfenberg, in: Vorwärts vom 17.03.1925, Morgenausg.

Die Schule auf der Insel Scharfenberg, in: Berliner Volkszeitung vom 21.03.1925.

Wer will auf die Insel Scharfenberg?, in: Berliner Lokalanzeiger vom 22.03.1925.

MOHR, Wilhelmine, Die Inselschule im Tegeler See. Ein Besuch auf Scharfenberg, in: Deutsche Allgemeine Zeitung vom 29.05.1926.

Die 'Schulfarm'. Ein Besuch auf der Insel Scharfenberg, in: Vossische Zeitung vom 28.06.1926.

Die Inselschule Scharfenberg, in: Berliner Börsen-Courier vom 09.07.1926.

Eine Berliner Schulfarm. Die Schule auf Humboldts Insel im Tegeler See, in: Berliner Illustrierte Zeitung vom 08.08.1926, S. 1021f.

Städtische Schulfarm auf der Insel Scharfenberg bei Tegel, in: Berliner Tageblatt und Handelszeitung vom 04.09.1926, 1. Beiblatt.

Schulfarm Scharfenberg wird renoviert, in: Berliner Morgenpost vom 27.01.1928.

Es kommt Besuch!, in: Berliner Morgenpost vom 16.06.1928.

SCHWARZWALD, Eugenie, Orplid an der Havel. In der Inselschule Scharfenberg[6], in: Neue Badische Landes-Zeitung vom 22.06.1928, Morgenausg.; Auszug wieder in: Die Fähre. Zeitung der Schulfarm Insel Scharfenberg, Berlin, [Ausg.:] Juni 1959, o.S.

MATZDORFF, Schullandheime, in: Deutsche Welle. Offizielles Organ der Rundfunkgesellschaft 'Deutsche Welle' Berlin, Jg. 1 (1928), o.S. [August].

Der Schulstaat auf der Bolle-Insel, in: Berliner Tageblatt und Handelszeitung vom 21.08.1928.

---

[6] Der Aufsatz erschien erstmals in einer - bislang leider nicht genau zu bibliographierenden - Berliner Zeitung im ersten Quartal 1926.

TROJAN, Walter, Schilfumkränztes Jugendeiland, in: Illustrierte Reichsbanner-Zeitung. Erste Republikanische Wochenschrift, Berlin, Jg. 5 (1928), Nr. 35 [wohl September], S. 556f.

Die Schulfarm auf der Insel Scharfenberg. Zwischen Schulbank und Kohlfeld, in: Neue Preußische (Kreuz-) Zeitung vom 16.09.1928.

Die lachende Insel. In der Schulfarm auf Scharfenberg, in: Der Tag vom 18.09.1928.

GALLE, Eine Robinson-Schul-Insel, in: Germania. Zeitung für das deutsche Volk vom 31.10.1928.

Paedagogicus, Keine Zensuren, keine Strafen. Berlins Schulparadies auf der Insel Scharfenberg, in: Berliner Börsen-Courier vom 16.12.1928 (3. Beilage), S. 13f.

NATTEROTH, Friedrich, Schulgemeinde Scharfenberg, in: Vorwärts vom 22.03.1929, Abendausg. [=Der Abend. Spätausg. des 'Vorwärts'].

HILDEBRANDT, Paul, Fachklassen und Blockstunden. Neues Berliner Schulsystem, in: Vossische Zeitung vom 05.04.1929.

[NATTEROTH, Friedrich], Die Inselschule, in: Vorwärts vom 13.07.1930, 1. Beilage.

'Zwei Deutschkursler der Schulfarm Insel Scharfenberg'. Eine Halberstadt-Woche in einer Berliner Schule, in: Halberstadter Zeitung und Intelligenzblatt vom 15.07.1930, 1. Beilage.

Wilhelm Blume +, in: Wolfenbütteler Zeitung vom 30.10.1930.

BLUME, Auguste / BLUME, Wilhelm, Todesanzeige für Wilhelm Blume (1854-1930), in: Braunschweigische Landeszeitung vom 31.10.1930.

Diese Insel gehört uns! Scharfenberg, die 'Schulfarm' im Tegeler See, in: Kölnische Illustrierte Zeitung vom 15.08.1931.

[NATTEROTH, Friedrich], Sonntag auf Scharfenberg, in: Vorwärts. Berliner Volksblatt. Zentralorgan der Sozialdemokratischen Partei Deutschlands vom 09.09.1931 (1. Beilage).

Die heutige Amtseinführung des neuen Direktors der Humboldtschule. Dr. Blumes Ausführungen über seine Versuchsschule auf Scharfenberg und die Auswertung der dort gesammelten Erfahrungen, in: Nord-Berliner Tagespost vom 07.04.1932, 1. Beiblatt.

Fort mit den roten Volksverderbern! Eltern denkt an Eure Kinder, in: Lausitzer Landes-Zeitung vom 23.04.1932; wieder in: GUTSCHALK, Rolf, Scharfenberg während der NS-Zeit. Einige Dokumente, in: 60 Jahre Schulfarm Insel Scharfenberg. 1922-1982. Jubiläums-Festschrift anläßlich des 60-jährigen Bestehens der Schulfarm Insel Scharfenberg (=Sonderheft der Fähre), Berlin 1982, S. 33-47, hier S. 36 [als Dok. Nr. 1].

Sommerfest auf Scharfenberg, in: Nord-Berliner Tagespost vom 05.09.1932, 1. Beiblatt.

In der Schulfarm Insel Scharfenberg [...], in: Nord-Berliner Tagespost vom 07.01.1933, 1. Beiblatt.

SAMTER, Hans, 'Orplid an der Havel'. Schulfarm am Tegeler See, in: Deutsche Allgemeine Zeitung. Ausg. Groß-Berlin vom 24.10.1933.

DOERING, Konrad, Neuer Geist in den Schulen Berlins. Aus der Schulverrottung heraus! - Staatskommissar Dr. Meinshausen und seine Mitarbeiter über die städtischen Reformen, in: Der Tag vom 29.10.1933, 3. Beiblatt.

Aufnahme von Schülern in die städtische Schulfarm Insel Scharfenberg, in: Nord-Berliner Tagespost vom 05.02.1934, 1. Beiblatt.

BÖCKMAN, Werner, Begeisterte Jungens auf der Schulfarm. 100 Knaben lernen das Leben meistern - Der neue Geist hielt auch in Scharfenberg Einzug, in: Der Tag vom 20.02.1934

Die Abiturienten der Humboldtschule, in: Nord-Berliner Tagespost vom 15.03.1934, 1. Beiblatt.

Landwirtschaft in der Schule, in: Der Angriff. Das deutsche Abendblatt in Berlin vom 23.09.1935.

Salomo gräbt sich neun Meter durch die Erde. Lagerzirkus auf der Insel. Die Schulfarm Scharfenberg feiert heute ihr Erntedankfest, in: Völkischer Beobachter. Berliner Ausg. vom 23./24.09.1934, Tägliche Beilage 'Berliner Beobachter'.

Schulfest auf Scharfenberg, in: Nord-Berliner Tagespost vom 23.09.1935, 1. Beiblatt.

A., H., Eine Insel lädt ein. Scharfenberger Jungen zeitgemäß. Fest einer Schulfarm - Wettlauf um Bücher und Kommissbrote, in: Völkischer Beobachter vom 23.09.1935; wieder in: GUTSCHALK, Rolf, Scharfenberg während der NS-Zeit. Einige Dokumente, in: 60 Jahre Schulfarm Insel Scharfenberg. 1922-1982. Jubiläums-Festschrift anläßlich des 60-jährigen Schulfarm Insel Scharfenberg (=Sonderheft der Fähre), Berlin 1982, S. 33-47, hier S. 47 [als Dok. Nr. 5; fälschlicherweise auf den 23.11.1935 datiert].

Fest auf der Schulfarm Insel Scharfenberg, in: Deutsche Allgemeine Zeitung. Ausg. für Groß-Berlin vom 24.09.1935, Unterhaltungsbeilage.

Jahresfest auf der Insel Scharfenberg, in: Nord-Berliner Tagespost vom 28.09.1936, 1. Beiblatt.

Neubauten auf der Insel Scharfenberg, in: Völkischer Beobachter vom 21.11.1936.

Feueralarm auf der Schulfarm. Besuch bei den Schülern der Insel Scharfenberg, in: Berliner Morgenpost vom 17.02.1937, 1. Beilage.

Die Schulfarm Insel Scharfenberg. Neue Erziehungswege am Berliner Stadtrand, in: Deutsche Allgemeine Zeitung. Ausg. Groß-Berlin vom 17.02.1937, Morgenausg., Beiblatt.

Berliner Bericht, in: Frankfurter Zeitung vom 22.02.1937; wieder in: GUTSCHALK, Rolf, Scharfenberg während der NS-Zeit. Einige Dokumente, in: 60 Jahre Schulfarm Insel Scharfenberg. 1922-1982. Jubiläums-Festschrift anläßlich des 60-jährigen Bestehens der Schulfarm Insel Scharfenberg (=Sonderheft der Fähre), Berlin 1982, S. 33-47, hier S. 45 [als Dok. Nr. 9].

70 Jahre Geschichte der Insel Scharfenberg. Die vorbildliche Schöpfung Dr. Carl Bolles im Tegeler See, in: Nordberliner Tagespost vom 04.11.1937 (1. Beiblatt).

Um Dr. Bolle und die Insel Scharfenberg, in: Nord-Berliner Tagespost vom 16.11.1937, 1. Beiblatt.

Wieder Schulfarm Scharfenberg, in: Neue Zeit. Zentralorgan der Christlich-Demokratischen Union Deutschlands vom 21.08.1945.

Schulfarm Scharfenberg. Freiheitlich-demokratische Schule statt Drillanstalt, in: Volk. Tageszeitung der SPD, Berlin vom 24.08.1945.

Neues Leben auf Scharfenberg. Unterredung mit dem neuen Leiter der Schulfarm, in: Der Morgen vom 04.09.1945.

GUY, Schulfarm Scharfenberg, in: Der Tagesspiegel. Unabhängige Berliner Morgenzeitung vom 30.10.1945.

Auch Mädchen in Scharfenberg, in: Das Volk vom 20.04.1946.

Schulfarm Insel Scharfenberg, in: Vorwärts vom 20.04.1946.

Ein Schülerparadies im Tegeler See. Die Schulfarm auf der Insel Scharfenberg weist neue Wege, in: Der Kurier vom 20.04.1946.

Die Insel der erfüllten Wünsche, in: Nacht-Express vom 31.05.1946.

HOFFMANN, Elisabeth, Schulbank und Schraubstock. Die Schülerrepublik im Naturschutzgebiet, in: Der Tagesspiegel. Unabhängige Berliner Morgenzeitung vom 28.09.1946.

Pädagogische Hochschule eröffnet, in: Der Tagesspiegel. Unabhängige Berliner Morgenzeitung vom 22.11.1946.

Pädagogische Hochschule in Berlin eröffnet, in: Neues Deutschland vom 22.11.1946.

HILDEBRANDT, Paul, Neue pädagogische Hochschule. Theorie und Praxis im Unterricht, in: Telegraf vom 30.01.1947.

Lehrer, nicht Funktionäre. Weshalb die Pädagogische Hochschule gegründet wurde - Sorgen der Studierenden, in: Der Tagesspiegel. Unabhängige Berliner Morgenzeitung vom 24.01.1948.

Fleißige Schulfarmer auf Tegeler Insel. Man schwitzt und arbeitet tüchtig - Küchenglocke überall zu hören, in: Der Morgen. Tageszeitung der liberal-demokratischen Partei Deutschlands vom 27.06.1948.

Berliner Schüler als Inselbauern, in: Nacht-Express. Die illustrierte Abendzeitung vom 26.08.1948.

'Bedauerliche Mißverständnisse'. Ein russischer Major vor Studenten, in: Der Tagesspiegel. Unabhängige Berliner Morgenzeitung vom 05.11.1948.

Berlins Lehrer gegen Wildangel, in: Der Tagesspiegel. Unabhängige Berliner Morgenzeitung vom 01.12.1948.

Studenten antworteten Sowjetmajor. Er nannte sie HJ-Lümmel und unzivilisiert, in: Der Abend vom 09.12.1948.

Abitur, Schlosserei und die Havel. Die 100-Schüler-Insel der Insel Berlin. Stolz auf die Wirtschaftshof-Kühe, in: Der Tag vom 05.01.1949.

Die Schulfarm, in: Der Junge Pionier. Organ des Zentralrats der FDJ für die Jungen Pioniere, Berlin (DDR) vom 08.02.1949; wieder abgedr. in: Profil. Zeitschrift für die Schulfarm Insel Scharfenberg, Jg. 2 (1997), Nr. 7: Juni, S. 15.

Was geht auf Scharfenberg vor? Antifaschistischer Widerstandskämpfer soll vom Bezirksamt Reinickendorf gemaßregelt werden, in: Neues Deutschland vom 10.02.1949.

Kommentarlos: Aus dem 'Sektor der Freiheit', in: Tägliche Rundschau. Zeitschrift für Politik, Wirtschaft und Kultur vom 22.02.1949.

Der Kampf um die Schulfarm Insel Scharfenberg. Demokratie und Freiheit der Persönlichkeit für wen?, in: Neues Deutschland vom 23.02.1949.

In Westberlin: Schülerstreik gegen May, in: Tägliche Rundschau. Zeitschrift für Politik, Wirtschaft und Kultur vom 23.02.1949.

Schüler streiken für ihren Lehrer, in: Vorwärts [Berlin (DDR)] vom 23.02.1949.

Schulfarm Scharfenberg geschlossen, in: Berliner Zeitung vom 25.02.1949.

Scharfenberg geschlossen, in: Start. Illustrierte Blätter der jungen Generation, Nr. 9, Jg. 4 vom 25.02.1949.

Neubeginn auf Scharfenberg. Notwendige Reformen - Aufnahme des Schulbetriebs am 1. März, in: Der Sozialdemokrat. Berliner Zeitung der SPD Berlin vom 25.02.1949.

Neuer Anfang in Scharfenberg. Demokratische Lehrer lösten SED-Pädagogen ab, in: Der Abend vom 26.02.1949.

Schulfarm Scharfenberg unter neuer Leitung, in: Der Tagesspiegel. Unabhängige Berliner Morgenzeitung vom 27.02.1949.

Neue Schulfarm, in: Vorwärts. Berliner Volksblatt. Das Abendblatt der Hauptstadt Deutschlands vom 28.02.1949.

Die Schülerrepublik auf der Insel. Schulfarm Scharfenberg unter neuer Leitung, in: Der Tagesspiegel. Unabhängige Berliner Morgenzeitung vom 03.03.1949.

Neue Schulfarm mit alter Tradition, in: Vorwärts vom 07.03.1949.

Unterkunft für Scharfenberger Schüler, in: Neues Deutschland vom 08.03.1949.

BECK, Ilse, Schülerstreik auf Scharfenberg, in: Der Junge Pionier. Organ des Zentralrats der FDJ für die Jungen Pioniere, Berlin (DDR) vom 08.03.1949; wieder abgedr. in: Profil. Zeitschrift für die Schulfarm Insel Scharfenberg, Jg. 2 (1997), Nr. 7: Juni, S. 16.

Ziegen sind artig, die Kühe nicht. Schulparadies auf der Insel im Tegeler See - Fest der kleinen Insulaner - 'Das Viehzeug frißt so viel!', in: Telegraf vom 05.05.1949.

'Neues Scharfenberg' eingeweiht, in: Spandauer Volksblatt vom 06.05.1949.

Scharfenberg feierte neuen Start. Die Schulfarm im Tegeler See - Moderne Erziehung im Sinne der Schulreform, in: Der Sozialdemokrat. Berliner Zeitung der SPD Berlins vom 06.05.1949.

ZENKER, Hilde, Insel des fröhlichen Lernens. Bildbericht über die Schulfarm Insel Scharfenberg, in: Der Tagesspiegel. Unabhängige Berliner Morgenzeitung vom 05.06.1949.

Dr. Pewesin leitet Scharfenberg, in: Der Sozialdemokrat. Berliner Zeitung der SPD Berlin vom 07.06.1949.

'Mehr lernen - besser lehren - glücklicher leben!' Rechenschaftsbericht und Zukunftsplanung auf der Berliner Pädagogischen Stadtkonferenz, in: Tägliche Rundschau. Zeitschrift für Politik, Wirtschaft und Kultur vom 14.07.1949.

Dorado Scharfenberg, in: Der Nord-Berliner vom 16.07.1949.

Erziehung in Freiheit. 'Inselparlament' höchste Instanz der Schulfarm Scharfenberg, in: Berliner Anzeiger vom 28.05.1950.

Die Regierung der Insel Scharfenberg. Praktiker und Theoretiker auf der Schulfarm - Schüler sind die Minister, in: Die Neue Zeitung. Die Amerikanische Zeitung in Deutschland vom 14.06.1950, Berliner Ausg., Berliner Seite.

Schüler als Schlosser und Tischler. Besuch auf der Insel Scharfenberg im Tegeler See, in: Der Tagesspiegel. Unabhängige Berliner Morgenzeitung vom 05.07.1950.

Beim Inselvolk von Scharfenberg. Schulfarm mit Ackerbau und Viehzucht - 'Hier herrscht reine Demokratie' - Schwerste Strafe: Verbannung von der Insel, in: Telegraf vom 06.07.1950 (Rubrik 'Stadttelegraf').

Scharfenberg ein glückliches Beispiel. Die 'Minister' waren beim Sportfest - Selbstverwaltung möglich, in: Der Abend vom 20.05.1951.

Scharfenberg - eine Schulidee, in: Der Nord-Berliner. Amtliches Organ des Bezirksamtes Reinickendorf vom 22.06.1951.

Mit C-Rohr gegen Lateinlehrer. Schüler der Insel Scharfenberg haben eigene Feuerwehr - Alle 14 Tage üben sie, in: Berliner Anzeiger vom 06.12.1951.

Die Schulfarm Insel Scharfenberg [...], in: Der Tagesspiegel. Unabhängige Berliner Morgenzeitung vom 23.03.1952.

Emil an der Spritze, in: Telegraf vom 24.08.1952.

On a island near Berlin. Survivor from Weimars days, in: The Times Educational Supplement, London, vom 02.01.1953.

'Goethe' liebt den Haushalt. Vorbildliche Schulgemeinschaft im Tegeler See - Hier wird praktisch gearbeitet, in: Telegraf vom 22.02.1953.

Farmerleben wie bei Mark Twain am Mississippi. Die Schülerrepublik Scharfenberg im Tegeler See hat einen vielgeplagten Arbeitsminister, in: Berliner Morgenpost vom 17.04.1953.

Belgischer Besuch auf Scharfenberg, in: Der Tagesspiegel. Unabhängige Berliner Morgenzeitung vom 08.07.1953.

Elf Feriengäste aus Belgien. Festlicher Empfang auf der Insel Scharfenberg, in: Berliner Morgenpost vom 08.07.1953.

Junge Gäste aus Belgien, in: Der Kurier. Die Berliner Abendzeitung vom 08.07.1953.

Inselfest auf Scharfenberg. Belgische Schüler als Gäste der deutschen Schule auf der Tegelersee-Insel, in: Der Nord-Berliner. Das Lokalblatt für den 20. Verwaltungsbezirk Reinickendorf vom 10.07.1953

Schulfarm Scharfenberg, in: Der Nord-Berliner vom 15.01.1954.

Ein Kapitel Heimatkunde. Scharfenberg sollte parzelliert werden, in: Der Nord-Berliner vom 29.01.1954.

Scharfenberg sollte parzelliert werden [Anm. zu Artikel vom 29.01.1954], in: Der Nord-Berliner vom 05.02.1954.

Die Regierung der Insel Scharfenberg. Praktiker und Theoretiker auf der Schulfarm - Schüler sind Minister, in: Die Neue Zeitung vom 14.06.1954.

Wasserwerke Spandauer Forst und Scharfenberg, in: Der Tagesspiegel. Unabhängige Berliner Morgenzeitung vom 23.06.1954.

'Berlin ist eine Wolke'. Junge belgische Textilarbeiter besuchten unsere Stadt - Gäste auf Scharfenberg, in: Telegraf vom 11.07.1954.

Gäste und Helfer aus Norwegen. Camping auf Scharfenberg, in: Der Nord-Berliner. Amtliches Organ des Bezirksamtes Reinickendorf vom 16.07.1954.

Zum Thema Völkerverständigung. Inselfest auf Scharfenberg, in: Der Nord-Berliner. Amtliches Organ des Bezirksamtes Reinickendorf vom 16.07.1954.

Man plauderte angeregt. Französische Schüler auf Scharfenberg, in: Der Nord-Berliner. Amtliches Organ des Bezirksamtes Reinickendorf vom 20.08.1954.

Zehn weitere Klassen erhält die Schule auf der Insel Scharfenberg [...], in: Der Tagesspiegel. Unabhängige Berliner Morgenzeitung vom 02.09.1954.

REINKE, Ekkehard, 'Ich darf, aber ich will nicht ...'. Schulfarm Scharfenberg regiert sich selbst, in: Berliner Zeitung vom 07.10.1954.

Tegeler Fähre am Ufer gesunken, in: Der Tagesspiegel. Unabhängige Berliner Morgenzeitung vom 11.06.1955.

'Hol über' zur Schulfarm, in: Telegraf vom 28.05.1955.

Chinesisches auf Scharfenberg, in: Der Tagesspiegel. Unabhängige Berliner Morgenzeitung vom 15.06.1955.

Wohnverhältnisse waren unwürdig. Auf Scharfenberg entsteht ein modernes Kinderdorf, in: Welt vom 07.07.1955.

Insel der Jugend. Der weitere Ausbau der Schulfarm Scharfenberg, in: Telegraf vom 09.07.1955.

Les Journées Textiles Européennes 1955 se sont ouvertes à Verviers, in: Le Courrier, Verviers (Belgien), vom 09./10.07.1955.

Fahnen von drei Nationen auf Scharfenberg. Wohnheime für 2 Millionen DM entstehen, in: Der Nord-Berliner. Amtliches Organ des Bezirksamtes Reinickendorf vom 22.07.1955.

Ein 'Genf im Kleinen'. Jugendliche aus vier Nationen auf der Insel Scharfenberg, in: Telegraf vom 24.07.1955.

KALANDAR, Samt-Handschuhe, in: Der Kurier. Die Berliner Abendzeitung vom 07.11.1955.

PEWESIN, Wolfgang, Nur Musterschüler auf Scharfenberg [Leserbrief als Richtigstellung des Artikels vom 07.11.1955 in dieser Zeitung], in: Der Kurier. Die Berliner Abendzeitung vom 17.11.1955.

Schulfarm Scharfenberg baut, in: Tag vom 29.12.1955.

HABICHT, Hilde, Zwei Lastwagen sackten ab. Als die Fähre auf Grund lief - Erst jetzt wurde Ordnung geschaffen, in: Telegraf. Berliner Ausg. vom 25.01.1956.

Auch Behörde am Fähr-Unfall schuld. Mißstand am Ufer des Tegeler Sees zu spät beseitigt - Geldstrafe für den Fährmann, in: Der Tagesspiegel. Unabhängige Berliner Morgenzeitung vom 25.01.1956.

Endlich: Schulen statt Rathäuser, in: Der Tagesspiegel. Unabhängige Berliner Morgenzeitung vom 27.01.1956.

Hauptausschuß korrigiert bezirkliche Expansionswünsche. Schulen statt neuer Rathäuser! Auch Hühnerfarm und Sauna abgelehnt - Bauetat bereits überschritten, in: Der Kurier. Die Berliner Abendzeitung vom 27.01.1956.

Insulaner im Tegeler See. Vom Eis eingeschlossen - Telefon einzige Verbindung, in: Berliner Morgenpost vom 01.02.1956.

Nur mit Mühe […], in: Nacht-Depesche, Berlin, vom 02.02.1956.

Tischler ist nicht Lehrer, in: Der Tagesspiegel. Unabhängige Berliner Morgenzeitung vom 12.04.1956.

Jugendtreffen auf Scharfenberg, in: Der Tagesspiegel. Unabhängige Berliner Morgenzeitung vom 11.07.1956.

Herzlich Willkommen auf Scharfenberg, in: Welt vom 13.07.1956, Ausg. B.

SACK, Maria, Abseits vom Scheinwerferlicht. Elisabeth Rotten - Inbegriff der Hilfsbereitschaft, in: Der Tagesspiegel. Unabhängige Berliner Morgenzeitung vom 14.10.1956.

Auf Scharfenberg wird gebuddelt. Die ganze Insel gleicht einer großen Baustelle, in: Telegraf vom 27.10.1956.

'Bollehaus' wird abgerissen, in: Telegraf vom 13.12.1956.

Auf der Schulfarm-Insel Scharfenberg […], in: Der Tagesspiegel. Unabhängige Berliner Morgenzeitung vom 19.12.1956.

Richtfest im Tegeler See. Sieben Schülerwohnheime auf der Insel Scharfenberg, in: Telegraf vom 21.12.1956.

Scharfenberg-Häuser als Pfahlbauten, in: Kurier vom 21.12.1956.

OPPROWER, Rolf, Filmexpedition zum Eiland im Tegeler See. Fernsehen dreht auf der Schulfarm Scharfenberg - Drehbuch von Schülern geschrieben - 'Chronide' und Insel-Feuerwehr, in: Der Tagesspiegel. Unabhängige Berliner Morgenzeitung vom 12.07.1957.

OPPENS, Edith, Maria Schmidt-Matthaei und der Sunderhof. Innige Freundschaft mit Adele Doré - Insel des Geistes und der Kultur in der stillen Heide, in: Welt vom 14.09.1957.

BLÖDERN, Frank, Schüler als 'Minister', in: Telegraf vom 24.11.1957.

Die Feuerwehr fragt: 'Wer trägt die Verantwortung?' Insel Scharfenberg ist ohne ausreichenden Brandschutz, in: Berliner Morgenpost vom 27.11.1957, Ausg. II.

Hier lernt sich's leichter, in: Berliner Morgenpost vom 02.12.1957, Ausg. II.

Wasser durch den See. Scharfenberg weiter ohne ausreichenden Feuerschutz, in: Berliner Morgenpost vom 20.12.1957, Ausg. II.

Von den Innungen auf Scharfenberg. Bolle-Villa ist baufällig - 570.000 DM für ein neues Schulgebäude, in: Telegraf vom 15.06.1958.

WAGNER, Rainer, Eine Schule ohne Sommerferien. Ausgedehnter Abstecher zur Schulfarm Scharfenberg, in: Welt vom 28.07.1958.

Ein Stück Heimatgeschichte verbindet. Altes Bolle-Haus wird gesprengt. Idyllischer Sommersitz auf der Insel Scharfenberg nicht mehr zu retten, in: Der Nord-Berliner. Unabhängige Wochenschrift mit den amtlichen Nachrichten der Bezirksämter Reinickendorf und Wedding vom 07.11.1958.

Dr. Bolle schuf ein Naturparadies. Zum Abriß des alten Bolle-Hauses auf der Insel Scharfenberg, in: Der Nord-Berliner. Amtliches Organ des Bezirksamtes Reinickendorf vom 14.11.1958.

Elefanten auf dem Schlappseil ... Malwettbewerb [...], in: Der Tag vom 01.03.1959.

'Lokaltermin' auf Scharfenberg, in: Berliner Morgenpost vom 05.04.1959, Ausg. II.

Insel Scharfenberg jetzt ohne Stiefel passierbar. Notstandsarbeiter gaben der Schulfarm ein neues Gesicht - Blumen binden reicht nicht zum Abitur, in: Kurier vom 30.04.1959, Spätausg.

Zehn Jahre neues Scharfenberg, in: Berliner Morgenpost vom 31.05.1959, Ausg. II.

Scharfenberg lädt ein, in: Welt vom 02.06.1959.

Auf nach Scharfenberg! Schulfarm veranstaltet eine interessante Ausstellung, in: Berliner Morgenpost vom 03.06.1959, Ausg. II.

Insulaner stellen aus. Zehn Jahre Schulfarm Scharfenberg - Schüler sind 'Innungsmitglieder', in: Telegraf vom 03.06.1959.

Zehn Jahre Scharfenberg, in: Berliner Morgenpost vom 03.06.1959.

Fleißige Insulaner auf Scharfenberg. Interessanter Einblick in die Arbeit der Schulfarm - Tage der 'Offenen Tür', in: Der Nord-Berliner. Amtliches Organ des Bezirksamtes Reinickendorf vom 05.06.1959.

BLUME, Wilhelm, Erinnerungen an das Bollehaus, in: Der Nord-Berliner. Amtliches Organ des Bezirksamtes Reinickendorf vom 12.06., 26.06., 03.07., 10.07., 17.07., 24.07., 31.07., 07.08., 14.08., 21.08., 28.08. und 04.09.1959; mit erw. Beginn wieder als: BLUME, Wilhelm, Erinnerungen an das Bollehaus auf der Insel Scharfenberg (=Vorträge und Aufsätze, 8), Berlin 1959.

Bei jungen Leuten in zwei Berliner Bezirken. Berufsberatung im Wedding - Kein Mangel an Lehrstellen - Auf der Schulfarm Insel Scharfenberg - Abitur mitten im Tegeler See - Erst Handwerk, dann die Hochschule, in: Stuttgarter Zeitung vom 27.06.1959

Neuer Leiter der Humboldtschule Tegel. Oberstudiendirektor Dr. Hartkopf in sein Amt eingeführt, in: Der Nord-Berliner. Amtliches Organ des Bezirksamtes Reinickendorf vom 05.02.1960.

ASBROCK, Marianne, Selbstverantwortung in Freiheit. Auf der Schulfarm Insel Scharfenberg in Westberlin, in: Deutsche Zeitung. Mit Wirtschaftszeitung, Köln, vom 27./28.02.1960.

Es begann mit dem 'Trip to Berlin'. Ein Pfadfinder-Kindergarten, in: Berliner Sonntagsblatt/Die Kirche vom 06.03.1960, Beilage: Junge Gemeinde.

Richtfest auf Scharfenberg, in: Der Tagesspiegel. Unabhängige Berliner Morgenzeitung vom 05.04.1960.

Eine seltene Fuhre [...], in: Berliner Morgenpost vom 06.04.1960, Ausg. B.

Richtfest auf der Schulfarminsel. Moderne Gebäude anstelle des Bolle-Hauses. Erster Winterbau des Bezirks, in: Der Nord-Berliner vom 15.04.1960.

Kunst und Frohsinn [...], in: Berliner Morgenpost vom 31.05.1960, Ausg. B.

GEBAUER, Alfred, Leserfahrt zum 'Nordischen Geistersee'. Heimatliche Gefilde vom Wasser aus - Botanische Schätze auf Scharfenberg, in: Der Nord-Berliner vom 21.10.1960.

TANDRUP, Nils, Den pædagogiske Skolerepublik på es tysk ϕ, in: Kristeligt Dagblad vom 18.05.1961.

Einweihung auf der Insel Scharfenberg, in: Berliner Morgenpost vom 07.09.1961.

Neubau auf Scharfenberg, in: Der Tagesspiegel. Unabhängige Berliner Morgenzeitung vom 07.09.1961

Auf der Insel Scharfenberg hat jeder ein Amt. Eine 'Schulrepublik' mit eigenen Gesetzen - Gestern wurde das neue Zentralgebäude eingeweiht, in: Welt. Berliner Ausg. vom 09.09.1961.

Neues Haus auf Scharfenberg. Schulfarm feierte gestern Einweihung, in: Telegraf vom 09.09.1961.

Schulfarm hat ein neues Hauptquartier. Insel-Internat mit allem Komfort, in: Berliner Morgenpost vom 09.09.1961, Ausg. II.

REINKE, Ekkehart, In Berlins berühmter Schulfarm auf der Insel im Tegeler See wird gefilmt: - und alle Schüler sind mit Feuereifer dabei. Kai erobert Scharfenberg, in: Berliner Zeitung vom 12.10.1961.

Kinder spielen Demokratie, in: Tag vom 29.10.1961.

Fähre für die Schulfarm, in: Berliner Morgenpost vom 14.12.1961.

Auf der Schulfarm Scharfenberg [...], in: Der Tagesspiegel. Unabhängige Berliner Morgenzeitung vom 11.07.1962.

M., J., Die 'Scharfenberger' sind eine Familie. Schulfarm besteht morgen 40 Jahre, in: Berliner Morgenpost vom 29.09.1962.

Aus Anlaß ihres 40jährigen Bestehens [...], in: Der Tagesspiegel. Unabhängige Berliner Morgenzeitung vom 26.09.1962.

Scharfenberger Insulaner regieren selbst. Vierzig Jahre Schulfarm, in: Der Nord-Berliner. Amtliches Organ des Bezirksamtes Reinickendorf vom 28.09.1962.

Auf der 'Schulfarm Insel Scharfenberg' gibt es drei Tage schulfrei - als Strafe, in: Berliner Zeitung vom 29.09.1962.

PL., Jubiläum am Tegeler See. 40 Jahre Schulfarm Scharfenberg. Insulaner feierten, in: Der Tagesspiegel. Unabhängige Berliner Morgenzeitung vom 02.10.1962.

Die kleine Fähre brachte 700 Gäste. Jubel, Trubel, Heiterkeit zum Jubiläum der Schulfarminsel Scharfenberg, in: Der Nord-Berliner. Amtliches Organ des Bezirksamtes Reinickendorf vom 05.10.1962.

BEER, Brigitte, Pädagogische Pionierarbeit im Tegeler See. Vierzig Jahre Schulfarm Insel Scharfenberg, in: Frankfurter Allgemeine Zeitung vom 23.10.1962.

Landwirtschaftsschüler berichteten über Berlin-Fahrt, in: Badisches Tageblatt vom 08.02.1963.

60 Jahre Humboldtschule, in: Der Nord-Berliner. Amtliches Organ des Bezirksamtes Reinickendorf vom 05.04.1963.

Modernisierte Schulfarm, in: Der Tagesspiegel. Unabhängige Berliner Morgenzeitung vom 17.08.1963.

HOFFMANN, Gabriele, Schüler haben hier Schwein ... Besuch in der Farm-Schule Scharfenberg, in: Der Abend vom 17.10.1963.

Lichtspiele mit Schrott. Triumph der Phantasie auf Scharfenberg, in: Berliner Morgenpost vom 12.11.1963, Ausg. II.

Wilhelm Blume 80 Jahre alt, in: Der Nord-Berliner. Amtliches Organ des Bezirksamtes Reinickendorf vom 07.02.1964.

H., L., Der Pädagoge vom Fasanenhof, in: Der Tagesspiegel. Unabhängige Berliner Morgenzeitung vom 08.02.1964.

Vater der Schulfarm wird heute 80 Jahre. Besuch bei Wilhelm Blume auf dem 'Fasanenhof', in: Berliner Morgenpost vom 08.02.1964.

Der Pädagoge Wilhelm Blume [...], in: Deutsche Zeitung mit Wirtschaftszeitung vom 08./09.02.1964.

Ein großer Sohn der Lessingstadt. Von Wolfenbüttel zur Tegelinsel Scharfenberg. Der bekannte Schulreformer Prof. Dr. Wilhelm Blume 80 Jahre alt. - Seine Schulfarm in Berlin war eine bedeutende Tat, in: Wolfenbütteler Zeitung vom 14.02.1964.

BECKER, O.E.H., Lebenslange Arbeit für den Menschen. Zum Tode Elisabeth Rottens, in: Der Tagesspiegel. Unabhängige Berliner Morgenzeitung vom 14.06.1964.

Jungfernfahrt [der neuen Fähre], in: Berliner Morgenpost vom 18.07.1964.

Zwei gewichtige Brocken hatte gestern die neue Fähre zur Schulfarminsel Scharfenberg geladen [...], in: Berliner Morgenpost vom 07.08.1964.

Die Richtersche Stiftung [...], in: Der Tagesspiegel. Unabhängige Berliner Morgenzeitung vom 01.09.1964.

Den Schaden inzwischen gutgemacht. Ehemaliger Schulfarm-Kassenführer wegen Unterschlagung verurteilt, in: Der Tagesspiegel. Unabhängige Berliner Morgenzeitung vom 14.11.1964.

Richtfest auf Scharfenberg, in: Berliner Morgenpost vom 11.12.1964, Ausg. III.

Die Schulfarm Insel Scharfenberg [...], in: Der Tagesspiegel. Unabhängige Berliner Morgenzeitung vom 09.01.1965.

Schulfarm ruft, in: Berliner Morgenpost vom 09.01.1965, Ausg. II.

Naturformen einer Insel. Siegfried Kühls faszinierende Variationen über Scharfenberg. Zur Ausstellung Siegfried Kühls im 'Haus am Lützowplatz', in: Der Nord-Berliner. Amtliches Organ des Bezirksamtes Reinickendorf vom 29.01.1965.

Ein interessanter Schulversuch. Die neue Oberstufenreform an der Schulfarm Scharfenberg und der Humboldtschule, in: Der Nord-Berliner. Amtliches Organ des Bezirksamtes Reinickendorf vom 05.02.1965.

Farm auf Studienfahrt, in: Berliner Morgenpost vom 13.03.1965, Ausg. III.

BELING, Udo, Auf Scharfenberg ist alles anders, in: Berliner Zeitung vom 31.07.1965.

An der Oberstufe Wissenschaftlichen Zweiges auf der Schulfarm Scharfenberg [...], in: Der Tagesspiegel. Unabhängige Berliner Morgenzeitung vom 15.01.1966.

K., E.B., Schüler auf Scharfenberg haben viele Privilegien, in: Spandauer Volksblatt vom 03.07.1966.

Ein konsequenter Reformer. Dr. Werner Hartkopf 60 Jahre, in: Der Nord-Berliner. Amtliches Organ des Bezirksamtes Reinickendorf vom 29.07.1966.

Kleine Anfrage [eines CDU-Abgeordneten betr. Teilnahme von Schülern der Schulfarm Insel Scharfenberg an einer Studentendemonstration], in: Der Tagesspiegel. Unabhängige Berliner Morgenzeitung vom 11.02.1967; wieder in: PEWESIN, Wolfgang, Beiträge zur Geschichte der Schulfarm. Auch ein Jubiläum: Scharfenberg vor zwanzig Jahren. Eine Schülerdemonstration und ihre Folgen - Bericht und Dokumentation. Zum 'Tag der Alten' im Jubiläumsjahr 1987 am 30. August (=Neue Scharfenberg-Hefte, 13), Berlin 1987, S. 4 [als Dok. Nr. 1].

Demonstrations-Urlaub mißbilligt, in: Der Tagesspiegel. Unabhängige Berliner Morgenzeitung vom 03.03.1967; wieder in: PEWESIN, Wolfgang, Beiträge zur Geschichte der Schulfarm. Auch ein Jubiläum: Scharfenberg vor zwanzig Jahren. Eine Schülerdemonstration und ihre Folgen - Bericht und Dokumentation. Zum 'Tag der Alten' im Jubiläumsjahr 1987 am 30. August (=Neue Scharfenberg-Hefte, 13), Berlin 1987, S. 7 [als Dok. Nr. 4].

Demonstration mißbilligt, in: Der Telegraf vom 05.03.1967; wieder in: PEWESIN, Wolfgang, Beiträge zur Geschichte der Schulfarm. Auch ein Jubiläum: Scharfenberg vor zwanzig Jahren. Eine Schülerdemonstration und ihre Folgen - Bericht und Dokumentation. Zum 'Tag der Alten' im Jubiläumsjahr 1987 am 30. August (=Neue Scharfenberg-Hefte, 13), Berlin 1987, S. 7 [als Dok. Nr. 5].

Demonstrations-Urlaub [3 Leserbriefe], in: Der Tagesspiegel. Unabhängige Berliner Morgenzeitung vom 12.03.1967; wieder in: PEWESIN, Wolfgang, Beiträge zur Geschichte der Schulfarm. Auch ein Jubiläum: Scharfenberg vor zwanzig Jahren. Eine Schülerdemonstration und ihre Folgen - Bericht und Dokumentation. Zum 'Tag der Alten' im Jubiläumsjahr 1987 am 30. August (=Neue Scharfenberg-Hefte, 13), Berlin 1987, S. 8 [als Dok. Nr. 6].

Ferien mit Sense und Mistgabel, in: Bild vom 07.08.1967.

COPPI, Hans, Schokoladenreklame tarnte Flugblätter. Die Gestapo bezeichnete die Schulze/Harnack-Gruppe als 'Rote Kapelle', in: Junge Welt, Berlin (DDR) vom 22.12.1967.

Gast auf Scharfenberg, in: Telegraf vom 28.01.1968.

SCHREIBER, Helene, Herr Minister, wir brauchen einen Kuhstall'. Pädagogisches Experiment: Schulfarm Insel Scharfenberg, in: Rheinischer Merkur vom 10.05.1968.

Streik auf Scharfenberg, in: Telegraf vom 22.05.1968.

Diskussion statt Unterricht, in: Telegraf vom 25.05.1968.

SCHULMEISTER, Paul, Antwort zum 'Verteidigungsfall' war entwaffnend. Nach zweitägigem Hungerstreik diskutierten die Scharfenberg-Schüler über Notstandsgesetze, in: Welt vom 25.05.1968.

Erfolg mit dem Wahlleistungsfach. Experiment ausgewertet - Die Durchschnittsnote ist besser geworden, in: Der Tagesspiegel. Unabhängige Berliner Morgenzeitung vom 12.07.1968.

Basar auf Scharfenberg, in: Berliner Morgenpost vom 15.12.1968, Ausg. III.

DIETZE, Horst, Dank dem Schöpfer Scharfenbergs! Wilhelm Blume zum 85. Geburtstag, in: Der Nord-Berliner. Amtliches Organ des Bezirksamtes Reinickendorf vom 07.02.1969.

HARTKOPF, Werner, [Wilhelm Blume zum 85. Geburtstag], in: Der Nord-Berliner. Amtliches Organ des Bezirksamtes Reinickendorf vom 07.02.1969.

Prof. Wilhelm Blume 85 Jahre alt. Partnerschaft: Lehrer und Schüler, in: Telegraf vom 08.02.1969.

Heute Ehrung in Frohnau, in: Telegraf vom 08.02.1969.

JS., H. [=JAESRICH, Helmut], Der Schulfarmer, in: Der Tagesspiegel. Unabhängige Berliner Morgenzeitung vom 08.02.1969.

Schulfarm Scharfenberg - Idee beim Pfingstausflug. viele Gratulanten zum 85. Geburtstag von Wilhelm Blume, in: Berliner Morgenpost vom 09.02.1969, Ausg. III.

Schulfarm Insel Scharfenberg, in: Der Tagesspiegel. Unabhängige Berliner Morgenzeitung vom 16.02.1969.

Tegel, Schulfarm Insel Scharfenberg, in: Berliner Morgenpost vom 21.02.1969, Ausg. III.

Streikstimmung in der Schulfarm auf Scharfenberg. Schülermitverwaltung wird von Erziehern übergangen, in: Die Wahrheit. Sozialistische Tageszeitung Westberlins. SED Westberlin vom 04.06.1969.

Der langjährige verdienstvolle Leiter der Schulfarm Insel Scharfenberg, Oberstudienrat Dr. Wolfgang Pewesin [...], in: Der Nord-Berliner. Die Unabhängige Wochenzeitung mit den amtlichen Nachrichten der Bezirksämter Reinickendorf und Wedding vom 21.11.1969.

Neuer Direktor auf der Schulfarm, in: Berliner Morgenpost vom 31.12.1969, Ausg. III.

Rauschgift in der Schule. APO-Organe können ungestraft Propaganda treiben, in: Bürger und Wirtschaft. Information, Meinung, Diskussion, 1969, Mai, S. 11.

Schulfarm Insel Scharfenberg, in: Der Tagesspiegel. Unabhängige Berliner Morgenzeitung vom 24.01.1970.

Schulfarm Insel Scharfenberg, in: Welt vom 29.01.1970.

Viele Pläne um Scharfenberg. Insel ist für Schule zu klein geworden, in: Berliner Morgenpost vom 28.02.1970, Ausg. III.

Nachfolger des in den Ruhestand getretenen Direktors der Schulfarm Scharfenberg [...], in: Der Tagesspiegel. Unabhängige Berliner Morgenzeitung vom 25.03.1970.

Zum neuen Leiter der Schulfarm Scharfenberg [...], in: Berliner Morgenpost vom 25.03.1970, Ausg. II.

Kleine Diskussion [...], in: Berliner Morgenpost vom 02.04.1970, Ausg. III.

Schulfarm in der Zwickmühle, in: Berliner Zeitung vom 27.04.1970.

Internat zeitgemäß. 'Scharfenberger Konzept' des Direktors - Deputierte auf der Insel, in: Der Tagesspiegel. Unabhängige Berliner Morgenzeitung vom 26.08.1970.

Mit der Insel Scharfenberg hat Stadtrat Dietze große Pläne. Neues Erziehungskonzept soll Vorbild für Berlin werden, in: Berliner Morgenpost vom 26.08.1970, Ausg. III.

Neue Pläne für Scharfenberg. Schulfarm soll pädagogisches Vorbild werden, in: Berliner Morgenpost vom 26.08.1970, Ausg. II.

Die Schulfarm Insel Scharfenberg [...], in: Der Tagesspiegel. Unabhängige Berliner Morgenzeitung vom 30.08.1970.

Neue Pläne für Scharfenberg, in: Der Nord-Berliner. Amtliches Organ des Bezirksamtes Reinickendorf vom 04.09.1970.

PEWESIN, Wolfgang, Internat zeitgemäß [Leserbrief betr. Artikel vom 26.08.1970], in: Der Tagesspiegel. Unabhängige Berliner Morgenzeitung vom 20.09.1970.

Reinickendorf für Schulfarm, in: Der Tagesspiegel. Unabhängige Berliner Morgenzeitung vom 07.10.1970.

Todesanzeige für Prof. Wilhelm Blume, in: Der Tagesspiegel. Unabhängige Berliner Morgenzeitung vom 22.11.1970.

Todesanzeige für Wilhelm Blume, in: Der Tagesspiegel. Unabhängige Berliner Morgenzeitung vom 24.11.1970.

HARTKOPF, Werner, Gründer der Schulfarm Scharfenberg. Wilhelm Blume in memoriam, in: Der Nord-Berliner. Amtliches Organ des Bezirksamtes Reinickendorf vom 27.11.1970.

RICHTER, Wilhelm, Radikaldemokratisches Freiheitsexperiment. Zum Tode Wilhelm Blumes, des Gründers von Scharfenberg - Schon damals Kern- und Kursunterricht, in: Der Tagesspiegel. Unabhängige Berliner Morgenzeitung vom 29.11.1970; u.d.T. 'Nachruf auf Wilhelm Blume [...]' wieder in: RICHTER, Wilhelm, Schulerinnerungen, Berlin 1976, S. 58-61 [als Dok. Nr. III].

Die alte Scheune auf Scharfenberg wurde ein moderner Musterstall. Gäste vom Lande in der Schulfarm, in: Berliner Morgenpost vom 29.01.1971, Ausg. III.

Schulfarm Insel Scharfenberg, in: Der Tagesspiegel. Unabhängige Berliner Morgenzeitung vom 29.01.1971.

WIECHMANN, S., 'Verjüngungskur' für die Schulfarm Scharfenberg. Der Senator sprach das letzte Wort, in: Berliner Zeitung vom 23.02.1971.

Theater an Schulen soll Schule machen, in: Berliner Morgenpost vom 09.04.1971, Ausg. III.

Plötzlich tanzten die Darsteller mit dem Schupo Walzer, in: Berliner Morgenpost vom 10.04.1971, Ausg. III.

WILLE, Klaus-Dieter, Schulfarm Scharfenberg, in: Spandauer Volksblatt vom 15.05.1971.

So etwas wie ein Ur-Theater. Gewagtes Experiment einer Berliner Gruppe [...], in: Waldeckische Landeszeitung vom 21.05.1971.

Das war ein fragwürdiges Experiment. Spiel der Internatsschule Berlin. Französische Gruppe gefiel, in: Waldeckische Allgemeine vom 22.05.1971.

Frohnauer 'Fasanenhof' ersteht neu, in: Der Nord-Berliner. Amtliches Organ des Bezirksamtes Reinickendorf vom 15.08.1971.

Neues Leben im alten Haus. Der Fasanenhof hat einen Besitzer gefunden, in: Berliner Morgenpost vom 28.08.1971, Ausg. III.

POMPLUN, Kurt, Dr. Bolle war zwar nicht so populär wie Bimmel-Bolle ... aber er machte aus der Insel Scharfenberg ein Paradies, in: Berliner Morgenpost vom 28.11.1971; wieder in: POMPLUN, Kurt, Pomplun's Großes Berlin Buch, Berlin 1986, S. 167-171.

SCHERER, Marie-Luise, Der 'alte Geist' ist von der Insel vertrieben. Schulfarm Scharfenberg in Schwierigkeiten, in: Berliner Morgenpost vom 21.11.1971.

Neue Konzeption für die Schulfarm Insel Scharfenberg, in: Der Tagesspiegel. Unabhängige Berliner Morgenzeitung vom 03.12.1971.

DIETZ, Fritz, Schulfarm Scharfenberg. Wilhelm Blumes Arbeit war für Pädagogen Vorbild, in: Berliner Morgenpost vom 10.12.1971.

LENNERT, Rudolf, Der Pädagogik treu geblieben. Prof. Wilhelm Richter 70 Jahre, in: Der Tagesspiegel. Unabhängige Berliner Morgenzeitung vom 15.12.1971.

RADDE, Gerd, Zur Kritik an Scharfenberg. Kleine Frotzeleien über den Kollegen, in: Berliner Morgenpost vom 16.01.1972.

Nur noch Oberstufe auf der Schulfarm-Insel, in: Berliner Morgenpost vom 18.02.1972.

Schulfarm Insel Scharfenberg, in: Der Tagesspiegel. Unabhängige Berliner Morgenzeitung vom 18.02.1972.

Schulfarm ohne siebente Klasse. Künftig Aufbauform des Gymnasiums auf der Insel Scharfenberg, in: Der Tagesspiegel. Unabhängige Berliner Morgenzeitung vom 18.02.1972.

Schulausschuß besichtigte die Werkstätten und auch Ställe. Scharfenberg wird künftig als Gymnasium in Aufbauform geführt, in: Berliner Morgenpost vom 18.03.1972, Ausg. III.

ZAHL, Christa, Insulaner mit Problemen. Scharfenbergs neues Konzept leidet an Personal- und Finanzknappheit, in: Telegraf vom 16.04.1972.

HARTKOPF, Werner, Die Gründung der Schulfarm Scharfenberg vor fünfzig Jahren. Ein Stück Nord-Berliner Schulgeschichte, in: Der Nord-Berliner. Amtliches Organ des Bezirksamtes Reinickendorf vom [1] 26.05., [2] 02.06., [3] 16.06. und [4] 23.06.1972.

'Werkstatt am scharfen Berg'. Feiern zum 50jährigen Bestehen der Schulfarm Insel Scharfenberg, in: Der Tagesspiegel. Unabhängige Berliner Morgenzeitung vom 09.06.1972.

So lebt man auf der Schulfarm Insel Scharfenberg [...], in: Der Tagesspiegel. Unabhängige Berliner Morgenzeitung vom 11.06.1972.

HARTKOPF, Werner, Schulfarm Scharfenberg - richtungsweisendes Beispiel. Die pädagogische Seite ihrer Gründung vor fünfzig Jahren, in: Spandauer Volksblatt vom 14.06.1972.

Bilder von Schülern und Lehrern [auf einer Kunstausstellung der Schulfarm Insel Scharfenberg im Rathaus Reinickendorf], in: Der Tagesspiegel. Unabhängige Berliner Morgenzeitung vom 22.08.1972.

Anmeldungen für die 9. Klasse in der Schulfarm Scharfenberg möglich, in: Der Tagesspiegel. Unabhängige Berliner Morgenzeitung vom 04.11.1972.

Anmelden [sic!] für Scharfenberg. Englisch und Französisch sind Voraussetzung, in: Berliner Morgenpost vom 05.11.1972.

Anmeldungen für die Insel Scharfenberg, in: Berliner Morgenpost vom 15.12.1972.

Die Schulfarm auf der Insel Scharfenberg [...], in: Der Tagesspiegel. Unabhängige Berliner Morgenzeitung vom 15.12.1972.

An der Schulfarm Insel Scharfenberg in Tegel haben das Abitur bestanden [...], in: Berliner Morgenpost vom 26.01.1973, Ausg. III.

Herzliche Glückwünsche zum bestandenen Abitur, in: Berliner Morgenpost vom 03.02.1973, Ausg. II.

Schulfarm Insel Scharfenberg, in: Der Tagesspiegel. Unabhängige Berliner Morgenzeitung vom 07.02.1973.

Auf dunklen Wegen kam das Blatt [eine Kommunistische Jugendzeitung] auf die Schul-Insel Scharfenberg. BVV-Ausschuß bat Pädagogen zum Bericht, in: Berliner Morgenpost vom 12.05.1973, Ausg. III.

Die 'Schülerrepublik', in: Spandauer Volksblatt vom 19.05.1973.

Heißes Eisen Insel Scharfenberg [Leserbrief eines Vaters], in: Berliner Morgenpost vom 14.06.1973, Ausg. III.

MÜLLER, Rudi, Konflikte können nicht ausbleiben, in: Berliner Morgenpost vom 20.06.1973, Ausg. III.

LAUTENSCHLÄGER, Hans, '... und heute steht der Sohn neben mir'. Das Vermächtnis der Schulze-Boysen/Harnack-Gruppe lebt in unserer Republik, in: Berliner Zeitung (DDR) vom 05.08.1973.

Jetzt anmelden, in: Welt vom 28.11.1973.

Von sofort an nimmt die Internatsschule auf der Insel Scharfenberg [...] wieder Anträge von Schülerinnen und Schülern an [...], in: Berliner Morgenpost vom 30.11.1973, Ausg. I.

Viel Theater auf der Insel, in: Welt vom 06.12.1973.

Theaterpreis für den Leiter der Schulfarm Scharfenberg, in: Der Tagesspiegel. Unabhängige Berliner Morgenzeitung vom 07.12.1973.

Schulfarm Insel Scharfenberg, in: Der Tagesspiegel. Unabhängige Berliner Morgenzeitung vom 09.01.1974.

Schulfarm hat freie Plätze, in: Berliner Morgenpost vom 20.02.1974, Ausg. III.

Die Internatsschule auf der Insel Scharfenberg [...], in: Der Tagesspiegel. Unabhängige Berliner Morgenzeitung vom 24.02.1974.

1. Gedruckte Quellen und Literatur über die Schulfarm Insel Scharfenberg und Wilhelm Blume

Bewerbungen für die 9. Klasse der Schulfarm Scharfenberg, in: Der Tagesspiegel. Unabhängige Berliner Morgenzeitung vom 17.04.1975.

Freie Plätze auf Scharfenberg, in: Berliner Morgenpost vom 18.04.1975.

Georg Netzband 75, in: Der Tagesspiegel. Unabhängige Berliner Morgenzeitung vom 30.07.1975.

Sie lernen in der Schule eine Kuh melken [...], in: Berliner Morgenpost vom 29.01.1976, Ausg. III.

Schüleranmeldungen, in: Berliner Zeitung vom 30.01.1976.

Schulfarm Scharfenberg nimmt wieder Bewerbungen entgegen, in: Der Tagesspiegel. Unabhängige Berliner Morgenzeitung vom 01.02.1976.

SCHUBERT, Rudolf, Zum 70.Geburtstag Werner Hartkopfs am 4. August 1976, in: Der Nord-Berliner. Amtliches Organ des Bezirksamtes Reinickendorf vom 06.08.1976; wieder in: Humboldtschule Tegel. 1903-1978, hrsg. von der Humboldt-Oberschule Tegel, Berlin 1978, S. 36f.

Senat diskutiert Schließung der Schulfarm Scharfenberg. Auf der Liste der Sparvorschläge - Stadtrat für Erhaltung, in: Der Tagesspiegel. Unabhängige Berliner Morgenzeitung vom 22.09.1976.

CDU gegen Scharfenberg-Schließung, in: Der Tagesspiegel. Unabhängige Berliner Morgenzeitung vom 23.09.1976.

Philologenverband für Scharfenberg, in: Berliner Morgenpost vom 24.09.1976.

Philologenverband für Scharfenberg. Schließungspläne abgelehnt - Auf Besonderheiten der Schulfarm Scharfenberg verwiesen, in: Der Tagesspiegel. Unabhängige Berliner Morgenzeitung vom 24.09.1976.

Scharfenberg 'einsparen', in: Der Tagesspiegel. Unabhängige Berliner Morgenzeitung vom 03.10.1976.

Reinickendorf für Schulfarm, in: Der Tagesspiegel. Unabhängige Berliner Morgenzeitung vom 07.10.1976.

Schulfarm bleibt, in: Berliner Morgenpost vom 09.10.1976 [1. Artikel: S. 1].

Schulsenator [Rasch] gegen eine Schließung Scharfenbergs, in: Berliner Morgenpost vom 09.10.1976 [2. Artikel: S. 9].

Schulsenator gegen Schließung der Schulfarm Scharfenberg. Stellungnahme zu Sparplänen - Erhöhung der Schülerzahlen erwogen, in: Der Tagesspiegel. Unabhängige Berliner Morgenzeitung vom 09.10.1976.

Schulsenator Rasch setzt sich für das Internat Scharfenberg ein, in: Berliner Zeitung vom 09.10.1976.

Schulsenator will Scharfenberg erhalten, in: Bild vom 09.10.1976.

Schulsenator Rasch [FDP] gegen Schließung von Scharfenberg, in: Welt vom 09.10.1976.

Alle Fraktionen für Scharfenberg. Diskussion im Schulausschuß - Oberstufenzentren und Gymnasiasten, in: Der Tagesspiegel. Unabhängige Berliner Morgenzeitung vom 12.10.1976.

Thema Schulfarm, in: Berliner Morgenpost vom 31.10.1976, Ausg. III.

Scharfenbergs Ende beschlossen. Senatsbeschluß im Gegensatz zu Rasch und Schulausschuß des Parlaments, in: Der Tagesspiegel. Unabhängige Berliner Morgenzeitung vom 03.11.1976.

Sparprogramm. Senator drohte mit Rücktritt, in: Berliner Zeitung vom 03.11.1976.

Senat verkündet den rigerosen Sparplan. Entlassungen und soziale Härten sollen vermieden werden, in: Berliner Morgenpost vom 03.11.1976.

Thema Schulfarm, in: Berliner Morgenpost vom 06.11.1976, Ausg. III.

Abgeordneten-Ausschuß tagte 'vor Ort'. Doch noch eine Chance für Schulfarm Scharfenberg?, in: Berliner Morgenpost vom 09.11.1976.

Schulausschuß in Scharfenberg. CDU und FDP für Erhaltung, SPD noch ohne neue Stellungnahme, in: Der Tagesspiegel. Unabhängige Berliner Morgenzeitung vom 09.11.1976.

Eltern gegen Schließung der Schulfarm Scharfenberg, in: Berliner Morgenpost vom 11.11.1976.

Elternausschuß gegen den Beschluß des Senats, in: Welt vom 11.11.1976.

Der Elternausschuß der Schulfarm Scharfenberg [...], in: Der Tagesspiegel. Unabhängige Berliner Morgenzeitung vom 12.11.1976.

Erneuter Protest in Scharfenberg gegen den Schließungsplan, in: Der Tagesspiegel. Unabhängige Berliner Morgenzeitung vom 16.11.1976.

Musische Wochen der Internatsschule Insel Scharfenberg. 'Yvonne' kämpft gegen Schließung der Schule, in: Berliner Morgenpost vom 21.11.1976.

PREUß, Eva, Schulfarm Scharfenberg, in: Der Tagesspiegel. Unabhängige Berliner Morgenzeitung vom 21.11.1976.

'Schule im Wald' - Wird die Schulfarm Scharfenberg dicht gemacht?, in: Spandauer Volksblatt vom 21.11.1976.

DIETZE, Horst, Scharfenberg und Schulfarm, in: Der Nord-Berliner. Amtliches Organ des Bezirksamtes Reinickendorf vom 26.11.1976.

Flugblattaktion auf Scharfenberg, in: Berliner Morgenpost vom 26.11.1976.

Schüler kämpfen für die Existenz ihrer Schulfarm.Scharfenberg darf nicht geschlossen werden, in: Berliner Zeitung vom 26.11.1976.

Die Schulfarm Scharfenberg [...], in: Der Tagesspiegel. Unabhängige Berliner Morgenzeitung vom 26.11.1976.

Antrag für SPD-Landesparteitag zur Erhaltung Scharfenbergs, in: Der Tagesspiegel. Unabhängige Berliner Morgenzeitung vom 27.11.1976.

Nicht in Scharfenberg, in: Berliner Morgenpost vom 28.11.1976.

Kampf für Schulfarm, in: Berliner Zeitung vom 29.11.1976.

Professorenbrief gegen Schließung Scharfenbergs, in: Berliner Morgenpost vom 30.11.1976.

'Tribüne' spielt in Scharfenberg. Gasttheater in der Schule - Erklärung aus der Kunst-Hochschule, in: Der Tagesspiegel. Unabhängige Berliner Morgenzeitung vom 30.11.1976.

Das Parlament kann Scharfenberg noch retten, in: Berliner Morgenpost vom 01.12.1976.

Vorentscheidung für Scharfenberg. Arbeitskreis der SPD-Fraktion setzt sich für Erhaltung ein, in: Der Tagesspiegel. Unabhängige Berliner Morgenzeitung vom 01.12.1976.

Eine geschiedene Frau als eine geschiedene Frau, in: Berliner Zeitung vom 02.12.1976.

Schulbeispiele schrecken [...], in: Der Tagesspiegel. Unabhängige Berliner Morgenzeitung vom 02.12.1976.

Scharfenberg-Freunde mehren sich, in: Der Tagesspiegel. Unabhängige Berliner Morgenzeitung vom 02.12.1976.

Auf dieser Insel wird ein Beispiel gegeben, in: Berliner Zeitung vom 03.12.1976.

Gegen die Absicht des Senats [...], in: Welt vom 03.12.1976.

Gewerkschaft Kunst für Scharfenberg, in: Berliner Morgenpost vom 03.12.1976.

Die Gewerkschaft Kunst im DGB [...], in: Der Tagesspiegel. Unabhängige Berliner Morgenzeitung vom 03.12.1976.

Schulfarm Scharfenberg ist einmalig, in: Berliner Morgenpost vom 03.12.1976.

Für Scharfenberg, in: Berliner Morgenpost vom 05.12.1976.

HARTKOPF, Werner, Schulfarm Scharfenberg, in: Der Tagesspiegel. Unabhängige Berliner Morgenzeitung vom 05.12.1976.

Senatskoalition will an Sparbeschlüssen festhalten, in: Der Tagesspiegel. Unabhängige Berliner Morgenzeitung vom 07.12.1976.

Nach vielem Hin und Her im Senat fiel gestern die Entscheidung, in: Berliner Morgenpost vom 08.12.1976.

Rettung für Scharfenberg?, in: Welt vom 08.12.1976.

Schule auf der Insel bleibt erhalten, in: Berliner Zeitung vom 08.12.1976.

Die Schulfarm bleibt erhalten. Senat nimmt Scharfenberg-Beschluß zurück - Erhöhung der Schülerzahl, in: Der Tagesspiegel. Unabhängige Berliner Morgenzeitung vom 08.12.1976.

VENNEMANN, Erich, Schulfarm Scharfenberg, in: Der Tagesspiegel. Unabhängige Berliner Morgenzeitung vom 25.12.1976.

Neue Schüler nimmt die Schulfarm [...], in: Welt vom 17.02.1977.

Schulfarmanmeldung, in: Berliner Morgenpost vom 17.02.1977.

Schulfarm Scharfenberg nimmt wieder Schüler auf, in: Der Tagesspiegel. Unabhängige Berliner Morgenzeitung vom 19.02.1977.

Auf der Schulfarm Scharfenberg säuft ein Ferkel ganz geschickt aus der Tasse, in: Berliner Morgenpost vom 24.04.1977, Ausg. III.

Z., R., Strenge Schülerauswahl für die Schulfarm. Auf der Insel Scharfenberg ist kein Platz mehr frei, in: Berliner Morgenpost vom 05.08.1977.

Brunnen Für Scharfenberg. Bezirksamt legte Wunschzettel in Sachen Schule vor, in: Berliner Morgenpost vom 06.10.1977, Ausg. III.

TESKE, Michael, Schulfarm Scharfenberg braucht einen neuen Fährmann [...]. Schüler suchen Schipper, in: Der Abend vom 10.10.1977.

SCHUKAR, Jürgen, Internat auf der Schulfarm Insel Scharfenberg hat bald mehr Plätze, in: Berliner Morgenpost vom 26.11.1977, Ausg. III.

Keiner kam ins Klassenzimmer - alle Schüler waren zugeklebt. Pech für die Schüler: Der Unterricht fand auf dem Flur statt, in: Berliner Zeitung vom 01.02.1978.

Klebriger Schülerstreich erweist sich als teurer Spaß, in: Berliner Morgenpost vom 01.02.1978, Ausg. III.

Schülerstreich: Türen mit Leim verklebt!, in: Bild vom 01.02.1978.

Rettungsstation wurde zu groß gebaut: Abriß?, in: Berliner Morgenpost vom 31.03.1978.

SCHUKAR, Jürgen, Auf der Insel Scharfenberg gibt's jetzt auch das 'Segel-Abitur', in: Berliner Morgenpost vom 04.05.1978, Ausg. III.

Schulfarm Scharfenberg wird für 1,5 Millionen Mark erweitert. Bis 1980 Platz für 170 Schüler - Künftig bereits von der 7. Klasse an?, in: Der Tagesspiegel. Unabhängige Berliner Morgenzeitung vom 04.05.1978.

Schulfarm Insel Scharfenberg, in: Welt vom 07.07.1978.

Schulfarm Scharfenberg, in: Berliner Morgenpost vom 07.07.1978, Ausg. II.

KELLETAT, Alfred, Humanität und Erziehung. Nachruf auf den Berliner Erzieher Professor Wilhelm Richter, in: Der Tagesspiegel. Unabhängige Berliner Morgenzeitung vom 26.07.1978; u.d.T. 'Wilhelm Richter. Ein Berliner Erzieher' wieder in: Wilhelm Richter - 15. Dezember 1901 - 23. Juli 1978, Berlin 1978, S. 11f.

HARTKOPF, Werner, Pädagoge und Humanist. Prof. Wilhelm Richter in memoriam, in: Der Nord-Berliner vom 04.08.1978.

Eispfad nach Scharfenberg, in: Der Tagesspiegel. Unabhängige Berliner Morgenzeitung vom 06.01.1979.

Der Weg übers Eis zur Schulfarm Insel Scharfenberg [...], in: Der Tagesspiegel. Unabhängige Berliner Morgenzeitung vom 03.02.1979.

Diese Schüler haben jetzt das Abitur in der Tasche, in: Berliner Morgenpost vom 14.02.1979, Ausg. II.

An einem Vormittag [...], in: Der Nord-Berliner vom 16.02.1979.

Scharfenberg: Noch freie Plätze für Schüler, in: Berliner Zeitung vom 23.03.1979.

Noch freie Plätze in der Schulfarm Scharfenberg, in: Der Tagesspiegel. Unabhängige Berliner Morgenzeitung vom 27.03.1979.

Schulfarm sucht, in: Welt. Berliner Ausg. (Berliner Lokalanzeiger) vom 27.03.1979.

GILLES, Christiane E., Eine Schulfarm mitten im Tegeler See. Lehrer greifen nur ein, wenn es Konflikte gibt, in: Mannheimer Morgen vom 31.03.1979.

Die Schüler auf Scharfenberg sind mit Betreuung unzufrieden. Die Jugendlichen wünschen sich wieder Sozialarbeiter als Vertraute, in: Spandauer Volksblatt vom 10.04.1979.

Wenn die Kuh kalbt ... Eine ganz gewöhnliche Schule? - Besuch auf der Schulfarm Insel Scharfenberg, in: Der Tagesspiegel. Unabhängige Berliner Morgenzeitung vom 20.05.1979.

Über den Polizeieinsatz [...], in: Der Tagesspiegel. Unabhängige Berliner Morgenzeitung vom 02.06.1979.

Informative Wanderung: Wie steht es um den Tegeler See?, in: Der Nord-Berliner vom 08.06.1979.

Nach 30 Jahren feierten 30 Abiturienten der Tegeler Humboldt-Schule ein fröhliches Wiedersehen, in: Berliner Morgenpost vom 24.06.1979.

Sie haben das Abitur bestanden, in: Berliner Morgenpost vom 05.08.1979, Ausg. III.

Schüler hackten Holz für bedürftige Bürger, in: Der Nord-Berliner vom 05.10.1979.

Drama auf dem Grund des Tegeler Sees: Berliner Lehrer ließ seinen Wagen voll Wasser laufen und überlebte, in: Berliner Zeitung vom 30.11.1979. [Titelgeschichte und S. 6]

Fähre rammte Pfeiler: Mann und Auto ins Wasser, in: Bild vom 30.11.1979.

Das Abitur bestanden - wie geht's weiter?, in: Berliner Morgenpost vom 22.01.1980, Ausg. II.

Schüler als Verpackungskünstler, in: Der Nord-Berliner vom 08.02.1980.

Hereinspaziert, in: Bild. Berliner Ausg. vom 14.06.1980.

Einen Tag im Paradies, in: Berliner Morgenpost vom 15.06.1980.

Schulfarm Scharfenberg in Tegel stellt sich vor, in: Der Tagesspiegel. Unabhängige Berliner Morgenzeitung vom 20.06.1980.

Kuh auf der Schul-Weide [...], in: Der Tagesspiegel. Unabhängige Berliner Morgenzeitung vom 22.06.1980.

4200 Schüler schwimmen im Tegeler See, in: Der Tagesspiegel. Unabhängige Berliner Morgenzeitung vom 09.07.1980 (Berliner Teil).

'Fähr-Besetzer' sperrten Zufahrt zur Schulinsel, in: Berliner Morgenpost vom 31.03.1981.

GABRYSCH, Wendelin, Schulfarmer buddelten Teich für Fische und Pflanzen, in: Berliner Morgenpost vom 10.06.1981.

Seerosen auf Scharfenberg, in: Bild vom 10.06.1981.

WIECHERT, Ernst, Ein Mensch ist niemals arbeitslos. Eine Abiturrede, gehalten von Ernst Wichert im Jahre 1929 in Königsberg, in: Die Zeit vom 24.07.1981[7].

Schlag zu in Tegel, in: Berliner Morgenpost vom 26.09.1981.

ZUCKSCHWERDT, Reinhild / STICHA, Pavel, Die Insulaner von Scharfenberg haben Schwein, in: Berliner Morgenpost vom 01.11.1981.

Schulsenator verbot 'Friedenstag' auf Scharfenberg. Detaillierte Planung Voraussetzung, in: taz vom 10.12.1981 (Berliner Lokalteil).

60 Jahre Schulfarm Insel Scharfenberg, in: Der Nord-Berliner vom 07.05.1982.

In ihrer Freizeit sind die Scharfenberg-Schüler Bauern, in: Berliner Morgenpost vom 12.05.1982.

Schulfarm wird 60 Jahre alt, in: Der Tagesspiegel. Unabhängige Berliner Morgenzeitung vom 15.05.1982.

Das größte Rindvieh Berlins, in: Berliner Zeitung vom 25.05.1982.

Schulfarm Scharfenberg feierte 60jähriges Jubiläum. Auch ein Texaner gratulierte, in: Berliner Morgenpost vom 25.05.1982.

APEL, Hans, Sind 'Scharfenberger' eine elitäre Gemeinschaft? Ungeahnte Möglichkeiten der Entfaltung für Schüler in der 'Schulfarm', in: Die Wahrheit. Sozialistische Tageszeitung Westberlins SED Westberlin vom 28.05.1982.

WOLSCHNER, Klaus, Wendungen einer Reformpädagogik. 60 Jahre Schulfarm Insel Scharfenberg, in: taz vom 02.06.1982 [1. Artikel].

Schulfarm oder 'Sozialinsel' - Scharfenberg wird 60. 'Roland, denk an Deine Zensuren!', in: taz vom 02.06.1982 [2. Artikel].

An Kleinvieh fehlt es auf Scharfenberg nicht, in: Der Nord-Berliner. Amtliches Organ des Bezirksamtes Reinickendorf vom 04.06.1982.

APEL, Hans, Besuch der Schulfarm Scharfenberg. Von der Kraft von damals und der 'Power' heute, in: Die Wahrheit. Sozialistische Tageszeitung Westberlins. SED Westberlin vom 05./06.06.1982.

---

[7] WIECHERT, Ernst, An die deutsche Jugend. Vier Reden, München 1951, S. 9-25; wieder in: WIECHERT, Ernst, Sämtliche Werke in 10 Bänden, Bd. 10, Wien [u.a.] 1957, S. 340-348. - Beide Abdrucke aber enthalten (ohne entsprechende Kennzeichung) gegenüber dem in der 'Zeit' abgedr. Text eine GEKÜRZTE Fassung, in der u.a. die die Schulfarm betreffende Passage fehlt. - Eine schriftliche Anfrage nach der Vorlage für die in der 'Zeit' abgedr. Fassung verlief negativ ('Die Zeit' an D.H. br. vom 10.04.1995). - S. zu dem Problem: Dr. Hans-Martin Pleßke an D.H. br. vom 24.11.1995.

ADOMATIS, Hans-Joachim, Scharfenberg wurde sechzig. Von der Sommerschule zur Schulfarm, in: Berliner Liberale Zeitung. Das Berliner Wort vom 19.06.1982

3800 Schüler schwimmen um die Insel Scharfenberg, in: Berliner Morgenpost vom 22.06.1982.

HARTKOPF, Werner, Sechzig Jahre Schulfarm Scharfenberg. Jubiläum einer einzigartigen Bildungsstätte, in: Der Nord-Berliner. Amtliches Organ des Bezirksamtes Reinickendorf vom 23.07.1982; wieder in: Die Fähre, Berlin, Jg. 1982, Heft 7, S. 1-4.

HESSE, Hildegard / HOFFMANN, Horst, Der lautlose Aufstand. Hans Lautenschläger, Widerstandskämpfer der Schulze-Boysen/Harnack-Organisation, gibt zu Protokoll, in: Wochenpost, Berlin (DDR), Jg. 29 (1982), Teil 1: 'Sie nannten uns 'Rote Kapelle'' in Nr. 48 vom 26.11.1982, S. 12f.; Teil 2: 'Wir waren erst siebzehn' in Nr. 49 vom 03.12.1982, S. 19; Teil 3: 'Hitlers Geliebte erzählte mir' in Nr. 50 vom 10.12.1982; Teil 4: 'Fünf Monate in der Todeszelle' in Nr. 51 vom 17.12.1982.

Scharfenberg-Schüler gastieren auf der Schultheaterwoche. Pantomime in Heimarbeit, in: Berliner Morgenpost vom 17.02.1983.

Klassenzimmer als Kunstwerkstätten. In Reinickendorfer Schulen begannen die Musischen Tage - Auch Lehrer machen mit, in: Berliner Morgenpost vom 05.05.1983.

Scherbenanschlag auf Badende, in: Berliner Zeitung vom 18.07.1983.

ZIMMERMANN, Lutz, Sein Scharfenberg war ein Modell der Bildungsreform. Zum 100. Geburtstag Wilhelm Blumes, des Gründers der Schulfarm [Scharfenberg] und früherer Rektors der Humboldtschule [Tegel], in: Der Tagesspiegel. Unabhängige Berliner Morgenzeitung vom 07.02.1984.

HARTKOPF, Werner, Zum 100. Geburtstag Wilhelm Blumes. Er prägte das deutsche Schulwesen, in: Der Nord-Berliner. Amtliches Organ des Bezirksamtes Reinickendorf vom 10.02. und 17.02.1984; wieder in: Die Schulfarm auf der Insel Scharfenberg. Beiträge zu ihrer Geschichte anläßlich der 125-Jahr-Feier des Ortsteils Konradshöhe (=Neue Scharfenberg-Hefte, 14), Berlin 1990, S. 55-58.

Ein Wanderer durch die Stadt. Zur Ausstellung von Eberhard Franke, in: Der Nord-Berliner. Amtliches Organ des Bezirksamtes Reinickendorf vom 10.02.1984.

BROCKSCHMIDT, Rolf, Zurück zur literarischen Vorlage. Neuer Trend beim 'Arbeitstreffen Schultheater '84 Berlin' - Moderne Autoren bevorzugt, in: Der Tagesspiegel. Unabhängige Berliner Morgenzeitung vom 19.02.1984.

Die Schulfarm Scharfenberg [...], in: Der Tagesspiegel. Unabhängige Berliner Morgenzeitung vom 07.03.1984.

Georg Netzband gestorben, in: Der Tagesspiegel. Unabhängige Berliner Morgenzeitung vom 12.04.1984.

Schulfarm-Klassenzimmer wurde mit Nationalgalerie vertauscht. Wer hat 'Die Stärkung nach dem Bade' noch im Kopf?, in: Berliner Morgenpost vom 10.05.1984.

EICKEN, Renate von, Ein Test, den jeder zu Hause im Wohnzimmer machen kann. So schärfen Schüler ihren Blick für die Kunst, in: Berliner Zeitung vom 10.05.1984.

FUCHS, Fridolin / NAGEL, Nico, Das schwimmende Klassenzimmer, in: Berliner Morgenpost vom 27.05.1984.

'Blumehaus' auf der Schulfarm Scharfenberg wird renoviert, in: Der Tagesspiegel. Unabhängige Berliner Morgenzeitung vom 27.05.1984.

Feierstunde für deutsche Antifaschisten. Gedenktafel enthüllt, in: Die Wahrheit. Sozialistische Tageszeitung Westberlins. SED Westberlin vom 04.06.1984.

FRÖHLICH, G., Atelierbesuch bei Siegfried Kühl, in: Reinickendorf aktuell vom 15.06.1984.

HILGENDORF, E. und J., Nur Tünche? [Leserbrief betr. Schulfarm Insel Scharfenberg], in: Volksblatt Berlin vom 16.06.1984.

Der 54jährige Helmut Sommer [...], in: Berliner Zeitung vom 19.06.1984.

4000 Schüler bei 'Rund um Scharfenberg', in: Der Tagesspiegel. Unabhängige Berliner Morgenzeitung vom 29.06.1984.

Rekordzeit bei 'Rund um Scharfenberg', in: Der Tagesspiegel. Unabhängige Berliner Morgenzeitung vom 13.07.1984.

Gedenktafel für Widerstandskämpfer, in: Der Tagesspiegel. Unabhängige Berliner Morgenzeitung vom 29.07.1984.

HEMPEL, Harry, Werner Hartkopf zum Abschied, in: Der Nord-Berliner. Amtliches Organ des Bezirksamtes Reinickendorf vom 14.09.1984.

Dörfliche Idylle mit Esel und Fachwerkhaus [...], in: Der Nord-Berliner. Amtliches Organ des Bezirksamtes Reinickendorf vom 21.09.1984.

HEINKOW, Heinz, Besuch auf der Schulfarm Scharfenberg. Kunstunterricht zwischen Kühen und Kürbissen, in: Der Nord-Berliner. Amtliches Organ des Bezirksamtes Reinickendorf vom 19.10.1984.

Von der 'Antigone' bis zur 'Chinesischen Mauer'. Insgesamt 16 Inszenierungen beim 'Arbeitstreffen Schultheater '85 Berlin' - Nur eine Eigenproduktion, in: Der Tagesspiegel. Unabhängige Berliner Morgenzeitung vom 10.02.1985.

Schulfarm Scharfenberg eröffnet wieder eine 7. Klasse, in: Der Tagesspiegel. Unabhängige Berliner Morgenzeitung vom 24.02.1985.

Schulfarm bekommt eine 7. Klasse, in: Berliner Zeitung vom 26.02.1985.

Wer will nach Scharfenberg?, in: Berliner Morgenpost vom 27.02.1985.

Das 'schwimmende' Klassenzimmer erhält jetzt auch eine 7. Klasse, in: Welt am Sonntag vom 10.03.1985.

Gebühren für Tegeler Internat steigen auf 470 DM. Schulfarm Scharfenberg sorgt sich um finanzielle Belastung der Eltern - Mehr Anmeldungen als Aufnahmen, in: Der Tagesspiegel. Unabhängige Berliner Morgenzeitung vom 11.07.1985.

Schülerschwimmen im See bei 18 Grad Wassertemperatur. Mehrere tausend Schüler beteiligten sich an 'Rund um Scharfenberg' - Rettungsboote als Begleitung, in: Der Tagesspiegel. Unabhängige Berliner Morgenzeitung vom 11.07.1985.

Schüler schwammen rund um Scharfenberg, in: Berliner Morgenpost vom 11.07.1985.

LÖSCH, Claudia, Auf Scharfenberg darf der Teddybär mit zur Schule. Nach 15 Jahren eröffnet das Inselgymnasium wieder eine 7. Klasse, in: Berliner Morgenpost vom 04.09.1985, Ausg. 6: Reinickendorf.

SCHULZ-OJALA, Jan, Hier gilt Eile als ein Laster des Festlandes. Anekdoten und Geschichten um die Schulfarm Scharfenberg - Fünf Lehrer unter den Dauerbewohnern, in: Der Tagesspiegel. Unabhängige Berliner Morgenzeitung vom 25.12.1985.

Welche weiterführende Schule soll mein Kind besuchen? 1400 Jungen und Mädchen haben die Qual der Wahl, in: Berliner Morgenpost vom 19.01.1986.

Bei Schulfarm bis zum 5. April anmelden, in: Berliner Morgenpost vom 24.01.1986, Ausg. 6: Reinickendorf.

SCHEEL, Heinrich, Mein Freund und Kampfgefährte. Zum 70. Geburtstag von Hans Coppi am 25. Januar, in: Neuer Tag. Organ der Bezirksleitung Frankfurt (Oder) der Sozialistischen Einheitspartei Deutschlands vom 24.01.1986, Wochenbeilage: Unsere Zeit.

Schulfarm Scharfenberg [Einladung zum Tag der Offenen Tür], in: taz vom 09.05.1986.

Insel-Schule Scharfenberg hat freie Plätze, in: Berliner Morgenpost vom 13.05.1986, Ausg. 6: Reinickendorf.

25 junge Franzosen besuchten zehn Tage lang die Schulfarm Scharfenberg. Tegeler See sauberer als Loire, in: Berliner Morgenpost vom 04.07.1986, Ausg. 6: Reinickendorf.

BETHKE, Gabriele, Schulfarm auf der Insel Scharfenberg klagt über sinkende Schülerzahlen, in: Berliner Morgenpost vom 31.08.1986.

Schulfarm Scharfenberg fehlen 42 Schüler, in: Berliner Morgenpost vom 03.12.1986, Ausg. 6: Reinickendorf.

Graphik-Kalender aus Scharfenberg, in: Der Nord-Berliner. Amtliches Organ des Bezirksamtes Reinickendorf vom 04.12.1986.

DAHLKE, Oskar, Ein Künstlerleben zwischen Heiligensee und Honululu [=Martin Gietz, Kunsterzieher auf Scharfenberg], in: Welt am Sonntag vom 28.12.1986.

HEYDE, Karsten, Leben zwischen Schulnoten und Internat. Lehrbetrieb auf der Insel Scharfenberg von bürokratischen Zwängen geplagt, in: Volksblatt Berlin vom 24.01.1987.

Englischkurs nur bei Wechsel der Schule möglich, in: Der Tagesspiegel. Unabhängige Berliner Morgenzeitung vom 25.01.1987.

Der 'Tag der ALTEN' [...], in: Der Tagesspiegel. Unabhängige Berliner Morgenzeitung vom 27.08.1987.

Ost-Berlin 'vergraulte' Rolf Gutschalk nach Tegel, in: Berliner Morgenpost vom 27.01.1987.

SCHNEIDER, Andreas 'Inselflucht' bedroht Scharfenberg, in: Berliner Morgenpost vom 12.03.1987, Ausg. 6: Reinickendorf.

Über das Schicksal des Leistungskurses wird erst im April entschieden. Ein neues Modell für die Insel Scharfenberg, in: Der Nord-Berliner. Amtliches Organ des Bezirksamtes Reinickendorf vom 12.03.1987.

K., Karin, Die Duschen, der Putz, die Rohre! Und einen Eimer Farbe könnte jedes Zimmer gebrauchen, in: Berliner Zeitung vom 28.04.1987.

Langstreckenschwimmen [wegen niedriger Wassertemperatur] von der Schulverwaltung abgesagt, in: Der Tagesspiegel. Unabhängige Berliner Morgenzeitung vom 23.06.1987.

Schülerfarm [sic!] Scharfenberg stellt pädagogisches Konzept vor. Zum Biologie-Unterricht ab in den Kuhstall, in: Berliner Morgenpost vom 29.08.1987, Ausg. 6: Reinickendorf.

Wiedersehen auf Scharfenberg [beim 'Tag der Alten'], in: Berliner Morgenpost vom 01.09.1987, Ausg. 6: Reinickendorf.

DANKBAR, Christine, Eine ganz normale Schule. Schulfarm Insel Scharfenberg wird 65. Einheit von Leben und Arbeit heute, in: taz vom 03.10.1987.

Schulinsel als Schußfeld, in: Berliner Morgenpost vom 15.12.1987.

Reinickendorf-'Spaziergang' durch zwölf wertvolle Kalenderblätter, in: Berliner Morgenpost vom 17.12.1987.

Kuhwarme Milch für Besucher der Schulfarm, in: Berliner Morgenpost vom 22.12.1987, Ausg. 6: Reinickendorf.

Ouverture franco-allemande, in: Le Republicain Lorrain vom 27.04.1988.

Geschafft [...], in: Der Tagesspiegel. Unabhängige Berliner Morgenzeitung vom 15.06.1988.

Sommerputz in Reinickendorfer Schulen, in: Berliner Morgenpost vom 29.06.1988, Ausg. 6: Reinickendorf.

WEIS, Otto-Jörg, Der Insulaner liebt keen Getue nich. Idyllen und Intrigen in der West-Berliner Inselwelt, in: Frankfurter Rundschau vom 29.10.1988.

Gedenktafel für den Schulfarm-Gründer Blume, in: Der Tagesspiegel. Unabhängige Berliner Morgenzeitung vom 16.11.1988.

Berlins schönste Insel ist Scharfenberg, in: Berliner Morgenpost vom 20.11.1988.

STURM, Klaus, Ehemalige Scharfenberger in der Rathaus-Galerie, in: Berliner Morgenpost vom 28.05.1989.

KOTTE, Hans-Hermann, Die doppelten Insulaner. Echte Inseln innerhalb der künstlichen: Manche kriegen eben nie genug, in: taz vom 08.07.1989.

Sportlehrer für rot-grünen Senat gesucht, in: taz vom 14.07.1989.

Erneut gesundheitsgefährdende Pestizide eingesetzt. Gift-Skandal an Schulen - ein Faß ohne Boden?, in: Der Nord-Berliner vom 27.07.1989.

DOBRINKAT, Ela, Pestizide versprüht: Kinder müssen umziehen, in: Berliner Morgenpost vom 29.07.1989.

SCHARDT, Thomas, Wieder gefährliches Mittel gegen Schädlinge versprüht, in: Berliner Morgenpost vom 24.08.1989.

HENNIGER, Bärbel, Insel Scharfenberg. BZA sprach mit einem früheren Schüler, später Insel-Direktor [Heinrich Scheel], in: Berliner Zeitung am Abend, Berlin (DDR), vom 19.07.1990.

STREHLOW, Harro, Kämpfer für den Erhalt der Natur. Ein Porträt des Berliner Forschers Carl Bolle, in: Volksblatt [Berlin] vom 27.01.1991, Magazin.

BRANDT, Ernst-Michael, Leben in zwei Welten. Die unsichtbare Grenze, 15. Folge: Zwei Schülerinnen: Birgit G., Prenzlauer Berg, [und] Maren S., Schulfarm Scharfenberg, in: Die Zeit vom 22.02.1991.

BLOCHE, Holger, Notizen eines Schülers zur Insel Scharfenberg, in: Berliner Morgenpost vom 31.10.1991.

FALLOIS, Immo von, Auf der idyllisch gelegenen Insel [...], in: Berliner Morgenpost vom 01.06.1992.

Die Schulfarm Scharfenberg, in: taz vom 25.05.1993.

RITTNER, M., Wie geht es weiter mit Scharfenberg?, in: Berliner Morgenpost vom 17.12.1993.

LEHMANN, Armin, Wenn sich Dichtung und Wahrheit in Schulgeschichten mischen. Die Einrichtung einer externen Klasse führt auf der Insel Scharfenberg zu Debatten. Schüler fühlen sich nicht ernst genommen, in: Der Tagesspiegel. Unabhängige Berliner Morgenzeitung vom 31.12.1993.

RITTNER, M., Stadtrat: 'Scharfenberg darf nicht geschlossen werden', in: Berliner Morgenpost vom 04.01.1994.

JUNGHÄNEL, Frank, 'Reihenweise wurde jeschissen'. Wohnung gemietet: Jürgen Holtz, Schauspieler des Jahres, kommt nach Berlin zurück, in: Berliner Zeitung vom 26.05.1994.

Massenschwimmen immer im Kreis. Insel Scharfenberg: Rund 2.000 Schüler wetteifern um die Medaillen, in: Berliner Zeitung vom 06.07.1994.

BOLLMANN, Ralph, Fall für Rechnungshof. Schulsenator gesteht Überhang von 40 Stellen an Sportschulen ein, will aber zusätzlich Lehrer einstellen, in: taz vom 23.11.1994.

DE PAOLI, Nicola, Mit Gummistiefeln in die Oper. Zwischen der Insel Scharfenberg und dem Festland fährt eine Fähre, doch oft müssen Bewohner rudern, in: Berliner Zeitung vom 04.01.1995.

BLISSE, Manuela / GÄTHJE, Meike, Kulissenkrach um 'Dr. Specht'. Drehort Scharfenberg: Internat wird neu verputzt, in: Berliner Morgenpost vom 07.01.1995.

Fassade wird wieder grau, in: Berliner Zeitung vom 19.01.1995.

Bezirksamt zwingt Grau rein. Eine Reinickendorfer Posse um die rot-gelb-blau gemalte Schule des TV-Lehrers Dr. Specht, in: Welt. Berliner Ausg. vom 22.02.1995.

Krach um Kulisse: Unser Lehrer Dr. Specht soll Schule anpinseln, in: Bild vom 01.03.1995.

BIJK, Grazena von, Einspruch, Dr. Specht!, in: Frankfurter Rundschau vom 02.03.1995; zuerst in: Deutsche Lehrerzeitung, Jg. 42 (1995), Heft 8, S. 1.

Schwimmen rund um die Insel, in: Berliner Zeitung vom 20.06.1995.

Koalitions-Poker: Einzelheiten aus dem Kürzungsprogramm. Das Sparpaket, in: Berliner Morgenpost vom 21.12.1995; wieder in 'Resultate' (Unterschriften, Briefe, Pressemeldungen), hrsg. von der Initiative 'Erhaltung der Schulfarm Insel Scharfenberg als Reformschule' (Dezember 1996), Berlin 1996, S. 22.

WEILAND, Severin, Schulinsel kommt ins Schwimmen. Das Internat auf der Insel Scharfenberg steht auf der Streichliste des Finanzsenators. SPD gegen Privatisierung, aber für höhere Mieten von Lehrern, in: taz vom 11.01.1996; wieder in: 'Resultate' (Unterschriften, Briefe, Pressemeldungen), hrsg. von der Initiative 'Erhaltung der Schulfarm Insel Scharfenberg als Reformschule' (Dezember 1996), Berlin 1996, S. 23.

Gürtel enger schnallen - auch im Internat Insel Scharfenberg, in: Berliner Morgenpost vom 11.03.1996; wieder in: 'Resultate' (Unterschriften, Briefe, Pressemeldungen), hrsg. von der Initiative 'Erhaltung der Schulfarm Insel Scharfenberg als Reformschule' (Dezember 1996), Berlin 1996, S. 22.

Senat will Schulfarm Scharfenberg schließen, in: Berliner Morgenpost vom 04.06.1996; wieder in: 'Resultate' (Unterschriften, Briefe, Pressemeldungen), hrsg. von der Initiative 'Erhaltung der Schulfarm Insel Scharfenberg als Reformschule' (Dezember 1996), Berlin 1996, S. 25.

Initiative will Schulfarm retten, in: Berliner Zeitung vom 05.06.1996.

Gerüchte um Schließung der Schulfarm Scharfenberg zurückgewiesen. Neue Konzepte sollen Schule voranbringen, in: Der Nord-Berliner vom 13.06.1996; wieder in: 'Resultate' (Unterschriften, Briefe, Pressemeldungen), hrsg. von der Initiative 'Erhaltung der Schulfarm Insel Scharfenberg als Reformschule' (Dezember 1996), Berlin 1996, S. 25.

SCHMIDL, Karin, Lernen mit Kopf und Herz. Internatschule auf der Insel im Tegeler See sucht nach ihren Wurzeln, um zu überleben, in: Berliner Zeitung vom 18.06.1996.

Die Schulfarm Scharfenberg, in: Berliner Zeitung vom 18.06.1996.

RÖNSCH, Dietmar, Scharfenberg attraktiver machen, in: Reinickendorfer Volksblatt vom 15.08.1996.

WÄHNER, Bernd, Schulfarm kein Tabu mehr, in: Reinickendorfer Volksblatt vom 28.03.1996.

Sorge um Schulinsel Scharfenberg, in: Die Welt vom 15.06.1996.

Frost nimmt die Stadt immer fester in den Griff. Schon Eisbrecher / Polizei warnt noch vor dem Betreten der Eisflächen, in: Der Tagesspiegel vom 27.12.1996.

Riesenfest auf der Insel Scharfenberg: Atlantis - geheimnisvoller Name für künstlerisches Fest, in: Berliner Abendblatt vom 04.06.1997.

Gymnasium auf der Insel: Schulfarm Scharfenberg feiert 75. Geburtstag, in: Berliner Morgenpost vom 07.06.1997.

Entwarnung für Schulfarm: Gemüse nur gering belastet, in: Berliner Morgenpost vom 26.06.1997.

2.000 schwimmen um Scharfenberg, in: Berliner Zeitung vom 26.08.1997.

Erinnerung aus der Schulzeit: "Scharfenberg unterm Hakenkreuz" [Vorstellung des Bandes: JAHNKE, Heinz K., Scharfenberg unter dem Hakenkreuz. Die Geschichte der Schulfarm Scharfenberg zwischen 1933 und 1945, Berlin 1997], in: Berliner Morgenpost vom 23.10.1997.

LOY, Thomas, Scharfenberg. 'Verbotene' Insel, in: die taz vom 13.11.1997.

LOY, Thomas, Die Schulfarm in der Zwickmühle. Das Internatsgymnasium mit angeschlossenem Bauernhof auf der Insel Scharfenberg ist 75 geworden. Die Zukunft der Schulfarm gestaltet sich schwierig. Schüler bleiben aus und damit das Geld. Streit um Privatisierung, in: die taz vom 13.11.1997.

Unterricht auf einem kleinen Eiland. Auf der Schulfarm Scharfenberg wird nicht nur in den Klassenzimmern gelernt, in: Berliner Zeitung om 21.11.1997.

Atelier Handpresse. Literatur-Ort, in: Berliner Morgenpost vom 01.03.1998.

Hafenparty und Feuerwerk - Feste am Wochenende, in: Berliner Morgenpost vom 06.06.1998.

Eine Million Mark für Abfallbeseitigung, in: Berliner Morgenpost vom 26.10.1998.

Schule auf der Insel. Tag der offenen Tür auf der Schulfarm Scharfenberg [am 28.11.1998], in: Berliner Zeitung vom 04.11.1998.

WIEKING, Klaus, Reif für die Insel Scharfenberg. Bullerbü-Idyll und Reformpädagogik sind die Markenzeichen der Internatschule im Tegeler See (=Berlins besondere Schulen, 32), in: Der Tagesspiegel. Unabhängige Berliner Morgenzeitung vom 15.11.1998.

Schulfarm als Thema in der Reinickendorfer BVV [=Bezirksverordnetenversammlung], in: Der Tagesspiegel. Unabhängige Berliner Morgenzeitung vom 13.01.1999.

Neuer Steit um die Schulfarm Scharfenberg entfacht. CDU löst Debatte in der Reinickendorfer CDU aus, in: Der Tagesspiegel. Unabhängige Berliner Morgenzeitung vom 15.01.1999.

Scharfenberg: Stadtrat soll Sanierungsprogramm vorlegen, in: Berliner Morgenpost vom 16.01.1999.

Unbewegliche Internatsstruktur, in: Berliner Morgenpost vom 23.01.1999.

GÜNGÖR, Dilek, Die Insel Scharfenberg sucht neue Schüler. zu teuer oder zu vergammelt: Das Internat leidet unter Nachwuchsmangel / Werbung wird verstärkt, in: Berliner Zeitung vom 27.01.1999.

Doppelter Salto rückwärts, in: Berliner Zeitung vom 03.02.1999.

"Schnarch-City" im Kalifornia-Look, in: Berliner Morgenpost vom 15.04.1999.

Bezirke vor der Pleite? "Verurteilt, Schulden zu machen", in: Berliner Morgenpost vom 21.04.1999.

Schwimmen 'Rund um Scharfenberg'. Schüler-Wettkampf, in: Berliner Zeitung vom 06.07.1999.

Schüler-Wettkampf um Insel Scharfenberg, in: Berliner Zeitung vom 07.07.1999.

Brüder, zur Sonne, in: Die Zeit vom 29.07.1999.

Politkrimi begann mit Schnüffelei. Reinhart Crüger erlebte 1948 die Ost-Wrstspaltung der Pädagogischen Hochschule, in: Der Tagesspiegel. Unabhängige Berliner Morgenzeitung vom 03.08.1999.

Überraschungen am ersten Schultag, in: Berliner Morgenpost vom 31.08.1999.

SPIEWAK, Martin, Der Antreiber. Wie Martin Lohmann aus seiner Schule ein Vorzeigeprojekt machte und dabei lernen mußte, sich in Geduld zu üben, in: Die Zeit vom 02.09.1999.

Schulfarm ohne Stress und Schlägereien, in: Berliner Morgenpost vom 21.09.1999.

Besuchstag auf der Schulfarm Scharfenberg, in: Berliner Morgenpost vom 03.12.1999.

Schüler ließen keinen Fetzen Papier liegen, in: Berliner Morgenpost vom 18.01.2000.

Schöner Lernen. Sonderprogramm des sieht 100 Millionen Mark die Sanierung von Gebäuden und Sportplätzen vor, in: Der Tagesspiegel vom 23.03.2000.

100 Millionen Mark für Sanierung von Dächern, Sportplätzen und Toiletten, in: Berliner Morgenpost vom 24.03.2000.

Geld für Schulen und Sportstätten. Bezirk erhält 5,5 Millionen Mark für Sanierungen aus Senatssondermitteln, in: Berliner Morgenpost vom 10.04.2000.

Klopapier ist Wahlkampfthema. 15.000 Schüler wählen Reinickendorfer Jugendparlament - 31 Kandidaten gehen auf Stimmenfang, in: Berliner Morgenpost vom 15.05.2000.

WEISSLER, Sabine, Denkmalschutz Er taugt nicht mehr viel, sagt Antje Vollmer. Dabei sollte er nicht abgeschafft, sondern verstärkt werden, in: Der Tagesspiegel vom 29.06.2000.

Hier lässt selbst Günther Grass gerne drucken, in: Berliner Morgenpost vom 03.07.2000.

Schule auf Scharfenberg ist politisch gewünscht. BVV-Ausschuss besucht das Insel-Internat, in: Berliner Morgenpost vom 10.07.2000.

Frostiges Abenteuer für kältefeste Schüler: Schwimmen rund um Scharfenberg, in: Berliner Morgenpost vom 12.07.2000.

Nur noch 73 Gymnasiasten fühlen sich auf Scharfenberg wie zu Hause, in: Berliner Morgenpost vom 19.07.2000.

Tragischer Tod auf Scharfenberg. 13-jährige Schülerin starb auf der Internatsinsel - Gerüchte über Drogenmissbrauch, in: Berliner Morgenpost vom 21.07.2000.

Tod einer Schülerin: Vermutlich keine Drogen im Spiel, in: Berliner Morgenpost vom 26.07.2000.

Warum in die Ferne schweifen...?, in: Berliner Morgenpost vom 09.08.2000.

Scharfenberger Schülerin starb laut Obduktion eines natürlichen Todes, in: Berliner Morgenpost vom 02.10.2000.

II.1.C. ZULASSUNGS- UND EXAMENSARBEITEN, UNVERÖFFENTLICHTE REDEMANUSKRIPTE U.Ä.

BURESCH, Eckhard, Die deutschen Einheitsschulpläne und -versuche seit dem ersten Weltkrieg und die englischen Comprehensive Schools (Ein Vergleich). Hausarbeit im Fach Pädagogik, Marburg 1964.

DENERT, Gerlind, Schulfarm Insel Scharfenberg in der Zeit von 1922-1928 und heute - Versuch eines Vergleichs. Erstellt als pädagogische Facharbeit zum Abitur 1973, Berlin 1973.

HAUBFLEISCH, Dietmar / WEICHENHAIN, Anke / WENZ, Annegret, '..., daß es unser aller Pflicht ist, für eine bessere Menschheit zu arbeiten, ...' - Aspekte einer alternativen Pädagogik: Einführung in die Entwicklung und pädagogische Konzeption der Schulfarm Insel Scharfenberg in Berlin 1922-1932 mit einer Edition der Abendaussprachen-Protokolle, Bd. 2 [Edition] und 3 [Registerband], Wiss. Zulassungsarbeit zum 1. Staatexamen im ESL an der Philipps-Universität Marburg, betreut von Hanno SCHMITT, Marburg 1985.

HAUBFLEISCH, Dietmar, 'Erziehung zur Demokratie' - Die Schulfarm Insel Scharfenberg (Berlin): Die Geschichte eines Reformschulprojektes in der Weimarer Republik. Wiss. Hausarbeit zur 1. Staatsprüfung für das Lehramt an Gymnasien im Fach Geschichte, Marburg 1986.

HERRMANN, Ursula, Das Problem der Friedenserziehung in Leben und Werk Elisabeth Rottens. Schriftliche Hausarbeit im Rahmen der ersten Staatsprüfung für das Lehramt an der Grund- und Hauptschule in Neuss (Betreuer Prof. Manfred Hohmann), Neuss o.J.

HILDENBRAND, Kurt, Reformpädagogische Elemente in der gegenwärtigen Erziehung, dargestellt am Beispiel der Schulfarm Insel Scharfenberg in Berlin. Diplomarbeit im Diplomstudiengang Erziehungswissenschaft, Studiengang: Sozialpädagogik mit Sozialarbeit, Freiburg 1986.

KEIM, Wolfgang, Die Aktualität reformpädagogischer Schulmodelle am Beispiel von Wilhelm Blumes Schulfarm Insel Scharfenberg. Unveröff. masch. Fassung eines Vortrages vom 21.10.1984, gehalten auf Burg Ludwigstein, Paderborn o.J. [1984].

KISSNER, Vera, Elisabeth Rotten - Reformpädagogin und Friedensarbeiterin - 15. Februar 1882 - 2. Mai 1964. Seminararbeit am Institut für Bildungsforschung und Pädagogik des Auslands an der Justus-Liebig-Universität Gießen, Gießen 1984.

KISSNER, Vera, Elisabeth Rotten - ihr Beitrag zur reformpädagogischen Bewegung. Wissenschaftliche Hausarbeit zur Erlangung des Magistergrades an der Justus-Liebig-Universität Gießen, FB 04: Erziehungswissenschaften, Referent: Prof. Dr. H. Widmann, Gießen 1986.

KLEE, Birte, Die Unterrichtsprinzipien der Schulfarm Insel Scharfenberg, Wiss. Zulassungsarbeit zum 1. Staatsexamen im ESL, Marburg 1981.

LINK, Jörg-W., Der Deutschunterricht der einklassigen Reformlandschule 'Das Haus in der Sonne'. - Ein historisches Beispiel für handlungs- und produktionsorientierten Deutschunterricht. Wissenschaftliche Hausarbeit für die 1. Staatsprüfung für das Lehramt an Gymnasien, 2 Bde., Marburg 1992.

MELLIN, Claudia, Elisabeth Rotten - eine zuunrecht vergessene Repräsentantin der historischen Friedens- und Reformpädagogik. Diplomarbeit am Fachbereich 2: Pädagogik der Universität-Gesamthochschule Paderborn. Gutachter: Prof. Dr. Wolfgang Keim, Paderborn 1998.

PEGLOW, Detlef, 'Unsere Schule machen wir selbst'. Praxis- und prozeßorientierte Schulmodelle im sonderpädagogischen und Regelschulbereich in der Weimarer Republik und heute. Wissenschaftliche Hausarbeit im Rahmen der Ersten Staatsprüfung für das Lehramt an Sonderschulen im Fach Erziehungswissenschaft an der Universität Hamburg, Fachbereich Erziehungswissenschaft [erster Gutachter: Reiner Lehrberger], Hamburg 1995.

PREUß, Eva, Die Verwirklichung des Schulgemeindegedankens in den höheren Schulen der Weimarer Zeit. Hausarbeit Päd. zur 1. Lehrerprüfung an der PH Berlin [erster Gutachter: Wilhelm Richter], Berlin 1964.

RAABE, Norbert, Bruch oder Kontinuität in der pädagogischen Konzeption der Schulfarm Insel Scharfenberg? Untersuchungen zur Bedeutung der pädagogischen Konzeption aus der Gründerzeit für die heutige Gestalt der Schule, Wiss. Hausarbeit im Rahmen der 1. Staatsprüfung für das Amt des Lehrers mit einem Wahlfach, Berlin 1979.

RADDE, Gerd, Zur Auflösung der Berliner Reformschulen durch das NS-Regime 1933. Unveröff. masch. Fassung eines Vortrages vom 08.02.1983, Berlin 1983.

REISNER, Barbara, Ein Modell der pädagogischen Reformbewegung - einst und jetzt. Die Wandlungen eines Berliner Schulversuchs. Schriftliche Hausarbeit für das Lehramt an Volkschulen, Braunschweig 1969[8].

SCHEEL, Heinrich, Wilhelm Blumes reformpädagogische Ansätze auf Scharfenberg nach dem 2. Weltkrieg, Berlin [1994].

SCHMIDT, Stefanie, 'Schulfarm Insel Scharfenberg', ein Berliner Schulreformmodell. Facharbeit zur Reifeprüfung in Pädagogik [Scharfenberg], Berlin 1980.

SCHRAMM, Walter, Eine Stunde Flugphysik [in der Humboldt-Schule Berlin-Tegel]. Mit 5 Aufnahmen für die 'Reichs-Elternwarte' von Curt ULLMANN, in: Die Reichs-Elternwarte. Das Organ der Schulgemeinden, Jg. 2 (1936), S. 162-164.

SCHUPPAN, Sören, Die Anfänge der ordentlichen Lehrerausbildung in Berlin nach 1945 und die Gründung der freien Universität. Manuskript eines Ende 1988 an der FU Berlin gehaltenen Vortrages.

SCHWARTZKOPFF, Claudia, La Double Experience. Pedagogique dans un Etablissement scolaire Berlinois: le lycee de Scharfenberg. Dossier de Pedagogie, UER: Psychologie et Sciences Sociales, Universite Lyon II, Annee 1978-1979.

STERN, Christa, Hans Joachim Günther. Eine Biographie, Wiss. Hausarbeit zur Erlangung der Lehrbefähigung bis zur 12. Klasse im Fachbereich Geschichte an der Phil. Fak. der Ernst-Moritz-Arndt Universität Greifswald, Greifswald 1968.

WALDHERR, Franz, Die Schulfarm Insel Scharfenberg - Eine Darstellung ihrer Geschichte, Zulassungsarbeit zum 1. Staatsexamen im ESL, Marburg 1980.

WESTERMANN, Sigrid, Ludwig Gurlitt. Ein Vorläufer der deutschen Reformpädagogik, o.O.u.J. [Ex.- od. Dipl.arbeit].

---

[8] Die Arbeit ist (nur) vorhanden im Niedersächsischen Landesprüfungsamt für Lehrämter Braunschweig (Auskunft: Niedersächsisches Landesprüfungsamt für Lehrämter br. vom 06.12.1991).

II.2.   ALLGEMEINE LITERATUR

... aber von dir wird gesprochen. Katalog zur gleichnamigen Ausstellung über Carl von Ossietzky, hrsg. von Bärbel BOLDT [u.a.], Oldenburg 1981.

Abschiedsfeier für Paul Hildebrandt. Ein eindrucksvoller Festakt in der Heinrich-Schliemann-Schule, in: Vossische Zeitung vom 29.09.1932, Abendausg.

ACHS, Oskar / KRASSNIGG, Albert, Drillschule - Lernschule - Arbeitsschule. Otto Glöckel und die österreichische Schulreform in der Ersten Republik (=Pädagogik der Gegenwart, 112), Wien [u.a.] 1974.

ACHS, Oskar, Das internationale Interesse an der Schulreform unter Otto Glöckel, in: Die österreichische Reformpädagogik 1918-1938. Symposiumsdokumentation, hrsg. von Erik ADAM (=Beiträge zur Geschichte der Pädagogik, 1), Wien [u.a.] 1981, S. 271-285.

1848, der Vorkampf deutscher Einheit und Freiheit. Erinnerungen, Urkunden, Berichte, Briefe, hrsg. von Tim KLEIN, München [u.a.] 1914.

ACKER, Detlev, Walther Schücking (1875-1935) (=Veröffentlichungen der historischen Kommission Westfalens 18; =Westfälische Biographien, 6), Münster 1970.

ACKERMANN, Walter, Beobachtungen über Pyroelektrizität in ihrer Abhängigkeit von der Temperatur, Göttingen, Univ., Diss., 1914.

ADDAMS, Jane, Democracy and social ethics, New York 1902.

ADELMANN, Josef, Die Schule - eine Lebensstätte des Kindes, Ansbach 1953.

Die Aktion, Berlin, Jg. 1 (1911) - 22 (1932).

ALBERTS, Helmut, Aus dem Leben der Berthold Otto-Schule (=Die Lebensschule, 18), Berlin 1925.

ALBRECHT, Franz, Über die bildungspolitische Tätigkeit Fritz Ausländers in der Weimarer Zeit zur Gewinnung der Lehrer als Verbündete der Arbeiterklasse, in: Jahrbuch für Erziehungs- und Schulgeschichte, Jg. 14 (1974), S. 105-130.

ALBRECHT, Jörg, 'Berlin Document Center' jetzt Abteilung des Bundesarchivs, in: Die Zeit vom 01.07.1994; wieder in: Rund-Brief der Historischen Kommission der Deutschen Gesellschaft für Erziehungswissenschaft, Jg. 3 (1994), Heft 2: Oktober 1994, S. 18f.

Album des Herzoglichen Gymnasiums (der Herzoglichen Großen Schule) zu Wolfenbüttel 1801-1877. Zusammengestellt von Friedrich KOLDEWEY, Wolfenbüttel 1877.

ALEXANDER, Thomas / PARKER, Beryl, The New Education in the German Republic, New York 1929.

ALFKEN, Hans, Die Reichsschulkonferenz von 1920. Kritische Würdigung und Reminiszensen, in: Die Deutsche Berufs- und Fachschule, Jg. 66 (1970), S. 840-856.

[Hans Alfken (1899-1994), Pressenotiz anläßlich seines Todes], in: Hannoversche Allgemeine Zeitung vom 07.04.1994.

ALT, Johannes, Jean Paul, München 1925.

ALT, Robert, Über unsere Stellung zur Reformpädagogik, in: Pädagogik, Jg. 11 (1956), S. 345-367; wieder in: ALT, Robert, Erziehung und Gesellschaft. Pädagogische Schriften, Berlin (DDR) 1975, S. 410-444.

ALT, Robert, Vorwort, in: ALT, Robert, Bilderatlas zur Schul- und Erziehungsgeschichte, Bd. 1, Berlin (DDR) 1960, S. V-XI.

ALT, Robert, Bilderatlas zur Schul- und Erziehungsgeschichte, 2 Bde. [Bd. 1: 1960; Bd. 2: 1965], Berlin (DDR) 1960/65.

'Die alte Schule überwinden'. Reformpädagogische Versuchschulen zwischen Kaiserreich und Nationalsozialismus, hrsg. von Ullrich AMLUNG, Dietmar HAUBFLEISCH, Jörg-W. LINK und Hanno SCHMITT (=Sozialhistorische Untersuchungen zur Reformpädagogik und Erwachsenenbildung, 15), Frankfurt 1993. - Inhaltsverzeichnis wieder als: http://archiv.ub.uni-marburg.de/sonst/1997/0001.html

Alternativschulen in Wien, hrsg. von Julius MENDE, Wien 1983.

AMLUNG, Ullrich, Adolf Reichwein 1898-1944. Ein Lebensbild des politischen Pädagogen, Volkskundlers und Widerstandskämpfers, 2 Bde. (=Sozialhistorische Untersuchungen zur Reformpädagogik und Erwachsenenbildung, 12 und 13), Frankfurt 1991; 2. vollst. überarb. und akt. Aufl. in 1 Bd., Frankfurt 1999.

AMLUNG, Ulrich, Adolf Reichweins Alternativschulmodell Tiefensee 1933-1939. Ein reformpädagogisches Gegenkonzept zum NS-Erziehungssystem, in: 'Die alte Schule überwinden'. Reformpädagogische Versuchschulen zwischen Kaiserreich und Nationalsozialismus, hrsg. von Ullrich AMLUNG, Dietmar HAUBFLEISCH, Jörg-W. LINK und Hanno SCHMITT (=Sozialhistorische Untersuchungen zur Reformpädagogik und Erwachsenenbildung, 15), Frankfurt 1993, S. 268-288.

AMLUNG, Ullrich, Ludwig Pallat (1867-1946) - Leiter des Zentralinstituts für Erziehung und Unterricht in Berlin von 1915 bis 1938, in: "etwas erzählen". Die lebensgeschichtliche Dimension in der Pädagogik. Bruno Schonig zum 60. Geburtstag, hrsg. von Inge HANSEN-SCHABERG, Baltmannsweiler 1997, S. 142-153.

Die amtlichen Grundlagen der Berliner Gemeinschaftsschulen. Auszug aus dem Schreiben des Provinzialschulkollegiums Berlin von 27.06.1922, in: Sozialistischer Erzieher. Zeitschrift für proletarische Schulpolitik und Pädagogik. Internationale Rundschau, Jg. 4 (1922), S. 40-42; kürzerer Auszug wieder in: KARSEN, Fritz, Die Entstehung der Berliner Gemeinschaftsschulen, in: Die neuen Schulen in Deutschland, hrsg. von Fritz KARSEN. Mit einem Vorwort von Wilhelm PAULSEN, Langensalza 1924, S. 160-181, hier S. 174f.

Amtsbuch der Stadt Berlin 1928. Im Auftrage des Magistrats Berlin hrsg. vom Nachrichtendienst der Stadt Berlin, Berlin 1929.

An unsere Leser [betr. Wilhelm Paulsen], in: Pädagogische Reform, Jg. 43 (1919), [Nr. 11 (vom 12.03.)], S. 65.

[Richard] Andree's allgemeiner Handatlas, hrsg. von Ernst AMBROSIUS, 7. neubearb. und verm. Aufl. 1921; Erg.-Bd. zu den früheren Aufl.: Bielefeld 1922.

ANDREESEN, Alfred, Die deutschen Landerziehungsheime, in: Deutsche Schulversuche, hrsg. von Franz HILKER, Berlin 1924, S. 58-76.

ANDREESEN, Alfred, Lietz und die Bewegung der Landerziehungsheime und freien Schulen, in: Die Erziehung, Jg. 2 (1927), S. 419-431.

ANDREWS, C.F., Shantiniketan, die Schule Rabindranath Tagores, in: Das Werdende Zeitalter, Jg. 1 (1922), S. 54-56; Übers. eines am 23.09.1921 in 'The Challenge' erschienenen Aufsatzes.

Anschriften und Vertrauensleute der mir bekannten Gemeinschaftsschulen, in: Lebensgemeinschaftsschule, Jg. 2 (1925), S. 109-111.

Antifaschistisches Erbe - Parteieigentum? Weiße Flecken in der politischen Topographie. NBI [Ursula BERGMANN] sprach mit Hans Coppi, Historiker und Mitglied der Komitees der Antifaschistischen Widerstandskämpfer der DDR, in: Neue Berliner Illustrierte [=NBI] [Wochenzeitschrift], Jg. 46 (1990), Nr. 5, Berlin 1990, S. 10f.

APEL, Hans Jürgen, 'Die alte Schule überwinden'. Zu einer Publikation über reformpädagogische Versuchsschulen zwischen Kaiserreich und Nationalsozialismus ['Die Alte Schule überwinden'. Reformpädagogische Versuchsschulen zwischen Kaiserreich und Nationalsozialismus, hrsg. von Ullrich AMLUNG, Dietmar HAUBFLEISCH, Jörg-W. LINK und Hanno SCHMITT (=Sozialhistorische Untersuchungen zur Reformpädagogik und Erwachsenenbildung, 15), Frankfurt 1993], in: Neue Sammlung, Jg. 35 (1995), S. 77-87.

Die Arbeitsschule und die Deutschen Land-Erziehungsheime (17. Jahrbuch der Deutschen Land-Erziehungsheime), hrsg. von Alfred ANDREESEN, Veckenstedt o.J.

Friedrich Simon Archenhold, in: Neue Deutsche Biographie, Bd. 1, Berlin 1953, S. 335.

ARNIM, M., Internationale Personenbibliographie, Bd. 3, Stuttgart 1963.

Dr. Hilde Arnold, in: Beiträge zur Geschichte der Pädagogischen Hochschule Berlin, hrsg. von Gerd HEINRICH (=Abhandlungen aus der Pädagogischen Hochschule Berlin, 6), Berlin 1980, S. 165f.

Eine Art Traum [Ernst Simmels Psychoanalytische Klinik. Sanatorium Schloß Tegel], in: Der Wert des Menschen. Medizin in Deutschland 1918-1945, hrsg. von der Ärztekammer Berlin in Zusammenarbeit mit der Bundesärztekammer, Berlin 1989, S. 96f.

AUFMUTH, Ulrich, Die deutsche Wandervogelbewegung unter soziologischem Aspekt (=Studien zum Wandel von Gesellschaft und Bildung im 19. Jahrhundert, 16), Göttingen 1979.

Aufruf [zur Gründung einer Musterschule], in: Die Freie Schulgemeinde. Organ des Bundes für Freie Schulgemeinden, Jg. 2 (1911/12), [Heft 2/3: Januar/April], 1912, S. 41-43.

Aufsätze aus dem Mitarbeiterkreis der Odenwaldschule zu ihrem zwanzigjährigen Bestehen (Paul Geheeb zum 60. Geburtstag), Heppenheim 1930.

Aus der Praxis der hamburgischen Versuchs- und Gemeinschaftsschulen, in: Der Elternbeirat. Halbmonatsschrift für Eltern, Lehrer und Behörden, Jg. 2 (1921), S. 527-529.

Ausführungsanweisung zu dem 'Gesetze über die Bildung einer neuen Stadtgemeinde Berlin vom 26. [sic!] April 1920' vom 24.11.1920, in: Zentralblatt für die gesamte Unterrichts-Verwaltung in Preußen, Jg. 63 (1921), S. 13-17.

AUSLÄNDER, Fritz, Grundsätzliches zur neuen Pädagogik, in: Der Föhn, Jg. 1 (1919/20), Heft 20, S. 9.

AUSLÄNDER, Fritz, Leitsätze zur Frage der Versuchsschulen, in: Das Proletarische Kind, Jg. 2 (1922), Heft 12 (Dezember), S. 17f.; wieder in: Das proletarische Kind. Zur Schulpolitik und Pädagogik der Kommunistischen Partei Deutschlands in den Jahren der Weimarer Republik. Ausgew., eingel. und erl. von Herbert FLACH und Herbert LONDERSHAUSEN, Berlin (DDR) 1958, S. 174f.

AUSLÄNDER, Fritz, Rettet die Schule! Der schwarzblaue Block und die proletarische Abwehrfront, Berlin 1927.

AUSLÄNDER, Fritz, Seht: Die Musterschule, in: Die Linkskurve, Jg. 1 (1929), Nr. 3 [Oktober], S. 22-24 [Nachdr. der 'Linkskurve': Glashütten/Ts. 1970].

BACH, Marie Luise, Gertrud Bäumer. Biographische Daten und Texte zu einem Persönlichkeitsbild. Mit einem Vorwort von Line KOSSOLAPOW, Weinheim 1989.

BADRY, Elisabeth, Hermann Lietz (1868-1919), in: Neue Deutsche Biographie, Bd. 14, Berlin 1985, S. 542-544.

BAEGE, M.H., Staatsbürgerkunde?, in: Die Neue Erziehung, Jg. 3 (1921), S. 256-260.

BAER, Adolf, Methodisches Handbuch der Deutschen Geschichte, Teil IV: Das Zeitalter der Hohenstaufer und der Kaiser aus verschiedenen Häusern. 1125-1356, Berlin 1914.

BAER, Gertrud, Eine internationale Erziehungskonferenz [in Genf vom 30.08. bis 01.09.1919], in: Pädagogische Reform, Jg. 43 (1919), S. 259.

BÄUMER, Gertrud, Geschichte und Stand der Frauenbildung in Deutschland, in: Handbuch der Frauenbewegung, Teil III: Der Stand der Frauenbildung in den Kulturländern, Berlin 1902, S. 1-128; Repr. Weinheim [u.a.] 1980.

BALLHAUSE, Walter, Licht und Schatten der dreißiger Jahre. Foto-Dokumente aus dem Alltag. Vorwort von Fritz Rudolf FRIES, München 1985; Taschenbuchausg. des Originalbandes mit dem Titel 'Zwischen Weimar und Hitler. Sozialdemokratische Fotografie 1930-1933, Leipzig 1981'.

BANNIZA VON BAZAN, Heinrich, Die Persönlichkeit Heinrichs V. im Urteil der zeitgenössischen Quellen, Berlin, Univ., Diss., 1927.

BARTHEL, Konrad, Die Jahresarbeiten in den Landerziehungsheimen (=Aus den deutschen Landerziehungsheimen, 9), Stuttgart 1972.

BAST, Roland, Reformpädagogik (1900-1933), Hagen 1993.

BATEL, Günther, Musikerziehung und Musikpflege. Leo Kestenberg. Pianist - Klavierpädagoge - Kulturorganisator - Reformer des Musikerziehungswesens (=Bedeutende Musikpädagogen, 1), Wolfenbüttel [u.a.] 1989.

BATH, Herbert, Zur Organisation von Schulaufsicht und Schulverwaltung in Groß-Berlin und seinen Verwaltungsbezirken vor 1945, in: Reformpädagogik in Berlin - Tradition und Wiederentdeckung. Für Gerd Radde, hrsg. von Wolfgang KEIM und Norbert H. WEBER (=Studien zur Bildungsreform, 30), Frankfurt [u.a.] 1998, S. 83-97; ['leicht'] veränderte Fassung des Aufsatzes 'Berliner Bezirke und Schule - Schulaufsicht und Schulverwaltung in Groß-Berlin vor 1945' [nicht, wie in der Festschrift angegeben u.d.T. 'Die Organisation von Schulaufsicht und Schulverwaltung in Groß-Berlin und seinen Verwaltungsbezirken vor 1945'], in: Pädagogik und Schulalltag, Jg. 1 (1994), S. 51-59.

BAUMANN, Paul, Berthold Otto. Der Mann - die Zeit - das Werk - das Vermächtnis, 6 Bde. München 1958-1962 [Bd. 1-2: 1958, Bd. 3-4: 1959, Bd.: 5-6: 1962].

BECKER, Carl Heinrich, Islamstudien. Vom Werden und Wesen der islamischen Welt, 2 Bde., Leipzig 1924 und 1932.

BECKER, Carl Heinrich, Die Pädagogische Akademie im Aufbau unseres nationalen Bildungswesens, Leipzig 1926; wieder in: Die pädagogischen Hochschulen. Dokumente ihrer Entwicklung, Bd. 1: 1920-1932, hrsg. von Helmuth KITTEL, Weinheim 1965, S. 98-139.

BECKER, Carl Heinrich, Zum 11. August, in: Deutsches Philologen-Blatt, Jg. 37 (1929), S. 457f.

BECKER, Carl Heinrich, Das Ende der Antike in Orient und Occident, Leipzig 1931.

Carl Heinrich Becker. Internationale Wissenschaft und nationale Bildung. Ausgewählte Schriften, hrsg. und eingel. von Guido MÜLLER (=Studien und Dokumentationen zur deutschen Bildungsgeschichte, 64), Köln 1997.

BECKER, Frank, Amerikanismus in Weimar. Sportsymbole und politische Kultur 1918-1933, Wiesbaden 1993.

BECKER, Georg, Die Siedlung der deutschen Jugendbewegung. Eine soziologische Untersuchung, Hilden 1929.

BECKER, Gerold, Pädagogik in Beton, in: Neue Sammlung, Jg. 6 (1966), S. 171-182.

BECKER, Gerold, Soziales Lernen als Problem der Schule. Zur Frage der Internatserziehung, in: SCHÄFER, Walter / EDELSTEIN, Wolfgang / BECKER, Gerold, Probleme der Schule im gesellschaftlichen Wandel. Das Beispiel Odenwaldschule, Frankfurt 1971, S. 95-148.

2. Allgemeine Literatur

BECKER, Gerold, Lietz und Geheeb. Vortrag vom 12. April 1996 an der 10. internationalen Wagenschein-Tagung an der Ecole d'Humanité, Goldern (=Schriften der Schweizerischen Wagenschein-Gesellschaft, 8), Goldern 1996; wieder: Marburg 1999: http://archiv.ub-uni-marburg.de/sonst/1999/0015.html

BECKER, Heinrich, Zwischen Wahn und Wahrheit. Autobiographie, Berlin (DDR) 1972.

BECKER, Hellmut, Die verwaltete Schule. Gefahren und Möglichkeiten, in: Merkur. Deutsche Zeitschrift für europäisches Denken, Jg. 8 (1954), S. 1155-1177; wieder in: BECKER, Hellmut, Kulturpolitik und Schule. Probleme der verwalteten Welt (=Fragen an die Zeit, 2), Stuttgart 1956, S. 33-70; wieder in: BECKER, Hellmut, Quantität und Qualität. Grundfragen der Bildungspolitik, Freiburg 1962, S. 147-174; wieder in: Die Verwaltete Schule - wiedergelesen - neu gelesen. Hellmut Becker zum 80. Geburtstag (=Recht der Jugend und des Bildungswesens. Zeitschrift für Schule, Berufsbildung und Jugenderziehung, Jg. 41 (1993), Heft 2), Neuwied 1993, S. 130-147.

BECKER, Hellmut, Schulbau in der modernen Gesellschaft, in: OTTO, Karl, Schulbau - Beispiele und Entwicklungen, Stuttgart 1961, S. 11-18; u.d.T. 'Schulbau' wieder in: BECKER, Hellmut, Quantität und Qualität. Grundfragen der Bildungspolitik, Freiburg 1962, S. 268-280.

BECKER, Hellmut, Kurt Hahn, der Erzieher, in: Neue Sammlung, Jg. 15 (1975), S. 109-113; u.d.T. 'Kurt Hahn - ein Erzieher' wieder in: BECKER, Hellmut, Auf dem Weg zur lernenden Gesellschaft. Personen, Analysen, Vorschläge für die Zukunft, Stuttgart 1980, S. 89-94.

BECKER, Hellmut, Portrait eines Kultusministers. Zum 100. Geburtstag von Carl Heinrich Becker am 12.4.1976, in: Merkur. Deutsche Zeitschrift für europäisches Denken, Jg. 30 (1976), S. 365-376; u.d.T. 'C.H. Becker - Portrait eines Kultusministers' wieder in: BECKER, Hellmut, Auf dem Weg zur lernenden Gesellschaft. Personen, Analysen, Vorschläge für die Zukunft, Stuttgart 1980, S. 31-45.

BECKER, Hellmut, Bildung und Bildungspolitik. Über den Sickereffekt von Reformen, in: Zäsuren nach 1945. Essays zur Periodisierung der deutschen Nachkriegsgeschichte, hrsg. von Martin BROSZAT (=Schriftenreihe der Vierteljahrshefte für Zeitgeschichte, 61), München 1990, S. 63-68.

BECKERS, Edgar / RICHTER, Elke, Kommentierte Bibliographie zur Reformpädagogik (=Schriften der deutschen Sporthochschule Köln, 1), Sankt Augustin 1979.

Begabungsprüfung für den Übergang von der Grundschule zu weiterführenden Schulen (Anleitung und Testheft). Im Auftrage des Zentralinstituts für Erziehung und Unterricht in Berlin hrsg. von Otto BOBERTAG und Erich HYLLA, Langensalza 1925.

BEHAGEL, Otto, Die deutsche Sprache (=Das Wissen der Gegenwart, 54), 6. Aufl. Wien [u.a.] 1917; 7. Aufl. Wien [u.a.] 1923.

BEHNE, Adolf, Entartete Kunst, Berlin 1947.

BEHNKE, Egon, Karl Wilker und sein Lindenhof, in: Internationale Erziehungs-Rundschau, Jg. 1 (1920), S. 92-96.

BEHRENDT, Felix, Zur freieren Gestaltung des Unterrichts in den oberen Klassen der höheren Schulen, in: Zentralblatt für die gesamte Unterrichts-Verwaltung in Preußen, Jg. 64 (1922), Heft 2 (20.01.), S. 28-31.

BEINHOFF, Hans, Der Hexenglaube in der Walpurgisnacht und die Blocksbergsage, Leipzig, Univ., Univ., Diss., 1922 (masch.).

Beiträge anläßlich der Ehrung des Berliner Schulhistorikers Dr. Gerd Radde am 3. Juli 1998, hrsg. vom Fachbereich Erziehungs- und Unterrichtswissenschaften der Technischen Universität Berlin, Berlin 1998.

Beiträge zur Geschichte der Berliner Demokratie: 1919-1933/1945-1985, hrsg. von Otto BÜSCH (=Einzelveröffentlichungen der Historischen Kommission zu Berlin, 65), Berlin 1988.

Ein bekannter Berliner Schulmann gestorben [Prof. Dr. Gustav Ellger], in: Berliner Lokal-Anzeiger vom 10.02.1928.

BELLERMANN, Ludwig, Schiller, 2. verb. Aufl. Leipzig 1911.

BELOHOUBEK, Viktor, Urteile des Auslandes über die österreichischen Bundeserziehungsanstalten, in: Schulreform, Jg. 2 (1923), S. 133-138.

BELOHOUBEK, Viktor, Die österreichischen Bundeserziehungsanstalten. Ein Werk kulturellen Aufbaues der Republik Oestreich (=Oesterreich-Bücherei, 4/5), Wien 1924.

BELOHOUBEK, Viktor, Der erziehliche, unterrichtliche und verwaltungstechnische Aufbau der Bundeserziehungsanstalten, in: Die österreichischen Bundeserziehungsanstalten, hrsg. von Viktor FADRUS (=Lehrerbücherei, 26), Wien [u.a.] o.J, S. 1-19.

BENN, Kay-Oliver, Emil Blum und der Habertshof. Religiös-sozialistische Erwachsenbildung in der Weimarer Zeit, in: Anarchismus & Bildung. Schriften zur libertären Pädagogik, Heft 2: Juli 1988, S. 71-85.

BENNER, Dietrich / KEMPER, Herwart, Einleitung zur Neuherausg. des kleinen Jena-Plans, Weinheim [u.a.] 1991.

BENTHEIM, Die Entwicklung der Quäkerspeisung in Deutschland. Bericht des Deutschen Zentralausschusses für die Auslandshilfe e.V. Berlin, in: Mitteilungen des Deutschen Fürsorge-Büros zu Leipzig, Nr. 1: Januar 1921. Beilage zur Monatsschrift Vivos Voco. Zeitschrift für neues Deutschtum, Jg. 2 (1921/22), S. 44-47.

BERG, Hans Christoph, Bilanz und Perspektiven der Reformpädagogik. Vorschlag zum Neuansatz eines Forschungsschwerpunktes 'Reformpädagogische und alternative Schulen in Europa', in: Zeitschrift für Pädagogik, Jg. 36 (1990), S. 877-892.

BERGER, Manfred, Olga Essig [1884-1965], in: Who is who der Sozialen Arbeit, hrsg. von Hugo MAIER, Freiburg 1998, S. 165f.

BERGERT, Bericht über die Lankwitzer Tagung [November/Dezember 1920], in: Neue Erziehung, Jg. 2 (1920), Mitteilungen des Bundes Entschiedener Schulreformer, Nr. 12/13, S. 49-53.

BERGLAR, Peter, Walther Rathenau. Seine Zeit. Sein Werk. Seine Persönlichkeit, Bremen 1970.

BERGMANN, Klaus, Agrarromantik und Großstadtfeindschaft (=Marburger Abhandlungen zur Politischen Wissenschaft, 20), Meisenheim am Glan 1970.

BERGNER, Reinhard, 'Erziehungsfreie Gemeinschaft' - ein Widerspruch in sich? Auf den Spuren Bernhard Uffrechts in der 'FSWG' Letzlingen, in: Beiträge zur Historischen Pädagogik, hrsg. von Reinhard GOLZ (=Magdeburger Forschungen, 4), Magdeburg 1992, S. 44-53.

BERGNER, Reinhard, Magdeburger Schulversuche mit Berthold Ottos Schulkonzept zur Zeit der Weimarer Republik, in: 'Die Alte Schule überwinden'. Reformpädagogische Versuchsschulen zwischen Kaiserreich und Nationalsozialismus, hrsg. von Ullrich AMLUNG, Dietmar HAUBFLEISCH, Jörg-W. LINK und Hanno SCHMITT (=Sozialhistorische Untersuchungen zur Reformpädagogik und Erwachsenenbildung, 15), Frankfurt 1993, S. 158-184.

BERGNER, Reinhard, Die Berthold-Otto-Schule in Magdeburg. Vom Gesamtunterricht an einer höheren Schule der Weimarer Republik, in: Pädagogik, Jg. 47 (1995), Heft 1, S. 50-55.

BERGNER, Reinhard, Die Berthold-Otto-Schulen in Magdeburg. Ein vergessenes Kapitel reformpädagogischer Schulgeschichte von 1920 bis 1950 (=Studien zur Bildungsreform, 35), Frankfurt [u.a.] 1999.

Bericht des Gemeinschaftlichen Ausschusses der Oberschulbehörde und der Schulsynode für die Versuchsschule, in: Pädagogische Reform, Jg. 43 (1919), S. 65-67.

Berichte der hamburgischen Versuchs- und Gemeinschaftsschulen 1921, in: Pädagogische Reform, Jg. 45 (1921), Nr. 24, S. 185-192; Berichte über die Schule 'Telemannstraße 10', die Schule 'Breitenfelderstraße 35 ('Wendeschule') und 'Tieloh-Süd' (S. 187-192) u.d.T. 'Aus den Berichten der Hamburgischen Versuchs- und Gemeinschaftsschulen' gekürzt wieder in: Neue Schulformen und Versuchsschulen, hrsg. von Gustav PORGER (=Pädagogische Schriftsteller, 21), Bielefeld [u.a.] 1925, S. 217-233; Bericht über die Lebensgemeinschaftsschule 'Berliner Tor 29' (S. 185-187) wieder in: Die deutsche Reformpädagogik, hrsg. von Wilhelm FLITNER und Gerhard KUDRITZKI, Bd. II: Ausbau und Selbstkritik, 2. unveränd. Aufl. Stuttgart 1982, S. 104-108.

Bericht über die Organisation und aus der Tätigkeit des Jugendamtes der Stadt Berlin in der Zeit vom 1. Oktober 1920 bis zum 31. Dezember 1922, hrsg. vom Jugendamt der Stadt Berlin, Berlin 1923.

Berlin, hrsg. von Christian ERNST und Christine LOST (=Schullandschaft Deutschland, 1), Baltmannsweiler 1997.

Berlin 1870-1960. Mit einer Einführung von Janos FRECOT und Tilo EGGELING, München [u.a.] 1981.

Berlin 1932. Das letzte Jahr der ersten deutschen Republik. Politik, Symbole, Medien, hrsg. von Diethart KERBS und Henrik STAHR (=Stätten der Geschichte Berlins, 73), Berlin 1992.

Berlin-Bibliographie (bis 1960), bearb. von Hans ZOPF und Gerd HEINRICH (=Veröffentlichungen der Historischen Kommission zu Berlin, 15: Bibliographien, 1), Berlin 1965.

Berlin-Bibliographie (1961-1966), bearb. von Ursula SCHOLZ und Rainald STROMEYER (=Veröffentlichungen der Histororischen Kommission zu Berlin, 43: Bibliographien, 4), Berlin [u.a.] 1973.

Berlin-Bibliographie (1967-1977), bearb. von Ursula SCHOLZ und Rainald STROHMEYER (=Veröffentlichungen der Historischen Kommission zu Berlin, 58: Bibliographien, 5), Berlin [u.a.] 1984.

Berlin-Bibliographie (1978-1984), bearb. von Ute SCHÄFER und Rainald STROHMEYER (=Veröffentlichungen der Historischen Kommission zu Berlin, 69: Bibliographien, 6), Berlin [u.a.] 1987.

Berlin-Bibliographie 1985 bis 1989, hrsg. von der Senatsbibliothek Berlin, Bd. 1: Bibliographie, Bd. 2: Register (=Historische Kommission zu Berlin; Bibliographien, 7), München [u.a.] 1995.

Berlin-Bibliographie 1990, hrsg. von der Berliner Stadtbibliothek in Zusammenarbeit mit der Senatsbibliothek Berlin (=Historische Kommission zu Berlin; Bibliographien, 8), München [u.a.] 1995.

Berlin-Bibliographie 1991, hrsg. von der Berliner Stadtbibliothek in Zusammenarbeit mit der Senatsbibliothek Berlin (=Historische Kommission zu Berlin; Bibliographien, 9), München [u.a.] 1996.

Berlin-Bibliographie 1992, hrsg. von der Berliner Stadtbibliothek in Zusammenarbeit mit der Senatsbibliothek Berlin (=Historische Kommission zu Berlin; Bibliographien, 10), München 1997.

Berlin-Bibliographie 1993, hrsg. von der Zentral- und Landesbibliothek Berlin in Zusammenarbeit mit der Senatsbibliothek Berlin (=Historische Kommission zu Berlin; Bibliographien, 11), München 1999.

Berlin. Eine Bibliographie, Berlin 1982.

Berlin im Weltkriege. Fünf Jahre städtische Kriegsarbeit, hrsg. von Ernst KAEBER, Berlin 1921.

Berlin und Pädagogische Reformen. Brennpunkte der individuellen und historischen Entwicklung, hrsg. von E. Kuno BELLER (=Wissenschaft und Stadt, 21), Berlin 1992.

Der Berliner Abbau. Die gespaltenen Demokraten, in: Vorwärts vom 12.09.1924, Morgenausg.

Berliner Archive, hrsg. vom Landesarchiv Berlin und der Arbeitsgemeinschaft Berliner Archivare, 4. erw. Aufl. Berlin 1992.

Berliner Bibliotheken. Erziehungswissenschaft/Pädagogik - Philosophie - Religion/Theologie, bearb. Heidemarie SCHADE, hrsg. von der Senatorin für Kulturelle Angelegenheiten, Berlin 1990.

Die Berliner Didaktik: Paul Heimann, hrsg. von Hansjörg NEUBERT (=Wissenschaft und Stadt, 18), Berlin 1991.

Berliner Kommunalpolitik 1921-1925. Tätigkeitsbericht der Berliner Stadtverordnetenfraktion der SPD, Berlin 1925.

Berliner Schulgeschichte. Eine Umfrage zu Forschung und Materialien nach 1986, hrsg. von Achim LESCHINSKY (=Mitteilungen & Materialien. Arbeitsgruppe Pädagogisches Museum e.V., Heft Nr. 35/1991), Berlin 1991.

Das Berliner Schulwesen, hrsg. von Jens NYDAHL. Bearb. unter Mitwirkung Berliner Schulmänner von Erwin KALISCHER, Berlin 1928.

Berliner Zeitungen. Katalog der Zeitungsbestände bis 1932, bearb. von Heinz GITTIG (=Deutsche Staatsbibliothek. Bibliographische Mitteilungen, 30), 2. erw. Aufl. Berlin (DDR) 1987.

Berlin und seine Bauten, hrsg. vom Architekten- und Ingenieur-Verein zu Berlin, Teil V, Bd. C: Schulen, Berlin 1991.

BERNDT, Otto, Schönfließ, in: Zwischen Schorfheide und Spree. Heimatbuch des Kreises Niederbarnim, hrsg. von M. WEIß und Max REHBERG, Berlin 1940, S. 401-404.

BERNDT, Otto, Stolpe, in: Zwischen Schorfheide und Spree. Heimatbuch des Kreises Niederbarnim, hrsg. von M. WEIß und Max REHBERG, Berlin 1940, S. 396-398.

BERNHARD, Armin, Kultur, Ästhetik und Subjektentwicklung. Edukative Grundlagen und Bildungsprozesse in Peter Weiss' 'Ästhetik des Widerstands', Frankfurt 1994.

BERNHARD, Armin, Das Schulmodell der entschiedenen Schulreform: Die elastische Einheitsschule - alternatives Bildungsmodell für eine moderne Industriegesellschaft?, in: Pädagogik und Schulalltag, Jg. 49 (1994), S. 517-528.

BERNHARD, Armin, Demokratische Reformpädagogik und die Vision von der neuen Erziehung. Sozialgeschichtliche und bildungstheoretische Analysen zur entschiedenen Schulreform (=Studien zur Bildungsreform, 36), Frankfurt [u.a.] 1999.

BERNSTEIN, Paul, Die Heimvolkshochschule Habertshof, in: Sozialistische Bildung. Monatsschrift des Reichsausschusses für sozialistische Bildungsarbeit, Jg. (1931), S. 19-21.

BERTELSMANN, Wilhelm, Lehrbuch der Leuchtgasindustrie, 2 Bde., Stuttgart 1911.

BERTELSMANN, Wilhelm, Die Gasversorgung in der Großstadt, in: Probleme der neuen Stadt Berlin. Darstellungen der Zukunftsaufgaben einer Viermillionenstadt, hrsg. von Hans BRENNERT und Erwin STEIN (=Monographien deutscher Städte, 18), Berlin 1926, S. 415-424.

BERTELSMANN, Wilhelm / SCHUSTER, Fritz, Einführung in die technische Behandlung gasförmiger Stoffe, Berlin 1930.

Beruf und Leben. Darstellung der Wesenszüge der Berufsfrage aus Kreisen der Jugendbewegung, hrsg. von Ernst FISCHER und Friedrich WILHELM, Lauenburg 1921.

"... besonders jetzt tu Deine Pflicht!" Briefe von Antifaschisten geschrieben vor ihrer Hinrichtung, Berlin [u.a.] 1948.

Bestände des BDC [Berlin Document Center] verfilmt: Der Countdown läuft, in: InfoDoc. Technologien für Information und Dokumentation, Jg. 1994, Nr. 1 [Februar], S. 6-10.

2. Allgemeine Literatur

Bestandsübersicht [über die Archivalien des Stadtarchivs Berlin]. Hauptschulverwaltung der Stadt Berlin, in: Beiträge, Dokumente, Informationen des Archivs der Hauptstadt der Deutschen Demokratischen Republik, Jg. 1 (1964), S. 121f.

Bestandsübersicht [über die Archivalien des Stadtarchivs Berlin]. Stadtverordnetenversammlung Berlin (vor 1945), in: Beiträge, Dokumente, Informationen des Archivs der Hauptstadt der Deutschen Demokratischen Republik, Jg. 1 (1964), S. 61f.

BETTELHEIM, Bruno, Die Kinder der Zukunft. Gemeinschaftserziehung als Weg einer neuen Pädagogik, 8. neuausgestattete Aufl. Heidelberg 1990.

Bibliographie Bildungsgeschichte. Hrsg. vom Deutschen Institut für Internationale Pädagogische Forschung, Bibliothek für Bildungsgeschichtliche Forschung, Berlin, ...
in Kooperation mit der Arbeitsgruppe Historische Pädagogik der Schweizerischen Gesellschaft für Bildungsforschung, dem Pestalozzianum Zürich, der Bibliothek Erziehungswissenschaft der Philipps-Universität Marburg und der Fachbibliothek für Erziehungswissenschaften der Universität Wien. Redaktionskollegium: Christa FÖRSTER, Hans U. GRUNDER, Max FURRER, Dietmar HAUBFLEISCH und Leopoldine SWOBODA, Baltmannsweiler, Jg. 1 (1994/1995);
in Kooperation mit der Arbeitsgruppe Historische Pädagogik der Schweizerischen Gesellschaft für Bildungsforschung, dem Pestalozzianum Zürich, der Bibliothek Erziehungswissenschaft der Philipps-Universität Marburg und der Fachbibliothek für Erziehungswissenschaften der Universität Wien. Redaktionskollegium: Christa FÖRSTER, Max FURRER und Dietmar HAUBFLEISCH, Baltmannsweiler, Jg. 2 (1995/1996);
in Kooperation mit der Berlin-Brandenburgischen Akademie der Wissenschaften. Akademievorhaben Jahresberichte für Deutsche Geschichte, der Bundesstaatlichen Bibliothek beim Landesschulrat für Niederösterreich, dem Pestalozzianum Zürich, der Bibliothek Erziehungswissenschaft der Philipps-Universität Marburg und der Universität Klagenfurt. Abt. für Historische Pädagogik. Redaktionskollegium: Susanne BARKOWSKI, Christa FÖRSTER, Max FURRER, Dietmar HAUBFLEISCH, Christian RITZI und Johannes THOMASSEN, Baltmannsweiler, Jg. 3 (1996/1997);
in Kooperation mit der Berlin-Brandenburgischen Akademie der Wissenschaften. Akademievorhaben Jahresberichte für Deutsche Geschichte, dem Pädagogischen Institut der Universität Zürich, dem Pestalozzianum Zürich, der Bibliothek Erziehungswissenschaft der Philipps-Universität Marburg und der Universität Klagenfurt. Abt. für Historische Pädagogik. Redaktionskollegium: Susanne BARKOWSKI, Christa FÖRSTER, Max FURRER, Dietmar HAUBFLEISCH, Christian RITZI und Johannes THOMASSEN, Baltmannsweiler, Jg. 4 (1997/1998);
[wird fortgesetzt].

Bibliographie Kurt Löwenstein und Kinderfreunde, in: LÖWENSTEIN, Kurt, Sozialismus und Erziehung. Eine Auswahl aus den Schriften 1919-1933. Neu hrsg. von Ferdinand BRANDECKER und Hildegard FEIDEL-MERTZ (=Internationale Bibliothek, 91), Berlin [u.a.] 1976, S. 427-430.

Bibliographie Heinrich Scheel, in: Demokratie, Antifaschismus und Sozialismus in der deutschen Geschichte, hrsg. von Helmut BLEIBER und Walter SCHMIDT, Berlin (DDR) 1988, S. 339-362.

Bibliographie zur Schleswig-Holsteinischen Schulgeschichte 1542-1945. Mit einer Einf. und Reg. hrsg. von Jörg BIEHL, Stefan HOPMANN und Reinhold WULFF, Köln [u.a.] 1994.

Bibliographie zur südwestdeutschen Erziehungs- und Schulgeschichte, bearb. und hrsg. von Gerd FRIEDERICH Und Hildegard MÜLLER , Bd. 1: Allgemeine Literatur (=Veröffentlichung des Alemannischen Instituts Freiburg i. Br., 54), Bühl/Baden 1982; Bd. 2: Ortsgeschichtliche Literatur (= Veröffentlichung des Alemannischen Instituts Freiburg, 55), Bühl/Baden 1983; Bd. 3: Biographien (=Veröffentlichung des Alemannischen Instituts Freiburg i. Br., 56), Bühl/Baden 1986.

Bibliographische Hinweise [zur Geschichte des demokratischen Berlin], in: Beiträge zur Geschichte der Berliner Demokratie: 1919-1933/1945-1985, hrsg. von Otto BÜSCH (=Einzelveröffentlichungen der Historischen Kommission zu Berlin, 65), Berlin 1988, S. 361-405.

BIEBIGHÄUSER, Heidi, Gustav Wyneken: Wickersdorf - Die Insel der Jugend, in: Künstliche Paradiese. Beispiele ästhetischer Weltbegrenzung. hrsg. von Peter Ulrich HEIN (=Kunst und Therapie, 6), Münster 1984, S. 54-64; auch als: Künstliche Paradiese der Jugend. Zur Geschichte und Gegenwart ästhetischer Subkulturen, hrsg. von Peter Ulrich HEIN (=Geschichte der Jugend, 8), Münster 1984, S. 54-64.

BIESENBAUM, Hannegret, Schüler wünschen sich Weite und Geborgenheit. Im hessischen Lauterbach sind Kinder, Eltern und Lehrer am Neubau einer Schule beteiligt, in: Frankfurter Rundschau vom 19.03.1992.

Bild als Waffe. Mittel und Motive der Karikatur in fünf Jahrhunderten, hrsg. von Gerhard LANGEMEYER, Gerd UNVERFEHRT, Herwig GURATZSCH und Christoph STÖLZL, München 1984.

Bild und Bildung. Ikonologische Interpretationen vormoderner Dokumente von Erziehung und Bildung, hrsg. von Christian RITTELMEYER und Erhard WIERSING (=Wolfenbütteler Forschungen, 49), Wiesbaden 1991.

Bilder als Quellen der Erziehungsgeschichte, hrsg. von Hanno SCHMITT, Jörg-W. LINK und Frank TOSCH, Bad Heilbrunn 1997.

Bilder aus dem Lindenhof, in: WILKER, Karl, Der Lindenhof - Fürsorgeerziehung als Lebensschulung. Neu hrsg. und erg. durch ein biographisches Vorwort von Hildegard FEIDEL-MERTZ und Christiane PAPE-BALLING (=Pädagogische Beispiele. Institutionengeschichte in Einzeldarstellungen, 5), Frankfurt 1989, S. 211-217.

Bilder der Freundschaft. Fotos aus der Geschichte der Arbeiterjugendbewegung, hrsg. von Archiv der Arbeiterjugendbewegung Oer-Erkenschwick, Münster 1988.

Bilder von Krupp. Fotografie und Geschichte im Industriezeitalter, hrsg. von Klaus TENFELDE, München 1994.

Bildungspolitik in Deutschland 1945-1990. Ein historisch-vergleichender Quellenband, hrsg., eingel, und erl. von Oskar ANWEILER, Hans-Jürgen FUCHS, Martina DORNER und Eberhard PETERMANN, Opladen 1992; auch: Bonn 1992.

BILL, Arthur, Liebe Kinderdorf-Freunde! [Zum Tode von Elisabeth Rotten], in: Freundschaft. Zeitschrift des Kinderdorfes Pestalozzi Trogen/Schweiz, Nr. 55, Sommer 1964, o.S.

BILL, Arthur / SFOUNTOURIS, Argyris N., Das Kinderdorf Pestalozzi in Trogen und sein griechischer Dichter. Bilder aus der Zeit der ersten 25 Jahre - 16 Gedichte von Nikifóros Vrettákos - Ausblick, Bern [u.a.] 1996.

Biographisches Handbuch der deutschsprachigen Emigration nach 1933, hrsg. vom Institut für Zeitgeschichte, München, und der Research Foundation for Jewish Immigration, New York, durch Werner RÖDER und Herbert A. STRAUSS,
Vol. I, München [u.a.] 1980;
Vol. II, Bd. 1: A-K, Bd. 2: L-Z und Bd. 3: Gesamtregister, München [u.a.] 1983.

BIRTH, Theodor, Novellen und Legenden aus verklungenen Zeiten, 2. Aufl. Leipzig [1919].

BISMARCK, Otto von, Rede vor dem Reichstag vom 17.09.1878, in: BISMARCK, Otto von, Die gesammelten Werke, Bd. 11: 1869-1878, Berlin 1929, S. 602-612.

BITTERHOF, Erich, Über die märkische Spielgemeinde, in: Georg Götsch zum 100. Geburtstag, hrsg. von der Musischen Gesellschaft, Sitz Fürsteneck (=Musische Gesellschaft, Heft 64: März 1995), Weiterstadt 1995, S. 11f.

BITTERHOF, Erich, Das Musikheim Frankfurt (Oder), in: Die deutsche Jugendbewegung 1920 bis 1933. Die bündische Zeit (=Dokumentation der Jugendbewegung, 3), Düsseldorf [u.a.] 1974, S. 1439-1441.

BJÖRNSON, Björstjerne, Über unsere Kraft. Schauspiel in 2 Teilen, 28.-31. Tsd., München 1920-1924.

BLANC, Louis, Organisation der Arbeit (Eine Auswahl). Mit einem Nachwort von Paul OESTREICH (=Dokumente der Menschlichkeit, 10), München 1919.

BLANKERTZ, Herwig, Geschichte der Pädagogik und Narrativität (Otto Friedrich Bollnow zum 80. Geburtstag), in: Zeitschrift für Pädagogik, Jg. 29 (1983), S. 1-9.

BLATTNER, Karl, Der kleine Touissaint-Langenscheidt zur Erlernung fremder Sprachen durch Selbstudium. Englisch in 20 Lektionen [10 Briefe und 2 Beil.], Berlin 1926.

BLECKWENN, Helga, Ein Impuls aus Dresden. Erinnerung an die Gartenstadt Hellerau, in: Süddeutsche Zeitung vom 10./11.11.1984.

BLENCKE, Erna, Leonard Nelsons Leben und Wirken im Spiegel der Briefe an seine Eltern, 1891-1915. Material für einen Biographen, in: Erziehung und Politik. Minna Specht zu ihrem 80. Geburtstag, hrsg. von Hellmut BECKER, Willi EICHLER und Gustav HECKMANN, Frankfurt 1960, S. 9-72.

BLENCKE, Erna, Leonard Nelsons Mitteilungen an seine Eltern im Kriegsjahr 1916, in: Vernunft, Ethik, Politik. Gustav Heckmann zum 85. Geburtstag, hrsg. von Detlev HORSTER und Dieter KROHN, Hannover 1983, S. 55-76.

BLINCKMANN, Theodor, Die öffentliche Volksschule in Hamburg in ihrer geschichtlichen Entwicklung, hrsg. von der Gesellschaft der Freunde des vaterländischen Schul- und Erziehungswesens in Hamburg, Hamburg 1930.

BLOCH, Marc, Apologie der Geschichte oder Der Beruf des Historikers, hrsg. von Lucien FEBVRE, München 1985 [zuerst franz. 1949; dt. Ausg. übers. nach der 6. franz. Aufl. 1967].

BLOCH, Marc / BRAUDEL, Ferdinand / FEBVRE, Lucien [u.a.], Schrift und Materie der Geschichte: Vorschläge zur systematischen Aneignung historischer Prozesse, hrsg. von Claudia HONEGGER, Frankfurt 1977.

BLOCK, Friedrich, Der Nutzen einer Studienreise durch die Landerziehungsheime und Freien Schulen, in: Pädagogisches Zentralblatt, Jg. 8 (1928), S. 170-179.

BLÜHER, Hans, Wandervogel. Geschichte einer Jugendbewegung, 1. Teil: Heimat und Aufgang, 3. Aufl. Berlin 1913.

BLÜMEL, Fritz, Schule besonderer pädagogischer Prägung. Aus der Praxis der Fritz-Karsen-Schule, in: Berliner Stimme, Berlin, Nr. 12/14 vom 21.03.1964, S. 8f.

BLUM, Emil, Leo Tolstoi, Schlüchtern 1922; 2. Aufl. mit dem Untertitel 'Sein Ringen um den Sinn des Lebens', Schlüchtern 1924.

BLUM, Emil, Die Heimvolkshochschule als Bildungsmöglichkeit der Arbeiterjugend, in: Zeitschrift für Religion und Sozialismus, Jg. 1 (1929), S. 41-47.

BLUM, Emil, Grundlagen einer Arbeiter-Volkshochschule, in: Neue Blätter für den Sozialismus, Jg. 1 (1930), S. 175-182; wieder in: OLBRICH, Josef, Arbeiterbildung in der Weimarer Zeit. Konzeption und Praxis, Braunschweig 1977, S. 224-230.

BLUM, Emil, Der Habertshof. Werden und Gestalt einer Heimvolkshochschule, Kassel 1930.

BLUM, Emil, Die Neuwerk-Bewegung 1922-1933 (=Kirche zwischen Planen und Hoffen, 10), Kassel 1973.

BLUM, Emil, Als wäre es gestern gewesen. Wie konnte ich Pfarrer sein - im 20. Jahrhundert?, Zürich 1973.

BOCK, Hans Manfred, Syndikalismus und Linkskommunismus von 1918-1923. Zur Geschichte und Soziologie der Freien Arbeiter-Union Deutschlands (Syndikalisten), der Allgemeinen Arbeiter-Union Deutschlands und der Kommunistischen Arbeiter-Partei Deutschlands (=Marburger Abhandlungen zur politischen Wissenschaft, 13), Meisenheim 1969.

BODAG, Joachim, Zur Aktualität der filmpädagogischen Auffassungen Adolf Reichweins, in: Pädagogik und Schulalltag, Jg. 51 (1996), S. 481-491.

BÖHM, Winfried, Kulturpolitik und Pädagogik Paul Oestreichs, Bad Heilbrunn 1973.

BÖHM, Winfried, Zur Einschätzung der reformpädagogischen Bewegung in der Erziehungswissenschaft der Gegenwart, in: Pädagogische Rundschau, Jg. 28 (1974), S. 763-781.

BÖHM, Winfried, Wörterbuch der Pädagogik, 13. überarb. Aufl. Stuttgart 1988.

BÖHME, Günther, Franz Hilkers Tätigkeit nach dem Zweiten Weltkrieg in Hessen, Frankfurt [u.a.] 1967.

BÖHME, Günther, Ludwig Pallat - Sachwalter pädagogischer Reform. Aus Anlaß seines 100. Geburtstages, in: Bildung und Erziehung, Jg. 21 (1968), S. 57-67.

BÖHME, Günther, Das Zentralinstitut für Erziehung und Unterricht und seine Leiter. Zur Pädagogik zwischen Kaiserreich und Nationalsozialismus, Neuburgweier [u.a.] 1971.

BÖHME, Günther / TENORTH, Heinz-Elmar, Geschichte und Theorie Historischer Pädagogik, in: BÖHME, Günther / TENORTH, Heinz-Elmar, Einführung in die Historische Pädagogik, Darmstadt 1990, S. 1-46.

BÖHME, Günther / TENORTH, Heinz-Elmar, Einführung in die Historische Pädagogik, Darmstadt 1990.

BÖHME, Günther, Von der Kunsterziehung zur pädagogischen Dokumentation. Der Reformpädagoge Franz Hilker, in: Außeruniversitäre Erziehungswissenschaft in Deutschland. versuch einer historischen Bestandsaufnahme, hrsg. von Gert GEISSLER und Ulrich WIEGMANN (=Studien und Dokumentationen zur vergleichenden Bildungsforschung, 65), Köln [u.a.] 1996, S. 33-59.

BÖHME, Traugott, Von der Deutschen Oberrealschule zu Mexiko, in: Die Deutsche Schule im Auslande. Monatsschrift für deutsche Erziehung in Schule und Familie, Jg. 16 (1924), Nr. 3, S. 72-74.

Dr. Otto Boelitz (1876-1951), in: Bildung und Erziehung, Jg. 4 (1951), S. 920f.

BOELITZ, Otto, Preußen und die Schulreform, in: Vossische Zeitung vom 01.01.1922, Morgenausg., 1. Beilage.

Gustav Böß. Oberbürgermeister von Berlin 1921-1930. Beiträge zur Berliner Kommunalpolitik, hrsg. und eingel. von Christian ENGELI (=Schriften des Vereins für die Geschichte Berlins, 62), Berlin 1981.

BOESTFLEISCH, Rainer, Hans Witte, in: Braunschweigisches Biographisches Lexikon. 19. und 20. Jahrhundert, hrsg. von Horst-Rüdiger JARCK und Günter SCHEEL, Hannover 1996, S. 664f.

BOHM, Rudolf, Mitteilung, in: Deutsches Philologen-Blatt, Jg. 42 (1934), S. 549.

BOHNENKAMP, Hans, Jugendbewegung und Schulreform, in: Die Jugendbewegung. Welt und Wirkung. Zur 50. Wiederkehr des freideutschen Jugendtages auf dem Hohen Meißner, Düsseldorf [u.a.] 1963, S. 34-52.

BOIS-REYMOND, Manuela du / SCHONIG, Bruno, Nachwort, in: Lehrerlebensgeschichten. Lehrerinnen und Lehrer aus Berlin und Leiden (Holland) erzählen, ges. und eingel. von Manuela du BOIS-REYMOND und Bruno SCHONIG, Weinheim [u.a.] 1982, S. 206-215.

BOLLAND, Jürgen, Die 'Gesellschaft der Freunde' im Wandel des hamburgischen Schul- und Erziehungswesens, Hamburg o.J. [um 1955].

BOLLE, Wilhelm, Zur Wahlfreiheit auf der Oberstufe der höheren Schulen, in: Deutsches Philologen-Blatt, Jg. 29 (1921), S. 226-229.

BOLLE, Wilhelm, Zur freieren Gestaltung der Oberstufe höherer Schulen, in: Jahrbuch des Zentralinstituts für Erziehung und Unterricht, Jg. 4 (1922), Berlin 1923, S. 33-52.

BOLLNOW, Otto Friedrich, Paul Geheeb (1870-1961), in: Neue Deutsche Biographie, Bd. 6, Berlin 1964, S. 131f.

BORBEIN, Hans, Hermann Lietz und die höheren Schulen, in: Monatsschrift für höhere Schulen, Jg. 20 (1921), S. 292-308.

BORCHERDT, Christoph, Laudatio für Carl Rathjens anläßlich seines 50jährigen Doktorjubiläums, in: Mitteilungen der Geographischen Gesellschaft in München, Bd. 72 (1987), S. 261-270.

BORST, Eva, Reformpädagogik, in: Handbuch Kritische Pädagogik, hrsg. von Armin BERNHARD und Lutz ROTHERMEL, Weinheim 1997, S. 291-301.

BOYD, William / RAWSON, Wyatt, The Story of the New Education, London 1965.

BRACHER, Karl Dietrich, Die Auflösung der Weimarer Republik. Eine Studie zum Problem des Machtverfalls in der Demokratie, unveränd., mit einer Einleitung zur Taschenbuchausg. und einer Erg. zur Bibliographie (1978) versehener 2. Nachdr. der 5. Aufl. 1971, Düsseldorf 1978.

BRANDECKER, Ferdinand, Klassenkampf und Erziehung in der Weimarer Republik, in: LÖWENSTEIN, Kurt, Sozialismus und Erziehung. Eine Auswahl aus den Schriften 1919-1933. Neu hrsg. von Ferdinand BRANDECKER und Hildegard FEIDEL-MERTZ (=Internationale Bibliothek, 91), Berlin [u.a.] 1976, S. 321-361.

BRANDL, A. / TOURBIER, Richard, Oszillographische Forschungen zum Wesen des Akzents, in: Sitzungsberichte der preußischen Akademie der Wissenschaften. Phil.-hist. Klasse, Jg. 1931, Berlin 1931, S. 845-951.

BRANDSTÄTTER, Gabriele, Ausdruckstanz, in: Handbuch der deutschen Reformbewegungen 1880-1933, hrsg. von Diethart KERBS und Jürgen REULECKE, Wuppertal 1998, S. 451-463.

BREHM, Alfred Edmund, Tierleben. Jubiläumsausg. in 8 Bänden. Nach dem neuesten Stande der Wissenschaft bearb. und in Auswahl hrsg. von Carl Wilhelm NEUMANN, Leipzig 1928.

BREUHAUS, August, Landhäuser und Innenräume, Düsseldorf 1911.

BREUHAUS DE GROOT, Fritz August, Das Haus in der Landschaft. Ein Landsitz unserer Zeit, Stuttgart 1926.

BREUHAUS DE GROOT, Fritz August, Neue Bauten und Räume, Berlin-Charlottenburg 1941.

BREUHAUS DE GROOT, Fritz August, Bauten und Räume, Tübingen 1953.

BREUHAUS DE GROOT, Fritz August, Landhäuser. Bauten und Räume, Tübingen 1957.

Fritz August Breuhaus de Groot. Herbert EULENBURG: Menschliches. Max OSBORN: Kritik des Werkes, Berlin [u.a.] 1929; wieder als: Fritz August Breuhaus de Groot. Mit Texten (deutsch/engl.) von Herbert EULENBURG und Max OSBORN und einem Nachwort zur Neuausg. von Catharina BERENTS, Berlin 1999.

BREYVOGEL, Wilfried / LOHMANN, Thomas, Schulalltag im Nationalsozialismus, in: Die Reihen fast geschlossen. Beiträge zur Geschichte des Alltags unterm Nationalsozialismus, hrsg. von Detlev PEUKERT und Jürgen REULECKE, Wuppertal 1981, S. 199-221; wieder in: 'Die Formung des Volksgenossen'. Der 'Erziehungsstaat' des Dritten Reiches, hrsg. von Ulrich HERRMANN (=Geschichte des Erziehungs- und Bildungswesesn in Deutschland, 6), Weinheim [u.a.] 1985, S. 253-268.

BREYVOGEL, Wilfried / KAMP, Martin, Weltliche Schulen in Preußen und im Ruhrgebiet. Forschungsstand und statistische Grundlagen, in: 'Die Alte Schule überwinden'. Reformpädagogische Versuchsschulen zwischen Kaiserreich und Nationalsozialismus, hrsg. von Ullrich AMLUNG, Dietmar HAUBFLEISCH, Jörg-W. LINK und Hanno SCHMITT (=Sozialhistorische Untersuchungen zur Reformpädagogik und Erwachsenenbildung, 15), Frankfurt 1993, S. 185-220.

BREYVOGEL, Wilfried, Eine Paradoxie: Reformpädagogik im Nationalsozialismus. Schulversuche in Kiel (nach Johannes Wittmann) und in Minden (nach Peter Petersen), nebst einem Blick auf die Jena-Plan-Schule im Jahre 1935, in: Weimarer Versuchs- und Reformschulen am Übergang zur NS-Zeit. Beiträge zur schulgeschichtlichen Tagung vom 16.-17. November 1993 im Hamburger Schulmuseum, hrsg. von Reiner LEHBERGER (=Hamburger Schriftenreihe zur Schul- und Unterrichtsgeschichte, 6), Hamburg 1994, S. 20-34.

Briefe aus der französischen Revolution. Ausgew., übers. und erl. von Gustav LANDAUER, 2 Bde, Frankfurt 1918.

Briefe aus der Türkei. Aus Helmuth von Moltkes Briefen über Zustände und Begebenheiten in der Türkei aus den Jahren 1835-1839. Mit einer Einl. hrsg. von Erich Ludwig SCHMIDT, Berlin 1923.

Briefe von Wilhelm von Humboldt an eine Freundin [Charlotte Diede], 2 Teile, Leipzig 1847.

BRODERSEN, Albert, Die Gartenbaukunst der Stadt Berlin, in: Probleme der neuen Stadt Berlin. Darstellungen der Zukunftsaufgaben einer Viermillionenstadt, hrsg. von Hans BRENNERT und Erwin STEIN (=Monographien deutscher Städte, 18), Berlin 1926, S. 291-294.

BRÖDEL, Rainer, Heinrich Sohnrey, in: Biographisches Handwörterbuch der Erwachsenenbildung. Erwachsenenbildner des 19. und 20. Jahrhunderts, hrsg. von Günther WOLGAST und Joachim H. KNOLL, Stuttgart [u.a.] 1986, S. 371f.

BROMFIELD, Louis, Bitterer Lotos. Roman. Aus dem Engl. übers. von Elisabeth ROTTEN, Zürich 1941.

BROSZAT, Martin, Die Machtergreifung. Der Aufstieg der NSDAP und die Zerstörung der Weimarer Republik, München 1984.

Martin Buber. Briefwechsel aus sieben Jahrzehnten, hrsg. und eingel. von Grete SCHAEDER, 3 Bde., Heidelberg 1972-1975.

BUBER, Martin, Pfade in Utopie. Über Gemeinschaft und deren Verwirklichung, 3. erheblich erw. Neuausg., Heidelberg 1985; in hebräischer Sprache: 1947; dt. Erstaufl. Heidelberg 1950.

Martin Buber (1878-1965). Internationales Symposium zum 20. Todestag, hrsg. von Werner LICHARZ und Heinz SCHMIDT, 2 Bde. (=Arnoldshainer Texte, 57 und 58), Frankfurt 1989.

Eva-Maria Buch und die 'Rote Kapelle'. Erinnerungen an den Widerstand gegen den Nationalsozialismus, hrsg. von Kurt SCHILDE, Berlin 1992.

BUCHHOLZ, Friedrich, Jens Nydahl. Erinnern, Dank und Gruß, in: Berliner Lehrerzeitung, Jg. 12 (1958), S. 38-40.

BUCK, Pearl Sydensticker, Was mir Amerika bedeutet. Aus dem Engl. übers. von Elisabeth ROTTEN, Zürich 1945.

BÜCHNER, Georg, Leonce und Lena. Ein Lustspiel (=Insel-Bücherei, 91), Leipzig 1913.

BÜRGEL, Bruno H., Die Fackelträger. Ein der jungen Generation gewidmetes Buch vom Aufstieg und Fortschritt der Menschheit, Berlin 1947.

Bürgerliches Gesetzbuch nebst Einführungsgesetz. Vom 18. August 1896 mit Berücksichtigungen der bis 1. April 1919 ergangenen Veränderungen. Textausg. mit ausführlichem Sachregister, 14. Aufl. Berlin [u.a.] 1922.

BÜSCH, Otto / HAUS, Wolfgang, Berlin als Hauptstadt der Weimarer Republik 1919-1933. Mit einem statistischen Anhang zur Wahl- und Sozialstatistik des demokratischen Berlin 1919-1933, hrsg. von der Arbeitsgruppe Berliner Demokratie am Fachbereich Geschichtswiss. der FU Berlin (=Veröffentlichungen der Historischen Kommission zu Berlin, 70; =Berliner Demokratie, 1), Berlin [u.a.] 1987.

BUHL, Giselher, Erziehungsgeschichte und das Konzept der 'modernen deutschen Sozialgeschichte', in: Historische Pädagogik. Methodologische Probleme der Erziehungsgeschichte, hrsg. von Volker LENHART (=Erziehungswissenschaftliche Reihe, 17), Wiesbaden 1977, S. 76-92.

BULST, Neithard, Zum Gegenstand und zur Methode von Prosopographie, in: Medieval Lives and the Historian. Studies in Medieval Prosopography, ed. Neithard BULST and Jean-Philippe GENET, Michigan 1986, S. 1-16.

Der Bund der Entschiedenen Schulreformer. Eine verdrängte Tradition demokratischer Pädagogik und Bildungspolitik, hrsg. von Armin BERNHARD und Jürgen EIERDANZ (=Sozialhistorische Untersuchungen zur Reformpädagogik und Erwachsenenbildung, 10), Frankfurt 1991.

Das Bundesarchiv und seine Bestände. Begr. von Friedrich FACIUS [u.a.], 3. erg. und neu bearb. Aufl. von Gerhard GRANIER [u.a.] (=Schriften des Bundesarchivs, 10), Boppard 1977.

BURKERT, Hans-Norbert / MATUßEK, Klaus / WIPPERMANN, Wolfgang, 'Machtergreifung' Berlin 1933 (=Stätten der Geschichte Berlins, 2), 2. Aufl. Berlin 1984.

BURLINGHAM, Michael John, The Last Tiffany. A Biography of Dorothy Tiffany Burlingham, New York 1989.

BUSCHMANN, Jürgen / LENNARTZ, Karl, Der Kampf um die tägliche Turnstunde, in: GEßMANN, Rolf, Schulische Leibesübungen zur Zeit der Weimarer Republik, Köln 1987, S. 161-208.

CAMPE, Joachim Heinrich, Robinson der Jüngere. Ein Lesebuch für Kinder (1779). Mit den Bildern von Ludwig RICHTER (1848), neu hrsg. von Johannes MERKEL und Dieter RICHTER, München 1977.

CAMPE, Joachim Heinrich, Robinson der Jüngere, zur angenehmen und nützlichen Unterhaltung für Kinder. Nach dem Erstdr. [1779/80] hrsg. von Alwin BINDER und Heinrich RICHARTZ, Stuttgart 1981.

Joachim Heinrich Campe - ein Radikaler im Schuldienst, in: CAMPE, Joachim Heinrich, Robinson der Jüngere. Ein Lesebuch für Kinder (1779). Mit den Bildern von Ludwig RICHTER (1848), neu hrsg. von Johannes MERKEL und Dieter RICHTER, München 1977, S. 449-463.

CARLSON, Ingeborg L., Eduard Stucken (1865-1936). Ein Dichter und seine Zeit, Berlin 1978.

CARLYLE, Thomas, Arbeiten und nicht verzweifeln. Auszüge aus seinen Werken, 287.-292. Tsd. Königstein 1926.

CARR, Edward Hallett, Grundlagen eines dauernden Friedens. Aus dem Engl. übers. von Elisabeth ROTTEN, Zürich 1943.

CASELMANN, Christian, Geschichte und Probleme von Film, Bild und Ton im Unterricht, in: Reichsanstalt für Film und Bild in Wissenschaft und Unterricht. Gemeinnützige GmbH. Nach dem verfügbaren Schrifttum und erhalten gebliebenen Akten der RWU zusammengestellt von Wolfgang TOLLE. Mit einer Einführung von Christian CASELMANN, Berlin 1961, S. 1-24.

CASSIRER, Eva, Der Stadtrat, in: Erziehung zur Humanität. Paul Geheeb zum 90. Geburtstag, hrsg. von Mitarbeitern der Odenwaldschule, Heidelberg 1960, S. 63-65.

CASSIRER, Henry R., Und alles kam anders ... Ein Journalist erinnert sich (=Journalismus, 30), Konstanz 1993.

Cecilienschule. Unser Weg 1912-1962. Festschrift zum 50jährigen Bestehen der Mädchenmittelschule Saarbrücken, Saarbrücken 1962.

CICERO, Marcus Tullius. Wilhelm Jordans ausgewählte Stücke aus Cicero auf biographischer Grundlage. Mit Anm. für den Schulgebrauch, 10., durchges. Aufl. Stuttgart 1920.

COHEN, Robert, Bio-Bibliographisches Handbuch zu Peter Weiss' 'Ästhetik des Widerstands', Hamburg 1989.

COHRS, Claus, Tagungs- und Jugendbildungsstätte 'Der Sunderhof', in: Harburger Kreiskalender 1983, Harburg 1983, S. 34f.

CONTI, Christoph, Abschied vom Bürgertum. Alternative Bewegungen in Deutschland von 1890 bis heute, Reinbek 1984.

COPPI, Hans, Gespräche über die Rote Kapelle, in: Die Weltbühne, Jg. 84 (1989), S. 281-284.

COPPI, Hans / DANYEL, Jürgen, Abschied von Feindbildern. Zum Umgang mit der Geschichte der 'Roten Kapelle', in: Eva-Maria Buch und die 'Rote Kapelle'. Erinnerung an den Widerstand gegen den Nationalsozialismus, hrsg. von Kurt SCHILDE. Mit einem Geleitwort von Hanna-Renate LAURIEN, Berlin 1992, S. 55-84.

COPPI, Hans, Hilde Coppi (31.5.1909-5.8.1943), in: Lexikon des Widerstandes 1933-1945, hrsg. von Peter STEINBACH und Johannes TUCHEL, München 1994, S. 38f.

COPPI, Hans, Rote Kapelle, in: Lexikon des Widerstandes 1933-1945, hrsg. von Peter STEINBACH und Johannes TUCHEL, München 1994, S. 156f.

COPPI, Hans, Die 'Rote Kapelle' - ein Geschichtsbild verändert sich, in: Geschichte - Erziehung - Politik, Jg. 5 (1994), S. 450-458.

CORNEILLE, Pierre, Le Cid, hrsg. und erl. von Friedrich STREHLKE, 2., völlig umgearb. Aufl. von Franz MEDER, 2 Bde., Berlin 1905.

CORTI, Walter Robert, Kinderdorf Pestalozzi, in: Die Friedens-Warte. Blätter für internationale Verständigung und zwischenstaatliche Organisation, Jg. 45 (1945), S. 121-126.

CORTI, Walter Robert, Elisabeth Rotten siebzigjährig, in: Neue Züricher Zeitung vom 16.02.1952.

CORTI, Walter Robert, Der Weg zum Kinderdorf Pestalozzi (=Gute Schriften, 152), Zürich 1955.

COUDENHOVE-KALERGI, Richard, Pan-Europa, Wien 1923.

CRAMER, Claus, Schlüchtern, in: Handbuch der Historischen Stätten Deutschlands, Bd. 4: Hessen, hrsg. von Georg Wilhelm SANTE, 2. Aufl. Stuttgart 1967, S. 404-406.

DAHN, Felix, Ein Kampf um Rom. Historischer Roman, 3 Bde., 113.-125. Aufl. Leipzig 1920.

DAMASCHKE, Adolf, Schule und Bodenreform (=Soziale Zeitfragen. Beiträge zu den Kämpfen der Gegenwart, 47), Berlin 1912.

DAMASCHKE, Adolf Wilhelm Ferdinand, Die Bodenreform. Grundsätzliches und Geschichtliches zur Erkenntnis und Überwindung der sozialen Not, 19. Aufl. Jena 1922.

DAMASCHKE, Adolf, Zur staatsbürgerlichen Erziehung, in: Die neuzeitliche deutsche Volksschule. Bericht über den Kongreß Berlin 1928, hrsg. von der Kongreßleitung, Berlin 1928, S. 214-238.

DAMM, Will, Die Werkschule Haubinda, in: Die Neue Erziehung, Jg. 7 (1925), S. 337-341.

DANTE, Alighieri, Die göttliche Komödie. Übers. von Karl WITTE. Durchges. und hrsg. von Berthold WIESE [Neue, gänzl. veränd. Ausg.] (=Reclams Universal-Bibliothek, 796/800), Leipzig [1922].

DANYEL, Jürgen, Die Rote Kapelle innerhalb der deutschen Widerstandsbewegung, in: Die Rote Kapelle im Widerstand gegen den Nationalsozialismus, hrsg. von Hans COPPI, Jürgen DANYEL und Johannes TUCHEL (=Schriften der Gedenkstätte Deutscher Widerstand, 1), Berlin 1994, S. 12-38.

Datenhandbuch zur deutschen Bildungsgeschichte, Bd. II: Höhere und mittlere Schulen, Teil 1: Sozialgeschichte und Statistik des Schulsystems in den Staaten des Deutschen Reiches 1800-1945 von Detlev K. MÜLLER und Bernd ZYMEK unter Mitarbeit von Ulrich HERRMANN, Göttingen 1987.

DAUBER, A. / SCHAAB, Meinhard, Weinheim, in: Handbuch der Historischen Stätten Deutschlands, Bd. 6: Baden-Württemberg, hrsg. von Max MILLER, Stuttgart 1965, S. 736f.

DAUDET, Alphonse, Le petit Chose. Für den Schulgebrauch hrsg. von G. BALKE, 4. Aufl. Leipzig 1920.

DAVIES, Joseph Edward, Als US-Botschafter in Moskau. Authentische und vertrauliche Berichte über die Sowjet-Union bis Oktober 1941. Übers. aus dem Engl. von Elisabeth ROTTEN, 4. Aufl. Zürich 1943.

DE COSTER, Charles, Smetse, der Schmied. Übers. aus dem Franz. von Alfred ODIN, Leipzig [u.a.] 1922.

DEGEN, Kurt, Heldburg, in: Handbuch der Historischen Stätten Deutschlands, Bd. 9: Thüringen, hrsg. von Hans PATZE, Stuttgart 1968, S. 192f.

DEHIO, Georg, Geschichte der deutschen Kunst. Des Textes erster Band, 2. Aufl. Berlin [u.a.] 1921.

DEHMEL, Richard, Gesammelte Werke, Bd. 2: Aber die Liebe. Zwei Folgen Gedichte, 2. völlig veränd. Ausg., Berlin 1907.

DEITERS, Heinrich, Der Lichterfelder Reformversuch, in: Zeitschrift für soziale Pädagogik. Vierteljahresschrift der Deutschen Gesellschaft für soziale Pädagogik, Jg. 2 (1920/21), [Heft 1 (Oktober - Dezember 1920)], S. 34-39; wieder in: DEITERS, Heinrich, Pädagogische Aufsätze und Reden, Berlin (DDR) 1957, S. 68-74.

DEITERS, Heinrich, Bildung und Leben. Erinnerungen eines deutschen Pädagogen, hrsg. und eingel. von Detlef OPPERMANN. Mit einem Nachwort von Walter FABIAN (=Studien und Dokumentationen zur deutschen Bildungsgeschichte, 40), Köln [u.a.] 1989.

DELBRÜCK, Hans, Geschichte der Kriegskunst im Rahmen der politischen Geschichte, Teil 1-4, Berlin 1900-1920; photomech. Nachdr. der 3. Aufl. Berlin 1964.

DELBRÜCK, Hans, Krieg und Politik 1914-1916, Berlin 1918.

DELBRÜCK, Hans, Weltgeschichte. Vorlesungen, gehalten an der Universität Berlin 1896/1920, Berlin 1923-1928.

Denkschrift des Bundes entschiedener Schulreformer unter den akademisch gebildeten Lehrern und Lehrerinnen an deutschen Schulen über sofort durchführbare und nur geringe Kosten erfordernde Reformen im Schulwesen, in: Zeitschrift für soziale Pädagogik. Vierteljahresschrift der Deutschen Gesellschaft für soziale Pädagogik, Jg. 1 (1920), S. 99-101; wieder in: Das Weißbuch der Schulreform. Im Auftrage des 'Reichsbundes entschiedener Schulreformer' hrsg. von Siegfried KAWERAU, Berlin 1920, S. 23-26; mit einem Zusatz 'Entwurf für eine Selbstverwaltung der Lehrerschaft' wieder in: Deutsches Philologen-Blatt, Jg. 28 (1920), S. 198f. ('Denkschrift') und S. 199f. ('Entwurf').

Denkschrift über die grundständige deutsche Oberschule sowie über die Aufbauschule, in: Zentralblatt für die gesamte Unterrichts-Verwaltung in Preußen, Jg. 64 (1922), Beilage zu Heft 6; der Teil über die grundständige deutsche Oberschule als 'Denkschrift der preußischen Unterrichtsverwaltung über die grundständige Deutsche Oberschule' wieder in: Deutsches Philologen-Blatt, Jg. 30 (1922), S. 119-121; der Teil über die Aufbauschule als 'Denkschrift der preußischen Unterrichtsverwaltung über die Aufbauschule' wieder in: Deutsches Philologen-Blatt, Jg. 30 (1922), S. 121-123.

DERN, Karl, Der Produktionsschulgedanke der Entschiedenen Schulreformer (=Die Neue Erziehung. Beihefte, 3) [zugleich Diss.], Giessen 1926.

Der deutsche antifaschistische Widerstand 1933-1945. In Bildern und Dokumenten, hrsg. von Peter ALTMANN [u.a.], Frankfurt 1975.

Deutsche Arbeiterjugendbewegung 1904-1945. Illustrierte Geschichte, Köln 1987.

Die deutsche Aufgabe und die Land-Erziehungsheime. [18.] Jahrbuch auf das Jahr 1924, hrsg. von Alfred ANDREESEN, Veckenstedt 1924.

Deutsche Grönland-Expedition Alfred Wegener. Gedächtnisfeier für Alfred Wegener und Begrüßung der heimgekehrten Grönland-Expedition am 9. Januar 1932, veranstaltet von der Notgemeinschaft der deutschen Wissenschaft und der Gesellschaft für Erdkunde zu Berlin sowie vorläufige Einzelberichte, in: Zeitschrift der Gesellschaft für Erdkunde zu Berlin, Jg. 1932, S. 81-1145.

Die deutsche Jugendbewegung 1920 bis 1933. Die bündische Zeit, hrsg. von Werner KINDT (=Dokumentation der Jugendbewegung, 3), Düsseldorf [u.a.] 1974.

Deutsche Kinder als Versuchsobjekte, in: Der Reichsbote vom 12.08.1920, Morgenausg.

Die Deutsche Liga für Völkerbund, in: Vivos Voco. Zeitschrift für neues Deutschtum, Jg. 2 (1921/22), S. 260f.

Deutsche Volkserziehung. Schriftenfolge für die deutsche Erziehung, hrsg. vom Deutschen Zentralinstitut für Erziehung und Unterricht, Berlin, Jg. 1 (1934) - 5 (1938).

Die deutschen Freunde in Hellerau, in: Monatshefte der deutschen Freunde [=Quäker], Jg. 8 (1931), S. 195-203.

Der deutschen Jugend Handwerksbuch, hrsg. von Ludwig PALLAT, 2 Bde., 2. Aufl. Leipzig 1920/21.

Die deutsche Reformpädagogik, hrsg. von Wilhelm FLITNER und Gerhard KUDRITZKI, 2 Bde., Düsseldorf [u.a.] 1961/62; Bd 1: 4. unveränd. Aufl. Stuttgart 1984; Bd. 2: 2. unveränd. Aufl. Stuttgart 1982.

Die Deutsche Schule im Auslande. Organ des Vereins deutscher Lehrer im Auslande. Monatsschrift für nationale Erziehung in der deutschen Schule und Familie, Jg. 12 (1913).

Deutsche Schulerziehung. Jahrbuch des Deutschen Zentralinstituts für Erziehung und Unterricht 1940 [mit Tätigkeitsbericht 1933/39], hrsg. von Richard BENZE, Berlin 1940.

Deutsche Schulerziehung. Jahrbuch des Deutschen Zentralinstituts für Erziehung und Unterricht 1941/42 [mit Tätigkeitsbericht für 1939/40], hrsg. von Richard BENZE, Berlin 1943.

Deutsche Schulgeschichte von 1800 bis zur Gegenwart. Eine Einführung. Mit einem Kapitel über die DDR von Ernst CLOER, hrsg. von Hans-Georg HERRLITZ, Wulf HOPF und Hartmut TITZE, Weinheim [u.a.] 1993.

Die deutsche Schulreform. Ein Handbuch für die Reichsschulkonferenz, hrsg. vom Zentralinstitut für Erziehung und Unterricht Berlin, Leipzig o. J. [1920].

Deutsche Schulversuche, hrsg. von Franz HILKER, Berlin 1924.

Das deutsche Schulwesen. Jahrbuch 1925. Mit Unterstützung des Reichsministeriums des Innern hrsg. vom Zentralinstitut für Erziehung und Unterricht. Zugleich 5. Jahrgang des Jahrbuchs des Zentralinstituts für Erziehung und Unterricht [mit Arbeitsbericht 1923/24], hrsg. vom Reichsministerium des Inneren und vom Zentralinstitut für Erziehung und Unterricht, Berlin 1926.

Das deutsche Schulwesen. Jahrbuch 1927. Mit Unterstützung des Reichsministeriums des Innern hrsg. vom Zentralinstitut für Erziehung und Unterricht [ohne Arbeitsbericht, nur mit einer kurzen Notiz über die Gliederung des Zentralinstituts], Berlin 1928.

Das deutsche Schulwesen. Jahrbuch 1928/29. Mit Unterstützung des Reichsministeriums des Innern hrsg. vom Zentralinstitut für Erziehung und Unterricht [mit Arbeitsbericht 1925/1929], Berlin 1930.

Das deutsche Schulwesen. Jahrbuch 1929/30. Mit Unterstützung des Reichsministeriums des Innern hrsg. vom Zentralinstituts für Erziehung und Unterricht [mit Arbeitsbericht 1929 - März 1930], Berlin 1931.

Das deutsche Schulwesen. Jahrbuch 1930/32. Mit Unterstützung des Reichsministeriums des Innern hrsg. vom Zentralinstitut für Erziehung und Unterricht [ohne Arbeitsbericht], Berlin 1933.

Das deutsche Schulwesen [Jg. 10ff.]
s.: Deutsche Schulerziehung ...

Deutsche Verwaltungsgeschichte, hrsg. von Kurt G.A. JESERICH, Hans POHL und Georg-Christoph von UNRUH, Bd. 3: Das Deutsche Reich bis zum Ende der Monarchie, Stuttgart 1984.

Deutsche Verwaltungsgeschichte, hrsg. von Kurt G.A. JESERICH, Hans POHL und Georg-Christoph von UNRUH, Bd. 4: Das Reich als Republik und in der Zeit des Nationalsozialismus, Stuttgart 1985.

Deutsche Volkserziehung. Schriftenfolge für die deutsche Erziehung, hrsg. vom Deutschen Zentralinstitut für Erziehung und Unterricht, Jg. 1 (1934) - 5 (1938).

Deutsche Widerstandskämpfer 1933-1945. Biographien und Briefe, hrsg. vom Institut für Marxismus-Leninismus beim Zentralkomitee der SED, bearb. von Luise KRAUSHAAR [u.a.], Bd. 1, Berlin (DDR) 1970.

Deutsche Wissenschaft, Erziehung und Volksbildung. Amtsblatt des Reichsministeriums für Wissenschaft, Erziehung und Volksbildung und der Unterrichtsverwaltung der Länder, Berlin, Jg. 1 (1935) - Jg. 11 (1945).

Dialog [Schulzeitung der deutschen Schule in Mexiko-Stadt], Nr. 6, Oktober 1984 [Sonderausg. aus Anlaß des 90-jährigen Schuljubiläums], Mexiko-Stadt 1984.

DICK, Lutz van, Oppositionelles Lehrerverhalten 1933-1945. Biographische Berichte über den aufrechten Gang von Lehrerinnen und Lehrern (=Veröffentlichungen der Max-Traeger-Stiftung, 6), Weinheim [u.a.] 1988; die in diesem Band veröff. biogr. Berichte sind weitgehend wieder abgedr. in: Lehreropposition im NS-Staat. Biographische Berichte über den 'aufrechten Gang', hrsg. von Lutz van DICK. Mit einem Vorwort von Hans-Jochen GAMM, Frankfurt 1990.

DICKENS, Charles, A christmas carol. Complete text, ed. with explanatory notes by F. FIEDLER (=Sammlung englischer und französischer Schriftsteller der neueren Zeit. Ausg. B, 79), Berlin 1921.

DICKMANN, Fritz, Die Regierungsbildung in Thüringen als Modell der Machtergreifung. Ein Brief Hitlers aus dem Jahre 1930, in: Vierteljahreshefte für Zeitgeschichte, Jg. 14 (1966), S. 454-464.

Didaktik der jüdischen Schule. In Gemeinschaft mit Fachlehrern bearb. von Heinemann STERN, Berlin 1938.

DIECKMANN, F.A., In memoriam. Zum Tode von Prof. Dr. Wilhelm Ziegelmayer, in: Die Stärke. Internationale Zeitschrift für Erforschung, Verarbeitung und Anwendung von Kohlenhydraten und deren Derivaten, Jg. 3 (1951), Nr. 5: Mai, S. 128.

DIETZE, Walter, Literarische Bemerkungen zu den Schatzgräbereien eines Unbestechlichen, in: Universalhistorische Aspekte und Dimensionen des Jakobinismus. Dem Wirken Heinrich Scheels gewidmet (=Sitzungsberichte der Akademie der Wissenschaften der DDR, Reihe Gesellschaftswissenschaften, Jg. 1976, Nr. 10/G), Berlin (DDR) 1976, S. 10-14.

DILTHEY, Wilhelm, Das Erlebnis und die Dichtung. Lessing, Goethe, Novalis, Hölderlin, 9. Aufl. Leipzig 1924.

DIPPOLD, A. M., Gedanken zur Gestaltung der Verfassungsfeier, in: Pädagogische Warte, Jg. 35 (1928), S. 597-600; wieder in: HEILAND, Helmut / SAHMEL, Karl-Heinz, Praxis Schulleben in der Weimarer Republik 1918-1933. Die reformpädagogische Idee des Schullebens im Spiegel schulpädagogischer Zeitschriften der Zwanziger Jahre (=Documenta Paedagogica, 3), Hildesheim [u.a.] 1985, S. 81-84.

Dokumente zur deutschen Verfassungsgeschichte, hrsg. von Ernst Rudolf HUBER, Bd. 3: Deutsche Verfassungsdokumente 1900-1918, 3., neubearb. Aufl. Stuttgart [u.a.] 1990; Bd. 4: Deutsche Verfassungsdokumente 1918-1933, Stuttgart [u.a.] 1992.

Dokumentation 225 Jahre Lehrerbildung in Wolfenbüttel. Jubiläums-Tagung im Lessingtheater Wolfenbüttel am 14. März 1978, Wolfenbüttel 1978.

DORN, Max, Der Tugendbegriff Chr. F. Gellerts auf der Grundlage des Tugendbegriffs der Zeit. Ein Beitrag zur Wortgeschichte, Greifswald, Univ., Diss., 1919; Teildr.: Greifswald 1921.

DOUGLAS, Lloyd C., Das Gewand des Erlösers. Aus dem Engl. übers. von Elisabeth ROTTEN, 5. Aufl. Zürich 1948.

DRACH, Ernst, Sprecherziehung. Die Pflege des gesprochenen Wortes in der Schule (=Handbuch der Deutschkunde, 3), Frankfurt 1922.

DRECHSLER, Hanno, Die Sozialistische Arbeiterpartei Deutschlands (SAPD). Ein Beitrag zur Geschichte der deutschen Arbeiterbewegung am Ende der Weimarer Republik, Meisenheim 1965; unveränd. Nachdr.: Hannover 1983.

30 Jahre Pädagogische Hochschule Berlin. Reden, Aufsätze und bildungspolitische Stellungnahmen ihrer Rektoren seit 1946, Berlin 1978.

DREWEK, Peter, Schulgeschichtsforschung und Schulgeschichtsschreibung. Anmerkungen zum Problem von Narrativität und Fiktionalität aus sozialgeschichtlicher Perspektive, in: Pädagogik und Geschichte. Pädagogische Historiographie zwischen Wirklichkeit, Fiktion und Konstruktion, hrsg. von Dieter LENZEN, Weinheim 1993, S. 61-86.

DROBISCH, Klaus, Alfred Schmidt-Sas. 1895-1943, in: DROBISCH, Klaus / HOHENDORF, Gerd, Antifaschistische Lehrer im Widerstandskampf, Berlin (DDR) 1967, S. 34-53; vom Autor gekürzte und überarb. Fassung wieder in: Lehrer im antifaschistischen Widerstandskampf der Völker. Studien und Materialien, 1. Folge (=Monumenta Paedagogica, 15), Berlin (DDR) 1974, S. 308-316.

DROSTE-HÜLSHOFF, Annette von, Briefe, Gedichte, Erzählungen. Auswahl und Einführungen von Hans AMELUNGK (=Bücher der Rose, 9), München 1920.

DUBISLAV, Georg / BOECK, Paul, Methodischer Lehrgang der französischen Sprache, 2. Abdr., Berlin 1919 [zahlreiche andere Ausg. und Aufl.].

DUBY, Georges / LARDREAU, Guy, Geschichte und Geschichtswissenschaft. Dialoge, Frankfurt 1982 [zuerst franz. 1980].

DUDEK, Peter, Gesamtdeutsche Pädagogik im Schwelmer Kreis. Geschichte und politisch-pädagogische Programmatik 1952-1974 (=Veröffentlichungen der Max-Traeger-Stiftung, 20), Weinheim [u.a.] 1993.

DÜLMEN, Richard von, Historische Anthropologie in der deutschen Sozialgeschichtsschreibung. Ein Bericht, in: Geschichte in Wissenschaft und Unterricht, Jg. 42 (1991), S. 692-709.

DÜMLING, Albrecht, Der Jasager und der Neinsager. Brecht-Weills Schuloper an der Karl-Marx-Schule Neukölln 1930/31, in: Rixdorfer Musen, Neinsager und Caprifischer. Musik- und Theatergeschichte aus Rixdorf und Neukölln, hrsg. von Dorothea KOLLAND, Berlin 1990, S. 124-130 und S. 306f. (Anm.).

Durch pädagogische Aufklärung den Menschen helfen - Hellmut Becker [im Gespräch mit Andreas Gruschka] über Kritische Theorie und Pädagogik, in: Pädagogische Korrespondenz. Zeitschrift für kritische Zeitdiagnostik in Pädagogik und Gesellschaft, Heft 8: Winter 1990/91, S. 68-82.

EBERHART, Cathy, Jane Addams (1860-1935). Sozialarbeit, Sozialpädagogik und Reformpolitik (=Studien zur Vergleichenden Sozialpädagogik und Internationalen Sozialarbeit, 9; =Gesellschaft, Erziehung und Bildung, 39), Rheinfelden [u.a.] 1995.

EBERT, Günter, Geschichte und Geschichten. Lilo Hardel und Gerhard Hardel als Kinderbuchautoren, in: Beiträge zur Kinder- und Jugendliteratur, Heft 13 (1969), S. 37-54.

EBERT, Nele, Zur Entwicklung der Volksschule in Berlin in den Jahren 1920-1933 unter besonderer Berücksichtigung der Weltlichen Schulen und Lebensgemeinschaftsschulen, Berlin (DDR), Humboldt-Univ., Diss. (masch.), 1990.

EBNER-ESCHENBACH, Marie von, Krambambuli u.a. Dorf- und Schloßgeschichten (=Paetels Taschenausgaben, 16), Berlin 1924.

EGEL, Paul, Von der Bodenreform, in: Die neue Schule. Blätter für demokratische Erneuerung in Unterricht und Erziehung, Jg. 1 (1946), S. 216-218.

EHNI, Hans-Peter, Zum Parteienverhältnis in Preußen 1918-1932. Ein Beitrag zu Funktion und Arbeitsweise der Weimarer Koalitionsparteien, in: Archiv für Sozialgeschichte, Jg. 11 (1971), S. 241-288.

EHRENTREICH, Alfred, Gemeinschaftsschule Berlin-Dahlem, in: Die Tat. Monatsschrift für die Zukunft deutscher Kultur, Jg. 14 (1922/23), Bd. II: Oktober/März, S. 945-947.

EHRENTREICH, Alfred, Wickersdorf als Gemeinschaft, in: Lebensstätten der Jugend, hrsg. von Max KUCKEI, Kettwig a.d. Ruhr 1923, S. 70-75.

EHRENTREICH, Alfred, August Halm, in: Junge Menschen. Monatshefte für Politik, Kunst, Literatur und Leben aus dem Geiste der jungen Generation, Jg. 7 (1926), S. 270-276.

EHRENTREICH, Alfred, Der Kampf um Wyneken, in: Junge Menschen. Monatshefte für Politik, Kunst, Literatur und Leben aus dem Geiste der jungen Generation, Jg. 7 (1926), S. 263-266.

EHRENTREICH, Alfred, Secessio, in: Junge Menschen. Monatshefte für Politik, Kunst, Literatur und Leben aus dem Geiste der jungen Generation, Jg. 7 (1926), S. 266-268.

EHRENTREICH, Alfred, Freie Schulgemeinde Wickersdorf. Gustav Wyneken zum 100. Geburtstag am 19. März 1975, in: Zeitschrift für Pädagogik, Jg. 21 (1975), S. 87-105.

EHRENTREICH, Alfred, Erfahrungen aus der Kinderlandverschickung, in: Informationen zur Erziehungs- und Bildungshistorischen Forschung (=IZEBF), Nr. 14 (1980), S. 109-122.

EHRENTREICH, Alfred, Experiment Kinderlandverschickung. [Rezension zu: KLV. Die erweiterte Kinder-Land-Verschickung, hrsg. von Gerhard DABEL, Freiburg 1981], in: Jahrbuch der deutschen Jugendbewegung, Bd. 14 (1982-83), S. 387-391.

EHRENTREICH, Alfred, Dresdner Elegie. Schule im Krieg: Die Kinderlandverschickung im 3. Reich, Brackwede bei Bielefeld 1985.

EHRENTREICH, Alfred / BARTH, Dieter, Die Freie Schulgemeinde Wickersdorf, in: Pädagogik und Schulalltag, Jg. 47 (1992), S. 588-595.

EICHBERG, Henning, Lebenswelten und Alltagswissen, in: Handbuch der deutschen Bildungsgeschichte, Bd. V: 1918-1945: Die Weimarer Republik und die nationalsozialistische Diktatur, hrsg. von Dieter LANGEWIESCHE und Heinz-Elmar TENORTH, München 1989, S. 25-64.

EICHENBERGER, Emma, Vom Kinderdorf Pestalozzi in Trogen, in: Sonnenbergbriefe zur Völkerverständigung, 7. Brief: September 1954, S. 29-31.

EIERDANZ, Jürgen, Auf der Suche nach der Neuen Erziehung. Politik und Pädagogik des 'Bundes Entschiedener Schulreformer' (1919-1933) zwischen Anspruch und Wirklichkeit (2 Mikrofiches), Giessen 1984.

EILERS, Rolf, Die nationalsozialistische Schulpolitik. Eine Studie zur Funktion im totalitären Staat (=Staat und Politik, 4), Köln [u.a.] 1963.

Einige Eidechsen in Spiritus. Lehren und Lernen im Bremen der Jahrhundertwende, im Projekt 'Geh zur Schul und lerne was'. 150 Jahre Schulpflicht in Bremen 1844-1994, hrsg. von der Schulgeschichtlichen Sammlung Bremen, dem Staatsarchiv Bremen und dem

Wissenschaftlichen Institut für Schulpraxis Bremen (=Katalog 2 zum Ausstellungsprojekt "Geh zur Schul und lerne was'. 150 Jahre Schulpflicht in Bremen 1844-1994'), Bremen 1994.

Die Einigung Europas. Sammlung von Aussprüchen und Dokumenten zur Versöhnung und Organisation Europas aus eineinhalb Jahrhunderten. Ausgew. und eingel. von Elisabeth ROTTEN, Basel 1942.

Einrichtung von Schulgärten, in: Der Elternbeirat. Halbmonatsschrift für Eltern, Lehrer und Behörden, Jg. 2 (1921), S. 436.

Elite für die Diktatur. Die Nationalpolitischen Erziehungsanstalten 1933-1945. Ein Dokumentarbericht, hrsg. von Horst UEBERHORST, Düsseldorf 1969.

ELLENDT, Olaf, Das Ullstein-Archiv in Berlin, in: Der Archivar, Jg. 23 (1970), S. 349-356.

ELLERBROCK, Wolfgang, Paul Oestreich. Porträt eines politischen Pädagogen (=Veröffentlichungen der Max-Träger-Stiftung, 14), Weinheim [u.a.] 1992.

Prof. Dr. Ellger +, in: Deutsche Zeitung vom 11.02.1928.

ELZER, Hans-Michael, Begriffe und Personen aus der Geschichte der Pädagogik, hrsg. von Franz Joachim ECKERT und Klaus LOTZ, Frankfurt [u.a.] 1985.

ENGEL, Ernst, Die Gemeinschaftsschulen (Hamburg und Berlin). Ein Bild aus der Gegenwartspädagogik (=Versuchsschulen und Schulversuche, 1), Prag [u.a.] 1922.

ENGEL, Klaus, Claus Störtebecker. Roman in 2 Bänden, Leipzig o.J. [1920].

ENGELBERT, Fritz, Die Selbstverwaltung der Schüler. Erstrebtes und Erreichtes. Beilage zum Jahresbericht des Werner-Siemens-Realgymnasiums zu Berlin-Schöneberg. Ostern 1914, Berlin 1914; u.d.T. 'Grundsätze der Schülerselbstverwaltung (gekürzt nach meiner Beilage zum Jahresbericht 1914)' wieder in: 25 Jahre Werner Siemens-Realgymnasium, Berlin 1928, S. 25-29.

ENGELBRECHT, Helmut, Geschichte des österreichischen Bildungswesens. Erziehung und Unterricht auf dem Boden Österreichs, Bd. 5: Von 1918 bis zur Gegenwart, Wien 1988.

ENGELHARDT, Emil, Rabindranath Tagore als Mensch, Dichter und Philosoph, Berlin 1921.

ENGELHARDT, Emil, Rabindranath Tagore und seine 8 besten Bühnenwerke. Eine Einführung, Berlin [u.a.] 1922.

ENGELI, Christian, Gustav Böß. Oberbürgermeister von Berlin 1921 bis 1930 (=Schriftenreihe des Vereins für Kommunalwissenschaften e.V. Berlin, 31), Stuttgart [u.a.] 1971.

ENGELI, Christian, Die nationalsozialistischen Kommunalpolitiker in Berlin, in: Berlin-Forschungen, Bd. II, hrsg. von Wolfgang RIBBE (=Einzelveröffentlichungen der Historischen Kommission zu Berlin, 61; Publikationen der Sektion für die Geschichte Berlins, 4), Berlin 1987, S. 113-139.

ENGELI, Christian / RIBBE, Wolfgang, Berlin in der NS-Zeit (1933-1945), in: Geschichte Berlins. Von der Frühgeschichte bis zur Gegenwart, hrsg. von Wolfgang RIBBE, Bd. 2, München 1987, S. 927-1024.

ENSOR, Michael, Dr. Beatrice Ensor [12.08.1885-07.11.1974], in: The New Era, Jg. 56 (1975), S. 187f.

Die Entfaltung der schöpferischen Kräfte im Kinde. Bericht der Dritten Internationalen Pädagogischen Konferenz des Internationalen Arbeitskreises für Erneuerung der Erziehung in Heidelberg vom 2. bis 15. August 1925, hrsg. im Namen des Arbeitsausschusses der Konferenz und der Deutschen Mittelstelle des Arbeitskreises von Elisabeth ROTTEN, Gotha 1926; zuerst als: Das Werdende Zeitalter, Jg. 4 (1925), Heft 4 (S. 97-162 des Jahrganges).

Entschiedene Schulreform. Vorträge, gehalten auf der Tagung entschiedener Schulreformer am 4. und 5. Oktober 1919 im 'Herrenhause' zu Berlin, hrsg. von Paul OESTREICH, Berlin 1920.

EPPE, Heinrich, Kurt Löwenstein. Ein Wegbereiter der modernen Erlebnispädagogik? (=Wegbereiter der modernen Erlebnispädagogik, 23), Lüneburg 1991.

ERBE, Michael, Zur neueren französischen Sozialgeschichtsforschung (=Erträge der Forschung, 110), Darmstadt 1979.

ERBE, Michael, Berlin im Kaiserreich (1871-1918), in: Geschichte Berlins. Von der Frühgeschichte bis zur Gegenwart, hrsg. von Wolfgang RIBBE, Bd. 2, München 1987, S. 691-793.

ERIKSON, Erik / ERIKSON, Joan, Dorothy Burlinghma's School in Vienna, in: Bulletin of the Hampstead Clinic (1980), Vol. 3, Part 2, S. 91-94.

Erkämpft das Menschenrecht. Lebensbilder und letzte Briefe antifaschistischer Widerstandskämpfer. Mit einem Vorwort von Wilhelm PIECK, hrsg. vom Institut für Marxismus-Leninismus beim Zentralkomitee der Sozialistischen Einheitspartei Deutschlands, Berlin (DDR) 1958.

Erster Internationaler Frauenkongreß. Haag vom 21. April - 1. Mai 1915. Bericht, hrsg. vom Internationalen Frauenkomitee für Dauerhaften Frieden, Amsterdam 1915.

Erster Verwaltungsbericht der neuen Stadtgemeinde Berlin für die Zeit vom 1. Oktober 1920 bis 31. März 1924, Heft 5: Schul-, Kunst- und Bildungswesen, Berlin 1926.

Erziehung in Deutschland. Bericht und Vorschläge der Amerikanischen Erziehungskommission, hrsg. von 'Die Neue Zeitung', München o.J. [1946]

Erziehung und Wirklichkeit. Festschrift zum 50jährigen Bestehen der Odenwaldschule, hrsg. vom Kreis der Förderer der Odenwaldschule, Braunschweig 1960.

Erziehung zur Humanität. Paul Geheeb zum 90. Geburtstag, hrsg. von Mitarbeitern der Odenwaldschule, Heidelberg 1960.

Es begann vor hundert Jahren. Die ersten Frauen an der Universität Marburg und die Studentinnenvereinigungen bis zur 'Gleichschaltung' im Jahre 1934. Eine Ausstellung der Universitätsbibliothek Marburg vom 21. Januar bis 23. Februar 1997 (=Schriften der Universitätsbibliothek Marburg, 76), Marburg 1997.

ESCHENBURG, Theodor, Die Republik von Weimar. Beiträge zur Geschichte einer improvisierten Demokratie, München 1984; überarb. Neuausg. (unter Herausnahme und Hinzufügung einzelner Aufsätze) des 1963 u.d.T. 'Die improvisierte Demokratie' erschienenen Bandes.

ESCHENBURG, Theodor, Carl Sonnenschein, in: Die Republik von Weimar. Beiträge zur Geschichte einer improvisierten Demokratie, München 1984, S. 197-237.

ESCHER, Felix, Neukölln (=Geschichte der Berliner Verwaltungsbezirke, 3), Berlin 1988.

ESSINGER, Anna, Die Bunce Court School (1933-1943), in: Schulen im Exil. Die verdrängte Pädagogik nach 1933, hrsg. von Hildegard FEIDEL-MERTZ, Reinbek 1983, S. 71-88.

EULENBERG, Herbert, Schattenbilder. Eine Fibel für Kulturbedürftige, 68.-72. Tsd., Berlin 1922.

EWALD, Karl, Bilder aus dem Tier- und Pflanzenleben, Leipzig 1905.

EWERT, Malte, Die Reichsanstalt für Film und Bild in Wissenschaft und Unterricht (1934-1945) (=Schriften zur Kulturwissenschaft, 15), Hamburg 1998.

EYTH, Max, Hinter Pflug und Schraubstock. Skizzen aus dem Taschenbuch eines Ingenieurs, 161.-170. Aufl. Stuttgart 1920.

FABIAN, Walter, Dank an Elisabeth Rotten, in: Gewerkschaftliche Monatshefte, Jg. 15 (1964), S. 325.

FADRUS, Viktor, Der Pädagogische Kongreß zu München, Teil III, in: Schulreform, Jg. 4 (1925), S. 1-18.

FADRUS, Viktor, Die vierte internationale Konferenz für Erneuerung der Erziehung in Locarno, in: Schulreform, Jg. 6 (1927), S. 412-422, S. 499-512, S. 553-560 und S. 609-627.

FADRUS, Viktor, Der Plan eines neuen Schulaufbaues in Braunschweig, in: Schulreform, Jg. 8 (1929), S. 635-637.

FADRUS, Viktor, Das Großschulhaus von Neukölln, in: Schulreform, Jg. 8 (1929), S. 615-623.

FADRUS, Viktor, Zehn Jahre Schulreform und Schulpolitik in Österreich, in: Zehn Jahre Schulreform in Österreich. Eine Festgabe. Otto Glöckel, dem Vorkämpfer der Schulerneuerung, gewidmet von seinen Mitarbeitern, Wien 1929, S. 9-59; wieder in: Schulreform, Jg. 8 (1929), S. 193-243; um das letzte [einen Hinweis auf die Schulfarm beinhaltende] Kapitel gekürzt wieder in: FADRUS, Viktor, Beiträge zur Neugestaltung des Bildungswesens. Zu seinem 70. Geburtstag, hrsg. von seinen Freunden und Schülern, Wien 1956, S. 66-94.

FADRUS, Viktor, Goethes sozialpädagogisches und sozialpolitisches Vermächtnis. Betrachtungen über Goethes Werdegang und 'Wilhelm Meisters Lehr- und Wanderjahre'. Zur 100. Wiederkehr von Goethes Todestag, in: Schulreform, Jg. 11 (1932), S. 147-172.

FADRUS, Viktor, Das Werden der Bundeserziehungsanstalten, in: Die österreichischen Bundeserziehungsanstalten, hrsg. von Viktor FADRUS (=Lehrerbücherei, 26), Wien [u.a.] o.J, S. V-XLIX.

FEHR, Hans, Aus deutschen Rechtsbüchern (Sachsenspiegel, Schwabenspiegel, kleines Kaiserrecht, Ruprecht von Freysing) (=Voigtländers Quellenbücher, 33), Leipzig 1912.

FEHRS, Jörg, Jüdische Erziehung und Jüdisches Schulwesen in Berlin 1671-1942, in: Mitteilungen & Materialien. Arbeitsgruppe Pädagogisches Museum e.V., Berlin, Heft Nr. 26/1988, S. 145-188.

FEHRS, Jörg, Von der Heidereutergasse zum Roseneck. Jüdische Schulen in Berlin 1712-1942, Berlin 1993.

FEIDEL-MERTZ, Hildegard, Reformpädagogik auf dem Prüfstand. Zur Funktion der Schul - und Heimgründungen emigrierter Pädagogen, in: Die Erfahrung der Fremde. Kolloquium des Schwerpunktprogramms 'Exilforschung' der Deutschen Forschungsgemeinschaft, hrsg. von Manfred BRIEGEL und Wolfgang FRÜHWALD, Weinheim [u.a.] 1988, S. 205-215.

FEIDEL-MERTZ, Hildegard, Karl Wilker im Exil - Rückkehr und späte Würdigung 1930-1980, in: WILKER, Karl, Der Lindenhof - Fürsorgeerziehung als Lebensschulung. Neu hrsg. von und erg. durch ein biographisches Vorwort von Hildgard FEIDEL-MERTZ und Christiane PAPE-BALLING (=Pädagogische Beispiele. Institutionengeschichte in Einzeldarstellungen, 5), Frankfurt 1989, S. 258-271.

FEIDEL-MERTZ, Hildegard / KRAUSE, Jürgen P., Der andere Hermann Lietz. Theo Zollmann und das Landwaisenheim Veckenstedt (=Pädagogische Institutionengeschichte in Einzeldarstellungen, 6), Frankfurt 1990.

FEITEN, Willi, Der Nationalsozialistische Lehrerbund. Entwicklung und Organisation. Ein Beitrag zum Aufbau und zur Organisationsstruktur des nationalsozialistischen Herrschaftssystems (=Studien und Dokumentationen zur deutschen Bildungsgeschichte, 19), Weinheim [u.a.] 1981.

FEND, Helmut, Gesamtschule im Vergleich. Bilanz der Ergebnisse des Gesamtschulversuchs, Weinheim [u.a.] 1982.

FEND, Helmut, Gute Schulen - schlechte Schulen, in: 'Gute Schule' - Was ist das? Aufgaben und Möglichkeiten der Lehrerfortbildung. 6. überregionale Fachtagung der Lehrerfortbildner, hrsg. von Karl ERMERT (=Loccumer Protokolle 17/1986), Reburg-Loccum 1987, S. 17-50.

FEND, Helmut, Schulqualität. Die Wiederentdeckung der Schule als pädagogische Gestaltungsebene, in: Neue Sammlung, Jg. 28 (1989), S. 537-547; wieder in: Schulqualität und Schulvielfalt. Das Saarbrücker Schulgütesymposion '88, hrsg. von Hans Christoph BERG und Ulrich

STEFFENS (=Beiträge aus dem Arbeitskreis 'Qualität von Schule', 5), Wiesbaden 1991, S. 43-72.

FERNIG, Leo, Das internationale Erziehungsbüro in Genf: ein Zentrum für fortschrittliche Erziehung/Erneuerung der Erziehung, in: Die Reformpädagogik auf den Kontinenten. Ein Handbuch, hrsg. von Hermann RÖHRS und Volker LENHART (=Heidelberger Studien zur Erziehungswissenschaft, 43), Frankfurt [u.a.] 1994, S. 205-215.

FERRI`ERE, Adolphe, Schule der Selbstbetätigung oder Tatschule. Dt. Übers. nach der 3. veränd. Aufl. (=Pädagogik des Auslands, 1), Weimar 1928; kurzer Auszug der S. 2-9, S. 149-154, S. 159-163 und S. 196-199 wieder in: Die Arbeitsschule. Texte zur Arbeitsschulbewegung, hrsg. von Albert REBLE, Bad Heilbrunn 1963, S. 116-125.

FERRI`ERE, Adolphe, Preface, in: PAULSEN, Wilhelm, L'Ecole Solidariste. Traduction et Preface de Adolphe FERRI`ERE, Bruxelles 1931, S. 7-24.

FERRI`ERE, Adolphe, Le Bureau Internationale des Ecoles Nouvelles, in: Erziehung und Wirklichkeit. Festschrift zum 50jährigen Bestehen der Odenwaldschule, hrsg. vom Kreis der Förderer der Odenwaldschule, Braunschweig 1960. S. 65-70.

FERTIG, Ludwig, Campes politische Erziehung. Eine Einführung in die Pädagogik der Aufklärung (=Impulse der Forschung, 27), Darmstadt 1977.

FERTIG, Ludwig, Vor-Leben. Bekenntnis und Erziehung bei Thomas Mann, Darmstadt 1993.

Festgabe für Otto Haase zum 60. Geburtstage, Göttingen 1953.

Festschrift für Fritz Karsen. Im Auftrage der 'Freunde der Fritz-Karsen-Schule' hrsg. von Gerd RADDE, Berlin 1966.

FICHTE, Johann G., Reden an die deutsche Nation, Leipzig 1922.

FIEGE, Hartwig, Geschichte der hamburgischen Volksschule, Bad Heilbrunn 1970.

FIEGE, Hartwig, Fritz Köhne. Ein großer Hamburger Schulmann. 1879-1956 (=Beiträge zur Geschichte Hamburgs, 28), Hamburg 1986.

Film und Bild in Wissenschaft, Erziehung und Volksbildung. Zeitschrift der Reichsstelle für den Unterrichtsfilm, Jg. 1 (1935) - Jg. 4 (1938).

Film und Bild. Zeitschrift der Reichsanstalt für Film und Bild in Wissenschaft und Unterricht, Jg. 5 (1939) - Jg. 9 (1943).

FISCHER, Alois, Der Lehrer als pädagogischer Berufstyp, in: Der neue Lehrer. Die notwendige Lehrerbildung. Beiträge zur Entschiedenen Schulreform, hrsg. von Paul OESTREICH und Otto TACKE, Osterwieck 1926, S. 179-201.

FISCHER, Eva, Wie eine fröhliche Schule entstand. Über das Leben der jüdischen Pädagogin und Humanistin Eugenie Schwarzwald [Rezension von: Leben mit provisorischer Genehmigung. Leben, Werk und Exil von Dr. Eugenie Schwarzwald (1872-1940). Eine Chronik, hrsg. von Hans DEICHMANN, Berlin [u.a.] 1988], in: Der Tagesspiegel. Unabhängige Berliner Morgenzeitung vom 08.10.1989.

FISCHER, Jürgen, Thüringen - ein Land mit vielfältigen reformpädagogischen Traditionen. Zur Entwicklung des Thüringer Schulwesens, insbesondere während der Zeit der Weimarer Republik, unter Berücksichtigung der Möglichkeiten für das Land Thüringen in der Gegenwart, in: Pädagogisches Forum, Jg. 6 (1993), S. 66-72.

FLEINER, Elisabeth, Genossenschaftliche Siedlungsversuche der Nachkriegszeit (=Heidelberger Studien aus dem Institut für Sozial- und Staatswissenschaften, Bd. I, Heft 3), Heidelberg 1931.

FLEMMIG, Georg, Dorfgedanken. Blätter aus den Aufzeichnungen Klaus Deutlichs (=Neuwerk-Volkbücher, 1), Schlüchtern 1921; 6.-12. Ts. ebd. 1924.

FLESSAU, Kurt-Ingo, Schule der Diktatur. Lehrpläne und Schulbücher des Nationalsozialismus. Mit einem Vorwort von Hans-Jochen GAMM, München 1977.

FLITNER, Andreas, Reform der Erziehung. Impulse des 20. Jahrhunderts. Jenaer Vorlesungen. Mit einem Beitrag von Doris KNAP, München 1992.

FLITNER, Andreas, Die Themen der 'Reformpädagogik' und ihre Bedeutung für die heutige Schule, in: Die Schule der Freiheit öffnen. Ettersburger Gespräche in Schloß Reinhardsbrunn am 31.1. und 1.2.1992, hrsg. vom Thüringischen Ministerium für Bundes- und Europaangelegenheiten, Weimar 1992, S. 14-25.

FLITNER, Andreas, Reformthemen, Klassikerlektüre und Impulse des 20. Jahrhunderts. Replik auf Hans-Ulrich Grunder, in: Zeitschrift für Pädagogik, Jg. 40 (1994), S. 941-943.

FLITNER, Wilhelm, Die drei Phasen der Pädagogischen Reformbewegung und die gegenwärtige Lage, in: Neue Jahrbücher für Wissenschaft und Jugendbildung, Jg. 4 (1928), S. 242-249; zuletzt wieder in: FLITNER, Wilhelm, Die Pädagogische Bewegung. Beiträge - Berichte - Rückblicke (=Wilhelm Flitner. Gesammelte Schriften, 4), Paderborn [u.a.] 1987, S. 232-242.

FLITNER, Wilhelm, Ideengeschichtliche Einführung in die Dokumentation der Jugendbewegung, in: Die Wandervogelzeit. Quellenschriften zur deutschen Jugendbewegung 1896-1919, hrsg. von Werner KINDT (=Dokumentation der Jugendbewegung, 2), Düsseldorf [u.a.] 1968, S. 10-17; wieder in: FLITNER, Wilhelm, Die Pädagogische Bewegung. Beiträge - Berichte - Rückblicke (=Wilhelm Flitner. Gesammelte Schriften, 4), Paderborn [u.a.] 1987, S. 437-446.

FLITNER, Wilhelm, Wissenschaft und Schulwesen in Thüringen von 1550 bis 1933, in: Geschichte Thüringens, hrsg. von Hans PATZE und Walter SCHLESINGER, Bd. 4: Kirche und Kultur in der Neuzeit (=Mitteldeutsche Forschungen, 48/IV), Köln 1972, S. 53-206.

FLÜGEL, Helmut W., Alfred Wegeners Vertraulicher Bericht über die Grönland-Expedition 1929 (mit einer Einleitung über Alfred Wegeners Leben und Wirken in Graz) (=Publikationen aus dem Archiv der Universität Graz, 10), Graz 1980.

FÖRSTER, Friedrich Wilhelm, Staatsbürgerliche Erziehung, München 1910; von der 3. erw. Aufl. München 1918 an u.d.T. 'Politische Ethik und politische Pädagogik'.

FOERTSCH, Karl, Der Kampf um Paulsen. Eine kritische Beleuchtung der neuen Schule, Berlin 1922.

FOITZIK, Jan, Sowjetische Militäradministration in Deutschland (SMAD) 1945-1949. Struktur und Funktion (=Quellen und Darstellungen zur Zeitgeschichte, 44), Berlin 1999.

FORD, Henry, Mein Leben und Werk, Leipzig 1923.

Forschungsprojekt der Stiftung Volkswagenwerk innerhalb des Förderungsschwerpunktes 'Deutschland nach 1945': Zielkonflikte um das Berliner Schulwesen zwischen 1948 und 1962 (Werkstattbericht). Projektgruppe zur Schulgeschichte Berlins. FB Erziehungs- und Unterrichtswissenschaften [an der FU Berlin], Benno SCHMOLDT, Karl-Heinz FÜSSL, Christian KUBINA und Gerd RADDE, Berlin 1983.

'Fort von der Lernschule'. Zum Kampf um die weltlichen Schulen in der Weimarer Republik, in: Jetzt geht's rund ... durch den Wedding! Eine historische Stadtteilwanderung, hrsg. von der Evangelischen Versöhnungsgemeinde und der Weddinger Geschichtswerkstatt, Berlin 1984, S. 46-57.

Philipp Franck, in: VOLLMER, Hans, Allgemeines Lexikon der bildenden Künstler des 20. Jahrhunderts, 2. Bd.: E-I, Leipzig 1955, S. 143.

Philipp Franck, in: BÉNÉZIT, E., Dictionnaire critique et documentaire des peintres, sculpteurs, dessinateurs et graveurs. Nouvelle Edition, Tome 5: Eadie-Gence, Paris 1999, S. 655.

FRANKE, Holger, Leonard Nelson. Ein biographischer Beitrag unter besonderer Berücksichtigung seiner rechts- und staatsphilosophischen Arbeiten (=Wissenschaftliche Beiträge aus europäischen Hochschulen, Reihe 02: Rechtswissenschaften, 17), Ammersbek bei Hamburg 1991.

FRANKE, Kurt F.K., Sozialistische Erziehungspraxis am Beispiel der 'Entschiedenen Schulreformer', in: Schule und Unterricht in der Endphase der Weimarer Republik. Auf dem Weg in die Diktatur, hrsg. von Reinhard DITHMAR, Neuwied [u.a.] 1993, S. 43-56.

FRANKENTHAL, Käte, Der dreifache Fluch: Jüdin, Intellektuelle, Sozialistin. Lebenserinnerungen einer Ärztin in Deutschland und im Exil, hrsg. von Kathleen M. PEARLE und Stephan LEIBFRIED, Frankfurt [u.a.] 1981.

FRECOT, Janos, Die Lebensreformbewegung, in: Das wilhelminische Bildungsbürgertum. Zur Sozialgeschichte seiner Ideen, hrsg. von Klaus VONDUNG, Göttingen 1976, S. 138-152.

Hans Freese, in: Beiträge zur Geschichte der Pädagogischen Hochschule Berlin, hrsg. von Gerd HEINRICH (=Abhandlungen aus der Pädagogischen Hochschule Berlin, 6), Berlin 1980, S. 178.

Freie Schul- und Werkgemeinschaft. Blätter zum Gedankenaustausch, hrsg. von Bernhard UFFRECHT, Nr. 1: (Juli) 1925.

FREUD, Sigmund, Jenseits des Lustprinzips (1920), in: FREUD, Sigmund, Gesammelte Werke, 13. Bd., 8. Aufl. Frankfurt 1920, S. 1-69.

FREUD, W. Ernest, Funeral Tributes [to Anna Freud], in: Bulletin of the Hampstead Clinic (1983), Vol. 6, Part 1, 1983, S. 5-8.

FREUD, W. Ernest, Beobachtungen des Psychoanalytikers auf Neoatologischen Intensiv-Stationen (NIS), in: Humana Informationen. Aktuelle Schriftenreihe, Ausg. III/1986, S. 11-26.

FREUD, W. Ernest, Die Freuds und die Burlinghams in der Berggasse: Persönliche Erinnerungen (Sigmund Freud-Vorlesung, gehalten an der Universität Wien, am 6. Mai 1987), in: Sigmund Freud House Bulletin, Vol. 11/No. 1: Summer 1987, S. 3-18.

Der Freundeskreis. Rundbrief für Ehemalige und Freunde der Pädagogischen Hochschule Göttingen, Heft: Dezember 1954.

FRIEDENSBURG, Ferdinand, Es ging um Deutschlands Einheit. Rückschau eines Berliners auf die Jahre nach 1945, Berlin 1971.

FRIEDLÄNDER, Fritz, Trials and Tribulations of Jewish Education in Nazi Germany, in: Yearbook of the Leo Baeck Institute, London, Jg. 3 (1958), S. 187-201.

FRIEDRICH, W., Ein Besuch in 'Lindenhof', in: Der Elternbeirat, Jg. 1 (1920), S. 409-412.

FRITZ, Gottlieb, Volksbildungswesen. Bücher- und Lesehallen, Volkshochschulen und verwandte Bildungseinrichtungen (=Aus Natur und Geisteswelt, 266), 2. Aufl. Leipzig [u.a.] 1920.

FRITZ, Gottlieb, Der Berliner und sein Buch, in: Probleme der neuen Stadt Berlin. Darstellungen der Zukunftsaufgaben einer Viermillionenstadt, hrsg. von Hans BRENNERT und Erwin STEIN (=Monographien deutscher Städte, 18), Berlin 1926, S. 183-189.

FRITZ, Michael / HAFENEGER, Benno / KRAHULEC, Peter / THAETNER, Ralf, '... und fahr'n wir ohne Wiederkehr'. Ein Lesebuch zur Kriegsbegeisterung junger Männer, Bd. 1: Der Wandervogel (=Wissen und Praxis, 30), Frankfurt 1990.

FRITZLAR, Sigrid, Werner Straub, in: Biographisches Handbuch der SBZ/DDR, hrsg. von Gabriele BAUMGARTNER und Dieter HEBIG, Bd. 2, München 1997, S. 907.

FROMM, Erich, Der moderne Mensch und seine Zukunft. Eine sozialpsychologische Untersuchung. Aus dem Engl. übers. von Elisabeth ROTTEN, Frankfurt 1960.

FROMM, Erich, Psychoanalyse und Religion. Aus dem Engl. übers. von Elisabeth ROTTEN, Zürich 1966.

FRÜHBRODT, Gerhard, Der Impressionismus in der Lyrik der Annette von Droste-Hülshoff. Göttingen, Univ., Diss., 1930.

FUCHS, Emil, Mein Leben, 2 Bde., Leipzig 1957 und 1959.

FUCHS, Manfred, Probleme des Wirtschaftsstils von Lebensgemeinschaften. Erörtert am Beispiel der Wirtschaftsunternehmen der deutschen Jugendbewegung (=Schriften des Seminars für Genossenschaftswesen an der Universität zu Köln, 3), Göttingen 1957.

FÜHR, Christoph, Zur Schulpolitik der Weimarer Republik. Die Zusammenarbeit von Reich und Ländern im Reichsschulausschuß (1919-1923) und im Ausschuß für das Unterrichtswesen (1924-1933). Darstellung und Quellen, 2. Aufl. Weinheim 1972.

FÜLLNER, Gustav, Wie Wolfenbüttel zur Stadt der Schulen wurde, in: Beiträge zur Geschichte der Stadt Wolfenbüttel. Aus Anlaß der 400jährigen Wiederkehr der Verleihung von Marktrecht und Wappen im Auftrage der Stadt Wolfenbüttel, hrsg. von Joseph KÖNIG, Wolfenbüttel 1970, S. 125-139.

5. Städtische Realschule (Höhere Realschule) zu Berlin, XVIII. Bericht über die Zeit von Ostern 1906 bis Ostern 1907, Berlin 1907.

FÜRST, Artur, Die Welt auf Schienen. Eine Darstellung der Einrichtungen und des Betriebs auf den Eisenbahnen des Fernverkehrs. Nebst einer Geschichte der Eisenbahn, München 1918 [3. Aufl. ebd. 1925.].

FULDA, Ludwig, Schlaraffenland. Märchenschwank in drei Aufzügen, Stuttgart 1900.

HABERMANN, Alexandra / KLEMMT, Rainer / SIEFKES, Frauke, Lexikon deutscher wissenschaftlicher Bibliothekare 1925-1980 (=Zeitschrift für Bibliothekswesen und Bibliographie. Sonderheft 24), Frankfurt 1985.

HAMANN, Christoph, Willi Schubring. 1897-1958, in: Schulreform - Kontinuitäten und Brüche. Das Versuchsfeld Berlin-Neukölln, hrsg. von Gerd RADDE, Werner KORTHAASE, Rudolf ROGLER und Udo GÖßWALD im Auftrag des Bezirksamts Neukölln, Abt. Volksbildung, Kunstamt, Bd. II: 1945 bis 1972, Opladen 1993, S. 234-236.

HAMANN, Johann Georg, Über den Ursprung der Sprache. Zwo Recensionen nebst einer Beylage betreffend den Ursprung der Sprache. Des Ritters von Rosencreuz letzte Willensmeynung über den Ursprung der Sprache. Philologische Einfälle und Zweifel. Au Salomon de Prusse. Erklärt von Elfriede BÜCHSEL (=Johann Georg Hamanns Hauptschriften erklärt, 4), Gütersloh 1963.

75 Jahre Frankfurter Schullandheim Wegscheide [1920-1995]. Ein geschichtlicher Überblick, hrsg. von der Stiftung Frankfurter Schullandheim Wegscheide, Frankfurt 1995.

75 Jahre Rütli-Schule. 1909-1984, Berlin 1984.

75 Jahre Wald-Oberschule. 1910-1985, hrsg. von der Wald-Oberschule Berlin-Charlottenburg, Berlin 1985.

75 Jahre Waldschule, Berlin 1979.

Fünfundzwanzig Jahre Frauenstudium in Deutschland. Verzeichnis der Doktorarbeiten von Frauen 1908-1933, zusammengestellt von Elisabeth BOEDEKER, Heft 1, Hannover 1939.

25 Jahre Grunewald-Gymnasium. 1903-1928, hrsg. vom Grunewald-Gymnasium (Wilhelm VILMAR), Berlin 1928.

25 Jahre Werner Siemens-Realgymnasium, Berlin 1928.

50 Jahre österreichische Bundeserziehungsanstalten. 1919-1969. Festschrift, Saalfelden 1969.

Für Mutter Coppi und die Anderen, Alle!. Graphische Folge von Fritz CREMER, hrsg. von der Akademie der Künste der Deutschen Demokratischen Republik, Berlin (DDR) 1986.

FÜRST, Artur, Die Welt auf Schienen. Eine Darstellung der Einrichtungen und des Betriebs auf den Eisenbahnen des Fernverkehrs. Nebst einer Geschichte der Eisenbahn, München 1918.

FÜRST, Reinmar, Professor Dr. Gottlieb Fritz. Ein Pionier der Volksbibliotheken, in: FÜRST, Reinmar / KELSCH, Wolfgang, Wolfenbüttel. Bürger eienr fürstlichen Residenz. Fünfzig biographische Porträts. Neue Folge, Wolfenbüttel 1983, S. 88f.

FÜRSTENBERG, Doris, ... Sicher wieder nach Hause? Das Ende der Kinderlandverschickung, in: Kinderlandverschickung 1940-1945. "Wen der Führer verschickt, den bringt er auch wieder gut zurück". Eine Ausstellung des Kunstamtes Steglitz in Zusammenarbeit mit dem Arbeitskreis 'Nationalsozialismus in Steglitz'. Begleitbroschüre zur Ausstellung 6. Dezember 1995 bis 26. Januar 1996 [in der Ingeborg-Drewitz-Bibliothek, Berlin-Steglitz], Berlin 1996, S. 48-56.

FÜSSL, Karl-Heinz / KUBINA, Christian, Zeugen zur Berliner Schulgeschichte (1951-1968) (=Materialien und Studien zur Geschichte der Berliner Schule, 2), Berlin 1981.

FÜSSL, Karl-Heinz / KUBINA, Christian, Dokumente zur Berliner Schulgeschichte (1948-1965) (=Materialien und Studien zur Geschichte der Berliner Schule nach 1945, 3), Berlin 1982.

FÜSSL, Karl-Heinz / KUBINA, Christian, Mitbestimmung und Demokratisierung im Schulwesen. Eine Fallstudie zur Praxis von Bildungsgremien am Beispiel Berlins (=Materialien und Studien zur Geschichte der Berliner Schule nach 1945, 5), Berlin 1984.

Funkkolleg Jahrhundertwende. Die Entstehung der modernen Gesellschaft 1880-1930. Studienbegleitbrief 0 und 1-12, Weinheim [u.a.] 1988/89.

FURTMÜLLER, Karl, Otto Glöckel und die Schulreform, in: Zehn Jahre Schulreform in Österreich. Eine Festgabe. Otto Glöckel, dem Vorkämpfer der Schulerneuerung, gewidmet von seinen Mitarbeitern, Wien 1929, S. 1-8.

FUSSHÖLLER, Leo, Wandervogel, Werktat, Dramatik. Die Dreiheit eines neuen Schul-Lebens (=Sonderheft zu den Bundesmitteilungen des Alt-Wandervogels, Bund für Jugendwandern e.V.), Hartenstein in Sachsen 1921.

GÄRTNER, Hans, Palästinakunde, in: Didaktik der jüdischen Schule. In Gemeinschaft mit Fachlehrern bearb. von Heinemann STERN, Berlin 1938, S. 195-210.

GÄRTNER, Hans, Problems of Jewish schools in Gernamy during the Hitler regime (with special reference to the Theodor Herzl Schule in Berlin), in: Year Book of the Leo Baeck Institute, Jg. 1 (1956), S. 123-141; in Hebräisch wieder in: Yalkut Moreshet, Tel Aviv, Vol. 29 (1980), S. 81-98; deutsch: GÄRTNER, Hans, Probleme der Jüdischen Schule während der Hitlerjahre - unter besonderer Berücksichtigung der Theodor-Herzl-Schule in Berlin, in: Deutsches Judentum. Aufstieg und Krise. Gestalten, Ideen, Werke. Vierzehn Monographien, hrsg. von Robert WELTSCH, Stuttgart 1963, S. 326-352; Auszüge finden sich in anderer deutscher Übers. wieder in: Lehrer und Schule unterm Hakenkreuz. Dokumente des Widerstands von 1930 bis 1945, hrsg. von Hermann SCHNORBACH, Frankfurt 1983, S. 147-156.

GÄRTNER, Hans, Bildungsprobleme der Jüdischen Schule während der Nazizeit, in: Bulletin für die Mitglieder der Gesellschaft der Freunde des Leo-Baeck-Institute, Tel-Aviv, Jg. 1 (1957/58), Heft 2/3 [1958], S. 83-86.

GALL, Otto, Über Interferenzerscheinungen an übereinanderliegenden aktiven Kristallplatten im polarisierten Licht, Berlin, Univ., Diss., 1914.

GALL, Otto, Staatsbürgerkunde durch Chemie, in: Staatsbürgerkunde im mathematisch-naturwissenschaftlichen Unterricht mit Einschluß der Erdkunde, hrsg. von Karl METZNER, Leipzig 1931, S. 137-170.

GALSWORTHY, John, Quality. The bright side. Ed. and ann. by Emil STEIGER (=Schöninghs englischer Lesebogen, 119), Paderborn 1956.

GAMM, Hans-Jochen, Der Flüsterwitz im Dritten Reich. Mündliche Dokumente zur Lage der Deutschen während des Nationalsozialismus (=Serie Piper, 1417), [Lizenzausg. der überarb. und erw. Ausg. München 1990], München 1993.

GANZENMÜLLER, Wilhelm, Produktionsschule und Lehrerauswahl, in: Der neue Lehrer. Die notwendige Lehrerbildung. Beiträge zur Entschiedenen Schulreform, hrsg. von Paul OESTREICH und Otto TACKE, Osterwieck 1926, S. 24-37.

Gartenstadt Hellerau. Der Alltag einer Utopie (=Dresdner Hefte. Beiträge zur Kulturgeschichte, 51 [= Jg. 15 (1997), Nr. 3]), Dresden 1997.

Die Gartenschule. Ihr Wesen und ihr Werden, hrsg. von Adolf TEUSCHER und Max MÜLLER, Leipzig 1926.

GAWRONSKI, Erich, Bismarcks Formen des außenpolitischen Handelns bis zur Reichsgründung, Kiel, Univ., Diss., 1931.

GAY, Peter, Die Republik der Außenseiter. Geist und Kultur in der Weimarer Zeit, Frankfurt 1970.

GEBHARD, Julius / KRÖNCKE, Hermann, Schulbauforderungen. Erarb. von der Gesellschaft der Freunde des vaterländischen Schul- und Erziehungswesens in Hamburg [unter Leitung von Fritz KÖHNE], Hamburg 1929.

GEBHARD, Julius, Ertrag der Hamburger Erziehungsbewegung, Hamburg 1955; S. 7f. wieder in: Die Deutsche Reformpädagogik, hrsg. von Wilhelm FLITNER und Gerhard KUDRITZKI, Bd. II: Ausbau und Selbstkritik, 2. unveränd. Aufl. Stuttgart 1982, S. 274f.

GEBHARDT, Walther, Spezialbestände in deutschen Bibliotheken. Bundesrepublik Deutschland einschließlich Berlin (West), Berlin [u.a.] 1977.

Gedenkbuch. Opfer der Verfolgung der Juden unter der nationalsozialistischen Gewaltherrschaft in Deutschland 1933-1945. Bearb. vom Bundesarchiv, Koblenz, und vom Internationalen Suchdienst, Arolsen, 2 Bde., Koblenz 1986.

Dem Gedenken Professor Richard Woldts, in: Mitteilungsblatt der Technischen Hochschule Dresden, Jg. 1952/53, Nr. 1, S. 3.

Gedenkfeier für Elisabeth Rotten, in: Neue Züricher Zeitung vom 05.06.1964, Fernausg. Nr. 153, Bl. 8.

Gedenkstätte Plötzensee, hrsg. von der Informationsstätte Stauffenbergstraße, 25. Aufl. Berlin 1988.

GEERTZ, Clifford, Thick Description: Towards an Interpretative Theory of Culture, in: The Interpretation of Cultures. Selected Essays, New York 1973, S. 2-30; dt. Übers. in: GEERTZ, Clifford, Dichte Beschreibung. Beiträge zum Verstehen kultureller Systeme, Frankfurt 1983, S. 7-43.

Geflügelte Worte. Der Citatenschatz des deutschen Volkes. Ges. und erl. von Georg BÜCHMANN, 20. Aufl. Berlin 1900.

GEHEEB, Paul, Koedukation als Lebensanschauung, in: Die Tat. Sozial-religiöse Monatsschrift für deutsche Kultur, Jg. 5 (1913/14), Bd. II: Oktober/März, [Nr. 12: März 1914], S. 1238-1249; wieder in: Erziehung zur Humanität. Paul Geheeb zum 90. Geburtstag, hrsg. von Mitarbeitern der Odenwaldschule, Heidelberg 1960, S. 116-127.

GEHEEB, Paul, Koedukation und weibliche Bildung, in: Die neue Erziehung, Jg. 8 (1926), S. 107-110.

GEHEEB, Paul, Die Odenwaldschule. Ihre geistigen Grundlagen, in: Deutsche Schulversuche, hrsg. von Franz HILKER, Berlin 1924, S. 91-101; wieder in: Erziehung zur Humanität. Paul Geheeb zum 90. Geburtstag, hrsg. von Mitarbeitern der Odenwaldschule, Heidelberg 1960, S. 154-165.

GEHEEB, Paul, Koedukation als Grundlage der Erziehung, in: Das Landerziehungsheim, hrsg. von Alfred ANDREESEN, Leipzig 1926, S. 110-112; wieder in: Erziehung zur Humanität. Paul

Geheeb zum 90. Geburtstag, hrsg. von Mitarbeitern der Odenwaldschule, Heidelberg 1960, S. 128-131.

GEHEEB, Paul, Die Odenwaldschule im Lichte der Erziehungsaufgaben der Gegenwart [Vortrag, gehalten in der Volkshochschule in Halle a.s. am 2. Juni 1930], in: Aufsätze aus dem Mitarbeiterkreis der Odenwaldschule zu ihrem zwanzigjährigen Bestehen (Paul Geheeb zum 60. Geburtstag), Heppenheim 1930, S. 73-89; verändert (insbes. Beseitigung des Vortragsstils) wieder in: Die Pädagogische Hochschule. Wissenschaftliche Vierteljahrsschrift des Badischen Lehrervereins, Jg. 3 (1931), S. 11-32; erneut leicht verändert wieder in: Erziehung zur Humanität. Paul Geheeb zum 90. Geburtstag, Heidelberg 1960, S. 131-154; gekürzt wieder in: 75 Jahre Odenwaldschule. Programmheft (=OSO-Hefte. N.F., 9), Heppenheim 1985, S. 13-33; in enger Anlehnung an die Fassung von 1960 wieder als: GEHEEB, Paul, Die Odenwaldschule im Lichte der Erziehungsaufgaben der Gegenwart. Vortrag, gehalten in der Volkshochschule in Halle a.s. am 2. Juni 1930. Übertragen von Martin NÄF und Dietmar HAUBFLEISCH, Marburg 1999:
http://archiv.ub.uni-marburg.de/sonst/1999/0013.html

GEHEEB, Paul, Die kulturelle Bedeutung der Koedukation, in: Pädagogische Warte, Jg. 38 (1931), S. 487-495.

Paul Geheeb - Briefe. Mensch und Idee in Selbstzeugnissen, hrsg. von Walter SCHÄFER, Stuttgart 1970.

GEIBEL, Emanuel, Der Tod des Tiberius (=Der deutsche Ernst, 13), Leipzig 1918.

GEIGER, Wolfgang, Staatsbürgerliche Erziehung in der Endphase der Weimarer Republik, in: Schule und Unterricht in der Endphase der Weimarer Republik. Auf dem Weg in die Diktatur, hrsg. von Reinhard DITHMAR, Neuwied [u.a.] 1993, S. 1-20.

GEISEL, Eike, Im Scheunenviertel. Bilder, Texte und Dokumente. Mit einem Vorwort von Günther KUNERT, Berlin 1981.

GEISSBERGER, Werner, Ein Dorf für Kinder, in: Du. Die Zeitschrift für Kunst und Kultur, Jg. 1984, Heft 8, S. 12-21 und 78.

GEIßLER, Gert, Zur bildungspolitischen Tendenzwende in der SBZ 1947 bis 1949, in: Pädagogik und Schulalltag, Jg. 46 (1991), S. 529-543.

GEIßLER, Gert, Zur Schulreform und zu den Erziehungszielen in der Sowjetischen Besatzungszone 1945-1947, in: Pädagogik und Schulalltag, Jg. 46 (1991), S. 410-422.

GEIßLER, Gert, Organisation und Durchsetzungsvermögen der SED im Bildungswesen bis zum Beginn der fünfziger Jahre, in: Pädagogik in der DDR. Eröffnung einer notwendigen Bilanzierung, hrsg. von Ernst CLOER und Rolf WERNSTEDT, Weinheim 1994, S. 330-356.

GEIßLER, Gert, Zur Gründungsgeschichte des Deutschen Pädagogischen Zentralinstituts (DPZI), in: Außeruniversitäre Erziehungswissenschaft in Deutschland. Versuch einer historischen Bestandsaufnahme, hrsg. von Gert GEIßLER und Ulrich WIEGMANN (=Studien und Dokumentationen zur vergleichenden Bildungsforschung, 65), Köln [u.a.] 1996, S. 137-148.

GEIßLER, Gert, Exil und Schulreform. Zur Geschichte der Schulreformpläne der KPD Herbst 1944 bis Januar 1946, in: Zwischen Restauration und Innovation. Bildungsreformen in Ost und West nach 1945, hrsg. von Manfred HEINEMANN (=Bildung und Erziehung. Beiheft 9), Köln [u.a.] 1999, S. 89-124.

Ein Geographielehrer kehrt heim, in: Berliner Illustrierte Zeitung vom 25.10.1931.

GEORGI, Johannes, Im Eis vergraben. Ergebnisse auf Station 'Eismitte' der letzten Grönland-Expedition Alfred Wegeners, Leipzig 1933; erw. Aufl. Leipzig 1955/57.

GERHARD, Ute, Unerhört. Die Geschichte der deutschen Frauenbewegung, Hamburg 1990.

GERHARDT, Berta, Das Ziel meiner Anstalt [=1. Städtische Studienanstalt], in: 8-Uhr-Abendblatt. National-Zeitung vom 15.02.1924, 2. Beiblatt.

GERRMANN, Udo, Die Chronik des Lessing-Gymnasiums, in: Lessing-Gymnasium. 100 Jahre [1882-1982], Berlin 1982, S. 1-6.

Geschichte Berlins. Von der Frühgeschichte bis zur Gegenwart, hrsg. von Wolfgang RIBBE, 2 Bde., München 1987.

Geschichte der Gymnasialkurse für Frauen zu Berlin, hrsg. vom Vorstand der Vereinigung zur Veranstaltung von Gymnasialkursen für Frauen [verf. von Gertrud BÄUMER], Berlin 1906.

Geschichte der Technischen Universität Dresden. 1828-1978, Berlin (DDR) 1978.

Geschichte und Beschreibung der Feste Heldburg. Nebst Führer durch die Feste und Stadt Heldburg und Umgebung, hrsg. von Ludwig RESS, 5. Aufl. Hildburghausen 1922.

Die Geschichte unserer Schule. Ein Stück Schulgeschichte, hrsg. von der Schulleitung der Fritz-Karsen-Schule, Berlin 1985.

Gesetz über die Bildung einer neuen Stadtgemeinde Berlin vom 27. April 1920, hrsg. von Paul HIRSCH, Berlin 1920.

GIES, Horst, Die verweigerte Identifikation mit der Demokratie. Geschichtslehrer und Geschichtsdidaktik in der Weimarer Republik, in: Schule und Unterricht in der Endphase der Weimarer Republik. Auf dem Weg in die Diktatur, hrsg. von Reinhard DITHMAR, Neuwied [u.a.] 1993, S. 89-114.

GIESE, Gerhardt, Quellen zur deutschen Schulgeschichte seit 1800 (=Quellensammlung zur Kulturgeschichte, 15), Göttingen [u.a.] 1961.

GIESECKE, Hermann, Zur Schulpolitik der Sozialdemokratie in Preußen und im Reich 1918/20, in: Vierteljahreshefte für Zeitgeschichte, Jg. 13 (1965), S. 162-177.

GIESECKE, Hermann, Vom Wandervogel bis zur Hitlerjugend, München 1981.

GIFFEI, Herbert, Martin Luserke. Ein Wegbereiter der modernen Erlebnispädagogik? Mit einem Vorwort von Jörg ZIEGENSPECK (=Wegbereiter der modernen Erlebnispädagogik, 6), Lüneburg 1987; 2. Aufl. als: Martin Luserke. Reformpädagoge - Dichter - Theatermann. Gründer und Leiter der 'Schule am Meer' auf der Nordseeinsel Juist (1925-1934), hrsg. von Jörg ZIEGENSPECK (=Wegbereiter der modernen Erlebnispädagogik, 6), 2. wesentlich erg. und erw. Aufl. Lüneburg 1990.

GILLE, Hans, [Rezension von] Das Berliner Schulwesen [, hrsg. von Jens Nydahl. Bearb. unter Mitwirkung Berliner Schulmänner von Erwin KALISCHER, Berlin 1928], in: Deutsches Philologen-Blatt, Jg. 37 (1929), S. 247-249.

Yochanan Ginat. 1908-1979, in: Leo Baeck News. Published by Leo Baeck Institute New York, New York, Vol. 20/No. 38: Summer 1979, page 11.

GINZBURG, Carlo, Der Käse und die Würmer. Die Welt eines Müllers um 1600, Frankfurt 1979 [zuerst ital. 1976].

GINZBURG, Carlo, Spurensicherungen. Über verborgene Geschichte, Kunst und soziales Gedächtnis, Berlin 1983.

GINZBURG, Carlo / PONI, Carlo, La micro-historie, in: Les Débats, Jg. 17 (1981), S. 133-136; leicht gekürzte dt. Übers. u.d.T. 'Was ist Mikrogeschichte?' in: Geschichtswerkstatt, Nr. 6: Mai 1985, S. 48-52.

GINZBURG, Carlo, Mikro-Historie. Zwei oder drei Dinge, die ich von ihr weiß, in: Historische Anthropologie, Jg. 1 (1993), S. 169-192.

GINZKEY, Franz Karl, Der Wiesenzaun. Erzählungen, 30.-39. Tsd. Leipzig 1929.

GIOVANNINI, Norbert, Heidelberger Studenten 1800-1914, in: Auch eine Geschichte der Universität Heidelberg, hrsg. von Karin BUSCHMEIER, Dietrich HARTH und Christian JANSEN, Mannheim 1985, S. 123-139.

2. Allgemeine Literatur

GIOVANNINI, Norbert, Zwischen Republik und Faschismus. Heidelberger Studentinnen und Studenten 1918-1945. Mit einer Vorbemerkung von Volker LENHART und Hartmut SOELL, Weinheim 1990.

GLÄß, Theodor, Die Entstehung der Hamburger Gemeinschaftsschulen und die pädagogische Aufgabe der Gegenwart, Gießen 1932.

Glaubenslehre, Bildung, Qualifikation. 450 Jahre Große Schule in Wolfenbüttel. Ein Beitrag zur Geschichte des evangelischen Gymnasiums in Norddeutschland [Ausstellung im Zeughaus der Herzog August Bibliothek Wolfenbütttel, vom 8. März bis 1. August 1993 - Katalog] (=Ausstellungskataloge der Herzog-August-Bibliothek, 69), Berlin 1993.

Das gleiche Recht auf Bildung? Schulentwicklung in Bremen seit 1945, hrsg. von der Schulgeschichtlichen Sammlung Bremen, dem Staatsarchiv Bremen und dem Wissenschaftlichen Institut für Schulpraxis Bremen (=Katalog 5 zum Ausstellungsprojekt "Geh zur Schul und lerne was'. 150 Jahre Schulpflicht in Bremen 1844-1994'), Bremen 1994.

GLÖCKEL, Otto, Das Wiener Schulwesen, in: Das Neue Wien. Städtewerk, hrsg. unter offizieller Mitwirkung der Gemeinde Wien, Bd. 2, Wien 1927, S. 201-336.

GLÖCKEL, Otto, Die Wirksamkeit des Stadtschulrates für Wien während des Schuljahres 1926/27. III. Amtlicher Bericht, Wien 1927.

GLÖCKEL, Otto, Die Wiener Schulreform, in: Die neuzeitliche deutsche Volksschule. Bericht über den Kongreß Berlin 1928, hrsg. von der Kongreßleitung, Berlin 1928, S. 299-313.

GLÖCKEL, Otto, Drillschule - Lernschule - Arbeitsschule, Wien 1928.

GODDE, Cornelia Susanne Anna, Das Laienspiel als reformpädagogisches Element. Die Bedeutung Martin Luserkes für das heutige Bildungswesen (=Beiträge zu Erziehungswissenschaften, 3), Witterschlick/Bonn 1990.

GÖPPEL, Rolf, Die Burlingham-Rosenfeld-Schule in Wien (1927-1932). Schule und Unterricht für die Kinder des psychoanalytischen Clans, in: Zeitschrift für Pädagogik, Jg. 37 (1991), S. 413-430.

GÖRING, Reinhard, Seeschlacht. Tragödie, Berlin 1917 [12. und 13. Aufl. ebd. 1926].

GOETHE, Johann Wolfgang von, Aus meinem Leben. Dichtung und Wahrheit, 1.-13. Buch (=GOETHE, Johann Wolfgang von, Werke, Kommentare und Register. Hamburger Ausg. in 14 Bdn., Bd. 9), 9., neubearb. Aufl. München 1981; 14.-20. Buch in: GOETHE, Johann Wolfgang von, Werke, Kommentare und Register. Hamburger Ausg. in 14 Bdn., Bd. 10), 8. Aufl. München 1982, S. 8-187 und S. 571-660 (Anm.).

GOETHE, Johann Wolfgang von, Der getreue Eckhart, in: GOETHE, Johann Wolfgang von, Gedichte und Epen, Bd. 1 (=GOETHE, Johann Wolfgang von, Werke, Kommentare und Register. Hamburger Ausg. in 14 Bdn., Bd. 1), 12. Aufl. München 1981, S. 286-288.

GOETHE, Johann Wolfgang von, Götz von Berlichingen mit der eisernen Hand. Ein Schauspiel, in: GOETHE, Johann Wolfgang von, Dramatische Dichtungen II (=GOETHE, Johann Wolfgang von, Werke, Kommentare und Register. Hamburger Ausg., in 14 Bdn., Bd. 4), 10. Aufl. München 1981, S. 73-175.

GOETHE, Johann Wolfgang von, Heidenröslein, in: GOETHE, Johann Wolfgang von, Gedichte und Epen, Bd. 1 (=GOETHE, Johann Wolfgang von, Werke, Kommentare und Register. Hamburger Ausg. in 14 Bdn., Bd. 1), 12. Aufl. München 1981, S. 78f.

GOETHE, Johann Wolfgang von, Die Leiden des jungen Werther, in: GOETHE, Johann Wolfgang von, Romane und Novellen I (=GOETHE, Johann Wolfgang von, Werke, Kommentare und Register. Hamburger Ausg., in 14 Bdn., Bd. 6), 11. Aufl. München 1981, S. 7-124.

GOETHE, Johann Wolfgang von, Nausikaa, in: GOETHE, Johann Wolfgang von, Dramatische Dichtungen III (=GOETHE, Johann Wolfgang von, Werke, Kommentare und Register. Hamburger Ausg., in 14 Bdn., Bd. 5), 10. Aufl. München 1982, S. 68-72.

GOETHE, Johann Wolfgang von, Torquato Tasso. Ein Schauspiel, in: GOETHE, Johann Wolfgang von, Dramatische Dichtungen III (=GOETHE, Johann Wolfgang von, Werke, Kommentare und Register. Hamburger Ausg., in 14 Bdn., Bd. 5), 10. Aufl. München 1982, S. 73-167.

GOETHE, Johann Wolfgang von, Von deutscher Baukunst (1772), in: GOETHE, Johann Wolfgang von, Schriften zur Kunst - Schriften zur Literatur - Maximen und Reflexionen (=GOETHE, Johann Wolfgang von, Werke, Kommentare und Register. Hamburger Ausg., in 14 Bdn., Bd. 12), 9. Aufl. München 1981, S. 7-15.

GOETHE, Johann Wolfgang von, Von deutscher Baukunst (1823), in: GOETHE, Johann Wolfgang von, Schriften zur Kunst - Schriften zur Literatur - Maximen und Reflexionen (=GOETHE, Johann Wolfgang von, Werke, Kommentare und Register. Hamburger Ausg., in 14 Bdn., Bd. 12), 9. Aufl. München 1981, S. 177-182.

GOETHE, Johann Wolfgang von, West-Östlicher Divan, in: GOETHE, Johann Wolfgang von, Gedichte und Epen, Bd. 2 (=GOETHE, Johann Wolfgang von, Werke, Kommentare und Register. Hamburger Ausg. in 14 Bdn., Bd. 2), 12. Aufl. München 1981, S. 7-270.

GOETHE, Johann Wolfgang von, Wilhelm Meisters Lehrjahre (=GOETHE, Johann Wolfgang von, Werke, Kommentare und Register. Hamburger Ausg. in 14 Bdn., Bd. 7), 11. Aufl. München 1982.

GOETHE, Johann Wolfgang von, Wilhelm Meisters Wanderjahre (=GOETHE, Johann Wolfgang von, Werke, Kommentare und Register. Hamburger Ausg. in 14 Bdn., Bd. 8), 11. Aufl. München 1981.

GOETHE, Johann Wolfgang von, Willkommen und Abschied, in: GOETHE, Johann Wolfgang von, Gedichte und Epen, Bd. 1 (=GOETHE, Johann Wolfgang von, Werke, Kommentare und Register. Hamburger Ausg. in 14 Bdn., Bd. 1), 12. Aufl. München 1981, S. 28-30.

Goethe-Handbuch, hrsg. von Julius ZEITLER, 3 Bde., Stuttgart 1916-1918.

Goethes pädagogische Ideen. Die pädagogische Provinz nebst verwandten Texten, hrsg. und erläutert von Wilhelm FLITNER, 2. unveränd. Aufl. Düsseldorf [u.a.] 1962.

GÖTSCH, Georg, Lebenszeichen. Zeugnisse eines Weges, hrsg. von Erich BITTERHOF, Wolfenbüttel [u.a.] 1969.

GOUGH, Edward, Die SPD in der Berliner Kommunalpolitik 1925-1933, Berlin 1984.

GRAAB, Franz Josef, Fritz Wartenweiler und die Erwachsenenbildung in der Schweiz, Zürich [u.a.] 1975.

GRAMS, Wolfram, Kontinuität und Diskontinuität der bildungspolitischen und pädagogischen Planungen aus Widerstand und Exil im Bildungswesen der BRD und DDR. Eine vergleichende Studien (=Europäische Hochschulschriften, Reihe 11: Pädagogik, 456), Frankfurt [u.a.] 1990.

GREYERZ, Otto von, Der Deutschunterricht als Weg zur nationalen Erziehung. Eine Einführung für junge Lehrer (=Paedagogium, 3), 2. Aufl. Leipzig 1921.

Otto von Greyerz, in: Schweizer Lexikon in 6 Bdn., Bd. 3: Gen-Kla, Luzern 1992, S. 215.

GRILLPARZER, Franz, Die Jüdin von Toledo. Historisches Trauerspiel in 5 Aufzügen. Mit einer Nachbemerkung von Hans MARSHALL, Berlin 1924.

GRILLPARZER, Franz, Weh dem, der lügt! Lustspiel in 5 Aufzügen [1840], hrsg. von Otto KRÖHNERT (=Klasings Sammlung deutscher Schulausgaben, 176), Bielefeld 1922.

GRIMM, Hans, Volk ohne Raum, München 1926.

GRIMME, Adolf, Carl Heinrich Becker, in: Neue Deutsche Biographie, Bd. 1 (1953), S. 711.

Adolf Grimme. Briefe, hrsg. von Dieter SAUBERZWEIG (=Veröffentlichungen der Deutschen Akademie für Sprache und Dichtung, 39), Heidelberg 1967.

2. Allgemeine Literatur

GROB, Marion, Das Kleidungsverhalten jugendlicher Protestgruppen in Deutschland im 20. Jahrhundert am Beispiel des Wandervogels und der Studentenbewegung (=Beiträge zur Volkskultur in Nordwestdeutschland, 47), Münster 1985.

GRÖTZBACH, Erwin, Afganistan - 70 Jahre Gegenstand deutscher Geographischer Forschung. Festvortrag zum 50jährigen Doktorjubiläum von Prof. Dr. Carl Rathjens in München, in: Mitteilungen der Geographischen Gesellschaft in München, Bd. 72 (1987), S. 261-270.

GROTJAHN, Alfred, Die hygienische Forderung. Der hygienische Mensch, die hygienische Familie, die hygienische Siedlung, das hygienische Volk, Düsseldorf 1917; 2. Aufl. ebd. 1921.

GROTJAHN, Alfred, Schulhygienische Glossen, in: Der Elternbeirat. Halbmonatsschrift für Eltern, Lehrer und Behörden, Jg. 3 (1922), S. 550-552.

GROTJAHN, Alfred / JUNGE, Gustav, Maßvolle Schulreform. Praktische Vorschläge eines Arztes und eines Lehrers, Leipzig 1929.

GROTJAHN, Alfred, Erlebtes und Erstrebtes. Erinnerungen eines sozialistischen Arztes, Berlin 1932.

GROTJAHN, Martin, Alfred Grotjahns bevölkerungspolitische Schriften [kommentierter Literaturüberblick], in: Archiv für Bevölkerungspolitik, Jg. 3 (1933), Heft 3, S. 13-20.

GROTJAHN, Martin, Vom Sinn des Lachens. Psychoanalytische Betrachtungen über den Witz, das Komische und den Humor. Aus dem Amerik. von Gerhard VORKAMP, München 1974.

GROTJAHN, Martin, Die Sprache des Symbols. Der Zugang zum Unbewußten. Aus dem Amerik. von Gerhard VORKAMP, München 1977.

GROTJAHN, Martin, Kunst und Technik der Analytischen Gruppentherapie. Aus dem Amerik. von Gudrun THEUSNER-STAMPA, Frankfurt 1985.

GRUBE, Max, Geschichte der Meininger, Berlin [u.a.] 1926.

GRÜNEISEN, Carl, Niklaus Manuel (1484-1530). Leben und Werke eines Malers und Dichters, Kriegers, Staatsmannes und Reformators im 16. Jahrhundert, Stuttgart [u.a.] 1837.

GRÜTZMACHER, Curt, Rudolf Ausleger. 1897-1974, in: Beiträge zur Geschichte der Pädagogischen Hochschule Berlin, hrsg. von Gerd HEINRICH (=Abhandlungen aus der Pädagogischen Hochschule Berlin, 6), Berlin 1980, S. 67-69.

GRUNDER, Hans-Ulrich, Das schweizerische Landerziehungsheim zu Beginn des 20. Jahrhunderts. Eine Erziehungs- und Bildungsinstitution zwischen Nachahmung und Eigenständigkeit. Mit einem Vorwort von Hermann RÖHRS (=Studien zur Erziehungswissenschaft, 22), Frankfurt [u.a.] 1987.

GRUNDER, Hans-Ulrich, Reform der Erziehung. Eine Auseinandersetzung mit Andreas Flitner, in: Zeitschrift für Pädagogik, Jg. 40 (1994), S. 925-939.

Grundschriften der deutschen Jugendbewegung, hrsg. von Werner KINDT (=Dokumentation der Jugendbewegung, 1), Düsseldorf [u.a.] 1963.

GRUNOW, Karl, Die freiere Gestaltung des Prima-Unterrichts am Grunewald-Gymnasium, in: Pädagogisches Zentralblatt, Jg. 6 (1926), S. 627-640; wieder in: Kursunterricht - Begründungen, Modelle, Erfahrungen, hrsg. von Wolfgang KEIM (=Wege der Forschung, 504), Darmstadt 1987, S. 82-98.

GRUNWALD, A., Der Schulgemeindeerlaß im Lichte der Direktorenkonferenzen des Jahres 1911, in: Deutsches Philologen-Blatt, Jg. 27 (1919); Teil 1: Nr. 38 vom 15.10.1919, S. 501-503; Teil 2: Nr. 39 vom 22.10.1919, S. 517-519.

GRUNSKY-PEPER, Konrad, Deutsche Volkskunde im Film. Gesellschaftliche Leitbilder im Unterrichtsfilm des Dritten Reichs, München 1978.

GRYPHIUS, Andreas, Die geliebte Dornrose. Scherzspiel in 4 Aufzügen. Mit Einleitung und Erklärungen von R. STÜBE (=Reclams Universal-Bibliothek, 6486), Leipzig 1924.

GRZYWATZ, Berthold, Arbeit und Bevölkerung im Berlin der Weimarer Zeit. Eine historisch-statistische Untersuchung. Mit einer Einführung von Otto BÜSCH und Stefi JERSCH-WENZEL (=Einzelveröffentlichungen der Historischen Kommission zu Berlin, 63), Berlin 1988.

GUARDINI, Romano, Zur Frage des akademischen Vorbereitungsjahres, in: Schola. Monatsschrift für Erziehung und Bildung, Jg. 3 (1948), S. 205-212.

GÜNTHER, Ulrich, Jugendmusikbewegung und reformpädagogische Bewegung, in: Die Jugendmusikbewegung. Impulse und Wirkungen, hrsg. von Karl-Heinz REINFANDT, Wolfenbüttel [u.a.] 1987, S. 160-184.

GÜNTHER, Ulrich, Die Schulmusikbewegung von der Kestenberg-Reform bis zum Ende des Dritten Reiches, 2. erg. Aufl. (=Forum Musikpädagogik, 5), Augsburg 1992. (1. Aufl. Neuwied 1967)

GÜNTHER, Ulrich, Schulmusik-Erziehung vor und nach der 'Machtergreifung', in: Schule und Unterricht in der Endphase der Weimarer Republik. Auf dem Weg in die Diktatur, hrsg. von Reinhard DITHMAR, Neuwied [u.a.] 1993, S. 193-205.

GÜNTHER, Ute, Gottlieb Fritz, in: Biographisches Handwörterbuch der Erwachsenenbildung. Erwachsenenbildner des 19. und 20. Jahrhunderts, hrsg. von Günther WOLGAST und Joachim H. KNOLL, Stuttgart [u.a.] 1986, S. 110f.

GUNZERT, Walter, Neckar-Steinach, in: Handbuch der Historischen Stätten Deutschlands, Bd. 4: Hessen, hrsg. von Georg Wilhelm SANTE, 2. Aufl. Stuttgart 1967, S. 337f.

GURLITT, Ludwig, [Autobiographie]
s.: Ludwig Gurlitt, in: Die Pädagogik der Gegenwart [...].

GURLITT, Ludwig, Wandervogel, in: Monatsschrift für höhere Schulen, Jg. 2, 1903, S. 545-548; wieder in: Die Wandervogelzeit. Quellenschriften zur deutschen Jugendbewegung 1896-1919, hrsg. von Werner KINDT (=Dokumentation der Jugendbewegung, 2), Düsseldorf [u.a.] 1968, S. 53-56.

GURLITT, Ludwig, Der Deutsche und seine Schule. Erinnerungen, Beobachtungen und Wünsche eines Lehrers, Berlin 1905.

GURLITT, Ludwig, Erziehungslehre, Berlin 1908.

GURLITT, Ludwig, Schülerselbstmorde, Leipzig [u.a.] 1908.

GURLITT, Ludwig, Jugendbewegung, in: Weserzeitung vom 11.06.1918.

GURLITT, Ludwig, Begeisterung für das neue Erziehungswerk, in: Die Neue Erziehung, Jg. 1 (1919), S. 58-64.

GURLITT, Ludwig, Aufruf!, in: Die Neue Erziehung, Jg. 1 (1919), S. 418-422.

GURLITT, Ludwig, Umwandlung der Kadettenanstalten in Schulfarmen, in: Die Neue Erziehung, Jg. 1 (1919), S. 858f.

GURLITT, Ludwig, Richtlinien für die Umgestaltung des gesamten staatlichen Erziehungswesens in Preußen und Deutschland, in: Die Neue Erziehung, Jg. 1 (1919), S. 17-19.

GURLITT, Ludwig, Ausschuß für Schulfarmen [auf der Reichsschulkonferenz 1920], in: Die Neue Erziehung, Jg. 2 (1920), S. 445f.

GURLITT, Ludwig, Schulfarmen, in: Die Heimatschule. Halbmonatsschrift zur Pflege deutscher Volkserziehung und bodenständiger Bildung durch Schule und freies Bildungswesen. Organ des Reichsbundes 'Heimatschule', Jg. 1 (1920/21), Teil 1: Heft 5 (September 1920), S. 137-141 und Teil 2: Heft 19 (April 1921), S. 588-594.

Ludwig Gurlitt, in: Die Pädagogik der Gegenwart in Selbstdarstellungen, hrsg. von Erich HAHN, Bd. 2, Leipzig 1927, S. 27-41. Zit. als: GURLITT, [Autobiographie].

GURLITT, Ludwig, Der Verkehr mit meinen Kindern, Berlin o.J.

Gymnasium Am Stoppenberg 1966-1986. Festschrift, hrsg. von der Schulleitung Gymnasium Am Stoppenberg, Essen 1986.

HAASE, Norbert, Desertation - Kriegsdienstverweigerung - Widerstand, in: Widerstand gegen den Nationalsozialismus, hrsg. von Peter STEINBACH und Johannes TUCHEL (=Schriftenreihe der Bundeszentrale für Politische Bildung, 323), Bonn 1994, S. 526-536.

HAASE, Norbert, Der Fall 'Rote Kapelle' vor dem Reichskriegsgericht, in: Die Rote Kapelle im Widerstand gegen den Nationalsozialismus, hrsg. von Hans COPPI, Jürgen DANYEL und Johannes TUCHEL (=Schriften der Gedenkstätte Deutscher Widerstand, 1), Berlin 1994, S. 160-179.

HAECKEL, Ernst, Der Monismus als Band zwischen Religion und Wissenschaft. Glaubensbekenntnis eines Naturforschers, 16. Aufl. Leipzig 1919.

HAECKEL, Ernst, Die Welträtsel. Gemeinverständliche Studien über die monistische Philosophie, 13. Aufl. der Hauptausg., Leipzig 1922.

HÄNDLE, Christa / SCHONIG, Bruno, Reformpädagogik in Lebensgeschichten alter Berliner Lehrerinnen und Lehrer, in: Mut zur Reformpädagogik, hrsg. von Klaus MEIßNER (=Edition Diesterweg Hochschule, 6), Berlin 1996, S. 59-88.

HAENISCH, Konrad, Brief an den Herausgeber [der Weltbühne betr. Gustav Wyneken], in: Die Weltbühne, Jg. 15, [Nr. 1 vom 02.01.1919], 1919, S. 4f.; die zentralen Passagen unter der Überschrift 'Wynekens staatliche Versuchsschule. Eine freie Schulgemeinde großen Stils' auch in: Berliner Tageblatt und Handelszeitung vom 31.12.1918, Abendausg.

HAENISCH, Konrad, Neue Bahnen der Kulturpolitik, Stuttgart [u.a.] 1921.

HAENISCH, Konrad, Hauptmannfeiern in der Schule, in: Der Elternbeirat, Jg. 3 (1922), S. 388f.

HAGENER, Caesar, Fritz Köhne: Mythos und Wirklichkeit, in: Hamburg: Schule unterm Hakenkreuz, hrsg. von Ursel HOCHMUTH und Hans-Peter de LORENT, 2. Aufl. Hamburg 1986, S. 244-249.

HAGENER, Caesar, Die Hamburger Versuchsschulen der Weimarer Jahre. Ihre Programmatik und Realität im Umfeld gesellschaftlicher Bewegungen, in: Hamburg - Stadt der Schulreformen, hrsg. von Peter DASCHNER und Reiner LEHBERGER (=Hamburger Schriftenreihe zur Schul- und Unterrichtsgeschichte, 2), Hamburg 1990, S. 26-41.

HAHN, Heinrich, Bieberstein, in: Handbuch der Historischen Stätten Deutschlands, Bd. 4: Hessen, hrsg. von Georg Wilhelm SANTE, 2. Aufl. Stuttgart 1967, S. 48f.

HAHN, Heinrich, Fulda, in: Handbuch der Historischen Stätten Deutschlands, Bd. 4: Hessen, hrsg. von Georg Wilhelm SANTE, 2. Aufl. Stuttgart 1967, S. 154-160.

HAHN, Heinrich, Gersfeld, in: Handbuch der Historischen Stätten Deutschlands, Bd. 4: Hessen, hrsg. von Georg Wilhelm SANTE, 2. Aufl. Stuttgart 1967, S. 171f.

HAHN, Kurt, Erziehung und die Krise der Demokratie. Reden, Aufsätze, Briefe eines politischen Pädagogen, hrsg. [anläßlich des 100. Geburtstages im Auftrag der Schule Schloß Salem] von Michael KNOLL, Stuttgart 1986.

HAHN, Kurt, Erziehung zur Verantwortung (=Aus deutschen Landerziehungsheimen, 2), Stuttgart o.J. [1958].

HAHNE, Herrmann A., Dr. Ernst Sorge +, in: Polarforschung, Jg. 16 (1946), Bd. II, Heft 1/2, S. 120f.

HALLER, Adolf, Rabindranath Tagore, der Weise und Dichter als Erzieher, in: Die Schulreform. Organ der Schweizerischen Pädagogischen Gesellschaft, Jg. 17 (1924/25), S. 48-56.

Das hamburgische Schulwesen 1921/24, hrsg. von der Oberschulbehörde Hamburg, Hamburg 1925.

Hamburg - Stadt der Schulreformen, hrsg. von Peter DASCHNER und Reiner LEHBERGER (=Hamburger Schriftenreihe zur Schul- und Unterrichtsgeschichte, 2), Hamburg 1990.

HAMM-BRÜCHER, Hildegard, Erziehung zur Verantwortung in der Demokratie. Festvortrag zur Feier des 100. Geburtstages von Kurt Hahn am 11. Oktober 1986 in Salem, in: Neue Sammlung, Jg. 27 (1987), S. 89-105.

HANCKEL, Walter, Die Aktionsarten im Französischen. Berlin, Univ., Diss., 1929.

Handbuch der deutschen Bildungsgeschichte,
Bd. IV: 1870-1918. Von der Reichsgründung bis zum Ende des Ersten Weltkriegs, hrsg. von Christa BERG, München 1991;
Bd. V: 1918-1945. Die Weimarer Republik und die nationalsozialistische Diktatur, hrsg. von Dieter LANGEWIESCHE und Heinz-Elmar TENORTH, München 1989.

Handbuch der deutschen Reformbewegungen 1880-1933, hrsg. von Diethart KERBS und Jürgen REULECKE, Wuppertal 1998.

Handbuch der Frauenbewegung, hrsg. von Helene LANGE und Gertrud BÄUMER, 5 Bde., Berlin 1901-1915. - Fotomech. Nachdr. Weinheim [u.a.] 1980.

Handbuch der Pädagogik, hrsg. von Herman NOHL und Ludwig PALLAT, 5 Bde. (1: 1933; 2: 1929; 3: 1930; 4: 1928: 5: 1929) und 1 Erg.-Bd.: Namens- und Sachverzeichnis (1933), Langensalza 1928-1933. - Faksimile-Dr. der Originalausg. Weinheim [u.a.] 1981.

Handbuch der Preußischen Unterrichts-Verwaltung. Mit statistischen Mitteilungen über das höhere Unterrichtswesen,
[Jg. 1], Berlin 1921;
[Jg. 2], Berlin 1922.

Handbuch der Preußischen Unterrichts-Verwaltung,
[Jg. 3], Berlin 1924;
[Jg. 4], Berlin 1925;
[Jg. 5], Berlin 1926;
[Jg. 6], Berlin 1927;
[Jg. 7], Berlin 1928;
[Jg. 8], Berlin 1929;
[Jg. 9], Berlin 1930;
[Jg. 10], Berlin 1931;
[Jg. 11], Berlin 1932;
[Jg. 12], Berlin 1934.

Handbuch der reformpädagogischen und alternativen Schulen in Europa, hrsg. von Theodor F. KLAßEN und Ehrenhard SKIERA, 2. erw. und aktual. Aufl. Baltmannsweiler 1993.

Handwörterbuch des Grenz- und Auslandsdeutschtums, hrsg. von Carl PETERSEN [u.a.], Breslau, Bd. 1: 1933 [-1935], Bd. 2: 1936 [-1940], Bd. 3: 1938 [-1940].

HANE, Moritz, Das Schulgehäuse, in: Handbuch der Pädagogik, hrsg. von Herman NOHL und Ludwig PALLAT, Bd. 4, Langensalza 1928, S. 64-72.

HANKE, Heinz, Arbeiter und Bildung. Die Lebensgemeinschaftsschule Spandau-Neustadt von 1921 bis 1933, Berlin (DDR) 1988 (masch.).

HANSEN-SCHABERG, Inge, Minna Specht - Eine Sozialistin in der Landerziehungsheimbewegung (1918 bis 1951). Untersuchung zur pädagogischen Biographie einer Reformpädagogin (=Studien zur Bildungsreform, 22), Frankfurt [u.a.] 1992.

HANSEN-SCHABERG, Inge, Leben, Lernen und Arbeiten in der Gemeinschaft - Charlotte Heckmann und Minna Specht, in: HECKMANN, Charlotte, Begleiten und Vertrauen. Pädagogische Erfahrungen im Exil 1934-1946, hrsg. und komm. von Inge HANSEN-SCHABERG und Bruno SCHONIG (=Studien zur Bildungsreform, 26), Frankfurt [u.a.] 1995, S. 157-168.

HANSEN-SCHABERG, Inge, Berliner Reformschulen in den 20er Jahren, in: Pädagogisches Forum. Zeitschrift für schulische Modelle, soziale Probleme und pädagogische Forschung, Jg. 8 (1995), S. 93-96.

HANSEN-SCHABERG, Inge, Die pädagogische Reformbewegung und ihr Umgang mit der Koedukation, in: Geschichte der Mädchen- und Frauenbildung, hrsg. von Elke KLEINAU und Claudia OPITZ, Bd. 2: Vom Vormärz bis zur Gegenwart, Frankfurt [u.a.] 1996, S. 219-229.

HANSEN-SCHABERG, Inge, Bildliche Darstellungen zum Thema Reformpädagogik, Geschlechterverhältnis und Koedukation, in: Bilder als Quellen der Erziehungsgeschichte, hrsg. von Hanno SCHMITT, Jörg-W. LINK und Frank TOSCH, Bad Heilbrunn 1997, S. 167-187.

HARLESS, Hermann, Landerziehungsheim, Schulsiedlung, Erziehungsgemeinde als Vorstufen zur Lösung der pädagogischen Gesamt-Aufgabe, in: Die Produktionsschule als Nothaus und Neubau, hrsg. von Paul OESTREICH, Berlin 1924, S. 58-64.

HARMS, Bruno, Alfred Grotjahn (1869-1931), in: Neue Deutsche Biographie, Bd. 7, Berlin 1966, S. 169.

HARTKOPF, Werner, Schule und Schüler, in: Höhere Schule, Jg. 21 (1968), S. 142-146.

HARTKOPF, Werner, Dialektik - Heuristik - Logik. Nachgelassene Studien, hrsg. von Hermann BAUM, Martin HENGST und Wolfdietrich SCHMIED-KOWARZIK (=Monographien zur Philosophischen Forschung, 235), Frankfurt 1987.

HARTMANN, Kristina, Deutsche Gartenstadtbewegung. Kulturpolitik und Gesellschaftsreform, München 1976.

HARTMANN, Kristina, Gartenstadtbewegung, in: Handbuch der deutschen Reformbewegungen 1880-1933, hrsg. von Diethart KERBS und Jürgen REULECKE, Wuppertal 1998, S. 289-300.

HARTMANN, Lilli, Das Haus der Kinder, in: Die Neue Schule. Blätter für demokratische Erneuerung in Unterricht und Erziehung, Jg. 3 (1948), S. 351.

HASELBACH, Dieter, Franz Oppenheimer. Soziologie, Geschichtsphilosophie und Politik des 'liberalen Sozialismus', Opladen 1985.

HAUBFLEISCH, Dietmar, Erinnerung an Heinrich Deiters [Besprechung von: DEITERS, Heinrich, Bildung und Leben. Erinnerungen eines deutschen Pädagogen, hrsg. und eingel. von Detlev OPPERMANN. Mit einem Nachwort von Walter FABIAN (=Studien und Dokumentationen zur deutschen Bildungsgeschichte, 40), Köln [u.a.] 1989], in: Die Deutsche Schule, Jg. 82 (1990), S. 377-379.

HAUBFLEISCH, Dietmar, Neuerscheinungen zur Erziehungs- und Bildungsgeschichte 1992/I - 1999/II,
1992/I, in: Rund-Brief der Historischen Kommission der Deutschen Gesellschaft für Erziehungswissenschaft, Jg. 1 (1992), Heft 2: Oktober 1992, S. 14-20;
1993/I, in: Ebd., Jg. 2 (1993), Heft 1: März 1993, S. 18-28;
1993/II, in: Ebd., Jg. 2 (1993), Heft 2: Dezember 1993, S. 23-48;
1994/I, in: Ebd., Jg. 3 (1994), Heft 1: Mai 1994, S. 20-38;
1994/II, in: Ebd., Jg. 3 (1994), Heft 2: Oktober 1994, S. 25-46;
1995/I, in: Ebd., Jg. 4 (1995), Heft 1: April 1995, S. 38-67;
1995/II, in: Ebd., Jg. 4 (1995), Heft 2: Oktober 1995, S. 60-73;
1996/I, in: Ebd., Jg. 5 (1996), Heft 1: Mai 1996, S. 54-77;
1996/II, in: Ebd., Jg. 5 (1996), Heft 2: November 1996, S. 44-70;
1997/I, in: Ebd., Jg. 6 (1997), Heft 1: Mai 1997, S. 81-105;
1997/II, in: Ebd., Jg. 6 (1997), Heft 2: November 1997, S. 68-98;
1998/I, in: Ebd., Jg. 7 (1998), Heft 1: Mai 1998, S. 62-92;

1998/II, in: Ebd., Jg. 7 (1998), Heft 2: November 1998, S. 43-65;
1999/I, in: Ebd., Jg. 8 (1999), Heft 1: Mai 1999, S. 79-109;
1999/II, in: Ebd., Jg. 8 (1999), Heft 2: Dezember 1999, S. 70-95;
alle Teile in durchges. Neuausg. auch: Marburg 1992-1999:
http://archiv.ub.uni-marburg.de/sonst/1997/0004.html

HAUBFLEISCH, Dietmar / LINK, Jörg-W., Pragmatische Auswahlbibliographie, in: 'Die Alte Schule überwinden'. Reformpädagogische Versuchsschulen zwischen Kaiserreich und Nationalsozialismus, hrsg. von Ullrich AMLUNG, Dietmar HAUBFLEISCH, Jörg-W. LINK und Hanno SCHMITT (=Sozialhistorische Untersuchungen zur Reformpädagogik und Erwachsenenbildung, 15), Frankfurt 1993, S. 289-293.

HAUBFLEISCH, Dietmar / LINK, Jörg-W., Einleitung, in: Das Werdende Zeitalter (Internationale Erziehungs-Rundschau). Register sämtlicher Aufsätze und Rezensionen einer reformpädagogischen Zeitschrift in der Weimarer Republik. Zusammengestellt und eingel. von Dietmar HAUBFLEISCH und Jörg-W. LINK (=Archivhilfe, 8), Oer-Erkenschwick 1994, S. 5-16; Auszug der Einleitung wieder in: Mitteilungen & Materialien. Arbeitsgruppe Pädagogisches Museum e.V., Berlin, Heft Nr. 42/1994, S. 97-99; Einleitung in leicht korr. Fassung u.d.T.: HAUBFLEISCH, Dietmar / LINK, Jörg-W., Einleitung zum Register der reformpädagogischen Zeitschrift 'Das Werdende Zeitalter' ('Internationale Erziehungs-Rundschau') wieder: http://archiv.ub.uni-marburg.de/sonst/1996/0012.html

HAUBFLEISCH, Dietmar, Landerziehungsheime, in: Wörterbuch Schulpädagogik. Ein Nachschlagewerk für Studium und Schulpraxis, hrsg. von Rudolf W. KECK und Uwe SANDFUCHS, Bad Heilbrunn 1994, S. 188f.

HAUBFLEISCH, Dietmar, Reformpädagogik, in: Wörterbuch Schulpädagogik. Ein Nachschlagewerk für Studium und Schulpraxis, hrsg. von Rudolf W. KECK und Uwe SANDFUCHS, Bad Heilbrunn 1994, S. 257f.

HAUBFLEISCH, Dietmar, Schullandheime, in: Wörterbuch Schulpädagogik. Ein Nachschlagewerk für Studium und Schulpraxis, hrsg. von Rudolf W. KECK und Uwe SANDFUCHS, Bad Heilbrunn 1994, S. 291f.

HAUBFLEISCH, Dietmar, Dr. Alfred Ehrentreich (1896-1998), Marburg 1999:
http://archiv.ub.uni-marburg.de/sonst/1999/0014.html

HAUFF, Wilhelm, Sämtliche Werke. Mit einer Einführung von Carl Georg von MAASSEN, 5 Bde., München [u.a.] 1923.

HAUPTMANN, Gerhart, Der Biberpelz. Eine Diebeskomödie, 17. Aufl. Berlin 1916.

HAUPTMANN, Gerhart, Florian Geyer. Die Tragödie des Bauernkrieges in 5 Akten. Mit einem Vorspiel, 29.-33. Aufl. Berlin 1922.

HAUPTMANN, Gerhart, Hannele. Traumdichtung in 2 Teilen [Theater: 1893; Bucherstveröffentlichung: 1894], [Festausg.:] 64.-66. Aufl. Berlin 1928.

HAUPTMANN, Gerhart, Der Ketzer von Soana, Berlin 1918.

HAUPTMANN, Gerhart, Die versunkene Glocke. Ein deutsches Märchendrama, 88.-89. Aufl. Berlin 1917.

HAUPTMANN, Gerhart, Die Weber. Schauspiel aus den vierziger Jahren, 53.-57. Aufl. Berlin 1920.

HAUSKNECHT, Emil, The English Scholar. Special ed. of the English student in an abridged form. Lehrbuch zur Einführung in die englische Sprache, Landeskunde und Geisteswelt, 10. Aufl. Berlin 1923.

HEBBEL, Friedrich, Agnes Bernauer. Ein deutsches Trauerspiel in 5 Akten. Mit Erläuterungen für den Schulgebrauch und [das] Privatstudium von Alfred HOFFMANN (=Schöninghs Ausgaben deutscher Klassiker, 44), Paderborn 1911.

HECKMANN, Charlotte / HECKMANN, Gustav, Elisabeth Rotten zum 75. Geburtstag am 15. Februar 1957, in: Allgemeine Deutsche Lehrerzeitung vom 15.02.1957.

HECKMANN, Charlotte, Begleiten und Vertrauen. Pädagogische Erfahrungen im Exil 1934-1946, hrsg. und komm. von Inge HANSEN-SCHABERG und Bruno SCHONIG (=Studien zur Bildungsreform, 26), Frankfurt [u.a.] 1995.

HECKMANN, Charlotte, Pädagogische Texte, in: HECKMANN, Charlotte, Begleiten und Vertrauen. Pädagogische Erfahrungen im Exil 1934-1946, hrsg. und komm. von Inge HANSEN-SCHABERG und Bruno SCHONIG (=Studien zur Bildungsreform, 26), Frankfurt [u.a.] 1995, S. 13-103.

HEGEL, Georg Wilhelm Friedrich, Vorlesungen über die Philosophie der Geschichte (=HEGEL, Georg Wilhelm Friedrich, Werke, 12), Frankfurt 1970.

HEIDENSTAM, Verner von, Die Schweden und ihre Häuptlinge. Ein Buch für Junge und Alte, 2 Teile, München 1909/1911.

HEIDENSTAM, Verner von, Die Karolinger. Erzählungen aus der Zeit Karls XII., Leipzig 1911.

HEIDENSTAM, Verner von, Karl XII. und seine Krieger, 2 Teile, München o.J. [1916/1918].

HEIDLER, Irmgard, Der Verleger Eugen Diederichs und seine Welt (1896-1930) (=Mainzer Studien zur Buchwissenschaft, 8), Wiesbaden 1998.

HEILAND, Helmut / SAHMEL, Karl-Heinz, Praxis Schulleben in der Weimarer Republik 1918-1933. Die reformpädagogische Idee des Schullebens im Spiegel schulpädagogischer Zeitschriften der Zwanziger Jahre (=Documenta Paedagogica. Quellen zur Geschichte der Erziehung und des Unterrichts, 3), Hildesheim [u.a.] 1985.

HEIMANN, Siegfried, Der Bund der religiösen Sozialisten Deutschlands (BRSD): Selbstverständnis, organisatorische Entwicklung und praktische Politik, in: HEIMANN, Siegfried / WALTER, Franz, Religiöse Sozialisten und Freidenker in der Weimarer Republik (=Forschungsinstitut der Friedrich-Ebert-Stiftung. Reihe: Politik- und Gesellschaftsgeschichte, 31; =Solidargemeinschaft und Milieu: Sozialistische Kultur- und Freizeitorganisationen in der Weimarer Republik, 4), Bonn 1993, S. 13-262.

HEIMANN, Siegfried / WALTER, Franz, Religiöse Sozialisten und Freidenker in der Weimarer Republik (=Forschungsinstitut der Friedrich-Ebert-Stiftung. Reihe: Politik- und Gesellschaftsgeschichte, 31; =Solidargemeinschaft und Milieu: Sozialistische Kultur- und Freizeitorganisationen in der Weimarer Republik, 4), Bonn 1993.

Heimat, deine Schrecken. Schule und Schulpflicht im Zweiten Weltkrieg, hrsg. von der Schulgeschichtlichen Sammlung Bremen, dem Staatsarchiv Bremen und dem Wissenschaftlichen Institut für Schulpraxis Bremen (=Katalog 4 zum Ausstellungsprojekt ''Geh zur Schul und lerne was'. 150 Jahre Schulpflicht in Bremen 1844-1994'), Bremen 1994.

HEIN, Johannes, Die Entstehung der Hamburger Reformbewegung, in: Die neuen Schulen in Deutschland, hrsg. von Fritz KARSEN. Mit einem Vorwort von Wilhelm PAULSEN, Langensalza 1924, S. 9-24.HEINE, Gustav, Die Hamburger Lichtwarkschule [Vortrag, gehalten in Sao Paulo, April 1945]. Mit einer Vorbemerkung von Achim LESCHINSKY, in: Zeitschrift für Pädagogik, Jg. 32 (1986), S. 323-343.

HEINEKE, Gustav, Frühe Kommunen in Deutschland. Versuche neuen Zusammenlebens. Jugendbewegung und Novemberrevolution 1919-24, Herford 1978.

HEINEMANN, Gustav, Die Freiheitsbewegungen in der deutschen Geschichte. Ansprache des Bundespräsidenten zur Eröffnung der Erinnerungsstätte [für die Freiheitsbewegungen in der deutschen Geschichte] in Rastatt [am 26.Juni 1974], in: Bulletin, hrsg. vom Presse- und Informationsamt der Bundesregierung, Nr. 78 vom 28.06.1974, S. 777-779.

HEINRICH, Adolf, Die Siedlerschulen der Stadt Berlin. Berufsschulen für ungelernte Arbeiter, in: Berufsbildung, Jg. 1 (1947), Heft 4/5: August 1947, S. 35-38.

HELDBURG, Freifrau von (Ellen Franz), Fünfzig Jahre Glück und Leid. Ein Leben in Briefen aus den Jahren 1873-1923, hrsg. von Johannes WERNER, Leipzig 1926.

HELMCHEN, Jürgen, Die Internationalität der Reformpädagogik. Vom Schlagwort zur historisch-vergleichenden Forschung (=Oldenburger Universitätsreden, 5), Oldenburg 1987.

HELMER, Siegfried, Martin Buber und die Odenwaldschule, in: OSO-Hefte, N.F., Bd. 6 (1981), S. 5-14.

HENDERSON, James L., Adolf Reichwein. Eine politisch-pädagogische Biographie, hrsg. von Helmut LINDEMANN, Stuttgart 1958.

HENNING, Dieter, Die Nutzung 'heiligen Bodens' - Die Gartenarbeitsschule aus nationalsozialistischer Sicht, in: Schulreform - Kontinuitäten und Brüche. Das Versuchsfeld Berlin-Neukölln, hrsg. von Gerd RADDE, Werner KORTHAASE, Rudolf ROGLER und Udo GÖßWALD im Auftrag des Bezirksamts Neukölln, Abt. Volksbildung, Kunstamt, Bd. I: 1912 bis 1945, Opladen 1993, S. 397-399.

HENNING, Dieter, Von der Schulkolonie zur ersten Gartenarbeitsschule, in: Schulreform - Kontinuitäten und Brüche. Das Versuchsfeld Berlin-Neukölln, hrsg. von Gerd RADDE, Werner KORTHAASE, Rudolf ROGLER und Udo GÖßWALD im Auftrag des Bezirksamts Neukölln, Abt. Volksbildung, Kunstamt, Bd. I: 1912 bis 1945, Opladen 1993, S. 146-152.

HENNING, Dieter, Nur noch eine Gartenarbeitsschule in Neukölln?, in: Schulreform - Kontinuitäten und Brüche. Das Versuchsfeld Berlin-Neukölln, hrsg. von Gerd RADDE, Werner KORTHAASE, Rudolf ROGLER und Udo GÖßWALD im Auftrag des Bezirksamts Neukölln, Abt. Volksbildung, Kunstamt, Bd. II: 1945 bis 1972, Opladen 1993, S. 153-158.

HENNINGSEN, Geert, Wie wurde man Lichtwarkschüler? (1977), in: Die Lichtwarkschule. Idee und Gestalt, Hamburg 1979. S. 57-59.

HENNINGSEN, Nicolaus, Ein Arbeitsjahr in der Gemeinschaftsschule [Tieloh in Hamburg], in: Der Elternbeirat. Halbmonatsschrift für Eltern, Lehrer und Behörden, Jg. 2 (1921), S. 327-333.

HENNINGSEN, Nicolaus, Durch 'Versuchsschulen' zur Umgestaltung unseres Schulwesens. Eine Richtigstellung und Erwiderung, in: Pädagogische Reform, Jg. 45 (1921), S. 240-242.

HEPP, Corona, Avantgarde. Moderne Kunst, Kulturkritik und Reformbewegungen nach der Jahrhundertwende, München 1987.

HERDAN-ZUCKMAYER, Alice, Genies sind im Lehrplan nicht vorgesehen, Frankfurt 1979.

HERDER, Johann Gottfried, Der Cid. Nach spanischen Romanzen. Mit ausführlichen Erläuterungen für den Schulgebrauch und das Privatstudium von P. SCHWARZ (=Schöninghs Ausgaben deutscher Klassiker mit ausführlichen Erläuterungen, 13), 8. Aufl. Paderborn 1922.

HERDER, Johann Gottfried, Briefe zur Förderung der Humanität, hrsg. von Walter BEYSLLA (=Stimmen der Menschheit, 1), Augsburg 1946.

HERDER, Johann Gottfried, Schulreden, hrsg. von Albert REBLE, Bad Heilbrunn 1962.

HERING, Dietrich, Beitrag zur Geschichte der Fakultät für Pädagogik und Kulturwissenschaften, in: 125 Jahre TH Dresden. Festschrift, Dresden 1953, S. 177-182.

HERING, Sabine / LÜTZENKIRCHEN, Hans-Georg, Anders werden. Die Anfänge der politischen Erwachsenenbildung in der DDR. Gespräche mit Hans Mahle, Paul Wandel, Kurt Hager, Alice Zadek, Wolfgang Harich, Heinrich Scheel, Helmut Bock, Erwin Hinz, Rosemarie Walther, Werner Hecht, Heinz Fleischer und Norbert Podewin. Mit einem Nachwort von Lutz NIETHAMMER, Berlin 1995.

HERING, Sabine / LÜTZENKIRCHEN, Hans-Georg, Das Gespräch mit Paul Wandel, in: HERING, Sabine / LÜTZENKIRCHEN, Hans-Georg, Anders werden. Die Anfänge der politischen Erwachsenenbildung in der DDR. Gespräche mit Hans Mahle, Paul Wandel, Kurt Hager,

Alice Zadek, Wolfgang Harich, Heinrich Scheel, Helmut Bock, Erwin Hinz, Rosemarie Walther, Werner Hecht, Heinz Fleischer und Norbert Podewin. Mit einem Nachwort von Lutz NIETHAMMER, Berlin 1995, S. 35-44.

HERMAND, Jost, Als Pimpf in Polen. Erweiterte Kinderlandverschickung 1940-1945, Frankfurt 1993.

HERRE, Paul, Deutsche Kultur des Mittelalters in Bild und Wort (=Wissenschaft und Bildung. Einzeldarstellungen aus allen Gebieten des Wissens, 100/101), Leipzig 1912.

HERRMANN, Ulrich, Neue Wege der Sozialgeschichte. Zur Forschungspraxis der Historischen Sozialisationsforschung und zur Bedeutung ihrer Ergebnisse für pädagogische Theoriebildung, in: Pädagogische Rundschau, Jg. 38 (1984), S. 171-187; wieder in: HERRMANN, Ulrich, Historische Bildungsforschung und Sozialgeschichte der Bildung. Programme - Analysen - Ergebnisse, Weinheim 1991, S. 271-282.

HERRMANN, Ulrich, Die Jugendkulturbewegung. Der Kampf um die höhere Schule, in: 'Mit uns zieht die neue Zeit'. Der Mythos Jugend, hrsg. von Thomas KOEBNER, Rolf-Peter JANZ und Frank TROMMLER, Frankfurt 1985, S. 224-244; wieder in: HERRMANN, Ulrich, Historische Bildungsforschung und Sozialgeschichte der Bildung. Probleme - Analysen - Ergebnisse, Weinheim 1991, S. 257-267.

HERRMANN, Ulrich, Historische Bildungsforschung und Sozialgeschichte der Bildung. Programme - Analysen - Ergebnisse, Weinheim 1991.

HERTLING, Elisabeth, Das Entstehen und das Werden der Schulsiedlung Loheland, [masch.] Künzell o.J. [1984 oder später].

HESS, Ulrich, Georg II., in: Neue Deutsche Biographie, Bd. 6, Berlin 1964, S. 228f.

HESSE, Alexander, Die Professoren und Dozenten der preußischen Pädagogischen Akademien (1926-1933) und Hochschulen für Lehrerbildung (1933-1941), Weinheim 1995.

HETKAMP, Jutta, Ausgewählte Interviews von Ehemaligen der Jüdischen Jugendbewegung in Deutschland von 1913-1933 (=Anpassung - Selbstbehauptung - Widerstand, 5), Münster [u.a.] 1994.

HETKAMP, Jutta, Die Jüdische Jugendbewegung in Deutschland von 1913-1933 (=Anpassung - Selbstbehauptung - Widerstand, 4), Münster [u.a.] 1994.

HEYMANN, Lida Gustava, Erlebtes - Erschautes. Deutsche Frauen kämpfen für Freiheit, Recht und Frieden. 1850-1940, hrsg. von Margit TWELLMANN, Meisenheim 1972.

HEYN, August, Aus der Praxis der Gartenarbeitsschule, in: Der Elternbeirat. Halbmonatsschrift für Eltern, Lehrer und Behörden, Jg. 1 (1920), S. 238-240.

HEYN, August, Aus der Praxis der Gartenarbeitsschule, in: Zeitschrift für soziale Pädagogik. Vierteljahresschrift der Deutschen Gesellschaft für soziale Pädagogik, Jg. 2 (1920/21) [Heft 3/4 (April-September 1921)], S. 152-156.

HEYN, August, Die Gartenarbeitsschule. Mit einer Einführung von Stadt- und Kreisschulrat Artur BUCHENAU, Breslau 1921; mit einer kurzen Einleitung vers. Auszüge, die Beispiele aus Unterricht und Erziehung bringen (S. 51-58), mit leichten Veränderungen wieder in: Neue Schulformen und Versuchsschulen, hrsg. von Gustav PORGER (=Pädagogische Schriftsteller, 21), Bielefeld [u.a.] 1925, S. 284-294; dieser Auszug wieder in: HOOF, Dieter, Die Schulpraxis der Pädagogischen Bewegung des 20. Jahrhunderts. Berichte und Unterrichtsbilder, Bad Heilbrunn 1969, S. 151-155.

HEYN, August, Die Neuköllner Gartenarbeitsschule, in: Zur Produktionsschule! (Entschiedene Schulreform III). Abrisse und Leitsätze nach den Vorträgen der dritten Tagung des Bundes entschiedener Schulreformer vom 2. bis 6. Oktober 1920 in der Gemeindefesthalle zu Berlin-Lankwitz, hrsg. von Paul OESTREICH, Berlin 1921, S. 18-20; wieder in: Ebd., 2. umgearb.

und verm. Aufl. Berlin 1921, S. 24f.; wieder in: Ebd., 3. umgearb. und verm. Aufl. Berlin 1922, S. 28f.

HEYN, August, Die Gartenarbeitsschule Neukölln, in: Deutsche Schulversuche, hrsg. von Franz HILKER, Berlin 1924, S. 221-231.

HEYN, August, Gartenarbeitsschulen, in: Die neue Schule, Jg. 1 (1946), S. 18f.

HEYN, August, Gartenarbeitsschulen. Beweise für ihren Wert und ihre Notwendigkeit, in: Die neue Schule, Jg. 2 (1947), S. 99-101.

'Hier geht das Leben auf eine sehr merkwürdige Weise weiter ...' Zur Geschichte der Psychoanalyse in Deutschland [Katalog und Materialiensammlung zur gleichnamigen Ausstellung anläßlich des 34. Kongresses der Internationalen Psychoanalytischen Vereinigung in Hamburg 28.07.-02.08.1985], hrsg. von Karen BRECHT, Volker FRIEDRICH, Ludger M. HERMANNS, Isidor KAMINER und Dierk H. JUELICH, 2. Aufl, Hamburg 1985.

HIERDEIS, Helmut, Kritik und Erneuerung. Reformpädagogik 1900-1933 (=Erziehung - Anspruch - Wirklichkeit. Geschichte und Dokumente abendländischer Pädagogik, 6), Starnberg 1971.

HILDEBRAND, Rudolf, Über Grimms Wörterbuch in seiner wissenschaftlichen und nationalen Bedeutung. Vorlesung gehalten in der Aula der Universität Leipzig am 24. April 1869 zum Antritt einer außerordentlichen Professur für deutsche Literatur, Leipzig 1869.

HILDEBRANDT, Paul, De scholiis Ciceronis Bobiensibus, Berlin 1894, Göttingen, Univ., Diss., 1894.

HILDEBRANDT, Paul, Der Erlaß der preußischen Unterrichtsverwaltung über Schulgemeinden und Schülerräte, in: Deutsches Philologen-Blatt, Jg. 27 (1919), S. 6-10.

HILDEBRANDT, Paul, Schulgemeinden und Schülerräte, in: Monatsschrift für die höhere Schule, Jg. 18 (1919), S. 174-179.

HILDEBRANDT, Paul, Eine neue Schulart - Die Neuköllner Gartenarbeitsschule, in: Vossische Zeitung vom 09.01.1920, Abendausg.

HILDEBRANDT, Paul, Die Tragikomödie der Oberlehrer, in: Vossische Zeitung vom 04.02.1920.

HILDEBRANDT, Paul, Die Zukunft der Kadettenanstalten. Übernahme durch die Unterrichtsverwaltung, in: Vossische Zeitung vom 28.04.1920, Beilage zur Morgenausg.

HILDEBRANDT, Paul, Die Reformschule im Kadettenhaus. Die Eröffnungsfeier in Lichterfelde, in: Vossische Zeitung vom 05.05.1920.

HILDEBRANDT, Paul, Ein Mann der Tat. Hermann Lietz' Lebenserinnerungen, in: Vossische Zeitung vom 18.05.1920, Morgenausg.

HILDEBRANDT, Paul, Lichterfelder Eindrücke, in: Vossische Zeitung vom 29.05.1920.

HILDEBRANDT, Paul, Ergebnisse der Reichsschulkonferenz. Ergänzungen und Entgegnung, in: Vossische Zeitung vom 15.07.1920.

HILDEBRANDT, Paul, Paulsen zum Oberschulrat gewählt, in: Vossische Zeitung vom 14.01.1921, Morgenausg., 1. Beilage.

HILDEBRANDT, Paul, Die alte und die neue Schule, in: Vossische Zeitung vom 11.03.1921, Abendausg.

HILDEBRANDT, Paul, Berlins Schulwesen. Paulsen-Rede im Stadtparlament [am 14.04.1921], in: Vossische Zeitung vom 15.04.1921, Morgenausg., 1. Beilage.

HILDEBRANDT, Paul, Um Paulsens Programm. Schluß der Aussprache im Stadtparlament, in: Vossische Zeitung vom 22.04.1921, Morgenausg.

HILDEBRANDT, Paul, Paulsens Schulreformplan, in: Vossische Zeitung vom 26.04.1921, 1. Beilage.

HILDEBRANDT, Paul, Die Hamburger Gemeinschaftsschulen. Der erste Tätigkeitsbericht, in: Vossische Zeitung vom 14.07.1921, Morgenausg.

HILDEBRANDT, Paul, Das Programm des Kultusministers. Eine Unterredung mit Dr. Boelitz, in: Vossische Zeitung vom 19.11.1921, Morgenausg., 1. Beilage.

HILDEBRANDT, Paul, Aussprache der Schulgemeinden, in: Vossische Zeitung vom 12.12.1921, Abendausg.

HILDEBRANDT, Paul, Ein radikales Schulprogramm [die 'Grundpläne und Grundsätze einer natürlichen Schulordnung' Wilhelm Paulsens, die u.d.T. 'Natürliche Schulordnung. Ein Entwurf' zuerst in der 'Vossischen Zeitung' vom 23.01.1922 abgedr. worden waren], in: Vossische Zeitung vom 28.01.1922, Abendausg.

HILDEBRANDT, Paul, Schulpforta als Gutsherrin. Ein Alumnat, das sich selbst erhält, in: Vossische Zeitung vom 05.06.1923 (Morgenausg.), 1. Beilage.

HILDEBRANDT, Paul, Gelehrsamkeit und Sport. Lehrer und Schüler in Schulpforta, in: Vossische Zeitung vom 07.06.1923 (Morgenausg.), 1. Beilage.

HILDEBRANDT, Paul, Fröhliche Schule. Die erste Berliner Studienanstalt, in: Vossische Zeitung vom 10.02.1924, Morgenausg.

HILDEBRANDT, Paul, Einigung im Rathause. Paulsen klagt, in: Vossische Zeitung vom 03.09.1924, Abendausg.

HILDEBRANDT, Paul, Die Zelle der Gemeinschaft. Die Hamburger Lichtwark-Schule, in: Vossische Zeitung vom 23.03.1926.

HILDEBRANDT, Paul, Das Neue Wien, in: Vossische Zeitung vom 10.12.1927, Morgenausg.

HILDEBRANDT, Paul, Drei Schulen in einer. Tauts Entwurf für Neukölln, in: Vossische Zeitung vom 22.01.1928, Morgenausg.

HILDEBRANDT, Paul, Die Schule ohne Drill. Berliner Lehranstalten von heute, in: Vossische Zeitung vom 03.01.1929, Morgenausg.

HILDEBRANDT, Paul, Lichte Schulen. Kinder in Fühlung mit der Natur, in: Vossische Zeitung vom 29.05.1929, Morgenausg.

HILDEBRANDT, Paul, Das Wesen der Schülerselbstverwaltung, in: Monatsschrift für höhere Schulen, Jg. 30 (1931), S. 249-274.

HILDEBRANDT, Paul, Schülerselbstverwaltung in der Weimarer Zeit, in: Die neue Schule, Jg. 2 (1947), S. 387-390.

Professor Dr. Paul Hildebrandt, in: Sie wirkten in Berlin [27 Lebensläufe von Lehrern und Erziehern ...]. Erinnerungsschrift anläßlich des Kongresses der Lehrer und Erzieher in Berlin. Pfingsten 1952, überreicht und zusammengestellt von Fritz OPITZ, hrsg. vom Berliner Verband der Lehrer und Erzieher, Berlin 1952, S. 85-88.

Hilfe Schule. Ein Bilder-Lese-Buch über Schule und Alltag Berliner Arbeiterkinder. Von der Armenschule zur Gesamtschule 1827 bis heute, hrsg. von der Arbeitsgruppe Pädagogisches Museum durch Georg RÜCKRIEM, Klaus WIESE und Ilona ZEUCH, Bildredaktion und Gestaltung von Gesine ASMUS, Berlin 1981.

HILL, Patty Smith / DAVIS, Mary Dabney / ROTTEN, Elisabeth, World Neighbors, in: Childhood Education, Jg. 4 (1928), S. 458-460.

HILKER, Franz, Jugendfeiern. Mit einem Geleitwort von Paul OESTREICH (=Die Lebensschule. Schriftenfolge des Bundes entschiedener Schulreformer, 1), Berlin 1921.

HILKER, Franz, Oberstufenversuche, in: Die Neue Erziehung, Jg. 4 (1922), S. 310-312; mit einem einleitenden Absatz u.d.T. 'Die Wahlfreie Oberstufe als Etappe zur neuen Schule' in: Jugendnot. Vorträge, gehalten auf der IX. öffentlichen Tagung des Bundes entschiedener Schulreformer im Neuen Rathaus zu Berlin-Schöneberg am 1., 2. und 3. Oktober 1922, hrsg. von Gerhard DANZIGER und Siegfried KAWERAU, Leipzig 1922, S. 146-149; Originalfassung wieder in: Bausteine zur neuen Schule. Vorschläge Entschiedener Schulreformer, hrsg. von Paul OESTREICH (=Pädagogische Reihe, 16), München 1923, S. 225-234.

HILKER, Franz, Wege zu künstlerischer Volkskultur, in: Saarländer Schulzeitung, Jg. 4 (1923), S. 179-181.

HILKER, Franz, Der Produktionsschulgedanke [Leitgedanken zur Bundestagung des Bundes Entschiedener Schulreformer September/Oktober 1923 in der Berliner Universität. Gesamtthema: Die Produktionsschule als Lebens- und elastische Einheitsschule zur Volkskultur [...]], in: Die Neue Erziehung, Jg. 5 (1923), S. 315f.

HILKER, Franz, Vorwort, in: Deutsche Schulversuche, hrsg. von Franz HILKER, Berlin 1924, S. III-VII.

HILKER, Franz, Das Zentralinstitut für Erziehung und Unterricht, in: Der Schulfunk, Jg. 3 (1929), S. 289-291.

HILKER, Franz, Prof. Dr. Fritz Karsen +, in: Bildung und Erziehung, Jg. 4 (1951), S. 775-777.

HILKER, Franz, Der Einfluß des 'Weltbundes zur Erneuerung der Erziehung' auf die deutsche Erziehung, in: Bildung und Erziehung, Jg. 5 (1952), S. 285f.

HILKER, Franz, Zum 75. Geburtstag von Dr. Elisabeth Rotten, in: Bildung und Erziehung, Jg. 10 (1957), S. 172f.

HILKER, Franz, In Memoriam (Paul Oestreich und Bernhard Uffrecht), in: Bildung und Erziehung, Jg. 12 (1959), S. 183f.

HILKER, Franz, Adolf Grimme zum 75. Geburtstag, in: Bildung und Erziehung, Jg. 13 (1960), S. 110f.

HILKER, Franz, Adolphe Ferrière +, in: Bildung und Erziehung, Jg. 13 (1960), S. 436f.

HILKER, Franz, Adolphe Ferrière zum Gedächtnis, in: Bildung und Erziehung, Jg. 13 (1960), S. 449-456.

HILKER, Franz, Vergleichende Pädagogik. Eine Einführung in ihre Geschichte, Theorie und Praxis, München 1962.

HILKER, Franz, Adolf Grimme +, in: Bildung und Erziehung, Jg. 16 (1963), S. 509f.

HILKER, Franz, In memoriam Elisabeth Rotten!, in: Bildung und Erziehung, Jg. 17 (1964), S. 229.

HILKER, Franz, Die Reformpädagogik der zwanziger Jahre. In der Sicht von damals und von heute, in: Bildung und Erziehung, Jg. 19 (1966), S. 352-375.

Oberschulrat a.D. Dr. h.c. Franz Hilker, in: Bildung und Erziehung, Jg. 22 (1969), S. 1.

HILLGRUBER, Andreas, Hans Delbrück, in: Deutsche Historiker, hrsg. von Hans-Ulrich WEHLER, Bd. 4, Göttingen 1972, S. 40-52.

HINRICHS, Wolfgang, Weltbund für Erneuerung der Erziehung in Geschichte und Gegenwart. 75-Jahr-Feier in Heidelbeg, in: Pädagogische Rundschau, Jg. 52 (1988), S. 323-341.

Hinterhof, Keller und Mansarde. Einblicke in Berliner Wohnungselend 1901-1920. Die Wohnungs-Enquete der Ortskrankenkasse für den Gewerbebetrieb der Kaufleute, Handelsleute und Apotheker, hrsg. von Gesine ASMUS, Reinbek 1982.

2. Allgemeine Literatur

HIRSCH, Walter, Zur physiologischen Mechanik des Froschsprunges, Berlin, Univ., Diss., 1931.

HIRSCH, Willi, Aus dem Leben und Wirken von Elisabeth Rotten, in: Der Neue Bund. Zeitschrift für Freiheit und Gemeinschaft, Jg. 30 (1964), S. 87-98.

HIRSCH, Willi, Elisabeth Friederike Rotten. 15. Februar 1882 - 2. Mai 1964. Trauerfeier in der Kirche Saanen, in: Anzeiger von Saanen vom 26.05.1964.

HIRSCHFELD, Rudolf, Unsere Selbstverwaltung - Ein Rückblick (Unter Benutzung von Prof. Engelbert 'Die Selbstverwaltung der Schüler' (1914), der Jahresberichte des WSRg., der Protokolle des Ausschusses und der Werner-Siemens-Blätter), in: 25 Jahre Werner Siemens-Realgymnasium, Berlin 1928, S. 33-36.

Historisch-biographisches Lexikon der Schweiz, Neuenburg 1926.

HITLER, Adolf, Mein Kampf, 2 Bde. in 1 Bd., 5. Aufl. München 1930.

HOCHMUTH, Ursel, Telemann- und Lichtwarkschüler, in: HOCHMUTH, Ursel / MEYER, Gertrud, Streiflichter aus dem Hamburger Widerstand 1933-1945. Berichte und Dokumente, Frankfurt 1969, S. 72-81.

HOCHMUTH, Ursel, Zur Telemann-Gruppe. Musizieren, diskutieren, wandern und illegale Arbeit, in: Hamburg: Schule unterm Hakenkreuz, hrsg. von Ursel HOCHMUTH und Hans-Peter de LORENT, 2. Aufl. Hamburg 1986, S. 36-39.

HOCHMUTH, Ursel, Lichtwarkschule/Lichtwarkschüler: 'Hitler führt ins Verderben - Grüßt nicht!', in: Hamburg: Schule unterm Hakenkreuz, hrsg. von Ursel HOCHMUTH und Hans-Peter de LORENT, 2. Aufl. Hamburg 1986, S. 84-105.

Die höheren Schulen in Preußen (für die männliche Jugend) und ihre Lehrer. Sammlung der hierauf bezüglichen Gesetze, Verordnungen, Verfügungen und Erlasse nach amtlichen Quellen hrsg. von Adolf BEIER, 3. gänzl. durchgearb. und verm. Aufl. Halle 1909.

HOEPNER, W., Bericht über die Lehrerbildungstagung [des Bundes Entschiedener Schulreformer] in Berlin-Schöneberg, 30. September bis 3. Oktober [1925], in: Die Neue Erziehung, Jg. 7 (1925), S. 938-942.

HOERNLE, Edwin, Elternbeiräte und Versuchsschulen, in: Das proletarische Kind, Jg. 2 (1922), Heft 10 (Oktober), S. 18-20; wieder in: Das proletarische Kind. Zur Schulpolitik und Pädagogik der Kommunistischen Partei Deutschlands in den Jahren der Weimarer Republik. Ausgew., eingel. und erl. von Herbert FLACH und Herbert LONDERSHAUSEN, Berlin (DDR) 1958, S. 171-174; wieder in: HOERNLE, Edwin, Grundfragen der proletarischen Erziehung. Pädagogische und bildungspolitische Schriften. Ausgew., eingel. und erl. von Wolfgang MEHNERT, Herbert FLACH und Hans LEMKE, Berlin (DDR) 1983, S. 94-96.

HOERNLE, Edwin, Grundfragen der proletarischen Erziehung, Berlin 1929; gekürzt wieder in: HOERNLE, Edwin, Schulpolitische und pädagogische Schriften. Ausgew. und eingel. von Wolfgang MEHNERT, Berlin 1958 (2. Aufl. 1962), S. 146-285; veränd. Fassung wieder in: HOERNLE, Edwin, Grundfragen der proletarischen Erziehung. Pädagogische und bildungspolitische Schriften. Ausgew., eingel. und erl. von Wolfgang MEHNERT, Herbert FLACH und Hans LEMKE, Berlin (DDR) 1983, S. 205-327.

HOFFMANN, Adolf, Neue Bahnen im preußischen Ministerium für Wissenschaft, Kunst und Volksbildung, in: Deutsches Philologen-Blatt, Jg. 26 (1918), S. 397.

HOFFMANN, Fritz, Die Schule als gesellschaftsbildende Kraft [bislang unveröff. Manuskript einer Denkschrift aus dem Jahr 1947 (aus dem Nachlaß Hoffmann, jetzt Archiv Gerd Radde)], in: Schulreform - Kontinuitäten und Brüche. Das Versuchsfeld Berlin-Neukölln, hrsg. von Gerd RADDE, Werner KORTHAASE, Rudolf ROGLER und Udo GÖßWALD im Auftrag des Bezirksamts Neukölln, Abt. Volksbildung, Kunstamt, Bd. II: 1945 bis 1972, Opladen 1993, S. 11-20.

HOFFMANN, Fritz, Die Fritz-Karsen-Schule in Berlin-Neukölln. Bericht über einen Schulversuch, in: Die Deutsche Schule. Zeitschrift für Erziehungswissenschaft und Gestaltung der Schulwirklichkeit, Jg. 52 (1960), S. 151-161.

HOFFMANN, Volker, Die Rütlischule - Entwicklung und Auflösung eines staatlichen Schulversuchs, in: Schulreform - Kontinuitäten und Brüche. Das Versuchsfeld Berlin-Neukölln, hrsg. von Gerd RADDE, Werner KORTHAASE, Rudolf ROGLER und Udo GÖßWALD im Auftrag des Bezirksamts Neukölln, Abt. Volksbildung, Kunstamt, Bd. I: 1912 bis 1945, Opladen 1993, S. 118-129.

HOFFMANN, Volker, Bruno Lindtner. 1901-1987, in: Schulreform - Kontinuitäten und Brüche. Das Versuchsfeld Berlin-Neukölln, hrsg. von Gerd RADDE, Werner KORTHAASE, Rudolf ROGLER und Udo GÖßWALD im Auftrag des Bezirksamts Neukölln, Abt. Volksbildung, Kunstamt, Bd. II: 1945 bis 1972, Opladen 1993, S. 219-221

HOFFMANN, Volker, Von den Vor- und Nachteilen der Ungleichzeitigkeit Berliner Versuchsschulen und ihre Verbindungen zu Hamburg, in: Nationale und internationale Verbindungen der Versuchs- und Reformschulen in der Weimarer Republik. Beiträge zur schulgeschichtlichen Tagung vom 17.11.-18.11.1992 im Hamburger Schulmuseum, hrsg. von Reiner LEHBERGER (=Hamburger Schriftenreihe zur Schul- und Unterrichtsgeschichte, 5), Hamburg 1993, S. 40-51.

HOFMANN, Hans Hubert, Rodach, in: Handbuch der Historischen Stätten Deutschlands, Bd. 7: Bayern, hrsg. von Karl BOSL, 2. Aufl. Stuttgart 1965, S. 628.

HOFMANN, Wolfgang, Konrad Haenisch, in: Neue Deutsche Biographie, Bd. 7, Berlin 1966, S. 442-444.

HOFMANN, Wolfgang, Adolf Hoffmann (1858-1930), in: Neue Deutsche Biographie, Bd. 9, Berlin 1972, S. 402f.

HOHENDORF, Gerd, Die pädagogische Bewegung in den ersten Jahren der Weimarer Republik, Berlin (DDR) 1954.

HOHMANN, Manfred, Die Pädagogische Insel. Untersuchungen zur Idee einer Eigenwelt der Erziehung bei Fichte und Goethe, Wyneken und Geheeb, Ratingen 1966.

HOLTHUSEN, Hans Egon, Eduard Mörike in Selbstzeugnissen und Bilddokumenten, Hamburg 1971.

HOLTZ-BAUMERT, Gerhard, Die pucklige Verwandtschaft. Aus Kindheit und Jugend in Berlin O 17 und Umgebung, Berlin (DDR) 1985.

HOLZ, Arno, Der erste Schultag, Berlin 1924.

HOLZ, Arno, Kindheitsparadies. [Dichtung], Berlin 1924.

HOLZ, Arno, Sozialaristokraten. Komödie, Berlin 1924.

HOLZHAUSEN, Hans-Dieter, Gottlieb Fritz und die städtischen Bibliotheken Berlins, in: Mitteilungen des Vereins für die Geschichte Berlins, Jg. 71 (1975), S. 63-69; wieder in: Briefe an Tetzel. Rudolf Kassners Briefe an seinen Jugendfreund Gottlieb Fritz aus den Jahren 1896 bis 1916 [mit Erläuterungen, Beilagen und Nachwort], hrsg. von Ernst ZINN und Klaus E. BOHNENKAMP, Pfullingen 1979, S. 278-286.

HOLZHAUSEN, Hans-Dieter, Gottlieb Fritz und die Reform des Berliner Büchereiwesens. Ein Beitrag zur Entwicklung von Theorie und Organisation des Großstädtischen Büchereiwesens in Deutschland, in: Bibliothek und Wissenschaft, Bd. 16 (1982), S. 1-30.

HOLZHAUSEN, Hans-Dieter, Gottlieb Fritz und seine Entfernung aus dem Amt des Direktors der Berliner Stadtbibliothek 1933/34, in: Bibliotheken während des Nationalsozialismus, hrsg. von Peter VODOSEK und Manfred KOMOROWSKI, Teil 1 (=Wolfenbütteler Studien zur Geschichte des Buchwesens, 16), Wiesbaden 1989, S. 261-271.

HOMANN, Mathias, Der Philologenverband und Dr. Felix Behrend, in: Schulreform - Kontinuitäten und Brüche. Das Versuchsfeld Berlin-Neukölln, hrsg. von Gerd RADDE, Werner KORTHAASE, Rudolf ROGLER und Udo GÖßWALD im Auftrag des Bezirksamts Neukölln, Abt. Volksbildung, Kunstamt, Bd. I: 1912 bis 1945, Opladen 1993, S. 358-365.

HOMANN, Mathias, Felix Behrend - ein Antipode Fritz Karsens, in: Reformpädagogik in Berlin - Tradition und Wiederentdeckung. Für Gerd Radde, hrsg. von Wolfgang KEIM und Norbert H. WEBER (=Studien zur Bildungsreform, 30), Frankfurt [u.a.] 1998, S. 239-256.

HOMER, Odysee. Neu übertragen von Rudolf Alexander SCHRÖDER, Leipzig 1911.

HONIGHEIM, Paul, Kulturkrise, Gesellschaft und Lehrerschaft, in: Der neue Lehrer. Die notwendige Lehrerbildung. Beiträge zur Entschiedenen Schulreform, hrsg. von Paul OESTREICH und Otto TACKE, Osterwieck 1926, S. 1-8.

HOOF, Dieter, Die Schulpraxis der Pädagogischen Bewegung des 20. Jahrhunderts. Berichte und Unterrichtsbilder, Bad Heilbrunn 1969.

HOWARD, Ebenezer, Tomorrow. A peaceful path to real reform, London 1898; ab der 2. Aufl. London 1902 u.d.T. 'Garden-cities of tomorrow'; erste dt. Übers.: HOWARD, Ebenezer, Gartenstädte in Sicht. Mit einem Geleitwort von Franz OPPENHEIMER und einem Anhang: KAMPPMEYER, Bernhard, Zur Gartenstadtbewegung in Deutschland, Jena 1907; neuere Übers.: HOWARD, Ebenezer, Gartenstädte von morgen. Das Buch und seine Geschichte, hrsg. von Julius POSENER (=Bauwelt-Fundamente, 21), Berlin [u.a.] 1968.

HUBER, Ernst Rudolf, Deutsche Verfassungsgeschichte seit 1789,
Bd. V: Weltkrieg, Revolution und Reichserneuerung 1914-1919, rev. Aufl. der 1. Aufl. von 1978 Stuttgart [u.a.] 1992;
Bd. VI: Die Weimarer Reichsverfassung, Stuttgart [u.a.] 1981;
Bd. VII: Ausbau, Schutz und Untergang der Weimarer Republik, Stuttgart [u.a.] 1985;
Bd. VIII: Register, Stuttgart [u.a.] 1992.

HÜTTENBERGER, Peter, Vorüberlegungen zum 'Widerstandsbegriff', in: Theorien in der Praxis des Historikers (=Geschichte und Gesellschaft, Sonderheft 3), Göttingen 1977, S. 117-134.

HÜTTENBERGER, Peter, Probleme des Widerstandsbegriffes, in: Bericht über die 32. Versammlung deutscher Historiker in Hamburg. 4.-8. Oktober 1978, Stuttgart 1979, S. 98f.

HUGUENIN, Elisabeth, Die Odenwaldschule. Mit einem Vorwort von Peter PETERSEN: Die Stellung des Landerziehungsheims im Deutschen Erziehungswesen des 20. Jahrhunderts. Ein typologischer Versuch (=Forschungen und Werke zur Erziehungswissenschaft, 5), Weimar 1926.

HUHN, Jochen, Politische Geschichtsdidaktik. Untersuchungen über praktische Implikationen der Geschichtsdidaktik in der Weimarer Republik und in der Bundesrepublik Deutschland, Kronberg 1975.

HUHN, Jochen, Georg Siegfried Kawerau (1886-1936), in: Deutsche Geschichtsdidaktiker des 19. und 20. Jahrhunderts. Wege, Konzeptionen, Wirkungen, hrsg. von Siegfried QUANDT, Paderborn [u.a.] 1978, S. 280-303.

HUMBOLDT, Wilhelm von, Briefe, Bd. 2, Leipzig 1848.

HUMBOLDT, Wilhelm von, Ideen zu einem Versuch die Grenzen der Wirksamkeit des Staats zu bestimmen [1792], in: HUMBOLDT, Wilhelm von, Gesammelte Schriften, hrsg. von der Preußischen Akademie der Wissenschaften, Bd. 1: Werke, Bd. 1: 1785-1795, Berlin 1903, S. 97-254.

HUMBOLDT, Wilhelm von, Über die Verschiedenheit des menschlichen Sprachbaues und den Einfluß auf die geistige Entwicklung des Menschengeschlechts, [gedr. in der Druckerei der Kgl. Akad. d. Wiss.], Berlin 1836; Faksimiledr. mit Nachwort von Ewald WASMUTH, Berlin 1935.

HUMBOLDT, Wilhelm von, Gesammelte Schriften, hrsg. von der Preußischen Akademie der Wissenschaften,
Bd. 16: Wilhelm von Humboldts politische Briefe, Bd. 1: 1802-1813, hrsg. von Wilhelm RICHTER, Berlin [u.a.] 1935;
Bd. 17: Wilhelm von Humboldts politische Briefe, Bd. 2: 1813-1835, hrsg. von Wilhelm RICHTER, Berlin [u.a.] 1936.

Humboldt-Gymnasium in Berlin. 38. Bericht über das Schuljahr Ostern 1912 bis Ostern 1913, Berlin 1913.

100 Jahre Turngemeinde der 'Großen Schule' zu Wolfenbüttel. 18. Juni 1828 - 1928. Festschrift, Wolfenbüttel 1928.

HUSCHKE, Wolfgang, Ettersburg, in: Handbuch der Historischen Stätten Deutschlands, Bd. 9: Thüringen, hrsg. von Hans PATZE, Stuttgart 1968, S. 121f.

HUTTEL, Klaus Peter, Wuppertaler Bilddokumente. Ein Geschichtsbuch zum 19. Jahrhundert in Bild und Text, 2 Bde., Wuppertal 1985.

HYLLA, Erich, Franz Hilker - 70 Jahre, in: Bildung und Erziehung, Jg. 4 (1951), S. 304-306.

IBSEN, Henrik, Kaiser und Galiläer. Welthistorisches Schauspiel in 2 Teilen. Dt. von Paul HERRMANN, Berlin 1888.

IBSEN, Henrik, Wenn die Toten erwachen. Ein dramatischer Epilog, Berlin 1920.

Die Idee einer Schule im Spiegel der Zeit. Festschrift für Paul Geheeb zum 80. Geburtstag und zum 40jährigen Bestehen der Odenwaldschule, hrsg. von Eva CASSIRER [u.a.], Heidelberg 1950.

IGGERS, Georg G., Geschichtswissenschaft im 20. Jahrhundert. Ein kritischer Überblick im internationalen Zusammenhang (=Kleine Vandenhoeck-Reihe, 1565), Göttingen 1993.

ILGNER, Alfred, Die Odenwaldschule. Ihr Aufbau, in: Deutsche Schulversuche, hrsg. von Franz HILKER, Berlin 1924, S. 101-121.

IMHOF, Arthur E., Die verlorenen Welten. Alltgasbewältigung durch unsere Vorfahren - und warum wir uns heute so schwer damit tun, München 1984.

IMMERMANN, Karl, Der Oberhof. Eine westfälische Dorfgeschichte aus dem Roman 'Münchhausen' (=Unsere Erzähler, Buch 37/39), 2. Aufl, Münster 1922.

In Memoriam. Yochanan Ginat, in: AHR Information issud by the Association of Jewish refugees in Great Britain, London, Vol. 34, No. 6: June 1979, page 10.

In memoriam Otto Haase, hrsg. vom 'Männertreu Hannover' (=Blätter vom Greifenstein, 15), Wunsdorf 1968.

In memoriam Richard Seyfert, Karl Trinks, Hugo Dähne, hrsg. vom Institut für Berufspädagogik. Technische Universität Dresden (=Dresdner Beiträge zur Berufspädagogik, 1), Dresden 1993.

Interessengemeinschaft Kahlbaum - Hobé, in: Deutsche Destillateur-Zeitung vom 17.04.1923.

Internationale Erziehungs-Rundschau. Monatliche Beilage zur 'Neuen Erziehung'. Hrsg. im Auftrage der Abteilung für Erziehung der Deutschen Liga für Völkerbund von Elisabeth ROTTEN, Berlin, Jg. 1 (1920) - Jg. 2 (1921).

Inventar archivalischer Quellen des NS-Staates. Die Überlieferung von Behörden und Einrichtungen des Reiches, der Länder und der NSDAP. Im Auftrag des Instituts für Zeitgeschichte, bearb. von Heinz BOBERACH,
Teil 1: Reichszentralbehörden, regionale Behörden und wissenschaftliche Hochschulen für die zehn westdeutschen Länder sowie Berlin (=Texte und Materialien zur Zeitgeschichte, Bd. 3/1), München [u.a.] 1991;
Teil 2: Regionale Behörden und wissenschaftliche Hochschulen für die fünf ostdeutschen Länder, die ehemaligen preußischen Ostprovinzen und eingegliederten Gebiete in Polen, Österreich

und der Tschechischen Republik. Mit Nachträgen zu Teil 1 (=Texte und Materialien zur Zeitgeschichte, 3/2), München [u.a.] 1995.

Inventarverzeichnis des Ökonomischen Archivs in Soest (Westfalen), hrsg. von Friedrich SIEGMUND-SCHULTZE, Soest 1962.

JACOBS, Monty, Deutsche Schauspielkunst. Zeugnisse zur Bühnengeschichte klassischer Rollen, 8. Aufl Leipzig 1913.

JÄGER, Georg, Die Mitarbeit der Schüler bei der Gestaltung der höheren Schule. Vortrag im [Hamburger] Lehrerrat am 29. November 1918, in: Pädagogische Reform, Jg. 42 (1918), S. 249f; wieder in: JÄGER, Georg, Schulgemeinde und Schülerausschuß, Hamburg 1919, S. 3-12; Auszug wieder in: Die Lichtwarkschule. Idee und Gestalt, Hamburg 1979, S. 16f.

JÄGER, Georg, Schulgemeinde und Schülerausschuß, Hamburg 1919.

JÄGER, Georg, Schule und Gemeinschaftsidee, in: Pädagogische Reform, Jg. 43 (1919), S. 295-298; Auszug wieder in: Die Lichtwarkschule. Idee und Gestalt, Hamburg 1979, S. 13-16.

JÄGER, Georg, Die Jahresarbeiten auf der Oberstufe und die wahlfreien Arbeiten für die Reifeprüfungen, in: Hamburger Lehrerzeitung, Jg. 7 (1928), S. 191f.; verändert wieder in: Die Lichtwarkschule in Hamburg. Beiträge zur Grundlegung und Berichte 1928, Hamburg 1929, S. 47-52; letztere Fassung gekürzt wieder in: LEHBERGER, Reiner, Die Lichtwarkschule in Hamburg. Das pädagogische Profil einer Reformschule des höheren Schulwesens in der Weimarer Republik. Darstellung und Quellen, Hamburg 1996, S. 58-60.

JAESRICH, Bernhard, Die Wald-Volksschule Berlin-Charlottenburg. Bericht zum 25jährigen Bestehen der Schule, Berlin 1929.

JAESRICH, Bernhard, Die Tageswaldschule für schwächliche Volksschüler, in: Die Freiluftschulbewegung. Versuch einer Darstellung ihres gegenwärtigen internationalen Standes. Zusammengestellt von Karl TRIEBOLD. Dargebracht dem 2. Internationalen Kongreß für Freiluftschulen. Brüssel, Ostern 1931, Berlin 1931, S. 80-85.

Das erste Jahr im deutschen Landerziehungsheim bei Ilsenburg im Harz, hrsg. von Hermann LIETZ, Berlin 1899; wieder in: Das erste und zweite Jahr im Deutschen Landerziehungsheim bei Ilsenburg in dem Jahr 1898/1899, hrsg. von Hermann LIETZ, 2. Aufl. Leipzig 1910.

Das zweite Jahr im Deutschen Landerziehungsheim bei Ilsenburg im Harz, hrsg. von Hermann LIETZ, Berlin 1900; wieder in: Das erste und zweite Jahr im Deutschen Landerziehungsheim bei Ilsenburg in dem Jahr 1898/1899, hrsg. von Hermann LIETZ, 2. Aufl. Leipzig 1910.

Das dritte Jahr im Deutschen Landerziehungsheim bei Ilsenburg im Harz, hrsg. von Hermann LIETZ, Berlin 1901.

Das vierte Jahr in Deutschen Landerziehungsheimen, hrsg. von Hermann LIETZ, Berlin 1902.

Das fünfte Jahr in Deutschen Land-Erziehungsheimen, hrsg. von Hermann LIETZ, Berlin 1903.

Das sechste Jahr in Deutschen Land-Erziehungsheimen, hrsg. von Hermann LIETZ, Leipzig 1904.

Das siebente Jahr in Deutschen Landerziehungsheimen, hrsg. von Hermann LIETZ, Leipzig 1905.

Das achte Jahr im Deutschen Land-Erziehungsheim, hrsg. von Hermann LIETZ, Leipzig 1906.

Das neunte Jahr im Deutschen Land-Erziehungsheim 1906/07, hrsg. von Hermann LIETZ, Leipzig 1907.

Das zehnte Jahr im Deutschen Landerziehungsheim 1907/08, hrsg. von Hermann LIETZ,
1. Teil, Leipzig 1907;
2. Teil, Leipzig 1908.

Das elfte Jahr im Deutschen Landerziehungsheim, hrsg. von Hermann LIETZ, Leipzig 1909.

Das zwölfte Jahr in Deutschen Landerziehungsheimen, hrsg. von Hermann LIETZ, 2 Teile, Leipzig 1910.

Das dreizehnte Jahr in Deutschen Landerziehungsheimen, hrsg. von Hermann LIETZ, 1. Teil, Leipzig 1911. 2. Teil nicht erschienen!

Das vierzehnte Jahr im Deutschen Landerziehungsheim, hrsg. von Hermann LIETZ, Leipzig 1912.

Das fünfzehnte Jahr in Deutschen Landerziehungsheimen. Beiträge zur Schulreform, hrsg. von Hermann LIETZ, Leipzig 1913.

Das sechszehnte Jahr in Deutschen Landerziehungsheimen, hrsg. von Hermann LIETZ, Leipzig 1914.

Das 17. und 18. Jahr in Deutschen Landerziehungsheimen: s. Die Arbeitsschule und die Deutschen Land-Erziehungsheime (17. Jahrbuch der Deutschen Land-Erziehungsheime), hrsg. von Alfred ANDREESEN, Veckenstedt o. J. und: Die deutsche Aufgabe und die Land-Erziehungsheime [18.] Jahrbuch auf das Jahr 1924, hrsg. von Alfred ANDREESEN, Veckenstedt 1924.

Jahrbuch der deutschen Jugendbewegung, Bd. 1 (1969) ff.

Jahrbuch der Königlich-Preußischen Auskunftsstelle für Schulwesen, Jg. 1 (1913), Berlin 1914. [gilt als 1. Jahrbuch des Zentralinstituts für Erziehung und Unterricht].

Jahrbuch der Königlich-Preußischen Auskunftsstelle [Jg. 2ff.]
s.: Jahrbuch des Zentralinstituts für Erziehung und Unterricht ...

Jahrbuch des Zentralinstituts für Erziehung und Unterricht [Jg. 1]
s.: Jahrbuch der Königlich-Preußischen Auskunftsstelle ...

Jahrbuch des Zentralinstituts für Erziehung und Unterricht,
Jg. 2 (1920) [mit Arbeitsbericht 1915-1918], Berlin 1920;
Jg. 3 (1921) [mit Arbeitsbericht 1919-1921], Berlin 1922;
Jg. 4 (1922) [mit Arbeitsbericht 1922], Berlin 1923.

Jahrbuch des Zentralinstituts [Jg. 5ff.]
s.: Das deutsche Schulwesen. Jahrbuch ...

Die Jahresarbeiten der Primaner im Deutschen Landerziehungsheim Bieberstein, hrsg. von Alfred ANDREESEN, Veckenstedt/Harz o.J. [1927].

Jahresberichte der höheren Lehranstalten in Preußen. Schuljahr 1921/22, bearb. von der Staatlichen Auskunftsstelle für Schulwesen, Leipzig 1923.

Jahresberichte der höheren Lehranstalten in Preußen. Schuljahr 1922/23, bearb. von der Staatlichen Auskunftsstelle für Schulwesen, Leipzig 1925.

Jahresberichte der höheren Lehranstalten in Preußen. Schuljahr 1927/28, bearb. von der Staatlichen Auskunftsstelle für Schulwesen, Berlin 1930.

Jahrhundertwende. Der Aufbruch in die Moderne 1880-1930, hrsg. von August NITSCHKE, Gerhard A. RITTER, Detlev J.K. PEUKERT und Rüdiger vom BRUCH, 2 Bde., Reinbek 1990.

JANNASCH, Hans-Windekilde, Pädagogische Existenz. Ein Lebensbericht. Mit einem Vor- und Nachwort von Helmuth KITTEL, Göttingen 1967.

JANTZEN, Hinrich, Namen und Werke. Biographien und Beiträge zur Soziologie der Jugendbewegung, 5 Bde. (=Quellen und Beiträge zur Geschichte der Jugendbewegung, Bd. 12, 1-5), Frankfurt 1972-1982.

JÖDE, Fritz, Die Lebensfrage der neuen Schule, Lauenburg 1921.

JÖDE, Fritz, Musikalische Erziehung, in: Die neuzeitliche deutsche Volksschule. Bericht über den Kongreß Berlin 1928, hrsg. von der Kongreßleitung, Berlin 1928, S. 197-213.

2. Allgemeine Literatur

Fritz Jöde. Leben und Werk. Eine Freundesgabe. zum 70. Geburtstag im Auftrage der Fritz Jöde-Stiftung zusammengestellt und hrsg. von Reinhold STAPELBERG, Trossingen [u.a.] 1957.

Fritz Jöde. Ein Beitrag zur Geschichte der Musikpädagogik des 20. Jahrhunderts. Bericht über das Fritz-Jöde-Symposion, veranstaltet von der Gesellschaft für Musikpädagogik 'GMP' vom 5.-7. Februar 1988 in der Hochschule für Musik und darstellende Kunst in Hamburg, hrsg. von Hildegard KRÜTZFELDT-JUNKER, 2., veränd. Aufl. Altenmedingen 1996.

JOHST, Hanns, Der Einsame. Ein Menschenuntergang. Schauspiel in 9 Bildern, München 1917.

JORNS, Werner / KOOB, Ferdinand, Starkenburg, in: Handbuch der Historischen Stätten Deutschlands, Bd. 4: Hessen, hrsg. von Georg Wilhelm SANTE, 2. Aufl. Stuttgart 1967, S. 421-423.

Die jüdische Emigration aus Deutschland 1933-1941. Die Geschichte einer Austreibung. Eine Ausstellung der Deutschen Bibliothek, Frankfurt a.M., unter Mitwirkung des Leo Baeck Instituts, New York [u.a.] 1985.

Die Jugendmusikbewegung. Impulse und Wirkungen, hrsg. von Karl-Heinz REINFANDT, Wolfenbüttel [u.a.] 1987.

Die Jugendmusikbewegung in Dokumenten ihrer Zeit von den Anfängen bis 1933, hrsg. vom Archiv der Jugendmusikbewegung, Wolfenbüttel 1980.

JURKUHN, Wo stehen wir?, in: Der Elternbund. Mitteilungen der Geschäftsstelle des Evangelischen Gesamt-Elternbundes und der christlich-unpolitischen Elternbeiratsmitglieder Groß-Berlins, Jg. 1 (1921), Heft 1/2 vom 15.02.1921, S. 2-4.

JURKUHN, Der neue Oberstadtschulrat. Grundsätzliches zu seinem Erziehungsprogramm, in: Der Elternbund. Mitteilungen der Geschäftsstelle des Evangelischen Gesamt-Elternbundes und der christlich-unpolitischen Elternbeiratsmitglieder Groß-Berlins, Jg. 1 (1921), [Nr. 4 vom 15.03.], S. 21-25.

JURKUHN, Von der Groß-Berliner Kampffront, in: Der Elternbund. Mitteilungen der Hauptgeschäftsstelle des Evangelischen Gesamt-Elternbundes und der christlich-unpolitischen Elternbeiratsmitglieder Groß-Berlins, Jg. 1 (1921), [Nr. 6 vom 01.06.], S. 42f.

KAEBER, Ernst, Die Oberbürgermeister Berlins seit der Steinschen Städteverordnung, in: Jahrbuch des Vereins für die Geschichte Berlins, Berlin 1952, S. 53-114.

KAESTNER, Paul, Für Wilhelm Paulsen, in: Vossische Zeitung vom 24.09.1924, Morgenausg., 1924; wieder in: Berliner Lehrerzeitung, Jg. 5 (1924) [Nr. 40 (vom 03.10.)], S. 417f.

KAISER, Jakob, Europa und Deutschland (Rede vom 30.01.1946), in: KAISER, Jakob, Der soziale Staat. Reden und Gedanken (=Wege in die neue Zeit, 2), Berlin 1946, S. 22-24.

KAISER, Jakob, Deutschlands geschichtliche Aufgaben (Rede vom 13.02.1946), in: KAISER, Jakob, Der soziale Staat. Reden und Gedanken (=Wege in die neue Zeit, 2), Berlin 1946, S. 3-21.

Jakob Kaiser, Wir haben Brücke zu sein. Reden, Aufsätze und Äußerungen zur Deutschlandpolitik, hrsg. von Christian HACKE, Köln 1988.

Jakob Kaiser. Gewerkschafter und Patriot. Eine Werkauswahl, hrsg. und eingel. von Tilman MAYER, Köln 1988.

KAMP, Martin, Das Ende der weltlichen Schulen in Preußen, in: Weimarer Versuchs- und Reformschulen am Übergang zur NS-Zeit. Beiträge zur schulgeschichtlichen Tagung vom 16.-17. November 1993 im Hamburger Schulmuseum, hrsg. von Reiner LEHBERGER (=Hamburger Schriftenreihe zur Schul- und Unterrichtsgeschichte, 6), Hamburg 1994, S. 140-155.

KAMP, Martin, Summerhill in Dresden, in: Nationale und internationale Verbindungen der Versuchs- und Reformschulen in der Weimarer Republik. Beiträge zur schulgeschichtlichen Tagung vom 17.11.-18.11.1992 im Hamburger Schulmuseum, hrsg. von Reiner LEHBERGER

(=Hamburger Schriftenreihe zur Schul- und Unterrichtsgeschichte, 5), Hamburg 1993, S. 114-120.

KAMUF, Ullrich, Die philosophische Pädagogik Leonard Nelsons. Ein Beitrag zur Bildungstheorie (=Hochschulschriften Erziehungswissenschaft, 25), Königstein 1985.

KANT, Immanuel, Kritik der Urteilskraft, hrsg. von Heinrich SCHMIDT, Leipzig 1925.

KANT, Immanuel, Zum ewigen Frieden. Mit einer Einführung: Zum Problem des historischen Utopismus von Franz STEGMEYER (=Schriften zum Humanismus, 1), Frankfurt 1946.

KANTOROWITZ, Miron, Alfred Grotjahns Lebenswerk, in: Fortschritte der Gesundheitsfürsorge. Monatsschrift der deutschen Gesundheitsfürsorgeschule, Jg. 6 (1932), S. 102-105.

KARSEN, Fritz, Entschiedene Schulreform und Lichterfelde, in: Der freie Lehrer. Organ der Arbeitsgemeinschaft sozialdemokratischer Lehrer und Lehrerinnen Deutschlands, Jg. 2 (1920), S. 321.

KARSEN, Fritz, Die Aufbauschule, in: Vorwärts vom 23.03.1921, Abendausg.

KARSEN, Fritz, Ein Besuch in der Odenwaldschule, in: Der Elternbeirat. Halbmonatsschrift für Eltern, Lehrer und Behörden, Jg. 2 (1921), S. 457-462.

KARSEN, Fritz, Die Schule der werdenden Gesellschaft, Berlin 1921.

KARSEN, Fritz, Das Wesen der Gemeinschaftsschule, in: Der Elternbeirat. Halbmonatsschrift für Eltern, Lehrer und Behörden, Jg. 2 (1921), S. 320-327.

KARSEN, Fritz, Neueste Schulreform, in: Vorwärts vom 18.03.1922, Abendausg.

KARSEN, Fritz, Versuchsschulen?, in: Der freie Lehrer. Organ der Arbeitsgemeinschaft sozialdemokratischer Lehrer und Lehrerinnen Deutschlands, Jg. 4 (1922), S. 117-119.

KARSEN, Fritz, Deutsche Versuchsschulen der Gegenwart und ihre Probleme. Wilhelm Paulsen gewidmet, Leipzig 1923; japan. Übers. von Soichiro KOMINE in: KOMINE, Soichiro, Deutsche Versuchsschulen der Gegenwart (=Reihen über die Reformpädagogik der Welt, Bd. 15), Tokio 1986, S. 89-269.

KARSEN, Fritz, Die Entwicklung und die Zukunft der höheren Schule, in: Leipziger Lehrerzeitung, Jg. 30 (1923), S. 614-617.

KARSEN, Fritz, Die Freie Schul- und Werkgemeinschaft, in: KARSEN, Fritz, Deutsche Versuchsschulen der Gegenwart und ihre Probleme, Leipzig 1923, S. 88f.

KARSEN, Fritz, Produktionsschule, in: Bremische Lehrerzeitung, Jg. 2 (1923), Nr. 6 (15.04.1923).

KARSEN, Fritz, Berliner Schulkämpfe, in: Lebensgemeinschaftsschule, Jg. 1 (1924), S. 55-59.

KARSEN, Fritz, Die Entstehung der Berliner Gemeinschaftsschulen, in: Die neuen Schulen in Deutschland, hrsg. von Fritz KARSEN. Mit einem Vorwort von Wilhelm PAULSEN, Langensalza 1924, S. 160-181.

KARSEN, Fritz, Zum Abbau Wilhelm Paulsens, in: Preußische Lehrerzeitung vom 09.10.1924.

KARSEN, Fritz, Die deutschen Versuchsschulen, in: Authentischer Bericht über den 1. Pädagogischen Kongreß vom 28.-31. August [1925] in München (=Pädagogische Kongreßblätter, 1. Bd., Heft 3-6), München 1925, S. 61-70.

KARSEN, Fritz, Versuchsschule und Schulversuche in den deutschen Ländern, in: FADRUS, Viktor, Der Pädagogische Kongreß zu München, Teil III, in: Schulreform, Jg. 4 (1925), S. 1-18, hier S. 1-13.

KARSEN, Fritz, Zur Soziologie der Gemeinschaftsschule, in: Junge Menschen. Monatsschrift für Politik, Kunst, Literatur und Leben, Jg. 6 (1925), S. 158-160.

KARSEN, Fritz, Kämpfende Schulen, in: Die Lebensgemeinschaftsschule, Jg. 3 (1926), S. 3-5.

KARSEN, Fritz, Vergangenheit und Zukunft unserer deutschen Schulversuche, in: Sudetendeutsche Schule, Jg. 1 (1927), Heft 2 (Februar), S. 167-170.

KARSEN, Fritz, Die geplante Gesamtschule in Neukölln, in: Die Scholle. Blätter für Kunst und Leben in Erziehung und Unterricht, Jg. 4 (1928), S. 805-811.

KARSEN, Fritz, Die einheitliche Schule in Neukölln (Pädagogik und Schulbau), in: KARSEN, Fritz / TAUT, Bruno, Die Dammwegschule Neukölln, Berlin 1928, S. 3-25.

KARSEN, Fritz / TAUT, Bruno, Die Dammwegschule Neukölln, Berlin 1928.

KARSEN, Fritz, Die Versuchsschulen, in: Das Berliner Schulwesen, hrsg. von Jens NYDAHL. Bearb. unter Mitwirkung Berliner Schulmänner von Erwin KALISCHER, Berlin 1928, S. 52-61.

KARSEN, Fritz, Deutsche Versuchsschulen, in: Die neuzeitliche deutsche Volksschule. Bericht über den Kongreß Berlin 1928, hrsg. von der Kongreßleitung, Berlin 1928, S. 287-298.

KARSEN, Fritz, Die Dammwegschule Neukölln, in: Internationale Zeitschrift für Erziehungswissenschaft, Jg. 1 (1931/32), S. 91-95 und S. 88b (Abb.).

KARSEN, Sonja Petra, Bericht über den Vater. Fritz Karsen (1885-1951). Demokratischer Schulreformer in Berlin - Emigrant und Bildungsexperte. Mit einer schulhistorischen Notiz von Gerd RADDE (=Berliner Schuljahre. Erinnerungen und Berichte, 3), Berlin 1993; ohne die 'schulhistorische Notiz' von Gerd RADDE und mit weitestgehendem Verzicht auf die Abb. wieder in: RADDE, Gerd, Fritz Karsen. Ein Berliner Schulreformer der Weimarer Zeit. Erw. Neuausg. [der 1973 als Bd. 4 in der Reihe 'Historische und Pädagogische Studien' erschienenen Dissertation mit gleichem Titel]. Mit dem 'Bericht über den Vater' von Sonja KARSEN [und dem Beitrag 'Verfolgt, verdrängt und (fast) vergessen. Der Reformpädagoge Fritz Karsen' von Gerd RADDE] (=Studien zur Bildungsreform, 37), Frankfurt [u.a.] 1999, S. 391-414.

KARSEN, Sonja Petra, Die fortschrittliche Pädagogik meines Vaters Fritz Karsen an seiner Reformschule in Berlin-Neukölln, seine Entlassung und seine Flucht aus Deutschland, in: Reformpädagogik in Berlin - Tradition und Wiederentdeckung. Für Gerd Radde, hrsg. von Wolfgang KEIM und Norbert H. WEBER (=Studien zur Bildungsreform, 30), Frankfurt [u.a.] 1998, S. 169-177.

KARSTÄDT, Otto, Gemeinschaftsschul-Eltern. Zur Entfaltung der Elternkräfte in den Hamburger Gemeinschaftsschulen, in: Der Elternbeirat. Monatsschrift, Jg. 3 (1922), S. 521-525.

KARSTÄDT, Otto, Versuchsschulen und Schulversuche, in: Handbuch der Pädagogik, hrsg. von Herman NOHL und Ludwig PALLAT, Bd. 4, Langensalza 1928, S. 333-364; neue und fortgeführte Fassung des Aufsatzes 'Neuere Versuchsschulen und ihre Fragestellungen', in: Jahrbuch des Zentralinstituts für Erziehung und Unterricht, Jg. 4 (1922), Berlin 1922, S. 87-133.

Katalog bildungsgeschichtlicher Bestände (West-) Berliner Heimatmuseen und -archive (=Mitteilungen & Materialien der Arbeitsgruppe Pädagogisches Museum e.V., Sonderheft 1), Berlin 1983.

Katalog bildungsgeschichtlicher Bestände (West-) Berliner Schulen (=Mitteilungen & Materialien der Arbeitsgruppe Pädagogisches Museum e.V., Sonderheft 2), Berlin 1984.

KATER, Michael H., Die deutsche Elternschaft im nationalsozialistischen Erziehungssystem. Ein Beitrag zur Sozialgeschichte der Familie, in: Vierteljahrschrift für Sozial- und Wirtschaftsgeschichte, Jg. 67 (1980), S. 484-512.

KAWERAU, Siegfried, 'Nur Geschichtstabellen', in: Der Elternbeirat. Halbmonatsschrift für Eltern, Lehrer und Behörden, Jg. 2 (1921), S. 150-155.

KAWERAU, Siegfried, Der Bund entschiedener Schulreformer. Werden und Wesen (=Entschiedene Schulreform, 1), Berlin 1922.

KAWERAU, Siegfried, Gertrud Prellwitz. Ein Kapitel von deutscher Unkultur, in: Junge Menschen, Jg. 5 (1924), Heft 5, S. 110-112.

KAWERAU, Siegfried, Selbstbildnis, Leipzig 1928.

Siegfried Kawerau (1886-1936) [Kurzbiographie], in: Klassiker der Erziehungssoziologie, hrsg. von Klaus PLAKE, Düsseldorf 1987, S. 25f.

KAYSER, Rudolf, Schülersiedlungen, in: Schöpferische Erziehung (Entschiedene Schulreform II). Vorträge, gehalten auf der freien Reichsschulkonferenz des Bundes entschiedener Schulreformer im Herrenhause zu Berlin vom 31. März - 2. April 1920, hrsg. von Paul OESTREICH, Berlin 1920, S. 30-32.

KAYSER, Werner, Fritz Schumacher. Architekt und Städtebauer. Eine Bibliographie, Hamburg 1984.

KAYßLER, Friedrich, Simplicius. Tragisches Märchen in fünf Akten, Berlin 1905.

KECK, Rudolf W., Die Entdeckung des Bildes durch die Pädagogik oder: Pädagogikgeschichte als Bildgeschichte, in: Bildungsgeschichte als Sozialgeschichte. Festschrift zum 60. Geburtstag von Franz PÖGGELER, hrsg. von Heinrich KANZ (=Erziehungsphilosophie, 8), Frankfurt [u.a.] 1986, S. 81-124.

KECK, Rudolf W., Das Bild als Quelle pädagogisch-historiographischer Forschung, in: Informationen zur Erziehungs- und Bildungshistorischen Forschung (=IZEBF), Nr. 32, 1988, S. 13-53.

KECK, Rudolf W., Zur wissenschaftlichen Bearbeitung der Reformpädagogik aus westdeutscher Sicht - Defizite in der Forschungslage, in: Pädagogische Forschung, Jg. 31 (1990), S. 45-49.

KECK, Rudolf W., Die Entdeckung des Bildes in der erziehungshistorischen Forschung, in: Bild und Bildung. Ikonologische Interpretationen vormoderner Dokumente von Erziehung und Bildung, hrsg. von Christian RITTMEYER und Erhard WIERSING (=Wolfenbütteler Forschungen, 49), Wiesbaden 1991, S. 23-49.

KEESE-PHILIPPS, Henning, Alternativschulen am Ende? Untersuchungen zu Eltern und Elternbewußtsein in alternativen Schulen unter besonderer Berücksichtigung partizipatorischer Momente, Frankfurt 1989.

KEIM, Wolfgang, Die Wiener Schulreform der ersten Republik - ein vergessenes Kapitel der europäischen Reformpädagogik, in: Die Deutsche Schule, Jg. 76 (1984), S. 267-282.

KEIM, Wolfgang, Verfolgte Pädagogen und verdrängte Reformpädagogik. Ein Literaturbericht, in: Zeitschrift für Pädagogik, Jg. 32 (1986), S. 345-360.

KEIM, Wolfgang, Die Geschichte friedenspädagogischer Diskussionen und Bemühungen, in: Handbuch Praxis der Umwelt- und Friedenserziehung, hrsg. von Jörg CALLIEß und Reinhold E. LOB, Bd. 1: Grundlagen, Düsseldorf 1987, S. 557-595.

KEIM, Wolfgang, Das nationalsozialistische Erziehungswesen im Spiegel neuerer Untersuchungen. Ein Literaturbericht, in: Zeitschrift für Pädagogik, Jg. 34 (1988), S. 109-130.

KEIM, Wolfgang, Alfred Ehrentreich. geb. 1896, in: Schulreform - Kontinuitäten und Brüche. Das Versuchsfeld Berlin-Neukölln, hrsg. von Gerd RADDE, Werner KORTHAASE, Rudolf ROGLER und Udo GÖßWALD im Auftrag des Bezirksamts Neukölln, Abt. Volksbildung, Kunstamt, Bd. II: 1945 bis 1972, Opladen 1993, S. 197-200.

KEIM, Wolfgang, Hans Alfken. geb. 1899, in: Schulreform - Kontinuitäten und Brüche. Das Versuchsfeld Berlin-Neukölln, hrsg. von Gerd RADDE, Werner KORTHAASE, Rudolf ROGLER und Udo GÖßWALD im Auftrag des Bezirksamts Neukölln, Abt. Volksbildung, Kunstamt, Bd. II: 1945 bis 1972, Opladen 1993, S. 175-178.

KEIM, Wolfgang, Vorwort des Herausgebers, in: HECKMANN, Charlotte, Begleiten und Vertrauen. Pädagogische Erfahrungen im Exil 1934-1946, hrsg. und komm. von Inge HANSEN-

SCHABERG und Bruno SCHONIG (=Studien zur Bildungsreform, 26), Frankfurt [u.a.] 1995, S. 7-9.

KEIM, Wolfgang, Vorwort des Herausgebers, in: RADDE, Gerd, Fritz Karsen. Ein Berliner Schulreformer der Weimarer Zeit. Erw. Neuausg. [der 1973 als Bd. 4 in der Reihe 'Historische und Pädagogische Studien' erschienenen Dissertation mit gleichem Titel]. Mit dem 'Bericht über den Vater' von Sonja KARSEN [und dem Beitrag 'Verfolgt, verdrängt und (fast) vergessen. Der Reformpädagoge Fritz Karsen' von Gerd RADDE] (=Studien zur Bildungsreform, 37), Frankfurt [u.a.] 1999, S. VII-XI.

KEINTZEL, Brigitta, Eugenie Schwarzwald (geb. Nussbaum), in: Gelehrte Frauen. Frauenbiographien vom 10. bis zum 20. Jahrhundert. Eine Informationsbroschüre zum Thema 'Frauengeschichte' anläßlich des Millenniums 1996, hrsg. vom Bundesministerium für Unterricht und kulturelle Angelegenheiten. Abt. für Mädchen- und Frauenbildung, Wien 1996, S. 238-241.

KELLER, Alwine von, Die Lehrerpersönlichkeit und ihre Bildung durch das Landerziehungsheim, in: Das Landerziehungsheim, hrsg. von Alfred ANDREESEN, Leipzig 1926, S. 120-124.

KELLER, Gottfried, Die Feueridylle, in: KELLER, Gottfried, Gesammelte Gedichte, Bd. 1, 18. Aufl. Stuttgart [u.a.] 1903, S. 149-160.

KELLER, Gottfried, Frau Regel Amrain und ihr Jüngster, in: KELLER, Gottfried, Gesammelte Werke, Bd. 4: Die Leute von Seldwyla. Erzählungen, Stuttgart [u.a.] 1904, S. 160-214.

KELLER, Gottfried, Sieben Legenden, in: KELLER, Gottfried, Gesammelte Werke, Bd. 7: Sieben Legenden, Stuttgart [u.a.] 1903, S. 331-427.

KELSCH, Wolfgang, Wilhelm Brandes. Gymnasialprofessor und Freund Wilhelm Raabes, in: FÜRST, Reinmar / KELSCH, Wolfgang, Wolfenbüttel. Bürger einer fürstlichen Residenz. Fünfzig biographische Porträts, Wolfenbüttel 1982, S. 77f.

KERBS, Diethart, Mit Fotos arbeiten, in: Geschichte entdecken. Erfahrungen und Projekte der neuen Geschichtsbewegung, hrsg. von Hannes HEER und Volker ULLRICH, Reinbek 1985, S. 323-330.

KERLÖW-LÖWENSTEIN, Kurt, Die weltliche Schule (=Flugschriften zur freien (weltlichen) Schule, 2), Bochum 1924.

KERSCHENSTEINER, Georg, Staatsbürgerliche Erziehung, in: Die deutsche Schulreform. Ein Handbuch für die Reichsschulkonferenz, hrsg. vom Zentralinstitut für Erziehung und Unterricht, Leipzig 1920, S. 108-116; wieder in: Die deutsche Reformpädagogik, hrsg. von Wilhelm FLITNER und Jürgen KUDRITZKI, Bd. 1: Die Pioniere der pädagogischen Bewegung, 4. unveränd. Aufl. Stuttgart 1984, S. 213-222.

KERSCHENSTEINER, Georg, Staatsbürgerliche Erziehung der deutschen Jugend, 7. Aufl. Erfurt 1921; 10. neu bearb. Aufl. Erfurt 1931.

KESTENBERG, Leo, Musikerziehung und Musikpflege, Leipzig 1921.

KESTENBERG, Leo, Bewegte Zeiten. Musisch-musikantische Lebenserinnerungen, Wolfenbüttel [u.a.] 1961.

KEY, Ellen, Das Jahrhundert des Kindes. Studien, Berlin 1902. Zuerst: (schwedisch) Stockholm 1900; dt. Erstausg. neu hrsg. [und] mit einem Nachwort von Ulrich HERRMANN (=Pädagogische Bibliothek Beltz, 7), Weinheim [u.a.] 1992.

Der Kibbutz als Utopie. Mit einem Nachwort von Ludwig LIEGLE, hrsg. von Wolfgang MELZER und Georg NEUBAUER, Weinheim [u.a.] 1988.

KIEẞLING, Kurt, Bestimmung von Brechungsexponenten durch Interferenz elektrischer Wellen an Drähten, Greifswald, Univ., Diss., 1902.

KILCHEMANN, Friedrich, Aus der Kleinarbeit des Weltbundes. Vereinigung der Pädagogischen Locarnofreunde in der Schweiz, in: Das Werdende Zeitalter, Jg. 7 (1928), S. 405-408.

Kinderdorf Pestalozzi Trogen. Jahresbericht, Jg. 1946 (1947) - 1964 (1965).

Kinderlandverschickung 1940-1945. "Wen der Führer verschickt, den bringt er auch wieder gut zurück". Eine Ausstellung des Kunstamtes Steglitz in Zusammenarbeit mit dem Arbeitskreis 'Nationalsozialismus in Steglitz'. Begleitbroschüre zur Ausstellung 6. Dezember 1995 bis 26. Januar 1996 [in der Ingeborg-Drewitz-Bibliothek, Berlin-Steglitz], Berlin 1996.

KinderSchule ZukunftsSchule. Eine Versuchsschule der Weimarer Republik in ihren Bildern, hrsg. von der Schulgeschichtlichen Sammlung Bremen, dem Staatsarchiv Bremen und dem Wissenschaftlichen Institut für Schulpraxis Bremen (=Katalog 3 zum Ausstellungsprojekt ''Geh zur Schul und lerne was'. 150 Jahre Schulpflicht in Bremen 1844-1994'), Bremen 1994.

KIPLING, Rudyard, Das Dschungelbuch. Übers. von M.-H. und M. KRELL (=Die neuen Bilderbücher, 4), Berlin 1921.

KIRCHER, Wilhelm, 'Das Haus in der Sonne', in: Schul- und Ortschronik von Isert-Racksen. Zum 100jährigen Bestehen des Schulhauses am 24. Juli 1960. Zusammengestellt und bearb. von Hans Gerhard HELZER, Isert 1960, S. 27-29.

KLAFKI, Wolfgang, Die Stufen des Pädagogischen Denkens. Ein Beitrag zum methodologischen Problem der Pädagogik, in: Bildung und Erziehung, Jg. 7 (1954), S. 193-205 und S. 286-300; wieder in: Erziehungswissenschaft und Erziehungswirklichkeit, hrsg. von Hermann RÖHRS, Frankfurt 1964, S. 145-176.

KLAFKI, Wolfgang, Integrierte Gesamtschule - Ein notweniger Schulversuch, in: Zeitschrift für Pädagogik, Jg. 14 (1968), S. 521-581; u.a. wieder in: Konturen moderner Erziehungswissenschaft und Bildungspolitik. Ein Quellenband zur bundesdeutschen Schulreform 1965-1990, hrsg. von der Gewerkschaft Erziehung und Wissenschaft. Landesverband Hessen, Bad Homburg v.d.H. 1990, S. 131-174.

KLAFKI, Wolfgang, Erziehungswissenschaft als kritisch-konstruktive Theorie: Hermeneutik - Empirie - Ideologiekritik (Heinrich Roth zum 65. Geburtstag gewidmet), in: Zeitschrift für Pädagogik, Jg. 17 (1971), S. 351-385; wieder in: KLAFKI, Wolfgang, Aspekte kritisch-konstruktiver Erziehungswissenschaft. Gesammelte Beiträge zur Theorie-Praxis-Diskussion, Weinheim 1976, S. 13-49; wieder in: Pädagogische Impulse 1955-1980. Fünfundzwanzig Jahre 'Zeitschrift für Pädagogik'. Eine Auswahl wichtiger Beiträge zur erziehungswissenschaftlichen Diskussion, hrsg. von Reinhard FATKE (=Zeitschrift für Pädagogik. Jubiläumsband), Weinheim [u.a.] 1981, S. 81-115.

KLAFKI, Wolfgang, Vernunft - Erziehung - Demokratie. Zur Bedeutung der Nelson-Schule in der deutschen Pädagogik, in: Neue Sammlung, Jg. 23 (1983), S. 544-561.

KLAFKI, Wolfgang, Perspektiven einer humanen und demokratischen Schule, in: Innere und äußere Schulreform. Carl-Ludwig FURCK zum 3. November 1988, hrsg. von Ulf SCHWÄNKE, Hamburg 1989, S. 47-72; mit geringfügigen Änderungen wieder in: Schulqualität und Schulvielfalt. Das Saarbrücker Schulgütesymposion '88, hrsg. von Hans Christoph BERG und Ulrich STEFFENS (=Beiträge aus dem Arbeitskreis 'Qualität von Schule', 5), Wiesbaden 1991, S. 31-41, Hamburg 1989, S. 47-72.

KLAFKI, Wolfgang, Thesen zur inneren Schulreform - am Beispiel der Gesamtschule, in: Neue Studien zur Bildungstheorie und Didaktik. Zeitgemäße Allgemeinbildung und kritisch-konstruktive Didaktik, 3. erw. Aufl. Weinheim [u.a.] 1993, S. 305-322.

Klassiker der Pädagogik, hrsg. von Hans SCHEUERL, 2 Bde., 2. überarb. Aufl. München 1991.

KLATT, Fritz, Die schöpferische Pause, Jena 1921.

Das kleine Welttheater. In Hellerau wurde ein Stück europäischer Kulturgeschichte geschrieben, in: Monumente. Magazin für Denkmalkultur in Deutschland, Jg. 5 (1995), Nr. 5/6: Juni, S. 4-8.

KLEIST, Heinrich von, Amphitryon. Ein Lustspiel nach Molière, München 1919.

KLEIST, Heinrich von, Das Erdbeben von Chili. Die Verlobung in St. Domingo, Berlin [1920].

KLEIST, Heinrich von, Erzählungen. Eingel. von Erich SCHMIDT, Leipzig 1908.

KLEIST, Heinrich von, Das Käthchen von Heilbronn oder Die Feuerprobe. Ein großes historisches Ritterschauspiel, Leipzig 1922.

KLEIST, Heinrich von, Michael Kohlhaas. Aus einer alten Chronik. Historische Erzählung (=Sammlung deutscher Schulausgaben, 10), Bielefeld 1912.

KLEIST, Heinrich von, Robert Guiskard, Herzog der Normänner. Fragment aus dem Trauerspiel, Coburg 1911.

KLEIST, Heinrich von, Penthesilea. Ein Trauerspiel [Neudruck] (=Reclams Universal-Bibliothek, 1305), Leipzig 1922.

KLEIST, Heinrich von, Prinz von Homburg. Ein Schauspiel, Berlin 1916.

KLEMIG, Roland / PETERSEN, Knud, Fotografien - Stiefkinder der Archive? Hinweise zur zweckmäßigen Archivierung, in: Der Archivar, Jg. 37 (1984), S. 209-218.

KLEMM, Ulrich, Die libertäre Reformpädagogik Tolstois und ihre Rezeption in der deutschen Pädagogik, Reutlingen 1984.

KLEWITZ, Marion, Berufsbiographien von Lehrerinnen und Lehrern während der NS-Zeit, in: 'Du bist nichts, Dein Volk ist alles'. Forschungen zum Verhältnis von Pädagogik und Nationalsozialismus, hrsg. von Christa BERG und Sieglind ELLGER-RÜTTGARDT, Weinheim 1991, S. 173-188.

KLÖNNE, Irmgard, Auszug aus den Institutionen - weibliche Pädagogik der Jugendbewegung, in: Mütterlichkeit als Profession? Lebensläufe deutscher Pädagoginnen in der ersten Hälfte dieses Jahrhunderts, hrsg. von Ilse BREHMER (=Frauen in Geschichte und Gesellschaft, 4), Pfaffenweiler 1990, S. 137-157.

KLÖNNE, Irmgard, Hedwig von Rohden und Louise Langgaard - Die Gründerinnen Lohelands, in: Mütterlichkeit als Profession? Lebensläufe deutscher Pädagoginnen in der ersten Hälfte dieses Jahrhunderts, hrsg. von Ilse BREHMER (=Frauen in Geschichte und Gesellschaft, 4), Pfaffenweiler 1990, S. 158-164.

KLOPSTOCK, Friedrich Gottlieb, Oden und Epigramme, Leipzig 1920.

KLOß, Erich, Bilder aus der Praxis der Gartenschule, in: Pädagogische Rundschau, Jg. 21, 1927/28, S. 348-353; wieder in: HEILAND, Helmut / SAHMEL, Karl-Heinz, Praxis Schulleben in der Weimarer Republik 1918-1933. Die reformpädagogische Idee des Schullebens im Spiegel schulpädagogischer Zeitschriften der Zwanziger Jahre (=Documenata Paedagogica, 3), Hildesheim [u.a.] 1985, S. 166-169.

KLV. Die erweiterte Kinder-Land-Verschickung. KLV-Lager 1940-1945, hrsg. von Gerhard DABEL, Freiburg 1981.

KNAUF, Erich, Empörung und Gestaltung. Künstlerprofile von Daumier bis Kollwitz, Berlin 1928.

KNEBEL, Hajo, Pädagogischer Widerstand 1933-1945, in: Allgemeine Deutsche Lehrerzeitung, Jg. 14 (1962), S. 370-372.

KNIGHT, Eric, Dir selbst treu. Roman. Aus dem Engl. übers. von Elisabeth ROTTEN, 6. Aufl, Zürich 1943.

KNÖPFEL-NOBS, Irene, Von den Kindergemeinschaften zur außerfamiliären Erziehung. Die Geschichte der Fédération Internationale des Communautés Educatives (FICE), Zürich 1992.

KNOLL, Joachim H., Jugendbewegung. Phänomene, Eindrücke, Prägungen. Ein Essay, Opladen 1988.

KNOLL, Michael, '... das Ziel ist die politische Mündigkeit'. Zum 100. Geburtstag von Kurt Hahn, in: Bildung und Erziehung, Jg. 39 (1986), S. 217-220.

KNORR, Günter, Deutscher Kurz-Spielfilm 1929-1940, Wien o.J. [1977].

KOCK, Gerhard, "Der Führer sorgt für unsere Kinder ..." Die Kinderlandverschickung im Zweiten Weltkrieg, Paderborn [u.a.] 1997.

KOCKA, Jürgen, Sozialgeschichte - Strukturgeschichte - Gesellschaftsgeschichte, in: Archiv für Sozialgeschichte, Jg. 15 (1975), S. 1-42.

KOCKA, Jürgen, Zurück zur Erzählung? Plädoyer für historische Argumentation, in: Geschichte und Gesellschaft, Bd. 10 (1984), S. 395-408; wieder in: KOCKA, Jürgen, Geschichte und Aufklärung, Göttingen 1989, S. 8-20.

KOCKA, Jürgen, Sozialgeschichte. Begriff - Entwicklung - Probleme, 2. erw. Aufl. Göttingen 1986.

KÖHLER, Henning, Berlin in der Weimarer Republik (1918-1932), in: Geschichte Berlins. Von der Frühgeschichte bis zur Gegenwart, hrsg. von Wolfgang RIBBE, Bd. 2, München 1987. S. 797-923.

KÖHNE, Fritz, Zum neuen Volksschulhaus, in: Hamburger Lehrerzeitung, Jg. 6 (1927), S. 837-841.

KÖNIG, Joseph, Kurzübersicht über die Bestände des Niedersächsischen Staatsarchivs in Wolfenbüttel (=Veröffentlichungen der Niedersächsischen Archivverwaltung: Kurzübersichten, 1), Göttingen 1977.

KÖRBER, Normann, Die deutsche Jugendbewegung. Versuch eines systematischen Abrisses zum praktischen Gebrauch für den Volkserzieher, Berlin 1920.

KÖRBER, Normann, Das Bild vom Menschen in der Jugendbewegung und unsere Zeit, Berlin 1927.

KOERRENZ, Ralf, Landerziehungsheime in der Weimarer Republik. Alfred Andreesens Funktionsbestimmung der Hermann Lietz-Schulen im Kontext der Jahre von 1919 bis 1933 (=Europäische Hochschulschriften, Reihe 11: Pädagogik, 494), Frankfurt [u.a.] 1992.

KOERRENZ, Ralf, 'Reformpädagogik' als Systembegriff, in: Zeitschrift für Pädagogik, Jg. 40 (1994), S. 549-564.

KÖSSLER, Franz, Verzeichnis von Programm-Abhandlungen deutscher, österreichischer und schweizerischer Schulen der Jahre 1825-1918. Alphabetisch geordnet nach Verfassern. Mit einem Vorwort von Hermann SCHÜLING, München [u.a.], Bd. 1-4: 1987; Bd. 5 (Erg.-Bd.): 1991.

KÖSTER, Leo / LOTTIG, Willi / PAULSEN, Wilhelm, Zum Urteil der Hamburger über die sächsischen Versuchsschulen, in: Pädagogische Reform, Jg. 37 (1913), Nr. 10 (vom 05.03.), o.S.

KOLB, Eberhard, Die Weimarer Republik (=Oldenbourg-Grundriß der Geschichte, 16), 4. durchges. und erg. Aufl. München [u.a.] 1998.

KOLLAND, Dorothea, Jugendmusikbewegung, in: Handbuch der deutschen Reformbewegungen 1880-1933, hrsg. von Diethart KERBS und Jürgen REULECKE, Wuppertal 1998, S. 379-394.

KOMINE, Soichiro, Deutsche Versuchsschulen der Gegenwart (=Reihen über die Reformpädagogik der Welt, Bd. 15), Tokio 1986.

KOMINE, Soichiro, Fritz Karsens Leben und Tätigkeit, in: KOMINE, Soichiro, Deutsche Versuchsschulen der Gegenwart (=Reihen über die Reformpädagogik der Welt, 15), Tokio 1986, S. 10-87.

Die Kommune der deutschen Jugendbewegung: Ein Versuch zur Überwindung des Klassenkampfes aus dem Geiste der bürgerlichen Utopie. Die 'kommunistische Siedlung Blankenburg' bei Donauwörth 1919/20 (=Zeitschrift für Bayerische Landesgeschichte, Beiheft 5, Reihe B), München 1973.

KONRAD, Franz Michael / LIEGLE, Ludwig, Reformpädagogik in Palästina. Neuere israelische Forschungsbeiträge zur Bildungsgeschichte der vorstaatlichen Periode, in: Neue Sammlung, Jg. 28 (1988), S. 231-249.

KONRAD, Franz-Michael, Zur 'Revision der pädagogischen Bewegung' in den Erziehungsdebatten der Weimarer Republik, in: Neue Sammlung, Jg. 33 (1993), S. 575-599.

KONRAD, Franz-Michael, Die Schulgemeinde: Ein reformpädagogisches Modell zur Förderung sozial-moralischen Lernens in Schule und Jugendfürsorge, in: Pädagogisches Forum. Zeitschrift für schulische Modelle, soziale Probleme und pädagogische Forschung, Jg. 8 (1995), S. 181-193.

KOOB, Ferdinand, Heppenheim, in: Handbuch der Historischen Stätten Deutschlands, Bd. 4: Hessen, hrsg. von Georg Wilhelm SANTE, 2. Aufl. Stuttgart 1967, S. 209-212.

KORN, Elisabeth, Das neue Lebensgefühl in der Gymnastik, in: Die Jugendbewegung. Welt und Wirkung. Zur 50. Wiederkehr des freideutschen Jugendtages auf dem Hohen Meißner, Düsseldorf [u.a.] 1963, S. 101-119.

KORTHAASE, Werner, Neuköllner Schulpolitik im Dienste der Arbeiterschaft - Dr. Kurt Löwenstein als Kommunalpolitiker, in: Schulreform - Kontinuitäten und Brüche. Das Versuchsfeld Berlin-Neukölln, hrsg. von Gerd RADDE, Werner KORTHAASE, Rudolf ROGLER und Udo GÖßWALD im Auftrag des Bezirksamts Neukölln, Abt. Volksbildung, Kunstamt, Bd. I: 1912 bis 1945, Opladen 1993, S. 130-145.

KORTHAASE, Werner, 'Schule der Zukunft', in: Schulreform - Kontinuitäten und Brüche. Das Versuchsfeld Berlin-Neukölln, hrsg. von Gerd RADDE, Werner KORTHAASE, Rudolf ROGLER und Udo GÖßWALD im Auftrag des Bezirksamts Neukölln, Abt. Volksbildung, Kunstamt, Bd. I: 1912 bis 1945, Opladen 1993, S. 214-217.

KORTHAASE, Werner, Erwin Marquardt. 1890-1951, in: Schulreform - Kontinuitäten und Brüche. Das Versuchsfeld Berlin-Neukölln, hrsg. von Gerd RADDE, Werner KORTHAASE, Rudolf ROGLER und Udo GÖßWALD im Auftrag des Bezirksamts Neukölln, Abt. Volksbildung, Kunstamt, Bd. 2: 1945 bis 1972, Opladen 1993, S. 222-224.

KOSCH, W., Biographisches Staatshandbuch, Bern 1963.

KRABBE, Wolfgang R., Gesellschaftsveränderung durch Lebensreform. Strukturmerkmale einer sozialreformerischen Bewegung im Deutschland der Industrialisierungsperiode (=Studien zum Wandel von Gesellschaft und Bildung im Neunzehnten Jahrhundert, 9), Göttingen 1974.

KRAEMER, Hans-Alfred, Zur Entwicklung der Reifeprüfungsfragen im Fache Deutsch, in: Deutschunterricht, Berlin (DDR), Jg. 9 (1956), S. 517-529.

KRAMER, Karl-Sigismund, Morgensprache, in: Handwörterbuch zur deutschen Rechtsgeschichte, hrsg. von Adalbert ERLER und Ekkehard KAUFMANN, Bd. 3, Berlin 1984, S. 683.

KRAMER, Otto, Die Wolfenbütteler Gymnasialturngemeinde von 1903 bis 1928, in: 100 Jahre Turngemeinde der 'Großen Schule' zu Wolfenbüttel. 18. Juni 1828 - 1928. Festschrift, Wolfenbüttel 1928, S. 6-16.

KRAMER, Rita, Maria Montessori. Leben und Werk einer großen Frau, Darmstadt 1977.

KRAMPE, Sigfrid, Die Deutsche Oberschule und die Aufbauschulen, in: Wesen und Wege der Schulreform. Hans Richert dem Sechzigjährigen zum 21. Dezember 1929. Mit Heinrich DEITERS und Lina MAYER-KULENKAMPFF hrsg. von Adolf GRIMME, Berlin 1930, S. 120-125.

KRANOLD, Hildegard, Hans Freese. 1886-1966, in: Beiträge zur Geschichte der Pädagogischen Hochschule Berlin, hrsg. von Gerd HEINRICH (=Abhandlungen aus der Pädagogischen Hochschule Berlin, 6), Berlin 1980, S. 85.

KRAPOHL, Ulrich, Krieg und Frieden. Eine BBK-Ausstellung gleich hinter der documenta, in: Tendenzen. Zeitschrift für engagierte Kunst, Jg. 1980, Nr. 140, S. 48-50.

KRAUS, Elisabeth, Die Familie Mossè. Deutsch-jüdisches Bürgertum im neunzehnten und zwanzigsten Jahrhundert, München 1999.

KRAUSE, Wilhelm, Die Höhere Waldschule Berlin-Charlottenburg. Ein Beitrag zur Lösung des Problems 'Die neue Schule', Berlin 1929.

KREITMAIR, Karl, Schulversuche in und um Berlin, in: Bayerische Lehrerzeitung, Jg. 63 (1929), S. 737-740.

KREITMAIR, Karl, Wer ist Elisabeth Rotten? Zu ihrem 80. Geburtstag am 15. Februar, in: Unsere Jugend, Jg. 14 (1962), S. 79f.

KRESSEL, Carsten, Evakuierungen und Erweiterte Kinderlandverschickung im Vergleich (=Europäische Hochschulschriften, Reihe 3: Geschichte und ihre Hilfswissenschaften, 715), Frankfurt [u.a.] 1996.

KRETSCHMANN, Das moderne Schulhaus, in: Die neuzeitliche deutsche Volksschule. Bericht über den Kongreß Berlin 1928, hrsg. von der Kongreßleitung, Berlin 1928, S. 426-439.

KRETSCHMANN, Hilde, Die stammesmäßige Zusammensetzung der deutschen Streitkräfte in den Kämpfen mit den östlichen Nachbarn unter den Karolingern, Ottonen und Saliern, Königsberg, Univ., Diss. 1940; gedr. Berlin 1940.

KREUZIGER, Dieter, Max Kreuziger - sein Weg vom Schulreformer zum Revolutionär, in: Zur Schulgeschichte Berlins, hrsg. von der Abt. Presse und Werbung des Hauses des Lehrers Berlin, Berlin (DDR), S. 41-47.

KRIECK, Ernst, Nationalpolitische Erziehung, Leipzig 1932; 5. und 6. Aufl. Leipzig 1933.

KRÜGER, Horst, Das Grunewald-Gymnasium. Eine Erinnerung an die Banalität des Bösen, in: Meine Schulzeit im Dritten Reich. Erinnerungen deutscher Schriftsteller. Erw. Neuausg., hrsg. von Marcel REICH-RANICKI, Köln 1988, S. 43-52.

KRÜGER, Pitt, Brief an eine Quäker-Freundin [vom 09.07.1979], in: Schulen im Exil. Die verdrängte Pädagogik nach 1933, hrsg. von Hildegard FEIDEL-MERTZ, Reinbek 1983, S. 177-183.

Pitt Krüger, La Coûme und das Prinzip der 'Ausgeglichenheit', in: Schulen im Exil. Die verdrängte Pädagogik nach 1933, hrsg. von Hildegard FEIDEL-MERTZ, Reinbek 1983, S. 167-177.

KRÜGER, Werner, Tagores Schule in Santiniketan, in: Schweizer Erziehungs-Rundschau. Organ für das öffentliche und private Bildungswesen der Schweiz, Jg. 2 (1929/30), Nr. 6: September 1929, S. 124-127.

KRUSE, Klaus, Zur Geschichte der Schullandheimbewegung und Schullandheimpädagogik, in: Pädagogik im Schullandheim. Handbuch, hrsg. von Verband Deutscher Schullandheime e.V., Regensburg 1975, S. 11-92.

KRUSE, Klaus, Reichsbund der Schullandheime. Ein Netzwerk reformpädagogischer Praxis, in: Nationale und internationale Verbindungen der Versuchs- und Reformschulen in der Weimarer Republik. Beiträge zur schulgeschichtlichen Tagung vom 17.11.-18.11.1992 im Hamburger Schulmuseum, hrsg. von Reiner LEHBERGER (=Hamburger Schriftenreihe zur Schul- und Unterrichtsgeschichte, 5), Hamburg 1993, S. 148-157.

KUBINA, Christian, Traditionen der Reformpädagogik in der gegenwärtigen Schulreform, in: Hort heute. Zeitschrift für die Ganztagserziehung, Jg. 2 (1991), Heft 4, S. 28-30.

KÜHN, Axel D., Alexander S. Neill in Hellerau - die Ursprünge Summerhills, in: Gartenstadt Hellerau. Der Alltag einer Utopie (=Dresdner Hefte. Beiträge zur Kulturgeschichte, 51 [= Jg. 15 (1997), Nr. 3]), Dresden 1997. S. 73-79.

KÜHN, Michael, Unterrichtsfilm im Nationalsozialismus. Die Arbeit der Reichsstelle für den Unterrichtsfilm / Reichsanstalt für Film und Bild in Wissenschaft und Unterricht, Mammendorf 1998.

KÜNKEL, Hans, Die zwanziger Jahre, in: Festgabe für Otto Haase zum 60. Geburtstage, Göttingen 1953, S. 57-61.

Künstlerische Körperschulung, hrsg. von Ludwig PALLAT und Franz HILKER, Breslau 1923. [3. erw. Aufl. 1926].

Künstliche Paradiese. Beispiel ästhetischer Weltbegründung, hrsg. von Peter Ulrich HEIN (=Kunst und Therapie, 6), Münster 1984; auch als: Künstliche Paradiese der Jugend. Zur Geschichte und Gegenwart ästhetischer Subkulturen, hrsg. von Peter Ulrich HEIN (=Geschichte der Jugend, 8), Münster 1984.

KÜPPERS, Heinrich, Weimarer Schulpolitik in der Wirtschafts- und Staatskrise der Republik, in: Vierteljahreshefte für Zeitgeschichte, Jg. 28 (1980), S. 20-46.

Kürschners Deutscher Gelehrten-Kalender,
Jg. 1 (1925), Berlin [u.a.] 1925;
Jg. 2 (1926), Berlin [u.a.] 1926;
3. Ausg. (1928/29), Berlin [u.a.] 1928;
4. Ausg. (1931), Berlin [u.a.] 1931;
5. Ausg. (1935), Berlin 1935;
6. Ausg. (1940/41), Berlin 1941;
7. Ausg. (1950), Berlin 1950.

Kulturkritik und Jugendkult, hrsg. von Walter RUEGG, Frankfurt 1974.

KUMMEROW, Erich, Die Primarreife. Wie erwirkt man sie, und welche Bestimmungen gewährt ihr Besitz? Auf Grund amtlichen Materials und unter besonderer Berücksichtigung der im Kriege erlassenen Sonderbestimmungen zusammengestellt, Berlin o.J. [1917].

KUMMEROW, Erich, Die Reifeprüfung an den neunklassigen höheren Lehranstalten und den an den Besitz des Reifezeugnisses geknüpften Berechtigungen. Auf Grund amtl. Mat. und unter besonderer Berücksichtigung der durch den Krieg geschaffenen Verhältnisse, Berlin o.J. [1917].

KUMMEROW, Erich, Der Volksschullehrer. Die Bestimmungen über Anstellungen, Rechte und Pflichten der Volksschullehrer. Ges. und erl., 2 Teile (=Weidmannsche Taschenausgaben und Verfügungen der preußischen Unterrichtsverwaltung, 54 und 55), Berlin 1918.

KUMMEROW, Erich, Bericht über einen Besuch von Landerziehungsheimen (1920), hrsg. und mit einer Nachbemerkung vers. von Dietmar HAUBFLEISCH, Marburg 1999:
http://archiv.ub-uni-marburg.de/sonst/1999/0012.html

KUMMEROW, Erich, Die neuesten amtlichen Bestimmungen betr. der Reifeprüfung, Versetzung und sonstigen Vergünstigungen für frühere Schüler höherer Lehranstalten, die am Kriege teilgenommen, im vaterländischen Hilfsdienst, in der Reichswehr oder im Grenzschutz Dienste geleistet hatten, verwundet oder in Gefangenschaft waren (=Sammlung amtlicher Bekanntmachungen, 19), Berlin 1920.

KUMMEROW, Erich, Die jetzt gültigen amtlichen Bestimmungen betr. der Lehramtsprüfung, Versetzung und sonstigen Vergünstigungen für frühere Zöglinge der Lehrerseminare und Präparantenanstalten, die am Kriege teilgenommen, im vaterländischen Hilfsdienst, in der Reichswehr oder im Grenzschutz Dienste geleistet hatten, verwundet oder in Gefangenschaft waren (=Sammlung amtlicher Bekanntmachungen, 20), Berlin 1920.

KUMMEROW, Erich, Der Junglehrer. Die Bestimmungen über die Prüfungen, die Beschäftigung und die äußere Stellung der Anwärter des Volksschuldienstes. Ges. und erl. Stand vom 15.03.1929 (=Weidmannsche Taschenausgaben von Verfügungen der Preußischen Unterrichtsverwaltung, 64), Berlin 1929.

KUMMEROW, Erich, Aufbringung der Mittel für die höhere Schule, in: Wesen und Wege der Schulreform. Hans Richert dem Sechzigjährigen zum 21. September 1929, hrsg. von Adolf Grimme, Berlin 1930, S. 284-292.

KUMMEROW, Erich, Begabtenförderung in Preußen, Leipzig 1931.

KUMMEROW, Erich, Erbrecht (=Bürgerliches Gesetzbuch, Buch 5; =Leitfaden der Rechtswissenschaft, 5), Berlin 1947.

KUMMEROW, Erich, Familienrecht (=Bürgerliches Gesetzbuch, Buch 4; =Leitfaden der Rechtswissenschaft, 4), Berlin 1947.

KUMMEROW, Erich, Sachenrecht (=Bürgerliches Gesetzbuch, Buch 3; =Leitfaden der Rechtswissenschaft, 6), Berlin 1948.

KUMMEROW, Erich, Allgemeiner Teil [des Bürgerlichen Gesetzbuches] (=Bürgerliches Gesetzbuch, Buch 1; =Leitfaden der Rechtswissenschaft, 1), Berlin 1949.

KUMMEROW, Erich, Gesetz über die Verschollenheit, die Todeserklärung und die Feststellung der Todeszeit vom 4.VII.1939 (=Guttentagsche Sammlung deutscher Reichsgesetze, 234), Berlin 1949.

Kunsterziehung. Ergebnisse und Anregungen des Kunsterziehungstages in Dresden am 28. und 29. September 1901, Leipzig 1902.

Kunsterziehung. Ergebnisse und Anregungen des zweiten Kunsterziehungstages in Weimar am 9., 10. und 11. Oktober 1903. Deutsche Sprache und Dichtung, Leipzig 1904.

Kunsterziehung. Ergebnisse und Anregungen des dritten Kunsterziehungstages in Hamburg am 13., 14., 15. Oktober 1905. Musik und Gymnastik, Leipzig 1906.

Kunsterziehung. Ergebnisse und Anregungen der Kunsterziehungstage in Dresden, Weimar und Hamburg. In Auswahl mit einer Einleitung von Ludwig PALLAT hrsg. vom Zentralinstitut für Erziehung und Unterricht, Leipzig 1929.

Die Kunsterziehungsbewegung, hrsg. von Hermann LORENZEN, Bad Heilbrunn 1966.

KUNZ, L., Mailand, in: Lexikon für Theologie und Kirche, Bd. 6, Freiburg i. Br. 1961 [Repr. ebd. 1986], Sp. 1291-1297.

KUNZ, Lothar, Reformerische und restaurative Tendenzen der schulpolitischen Auseinandersetzungen zur Zeit der Weimarer Republik, in: Schule zwischen Kaiserreich und Faschismus, hrsg. von Reinhard DITHMAR und Jörg WILLER, Darmstadt 1981, S. 125-154.

KUNZMANN, Hugo, Bischofsheim a. d. Rhön, in: Handbuch der Historischen Stätten Deutschlands, Bd. 7: Bayern, hrsg. von Karl BOSL, 2. Aufl. Stuttgart 1965, S. 97.

KUNZMANN, Hugo, Königshofen i. Grabfeld, in: Handbuch der Historischen Stätten Deutschlands, Bd. 7: Bayern, hrsg. von Karl BOSL, 2. Aufl. Stuttgart 1965, S. 368.

KUPFFER, Heinrich, Gustav Wyneken, Stuttgart 1970.

KUPPFER, Heinrich, Gustav Wyneken. Ein Wegbereiter der modernen Erlebnispädagogik? (=Wegbereiter der modernen Erlebnispädagogik, 30), Lüneburg 1992.

Kursunterricht - Begründungen, Modelle, Erfahrungen, hrsg. von Wolfgang KEIM (=Wege der Forschung, 504), Darmstadt 1987.

Kurzbiographie von Karl Wilker, in: WILKER, Karl; Der Lindenhof - Fürsorgeerziehung als Lebensschulung. Neu hrsg. und erg. durch ein biographisches Vorwort von Hildegard FEIDEL-

MERTZ und Christiane PAPE-BALLING (=Pädagogische Beispiele. Institutionengeschichte in Einzeldarstellungen, 5), Frankfurt 1989, S. 219f.

KUTZSCH, Gerhard, Berlins Bürgermeister 1808-1933. Die 'Zweiten Männer' der Stadt, in: Der Bär von Berlin. Jahrbuch des Vereins für die Geschichte Berlins, 25. Folge (1976), S. 7-29.

Ländliche Lebensgemeinschaft - Kaufmann und Handwerk - Erziehungsgemeinschaften, in: Werkland. Neue Folge von Vivos Voco. Zeitschrift für neues Deutschtum, Bd. 4: April 1924 - März 1925, S. 131-171.

LAGERLÖF, Selma, Wunderbare Reise des kleinen Nils Holgersson mit den Wildgänsen. Ein Kinderbuch. Einzige berechtigte Übers. aus dem Schwed. von Pauline KLAIBER, Ausg. in 1 Bd., München 1920.

LAMLA, Ernst, Die preußische Reform im Überblick. Ein Bericht über die Neugestaltung des preußischen Höheren Schulwesens seit 1918, in: Wesen und Wege der Schulreform. Hans Richert dem Sechzigjährigen zum 21. Dezember 1929, hrsg. von Adolf GRIMME, Berlin 1930, S. 63-75.

LAMPE, Felix, Zehn Jahre Zentralinstitut, in: Pädagogisches Zentralblatt, Jg. 5 (1925), S. 97-100.

LAMPE, Felix, Zentralinstitut für Erziehung und Unterricht, in: Pädagogisches Lexikon, Bd. 4, Bielefeld [u.a.] 1931, S. 1212-1218.

LAMSZUS, Wilhelm, Vom Weg der Hamburger Gemeinschaftsschulen, in: Deutsche Schulversuche, hrsg. von Franz HILKER, Berlin 1924, S. 262-276; ohne Literaturhinweise auch in: Die Neue Erziehung, Jg. 6 (1924), S. 212-222.

LAMSZUS, Wilhelm, Der Weg der Hamburger Gemeinschaftsschulen, in: Die neuen Schulen in Deutschland, hrsg. von Fritz KARSEN. Mit einem Vorwort von Wilhelm PAULSEN, Langensalza 1924, S. 24-85; kurzer Auszug (S. 36-38) u.d.T. 'Aufbruch im Chaos - Erziehung 'Vom Kinde aus' an den Hamburger Lebensgemeinschaftsschulen (1919)' wieder in: HOOF, Dieter, Die Schulpraxis der Pädagogischen Bewegung des 20. Jahrhunderts. Berichte und Unterrichtsbilder, Bad Heilbrunn 1969, S. 54-56.

LANDAUER, Gustav, Durch Absonderung zur Gemeinschaft, in: HART, Heinrich / HART, Julius / LANDAUER, Gustav / HOLLÄNDER, Felix, Die neue Gemeinschaft, ein Orden vom wahren Leben. Vorträge und Ansprachen, gehalten bei den Weihefesten, den Versammlungen und Liebesmahlen der Neuen Gemeinschaft (=Das Reich der Erfüllung. Flugschriften zur Begründung einer neuen Weltanschauung, 2), Leipzig 1901, S. 45-68.

LANDAUER, Gustav, Aufruf zum Sozialismus. Ein Vortrag, Berlin 1911; wieder: Frankfurt 1967.

LANDAUER, Gustav, Der werdende Mensch. Aufsätze über Leben und Schrifttum, hrsg. von Martin BUBER, Potsdam 1921; fotomech. Reprint: Telgte-Westbevern 1977; Auswahl auch wieder als: LANDAUER, Gustav, Der werdende Mensch. Aufsätze zur Literatur. Mit einem Essay von Arnold ZWEIG, Leipzig [u.a.] 1980.

LANDAUER, Gustav, Der Sozialist. Aufsätze aus der Zeitschrift der Sozialist, Bremen 1977.

LANDAUER, Gustav, Auch die Vergangenheit ist Zukunft. Essays zum Anarchismus, hrsg. von Siegbert WOLF (=Sammlung Luchterhand, 843), Frankfurt 1989.

Gustav Landauer und die sozialistische Siedlungsaktion 1, in: Der freie Arbeiter, Jg. 12 (1920), S. 26-29.

Gustav Landauer (1870-1919). Eine Bestandsaufnahme zur Rezeption seines Werkes, hrsg. von Leonhard M. FIEDLER, Renate HEUER und Annemarie TAEGER-ALTENHOFER (=Campus Judaica, 2), Frankfurt [u.a.] 1995.

LANDÉ, Walter, Probleme der Preußischen Schulverwaltung, in: Wesen und Wege der Schulreform. Hans Richert dem Sechzigjährigen zum 21. Dezember 1929. Mit Heinrich DEITERS und Lina MAYER-KULENKAMPFF hrsg. von Adolf GRIMME, Berlin 1930, S. 273-283.

Das Landesarchiv Berlin und seine Bestände, bearb. von Klaus DETTMER [u.a.] (=Schriftenreihe des Landesarchivs Berlin, 1), 2. Aufl. Berlin 1992.

Das Landerziehungsheim. Im Auftrag des Zentralinstituts für Erziehung und Unterricht hrsg. von Alfred ANDREESEN (=Schulform und Bildungsziel, 4), Leipzig o.J. [1926].

'Das Landerziehungsheim' [in der Himmelfahrtswoche (18.-20. Mai) 1925], in: Pädagogisches Zentralblatt, Jg. 5 (1925), S. 172, 278 und 342f.

Die Landerziehungsheimbewegung, hrsg. von Theo DIETRICH, Bad Heilbrunn 1967.

Landesjugendamt der Stadt Berlin. Bericht über seine Tätigkeit in der Zeit vom 1. April 1925 bis zum 31. März 1927, Berlin 1928.

LANFREY, Pierre, La campagne de 1806-1807. Für den Schulgebrauch hrsg. von O. KÄHLER (=Freytag's Sammlung fremdsprachlicher Schriftwerke), Leipzig 1920.

LANG, Gerold, 1919-1969. Geschichtliche Entwicklung der Bundeserziehungsanstalten, in: 50 Jahre österreichische Bundeserziehungsanstalten. 1919-1969. Festschrift, Saalfelden 1969, S. 21-26.

LANGE, Annemarie, Berlin in der Weimarer Republik, Berlin (DDR) 1987.

LANGE, Friedrich C.A., Groß-Berliner Tagebuch. 1920-1933, 1. Aufl. Berlin 1951; 2. unveränd. Aufl. Berlin 1982.

LANGE, Helene, Lebenserinnerungen, Berlin 1921.

LANGE, Ulrich, Rudolf-Steiner-Schule Loheland, in: Pädagogik heute, Jg. 20 (1987), Heft 1/2, S. 74-81.

Langenscheids Taschenwörterbuch der englischen und deutschen Sprache, Bd. 2: Deutsch-Englisch, Neubearb. von Wilhelm MOSLÉ, 4. Aufl. Berlin 1951.

LANGGAARD, Luise, Loheland, in: Künstlerische Körperschulung, hrsg. von Ludwig PALLAT und Franz HILKER, Breslau 1923, S. 49-54.

LAQUEUR, Walter, Die deutsche Jugendbewegung (1962), 2. unveränd. Aufl. Köln 1983.

LASSAHN, Rudolf, Notizen zur Editionslage historischer Texte in der Pädagogik, in: Zeitschrift für Pädagogik, Jg. 16 (1970), S. 551-558.

LASSAHN, Rudolf, Hermann Lietz - Leben und Werk. Schulreform durch Neugründung, in: Hermann Lietz. Schulreform und Neugründung. Ausgewählte Pädagogische Schriften, besorgt von Rudolf LASSAHN, Paderborn 1970, S. 180-189.

LASSAHN, Rudolf, Studien zur Wirkungsgeschichte Fichtes als Pädagoge, Heidelberg 1970.

LASSAHN, Rudolf, Das unerschlossene Erbe der Reformpädagogik, in: Pädagogische Rundschau, Jg. 38 (1984), S. 277-293.

LAUTERBURG, Maria, Zur Erinnerung an Elisabeth Rotten, in: Anzeiger von Saanen vom 12.02.1965.

LAY, Wilhelm August, Die Lebensgemeinschaftsschule. Mit einer Darstellung von Lays Leben und Werk von Max ENDERLIN (=Der Bücherschatz des Lehrers, 25), Osterwieck [u.a.] 1927.

LE ROY LADURIE, Emmanuel, Montaillou. Ein Dorf vor dem Inquisitor, Frankfurt [u.a.] 1980 [zuerst franz. 1975].

LE ROY LADURIE, Emmanuel, Karneval in Romans. Eine Revolte und ihr blutiges Ende. 1579-1580, Stuttgart 1982 [zuerst franz. 1979].

Leben mit provisorischer Genehmigung. Leben, Werk und Exil von Dr. Eugenie Schwarzwald (1872-1940). Eine Chronik, hrsg. von Hans DEICHMANN, Berlin [u.a.] 1988.

Ein Leben voll Arbeit und Kampf ging zu Ende. Der Arbeitswissenschaftler Professor Richard Woldt verstorben, in: Sächsische Neueste Nachrichten vom 14.08.1952.

Lebenserinnerungen von Dr. med. Georg Loewenstein, in: Der Wert des Menschen. Medizin in Deutschland, hrsg. von der Ärztekammer Berlin in Zusammenarbeit mit der Bundesärztekammer, Berlin 1989, S. 36-49.

LEHBERGER, Reiner, Einflüsse der Reformpädagogik auf das Hamburger Regelschulwesen in der Weimarer Republik, in: 'Der Traum von der freien Schule'. Schule und Schulpolitik in der Weimarer Republik, hrsg. von Hans-Peter DE LORENT und Volker ULLRICH, Hamburg 1988, S. 118-134.

LEHBERGER, Reiner, 'Das Lebendigwerden der Kinder im Schulleben'. Zur Geschichte der Versuchsschule Telemannstraße 10, in: 'Der Traum von der freien Schule'. Schule und Schulpolitik in der Weimarer Republik, hrsg. von Hans-Peter DE LORENT und Volker ULLRICH, Hamburg 1988, S. 273-287.

LEHBERGER, Reiner, Fritz Schumacher und der Schulbau im Hamburg der Weimarer Jahre, in: 'Der Traum von der freien Schule'. Schule und Schulpolitik in der Weimarer Republik, hrsg. von Hans-Peter de LORENT und Volker ULLRICH, Hamburg 1988, S. 238-251.

LEHBERGER, Reiner, Schule in Hamburg während des Kaiserreichs. Zwischen 'Pädagogischer Reform' und 'Vaterländischer Gesinnung', in: 'Heil über die Hammonia'. Hamburg im 19. Jahrhundert - Kultur, Geschichte, Politik, hrsg. von Inge STEPHAN und Hans-Gerd WINTER, Hamburg 1992, S. 417-446.

LEHBERGER, Reiner, Reformpädagogik und Schulbau. Das Beispiel Hamburg, in: Pädagogik, Jg. 44 (1992), Heft 4, S. 34-37.

LEHBERGER, Reiner, 'Construyamos una nueva escuela'. El movimiento de la Escuela Nueva y la arquitectura escolar en el caso de Hamburgo, in: Historia de la Education. Revista interuniversitaria, Jg. 1993/94, Bd. 12-13, S. 201-223.

LEHBERGER, Reiner, 'Schule als Lebensstätte der Jugend'. Die Hamburger Versuchs- und Gemeinschaftsschulen in der Weimarer Republik, in: 'Die Alte Schule überwinden'. Reformpädagogische Versuchsschulen zwischen Kaiserreich und Nationalsozialismus, hrsg. von Ullrich AMLUNG, Dietmar HAUBFLEISCH, Jörg-W. LINK und Hanno SCHMITT (=Sozialhistorische Untersuchungen zur Reformpädagogik und Erwachsenenbildung, 15), Frankfurt 1993, S. 32-64.

LEHBERGER, Reiner / WENDT, Joachim, Die Lichtwarkschule in Hamburg. Eine höhere Reformschule der Weimarer Republik mit kulturkundlicher Prägung, in: Pädagogik, Jg. 47 (1995), Heft 2, S. 46-50; überarb. und erw. Fassung u.d.T. 'Die Lichtwarkschule: Geschichtliche Entwicklung und pädagogisches Profil' wieder in: LEHBERGER, Reiner, Die Lichtwarkschule in Hamburg. Das pädagogische Profil einer Reformschule des höheren Schulwesens in der Weimarer Republik. Darstellung und Quellen, Hamburg 1996, S. 5-11.

LEHBERGER, Reiner, Versuchs- und Reformschulen der Weimarer Republik. Die unbekannten Schulen der Reformpädagogik, in: Pädagogik, Jg. 47 (1995), Heft 1, S. 48f.

LEHBERGER, Reiner, Die Lichtwarkschule in Hamburg. Das pädagogische Profil einer Reformschule des höheren Schulwesens in der Weimarer Republik. Darstellung und Quellen, Hamburg 1996.

LEHBERGER, Reiner, Das Fotoarchiv des Hamburger Schulmuseums zur Dokumentation der Reformpädagogik im Hamburg der Weimarer Republik, in: Bilder als Quellen der Erziehungsgeschichte, hrsg. von Hanno SCHMITT, Jörg-W. LINK und Frank TOSCH, Bad Heilbrunn 1997, S. 125-148.

LEHMANN-RUSSBUELDT, Otto, Der Kampf der Deutschen Liga für Menschenrechte, vormals Bund Neues Vaterland, für den Weltfrieden 1914-1927, Berlin 1927.

Lehrbuch der Botanik für Hochschulen. Begr. 1894 von Eduard STRASBURGER [u.a.], 16. umgearb. Aufl. bearb. von Hans FITTING, Ludwig JOST, Heinrich SCHENK und George KARSTEN, Jena 1923.

Lehrerlebensgeschichten. Lehrerinnen und Lehrer aus Berlin und Leiden (Holland) erzählen, ges. und eingel. von Manuela du BOIS-REYMOND und Bruno SCHONIG, Weinheim [u.a.] 1982.

Lehreropposition im NS-Staat. Biographische Berichte über den 'aufrechten Gang', hrsg. von Lutz van DICK. Mit einem Vorwort von Hans-Jochen GAMM, Frankfurt 1990. - Die hier veröff. biogr. Berichte erschienen erstmals in: DICK, Lutz van, Oppositionelles Lehrerverhalten 1933-1945. Biographische Berichte über den aufrechten Gang von Lehrerinnen und Lehrern (=Veröffentlichungen der Max-Traeger-Stiftung, 6), Weinheim [u.a.] 1988.

Lehrerverzeichnis der Stadtgemeinde Berlin für das Jahr 1922 nebst Mitteilungen aus dem Berliner Schul- und Lehrervereinswesen, hrsg. vom Lehrerverband Berlin, Jg. 76, Berlin 1922.

Lehrer-Verzeichnis Berlin, hrsg. vom Lehrerverband Berlin,
Jg. 77, Berlin 1925;
Jg. 78, Berlin 1927;
Jg. 79, Berlin 1929;
Jg. 80, Berlin 1931.

Leitsätze: Schulfarmen, in: Die Reichsschulkonferenz 1920. Ihre Vorgeschichte und Vorbereitung und ihre Verhandlungen. Amtlicher Bericht, erstattet vom Reichsministerium des Innern [Unveränd. Neudr. als Bd. 3 der Reihe 'Deutsche Schulkonferenzen', Glashütten 1972], leipzig 1920, S. 742; wieder abgedr. in: GURLITT, Ludwig, Schulfarmen, in: Die Heimatschule. Halbmonatsschrift zur Pflege deutscher Volkserziehung und bodenständiger Bildung durch Schule und freies Bildungswesen. Organ des Reichsbundes 'Heimatschule', Jg. 1 (1920/21), Teil 1: Heft 5 (September 1920), S. 137-141 und Teil 2: Heft 19 (April 1921), S. 588-594, hier S. 588f.; u.d.T. 'Leitsätze des Unterausschusses für Schulfarmen' wieder in: Der freie Lehrer. Organ der Arbeitsgemeinschaft sozialdemokratischer Lehrer und Lehrerinnen Deutschlands, Jg. 2 (1920), S. 194f.; das Wichtigste der Leitsätze auch abgedr. in: GURLITT, Ludwig, Ausschuß für Schulfarmen [auf der Reichsschulkonferenz 1920], in: Die Neue Erziehung, Jg. 2 (1920), S. 445f.

LEMM, Werner, Materialien zum Kampf um das Berliner Schulgesetz von 1948, in: Jahrbuch für Erziehungs- und Schulgeschichte, Jg. 2 (1962), S. 301-347.

LENGFELDT, Johannes, Gottlieb Fritz, in: Neue Deutsche Biographie, Bd. 5, Berlin 1961, S. 630f.

LENIN, Vladimir I., Staat und Revolution. Die Staatstheorie des Marxismus und die Aufgaben des Proletariats in der Revolution, Berlin 1929.

LENZ, Albert, Entschiedene Schulreform: Der Schulgarten als Stätte der Produktionsschule, in: Die Neue Erziehung, Jg. 10 (1928), S. 123-126 und S. 209; wieder in: HOOF, Dieter, Die Schulpraxis der Pädagogischen Bewegung des 20. Jahrhunderts. Berichte und Unterrichtsbilder, Bad Heilbrunn 1969, S. 156-160.

LENZEN, Heinrich, Grundlagen für eine Medienpädagogik bei Adolf Reichwein, in: Adolf Reichwein. 1898-1944. Erinnerungen, Forschungen, Impulse, hrsg. von Wilfried Huber und Albert KREBS, Paderborn [u.a.] 1981, S. 177-190.

LESCHINSKY, Achim / ROEDER, Peter Martin, Schule im historischen Prozeß. Zum Wechselverhältnis von institutioneller Erziehung und gesellschaftlicher Entwicklung (=Veröffentlichungen des Max-Planck-Instituts für Bildungsforschung), Stuttgart 1976; unveränd. als Taschenbuchausg.: Frankfurt [u.a.] 1983.

LESCHINSKY, Achim, Sebald Schwarz, in: Biographisches Lexikon für Schleswig-Holstein und Lübeck, Bd. 7, Neumünster 1985, S. 291-295.

LESCHINSKY, Achim, [Besprechung von:] RÖDLER, Klaus, Vergessene Alternativschulen. Geschichte und Praxis der Hamburger Gemeinschaftsschulen 1919-1933 (=Veröffentlichungen der

Max-Träger-Stiftung, 5), Weinheim [u.a.] 1987, in: Zeitschrift für Pädagogik, Jg. 34 (1988), S. 141-144.

LESKI, Horst, Schulreform und Administration. Vom Einheitsschulprogramm der Weimarer Reichsverfassung bis zu den Schulreformprogrammen des niedersächsischen Kultusministeriums, Oldenburg 1990.

LESKI, Horst, Schulreformprogramme des Niedersächsischen Kultusministers 1945-1970, Hannover 1991.

LESSING, Gotthold Ephraim, Minna von Barnhelm oder Das Soldatenglück. Mit einer Einführung von E. MÜNZER (=Welt-Bibliothek, 29), Dresden 1922.

LESSING, Gotthold Ephraim, Nathan der Weise. Ein dramatisches Gedicht in 5 Aufzügen (=Velhagen & Klasings Sammlung deutscher Schulausgaben, 57), Bielefeld 1921.

Lessing-Gymnasium. 100 Jahre [1882-1982], Berlin 1982.

LETHEN, Helmut, Neue Sachlichkeit 1924-1932. Studien zur Literatur des 'weißen Sozialismus', Stuttgart 1970.

Lexikon der Pädagogik der Gegenwart, hrsg. von Josef SPIELER, 2 Bde., Freiburg 1930/32.

Lexikon des Widerstandes 1933-1945, hrsg. von Peter STEINBACH und Johannes TUCHEL, München 1994.

LEYSER, Jakob Anton, Joachim Heinrich Campe. Ein Lebensbild aus dem Zeitalter der Aufklärung, 2 Bde., Braunschweig 1877.

LICHTWARK, Alfred, Übungen in den Betrachtungen von Kunstwerken. Nach Versuchen mit einer Schulklasse hrsg. von der Lehrervereinigung zur Pflege der künstlerischen Bildung, 15.-18. Aufl. Berlin 1922.

Lichtwarkschule. Zum Umzug in das Schulhaus am Stadtpark. Ostern 1925, Hamburg 1925.

Die Lichtwarkschule in Hamburg. Beiträge zur Grundlegung und Berichte 1928, Hamburg 1929.

Die Lichtwarkschule. Idee und Gestalt, Hamburg 1979.

Liebe Sonnenberg-Freunde! [Brief zum 80. Geburtstag von Elisabeth Rotten], in: Sonnenberg-Briefe zur Völkerverständigung, Nr. 25: April 1962, S. 6-10 (dt., engl. und franz.).

LIEBE, Reinhard, Die Produktionsschule als Aufbauzelle der neuen Gesellschaft, in: Die Neue Erziehung, Jg. 6 (1924), S. 49-54.

LIEGLE, Ludwig, Tagträume, Wirklichkeit und Erinnerungsspuren einer neuen Erziehung im jüdischen Gemeinwesen Palästinas (1918-1948), in: Neue Sammlung, Jg. 25 (1985), S. 60-77.

LIEGLE, Ludwig, Welten der Kindheit und Familie. Beiträge zu einer pädagogischen und kulturvergleichenden Sozialisationsforschung, Weinheim [u.a.] 1987.

LIEGLE, Ludwig, Der Kibbutz als Sozialisationsumwelt. Anfänge der Kibbutz-Erziehung und der Kibbutz-Pädagogik, in: Apropos Lernen. Alternative Entwürfe und Perspektiven zur Staatsschulpädagogik, hrsg. von Ulrich KLEMM und Alfred K. TREML (=Materialien der AG SPAK, M 92), München 1989, S. 121-134.

LIENHARD, Friedrich, Till Eulenspiegel. Bühnendichtung, 2 Teile [1: Eulenspiegels Ausfahrt; 2: Eulenspiegels Heimkehr], Straßburg 1897.

LIETZ, Hermann, Emlohstobba. Roman oder Wirklichkeit? Bilder aus dem Schulleben der Vergangenheit, Gegenwart oder Zukunft?, Berlin 1897; Auszüge u.a. wieder in: Hermann Lietz. Schulreform durch Neugründung. Ausgewählte Pädagogische Schriften, besorgt von Rudolf LASSAHN, Paderborn 1970, S. 5-30.

LIETZ, Hermann, Schulreform und Schulprüfung, in: Das zehnte Jahr im Deutschen Landerziehungsheim 1907/08, hrsg. von Hermann LIETZ, 1. Teil, Leipzig 1907, S. 5-46; Auszüge wieder in: Hermann Lietz. Schulreform durch Neugründung. Ausgewählte Pädagogische Schriften, besorgt von Rudolf LASSAHN, Paderborn 1970, S. 42-59.

LIETZ, Hermann, Heim der Hoffnung, Veckenstedt 1911. Zuerst in: Das elfte Jahr im Deutschen Landerziehungsheim, hrsg. von Hermann LIETZ, Leipzig 1909, 1. Teil: S. 36-56, 2. Teil: S. 88-102. - 3. (selbständige) Aufl. als: LIETZ, Hermann, Heim der Hoffnung. Von Lebenserfahrungen und Lebensaufgaben, 3. Aufl. Veckenstedt 1921.

LIETZ, Hermann, Der Beruf des Erziehers. Ein Brief, in: Das fünfzehnte Jahr in Deutschen Landerziehungsheimen, hrsg. von Hermann LIETZ, Leipzig 1913, S. 34-48; wieder in: Hermann Lietz. Schulreform durch Neugründung. Ausgewählte Pädagogische Schriften, besorgt von Rudolf LASSAHN, Paderborn 1970, S. 113-128.

LIETZ, Hermann, Die ersten drei Landerziehungsheime - zwanzig Jahre nach der Begründung. Ein Versuch ernsthafter Durchführung deutscher Schulreform, Veckenstedt 1918; 2., unveränd. Aufl. ebd. 1919.

LIETZ, Hermann, Lebenserinnerungen. Von Leben und Arbeit eines deutschen Erziehers, hrsg. von Erich MEISSNER, Veckenstedt 1920. - 2. unveränd. Aufl. Veckenstedt 1921. - 3. Aufl. Veckenstedt 1922. - 4./5. Aufl. neu hrsg. und durch Briefe und Berichte erg. von Alfred ANDEREESEN, Weimar 1935.

Hermann Lietz. Schulreform durch Neugründung. Ausgewählte Pädagogische Schriften. Besorgt von Rudolf LASSAHN, Paderborn 1970.

LIETZMANN, W., Landheimpädagogik [an der Kaiser-Wilhelm II-Oberrealschule in Göttingen], in: Zentralblatt für die gesamte Unterrichts-Verwaltung in Preußen, Jg. 63 (1921), S. 471-473.

LIETZMANN, W., Unterricht im Landheim, in: Pädagogisches Zentralblatt, Jg. 3 (1922), S. 113-119.

Hermann Lietz - Zeugnisse seiner Zeitgenossen, hrsg. von Elisabeth KUTZER (=Aus den deutschen Landerziehungsheimen, 6), Stuttgart 1968.

LILIENCRON, Detlev von, Gesammelte Werke, Bd. 2: Gedichte, 9. Aufl. Berlin 1911.

LILIENFEIN, Heinrich, Hildebrand. Ein Drama in 3 Akten, Stuttgart 1914.

LINDE, Karl, Die Entwicklung der Eisenbahngütertarife nach dem Kriege unter besonderer Berücksichtigung der Tarifreform von 1920 und ihrer volkswirtschaftlichen Bedeutung, Giessen, Univ., Diss., 1928.

LINDNER, Helmut / SCHMALFUß, Jörg, 150 Jahre Borsig Berlin-Tegel (=Berliner Beiträge zur Technikgeschichte und Industriekultur. Schriftenreihe des Museums für Verkehr und Technik, 7), Berlin 1987.

LINK, Jörg-W., Das Haus in der Sonne. Eine Westerwälder Dorfschule im Brennpunkt internationaler Landschulreform, in: 'Die Alte Schule überwinden'. Reformpädagogische Versuchsschulen zwischen Kaiserreich und Nationalsozialismus, hrsg. von Ullrich AMLUNG, Dietmar HAUBFLEISCH, Jörg-W. LINK und Hanno SCHMITT (=Sozialhistorische Untersuchungen zur Reformpädagogik und Erwachsenenbildung, 15), Frankfurt 1993, S. 247-267.

LINK, Werner, Die Geschichte des Internationalen Jugend-Bundes (IJB) und des Internationalen Sozialistischen Kampf-Bundes (ISK). Ein Beitrag zur Geschichte der Arbeiterbewegung in der Weimarer Republik und im Dritten Reich (=Marburger Abhandlungen zur Politischen Wissenschaft, 1), Meisenheim 1964.

Die Linkskurve. Eine literarisch-kritische Zeitschrift, Berlin, Jg. 1 (1929) - 4 (1932).

LINSE, Ulrich, Die Kommune der deutschen Jugendbewegung. Ein Versuch zur Überwindung des Klassenkampfes aus dem Geiste der bürgerlichen Utopie. Die 'kommunistische Siedlung Blankenburg' bei Donauwörth 1919/20 (=Zeitschrift für Bayerische Landesgeschichte, Beiheft 5, Reihe B), München 1973.

LINSE, Ulrich, Die Jugendkulturbewegung, in: Das wilhelminische Bildungsbürgertum. Zur Sozialgeschichte seiner Ideen, hrsg. von Klaus VONDUNG, Göttingen 1976, S. 119-137.

LINSE, Ulrich, Siedlungen und Kommunen der deutschen Jugendbewegung. Ein Überblick, in: Jahrbuch des Archivs der deutschen Jugendbewegung, Bd. 14 (1982/83), S. 13-28.

LINSE, Ulrich, Habertshof, in: Zurück, o Mensch zur Mutter Erde. Landkommunen in Deutschland. 1890-1933, hrsg. von Ulrich LINSE, München 1983, S. 241-267.

LINSE, Ulrich, Siedlungen und Kommunen der deutschen Jugendbewegung. Ein Überblick und eine Interpretation, in: Das Provinzbuch. Kultur und Bildung auf dem Lande, hrsg. von Ulrich KLEMM und Klaus SEITZ, Bremen 1989, S. 186-199.

LIPKA, Horst, Das Logbuch der Schule am Meer, in: Pädagogische Reform, Jg. 45 (1991), S. 239-244.

LIPKA, Horst, Der Pädagoge und die Pädagogische Provinz, in: Pädagogische Rundschau, Jg. 47 (1993), S. 97-106.

LIPS, Rudolf, Modifikationen im Zusammenhang von Funktion und Gelenkflächenausbildung am Carpalsegment arctoider Carnivoren, Berlin, Univ., Diss., 1930.

LÖBE, Paul, Der Weg war lang. Lebenserinnerungen, Berlin 1954.

LÖFFLER, Eugen, Schulreform in den Ländern, in: Handbuch der Pädagogik, hrsg. von Herman NOHL und Ludwig PALLAT, Bd. 4, Langensalza 1928, S. 294-312.

LÖFFLER, Eugen, Das öffentliche Schulwesen in Deutschland, Berlin 1931.

LÖNS, Hermann, Der Wehrwolf. Eine Bauernchronik, 272.-291. Tsd., Jena 1926.

LÖSCHER, Elisabeth, Freie Schul- und Werkgemeinschaft Letzlingen, in: Monatshefte der Deutschen Freunde, Jg. 8 (1931), S. 241-246.

LÖSER, Ludwig, Wilhelm Brandes, in: 100 Jahre Turngemeinde der 'Großen Schule' zu Wolfenbüttel. 18. Juni 1828 - 1928. Festschrift, Wolfenbüttel 1928, S. 24-29.

LÖWENSTEIN, Dyno, Kurt Löwenstein. Eine biographische Skizze, in: LÖWENSTEIN, Kurt, Sozialismus und Erziehung. Eine Auswahl aus seinen Schriften 1919-1933. Neu hrsg. von Ferdinand BARNDECKER und Hildegard FEIDEL-MERTZ (=Internationale Bibliothek, 91), Berlin [u.a.] 1976, S. 363-377; wieder in: Wie das Leben lernen ... Kurt Löwensteins Entwurf einer sozialistischen Erziehung. Beiträge und Dokumente, Berlin 1985, S. 7-26.

LÖWENSTEIN, Kurt, Sozialismus und Erziehung. Eine Auswahl aus den Schriften 1919-1933. Neu hrsg. von Ferdinand BRANDECKER und Hildegard FEIDEL-MERTZ (=Internationale Bibliothek, 91), Berlin [u.a.] 1976.

Loheland-Stiftung: Schulen und Werkstätten, in: Erziehungskunst, 42 (1978), S. 384-400.

LONDON, Jack, Abenteuer des Schienenstrangs, Berlin 1924.

LORENT, Hans-Peter de, Rädchen im Getriebe. Über die Schwierigkeiten der Hamburger Lehrerschaft, die Geschichte der Schule unterm Hakenkreuz aufzuarbeiten, in: 'Die Fahne hoch'. Schulpolitik und Schulalltag in Hamburg unterm Hakenkreuz, hrsg. von Reiner LEHBERGER und Hans-Peter de LORENT, Hamburg 1986, S. 187-202.

LORENT, Hans-Peter de, Schulalltag unterm Hakenkreuz. Aus Konferenzprotokollen, Festschriften und Chroniken Hamburger Schulen von 1933-1939, in: 'Die Fahne hoch'. Schulpolitik und Schulalltag in Hamburg unterm Hakenkreuz, hrsg. von Reiner LEHBERGER und Hans-Peter de LORENT, Hamburg 1986, S. 91-117.

LORENT, Hans-Peter de, Die Selbstverwaltung der Schulen in der Weimarer Republik: Rückschau auf eine umkämpfte Errungenschaft der Reformbewegung in Hamburg, in: Hamburg - Stadt der Schulreformen, hrsg. von Peter DASCHNER und Reiner LEHBERGER (=Hamburger Schriftenreihe zur Schul- und Unterrichtsgeschichte, 2), Hamburg 1990, S. 56-67.

LUDWIG, Harald, Entstehung und Entwicklung der modernen Ganztagsschule in Deutschland, 2 Bde. (=Studien und Dokumentationen zur deutschen Bildungsgeschichte, 51/1 und 2), Köln [u.a.] 1993.

LUDWIG, Harald, [Rez. zu:] 'OELKERS, Jürgen, Reformpädagogik. Eine kritische Dogmengeschichte, 2., um ein Nachwort erw. Aufl. Weinheim [u.a.] 1992', in: Pädagogische Rundschau, Jg. 49 (1995), S. 460-465.

LÜDEMANN, Ernst, Von der Schulfahrt zum Landheim. Aus dem Werden und Wirken eines Schullandheims, Düsseldorf 1927.

LUNDGREEN, Peter, Historische Bildungsforschung, in: Historische Sozialwissenschaft. Beiträge zur Einführung in die Forschungspraxis, hrsg. von Reinhard RÜRUP, Göttingen 1977. S. 96-125 (incl. Bibliographie zur Historischen Bildungsforschung (S. 117-125)).

LUNDGREEN, Peter, Sozialgeschichte der deutschen Schule im Überblick, 2 Bde. [Bd. 1: 1770-1918 (1980) und Bd. 2: 1918-1980 (1981)], Göttingen 1980/81.

LUSERKE, Martin, Der Lehrer, in: Beruf und Leben. Darstellung der Wesenszüge der Berufsfrage aus Kreisen der Jugendbewegung, hrsg. von Ernst FISCHER und Friedrich WILHELM, Lauenburg 1921, S. 18f.

LUSERKE, Martin, Schule am Meer. Ein Buch vom Wachsen deutscher Jugend geradeaus vom Ursprünglichen bis ins Letzte, Bremen 1925.

Martin Luserke. Reformpädagoge - Dichter - Theatermann. Gründer und Leiter der 'Schule am Meer' auf der Nordseeinsel Juist (1925-1934), hrsg. von Jörg ZIEGENSPECK (=Wegbereiter der modernen Erlebnispädagogik, 6), 2. wesentlich erg. und erw. Aufl. Lüneburg 1990; 1. Aufl. 1987 als: GIFFEI, Herbert, Martin Luserke. Ein Wegbereiter der modernen Erlebnispädagogik? Mit einem Vorwort von Jörg ZIEGENSPECK (=Wegbereiter der modernen Erlebnispädagogik, 6), Lüneburg 1987.

LUX, Hanns Maria, Das war Niemann. Erinnerungen an die Saarbrücker Jahre des Schulreformers, in: Cecilienschule. Unser Weg 1912-1962. Festschrift zum 50jährigen Bestehen der Mädchenmittelschule Saarbrücken, Saarbrücken 1962, S. 25-30.

M., L., Die Loheland-Schule, in: Die deutsche Jugendbewegung 1920 bis 1933. Die bündische Zeit, hrsg. von Werner KINDT (=Dokumentation der Jugendbewegung, 3), Düsseldorf [u.a.] 1974, S. 1602-1604.

M.d.L. Das Ende der Parlamente 1933 und die Abgeordneten der Landtage und Bürgerschaften der Weimarer Republik in der Zeit des Nationalsozialismus. Politische Verfolgung, Emigration und Ausbürgerung 1933-1945. Ein biographischer Index, hrsg. von Martin SCHUMACHER, Düsseldorf 1995.

M.d.R. Die Reichstagsabgeordneten der Weimarer Republik in der Zeit des Nationalsozialismus. Politische Verfolgung, Emigration und Ausbürgerung 1933-1945. Eine biographische Dokumentation. Mit einem Forschungsbericht zur Verfolgung deutscher und ausländischer Parlamentarier im nationalsozialistischen Herrschaftsbereich, hrsg. von Martin SCHUMACHER, 3., erheblich erw. und überarb. Aufl., Düsseldorf 1994.

MAASEN, Thijs, Pädagogischer Eros. Gustav Wyneken und die Freie Schulgemeinde Wickersdorf. Mit einem Vorwort von Rüdiger LAUTMANN (=Sozialwissenschaftliche Studien zur Homosexualität, 6), Berlin 1995.

MAAßEN, Nikolaus, Franz Joseph Niemann, ein revolutionärer Vorkämpfer für die Mittelschule (Ein Gedenkblatt zu seinem 80. Geburtstag), in: Die Realschule. Zeitschrift für Schulpädagogik, Jg. 67 (1959), S. 197-202.

MACAULAY, Thomas B., England before the Restauration. From the first chapter of the history of England. In Ausz. mit Anm. zum Schulgebrauch neu hrsg. von F. OST, Ausg. B, Bielefeld 1919.

Die Mädchenmittelschule und ihre Aufbauanstalten (Aus einem amtlichen Bericht), in: Cecilienschule. Unser Weg 1912-1962. Festschrift zum 50jährigen Bestehen der Mädchenmittelschule Saarbrücken, Saarbrücken 1962, S. 21-23.

Magdeburger Adreßbuch, Magdeburg,
Jg. 85 (1929);
Jg. 86 (1930).

MAGER, Bärbel, Helene Lange, in: Pädagogen in Berlin. Auswahl von Biographien zwischen Aufklärung und Gegenwart, hrsg. von Benno SCHMOLDT (=Materialien und Studien zur Geschichte der Berliner Schule, 9), Baltmannsweiler 1991, S. 103-115.

Die Mainzer Republik, hrsg., eingel., komm. und bearb. von Heinrich SCHEEL; Bd. I: Protokolle des Jakobinerklubs [738 Seiten], Bd. II: Protokolle des Rheinisch-deutschen Nationalkonvents mit Quellen zu seiner Vorgeschichte [920 Seiten] (=Akademie der Wissenschaften der DDR. Schriften des Zentralinstituts für Geschichte, 42 und 43), Berlin (DDR) 1975/1981; Bd. III u.d.T.: SCHEEL, Heinrich, Die Mainzer Republik, Bd. III: Die erste bürgerlich-demokratische Republik auf deutschem Boden (=Akademie der Wissenschaften der DDR. Schriften des Zentralinstituts für Geschichte, 44), Berlin (DDR) 1989.

MAJER-LEONHARD, Das Landerziehungsheim. Zur Tagung des Zentralinstituts für Erziehung und Unterricht vom 18.-20. Mai [1925] in Berlin, in: Frankfurter Zeitung, Mai 1925.

Maler Georg Netzband erhält Verdienstorden der Bundesrepublik. Künstler dokumentiert in seinen Bildern Zeitgeschichte, in: Allgäuer Zeitung vom 09.04.1981.

Das Manifest der Schülerschaft der Karl-Marx-Schule, in: Nationalsozialistische Erziehung. Kampf- und Mitteilungsblatt des Nationalsozialistischen Lehrerbundes im Bereich Norddeutschland, hrsg. von Hans SCHEMM, Berlin, Jg. 1 (1932), S. 100.

MANN, Bernhard, Biographisches Handbuch für das preußische Abgeordnetenhaus 1867-1918 (=Handbücher zur Geschichte des Parlamentarismus und der politischen Parteien, 3), Düsseldorf 1988.

MANN, Erika, Zehn Millionen Kinder. Die Erziehung der Jugend im Dritten Reich. Mit einer Einführung von Thomas MANN und einem Nachwort von Alfred GROSSER, 2. Aufl. München 1990.

MANN, Thomas, Herr und Hund (=Fischer-Bücherei, 85), Berlin 1919.

MANN, Thomas, Unordnung und frühes Leid, Berlin 1926 [zuerst unselbständig in: Die neue Rundschau, Jg. 36 (1925), Heft 6: Juni, S. 578-611].

MANNSHARDT, Marie, Loheland, in: Lebensstätten der Jugend, hrsg. von Max KUCKEI, Kettwig 1923, S. 118-122.

Niklaus Manuels Spiel evangelischer Freiheit. Die Totenfresser 'Vom Papst und seiner Priesterschaft' 1523 (Zum erstenmal nach der einzigen Handschrift hrsg. und eingel. von Ferdinand VETTER) (=Die Schweiz im deutschen Geistesleben, 16), Leipzig 1923.

MARBACH, Rolf, A. Th. Sonnleitner als österreichischer Reformpädagoge. Eine Untersuchung aus Anlaß seiner Jugendschrift 'Die Höhlenkinder' (=Pädagogische Reihe, 1), Darmstadt 1996.

MARCKS, Erich, Alfred Lichtwark und sein Lebenswerk. Rede, gehalten bei der Gedenkfeier der Hamburger Kunsthalle am 13. März 1914, Leipzig 1914.

MARCUSE, Ludwig, Reaktionäre und progressive Romantik, in: Begriffsbestimmung der Romantik, hrsg. von Helmut PRANG, Darmstadt 1968, S. 377-385.

MARGIES, Dieter, Das höhere Schulwesen zwischen Reform und Restauration. Die Biographie Hans Richerts als Beitrag zur Bildungspolitik in der Weimarer Republik, Neuburgweier 1972.

MARGIES, Dieter / BARGIEL, Anja, Hans Richert, in: Pädagogen in Berlin. Auswahl von Biographien zwischen Aufklärung und Gegenwart, hrsg. von Benno SCHMOLDT (=Materialien und Studien zur Geschichte der Berliner Schule, 9), Baltmannsweiler 1991, S. 215-236.

MARKOV, Walter, Zwiesprache mit dem Jahrhundert. Dokumentiert von Thomas GRIMM (=1999. Kleine historische Bibliothek, 5), Köln 1990.

Der Marsch in die Heimat. Ein Heimatbuch des Bezirks Berlin-Reinickendorf, hrsg. von Walter PAULS und Wilhelm TESSENDORF, Frankfurt 1937.

MARTIN, Wolfgang, Studien zur Musikpädagogik der Weimarer Republik. Ansätze einer Theorie des Musiklernens bei W. Kühn, F. Reuter, G. Schünemann und R. Wicke (=Musikpädagogik. Forschung und Lehre, 19), Mainz [u.a.] 1982.

MARX, Herbert, Der Kaffeeanbau auf Sumatra. Eine wirtschaftsgeographische Einzeluntersuchung, Leipzig, Univ., Diss., 1931; auch als Heft 6 der Veröffentlichungen des Geographischen Seminars der Universität Leipzig.

Mathematisches Lesebuch. 1.-2. Bd. für die Mittelstufe, 3.-5. Bd. für die Oberstufe höherer Lehranstalten aller Art, die Volkshochschulen, Fachschulen usw., hrsg. von Wilhelm DIECK, Sterkrade 1920/21.

MAURER, A., Das Landheim der Viktoriaschule zu Frankfurt a.M., in: Deutsches Philologen-Blatt, Jg. 29 (1921), S. 369f.

Massenkundgebung gegen Paulsen, in: Der Elternbund. Mitteilungen der Geschäftsstelle des Evangelischen Gesamt-Elternbundes und der christlich-unpolitischen Elternbeiratsmitglieder Groß-Berlins, Jg. 1 (1921), Heft 11 vom 01.11.1921, S. 92.

MEBUS, Sylvia, Theoretische und historische Pädagogik in der Ausbildung von Berufsschullehrern an der Technischen Hochschule Dresden nach 1945 bis Ende der 50er Jahre, in: Berufsschullehrerbildung in Dresden in Vergangenheit und Gegenwart, aus Anlaß der 70. Wiederkehr des Beginns der Ausbildung von Berufsschullehrerinnen und Berufsschullehrern an der Technischen Hochschule Dresden am 1. April 1924 (=Dresdner Beiträge zur Berufspädagogik, 6), Dresden 1994, S. 77-96.

MEBUS, Sylvia, Zur Entwicklung der Lehrerausbildung in der SBZ/DDR 1945 bis 1959 am Beispiel Dresdens. Pädagogen zwischen Selbst- und Fremdbestimmung (=Greifswalder Studien zur Erziehungswissenschaft, 7), Frankfurt [u.a.] 1999.

MEDICK, Hans, 'Missionare im Ruderboot'? Ethnologische Erkenntnisweisen als Herausforderung an die Sozialgeschichte, in: Geschichte und Gesellschaft, Jg. 10 (1984), S. 295-319; in überarb. Fassung wieder in: Alltagsgeschichte. Zur Rekonstruktion historischer Erfahrungen und Lebensweisen, hrsg. von Alf LÜDTKE, Frankfurt [u.a.] 1989, S. 48-84.

MEHLAN, O., Die Wilmersdorfer Gartenarbeitsschule, in: Die Deutsche Schule, Jg. 26 (1922), S. 373-378; gekürzt wieder in: HEILAND, Helmut / SAHMEL, Karl-Heinz, Praxis Schulleben in der Weimarer Republik 1918-1933. Die reformpädagogische Idee des Schullebens im Spiegel schulpädagogischer Zeitschriften der Zwanziger Jahre (=Documenta Paedagogica, 3), Hildesheim [u.a.] 1985, S. 174-176.

MEHLAN, O., Erntefest in der Gartenarbeitsschule Berlin-Wilmersdorf, in: Die Gartenschule. Ihr Wesen und ihr Werden, hrsg. von Adolf TEUSCHER und Max MÜLLER, Leipzig 1926, S. 196-200.

MEHLAN, O., Die Gartenarbeitsschule Berlin-Wilmersdorf, in: Die Gartenschule. Ihr Wesen und ihr Werden, hrsg. von Adolf TEUSCHER und Max MÜLLER, Leipzig 1926, S. 79-81.

MEHNERT, Wolfgang, Einführung, in: HOERNLE, Edwin, Grundfragen der proletarischen Erziehung. Pädagogische und bildungspolitische Schriften. Ausgew., eingel. und erl. von Wolfgang MEHNERT, Herbert FLACH und Hans LEMKE, Berlin (DDR) 1983, S. 7-29.

MEIER, Ekkehard, Wer immer strebend sich bemüht ... Kurt Schwedtke - eine deutsche Beamtenkarriere, in: Schulreform - Kontinuitäten und Brüche. Das Versuchsfeld Berlin-Neukölln, hrsg. von Gerd RADDE, Werner KORTHAASE, Rudolf ROGLER und Udo GÖßWALD im Auftrag des Bezirksamts Neukölln, Abt. Volksbildung, Kunstamt, Bd. I: 1912 bis 1945, Opladen 1993, S. 330-345.

MEIER-CRONEMEYER, Hermann, Wirkungen der Jugendbewegung im Staatsaufbau Israels, in: Jahrbuch des Archivs der deutschen Jugendbwegung, Bd. 6 (1974), S. 38-57.

Mein Herz heißt dennoch. Zum Hinschied der großen Pädagogin Dr. Elisabeth Rotten am 2. Mai in London, in: Der Bund, Bern, vom 10.05.1964, Sonntagsausg.

Meine Schulzeit im Dritten Reich. Erinnerungen deutscher Schriftsteller, hrsg. von Marcel REICH-RANICKI, erw. Neuausg., Köln 1988.

MEINSHAUSEN, Hans, Erziehung zum Dritten Reich. Reden und Aufsätze, Berlin 1934.

MEISSNER, Erich, Hermann Lietz. Kein Nachruf, Veckenstedt 1920.

MEISSNER, Erich, Die deutschen Landerziehungsheime, in: Handbuch der Pädagogik, hrsg. von Herman NOHL und Ludwig PALLAT, Bd. 4, Langensalza 1928, S. 325-332.

MEISSNER, Erich, Asketische Erziehung. Hermann Lietz und seine Pädagogik. Ein Versuch kritischer Überprüfung, Weinheim 1965.

MEISSNER, Kurt, Zwischen Politik und Religion: Adolf Grimme. Leben, Werk und geistige Gestalt, Berlin 1993.

Erich Mendelsohn. 1887-1953. Ideen - Bauten - Projekte [Katalog zur] Ausstellung zum 100. Geburtstag aus den Beständen der Kunstbibliothek, bearb. von Sigrid ACHENBACH, Berlin 1987.

MENG, Heinrich / ROTTEN, Elisabeth, Zur Einführung, in: OVERSTREET, Harry Allen, Geistige Reife. Ein Beitrag zum neuen Menschenbild. Eingel. von Heinrich MENG und Elisabeth ROTTEN. Aus dem Amerik. übers. von Elisabeth ROTTEN, Zürich 1951, S. 9-13.

MENG, Heinrich, Glückwunsch an Elisabeth Rotten, in: Schule und Nation, Jg. 9 (1962/63), Heft 3 [März 1963], S. 28f.

MENG, Heinrich, In Memoriam Elisabeth Rotten, in: Schule und Nation. Die Zeitschrift für ein demokratisches Bildungswesen, Jg. 11 (1964), Heft 2, S. 2.

Mensch und Mitmensch. Ein Vortrag von Dr. Elisabeth Rotten [zum Thema 'Mitmensch und Mitbürger' in der Hochschule für Wirtschafts- und Sozialwissenschaften im Rahmen einer Veranstaltung des Süddeutschen Frauenarbeitskreises Nürnberg], in: Nürnberger Nachrichten vom 30.04.1953.

Mentalitäten und Lebensverhältnisse. Beispiele aus der Sozialgeschichte der Neuzeit. Rudolf Vierhaus zum 60. Geburtstag, hrsg. von Mitarbeitern und Schülern, Göttingen 1982.

MENZEL, G., Der Einfluß der Bodenreform auf die ländliche Volksbildung, in: Die neue Schule. Blätter für demokratische Erneuerung in Unterricht und Erziehung, Jg. 1 (1946), S. 211f.

MERKEL, Alfred, Vor 60 Jahren wurde die Deutsche Aufbauschule gegründet, in: Heimatbote. Kulturspiegel für den Kreis Greiz, Jg. 28 (1982), S. 57f.

MERTENS, Lothar, Die Entwicklung des Frauenstudiums in Deutschland bis 1945, in: Aus Politik und Zeitgeschehen. Beilage zur Wochenzeitung 'Das Parlament', B 28/89, 1989, S. 3-12.

MERZ, Albrecht Leo, Eine Tatgemeinschaft deutscher Jugend, in: Die Tat. Monatsschrift für die Zukunft deutscher Kultur, Jg. 11 (1919/20), S. 635-638.

MERZ, Albrecht Leo, Werkschule und Werkgemeinde der 'Jugendarbeit', in: Die Tat. Monatsschrift für die Zukunft deutscher Kultur, Jg. 13 (1921/22), S. 887f.

MERZ, Albrecht Leo, Das Fest auf dem Hohen Meißner [1923], in: Die Tat. Monatsschrift für die Zukunft deutscher Kultur, Jg. 15 (1923/24), Bd. 1: April/September 1923, S. 712-716.

MERZ, Albrecht Leo, Die Entfaltung der schöpferischen Kräfte durch Erziehung. Leitsätze, in: Das Werdende Zeitalter, Jg. 4 (1925), S. 128-130.

Albrecht L. Merz. Der Mensch und sein Werk. Zum 70. Geburtstag [am] 4. Februar 1954, o.O. [Stuttgart] 1954.

MERZ, Volker, Werkhaus-Werkschule Merz - Bildung auf werktätiger Grundlage, in: Die Schulen der Reformpädagogik heute. Handbuch reformpädagogischer Schulideen und Schulwirklichkeit, hrsg. von Hermann RÖHRS, Düsseldorf 1986, S. 185-195.

MESSER, August, Die freideutsche Jugendbewegung. Ihr Verlauf von 1913 bis 1923 (=Friedrich Mann's Pädagogisches Magazin. Abhandlungen vom Gebiete der Pädagogik und ihrer Hilfswissenschaften, 597; =Philosophische und pädagogische Schriften, 1), 5. erw. Aufl. Langensalza 1924.

METZNER, Karl, Zum deutschen Bildungswesen der Gegenwart im Lichte schulpolitischer Entwicklung, Leipzig 1930.

METZNER, Karl, Staatsbürgerkunde durch Mathematik und Naturwissenschaften, in: Staatsbürgerkunde im mathematisch-naturwissenschaftlichen Unterricht mit Einschluß der Erdkunde, hrsg. von Karl METZNER, Leipzig 1931, S. 1-33.

MEYER, Gertrud, Lehrer, in: HOCHMUTH, Ursel / MEYER, Gertrud, Streiflichter aus dem Hamburger Widerstand 1933-1945. Berichte und Dokumente, Frankfurt 1969, S. 255-285. - Mit geringen Umstellungen und Kürzungen u.d.T. 'Widerstand und Verfolgung Hamburger Lehrer (1933-1945) wieder in: Lehrer im antifaschistischen Widerstandskampf der Völker. Studien und Materialien, 1. Folge (=Monumenta Paedagogica, 15), Berlin (DDR) 1974, S. 336-358.

MEYER, Heiner, Berlin Document Center. Das Geschäft mit der Vergangenheit, Frankfurt und Berlin 1988.

MEYER, Peter, Zur Medienpädagogik Adolf Reichweins, in: Adolf Reichwein. 1898-1944. Erinnerungen, Forschungen, Impulse, hrsg. von Wilfried Huber und Albert KREBS, Paderborn [u.a.] 1981, S. 191-200.

Meyer's Handlexikon, 8. gänzl. veränd. und neubearb. Aufl. Leipzig 1921.

MEYN, Boris, Die Entwicklungsgeschichte des Hamburger Schulbaus (=Schriften zur Kulturwissenschaft, 18), Hamburg 1998.

MIES, Paul, Musikwissenschaftliches im Lehrplane der höheren Schulen. Ein Beitrag zur Konzentration im Unterricht, in: Zeitschrift für Deutschkunde, Jg. 34 (1920), S. 488-493.

MILBERG, Hildegard, Schulpolitik in der pluralistischen Gesellschaft. Die politischen und sozialen Aspekte der Schulreform in Hamburg 1890-1935 (=Veröffentlichungen der Forschungsstelle für die Geschichte des Nationalsozialismus, 7), Hamburg 1970.

Minerva-Handbücher: Archive im deutschsprachigen Raum, Bd. 1: A-N, 2. Aufl. Berlin [u.a.] 1974.

Minister Becker und die Schulreform, in: Allgemeine Deutsche Lehrerzeitung, Jg. 57 (1928), S. 910.

MISCHON-VOSSELMANN, Doris, Das Ende der Karl-Marx-Schule, in: Schulreform - Kontinuitäten und Brüche. Das Versuchsfeld Berlin-Neukölln, hrsg. von Gerd RADDE, Werner KORTHAASE, Rudolf ROGLER und Udo GÖßWALD im Auftrag des Bezirksamts Neukölln, Abt. Volksbildung, Kunstamt, Bd. I: 1912 bis 1945, Opladen 1993, S. 346-357.

'Mit uns zieht die neue Zeit'. Der Mythos Jugend zwischen Jahrhundertwende und Drittem Reich, hrsg. von Thomas KOEBNER [u.a.], Frankfurt 1985.

2. Allgemeine Literatur

MITZENHEIM, Paul, Die Greilsche Schulreform in Thüringen. Die Aktionsgemeinschaft der Arbeiterparteien im Kampf um eine demokratische Einheitsschule in den Jahren der revolutionären Nachkriegsjahre 1921-1923, Jena 1965.

MOEDE, Walter / PIORKOWSKI, Curt / WOLFF, G., Die Berliner Begabtenschulen, ihre Organisation und die experimentellen Methoden der Schülerauswahl (=Pädagogisches Magazin, 731), Langensalza 1918; 3. Aufl. ebd. 1919.

MÖRIKE, Eduard, Maler Nolten. Novelle. 2 Teile (Eduard Mörike, Werke und Briefe. Historisch-kritische Gesamtausgabe, 3), Stuttgart 1967.

MÖRIKE, Eduard, Maler Nolten. Bearbeitung (=Eduard Mörike, Werke und Briefe. Historisch-kritische Gesamtausgabe, 4), Stuttgart 1968.

MÖRIKE, Eduard, Maler Nolten. Lesarten und Erläuterungen (=Eduard Mörike, Werke und Briefe. Historisch-kritische Gesamtausgabe, 5), Stuttgart 1971.

MOESER, Justus, Patriotische Phantasien (Auswahl). Für den Schulgebrauch hrsg. von Ferdinand DIETER, Leipzig 1897.

MOGGE, Winfried, Bilddokumente der Jugendbewegung. Stichworte für eine Ikonographie der jugendbewegten Fotografie, in: Jahrbuch der deutschen Jugendbewegung, Bd. 14 (1982/83), S. 141-158.

MOGGE, Winfried, Jugendbewegung und Reformpädagogik bei Gustav Wyneken, in: Regionale Schulentwicklung im 19. und 20. Jahrhundert. Vergleichende Studien zur Schulgeschichte, Jugendbewegung und Reformpädagogik im süddeutschen Sprachraum, hrsg. von Lenz KRISS-RETTENBECK und Max LIEDTKE (=Schriftenreihe zum Bayerischen Schulmuseum Ichenhausen, 2), Bad Heilbrunn 1984, S. 261-272.

MOGGE, Winfried, Wandervogel, Freideutsche Jugend und Bünde. Zum Jugendbild der bürgerlichen Jugendbewegung, in: 'Mit uns zieht die neue Zeit'. Der Mythos Jugend zwischen Jahrhundertwende und Drittem Reich, hrsg. von Thomas KOEBNER [u.a.], Frankfurt 1985, S. 174-198.

MOGGE, Winfried, Bilder aus dem Wandervogel-Leben. Die bürgerliche Jugendbewegung in Fotos von Julius Groß 1913-1933 (=Jugend und Jugendbewegung, 1), Wuppertal 1985.

MOGGE, Winfried, Martin Luserke (1880-1968), in: Neue Deutsche Biographie, Bd. 15, Berlin 1987, S. 533f.

MOGGE, Winfried / REULECKE, Jürgen, Hoher Meißner 1913. Der erste Freideutsche Jugendtag in Dokumenten, Deutungen und Bildern (=Edition Archiv der deutschen Jugendbewegung, 5), Köln 1988.

MOGGE, Winfried, Jugendbewegung, in: Handbuch der deutschen Reformbewegungen 1880-1933, hrsg. von Diethart KERBS und Jürgen REULECKE, Wuppertal 1998, S. 181-196.

MOHR, Erich, Eine Reise ins zukünftige Deutschland, in: Vivos Voco. Zeitschrift für neues Deutschtum, Jg. 2 (1921/22), S. 580-587.

MOLO, Walter von, Legende vom Herrn. Roman, München 1927.

MOLO, Walter von, Zwischen Tag und Traum. Gesammelte Reden und Äußerungen, Berlin [u.a.] 1950.

MOLO, Walter von, Erinnerungen, Würdigungen, Wünsche. Zum 70. Geburtstag des Dichters am 14.06.1950, Berlin [u.a.] 1950.

MOLO, Walter von, Zu neuem Tag. Ein Lebensbericht, Berlin [u.a.] 1950.

MOLO, Walter von, So wunderbar ist das Leben. Erinnerungen und Begegnungen, Stuttgart 1957.

MOROSOW, Wassilij, Freie Schule. Erinnerungen eines Schülers aus Leo Tolstois Schule zur Zeit der Bauernbefreiung, mit einem Bilderzyklus 'Landleben im alten Rußland' von Curt MÜH-

LENHAUPT und einem Beitrag über 'Sozialgeschichtliche Hintergründe der Freien Schule für Bauernkinder in Jaßnaja Poljana 1859-1862' von Bernhard SUIN DE BOUTEMARD (=Reihe Alternativen, 3), Lindenfels/Odenwald 1978.

MOSLÉ, Käthe, ... nicht mehr zu sein als ein Kind. Paul Geheeb - der Neunzigjährige, in: Frankfurter Allgemeine Zeitung vom 10.10.1960.

MOSLÉ, Wilhelm, Hartzenbusch als Dramatiker innerhalb der spanischen Romantik, Göttingen, Univ., Diss. (masch.), 1924; Auszug veröff. in: Jahrbuch der Philosophischen Fakultät der Georg August-Universität zu Göttingen 1924, S. 39.

MOSLÉ, Wilhelm, Der neusprachliche Unterricht, in: Die Idee einer Schule im Spiegel der Zeit. Festschrift für Paul Geheeb zum 80. Geburtstag und zum 40jährigen Bestehen der Odenwaldschule, hrsg. von Eva CASSIRER [u.a.], Heidelberg 1953, S. 68-70.

MÜLLER, Die Schulfarm des Bundes der freien Schule Köln, in: Die freie weltliche Schule. Mitteilungsblatt des Bundes der freien Schulgesellschaften Deutschlands, Jg. 7 (1927), S. 105.

MÜLLER, Detlef K., Schulkritik und Jugendbewegung im Kaiserreich (eine Fallstudie), in: Pädagogik, Erziehungswissenschaft, Bildung. Eine Einführung in das Studium, hrsg. von Detlef K. MÜLLER, Köln [u.a.] 1994, S. 191-222.

MÜLLER, Guido, Weltpolitische Bildung und akademische Reform. Carl Heinrich Beckers Wissenschafts- und Hochschulpolitik 1908-1930 (=Beiträge zur Geschichte der Kulturpolitik, 2), Köln [u.a.] 1991.

MÜLLER, Guido, Einleitung, in: Carl Heinrich Becker. Internationale Wissenschaft und nationale Bildung. Ausgewählte Schriften, hrsg. und eingel. von Guido MÜLLER (=Studien und Dokumentationen zur deutschen Bildungsgeschichte, 64), Köln 1997, S. 1-29.

MÜLLER, Hedwig, Im Taumel der Selbsterfahrung. Die Tänzerinnen des Ausdruckstanzes, in: Hart und zart. Frauenleben 1920-1970, Berlin 1990, S. 120-126.

MÜLLER, Helmut, [Alois Th.] Sonnleitner, in: Lexikon der Kinder- und Jugendliteratur, hrsg. von Klaus DODERER, Bd. 3, Weinheim [u.a.] 1979, S. 411-413.

MÜLLER, Konrad Jörg, Zersiedlung und Ortsbildveränderung in der 'Gartenstadt' Berlin-Frohnau, in: Berlin. Beiträge zur Geographie eines Großstadttraumes. Festschrift zum 45. Deutschen Geographentag in Berlin, hrsg. von Burkhard HOFMEISTER [u.a.], Berlin 1985, S. 543-571.

MÜLLER, Sebastian F., Die Höhere Schule Preußens in der Weimarer Republik. Zm Einfluß von Parteien, Verbänden und Verwaltung auf die Schul- und Lehrplanreform 1919-1925 (=Studien und Dokumentationen zur deutschen Bildungsgeschichte, 3), Weinheim [u.a.] 1977.

MÜLLER-LYER, Franz, Zähmung der Nornen, 2. Teil: Soziologie der Erziehung (=MÜLLER-LYER, Franz, Die Entwicklungsstufen der Menschheit. Eine systematische Soziologie in Überblicken und Einzeldarstellungen, 7), München 1924.

MUNDSTOCK, Karl, Zeit der Zauberin, Halle 1985.

Das Musikheim Frankfurt/Oder 1929-1941. Beiträge der Jugendbewegung zur preußischen Kulturpolitik, Lehrerfortbildung und Erwachsenenbildung. Ein dokumentarischer Bericht, zusammengestellt von Erich BITTERHOF, mit einer Einleitung von Karl RODE (=Schriftenreihe des Archivs der deutschen Jugendbewegung, 3), Witzenhausen 1980.

Die Nachlässe in den Bibliotheken der Bundesrepublik Deutschland. Bearb. von Ludwig DENECKE (=Verzeichnis der schriftlichen Nachlässe in deutschen Archiven und Bibliotheken, 2), 2. Aufl. völlig neu bearb. von Tilo BRANDIS, Boppard 1981.

Die Nachlässe in den deutschen Archiven (mit Erg. aus anderen Beständen),
Teil I. Bearb. im Bundesarchiv in Koblenz von Wolfgang A. MOMMSEN (=Verzeichnis der schriftlichen Nachlässe in deutschen Archiven und Bibliotheken, Bd. 1, Teil I) (=Schriften des Bundesarchivs, 17/I), Boppard 1971;
Teil II. Bearb. von Wolfgang A. MOMMSEN (=Verzeichnis der schriftlichen Nachlässe in

deutschen Archiven und Bibliotheken, Bd. 1, Teil II) (=Schriften des Bundesarchivs, 17/II), Boppard 1983.

Der Nachlaß Hans Delbrück. Bearb. von Horst WOLF, mit einem Vorwort von Hans SCHLEIER (=Handschrifteninventar der Deutschen Staatsbibliothek, 4), Berlin (DDR) 1980.

NADAV, Daniel, Julius Moses und Alfred Grotjahn. Das Verhalten zweier sozialdemokratischer Ärzte zu Fragen der Eugenik und Bevölkerungspolitik, in: Der Wert des Menschen. Medizin in Deutschland 1918-1945, hrsg. von der Ärztekammer Berlin in Zusammenarbeit mit der Bundesärztekammer, Berlin 1989, S. 143-152.

NADLER, Josef, Josef Weinheber. Geschichte seines Lebens und seiner Dichtung, Salzburg 1952.

NÄF, Martin, Paul Geheeb. Seine Entwicklung bis zur Gründung der Odenwaldschule (=Schriftenreihe des Weltbundes für Erneuerung der Erziehung, 4), Weinheim 1998.

Nationale und internationale Verbindungen der Versuchs- und Reformschulen in der Weimarer Republik. Beiträge zur schulgeschichtlichen Tagung vom 17.11.-18.11.1992 im Hamburger Schulmuseum, hrsg. von Reiner LEHBERGER (=Hamburger Schriftenreihe zur Schul- und Unterrichtsgeschichte, 5), Hamburg 1993.

NATORP, Paul, Meine Begegnung mit Rabindranath Thákur, in: Junge Menschen, Jg. 2 (1921), S. 210f.

NATORP, Paul, Stunden mit Rabindranath Thakkur, Jena 1921.

NATORP, Paul, Sozialpädagogik. Theorie der Willensbildung auf der Grundlage der Gemeinschaft. Besorgt von Richard PIPPERT. Textwiedergabe auf der Basis der 6. Aufl. von 1924, 7. Aufl. Paderborn 1974.

Naziangriff auf die Braunschweiger Technische Hochschule, in: Der Volkslehrer, Jg. 13 (1931), [Nr. 2 (18.01.)] S. 15.

NEIGEBAUR, Johann Ferdinand, Die preußischen Gymnasien und höheren Bürgerschulen. Eine Zusammenstellung der Verordnungen, welche den höheren Unterricht in diesen Anstalten umfassen, Berlin [...] 1835.

NETZBAND, Georg, Das Filmen - ein Erziehungsmittel, in: Film und Bild in Wissenschaft, Erziehung und Volksbildung. Zeitschrift der Reichsstelle für den Unterrichtsfilm, Jg. 1 (1935), S. 3-5.

NETZBAND, Georg, Über den erzieherischen Wert der Faltarbeit, in: Film und Bild in Wissenschaft, Erziehung und Volksbildung. Zeitschrift der Reichsstelle für den Unterrichtsfilm, Jg. 2 (1936), S. 259-261.

NETZBAND, Georg, Einsatz des Unterrichtsfilmes 'Perspektivisches Sehen' (F 164/1937) im 5. und 6. Schuljahr, in: RfdU-Filme im Unterricht. Beispiele aus der Praxis. Gesammelt und hrsg. von Wilhelm HELMBRECHT (=Schriftenreihe der Reichsstelle für den Unterrichtsfilm, 14), Stuttgart [u.a.] 1938, S. 205-213.

NETZBAND, Georg, Knarre und Maid - Rekrutenzeit. Zeichnungen und Erlebnisse. In Verse gesetzt von Jochen PAESEL, Berlin 1938.

NETZBAND, Georg, Ein lustiges Zoo-Buch in Versen, Berlin 1938.

NETZBAND, Georg, Ein Versuch mit den Unterrichtsfilmen 'Faltarbeiten aus Papier I und II (F 57 und F 58) im 5. Schuljahr, in: RfdU-Filme im Unterricht. Beispiele aus der Praxis. Gesammelt und hrsg. von Wilhelm HELMBRECHT (=Schriftenreihe der Reichsstelle für den Unterrichtsfilm, 14), Stuttgart [u.a.] 1938, S. 214-220.

NETZBAND, Georg, Ein Versuch mit den Unterrichtsfilmen 'Faltarbeiten aus Papier I und II' (F 57 und F 58) in der Sexta, in: Film und Bild in Wissenschaft, Erziehung und Volksbildung. Zeitschrift der Reichsstelle für den Unterrichtsfilm, Jg. 4 (1938), S. 69-72.

NETZBAND, Georg, Wir bauen Marionettenpuppen, in: Film und Bild in Wissenschaft, Erziehung und Volksbildung. Zeitschrift der Reichsstelle für den Unterrichtsfilm, Jg. 4 (1938), S. 210-214.

NETZBAND, Georg, Zu Zweien. Bildbericht einer jungen Ehe, Berlin 1939.

NETZBAND, Georg, Mosaikarbeit in der Schule. Angeregt durch den Film F 6 'Das Glasmosaik', in: Film und Bild. Zeitschrift der Reichsanstalt für Film und Bild in Wissenschaft und Unterricht, Jg. 6 (1940), S. 107-110.

NETZBAND, Georg, Peterchen im Walde. Ein buntes Bilderbuch, Berlin 1942.

NETZBAND, Georg, Kastanienmännchens Wanderung, Berlin 1948.

NETZBAND, Georg, Das kleine Wunder, Berlin 1948.

NETZBAND, Georg / ESCHEN, Fritz, Kunstpädagogische Anregungen. Ein Beitrag zur Praxis der bildnerischen Erziehung an allgemeinbildenden Schulen, 3 Bde, Göttingen [u.a.] 1955, 1956 und 1959.

NETZBAND, Georg, Einiges von mir über mich, in: Georg Netzband. Eine Werkauswahl. 1980, hrsg. von Isabel NETZBAND, Wiesbaden 1980, S. 9f.

Georg Netzband. Eine Werkauswahl, hrsg. von Isabel NETZBAND, Wiesbaden 1980.

NEUBAUER, Georg / WASK, Wolfgang, Die Erziehung zur Arbeit: Ein konstitutives Element des Kibbutz, in: Der Kibbutz als Utopie. Mit einem Nachwort von Ludwig LIEGLE, hrsg. von Wolfgang MELZER und Georg NEUBAUER, Weinheim [u.a.] 1988, S. 121-132.

Neubausiedlungen der 20er und 60er Jahre. Ein historisch-soziologischer Vergleich, hrsg. von Ulfert HERLYN, Adelheid von SALDERN und Wulf TESSIN, Frankfurt [u.a.] 1987.

Die Neue Erziehung, Jg. 1 (1919) - 15 (1933), Heft 7.

'Neue Erziehung' - 'Neue Schule' - 'Neue Menschen', hrsg. von Ulrich HERRMANN (=Geschichte des Erziehungs- und Bildungswesens in Deutschland, 5), Weinheim [u.a.] 1987.

Der neue Lehrer. Die notwendige Lehrerbildung. Beiträge zur Entschiedenen Schulreform, hrsg. von Paul OESTREICH und Otto TACKE, Osterwieck 1926

Neue Schulformen und Versuchsschulen, hrsg. von Gustav PORGER (=Pädagogische Schriftsteller, 21), Bielefeld [u.a.] 1925.

Die neuen Schulen in Deutschland, hrsg. von Fritz KARSEN. Mit einem Vorwort von Wilhelm PAULSEN, Langensalza 1924.

Neues im altsprachlichen Unterricht. 3 Preisreden. Albert Dresdner: Der Erlebniswert des Altertums und das Gymnasium. Richard Gaede: Welche Wandlung des griechischen und lateinischen Unterrichts erfordert unsere Zeit? Ottomar Wichmann: Der Menschheitsgedanke auf dem Gymnasium, Berlin 1918.

NEUFERT, Hermann / BENDIX, Bernhard, Die Charlottenburger Waldschule im ersten Jahre ihres Bestehens, Berlin [u.a.] 1906.

NEUMANN, Der Elternbeirat am Werner Siemens-Realgymnasium, in: 25 Jahre Werner Siemens-Realgymnasium, Berlin 1928, S. 29-32.

NEUMANN, Kurt, Internationale Bildungsarbeit. Grundlagen und Erfordernisse, dargestellt am Beispiel des Internationalen Arbeitskreises Sonnenberg, Braunschweig 1968.

NEUMANN, Kurt, Sonnenberg - Entstehung und Entwicklung einer Bildungseinrichtung im Kontext gesellschaftlicher Defizite und bildungspolitischer Chancen (=Studien zur Pädagogik, Andragogik und Gerontagogik, 8), Frankfurt [u.a.] 1990.

NEUMANN, Richard, Altes und Neues über die Paulsensche Gemeinschaftsschule, in: Der Elternbund. Mitteilungen der Geschäftsstelle des Evangelischen Gesamt-Elternbundes und der christlich-unpolitischen Elternbeiratsmitglieder Groß-Berlins, Jg. 1 (1921), Heft 11 vom 01.11.1921, S. 80f.

NEUNER, Ingrid, Der Bund Entschiedener Schulreformer 1919-1933. Programmatik und Realisation, Bad Heilbrunn 1980.

Die Neuordnung des preußischen höheren Schulwesens. Denkschrift des preußischen Ministeriums für Wissenschaft, Kunst und Volksbildung, Berlin 1924; Auszug (S. 11-20 = Kap. II und III) wieder in: Kursunterricht - Begründungen, Modelle, Erfahrungen, hrsg. von Wolfgang KEIM (=Wege der Forschung, 504), Darmstadt 1987, S. 56-65; japan. Übers. von Soichiro KOMINE in: Chuko University Bulletin of the Faculty of Liberal Arts, Vol. 34 (1993/94), S. 255-365.

Die neuzeitliche deutsche Volksschule. Bericht über den Kongreß Berlin 1928, hrsg. von der Kongreßleitung, Berlin 1928.

Neuzeitlicher Schulbau. Mit Richtlinien, bearb. und hrsg. von der Vereinigung der Technischen Oberbeamten Deutscher Städte. Mit Erläuterungen von Paul WOLF (=Vereinigung der technischen Oberbeamten Deutscher Städte, 21), Hannover 1930.

NICOLAI, Rudolf, Das Schullandheim, in: Handbuch der Pädagogik, hrsg. von Herman NOHL und Ludwig PALLAT, Bd. 4, Langensalza 1928, S. 365-369.

NICOLAS, Ilse, Ohne sie läuft gar nichts. Ullsteins Text- und Bildarchiv, in: Hundert Jahre Ullstein. 1877-1977, Bd. 3, Frankfurt [u.a.] 1977, S. 171-190.

NIELSEN, Birgit S., Erziehung zum Selbstvertrauen. Ein sozialistischer Schulversuch im dänischen Exil 1933-1938. Mit einem Vorwort von Hellmut BECKER und einem Vorwort zur 2. Aufl. von Hermann RÖHRS, Weinheim 1999.

NIETZSCHE, Friedrich, Also sprach Zarathustra. Ein Buch für Alle und Keinen, in: NIETZSCHE, Friedrich, Werke, Bd. 2: Morgenröte. Die fröhliche Wissenschaft. Also sprach Zarathustra, hrsg. von Karl SCHLECHTA. Nachdr. der 6. durchges. Aufl. 1969, Frankfurt [u.a.] 1979, S. 275-561.

NIETZSCHE, Friedrich, Die Geburt der Tragödie oder Griechentum und Pessimismus, in: NIETZSCHE, Friedrich, Werke, Bd. 1: Die Geburt der Tragödie. Unzeitgemäße Betrachtungen. Menschliches, Allzumenschliches, hrsg. von Karl SCHLECHTA. Nachdr. der 6. durchges. Aufl. 1969, Frankfurt [u.a.] 1980, S. 7-134.

NIETZSCHE, Friedrich, Vom Nutzen und Nachteil der Historie für das Leben, in: NIETZSCHE, Friedrich, Werke, Bd. 1: Die Geburt der Tragödie. Unzeitgemäße Betrachtungen. Menschliches, Allzumenschliches, hrsg. von Karl SCHLECHTA. Nachdr. der 6. durchges. Aufl. 1969, Frankfurt [u.a.] 1980, S. 209-285.

NILS, Maria, Elisabeth Rotten. zu ihrem 80. Geburtstag, in: Tages-Anzeiger für Stadt und Kanton Zürich vom 15.02.1962.

NITSCH, Ulla M., Von Versuchen, aus einer schulgeschichtlichen Sammlung einen pädagogischen Ort zu machen. Ein Bericht über museumspädagogische Arbeit in der schulgeschichtlichen Sammlung Bremen beim Senator für Bildung, Wissenschaft und Kunst (=Mitteilungen & Materialien. Arbeitsgruppe Pädagogisches Museum e.V., Heft Nr. 36/1991), Berlin 1991.

NITSCH, Ulla M. / STÖCKER, Hermann, 'So zeichnen wir nicht nach irgendeiner muffigen Methode ...'. Aus der Praxis ästhetischer Erziehung an den Bremer Arbeits- und Gemeinschaftsschulen in der Weimarer Zeit, in: 'Die Alte Schule überwinden'. Reformpädagogische Versuchsschulen zwischen Kaiserreich und Nationalsozialismus, hrsg. von Ullrich AMLUNG, Dietmar HAUBFLEISCH, Jörg-W. LINK und Hanno SCHMITT (=Sozialhistorische Untersuchungen zur Reformpädagogik und Erwachsenenbildung, 15), Frankfurt 1993, S. 137-157.

NITSCHKE, August, Turnen, Rhythmik und neue Tänze, in: Funkkolleg Jahrhundertwende. Die Entstehung der modernen Gesellschaft 1880-1930. Studienbegleitbrief 4, Weinheim [u.a.] 1988, S. 76-110.

NITSCHKE, August, Der Kult der Bewegung. Turnen, Rhythmik und neue Tänze, in: Jahrhundertwende. Der Aufbruch in die Moderne 1880-1930, hrsg. von August NITSCHKE, Gerhard A. RITTER, Detlev J.K. PEUKERT und Rüdiger vom BRUCH, Bd. 1, Reinbek 1990, S. 258-285.

NITSCHKE, Thomas, Die 'pädagogische Provinz'. Schulen und Schulversuche in Hellerau, in: Gartenstadt Hellerau. Der Alltag einer Utopie (=Dresdner Hefte. Beiträge zur Kulturgeschichte, 51 [= Jg. 15 (1997), Nr. 3]), Dresden 1997, S. 65-72.

NITZSCHE, Max, Die Volksschule zu Hellerau, in: Deutsche Schulversuche, hrsg. von Franz HILKER, Berlin 1924, S. 277-291.

NITZSCHE, Max, Die Schulfahrt - eine Lebensschule (=Entschiedene Schulreform, 49), Leipzig 1926.

NIXDORF, Bärbel, Politisierte Schule? Zusammenfassung einiger Ergebnisse einer Fallstudie zum Lehrerverhalten in der NS-Zeit, in: Informationen zur Erziehungs- und Bildungshistorischen Forschung (=IZEBF), Nr. 14 (1980), S. 63-71.

NOEL-BAKER, Philip, Wettlauf der Waffen. Konkrete Vorschläge für die Abrüstung. Mit einem Vorwort von Robert JUNGK. Übers. aus dem Engl. von Elisabeth ROTTEN, München 1961. Original: NOEL-BAKER, Philip, The Arms Race. A programme for World Disarmament, London 1958.

NOEL-BAKER, Philip, Weltabrüstung heute möglich! Die Osloer Ansprache bei der Entgegennahme des Friedens-Nobelpreises 1959. Übers. und Nachwort von Elisabeth ROTTEN (=Schriftenreihe des Schweizerischen Friedensrates, 2), Zürich 1960.

NOEL-BAKER, Philip, Eine edle Frau und treue Freundin der 'Neuen Wege', in: Neue Wege, Jg. 58 (1964), S. 134f.

NOEL-BAKER, Philip, Nachruf an Elisabeth Rotten, in: Neue Wege, Jg. 58 (1964), S. 210-212.

NOHL, Herman, Die Theorie der Bildung, in: Handbuch der Pädagogik, hrsg. von Herman NOHL und Ludwig PALLAT, Bd. 1, Langensalza 1933, S. 3-80.

NOHL, Herman, Die pädagogische Bewegung in Deutschland, in: Handbuch der Pädagogik, hrsg. von Herman NOHL und Ludwig PALLAT, Bd. 1, Langensalza 1933, S. 302-374.

NOHL, Herman, Die pädagogische Bewegung in Deutschland und ihre Theorie, 2. durchges. und mit einem Nachwort vers. Aufl. Frankfurt 1935. - Die beiden Aufsätze: NOHL, Herman, Die Theorie der Bildung, in: Handbuch der Pädagogik, hrsg. von Herman NOHL und Wilhelm FLITNER, Bd. 1, Langensalza 1933, S. 3-80 und: Ders., Die pädagogische Bewegung in Deutschland, in: Ebd., S. 302-374, zählen als 1. Aufl. dieser Monographie. - Die 3. Aufl. 1949 wurde um ein Nachwort erw. und neu gesetzt; bis zur 9. Aufl. 1982 handelt es sich um Nachdr. dieser 3. Aufl. 1949; bei der 10. Aufl. 1988 handelt es sich um einen unveränd. Nachdr. der 2. Aufl. 1935.

NOLTE, Hermann, Lehrerausbildung in Wolfenbüttel seit 225 Jahren, in: Dokumentation 225 Jahre Lehrerausbildung in Wolfenbüttel. Jubiläums-Tagung im Lessingtheater Wolfenbüttel am 14.03.1978, Wolfenbüttel 1978. S. 16f.

NOSER, Edi / SENN, Albert / WARTENWEILER, Fritz, Mit jungen Männern im 'Sonneblick' Walzenhausen, Zürich o.J. [1934].

Die Not in Berlin. Tatsachen und Zahlen. Zusammengestellt vom Oberbürgermeister BÖß, Berlin 1923; wieder in: Gustav Böß. Oberbürgermeister von Berlin 1921-1930. Beiträge zur Berliner Kommunalpolitik, hrsg. und eingel. von Christian ENGELI (=Schriften des Vereins für die Geschichte Berlins, 62), Berlin 1981, S. 1-32.

NOWACK, Wilhelm, Schülerselbstverwaltung [am Werner-Siemens-Realgymansium], in: Die Hilfe. Zeitschrift für Politik, Literatur und Kunst, Jg. 28 (1922), S. 358-360.

NOWAK, Heidemarie, Überleben und Nachlaß des preußischen Kultusministers Carl Heinrich Becker. 1876-1933, in: Jahrbuch für brandenburgische Landesgeschichte, Bd. 33 (1982), S. 118-122.

NOWOTNY, Alma, Die Bundeserziehungsanstalten - Gloeckels Modell einer demokratischen Schule, in: Erziehung und Unterricht, Jg. 135 (1985), S. 316-321.

NYDAHL, Jens, Das Berliner Schulwesen, in: Die neuzeitliche deutsche Volksschule. Bericht über den Kongreß Berlin 1928, hrsg. von der Kongreßleitung, Berlin 1928, S. 105-118.

OBERLE, W., Die Jahresberichte der höheren Lehranstalten in Preußen (Schuljahr 1927/28), in: Deutsches Philologen-Blatt, Jg. 38 (1930), S. 801-806.

Oberschulrat a.D. Dr. Franz Hilker, in: Bildung und Erziehung, Jg. 22 (1969), S. 1.

Die Odenwaldschule erschließt ihr Archiv, in: Rundbrief der Historischen Kommission der Deutschen Gesellschaft für Erziehungswissenschaft, Jg. 6 (1997), Heft 2: November 1997, S. 44-49.

OELFKEN, Toni, Die Spandauer Gemeinschaftsschulbewegung, in: Vivos Voco. Zeitschrift für neues Deutschtum, Bd. III (1922/23), S. 203-205.

OELKERS, Jürgen, Reformpädagogik. Eine kritische Dogmengeschichte, Weinheim [u.a.] 1989; 2., um ein Nachwort erw. Aufl., ebd. 1992; 3., vollst. bearb. und erw. Auflage, ebd. 1996.

OELKERS, Jürgen, Die englische 'radical education', 1919-1939, in: Politische Reformpädagogik, hrsg. von Tobias RÜLCKER und Jürgen OELKERS, Bern [u.a.] 1998, S. 455-491.

OELLERS, Norbert, Schiller. Geschichte seiner Wirkung bis zu Goethes Tod. 1805-1832 (=Bonner Arbeiten zur deutschen Literatur, 15), Bonn 1967.

Die österreichischen Bundeserziehungsanstalten, hrsg. von Viktor FADRUS (=Lehrerbücherei, 26), Wien [u.a.] o.J.

OESTREICH, Paul, Billige Schulreformen, in: Vorwärts vom 01.11.1919 (=Nr. 560).

OESTREICH, Paul, Begründung und Aufbau der Einheitsschule, in: Der Föhn. Sozialistisches Schulblatt, Jg. 1, Heft 14 (1919), S. 4-10; gekürzt wieder in: OESTREICH, Paul, Die elastische Einheitsschule. Lebens- und Produktionsschule. Vorträge, gehalten in den pädagogischen Osterwoche 1921 [05./06.04.] des Zentralinstituts für Erziehung und Unterricht zu Berlin (=Die Lebensschule, 4), 2. Aufl. Berlin 1923, S. 21-26.

OESTREICH, Paul, Zum Thema 'Einheitsschule', in: Deutsches Philologen-Blatt, Jg. 27 (1919), S. 151-155.

OESTREICH, Paul, Leitsätze zur Frage der 'Einheitsschule' (vom Kindergarten bis zur Hochschule) (1920), in: Zeitschrift für soziale Pädagogik. Vierteljahresschrift der Deutschen Gesellschaft für soziale Pädagogik, Jg. 1 (1919/20), S. 153-159; u.d.T. 'Leitsätze für die Reichsschulkonferenz zur Frage der 'Einheitsschule' (vom Kindergarten bis zur Hochschule)' wieder in: OESTREICH, Paul, Ein großer Aufwand, schmählich!, ist vertan. Rund um die Reichsschulkonferenz! Gesammelte Aufsätze (=Entschiedene Schulreform, 23), Leipzig 1924, S. 27-37.

OESTREICH, Paul, Eröffnung, in: Schöpferische Erziehung. Entschiedene Schulreform II. Vorträge, gehalten auf der freien Reichsschulkonferenz des Bundes entschiedener Schulreformer im Herrenhause zu Berlin vom 31. März - 2. April 1920, hrsg. von Paul OESTREICH, Berlin 1920, S. 5-9.

OESTREICH, Paul, Glossen zur Bundesarbeit, in: Die Neue Erziehung, Jg. 2 (1920), Mitteilungen, S. 55f.

OESTREICH, Paul, Schulreform, in: Kommunale Praxis. Zentralorgan der Sozialdemokratischen Partei Deutschlands für Kommunalpolitik und Gemeindesozialismus, Jg. 20 (1920), S. 922-926; u.d.T. 'Schulreform in Groß-Berlin?' wieder in: OESTREICH, Paul, Ein großer Aufwand, schmählich!, ist vertan. Rund um die Reichsschulkonferenz! Gesammelte Aufsätze (=Entschiedene Schulreform, 23), Leipzig 1924, S. 94-99.

OESTREICH, Ein Volk, eine Schule, ein Bund! Einheit, Freiheit, Gliederung, in: Die Neue Erziehung, Jg. 2 (1920), S. 289-291.

OESTREICH, Paul, Umriß einer Versuchs-Einheitsschule als einer Schule der Menschenbildung und Selbstentdeckung, in: Die freie studentische Produktionsgemeinschaft als Vorstufe der Einheitsschule, Berlin 1920, S. 7-16.

OESTREICH, Paul, Umriß einer Versuchs-Einheitsschule, in: Die Tat. Monatsschrift für die Zukunft deutscher Kultur, Jg. 12 (1920/21), S. 42-52.

OESTREICH, Paul, Die elastische Einheitsschule. Lebens- und Produktionsschule. Vorträge, gehalten in der Pädagogischen Osterwoche 1921 [05./06.04.] des Zentralinstituts für Erziehung und Unterricht zu Berlin, (=Die Lebensschule, 4), Berlin 1921. - 2. durchges. Aufl. Berlin 1923. - Auszüge (1. Aufl.) der S. 30-52 wieder in: Die Arbeitsschule. Texte zur Arbeiterschulbewegung, hrsg. von Albert REBLE, Bad Heilbrunn 1963, S. 136-146. - Auszüge der S. 29f., S. 33f. und S. 41-47 wieder in: Sozialistische Pädagogik im 19. und 20. Jahrhundert, hrsg. von Helmwart HIERDEIS, Bad Heilbrunn 1973, S. 56-64.

OESTREICH, Paul, Die Einheitsschule als Produktionsschule, in: Deutsche Politik. Wochenschrift für Welt- und Kulturpolitik, Jg. 6 (1921), S. 496-504.

OESTREICH, Paul, Antrag auf Schaffung eines Versuchsschulenfonds, in: Die Reichsschulkonferenz 1920. Ihre Vorgeschichte und Vorbereitung und ihre Verhandlungen. Amtlicher Bericht, erstattet vom Reichsministerium des Innern. Neudr. als Bd. 3 der Reihe 'Deutsche Schulkonferenzen', Glashütten 1972, S. , 1034, Leipzig 1921; wieder in: OESTREICH, Paul, Ein großer Aufwand, schmählich!, ist vertan. Rund um die Reichsschulkonferenz! Gesammelte Aufsätze (=Entschiedene Schulreform, 23), Leipzig 1924, S. 46f.

OESTREICH, Paul, Die Elastische Oberstufe, in: Die Neue Erziehung, Jg. 3 (1921), S. 239-243 und S. 287-292.

OESTREICH, Paul, Schulgeldfreiheit!, in: Vivos Voco. Zeitschrift für neues Deutschtum, Jg. 2 (1921/22), S. 194-206.

OESTREICH, Paul, Erziehung zur Kultur, in: Jugendnot. Vorträge, gehalten auf der IX. öffentlichen Tagung des Bundes entschiedener Schulreformer im Neuen Rathaus von Berlin-Schöneberg am 1., 2. und 3. Oktober 1922, Leipzig 1922, S. 154-163.

OESTREICH, Paul, Höheres Schulwesen, in: Die Neue Erziehung, Jg. 4 (1922), S. 26-30.

OESTREICH, Paul, Die elastische Oberstufe der höheren Schulen, in: Bausteine zur neuen Schule. Vorschläge Entschiedener Schulreformer, hrsg. von Paul OESTREICH (=Pädagogische Reihe, 16), München 1923, S. 217-224.

OESTREICH, Paul, Die Schule zur Volkskultur (=Pädagogische Reihe, 15), München, Leipzig 1923. - Auszüge der S. 101-118 ('Begabungs-' und Einheitsschule), S. 124-134 (Lebensschule), S. 135-160 (Produktionsschule), S. 161-200 (Elastische Schule) wieder in: OESTREICH, Paul, Entschiedene Schulreform. Schriften eines politischen Pädagogen, eingel., ausgew. und erl. von Helmut KÖNIG und Manfred RADTKE, Berlin (DDR) 1978, S. 71-89; Auszüge der S. 140-143 und S. 158-160 wieder in: Die Arbeitsschule. Texte zur Arbeiterschulbewegung, hrsg. von Albert REBLE, Bad Heilbrunn 1963, S. 135f.; Auszüge der S. 144-160 wieder in: Sozialistische Pädagogik im 19. und 20. Jahrhundert, hrsg. von Helmwart HIERDEIS, Bad Heilbrunn 1973, S. 64-70; Kap. 'Elastische Schule!' (S. 161-185) in Auszügen wieder in: Kursunterricht - Begründungen, Modelle, Erfahrungen, hrsg. von Wolfgang KEIM (=Wege der Forschung, 504), Darmstadt 1987, S. 255-259.

OESTREICH, Paul, Ein großer Aufwand, schmählich!, ist vertan. Rund um die Reichsschulkonferenz! Gesammelte Aufsätze (=Entschiedene Schulreform, 23), Leipzig 1924.

OESTREICH, Paul, Vorwort des Herausgebers, in: BOURNOT, Otto, Der Weg zum Staatsbürgertum. Ein Buch von Erziehung und Unterricht (=Entschiedene Schulreform, 41), Leipzig 1924, S. 3f.

OESTREICH, Paul, Wahlfreiheit und Entschiedene Schulreform, in: Die Neue Erziehung, Jg. 6 (1924), S. 163-167.

OESTREICH, Paul, Die Elastische Einheitsschule, in: Die Neue Erziehung, Jg. 6 (1924), S. 653-656.

OESTREICH, Paul, Erzieher zur Totalität, in: Der neue Lehrer. Die notwendige Lehrerbildung. Beiträge zur Entschiedenen Schulreform, hrsg. von Paul OESTREICH und Otto TACKE, Osterwieck 1926, S. 9-23.

OESTREICH, Paul, Geleitwort, in: TESAR, Ludwig Erik, Gesellschaft und Schule, Berlin 1925, S. 5-8.

Paul Oestreich, in: Pädagogik der Gegenwart in Selbstdarstellungen, hrsg. von Erich HAHN, Bd. 1, Leipzig 1926, S. 139-177.

Paul Oestreich, in: SAUPE, Emil, Deutsche Pädagogen der Neuzeit. Ein Beitrag zur Geschichte der Erziehungswissenschaft zu Beginn des 20. Jahrhunderts (=Handbücher der neueren Erziehungswissenschaft, 1), 5. und 6. Aufl. Osterwieck 1927, S. 141-149.

OESTREICH, Paul, Verlarvung und Bankrott, in: Die Neue Erziehung, Jg. 11 (1929), S. 519-527.

OESTREICH, Paul, Aus dem Leben eines politischen Pädagogen. Selbstbiographie, Berlin [u.a.] 1947.

OESTREICH, Paul, Schulleben Berlins nach dem Zusammenbruch, in: Schola. Monatsschrift für Erziehung und Bildung, Jg. 2 (1947), S. 194-201.

Paul Oestreich amtsentsetzt [sic!], in: Die neue Schule. Blätter für demokratische Erneuerung in Unterricht und Erziehung, Jg. 4 (1949), S. 69

OFENBACH, Birgit, Reformpädagogik im Spiegel der Geschichtsschreibung. Einleitung in die Tagungsthematik [Tagung des Instituts für Erziehungswissenschaft der Rheinischen-Friedrich-Wilhelms-Universität Bonn am 25./26.11.1984 in Bad Neuenahr], in: Pädagogische Rundschau, Jg. 38 (1984), S. 273-276.

OFENBACH, Birgit, 'Wie schon Pestalozzi sagte ...?' Das Rahmenkonzept NRW und seine Berufung auf Reformpädagogik, in: Pädagogische Rundschau, Jg. 43 (1989), S. 703-712; u.d.T.: ''Gestaltung des Schullebens und Öffnung von Schule' - Das Rahmenkonzept und der Umgang mit historischen Argumenten' wieder in: Die Realschule. Zeitschrift für Schulpädagogik und Bildungspolitik, Jg. 98 (1990), S. 193-197.

OFENBACH, Birgit Ruth Ingrid, Individuum - Gemeinschaft - Erziehung. Ein anthropologischer Ansatz zur Neustrukturierung der Reformpädagogik, Bonn 1985.

OKAKURA, Kakuzo, Das Buch vom Tee, Leipzig 1922; zuerst engl. 1906; nun: OKAKURA, Kakuzo, Das Buch vom Tee. Übertragen und mit einem Nachwort vers. von Horst HAMMITZSCH. Mit Fotos aus Japan und einem Essay von L. SCHAARSCHMIDT-RICHTER, Frankfurt 1979.

OPPENHEIMER, Franz, Der Staat (=Die Gesellschaft. Sammlung Sozialpsychologisher Monographien, 14 und 15), Frankfurt 1907; 11.-13. Tsd. ebd. 1923.

OPPENHEIMER, Franz, Erlebtes, Erstrebtes, Erreichtes. Lebenserinnerungen, hrsg. von L. Y. OPPENHEIMER, Düsseldorf 1964.

OPPENS, Edith, Maria Schmidt-Matthaei und der Sunderhof. Innige Freundschaft mit Adele Doré - Insel des Geistes und der Kultur in der stillen Heide, in: Die Welt vom 14.09.1957.

OPPERMANN, Detlef, Gesellschaftsreform und Einheitsschulgedanke. Zu den Wechselwirkungen politischer Motivation und pädagogischer Zielsetzungen in der Geschichte des Einheitsschulgedankens, 2 Bde. [Text- und Quellenband, letzterer u.d.T.: Quellen zu den Historischen und Pädagogischen Grundlagen des Einheitsschulgedankens, hrsg. und eingel. von Detlef OPPERMANN] (=Sozialhistorische Untersuchungen zur Reformpädagogik und Erwachsenenbildung, 1 und 2), Frankfurt 1982.

OPPERMANN, Detlef, Schule und Bildung zwischen Tradition und Umbruch. Die Lebenserinnerungen von Heinrich Deiters. Eine Einführung, in: DEITERS, Heinrich, Bildung und Leben. Erinnerungen eines deutschen Pädagogen, hrsg. und eingel. von Detlef OPPERMANN. Mit einem Nachwort von Walter FABIAN (=Studien und Dokumentationen zur deutschen Bildungsgeschichte, 40), Köln [u.a.] 1989, S. XI-LIX.

OPPERMANN, Detlef, Heinrich Deiters, in: Pädagogen in Berlin. Auswahl von Biographien zwischen Aufklärung und Gegenwart, hrsg. von Benno SCHMOLDT (=Materialien und Studien zur Geschichte der Berliner Schule, 9), Baltmannsweiler 1991, S. 343-365.

Ordnung der Reifeprüfungen an den höheren Schulen Preußens' vom 22.07.1926 (Becker), in: Zentralblatt für die gesamte Unterrichts-Verwaltung in Preußen, Jg. 68 (1926), S. 283-294; wieder in: Versetzungs- und Prüfungsbestimmungen für die öffentlichen höheren Lehranstalten in Preußen. Amtliche Bestimmungen. Zusammengestellt und erläutert von Karl METZNER und KARL THIELE. Zusammengefaßte neue Aufl. (Stand vom 6. August 1928) (=Weidmannsche Taschenausgaben von Verfügungen der Preußischen Unterrichtsverwaltung, 41), Berlin 1929, S. 105-156.

OSSIETZKY, Carl von, Deutschland ist ..., zuerst in: Die Weltbühne, Jg. 24 (1938), Nr. 45 (06.11.1928), S. 289-291.

OSSIETZKY, Carl von, Rechenschaft - ich muß sitzen, zuerst in: Die Weltbühne, Jg. 28 (1932), Nr. 19 (10.05.1932), S. 689-709.

OSSIETZKY, Carl von, Sämtliche Schriften, hrsg. von Werner BOLDT, Dirk GRATHOFF, Gerhard KRAIKE und Elke SUHR, 8 Bde., Reinbek 1994.

Carl von Ossietzky. 1889-1938. Ausstellung aus dem bei der Universitätsbibliothek Oldenburg verwahrten persönlichen Nachlaß Maud und Carl von Ossietzkys. 18. Oktober - 16. November 1982, Oldenburg 1982.

OSTERMANN, Christian / MÜLLER, Hermann Johann, Lateinisches Übungsbuch. Ausg. C. Neubearb. mit grammatischem Anhang. Bearb. von Gerhard MICHAELIS und Hermann FRITZSCHE, Teil I: Sexta. Mit einem Abriß der Formenlehre im Anhang, 6. Aufl. Leipzig 1918.

OTTO, Berthold, Deutsche Erziehung und Hauslehrerbestrebungen. Ein Reformprogramm, Großlichterfelde 1907.

OTTO, Berthold, Gesamtunterricht. Ein Vortrag, Berlin 1913; wieder abgedr. u.a. in: Berthold Otto. Ausgewählte pädagogische Schriften, besorgt von Karl KREITMAIR, Paderborn 1963, S. 120-132.

OTTO, Berthold, Elternbesuch in der Schule, in: Der Elternbeirat. Halbmonatsschrift für Eltern, Lehrer und Behörden, Jg. 2 (1921), S. 57-59.

OTTO, Berthold, Die Berthold-Otto-Schule, in: Neue Schulformen und Versuchsschulen, hrsg. von Gustav PORGER (=Pädagogische Schriftsteller, 21), Bielefeld [u.a.] 1925, S. 137-143; wieder in: Die deutsche Reformpädagogik, hrsg. von Wilhelm FLITNER und Gerhard KUDRITZKI, Bd. I: Die Pioniere der pädagogischen Bewegung, 4. unveränd. Aufl. Stuttgart 1984, S. 185-191.

OTTO, Gunter / SCHULZ, Wolfgang, Paul Heimann. 1901-1967, in: Beiträge zur Geschichte der Pädagogischen Hochschule Berlin, hrsg. von Gerd HEINRICH (=Abhandlungen aus der Pädagogischen Hochschule Berlin, 6), Berlin 1980, S. 99-103.

OTTO, Heinrich, Werden und Wesen des Quäkertums und seine Entwicklung in Deutschland, Wien 1972.

OTTO, Heinrich, Das Quäkertum in Deutschland, in: Die Quäker, hrsg. von Richenda C. SCOTT (=Die Kirchen der Welt, 14), Stuttgart 1974, S. 176-206.

OURSLER, Fulton / OURSLER, Will, Pater Flanagan von Boys Town. Aus dem Engl. übers. von Elisabeth ROTTEN, Baden-Baden 1951.

OVERSTREET, Harry Allen, Geistige Reife. Ein Beitrag zum neuen Menschenbild. Eingel. von Heinrich MENG und Elisabeth ROTTEN. Aus dem Amerik. übers. von Elisabeth ROTTEN, Zürich 1951.

OVID, Metamorphosen. Auswahl für den Schulgebrauch, bearb. und erl. von Franz HARDER (=Sammlung lateinischer und griechischer Schulausgaben), Bielefeld 1921.

Pädagogen in Berlin. Auswahl von Biographien zwischen Aufklärung und Gegenwart, hrsg. von Benno SCHMOLDT (=Materialien und Studien zur Geschichte der Berliner Schule, 9), Baltmannsweiler 1991.

Pädagogen und Pädagogik im Nationalsozialismus. Ein unerledigtes Problem der Erziehungswissenschaft, hrsg. von Wolfgang KEIM (=Studien zur Bildungsreform, 16), Frankfurt [u.a.] 1988; 3. unveränd. Aufl. 1991.

Pädagogik der Gegenwart in Selbstdarstellungen, hrsg. von Erich HAHN, 2 Bde., Leipzig 1926/27.

Pädagogische Reform, Hamburg, Jg. 1 (1877) - Jg. 45 (1921), Januar.

Pädagogisches Zentralblatt, Jg. 1 (1919/20), Jg. 2 (1921) - 14 (1933).

PALLAT, Ludwig, Die Kunsterziehung, in: Handbuch der Pädagogik, hrsg. von Herman NOHL und Ludwig PALLAT, Bd. 3, Langensalza 1930, S. 408-428.

PALLAT, Ludwig, Werkerziehung, in: Handbuch der Pädagogik, hrsg. von Herman NOHL und Ludwig PALLAT, Bd. 3 1930, S. 428-443.

PALLAT, Rolf E., Die Folgen junger Bewegungen des Untergrundes im Meuselwitzer Braunkohlegebiet, Halle, Univ., Diss., 1935; Teildr. in: Jahrbuch des Halleschen Verbandes für die Erforschung der mitteldeutschen Bodenschätze und ihrer Verwertung, N.F. 13 (1934), S. 171-212.

PANTEN, Margarete, Die Entfaltung der sittlich-religiösen Kräfte im Rahmen der Einheitsschule, in: Bausteine zur neuen Schule. Vorschläge entschiedener Schulreformer, hrsg. von Paul OESTREICH (=Pädagogische Reihe, 16), München 1923, S. 66-73; wieder in: Die Religion der Reformpädagogen. Ein Arbeitsbuch, hrsg. von Ralf KOERRENZ und Norbert COLLMAR, Weinheim 1994, S. 198-201.

PANTEN, Margarete, Die Groß-Berliner Lebensgemeinschaftsschulen, in: Die neue Erziehung, Jg. 6 (1924), S. 167-170.

PAPE-BALLING, Christiane, Bibliographie der Veröffentlichungen von Karl Wilker, in: WILKER, Karl, Der Lindenhof - Fürsorgeerziehung als Lebensschulung. Neu hrsg. und erg. durch ein biographisches Vorwort von Hildegard FEIDEL-MERTZ und Christiane PAPE-BALLING (=Pädagogische Beispiele. Institutionengeschichte in Einzeldarstellungen, 5), Frankfurt 1989, S. 275-282.

PAPE-BALLING, Christiane, Karl Wilkers Leben und Wirken 1885-1930 [=Biographisches Nachwort zu Karl Wilker, I], in: WILKER, Karl, Der Lindenhof - Fürsorgeerziehung als Lebensschulung. Neu hrsg. und erg. durch ein biographisches Vorwort von Hildegard FEIDEL-MERTZ und Christiane PAPE-BALLING (=Pädagogische Beispiele. Institutionengeschichte in Einzeldarstellungen, 5), Frankfurt 1989, S. 221-257.

PATZE, Hans, Haubinda, in: Handbuch der Historischen Stätten Deutschlands, Bd. 9: Thüringen, hrsg. von Hans PATZE, Stuttgart 1968, S. 186.

PATZE, Hans, Saalfeld, in: Handbuch der Historischen Stätten Deutschlands, Bd. 9: Thüringen, hrsg. von Hans PATZE, Stuttgart 1968, S. 369-377.

PAULS, Walter, Vorwort, in: Der Marsch in die Heimat. Ein Heimatbuch des Bezirks Berlin-Reinickendorf, hrsg. von Walter PAULS und Wilhelm TESSENDORFF, Frankfurt 1937, S. VII-IX.

PAULSEN, Wilhelm, Staats- oder Familienerziehung?, in: Pädagogische Reform, Jg. 26 (1902), Nr. 40 (vom 01.10.), o.S.

PAULSEN, Wilhelm, Materialistische Geschichtsauffassung und in ihrem Lichte die Entwicklung der Volksschule, in: Pädagogische Reform, Jg. 27 (1903), Nr. 10 (vom 11.03.) und Nr. 11 (vom 18.03.), o.S.

PAULSEN, Wilhelm, Schulstreit in Zürich, in: Pädagogische Reform, Jg. 27 (1903), Nr. 16 (vom 22.04.), o.S.

PAULSEN, Wilhelm, Die Biologie und das Dogma, in: Pädagogische Reform, Jg. 27 (1903), Nr. 45 (vom 11.11.), o.S.

PAULSEN, Wilhelm, Noch einmal Biologie und Dogma, in: Pädagogische Reform, Jg. 27 (1903), Nr. 47 (vom 25.11.), o.S.

PAULSEN, Wilhelm, Ein Schlußwort, in: Pädagogische Reform, Jg. 27 (1903), Nr. 49 (vom 09.12.), o.S.

PAULSEN, Wilhelm, Die Ursachen der Mißerfolge unserer heutigen Schule und ihre Bekämpfung (Ein Beitrag zur Frage der Parallelisation nach Fähigkeiten) (Kommissionsbericht, erstattet am 10.02.1904 in der Gesellschaft der Freunde des vaterländischen Schul- und Erziehungswesens), in: Pädagogische Reform, Jg. 28 (1904), Nr. 10 (vom 09.03.) und Nr. 11 (vom 16.03.), o.S.

PAULSEN, Wilhelm, Schulleitung und Schulaufsicht, in: Pädagogische Reform, Jg. 29 (1905), Nr. 9 (vom 01.03.), o.S.

PAULSEN, Wilhelm, Mehr Licht und Wärme den Sorgenkindern unserer Volksschule, in: Pädagogische Reform, Jg. 29 (1905), Nr. 26 (vom 28.06.), o.S.

PAULSEN, Wilhelm, Vor der Entscheidung, in: Pädagogische Reform, Jg. 29 (1905), Nr. 34 (vom 23.08.), o.S.

PAULSEN, Wilhelm, Gegen den Religionsunterricht, in: Pädagogische Reform, Jg. 29 (1905), Nr. 50 (vom 13.12.), o.S.

PAULSEN, Wilhelm, Für die weltliche Schule. Mit einem Nachwort von Paul NATORP, in: Die Deutsche Schule, Jg. 10 (1906), S. 555-565; wieder in: Pädagogische Reform, Jg. 10 (1906), Nr. 43 (vom 24.10.), o.S. und [Nachwort:] Nr. 44 (vom 31.10.), o.S.

PAULSEN, Wilhelm, Gegen den Geist, in: Pädagogische Reform, Jg. 30 (1906), Nr. 1 (vom 04.01.), o.S.

PAULSEN, Wilhelm, Befreiung der Schule vom Religionsunterricht!, in: Pädagogische Reform, Jg. 30 (1906), Nr. 8 (vom 21.02.), o.S.

PAULSEN, Wilhelm, Noch einiges zur Diskussion über den Religionsunterricht, in: Pädagogische Reform, Jg. 31 (1907), Nr. 27 (vom 03.07.), o.S.

PAULSEN, Wilhelm, Hamburger Randglossen zu Berliner Randglossen, in: Pädagogische Reform, Jg. 31 (1907), Nr. 37 (vom 11.09.), o.S.

PAULSEN, Wilhelm, Dem weisen Rabbi Ben Akiba. Antwort an Herrn Rißmann in Berlin, in: Pädagogische Reform, Jg. 31 (1907), Nr. 41 (vom 09.10.), o.S.

PAULSEN, Wilhelm, Fort mit dem Religionsunterricht aus der Schule. Referat, der Hamburgischen Schulsynode erstattet am 4. Mai, in: Pädagogische Reform, Jg. 31 (1907), Nr. 19 (vom 08.05.), o.S.

PAULSEN, Wilhelm, Schulleitung und Schulaufsicht. Vortrag in der Gesellschaft der Freunde des vaterländischen Schul- und Erziehungswesens, in: Pädagogische Reform, Jg. 32 (1908), Nr. 46 (vom 11.11.), o.S.

PAULSEN, Wilhelm, Körperliche Züchtigung?, in: Pädagogische Reform, Jg. 33 (1909), Nr. 3 (vom 20.01.), o.S.

PAULSEN, Wilhelm, Zwickau und Hamburg. (Ein Bericht und Worte der Kritik zur Frage des Religionsunterrichts), in: Pädagogische Reform, Jg. 33 (1909), Nr. 40 (vom 06.10.), o.S.

PAULSEN, Wilhelm, Protestantische Rechtfertigung, in: Pädagogische Reform, Jg. 33 (1909), Nr. 45 (vom 10.11.), o.S.

PAULSEN, Wilhelm, Antwort, in: Pädagogische Reform, Jg. 33 (1909), Nr. 48 (vom 01.12.), o.S.

PAULSEN, Wilhelm, Schulaufsicht und Schulleitung. Vortrag auf der Deutschen Lehrerversammlung in Straßburg, in: Pädagogische Reform, Jg. 34 (1910), Nr. 22 (vom 01.06.) und Nr. 23 (vom 08.06.), o.S.

PAULSEN, Wilhelm, Ein neuer Wurf, in: Pädagogische Reform, Jg. 34 (1910), Nr. 46 (vom 16.11.), o.S.

PAULSEN, Wilhelm, [Antwort auf: C.L.A. Pretzel, Offener Brief an Herrn W. Paulsen], in: Pädagogische Reform, Jg. 37 (1913), Nr. 9 (vom 26.02.), o.S.

PAULSEN, Wilhelm, [Antwort auf: C.L.A. Pretzel, Erklärung], in: Pädagogische Reform, Jg. 37 (1913), Nr. 10 (vom 05.03.), o.S.

PAULSEN, Wilhelm, Zur Schulengemeinschaft Hamburgs. Von unsern Plänen und Arbeiten am Tieloh für die Lösung des Schulproblems, in: Pädagogische Reform, Jg. 44 (1920), Nr. 34 (vom 25.08.), S. 217f.

PAULSEN, Wilhelm, Leitsätze zum inneren und äußeren Aufbau unseres Schulwesens, in: Pädagogische Reform, Jg. 44 (1920), Nr. 50 (vom 15.12.), S. 335f.; um das Vorwort gekürzt wieder in: Deutsches Philologen-Blatt, Jg. 29 (1921), [Nr. 11 vom 23.03.], S. 136f.; wieder in: Der Elternbeirat. Halbmonatsschrift für Eltern, Lehrer und Behörden, Jg. 2 (1921), S. 311-314; wieder in: ENGEL, Ernst, Die Gemeinschaftsschulen (Hamburg und Berlin). Ein Bild aus der Gegenwartspädagogik (=Versuchsschulen und Schulversuche, 1), Prag [u.a.] 1922, S. 32-34; wieder in: FOERTSCH, Karl, Der Kampf um Paulsen. Eine kritische Beleuchtung der neuen Schule, Berlin 1922, S. 24-26; ebenso in: KARSEN, Fritz, Die Entstehung der Berliner Gemeinschaftsschulen, in: Die neuen Schulen in Deutschland, hrsg. von Fritz KARSEN. Mit einem Vorwort von Wilhelm PAULSEN, Langensalza 1924, S. 160-181, hier S. 162-164; ebenso wieder in: FERRI`ERE, Adolphe, Schule der Selbstbetätigung oder Tatschule. Dt. Übers. nach der 3. veränd. Aufl. (=Pädagogik des Auslands, 1), Weimar 1928, S. 274-276.

PAULSEN, Wilhelm, Schulengemeinschaft, in: Pädagogische Reform, Jg. 44 (1920), Nr. 52 (vom 29.12.), S. 358; wieder in: FOERTSCH, Karl, Der Kampf um Paulsen. Eine kritische Beleuchtung der neuen Schule, Berlin 1922, S. 26f.

PAULSEN, Wilhelm, Versuch einer natürlichen Schulordnung in der Großstadt auf neupädagogischer Grundlage. Zugleich ein Beitrag für den natürlichen Aufbau der Einheitsschule, in: Pädagogische Reform, Jg. 44 (1920), Nr. 9 (vom 03.03.), S. 71-73.

PAULSEN, Wilhelm, Eigenverfassung unserer Schulen. Ein erster Versuch der Schul-Selbstverwaltung in Berlin, in: Vorwärts vom 29.09.1921, Morgenausg. (1. Teil) und 02.10.1921, Sonntagsausg. (2. Teil).

PAULSEN, Wilhelm, Lehrern, Eltern, Schülern und Freunden unserer Schulen. Ein Aufruf zur Mitarbeit und zur Verständigung, in: Deutsches Philologen-Blatt, Jg. 29 (1921), [Nr. 11 vom 23.03.1921], S. 135f.; u.a. auch in: Der Elternbeirat. Halbmonatsschrift für Eltern, Lehrer und Behörden, Jg. 2 (1921), S. 309-311; u.a. auch in: ENGEL, Ernst, Die Gemeinschaftsschulen (Hamburg und Berlin). Ein Bild aus der Gegenwartspädagogik (=Versuchsschulen und Schulversuche, 1), Prag [u.a.] 1922, S. 31f.; u.a. auch in: FOERTSCH, Karl, Der Kampf um Paulsen. Eine kritische Beleuchtung der neuen Schule, Berlin 1922, S. 23f.; u.a. auch in: FERRI`ERE, Adolphe, Schule der Selbstbetätigung oder Tatschule. Dt. Übers. nach der 3. veränd. Aufl. (=Pädgogik des Auslands, 1), Weimar 1928, S. 272-274.

PAULSEN, Wilhelm, Gemeinschaftsschule (Aus der Rede des Berliner Oberstadtschulrats in der Stadtverordnetenversammlung am 14.04.1921), in: Sozialistischer Erzieher. Wochenschrift der Freien Lehrergewerkschaft Deutschlands, der sozialistisch-proletarischen Internationale und für sozialistische Elternbeiräte, Jg. 2 (1921), [Nr. 21 (vom 25.05.) und Nr. 22 (vom 01.06.)], S. 313-315 und 328-330; u.d.T. 'Rede des Oberstadtschulrats Wilhelm Paulsen in der Berliner Stadtverordnetenversammlung am 14. April 1921' wieder in: Der Elternbeirat. Halbmonatsschrift für Eltern, Lehrer und Behörden, Jg. 2 (1921), S. 314-320; in franz. Übers. wieder in: PAULSEN, Wilhelm, L'Ecole Solidariste. Traduction et Préface de Adolphe FERRI`ERE, Bruxelles 1931, S. 14-23.

PAULSEN, Wilhelm, Grundpläne und Grundsätze einer natürlichen Schulordnung [Plan Paulsens, 1922 dem preußischen Ministerium für Wissenschaft, Kunst und Volksbildung als Diskussionsvorlage für anstehende Beratungen um ein Reichs-Schulgesetz vorgelegt]; abgedr. u.d.T. 'Natürliche Schulordnung. Ein Entwurf' zuerst in: Vossische Zeitung vom 23.01.1922, Abendausg., Beilage; wieder in: Der Elternbeirat. Halbmonatsschrift für Eltern, Lehrer und Behörden, Jg. 3 (1922), S. 62-64; wieder in: Das Werdende Zeitalter, Jg. 1 (1922), S. 24-26; u.d.T. 'Grundpläne und Grundsätze einer natürlichen Schulordnung. Schulen wahrhafter Volksgemeinschaft' wieder in: ENGEL, Ernst, Die Gemeinschaftsschulen (Hamburg und Berlin). Ein Bild aus der Gegenwartspädagogik (=Versuchsschulen und Schulversuche, 1), Prag [u.a.] 1922, S. 34f.

PAULSEN, Wilhelm, Lehrplan für die Grundschule und Grundsätze für die Schularbeit überhaupt, in: Allgemeine Deutsche Lehrerzeitung, Berlin, Jg. 51 (1922), [Nr. 23/24 (vom 16.06.)], S. 289-291; wieder in: Der Elternbeirat. Halbmonatsschrift für Eltern, Lehrer und Behörden, Jg. 3 (1922), S. 311-317; wieder in: Der freie Lehrer. Organ der Arbeitsgemeinschaft sozialdemokratischer Lehrer und Lehrerinnen Deutschlands, Jg. 4 (1922), S. 193-198.

PAULSEN, Wilhelm, Die künftigen Lebensstätten unserer Jugend, in: Die Neue Zeit. Wochenschrift der Deutschen Sozialdemokratie, Jg. 40 (1922), Bd. 2, S. 509-517.

PAULSEN, Wilhelm, Oberstadtschulrat Paulsens Groß-Berliner Schulreform, in: Der Elternbeirat. Halbmonatsschrift für Eltern, Lehrer und Behörden, Jg. 3 (1922), S. 17-19.

PAULSEN, Wilhelm, Richtlinien und Grundsätze, nach denen die Versuchsschulen (Lebensgemeinschaftsschulen) einzurichten sind [1923]; abgedr. in: Die neuen Schulen in Deutschland, hrsg. von Fritz KARSEN. Mit einem Vorwort von Wilhelm PAULSEN, Langensalza 1924, S. 177-179; wieder in: PAULSEN, Wilhelm, Die Überwindung der Schule. Begründung und Darstellung der Gemeinschaftsschule, Leipzig 1926, S. 118-122; wieder in: Das Berliner Schulwesen, hrsg. von Jens NYDAHL. Bearb. unter Mitwirkung Berliner Schulmänner von Erwin KALISCHER, Berlin 1928, S. 53-55; wieder in: Die Deutsche Reformpädagogik, hrsg. von Wilhelm FLITNER und Gerhard KUDRITZKI, Bd. II: Ausbau und Selbstkritik, 2. unveränd. Aufl. Stuttgart 1982, S. 92-94.

PAULSEN, Wilhelm, Vorbemerkung, in: Lebensgemeinschaftsschule. Mitteilungsblatt der neuen Schulen in Deutschland, Jg. 1 (1924), S. 65-67.

PAULSEN, Wilhelm, Kommunale Schulpolitik. Rückblick und Ausblick, in: Die Gemeinde. Halbmonatsschrift für sozialistische Arbeit in Stadt und Land, Berlin, Jg. 1 (1924), S. 113-119; längere Passagen u.d.T. 'Kommunale Schulpolitik' zit. wieder in: Hamburger Lehrerzeitung, Jg. 3 (1924), S. 645.

PAULSEN, Wilhelm, Vorwort, in: Die neuen Schulen in Deutschland, hrsg. von Fritz KARSEN. Mit einem Vorwort von Wilhelm PAULSEN, Langensalza 1924, S. 5f.

PAULSEN, Wilhelm, Nicht Abbau, sondern Aufbau. Ein schulgeschichtlicher Augenblick, in: Vorwärts vom 06.01. (Teil 1) und 08.01. (Teil 2) 1924; wieder in: Berliner Lehrerzeitung, Jg. 5 (1924), Nr. 4 (vom 25.01.1924).

PAULSEN, Wilhelm, Neue Erziehung und weltliche Schule, in: Die freie weltliche Schule. Mitteilungsblatt des Bundes der freien Schulgesellschaften, Jg. 5 (1925), S. 148-150.

PAULSEN, Wilhelm, Die neue Erziehungsbewegung und unser Schul- und Bildungsprogramm, in: Die Gesellschaft. Internationale Revue für Sozialismus und Politik, Jg. 2 (1925), S. 524-545.

PAULSEN, Wilhelm, Erziehungserneuerung, in: Vossische Zeitung vom 05.11.1925.

PAULSEN, Wilhelm, Die Schule der Volks- und Kulturgemeinschaft, in: Die Schule der Gemeinschaft, hrsg. von Heinrich DEITERS im Auftrage des Zentralinstituts für Erziehung und Unterricht, Leipzig 1925, S. 54-63.

PAULSEN, Wilhelm, Neue Schule und neue Erziehung, in: Junge Menschen. Monatshefte für Politik, Kunst, Literatur und Leben, Jg. 6 (1925), S. 156f.

PAULSEN, Wilhelm, Gemeinschaftspädagogik in weiteren und größeren Zusammenhängen, in: Hamburger Lehrerzeitung, Jg. 4 (1925), S. 1033-1035.

PAULSEN, Wilhelm, Weltliche Schule und Gemeinschaftsschule, in: Lebensgemeinschaftsschule. Mitteilungsblatt der neuen Schulen in Deutschland, Jg. 3 (1926), S. 53-55.

PAULSEN, Wilhelm, Lunatscharskis Werk, in: Tage-Buch, Berlin, Jg. 7 (1926), S. 52-56 und S. 96-99.

PAULSEN, Wilhelm, Ein Augenzeuge der Arbeit Pestalozzis, in: Die freie weltliche Schule. Mitteilungsblatt des Bundes der freien Schulgesellschaften Deutschlands, Jg. 7 (1927), S. 30f. und S. 39f.

PAULSEN, Wilhelm, Das höhere Schulwesen in Deutschland, in: Schweizerische Lehrerzeitung, Jg. 72 (1927), Beilage: 'Die Mittelschule', S. 9f.

PAULSEN, Wilhelm, Schlußwort zum Offenen Brief [an die Schriftleitung der 'Hamburger Lehrerzeitung'. Berlin, 25. April 1927, in: Hamburger Lehrerzeitung, Jg. 6 (1927), S. 309f.], in: Hamburger Lehrerzeitung, Jg. 6 (1927), 368f.

PAULSEN, Wilhelm, Die Freiheit des Erziehers, in: Schulreform, Jg. 6 (1927), S. 555f.

PAULSEN, Wilhelm, Offener Brief an die Schriftleitung der 'Hamburger Lehrerzeitung'. Berlin, 25.04.1927, in: Hamburger Lehrerzeitung, Jg. 6 (1927), S. 309f.

PAULSEN, Wilhelm, Wiens sozial- und kulturpolitische Sendung, in: Das Tagebuch, Jg. 8 (1927), S. 652-657.

PAULSEN, Wilhelm, Brief an Otto Glöckel vom 23.03.1927; in Auszügen abgedr. in: GLÖCKEL, Otto, Die Wirksamkeit des Stadtschulrates für Wien während des Schuljahres 1926/27. III. Amtlicher Bericht, Wien 1927, S. 98f.

PAULSEN, Wilhelm, Meine Vaterstadt Schleswig, in: Schleswig-Holstein-Hamburg-Lübeckische Monatshefte, Jg. 2 (1927), S. 82-85 und S. 114f.

PAULSEN, Wilhelm, Gefährdung der Volksschule. Ihre Rettung, in: Preußische Lehrer-Zeitung. Allgemeine Ausg. vom 13.09.1928.

PAULSEN, Wilhelm, Freie Erziehung, freie Erzieher (Referat, gehalten auf dem 4. Internationalen Kongreß zur neuen Erziehung in Locarno 1927), in: Die Erziehung, Jg. 3 (1928), S. 532-543; Auszug wieder in: Hamburger Lehrerzeitung, Jg. 7 (1928), S. 783-785; vollst. u.d.T. 'La liberté dans l'Education, la liberté pour l'Educateur' wieder in: PAULSEN, Wilhelm, L'Ecole Solidariste. Traduction et Préface de Adolphe FERRI`ERE, Bruxelles 1931, S. 35-55.

PAULSEN, Wilhelm, Unsere Schultragödie, in: Vossische Zeitung vom 10.10.1928, Morgenausg.

PAULSEN, Wilhelm, Grundsätze für den Ausbau der Volksschule, in: Schulblatt für Braunschweig und Anhalt, Jg. 42 (1929), [Nr. 26 (vom 11.09.)], S. 847-849.

PAULSEN, Wilhelm, Zum Neuaufbau unseres Schulwesens. Beiträge zum Organisationsentwurf, in: Schulblatt für Braunschweig und Anhalt, Jg. 42 (1929), [Nr. 31 (vom 01.11.)], S. 1045-1050.

PAULSEN, Wilhelm, Stilwende der Zeit und der Schule, in: Der Schulfunk, Jg. 2 (1929), S. 432f.

PAULSEN, Wilhelm, Dringliche Gegenwartsreform, in: Der Volkslehrer, Jg. 12 (1930), [Nr. 6 (vom 16.03.)], S. 69; Auszug aus: PAULSEN, Wilhelm, Das neue Schul- und Bildungsprogramm. Grundsätze und Richtlinien für den Ausbau des Schulwesens, Osterwieck 1930.

PAULSEN, Wilhelm, Das neue Schul- und Bildungsprogramm. Grundsätze und Richtlinien für den Ausbau des Schulwesens, Osterwieck 1930; Auszug u.d.T. 'Dringliche Gegenwartsreform' wieder in: Der Volkslehrer, Jg. 12 (1930) [Nr. 6 (vom 16.03.)], S. 69.

PAULSEN, Wilhelm, Das neue Schul- und Bildungsprogramm als Gegenwartsforderung, in: Aufbau. Erziehungswissenschaftliche Zeitschrift, Berlin, Jg. 3 (1930), [Heft 7 (Juli)], S. 196-200.

PAULSEN, Wilhelm, Stilwende der Zeit und der Schule, in: Schulblatt für Braunschweig und Anhalt, Jg. 43 (1930), S. 85-88.

PAULSEN, Wilhelm, Der Neuaufbau unseres Schulwesens. Im Auftrag des Geschäftsführenden Ausschusses des Preußischen Lehrervereins, Osterwieck 1931.

PAULSEN, Wilhelm, L'Ecole Solidariste. Traduction et Préface de Adolphe FERRI`ERE, Bruxelles 1931.

PAULSEN, Wilhelm, Grundsätzliches zu meinen Schulplänen, in: Aufbau. Erziehungswissenschaftliche Zeitschrift, Berlin, Jg. 5 (1932), [Heft 4 (April)], S. 120f.

PAULSEN, Wilhelm, Der Aufbau der Mittelstufe des Schulwesens in bestehenden und geplanten Versuchen, in: Das deutsche Schulwesen. Jahrbuch 1930/32, Berlin 1933, S. 241-257.

PAULSEN, Wilhelm, Lösung der heutigen Bildungskrise. Stimmen aus der Öffentlichkeit, Aufbaupläne in Berlin, Berlin [u.a.] 1933.

Wilhelm Paulsen, in: Kürschners Deutscher Gelehrten-Kalender, Berlin [u.a.],
Bd. 4 (1931), Sp. 2174;
Bd. 5 (1935), Sp. 1011.

Wilhelm Paulsens Abschied, in: Pädagogische Reform, Jg. 45 (1921), S. 25; wieder in: Hamburger Echo vom 29.01.1921.

PEARSON, W.W., Shantiniketan. The bolpur school of Rabindranath Tagore, London 1917.

PEDERSEN, Ulf, Bernhard Rust. Ein nationalsozialistischer Bildungspolitiker vor dem Hintergrund seiner Zeit (=Steinhorster Schriften und Materialien zur regionalen Schulgeschichte und Schulentwicklung, 6), Braunschweig/Gifhorn 1994.

PEHNKE, Andreas, Ein Plädoyer für unser reformpädagogisches Erbe, in: Pädagogik und Schulalltag, Jg. 47 (1992), S. 19-33; auch in: Ein Plädoyer für unser reformpädagogisches Erbe. Protokollband der internationalen Reformpädagogik-Konferenz am 24. September 1991 an der Pädagogischen Hochschule Halle-Köthen, hrsg. von Andreas PEHNKE, Neuwied [u.a.] 1992, S. 8-34.

PEHNKE, Andreas, Der Leipziger Lehrerverein und seine Connewitzer Versuchsschule - Impulsgeber für reformpädagogische Initiativen im sächsischen Schulwesen, in: 'Die Alte Schule überwinden'. Reformpädagogische Versuchsschulen zwischen Kaiserreich und Nationalsozialismus, hrsg. von Ullrich AMLUNG, Dietmar HAUBFLEISCH, Jörg-W. LINK und Hanno SCHMITT (=Sozialhistorische Untersuchungen zur Reformpädagogik und Erwachsenenbildung, 15), Frankfurt 1993, S. 107-136.

PENN, William, Entwurf zum gegenwärtigen und künftigen Frieden Europas durch Schaffung eines europäischen Parlaments, Reichstags oder Staatenbundes. Ein Völkerverbund-Entwurf des 17. Jahrhunderts. In gekürzter deutscher Übertragung hrsg. von Elisabeth ROTTEN, Bern 1936; in neuer, verb. Übers. von Elisabeth ROTTEN wieder in: Die Friedens-Warte. Blätter für internationale Verständigung und zwischenstaatliche Organisation, Jg. 41 (1941), S. 263-270.

PERRAULT, Gilles, Auf den Spuren der Roten Kapelle, 2. Aufl. [der deutschen Übers. und Erstausg. 1969], Wien [u.a.] 1990.

PESTALOZZI, Johann Heinrich, Über die Idee der Elementarbildung und den Standpunkt ihrer Ausführung in der Pestalozzischen Anstalt zu Iferten. Eine Rede, gehalten vor der Gesellschaft der Schweizerischen Erziehungsfreunde in Lenzburg (30.08.1809), in: PESTALOZZI, Johann Heinrich, Sämtliche Werke, Bd. 22, Zürich 1979, S. 1-324.

Der Pestalozzi der Deutschen. Hermann Lietz, in Anektoden, Briefstellen, Kernworten, dem deutschen Volke ein Führer aus der Erniedrigung. Denk- und Dankschrift, hrsg. von Theodor ZOLLMANN, Osterwieck 1924.

PETER, Ulrich, Der 'Bund der religiösen Sozialisten' in Berlin von 1919 bis 1933. Geschichte - Struktur - Theologie und Politik (=Europäische Hochschulschriften, Reihe 22: Theologie, 532), Frankfurt [u.a.] 1995.

PETERS, Ulrich, Die soziologische Bedingtheit der Schule (=Ziele und Wege der Deutschkunde, 5), Frankfurt 1922.

PETERSEN, Erika, Ein Leben für die Jugend, in: Die neue Schule, Jg. 1 (1946), S. 213.

PETERSEN, Knud, Vorschläge zur Einrichtung eines Fotoarchivs und Konservierung von Fotos, in: Archiv und Wissenschaft, Jg. 18 (1985), S. 130-132.

PETERSEN, Peter, Die Hamburger Gemeinschaftsschulen, in: Allgemeine Deutsche Lehrerzeitung, Jg. 51 (1922), S. 55-57; wieder in: PETERSEN, Peter, Innere Schulreform und Neue Erziehung. Gesammelte Reden und Aufsätze, Weimar 1925, S. 151-158.

PETERSEN, Peter, Innere Schulreform und Neue Erziehung. Bericht über die Entwicklung der Realschule in Winterhude zur 'Lichtwark-Schule' im Schuljahre 1920/21, in: PETERSEN, Peter, Innere Schulreform und Neue Erziehung. Gesammelte Reden und Aufsätze, Weimar 1925, S. 172-181.

PETERSEN, Peter, Innere Schulreform und Neue Erziehung. Gesammelte Reden und Aufsätze, Weimar 1925.

PETERSEN, Peter, Die Stellung des Landerziehungsheims im Deutschen Erziehungswesen des 20. Jahrhunderts. Ein typologischer Versuch, in: HUGUENIN, Elisabeth, Die Odenwaldschule. Mit einem Vorwort von Peter PETERSEN: Die Stellung des Landerziehungsheims im Deutschen Erziehungswesen des 20. Jahrhunderts. Ein typologischer Versuch (=Forschungen und Werke zur Erziehungswissenschaft, 5), Weimar 1926, S. V-XLIX.

PETERSEN, Peter, Die Lebensgemeinschafts-Schulbewegung in Deutschland, in: Schweizer Erziehungs-Rundschau. Organ für das öffentliche und private Bildungswesen der Schweiz, Jg. 1 (1928/29), Nr. 5: August 1928, S. 110f.

PETERSEN, Peter, Zehn Jahre Lebensgemeinschaftsschule (1919-1929), in: Die Volksschule, Jg. 25 (1929), S. 192-139 und S. 177-189.

PETERSOHN, Jürgen, Personengeschichte im Spätmittelalter. Zu Forschungsgeschichte und Methode, in: Zeitschrift für Historische Forschung, Jg. 2 (1975), S. 1-5.

PEUKERT, Detlev, Alltag unterm Nationalsozialismus (=Beiträge zum Thema Widerstand, 17). Berlin 1981; wieder in: 'Die Formung des Volksgenossen'. Der 'Erziehungsstaat' des Dritten Reiches, hrsg. von Ulrich HERRMANN (=Geschichte des Erziehungs- und Bildungswesens in Deutschland, 6), Weinheim [u.a.] 1985, S. 40-64.

PEUKERT, Detlev J.K., Grenzen der Sozialdisziplinierung. Aufstieg und Krise der deutschen Jugendfürsorge 1878 bis 1932, Köln 1986.

PEUKERT, Detlev J.K., Die Weimarer Republik. Krisenjahre der Klassischen Moderne, Frankfurt 1987.

PEUKERT, Detlev J.K., 'Mit uns zieht die neue Zeit ...' Jugend zwischen Disziplinierung und Revolte, in: Jahrhundertwende. Der Aufbruch in die Moderne 1880-1930, hrsg. von August NITSCHKE, Gerhard A. RITTER, Detlev J.K. PEUKERT und Rüdiger vom BRUCH, Bd. 1, Reinbek 1990, S. 176-202.

Der Pfad zum Reich. Jahrbuch 1929, Plauen 1929.

Der Pfad zum Reich. Führerblätter deutscher Pfadfinder, hrsg. vom Bund der Reichspfadfinder, Jg. 2 (1930).

PFAFF, Elke, Neue Wege in Bensberger Klinik. Babys leben in rosaroter Welt. Mutter und Kind bleiben ständig in Kontakt, in: Kölner Stadt-Anzeiger vom 24./25.01.1987.

Pfarrer Lichtenberg gegen Paulsen, in: Germania vom 23.04.1921.

PFISTER, Gertrud, Turnunterricht im Spannungsfeld von Politik und Reform, in: Schule und Unterricht in der Endphase der Weimarer Republik. Auf dem Weg in die Diktatur, hrsg. von Reinhard DITHMAR, Neuwied [u.a.] 1993, S. 206-230.

PIECZYNSKA, Emma, Tagore Educateur. Neuchatel [u.a.] [o.J.] [1921]; dt. Übers.: PIECZYNSKA, Emma, Tagore als Erzieher, Erlenbach-Zürich [u.a.] o.J. [ca. 1923/25].

PIES, Eberhard, Carl Sonnenschein, in: Biographisches Handwörterbuch der Erwachsenenbildung. Erwachsenenbildner des 19. und 20. Jahrhunderts, hrsg. von Günther WOLGAST und Joachim H. KNOLL, Stuttgart [u.a.] 1986, S. 375f.

PILNJAK, Boris, Die Wolga fällt ins Meer (=Universum-Bücherei für Alle, 100), Berlin 1931.

Pionierinnen, Feministinnen, Karrierefrauen? Zur Geschichte des Frauenstudiums in Deutschland, hrsg. von Anne SCHLÜTER (=Frauen in Geschichte und Gesellschaft, 22), Pfaffenweiler 1992.

PIRANDELLO, Luigi, Sei personaggi in cerca d'autore, 1921; dt.: Sechs Personen suchen einen Autor, Berlin 1925.

Eine Plädoyer für unser reformpädagogisches Erbe. Protokollband der internationalen Reformpädagogik-Konferenz am 24. September 1991 an der Pädagogischen Hochschule Halle-Köthen, hrsg. von Andreas PEHNKE, Neuwied [u.a.] 1992.

PLAGEMANN, Fritz, Das Schullandheim, in: Kind und Umwelt, Anlage und Erziehung. Ein Kurs für Ärzte und Pädagogen in der Universitäts-Kinderklinik Berlin. 6. bis 8. März 1930, Leipzig [u.a.] 1930, S. 197-204.

PLATEN, August von, Schauspiele, Bd. 1, Erlangen 1824.

PLOETZ, Karl, Petit vocabulaire francais. Kleines Vokabelbuch und erste Anleitung zum Französisch Sprechen, 32. Aufl. Berlin 1915.

PÖGGELER, Franz, Einleitung, in: WALTHER, Heinrich, Ein Leben, o.O. 1971, S. 1-6.

PÖGGELER, Franz, Pädagogik und Politik: Initiativen, Institutionen, Personen, in: Mit Bildung Politik machen. Autobiographisches zum schwierigen Verhältnis von Bildungspolitik und Pädagogik, hrsg. von Werner WIATER, Stuttgart 1991, S. 206-235.

PÖGGELER, Franz, Macht und Ohnmacht der Pädagogik. 1945 bis 1993: Im Spannungsfeld zwischen Erziehung, Politik und Gesellschaft. Ein Erfahrungsbericht, München 1993.

POEHLMANN, Julie, Wege zur Friedensfähigkeit. Dr. Elisabeth Rotten wird 80 Jahre alt, in: Nürnberger Nachrichten vom 13.02.1962.

Politik und Schule von der Französischen Revolution bis zur Gegenwart. Eine Quellensammlung zum Verhältnis von Gesellschaft, Schule und Staat im 19. und 20. Jahrhundert, hrsg. von

Berthold MICHAEL und Heinz-Hermann SCHEPP, Bd. 2: Von der Weimarer Republik bis zur BRD / DDR, Frankfurt 1974.

POLLMANN, Klaus Erich, Die Nationalsozialistische Hochschulpolitik und ihre Wirkungen in Braunschweig, in: Technische Universität Braunschweig. Vom Collegium Carolinum zur Technischen Universität 1745-1995, hrsg. von Walter KERTZ, Hildesheim [u.a.] 1995, S. 443-465.

PORAT, Reuven, Die Geschichte der Kibbutzschule. Konzeptionen der 'Neuen Erziehung' im Kibbutz (=Studien und Dokumentationen zur vergleichenden Bildungsforschung, 47), Köln [u.a.] 1991.

PRELLWITZ, Gertrud, Drude, 3 Bde., Oberhof 1920-1923.

Probleme der neuen Stadt Berlin. Darstellungen der Zukunftsaufgaben einer Viermillionenstadt, hrsg. von Hans BRENNERT und Erwin STEIN (=Monographien deutscher Städte, 18), Berlin 1926.

Die Produktionsschule als Nothaus und Neubau, hrsg. von Paul OESTREICH, Berlin 1924.

Protestkundgebung des FDGB zum Fall Oestreich [am 07.01.1949], in: Die neue Schule. Blätter für demokratische Erneuerung in Unterricht und Erziehung, Jg. 4 (1949), S. 132.

Prüfung, Ausbildung und Anstellung der Zeichenlehrer an den höheren Lehranstalten in Preußen. Amtliche Bestimmungen, hrsg. und erläutert von Ludwig PALLAT und Walther GÜNTHER (=Weidmannsche Taschenausgaben von Verfügungen der Preußischen Unterrichtsverwaltung, 17), Berlin 1925.

PUFENDORF, Samuel von, Die Verfassung des Deutschen Reiches. Aus dem Lateinischen übers., mit Einleitung und Anmerkungen vers. von Heinrich DOVE (=Reclams Universal-Bibliothek, 966), Neue Aufl. Leipzig o.J. [1920].

Die Quäker, hrsg. von Richenda C. SCOTT (=Die Kirchen der Welt, 14), Stuttgrat 1974.

Quellen zur Geschichte der Erziehung, 9. Aufl. Berlin (DDR) 1980.

Der Querschnitt, Berlin, Jg. 1 (1921) - 16 (1936).

QUIDDE, Ludwig, Der deutsche Pazifismus während des Weltkrieges 1914-1918. Aus dem Nachlaß Ludwig Quiddes hrsg. von Karl HOLL unter Mitwirkung von Helmut DONAT (=Schriften des Bundesarchivs, 23), Boppard 1979.

RAABE, Wilhelm, Sämtliche Werke, Serie 1, Bd. 1-6; Serie 2, Bd. 1-6; Serie 3, Bd. 1-6, Berlin [1913-1916].

RADDE, Gerd, Der Schulreformer Fritz Karsen, in: Bildung und Erziehung, Jg. 18 (1965), S. 453-456.

RADDE, Gerd, Über Leben und Werk eines Schulreformers. Zum 100. Geburtstag des Berliner Pädagogen Fritz Karsen, in: Der Tagesspiegel. Unabhängige Berliner Morgenzeitung vom 10.11.1985.

RADDE, Gerd, Fritz Karsen. Streiter für die Einheitsschule, in: päd extra, Jg. 1987, Juli/August, S. 47-50.

RADDE, Gerd, Die Schulreformer Löwenstein und Karsen, in: 'Zehn Brüder waren wir gewesen ...' Spuren jüdischen Lebens in Berlin-Neukölln, hrsg. von Dorothea KOLLAND, Berlin 1988, S. 185-194 und S. 490f. (Anm.).

RADDE, Gerd, Verfolgt, verdrängt und (fast) vergessen. Der Reformpädagoge Fritz Karsen, in: Erziehungswissenschaft und Nationalsozialismus. Eine kritische Positionsbestimmung, hrsg. von Wolfgang KEIM (=Forum Wissenschaft. Studienhefte, 9), Marburg 1990, S. 87-100; wieder in: RADDE, Gerd, Fritz Karsen. Ein Berliner Schulreformer der Weimarer Zeit. Erw. Neuausg. [der 1973 als Bd. 4 in der Reihe 'Historische und Pädagogische Studien' erschienenen Dissertation mit gleichem Titel]. Mit dem 'Bericht über den Vater' von Sonja KARSEN [und dem Beitrag 'Verfolgt, verdrängt und (fast) vergessen. Der Reformpädagoge Fritz Karsen' von Gerd RADDE] (=Studien zur Bildungsreform, 37), Frankfurt [u.a.] 1999, S. 359-388.

RADDE, Gerd, Der Reformpädagoge Fritz Karsen. Verfolgt und verdrängt, doch nicht vergessen, in: Pädagogen in Berlin. Auswahl von Biographien zwischen Aufklärung und Gegenwart, hrsg. von Benno SCHMOLDT (=Materialien und Studien zur Geschichte der Berliner Schule, 9), Baltmannsweiler 1991, S. 249-271.

RADDE, Gerd, Lebensweg und Werk des Reformpädagogen Fritz Karsen, in: Pädagogik, Jg. 44 (1992), Heft 5, S. 44-48; leicht verändert wieder in: Reformpädagogik konkret, hrsg. von Rainer WINKEL (=PB-Bücher, 18), Hamburg 1993, S. 85-100; u.d.T. 'Fritz Karsens Reformwerk in Berlin-Neukölln' leicht verändert auch in: Schulreform - Kontinuitäten und Brüche. Das Versuchsfeld Berlin-Neukölln, hrsg. von Gerd RADDE, Werner KORTHAASE, Rudolf ROGLER und Udo GÖßWALD im Auftrag des Bezirksamts Neukölln, Abt. Volksbildung, Kunstamt, Bd. I: 1912 bis 1945, Opladen 1993, S. 175-187.

RADDE, Gerd, Schulreform in Berlin am Beispiel der Lebensgemeinschaftsschulen, in: Schulreform in Berlin am Beispiel der Lebensgemeinschaftsschulen, in: Berlin und pädagogische Reformen. Brennpunkte der individuellen und historischen Entwicklung, hrsg. von E. Kuno BELLER (=Wissenschaft und Stadt, 21), Berlin 1992, S. 83-101; leicht verändert wieder in: 'Die Alte Schule überwinden'. Reformpädagogische Versuchsschulen zwischen Kaiserreich und Nationalsozialismus, hrsg. von Ullrich AMLUNG, Dietmar HAUBFLEISCH, Jörg-W. LINK und Hanno SCHMITT (=Sozialhistorische Untersuchungen zur Reformpädagogik und Erwachsenenbildung, 15), Frankfurt 1993, S. 89-106.

RADDE, Gerd, Fritz Karsens Reformwerk in Berlin-Neukölln, in: Schulreform - Kontinuitäten und Brüche. Das Versuchsfeld Berlin-Neukölln, hrsg. von Gerd RADDE, Werner KORTHAASE, Rudolf ROGLER und Udo GÖßWALD im Auftrag des Bezirksamts Neukölln, Abt. Volksbildung, Kunstamt, Bd. I: 1912 bis 1945, Opladen 1993, S. 175-187; dieser Beitrag ist in ähnlicher Form bereits abgedr. als: RADDE, Gerd, Lebensweg und Werk des Reformpädagogen Fritz Karsen, in: Pädagogik, Jg. 44 (1992), Heft 5, S. 44-48; unter diesem Titel leicht verändert auch in: Reformpädagogik konkret, hrsg. von Rainer WINKEL (=PB-Bücher, 18), Hamburg 1993, S. 85-100.

RADDE, Gerd, Fritz Karsens Versuchsschule in Berlin-Neukölln als Beispiel demokratischer Reformpädagogik. Eine schulhistorische Notiz, in: KARSEN, Sonja Petra, Bericht über den Vater. Fritz Karsen (1885-1951). Demokratischer Schulreformer in Berlin - Emigrant und Bildungsexperte. Mit einer schulhistorischen Notiz von Gerd RADDE (=Berliner Schuljahre. Erinnerungen und Berichte, 3), Berlin 1993, S. 29-34.

RADDE, Gerd, Lebensstätten der Schüler - Neuköllner Lebensgemeinschaftsschulen als Beispiel der Berliner Schulreform, in: Schulreform - Kontinuitäten und Brüche. Das Versuchsfeld Berlin-Neukölln, hrsg. von Gerd RADDE, Werner KORTHAASE, Rudolf ROGLER und Udo GÖßWALD im Auftrag des Bezirksamts Neukölln, Abt. Volksbildung, Kunstamt, Bd. I: 1912 bis 1945, Opladen 1993, S. 93-101; veränderte Fassung des Aufsatzes: RADDE, Gerd, Zur Reformpädagogik an den Lebensgemeinschaftsschulen in Berlin-Neukölln, in: Ein Plädoyer für unser reformpädagogisches Erbe. Protokollband der internationalen Reformpädagogik-Konferenz am 24. September 1991 an der Pädagogischen Hochschule Halle-Köthen, hrsg. von Andreas PEHNKE, Neuwied [u.a.] 1992, S. 186-198.

RADDE, Gerd, Paul Heimann. 1901-1967, in: Schulreform - Kontinuitäten und Brüche. Das Versuchsfeld Berlin-Neukölln, hrsg. von Gerd RADDE, Werner KORTHAASE, Rudolf ROGLER und Udo GÖßWALD im Auftrag des Bezirksamts Neukölln, Abt. Volksbildung, Kunstamt, Bd. II: 1945 bis 1972, Opladen 1993, S. 201-203.

RADDE, Gerd, Aus dem Leben und Wirken des Entschiedenen Schulreformers Franz Hilker (1881-1969), in: Tendenzen der Pädagogik. Zur Bildungsgeschichte der Aufklärung und des 20. Jahrhunderts. Harald Scholtz zum 65. Geburtstag, hrsg. von Peter DREWEK, Klaus-Peter HORN, Christa KERSTING und Heinz-Elmar TENORTH, Weinheim 1995, S. 145-167.

RADVANN, Wilhelm, De fide codicum Horatianorum classis, Berlin, Univ., Diss. (masch.) 1924; Auszug veröff. in: Jahrbuch der Dissertationen der Philosophischen Fakultät der Friedrich-Wilhelms-Universität zu Berlin. Dekanatsjahr 1923-34, Berlin 1925, S. 349f.

Rahmenkonzept 'Gestaltung des Schullebens und Öffnung von Schule' (Entwurf), hrsg. vom Kultusministerium des Landes Nordrhein-Westfalen, Düsseldorf 1988.

RAKE, August, Die Erziehung von Schwerstbehinderten, in: Probleme der neuen Stadt Berlin. Darstellungen der Zukunftsaufgaben einer Viermillionenstadt, hrsg. von Hans BRENNERT und Erwin STEIN (=Monographien deutscher Städte, 18), Berlin 1926, S. 486-497.

RANG, Adalbert / RANG-DUDZIK, Brita, Elemente einer historischen Kritik der gegenwärtigen Reformpädagogik. Zur Alternativlosigkeit der westdeutschen Alternativschulkonzepte, in: Schule und Erziehung, Bd. VI: Reformpädagogik und Berufspädagogik (=Argument-Sonderband, 21), Berlin 1978, S. 6-62.

RANG, Adalbert, Zum Bildungskonzept der Reformpädagogik, in: Diskurs Bildungstheorie II: Problemgeschichtliche Orientierungen. Rekonstruktion der Bildungstheorie unter Bedingungen der gegenwärtigen Gesellschaft, hrsg. von Otto HANSMANN und Winfried MAROTZKI, Weinheim 1989, S. 273-304.

RANSOM, Josephine, Schools of to-morrow in England, London 1919.

RAPHAEL, Lutz, Die Erben von Bloch und Febvre. 'Annales'-Geschichtsschreibung und 'nouvelle histoire' in Frankreich 1945-1980, Stuttgart 1994.

Walther Rathenau. Briefe, Bd. 1, Dresden 1926.

Dr. Walther Rathenau zum Gedächtnis [Gedächtnisfeier im Plenaarsitzungssaal des Reichstages am 27. Juni 1922; Reden von Ebert, Bell und Korell], in: Verhandlungen des Reichstages, I. Wahlperiode 1920. Stenographische Berichte, Bd. 356, Berlin 1922, S. 8103-8106.

RATHJENS, Carl, Geographie in einem Menschenalter, in: Wechselwirkungen. Der wissenschaftliche Verlag als Mittler. 175 Jahre B.G. Teubner, 1911-1986, Stuttgart 1986, S. 135-149.

RATHJENS, Peter, Über einen Fall von symmetrischen, persistierenden Erythemen des Gesichts und des Halses, Mainz, Univ., Diss. (masch.), 1954.

RAULFF, Ulrich, Vom Umschreiben der Geschichte, in: Vom Umschreiben der Geschichte. Neue historische Perspektiven, hrsg. von Ulrich RAULFF, Berlin 1986, S. 7-15.

REBLE, Albert, Paul Oestreich. Ein Wegbereiter der modernen Erlebnispädagogik? (=Wegbereiter der modernen Erlebnispädagogik, 18), Lüneburg 1991.

REBLE, Albert, Geschichte der Pädagogik. Dokumentationsband, 2. Aufl. Stuttgart 1992.

REBLE, Albert, Geschichte der Pädagogik, 17. durchges. und überarb. Aufl. Stuttgart 1993.

Reformpädagogik in Palästina. Dokumente und Deutungen zu den Versuchen einer 'neuen' Erziehung im jüdischen gemeinwesen Palästinas (1918-1948), hrsg. von Ludwig LIEGLE und Franz-Michael KONRAD (=Sozialhistorische Untersuchungen zur Reformpädagogik und Erwachsenenbildung, 9), Frankfurt 1989.

Reformrealgymnasium 'Musterschule' [Frankfurt], Oberweg 5, in: Zentralblatt für die gesamte Unterrichts-Verwaltung in Preußen, Jg. 63 (1921), S. 390.

REHBERG, Max, Vom Glin zum Barnim. Heimatkundliche Wanderungen durch Oranienburg und seine Umgebung, Oranienburg 1923.

Reichsanstalt für Film und Bild in Wissenschaft und Unterricht. Gemeinnützige GmbH. Nach dem verfügbaren Schrifttum und erhalten gebliebenen Akten der RWU zusammengestellt von Wolfgang TOLLE. Mit einer Einführung von Christian CASELMANN, Berlin 1961.

Die Reichsschulkonferenz 1920. Ihre Vorgeschichte und Vorbereitung und ihre Verhandlungen. Amtlicher Bericht, erstattet vom Reichsministerium des Innern, Leipzig 1921; unveränd. Neudr. als Bd. 3 der Reihe 'Deutsche Schulkonferenzen', Glashütten 1972.

Die Reichsschulkonferenz in ihren Ergebnissen, hrsg. vom Zentralinstitut für Erziehung und Unterricht, Leipzig o.J. [1921].

REICHWEIN, Adolf, Schule und Jugendbewegung, in: Vivos Voco. Zeitschrift für neues Deutschtum, Jg. 2 (1921/22), S. 414.

REICHWEIN, Adolf, Film in der Landschule. Vom Schauen zum Gestalten (=Schriftenreihe der Reichsstelle für den Unterrichtsfilm, 10), Stuttgart [u.a.] 1938; Neuausg.: Film in der Schule. Vom Schauen zum Gestalten. Neu hrsg. [und] mit einem Anhang über neue Filme und anderen Unterrichtshilfen von Heinrich LENZEN, Braunschweig 1967; ein Wiederabdr. der 2. Aufl. - incl. des (leicht gekürzten) Geleitwortes von Lenzen, aber um dessen Anhang gekürzt, dafür um eine 'Dokumentation der Textänderungen' und einen 'Hinweis auf Medienkataloge' erweitert - findet sich in: REICHWEIN, Adolf, Schaffendes Schulvolk - Film in der Schule. Die Tiefenseer Schulschriften - Komm. Neuausg., hrsg. von Wolfgang KLAFKI, Ullrich AMLUNG, Hans Christoph BERG, Heinrich LENZEN, Peter MEYER und Wilhelm WITTENBRUCH, Weinheim [u.a.] 1993, S. 189-318.

Adolf Reichwein. Ein Lebensbild aus Briefen und Dokumenten. Ausgew. von Rosemarie REICHWEIN unter Mitwirkung von Hans BOHNENKAMP, hrsg. und komm. von Ursula SCHULZ, 2 Bde., München 1974.

REINDKE, Gisala, Die Milchversorgung von Berlin in Vergangenheit und Gegenwart, in: Berlin. Beiträge zur Geographie eines Großstadtraumes. Festschrift zum 45. Deutschen Geographentag in Berlin, hrsg. von Burkhard HOFMEISTER [u.a.], Berlin 1985, S. 319-351.

REINICKE, Peter, Walter May [1900-1953], in: Who is who der Sozialen Arbeit, hrsg. von Hugo MAIER, Freiburg 1998, S. 384f.

REISINGER, Ernst, Landerziehungsheim Schondorf. Unter Erörterung der Grundfragen der Deutschen Landerziehungsheime, Leipzig 1930.

REISINGER, Ernst, Alfred Andreesen (1886-1944), in: Neue Deutsche Biographie, Bd. 1, Berlin 1953, S. 285f.

Die Religion der Reformpädagogen. Ein Arbeitsbuch, hrsg. von Ralf KOERRENZ und Norbert COLLMAR, Weinheim 1994.

RESE, Ludwig / ZINK, Max, Die Arbeitstruppe der Neuwerkjugend, in: Neuwerk. Ein Dienst am Werdenden, Jg. 6 (1924), S. 95-97.

Rettet die Bilder (=Das Bildarchiv, 1), Berlin 1986.

REUTER, Fritz, Sämtliche Werke. Vollst. Ausg. in 18 Teilen, hrsg. von Carl Friedrich MÜLLER [N. Aufl.] Leipzig 1924.

RIBBE, Wolfgang, Berlin zwischen Ost und West (1945 bis zur Gegenwart), in: Geschichte Berlins. Von der Frühgeschichte bis zur Gegenwart, hrsg. von Wolfgang RIBBE, Bd. 2, München 1987, S. 1025-1124.

RICHERT, Hans, Die deutsche Bildungseinheit und die höhere Schule. Ein Buch von deutscher Nationalerziehung, Tübingen 1920.

RICHERT, Hans, Die Deutsche Ober- und Aufbauschule, Leipzig 1923.

RICHTER, Wilhelm, Bacon als Staatsdenker, Berlin, Univ., Diss., 1928; gedr.: [Teil 1:] F. Bacon, in: Archiv für Kulturgeschichte, Bd. 18 (1928), S. 168-193; [Teil 2:] Bacons Staatsdenken, in: Zeitschrift für öffentliches Recht, Bd. 7 (1928), S. 367-393.

RICHTER, Wilhelm, Bildung als Wirklichkeit und als Idee bei Wilhelm von Humboldt (=Reinickendorfer Rathausvorträge, 9), Berlin 1968; wieder in: Humboldtschule Tegel. 1903-1978, hrsg. von der Humboldt-Oberschule Tegel, Berlin 1978, S. 9-14.

RICHTER, Wilhelm, Hans Otto Eberl. 1897-1960, in: Beiträge zur Geschichte der Pädagogischen Hochschule Berlin, hrsg. von Gerd HEINRICH (=Abhandlungen aus der Pädagogischen Hochschule Berlin, 6), Berlin 1980, S. 81-84.

RICHTER, Wilhelm, Berliner Schulgeschichte. Von den mittelalterlichen Anfängen bis zum Ende der Weimarer Republik. Unter Mitwirkung von Maina RICHTER hrsg. und bearb. von Marion KLEWITZ und Hans Christoph BERG. Mit einer Zeittafel von Gerd RADDE (=Historische und pädagogische Studien, 13), Berlin 1981.

Richtlinien für die Organisation der Gemeinschaftsschule in Neukölln (31./32. Gemeindeschule), abgedr. in: ENGEL, Ernst, Die Gemeinschaftsschulen (Hamburg und Berlin). Ein Bild aus der Gegenwartspädagogik (=Versuchsschulen und Schulversuche, 1), Prag [u.a.] 1922, S. 35f; wieder in: FOERTSCH, Karl, Der Kampf um Paulsen. Eine kritische Beleuchtung der neuen Schule, Berlin 1922, S. 27f.; wieder in: Neue Schulformen und Versuchsschulen, hrsg. von Gustav PORGER (=Pädagogische Schriftsteller, 21), Bielefeld [u.a.] 1925, S. 238f.

RILKE, Rainer Maria, Samskola [geschrieben um den 01.11.1904 in Jonsered in Schweden, gedr. am 01.04.1905 in Berlin], in: RILKE, Rainer Maria, Sämtliche Werke, hrsg. vom Rilke-Archiv, Bd. 5, Frankfurt 1965, S. 672-681.

RILKE, Rainer Maria, Die Weise von Liebe und Tod des Cornets Christoph Rilke (=Insel-Bücherei, 1), Frankfurt 1912. - 1109.-1114. Tsd. Frankfurt 1982.

RINGER, Fritz K., Die Gelehrten. Der Niedergang der deutschen Mandarine 1890-1933, Stuttgart 1983.

RINOT, Hanoch, Scepticism in the Educational Dialogue of Yohanan Ginat, in: Bulletin. Youth Aliyah. Jewish Agency for Israel/Children and Youth Aliyah Deportmet, Dezember 1979, Jerusalem 1979, S. 53-56.

RINOTT, Chanoch, Jüdische Jugendbewegung in Deutschland. Entstehung, Entwicklung und Ende (1912-1942), in: Neue Sammlung, Jg. 17 (1977), S. 75-94.

ROBERTS, Kenneth, Oliver Wiswell. Aus dem Engl. übers. von Elisabeth ROTTEN, Zürich 1941; wieder: Zürich 1953.

ROCHE, Horst, Theorie, Praxis und Bedeutung der Arbeit Karl Wilkers im Berliner Erziehungsheim 'Lindenhof', in: Erziehung und Leben. Vier Beiträge zur pädagogischen Bewegung des frühen 20. Jahrhunderts von Karl-Heinz GÜNTHER, Horst ROCHE, Konrad MOHR und Arnold STENZEL. Mit einem Vorwort von Otto Friedrich BOLLNOW (=Anthropologie und Erziehung, 4), Heidelberg 1960, S. 37-69 und S. 124 (Anm.).

RODENSTEIN, Heinrich, Lehrerausbildung im Wandel der Zeit - Probleme heute, in: Dokumentation 225 Jahre Lehrerausbildung in Wolfenbüttel. Jubiläums-Tagung im Lessingtheater Wolfenbüttel am 14.03.1978, Wolfenbüttel 1978, S. 5-16.

RÖDLER, Klaus, Vergessene Alternativschulen. Geschichte und Praxis der Hamburger Gemeinschaftsschulen 1919-1933 (=Veröffentlichungen der Max-Träger-Stiftung, 5), Weinheim [u.a.] 1987.

RÖGER, Christfried, Die Cecilienschule zu Saarbrücken (1912-1924) (=Veröffentlichungen des Instituts für Landeskunde des Saarlandes, 13), Saarbrücken 1965.

RÖHRS, Hermann, Kritische Erörterung der Reformpädagogik des Auslands, in: Die Reformpädagogik des Auslands, hrsg. von Hermann RÖHRS, Düsseldorf [u.a.] 1965, S. 9-38; wieder in: RÖHRS, Hermann, Reformpädagogik und innere Bildungsreform (=Hermann Röhrs. Gesammelte Schriften, 12), Weinheim 1998, S. 9-37.

RÖHRS, Hermann, Elisabeth Rotten, in: Lexikon der Pädagogik, Bd. 3, Freiburg [u.a.] 1971, S. 449.

RÖHRS, Hermann, Die Reform des Erziehungswesens als internationale Aufgabe. Entwicklung und Zielstellung des Weltbundes für Erneuerung der Erziehung, Rheinstetten 1977; 2. Aufl. u.d.T.: RÖHRS, Hermann, Der Weltbund für Erneuerung der Erziehung. Wirkungsgeschichte und Zukunftsperspektiven (=Schriftenreihe des Weltbundes für Erneuerung der Erziehung, 1), Weinheim 1995; ohne die Vorworte der 1. und 2. Aufl. sowie die Foto-Dokumentation im Anhang u.d.T. 'Der Weltbund für Erneuerung der Erziehung. Wirkungsgeschichte und Zukunftsperspektiven' wieder in: RÖHRS, Hermann, Reformpädagogik und innere Bildungsreform (=Hermann Röhrs. Gesammelte Schriften, 12), Weinheim 1998, S. 178-290.

RÖHRS, Hermann, Die Friedenserziehung im Rahmen der Reformpädagogik, in: RÖHRS, Hermann, Die Reformpädagogik und ihre Perspektiven für eine Bildungsreform, Donauwörth 1991, S. 86-114; wieder in: RÖHRS, Hermann, Reformpädagogik und innere Bildungsreform (=Hermann Röhrs. Gesammelte Schriften, 12), Weinheim 1998, S. 446-471.

RÖHRS, Hermann, Die Reformpädagogik und ihre Perspektiven für eine Bildungsreform, Donauwörth 1991.

RÖHRS, Hermann, Der 'Weltbund für Erneuerung der Erziehung' - ein Forum für die Entfaltung der Reformpädagogik, in: Bildung und Erziehung, Jg. 44 (1991), S. 223-225.

RÖHRS, Hermann, Die Reformpädagogik - Illusion oder Realität? Ein Kapitel der internationalen Reformpädagogik, in: Pädagogik und Schulalltag, Jg. 47 (1992), S. 562-583; wieder in: RÖHRS, Hermann, Reformpädagogik und innere Bildungsreform (=Hermann Röhrs. Gesammelte Schriften, 12), Weinheim 1998, S. 140-165.

RÖHRS, Hermann, Die 'New Education Fellowship' - ein Forum der internationalen Reformpädagogik, in: Die Reformpädagogik auf den Kontinenten. Ein Handbuch, hrsg. von Hermann RÖHRS und Volker LENHARDT (=Heidelberger Studien zur Erziehungswissenschaft, 43), Frankfurt [u.a.] 1994, S. 191-203.

RÖHRS, Hermann, Die Reformpädagogik. Ursprung und Verlauf unter internationalem Aspekt, 4. Aufl. Weinheim 1994; zuerst als: Die Reformpädagogik. Ursprung und Verlauf in Europa (=Die Reformpädagogik als internationale Bewegung, 1; =Das Bildungsproblem in der Geschichte des europäischen Erziehungsgedankens, 16,1), Berlin [u.a.] 1980.

RÖHRS, Hermann, Gründung und Gestaltung der 'Deutschen Sektion' des 'Weltbundes für Erneuerung der Erziehung' (1921-1931) - ein bildungspolitisch bedeutsames Kapitel der internationalen Reformpädagogik, in: Vergleichende Erziehungswissenschaft. Festschrift für Wolfgang Mitter, hrsg. von Christoph KODRON, Botho von KOPP, Uwe LAUTERBACH, Ulrich SCHÄFER und Gerlind SCHMID, Köln [u.a.] 1997, Bd. 2, S. 688-706; wieder in: RÖHRS, Hermann, Reformpädagogik und innere Bildungsreform (=Hermann Röhrs. Gesammelte Schriften, 12), Weinheim 1998, S. 291-308.

RÖHRS, Hermann, Reformpädagogik und innere Bildungsreform (=Hermann Röhrs. Gesammelte Schriften, 12), Weinheim 1998.

ROGLER, Rudolf, Das Heimatmuseum Berlin-Neukölln als Archiv, Forschungsstelle und Multiplikator reformpädagogischer Praxis, in: Mitteilungen & Materialien. Arbeitsgruppe Pädagogisches Museum e.V., Berlin, Heft Nr. 47 (1997), S. 58-75.

ROHDE, Alfred, De Ovidi arte epica. Capita duo, Berlin, Univ., Diss., 1929.

ROLFF, Hans-Günter, Autonome Schule oder ein Geschenk der Obrigkeit. Schulentwicklung als Lernprozeß: Zur Rolle der Lehrer und der Leitung, in: Frankfurter Rundschau vom 06.02.1992.

ROLLAND, Romain, Johann Christoph. Roman einer Generation, 3. Bde., Frankfurt 1914-1917.

ROMMEL, Otto, Die österreichischen Bundeserziehungsanstalten, in: Hamburger Lehrerzeitung, Jg. 9 (1930), S. 573-575.

ROMMEL, Otto, Die Bundeserziehungsanstalten, in: Monatsschrift für höhere Schulen, Jg. 31 (1932), S. 219-232.

ROON, Ger van, Widerstand im Dritten Reich. Ein Überblick, 6. überarb. Aufl. München 1994.

ROSENBERG, Alfred, Mythus des 20. Jahrhunderts. Eine Wertung der seelisch-geistigen Gestaltenkämpfe unserer Zeit, München 1930.

ROSENBUSCH, Heinz S., Wechselwirkungen zwischen Schule und eigentlicher Jugendbewegung 1896-1923, in: Regionale Schulentwicklung im 19. und 20. Jahrhundert, hrsg. von Lenz KRISS-RETTENBECK und Max LIEDTKE (=Schriftenreihe zum Bayerischen Schulmuseum Ichenhausen, 2), Bad Heilbrunn 1984, S. 183-195.

ROSENOW, Emil, Kater Lampe. Komödie in 4 Akten, 3. und 4. Aufl, Berlin 1912.

ROSENOW, Gertrud, Otto Karstädt zum Gedächtnis, in: Die neue Schule. Blätter für demokratische Erneuerung in Unterricht und Erziehung, Jg. 2 (1947), S. 534f.

ROSENTHAL, Carl, Zum 100. Geburtstag von Wilhelm Blume [1854-1930]. Ostern 1906 wurde er Lehrer an der damaligen Lehrerbildungsanstalt, in: Wolfenbütteler Zeitung vom 20.03.1954.

ROSIEJKA, Gert, Die Rote Kapelle. 'Landesverrat' als antifaschistischer Widerstand. Mit einer Einführung von Heinrich SCHEEL, Hamburg 1986.

Die Rote Kapelle im Widerstand gegen den Nationalsozialismus, hrsg. von Hans COPPI, Jürgen DANYEL und Johannes TUCHEL (=Schriften der Gedenkstätte Deutscher Widerstand, 1), Berlin 1994.

ROTTEN, Elisabeth, Landerziehungsheim und Freie Schulgemeinde, in: Marburger Akademische Rundschau, hrsg. vom Präsidium der Marburger Freien Studentenschaft, Marburg, Jg. 2 (1911), Nr. 4, S. 26-28.

ROTTEN, Elisabeth, Goethes Urphänomen und die platonische Idee, Marburg, Univ., Diss., 1912 (Teildr.); vollst. unter gleichem Titel (=Philosophische Arbeiten, hrsg. von Herman COHEN und Paul NATORP, Bd. 8, Heft 1), Giessen 1913.

ROTTEN, Elisabeth, Bericht [über eine Englandreise] (Persönlich mitgeteilt dem Unterstaatssekretär Zimmermann). Berlin, den 9. August 1915 in: LEHMANN-RUSSBUELDT, Otto, Der Kampf der Deutschen Liga für Menschenrechte, vormals Bund Neues Vaterland, für den Weltfrieden 1914-1927, Berlin 1927, S. 175-190.

ROTTEN, Elisabeth, Auskunfts- und Hilfsstelle für Deutsche im Ausland und Ausländer in Deutschland [Mitteilungen vom:] April 1916, Berlin 1916; auch in: Die Eiche. Vierteljahrsschrift für Freundschaftsarbeit der Kirchen. Ein Organ für soziale und internationale Ethik, Jg. 4 (1916), S. 115-118.

ROTTEN, Elisabeth, Ansprache bei der Kundgebung zum Rechtsfrieden als Appell an das Weltgewissen im Berliner Opernhaus am 8. Dezember 1918, in: Die Frauenbewegung, hrsg. von Minna CAUER, Jg. 24 (1918), S. 46f.; wieder in: SCHÜCKING, Walther / STÖCKER, Helene / ROTTEN, Elisabeth, Durch zum Rechtsfrieden. Ein Appell an das Weltgewissen (=Flugschriften des Bundes Neues Vaterland, 2), Berlin 1919, S. 16-20; zentrale Zitate wieder in: GERHARD, Ute, Unerhört. Die Geschichte der deutschen Frauenbewegung, Hamburg 1990, S. 330.

ROTTEN, Elisabeth, Auskunfts- und Hilfsstelle für Deutsche im Ausland und Ausländer in Deutschland [Mitteilungen vom:] Februar 1918, Berlin 1918.

ROTTEN, Elisabeth, Aufgaben künftiger Völkerbund-Erziehung. Mit einem Geleitwort von Friedrich Wilhelm FOERSTER, Berlin 1920; kürzere Fassung zuerst in: Die Neue Erziehung, Jg. 1 (1919), S. 796-802.

ROTTEN, Elisabeth, Völkerbund und Erziehung, in: Wissen und Leben, Jg. 13 (1919/20), S. 41-50.

ROTTEN, Elisabeth, Befreiung der Erziehung, in: Wissen und Leben, Jg. 14 (1920/21), S. 49-68.

ROTTEN, Elisabeth, Eindrücke von einer englischen Reise [im März 1920], in: Das Tage-Buch, Berlin, Jg. 1 (1920) [Nachdr.: Königstein 1981], S. 536-542.

ROTTEN, Elisabeth, Erziehung als Expressionismus der Liebe, in: Die neue Generation. Publikationsorgan des Deutschen Bundes für Mutterschutz und die Internationale Vereinigung für Mutterschutz und Sexualreform, Jg. 16 (1920), Ausg. B, S. 327-341.

ROTTEN, Elisabeth, Friedenspädagogik, in: Entschiedene Schulreform. Vorträge, gehalten auf der Tagung entschiedener Schulreformer am 4. und 5. Oktober 1919 im 'Herrenhause' zu Berlin, hrsg. von Paul OESTREICH, Berlin 1920, S. 89-95.

ROTTEN, Elisabeth, Was wir bringen, in: Internationale Erziehungsrundschau, Jg. 1 (1920), S. 1f.

ROTTEN, Elisabeth, Freiheit, Arbeit, Friede, in: Zur Produktionsschule! (Entschiedene Schulreform III). Abrisse und Leitsätze nach den Vorträgen der dritten Tagung des Bundes entschiedener Schulreformer vom 2. bis 6. Oktober 1920 in der Gemeindefesthalle zu Berlin-Lankwitz, hrsg. von Paul OESTREICH, Berlin 1921, S. 45f.; wieder in: Ebd., 2. umgearb. und verm. Aufl. Berlin 1921, S. 57f.; wieder in: Ebd., 3. umgearb. und verm. Aufl. Berlin 1922, S. 61f.

ROTTEN, Elisabeth, Erneuerung der Erziehung, in: Das Werdende Zeitalter, Jg. 1 (1922), S. 1-4.

ROTTEN, Elisabeth, Die deutsche Jugendbewegung (Vortrag auf der zweiten internationalen Erziehungskonferenz in Montreux; gekürzte Übers. von Frieda FEICHTINGER), in: Schulreform, Jg. 2 (1923), S. 457.

ROTTEN, Elisabeth, Die Entfaltung der schöpferischen Kräfte im Kinde, in: Das Werdende Zeitalter, Jg. 4 (1925), S. 97-101; wieder in: Die Entfaltung der schöpferischen Kräfte im Kinde. Bericht der Dritten Internationalen Pädagogischen Konferenz des Internationalen Arbeitskreises für Erneuerung der Erziehung in Heidelberg vom 2. bis 15. August 1925, hrsg. im Namen des Arbeitsausschusses der Konferenz und der Deutschen Mittelstelle des Arbeitskreises von Elisabeth ROTTEN, Gotha 1926, S. 1-5.

ROTTEN, Elisabeth, Germany, in: The Journal of Education and School World, London, Jg. 56 (1924), S. 549-552; wieder in: Educational Advancement Abroad, London [u.a.] 1925, S. 117-134.

ROTTEN, Elisabeth, Freiheit und Bedingtheit [Gekürzte Wiedergabe des auf der 4. Internationalen Konferenz für Erneuerung der Erziehung in Locarno 1927 gehaltenen Vortrages durch Viktor Fadrus], in: Schulreform, Jg. 6 (1927), S. 417-419.

ROTTEN, Elisabeth, Aus den Offenbarungen der Schwester Mechthild von Magdeburg [Textauszug für Martin Buber], in: Aus unbekannten Schriften. Festgabe für Martin Buber zum 50. Geburtstag, Berlin 1928, S. 64-66.

ROTTEN, Elisabeth, 'Durch Absonderung zur Gemeinschaft'. Ein Ruf an die Jugend, in: Das Werdende Zeitalter, Jg. 8 (1929), S. 293-300.

ROTTEN, Elisabeth, Die pädagogische Weltkonferenz in Helsingör. Erinnerungen und Bemerkungen, in: Schweizer Erziehungs-Rundschau. Organ für das öffentliche und private Bildungswesen der Schweiz, Jg. 2 (1929/30), Nr. 9: Dezember 1929, S. 207-209.

ROTTEN, Elisabeth, Unsere Weltkonferenz für Erneuerung der Erziehung in Helsingör, in: Das Werdende Zeitalter, Jg. 8 (1929), S. 399-401.

ROTTEN, Elisabeth, Die Eingliederung vierzehn- bis achtzehnjähriger Jugendlicher in Staat und Gesellschaft, in: Bayerische Lehrerinnen-Zeitung, Jg. 21 (1930), S. 122-137.

ROTTEN, Elisabeth, Durch welche Schule könnten pädagogisch und sozial die Aufgaben einer quäkerischen Erziehung verwirklicht werden? Vortrag, in: Monatshefte der Deutschen Freunde, Jg. 7 (1930), S. 131-139 und S. 169-176; auch als monographische Veröffentlichung: Berlin 1930.

ROTTEN, Elisabeth, Praktische Friedensarbeit deutscher Frauen im Weltkriege, in: Versöhnerinnen. Eine Weihnachtsgabe des deutschen Versöhnungsbundes, o.O. 1932, S. 17-19.

ROTTEN, Elisabeth, Der soziale Wandel und der Erzieher. Vortrag auf der 6. Weltkonferenz zur Erneuerung der Erziehung in Nizza, in: Bayerische Lehrerinnen-Zeitung, Jg. 23 (1932), S. 193-195.

ROTTEN, Elisabeth, Jane Addams. 1860-1935, Saanen (Verlag das Werdende Zeitalter) 1936; auch: Zürich (hrsg. von der Internationalen Frauenliga für Frieden und Freiheit. Zu beziehen von der Pazifistischen Bücherstube Zürich) 1936.

ROTTEN, Elisabeth, Die 'Partei des Kindes', in: Schweizer Lehrerinnenzeitung, Septemberheft, 1937, S. 1-6.

ROTTEN, Elisabeth, 'Ein tröstend Lied, dem Dürstenden zur Friedensspeise ...', in: Schweizerische Lehrerinnen-Zeitung, Jg. 42 (1937), S. 91-93.

ROTTEN, Elisabeth, Stufen der Friedensarbeit, in: Berner Schulblatt. Korrespondenzblatt des Bernischen Lehrervereins, Jg. 70 (1937), S. 347-350 und 359-362.

ROTTEN, Elisabeth, Kleine Schar, in: Der Neue Bund, Jg. 5 (1939), S. 248.

ROTTEN, Elisabeth, Warum eine 'Friedens-Akademie'?, in: Der Neue Bund, Jg. 5 (1939), S. 127-129.

ROTTEN, Elisabeth, Der 'Internationale Versöhnungsbund', in: Der Neue Bund, Jg. 6 (1940), S. 48.

ROTTEN, Elisabeth, Wege und Ziele der Friedensarbeit, in: Die Friedens-Warte. Blätter für internationale Verständigung und zwischenstaatliche Organisation, Jg. 40 (1940), S. 219-230.

ROTTEN, Elisabeth, Die Kraft des gewaltlosen Widerstandes im Lichte der Vergangenheit, Gegenwart und Zukunft, in: Der neue Bund, Jg. 6 (1940), S. 110-139; wieder als Monographie u.d.T.: Siege ohne Waffen. Die Kraft des gewaltlosen Widerstandes im Lichte der Vergangenheit, Gegenwart und Zukunft, Göttingen 1959.

ROTTEN, Elisabeth, Nationale und übernationale Erziehung, in: Schweizerischer Frauenkalender, Jg. 31 (1941), S. 43-49.

ROTTEN, Elisabeth, Freiheit und Gehorsam, in: Der Neue Bund, Jg. 7 (1941), S. 175-178.

ROTTEN, Elisabeth, 'Lienhard und Gertrud'. Vorbemerkung zu einer gemeinsamen Lektüre, in: Der Neue Bund, Jg. 7 (1941), S. 195-197.

ROTTEN, Elisabeth, Die alten Eidgenossen, in: Die Friedens-Warte. Blätter für internationale Verständigung und zwischenstaatliche Organisation, Jg. 41 (1941), S. 245-256.

ROTTEN, Elisabeth, Die Geburt der Eidgenossenschaft aus der geistigen Urschweiz, in: Die Friedens-Warte. Blätter für internationale Verständigung und zwischenstaatliche Organisation, Jg. 41 (1941), S. 29-35.

ROTTEN, Elisabeth, Bertha von Sutterns Randglossen zur Zeitgeschichte, in: Die Friedens-Warte. Blätter für internationale Verständigung und zwischenstaatliche Organisation, Jg. 43 (1943), S. 141-146.

ROTTEN, Elisabeth, Gewalt und Gewaltlosigkeit, in: Der Neue Bund, Jg. 9 (1943), S. 12.

ROTTEN, Elisabeth, Eine Kämpferin für den Weltfrieden [=Lida Gustava Heymann], in: Die Friedens-Warte. Blätter für internationale Verständigung und zwischenstaatliche Organisation, Jg. 43 (1943), S. 328-330.

ROTTEN, Elisabeth, 'Der Weg ins Freie', in: Der Neue Bund, Jg. 10 (1944), S. 153f.

ROTTEN, Elisabeth, Zeitgemäße Betrachtungen zu William James' 'Das moralische Aequivalent des Krieges', in: Die Friedens-Warte. Blätter für internationale Verständigung und zwischenstaatliche Organisation, Jg. 44 (1944), S. 183-191.

ROTTEN, Elisabeth, Probleme Europas, in: Die Friedens-Warte. Blätter für internationale Verständigung und zwischenstaatliche Organisation, Jg. 44 (1944), S. 234-238.

ROTTEN, Elisabeth, Das kriegsgeschädigte Kind, in: Der Neue Bund, Jg. 11 (1945), S. 129f. und S. 4 (Umschlagseite).

ROTTEN, Elisabeth, Schweizerische Außenpolitik, in: Der Neue Bund, Jg. 11 (1945), S. 74-76.

ROTTEN, Elisabeth, Die Macht des reinen Mittels, in: Der Neue Bund, Jg. 11 (1945), S. 38f.

ROTTEN, Elisabeth, Erziehung zum Menschen und Mitmenschen - der Gegenpol zur Vermassung, in: Der Neue Bund, Jg. 11 (1945), S. 17f.

ROTTEN, Elisabeth, Kinderdorf Pestalozzi, in: Der Neue Bund, Jg. 11 (1945), S. 15f.

ROTTEN, Elisabeth, Erziehung als übernationale Verantwortung, in: Der Neue Bund, Jg. 11 (1945), S. 2f.

ROTTEN, Elisabeth, Die Mitarbeit der Schweiz an den internationalen Nachkriegsaufgaben, in: Der Neue Bund, Jg. 11 (1945), S. 169-171.

ROTTEN, Elisabeth, Das Kinderdorf Pestalozzi in Trogen, in: Neue Züricher Zeitung vom 25.12.1945.

ROTTEN, Elisabeth, Erziehung als internationales Problem, in: Die Friedens-Warte. Blätter für internationale Verständigung und zwischenstaatliche Organisation, Jg. 45 (1945), S. 42-53.

ROTTEN, Elisabeth, Dem Andenken Romain Rollands (1866-1944), in: Die Friedens-Warte. Blätter für internationale Verständigung und zwischenstaatliche Organisation, Jg. 45 (1945), S. 60-63.

ROTTEN, Elisabeth, Jane Addams zum Gedächtnis, in: Die Friedens-Warte. Blätter für internationale Verständigung und zwischenstaatliche Organisation, Jg. 45 (1945), S. 143-146.

ROTTEN, Elisabeth, Zwei Generationen im Kriege, in: Die Friedens-Warte. Blätter für internationale Verständigung und zwischenstaatliche Organisation, Jg. 45 (1945), S. 235-242.

ROTTEN, Elisabeth, Der geistige Ort des Kinderdorfes [Pestalozzi in Trogen], in: Die Friedens-Warte. Blätter für internationale Verständigung und zwischenstaatliche Organisation, Jg. 45 (1945), S. 126-136.

ROTTEN, Elisabeth, Ein Briefwechsel, in: Der Neue Bund, Jg. 12 (1946), S. 100f.

ROTTEN, Elisabeth, Amerikanische Jugend für die europäische Jugend. Schweizer Kinder für Europa in der Schweiz, in: Der Neue Bund, Jg. 12 (1946), S. 71-75.

ROTTEN, Elisabeth, Erziehung als Faktor in einer neuen Weltordnung, in: Der Neue Bund, Jg. 12 (1946), S. 68-70.

ROTTEN, Elisabeth, Unsichtbare Kämpfer in unsern Reihen, in: Der Neue Bund, Jg. 12 (1946), S. 33f.

ROTTEN, Elisabeth, Aus der Pestalozzi-Literatur, in: Der Neue Bund, Jg. 12 (1946), S. 29-31.

ROTTEN, Elisabeth, Schweizerische Aufgaben im Pestalozzi-Jahr, in: Der Neue Bund, Jg. 12 (1946), S. 1-5.

ROTTEN, Elisabeth, Die geistigen Grundlagen und Ziele des 'Kinderdorf Pestalozzi' in Trogen, in: Berner Schulblatt vom 25.05.1946.

ROTTEN, Elisabeth, Das Kinderdorf 'Pestalozzi' in Trogen, in: Eidgenössische Blätter zur Förderung der religiösen und sozialen Einheit im Schweizervolk, Nr. 8 vom 15.08.1946, Zürich 1946.

ROTTEN, Elisabeth, Leonhard Ragaz (1868-1945), in: Die Friedens-Warte. Blätter für internationale Verständigung und zwischenstaatliche Organisation, Jg. 46 (1946), S. 25-30.

ROTTEN, Elisabeth, Die Zukunft der Kinder Europas. Notstand und Hilfe, in: Du. Schweizerische Monatsschrift, Jg. 6 (1946), S. 53f.

ROTTEN, Elisabeth, Die erste Generalversammlung der UNESCO, in: Die Friedens-Warte. Blätter für internationale Verständigung und zwischenstaatliche Organisation, Jg. 47 (1947), S. 39-45.

ROTTEN, Elisabeth, Die erste Internationale Konferenz der Leiter der Kinderdörfer, in: Neue Züricher Zeitung vom 26.07.1948.

ROTTEN, Elisabeth, Das Kind als Mittler, in: Du. Schweizerische Monatsschrift, Jg. 7 (1947), Heft 4: April, S. 43f.

ROTTEN, Elisabeth, Das Kinderdorf Pestalozzi, in: Das Bodenseebuch, Jg. 33 (1947), S. 84-87.

ROTTEN, Elisabeth, Probleme um das Jugendstrafrecht, in: Die Prophylaxe des Verbrechens, hrsg. von Heinrich MENG, Basel 1948, S. 67-103; Auszug (S. 76-71) wieder in: Zeitschrift für Strafvollzug, Jg. 11 (1962), S. 63-67.

ROTTEN, Elisabeth, Unesco im Lichte der Psychohygiene und einer Gesundung der Politik, in: Gesundheit und Wohlfahrt, Zürich, Jg. 28 (1948), S. 487-495.

ROTTEN, Elisabeth, UNESCO. Ihre Bedeutung für die Neugestaltung der Weltpolitik, in: Die Friedens-Warte. Blätter für internationale Verständigung und zwischenstaatliche Organisation, Jg. 48 (1948), S. 27-35.

ROTTEN, Elisabeth, Jane Addams - ein großes Vorbild für alle Jüngerinnen und Jünger der sozialen Berufe, in: Der Mensch in der Berufsarbeit. Ein Lesebuch der humanen Bildung für das 9. Schuljahr. Praktischer Zweig. Bearb. von Wilhelm BLUME, 1. Aufl. Berlin [u.a.] 1949, S. 192-198; wieder in: Der Mensch in der Berufsarbeit. Ein Lesebuch der humanen Bildung für das Abschlußjahr der Volksschule (9. Schuljahr). Bearb. von Wilhelm BLUME, 2. Aufl. Berlin [u.a.] 1950 und 41.-50. Tsd. Berlin [u.a.] 1951, jeweils S. 200-206; wieder in: Der Mensch in der Berufsarbeit. Ein Lese- und Arbeitsbuch für das Abschlußjahr der Volksschule (9. Schuljahr) zur Förderung der humanen Bildung. Bearb. von Wilhelm BLUME, 3. Aufl. Berlin [u.a.] 1951, S. 217-223.

ROTTEN, Elisabeth, Die kulturelle Bedeutung der Schweizer Spende. Ein Rückblick, in: Schweizerische Hochschulzeitung, Jg. 22 (1949), S. 80-97.

ROTTEN, Elisabeth, Childrens, war's victims. The education of the Handicapped. A Publication of UNESCO, Paris 1949.

ROTTEN, Elisabeth, Children's Communities. A Way of Life for War's Victims, o.O. u.J. [um 1949].

ROTTEN, Elisabeth, Auswirkungen des internationalen 'Kinderdorf Pestalozzi' in Trogen, Kt. Appenzell, in: Die Friedens-Warte. Blätter für internationale Verständigung und zwischenstaatliche Organisation, Jg. 49 (1949), S. 19-23; auch in: Der Kreis, hrsg. von der Pädagogische Arbeitsstelle Bremen, Jg. 2 (1949), S. 3-7.

ROTTEN, Elisabeth, Friedenspädagogik, in: Lexikon der Pädagogik, Bd. 1, Bern 1950, S. 484-486.

ROTTEN, Elisabeth, Elisabeth Fry und Mathilde Wrede, in: Zeitschrift für Strafvollzug, Jg. 2 (1951), S. 44-47.

ROTTEN, Elisabeth, Lieber Eugen! [Brief aus Saanen vom 23.02.1951], in: Der Neue Bund. Monatsschrift für freiheitlichen Sozialismus, Jg. 17 (1951), S. 36-39.

ROTTEN, Elisabeth, Kinderdörfer, in: Lexikon der Pädagogik, Bd. 2, Bern 1951, S. 19f.

ROTTEN, Elisabeth, Vom Auftrag des Erziehers in unserer Zeit, in: Der Brief vom Sonnenberg. Mitteilungen der Arbeitsstelle für internationalen Austausch. Nachrichten über die pädagogische Situation in der Welt, 1. Brief: Dezember 1951, S. 3f.

ROTTEN, Elisabeth, Warum neue Erziehung und was können wir dafür tun?, in: Bildung und Erziehung, Jg. 4 (1951), S. 241-250.

ROTTEN, Elisabeth, Nur der Mitmensch ist im vollen Sinne Mensch, in: Bildung und Erziehung, Jg. 5 (1952), S. 677-683.

ROTTEN, Elisabeth, Maria Montessori, in: Lexikon der Pädagogik, Bd. 3, Bern 1952, S. 315f.

ROTTEN, Elisabeth, Karl H. Wilker, in: Lexikon der Pädagogik, Bd. 3, Bern 1952, S. 480f.

ROTTEN, Elisabeth, Joseph A. Lauwerys, in: Lexikon der Pädagogik, Bd. 3, Bern 1952, S. 274.

ROTTEN, Elisabeth, Erziehen heißt höher entwickeln, in: Der neue Bund. Monatsschrift für friedlichen Sozialismus, Jg. 18 (1952), S. 51-54; wieder in: Bildung und Erziehung, Jg. 5 (1952), S. 453-455.

ROTTEN, Elisabeth, The Rights of Childhood, in: Pax et Libertas. Women's International League for Peace and Freedom, Genf, Jg. 19 (1953), Nr. 2: März/Aril, S. 9-13.

ROTTEN, Elisabeth, Schweiz[er Schulen], in: Die Schulen in Westeuropa, hrsg. von Erich HYLLA und W.L. WRINKLE, Bad Nauheim 1953, S. 457-521.

ROTTEN, Elisabeth, Bleibende und sich wandelnde Aufgaben des Erziehers. Sonnenberg-Vortrag am 8. August 1953 (21. Tagung), in: Sonnenbergbriefe zur Völkerverständigung, Brief 6: März 1954, S. 13-17.

ROTTEN, Elisabeth, Erziehung als Begegnung, in: Pädagogische Blätter, Jg. 6 (1955), S. 245-251.

ROTTEN, Elisabeth, Psychohygiene im Aufgabenbereich des Erziehers, in: Sonnenbergbriefe zur Völkerverständigung, Brief 9-10: November 1955, S. 23-26; S. 26-29: engl.; S. 29-32: franz.; wieder in: Schöpferische Kräfte im Menschen, hrsg. von Harald PETRI (=3. Jahrbuch der Studiengesellschaft für Praktische Psychologie e.V.), Lüneburg o.J., S. 155-159.

ROTTEN, Elisabeth, Psychohygiene als Erziehungsfaktor, in: Geistige Hygiene. Forschung und Praxis, hrsg. von Maria PFISTER-AMMENDE, Basel 1955, S. 17-39; u.d.T. 'Geistig-seelische Gesundheitssicherung von Kindheit auf (Psychohygiene als Erziehungsfaktor)' wieder in: Die Gesundheitssicherung. Gesunderhaltung der arbeitenden Menschen als soziale Aufgabe, Heft 5 (1956), S. 14-30.

ROTTEN, Elisabeth, The Pestalozzi Children's Village, in: The Year Book of Education, 1957, S. 491-501.

ROTTEN, Elisabeth, Gesundheitsfürsorge im Schulalter (=Die Gesundheitssicherung, 8), Lüneburg 1958.

ROTTEN, Elisabeth, Die Schwäche der Gewalt und die Kraft des Geistes. Vortrag, gehalten an der Escherbundtagung vom 20./21. September 1958, in: Der Neue Bund. Monatsschrift für Freiheit und Gemeinschaft, Jg. 24 (1958), S. 115-129.

ROTTEN, Elisabeth, Vinoba. Nachfolger Gandhis, in: Sonnenbergbriefe zur Völkerverständigung, Brief 15-16: Januar 1958, S. 33-36; S. 36-39: engl.; S. 39-43: franz.

ROTTEN, Elisabeth, [Grußbrief zum 10jährigen Bestehen des Internationalen Arbeitskreises Sonnenberg], in: Sonnenberg-Nachrichten, 5: September 1959, o.S.

ROTTEN, Elisabeth, Friedensarbeit alt und neu, in steigendem Maße eine Aufgabe der Erwachsenenbildung, in: Gespräch und Begegnung. Gabe der Freunde zum 70. Geburtstag von Fritz Wartenweiler, hrsg. von den 'Freunden schweizerischer Volksbildungsheime' zum 20. August

1959, Zürich 1959, S. 99-109; wieder in: Versöhnung und Friede. Mitteilungen des deutschen Versöhnungsbundes, Nr. 17: April 1961, S. 1-9.

ROTTEN, Elisabeth, Die Wandelbarkeit des Menschen in der Sicht moderner 'Feld-Anthropologen', in: Seelische Gesundheit. Erhaltung, Erziehung, Verantwortung. Arbeiten aus dem Aufgabenkreis der Psychohygiene, hrsg. von Walter BETTSCHART, Heinrich MENG und Erich STERN, Bern [u.a.] 1959, S. 259-271.

ROTTEN, Elisabeth, Alle Kriege werden gegen das Kind geführt. Zur dreißigsten Wiederkehr von Fridtjof Nansens Todesjahr, in: Neues Beginnen. Zeitschrift der Arbeiterwohlfahrt, Jg. 1960, S. 136f.

ROTTEN, Elisabeth, [Grußworte zum zehnjährigen Bestehen des 'Internationalen Arbeitskreises Sonnenberg'], in: Sonnenberg-Nachrichten, 7: Januar 1960, S. 10.

ROTTEN, Elisabeth, Das Recht des Kindes auf eine entwaffnete Welt. Zum Todestag Fridtjof Nansens am 13. Mai 1930, in: Hamburger Lehrerzeitung, Jg. 13 (1960), S. 2-7.

ROTTEN, Elisabeth, Immer strebe zum Ganzen ..., in: Erziehung und Politik. Minna Specht zu ihrem 80. Geburtstag, hrsg. von Hellmut BECKER, Willi EICHLER und Gustav HECKMANN, Frankfurt 1960, S. 207-240.

ROTTEN, Elisabeth, Nachwort, in: NOEL-BAKER, Philip, Weltabrüstung heute möglich! Die Osloer Ansprache bei der Entgegennahme des Friedens-Nobelpreises 1959. Übers. und Nachwort von Elisabeth ROTTEN (=Schriftenreihe des Schweizerischen Friedensrates, 2), Zürich 1960, S. 28-31.

ROTTEN, Elisabeth, Der Rüstungswettlauf. Zum Lebenswerk Philip Noel-Bakers M.P., in: Die Friedens-Warte, Jg. 55 (1959/60), [Heft 3: 1960], S. 220-238.

ROTTEN, Elisabeth, Schutz dem unbekannten Kinde!, in: Neue Wege, Jg. 54 (1960), S. 295-301; wieder in: Der Quäker. Monatsschrift der Deutschen Freunde, Jg. 35 (1961), S. 17-23.

ROTTEN, Elisabeth, Die Stille in der Sicht des Pädagogen, in: Die Stille. Vorträge und Diskussionsvoten zum Thema der Studientage 1960. 10.-13. Oktober 1960, Kinderdorf Pestalozzi Trogen/Schweiz, hrsg. von der Schweizerischen Vereinigung für Kinderdörfer und Jugendsiedlungen, Trogen 1960, o.S.

ROTTEN, Elisabeth, Todeslauf durch Wettrüsten oder gemeinsamer neuer Start durch gemeinsame Abrüstung?, in: Neue Wege, Jg. 54 (1960), S. 5-11; mit veränd. Schlußteil u.d.T. 'Todeslauf durch Wettrüsten oder neuer Start durch gemeinsame Abrüstung' auch in: Friedensrundschau. Monatsschrift der Internationale der Kriegsgegner, Deutscher Zweig und des Internationalen Versöhnungsbundes, Deutscher Zweig, Bd. 14 (1960), Nr. 3, S. 2-5.

ROTTEN, Elisabeth, Christus ist unser Friede [Predigt zum Kirchensonntag am 5. Februar 1961 in der Kirche Saanen], in: Neue Wege, Jg. 55 (1961), S. 113-123.

ROTTEN, Elisabeth, Erziehung und Politik, in: Sonnenbergbriefe zur Völkerverständigung, Brief 24: August 1961, S. 33-35; S. 35-37 (engl.); S. 38f. (franz.)

ROTTEN, Elisabeth, Idee und Liebe, in: Durchkreuzter Haß. Vom Abenteuer des Friedens. Berichte und Selbstdarstellungen, hrsg. von Rudolf WECKERLING. Heinrich GRÜBER zum 70. Geburtstag, 2. Aufl. Berlin 1961, S. 78-84; wieder in: Schweizerische Lehrerzeitung (Beilage: Berner Schulblatt), Jg. 107 (1962), Heft 6, S. 177-179.

ROTTEN, Elisabeth, Fridtjof Nansen. Forscher, Nothelfer, Politiker. 10. Oktober 1861 - 13. Mai 1930. Separatdr. aus 'Anzeiger von Saanen' 1962 nach Vorträgen vor der Volkshochschule Saanenland, Saanen 1962.

ROTTEN, Elisabeth / MENG, Heinrich, Kriegs- und Friedensfragen im Aspekt der Psychohygiene (Vortrag beim '6. International Congress of Mental Health', Paris 30.08.-05.09.1961), in: Hippokrates. Wissenschaftliche Medizin und praktische Heilkunde im Fortschritt der Zeit, Jg. 33 (1962), S. 123-125; auch in: Praktische Psychiatrie, Zürich, Jg. 41 (1962), S. 102-107; auch in: Der Psychologe. Jahrbuch, Bern, Jg. 14 (1962), S. 450-456; wieder in: Neue Wege, Jg. 58 (1964), S. 203-208; wieder in: Schule und Nation. Die Zeitschrift für ein demokratisches Bildungswesen, Jg. 11 (1964/65), Heft 3 (1965), S. 1-3.

ROTTEN, Elisabeth, [Leserzuschrift], in: Schule und Nation, Jg. 9 (1962), S. 32.

ROTTEN, Elisabeth, Probleme um das Jugendstrafrecht, in: Zeitschrift für Strafvollzug, Jg. 11 (1962), S. 63-67; Auszug aus: ROTTEN, Elisabeth, Probleme um das Jugendstrafrecht, in: Die Prophylaxe des Verbrechens, hrsg. von Heinrich MENG, Basel 1948, S. 67-103.

ROTTEN, Elisabeth, Rußland und der Frieden. Erfahrungen und Urteil Fridtjof Nansens, in: Der Neue Bund. Zeitschrift für Freiheit und Gemeinschaft, Jg. 28 (1962), S. 3-8.

ROTTEN, Elisabeth, Warum ja zur totalen Abrüstung?, in: Gewerkschaftliche Monatshefte, Jg. 13 (1962), S. 68-74.

ROTTEN, Elisabeth, Wahrhaftigkeit, Gerechtigkeit und Frieden, Bad Pyrmont 1963.

ROTTEN, Elisabeth, Pädagogik der weltweiten Verständigung, in: Schule und Nation. Die Zeitschrift für ein demokratisches Bildungswesen, Jg. 11 (1964/65), Heft 2 (1964), S. 3-5.

ROTTEN, Elisabeth, Pädagogische Grundziele des Pestalozzidorfes, in: GRAAB, Franz Josef, Fritz Wartenweiler und die Erwachsenenbildung in der Schweiz, Zürich [u.a.] 1975, Anhang 14, o.S.

Elisabeth Rotten [Kurzmitteilung], in: Monatshefte der Deutschen Freunde, Jg. 7 (1930), S. 29.

Elisabeth Rotten. 70 Jahre alt, in: Appenzeller Zeitung vom 16.02.1952.

Elisabeth Friederike Rotten, in: Lexikon der Pädagogik, Bd. 3, Bern 1952, S. 388.

Elisabeth Rotten, in: Lexikon der Frau in zwei Bänden, Bd. II: I-Z, Zürich 1954, S. 1085f.

[Über Elisabeth Rotten], in: Sonnenberg-Nachrichten, 4: Februar 1959, S. 5.

Dr. Elisabeth Rotten [...], in: Sonnenberg-Nachrichten, Nr. 11: Dezember 1961, S. 12.

Elisabeth Friederike Rotten. 15. Februar 1882 - 2. Mai 1964, Zürich 1964.

Elisabeth Rotten, in: Der Neue Bund. Zeitschrift für Freiheit und Gemeinschaft, Jg. 30 (1964), S. 85f.

Elisabeth Rotten, in: ELZER, Hans-Michael, Begriffe und Personen aus der Geschichte der Pädagogik, hrsg. von Franz Joachim ECKERT und Klaus LOTZ, Frankfurt [u.a.] 1985, S. 362f.

Elisabeth Rotten. Schweizer Pädagogin und Friedenskämpferin, in: Munzinger-Archiv/Internationales Biographisches Archiv, Nr. 6/85 K 004633-3/106 Ro-WE, 1985.

Elisabeth Rotten, in: BÖHM, Winfried, Wörterbuch der Pädagogik, 13. Aufl. Stuttgart 1988, S. 508.

Elisabeth Rotten (1882-1964), in: Reformpädagogik in Palästina, Dokumente und Deutungen zu den Versuchen einer 'neuen' Erziehung im jüdischen Gemeinwesen Palästinas (1918-1948), hrsg. von Ludwig LIEGLE und Franz-Michael KONRAD (=Sozialhistorische Untersuchungen zur Reformpädagogik und Erwachsenenbildung, 9), Frankfurt 1989, S. 229f.

Elisabeth Rotten, in: Schweizer Lexikon in 6 Bdn., Bd. 5: Obs-Soy, Luzern 1993, S. 426.

RUDE, Adolf, Ein Besuch in neuzeitlichen Berliner Schulen, in: Pädagogische Warte, Jg. 31 (1924), S. 359-364 und S. 410-417.

RUDE, Adolf, Wieder ein Besuch in Versuchs- und Gemeinschaftsschulen, in: Pädagogische Warte, Jg. 32 (1925), S. 979-987 und S. 1038-1043.

2. Allgemeine Literatur

Ein Rückblick (Unter Benutzung von Prof. Engelbert 'Die Selbstverwaltung des WSRg., der Protokolle des Ausschusses und der Werner-Siemens-Blätter), in: 25 Jahre Werner Siemens-Realgymnasium, Berlin 1928, S. 33-36.

RÜRUP, Ingeborg, 'Es entspricht nicht dem Ernste der Zeit, daß die Jugend müßig gehe.' Kriegsbegeisterung, Schulalltag und Bürokratie in den höheren Lehranstalten Preußens 1914, in: August 1914: Ein Volk zieht in den Krieg, hrsg. von der Berliner Geschichtswerkstatt, Berlin 1989, S. 181-191.

RÜRUP, Reinhard, Zur Einführung [in die Historische Sozialwissenschaft], in: RÜRUP, Reinhard, Historische sozialwissenschaftliche Beiträge zur Einführung in die Forschungspraxis, Göttingen 1977, S. 5-15.

Rütli-Gruppe, in: Lexikon des Widerstandes 1933-1945, hrsg. von Peter STEINBACH und Johannes TUCHEL, München 1994, S. 158.

RUSCH, Franz, Himmelsbeobachtungen mit dem bloßen Auge. Zugleich eine Einleitung in die Methoden und Ergebnisse der Astronomie (=Teubners Naturwissenschaftliche Bibliothek, 5), 2. Aufl. Leipzig 1921.

RUTTER, Michael / MAUGHAN, Barbara / MORTIMER, Peter / OUSTON, Janet, Fünfzehntausend Stunden. Schulen und ihre Wirkung auf die Kinder. Mit einer Einführung von Hartmut von HENTIG, Weinheim [u.a.] 1980.

SABROW, Martin, Der Rathenaumord. Rekonstruktion einer Verschwörung gegen die Republik von Weimar (=Schriftenreihe der Vierteljahrshefte für Zeitgeschichte, 69), München 1994.

SACHS, Hans, Der gestolen pachen [Der gestohlene Schinken], in: SACHS, Hans, Werke, hrsg. von Albert von KELLER und Edmund GOETZE, Bd. 14, Stuttgart 1882, S. 220-232.

SACHS, Shimon, Erinnerungen eines jüdischen Schülers an der Berliner Theodor-Herzl-Schule, in: Schule in Berlin - gestern und heute, hrsg. von Benno SCHMOLDT (=Wissenschaft und Stadt, 9), Berlin 1989, S. 163-177.

SACHS, Shimon, Erinnerungen an Berlin und an jüdische Heilpädagogik, in: Verloren und Un-Vergessen. Jüdische Heilpädagogik in Deutschland, hrsg. von Sieglind ELLGER-RÜTTGARDT, Weinheim 1996, S. 31-44.

Der Sämann. Monatsschrift aus Struveshof, Berlin, Jg. 1 (1918) - Jg. 4 (1921).

SALBER, Wilhelm, Anna Freud. Mit Selbstzeugnissen und Bilddokumenten dargestellt, Hamburg 1985.

SALLUST, Bellum Catilinae, bellum Jurgurthinum und Reden und Briefe aus den Historien. Zum Schulgebrauch, hrsg. von August SCHEINDLER (=Freytag's Sammlung griechischer und römischer Klassiker), 5. Aufl. Leipzig 1923.

Sammelklassen und Sammelschulen für die nicht am Religionsunterricht teilnehmenden Kinder, hrsg. von Felix THEEGARTEN (=Weidmannsche Taschenausgaben von Verfügungen der Preußischen Unterrichtsverwaltung, 43), 2. Aufl. Berlin 1927.

SANDFUCHS, Uwe, Universitäre Lehrerausbildung in der Weimarer Republik und im Dritten Reich. Eine historisch-systematische Untersuchung am Beispiel der Lehrerausbildung an der Technischen Hochschule Braunschweig (1918-1940), Bad Heilbrunn 1978.

SANDFUCHS, Uwe, Das Modell Braunschweig - Universitäre Lehrerausbildung zwischen Monarchie und Drittem Reich, ihre Problematik und ihre Bedeutung für die Schulpolitik, in: Schule in der Demokratie, Demokratie in der Schule? Eine exemplarische Einführung in Theorie und Praxis der Schulpolitik, hrsg. von Ernst-August ROLOFF (=Brennpunkte der Bildungspolitik, 3), Stuttgart 1979, S. 45-70.

SANDFUCHS, Uwe, Schulreformerische Ideen der zwanziger Jahre in der modernen Ganztagsschule, in: Die Ganztagsschule, Jg. 28 (1988), S. 51-74.

SANDFUCHS, Uwe, Die weltlichen Schulen im Freistaat Braunschweig: Schulpolitischer Zankapfel und Zentren der Schulreform, in: 'Die Alte Schule überwinden'. Reformpädagogische Versuchsschulen zwischen Kaiserreich und Nationalsozialismus, hrsg. von Ullrich AMLUNG, Dietmar HAUBFLEISCH, Jörg-W. LINK und Hanno SCHMITT (=Sozialhistorische Untersuchungen zur Reformpädagogik und Erwachsenenbildung, 15), Frankfurt 1993, S. 221-246.

SANDFUCHS, Uwe, Der Streit um den Religionsunterricht und das Fach Lebenskunde in der Weimarer Republik, in: Religiöse Erziehung und Religionsunterricht, hrsg. von Max LIEDTKE (=Schriftenreihe zum Bayerischen Schulmuseum Ichenhausen. Zweigmuseum des Bayerischen Nationalmuseums, 13), Bad Heilbrunn 1994, S. 245-258.

SANDVOß, Hans-Rainer, Widerstand in Neukölln (=Schriftenreihe über den Widerstand in Berlin von 1933 bis 1945, 4), Berlin 1990.

SANDVOß, Uwe, Der Gemeinschaftsbegriff in der Musikpädagogik Georg Götschs. Mit einer Bibliographie (=Beiträge zur Geschichte der Musikpädagogik, 8), Frankfurt [u.a.] 1998.

SASSE, Bruno, Die Entstehungsgeschichte von Sir Walter Scotts 'The Antiquary', 1816, Jena, Univ., Diss. (masch.), 1925.

SAUPE, Emil, Deutsche Pädagogen der Neuzeit. Ein Beitrag zur Geschichte der Erziehungswissenschaft zu Beginn des 20. Jahrhunderts (=Handbücher der neueren Erziehungswissenschaft, 1), 5. und 6. Aufl. Osterwieck 1927 [8. Aufl. Osterwieck 1929].

SAUPE, Walther, Die Anfangsstadien der griechischen Kunstprosa in der Beurteilung Platons, Leipzig, Univ., Diss., 1916.

SCHAAB, Meinrad, Schoenau, in: Handbuch der Historischen Staetten Deutschlands, Bd. 6: Baden-Württemberg, hrsg. von Max MILLER, Stuttgart 1965, S. 597f.

SCHACHNE, Lucie, Erziehung zum geistigen Widerstand. Das jüdische Landerziehungsheim Herrlingen 1933-1939 (=Pädagogische Beispiele. Institutionengeschichte in Einzeldarstellungen, 3), Frankfurt 1986.

SCHAEDER, Grete, Martin Buber. Ein biographischer Abriß, in: Martin Buber. Briefwechsel aus sieben Jahrhunderten, hrsg. von Grete SCHAEDER, Bd. I: 1897-1918. Mit einem Geleitwort von Ernst Simon und einem biographischen Abriß als Einleitung von Grete SCHAEDER, Heidelberg 1972, S. 19-141.

SCHÄFER, Friedrich, Zur 150jährigen Jubelfeier des Herzoglichen Lehrer-Seminars in Wolfenbüttel am 30. September 1903, Wolfenbüttel 1903. [=Sonderdr. aus dem Wolfenbütteler Kreisblatt, Jg. 117 (1903), Nr. 229 und 231 vom 30.09. und 02.10.1903].

SCHÄFER, Walter, Paul Geheeb. Mensch und Erzieher. Eine Biographie (=Aus deutschen Landerziehungsheimen, 4), Stuttgart 1960.

SCHÄFER, Wilhelm, Lebenstag eines Menschenfreundes. Roman, München 1915.

SCHEEL, Harry, Zugvögel. Kindheits-, Lehr- und Wanderjahre eines Lübecker Armenkindes und Handwerksgesellen vor dem ersten Weltkriege. Aufzeichnungen des Malers Harry Scheel, geboren am 7.12.1882 zu Lübeck, gestorben am 24.8.1957 zu Berlin, red. von seinem Sohne Heinrich SCHEEL, Berlin 1989; Auszüge u.d.T. 'Wanderjahre eines lübischen Armenkindes und sozialdemokratischen Handwerksgesellen' zuerst veröff. in: Arbeiter über ihr Leben. Von den Anfängen der Arbeiterbewegung bis zum Ende der Weimarer Republik. Auswahl und Einführung von Ursula MÜNCHOW, Berlin (DDR) 1976, S. 295-323 und (Erläuterung:) S. 475f.

SCHEEL, Heinrich, Die revolutionär-demokratischen Volksbewegungen in Südwestdeutschland von 1795 bis 1801, Berlin, Humboldt-Univ., Diss. (masch.), 1956.

SCHEEL, Heinrich, Zwei deutsche Staaten - zwei Traditionen in ihrer Stellung zum Kampf der Partisanen, in: Der nationale und internationale Charakter der Widerstandsbewegung während des zweiten Weltkrieges. Internationale Konferenz über die Geschichte der Widerstandsbewegung, Warschau 15.-19.04.1962, Bd. 2, Wien 1966, S. 480-487.

SCHEEL, Heinrich, Auswahlbibliographie wissenschaftlicher Veröffentlichungen, in: Universalhistorische Aspekte des Jakobinismus. Dem Wirken Heinrich Scheels gewidmet (=Sitzungsberichte der Akademie der Wissenschaften der DDR, Reihe Gesellschaftswissenschaften, Jg. 1976, Nr. 10/G), Berlin (DDR) 1976, S. 328-336.

SCHEEL, Heinrich, Die 'Rote Kapelle' und der 20. Juli 1944, in: Zeitschrift für Geschichtswissenschaft, Jg. 33 (1985), S. 325-337.

SCHEEL, Heinrich, Einführung, in: ROSIEJKA, Gert, Die Rote Kapelle. 'Landesverrat' als antifaschistischer Widerstand, Hamburg 1986, S. 9-13.

SCHEEL, Heinrich, Die Mainzer Republik, Bd. III: Die erste bürgerlich-demokratische Republik auf deutschem Boden (=Akademie der Wissenschaften der DDR. Schriften des Zentralinstituts für Geschichte, 44), Berlin (DDR) 1989; Bd. I und II u.d.T.: Die Mainzer Republik, hrsg., eingel., komm. und bearb. von Heinrich SCHEEL; Bd. I: Protokolle des Jakobinerklubs [738 Seiten], Bd. II: Protokolle des Rheinisch-deutschen Nationalkonvents mit Quellen zu seiner Vorgeschichte [920 Seiten] (=Akademie der Wissenschaften der DDR. Schriften des Zentralinstituts für Geschichte, 42 und 43), Berlin (DDR) 1975/1981.

SCHEEL, Heinrich, Nachbemerkungen, in: SCHEEL, Harry, Zugvögel. Kindheits-, Lehr- und Wanderjahre eines Lübecker Armenkindes und Handwerksgesellen vor dem ersten Weltkriege. Aufzeichnungen des Malers Harry Scheel, geboren am 7.12.1882 zu Lübeck, gestorben am 24.8.1957 zu Berlin, red. von seinem Sohne Heinrich Scheel, Berlin (DDR) 1989, S. 126-144.

SCHEEL, Heinrich, Die 'Rote Kapelle' und der 20. Juli 1944, in: Die Widerstandsorganisation Schulze-Boysen/Harnack. Die 'Rote Kapelle'. Tagung vom 9.-11.9.1988 im Adam-von-Trott-Haus, hrsg. von der Evangelischen Akademie Berlin (West) (=Dokumentation 69/90), Berlin 1990, S. 30-52.

SCHEEL, Heinrich, Neues vom legendären Grand Chef. Gilles Perraults Bericht liegt jetzt in einer erw. Neuausg. vor, in: Die Zeit vom 15.03.1991, S. 49.

SCHEEL, Heinrich, Elisabeth und Kurt Schumacher, in: Die Rote Kapelle im Widerstand gegen den Nationalsozialismus, hrsg. von Hans COPPI, Jürgen DANYEL und Johannes TUCHEL (=Schriften der Gedenkstätte Deutscher Widerstand, 1), Berlin 1994, S. 254-261.

SCHEIBE, Wolfgang, Gesamtunterricht. Eine Interpretation (=Pädagogische Interpretationen, 2), Weinheim [u.a.] 1969.

SCHEIBE, Wolfgang, Die reformpädagogische Bewegung 1900-1932. Eine einführende Darstellung. Mit einem Nachwort von Heinz-Elmar TENORTH. 10., erw. und neuausgestattete Aufl. [bis auf das Nachwort von Tenorth unveränd. Aufl. der 9. Aufl. (1984), die wiederum eine unveränd. Aufl. der 8. erg. und mit einem Nachwort von Scheibe erw. Aufl. (1982) darstellt] (=Pädagogische Bibliothek Beltz, 9), Weinheim 1994.

SCHENCK, Ernst von, Elisabeth Rotten +. Zum Andenken an einen lauteren Geist und an eine unbeugsame Kämpferin für den Frieden, in: National-Zeitung, Basel, vom 15.05.1964, Abendblatt.

SCHEU, Friedrich, Ein Band der Freundschaft. Schwarzwald-Kreis und Entstehung der Vereinigung Sozialistischer Mittelschüler, Wien [u.a.] 1985.

SCHIEFLER, Gustav, Fritz Schumacher, in: Hamburg in seiner wirtschaftlichen und kulturellen Bedeutung für Deutschland. Festschrift für die deutsche Lehrerversammlung in Hamburg 1925, hrsg. von der Gesellschaft der Freunde des vaterländischen Schul- und Erziehungswesens. Ortsausschuß Hamburg, Hamburg 1925, S. 94-97.

SCHIFERER, Beatrix, Eine Frau aus der Bukowina: Leben und Werk der Eugenie Schwarzwald, in: Die Bukowina. Vergangenheit und Gegenwart, hrsg. von Ilona SLAWINSKI und Joseph P. STRELKA, Bern [u.a.] 1995, S. 201-212.

SCHIFFLER, Horst / WINKELER, Rolf, Tausend Jahre Schule. Eine Kulturgeschichte des Lernens in Bildern, Zürich 1985.

SCHIFFLER, Horst / WINKELER, Rolf, Bilderwelten der Erziehung. Die Schule im Bild des 19. Jahrhunderts, Weinheim [u.a.] 1991.

SCHILDE, Kurt, Im Schatten des 20. Juli. Der vergessene Widerstand der Neuköllner Rütli-Gruppe - Jugendliche wurden hingerichtet, in: Der Tagesspiegel. Unabhängige Berliner Morgenzeitung vom 15.07.1984.

SCHILDE, Kurt, Vom Columbia-Haus zum Schulenburgring. Dokumentation mit Lebensgeschichten von Opfern des Widerstandes und der Verfolgung von 1933 bis 1945 aus dem Bezirk Tempelhof. Mit einem Geleitwort von Klaus WOWEREIT, hrsg. vom Bezirksamt Tempelhof von Berlin anläßlich der Erstellung des 'Gedenkbuches für die Opfer des Nationalsozialismus aus dem Bezirk Tempelhof' (=Stätten der Geschichte Berlins, 24), Berlin 1987.

SCHILDE, Kurt, Im Schatten der 'Weißen Rose'. Jugendopposition gegen den Nationalsozialismus im Spiegel der Forschung (1945 bis 1989) (=Europäische Hochschulschriften, Reihe 3: Geschichte und ihre Hilfswissenschaften, 664), Frankfurt [u.a.] 1995.

Schiller - Zeitgenosse aller Epochen. Dokumente zur Wirkungsgeschichte Schillers in Deutschland. Eingel. und komm. von Norbert OELLERS (=Wirkung der Literatur, 2.1), Frankfurt 1970.

SCHILLER, Dietmar, Schulalltag in der Nachkriegszeit, in: Schulreform - Kontinuitäten und Brüche. Das Versuchsfeld Berlin-Neukölln, hrsg. von Gerd RADDE, Werner KORTHAASE, Rudolf ROGLER und Udo GÖßWALD im Auftrag des Bezirksamts Neukölln, Abt. Volksbildung, Kunstamt, Bd. II: 1945 bis 1972, Opladen 1993, S. 29-40.

SCHILLER, Friedrich, Die Braut von Messina oder die feindlichen Brüder. Ein Trauerspiel mit Chören, in: Schillers Werke. Nationalausgabe, Bd. 10: Die Braut von Messina - Wilhelm Tell - Die Huldigung der Künste, Weimar 1980, S. 1-125.

SCHILLER, Friedrich, Die Bürgschaft, in: Schillers Werke. Nationalausgabe, Bd. 1: Gedichte [...], Weimar 1943, S. 421-425.

SCHILLER, Friedrich, Don Carlos. Hamburger Bühnenfassung 1787 - Rigaer Bühnenfassung 1787 - Letzte Ausgabe 1805 [Textbd.:] (=Schillers Werke. Nationalausgabe, Bd. 7,1), Weimar 1974; [Anmerkungen:] (=Schillers Werke. Nationalausgabe, Bd. 7,2), Weimar 1986.

SCHILLER, Friedrich, Das Glück, in: Schillers Werke. Nationalausgabe, Bd. 2, Teil 1: Gedichte [...], Weimar 1983, S. 300f.

SCHILLER, Friedrich, Die Götter Griechenlands (Ausg. letzter Hand), in: Schillers Werke. Nationalausgabe, Bd. 2, Teil 1: Gedichte [...], Weimar 1983, S. 363-367.

SCHILLER, Friedrich, Kabale und Liebe, in: Schillers Werke. Nationalausgabe, Bd. 5: Kabale und Liebe - Kleinere Dramen, Weimar 1957, S. 1-107.

SCHILLER, Friedrich, Klage des Ceres (Ausg. letzter Hand), in: Schillers Werke. Nationalausgabe, Bd. 2, Teil 1: Gedichte [...], Weimar 1983, S. 372-375.

SCHILLER, Friedrich, Nänie (Ausg. letzter Hand), in: Schillers Werke. Nationalausgabe, Bd. 2, Teil 1: Gedichte [...], Weimar 1983, S. 326.

SCHILLER, Friedrich, Pegasus im Joche (Ausg. letzter Hand), in: Schillers Werke. Nationalausgabe, Bd. 2, Teil 1: Gedichte [...], Weimar 1983, S. 113-115.

SCHILLER, Friedrich, Die Räuber (=Schillers Werke. Nationalausgabe, Bd. 3), Weimar 1953.

SCHILLER, Friedrich, Das Siegesfest (Ausg. letzter Hand), in: Schillers Werke. Nationalausgabe, Bd. 2, Teil 1: Gedichte [...], Weimar 1983, S. 189-193.

SCHILLER, Friedrich, Das verschleierte Bild zu Sais, in: Schillers Werke. Nationalausgabe, Bd. 1: Gedichte [...], Weimar 1943, S. 254-256.

SCHILLER, Friedrich, Wilhelm Tell, in: Schillers Werke. Nationalausgabe, Bd. 10: Die Braut von Messina - Wilhelm Tell - Die Huldigung der Künste, Weimar 1980, S. 127-276.

SCHILLER, Friedrich, Über naive und sentimentale Dichtung, in: Schillers Werke. Nationalausgabe, Bd. 20: Philosophische Schriften, 1. Teil, Weimar 1962, S. 413-503.

SCHILLER, Friedrich von, Die Verschwörung des Fiesko zu Genua. Ein republikanisches Trauerspiel (=Schillers Werke. Nationalausgabe, Bd. 4), Weimar 1983.

SCHILLER, Friedrich, Wallenstein (=Schillers Werke. Nationalausgabe, Bd. 8), Weimar 1949.

SCHILLER, Friedrich, Was heißt und zu welchem Ende studiert man Universalgeschichte? Eine akademische Antrittsrede, in: Schillers Werke. Nationalausgabe, Bd. 17: Historische Schriften, 1. Teil, Weimar 1970, S. 359-376.

SCHILLER, Friedrich, Die Zerstörung von Troja. Freie Übersetzung des zweiten Buches der Aeneide, in: Schillers Werke. Nationalausgabe, Bd. 2, Teil 1: Gedichte [...], Weimar 1983, S. 327-360.

SCHILLER, Joachim, Der preußische Kultusminister C.H. Becker und die Reformpädagogik der Weimarer Republik, in: Pädagogik und Schulalltag, Jg. 46 (1991), S. 271-279.

Schillers Briefe, hrsg. und mit Anm. vers. von Fritz JONAS. Krit. Gesamtausgabe, 7 Bde., Stuttgart 1892-1896.

SCHIVELBUSCH, Wolfgang, Vor dem Vorhang. Das geistige Berlin 1945-1948, München [u.a.] 1995.

SCHLEGELMILCH, Arthur, Hauptstadt im Zonendeutschland. Die Entstehung der Berliner Nachkriegsdemokratie 1945-1949. Mit einem Geleitwort von Otto BÜSCH (=Schriften der Historischen Kommission zu Berlin, 4), Berlin 1993.

SCHLEIER, Hans, Vorwort, in: Der Nachlaß Hans Delbrück, bearb. von Hans Delbrück, mit einem Vorwort von Hans SCHLEIER (=Handschrifteninventar der Deutschen Staatsbibliothek, 4), Berlin (DDR) 1980, S. V-XV.

SCHLENTHER, Paul, Gerhart Hauptmann, Leben und Werk. Neue Ausg., umgearb. und erw. von Arthur ELOESSER, 3., veränd. und erw. Ausg., 8.-13. Aufl. Berlin 1922.

SCHMALE, Franz Josef, Kreuzberg, in: Handbuch der Historischen Stätten Deutschlands, Bd. 7: Bayern, hrsg. von Karl BOSL, 2. Aufl. Stuttgart 1965, S. 373.

SCHMID, Jakob Robert, Freiheitspädagogik. Schulreform und Schulrevolution in Deutschland, Reinbek 1973; Originalausg. u.d.T. 'Le maitre-camarade et la pédagogie libertaire', Neuchâtel 1936.

SCHMIDLIN, Guido, Walter Robert Corti. Der Gründer des Kinderdorfes Pestalozzi in Trogen, Zürich 1996.

SCHMIDT, Angelika, Lehrer gesucht. Zur Ausbildung der Schulhelfer und Hilfslehrer, in: Schulreform - Kontinuitäten und Brüche. Das Versuchsfeld Berlin-Neukölln, hrsg. von Gerd RADDE, Werner KORTHAASE, Rudolf ROGLER und Udo GÖßWALD im Auftrag des Bezirksamts Neukölln, Abt. Volksbildung, Kunstamt, Bd. II: 1945 bis 1972, Opladen 1993, S. 48-53.

SCHMIDT, Manfred, Institutionelle Veränderungen in der Geschichte eines Jugendheimes von 1962-1982, Bochum, Univ., Diss. (masch.), 1986.

SCHMIDT, Manuela, Die Entwicklung Höherer Schulen Berlins auf dem Territorium der Hauptstadt der DDR von 1945 bis 1960, Berlin (DDR), Univ., Diss., 1991.

SCHMIDT, Rainer, 'Abstecher ins Traumland der Anarchie'. Siedlungsgemeinschaften der deutschen Jugendbewegung, in: 'Alles gehört allen'. Das Experiment Gütergemeinschaft vom 16. Jahrhundert bis heute, hrsg. von Hans-Jürgen GOERTZ, München 1984, S. 188-243.

SCHMIDT-THOMSEN, Helga, Schule in der Zeit des Nationalsozialismus, in: Berlin und seine Bauten, hrsg. vom Architekten- und Ingenieur-Verein zu Berlin, Teil V, Bd. C: Schulen, Berlin 1991, S. 175-196.

SCHMIDT-THOMSEN, Helga, Schulen der Weimarer Republik, in: Berlin und seine Bauten, hrsg. vom Architekten- und Ingenieur-Verin zu Berlin, Teil V, Bd. C: Schulen, Berlin 1991, S. 121-174.

SCHMIDT-THOMSEN, Jörn-Peter, Schulen der Kaiserzeit, in: Berlin und seine Bauten, hrsg. vom Architekten- und Ingenieur-Verein zu Berlin, Teil V, Bd. C: Schulen, Berlin 1991, S. 1-120.

SCHMÖLDERS, Ralf, Personalbibliographie Anna Siemsen (1882-1951) (=Archivhilfe, 5), Oer-Erkenschwick 1992.

SCHMOLDT, Benno, Arbeitsstelle für die Schulgeschichte Berlins. Aufbau einer schulgeschichtlichen Forschungsstelle an der Pädagogischen Hochschule Berlin, in: Informationen zur Erziehungs- und Bildungshistorischen Forschung (=IZEBF), Heft 11, 1979, S. 66-70.

SCHMOLDT, Benno, Hildegard Wegscheider, in: Pädagogen in Berlin. Auswahl von Biographien zwischen Aufklärung und Gegenwart, hrsg. von Benno SCHMOLDT (=Materialien und Studien zur Geschichte der Berliner Schule, 9), Baltmannsweiler 1991, S. 237-247.

SCHMOLL GEN. EISENWERTH, Josef Adolf, Epochengrenzen und Kontinuität. Studien zur Kunstgeschichte, hrsg. von Winfried NERDINGER und Dietrich SCHUBERT, München 1985.

SCHNACK, Elisabeth, Richard Hooker und seine Stellung in der Entwicklung der englischen Geistesgeschichte im 16. Jahrhundert, Halle, Univ., Diss (masch.), 1918 [1923]; Auszug in: Jahrbuch der Phil. Fakultät der Vereinigten Friedrichs-Universität Halle-Wittenberg, 1.=Historisch-philologische Abt., Jg. 1921/22 (1922), S. 20.

SCHNEIDER, Christian / STILLKE, Cordelia / LEINEWEBER, Bernd, Das Erbe der Napola. Versuch einer Generationsgeschichte des Nationalsozialismus, Hamburg 1996.

SCHNEIDER, Friedrich, Ein halbes Jahrhundert erlebter und mitgestalteter Vergleichender Erziehungswissenschaft, Paderborn 1970.

SCHNELL, Edgar, Die Schulbühne der Lichtwarkschule, in: Die Lichtwarkschule in Hamburg. Beiträge zur Grundlegung und Berichte 1928, Hamburg 1929, S. 53-55; Auszug wieder in: Die Lichtwarkschule. Idee und Gestalt, Hamburg 1979, S. 108; vollst. wieder in: LEHBERGER, Reiner, Die Lichtwarkschule in Hamburg. Das pädagogische Profil einer Reformschule des höheren Schulwesens in der Weimarer Republik. Darstellung und Quellen, Hamburg 1996, S. 47-49.

SCHNÜCKER, Elmar, Die Zukunftsschule im Zukunftsstaat. Eine Analyse des Zusammenhangs von Pädagogik, Psychologie und Politik im Werk Berthold Ottos (=Pädagogik, 6), Bochum 1990.

SCHOELKOPF, Brigitte, Hilde Arnold. 1914-1966, in: Beiträge zur Geschichte der Pädagogischen Hochschule Berlin, hrsg. von Gerd HEINRICH (=Abhandlungen aus der Pädagogischen Hochschule Berlin, 6), Berlin 1980, S. 65f.

SCHÖNHERR, Karl, Glaube und Heimat. Die Tragödie eines Volkes, 50. Tsd., Leipzig 1912.

SCHOENICHEN, Walther, Der biologische Unterricht in der neuen Erziehung, Leipzig 1919.

SCHÖRKEN, Rolf, Luftwaffenhelfer und Drittes Reich. Die Entstehung eines politischen Bewußtseins, Stuttgart 1984.

SCHOLTZ, Harald, Nationalsozialistische Ausleseschulen. Internatsschulen als Herrschaftsmittel des Führerstaates, Göttingen 1973.

SCHOLTZ, Harald, Thesen zur Untersuchung des Verhältnisses zwischen Nationalsozialismus und bürgerlicher Reformpädagogik, in: Weimarer Versuchs- und Reformschulen am Übergang zur NS-Zeit. Beiträge zur schulgeschichtlichen Tagung vom 16.-17. November 1993 im Hamburger Schulmuseum, hrsg. von Reiner LEHBERGER (=Hamburger Schriftenreihe zur Schul- und Unterrichtsgeschichte, 6), Hamburg 1994, S. 156-159.

SCHOLZ, Felix, Grimmelshausens Verhältnis zu den Sprachgesellschaften und sein 'Teutscher Michel', in: Euphorion. Zeitschrift für Literaturgeschichte, 17. Erg.-Heft (1924), S. 79-96.

SCHOLZ, Felix, Brentanos Beziehungen zu Goethe. Berlin, Univ., Diss. (masch.), 1925.

SCHOLZ, Felix, Brentanos Beziehungen zu Goethe [Auszug aus der Diss.], in: Jahrbuch der Dissertationen der Philosophischen Fakultät der Friedrich-Wilhelms-Universität zu Berlin. Dekanatsjahr 1924-25, Berlin 1926, S. 33-37.

SCHOLZ, Felix, Clemens Brentano und Goethe (=Palaestra, 158), Leipzig 1927.

SCHOLZ, Felix, Der Brief Wilhelm Meisters an Mariane (Wilhelm Meisters theatralische Sendung, Buch I, Kap. 22). Eine stilistische Untersuchung, in: Jahrbuch des Freien deutschen Hochstifts 1928, S. 105-124.

SCHOLZ, Felix, Hölderlin und die klassisch-romantische Antithese (Julius Petersen, dem Führer zu fruchtbarer Wirkungsgemeinschaft der Methoden und Ziele, zum 50. Geburtstag), in: Zeitschrift für deutsche Philologie, Bd. 53 (1928), S. 364-382.

SCHOLZ, Felix, Ein neues Osterleis von der Wende des 15. zum 16. Jahrhundert 1927, in: Zeitschrift für deutsche Philologie, Jg. 53 (1928), S. 49-54.

SCHOLZ, Felix, Adele Gerhard als Dichterin der deutschen Jugendbewegung, in: Zeitschrift für Deutsche Bildung, Jg. 5 (1929), S. 345-347.

SCHOLZ, Felix, Das wissenschaftliche Brentano-Bild der Gegenwart, in: Zeitschrift für Deutsche Bildung, Jg. 6 (1930), S. 98-104.

SCHOLZ, Felix, Fremdsprachliche und deutsche Zeitungslektüre auf der Mittel- und Oberstufe. Ein Beitrag zur Erforschung des Interesses der Jugendlichen, in: Neuphilologische Monatsschrift. Zeitschrift für das Studium der angelsächsischen und romanischen Kulturen und ihre Bedeutung für die deutsche Bildung, Jg. 2 (1931), S. 529-555.

SCHOMBURG, Eberhard, Elisabeth Rotten - 80 Jahre alt, in: Berufspädagogische Zeitschrift, Jg. 11 (1962), Heft 4, S. 92f.

SCHOMBURG, Eberhard, Auf heilpädagogischer Warte. Elisabeth Rotten zum Gedächtnis, in: Zeitschrift für Heilpädagogik, Jg. 15 (1964), Heft 8, S. 409-411.

SCHOMBURG, H.E., Der Wandervogel, seine Freunde und seine Gegner (=Bücher der Wandervögel, 2), 5.-9. Tsd., Wolfenbüttel 1917.

SCHONIG, Bruno, Irrationalismus als pädagogische Tradition. Die Darstellung der Reformpädagogik in der pädagogischen Geschichtsschreibung, Weinheim [u.a.] 1973.

SCHONIG, Bruno, Reformpädagogik, in: Enzyklopädie Erziehungswissenschaft. Handbuch und Lexikon der Erziehung in 11 Bdn. und einem Registerbd., hrsg. von Dieter LENZEN, Bd. 8: Erziehung im Jugendalter - Sekundarstufe I, hrsg. von Ernst-Günther SKIBA, Christoph WULF und Konrad WÜNSCHE, Stuttgart 1983, S. 531-536; unmaßgeblich veränd. wieder in: Pädagogische Grundbegriffe, hrsg. von Dieter LENZEN, Bd. 2: Jugend bis Zeugnis, Reinbek 1989, S. 1302-1310.

SCHONIG, Bruno, [Rezension zu:] SCHIFFLER, Horst / WINKELER, Rolf, Bilderwelten der Erziehung. Die Schule im Bild des 19. Jahrhunderts, Weinheim [u.a.] 1991, in: Sozialwissenschaftliche Literatur-Rundschau, Jg. 14 (1992), Heft 24, S. 103-106.

SCHONIG, Bruno, Krisenerfahrung und pädagogisches Engagement. Lebens- und berufsgeschichtliche Erfahrungen Berliner Lehrerinnen und Lehrer 1941-1961 (=Studien zur Bildungsreform, 19), Frankfurt [u.a.] 1994.

SCHONIG, Bruno, Begleiten und Vertrauen - zu den pädagogischen Texten von Charlotte Heckmann, in: HECKMANN, Charlotte, Begleiten und Vertrauen. Pädagogische Erfahrungen im

Exil 1934-1946, hrsg. und komm. von Inge HANSEN-SCHABERG und Bruno SCHONIG (=Studien zur Bildungsreform, 26), Frankfurt [u.a.] 1995, S. 105-156.

SCHONIG, Bruno, Reformpädagogik im Prozeß Berliner Schulreform 1923-1933: Das Beispiel des Rektors Willy Gensch an der 3. Gemeindeschule in Berlin-Friedrichshain, in: Ambivalenzen der Pädagogik. Zur Bildungsgeschichte der Aufklärung und des 20. Jahrhunderts. Harald Scholtz zum 65. Geburtstag, hrsg. von Peter DREWEK, Klaus-Peter HORN, Christa KERSTING und Heinz-Elmar TENORTH, Weinheim 1995, S. 117-143.

SCHONIG, Bruno, 'Reformfreudige Menschen'. Zur Verbreitung reformpädagogischer Ansätze in der öffentlichen Berliner Schule der Weimarer Republik, in: Neue Sammlung, Jg. 37 (1997), S. 27-44.

SCHONIG, Bruno, Zur Verbreitung reformpädagogischer Ansätze in der öffentlichen Berliner Schule der Weimarer Republik, in: Reformpädagogik in Berlin - Tradition und Wiederentdeckung. Für Gerd Radde, hrsg. von Wolfgang KEIM und Norbert H. WEBER (=Studien zur Bildungsreform, 30), Frankfurt [u.a.] 1998, S. 25-59.

SCHRADER, Bärbel / SCHEBERA, Jürgen, Kunstmetropole Berlin 1981-1933. Die Kunststadt in der Novemberrevolution, die 'Goldenen' Zwanziger, die Kunststadt in der Krise, Berlin (DDR) [u.a.] 1987.

SCHRAMM, Gottfried, Minderheiten gegen den Krieg. Motive und Kampfformen 1914 bis 1918 am Beispiel Großbritanniens und seines Empires, in: Geschichte und Gesellschaft. Zeitschrift für Historische Sozialforschung, Jg. 6 (1980), S. 164-188.

SCHRÖDER, Rudolf Alexander, Elysium. Gesammelte Gedichte, Leipzig 1912.

SCHRÖDER, Wilhelm Heinz, Sozialdemokratische Parlamentarier in den deutschen Reichs- und Landtagen 1867-1933. Biographien - Chronik - Wahldokumentation. Ein Handbuch (=Handbücher zur Geschichte des Parlamentarismus und der politischen Parteien, 7), Düsseldorf 1995.

SCHUCHHARDT, Wolfgang, Begegnungen mit Adolf Reichwein, in: Adolf Reichwein. 1898-1944. Erinnerungen, Forschungen, Impulse, hrsg. von Wilfried HUBER und Albert KREBS, Paderborn [u.a.] 1981, S. 45-61.

SCHÜCKING, Levin, Die drei Freier. Erzählung, Leipzig [ca. 1916].

SCHÜCKING, Walther / STÖCKER, Helene / ROTTEN, Elisabeth, Durch zum Rechtsfrieden. Ein Appell an das Weltgewissen (=Flugschriften des Bundes Neues Vaterland, 2), Berlin 1919.

SCHÜLER, Claudia, Die Kulturwissenschaftliche Abteilung 1927-1933, in: Technische Universität Braunschweig. Vom Collegium Carolinum zur Technischen Universität 1745-1995, hrsg. von Walter KERTZ, Hildesheim [u.a.] 1995, S. 415-431.

SCHÜLER, Werner, Zur Geschichte der Lichtenberger Höheren Schulen, in: Schulgeschichte des Berliner Bezirkes Lichtenberg 1900-1949 (=Lichtenberger Beiträge, 1), Berlin 1993, S. 5-131.

Schülerlandheime [der Viktoriaschule und der Musterschule Frankfurt], in: Zentralblatt für die gesamte Unterrichts-Verwaltung in Preußen, Jg. 63 (1921), S. 117.

SCHÜMPERLI, Rosmarie, Zwei Gesinnungsfreundinnen zum 60. Geburtstag [Anna Siemsen und Elisabeth Rotten], in: Der neue Bund. Monatsschrift, Jg. 8 (1942), S. 16.

Georg Schünemann (1884-1945), in: Riemann Musiklexikon, 12., völlig neu bearb. Aufl. in 3 Bdn. hrsg. von Wilibald GURLITT, Bd. 2: Personenteil L-Z, Mainz [u.a.] 1961, S. 643f.

Schulbetrieb im absterbenden System, in: Nationalsozialistische Erziehung. Kampf- und Mitteilungsblatt des Nationalsozialistischen Lehrerbundes im Bereich Norddeutschland, hrsg. von Hans SCHEMM, Berlin, Jg. 1 (1932), S. 65-68.

Die Schule der Gemeinschaft, hrsg. von Heinrich DEITERS im Auftrage des Zentralinstituts für Erziehung und Unterricht, Leipzig 1925.

Schule in Berlin - gestern und heute, hrsg. von Benno SCHMOLDT (=Wissenschaft und Stadt, 9), Berlin 1989.

Schule und Unterricht in der Endphase der Weimarer Republik. Auf dem Weg in die Diktatur, hrsg. von Reinhard DITHMAR, Neuwied [u.a.] 1993, S. 206-230.

Schule Vossberg/Heinrich-Hertz-Schule. 1886-1986. Dokumente zur Schulgeschichte, Hamburg 1986.

Schulen, die anders waren. Zwanzig reformpädagogische Modelle im Überblick, hrsg. von Andreas PAETZ und Ulrike PILARCZYK und mit einem Nachwort vers. von Gert GEIßLER, Berlin 1990.

Die Schulen der Reformpädagogik heute. Handbuch reformpädagogischer Schulideen und Schulwirklichkeit, hrsg. von Hermann RÖHRS, Düsseldorf 1986.

Schulen der Reformpädagogik nach 1945. Beiträge zur dritten schulgeschichtlichen Tagung vom 15. bis 16. November 1994 im Hamburger Schulmuseum, hrsg. von Reiner LEHBERGER (=Hamburger Schriftenreihe zur Schul- und Unterrichtsgeschichte, 7), Hamburg 1995.

Schulen im Exil. Die verdrängte Pädagogik nach 1933, hrsg. von Hildegard FEIDEL-MERTZ, Reinbek 1983.

Die Schulfeste der Bildungsanstalt Jaques-Dalcroze [in Hellerau]. Programmband, hrsg. von der Bildungsanstalt Jaques-Dalcroze (des Jahrbuchs der Rhythmus II. Bd., 1. Hälfte), Jena 1912.

Schulgartenfarmen, in: Der Elternbeirat. Halbmonatsschrift für Eltern, Lehrer und Behörden, Jg. 3 (1921), S. 241-246.

Schulgeschichte im Zusammenhang der Kulturentwicklung, hrsg. von Lenz KRISS-RETTENBECK und Max LIEDTKE (=Schriftenreihe zum Bayerischen Schulmuseum Ichenhausen, 1), Bad Heilbrunn 1983.

Schulgesetzgebung in der Weimarer Republik vom 11. August 1919 bis 24. März 1933. Sammlungen von Rechtsvorschriften des Reiches und der Länder Baden, Bayern und Preußen. Nachdr. mit einer Einleitung hrsg. von Frank J. HENNECKE (=Sammlungen der Gesetze, Verordnungen, Erlasse, Bekanntmachungen zum Elementar- bzw. Volksschulwesen im 19./20. Jahrhundert, 7), Köln [u.a.] 1991.

Schulgrammatik der französischen Sprache. In kurzer Fassung, hrsg. von Gustav PLOETZ und Otto KARES, 10. Aufl, Berlin 1918.

Das Schullandheim. Vorträge und Anregungen der Berliner Tagung vom 6. und 7. Oktober 1925, hrsg. vom Zentralinstitut für Erziehung und Unterricht, Langensalza 1926.

Schulpforta 1543-1993. Ein Lesebuch, Leipzig 1993.

Schulreform - Kontinuitäten und Brüche. Das Versuchsfeld Berlin-Neukölln, hrsg. von Gerd RADDE, Werner KORTHAASE, Rudolf ROGLER und Udo GÖßWALD im Auftrag des Bezirksamts Neukölln, Abt. Volksbildung, Kunstamt,
Bd. I: 1912 bis 1945, Opladen 1993;
Bd. II: 1945 bis 1972, Opladen 1993.

Schulspeisungen für unterernährte Kinder in Deutschland, in: Vivos Voco. Eine deutsche Monatsschrift, Jg. 1 (1919/20), S. 181f.

SCHULTZ, Ulrich / HERMANNS, Ludger M., Das Sanatorium Schloß Tegel Ernst Simmels - Zur Geschichte und Konzeption der ersten Psychoanalytischen Klinik, in: Psychotherapie. Psychosomatik. Medizinische Psychologie, Jg. 37 (1987), S. 58-67.

SCHULTZ, Ulrich / HERMANNS, Ludger M., Die Entdeckung der Psychoanalyse. Ernst Simmels psychoanalytische Klinik in Berlin-Tegel, in: Der Wert des Menschen. Medizin in Deutschland 1918-1945, hrsg. von der Ärztekammer Berlin in Zusammenarbeit mit der Bundesärztekammer, Berlin 1989, S. 50-66.

Fritz Schumacher. Reformkultur und Moderne, hrsg. von Hartmut FRANK, Stuttgart 1994.

Das Schulwesen Groß-Berlins. Ein Nachschlagebuch für Behörden, Schulmänner und Eltern, hrsg. von Leopold Hermann FISCHER, Berlin 1919.

Das Schulwesen in Berlin seit 1945. Beiträge zur Entwicklung der Berliner Schule, hrsg. von Benno SCHMOLDT (=Materialien und Studien zur Geschichte der Berliner Schule nach 1945, 8), Berlin 1990.

SCHULZ, Bernhard, Bildnis eines Freundes, in: Festgabe für Otto Haase zum 60. Geburtstage, Göttingen 1953. S. 5-14.

SCHULZ, Heinrich, Der Leidensweg des Reichsschulgesetzes, Berlin 1926.

SCHULZ, Rudi, Robert Alt, in: Pädagogen in Berlin. Auswahl von Biographien zwischen Aufklärung und Gegenwart, hrsg. von Benno SCHMOLDT (=Materialien und Studien zur Geschichte der Berliner Schule, 9), Baltmannsweiler 1991, S. 367-389.

SCHULZE, Hagen, Otto Braun oder Preußens demokratische Sendung. Eine Biographie, Frankfurt [u.a.] 1977.

SCHULZE, Hans K., Lauscha, in: Handbuch der Historischen Stätten Deutschlands, Bd. 9: Thüringen, hrsg. von Hans PATZE, Stuttgart 1968, S. 253.

SCHULZE, Winfried, Mikrohistorie versus Makrohistorie? Anmerkungen zu einem aktuellen Thema, in: Historische Methode, hrsg. von Christian MEYER und Jörn RÜSEN (=Theorie der Geschichte. Beiträge zur Historik, 5), München 1988, S. 319-341.

SCHUMACHER, Fritz, Die neueren Schulbauten Hamburgs, in: Schweizer Erziehungs-Rundschau. Organ für das öffentliche und private Bildungswesen der Schweiz, Jg. 2 (1929/30), Nr. 7: Oktober 1929, S. 154-157.

SCHUMACHER, Fritz, Stufen des Lebens. Erinnerungen eines Baumeisters, Stuttgart [u.a.] 1935.

SCHUMACHER, Fritz, Selbstgespräche. Erinnerungen und Betrachtungen, Hamburg 1949.

SCHUPPAN, Michael-Sören, Robert Alt und die Pädagogische Hochschule Groß-Berlin. Eine kleine Dokumentation, in: Pädagogen in Berlin. Auswahl von Biographien zwischen Aufklärung und Gegenwart, hrsg. von Benno SCHMOLDT (=Materialien und Studien zur Geschichte der Berliner Schule, 9), Baltmannsweiler 1991, S. 391-398.

SCHUPPAN, Michael-Sören, Jens Nydahl, in: Biographisches Lexikon für Schleswig-Holstein und Lübeck, Bd. 10, Neumünster 1994, S. 272-276.

SCHWAB, Gustav, Sagen des klassischen Altertums. In freier Auswahl bearb. von Emil ENGELMANN, 10. Aufl. Stuttgart 1913.

SCHWARZENBACH, Fritz, Karl Hermann Tobler 1872-1933. Gründer des Landerziehungsheims Hof Oberkirch, Hof Oberkirch 1977.

SCHWARTZ, Hermann, Die Aufbauschulen, in: Jahrbuch des Zentralinstituts für Erziehung und Unterricht, Jg. 4 (1922), Berlin 1923, S. 69-86.

SCHWARTZ, Michael, Sozialismus und Eugenik. Zur fälligen Revision eines Geschichtsbildes, in: Internationale Korrespondenz zur Geschichte der deutschen Arbeiterbewegung, Jg. 25 (1989), S. 465-489.

SCHWARZBACH, Martin, Alfred Wegener und die Drift der Kontinente (=Große Naturforscher, 42), Stuttgart 1980.

SCHWARZWALD, Eugenie, Wort und Ton in der fröhlichen Schule, in: Das Werdende Zeitalter, Jg. 4 (1925), S. 142-145; wieder in: Die Entfaltung der schöpferischen Kräfte im Kinde. Bericht der Dritten Internationalen Pädagogischen Konferenz des Internationalen Arbeitskreises für Erneuerung der Erziehung in Heidelberg vom 2. bis 15. August 1925, hrsg. im Namen des

Arbeitsausschusses der Konferenz und der Deutschen Mittelstelle des Arbeitskreises von Elisabeth ROTTEN, Gotha 1926, S. 46-49.

Eugenie Schwarzwald und ihr Kreis, hrsg. von Robert STREIBEL, Wien 1996.

SCHWEDTKE, Kurt, Nie wieder Karl-Marx-Schule! Eine Abrechnung mit der marxistischen Erziehung und Schulverwaltung, Braunschweig, Berlin [u.a.] o.J. [1933].

Schweizer Erziehungs-Rundschau. Organ für das öffentliche und private Bildungswesen der Schweiz, Jg. 1 (1928/29) - Jg. 5 (1932/33).

SCHWENK, Bernhard, Reformpädagogik, in: Wörterbuch der Erziehung, hrsg. von Christoph WULF, 3. Aufl. München 1976, S. 487-491.

SCHWERDT, Ulrich, Martin Luserke (1880-1968). Reformpädagogik im Spannungsfeld von pädagogischer Innovation und kulturkritischer Ideolgie. Eine biographische Rekonstruktion (=Studien zur Bildungsreform, 23), Frankfurt [u.a.] 1993.

SCHWERDT, Ulrich, Landerziehungsheimbewegung, in: Handbuch der deutschen Reformbewegungen 1880-1933, hrsg. von Diethart KERBS und Jürgen REULECKE, Wuppertal 1998, S. 395-409.

SCHWERSENZ, Jizchak, Die versteckte Gruppe. Ein jüdischer Lehrer erinnert sich an Deutschland, Berlin 1988.

SCHWIER, Hans, Grußwort des Kultusministers des Landes Nordrhein-Westfalen, in: Gymnasiale Bildung. Erziehung für die Lebenswelt, hrsg. von Werner HELDMANN, Düsseldorf 1988, S. 31f.

SCOBEL, Albert, Thüringen, 2. Aufl. Bielefeld [u.a.] 1902.

SEIDENSTÜCKER, Friedrich, Von Weimar bis zum Ende. Fotografien aus bewegter Zeit, hrsg. von Ann und Jürgen WILDE, 3. Aufl. Dortmund 1983.

SEITERS, Julius, Adolf Grimme - ein niedersächsischer Bildungspolitiker, Hannover 1990.

Eva Seligmann. Erinnerungen einer streitbaren Pädagogin. Dokumentiert und bearb. von Heide HENK, hrsg. von der Schulgeschichtlichen Sammlung Bremen, Bremen 2000.

SENN, Albert, Biologie und Gartenbau in der Odenwaldschule Oberhambach, in: Die Gartenschule. Ihr Wesen und ihr Werden, hrsg. von Adolf TEUSCHER und Max MÜLLER, Leipzig 1926, S. 108-117.

SENN, Albert, Die Natur als Arbeitsstoff. Erfahrungen mit 12-15jährigen Knaben, in: Aufsätze aus dem Mitarbeiterkreis der Odenwaldschule zu ihrem zwanzigjährigen Bestehen (Paul Geheeb zum 60. Geburtstag), Heppenheim 1930, S. 9-16; in Auszügen (S. 13-16 des Originals) u.d.T. 'Die Arbeitspraxis im Biologieunterricht' wieder in: Die Idee einer Schule im Spiegel der Zeit. Festschrift für Paul Geheeb zum 80. Geburtstag und zum 40jährigen Bestehen der Odenwaldschule, hrsg. von Eva CASSIRER [u.a.], Heidelberg 1950, S. 64-67; dieser Auszug wieder in: Die Landerziehungsheimbewegung, hrsg. von Theo DIETRICH, Bad Heilbrunn 1967, S. 108-111.

SETON, Ernest Thompson, Tierhelden. Die Geschichte einer Katze, einer Taube, eines Luchses, eines Hasen, eines Hundes, zweier Wölfe und eines Rentiers. Übers. von Max PANNWITZ, 15. Aufl. Stuttgart 1918.

SETON, Ernest Thompson, Prärietiere und ihre Schicksale. Übers. von Max PANNWITZ , 31. Aufl. Stuttgart 1921.

SEVERING, Carl, Mein Lebensweg, 2 Bde., Köln 1950.

SHA'ARI, David, In Memoriam Yohanan Ginat (Gärtner), in: Bulletin. Youth Aliyah. Jewish Agency for Israel/Chlren and Youth Aliyah Deportmet, Mai 1979, Jerusalem 1979, S. 72-74.

SHAKESPEARE, William, Macbeth. In Schillers Bearb. hrsg. von E. v. SALLWÜRCK (neue Aufl.) (=Velhagen & Klassings Sammlung deutscher Schulausg.), Bielefeld 1912.

SHAKESPEARE, William, Hamlet, Prinz von Dänemark. Übers. von August Wilhelm von SCHLEGEL [Neue Aufl.] (=Reclams Universal-Bibliothek, 31), Leipzig 1922.

SHAKESPEARE, William, Ein Sommernachtsraum. Mit handkolorierten Federzeichnungen der Aufführung des Deutschen Theaters zu Berlin von Ernst STERN, Berlin 1918.

Sie wirkten in Berlin [27 Lebensläufe von Lehrern und Erziehern ...]. Erinnerungsschrift anläßlich des Kongresses der Lehrer und Erzieher in Berlin. Pfingsten 1952. Überreicht und zusammengestellt von Fritz OPITZ, hrsg. vom Berliner Verband der Lehrer und Erzieher, Berlin 1952.

Die Siedlungen der Jugendbewegung, in: Die deutsche Jugendbewegung 1920-1933, hrsg. von Werner KINDT (=Dokumentation der Jugendbewegung, 3), Düsseldorf [u.a.] 1974, S. 1596-1612.

SIEGMUND-SCHULTZE, Friedrich / ROTTEN, Elisabeth, Bericht über die bisherige Tätigkeit [der Auskunfts- und Hilfsstelle für Deutsche im Ausland und Ausländer], in: Die Eiche. Vierteljahrsschrift für Freundschaftsarbeit der Kirchen. Ein Organ für soziale und internationale Ethik, Jg. 4 (1916), S. 111-115.

Friedrich Siegmund-Schultze. 1885-1969. Begleitbuch zu einer Ausstellung anläßlich seines 100. Geburtstags, veranstaltet vom Evangelischen Zentralarchiv in Berlin, bearb. von Christa STACHE. Mit einem Vortrag, gehalten bei einer Gedenkfeier am 14. Juni 1985 in Soest von Klaus REHBEIN (=Veröffentlichungen des Evangelischen Zentralarchivs in Berlin, 2), Berlin 1985.

SIEMENS, Werner von, Lebenserinnerungen, 3. Aufl. Berlin 1916.

SIENKNECHT, Helmut, Der Einheitsschulgedanke. Geschichtliche Entwicklung und gegenwärtige Problematik (=Pädagogische Studien, 16), Weinheim 1970.

SIMON, Jahresberichte der höheren Lehranstalten in Preußen. Schuljahr 1922/23, in: Zentralblatt für die gesamte Unterrichts-Verwaltung in Preußen, Jg. 67 (1925), S. 335-337.

SIMON, Herbert, Berliner Schulbauprobleme, Berlin, Univ., Diss., 1932.

SINCLAIR, Upton, Welt-Ende. Roman. Aus dem Engl. übers. von Elisabeth ROTTEN, 2. Aufl. Bern 1943.

Sitzungsberichte des Preußischen Landtages, 3. Wahlperiode, Bd. 1: 1.-22. Sitzung (08.06.-12.12.1928), Berlin 1929.

SNELL, Reginald, St. Christopher School. 1915-1975, Letchworth 1975.

Der Sonnenberg. 1949-1959, in: Sonnenberg-Nachrichten, 5: September 1959, o.S.

SONNLEITNER, Alois Th., Die Höhlenkinder, 3 Bde., Stuttgart 1918-20.

SORGE, Ernst, Die Trockengrenze Südamerikas, Berlin, Univ., Diss., 1930.

SORGE, Ernst, Mit Flugzeug, Faltboot und Filmkamera in den Eisfjorden Grönlands. Ein Bericht über die Universal-Dr. Fanck-Grönland-Expedition, Berlin 1933.

SORGE, Ernst, Die Firnschrumpfung in den obersten Schichten des grönländischen Inlandeises. Trancactions of the Meeting of the International Commission of Snow and of Glaciers, Eddinburgh 1936/Riga 1938.

SORGE, Ernst, Glaziologische Untersuchungen der Deutschen Spitzbergexpedition 1935, Riga 1938.

SORGE, Ernst, Alfred Wegener und seine letzte Grönlandfahrt. Betrachtungen eines Expeditionsteilnehmers zur Veröffentlichung des Unterrichtsfilms F 227 'Deutsche Grönlandexpedition Alfred Wegener', in: Film und Bild. Zeitschrift der Reichsanstalt für Film und Bild in Wissenschaft und Unterricht, Jg. 6 (1940), S. 79-83.

SORGE, Ernst, Einsatz des RWU-Films 'Deutsche Grönlandexpedition Alfred Wegener' bei den Soldaten im Osten, in: Film und Bild. Zeitschrift der Reichsanstalt für Film und Bild in Wissenschaft und Unterricht, Jg. 7 (1941), S. 8-10.

SORGE, Ernst, Mit RWU-Filmen bei den Soldaten in Norwegen, in: Film und Bild. Zeitschrift der Reichsanstalt für Film und Bild in Wissenschaft und Unterricht, Jg. 7 (1941), S. 117-122.

SORGE, Ernst, 'Soldaten bauen ein Iglu'. Dem Unterrichtsfilm zum Geleit, in: Film und Bild. Zeitschrift der Reichsanstalt für Film und Bild in Wissenschaft und Unterricht, Jg. 9 (1943), S. 115-117.

SOTHMANN, Karl, Erster Pädagogischer Kongreß. Berlin 1946, in: Die neue Schule. Blätter für demokratische Erneuerung in Unterricht und Erziehung, Jg. 1 (1946), S. 207-209.

Sozialgeschichte in Deutschland. Entwicklungen und Perspektiven im internationalen Zusammenhang, hrsg. von Wolfgang SCHIEDER und Volker SELLIN, 4 Bde., Göttingen 1986/87.

Sozialgeschichte, Alltagsgeschichte, Mikro-Historie. Eine Diskussion, hrsg. von Winfried SCHULZE (=Kleine Vandenhoeck-Reihe, 1569), Göttingen 1994.

Sozialistischer Erzieher. Zeitschrift für proletarische Schulpolitik und Pädagogik, hrsg. von Fritz AUSLÄNDER, Berlin, Jg. 1 (1920) - 7 (1926, Januar).

SPARTAKUS IN GRÜN, Schulfarmen, in: Die Tat. Monatsschrift für die Zukunft deutscher Kultur, Jg. 11 (1919/20), Bd. II: Oktober/März, 1919/20, S. 856-859.

SPEIDEL, Manfred, Bruno Taut. 'Ich liebe die japanische Kultur', in: Kulturvermittler zwischen Japan und Deutschland. Biographische Skizzen aus vier Jahrhunderten, hrsg. vom japanischen Kulturinstitut Köln [u.a.] 1990, S. 205-224.

SPEYER, Wilhelm, Der Kampf der Tertia. Erzählung, 16.-25. Tsd. Berlin 1928.

SPITTELER, Karl, Olympischer Frühling. Neue, vollst. umgearb. Aufl. Jena 1910.

SPLANEMANN, Andreas, Bewährung und Begrenzung der Berliner Demokratie. Die erste Magistratsbildung der neuen Stadtgemeinde Berlin 1920, in: Beiträge zur Geschichte der Berliner Demokratie: 1919-1933/1945-1985, hrsg. von Otto BÜSCH (=Einzelveröffentlichungen der Historischen Kommission zu Berlin, 65), Berlin 1988, S. 3-43.

SPRANGER, Eduard, Humanismus und Jugendpsychologie. Vortrag, gehalten in der Versammlung der Vereinigung der Freunde des Humanistischen Gymnasiums in Berlin und in der Provinz Brandenburg am 3. Dezember 1921, Berlin 1922.

SPRANGER, Eduard, Die drei Motive der Schulreform, in: Monatsschrift für höhere Schulen, Jg. 20 (1921), S. 260-274; u.a. wieder in: SPRANGER, Eduard, Kultur und Erziehung. Gesammelte pädagogische Aufsätze, 4. verm. Aufl. Leipzig 1928, S. 142-162; wieder in: Die deutsche Reformpädagogik, hrsg. von Wilhelm FLITNER und Gerhard KUDRITZKI, Bd. II: Ausbau und Selbstkritik, 2. unveränd. Aufl. Stuttgart 1982, S. 9-22.

SPRANGER, Eduard, Franz Hilker zum 80. Geburtstag, in: Bildung und Erziehung, Jg. 14 (1961), S. 193-195.

SPREE, Richard, Die gute Schule an der Panke. Erinnerungen 1905-194, in: Lessing-Gymnasium. 100 Jahre [1882-1982], Berlin 1982, S. 7-20.

Staatsbürgerkunde im mathematisch-naturwissenschaftlichen Unterricht mit Einschluß der Erdkunde, hrsg. von Karl METZNER, Leipzig 1931.

Staatsbürgerliche Erziehung. Im Auftrage des Zentralinstituts für Erziehung und Unterricht hrsg. von Felix LAMPE und Georg H. FRANKE, Breslau 1924; 2. [um zwei Aufsätze] erw. Ausg. Breslau 1926; ein Teil der Beiträge ist wieder veröff. in: Politische Bildung in der Weimarer Republik. Grundsatzreferate der 'Staatsbürgerlichen Woche' 1923, hrsg. und eingel. von Kurt Gerhard FISCHER, Frankfurt 1970.

Der Staatskommissar für das Berliner Schulwesen, Dr. Meinshausen, in: Deutsches Philologen-Blatt, Jg. 41 (1933), S. 249f.

STACHOWITZ, Werner, Der 'Marsch in die Heimat' Der Natur- und Heimatschutzgedanke als Mittel der Erziehung [Rezension von: Der Marsch in die Heimat. Ein Heimatbuch des Bezirks Berlin-Reinickendorf, hrsg. von Walter PAULS und Wilhelm TESSENDORF, Frankfurt 1936], in: Nationalsozialistische Erziehung. Kampf- und Mitteilungsblatt des Nationalsozialistischen Lehrerbundes für den Gau Groß-Berlin, Jg. 5 (1936), S. 633f.

STÄBLEIN, B., Ambrosius, in: Lexikon für Theologie und Kirche, Bd. 1, Freiburg i. Br. 1957 [Repr. ebd. 1986], Sp. 427f.

Stätten des Widerstandes in Berlin 1933-1945, hrsg. von der Gedenkstätte Deutscher Widerstand, Berlin o.J.

STECHE, Otto, Grundriß der Zoologie. Eine Einführung in die Lehre vom Bau und von den Lebenserscheinungen der Tiere für Studierende der Naturwissenschaften und der Medizin, Leipzig 1919.

STECHE, Otto, Bergschule Hochwaldhausen, in: Deutsche Schulversuche, hrsg. von Franz HILKER, Berlin 1924, S. 168-179.

STECHE, Otto, Die deutschen Landerziehungsheime und freien Schulen, in: Frankfurter Zeitung vom 13.05.1925.

STECHE, Otto, Die Bergschule Hochwaldhausen, in: Neue Schulformen und Versuchsschulen, hrsg. von Gustav PORGER (=Pädagogische Schriftsteller, 21), Bielefeld [u.a.] 1925, S. 72-77.

STECHE, Otto, Das freie Kurssystem, in: Das Landerziehungsheim, hrsg. von Alfred ANDREESEN, Leipzig 1926, S. 60-64.

STECHE, Otto, Vom Zellverband zum Individuum (=Verständliche Wissenschaft, 10), Berlin 1929.

STECHE, Otto, Lehrbuch der Rassenkunde, Vererbungslehre und Rassenpflege für die Oberstufe höherer Lehranstalten, 2. Aufl. Leipzig 1933.

STEFAN, Paul, Frau Doktor. Ein Bildnis aus dem unbekannten Wien, München 1922.

STEIGER, Willy, Fahrende Schule. Ein Weg vom Mechanismus Schule zur Kraftquelle Leben (=Entschiedene Schulreform, 44), Leipzig 1924; 2. unveränd. Aufl. Leipzig 1926; Auszug (Kap. 'Vom Sinn und Unsinn' (S. 18-23)) u.d.T. 'Schulfahrten. Vom Sinn und Unsinn' wieder in: Junge Menschen. Monatshefte für Politik, Kunst, Literatur und Leben aus dem Geiste der jungen Generation, Jg. 6 (1925), S. 173f.; Auszug (Kap. 'Vom Sinn und Unsinn' (S. 18-23) und 'Aus einem Fahrtenbuch' (S. 23-26)) u.d.T. ''Fahrende Schule Hellerau' - Überschäumendes Lebensgefühl auf der Wanderfahrt (1924)' wieder in: HOOF, Dieter, Die Schulpraxis der Pädagogischen Bewegung des 20. Jahrhunderts. Berichte und Unterrichtsbilder, Bad Heilbrunn 1969, S. 64-70.

STEIGER, Willy, S'blaue Nest. Erlebnisse und Ergebnisse aus einer vierjährigen Arbeit mit einer Volksschuloberstufe (=Künftige Ernten. Saat- und Wachstumsberichte von neuer Erziehung, 1), Dresden 1925; neu hrsg. und mit einem Vorwort vers. von Jürgen ZINNECKER, Frankfurt 1978.

STEINBACH, Peter, Widerstandsforschung im politischen Spannungsfeld, in: Aus Politik und Zeitgeschichte. Beilage zur Wochenbeilage Das Parlament, B 28/88 vom 8. Juli 1988, S. 3-21.

STEINBACH, Peter, Aspekte der Widerstandsforschung in wissenschaftsgeschichtlichem und landeskundlichem Kontext, in: Niedersächsisches Jahrbuch für Landesgeschichte, Bd. 62 (1990), S. 1-23.

STEINBACH, Peter, Die 'Rote Kapelle' - ein Vergleichsfall für die Widerstandsgeschichte, in: Deutsches Allgemeines Sonntagsblatt vom 01.09.1989; wieder in: Die Widerstandsorganisation

Schulze-Boysen/Harnack. Die 'Rote Kapelle'. Tagung vom 9.-11.9.1988 im Adam-von-Trott-Haus, hrsg. von der Evangelischen Akademie Berlin (West) (=Dokumentation 69/90), Berlin 1990, S. 79-85.

STEINBACH, Peter, Die Rote Kapelle - 50 Jahre danach, in: Die Rote Kapelle im Widerstand gegen den Nationalsozialismus, hrsg. von Hans COPPI, Jürgen DANYEL und Johannes TUCHEL (=Schriften der Gedenkstätte Deutscher Widerstand, 1), Berlin 1994, S. 54-67.

STEINBECK, John, Von Mäusen und Menschen. Roman. Aus dem Engl. übers. von Elisabeth ROTTEN, Zürich 1940; 5. ungekürzte Aufl. München 1992.

STEINBECK, John, Die wunderlichen Schelme von Tortilla Flat. Roman. Aus dem Engl. übers. von Elisabeth ROTTEN, Zürich 1943.

STEINBRINKER, Heinrich, Kurzchronik [über Schulversuche der Jugendbewegung], in: Die deutsche Jugendbewegung 1920 bis 1933. Die bündische Zeit, hrsg. von Werner KINDT (=Dokumentation der Jugendbewegung, 3), Düsseldorf [u.a.] 1974, S. 1444f.

STEINER, Hans, Das Ausland und die Wiener Schulreform, in: Schulreform, Jg. 11 (1932), S. 91-94.

STEPHAN, Rudolf, August Halm (1869-1929), in: Neue Deutsche Biographie, Bd. 17, Berlin 1966, S. 568f.

STEWART, William Alexander Campbell, Progressives and Radicals in English Education, 1750-1970, New Jersey 1972.

Stichwort Schulgeschichte. Dokumentation der schulgeschichtlichen Sammlung des Heimatmuseums Neukölln einschließlich der Aktenbestände des Bezirks-Archivs Neukölln (Berlin), hrsg. vom Bezirksamt Neukölln, Abt. Volksbildung, Kunstamt/Heimatmuseum (=Mitteilungen & Materialien der Arbeitsgruppe Pädagogisches Museum e.V., Sonderheft 3; Dokumentation aus der Sammlung des Heimatmuseums Neukölln, 1), Berlin 1994.

STOCKER, A., Neue Schulversuche und Schulformen in Deutschland, in: Pharus. Katholische Monatsschrift für Orientierung in der gesamten Pädagogik, Jg. 21 (1930), S. 337-353.

STOCKER, G., Aus dem Leben und Wirken Elisabeth Rottens, in: Schweizer Frauenblatt vom 01.01.1965.

STÖCKER, Hermann, Vielfältig wie das Leben selbst ... - Die Fotografien der Arbeits- und Gemeinschaftsschule an der Helgolanderstraße, in: KinderSchule ZukunftsSchule. Eine Versuchsschule der Weimarer Republik in ihren Bildern (=Katalog 3 zum Ausstellungsprojekt 'Geh zur Schul und lerne was'. 150 Jahre Schulpflicht in Bremen 1844-1994'), Bremen 1994, S. 67-71.

STÖCKER, Hermann, Arbeits- und Gemeinschaftsschule an der Helgolanderstraße in Bremen, 1921-1933, in: Pädagogik, Jg. 47 (1995), Heft 4, S. 49-54.

STÖCKER, Hermann, KinderSchule - ZukunftsSchule. Eine Bremer Versuchsschule in ihren Bildern, in: Bilder als Quellen der Erziehungsgeschichte, hrsg. von Hanno SCHMITT, Jörg-W. LINK und Frank TOSCH, Bad Heilbrunn 1997, S. 149-166.

STÖCKER, Lydia, Zur Religionsfrage, in: Bausteine zur neuen Schule. Vorschläge entschiedener Schulreformer, hrsg. von Paul OESTREICH (=Pädagogische Reihe, 16), München 1923, S. 62-65; wieder in: Die Religion der Reformpädagogen. Ein Arbeitsbuch, hrsg. von Ralf KOERRENZ und Norbert COLLMAR, Weinheim 1994, S. 196f.

STÖHR, Wolfgang, Lehrer und Arbeiterbewegung. Entstehung und Politik der ersten Gewerkschaftsorganisation der Lehrer in Deutschland 1920 bis 1923. Mit einem Vorwort von Dietfried KRAUSE-VILMAR, 2 Bde. (=Schriftenreihe für Sozialgeschichte und Arbeiterbewegung, Bd. 13/1 und 13/2), Marburg 1978 [als Diss. u.d.T.: Die Freie Lehrergewerkschaft Deutschlands (FLGD) 1920 bis 1923. Eine organisationshistorische und organisationssoziologische Untersuchung über Entstehung, Struktur und Politik der ersten Gewerkschaftsorganisation der Lehrer in Deutschland, 2 Teile, Marburg 1976].

STOLL, Hermann, Geschichte der Freunde des vaterländischen Schul- und Erziehungswesens in Hamburg. Festschrift zur Hundertjahrfeier 1805-1905, Hamburg 1905.

STOLL, Hermann / KURTZWEIL, H., Gesellschaft der Freunde des vaterländischen Schul- und Erziehungswesens in Hamburg 1905-1930. Zum Gedenktag ihres 125jährigen Bestehens am 3. November 1930, Hamburg 1930.

STONE, Lawrence, Prosopography, in: Daedalus. Journal of the American Academy of Arts and Sciences, Jg. 100 (1971), S. 46-79; gekürzte dt. Übers. u.d.T. 'Prosopographie - englische Erfahrungen', in: Quantifizierung in der Geschichtswissenschaft. Probleme und Möglichkeiten, hrsg. von Konrad H. JARAUSCH, Düsseldorf 1976, S. 64-97.

STRAUß, Emil, Freund Hein. Eine Lebensgeschichte, Berlin 1902.

STRINDBERG, August, Historische Miniaturen, 8. Aufl. München 1912.

STRINDBERG, August, Gespenstersonate (=Insel-Bücherei, 293), Leipzig 1919.

STUCKEN, Eduard, Gawan. Ein Mysterium, Berlin 1902.

STÜRMER, Michael, Koalition und Opposition in der Weimarer Republik 1924-1928 (=Beiträge zur Geschichte des Parlamentarismus und der politischen Parteien, 36), Düsseldorf 1967.

STÜRMER, Rainer, Freiflächenpolitik in Berlin in der Weimarer Republik. Ein Beitrag zur Sozial- und Umweltschutzpolitik einer modernen Industriestadt (=Berlin-Forschung, 25), Berlin 1991.

STURM, Die Neuköllner Gartenarbeitsschule. im Film, in: Der Elternbeirat. Halbmonatsschrift für Eltern, Lehrer und Behörden, Jg. 3 (1922), S. 221f.

SUDERMANN, Hermann, Morituri - Teja - Fritzchen. Das Ewig-Männliche, 21.-22. Aufl. Stuttgart 1912.

Synoptische Tabellen für den geschichtlichen Arbeits-Unterricht vom Ausgang des Mittelalters bis zur Gegenwart, hrsg. von Siegfried KAWERAU unter Mitarbeit von Fritz AUSLÄNDER [u.a.], Leipzig [u.a.] 1921.

Das System Paulsen, in: Germania vom 14.01.1921.

TACKE, Otto, Die Fabeln des Erzpriesters von Hta im Rahmen der mittelalterlichen Fabelliteratur. Nebst eines Analyse des 'Libro de buen amor', Breslau, Univ., Diss., 1911.

TACKE, Otto, Der Sprachunterricht muß umkehren! (=Entschiedene Schulreform, 10), Leipzig 1923.

TACKE, Otto, Der Schulmeister als Lebensmeister, in: Der neue Lehrer. Die notwendige Lehrerbildung. Beiträge zur Entschiedenen Schulreform, hrsg. von Paul OESTREICH und Otto TACKE, Osterwieck 1926, S. 116-126.

TACKE, Otto, 'Wir lieben unsere Lehrer', in: Die neue Schule, Jg. 1 (1946), S. 12f.

Eine Täter-Karriere: Dr. Hans Meinshausen (1889-1948), in: Heil Hitler, Herr Lehrer. Volksschule 1933-1945. Das Beispiel Berlin, hrsg. vom Pädagogischen Museum [Berlin], Reinbek 1983, S. 47.

Tagebuch des Weltbundes für Erneuerung der Erziehung 1920-1953, Wiesbaden 1953.

Tages-Brevier für Denkende Menschen. Zusammengestellt von Elisabeth ROTTEN, hrsg. vom Escherbund, Zürich 1939; 4. umgearb. Aufl. Zürich 1945.

Rabindranath Tagores 'Friedensstätte' [mit einem Auszug aus: TAGORE, Rabindranath, Aufruf zu einer Internationalen Universität], in: Internationale Erziehungs-Rundschau, Jg. 2 (1921), 46-48; u.d.T. 'TAGORE, Rabindranath, Ost und West' gekürzt wieder in: Das Werdende Zeitalter, Jg. 7 (1928), S. 260-262.

TAGORE, Rabindranath, Meine Schule in Indien, in: Lebensgemeinschaftsschule, Jg.3 (1926), S. 75-78; Auszug eines Berichtes in der amerik. Zeitschrift 'The Journal of The National Education Association, März 1926' in dt. Übers., mit einer Einleitung von Alfred EHRENTREICH.

TAGORE, Rabindranath, Letters to a Friend. London 1928.

TAGORE, Rabindranath, Meine Schule, in: Schweizer Erziehungs-Rundschau. Organ für das öffentliche und private Bildungswesen der Schweiz, Jg. 2 (1929/30), Nr. 7: Oktober 1929, S. 144-149 und S. 178-182.

Tagung 'Das Landerziehungsheim' [in der Himmelfahrtswoche (18.-20. Mai) 1925], in: Pädagogisches Zentralblatt, Jg. 5 (1925), S. 172, S. 278 und S. 342f.

TAUT, Bruno, Erläuterung zum Entwurf der Schulanlage am Dammweg [gekürzte Fassung eines Schreibens an das Bezirksamt Neukölln, Abt. Bauwesen vom Dezember 1927 (Typoskript (Durchschlag) im Heimatmuseum Neukölln)], in: Schulreform - Kontinuitäten und Brüche. Das Versuchsfeld Berlin-Neukölln, hrsg. von Gerd RADDE, Werner KORTHAASE, Rudolf ROGLER und Udo GÖßWALD im Auftrag des Bezirksamts Neukölln, Abt. Volksbildung, Kunstamt, Bd. I: 1912 bis 1945, Opladen 1993, S. 218-222.

TAUT, Bruno, Erklärungen zu dem Neubau der Schulanlage am Dammweg Neukölln, in: KARSEN, Fritz / TAUT, Bruno, Die Dammwegschule Neukölln, Berlin 1928, S. 26-32.

TAUT, Bruno, Zum neuen Schulbau, in: Bauten der Volkserziehung und Volksgemeinschaft, hrsg. von Emanuel Josef MARGOLD, Berlin 1930, S. 1-4.

TAUT, Bruno, Der Neue Schulbau, in: Wesen und Wege der Schulreform. Hans Richert dem Sechzigjährigen zum 21. Dezember 1929. Mit Heinrich DEITERS und Lina MAYER-KULENKAMPFF hrsg. von Adolf GRIMME, Berlin 1930, S. 166-170; wieder in: Das Schulhaus. Zentralorgan für Bau, Einrichtung und Ausstattung der Schulen und verwandten Anstalten im Sinne neuzeitlicher Forderungen, Jg. 24 (1929/30), S. 161-166.

Bruno Taut. 1880-1938, Ausstellung der Akademie der Künste vom 29.06.-03.08.1980, o.O. und J. [1980].

Technik in der Landwirtschaft. Schriftleitung Ernst ZANDER, Berlin, Jg. 9 (1928).

TENORTH, Heinz-Elmar, Zur deutschen Bildungsgeschichte 1918-1945. Probleme, Analysen und politisch-pädagogische Perspektiven (=Studien und Dokumentationen zur deutschen Bildungsgeschichte, 28), Köln [u.a.] 1985.

TENORTH, Heinz-Elmar, Pädagogisches Denken, in: Handbuch der deutschen Bildungsgeschichte, Bd. V: 1918-1945: Die Weimarer Republik und die nationalsozialistische Diktatur, hrsg. von Dieter LANGEWIESCHE und Heinz-Elmar TENORTH, München 1989, S. 111-154.

TENORTH, Heinz-Elmar, Konzeptionelle Möglichkeiten, methodische Innovationen und aktuelle Bedeutung Historischer Pädagogik, in: BÖHME, Günther / TENORTH, Heinz-Elmar, Einführung in die Historische Pädagogik, Darmstadt 1990, S. 182-226.

TENORTH, Heinz-Elmar, Der sozialgeschichtliche Zugang zur Historischen Pädagogik, in: BÖHME, Günther / TENORTH, Heinz-Elmar, Einführung in die Historische Pädagogik, Darmstadt 1990, S. 117-181.

TENORTH, Heinz-Elmar, Geschichte der Erziehung. Einführung in die Grundzüge ihrer neuzeitlichen Entwicklung, 2. durchges. Aufl. Weinheim [u.a.] 1992.

TENORTH, Heinz-Elmar, Nachwort. Reformpädagogik, ihre Historiographie und Analyse, in: SCHEIBE, Wolfgang, Die reformpädagogische Bewegung 1900-1932. Eine einführende Darstellung. Mit einem Nachwort von Heinz-Elmar TENORTH. 10., erw. und neuausgestattete Aufl. [bis auf das Nachwort von Tenorth unveränd. Aufl. der 9. Aufl. (1984), die wiederum eine unveränd. Aufl. der 8. erg. und mit einem Nachwort von Scheibe erw. Aufl. (1982) darstellt] (=Pädagogische Bibliothek Beltz, 9), Weinheim 1994, S. 438-459.

TENORTH, Heinz-Elmar, Das Zentralinstitut für Erziehung und Unterricht. Außeruniversitäre Erziehungswissenschaft zwischen Politik, Pädagogik und Forschung, in: Außeruniversitäre Erziehungswissenschaft in Deutschland. versuch einer historischen Bestandsaufnahme, hrsg. von Gert GEISSLER und Ulrich WIEGMANN (=Studien und Dokumentationen zur vergleichenden Bildungsforschung, 65), Köln [u.a.] 1996, S. 113-135.

TESAR, Ludwig Erik, Unterrichter, Erzieher und Wirtschafter. Probleme aus Praxis und Leben [Kurzfassung eines Vortrages auf der Tagung des Bundes Entschiedener Schulreformer 'Der neue Lehrer (Lehrerbildung)' vom 30.09.-04.10.1925 im Rathaus Berlin-Schöneberg], in: Neue Erziehung, Jg. 7 (1925), S. 724f.

TESAR, Ludwig Erik, Zur Schulgemeinde, in: Neue Erziehung, Jg. 7 (1925), S. 345-347.

TESAR, Ludwig Erik, Gesellschaft und Schule, Berlin 1925.

TESAR, Ludwig Erik, Schulgutswirtschaft, Schulgarten, Schulfeld, in: Die Tat. Monatsschrift für die Zukunft deutscher Kultur, Jg. 18 (1925/26), Bd. II: Oktober/März, 1925/26, S. 810-815.

TESAR, Ludwig Erik, Unterrichter, Erzieher und Wirtschafter, in: Der neue Lehrer. Die notwendige Lehrerbildung. Beiträge zur Entschiedenen Schulreform, hrsg. von Paul OESTREICH und Otto TACKE, Osterwieck 1926, S. 116-126.

TESAR, Ludwig Erik, Etwas über die Produktionsschule, in: Neue Erziehung, Jg. 8 (1926), S. 929-938.

TESAR, Ludwig Erik, Produktive Erziehung [Leitsätze zur Tagung des Bundes Entschiedener Schulreformer 'Großstadt und Erziehung' vom 30.09.-04.10.1927 im Rathaus Berlin-Schöneberg], in: Neue Erziehung, Jg. 9 (1927), S. 730.

TESAR, Ludwig Erik, Die Schulreform in Österreich, in: Handbuch der Pädagogik, hrsg. von Herman NOHL und Ludwig PALLAT, Bd. 4, Langensalza 1928, S. 313-324.

TESAR, Ludwig Erik, Probleme der österreichischen Bundeserziehungsanstalten, in: Die Erziehung, Jg. 4 (1929), S. 500-513.

TESAR, Ludwig Erik, Produktionsschule, in: Neue Erziehung, Jg. 11 (1929), S. 780-784.

TESAR, Ludwig Erik, 'Verschulung' in Österreich, in: Neue Erziehung, Jg. 11 (1929), S. 841-849.

TESAR, Ludwig Erik, Von der Phantasie und vom Schöpferischen im Knaben, in: Das Werdende Zeitalter, Jg. 9 (1930), S. 8-18.

TESAR, Ludwig Erik, Wirtschaftsgestaltung und Erziehung, in: Neue Erziehung, Jg. 13 (1931), S. 726f.

TESAR, Ludwig Erik, Vom Zeichenunterricht. Erfahrungen aus einer österreichischen Bundeserziehungsanstalt, in: Die Erziehung, Jg. 6 (1931), S. 644-654.

TESAR, Ludwig Erik, Die österreichischen Bundes-Erziehungs-Anstalten. Gleichzeitig ein Beitrag zum Problem der Erziehung durch den Staat, in: Internationale Zeitschrift für Erziehungswissenschaft, Jg. 2 (1932/33), S. 610-621.

TESAR, Ludwig Erik, Werktätigkeit und Arbeitserziehung in der höheren Schule. Bericht über langjährige Versuche mit Landwirtschaft, gärtnerischer und handwerklicher Tätigkeit, in: Die Erziehung, Jg. 10 (1935), S. 485-495.

TESAR, Ludwig Erik, Gedanken über unsere Erziehungsarbeit (geschrieben im Frühjahr 1923), in: Die österreichischen Bundeserziehungsanstalten, hrsg. von Viktor FADRUS (=Lehrerbücherei, 26), Wien [u.a.] o.J, S. 301-335.

TESAR, Ludwig Erik, Das Handwerk, in: Die österreichischen Bundeserziehungsanstalten, hrsg. von Viktor FADRUS (=Lehrerbücherei, 26), Wien [u.a.] o.J, S. 391-411.

TEUSCHER, Adolf, Wandlungen der Schulgartenidee, in: Die Gartenschule. Ihr Wesen und ihr Werden, hrsg. von Adolf TEUSCHER und Max MÜLLER, Leipzig 1926, S. 1-10.

Textbuch zur Religionsgeschichte, hrsg. von Edvard LEHMANN und Hans HAAS, 2. erw. und verb. Aufl. Leipzig 1922.

THEIL, Carl, Neue Schule Hellerau, in: Internationale Erziehungs-Rundschau, Jg. 2 (1921), Heft 6, S. 46-48.

THIMME, Anneliese, Hans Delbrück als Kritiker der Wilhelminischen Epoche (=Beiträge zur Geschichte des Parlamentarismus und der politischen Parteien, 6), Düsseldorf 1955.

THOMALE, Eckhard, Bibliographie Ernst Krieck. Schriften - Sekundärliteratur - Kurzbiographie, Weinheim [u.a.] 1970.

THOMAS, Alfred, Der Schulgarten - ein Stück Arbeits-, Produktions- und Erziehungsschule, in: Neue Erziehung, Jg. 6 (1924), S. 612-615; wieder in: HEILAND, Helmut / SAHMEL, Karl-Heinz, Praxis Schulleben in der Weimarer Republik 1918-1933. Die reformpädagogische Idee des Schullebens im Spiegel schulpädagogischer Zeitschriften der Zwanziger Jahre (=Documenta Paedagogica, 3), Hildesheim [u.a.] 1985, S. 162-165.

Heinz Tiessen (geb. 1887), in: Riemann Musiklexikon, 12., völlig neu bearb. Aufl. in 3 Bdn. hrsg. von Wilibald GURLITT, Bd. 2: Personenteil L-Z, Mainz [u.a.] 1961, S. 796.

TOLLER, Ernst, Die Wandlung. Das Ringen eines Menschen [26.-30. Tsd. Potsdam 1925].

TOLSTOI, Leo N., Herr und Knecht. Das Kaffeehaus von Surate (=Universal-Bibliothek, 3373), Leipzig 1895.

TOLSTOI, Leo N., Die Schule von Jasnaja Poljana, hrsg. und mit einem Vorwort von Stephan BLANKERTZ (=Bibliothek der Schulkritiker, 1), 2. Aufl. Wetzlar 1980.

TOLSTOI, Leo, Wovon lebt der Mensch?, in: TOLSTOI, Leo, Volkserzählungen, übers. und hrsg. von Guido WALDMANN (=Universal-Bibliothek, 2556), Stuttgart 1995, S. 3-36.

TOURBIER, Richard, Das Adverb als attributives Adjektiv im Neuenglischen, Berlin, Univ., Diss., 1928.

Towards a History of Everyday Educational Reality, ed. by Marc DEPAEPE, Max LIEDTKE und Frank SIMON (=Paedagogica Historica. International Journal of the History of Education, Jg. 31, Heft 1), Gent 1995.

Towards a New Education. A record and synthesis of the discussions on the new psychology and the curriculum at the fifth world conference of the New Education Fellowship held at Elsinore, Denmark, in August 1929, ed. by William BOYD, London [u.a.] 1920.

TRAPP, Gerhard, La Coûme: Schule hinter den Bergen, in: betrifft erziehung, Jg. 17 (1984), Heft 4 (April), S. 43-45.

'Der Traum von der freien Schule'. Schule und Schulpolitik in der Weimarer Republik, hrsg. von Hans-Peter DE LORENT und Volker ULLRICH, Hamburg 1988.

TRAVEN, B., Das Totenschiff. Die Geschichte eines amerikanischen Seemanns, Berlin 1926.

TREITSCHKE, Heinrich, Deutsche Geschichte im 19. Jahrhundert, Leipzig,
Bd. 1: 9. Aufl. 1913;
Bd. 2: 7. Aufl. 1912;
Bd. 3: 7. Aufl. 1913;
Bd. 4: 6. Aufl. 1914;
Bd. 5: 6. Aufl. 1914;
Personen- und Sachregister 1921.

TROELTSCH, Ernst, Humanismus und Nationalismus in unserem Bildungswesen. Vortrag, gehalten in der Versammlung der Vereinigung der Freunde des humanistischen Gymnasiums in Berlin und der Provinz Brandenburg am 28. November 1916, Berlin 1917.

TROELTSCH, Ernst, Deutsche Bildung [Vortrag, gehalten am 3. Oktober 1918 anläßlich der Eröffnung der Volkshochschule in Görlitz], in: Der Leuchter. Weltanschauung und Lebensgestaltung, Darmstadt 1919, S. 191-240; leicht verändert auch als: TROELTSCH, Ernst, Deutsche Bildung (=Reichls deutsche Schriften, 12), Darmstadt 1919; letztere Fassung am Anfang leicht gekürzt wieder in: TROELTSCH, Ernst, Deutscher Geist und Westeuropa, Tübingen 1925, S. 169-210.

TROTZKI, Leo, Von der Oktoberrevolution bis zum Brester Friedensvertrag, Berlin 1918.

TRUMPP, Thomas, Zur Geschichte, Struktur und Nutzung der photographischen Überlieferungen des Bundesarchivs. Bildarchiv, Bildsammlung oder Bildagentur? (Mit einer Liste der Bildbestände), in: Der Archivar, Jg. 36 (1983), S. 366-375.

TUCHEL, Johannes, Weltanschauliche Motivationen in der Harnack/Schulze-Boysen-Organisation ('Rote Kapelle'), in: Kirchliche Zeitgeschichte, Jg. 1 (1988), S. 267-292.

TUTZKE, Dietrich, Alfred Grotjahns Verhältnis zur Sozialdemokratie, in: Zeitschrift für ärztliche Fortbildung. Organ der Akademie für ärztliche Fortbildung der DDR, Jg. 54 (1960), S. 1183-1187.

TUTZKE, Dietrich, Einige Bilddokumente zu Alfred Grotjahns Leben und Wirken, in: Das medizinische Bild, Jg. 11 (1968), S. 156-160.

TUTZKE, Dietrich, Alfred Grotjahn (1869-1931) und das Hygiene-Institut der Universität Berlin, in: NTM. Schriftenreihe für Geschichte der Naturwissenschaften, Technik und Medizin, Jg. 8 (1971), Heft 2, S. 81-91.

TUTZKE, Dietrich, Alfred Grotjahn und die Sozialhygiene, in: Zeitschrift für ärztliche Fortbildung. Organ der Akademie für ärztliche Fortbildung der DDR, Jg. 67 (1973), S. 783-788.

Über die Grenzen. Alltag und Widerstand im Schweizer Exil. Eine Ausstellung der 'Studienbibliothek zur Geschichte der Arbeiterbewegung' Zürich [10.06. - 03.07.1988], Zürich 1988.

Übersicht über die Bestände des Brandenburgischen Landeshauptarchivs Potsdam (Staatsarchiv Potsdam), Bd. 1 (=Veröffentlichungen des Brandenburgischen Landeshauptarchivs (Staatsarchiv Potsdam), 5), Weimar 1964.

Übersicht über die Bestände des Deutschen Zentralarchivs Potsdam (=Schriftenreihe des deutschen Zentralarchivs, 1), Berlin (DDR) 1957.

Übersicht über die Bestände des Geheimen Staatsarchivs in Berlin-Dahlem, Teil II: Zentralbehörden, andere Institutionen, Sammlungen, bearb. von Hans BRANIG, Winfried BLIß und Werner PETERMANN, Köln [u.a.] 1967.

Übersicht über die städtischen höheren Lehranstalten,
[Jg. 1]. Stand vom 1. Mai 1927. Anhang: Die staatlichen höheren Lehranstalten in Berlin, Berlin 1927;
[Jg. 2]. Stand vom 1. Mai 1928. Anhang: Die staatlichen höheren Lehranstalten in Berlin, Berlin 1928;
[Jg. 3]. Stand vom 1. Mai 1929. Anhang: Die staatlichen höheren Lehranstalten in Berlin, Berlin 1929;
[Jg. 4]. Stand vom 1. Mai 1930, Anhang: Die staatlichen höheren Lehranstalten in Berlin, Berlin 1930;
[Jg. 5]. Stand vom 1. Mai 1931. Anhang: Die staatlichen höheren Lehranstalten in Berlin, Berlin 1931.

UENZE, Otto, Milseburg, in: Handbuch der Historischen Stätten Deutschlands, Bd. 4: Hessen, hrsg. von Georg Wilhelm SANTE, 2. Aufl. Stuttgart 1967, S. 332.

UFFRECHT, Bernhard, Die Gründung von Freien Schul- und Werkgemeinschaften als Mittel zur Befestigung des neuen Staates und Schaffung eines neuen deutschen Geisteslebens. Ausgearb.

im Preuß. Ministerium des Innern, unterzeichnet von HEINE, Preußisches Ministerium des Innern, Berlin 1919.

UFFRECHT, Bernhard, Die freie Schul- und Werkgemeinschaft [im Jagdschloß Dreilinden]. Eine neue Schulform, Berlin 1921.

UFFRECHT, Bernhard, Die freie Schul- und Werkgemeinschaft Letzlingen, in: Deutsche Schulversuche, hrsg. von Franz HILKER, Berlin 1924, S. 137-155.

UFFRECHT, Bernhard, Der Gedanke der erziehungsfreien Gemeinschaft und seine Durchführung in der Freien Schul- und Werkgemeinschaft Letzlingen, in: Das Landerziehungsheim, hrsg. von Alfred ANDREESEN, Leipzig 1926, S. 40-47.

Bernhard Uffrecht. Kurzbiographie und Bibliographie, in: SCHWARZ, Karl, Bibliographie der deutschen Landerziehungsheime (=Aus den deutschen Landerziehungsheimen, 8), Stuttgart 1970, S. 110-112.

UFFRECHT, Ulrich, Die Freie Schul- und Werkgemeinschaft Letzlingen. Ein Schulversuch von bleibender Bedeutung, in: Neue Sammlung, Jg. 32 (1992), S. 549-570.

UFFRECHT, Ulrich, Die Freie Schul- und Werkgemeinschaft Letzlingen - ihr Verhältnis zur Jugendbewegung und zu anderen Landerziehungsheimen, in: Neue Sammlung, Jg. 35 (1995), S. 89-106.

UHLIG, Christa, Edwin Hoernles Auseinandersetzung mit der Reformpädagogik am Beispiel reformpädagogischer Versuchsschulen, in: Jahrbuch für Erziehungs- und Schulgeschichte, Jg. 26 (1986), S. 138-143.

UHLIG, Otto, Zeitliche Wurzeln - bleibende Wirkungen. Ansprache 1981 in Schlüchtern, in: Bergwinkel-Bote 35 (1984), S. 29-39.

ULLRICH, Heiner, Verklärte Reformpädagogik. Betrachtungen im Anschluß an Klaus Rödler: 'Vergessene Alternativschulen', in: Neue Sammlung, Jg. 28 (1988), S. 109-117.

ULLRICH, Heiner, Die Reformpädagogik. Modernisierung der Erziehung oder Weg aus der Moderne?, in: Zeitschrift für Pädagogik, Jg. 36 (1990), S. 893-918.

ULLRICH, Heiner, Die Verheißungen der Reformpädagogik. Gedanken zu Andreas Flitner: 'Reform der Erziehung', in: Neue Sammlung, Jg. 33 (1993), S. 31-44.

ULLRICH, Volker, Jeanne d'Arc des Schulwesens. Leben, Werk und Exil der Eugenie Schwarzwald [Rezension von: Leben mit provisorischer Genehmigung. Leben, Werk und Exil von Dr. Eugenie Schwarzwald (1872-1940). Eine Chronik, hrsg. von Hans DEICHMANN, Berlin [u.a.] 1988], in: Frankfurter Rundschau vom 27.06.1989.

Die Umgestaltung der Reifeprüfung in Preußen. Unterredung mit Minister Boelitz, in: Berliner Tageblatt und Handelszeitung vom 15.01.1924.

Und die Flamme soll euch nicht verbrennen. Letzte Briefe europäischer Widerstandskämpfer, hrsg. von Piero MAVEZZI und Giovanni PIRELLI. Mit einem Vorwort von Thomas MANN, Berlin (DDR) 1956, S. 151f.

UNRUH, Fritz von, Mächtig seid ihr nicht in Waffen. Reden. Mit einem Begleitwort von Albert EINSTEIN, Nürnberg 1957.

Fritz von Unruh. Rebell und Verkünder. Der Dichter und sein Werk, hrsg. von Friedrich RASCHE, Hannover 1960.

Unsere Rütlischule. Ein Streifzug durch die Geschichte einer Reformschule. Zeitzeugen berichten aus den Jahren 1920-1936, hrsg. von der Rütli-Projektgruppe, Berlin 1989.

Unterredung mit Dr. Meinshausen, in: Nationalsozialistische Erziehung. Kampf- und Mitteilungsblatt des Nationalsozialistischen Lehrerbundes im Bereich Norddeutschland, hrsg. von Hans SCHEMM, Berlin, Jg. 2 (1933), S. 102f.

Unterricht wird Pflicht. Entstehung und Folgen des Schulpflichtproklams von 1844, hrsg. von der Schulgeschichtlichen Sammlung Bremen, dem Staatsarchiv Bremen und dem Wissenschaftlichen Institut für Schulpraxis Bremen (=Katalog 1 zum Ausstellungsprojekt "Geh zur Schul und lerne was'. 150 Jahre Schulpflicht in Bremen 1844-1994'), Bremen 1994.

Das Unterrichts- und Erziehungswesen Groß-Berlins. Eine Übersicht über seinen gegenwärtigen Stand zur Orientierung für Fremde und Einheimische. In Verbindung mit einigen Fachleuten entworfen von Wilhelm MÜNCH, Berlin 1912.

URBACH, Dietrich, Erwin Ernst Marquardt, in: Biographisches Handwörterbuch der Erwachsenenbildung. Erwachsenenbildner des 19. und 20. Jahrhunderts, hrsg. von Günther WOLGAST und Joachim H. KNOLL, Stuttgart [u.a.] 1986, S. 259f.

Ein Urteil über die österreichische Schulreform, in: Schulreform, Jg. 8 (1929), S. 66.

VATHKE, Werner, Den Bomben entkommen, der 'Obhut' entronnen - Meine Kinderlandverschickung 1943-1945, in: Schulreform - Kontinuitäten und Brüche. Das Versuchsfeld Berlin-Neukölln, hrsg. von Gerd RADDE, Werner KORTHAASE, Rudolf ROGLER und Udo GÖß-WALD im Auftrag des Bezirksamts Neukölln, Abt. Volksbildung, Kunstamt, Bd. I: 1912 bis 1945, Opladen 1993, S. 400-413.

Franz Karl Adolf Werner von Veltheim (1843-26. Mai 1919), in: Biographisches Handbuch für das Preußische Abgeordnetenhaus 1867-1918. Bearb. von Bernhard MANN (=Handbücher zur Geschichte der Parlamentarismus und der politischen Parteien, 3), Düsseldorf 1988, S. 394.

Verfassungsfeier am 11. August 1927. Erlaß des preußischen Ministers für Wissenschaft, Kunst und Volksbildung C.H. Becker vom 11.07.1927, in: Zentralblatt für die gesamte Unterrichts-Verwaltung in Preußen, Jg. 69 (1927), S. 223.

Verfassungsfeier in den Schulen. Erlaß des preußischen Ministers für Wissenschaft, Kunst und Volksbildung C.H. Becker vom 23.05.1929, in: Zentralblatt für die geamte Unterrichts-Verwaltung in Preußen, Jg. 71 (1929), S. 188f.; auch in: Deutsches Philologen-Blatt, Jg. 37 (1929), S. 401f.

Verhandlungen der dreiundfünfzigsten Versammlung deutscher Philologen und Schulmänner in Jena vom 26. bis 30. September 1921, hrsg. von Benno von HAGEN, Leipzig 1922.

Verordnung des Reichspräsidenten zur Sicherung des Haushalts von Ländern und Gemeinden vom 24. August 1931, in: Reichsgesetzblatt, hrsg. vom Reichsministerium des Innern, Teil I, 1931, [Nr. 58 vom 26.08.], S. 453f.

Verordnung zur Abänderung der Sparverordnung vom 12. September 1931 (Gesetzsammlung, S. 179). Vom 4. November 1931, in: Preußische Gesetzsammlung, 1931, [Nr. 43 vom 05.11.], S. 227f.; wieder in: Zentralblatt für die gesamte Unterrichts-Verwaltung in Preußen, Jg. 73 (1931), S. 301f.

Verordnung zur Durchführung der Verordnung des Reichspräsidenten vom 24. August 1931 [...] und des §7 Abs. 2 in Kap. I des zweiten Teils der Verordnung des Reichspräsidenten vom 5. Juni 1931 [...]. Vom 12. September 1931, in: Preußische Gesetzsammlung, 1931, [Nr. 35 vom 14.09.], S. 179-207.

Verordnungsblatt des sächsischen Ministeriums für Volksbildung, Dresden;
Jg. 10 (1928);
Jg. 15 (1933).

Versetzung von Leitern, Lehrern und Lehrerinnen an öffentlichen Schulen in den Ruhestand [Minister für Wissenschaft, Kunst und Volksbildung vom 23.12.1931], in: Zentralblatt für die gesamte Unterrichts-Verwaltung in Preußen, Jg. 74 (1932), S. 10-12.

Versetzungs- und Prüfungsbestimmungen für die öffentlichen höheren Lehranstalten in Preußen. Amtliche Bestimmungen. Zusammengestellt und erläutert von Karl METZNER und Karl THIELE, 4 Teile (=Weidmannsche Taschenausgaben von Verfügungen der Preußischen Unterrichtsverwaltung, 41.a-d), Berlin 1926.

Versetzungs- und Prüfungsbestimmungen für die öffentlichen höheren Lehranstalten in Preußen. Amtliche Bestimmungen. Zusammengestellt und erläutert von Karl METZNER und Karl THIELE. Zusammengefaßte neue Aufl. (Stand vom 6. August 1928) (=Weidmannsche Taschenausgaben von Verfügungen der Preußischen Unterrichtsverwaltung, 41), Berlin 1929.

Versuchsschule Telemannstraße 10. 1919-1929. Ein Bericht über ihre Entwicklung und ihren gegenwärtigen Stand. Vom Lehrkörper erstattet, Hamburg 1929.

Die Verwaltete Schule - wiedergelesen - neu gelesen. Hellmut Becker zum 80. Geburtstag (=Recht der Jugend und des Bildungswesens. Zeitschrift für Schule, Berufsbildung und Jugenderziehung, Jg. 41 (1993), Heft 2), Neuwied 1993.

Verwaltungsbericht der Hauptschulverwaltung der Stadt Berlin und der Allgemeinen Hauptschulverwaltung Kunst und Bildungswesen für die Zeit vom 1. April 1932 bis 31. März 1936 mit einem kurzen Rückblick seit 1928, Heft 5: Schul-, Kunst- und Bildungswesen, Berlin 1937.

Verwaltungsbericht der Stadt Berlin 1924-1927 (1. April 1924 bis 31. März 1928). Nach den Berichten der Verwaltungen hrsg. von dem Statistischen Amt der Stadt Berlin (Verwaltungsberichtsstelle), Heft 5: Schul-, Kunst- und Bildungswesen, Berlin 1929.

Verzeichnis der Unterrichtsfilme für Allgemeinbildende Schulen [Loseblattsammlung, Grundwerk] (=Schriftenreihe der Reichsstelle für den Unterrichtsfilm, 4), Stuttgart [u.a.] 1937.

Verzeichnis der Vorlesungen und Übungen. Diesterweghochschule, 11. Halbjahr - Sommer 1927. 2. Mai bis 23. September, Berlin 1927.

VIERKANT, Alfred, Gesellschaftslehre. Hauptprobleme der philosophischen Soziologie, Stuttgart 1923.

Vierzig Jahre Pädagogische Hochschule Göttingen. Jubiläumsfeier am 7. und 8. Februar 1986 im Fachbereich Erziehungswissenschaften der Georg-August-Universität Göttingen, hrsg. von Karl NEUMANN, Göttingen 1986.

VIEWEG, Willy, Die Greilsche Schulreform in Thüringen, in: Neue Erziehung, Jg. 7 (1925), S. 402-407.

VILMAR, Wilhelm, Vorschläge zu einer Neuordnung unseres Unterrichtswesens, Leipzig [u.a.] 1917.

VILMAR, Wilhelm, Bewegungsfreiheit in den Primen des Grunewald-Gymnasiums, in: Deutsches Philologen-Blatt, Jg. 29 (1921), S. 265-267.

VILMAR, Wilhelm, Zur Bewegungsfreiheit in Prima nach den neuen ministeriellen Bestimmungen, in: Deutsches Philologen-Blatt, Jg. 31 (1923), S. 182-184.

VILMAR, Wilhelm, Aus der Praxis der Bewegungsfreiheit in Prima, in: Neue Erziehung, Jg. 6 (1924), S. 148-153.

Die 4. Internationale Pädagogische Konferenz des Internationalen Arbeitskreises für Erneuerung der Erziehung', in: Die Eiche. Vierteljahrsschrift für soziale und internationale Arbeitsgemeinschaft, Jg. 15 (1927), S. 332f.

Vierter Jahresbericht der Freien Schulgemeinde Wickersdorf. 1. Juni 1911 - 1. Oktober 1912, Jena 1912.

Vivos Voco, Bd. 1 (1919/20), Bd. 2 (1921/22), Bd. 3 (1922/23), Bd. 5 (1926) [Heft 1-8/9].

VOGES, Hermann, Wilhelm Brandes, in: Niedersächsische Lebensbilder, Bd. 1, hrsg. von Otto Heinrich MAY, Hildesheim [u.a.] 1939, S. 13-27.

VOGT, Walther, Zur Berthold Otto-Tagung in Weimar 1928, in: Deutsches Philologen-Blatt, Jg. 36 (1928), S. 454f.

VOLLMER, Antje, Die Neuwerkbewegung 1919-1935. Ein Beitrag zur Geschichte der Jugendbewegung, des Religiösen Sozialismus und der Arbeiterbildung, Berlin 1973.

VOLLNHANS, Clemens, Jüdische Selbsthilfe bis 1938, in: Die Juden in Deutschland. 1933-1945. Leben unter nationalsozialistischer Herrschaft, hrsg. von Wolfgang BENZ, München 1988, S. 314-411.

Vom herzoglichen Hoftheater zum bürgerlichen Tourneetheater. Ausstellung des Schloßmuseums Wolfenbüttel vom 24.10.1992 bis 10.01.1993, hrsg. von Rolf HAGEN, Wolfenbüttel 1992.

Vom Kinde aus. Arbeiten des Pädagogischen Ausschusses der Gesellschaft der Freunde des vaterländischen Schul- und Erziehungswesens zu Hamburg, hrsg. von Johannes GLÄSER, Hamburg [u.a.] 1920.

Vom Kleinschreiben der Geschichte (=Freibeuter. Vierteljahresschrift für Kultur und Politik, 24), Berlin 1985.

Vom Völkerfrieden und von der Menschheit letztem Glück. Sammlung von Aussprüchen bedeutender Menschen aller Zeiten, hrsg. von Elisabeth ROTTEN. Mit einem Geleitwort von H. NABHOLZ, Basel 1942.

Vom Wandervogel. Von einem ihrer Führer, in: Der Anfang 1 (1913), Heft 1, S. 12-15.

Von der Nordseeküste in die Kinderlandverschickung 1940-1945. Zeitgeschichtliche Dokumentation, zusammengestellt und bearb. von Martha SCHLEGEL, Oldenburg 1996.

Von deutscher Art und Kunst. Einige fliegende Blätter, Hamburg 1773.

Von deutscher Art und Kunst. Einige fliegende Blätter. Getreu nach dem im Jahre 1773 bei Bode in Hamburg erschienenen Erstdr. in Faks. hrsg. von H. KINDERMANN, Wien [u.a.] 1923.

VONDUNG, Klaus, Zur Lage der Gebildeten in der wilhelminischen Zeit, in: Das wilhelminische Bildungsbürgertum. Zur Sozialgeschichte seiner Ideen, hrsg. von Klaus VONDUNG, Göttingen 1976, S. 20-33.

Vorträge, Leitsätze und Resolutionen der ersten Moskauer Allstädtischen Konferenz der kulturell-aufklärenden Organisationen (Mosko-Proletkult) vom 23. bis 28. Februar 1918, übers. und mit einer Einleitung vers. von Heinrich PRIDIK, Annaberg im Erzgebirge 1921.

WAETZOLDT, Stephan, Die Aufgabe des neusprachlichen Unterrichts und die Vorbildung der Lehrer [vervollst. und erw. Fassung des auf dem 5. Allgemeinen Deutschen Neuphilologentages zu Berlin 1892 gehaltenen Vortrages], Berlin 1892.

WAGNER-WINTERHAGER, Luise, Schule und Eltern in der Weimarer Republik. Untersuchungen zur Wirksamkeit der Elternbeiräte in Preußen und der Elternräte in Hamburg 1918-1922 (=Studien und Dokumentationen zur deutschen Bildungsgeschichte, 7), Weinheim [u.a.] 1979.

Die Wahl des neuen Stadtschulrats [Jens Nydahl] im Spiegel der Tageszeitungen, in: Berliner Lehrerzeitung, Jg. 7 (1926), S. 345f.

WAHNSCHAFFE, Urban, Das Turnen am Wolfenbütteler Gymnasium (1828-1892). Beilage zum Jahresbericht über das Herzogliche Gymnasium zu Wolfenbüttel. Ostern 1891-Ostern 1892, Wolfenbüttel 1892.

WAHNSCHAFFE, Urban, 75 Jahre Turnen am Gymnasium zu Wolfenbüttel 1828-1903. Beilage zum Jahresbericht des Herzoglichen Gymnasiums zu Wolfenbüttel 1903, Wolfenbüttel 1903.

WAIDELICH, Jürgen-Dieter, Siegfried Nestriepke, in: Biographisches Handwörterbuch der Erwachsenenbildung. Erwachsenenbildner des 19. und 20. Jahrhunderts, hrsg. von Günther WOLGAST und Joachim H. KNOLL, Stuttgart [u.a.] 1986, S. 283f.

WALK, Joseph, Jüdische Schule und Erziehung im Dritten Reich, Frankfurt 1991.

WALLIS, Wilhelm, Grönlandforscher Dr. Sorge sprach, in: Nationalsozialistische Erziehung. Kampf- und Mitteilungsblatt des Nationalsozialistischen Lehrerbundes für den Gau Groß-Berlin, Jg. 6 (1937), S. 242f.

WALLRABENSTEIN, Heinrich, Die Erweiterte Kinderlandverschickung, in: Deutsche Schulerziehung. Jahrbuch des Deutschen Zentralinstituts für Erziehung und Unterricht 1941/42 [mit Tätigkeitsbericht für 1939/40], hrsg. von Richard BENZE, Berlin 1943, S. 93-98.

WALTER, Franz, Sozialistische Akademiker- und Intellektuellenorganisationen in der Weimarer Republik (=Forschungsinstitut der Friedrich-Ebert-Stiftung, Reihe: Politik- und Gesellschaftsgeschichte, 22; =Solidargemeinschaft und Milieu: Sozialistische Kultur- und Freizeitorganisationen in der Weimarer Republik, 1), Bonn 1990.

WALTER, Franz / DENECKE, Viola / REGIN, Cornelia, Sozialistische Gesundheits- und Lebensreformverbände (=Forschungsinstitut der Friedrich-Ebert-Stiftung, Reihe: Politik- und Gesellschaftsgeschichte, 22; =Solidargemeinschaft und Milieu: Sozialistische Kultur- und Freizeitorganisationen in der Weimarer Republik, 2), Bonn 1991.

Die Wandervogelzeit. Quellenschriften zur deutschen Jugendbewegung 1896-1919, hrsg. von Werner KINDT (=Dokumentation der Jugendbewegung, 2), Düsseldorf [u.a.] 1968.

WARTENWEILER, Fritz, Fridtjof Nansen, Erlenbach-Zürich [u.a.] 1930.

Fritz Wartenweiler, in: Schweizer Lexikon in 6 Bdn., Bd. 6: Soz-Z, Luzern 1993, S. 585.

WASHBURNE, Carleton / STEARNS, Myron M., New Schools in the old world, New York 1926.

WASHBURNE, Carleton, Remakers of mankind, New York 1932.

WATZKE, Adolf, Unsere Bundeserziehungsanstalten, in: Monatshefte für Deutsche Erziehung, Jg. 1 (1923), Heft 1, S. 12-16.

WEAVER, Antony, Beatrice Ensor 1885-1974. Founder of the New Era, in: The New Era, Jg. 56 (1975), S. 186.

WEBER, Hermann, Die Wandlung des deutschen Kommunismus. Die Stalinisierung der KPD in der Weimarer Republik, 2 Bde., Frankfurt 1969.

WEBER, Klaus-Dieter, Verfassungsfeiern in der Weimarer Republik, in: Geschichte und historisches Lernen. Jochen Huhn zum 65. Geburtstag, hrsg. von Gerhard HENKE-BOCKSCHATZ, Kassel 1995, S. 181-208.

WEGENER, Alfred, Bericht Prof. Dr. Wegeners über seine Reise nach Grönland bis zum 15. Juli 1929.

WEGENER, Alfred, Mit Motorboot und Schlitten in Grönland [mit Beiträgen der Teilnehmer der Grönlandexpedition 1929], Bielefeld [u.a.] 1930.

Alfred Wegener. 1880-1930. Leben und Werk. Ausstellung anläßlich der 100. Wiederkehr seines Geburtsjahres (Institut für Geologie der FU Berlin). Katalog, hrsg. von Volker JACOBSHAGEN, Berlin 1980.

Alfred Wegeners letzte Grönlandreise, hrsg. von Else WEGENER unter Mitwirkung von Fritz LÖWE [mit Beiträgen der Expeditionsmitglieder], Leipzig 1932.

WEGSCHEIDER, Hildegard, Weite Welt in enger Jugend. Erinnerungen, Berlin 1953.

WEHBERG, Hans / ROTTEN, Elisabeth, Aus der Zeit des amerikanischen Unabhängigkeitskrieges, in: Die Friedens-Warte. Blätter für internationale Verständigung und zwischenstaatliche Organisation, Jg. 42 (1942), S. 21-26.

WEHNER, Christa, Eine Alternative zum staatlichen Bildungssystem. Lernen ohne Leistungsdruck und Angst. Die Rudolf-Steiner-Schule in Künzell-Loheland - Ein Modell auf der Basis der Waldorfpädagogik von 1919, in: Fuldaer Zeitung/Hünfelder Zeitung vom 25.08.1978.

WEHNES, Franz-Josef, Zur historischen Dimension der Alternativen Schulen, in: BEHR, Michael / JESKE, Werner, Schul-Alternativen. Modelle anderer Schulwirklichkeit. Mit einer Einleitung von Franz-Josef WEHNES, Düsseldorf 1982, S. 10-36.

WEIGAND, Friedrich, Die Koexistenz der Historiker. Ost-West-Diskussion auf dem Internationalen Kongreß in Stuttgart, in: Der Tagesspiegel. Unabhängige Berliner Morgenzeitung vom 03.09.1985.

WEIGEL, W., Die Hamburger Gemeinschaftsschulen, in: Schulreform, Jg. 4 (1925), S. 65-72 und 129-133.

WEIGELT, Friedrich, Von der weltlichen zur Gemeinschaftsschule, in: Die Neue Erziehung, Jg. 6 (1924), S. 343-346.

WEIGELT, Friedrich, Vom Werden der Rütli-Gemeinschaftsschule, in: 75 Jahre Rütli-Schule. 1909-1984, Berlin 1984, S. 75-78.

WEIGELT, Fritz, Arbeits- und Lebensgemeinschaften im Rahmen der Gemeinschaftsschule, in: Sozialistischer Erzieher. Zeitschrift für proletarische Schulpolitik und Pädagogik. Internationale Rundschau, Jg. 5 (1924), Heft 2/3, S. 9-11.

Weimarer Index. Deutscher Reichsanzeiger und preußischer Staatsanzeiger. Register 1918-1933, bearb. von Martin Schuhmacher (=Handbücher zur Geschichte des Parlamentarismus und der Politischen Parteien, 4), Düsseldorf 1988.

Weimarer Versuchs- und Reformschulen am Übergang zur NS-Zeit. Beiträge zur schulgeschichtlichen Tagung vom 16.-17. November 1993 im Hamburger Schulmuseum, hrsg. von Reiner LEHBERGER (=Hamburger Schriftenreihe zur Schul- und Unterrichtsgeschichte, 6), Hamburg 1994.

WEINDLING, Paul, Soziale Hygiene: Eugenik und medizinische Praxis - Der Fall Alfred Grotjahn, in: Krankheit und Ursachen (=Jahrbuch für kritische Medizin, 10; =Argumente-Sonderband, 119), Berlin 1984, S. 6-20.

WEINGART, Peter / KROLL, Jürgen / BAYERTZ, Kurt, Rasse, Blut und Gene. Geschichte der Eugenik und Rassenhygiene in Deutschland, Frankfurt 1988.

WEINHEBER, Josef, Sämtliche Werke, hrsg. von Josef NADLER, Bd. 1, Salzburg 1953.

WEINSTOCK, Heinrich, Unser Schulschiff ist nicht flott. Ein Wort wider den pädagogischen Dilettantismus, in: Die Zeit. Wochenzeitung für Politik, Wirtschaft, Handel und Kultur vom 24.01.1957, S. 4.

WEISENBORN, Günther, Der lautlose Aufstand. Bericht über die Widerstandsbewegung des deutschen Volkes 1933-1945. Neudr. der 2. Aufl. Hamburg 1954, unveränd. in Inhalt und Gliederung, jedoch mit Erneuerung der Literaturauswahl sowie Hinzufügung eines kurzen Beitrags über Weisenborn und einem Namensregister, Frankfurt 1974.

WEISER, Johanna, Das preußische Schulwesen im 19. und 20. Jahrhundert. Ein Quellenbericht aus dem Geheimen Staatsarchiv Preußischer Kulturbesitz (=Studien und Dokumentationen zur deutschen Bildungsgeschichte, 60), Köln [u.a.] 1996.

WEIß, Joachim, Revolutionäre und demokratische Bewegungen in Deutschland zwischen 1789 bis 1849. Eine Untersuchung zu Geschichtsdarstellung und Geschichtsbild in deutschen Schulgeschichtsbüchern der Weimarer Republik und der nationalsozialistischen Zeit (=Beiträge zur Historischen Bildungsforschung, 10), Hildesheim 1991.

WEISS, Yfaat, Schicksalsgemeinschaft im Wandel. Jüdische Erziehung im nationalsozialistischen Deutschland 1933-1938 (=Hamburger Beiträge zur Sozial- und Zeitgeschichte, 25), Hamburg 1991.

Peter Weiss im Gespräch mit Burkhardt Lindner: Zwischen Pergamon und Plötzensee oder Die andere Darstellung der Verläufe (Mai 1981), in: Die 'Ästhetik des Widerstands' lesen. Über Peter Weiss, hrsg. von Karl Heinz GÖTZE und Klaus R. SCHERPE (=Literatur im historischen Prozeß, N.F. 1; Argument-Sonderband AS 75), Berlin 1981, S. 150-173; wieder in: Peter Weiss im Gespräch, hrsg. von Rainer GERLACH und Matthias RICHTER, Frankfurt 1986, S. 263-289.

2. Allgemeine Literatur

Das Weißbuch der Schulreform. Im Auftrage des 'Reichsbundes entschiedener Schulreformer' hrsg. von Siegfried KAWERAU, Berlin 1920.

WELLS, Herbert G., New worlds for old (=Collection of British authors, 4048), Leipzig 1908.

Die Weltbühne. Wochenschrift für Politik, Kunst, Wirtschaft, Berlin, Jg. 14 (1918), Heft 14 - Jg. 29 (1933), Heft 10.

WENDE, Erich, Carl Heinrich Becker - Mensch und Politiker. Ein biographischer Beitrag zur Kulturgeschichte in der Weimarer Republik, Stuttgart 1959.

WENDLAND, Paul, Die hellenistisch-römische Kultur in ihren Beziehungen zu Judentum und Christentum. Die urchristlichen Literaturformen, 2. und 3. Aufl. Tübingen 1912.

WENIGER, Erich, Rede zur Eröffnung der Pädagogischen Hochschule Göttingen (am 8. Februar 1946 in der Aula der Universität), in: Die Sammlung, Jg. 1 (1945/46), S. 670-681; wieder in: WENIGER, Erich, Die Eigenständigkeit der Erziehung in Theorie und Praxis. Probleme der akademischen Lehrerbildung, 3. Aufl. Weinheim 1964, S. 308-322.

WENKE, Karl, Anatomie eines Argynnis paphia-Zwitters nebst vergleichend anatomischen Betrachtungen über den Hermaphroditismus bei Lepidopteren, Berlin, Univ., Diss., 1906.

Wer ist's?
8. Ausg., Berlin 1922;
9. Ausg., Berlin 1928;
10. Ausg., Berlin 1935;
11. Ausg., Berlin 1951.

Werden und Wirken der deutschen Schullandheimbewegung. Auszüge aus ihrem 25jährigen Schrifttum, hrsg. von Heinrich SAHRHAGE und Wilhelm BERGER (=Unsere Schule, Reihe H: Schullandheimreihe, 2), Bielefeld [u.a.] 1950.

Das Werdende Zeitalter. Der internationalen Erziehungsrundschau dritter Jahrgang (Organ des Internationalen Arbeitskreises für Erneuerung der Erziehung). Vierteljahresbeilage zu 'Die Neue Erziehung'. Hrsg. von Elisabeth Rotten, Berlin: Schwetschke & Sohn, Jg. 1 (1922) und 2 (1923).

Das Werdende Zeitalter. Vierteljahresrundschau des Internationalen Arbeitskreises für Erneuerung der Erziehung. Hrsg. von Elisabeth Rotten, Gotha und Stuttgart: Perthes, Jg. 3 (1924) und 4 (1925).

Das Werdende Zeitalter. Eine Zeitschrift für Erneuerung der Erziehung. Hrsg. von Elisabeth Rotten und Karl Wilker, Landschlacht/Bodensee und Konstanz: Hönn, Jg. 5 (1926) und 6 (1927).

Das Werdende Zeitalter. Eine Monatsschrift für Erneuerung der Erziehung. Hrsg. von Elisabeth Rotten und Karl Wilker, Kohlgraben bei Vacha (Rhön): Verlag das Werdende Zeitalter, Jg. 7 (1928) - 8 (1929).

Das Werdende Zeitalter. Eine Monatsschrift für Erneuerung der Erziehung. Hrsg. von Elisabeth Rotten und Karl Wilker, Dresden: Verlag das Werdende Zeitalter, Jg. 9 (1930).

Das Werdende Zeitalter. Eine Monatsschrift für Erneuerung der Erziehung. Hrsg. von Elisabeth Rotten und Karl Wilker, Dresden-Hellerau: Verlag das Werdende Zeitalter, Jg. 10 (1931) - 11 (1932).

Das Werdende Zeitalter (Internationale Erziehungs-Rundschau). Register sämtlicher Aufsätze und Rezensionen einer reformpädagogischen Zeitschrift in der Weimarer Republik. Zusammengest. und eingel. von Dietmar HAUBFLEISCH und Jörg-W. LINK (=Archivhilfe, 8), Oer-Erkenschwick 1994; Auszug der Einleitung (S. 5-16) wieder in: Mitteilungen & Materialien. Arbeitsgruppe Pädagogisches Museum e.V., Berlin, Heft Nr. 42/1994, S. 97-99; Einleitung in leicht korr. Fassung u.d.T.: HAUBFLEISCH, Dietmar / LINK, Jörg-W., Einleitung zum Register der reformpädagogischen Zeitschrift 'Das Werdende Zeitalter' ('Internationale Erziehungs-

Rundschau¹) wieder: Marburg 1996: http://archiv.ub.uni-marburg.de/sonst/1996/0012.html

WERFEL, Franz, Die Troerinnen. Nach der Tragödie des Euripides, München 1920.

Werkarbeit für Schule und Leben. Im Auftrage des Zentralinstituts für Erziehung und Unterricht hrsg. von Ludwig PALLAT, Breslau 1926.

Werkland. Neue Folge von Vivos Voco. Zeitschrift für neues Deutschtum, Bd. 4 (1924/25).

WERNECKE, Rolf, Zur Diagnose und Behandlung der subpektoralen Phlegmone, Berlin, Univ., Diss., 1937.

WERNHER DER GARTENAERE, Meier Helmbrecht, hrsg. von Friedrich PANZER, 4. Aufl. Halle 1924.

WESELY, August, Die österreichische Schulreform und das Ausland, in: Schulreform, Jg. 2 (1923), S. 221-226.

Wesen und Wege der Schulreform. Hans Richert dem Sechzigjährigen zum 21. Dezember 1929. Mit Heinrich DEITERS und Lina MAYER-KULENKAMPFF hrsg. von Adolf GRIMME, Berlin 1930.

WETEKAMP, Wilhelm, Die Schülerselbstverwaltung am Werner Siemens-Realgymnasium zu Berlin-Schöneberg, in: Deutsches Philologen-Blatt, Jg. 27 (1919), S. 73-76.

WETEKAMP, Wilhelm, Selbstbetätigung und Schaffensfreude in Erziehung und Unterricht, mit besonderer Berücksichtigung des ersten Schuljahres, 5. Aufl. Nebst einem Anhang: BORCHERT, Paul, Wie ich die Idee der Selbstbetätigung in dreijähriger Schularbeit durchzuführen suchte, Leipzig 1922 [1. Aufl. 1908].

WETEKAMP, Wilhelm, Aus dem Leben des Werner Siemens-Realgymnasium, in: 25 Jahre Werner Siemens-Realgymnasium, Berlin 1928, S. 14-24.

WETZEL, F., Pädagogischer Landstreicher. Meine große Fahrt, in: Junge Menschen. Monatshefte für Politik, Kunst, Literatur und Leben, Jg. 6 (1925), S. 167-172.

WETZEL, Juliane, Auswanderung aus Deutschland, in: Die Juden in Deutschland. 1933-1945. Leben unter nationalsozialistischer Herrschaft, hrsg. von Wolfgang BENZ, München 1988, S. 413-498.

WEYL, Klara, Neue Wege der Anstaltsarbeit in der Jugendwohlfahrt, in: Probleme der neuen Stadt Berlin. Darstellungen der Zukunftsaufgaben einer Viermillionenstadt, hrsg. von Hans BRENNERT und Erwin STEIN (=Monographien deutscher Städte, 18), Berlin 1926, S. 468-473.

Walt Whitmanns Werk. Ausgew., übertragen und eingel. von Hans REISINGER, 2 Bde., Berlin 1922.

WICKERT, Christl, Helene Stöcker. 1869-1943. Frauenrechtlerin, Sexualreformerin und Pazifistin. Eine Biographie, Bonn 1991.

Widerstand in Neukölln, hrsg. vom VVN-Westberlin/Verband der Antifaschisten und Neuköllner Kulturverein, 2. erw. Aufl. Berlin 1987.

Widerstand gegen den Nationalsozialismus, hrsg. von Peter STEINBACH und Johannes TUCHEL (=Schriftenreihe der Bundeszentrale für Politische Bildung, 323), Bonn 1994.

Widerstand in Deutschland 1933-1945. Ein historisches Lesebuch, hrsg. von Peter STEINBACH und Johannes TUCHEL, München 1994.

Wie das Leben lernen ... Kurt Löwensteins Entwurf einer sozialistischen Erziehung. Beiträge und Dokumente [Katalog zu der Ausstellung 'Nicht nur für sondern auch wie das Leben sollten wir lernen - 100 Jahre Kurt Löwenstein' vom 20.5. bis 28.6.1985 im Alten Kunstamt/Saalbau, Berlin-Neukölln], Berlin 1985.

2. Allgemeine Literatur

WIECHERT, Ernst, Die Magd des Jürgen Doskocil. Roman, München 1932.

WIEDEN, Claudia Bei der, Vom Seminar zur NS-Lehrerbildungsanstalt. Die Braunschweiger Lehrerausbildung 1918 bis 1945 (=Beiträge zur Historischen Bildungsforschung, 16), Köln [u.a.] 1996.

WIELAND, Christoph Martin, Werke, Bd. 12, Berlin 1902.

WIELAND, Günther, Das war der Volksgerichtshof. Ermittlungen, Fakten, Dokumente, Pfaffenweiler 1989.

WIENBREYER, W., Das Hauptseminar zu Wolfenbüttel, in: Aus der braunschweigischen Schulgeschichte. Festschrift zum 75jährigen Bestehen des Braunschweigischen Landes-Lehrervereins. 2. Oktober 1925, Braunschweig 1925, S. 7-54.

WILDANGEL, Ernst, Unsere Aufgabe im neuen Schuljahr. Bericht des Leiters des Hauptschulamtes, in: WINZER, Otto / WILDANGEL, Ernst, Ein Jahr Neuaufbau des Berliner Schulwesens. Bericht von der Konferenz der Lehrer an den öffentlichen Schulen der Stadt Berlin. 2. September 1946, Berlin 1946, S. 29-50.

Die wilden Zwanziger. Weimar und die Welt 1919-1933, Berlin 1986.

WILDENBRUCH, Ernst von, Das Hexenlied, Berlin 1911.

Das wilhelminische Bildungsbürgertum. Zur Sozialgeschichte seiner Ideen, hrsg. von Klaus VONDUNG, Göttingen 1976.

WILKE, Werner, Das Buch Hanka, Berlin-Charlottenburg 1936.

WILKER, Karl, Der Lindenhof. Werden und Wollen, Heilbronn am Neckar 1921; wieder in: WILKER, Karl, Der Lindenhof - Fürsorgeerziehung als Lebensschulung. Neu hrsg. und erg. durch ein biographisches Vorwort von Hildegard FEIDEL-MERTZ und Christiane PAPE-BALLING (=Pädagogische Beispiele. Institutionengeschichte in Einzeldarstellungen, 5), Frankfurt 1989, S. 11-172.

WILKER, Karl, Fürsorgeerziehung als Lebensschulung. Ein Aufruf zur Tat (=Die Lebensschule, 3), Berlin 1921; wieder in: WILKER, Karl, Der Lindenhof - Fürsorgeerziehung als Lebensschulung. Neu hrsg. und erg. durch ein biographisches Vorwort von Hildegard FEIDEL-MERTZ und Christiane PAPE-BALLING (=Pädagogische Beispiele. Institutionengeschichte in Einzeldarstellungen, 5), S. 179-210.

WILKER, Karl, Der soziale Beruf, in: Beruf und Leben. Darstellung der Wesenszüge der Berufsfrage aus Kreisen der Jugendbewegung, hrsg. von Ernst FISCHER UND Friedrich WILHELM, Lauenburg 1921, S. 16-18.

WILKER, Karl, Rabindranath, in: Das Werdende Zeitalter, Jg. 1, 1922, S. 53.

WILKER, Karl, Der Lindenhof - Fürsorgeerziehung als Lebensschulung. Neu hrsg. und erg. durch ein biographisches Vorwort von Hildgard FEIDEL-MERTZ und Christiane PAPE-BALLING (=Pädagogische Beispiele. Institutionengeschichte in Einzeldarstellungen, 5), Frankfurt 1989.

WILLE, Bruno, Die Abendburg. Chronika eines Goldsuchers in 12 Abenteuern, 34.-38. Tsd., Jena 1923.

WILLIAMS, Ben Ames, Und das nannten sie Frieden ... Roman. Aus dem Engl. übers. von Elisabeth ROTTEN, Zürich 1944.

WINTER, Kurt, Der Sozialhygieniker Alfred Grotjahn, in: Forschen und Wirken. Festschrift zur 150-Jahr-Feier der Humboldt-Universität zu Berlin 1810-1960, 3 Bde., hier Bd. 1, Berlin (DDR) 1960, S. 499-504.

WINTER, Kurt, Alfred Grotjahn - Seine Bedeutung für unsere Zeit, in: Deutsches Gesundheitswesen. Organ für klinische Medizin der DDR, Jg. 25 (1970), S. 517-521.

WINTERNITZ, M., Die Schule Rabindranath Tagores in Santiniketan [Eindrücke, geschildert in einem Referat einer Arbeitsgemeinschaft der Locarno-Tagung], in: Das Werdende Zeitalter, Jg. 7 (1928), S. 258f.

WINZER, Otto / WILDANGEL, Ernst, Ein Jahr Neuaufbau des Berliner Schulwesens. Bericht von der Konferenz der Lehrer an den öffentlichen Schulen der Stadt Berlin. 2. September 1946, Berlin 1946.

WINZER, Otto, Das Schuljahr 1945/46. Bericht des Leiters der Abteilung für Volksbildung des Magistrats der Stadt Berlin, in: WINZER, Otto / WILDANGEL, Ernst, Ein Jahr Neuaufbau des Berliner Schulwesens. Bericht von der Konferenz der Lehrer an den öffentlichen Schulen der Stadt Berlin. 2. September 1946, Berlin 1946, S. 5-28.

WIPPERMANN, Wolfgang, Antifaschismus in der DDR: Wirklichkeit und Ideologie (=Beiträge zum Thema Widerstand, 16), Berlin o.J. [ca. 1979/80].

WIPPERMANN, Wolfgang, Das Berliner Schulwesen in der NS-Zeit. Fragen, Thesen und methodische Bemerkungen, in: Schule in Berlin - gestern und heute, hrsg. von Benno SCHMOLDT (=Wissenschaft und Stadt, 9), Berlin 1989, S. 57-73.

'... wir wollten mithelfen, daß eine neue Gesellschaft entstand'. b:e-Gespräch mit Hans Alfken, in: betrifft: erziehung, Jg. 17 (1984), Heft 4, S. 72-77.

Die Wirksamkeit des Stadtschulrates für Wien ...
 ... während des Schuljahres 1924/25. I. Amtlicher Bericht, erstattet von Otto GLÖCKEL, Wien 1925;
 ... während des Schuljahres 1925/26. II. Amtlicher Bericht 1925/26, Wien 1926;
 ... während des Schuljahres 1926/27. III. Amtlicher Bericht 1926/27, Wien 1927;
 ... während des Schuljahres 1927/28. IV. Amtlicher Bericht 1927/28, Wien 1928;
 ... während des Schuljahres 1928/29. V. Amtlicher Bericht 1928/29, Wien 1929;
 ... während des Schuljahres 1929/30. VI. Amtlicher Bericht 1929/30, Wien 1930;
 ... während des Schuljahres 1930/31. VII. Amtlicher Bericht 1930/31, Wien 1931;
 ... während des Schuljahres 1931/32. VIII. Amtlicher Bericht 1931/32, Wien 1932.

Wissenschaft, Kunst und Volksbildung in Preußen. Nach amtlichem Material, Berlin 1929.

Wissenschaftliche Ergebnisse der Deutschen Grönland-Expedition Alfred Wegener. 1929 und 1930/31, hrsg. von Kurt WEGENER, 7 Bde., Leipzig 1933-1940.

WITHOLD, Karl, Coburg, in: Handbuch der historischen Stätten Deutschlands, Bd. 7: Bayern, hrsg. von Karl BOSL, 2. Aufl. Stuttgart 1965, S. 127f.

WITTE, Erich, Das Problem des Tragischen bei Nietzsche. Halle, Univ., Diss., 1904.

WITTE, Erich, Die weltliche Schule, Dortmund 1920.

WITTE, Erich, Die Schulverwaltung in der neuen Stadtgemeinde Berlin. Die gesetzlichen Grundlagen und Vorschläge zu ihrer Organisation, Berlin 1920.

WITTE, Erich, Die Elternbeiräte, Breslau 1920.

WITTE, Erich, Selbstregierung und Selbstverwaltung der Schüler (=Schulpolitische Bücherei, 19), Langensalza 1920.

WITTE, Erich, Die Anfänge einer elastischen Oberschule in Groß-Berlin, in: Allgemeine Deutsche Lehrerzeitung. Beiblatt des Lehrerverbandes Berlin, Jg. 2 (1921), [Nr. 45 vom 11.11.1921], S. 325f.

WITTE, Erich, Der Unterricht im Geiste der Völkerversöhnung. Vorschläge zur Ausführung von Artikel 148, Absatz 1 der Reichsverfassung (=Die Praxis der entschiedenen Schulreform, 3), Berlin [u.a.] 1921.

WITTE, Erich, Kommunale Schulpolitik. Leitsätze zur Durchführung der Schulreform durch die Gemeinden (=Das neue Reich, 12), Gotha 1921.

2. Allgemeine Literatur

WITTE, Erich, Die Erziehung der Jugend zum republikanischen Staatsgedanken, in: Der Elternbeirat. Halbmonatsschrift für Eltern, Lehrer und Behörden, Jg. 3 (1922), S. 342-344.

WITTE, Erich, Die Einheitsschule vom gegenwärtigen Standpunkt der Schulreform (=Philosophische Reihe, 37), München [u.a.] 1922.

WITTE, Erich, Der Nutzen und die Gefahren des Geschichtsunterrichts für das deutsche Volk (=Entschiedene Schulreform, 38), Leipzig 1924.

WITTE, Erich, Der Militarismus der preußischen Schulaufsichtsbehörden. Vorwort von Paul OESTRECIH (=Entschiedene Schulreform, 21), Leipzig 1924.

WITTE, Erich, Der Berliner Oberstadtschulrat Paulsen, in: Schulreform, Jg. 4 (1925), S. 143-147.

WITTE, Hans, Über den gegenwärtigen Stand der Frage nach einer mechanischen Erklärung der elektrischen Erscheinungen, Abschn. 1: Begriff, Grundlagen, Einteilung, Berlin, Univ., Diss., 1905.

WITTE, Hans, Preußische und Braunschweigische Neuordnung des höheren Schulwesens (=Sozialdemokratische Flugschriften, 16), Braunschweig 1925.

WITTWER, Wolfgang W., Die sozialdemokratische Schulpolitik in der Zeit der Weimarer Republik. Ein Beitrag zur politischen Schulgeschichte im Reich und in Preußen. Mit einem Geleitwort von Otto BÜSCH (=Historische und pädagogische Schriften, 12), Berlin 1980.

WITTWER, Wolfgang W., Das Berliner Schulwesen im Rahmen der preußischen Schulpolitik 1918-1933, in: Schule in Berlin - gestern und heute, hrsg. von Benno SCHMOLDT (=Wissenschaft und Stadt, 9), Berlin 1989, S. 55f.

WÖHE, Kurt, Johann Georg Heinrich Feder. Eine Untersuchung zur Geschichte des Philanthropinismus, Jena, Univ., Diss., 1928.

WOLDT, Richard, Der industrielle Großbetrieb. Eine Einführung in die Organisation moderner Fabrikbetriebe (=Kleine Bibliothek, 11), Stuttgart 1911.

WOLDT, Richard, Das großindustrielle Beamtentum. Eine gewerkschaftliche Studie (=Kleine Bibliothek, 17), Stuttgart 1911.

WOLDT, Richard, Großindustrie und Kriegswirkungen (=Kriegsprobleme der Arbeiterklasse, 7), Berlin 1915.

WOLDT, Richard, Der Werkmeister im Wirtschaftskampfe, Referat des Landtagsabgeordneten Richard Woldt auf dem Abgeordnetentage Pfingsten 1920 in Gelsenkirchen (=Deutscher Werkmeister-Verband. Schriften, 34), München 1920.

WOLDT, Richard, Wirtschaftliche Schulungsarbeit und gewerkschaftliches Führertum, Leipzig 1921.

WOLDT, Richard, Betriebsräteschulung. Bericht über eine Sachverständigenkonferenz, einberufen von der Gesellschaft für Soziale Reform. Vortrag des Referenten im preußischen Ministerium für Unterricht Ingenieur Richard WOLDT, Dozenten a.d. Universität Münster und Diskussionsbeiträge [...], Jena 1921.

WOLDT, Richard, Ingenieur und Arbeiter, Leipzig 1923.

WOLDT, Richard, Der Endkampf an der Ruhr, Politische, wirtschaftliche und soziale Betrachtungen, Berlin 1923.

WOLDT, Richard, Massenpsychologie und Arbeiterbewegung, Prag 1926.

WOLDT, Richard, Die Lebenswelt des Industriearbeiters (=Münsterer Wirtschafts- und Sozialwissenschaftliche Abhandlungen, 1), Leipzig 1926.

WOLDT, Richard, Die Arbeitswelt der Technik, Berlin 1926.

WOLDT, Richard, Das Gegenwartsleben und die Volksschule, in: Die Oberstufe der Volksschule. Im Auftrag des Zentralinstituts für Erziehung und Unterricht hrsg. von Erich HYLLA und Stephan KONETZKY, Berlin [u.a.] 1931.

WOLDT, Richard, Betriebssoziologische Studien I: Arbeitswandlungen in der Industriewirtschaft (=Münsterer Wirtschafts- und Sozialwissenschaftliche Abhandlungen, 15), Münster 1933.

WOLDT, Richard, Alte und neue Technik (=Technische Werkbücher, 1), Berlin 1937.

WOLF, Friedrich, Die Matrosen von Cattaro (=Das neue Drama, 3), Berlin 1930.

WOLF, Siegbert, Gustav Landauer zur Einführung, Hamburg 1988.

WOLF, Siegbert, Bibliographie Gustav Landauer (=Bibliographienreihe, 1), Grafenau 1991.

WOLF, Siegbert. Martin Buber zur Einführung, Hamburg 1992.

WOLF, Siegbert, 'Revolution heißt neues Geist'. Gustav Landauers libertäre Pädagogik und ihre Weiterentwicklung durch Martin Buber, in: Gustav Landauer (1870-1919). Eine Bestandsaufnahme zur Rezeption seines Werkes, hrsg. von Leonhard M. FIEDLER, Renate HEUER und Annemarie TAEGER-ALTENHOFER (=Campus Judaica, 2), Frankfurt [u.a.] 1995, S. 76-97.

WOLGAST Günther, Werner Kindt, in: Biographisches Handwörterbuch der Erwachsenenbildung. Erwachsenenbildner des 19. und 20. Jahrhunderts, hrsg. von Günther WOLGAST und Joachim H. KNOLL, Stuttgart [u.a.] 1986, S. 194f.

WOLSCHKE-BULMAHN, Joachim, Kriegsspiel und Naturgenuß. Zur Funktionalisierung der bürgerlichen Jugendbewegung für militärische Ziele, in: Jahrbuch des Archivs der deutschen Jugendbewegung, Jg. 16 (1986-87), S. 251-270.

WOLZOGEN, Wolf von, "... Dieser Geist von Ben Shemen hat mich sehr der jüdischen Kultur nahegebracht." Das Kinder- und Jugenddorf Ben Shemen zwischen Berlin und Lod. Eine Skizze, in: Aufklärung als Lernprozeß. Festschrift für Hildegard Feidel-Mertz, hrsg. von Monika LEHMANN und Hermann SCHNORBACH, Frankfurt 1992, S. 256-274.

WOMMELSDORFF, Otto, Elisabeth Rotten, in: Westermanns Pädagogische Beiträge, Jg. 16 (1964), S. 371f.

WOODS, Alice, Educational experiments in England, London 1920.

WOODSMALL, Ruth Frances, Der Aufstieg der mohammedanischen Frau. Aus dem Engl. übers. von Elisabeth ROTTEN, Zürich [u.a.] 1938.

WOYTINSKY, Emma, Sozialdemokratie und Kommunalpolitik. Gemeindearbeit in Berlin, Berlin 1929.

WUESSING, Fritz, Staatsbürgerliche Erziehung, in: Wesen und Wege der Schulreform. Hans Richert dem Sechzigjährigen zum 21. Dezember 1929, hrsg. von Adolf GRIMME, Berlin 1930, S. 211-219.

WURTHE, Wilhelm, Die Bedeutung unseres Schulgartens für den Unterricht, in: Pädagogische Warte, Jg. 35 (1928), S. 429-435; ohne Abb. wieder in: HEILAND, Helmut / SAHMEL, Karl-Heinz, Praxis Schulleben in der Weimarer Republik 1918-1933. Die reformpädagogische Idee des Schullebens im Spiegel schulpädagogischer Zeitschriften der Zwanziger Jahre (=Documenta Paedagogica, 3), Hildesheim [u.a.] 1985, S. 170-173.

WYNEKEN, Gustav, Schule und Jugendkultur, Jena 1913. 3. unveränd. Aufl. Jena 1919.

WYNEKEN, Gustav, Wandervogel und freie Schulgemeinde, in: Die freie Schulgemeinde. Organ des Bundes für Freie Schulgemeinden, Jg. 3 (1913), S. 33-41; u.a. wieder in: Grundschriften der deutschen Jugendbewegung, hrsg. von Werner KINDT (=Dokumentation der Jugendbewegung, 1), Düsseldorf [u.a.] 1963, S. 84-90.

WYNEKEN, Gustav, Der Gedankenkreis der Freien Schulgemeinde. Dem Wandervogel gewidmet, 2. Aufl. Leipzig 1914.

WYNEKEN, Gustav, Was ist Jugendkultur? Öffentlicher Vortrag, gehalten am 30.10.1913 in der Pädagogischen Abteilung der Münchner Freien Studentenschaft. Mit einem Nachwort über den 'Anfang' (=Schriften der Münchner Freien Studentenschaft, 1), 3. Aufl. München 1914; wieder in: Grundschriften der deutschen Jugendbewegung, hrsg. von Werner KINDT (=Dokumentation der Jugendbewegung, 1), Düsseldorf [u.a.] 1963, S. 116-128; wieder in: Die Landerziehungsheimbewegung, hrsg. von Theo DIETRICH, Bad Heilbrunn 1967, S. 64-77.

WYNEKEN, Gustav, Jugendkultur, in: Kunstwart und Kulturwart, Jg. 27 (1914), S. 337-341; wieder in: WYNEKEN, Gustav, Der Kampf für die Jugend. Gesammelte Aufsätze, Jena 1919, S. 122-127.

WYNEKEN, Gustav, Die neue Jugend. Der Kampf um Freiheit und Wahrheit in Schule und Elternhaus, in Religion und Erotik, 3. Aufl. München 1919.

WYNEKEN, Gustav, Der Kampf für die Jugend. Gesammelte Aufsätze, Jena 1919.

WYNEKEN, Gustav, Wickersdorf, 1922.

WYNEKEN, Gustav, Die deutsche Jugendbewegung, in: Frankfurter Allgemeine Zeitung vom 28.08.1958.

Zehn Jahre Schulreform in Österreich. Eine Festgabe. Otto Glöckel, dem Vorkämpfer der Schulerneuerung, gewidmet von seinen Mitarbeitern, Wien 1929.

Zehn Jahre Zentralinstitut für Erziehung und Unterricht. 1915-1925, Berlin 1925.

ZEIDLER, Kurt, Die Wiederentdeckung der Grenze. Beiträge zur Formgebung der werdenden Schule, Jena 1926; wieder: ZEIDLER, Kurt, Die Wiederentdeckung der Grenze. Beiträge zur Formgebung der werdenden Schule. Kommentar und pragmatische Bibliographie von Uwe SANDFUCHS (=Documenta Paedagogica, 4), Hildesheim [u.a.] 1985. - S. 91-98 auch wieder in: Die deutsche Reformpädagogik, hrsg. von Wilhelm FLITNER und Gerhard KUDRITZKI, Bd. II: Ausbau und Selbstkritik, 2. unveränd. Aufl. Stuttgart 1982, S. 205-210. - 4. Kap., S. 19-22 ('Emanzipation') auch wieder in: HOOF, Dieter, Die Schulpraxis der Pädagogischen Bewegung des 20. Jahrhunderts. Berichte und Unterrichtsbilder, Bad Heilbrunn 1969, S. 70-73.

ZEILINGER, Franz, Will Damm zum Gedächtnis, in: Leben und Arbeit. Zeitschrift der Bürger, Altbürger und Freunde der Deutschen Landerziehungsheime Hermann-Lietz-Schule, Jg. 1961, Heft 1: Mai, S. 3-5.

ZELLER, Konrad, Grundriß einer Reform der höheren Schulen, in: Die Erziehung, Jg. 7 (1932), S. 223-231.

Zentralblatt für die gesamte Unterrichtsverwaltung in Preußen, hrsg. vom Ministerium für Wissenschaft, Kunst und Volksbildung, Berlin, Jg. 1 (1859) - Jg. 76 (1934).

ZEVI, Bruno, Erich Mendelsohn, Zürich 1983.

ZIECHERT, Arnold, Das Verhältnis zwischen Schule und Haus. Bericht aus der Lebensgemeinschaftsschule Berlin-Niederschönhausen, in: Pädagogisches Zentralblatt, Jg. 8 (1928), S. 6-10.

ZIECHMANN, Jürgen, Theorie und Praxis der Erziehung bei Leonhard Nelson und seinem Bund, Bad Heilbrunn 1970.

ZIEGELMAYER, Wilhelm, Metamorphose und Wachstum der Cyclopiden, Marburg, Univ., Diss., 1925, in: Zeitschrift für wissenschaftliche Zoologie, Bd. 126, Heft 4, 1925, S. 493-570.

ZIEGELMAYER, Wilhelm, Die Schule in Sowjetrußland und ihre Methode des 'Komplex'-Gesamtunterrichts, in: Die Mittelschule. Zeitschrift für das gesamte mittlere Schulwesen, Jg. 41 (1927), S. 186-190.

ZIEGELMAYER, Willi, Untersuchungen zum Quellmechanismus von Eizellen. Vortrag im Auszug, gehalten auf dem III. Internationalen Limnologen-Kongreß in Moskau (im Institut für experimentelle Biologie), in: Zeitschrift für Zellforschung und mikroskopische Anatomie, Bd. 4, Berlin 1927, S. 73-124.

ZIEGELMAYER, Wilhelm, Leben und Ernährung. Ein Buch über die zweckmäßige Ernährung für die Hand des Lehrers im naturwissenschaftlichen Unterricht aller Schulgattungen, sowie zum Gebrauch für Gewerbe-Seminare und Frauenseminare, Langensalza 1928.

ZIEGELMAYER, Wilhelm, Das Lehrgebäude. Eine Methodik des naturwissenschaftlichen Gesamtunterrichts, Langensalza 1928.

ZIEGELMAYER, Wilhelm, Die Wirtschaftsausstellung der Cecilienschule, in: Saarländer Schulzeitung. Halbmonatsschrift zur Förderung der Schule und des Lehrerstandes, Jg. 4 (1924), Nr. 28 vom 15.03.1924 [u.d.T. 'Wirtschaftsausstellung der Cecilienschule zu Saarbrücken' auch als Sonderdr.], S. 325-328 [im Sonderdr.: S. 5-8].

ZIEGELMAYER, Wilhelm, Die Kolloide in ihrer Bedeutung für Küche, Nahrung und Ernährung mit zahlreichen Versuchen, Berlin 1929 [2. Aufl. 1933].

ZIEGELMAYER, Wilhelm, Die naturwissenschaftlichen Grundlagen des Kochens und der Ernährung. In Verbindung mit den Grundbegriffen der Kolloidchemie und der Physikalischen Chemie, Berlin [u.a.] 1929.

ZIEGELMAYER, Wilhelm, Gifte und Vergiftungen im Haushalt, Stuttgart 1930.

ZIEGELMAYER, Wilhelm, Der Kalk, seine Chemie und Kolloidchemie, sowie seine Bedeutung in der Geologie, Biologie, Physiologie und Ernährung in der Therapie und praktischen Hauswirtschaft, Langensalza 1931.

ZIEGELMAYER, Wilhelm, Unsere Lebensmittel und ihre Veränderungen, Dresden [u.a.] 1933.

ZIER, Kurt, Was ist geblieben?, in: Erziehung zur Humanität. Paul Geheeb zum 90. Geburtstag, hrsg. von Mitarbeitern der Odenwaldschule, Heidelberg 1960, S. 72-77.

Kurt Zierold (1899-1989), in: Munzinger-Archiv/Internationales Biographisches Archiv, Nr. 31/89 K 008766-3 Z-ME 1, 1989.

ZILBERSHEID, Uri, Die Spannung zwischen utopischen und realistischen Elementen in der Kibbuz-Erziehung, in: Zeitschrift für erziehungs- und sozialwissenschaftliche Forschung, Jg. 6 (1989), S. 53-69.

ZIMMERMANN, Paul, Die Anfänge der Turngemeinde der Staatlichen Großen Schule zu Wolfenbüttel, in: 100 Jahre Turngemeinde der 'Großen Schule' zu Wolfenbüttel. 18. Juni 1828 - 1928. Festschrift, Wolfenbüttel 1928, S. 1-6.

ZIRUS, Werner, Der ewige Jude in der Dichtung. vornehmlich in der englischen und deutschen (Kap. I und II), Berlin, Univ., Diss., 1928.

ZUCKMAYER, Carl, Schinderhannes. Schauspiel in 4 Akten, Berlin 1927.

Zum 75jährigen Jubiläum: Archiv-Fotos, in: OSO-Hefte. Berichte aus der Odenwaldschule, N.F., Bd. 11 (1986), S. 157-176.

Zur Erinnerung an Rodolfo Olgiati-Schneider, geboren den 30. Juni 1905, gestorben den 31. Mai 1986, o.O. und J. [Basel 1986].

Zur Geschichte der höheren Schule, hrsg. von Albert REBLE, Bd. II: 19. und 20. Jahrhundert, Bad Heilbrunn 1975.

Zur Geschichte und Konzeption der ersten Psychoanalytischen Klinik, in: Psychotherapie. Psychosomatik. Medizinische Psychologie, Jg. 37 (1987), S. 58-67.

Zur Produktionsschule! (Entschiedene Schulreform III). Abrisse und Leitsätze nach den Vorträgen der dritten Tagung des Bundes entschiedener Schulreformer vom 2. bis 6. Oktober 1920 in der Gemeindefesthalle zu Berlin-Lankwitz, hrsg. von Paul OESTREICH, Berlin 1921. - 2. umgearb. und verm. Aufl. Berlin 1921 - 3. umgearb. und verm. Aufl. Berlin 1922.

Zurück, o Mensch zur Mutter Erde. Landkommunen in Deutschland 1890-1933, hrsg. von Ulrich LINSE, München 1983.

Zusammenfassung der Schulchronik (Zeitraum 1909 bis 1984), in: 75 Jahre Rütli-Schule. 1909-1984, Berlin 1984, S. 8-47.

ZWEIG, Arnold, Wyneken, in: Die Weltbühne, Jg. 14 (1918), [Nr. 52 vom 26.12.1918], S. 596-598.

ZWEIG, Stefan, Der verwandelte Komödiant. Ein Spiel aus dem deutschen Rokoko. Leipzig 1913; 2. Aufl. ebd. 1920; 3. Aufl. ebd. 1923.

ZWEIG, Stefan, Jeremias. Eine dramat. Dichtung in 9 Bildern, Leipzig 1917; 19.-21. Tsd. ebd. 1922.

Zweite Sparverordnung der preußischen Regierung vom 23.12.1931 im Anschluß an die Verordnung des Reichspräsidenten vom 24.08.1931 und vom 06.10.1931. Vom 23.12.1931, in: Preußische Gesetzsammlung, 1931, [Nr. 54 vom 23.12.1931], S. 293-300.

Zweiter Tätigkeitsbericht. Januar 1923 - März 1925, hrsg. vom Jugendamt der Stadt Berlin, Berlin 1925.

ZYLMANN, Peter, Lehreraufgabe, Jugendbewegung und Schulreform, in: Der neue Lehrer. Die notwendige Lehrerbildung. Beiträge zur Entschiedenen Schulreform, hrsg. von Paul OESTREICH und Otto TACKE, Osterwieck 1926, S. 38-45.

ZYMEK, Bernd, Das Ausland als Argument in der pädagogischen Reformdiskussion. Schulpolitische Selbstrechtfertigung, Auslandspropaganda, internationale Verständigung und Ansätze zu einer Vergleichenden Erziehungswissenschaft in der internationalen Berichterstattung deutscher pädagogischer Zeitschriften 1871-1952, Ratingen [u.a.] 1975.

III. FILME ÜBER DIE SCHULFARM INSEL SCHARFENBERG

Durch Quellenlektüre und brieflichen Nachfragen bei Privatpersonen konnte die Existenz von fünf Filmen aus der Zeit vor 1945 nachgewiesen werden, die auf der Insel Scharfenberg gedreht wurden und teilweise über die Schulfarm handelten bzw. mit Unterstützung Scharfenberger Schüler entstanden.

- 'Scharfenberg, die Wunderinsel im Tegeler See'[1], "noch aus der Bollezeit" stammend, "als noch keine junge Menschenpflanzung hier zum Licht drängte", von Blume 1922 gezeigt worden; während der Vorführungen versuchte Blume, "durch Schilderung möglichst konkreter Beispiele das hinein zu retuschieren, was jetzt das Charakteristikum Scharfenbergs ausmacht [...]."[2]

- 'Eine Schulfarm der Stadt Berlin'[3], 1923 von der Deutschen Lichtbildgesellschaft ('Deulig') gedreht[4].

- Am 22.09.1932 fand in der Aula der Rheingauschule die Uraufführung des Films 'Winnetou und Kaspar. Arbeit im Gewande der Freude' statt; es handelte sich um einen Protestfilm gegen den Abbau der Unterrichtsstunden für Kunst und Werken, den Georg Netzband mit Schülern der Rheingauschule auf der Schulfarm Scharfenberg gedreht hatte, und der in den folgenden Jahren von den Nazis verboten wurde[5].

- Ein weiterer, von der Schulfarm selbst gedrehter Film entstand 1936[6].

- 1938 entstand auf der Insel Scharfenberg, unter Beteiligung einer Scharfenberger Untertertia als Komparsen der Film 'Wilderer im Jagen' ('Wilderer im Revier')

---

[1] BLUME, Bericht (1923), Bl. 263r.
[2] Berlin, LA, SIS: CH, II, S. 4f. - S. zu diesem Film S. 513.
[3] Verzeichnis deutscher Filme, hrsg. von Walther GÜNTHER, I: Lehr- und Kulturfilme (Abgeschlossen: 31.03.1926), Berlin 1927, S. 135. - S. auch: Bundesarchiv. Filmarchiv (Berlin) an D.H. br. vom 28.02.1996.
[4] S. zu diesem Film S. 512-514.
[5] S. zu diesem Film S. 839f.
[6] Berlin, BBF: SLG-GS, Jahresberichte 1936/37, Bd. 353c, Nr. 79: SIS, S. 28: "Im Mittelpunkt der 3. Schulgemeinde [So, 13.12.1936] stand die Vorführung des ersten selbstgedrehten 'Scharfenberg-Films', der den Außenstehenden ein Bild geben soll von der Arbeit und von dem Leben und Treiben der Scharfenberger."

(Regie: Fritz Genschow; Kamera: Frederik Fugslang; Aufnahmeleiter: Helmut Ungerland; Firma: Tobis Melofilm GmbH)[7].

Vier dieser Filme konnten bislang leider nicht ausfindig gemacht werden: Keiner der Filme befindet sich im Archiv der Schulfarm Insel Scharfenberg; die briefliche Anfrage bei diversen Privatpersonen blieb ebenso erfolglos wie Anfragen an infrage kommende Archive[8]. Der Film im Jahr 1938 entstandene "Kurzspielfilm 'Wilderer im Revier' ist [im Bundesarchiv. Filmarchiv (Berlin)] [...] als Nitro-Unikat überliefert, kann allerdings aus konversatorischen Gründen für eine Benutzung nicht zur Verfügung gestellt werden."[9]

Aus den Jahren nach 1945 seien zwei Filme genannt:

- KLEIN, Thomas / GÖTZ, Torsten / BERNDT, Peggy, Leb' wohl Orplid [Video (Rohschnittfassung); Kamera: Rainer M. SCHULZ], [Berlin] 1994.

- Unser Lehrer Dr. Specht. Krähenwerder. 16 Folgen. ZDF. Erstsendungen: 1. Folge: 07.02., 2. Folge: 14.02., 3. Folge: 21.02., 4. Folge: 28.02., 5. Folge: 07.03., 6. Folge: 14.03., 7. Folge: 21.03., 8. Folge: 28.03., 9. Folge: 04.04., 10. Folge: 11.04., 11. Folge: 18.04., 12. Folge: 25.04., 13. Folge: 02.05., 14. Folge: 09.05., 15. Folge: 16.05., 16. Folge 23.05.1995[10].

---

[7] S. dazu: Zincke an D.H. br. vom 13.02.1995. - S. auch: KNORR, Günter, Deutscher Kurz-Spielfilm 1929-1940, Wien o.J. [1977], o.S.; hier u.a. Inhaltsangabe: "Der Sohn des alten Waldmeisters Peters hat einen schwierigen Auftrag bekommen. Er soll dem alten Förster Brinkmann, der einst sein Lehrmeister war und dessen Tochter Lisa er liebt, bei der Jagd nach Wilderern unterstützen, die bei Gelegenheit einer Jagdgesellschaft auf einen Menschen geschossen haben. Obwohl er nur ungern den Aufpasser für seinen alten Lehrer spielt, tut Peters seine Pflicht. Dabei wird er von einer Gruppe von Jungjägern unterstützt, fast noch Kindern, die ihre Jägerprüfung abgelegt haben und ihre Ferien im Wald verbringen. Es stellt sich heraus, daß eine ganze Bande von Wilderern uner dem Deckmantel einer 'Tierschau' im Dorf ihr Unwesen treibt, eine Bande, die vor nichts zurückschreckt. Sie wird von den mutigen Kindern gestellt und von Peters verhaftet."

[8] Archiv für den Wissenschaftlichen Film der DDR in Potsdam-Babelsberg an D.H. br. vom 10.01.1990. - Bundesarchiv (Koblenz) an D.H. br. vom 19.12.89. - Bundesarchiv. Filmarchiv (Berlin) an D.H. br. vom 28.02.1996. - Deutsches Institut für Filmkunde in Wiesbaden-Erbenheim an D.H. br. vom 19.02.1996. - Institut für den Wissenschaftlichen Film in Göttingen an D.H. br. vom 15.01.1990.

[9] Bundesarchiv. Filmarchiv (Berlin) an D.H. br. vom 28.02.1996.

[10] S. dazu: ULMER, Michael, Unser Lehrer Dr. Specht. Willkommen auf Krähenwerder. Roman [auf der Basis der Drehbücher zu der gleichnamigen ZDF-Serie von Kurt BARTSCH], Köln 1994. - S. dazu vor allem auch die zurecht kritische Veröffentlichung: BIJK, Grazena von, Einspruch, Dr. Specht!, in: Deutsche Lehrerzeitung, Jg. 42 (1995), Heft 8, S. 1; wieder in: Frankfurter Rundschau vom 02.03.1995.

ABKÜRZUNGSVERZEICHNIS

AASGB	Archiv der Arbeitsstelle für Schulgeschichte Berlins
Abb.	Abbildung
Abt.	Abteilung
abgedr.	abgedruckt
AdSD	Archiv der Sozialen Demokratie
AdPH	Archiv der Pädagogischen Hochschule
amerik.	amerikanisch
Anm.	Anmerkung
Aufl.	Auflage
Ausg.	Ausgabe
ausgew.	ausgewählt
BA	Bundesarchiv
BBF	Bibliothek für Bildungsgeschichtliche Forschung
Bd./Bde.	Band/Bände
BDC	Berlin Document Center
bearb./Bearb.	bearbeitet (von)/Bearbeiter
bes.	besonders
biogr.	biographisch(e)
Bl.	Blatt
Br.	Brief
br.	brieflich
bzw.	beziehungsweise
ca.	circa
CH	Chronik der Schulfarm Insel Scharfenberg
D	Druck
D.H.	Dietmar Haubfleisch
d.h.	das heißt
ders./dies.	ders-/dieselbe
DIPF	Deutsches Institut für Internationale Pädagogische Forschung
Diss.	Dissertation
dt.	deutsch
ebd.	ebenda
eingel.	eingeleitet
engl.	englisch
erarb.	erarbeitet
erg.	ergänzt
erw.	erweitert
evt.	eventuell
f./ff.	folgende
fotomech.	fotomechanisch
ggf.	gegebenenfalls
GStA	Geheimes Staatsarchiv
hdschr.	handschriftlich
hrsg.	herausgegeben
i.d.A.	in dieser Arbeit

Inf.	Information(en)
Jg./Jge.	Jahrgang/Jahrgänge
Jhdt.	Jahrhundert
Kap.	Kapitel
komm.	kommentiert
LA	Landesarchiv
lt.	laut
masch.	machinenschriftlich
mündl.	mündlich
N.F.	Neue Folge
Nachdr.	Nachdruck
Neuausg.	Neuausgabe
Neudr.	Neudruck
O	Original
o.J.	ohne Jahr(esangabe)
o.O.	ohne Ort(sangabe)
o.S.	ohne Seite(nangabe)
OSO	Odenwaldschule
PH	Pädagogische Hochschule
Prot.	Protokoll
PS	Privatsammlung (Privatbesitz)
Q	Quelle
red.	redigiert
RM	Reichsmark
S.	Seite
s.	siehe
SIS	Schulfarm Insel Scharfenberg
s.o.	siehe oben
StA	Staatsarchiv
StaBi	Staatsbibliothek
StadtA	Stadtarchiv
s.u.	siehe unten
Tab.	Tabelle
Teildr.	Teildruck
tel.	telephonisch
Tsd.	Tausend
u.	und
u.a.	und andere/unter anderem
UB	Universitätsbibliothek
überarb.	überarbeitet
übers./Übers.	übersetzt/Übersetzung
Ullstein BA	Ullstein Bildarchiv
Ullstein TA	Ullstein Textarchiv
umgearb.	umgearbeitet(e)
unveränd.	unverändert
unveröff.	unveröffentlicht

unvollst.	unvollständig
usw.	und so weiter
u.d.T.	unter dem Titel
v.	von
v.a.	vor allem
veränd.	verändert
verm.	vermehrt(e)
veröff./Veröff.	veröffentlicht/Veröffentlichung
vgl.	vergleiche
vmtl.	vermutlich
vollst.	vollständig
z.B.	zum Beispiel
zit.	zitiert
ZStA	Zentrales Staatsarchiv
z.T.	zum Teil
[…]	Eckige Klammern innerhalb von Zitaten weisen auf Einfügungen des Autors bzw. vom Autor vorgenommene Auslassungen hin.

PERSONENREGISTER[1] UND VERZEICHNIS DER SCHÜLER 1922-1933

Achilles, Albrecht (1914-19.. - SIS 1928-1932)

Ackermann, Ingeborg 405, 838

Ackermann, Lotte 401, 427, 838, 973

Ackermann, Walter 371, 374, 380, 399, 400f., 403-406, 415, 421, 426-428, 434, 559, 561, 682, 738, 759, 763f., 804, 838, 888, 972f., 1085 Abb. 107

Ackermann, Waltraud 405

Addams, Jane 359f.

Aeschlimann, Helene 478

Aeschlimann, Rudolf 478

Albrecht, Ewald (geb. 1912 - SIS 1927-1933: Abitur) 317, 325, 645, 997, 1051 Abb. 32

Albrecht, Franz 317

Alfken, Hans 139, 263

Alpers 479, 483

Alt, Hans 285

Alt, Johannes 672

Alt, Robert 937f.

Ambrosius 640

Amlung, Ullrich 9, 843

Andreas, Willy 41

Andree, Richard 671

Andreesen, Alfred 468, 475, 504, 515

Angermund, Walter 755

Angermund, Wilhelm (Willi) (1916-19.. - SIS 1930-1932) 755, 763

Appel, Hans 826

Arnold, Heinz (1913-19.. - SIS 1926-19..)

Arnold, Hilde 879-881, 886f., 902, 936

Arnold, Karl 1015

Astheimer, Werner (1907-19.. - SIS 1924-1927: Abitur) 316, 646

Augustinus 656

Ausländer, Fritz 148, 346-348, 755, 761, 764

Ausländer, Wolfgang (1915-19.. - SIS 1930-1932) 346, 755, 763f.

Ausleger, Rudolf 939

Baader (Bruder von Hans B.) 641

Baader, Hans (19..-19.. - SIS 1922-1923: Abitur) 124, 210, 273, 437, 556, 562, 645, 648, 681

Baarz, Fritz (1915-19.. - SIS 1928-1930)

Bach, Johann Sebastian 184, 476, 479, 682

Baden, Max von 390

Badenhoop, Kurt (1915-19.. - SIS 1929-1932) 755f., 1014

Baege, Martin 346

Bär, Adolf 641

Bäumer, Gertrud 447f., 507f.

Balke, Kurt (1916-19.. - SIS 1930-1932) 763

Bandmann, Erich 276, 326, 357, 364f., 368, 390f., 394, 413f., 524, 554, 558-560, 573, 575, 661, 676, 829f.

Banniza von Bazan, Heinrich 723

Barlach, Ernst 431

Barow, Klaus 820

Bartsch 438

Bauer, Bernd (1909-19.. - SIS 1925-1929: Abitur) 318, 380

Bauer, Ludwig Amandus 499

Baumann, Hermann 475

Baumeister, Heinz (1917-19.. - SIS 1931-19..)

Bebel, August 338

Becher, Johannes R. 431

Becker, Carl Heinrich 109, 140, 168, 286-295, 298f., 305, 390, 412, 504, 507, 514, 590, 635, 680, 700, 742, 843f., 928, 964

Becker, Georg 63

Becker, Heinrich 226

Becker, Hellmut 299, 750, 964, 971

Becker, Julie 292

Becker, Ruth 378, 380

Beckmann, Max 428

Beethoven, Ludwig van 489, 661, 676, 699

Behagel, Otto 627

Behne, Adolf 534

Behnke 641

Behrend, Erwin (1908-19.. - SIS 1923-1923?) 572

---

[1] Nicht verzeichnet wurden die im Vorwort und im Quellen- und Literaturverzeichnis vorkommenden Personennamen sowie der Name Wilhelm Blume.

Berendt, Erwin s. Behrend, Erwin

Behrmann, Alfred 915

Beinhoff, Johannes 739, 853

Bellermann, Ludwig 50

Benecke, Wilhelm 175, 177, 211, 302, 367, 413, 446, 448, 720

Berger, Arno (1918-19.. - SIS 1933-19..)

Bergmann, Hans (1917-19.. - SIS 1932-1934)

Bergmann, Jürgen (1914-19.. - SIS 1930-1933)

Bergner, Reinhard 8

Berisch (Vater von Karl B.) 246

Berisch, Karl (1908-1988 - SIS 1922-1926: Abitur) 210, 328, 461, 518, 560, 668, 690, 962, 991, 998, 1006f.

Bernhard, Georg 716

Bernstein, Heinrich (1915-19.. - SIS 1927-1929)

Bertelsmann, Wilhelm (Sohn von Wilhelm B.) 125, 385

Bertelsmann, Wilhelm (Vater von Wilhelm B.) 129f., 385

Bestehorn, Herbert (1913-19.. - SIS 1927-1933: Abitur) 317, 646, 759, 779, 990, 1004, 1012-1014

Beyer, Dietrich (1914-19.. - SIS 1929-19..) 795

Bielke, Günther (1920-19.. - SIS 1933-1934)

Bierbaum, Otto Julius 53, 120, 610

Billot, Alfred 500

Bismarck, Otto von 43, 702

Björnson, Björnstjerne 656

Blanc, Louis 594

Blankenburg 488f.

Blobelt, Hans (1909-19.. - SIS 1925-1925) 568

Bloch, Ernst 1033

Blochmann, Elisabeth 976

Block, Waldemar (1912-19.. - SIS 1926-1927) 717

Blücher, Gebhard Leberecht von 622

Blüher, Hans 57-59, 61, 261

Blümel, Fritz (1899-1989 - SIS 1924-1926: Abitur) 326, 384, 445, 544, 714, 717, 853f., 858, 902, 958, 962, 967, 999, 1008-1011, 1086 Abb. 112, 1099

Blum, Emil 256, 474

Blume, Anneliese 21f.

Blume, Ernst Carl Wilhelm 33-36, 39, 41, 334, 859, 969

Blume, Friedrich 33, 969

Blume, Johanne Auguste Sophie 33f., 36, 859f., 948, 962, 969

Blume, Wilhelm (Urgroßvater von Wilhelm B.) 33

Bochow 948

Bochow, Herbert 1029

Böcklin, Arnold 862

Böhm (Bürgermeister in Reinickendorf) 875

Böhm (Vater von Heinz B.) 512

Böhm, Heinz (19..-19.. - SIS 1922-1923/24?) 210, 511f.

Boehm, Immanuel 370

Böhme, Günther 23

Böhme, Heinz (1919-19.. - SIS 1933-19..)

Böker, Hans-Jörg (1915-1943/45 - SIS 1932-1934) 757f., 1004

Boelitz, Otto 134, 140, 175, 185, 193, 198, 281, 598f., 698, 699

Böß, Gustav 199, 208, 211, 249f., 289

Böttger, Herbert (1912-19.. - SIS 1926-1927?) 319, 717

Bohm, Rudolf 770, 777, 784, 803, 815

Bohm-Schuch, Clara 507f.

Bois-Reymond, Manuela du 32

Bolle (Meierei) 123, 235

Bolle, Adolf 118

Bolle, Carl 115-119, 241, 610, 617, 1044 Abb. 13, 1053 Abb. 37

Bolle, Wilhelm 197, 280f., 602

Bondy, Max 64, 355, 515

Borbein, Hans 203

Borinski, Fritz 971

Bormann, Martin 817

Bornemann, Martin (1918-19.. - SIS 1932-19..)

Borsig, Ernst von 209, 248-252, 254, 317, 439

Borsig, Margot von 248

Bovet, Pierre 360

Boye, Alfred 787

Brand, Hans-Werner (1911-19.. - SIS 1926-1926) 717

Brandes, Wilhelm 37f.

Braque, Georges 428

Braun (Pächter) 241-247, 253f., 446

Braun, Otto 140, 751

Brecht, Bertholt 431

Bredow, Hans 398

Brenning, Walter 376f., 408, 473, 775, 804f., 826

Brentano, Clemens 785

Breuhaus de Groot, Fritz August 860

Breyvogel, Wilfried 8, 870, 872

Bringmann, Kurt (1911-19.. - SIS 1928-1932: Abitur)

Brodersen, Albert 242, 385

Brokdorff, Erika von 1017

Brokerhoff, Karl Heinz 904

Bronner 247

Brüning, Heinrich 751, 1078 Abb. 90

Bruns 357

Buber, Martin 231, 359

Buchmann, Immanuel 125

Buddha 656

Büchmann, Georg 671

Büchner, Georg 677, 685, 1080 Abb. 95

Büttner 438

Burgemeister, Bernd (19..-19.. - SIS 1928-1931)

Busch, Ernst 430, 763

Buschke (Vater von Erich B.) 541

Buschke, Erich (1910-19.. - SIS 1923-1928)

Butter, Horst (1918-19.. - SIS 1932-1934) 807

Byron, George Gordon Noel Lord 671

Caesar, Julius 425, 602, 645, 862

Campe, Joachim Heinrich 120f., 610

Carlyle, Thomas 784

Caselmann, Christian 844

Cauer, Ludwig 462, 730

Cauer, Minna 400

Cézanne, Paul 427f., 788

Chamberlain, Houston Stewart 784

Chattopadhyaya 368, 465

Christ, Gerhard (1915-19.. - SIS 1929-1933)

Christus s. Jesus Christus

Claparède, Edouard 360

Cohn (Enkel von Carl C.) 1005

Cohn (Frau von Carl C.) 767, 829

Cohn, Carl 48, 79f., 82-84, 101, 106, 122, 125, 127, 133, 212, 250, 364, 375, 387, 389, 409f., 412, 423, 434, 489, 566, 586, 605, 671f., 678, 738, 753, 761, 766f., 802, 809f., 829f., 840, 989, 1041 Abb. 7, 1047 Abb. 19

Conrad 492

Consentius, Werner (1913-19.. - SIS 1927-1927)

Coppi, Frieda 754f.

Coppi, Hans (1916-1942 - SIS 1929-1932) 754-756, 763-765, 774, 797f., 807, 990, 1015-1018, 1022-1024, 1026f., 1031-1033, 1079 Abb. 92, 1086 Abb. 113

Coppi, Hans (Sohn von Hans C.) 1018, 1021, 1025

Coppi, Hilde 1023-1025

Coppi, Robert 754

Corti, Walter Robert 983, 985

Coudenhove-Kalergi, Richard Nikolaus Graf von 406

Courbet, Gustave 666

Cutner s. Kuttner

Dähne, Hugo Fürchtegott 928

Dahlke, Richard 515

Dallmann, Gerhard 848

Damaschke, Adolf Wilhelm Ferdinand 612, 621

Dante, Alighieri 672

Danyel, Jürgen 1021

Darwin, Charles 305

Daumier, Honoré 431, 646

David 514

De Coster, Charles 954

Defoe, Daniel 120

Dehmel, Richard 53, 656

Dehne, Walter (19..-19.. - SIS 1922-1923) 210, 269

Deiters, Heinrich 39, 41f., 46, 146f., 888

Delacroix, Eugéne 428

Delbrück, Hans 41-46, 208, 223, 608, 636

Descartes, René 565, 645

Desmoulin, Camille 619

Dewey, John 234, 979

Dick, Lutz van 872, 1032f.

Diederich, Jürgen 23
Diederichs, Eugen 143, 335
Dientzenhofer, Johannes 472
Dietrich, Ernst (1921-19.. - SIS 1933-19..)
Dietrich, Gertrud 350
Dietrich, Karl (geb. 1917 - SIS 1931-1934) 350, 422, 756, 990
Dietrich, Paul 350
Dietz, Erich (1909-19.. - SIS 1923-1928) 518
Dietz, Friedrich (Fritz) (1901-19.. - SIS 1927-1928: Abitur) 326, 525, 1000
Dietze, Rudolf (1920-19.. - SIS 1933-19..)
Dilthey, Wilhelm 627
Dimitroff, Georgi 1014
Dimmey, Gertrud 755
Dimmey, Paul (1915-19.. - SIS 1929-19..) 755
Dittberner, Franz (1914-19.. - SIS 1928-1929)
Dix, Otto 189, 428, 430f.
Dlugatsch, Michael (1919-19.. - SIS 1931-1934) 328, 789
Döblin, Alfred 431
Döhlemann, Gottlieb (1907-19.. - SIS 1925-1925)
Döring, Gebhard 724
Dollezal, Edgar 840
Donandt, Hans 382
Dorenberg, Gerhard 21
Dorn, Max 212, 358, 412, 556
Dreger, Otto (1911-19.. - SIS 1926-1928?) 717
Drescher, Werner (1913-19.. - SIS 1927-1931)
Droste-Hülshoff, Annette von 380, 656
Drude s. Höppener, Trude
Duby, Georges 19
Dürer, Albrecht 656
Düsterberg 1078 Abb. 90
Duncker, Hermann 433
Eberl, Hans 853, 886f., 889, 902, 936
Ebert (Oberbürgermeister nach 1945) 895
Ebert, Friedrich 351, 678f., 682, 760
Echter von Mespelbrunn, Julius (Fürstbischof von Würzburg) 471
Ege, Edgar (1912-19.. - SIS 1927-19..)

Eggebrecht, Ernst (19..-19.. - SIS 1926-1927) 717
Egmont, Lamoral von 1016
Ehmke, Max 1024
Ehrentreich, Alfred 99, 828
Eichberg, Henning 458
Eichborn, Karl 725
Eick, Gerhard (19..-19.. - SIS 1925-1925)
Einstein, Albert 223, 400, 675, 752
Eisenhower, Dwight David 874
Ellger, Gustav 79, 82
Elster, Ernst 219
Engel, Georg 684, 687
Engwer, Theodor 283f.
Ensor, Beatrice 227, 229, 363, 468f., 492
Erdberg, Alexander 1024
Erdmann, Dietrich 939
Erdmann, Otto 315
Erikson, Erik (Homburger) 353f.
Ermisch, Richard 451-454, 815, 1063 Abb. 54
Eskuchen, Karl 23
Eskuchen, Paula 23
Eulenberg, Herbert 671
Evans, Arthur 292
Evers, Carl-Heinz 507, 918, 922, 964, 1084 Abb. 104
Ewerth, Wolfgang (19..-19.. - SIS 1922-1923) 210, 269, 461, 1045 Abb. 14
Eyth, Max von 612, 621
Faas (Vater von Heinz F.) 669
Faas, Heinz (geb. 1911 - SIS 1924-1928) 316
Fadrus, Viktor 976f.
Fanck, Arnold 418
Fangk, Kurt 724, 825
Fehrs, Jörg H. 830
Feidel-Mertz, Hildegard 297, 550
Feige, Kurt (1920-19.. - SIS 1933-1934)
Felbinger, Heinz (1914-19.. - SIS 1929-1930)
Feldmann 383, 614f.
Felixmüller, Conrad 430
Fend, Helmut 11
Ferriére, Adolphe 229, 360, 364
Ferriére, Frédéric 220

Feuchtwanger, Lion 431, 752

Feuerbach, Anselm 663, 862

Fichte, Johann Gottlieb 462, 464, 619, 730

Fiebelkorn, Emil 54

Fiebig, Werner (1911-19.. - SIS 1925-1929: Abitur) 380, 999

Fischer, Karl 57, 61

Fischer, Peter (1918-19.. - SIS 1933-1934)

Flatow, Horst (1920-19.. - SIS 1933-19..)

Fleig, Hellmut (1913-19.. - SIS 1927-1928?)

Flemmig, Georg 475

Flindt, Franz Dieter (1919-19.. - SIS 1933-19..)

Floer 303, 582

Förster (Lehrer) 54

Förster, Friedrich Wilhelm 549, 607

Fontane, Theodor 60

Ford, Henry 646, 659

Franck, Philipp 189, 191

Francke, August Hermann 202, 722

Frank, Leonhard 431

Franke, Heinz (1903-19.. - SIS 1926-1928: Abitur) 647

Franz von Assisi, Hl. 531, 645

Frech 442

Freese, Hans 317, 937

Freud, Anna 353-355, 583, 790, 1006f.

Freud, Martha 353

Freud, Sigmund 353f., 531, 743, 756, 789, 1006

Freud, W. Ernest s. Halberstadt, Ernst

Freud-Halberstadt, Sophie 353

Frey (Referendar) 774

Frey (Vater von Rudolf F.) 318

Frey, Rudolf (1907-19.. - SIS 1922-1925: Abitur) 125, 210, 318, 518, 524, 997

Frick, Wilhelm 751

Friedrich der Große 43, 45f., 611

Friedrich II. (Staufer) 641

Friedrich, Kurt (1914-19.. - SIS 1928-1931)

Friese, Hermann 672

Friesecke, Otto 370f.

Fritz, Arnold (1907-1991 - SIS 1922-1926: Abitur) 210, 245, 319f., 334f., 445, 489f., 518, 524, 670, 788, 804, 992f., 1000, 1057 Abb. 43

Fritz, Gerhart (19..-19.. - SIS 19..-19..) 320, 334

Fritz, Gottlieb 319, 334-336, 671, 804

Fritz, Vera 335

Frühbrodt, Gerhard 22, 36, 46, 376, 724, 727, 742, 773, 850-852, 858, 865, 901f., 910, 954f., 959-962, 964, 967f., 1008f.

Fuchs, Emil 348

Fuchs, Manfred 64, 256

Füssl, Karl-Heinz 956

Fulda, Ludwig 686

Fußhöller, Leo 672

Gärtner, Hans 381f., 432-435, 531, 756, 780f., 830-832, 989

Gall, Otto 739f., 856f.

Galle, Josef 304

Galsworthy, John 954

Gandhi, Mahatma 368, 646

Gansberg, Fritz 396

Gardiner, Rolf 845

Garthe, W. 478f.

Garwonski, Erich 492

Gaudig, Hugo 349, 396, 500

Gauger, Kurt 842, 844

Gauguin, Paul 676

Gaulke, Hans (geb. 1916 - SIS 1929-1932) 318, 325, 666, 992, 997, 1076 Abb. 85

Gawronski, Erich (1903-59 - SIS 1922-1923: Abitur) 210, 273, 463, 489, 556, 640, 645, 671, 677, 680, 686, 977, 991, 1000f.

Geheeb, Edith 473

Geheeb, Paul 315, 328, 348, 408, 468, 473, 478, 481f., 504, 515, 587f., 591

Gehlhoff, Kurt 945

Geisler, Georg 740

Geißler, Gert 900

Geister, Fritz (1906-19.. - SIS 1922-1926: Abitur) 125, 210, 278, 673

Geitner, Adolf (1920-19.. - SIS 1933-19..)

Gellert, Wilhelm (1916-19.. - SIS 1931-1932)

Geltsch, Wolfgang (1916-19.. - SIS 1931-1931)

Gensch, Willy 747

George, Bruno (1912-19.. - SIS 1927-19..) 585

George, Stephan 433

Georgi, Johannes 417

Gerhardt, Berta 294, 369, 392f., 502, 771f.

Giefer, Gerhard 883

Giering, Herbert (1919-19.. - SIS 1932-1932) 763

Gillmeister 772

Ginat, Yochanan s. Gärtner, Hans

Ginzburg, Carlo 14

Ginzkey, Franz Karl 741

Giotto 67

Girulatis, Hans (1917-19.. - SIS 1930-1931)

Glaner, Heinz (1921-19.. - SIS 1933-1934)

Glasenapp (Schwester von Paul G.) 252

Glasenapp (Vater von Paul G.) 252

Glasenapp, Emma 252, 254f., 444

Glasenapp, Ingeborg 31f., 444

Glasenapp, Paul 31f., 53, 252-257, 289, 326, 386, 388, 421, 438-444, 446f., 470, 483, 531, 535, 545f., 562, 571, 687, 1047 Abb. 22, 1086 Abb. 114

Glöckel, Otto 493f.

Gneisenau, August Graf Neidhardt von 622

Goebbels, Joseph 794, 843, 847

Goepel, Bernhard (geb. 1920 - SIS 1933-1934) 807, 856, 950, 990, 997, 1007

Göring, Hermann 788, 894, 1002

Göring, Matthias Heinrich 1002

Goethe, Johann Wolfgang von 67, 219, 258, 292, 462, 472, 540, 563, 631, 702, 785, 795, 862, 952, 954, 1009

Götsch, Georg 285-287, 319, 661

Götze, Carl 484

Gogh, Vincent van 428, 676

Goldschmidt, Dietrich 372

Goldschmidt, Leonore 830

Goritzki, Kurt 825

Gorke, Johannes 53, 80f.

Gorke, Johannes 1042 Abb. 9

Goß, Franz 284, 312

Grabbe, Dietrich 81

Greil, Max Richard 405

Greiner, Hans 471

Greve, Helmut (1916-19.. - SIS 1930-1932)

Greyerz, Otto von 201f., 721f., 736

Grieg, Edvard 661

Grieger, Rudolf (1908-19.. - SIS 1923-1927) 518

Grigers, Herbert 971

Grillparzer, Franz 686

Grimm, Hans 826

Grimme, Adolf 140, 146, 288, 888, 951, 1020f.

Gropius, Walter 401, 516

Groß, Julius 27

Gross, Werner (1917-19.. - SIS 1932-19..)

Grosz, George 189, 429-431

Grotewohl, Otto 186

Grothe 199

Grotjahn, Alfred 336-338, 352, 671, 995

Grotjahn, Martin (1904-1990 - SIS 1922-1924: Abitur) 210, 320, 336, 399, 502, 524, 527, 562, 570, 583, 648, 675, 995f., 1002, 1004, 1069 Abb. 66

Grotjahn, Peter (1907-ca. 1943/45 - SIS 1923-1926: Abitur) 269, 320, 336, 384, 460, 532, 562, 649, 668, 717, 999, 1004

Grüneisen, Carl 615

Grünewald, Matthias von 67, 428

Grüß, Gerhard 53, 80, 252, 1042 Abb. 9

Grütz, Walter (1913-19.. - SIS 1927-1933: Abitur) 804

Grundschöttel, Kurt (1909-19.. - SIS 1923-1925?) 320

Grundschöttel, Wilhelm (1906-19.. - SIS 1922-1925: Abitur) 125, 210, 320, 488f., 528, 668, 687, 1004

Grunwald, Clara 498

Gryphius, Andreas 621

Günther (Volksschullehrer) 318

Günther, Christian 291

Günther, Hanno 827, 1014, 1026-1031, 1086 Abb. 113

Günther, Maria 827, 1027

Gurau, Heinz (19..-19.. - SIS 1925-1925)

Gurlitt, Ludwig 39, 58f., 258-265

Gutsch, Walter (1918-19.. - SIS 1933-19..)

Gutschalk, Rolf 20f., 26, 879, 915, 920f.

Gutsche, Heinz 918

Haas, Otto 915

Haase, Otto 401-403
Hadyn, Joseph 865
Haeckel, Ernst 675
Haenisch, Konrad 78, 80, 99-101, 140, 213, 340, 679
Haffner, Werner (1909-19.. - SIS 1923-1925)
Hafner, Fritz 478
Hahn, Albrecht (1917-19.. - SIS 1930-1933) 320
Hahn, Erwin 725, 727
Hahn, Kurt 100, 504, 511, 589, 714, 964
Hahn, Manfred (1918-19.. - SIS 1931-1934) 320
Hahn, Martin 502, 512
Hahn, Peter (1920-19.. - SIS 1933-1933)
Halberstadt, Ernst (geb. 1914 - SIS 1931-1933) 353-355, 756, 789f., 797, 992f., 1002, 1006f.
Halberstadt, Max 353, 790
Haldi, Emil 834
Halm, August 391, 476, 478
Hamann, Günther (1918-19.. - SIS 1932-1934)
Hamann, Johann Georg 645
Hamm-Brücher, Hildegard 589
Hampke, Willi 936f.
Hanckel, Walter 377, 408, 773
Handtke, Helmut 442
Hanisch, Heinz 879
Hantke 515
Hardel, Gerhard (1912-19.. - SIS 1931-1932) 327, 998
Harlan, Walter 954
Harless, Hermann 266, 486f.
Harnack, Adolf von 108, 208
Harnack, Arvid 1016
Harthopf, Werner 36
Hartke, Wilhelm 294, 964, 1093
Hartkopf, Werner 18, 22, 24, 35, 84, 236, 326, 593, 711, 725, 727f., 773, 779, 803, 849-852, 858, 865, 867f., 885f., 901f., 904, 907, 909-911, 914f., 962, 971, 1086 Abb. 111
Haserich, Erwin (1918-19.. - SIS 1932-1934) 807
Hasler, Bernhard 189, 191f., 1000
Haubfleisch, Dietmar 9, 984

Hauff, Wilhelm 671
Hauptmann, Gerhart 540, 670, 673, 679
Haydn, Joseph 661
Heartfield, John 429f.
Hebbel, Christian Friedrich 67
Heckel, Erich 428
Heckmann, Charlotte 362
Heckmann, Gustav 980, 986
Heide, Siegfried (19..-19.. - SIS 1923-1926) 572
Heidenreich, Kurt (1917-19.. - SIS 1931-1934)
Heidtmann, Horst (1908-19.. - SIS 1923-1925)
Heimann, Paul 938f.
Heimhold, Heinz (1909-19.. - SIS 1925-1928: Abitur) 319
Heine, Gustav 280, 388, 434, 631
Heine, Heinrich 850f.
Heinemann, Gustav 2
Heinrich I. 631
Heinrichsdorff, Jochen (1910-19.. - SIS 1926-1929: Abitur) 320, 381, 716, 1005
Heinrichsdorff, Paul (1907-19.. - SIS 1922-1925: Abitur) 210, 320, 384, 468, 566, 668, 717, 1000, 1005
Heinz, Reinhold von 116, 865-867
Heistermann, Walter 22
Heller, Heinz (1910-19.. - SIS 1925-1926) 384f.
Heller, Hermann 384f.
Helmerich, Fritz (geb. 1917 - SIS 1932-1936) 1000f.
Helmke, Wilhelm 199, 211, 239, 287, 292, 415, 489
Hempel, Harry 858, 868, 878
Henderson, James L. 845
Henke 736, 964
Henningsen, Nicolaus 515
Heraklit 645
Herbart, Johann Friedrich 953, 964
Herder, Johann Gottfried 627, 952
Hermann, Paul 366
Hermansson, Ester 978
Hermlin, Stephan 1027
Herodot 426

Herre, Paul 641

Herring 516

Herrmann, Gustav-Adolf (1911-19.. - SIS 1926-19..) 717

Herrmann, Otto 125

Herrmann, Ulrich 73

Herrmann, Ursula 983

Hertling, Elisabeth 379

Hertz, Paul 1010

Heß, Rudolf 815f.

Hesse, Willi (1919-19.. - SIS 1932-19..)

Hettlage, Karl-Maria 815

Heun, Hans-Georg 818-820

Heydrich, Reinhard 847

Heyn, August Emil 266f., 340, 515

Heyn, Hellmut (19..-19.. - SIS 1924-1927: Abitur) 266, 320, 340, 518, 646

Heyn, Wilhelm 266, 450f., 770

Hickel 380f., 567, 717

Hiepe, Richard 847

Hildebrand, Rudolf 627

Hildebrandt, Bodo 31

Hildebrandt, Elisabeth (Else) 96f.

Hildebrandt, Florian 919

Hildebrandt, Maina s. Richter, Maina

Hildebrandt, Paul 78f., 85, 96f., 163, 176, 304, 493, 569, 585, 745, 939

Hilker, Franz 18, 23, 67, 86, 149, 214, 220, 346, 487, 502, 504, 506, 514-517, 659, 662, 696, 960, 976f., 982, 1048 Abb. 26

Hilker, Gerda 23

Hillbrandt, Fritz 125

Hindenburg, Paul von 677, 751, 1078 Abb. 90

Hintz, Alfred (1919-19.. - SIS 1933-19..) 328

Hintz, Friedrich (1914-19.. - SIS 1928-1930)

Hintze, Otto 46

Hinze, Kurt (1915-19.. - SIS 1929-1932)

Hiob 656

Hirsch, Walter 725, 727, 797, 830

Hirschfeld, Lotte s. Ackermann, Lotte

Hitler, Adolf 42, 398, 668, 702, 751, 773, 779, 788, 812, 815f., 832, 847, 854, 858, 863, 866, 868, 874, 967, 1008, 1019, 1021, 1078 Abb. 90

Hobuß, Johannes (1910-19.. - SIS 1923-1928)

Hochheimer, Wolfgang 945

Hodann, Max 516, 752

Höckner, Hilmar 475

Höfling, Arno (1917-19.. - SIS 1931-1934)

Höppener, Trude 555

Hörnecke, Friedrich (19..-19.. - SIS 1922-1922) 210, 269

Hoernle, Edwin 148, 346

Hoffmann (Küchenhilfe) 437

Hoffmann, Adolf 84

Hoffmann, Arnulf (geb. 1913 - SIS 1928-1932: Abitur) 140, 323, 345, 352, 424, 536, 987, 994f., 997, 1007

Hoffmann, E. Th. A. 184

Hoffmann, Erwin (1908-19.. - SIS 1923-1928)

Hoffmann, Fritz 967

Hoffmann, Peter (1920-19.. - SIS 1933-19..)

Hoffmann, Reinhold (1919-19.. - SIS 1933-19..)

Hoffmann, Wilhelm 345

Hoffmann-Gwinner, Margarete 323, 345, 347, 353

Hohmann, Wilhelm 774

Hokusai 67

Holle, Wilhelm 394

Holtz, Jürgen 889

Holwede, Marie Elisabeth von s. Humboldt, Marie Elisabeth von

Holz, Arno 672

Homann, Eva 320

Homann, Hans-Joachim 318f.

Homer 291, 627

Hoof, Dieter 6

Hoofe, August 84

Horaz 370, 489

Howard, Ebenezar 361

Hübner, Fritz 857

Hübner, Walter 289, 366

Hübsch, Hugo 125

Hüttner, Wolfram (1911-19.. - SIS 1927-1930) 717

Humboldt, Alexander Georg von 116

Humboldt, Alexander von 116, 119-121, 173, 399, 450, 867

Humboldt, Marie Elisabeth von 116

Humboldt, Wilhelm von 116, 120f., 373, 399, 450, 702, 711, 851, 864-867

Ibsen, Henrik 656, 671

Ilgner, Alfred 317, 500

Ilse, Bruno (1917-19.. - SIS 1931-1934)

Imhof, Arthur 14

Imm, Diethelm 857

Jacobi, Hans-Karl (1909-19.. - SIS 1925-1925)

Jaczkowski, Wolfgang (1919-19.. - SIS 1933-19..)

Jäckel, Willy 1000

Jäger, Georg 277-280, 500

Jäger, Rudolf (1914-19.. - SIS 1927-1933: Abitur) 990

Jaesrich, Bernhard 341

Jaesrich, Hellmut (1908-1988 - SIS 1924-1927: Abitur) 341, 381, 410f., 470, 473, 483, 645, 962, 998

Jahn, Friedrich Ludwig 691, 730

Jahn, Rudolf (1914-19.. - SIS 1928-1932) 763

Jahnke, Heinz K. 812, 818, 821

Jahnke, Richard 287, 289, 294, 791

Jandt, Walter (1907-1981 - SIS 1923-1929: Abitur) 258, 319, 321, 380, 716, 991, 999

Jannasch, Hans-Windekilde 486

Jaspers, Karl 952

Jefremow 1025

Jelkmann 448f.

Jelski, Willi (William) (geb. 1912 - SIS 1926-1928?) 717, 1005, 1008, 1068 Abb. 65

Jenke, Walter (1905-19.. - SIS 1925-1927: Abitur) 319, 384, 647, 661f., 684, 717, 1005f., 1046 Abb. 18

Jensen, Adolf 311, 486, 967

Jensen, Eberhard (1904-19.. - SIS 1929-1932: Abitur))

Jeremias 656

Jesaias 656

Jesus Christus 67, 656

Jöde, Fritz 661f.

Johst, Hanns 81, 779

Jonas, Fritz 618

Jung 1009

Kabelich, Hans (1914-19.. - SIS 1928-1930)

Kaczmarek, Kurt (1913-19.. - SIS 1926-1932: Abitur) 717

Kärmssen, Hans (1912-19.. - SIS 1926-19..) 319

Kästner, Erich 431, 752

Kaestner, Paul 168, 176, 287

Kahl, Hellmut 885

Kaiser, Jacob 339, 942

Kalähne 438

Kalischer, Erwin 520

Kamin, Gerhard 706

Kamp, Martin 8

Kandinski, Wassily 428, 669

Kant, Immanuel 40, 565, 952

Kantzke, Hermann 442

Karl V. 641

Karl der Kühne 43

Karsen, Fritz 86f., 100, 141, 144, 146f., 149f., 173, 194, 203, 213, 289, 317, 346f., 366, 408, 457f., 467, 484, 486f., 500, 502, 506, 594, 710, 763, 768, 787f., 793, 874, 887, 893, 937, 940, 966f., 969, 971, 988

Karstädt, Otto 276, 311, 485, 507f.

Kastler, Willi (1916-19.. - SIS 1929-1932) 666

Kawerau, Siegfried 87f., 141, 149, 304, 346

Kayser, Rudolf 265, 882

Kayßler, Friedrich 131, 677, 687, 694

Keim, Wolfgang 19, 194, 224f., 493, 626, 639, 654, 709, 962, 983

Kein, Wilhelm (1917-19.. - SIS 1931-1934)

Keller (Lehrer) 54

Keller, Gottfried 119, 472, 610, 671, 680

Kellerer, Max 264

Kelsch, Wolfgang 38

Kerschensteiner, Georg 144, 149, 349f., 606f., 632, 934, 953

Kestenberg, Leo 187

Kießling, Kurt 739, 779, 782

Kilian, Hl. 471

King, Isabel B. 469

Kinze, Helmut 819

Kipling, Rudyard 388, 527
Kircher, Wilhelm 542
Kirchner, Ernst Ludwig 428
Kissner, Vera 983
Klafki, Wolfgang 2, 4f., 433, 952
Klatt, Fritz 515, 563
Klein, Tim 702
Kleist, Heinrich von 645
Klemner, Martin (19..-19.. - SIS 1923-1925)
Klinghardt, Helmut (1915-19.. - SIS 1932-1935) 797
Klopstock, Friedrich Gottlieb 464, 675
Klose, Walter (1911-19.. - SIS 1926-1926)
Kluthas, Heinz (19..-19.. - SIS 1927-19..)
Knauf, Erich 431
Knaut, Martin (19..-19.. - SIS 1924-1924)
Knie, Wilhelm (1917-19.. - SIS 1931-19..)
Knoll, Ludwig (1912-19.. - SIS 1928-1929)
Knoll, Werner (1912-19.. - SIS 1926-1930) 717
Koch, Hans (1915-19.. - SIS 1927-1933: Abitur)
Koch, Nikolaus 985f.
Koch, Otto 346
Koch, Walther 226
Köhne, Fritz 455, 861, 976
Körber, Normann 474f.
Köster, Arthur 451
Kohn, Hans (1917-19.. - SIS 1931-1931)
Kokoschka, Oskar 416
Kolberg, Ernst 376, 724-727, 773
Koletzki, Paul (1912-19.. - SIS 1926-1927?) 717
Kollwitz, Käthe 335, 431, 1013
Kopernikus, Nikolaus 184
Koppelmann, Otto 936f.
Korotkow, Alexander s. Erdberg, Alexander
Kowalski, Walter (1917-19.. - SIS 1933-1934)
Kraas, Andreas 822
Kraemer, Hans-Alfred (-19.. - SIS 1922-1924: Abitur) 210, 554, 562, 583, 645, 679, 842, 999
Krahene 367

Krampe, Günther (1906-19.. - SIS 1923-1925: Abitur)
Kraus, Hertha 239
Krause (Mediziner) 45
Krause, Martin (1919-19.. - SIS 1933-19..)
Krause, Wilhelm 805, 826
Krefft, Georg (1916-19.. - SIS 1931-1934)
Kreitmair, Karl 487
Kretschmann, Hilde s. Arnold, Hilde
Kreuziger, Max 486, 505, 898
Krieck, Ernst 778, 862
Krieg, Hans 467
Kroggel, Otto 480
Krohn, August E. 516
Kroll (Vater von Erwin K.) 449
Kroll, Erwin (1909-19.. - SIS 1923-1929: Abitur) 567, 716, 890, 902, 962, 968, 999
Krüger, Franz (1913-19.. - SIS 1933-19..)
Krüger, Hans 98
Krüger, Heinz 125
Krüger, Karl Heinz (1920-19.. - SIS 1933-1934)
Krüger, Paul (1915-19.. - SIS 1929-1930)
Krüger, Pitt 551
Krüger, Willi (1908-19.. - SIS 1923-1923) 317
Krüger, Yves 551
Krull, Gertrud 553
Krull, Wilhelm 507
Kruyt (Vater von Nikodemus K.) 1025
Kruyt, Nikodemus (1916-19.. - SIS 1932-1934) 756, 990, 1025f.
Kube, Hans (1919-19.. - SIS 1932-19..)
Kube, Reinhard (1911-19.. - SIS 1926-1928?) 717
Kubiak, Georg 125
Kubina, Christian 709, 956
Küchling 1009
Kühl, Siegfried 915, 970
Kühne, Karl 242f.
Kuhn, Johannes 897
Kujack, Willi (1914-19.. - SIS 1927-1930)
Kummerow, Erich 196f., 270f., 282-284, 294, 390, 463, 486, 488f.

Kurras, Harry (1913-19.. - SIS 1927-1930)

Kuttner, Gerhard (geb. 1907 - SIS 1924-1926: Abitur) 574, 992, 994, 999f., 1002

Kutzner, Horst 125

Lachmann, Verena 804

Lagerlöf, Selma 388, 527

Lampe (Dr.) 354

Lampe, Felix 276

Lamprecht, Karl 335, 464

Lancester, Jane 380, 604

Landahl, Heinrich 382

Landauer, Gustav 230-234, 619

Landé, Walter 288f., 302

Lang 438

Lange, Friedrich Carl August 140, 174, 345

Lange, Helene 216f.

Langgaard, Louise 23, 378

Laotse 67, 645

Lassmann, Gustav 515

Lautenschläger, Hans (geb. 1916 - SIS 1929-1932) 430, 666, 754-756, 856, 990, 1011f., 1015, 1018, 1023, 1027

Lauterburg, Maria 835, 979

Lavater, Johann Caspar 619

Le Roy Ladurie, Emmanuel 14

Lehberger, Reiner 8, 747

Lehmann, Edvard 657

Lehmann, Helmut (1910-19.. - SIS 1923-1924) 572

Lehmann, Reinhold 485

Lehmann, Theophil 504

Lehmann, Walter 511, 571, 587, 707, 842

Lehmann, Wilhelm (1910-19.. - SIS 1923-1926 366, 369

Leibl, Ernst 866

Leitzmann, Albert 373

Lemke 53

Lengsfeld, Wolfgang 968

Lenin, Vladimir I. 646, 702

Lennert, Rudolf 911, 971, 1084 Abb. 104

Leschinsky, Achim 280, 434, 639

Lesser, Ruth 897, 1011

Lessing, Gotthold Ephraim 36, 264, 670

Leuschner, Wilhelm 339

Levitin 492

Lichtwark, Alfred 154, 335, 464f., 484, 639, 715

Liebenberg, Karl-Heinz (1919-19.. - SIS 1933-1934)

Liebermann, Max 416

Liebert, Peter (1917-19.. - SIS 1929-1929)

Liebknecht, Karl 1013, 1015

Liebknecht, Wilhelm 338

Lienhard, Friedrich 689-691

Lietz, Hermann 70-72, 100, 106, 126, 137, 218, 273-275, 284, 404, 406, 413, 460-462, 464, 471, 481, 487f., 504, 590, 733, 814, 918

Limbach, Jutta 889

Linde, Karl 724

Link, Heinz (1909-19.. - SIS 1923-1927?) 518, 573f., 585

Link, Jörg-W. 9

Linse, Hans 125

Lips, Rudolf 725, 727

List, Friedrich 633

Littmann, Hans-Joachim (1915-19.. - SIS 1928-1929)

Livius 131

Loebe, Paul 678

Löffler, Eugen 140

Löns, Hermann 611

Löslein (19..-19.. - SIS 1926-1927?) 717

Loewe, Fritz 417

Löwenstein, Kurt 148f., 153f., 160, 207f., 289, 319, 502, 714, 752, 768, 964

Loewy, George J. 490

Lohmann, Thomas 872

London, Jack 527

Longardt, Wolfgang 915

Lorch, Heinz (1917-19.. - SIS 1931-1934)

Lorentz, Paul 599

Lottig, William 467

Ludwig, Edmund (1919-19.. - SIS 1932-19..)

Ludwig, Emil 679

Ludwig, Karl 125

Lühmann, Hans (1917-19.. - SIS 1931-1932) 756, 761, 779

Lühmann, Hinrich 886

Lühmann, Johann Heinrich 756

Luserke, Martin 402f., 461, 476-479, 483, 504, 515, 553, 600
Luther, Martin 645, 656
Luxemburg, Rosa 1013, 1015
Macke, August 428
Mackensen-Pankow 294
Mahlow, Georg 82f., 101, 112f., 127, 133
Mangold, Emil 395
Mann, Erika 808
Mann, Thomas 21, 669f., 675
Manuel, Niklaus 615
Marc, Franz 428
Marcks, Erich 41, 44, 465
Marcuse, Ludwig 55
Markov, Walter 30
Marlier [?] 717
Marnitz, Gerhard (1911-19.. - SIS 1926-1930) 717, 1004
Marquardt, Gerhard (1919-19.. - SIS 1933-19..)
Marquardt, Karl Heinz (1919-19.. - SIS 1933-19..)
Martinu, Kurt (1912-19.. - SIS 1926-1932: Abitur) 717, 759, 1004
Marx, Herbert 724
Marx, Karl 862, 1011
Maschkowski, Kurt (1916-19.. - SIS 1929-1932) 1005
Masereel, Frans 431, 1013
Matisse, Henri 428
Matter 250
May, Walter 874, 885, 892, 948, 956
Mehlhorn, Günther (1921-19.. - SIS 1933-19..)
Meidner, Ludwig 974
Meinecke, Friedrich 373
Meinshausen, Hans 769, 775f., 802, 813
Meissner, Erich 100
Meissner, Hans (1919-19.. - SIS 1933-19..)
Meister, Joachim (1912-19.. - SIS 1927-19..)
Melamerson, Ernst (1914-19.. - SIS 1928-1929)
Mende, Anna 553
Mendelsohn, Erich 108, 451, 454
Mendelsohn-Bartholdy, Felix 850

Mennerich, Jan J. 825f.
Merten, Otto 207, 250
Mertino, Gerhard (1919-19.. - SIS 1933-19..)
Merz, Leo 66f.
Metz, Emil 580f.
Metz, Gerhard (1907-19.. - SIS 1922-1926: Abitur) 210, 311, 384, 518f., 527, 565-568, 645
Metz, Günther (1917-19.. - SIS 1933-1934) 320
Metz, Hans Joachim (1915-19.. - SIS 1932-19..) 320
Metzner, Karl (19..-19.. - SIS 1923-1924) 340
Metzner, Karl (Vater von Karl M.) 288f., 293f., 340, 514, 699, 703, 705f., 844, 964
Meunier, Constantin 431
Meyer, Erich (1912-19.. - SIS 1926-1932: Abitur) 320, 717
Meyer, Gerd (1918-19.. - SIS 1931-1932)
Meyer, Heinrich (1915-19.. - SIS 1927-1933: Abitur) 320
Meyer, Johanne Auguste Sophie s. Blume, Johanne Auguste Sophie
Meyer, Justus Friedrich Anton Carl 34
Michaelis 113, 276, 282-284, 288, 293f.
Michaelis, Wolfgang (1916-19.. - SIS 1930-19..)
Michelangelo 663
Miethke, Hertha 1028
Minder-Wilker, Eva 359, 834, 982, 985
Mix, Heinz (1915-19.. - SIS 1930-1933)
Möller, Johannes 294, 366, 1093
Möller, Rüdiger 818
Mörike, Eduard 499
Möser, Justus 645
Mogge, Winfried 27, 57
Mohammed 657
Mohr, Erich 486
Molitor (19..-19.. - SIS 1929-1929?)
Moll, Max (1913-19.. - SIS 1928-1934) 320f.
Moll, Reinhard (1918-19.. - SIS 1933-19..) 320
Molo, Kurt von (1906-19.. - SIS 1924-1927: Abitur) 319, 341, 381, 584f.
Molo, Walter von 341, 352, 585, 670, 672

Moltke, Helmuth von 620

Mommsen, Adelheid 718

Mommsen, Theodor 718

Monroe, James 622

Montessori, Maria 149, 225, 234, 359f., 362, 979

Moslé, Käthe 837f.

Moslé, Wilhelm 371, 374, 376, 407f., 421, 424, 561, 603-605, 682, 694, 837f., 1048 Abb. 25

Mosse 123, 716

Mozart, Wolfgang Amadeus 540, 564, 676, 684, 700

Mügner, Heinz (19..-19.. - SIS 1928-1928?)

Mühsam, Erich 430

Müller, Arno (1909-19.. - SIS 1923-1928)

Müller, Christoph 471

Müller, Eckart (1914-19.. - SIS 1928-19..)

Müller, Heinrich 505

Müller, Heinz (1914-19.. - SIS 1929-1930)

Müller, Heinz Jürgen (1916-19.. - SIS 1930-1931)

Müller, Karl 442

Müller, Rudi 918, 920, 970

Müller-Lyer, Franz 265

Münch, Paul 515

Münch, Paul Georg 41

Mundstock, Karl (geb. 1915 - SIS 1928-1934?) 707, 757, 763f., 993, 998, 1027

Mussolini, Benito 225, 862

Nagel, Otto (1915-19.. - SIS 1930-19..) 757

Nalder, Josef 42

Nansen, Fridtjof 952f.

Napoleon 602

Natorp, Paul 218f.

Natterodt, Hermann (geb. 1915 - SIS 1929-1932) 349f., 754-798, 879, 989, 993, 999f., 1015, 1022, 1027

Natteroth (Mutter von Hermann N.) 350

Natteroth, Friedrich 349f., 352, 879, 882, 989, 1000

Neke, Walter (1910-19.. - SIS 1925-19..)

Nelson, Leonhard 100, 400-403

Nero 610

Nestriepke, Siegfried 874

Netzband, Georg 50, 186, 188-192, 212, 235, 245, 367, 371, 414-416, 427-429, 445, 488f., 507, 513, 518, 560, 563, 571, 640, 656, 663, 665, 668f., 675, 677, 767, 839-842, 844-847, 962, 973f., 1047 Abb. 20, 1071 Abb. 71, 1081 Abb. 96, 1081 Abb. 97, 1081 Abb. 98, 1085 Abb. 110

Netzband, Lilly s. Pollack-Netzband, Lilly (Elisabeth)

Netzband, Max 188

Nicolaus, Walter (1920-19.. - SIS 1933-1934)

Niemann, Franz Joseph 394-398, 486, 510, 609

Nietzsche, Friedrich 107, 464, 564, 570, 636, 638, 955

Nitsch, Ulla M. 8

Nitzsche, Max 515

Nixdorf, Bärbel 824

Noeggerath, Hans-Jakob (1908-1934 - SIS 1924-1927: Abitur) 328, 574, 647, 717

Noel-Baker, Philip John 978f.

Nohl, Herman 4, 456, 951, 976

Nolde, Emil 428

Noske, Gustav 430

Nußbeck, Adolf 53f., 1042 Abb. 9

Nydahl, Jens 177, 245, 302, 304, 443, 446, 457, 489, 502, 520, 744f., 747, 769

Oehme, Hermann (1916-19.. - SIS 1929-1931)

Oelkers, Jürgen 4, 6

Oeller, Norbert 955

Oelze, Friedrich 147

Oeser, Erwin (1909-19.. - SIS 1924-1928: Abitur) 342, 518, 534, 681

Oeser, Rudolf 342

Oestreich, Paul 86, 90f., 93-95, 100, 141-149, 185, 213, 265, 346, 350f., 411, 496-498, 506, 514, 516, 607, 752, 892-895, 979

Olden, Rudolf 752

Oldendorff, Paul 515

Olgiati-Schneider, Rodolfo 975f.

Opalka, Bruno (1907-19.. - SIS 1924-1927: Abitur) 29, 320, 518, 567, 716

Opitz, Hans 938

Oppenheimer, Franz 400-403

Ortega y Gasset, José 952

Ortmann, Jürgen (geb. 1915 - SIS 1929-1932) 328, 1005

Ossietzky, Carl von 431, 752, 1036

Otto, Berthold 396, 464, 484, 498, 515, 590, 609

Otto, Gerhard (1913-19.. - SIS 1926-1926) 717

Otto, Katharina 31

Ovid 106, 130, 445, 973

Pallat, Ludwig 168, 191, 343, 398, 456, 489, 504, 671, 951

Pallat, Rolf E. (1910-19.. - SIS 1925-1925) 343, 997

Pander, Wolfgang 1029, 1031

Pannewitz, Ernst 724, 726, 890

Papen, Franz von 751

Papendorff, Kurt (1912-19.. - SIS 1926-1927?) 717

Pasch, Gerhard (1919-19.. - SIS 1932-1933) 328, 790

Paul, Jean 672

Paul, Joachim 23

Paulmann, Erich (1908-19.. - SIS 1923-1924)

Pauls, Walter 787, 800, 859, 864, 866

Paulsen, Elsa 489

Paulsen, Wilhelm 148-150, 154, 156-170, 173-182, 185, 199f., 203, 206f., 211, 238, 243, 245, 249, 271f., 281, 287, 298f., 301f., 311, 319, 321, 330, 343, 352, 380, 386, 488f., 507, 517-519, 558, 580, 688, 710, 715, 744, 946, 964, 1048 Abb. 23

Paulus 656

Pechstein, Max 416, 431

Pehnke, Andreas 8

Penn, William 221

Perikles 43

Perkuhn, Heinz (1917-19.. - SIS 1930-1933) 779-782

Perrault, Gilles 1017, 1025

Pestalozzi, Johann Heinrich 313, 462, 926f., 934, 949, 951, 976

Petersen, Dagmar 1028, 1030

Petersen, Peter 515, 933

Peukert, Detlef 871, 1033, 1035f.

Pewesin, Wolfgang (1909-1995 - SIS 1924-1927: Abitur) 22, 317, 320, 427f., 507, 518, 544, 716, 875, 885-887, 900-914, 916-923, 936, 940f., 945, 954, 960, 962, 968-970, 987, 989, 999, 1084 Abb. 104, 1099

Pfannschmidt, Heinrich 187

Pfau, Horst (1918-19.. - SIS 1932-1932)

Pfeiffer, Anneliese 969, 971

Pfemfert, Franz 431

Picasso, Pablo 428

Piesker, Hans (1918-19.. - SIS 1930-19..)

Pilnjak, Boris 431

Pirandello, Luigi 472

Planck, Max 186, 397

Platen, August von 689f.

Plenzdorf, Ulrich 899

Pöggeler, Franz 456, 979

Polgar, Alfred 752

Pollack-Netzband, Lilly (Elisabeth) 189, 415f., 846

Polleck, Karl-Heinz (1917-19.. - SIS 19..?-1931)

Poser 879

Pradel, Gertrud 325

Pradel, Rudolf (1918-19.. - SIS 1932-19..) 320, 1004f.

Pradel, Werner Ernst (geb. 1913 - SIS 1926-1933: Abitur) 320, 325, 684, 693, 717

Preller, Friedrich 291

Prellwitz, Gertrud 555

Prengel 302, 437

Preuss, Wolfgang (1918-19.. - SIS 1933-19..)

Pridik, Heinrich 383, 453

Pufendorf, Samuel von 641

Pungs, Elisabeth 1028

Purwin, Hans (1914-19.. - SIS 19..-1931)

Quaschniewski, Werner (1915-19.. - SIS 1928-1929)

Raabe, Wilhelm 36-38, 671

Raatz, Wilhelm 516

Rabold, Hans-Peter (1919-19.. - SIS 1933-19..)

Radde, Gerd 8, 86f., 591, 594, 787, 933, 935-937, 945, 966, 969-971, 1099

Radvann, Wilhelm 369f., 374, 376f., 422, 424-426

Rake, August 210

Ramin, Günther (1916-19.. - SIS 1930-1930)

Rang, Adalbert 4

Ranke, Leopold von 464

Ransom, Josephine 469

Rathenau, Walter 123f., 209, 402f., 678f.

Rathjens, Carl (1914-1994 - SIS 1927-1932: Abitur) 320, 532, 992, 1001, 1007

Rathjens, Peter (geb. 1918 - SIS 1932-1936) 320, 756, 790, 795, 825f., 990, 994, 997, 1007

Rathjens, Ursula 826

Regelin, Gerhard (1911-19.. - SIS 1926-1926)

Rehse, Egon (1908-19.. - SIS 1924-1926: Abitur) 311, 574

Reichenbach, Bernhard 345

Reichenbach, Hanno (1919-19.. - SIS 1932-1934) 345, 756, 992, 1006

Reichwein, Adolf 189, 401, 843-846

Reimann, Arnold 153

Rein, Wilhelm 933

Reiner, Anni 478

Reiner, Guido 706

Reiner, Paul 478

Reinhardt, Karl 390

Reinhardt, Max 335

Reinsch, Felix (1916-19.. - SIS 1930-1932)

Reinsch, Heinz (19..-19.. - SIS 1926-19..) 717

Reisinger, Ernst 504

Remarque, Erich Maria 431

Rembrandt 428, 663

Remme, Karl 367f., 502

Reschke, Herbert (1905-19.. - SIS 1922-1925: Abitur) 210, 318, 326, 673, 842

Rese, Ludwig 474

Resin 104

Rettig, Harry (1913-19.. - SIS 1928-1929)

Retzlaff, Kurt (1913-19.. - SIS 1928-1929)

Reuter, Ernst 223

Reuter, Fritz 675

Rex, Willy (1913-19.. - SIS 1927-1930)

Reynier, Reinhard (1919-19.. - SIS 1933-1934?) 319

Richert, Hans 191-193, 197f., 626, 639f.

Richter (Bruder von Wilhelm R.) 509

Richter, Fredi (1912-19.. - SIS 1926-19..) 717

Richter, Fritz 125

Richter, Ludwig 952

Richter, Maina 853, 1095

Richter, Wilhelm 18, 22-24, 47, 53f., 80-82, 254, 285, 372-375, 384, 422-424, 428, 430, 509, 524, 571, 589f., 605, 615f., 659, 717, 723, 726, 738, 744, 747, 773, 852f., 857, 866, 884f., 902, 932, 935f., 942, 944, 948, 962, 968-971, 1009, 1042 Abb. 9, 1085 Abb. 109, 1095

Rieck, Bruno (1913-19.. - SIS 1927-19..)

Riemerschmid, Richard 361

Riepe, Hermann (1918-ca. 1944/45 - SIS 1932-1934) 756, 807, 826, 990, 1004, 1015

Rieß, Günther 728, 849f.

Rilke, Christoph 189

Rilke, Rainer Maria 189, 216

Ritschel, Artur 125

Roche, Horst 23

Rödel, Wolfgang (1914-19.. - SIS 1928-1929)

Röhl, Peter (1920-19.. - SIS 1933-19..)

Röhm, Ernst 1015

Röhrborn, Heinz (1908-19.. - SIS 1922-1926: Abitur) 210, 645

Röhrs, Hermann 3, 228, 988, 1003

Römer, Heinrich 693

Rössger, Carl 515

Rössner, Walter 189, 191

Roethe, Gustav 42

Rogers, Ernest A. 491

Rogge, Gerd 125

Rogler, Rudolf 30

Rohde, Alfred 377, 807

Rohden, Hedwig von 378

Rohmann, Martin 53

Rolff, Hans-Günter 735

Rolland, Romain 359, 982

Rommel, Friedrich 87f., 133, 141, 213, 284, 346, 489

Rosenberg, Alfred 756, 784

Rosenow, Emil 81

Rosolleck, Alfred 50, 186f., 199, 212, 317, 365-367, 409f., 467, 489, 511, 513, 566, 570, 640, 661f., 668, 671

Roth 208

Rothe, Hanns 365f., 414, 511, 736

Rother, Gerhard (1909-19.. - SIS 1925-1926)

Rothkamm, Jürgen (1918-19.. - SIS 1933-1934)

Rotten, Elisabeth 87f., 98, 215-227, 229, 231, 233f., 237, 258, 343, 346, 358-364, 400, 434, 482, 486, 489, 492, 499, 501f., 507, 519, 566f., 681, 834-837, 937, 952, 957, 974-986, 1007, 1034, 1047 Abb. 21, 1085 Abb. 108

Rotten, Luise 216

Rotten, Moritz 216

Rousseau, Jean-Jacques 120, 622

Rühl, Gerhard (1917-19.. - SIS 1930-19..)

Rühle, Otto 261

Rupp, Hans 502

Rusch, Franz 673

Rust, Bernhard 340, 768, 770, 778, 808

Ruthenberg, Heinz (1913-19.. - SIS 1927-1932: Abitur) 384, 699

Ryneck, Jutta s. Limbach, Jutta

Sachs, Hans 621, 675

Sachs, Heinrich 473

Sahm, Artur 773

Sahm, Heinrich 1078 Abb. 90

Samter, Hans (1911-19.. - SIS 1924-1929: Abitur) 573f.

Sandfuchs, Uwe 8

Sasse, Bruno 371, 374, 723

Sastes [?], Fritz (1912-19.. - SIS 1926-19..) 717

Sauerland, Hans 878

Saupe, Walther 369f., 410f., 434, 473, 483

Schädlich, Rudolf (1915-19.. - SIS 1928-1934: Abitur) 316, 605, 668, 694, 809, 1004

Schäfer, Walter 587

Schaper, Emmerich 1028, 1031

Scharf, Reinhold 937

Scharnhorst, Gerhard von 866

Scharrelmann, Heinrich 396, 515

Scheel, Grete 325, 351, 761

Scheel, Harry 324f., 351f., 758, 761, 808

Scheel, Heinrich (1915-1996 - SIS 1929-1934) 19, 316, 324, 350-352, 415, 422-426, 429f., 432f., 435, 523, 526, 532, 537, 588, 610, 616, 618f., 646, 666, 676, 693, 723, 753-758, 760f., 763f., 766, 773f., 778, 782f., 791, 793-795, 797f., 801-803, 807f., 826, 829, 832, 855f., 875, 886-896, 898-902, 940, 968-970, 990, 999-1001, 1011-1017, 1019, 1022-1024, 1027, 1074 Abb. 80, 1077 Abb. 88, 1077 Abb. 89, 1079 Abb. 91, 1079 Abb. 93, 1086 Abb. 113

Scheibner, Erich 50, 367, 416, 421f., 427-432, 434f., 445, 545, 665f., 676f., 691, 753, 756, 759, 773, 779, 781-783, 804f., 839, 890, 962, 989-991, 1011-1014, 1049 Abb. 28, 1971 Abb. 73

Scheller, Ilse 859

Scheller, Karl 859

Schemm, Hans

Schepmann 124, 237

Schietzel, Carl 976

Schillack, Edmund (1913-19.. - SIS 1927-19..)

Schiller, Friedrich 50, 107, 291, 222, 489, 610, 618, 636, 638, 693, 695, 700, 793, 862, 955

Schipkus, Emil (1911-1983 - SIS 1926-1932: Abitur) 561, 717, 759, 997

Schirach, Baldur von 817

Schlatterer, Walter (1916-19.. - SIS 1930-19..) 757, 793-795, 798f.

Schleicher, Kurt von 751

Schlenther, Paul 673

Schlesinger 1010

Schliemann, Heinrich 291

Schloß, Betty 509

Schmid-Sas, Alfred 1028f.

Schmidlin, Guido 983

Schmidt (Beamter) 877

Schmidt, Erich 41, 42, 44

Schmidt, Ernst-Ludwig (19..-19.. - SIS 1922-1923) 210, 269, 442

Schmidt, Franz 302, 421f., 424f., 705, 707f.

Schmidt, Günther (1920-19.. - SIS 1932-19..)

Schmidt, Heinz (1914-19.. - SIS 1928-19..)

Schmidt, Karl 468, 504

Schmidt, Katja 378-380, 483, 660, 773

Schmidt, Max 26, 82, 112, 122, 125, 127, 133, 678, 1041 Abb. 7

Schmidt-Burkard, Günther (1905-19.. - SIS 1923-1924) 125, 269

Schmidt-Matthaei, Maria 617, 715-718

Schmitt, Hanno 6, 8, 30f., 748

Schmitz, Rolf 818f.

Schmitz-Hübsch, Edmund (19..-19.. - SIS 1927?-1927?) 537

Schmölders, Ralf 23

Schmohl, Horst-Hermann (1915-19.. - SIS 1932-19..)

Schmoldt, Benno 1091

Schmoll gen. Eisenwerth, Bernhard (1912-1994 - SIS 1926-1932: Abitur) 318-320, 688, 699, 717, 759, 1000, 1068 Abb. 65

Schmoll gen. Eisenwerth, Eva s. Homann, Eva

Schmoll gen. Eisenwerth, Joseph Adolf (Adi) (geb. 1915 - SIS 1927-1934) 318-320, 383, 426, 429, 453, 531, 614, 645, 676, 751f., 757, 759, 779, 792, 794, 796, 805, 993f., 996, 1001, 1005, 1008, 1048 Abb. 25, 1071 Abb. 73, 1074 Abb. 80, 1077 Abb. 86, 1077 Abb. 87, 1078 Abb. 90, 1079 Abb. 91, 1080 Abb. 95

Schnack, Elisabeth 889

Schnäwel, Franz (1909-19.. - SIS 1926-1927) 717

Schneider (Bürgermeister in Reinickendorf) 875

Schneider, Friedrich 982

Schneider, Karl (geb. 1916 - SIS 1930-1933) 992, 994f., 997

Schöler, Herbert (1915-19.. - SIS 1928-1929)

Schönberner 304

Schönherr, Karl 671

Schoenichen, Walther 195

Scholtz, Harald 370, 870, 872

Scholz, Felix 757, 785-787, 790-792, 795f., 798-800, 802f., 805, 808, 811-813, 815, 825-827, 1080 Abb. 94, 1080 Abb. 95

Scholz, Hans 480

Scholz-Sorge, Gerda 394, 685

Schonig, Bruno 15, 32, 746f., 869-871

Schopenhauer, Arthur 565

Schottländer, Felix 863

Schottländer, Stefan 863

Schottmöller, Gerda 482

Schottmöller, Oda 1017

Schrader-Näumann, Karl-H. (1918-19.. - SIS 1932-1934)

Schramm, Heinz 125

Schramm, Walter (1908-1978 - SIS 1922-1926: Abitur) 210, 384, 446, 467, 470, 473, 482f., 524, 527, 559, 584, 645f., 716f., 725, 740, 774, 854-856, 999, 1058 Abb. 45

Schreck, Friedrich (1916-19.. - SIS 1929-1935) 320

Schreck, Gustav (1918-19.. - SIS 1932-1934) 320

Schreck, Karl (1914-19.. - SIS 1928-1934: Abitur) 320, 355, 538, 648

Schreiber, Wilhelm 365f., 732, 736f., 740, 886

Schröter, Richard 505, 515

Schubart, Christian Friedrich Daniel 619

Schücking, Walther 223f., 400

Schünemann, Georg 187, 660

Schüttke, Erich (1916-19.. - SIS 1932-1933)

Schütze, Fritz 29

Schultze, Helmut (1916-19.. - SIS 1929-19..)

Schulz, Heinrich 145, 261, 716

Schulz, Ruth s. Strohschein, Ruth

Schulze, Kurt (1914-19.. - SIS 1928-1932)

Schulze, Walter 977

Schulze, Winfried 12

Schulze-Boysen, Harro 1016f., 1024

Schumacher, Fritz 456

Schumacher, Kurt 942

Schumpe, Gerhard 818, 820

Schuppan, Michael-Sören 859, 940, 948-951, 954

Schuster, Willy 939

Schwärzke, Franz 1015

Schwartz, Hermann 270

Schwarz, Rolf (1920-19.. - SIS 1933-19..)

Schwarz, Sebald 457, 515

Schwarzwald, Eugenie 445, 498f., 584

Schwatlo, Peter (19..-19.. - SIS 1924-1924)

Schwedtke, Kurt 787f., 793

Schweizer, Albert 952

Schwieger, Alfred (1913-19.. - SIS 1927-1931)

Scobel, Albert 50

Seeligmann, Chaim 833

Seidel, Heinrich 120, 610

Seidel, Robert 261

Seinig, Oskar 396, 515
Semmler, Friedrich (1913-19.. - SIS 1927-19..)
Senges, Walter (1915-19.. - SIS 1932-19..)
Senn, Albert 473
Sesemann, Heinrich 937
Setzer, Hermann (1915-19.. - SIS 1928-1931)
Seyffarth, Kurt (1919-19.. - SIS 1932-1933)
Shakespeare, William 107, 184, 670
Sharatcandra s. Chattopadhyaya
Sibelius, Jean 661
Siegel, Harro 384, 684
Siegmund-Schultze, Friedrich 220, 400, 475, 834, 986
Siemsen, Anna 23, 87, 149, 516
Siemsen, Paula s. Eskuchen, Paula
Sikorski, Bernhard 1028, 1031
Simmel, Ernst 354, 743
Simmel, Georg 743
Simon (Bankier) 311
Simon, Gustav (1914-19.. - SIS 1928-1934: Abitur) 318
Simon, Wolfgang (1918-19.. - SIS 1931-1932)
Smith, Adam 633
Socha, Bernhard (1916-19.. - SIS 1930-1932)
Sohnrey, Heinrich 612
Solmitz, Walter 866
Sommer, Erwin (1908-19.. - SIS 1923-1924?)
Sommer, Helmut 918
Sonnenschein, Carl 503
Sonnleitner, Alois Th. 480
Sorge, Ernst 368-370, 391, 393f., 412, 414, 416-419, 556, 562, 603, 674, 685, 837, 842, 1048 Abb. 24, 1070 Abb. 70
Sothmann, Karl 927, 950
Specht, Minna 362
Speyer, Felix 804
Speyer, Wilhelm (Autor) 527, 804
Speyer, Wilhelm (Lehrer) 804
Splettstößer, Willi 370
Spranger, Eduard 511, 964
Spree, Gerhard 372
Stanger, Paul (1911-19.. - SIS 1926-19..) 717

Stankiewicz, Gertrud 728, 856f., 889f., 1009f.
Starck, Hans-Joachim 886, 971
Staudte, Wolfgang 998
Steche, Otto 275, 404f., 504, 515, 591
Steeg, Ludwig 815
Steidel, Werner (1915-19.. - SIS 1929-1932)
Steiger, Emil 486
Steiger, Willy 510
Stein, Joachim 850
Stein, Karl Freiherr vom und zum 577, 622
Stein, Walter 366, 369, 736
Steinauer, Fritz (1906-19.. - SIS 1923-1926: Abitur) 269
Steinbach, Peter 1019
Steinbrinker, Heinrich 57, 64
Steinecke, Hans-Joachim (1921-19.. - SIS 1933-1934)
Steinert, Paul 939
Steinke, Bruno 125
Stempel, Fritz (geb. 1915 - SIS 1928-1931) 316, 994
Stengel 47
Stengelin 49
Stenger, Alfred (19..-19.. - SIS 1922-1923) 125, 210, 269, 572f., 579, 673
Stephan, Rolf (1917-19.. - SIS 1931-1934)
Stifter, Adalbert 953
Stock 973
Stöcker, Helene 223
Stöcker, Hermann 8
Stölting, Erika 393
Stopwasser 237
Straub, Werner 927, 928
Streicher, Oskar 390
Strelow, Alfred (1916-19.. - SIS 1931-1933)
Stresemann, Gustav 760
Strindberg, August 67, 675
Strohschein, Ruth 889
Struckmann, Johann Caspar 20, 1094
Stucken, Eduard 237f., 671, 686
Stückler, Bernd (1913-1996 - SIS 1932-1934) 349, 538, 758, 772f., 790, 792, 797-803, 807f., 997
Stückler, Conrad 349, 797, 800f., 808

Stuempfel, Karl August 480
Sudakow, A. 876, 926, 940
Tacke, Otto 501, 505, 672
Tännigkeit, Roderich 897
Tagore, Rabindranath 368, 465-467
Tappert, Georg 189, 191f., 1000
Taut, Bruno 458f.
Taylor 1010
Tempel, Georg s. Thiele, Georg
Tesar, Ludwig Erik 124, 323f., 493-498, 504
Tesch, Herbert (1916-19.. - SIS 1929-1930)
Tessendorf, Wilhelm 864
Teutenberg, Adalbert (1913-19.. - SIS 1930-1931) 320
Teutenberg, Jürgen (Bobs) (1909-19.. - SIS 1925-1929: Abitur) 317, 1053 Abb. 37
Teutenberg, Rudolf (1915-19.. - SIS 1930-1933) 320
Thackery, William Makepeace 605
Thälmann, Ernst 1078 Abb. 90
Theuerkauf, Gottlob 1044 Abb. 12
Thiede, Alfons (1909-19.. - SIS 1929-1932: Abitur) 759
Thiel, Wolfgang (1919-19.. - SIS 1933-19..)
Thiele, Alphons 859
Thiele, Georg 783, 788, 793, 805f., 863
Thiele, Hans (1920-19.. - SIS 1933-1934) 320
Thiele, Ilse 806
Thiele, Willi (1913-19.. - SIS 1927-1933: Abitur) 320, 759
Thoma, Ludwig 671
Tiessen, Heinz 187
Tiffany-Burlingham, Dorothy 353f., 1006
Tittmann, Dietrich 328, 348, 807
Tittmann, Michael (1915-1986 - SIS 1930-1934) 328, 348, 807
Tlustek, Heinz (1916-19.. - SIS 1930-1932) 341, 763
Tlustek, Hugo 341
Tolstoi, Leo N. 105, 258, 474, 657, 694, 954
Tourbier, Richard 374f., 605, 691, 723, 726
Traven, B. 527
Trinks, Karl 928
Troeltsch, Ernst 636

Troll 503
Trommler, Walter (1918-19.. - SIS 1933-19..)
Trotzki, Leo 531
Tucholsky, Kurt 430f.
Uetze, Hans J. 818, 820
Uffrecht, Bernhard 475f., 480, 482, 504, 515
Uffrecht, Ulrich 476
Ulbricht, Walter 874
Ulm, Erich (1906-19.. - SIS 1922-1925: Abitur) 210, 318, 566
Ungerer, Hans (19..-1984 - SIS 1924?-1924?) 301, 518
Unruh, Fritz von 679
Ursinus, Oskar 471
Valentin, Jakob 403
Veltheim, Werner von 105, 240
Viebig, Klara 610
Vierhaus, Rudolf 13
Vietor, Wilhelm 219
Vilmar, Wilhelm 197, 280f., 515
Vivié, Wilhelm Daniel 715
Völcker, Sven (1910-19.. - SIS 1925-1927)
Völkers, Karl 500
Völkner, Peter (1907-19.. - SIS 1924-1927: Abitur) 320, 700
Völlmann, Bernhard (1915-19.. - SIS 1928-1929)
Vogeler, Heinrich 516
Vogelweide, Walter von der 612f.
Voges, Wolfgang 818, 825
Voigt, Peter (1908-19.. - SIS 1924-1927: Abitur))
Vollmar 53
Voltaire 221
Wagenschein, Martin 369
Wagner (Hauptschulamt nach 1945) 897
Wagner (Mutter von Heinz W.) 992
Wagner (Schulrat nach 1945) 895
Wagner (Vater von Heinz W.) 992
Wagner, Arno 87f., 141, 146f., 346, 320, 384
Wagner, Hans Joachim (1912-19.. - SIS 1927-1932: Abitur)
Wagner, Heinz Wolfgang (geb. 1910 - SIS 1926-1929: Abitur) 303, 316, 320, 323,

384, 445, 523f., 526, 531f., 536-538, 546, 684, 988f., 992, 1002

Wagner, Herbert 125

Wagner, Martin 450

Wahle, Hans 212-215, 277f., 358, 364, 412, 414, 467, 489, 544, 555f., 579, 673, 1069 Abb. 66

Waldmann, Klaus (1920-19.. - SIS 1933-19..)

Walger, Georg 54f.

Walter, Harald (1916-19.. - SIS 1931-1932)

Walther (Geheimrat) 506

Walther, Heinrich 979

Wandel, Paul 881

Wanke, R. 516

Wartenberg, Wolfgang (1917-19.. - SIS 1932-1934) 789

Wartenweiler, Fritz 834, 953

Waurisch, Heinrich (1912-19.. - SIS 1926-1932: Abitur) 574, 717

Weber (Stadtrat) 245

Weber, Carl Maria von 661

Weber, Wolfgang (1919-19.. - SIS 1932-19..) 756, 792, 826f., 990

Weckmann, Max (1913-19.. - SIS 1927-1930)

Weenen, Werner (1913-19.. - SIS 1927-1931)

Wegener, Alfred 417f., 837, 1048 Abb. 24

Wegerich, Bernhard (Bernd) (1915-19.. - SIS 1929-1932) 666, 755f.

Wegscheider, Hildegard 346, 488f.

Wehnes, Franz-Josef 17

Wehr, Heinz (1914-19.. - SIS 1928-1931)

Weinheber, Josef 42

Weinstock, Heinrich 313

Weir, Peter 80

Weise, Christian 687

Weise, Martin 53f., 80, 532, 1042 Abb. 9

Weisenborn, Günther 1020-1022

Weiser, Konrad (1917-19.. - SIS 1930-1931)

Weismantel, Leo 976

Weiß (Schulrat) 892

Weiß, Erwin (1917-19.. - SIS 1931-1934)

Weiss, Heinz (1919-19.. - SIS 1933-19..)

Weiss, Peter 1032f.

Weizsäcker, Richard von 1019

Wellington, Arthur Wellesley 622

Wendt, Georg (1912-19.. - SIS 1926-19..) 320, 717

Wendt, Heinz (1909-19.. - SIS 1925-1929: Abitur) 320, 380

Wendt, Joachim 382

Weniger, Erich 951

Wenke, Karl 375, 648, 727, 738, 805

Wenz, Annegret 1086 Abb. 114

Wenzel, Fritz (1918-19.. - SIS 1933-19..)

Wereschtschagin, Wassilij 952

Wernecke, Margarete 562

Wernecke, Rolf (1905-19.. - SIS 1922-1925?) 97, 125, 210, 562, 565, 574, 579, 584, 648, 671, 673, 997

Werner (Frau) 378, 380

Werner, Arthur 874

Werner, Rainer 919

Wessel, Horts 788

Wetekamp, Wilhelm 214f., 263, 265, 390, 412, 680

Wetzel, F. 486

Weyl, Klara 98, 114, 122f., 208, 238, 242f., 245, 247, 249, 352, 507, 512, 567, 716

Whitmann, Walt 491

Wichert 311

Wiechert, Ernst 706, 741, 775, 1011

Wiechert, Lilje 706

Wiedhöft, Friedrich Karl (1916-19.. - SIS 1929-1930)

Wieland, Christoph Martin 675

Wiese, Benno von 955

Wießner, Karl 382

Wilamowitz-Moellendorf, Ulrich von 393, 464

Wildangel, Ernst 893-895

Wilhelm II. 190

Wilke, Adolf (1917-19.. - SIS 1932-1934)

Wilke, Werner 774f., 805

Wilker, Eva s. Minder-Wilker, Eva

Wilker, Karl 229-231, 234, 359, 364, 466, 474, 501, 519, 834, 985

Wilker, Wilfried 834

Wilker-Minder, Eva s. Minder-Wilker, Eva

Will, Albert (1912-19.. - SIS 1929-1932: Abitur)

Wilm, Hermann 688

Wilsdorf, Peter 818, 820

Winckelmann, Frida 98

Winzer, Otto 874, 876, 932

Witt, Erwin (geb. 1914 - SIS 1928-1934: Abitur) 316, 356, 423, 523, 604, 616, 693, 729, 757, 796, 809f., 829, 990, 992f., 1011, 1074 Abb. 80, 1075 Abb. 82

Witte, Erich 595, 598f.

Witte, Hans 186

Wöhe, Kurt 377, 774

Wölkerling, Erich 850

Woldt, Helmut (Hanne) (1916-1941 - SIS 1930-1934) 283, 320, 338, 432, 753, 755f., 758, 773, 781f., 794f., 797, 807, 826, 855f., 990, 1004, 1011, 1015

Woldt, Johannes (Hans) (1907-1946 - SIS 1922-1926: Abitur) 210, 283, 320, 338, 470, 473, 482, 489, 524, 753, 1004

Woldt, Richard 283f., 338-340, 489, 514, 753, 927f.

Wolf, Friedrich 430

Wolff (HJ-Tegel) 797, 799-801

Wolff, Heinz 992

Wolff, Herbert (1913-19.. - SIS 1927-19..)

Wolff, Julius 276, 358, 369, 390, 413f., 445, 469, 470, 476f., 482, 562, 570f., 597, 716f.

Wolff, Karl Heinz (1919-19.. - SIS 1933-19..)

Wolff-Sawatzki, Dietrich (1913-1982 - SIS 1927-1928) 318

Wolff-Sawatzki, Heinz (geb. 1913 - SIS 1927-1929) 318

Wolfram, Gerd (1919-19.. - SIS 1933-1934)

Wolkenstein, Oswald von 825

Woods, Alice 469

Woolman, John 221

Wormser, Robert (Bob) 319, 321, 490f.

Wulff, Gerhard (19..-19.. - SIS 1926-1927?)

Wustandt, Hermann (1919-19.. - SIS 1932-19..)

Wyneken, Gustav 57, 65f., 69f., 72, 77, 79, 81f., 98-100, 108, 126, 137, 144, 218, 259, 336, 461, 463, 477-479, 600, 667, 804

Wyrgatsch, Gerhard (1915-19.. - SIS 1930-1933)

Young, Ernest 469

Zacharias, Horst (1915-19.. - SIS 1928-1931)

Zahl, Heinz (1917-19.. - SIS 1930-1932)

Zander (Ministerialrat) 689

Zander, Hans (geb. 1913 - SIS 1927-1933: Abitur) 317f., 759, 995, 1000f.

Zander, Johann 318

Zander, Willy (19..-19.. - SIS 1926-19..) 717

Zeisiger, Johannes 377

Zelter, Carl Friedrich 730

Zempelburg, Ludwig (1918-19.. - SIS 1932-1934) 756

Zenk, Erika s. Stölting, Erika

Zenk, Lothar (geb. 1913 - SIS 1927-1930) 393, 694, 1004

Zetkin, Clara 346

Ziegelmayer, Angela 394, 419, 420, 838

Ziegelmayer, Wilhelm 357, 369f., 388, 394, 396-399, 419f., 490, 500, 510, 609, 661, 720, 838f., 972, 1069 Abb. 67

Zierold, Kurt 843

Ziertmann, Paul 515

Ziller, Tuiskon 953

Zirus, Werner 723

Zornemann, Erich 739, 741, 779, 853, 936

Zuckmayer, Carl 692, 695, 762

Zweig, Arnold 98, 431, 752

Zweig, Stefan 656, 687, 689f., 737

STUDIEN ZUR BILDUNGSREFORM

Herausgeber: Wolfgang Keim

Band 1 Rudolf Hars: Die Bildungsreformpolitik der Christlich-Demokratischen Union in den Jahren 1945-1954. Ein Beitrag zum Problem des Konservatismus in der deutschen Bildungspolitik. 1981.

Band 2 Martin Fromm: Soziales Lernen in der Gesamtschule. Aspekte einer handlungsorientierten Konzeption. 1980.

Band 3 Wilfried Datler (Hrsg.): Verhaltensauffälligkeit und Schule. Konsequenzen von Schulversuchen für die Pädagogik der "Verhaltensgestörten". 1987.

Band 4 Gernot Alterhoff: Soziale Integration bei Gesamtschülern in Nordrhein-Westfalen. Längsschnittuntersuchung zu Veränderungen verschiedener Aspekte im Sozialverhalten. 1980.

Band 5 Dietrich Lemke: Lernzielorientierter Unterricht - revidiert. 1981.

Band 6 Wolf D. Bukow/ Peter Palla: Subjektivität und freie Wissenschaft. Gegen die Resignation in der Lehrerausbildung. 1981.

Band 7 Caspar Kuhlmann: Frieden - kein Thema europäischer Schulgeschichtsbücher? 1982.

Band 8 Caspar Kuhlmann: Peace - A Topic in European History Text-Books? 1985.

Band 9 Karl-Heinz Füssl/ Christian Kubina: Berliner Schule zwischen Restauration und Innovation. 1983.

Band 10 Herwart Kemper: Schultheorie als Schul- und Reformkritik. 1983.

Band 11 Alfred Ehrentreich: 50 Jahre erlebte Schulreform - Erfahrungen eines Berliner Pädagogen. Herausgegeben und mit einer Einführung von Wolfgang Keim. 1985.

Band 12 Barbara Gaebe: Lehrplan im Wandel. Veränderungen in den Auffassungen und Begründungen von Schulwissen. 1985.

Band 13 Klaus Himmelstein: Kreuz statt Führerbild. Zur Volksschulentwicklung in Nordrhein-Westfalen 1945-1950. 1986.

Band 14 Jörg Schlömerkemper/ Klaus Winkel: Lernen im Team-Kleingruppen-Modell (TKM). Biographische und empirische Untersuchungen zum Sozialen Lernen in der Integrierten Gesamtschule Göttingen-Geismar. 1987.

Band 15 Luzius Gessler: Bildungserfolg im Spiegel von Bildungsbiographien. Begegnungen mit Schülerinnen und Schülern der Hiberniaschule (Wanne-Eickel). 1988.

Band 16 Wolfgang Keim (Hrsg.): Pädagogen und Pädagogik im Nationalsozialismus - Ein unerledigtes Problem der Erziehungswissenschaft. 1988. 3. Auflage 1991.

Band 17 Klaus Himmelstein (Hrsg.): Otto Koch - Wider das deutsche Erziehungselend. 1992.

Band 18 Martha Friedenthal-Haase: Erwachsenenbildung im Prozeß der Akademisierung. Der staats- und sozialwissenschaftliche Beitrag zur Entstehung eines Fachgebiets an den Universitäten der Weimarer Republik - unter besonderer Berücksichtigung Kölns. 1991.

Band 19 Bruno Schonig: Krisenerfahrung und pädagogisches Engagement. Lebens- und berufsgeschichtliche Erfahrungen Berliner Lehrerinnen und Lehrer 1914 – 1961. 1994.

Band 20 Burkhard Poste: Schulreform in Sachsen 1918-1923. Eine vergessene Tradition deutscher Schulgeschichte. 1993.

Band 22 Inge Hansen-Schaberg: Minna Specht – Eine Sozialistin in der Landerziehungsheimbewegung (1918-1951). Untersuchung zur pädagogischen Biographie einer Reformpädagogin. 1992.

Band 23 Ulrich Schwerdt: Martin Luserke (1880 - 1968). Reformpädagogik im Spannungsfeld von pädagogischer Innovation und kulturkritischer Ideologie. 1993.

Band 24 Kurt Beutler: Geisteswissenschaftliche Pädagogik zwischen Politisierung und Militarisierung – Erich Weniger. 1995.

Band 25 Barbara Siemsen: Der andere Weniger. Eine Untersuchung zu Erich Wenigers kaum beachteten Schriften. 1995.

Band 26 Charlotte Heckmann: Begleiten und Vertrauen. Pädagogische Erfahrungen im Exil 1934 - 1946. Herausgegeben und kommentiert von Inge Hansen-Schaberg und Bruno Schonig. 1995.

Band 27 Jochen Riege: Die sechsjährige Grundschule. Geschichtliche Entwicklung und gegenwärtige Gestalt aus pädagogischer und politischer Perspektive. 1995.

Band 28 Anne Ratzki/ Wolfgang Keim/ Michael Mönkemeyer/ Barbara Neißer/ Gudrun Schulz-Wensky/ Hermann Wübbels: Team-Kleingruppen-Modell Köln-Holweide. Theorie und Praxis. 1996.

Band 29 Jürgen Theis/ Sabine Pohl: Die Anfänge der Gesamtschule in Nordrhein-Westfalen. 1997.

Band 30 Wolfgang Keim/ Norbert H. Weber (Hrsg.): Reformpädagogik in Berlin – Tradition und Wiederentdeckung. Für Gerd Radde. 1998.

Band 31 Hans-Günther Bracht: Das höhere Schulwesen im Spannungsfeld von Demokratie und Nationalsozialismus. Ein Beitrag zur Kontinuitätsdebatte am Beispiel der preußischen Aufbauschule. 1998.

Band 32 Axel Jansa: Pädagogik – Politik – Ästhetik. Paradigmenwechsel um '68. 1999.

Band 33 Susanne Watzke-Otte: "Ich war ein einsatzbereites Glied in der Gemeinschaft...". Vorgehensweise und Wirkungsmechanismen nationalsozialistischer Erziehung am Beispiel des weiblichen Arbeitsdienstes. 1999.

Band 34 Edgar Weiß: Friedrich Paulsen und seine volksmonarchistisch-organizistische Pädagogik im zeitgenössischen Kontext. Studien zu einer kritischen Wirkungsgeschichte. 1999.

Band 35 Reinhard Bergner: Die Berthold-Otto-Schulen in Magdeburg. Ein vergessenes Kapitel reformpädagogischer Schulgeschichte von 1920 bis 1950. 1999.

Band 36 Armin Bernhard: Demokratische Reformpädagogik und die Vision von der neuen Erziehung. Sozialgeschichtliche und bildungstheoretische Analysen zur Entschiedenen Schulreform. 1999.

Band 37 Gerd Radde: Fritz Karsen. Ein Berliner Schulreformer der Weimarer Zeit. Erweiterte Neuausgabe. 1999.

Band 38 Johanna Pütz: In Beziehung zur Geschichte sein. Frauen und Männer der dritten Generation in ihrer Auseinandersetzung mit dem Nationalsozialismus. 1999.

Band 39 Mathias Homann: Von der Heckerschen Realschule zur Kepler-Oberschule. Berliner und Neuköllner Schulgeschichte von 1747 bis 1992. 2001.

Band 40 Dietmar Haubfleisch: Schulfarm Insel Scharfenberg. Mikroanalyse der reformpädagogischen Unterrichts- und Erziehungsrealität einer demokratischen Versuchsschule im Berlin der Weimarer Republik – Teil 1 und 2. 2001.